KURZLEHRBÜCHER
FÜR DAS JURISTISCHE STUDIUM

———

Hueck/Windbichler
Gesellschaftsrecht

Gesellschaftsrecht

EIN STUDIENBUCH

von

Götz Hueck

em. o. Professor an der
Universität München

fortgeführt von

Christine Windbichler

o. Professorin an der
Humboldt-Universität zu Berlin

21., völlig neu bearbeitete Auflage

Verlag C. H. Beck München 2008

Verlag C. H. Beck im Internet:
beck.de

ISBN 978 3 406 54875 8

© 2008 Verlag C. H. Beck oHG
Wilhelmstraße 9, 80801 München
Druck und Bindung: Nomos Verlagsgesellschaft
In den Lissen 12, 76547 Sinzheim

Satz: Druckerei C. H. Beck, Nördlingen
(Adresse wie Verlag)

Gedruckt auf säurefreiem, alterungsbeständigem Papier
(hergestellt aus chlorfrei gebleichtem Zellstoff)

Vorwort zur 21. Auflage

Seit den letzten Auflagen dieses traditionsreichen Werkes, der umfassenden Überarbeitung von *Götz Hueck* aus dem Jahr 1991 und meiner teilweisen Neufassung 2003, hat sich das Gesellschaftsrecht weiter entwickelt und verändert. Die vorliegende Neubearbeitung bleibt gleichwohl aus gutem Grund dem noch auf *Alfred Hueck* zurückgehenden Grundkonzept für die Darstellung treu, nämlich der „geschlossene(n) Behandlung der einzelnen Gesellschaftstypen; sie hat sich als didaktisches Konzept bewährt, braucht auf vergleichende Hinweise zu Gemeinsamkeiten und Unterschieden nicht zu verzichten ..." (*Götz Hueck* im Vorwort zur 19. Auflage).

Das Buch will wie bisher einen übersichtlichen Zugang zur Materie verschaffen, ohne der Komplexität der Probleme auszuweichen. Neben der Aktualisierung wurden die Einbindung der europäischen Rechtsentwicklung und der ökonomischen Zusammenhänge sowie ein funktionales Verständnis von Gesellschaftsrecht im Rechtsvergleich intensiviert; knappe Hinweise auf ausländisches Recht und ausländische Literatur dienen hier als Verständnis fördernder Hintergrund. Ähnliches gilt für die Beratungsorientierung.

Im *Personengesellschaftsrecht* wird die Gesellschaft bürgerlichen Rechts nach wie vor als Grundform behandelt. Die Rechtsfähigkeit der BGB-Gesellschaft bleibt ein Zwischenergebnis eines langen Grundlagenstreits mit offenen Fragen. Die Partnerschaftsgesellschaft wird weiterhin in Hinweisen erfasst, da sie sich eng an die klare, ausgereifte Form der OHG anlehnt. Die Verwendung von Personengesellschaften als Publikumsgesellschaften wurde über die KG hinaus thematisiert.

Im *Kapitalgesellschaftsrecht* ist die ursprüngliche Einordnung der GmbH als „kleine Schwester" der AG überholt. Die GmbH steht als häufigste Kapitalgesellschaft praktisch und auch in den Pflichtfach-Prüfungsordnungen im Vordergrund; sie ist deshalb jetzt als völlig eigenständige Körperschaft vor der AG behandelt. Die anstehende Reform des GmbH-Rechts ist nach dem Stand des Regierungsentwurfes eines Gesetzes zur Modernisierung des GmbH-Rechts und zur Bekämpfung von Missbräuchen (*MoMiG*) berücksichtigt; zur Abgrenzung vom geltenden Recht sind die einschlägigen Passagen *kursiv* gesetzt. Die Aktiengesellschaft steht zunehmend unter dem Einfluss des Kapitalmarktrechts und der Internationalisierung des Bilanzrechts. Soweit das zum besseren Verständnis der Funktionsbedingungen von Gesellschaftsrecht nützt, sind diese Bezüge eingearbeitet. Dementsprechend sind auch Regelwerke außerhalb des Gesetzesrechts angesprochen, insbesondere der Deutsche Corporate Governance Kodex. Wegen des immer noch hohen Symbolwerts der Unternehmensmitbestimmung wird ein gesellschaftsrechtlich orientierter Überblick über die wichtigsten Normen geboten. Zur europäischen Gesellschaft (*SE*) ist eine Orientierung über die wichtigsten Charakteristika eingefügt, wobei den Rechtsgrundlagen als gestufte Teilrechtsordnung besonderes Gewicht, auch für die weitere Entwicklung, zukommt. Entsprechend der Gesetzeslage *rechtsformübergreifend* ist das Umwandlungsrecht in Grundzügen dargestellt.

Die Stoffauswahl erfolgt insgesamt überwiegend mit Blick auf die übliche Verteilung auf Pflichtfachkataloge in den Prüfungsordnungen. Unabhängig davon macht das Buch mit gesellschaftsrechtstypischen Handlungsformen und Problemlagen vertraut; es bietet Orientierung für eigenständige Vertiefung auch für das *Schwerpunktstudium*.

Die Einbettung gesellschaftsrechtlicher Fragestellungen in die Fallbearbeitung zur juristischen Ausbildung wurde weiter entwickelt. Entsprechend der Zielsetzung des Studienbuches und im Interesse eines überschaubaren Umfanges sind Literatur und Rechtsprechung nur als Auswahl nachgewiesen. Material aus dem Internet ist mit Adresse und zumeist dem Jahr des Aufsuchens vermerkt sowie auf Organisationen und amtliche Bekanntmachungen beschränkt. Der Bearbeitungsstand von Ende August 2007 ist um einige wichtige Nachträge ergänzt.

Bei der Bewältigung des umfangreichen Materials durfte ich die kundige und engagierte Hilfe wissenschaftlicher und studentischer Mitarbeiterinnen und Mitarbeiter in Anspruch nehmen, denen ich ganz herzlich danke. Hervorzuheben sind wertvolle Anregungen und Kritik von *Dr. Kaspar Krolop,* insbesondere zur GmbH und zum Kapitalmarktrecht, und von Frau *Alexandra Mohn.* Verdienstvolle inhaltliche und technische Zuarbeiten einschließlich der Register lagen in den guten Händen von *Barbara Henneberger, Sanjin Ibrahimbegovic, Maja Kljucar, Daniela Mader, Sonja Seibel* und *Marvin Vesper-Gräske.* Für vielfältige organisatorische Hilfe und die umsichtige Betreuung des Manuskripts bin ich *Heike Fach* ganz besonders verbunden. Alle verbliebenen Fehler sind meine. Hinweise und Anregungen zum vorliegenden Buch sind stets willkommen an christine.windbichler@rewi.hu-berlin.de.

Berlin, im November 2007   *Christine Windbichler*

Inhaltsübersicht

1. Abschnitt. Grundlagen

2. Abschnitt. Das Recht der Personengesellschaften

1. Kapitel. Die Gesellschaft des bürgerlichen Rechts

2. Kapitel. Personenhandelsgesellschaften und stille Gesellschaft

3. Kapitel

3. Abschnitt. Das Recht der Körperschaften

1. Kapitel. Die Gesellschaft mit beschränkter Haftung

2. Kapitel. Die Aktiengesellschaft

3. Kapitel

4. Kapitel. Die Europäische Gesellschaft (SE)

4. Abschnitt. Rechtsformverbindungen und Umwandlung – Überblick –

Inhaltsverzeichnis

3. Abschnitt. Das Recht der Körperschaften

1. Kapitel. Die Gesellschaft mit beschränkter Haftung

Abkürzungsverzeichnis

EStG	Einkommensteuergesetz
EU	Europäische Union
EuGH	Europäischer Gerichtshof
EuZW	Europäische Zeitschrift für Wirtschaftsrecht
e. V.	eingetragener Verein
EWiR	Entscheidungen zum Wirtschaftsrecht (Zeitschrift)
EWIV	Europäische Wirtschaftliche Interessenvereinigung
EWS	Europäisches Wirtschafts- und Steuerrecht (Zeitschrift)
FASB	Financial Accounting Standards Board
f., ff.	folgende, und folgende
FS	Festschrift
FGG	Gesetz über die Angelegenheiten der freiwilligen Gerichtsbarkeit
FRUG	Finanzmarktrichtlinie-Umsetzungsgesetz
GAAP	Generally Accepted Accounting Principles
GbR	Gesellschaft bürgerlichen Rechts
GenG	Genossenschaftsgesetz
GewO	Gewerbeordnung
Giur.Comm.	Giurisprudenza Commerciale (Zeitschrift)
GmbH	Gesellschaft mit beschränkter Haftung
GmbHG	Gesetz betreffend die Gesellschaften mit beschränkter Haftung
GmbHR	GmbH-Rundschau (Zeitschrift)
GuV	Gewinn- und Verlustrechnung
GWB	Gesetz gegen Wettbewerbsbeschränkungen
h. A.	herrschende Ansicht
h. M.	herrschende Meinung
Hrsg.	Herausgeber
IAS	International Accounting Standard
IASB	International Accounting Standards Board
i. d. F.	in der Fassung
IFRS	International Financial Reporting Standard
insb.	insbesondere
InsO	Insolvenzordnung
IOSCO	International Organisation of Securities Commissions
IPO	Initial Public Offering
IPR	Internationales Privatrecht
IPrax	Praxis des internationalen Privat- und Verfahrensrechts (Zeitschrift)
i. S. d.	im Sinne des/der
i. S. v.	im Sinne von
JuS	Juristische Schulung (Zeitschrift)
JZ	Juristenzeitung
KAGG	Gesetz über Kapitalanlagegesellschaften
KG	Kammergericht, Kommanditgesellschaft
KGaA	Kommanditgesellschaft auf Aktien
KO	Konkursordnung
KonTraG	Gesetz zur Kontrolle und Transparenz im Unternehmensbereich
KStG	Körperschaftsteuergesetz
KWG	Kreditwesengesetz
LM	Lindenmaier/Möhring, Nachschlagewerk des Bundesgerichtshofs
MiFID	Richtlinie 2004/39/EG über Märkte für Finanzinstrumente (Markets in Financial Instruments Directive)
Mio.	Million
MitbestErgG	Mitbestimmungsergänzungsgesetz vom 7. 8. 1956
MitbestG	Mitbestimmungsgesetz vom 4. 5. 1976
MoMiG	Gesetz zur Modernisierung des GmbH-Rechts und zur Bekämpfung von Missbräuchen (Regierungsentwurf)
MontanMitbestG	Gesetz über die Mitbestimmung der Arbeitnehmer in den Aufsichtsräten und Vorständen der Unternehmen des Bergbaus und der Eisen und Stahl erzeugenden Industrie vom 21. 5. 1951
m. w. N.	mit weiteren Nachweisen
n. F.	neue Fassung
NaStraG	Gesetz zur Namensaktie und zur Erleichterung der Stimmrechtsausübung – Namensaktiengesetz

NJW	Neue Juristische Wochenschrift
NJW-RR	NJW-Rechtsprechungs-Report Zivilrecht
NotBZ	Zeitschrift für notarielle Beratungs- und Beurkundungspraxis
NZA	Neue Zeitschrift für Arbeitsrecht
NZG	Neue Zeitschrift für Gesellschaftsrecht
OHG	Offene Handelsgesellschaft
OLG	Oberlandesgericht
OLGZ	Entscheidungen der Oberlandesgerichte in Zivilsachen
PartG	Partnerschaftsgesellschaft
PartGG	Gesetz über die Partnerschaftsgesellschaften Angehöriger Freier Berufe
PublG	Gesetz über die Rechnungslegung von bestimmten Unternehmen und Konzernen, Publizitätsgesetz
RefE	Referentenentwurf
RegE	Regierungsentwurf
RFH	Reichsfinanzhof
RG	Reichsgericht
RGZ	Entscheidungen des Reichsgerichts in Zivilsachen
RIW	Recht der internationalen Wirtschaft (Zeitschrift)
RL	Richtlinie
Rn.	Randnummer
Rspr.	Rechtsprechung
S.	Seite
SCE	Societas Cooperativa Europea, Europäische Genossenschaft
SE	Societas Europaea, Europäische Gesellschaft
SEAG	Gesetz zur Ausführung der SEVO
SEBG	Gesetz über die Beteiligung der Arbeitnehmer in einer europäischen Gesellschaft
SEC	Securities and Exchange Commission
SEVO	Verordnung 2157/2001/EG über das Statut der Europäischen Gesellschaft
Slg.	Sammlung
SpruchG	Spruchverfahrensneuordnungsgesetz
std. Rspr.	ständige Rechtsprechung
str.	streitig
TransPuG	Gesetz zur weiteren Reform des Aktien- und Bilanzrechts, zu Transparenz und Publizität
UBGG	Gesetz über Unternehmensbeteiligungsgesellschaften
UG	Unternehmergesellschaft (haftungsbeschränkt)
UMAG	Gesetz zur Unternehmensintegrität und Modernisierung des Anfechtungsrechts
umstr.	umstritten
UmwG	Umwandlungsgesetz
unbestr.	unbestritten
VAG	Versicherungsaufsichtsgesetz
VGR	Gesellschaftsrechtliche Vereinigung e.V.
VO	Verordnung
VorStOG	Gesetz über die Offenlegung von Vorstandsvergütungen
VVaG	Versicherungsverein auf Gegenseitigkeit
WM	Wertpapiermitteilungen (Zeitschrift)
WpHG	Wertpapierhandelsgesetz
WpPG	Wertpapierprospektgesetz
WpÜG	Gesetz zur Regelung von öffentlichen Angeboten zum Erwerb von Wertpapieren und von Unternehmensübernahmen
Yale L.J.	Yale Law Journal (Zeitschrift)
z.B.	zum Beispiel
ZEuP	Zeitschrift für Europäisches Privatrecht
ZEV	Zeitschrift für Erbrecht und Vermögensnachfolge
ZGR	Zeitschrift für Unternehmens- und Gesellschaftsrecht
ZHR	Zeitschrift für das gesamte Handelsrecht und Wirtschaftsrecht
ZIP	Zeitschrift für Wirtschaftsrecht (früher: Zeitschrift für Wirtschaftsrecht und Insolvenzpraxis)
ZJapanR	Zeitschrift für Japanisches Recht
ZPO	Zivilprozeßordnung

Literaturverzeichnis

Baumbach/Hopt/
Bearbeiter .... *Baumbach/Hopt*, Handelsgesetzbuch, 32. Aufl., 2006
Baumbach/Hueck/
Bearbeiter .... *Baumbach/Hueck*, GmbH-Gesetz, 18. Aufl., 2006
Blaurock .... *Blaurock*, Handbuch der stillen Gesellschaft, 6. Aufl., 2003
Canaris .... *Canaris*, Handelsrecht, 24. Aufl., 2006
Cheffins .... *Cheffins*, Company Law, 1997
DAI-Factbook .... Deutsches Aktieninstitut (Hrsg.), DAI-Factbookstatistiken, Analysen und
Graphiken zu Aktionären, Aktiengesellschaften und Börsen, 2006
Davies, Introduction ..... *Davies*, Introduction to Company Law, 2002
Davies, Principles .... *Davies*, Gower's and Davie's Principles of Modern Company Law, 7. Aufl.,
2003
Ebenroth/Boujong/Joost/
Bearbeiter .... *Ebenroth/Boujong/Joost*, Handelsgesetzbuch, Kommentar, Bd. 1: §§ 1–342 e,
2. Aufl., 2008
Emmerich/Habersack ... *Emmerich/Habersack*, Konzernrecht, 8. Aufl., 2005
Emmerich/Habersack,
Aktien- und
GmbH-KonzernR .... *Emmerich/Habersack*, Aktien- und GmbH-Konzernrecht, 5. Aufl., 2008
Erman/*Bearbeiter* .... *Erman*, Bürgerliches Gesetzbuch, Handkommentar, 11. Aufl., 2004
Flume, Juristische
Person .... *Flume*, Allgemeiner Teil des bürgerlichen Rechts, Bd. 1, Teil 2: Juristische
Person, 1983
Flume, Personengesell-
schaft .... *Flume*, Allgemeiner Teil des bürgerlichen Rechts, Bd. 1, Teil 1: Die Perso-
nengesellschaft, 1977
Großkomm-AktG/
Bearbeiter .... *Hopt/Wiedemann*, Aktiengesetz, Großkommentar, 4. Aufl., 1992 ff.
Großkomm-BilanzR/
Bearbeiter .... *Ulmer*, HGB-Bilanzrecht, Großkommentar, 2002
Großkomm-GmbHG/
Bearbeiter .... *Ulmer/Habersack/Winter*, GmbH-Gesetz, Großkommentar, 2005 f.
Großkomm-HGB/
Bearbeiter .... *Staub*, HGB, Großkommentar, 4. Aufl., 1983 ff.
Grundmann,
Europäisches
Gesellschaftsrecht .... *Grundmann*, Europäisches Gesellschaftsrecht, 2004
Grundmann,
European
Company Law .... *Grundmann*, European Company Law, 2007
Grunewald .... *Grunewald*, Gesellschaftsrecht, 6. Aufl., 2005
Habersack, Europäisches
Gesellschaftsrecht .... *Habersack*, Europäisches Gesellschaftsrecht, 3. Aufl., 2006
Hachenburg/
Bearbeiter .... *Hachenburg*, GmbHG: Großkommentar, 8. Aufl., 1990 ff.
A. Hueck, OHG .... *A. Hueck*, Das Recht der offenen Handelsgesellschaft, 4. Aufl., 1971
Hüffer .... *Hüffer*, Aktiengesetz, 7. Aufl., 2006
KölnerKomm-AktG/
Bearbeiter .... Kölner Kommentar zum Aktiengesetz, 2. Aufl., 1986 ff.; 3. Aufl., 2004 ff.
KölnerKomm-WpÜG/
Bearbeiter .... Kölner Kommentar zum Wertpapiererwerbs- und Übernahmegesetz, 2003
Koller/Roth/Morck/
Bearbeiter .... *Koller/Roth/Morck*, Handelsgesetzbuch, Kommentar, 6. Aufl., 2007

Kraakman/Davies u. a.
Anatomy ....   *Kraakman/Davies/Hansmann/Hertig/Hopt/Kanda/Rock,* The Anatomy of
                                  Corporate Law, 2004
Kraft/Kreutz ....   *Kraft/Kreutz,* Gesellschaftsrecht, 11. Aufl., 2000
Kübler/Assmann ....   *Kübler/Assmann,* Gesellschaftsrecht, 6. Aufl., 2006
Lutter/*Bearbeiter* ....   *Lutter,* Umwandlungsgesetz, 3. Aufl., 2004
Lutter/Hommelhoff/
Bearbeiter ....   *Lutter/Hommelhoff,* GmbH-Gesetz, Kommentar, 16. Aufl., 2004
Michalski/*Bearbeiter* .....   *Michalski,* GmbHG, Kommentar, 2002
MünchHdb-GesR I ....   Münchener Handbuch des Gesellschaftsrechts, Bd. 1: BGB-Gesellschaft,
                                  Offene Handelsgesellschaft, Partnerschaftsgesellschaft, Partenreederei,
                                  EWIV, 2. Aufl., 2004
MünchHdb-GesR II .....   Münchener Handbuch des Gesellschaftsrechts, Bd. 2: Kommanditgesell-
                                  schaft, GmbH & Co. KG,. Publikums-KG, stille Gesellschaft, 2. Aufl., 2004
MünchHdb-GesR III ...   Münchener Handbuch des Gesellschaftsrechts, Bd. 3: GmbH, 2. Aufl., 2003
MünchHdb-GesR IV ....   Münchener Handbuch des Gesellschaftsrechts, Bd 4: Aktiengesellschaft,
                                  3. Aufl., 2007
MünchKomm-AktG/
Bearbeiter ....   Münchener Kommentar zum Aktiengesetz, 2. Aufl., 2000 ff.
MünchKomm-BGB/
Bearbeiter ....   Münchener Kommentar zum Bürgerlichen Gesetzbuch, 4. Aufl., 2000 ff.;
                                  5. Aufl., 2006 ff.
MünchKomm-HGB/
Bearbeiter ....   Münchener Kommentar zum Handelsgesetzbuch, 2001, 2. Aufl. 2005 ff.
MünchKomm-ZPO/
Bearbeiter ....   Münchener Kommentar zur Zivilprozessordnung, 2. Aufl., 2000 ff.; 3. Aufl.,
                                  2007/08
Palandt/*Bearbeiter* ....   *Palandt,* Bürgerliches Gesetzbuch, 66. Aufl., 2007
Raiser/Veil ....   *Raiser/Veil,* Recht der Kapitalgesellschaften, 4. Aufl., 2006
Röhricht/ v. Westphalen/
Bearbeiter ....   *Röhricht/Graf v. Westphalen,* Handelsgesetzbuch, 2. Aufl., 2001
Roth/Altmeppen/
Bearbeiter ....   *Roth/Altmeppen,* Gesetz betreffend die Gesellschaften mit beschränkter
                                  Haftung mit Erläuterungen, 5. Aufl., 2005
K. Schmidt ....   *K. Schmidt,* Gesellschaftsrecht, 4. Aufl., 2002
Scholz/*Bearbeiter* ....   *Scholz,* Kommentar zum GmbH-Gesetz, Bd. 1: §§ 1–44, 9. Aufl., 2000;
                                  Bd. 2: §§ 45–85, 9. Aufl., 2002; Bd. 1: §§ 1–34, 10. Aufl., 2007
Schwark/*Bearbeiter* ......   *Schwark,* Kapitalmarktrechts-Kommentar, 3. Aufl., 2004
Soergel/*Bearbeiter* ....   *Soergel,* Bürgerliches Gesetzbuch, Kommentar, Bd. 1, 13. Aufl., 2000; Bd. 2,
                                  12. Aufl., 1990; Bd. 4, 11. Aufl., 1985
Staudinger/*Bearbeiter* ...   *Staudinger,* Kommentar zum Bürgerlichen Gesetzbuch, 13. Aufl., 1993 ff.,
                                  Neubearbeitung 1998 ff.
Wiedemann I bzw. II ....   *Wiedemann,* Gesellschaftsrecht, Bd. 1, 1980; Bd. 2, 2004
Wiedemann/Fleischer ....   *Wiedemann/Fleischer,* Prüfe dein Wissen – Handelsrecht, 8. Aufl., 2004
Wiedemann/Frey ....   *Wiedemann/Frey,* Prüfe dein Wissen – Gesellschaftsrecht, 7. Aufl., 2007

1. Abschnitt. Grundlagen

§ 1. Begriff und Bedeutung des Gesellschaftsrechts

I. Begriff und Abgrenzung

Gesellschaftsrecht ist das **Recht der privatrechtlichen Personenvereinigungen,** 1
die zur **Erreichung eines bestimmten gemeinsamen Zwecks durch Rechtsgeschäft
begründet** werden. Die Eigenart des Gesellschaftsrechts gegenüber dem sonstigen
Privatrecht ist dadurch bedingt, dass es nicht in erster Linie den Schutz und die Befriedigung selbständiger Interessen von Einzelpersonen (Individualinteressen) bezweckt, sondern sich mit den Interessen, die mehreren Personen gemeinsam sind,
befasst. Zu den Gesellschaften gehören aber nur solche Gemeinschaften, die weitere
Voraussetzungen erfüllen, so dass sich für sie in den Grundzügen gleichartige Regeln aufstellen lassen. Nur dadurch kann ihre systematische Zusammenfassung in
einem eigenen Rechtsgebiet erfolgen. In diesem Sinn wesentlich ist das zielgerichtete
Zusammenwirken auf Grund privatrechtlichen Vertrages. **Gesellschaftsrecht ist
privatrechtliches Kooperationsrecht.** Die gemeinsame Zweckverfolgung erfordert
typischerweise mehr als die (einmalige) Festlegung von Leistungspflichten. Gerade
längerfristiges, funktionsteiliges Zusammenwirken als Verband verlangt Verfahrensregeln, Verhaltensgrundsätze und Kompetenzverteilungen. Das Gesellschaftsrecht
regelt die Innen- und Außenbeziehungen der privaten Personenzusammenschlüsse,
also die Rechtsbeziehungen der Mitglieder untereinander und zur Gesellschaft als
solcher sowie deren Rechtsstellung gegenüber Dritten, besonders gegenüber den
Gesellschaftsgläubigern. Insoweit ist Gesellschaftsrecht **Organisationsrecht** – für
die einzelnen Gesellschaftstypen jeweils gesondert in verschiedenen Gesetzen geregelt.

Die eingangs formulierte Begriffsbestimmung hat sich zur Umschreibung und Abgrenzung des
Rechtsgebiets bewährt. Sie ist als Kurzbezeichnung für ein umfangreiches und komplexes Gebiet nicht
ohne Unschärfen in den Randbereichen.[1] Das zeigt sich etwa bei der Einpersonengesellschaft, die keine
Personengemeinschaft ist, aber zum Gesellschaftsrecht gehört, da sie sich der gesellschaftsrechtlichen
Organisationsform der Körperschaft bedient, um einen gesonderten Interessenträger hervorzubringen.
Andere Definitionen sind gleichwohl nicht leistungsfähiger. Insbesondere das „Unternehmensrecht"
nimmt eine andere Perspektive ein. Es blendet notwendig die Gesellschaften aus, die andere als unter-
nehmerische Zwecke verfolgen, und schließt Unternehmensträger ein, die keine Gesellschaften sind.
Der Blickwinkel ist ein anderer; die rechtliche Systematisierung der Binnenorganisation und der Außenbeziehungen von Unternehmensträgern sowie der Vorschriften, die an das tatsächliche Substrat
Unternehmen anknüpfen, ist sicher ein wichtiger Forschungsgegenstand, der sich mit dem Gesellschaftsrecht vielfach überschneidet, aber nicht deckt.[2]

---

[1] *Kübler/Assmann,* § 1 III.
[2] Vgl. *K. Schmidt,* Handelsrecht, 5. Aufl., 1999, § 1 II 2.

1. Gemeinschaften, die keine Gesellschaften sind

2   Die Definition des Gesellschaftsrechts schließt Gemeinschaften, die keine Gesellschaften sind, aus. Sie gehören nicht in die folgende Darstellung. Zu nennen sind insbesondere:
– Körperschaften und sonstige Organisationsformen des öffentlichen Rechts unabhängig von ihrem Rechtscharakter im Übrigen.

   Beispiele: Staat, Gemeinden und Gemeindeverbände, Kirchen, sonstige Körperschaften, Anstalten
   und Stiftungen des öffentlichen Rechts wie Universitäten, öffentlich-rechtliche (kommunale)
   Zweckverbände, Wasser- und Bodenverbände, auch Deichverbände, Krankenkassen, Landesversi-
   cherungsanstalten, Berufsgenossenschaften, Industrie- und Handelskammern, Handwerksinnungen
   usw. Mischformen und Abgrenzungsprobleme kann es bei Aktivitäten von öffentlich-rechtlichen
   Rechtsträgern in privatrechtlicher Form und beim Zusammenwirken mit Privaten (public-private-
   partnership) geben.

– **Familienrechtliche Gemeinschaften.** Sie beruhen entweder überhaupt nicht auf
  Rechtsgeschäft, oder sie werden doch, wie die Ehe als Lebensgemeinschaft, auch die
  eheliche Gütergemeinschaft, nicht zu einem durch Rechtsgeschäft bestimmten, begrenzten Zweck begründet. Davon ist zu unterscheiden, dass auch zwischen Ehegatten oder zwischen Eltern und Kindern ein Gesellschaftsverhältnis zur gemeinsamen
  Verfolgung eines engeren bestimmten Zweckes begründet werden kann (Ehegatten-
  gesellschaft, Familiengesellschaft).
– Die **Erbengemeinschaft** (§§ 2032ff. BGB). Sie entsteht kraft Gesetzes, auch bei
  Erbeinsetzung durch Verfügung von Todes wegen, also nicht durch Rechtsgeschäft
  und wird zudem auch nicht zu einem bestimmten gemeinsamen Zweck begründet.
– Die privatrechtliche **Stiftung** (§§ 80ff. BGB). Sie hat keine Mitglieder und ist keine
  Personengemeinschaft.
– Die sogenannten **schlichten Rechtsgemeinschaften** (§§ 741ff. BGB, *Gemeinschaft*).

   Von einer *schlichten Rechtsgemeinschaft* spricht man, wenn ein Recht mehreren Personen gemein-
   schaftlich zusteht, ohne dass sich die Beteiligten zu einem gemeinsamen Zweck verbunden haben.
   Demgegenüber kann man die Gesellschaften als Zweckgemeinschaften bezeichnen. Schlichte
   Rechtsgemeinschaften entstehen überwiegend ohne einen entsprechenden Willen der Beteiligten,
   beruhen also nicht auf Vertrag, der einen gemeinsamen Zweck festsetzt. Daher die gemeinrechtliche
   Bezeichnung *communio incidens*.

   Beispiele: Miteigentum infolge Verbindung oder Vermischung (§§ 947, 948 BGB), Mitberechtigung
   bei gemeinsamer Erfindung (§ 6 Satz 2 PatentG), auch gemeinsame Berechtigung von nicht in
   Gütergemeinschaft lebenden Ehegatten an einem Gegenstand. Auch wenn in Fällen wie dem letztgenannten die gemeinsam Berechtigten das Recht erst durch Vertrag erworben haben, besteht nur
   eine schlichte Rechtsgemeinschaft, keine Gesellschaft, sofern sie sich nicht außerdem untereinander
   zur gemeinsamen Verfolgung eines konkreten, über die bloße Berechtigung hinausgehenden Zwecks
   verpflichtet haben.

3   Unter dem Titel **Gemeinschaft** enthält das Gesetz im Anschluss an das Recht der
Gesellschaft in den **§§ 741ff. BGB** eine *allgemeine Regelung für Rechtsgemeinschaften*,
also für die Fälle, in denen ein Recht, gleich welcher Art, mehreren Personen gemeinsam zusteht.[3] Die Gemeinschaft in diesem Sinn ist **Bruchteilsgemeinschaft.**
   Die §§ 741ff. BGB regeln hauptsächlich die schuldrechtliche Seite der Gemeinschaft. Sachenrechtlich ist die wichtigste Form der Bruchteilsgemeinschaft das Mitei-

---

[3] Siehe Lehrbücher und Kommentare zu §§ 741ff. BGB; zur Interessengemeinschaft als Risikoge-
meinschaft *Würdinger*, Theorie der schlichten Interessengemeinschaft, 1934; *Wüst*, Die Interessengemeinschaft, ein Ordnungsprinzip des Privatrechts, 1958; *ders.*, JZ 1985, 1077 zur Abgrenzung von
Vertrag, Gemeinschaft, Gesellschaft.

gentum, in §§ 1008 ff. BGB geregelt. Ist eine Forderung Gegenstand der Gemeinschaft, findet § 432 BGB Anwendung – **Gesamtgläubigerschaft.**

Die Normen über die Gemeinschaft gelten an sich auch für die Gesellschaften als Zweckgemeinschaften, soweit diese zugleich Rechtsgemeinschaften sind. Das trifft für diejenigen Gesellschaften zu, bei denen ein gemeinsames Vermögen der Gesellschafter vorhanden ist, die also einerseits nicht juristische Personen, andererseits nicht bloße Innengesellschaften sind. Die §§ 742 ff. BGB sind jedoch nur einschlägig, „sofern sich nicht aus dem Gesetz ein anderes ergibt" (§ 741). Da aber die Gesellschaften ebenso wie eine Vielzahl anderer Gemeinschaften (z.B. eheliche Gütergemeinschaft, Erbengemeinschaft, Wohnungseigentümergemeinschaft) eine besondere gesetzliche Regelung erfahren haben, *gelten für sie die §§ 742 ff. BGB nur subsidiär* zur Ausfüllung von Lücken oder kraft Verweisung.

§ 744 Abs. 2 BGB, wonach jeder Teilhaber berechtigt ist, die zur Erhaltung eines gemeinschaftlichen Gegenstandes notwendigen Maßregeln ohne Zustimmung der anderen Teilhaber zu treffen, gilt z.B. mangels anderweitiger Regelung entsprechend auch für die BGB-Gesellschaft und die OHG – sog. Notgeschäftsführung.[4] Ein Beispiel für eine ausdrückliche Verweisung auf das Recht der Gemeinschaft enthält § 731 Satz 2 BGB.

2. Gesellschaftsformen

Die privatrechtlichen Personenvereinigungen zu einem gemeinsamen Zweck kommen in verschiedenen Formen vor. Für die Gesellschaften im weiteren Sinn hat der Gesetzgeber **im BGB zwei Grundtypen** zur Verfügung gestellt: **4**
- den **Verein** (§§ 21 ff. BGB) als Grundtyp der Körperschaft und
- die **Gesellschaft** – im engeren Sinn der Personengesellschaft – (§§ 705 ff. BGB), zur Unterscheidung von anderen Gesellschaftsformen meist als *Gesellschaft des bürgerlichen Rechts* (GbR) oder BGB-Gesellschaft bezeichnet.

Hinzu kommt eine ganze Reihe von **Spezialformen, die in Sondergesetzen** geregelt sind:
- die **offene Handelsgesellschaft,** OHG (§§ 105 ff. HGB),
- die **Kommanditgesellschaft,** KG (§§ 161 ff. HGB),
- die **stille Gesellschaft** (§§ 230 ff. HGB),
- die **Partnerschaftsgesellschaft,** PartG (für Angehörige Freier Berufe, PartGG),
- die **Europäische Wirtschaftliche Interessenvereinigung,** EWIV (VO (EWG) vom 25. 7. 1985; EWIVG),
- die **Aktiengesellschaft,** AG (Aktiengesetz, AktG),
- die **Kommanditgesellschaft auf Aktien,** KGaA (§§ 278 ff. AktG),
- die **Europäische Aktiengesellschaft,** SE (VO (EG) vom 8. 10. 2001, RL 2001/86/EG vom 8. 10. 2001, SEAG und SEBG),
- die **Gesellschaft mit beschränkter Haftung,** GmbH (GmbHG),
- die **eingetragene Genossenschaft,** eG (Genossenschaftsgesetz, GenG),
- die **Europäische Genossenschaft,** SCE (VO (EG) vom 22. 7. 2003, RL 2003/72/EG vom 22. 7. 2003, SCEAG und SCEBG),
- die **Reederei,** auch als Partenreederei bezeichnet im Hinblick auf die Beteiligung in Form von Schiffsparten (§§ 489 ff. HGB),
- der **Versicherungsverein auf Gegenseitigkeit,** VVaG (Ges. über die Beaufsichtigung der Versicherungsunternehmen, §§ 15–53 b VAG).

---

[4] BGHZ 17, 181, 183 = NJW 1955, 1027, 1028.

Keine besonderen Gesellschaftsformen im technischen Sinn sind Gesellschaften, die im Hinblick auf ihre Tätigkeit besonderen Regeln unterliegen, etwa **Investmentfonds** nach dem InvG[5] oder Kreditinstitute nach dem KWG.[6] In diesen Gesetzen wird vielmehr die Verwendung bestimmter Gesellschaftsformen vorgeschrieben, z. B. AG oder GmbH für Kapitalanlagegesellschaften, die dann eine nähere Ausgestaltung für den spezifischen Unternehmenszweck erfahren. Manche Bezeichnungen haben sich für Gesellschaften mit bestimmten Zwecken eingebürgert, z. B. **Gemeinschaftsunternehmen** oder „joint venture" für eine koordinierte Aktivität mehrerer Unternehmen. In welcher rechtlichen Form dieser gemeinsame Zweck verfolgt wird, geht daraus jedoch nicht hervor. Auch der **Konzern** ist keine besondere Gesellschaftsform, sondern eine bestimmte Art der Verbindung rechtlich selbständiger Unternehmen untereinander (vgl. § 18 AktG, § 290 Abs. 1 HGB) und selbst keine Gesellschaft. Das Recht der Konzerne und Unternehmensgruppen gehört zum Gesellschaftsrecht, ebenso das Umwandlungsrecht. Das UmwG von 1994 ermöglicht Strukturänderungen und den Wechsel von einer Gesellschaftsform in eine andere, ohne dass die betroffenen Gesellschaften aufgelöst werden müssen (unten § 38).

5   Andere als die im Gesetz ausdrücklich geregelten Gesellschaftstypen sind rechtlich nicht zulässig. Insoweit sind der Vertragsfreiheit Grenzen gesetzt; man spricht vom **numerus clausus der Gesellschaftsformen.** Wohl aber lassen die gesetzlichen Regelungen einen erheblichen **Spielraum für die gesellschaftsvertragliche Ausgestaltung** im Einzelnen. Dadurch und durch die Möglichkeit, verschiedene Gesellschaftstypen miteinander zu kombinieren – **Typenverbindung,** so vor allem die praktisch besonders wichtige und weit verbreitete Verbindung von GmbH und KG zur GmbH & Co. KG (dazu unten § 37) –, wird eine *große Variationsbreite* gewährleistet, die es im Allgemeinen den Beteiligten ermöglicht, ein ihren konkreten Verhältnissen angemessenes Gesellschaftsverhältnis zu begründen (unten § 4 Rn. 1).

3. Verhältnis zu anderen Rechtsgebieten

6   Gesellschaftsrecht ist mit anderen Gebieten teilweise sehr eng verflochten. Das betrifft zunächst das **bürgerliche Recht** und das **Handelsrecht,** wie schon aus der Ansiedlung gesellschaftsrechtlicher Vorschriften im BGB und im HGB ersichtlich ist. Wesentliche Bedeutung kommt dem zunehmend eigenständigen **Kapitalmarktrecht** zu. Regelungen, die dem Anlegerschutz und der Funktionsfähigkeit der Kapitalmärkte dienen, sind nach deutscher Tradition auch im Aktienrecht enthalten, da die AG die Gesellschaftsform ist, die für die Funktion der Kapitalsammlung am Markt gesetzlich konzipiert ist.[7] Aber auch bei den Personenhandelsgesellschaften hat die Rechtsprechung sowohl gesellschaftsrechtliche als auch vertragsrechtliche Fortbildungen im Interesse der Anleger vorgenommen (unten § 19 Rn. 3). In anderen Ländern hat das Kapitalmarktrecht schon länger eigenständige Bedeutung.[8] Sowohl durch die weltweite Öffnung der Kapitalmärkte als auch durch den europäischen Binnenmarkt als Finanzraum werden marktordnungsorientierte Ansätze gegenüber der Verbandsordnung begünstigt. Zahlreiche EG-Richtlinien mit kapitalmarktrechtlichem Inhalt beschleunigen

---

[5] Investmentgesetz vom 15. 12. 2003, BGBl. I S. 2676; dazu *Kübler/Assmann,* § 32 III; *Buck-Heeb,* Kapitalmarktrecht, 2006, Rn. 558 ff.

[6] Kreditwesengesetz vom 9. 9. 1998 BGBl. I S. 2776; *Einsele,* Bank- und Kapitalmarktrecht, 2006.

[7] Zum Verhältnis von Gesellschaftsrecht und Kapitalmarktrecht *Buck-Heeb,* Kapitalmarktrecht, 2006, Rn. 42 ff.; *Fleischer,* ZIP 2006, 451; *Grundmann,* European Company Law, § 1 Rn. 5 f., § 19 Rn. 642 ff.; *Kalss,* Anlegerinteressen: Der Anleger im Handlungsdreieck von Vertrag, Verband und Markt, 2001, S. 8 ff., 273 ff., 339 ff.; *Krolop,* Der Rückzug vom organisierten Kapitalmarkt, 2005, S. 27 ff., 195 ff.; *Kübler/Assmann,* § 32; *Lutter,* FS Zöllner, 1998, Bd. 1, S. 363; *Mülbert,* Aktiengesellschaft, Unternehmensgruppe und Kapitalmarkt, 2. Aufl. 1996 S. 105 ff.; *Schwark,* FS Stimpel, 1985, S. 1085; *Wiedemann* I, § 9 II; ein Beispiel für die Überlappungen ist die Übernahmerichtlinie 2004/25/EG v. 21. 4. 2004; *Kleindiek,* ZGR 2002, S. 546, 558 ff.

[8] In den USA stammen die einschlägigen Bundesgesetze, der Securities Act und der Securities Exchange Act von 1933 und 1934.

und intensivieren diese Entwicklung. Das hat Rückwirkungen auf das Gesellschaftsrecht, das zunehmend zwischen Gesellschaften, die sich an den Kapitalmarkt wenden
und solchen, die das nicht tun, differenziert (vgl. z.B. §§ 3 Abs. 2, 20 Abs. 8 AktG).

Sowohl von gesellschafts- als auch kapitalmarktrechtlichen Bedürfnissen geprägt ist 7
das **Rechnungslegungsrecht – Bilanzrecht.** Zum Verständnis mancher gesellschaftsrechtlicher Grundsätze ist die Darstellung im Jahresabschluss unerlässlich, etwa Kapitalaufbringung und -erhaltung bei AG und GmbH. Die im internationalen Vergleich
unterschiedlichen Bilanzierungstraditionen spiegeln zugleich gesellschaftsrechtliche
Schwerpunkte wieder, etwa ob die Gesellschafterinteressen, der Gläubigerschutz oder
die Handlungsspielräume der Geschäftsführung im Vordergrund stehen; verschiedene
Bilanzzwecke, insbesondere Darstellung der Verhältnisse des Unternehmens einerseits
und Gewinnermittlung (zu Ausschüttungs- oder Besteuerungszwecken) andererseits,
erfordern verschiedene Regeln.[9] Für die Kapitalgesellschaften wurde das Bilanzrecht
1985 durch Umsetzung dreier EG-Richtlinien harmonisiert. Angesichts weltweiter
Aktivitäten von Unternehmensgruppen und offener Kapitalmärkte sind EU und EWR
jedoch nur Teilrechtsordnungen. **Internationale Rechnungslegungsstandards** werden von privaten internationalen Standardisierungsgremien entwickelt und in europäische und nationale Normen übernommen. Hier zeigt sich eine dynamische Entwicklung, die sich nicht mehr der förmlichen Gesetzgebung bedient (unten § 31 Rn. 3 f.).

Kartell- und Wettbewerbsrecht,[10] der Kernbereich des Wirtschaftsrechts, betreffen 8
sowohl Unternehmen in gesellschaftsrechtlicher Organisationsform als Akteure als
auch Kooperationen in gesellschaftsrechtlicher Form zwischen Unternehmen. Das
betrifft der wettbewerbsrechtlichen Kontrolle (sog. Fusionskontrolle) unterworfene
Zusammenschlüsse als Strukturentwicklung, ebenso (zulässige und unzulässige) Kartelle als wettbewerbsbeschränkendes Verhalten. Die Anwendung des Wettbewerbsrechts muss die gesellschaftsrechtlichen Handlungsformen und Zuständigkeiten respektieren. Das Gesellschaftsrecht hat keine wettbewerbsspezifischen Aufgaben,[11] kann
aber seinerseits auch keine Aussage über die Zulässigkeit unter kartell- und wettbewerbsrechtlichen Gesichtspunkten machen. Man kann das **Gesellschaftsrecht** selbst
als **Teil des Wirtschaftsrechts** auffassen, da es notwendige Instrumente für eine frei-
heitliche Wirtschaftsordnung zur Verfügung stellt.[12]

Das Gesellschaftsrecht ist in seiner Ausgestaltung durch die Praxis und die Reaktion 9
der Rechtsprechung darauf stark beeinflusst durch das **Steuerrecht.** Viele Konstruktionen sind vertrags- und gesellschaftsrechtlich nicht recht verständlich, erscheinen
unnötig kompliziert, ja sogar widersinnig. Hintergrund ist dann oft eine steuergünstige Gestaltung, die mit einer einfacheren Struktur nicht zu erreichen wäre. Das Steuerrecht knüpft vielfach an die Gesellschaftsform des Unternehmensträgers an; die
rechtspolitische Forderung nach einer rechtsformneutralen Besteuerung wurde bisher
bei jeder Steuerreform erhoben, dann aber wieder durch andere Regelungsanliegen
überlagert (Näheres unten § 4 Rn. 9 f.).

---

[9] In Deutschland ist das Bilanzrecht des HGB traditionell vom Gläubigerschutz geprägt. Dagegen
steht im angelsächsischen Bilanzrecht die Informationsfunktion für Investoren im Vordergrund; vgl.
Grundmann, European Company Law, § 15 Rn. 526 ff.; *Kübler/Assmann,* § 19; *Wiedemann/Fleischer,*
Nr. 423 ff.

[10] Art. 81 f. EGV als unmittelbar anwendbares primäres Gemeinschaftsrecht sowie die Verordnungen
dazu; dazu *Mestmäcker/Schweitzer,* Europäisches Wettbewerbsrecht, 2. Aufl., 2004; GWB und Kommentierungen dazu.

[11] *Windbichler,* Arbeitsrecht im Konzern, 1989, S. 47 ff.; Großkomm-AktG/*Windbichler,* Vor § 15
Rn. 37 m. w. N.

[12] Ebenso *K. Schmidt,* § 1 II 5.

10   Ferner bestehen vielfältige Verbindungen zwischen dem Gesellschaftsrecht und dem **Arbeitsrecht.** Insbesondere im Recht der **Unternehmensmitbestimmung** (unten § 28 Rn. 9 ff.) werden arbeitsrechtliche oder jedenfalls arbeitsrechtsnahe Ziele mit gesellschaftsrechtlichen Mitteln verfolgt. Dieser konkret gesetzlich geregelte Bereich ist Teil einer rechtlichen Betrachtungsweise, die Gesellschaften speziell in ihrer Verwendung als Unternehmensträger thematisiert, so dass die tatsächliche Veranstaltung des operativen Unternehmens einschließlich der Mitarbeiter („Sozialverband") einbezogen werden. Davon zu unterscheiden ist die betriebliche Mitbestimmung (Betriebsverfassung), die rechtsformneutral an der arbeitstechnisch definierten Einheit „Betrieb" unterhalb der Ebene des Unternehmens ansetzt. **Unternehmensrecht** ist kein eigenständiges Rechtsgebiet,[13] sondern der Überschneidungsbereich der Rechtsnormen, die für das Zusammenwirken von Arbeitnehmern, Kapitalgebern und Managern in der abgegrenzten Einheit Unternehmen zur Verfügung stehen.[14] Der unternehmensrechtliche Blickwinkel ist von besonderer Bedeutung für die vielfach vernachlässigte Abstimmung der sich überschneidenden Materien. Unternehmensrecht kann Gesellschaftsrecht in andere Zusammenhänge integrieren, aber keinesfalls ersetzen oder verdrängen, da Gesellschaften ja auch zu vielfältigen anderen Zwecken als der Unternehmensträgerschaft verwendet werden. Der Begriff der **Unternehmensverfassung** wurde zunächst im rechtspolitischen Sinn einer Forderung nach Ablösung von Gesellschaftsrecht durch unternehmensbezogene Normen verwandt.[15] Nunmehr wird „Unternehmensverfassung" auch als Übersetzung des etwas schillernden Begriffs **Corporate Governance** angeboten, unter dem zahlreiche bekannte Fragestellungen des Gesellschaftsrechts diskutiert werden.[16] Die internationale Diskussion über die Steuerungs- und Kontrollmechanismen in Kapitalgesellschaften bezieht nicht nur Rechtsregeln, sondern auch wirtschaftliche und andere Anreize, Gepflogenheiten und Empfehlungen ein.

11   Insolvenz ist ein Auflösungsgrund für die Gesellschaft; das **Insolvenzrecht** tritt an die Stelle der gesellschaftsrechtlichen Liquidationsregeln, sorgt für gleichmäßige Befriedigung der Gläubiger, einen geordneten Rückzug aus dem Wirtschaftsleben, nach Möglichkeit unter Restrukturierung und Rettung überlebensfähiger Unternehmensteile.[17] Die Insolvenzfähigkeit von Gesellschaften wurde daher durch die InsO ausgeweitet. Ob gesellschaftsrechtliche Formen des Gläubigerschutzes funktionsfähig sind, zeigt sich oft erst anhand der Insolvenz. Rechte und Pflichten von Gesellschaftern und Gesellschaftsorganen im Krisenfall sind teils im Gesellschaftsrecht, teils in der InsO und im AnfG geregelt. Die rechtstechnische Ansiedlung ist nicht zwingend; so verlagert das MoMiG[18] die Pflicht zur Insolvenzanmeldung für Kapitalgesellschaften aus

---

[13] Die Forderung nach einem eigenständigen Unternehmensrecht war vor allem rechtspolitisches Anliegen der 70er und 80er Jahre des vorigen Jahrhunderts; vgl. etwa *Ott,* Recht und Realität der Unternehmenskorporation, 1977; *T. Raiser,* Das Unternehmen als Organisation, 1969; *ders./Veil,* § 6 Rn. 8 ff.; *Steinmann,* Das Großunternehmen im Interessenkonflikt, 1979; *Vollmer,* Die Entwicklung partnerschaftlicher Unternehmensverfassungen, 1976; – Überblick bei *Wiedemann* I, § 6; *Rittner,* FS Peltzer, 2001 S. 367; *Zöllner,* AG 2003, 2; s. auch oben Rn. 1 a. E.

[14] Ähnlich *K. Schmidt,* § 1 II 4 b.

[15] Vgl. die Nachweise in Fn. 13; gegen Überspitzungen *Ballerstedt,* FS Duden, 1977, S. 15.

[16] Vgl. etwa *Hommelhoff/Hopt/v.Werder* (Hrsg.), Handbuch Corporate Governance, 2003; *Hopt/Wymeersch/Kanda/Baum* (Hrsg.), Corporate Governance in Context. Corporations, States, and Markets in Europe, Japan, and the US, 2005; unten § 25 Rn. 40 ff.

[17] *Becker,* Insolvenzrecht, 2005, § 4 Rn. 129 ff.; *Fischer,* ZGR 2006, 403; *Paulus,* ZGR 2005, 309; *ders.,* Insolvenzrecht, 2007, S. 19–22.

[18] RegE eines Gesetzes zur Modernisierung des GmbH-Rechts und zur Bekämpfung von Missbräuchen (MoMiG) vom 23. 5. 2007; im Internet bei *Möllers,* www.jura.uni-augsburg.de / Materialien zum Gesellschaftsrecht.

dem GmbHG und AktG in die InsO. Das hat vor allem für grenzüberschreitend tätige Gesellschaften Bedeutung. Nach der EuInsVO[19] findet das Insolvenzrecht des Staates Anwendung, in dem der Mittelpunkt der wirtschaftlichen Interessen der Gesellschaft liegt (*centre of main interest* – COMI).[20]

II. Stellung in Praxis, Wissenschaft und Studium

1. Praktische Bedeutung

Angesichts der breit gefächerten Erscheinungsformen von rechtsgeschäftlich begründeten privatrechtlichen Personenvereinigungen zu gemeinsamer Zweckverfolgung hat das Gesellschaftsrecht **große praktische Bedeutung.** Der Hauptanwendungsbereich betrifft die **Gesellschaften, die als Unternehmensträger** am Wirtschaftsleben teilnehmen. Die (oben Rn. 4) genannten Spezialformen dienen diesen wirtschaftlichen Bedürfnissen. Mit Ausnahme der Genossenschaften und der EWIV verfolgen sie notwendig (so z. B. die OHG) oder doch in der Regel (so z. B. die AG) Erwerbszwecke und werden deshalb als Erwerbsgesellschaften bezeichnet. Die Partnerschaft dient der gemeinsamen Ausübung eines freien Berufes, was nach realistischer Auffassung ebenfalls Erwerbszwecken dient.[21] Die Genossenschaften brauchen zwar nicht selbst einen Erwerb zu erstreben, dienen aber der Förderung des Erwerbs oder der Wirtschaft ihrer Mitglieder. Die EWIV dient der Förderung der wirtschaftlichen Kooperation ihrer Mitglieder über die Grenzen in der EU hinweg; sie ist grundsätzlich nicht selbst auf Erwerb gerichtet. **12**

Demgegenüber stehen die meisten Gesellschaftsformen sowohl für wirtschaftliche als auch für andere Zwecke zur Verfügung. Sie können Erwerbszwecke verfolgen, können aber ebenso gut auch ideellen, d. h. nicht wirtschaftlichen Bestrebungen dienstbar gemacht werden.[22] Beim Verein steht letzteres ganz im Vordergrund, § 21 BGB: *Idealverein,* während die Gründung wirtschaftlicher Vereine die staatliche Verleihung der Rechtspersönlichkeit erfordert, § 22 BGB. Da dies unpraktisch ist, wird dadurch die wirtschaftliche Betätigung als Körperschaft gezielt auf die dafür besonders ausgestalteten Spezialformen (AG, GmbH etc.) verwiesen. Für die *Gesellschaft bürgerlichen Rechts* verlangt § 705 BGB keinen wirtschaftlichen Zweck, schließt ihn aber auch nicht aus.

Das Gesellschaftsrecht ist daher von den Fragestellungen, die sich aus der Rolle der Gesellschaften als Unternehmensträger ergeben, geprägt. Die gesetzgeberischen Aktivitäten, die Rechtsprechung, die Kautelarpraxis und die Rechtswissenschaft befassen sich ganz überwiegend mit erwerbsorientierten Gesellschaften, weil das die Hauptanwendungsfälle sind. Die Zusammenarbeit und der Gedankenaustausch auf diesem Ge-

---

[19] VO EG über Insolvenzverfahren Nr. 1346/2000 vom 29. 5. 2000 ABl.EG L 160 S. 1; dazu *Ehricke/ Reis,* JuS 2003, 313; *Paulus,* Europäische Insolvenzverordnung, 2006, Einl. Rn. 1 ff.

[20] Dazu *EuGH* NJW 2006, 2682 – Eurofood; *Duursma-Kepplinger,* ZIP 2007, 896, 898 ff.; *Eidenmüller,* Ausländische Kapitalgesellschaften im deutschen Recht, 2004, § 9; *ders.,* ZGR 2006, 467; *Grundmann,* European Company Law, § 35 Rn. 1212 ff.; *Hirte,* in: Gesellschaftsrecht in der Diskussion 2006, 2007, S. 147; *Paulus,* NZG 2006, 609; *ders.,* Europäische Insolvenzverordnung, 2003, Art. 3 Rn. 17 ff.; rechtsvergleichend *J. Schmidt,* ZIP 2007, 405.

[21] Die Abgrenzung der freien Berufe erfolgt für das PartGG nach dessen § 1 Abs. 2, im Übrigen nach Berufsrecht, historisch gewachsenem Berufsbild und der Verkehrsanschauung; die Ansicht, dass freie Berufe vom Gewerbe durch fehlende bzw. nachrangige Gewinnerzielungsabsicht abgegrenzt werden könnten (so noch *Hübner,* Handelsrecht, 4. Aufl., 2000, § 1 Rn. 7), ist überholt.

[22] Vgl. § 1 GmbHG: Gesellschaften mit beschränkter Haftung können ... zu *jedem* gesetzlich zulässigen Zweck ... errichtet werden.

biet zwischen Rechtsprechung, Beratungspraxis, Wissenschaft und Gesetzgebung haben eine lebendige Tradition.[23]

13   Besondere praktische Bedeutung kommt ferner dem **Recht der Verbände** zu, deren Teilhabe an der staatlichen Willensbildung teilweise gesetzlich vorgesehen, teilweise faktisch gegeben ist. Organisationen zur Durchsetzung gemeinsamer Interessen im politischen und gesellschaftlichen Bereich sind als Berufs-, Wirtschafts- und sonstige Interessenverbände bekannt. Herausragende Beispiele sind etwa Gewerkschaften und Arbeitgeberverbände, Religionsgemeinschaften, ADAC, Deutscher Sportbund oder Deutscher Fußballbund. Zwischen Machtkonzentration ohne demokratische Legitimation und institutionalisierter Selbstverwaltung oszillierend sind Verbände vielfach Gegenstand der Politikwissenschaft.[24] Die zum engeren Gebiet des Gesellschaftsrechts gehörenden, meist vereinsrechtlichen Fragen stellen aber nur einen kleinen Ausschnitt der gesamten, auch öffentlichrechtlichen Problematik dar.

2. Rechtswissenschaft

14   Die Rechtswissenschaft findet im Gesellschaftsrecht einen Gegenstand vor, der ein Charakteristikum des Privatrechts in ganz besonderem Maße verwirklicht, nämlich die autonome Gestaltung durch die Beteiligten. Die Systematisierung von Gesetzen und Rechtsprechung, die Suche nach dogmatisch stimmigen Erklärungsmustern darf sich daher nicht auf die Analyse abgeschlossener Fälle beschränken, sondern muss stets die Formulierung von Regeln als brauchbare **Handlungsanweisungen ex ante** betrachten. Gesellschaftsrecht als Organisationsrecht ist **gestaltungs- und beratungsorientiert.** Auch für die wissenschaftliche Befassung gilt es daher, funktionsfähige Regelungen des Interessenausgleichs und der Konfliktlösung auch für nicht vorher zu sehende Schwierigkeiten zu finden. Das trifft zwar auf viele Rechtsgebiete zu, kennzeichnet das Gesellschaftsrecht aber ganz besonders, da die gemeinsame Zweckverfolgung gewissermaßen „nach vorne offen" ist.[25] Das Gesellschaftsrecht ist ferner ein Gebiet, das nicht nur nach Maßgabe des Rechts im engen Sinn, des Gesetzesrechts, der Rechtsprechung und richterlichen Rechtsfortbildung Forschungsgegenstand sein sollte. Denn gerade im internationalen Vergleich zeigt sich die Bedeutung von Traditionen, nicht gesetzesförmigen Übereinkünften, Sozialnormen, Anreizen und sonstigen Funktionsbedingungen (unten Rn. 18). Rechtsvergleich und Interdisziplinarität werden daher dem wissenschaftlich interessierten Gesellschaftsrechtler sehr am Herzen liegen.

3. Ausbildung

15   Die Stellung des Gesellschaftsrechts in der rechtswissenschaftlichen Ausbildung ist vordergründig geprägt durch die Prüfungsordnungen der Länder und Studienschwerpunkte der Fakultäten. Danach sind zumindest das Recht der Personengesellschaften

---

[23] Siehe z.B. die regelmäßig von Zeitschriften und Vereinen veranstalteten Symposien mit entsprechenden Publikationen, etwa ZGR und ZHR (jeweils ein Sonderheft im Zweijahresabstand), die RWS-Foren und die Tagungen der Gesellschaftsrechtlichen Vereinigung VGR mit Tagungsbänden.

[24] Dazu *Kübler/Assmann,* § 5 III, § 34; MünchKomm-BGB/*Reuter,* 5. Aufl., Vor § 21 Rn. 61 ff.; *Teubner,* Organisationsdemokratie und Verbandsverfassung, 1978; vgl. auch *Hadding,* ZGR 2006, 137.

[25] *Grundmann,* Europäisches Gesellschaftsrecht, Rn. 83; *Jickeli,* Der langfristige Vertrag, 1994 (insb. S. 151 ff., 207 ff., 235 f., 265); *Lutter,* AcP 180 (1980) 84, 91 f.

und Grundzüge des Rechts der GmbH meist Pflichtfach. Vertiefungen werden in verschiedenen Kombinationen, oft Aktien- mit Kapitalmarktrecht, als Schwerpunktgebiete angeboten. Unter dem Gesichtspunkt exemplarischen Lernens, einer universellen juristischen Grundausbildung und darauf aufbauender Spezialisierung ist wichtig, wenigstens im Überblick die **gesellschaftsrechtstypischen Rechtsinstitute und Handlungsformen** der privatrechtlichen Kooperation und Organisation kennen zu lernen. Diese bauen auf allgemeinen Regeln des Bürgerlichen Rechts auf, lassen sich aber nicht daraus extrapolieren. Das gilt für das Personengesellschaftsrecht ebenso wie für das Recht der Kapitalgesellschaften.

III. Europäische Rechtsentwicklung, Rechtsvergleich und Internationales Gesellschaftsrecht

1. Europäische Rechtsentwicklung[26]

Die Recht der europäischen Wirtschaftsgemeinschaft und des Binnenmarktes hat **16** das Gesellschaftsrecht schon früh in wichtigen Bereichen geprägt. Das primäre Gemeinschaftsrecht enthält einen ausdrücklichen Harmonisierungsauftrag in Art. 44 Abs. 2 g EGV; mittelbar wirken sich auch die Grundfreiheiten auf das Gesellschaftsrecht aus (unten § 2 Rn. 26). Neben der Angleichung der nationalen Rechte wurden besondere europäische Verbandsformen entwickelt. Seit 1989 gibt es die Europäische Wirtschaftliche Interessenvereinigung (EWIV). Die Europäische (Aktien-)Gesellschaft – Societas Europaea (SE) wurde seit 1966 vorbereitet und durch ein Rechtsbündel aus Verordnung, Richtlinie und nationale Ausführungsgesetze seit 2005 praktisch verfügbar gemacht (unten § 2 Rn. 27, § 35). Seit 2006 gibt es die Europäische Genossenschaft; im Gespräch sind ein Europäischer Verein und eine Europäische Gegenseitigkeitsgesellschaft. Ob sich supranationale Gestaltungsmöglichkeiten durchsetzen, ist ungewiss. Die EWIV hat nur geringe Verbreitung gefunden. Die SE erfreut sich zunehmender Beliebtheit. Den europäischen Gesellschaftsformen kommt aber auch Bedeutung für das nationale Gesellschaftsrecht zu, indem das Nebeneinander von europäischen und nationalen Gesellschaftsformen die Rechtsentwicklung insgesamt beeinflusst.

Rechtstechnisch stehen als Formen des sekundären Gemeinschaftsrechts die Richt- **17** linie und die Verordnung (Art. 249 EGV) zur Verfügung. Zur Rechtsangleichung dienen Richtlinien, die der Umsetzung in nationales Recht bedürfen und mehr oder minder große Spielräume dafür lassen. Dementsprechend enthält das deutsche Gesellschaftsrecht richtlinienkonforme Vorschriften, was bei der Auslegung zu berücksichtigen ist. Im Rechtsstreit ist gegebenenfalls eine Vorabentscheidung des EuGH einzuholen (Art. 234 EGV). Die unmittelbar wirkende Verordnung wird für die Einführung europäischer Verbandsformen eingesetzt (zu den einzelnen Rechtsquellen unten § 2 Rn. 24 ff.). Für die politisch besonders umstrittene Mitbestimmung in den europäi-

---

[26] Dazu umfassend *Grundmann*, Europäisches Gesellschaftsrecht, 2004; 2. Aufl., 2007 in englischer Sprache: European Company Law unter Mitwirkung von *Möslein; Habersack*, Europäisches Gesellschaftsrecht, 3. Aufl., 2006; *Kübler/Assmann*, § 36; *G. C. Schwarz*, Europäisches Gesellschaftsrecht, 2002; *Windbichler/Krolop*, in: Riesenhuber (Hrsg.), Europäische Methodenlehre, 2006, S. 448; vgl. auch *Baums*, AG 2007, 57; *Ferrarini/Hopt/Winter/Wymeersch* (Hrsg.), Reforming Company and Takeover Law in Europe, 2006; *Hopt*, ZIP 2005, 461.

schen Formen wurde eine Kombination von Verordnung und Richtlinie gewählt, da
erst das flexiblere Instrument der Richtlinie die Umsetzung ermöglichte.[27]

Neben die Rechtsentwicklung durch Rechtsetzung und Rechtsprechung des EuGH[28]
tritt die sowohl in der Wissenschaft als auch durch die Rechtspraxis bei offenen Grenzen beförderte Suche nach einem gemeineuropäischen Gesellschaftsrecht, d.h. allgemein anerkannten Prinzipien, die durch die nationalen Regeln hindurch als gemeinschaftlicher Bestand kraft historischer und wirtschaftlicher Entwicklung wirken (eine
Art *ius commune*). Als rechtswissenschaftliche Methode kommt hier der funktionale
Rechtsvergleich zur Anwendung.

2. Rechtsvergleich

18   Die Rechtsvergleichung ist ganz besonders im Gesellschaftsrecht mehr als eine
Übung in juristischer Allgemeinbildung oder ein (anderer) Schwerpunkt in der deutschen juristischen Ausbildung. Die soeben skizzierte Harmonisierung und Angleichung des Rechts in der EU setzt zunächst Rechtsvergleich voraus; auch die nachfolgend angesprochenen Fragen des Internationalen Gesellschaftsrechts führen immer
wieder zu einem Funktionsvergleich der nationalen Regelungen. In hochentwickelten,
marktwirtschaftlich orientierten Ländern sind Gesellschaften die Hauptträger wirtschaftlicher Aktivitäten. Das regelungsbedürftige Zusammenwirken der Akteure Gesellschafter, Fremdkapitalgeber, Gläubiger, Mitarbeiter, Kunden, Management wirft
grundsätzlich die gleichen Fragen auf,[29] die je nach Rechtstradition, wirtschaftlich-
historischer Entwicklung und Eingriffsfreude des Staates mehr oder weniger unterschiedlich beantwortet werden. So gibt es etwa überall haftungsbeschränkte Gesellschaftsformen, den damit verbundenen Gefahren wird jedoch auf unterschiedliche
Weise begegnet. Die nationalen Gesellschaftsrechte enthalten ein immenses Erfah-
rungswissen, das sowohl für Harmonisierungszwecke wie für jede andere Weiterentwicklung fruchtbar zu machen ist. Ferner zwingen der grenzüberschreitende Wirtschaftsverkehr und die weltweite Öffnung der Kapitalmärkte zur Auseinandersetzung
mit den Rechtsregeln anderer Länder. Das wissenschaftliche Interesse an einer analyti-
schen Erfassung rechtlicher Regelungsinstrumente schließt den Rechtsvergleich ganz
selbstverständlich ein.

3. Internationales Gesellschaftsrecht

19   Das Internationale Gesellschaftsrecht bezeichnet das Recht, das bei Sachverhalten
mit Auslandsberührung bestimmt, nach welchem Recht eine Personenvereinigung zu
behandeln ist, d.h. das **Gesellschaftsstatut.** Internationales Gesellschaftsrecht ist ein
Teil des Internationalen Privatrechts, das seinerseits nationales Recht ist und sog.

---

[27] Für die SE *Hommelhoff,* AG 2001, 279; *Lutter,* BB 2002, 1, 2f.

[28] Mit dem Ergebnis eines *Ius Communitatis;* zur Einordnung und Begriffsbildung *Grundmann,* Europäisches Schuldvertragsrecht, 1999; *ders.,* Europäisches Gesellschaftsrecht, § 4; vgl. auch *Müller-
Graff* (Hrsg.), Gemeinsames Privatrecht in der Europäischen Gemeinschaft, 1993; *Riesenhuber,* Europäisches Vertragsrecht, 2. Aufl., 2006; Rechtsprechungsübersichten bei *Saenger,* Casebook Europäisches Gesellschafts- und Unternehmensrecht, 2002; *Klinke,* ZGR 1993, 1; *ders.,* ZGR 1994, 153; *ders.,*
ZGR 1998, 212; *ders.,* ZGR 2002, 163; *Hakenberg/Seyer,* ZEuP 2004, 832; *Kohler/Knapp,* ZEuP 2007,
484.

[29] *Cheffins,* S. 47 ff.; *Grundmann,* Europäisches Gesellschaftsrecht, § 3; *Kraakman/Davies u. a.,* Anatomy; zur funktionalen Methode des Rechtsvergleichs *Michaels,* in: Reimann/Zimmermann (Hrsg.),
The Oxford Handbook of Comparative Law, 2006, S. 339.

Kollisionsnormen enthält. Rechtsvergleichend finden sich im Wesentlichen zwei Anknüpfungsmethoden für das Gesellschaftsstatut, die *Sitztheorie* und die *Gründungstheorie*. Nach der Sitztheorie ist entscheidend, wo sich der tatsächliche Verwaltungssitz einer Personenvereinigung befindet, nach der Gründungstheorie kommt es auf die Rechtsordnung an, nach deren Vorschriften der Gesellschaftsvertrag geschlossen bzw. die Gesellschaft inkorporiert wurde. Das deutsche Recht (EGBGB) enthält keine ausdrückliche Kollisionsregel; weite Teile der Literatur und die ständige Rechtsprechung folgten früher der Sitztheorie.[30] Im Zuge der Europäischen Integration ist die Sitztheorie jedoch nur beschränkt tauglich.[31]

Innerhalb der EU hat die Sitztheorie hinter die Grundfreiheiten zurück zu treten; nach Art. 43 und 48 EGV genießen Gesellschaften die Niederlassungsfreiheit, nach Art. 49 und 55 EGV die Dienstleistungsfreiheit. Der EuGH war mehrfach im Wege der Vorabentscheidung (Art. 234 EGV) mit solchen Fragen befasst.[32] Die Sitztheorie führt dazu, dass eine Personenvereinigung, die ihre tatsächliche Verwaltung und hauptsächliche Geschäftstätigkeit in Deutschland hat, aber nach dem Recht eines anderen Staates gegründet ist, deutschem Recht unterworfen wird. Dann aber fehlt es an den Voraussetzungen für eine entsprechende Gesellschaftsform (mit Haftungsbeschränkung) deutschen Rechts, insbesondere an der Eintragung im deutschen Handelsregister. Damit ist es den Beteiligten faktisch verwehrt, sich das Gesellschaftsstatut auszusuchen, selbst wenn sie ein ausländisches Recht für ihre Zwecke für geeigneter halten. Nach der Gründungstheorie hingegen ist das möglich. Eine nach englischem Recht, das der Gründungstheorie folgt, gegründete und registrierte Gesellschaft braucht dort nicht ihren effektiven Verwaltungssitz zu haben, um nach englischem Recht anerkannt zu werden. Die Gründungstheorie ermöglicht in größerem Umfang die Auswahl nicht nur unter den verschiedenen Gesellschaftsformen nach nationalem Recht (zur Rechtsformwahl unten § 4), sondern auch unter Gesellschaftsformen ausländischen Rechts.

Damit wird ein **Wettbewerb der Rechtsordnungen** eröffnet, der, je nach seinen Funktionsbedingungen, Gefahren oder leistungsfähige Ergebnisse bewirken und grundlegende gesellschaftsrechtliche Denkweisen in Frage stellen kann. Nach der Rechtsprechung des EuGH darf die Verlegung des tatsächlichen Verwaltungssitzes einer Gesellschaft innerhalb der EU nicht dazu führen, dass die Gesellschaft im Zuzugsstaat ihre Rechts- und Parteifähigkeit verliert. Das wird überwiegend so gedeutet, dass nur die Gründungstheorie den europäischen Grundfreiheiten gerecht wird. Damit sind aber keineswegs alle Probleme des Internationalen Gesellschaftsrechts in der EU gelöst.

Unter der in den USA geltenden Gründungstheorie entwickelte sich ein Wettbewerb zwischen den einzelstaatlichen gesellschaftsrechtlichen Regelungen, der zu einer weitreichenden Vorherrschaft des Rechts des Staates Delaware geführt hat. Man darf den sog. „Delaware-Effekt" nicht undifferenziert mit einem „race to the bottom" oder „race of laxity" gleichsetzen, da im Ergebnis das Recht von De-

---

[30] BGHZ 53, 181, 183 = NJW 1970, 998 m. Anm. *Langen; BGH* NJW 1995, 1032; ZIP 2000, 967 = EuZW 2000, 412; *BFH* NZG 2002, 103; Staudinger/*Großfeld*, IntGesR Rn. 72; Erman/*Hohloch*, Anh. II zu Art. 37 EGBGB Rn. 25; MünchKomm-BGB/*Kindler*, IntGesR Rn. 312 ff., 331 ff., jeweils m. w. N.

[31] Dazu *Grundmann*, European Company Law, § 7 Rn. 200 ff.; *Rehm*, in: Eidenmüller (Hrsg.), Ausländische Kapitalgesellschaften im deutschen Recht, 2004, § 2 Rn. 38 ff.

[32] *EuGH* NJW 1989, 2187 – Daily Mail; NJW 1999, 2027 – Centros; NJW 2002, 3614 = NZG 2002, 1146 – Überseering; NJW 2003, 3331 – Inspire Art; NJW 2006, 425 – Sevic; BGHZ 154, 185 = NZG 2003, 431; *Habersack,* Europäisches Gesellschaftsrecht, § 3 Rn. 11 ff.; zur Gründungstheorie als Kollisionsnorm nach dem Deutsch-Amerikanischen Freundschaftsvertrag *BGH* ZIP 2003, 720; s. auch unten § 26 Rn. 39.

20

21

laware, einschließlich der dortigen spezialisierten Gerichtsbarkeit und der darauf spezialisierten Anwälte, sehr funktionstüchtig ist. Ob innerhalb Europas oder weltweit eine Optimierung des Gesellschaftsrechts durch Wettbewerb möglich ist, hängt entscheidend von den Rahmenbedingungen ab, die anders sind als für die einzelnen US-amerikanischen Staaten. So gibt es, im weltweiten Vergleich, keine gemeinsame Verfassung und kein bundesrechtlich einheitliches Kapitalmarktrecht, und die Rechtstraditionen liegen oft viel weiter auseinander. Für die Rechtsentwicklung innerhalb der EU sind dagegen das Ausmaß der Rechtsangleichung, auch außerhalb des Gesellschaftsrechts, sowie die Informationsmöglichkeiten wesentliche Rahmenbedingungen für den Regimewettbewerb.[33]

IV. Darstellungsweise

22   Vom wissenschaftlich systematischen Standpunkt aus spricht manches dafür, das Recht der Gesellschaften im weiteren Sinn zusammen zu fassen und zunächst übergreifende Grundprinzipien als **„Allgemeinen Teil des Gesellschaftsrechts"** zu formulieren.[34] Der Gesetzeslage entspricht das nicht, da es keine allgemeinen gesetzlichen Regeln für Gesellschaften wie etwa in den Niederlanden oder in Frankreich[35] gibt. Die allgemeinen Grundsätze sind vielmehr Ergebnis oder Arbeitsprogramm rechtswissenschaftlicher Bemühungen,[36] damit für wissenschaftlich Interessierte ganz vorrangig reizvoll. Für diejenigen, die sich bisher noch nicht näher mit dem Gesellschaftsrecht befasst haben, ist ein solcher Allgemeiner Teil aber unanschaulich, da die konkreten Anwendungsbezüge in den einzelnen Gesellschaftsformen noch nicht geläufig sind. Die folgende **Darstellung geht** daher **von den einzelnen Gesellschaftsformen aus.** Im jeweiligen Zusammenhang wird dann darauf hingewiesen, ob eine Rechtsfigur für die jeweilige Gesellschaftsform spezifisch oder als „Kandidat" für ein Allgemeines Gesellschaftsrecht tauglich ist.

Es werden nicht alle Gesellschaftsformen vorgestellt und gleichgewichtig behandelt; das würde Anliegen und Umfang eines Kurzlehrbuches sprengen. Leitlinien für die Auswahl sind die dogmatische und die praktische Bedeutung, die Zuordnung in der juristischen Ausbildung und die Eignung, gesellschaftsrechtliches Denken zu vermitteln.

23   Im Folgenden **ausgeschlossen** bleibt deshalb das **Vereinsrecht des BGB.**[37] Der Verein ist zwar die Grundform der Körperschaft und der juristischen Person. Der Begriff der juristischen Person gehört

---

[33] Vgl. *Cheffins,* S. 421 ff.; *Kübler/Assmann,* § 35 II 2; *Grundmann,* ZGR 2001, 783, 797 ff.; *Kieninger,* Wettbewerb der Privatrechtsordnungen im Binnenmarkt, 2002; aus ökonomischer Sicht *Heine,* Regulierungswettbewerb im Gesellschaftsrecht, 2003.

[34] So *K. Schmidt,* Erster Teil; *Wiedemann* I; für die Personengesellschaften *Wiedemann* II, §§ 1–6; vgl. auch *Kraakman/Davies u. a.,* Anatomy.

[35] In den Niederlanden Art. 7 A: 1655–1688 Burgerlijk Wetboek von 1992; in Frankreich Art. 1–8 L. 24 juillet 1966, Art. 1832 ff. Code Civil; das tschechische HGB enthält einen allgemeinen Abschnitt über Handelsgesellschaften und Genossenschaften in §§ 56–75 b (Übersetzung im Handbuch für Wirtschaft und Recht in Osteuropa – WiRO).

[36] Exemplarisch etwa *Lutter,* Theorie der Mitgliedschaft – Prolegomena zu einem Allgemeinen Teil des Korporationsrechts, AcP 180 (1980), 84; *K. Schmidt,* Informationsrechte in Gesellschaften und Verbänden – Ein Beitrag zur gesellschaftsrechtlichen Institutionenbildung, 1984; *ders.,* Die Beschlussanfechtungsklage bei Vereinen und Personengesellschaften – Ein Beitrag zur Institutionenbildung im Gesellschaftsrecht, FS für Stimpel, 1985, S. 217.

[37] Literatur zum Vereinsrecht: *Kübler/Assmann,* § 10 f.; *Richter,* Handbuch des Vereins- und Verbandsrechts, 9. Aufl., 2003; *Sauter/Schweyer,* Der eingetragene Verein, 18. Aufl., 2006; *K. Schmidt,* Verbandszweck und Rechtsfähigkeit im Vereinsrecht, 1984; *Stöber,* Handbuch zum Vereinsrecht, 9. Aufl., 2004; *Wiedemann/Frey,* Nr. 16 ff.; Kommentare zu §§ 21 ff. BGB. Eine Reform des Vereinsrechts ist in der Diskussion; BR-Drs. 99/06; dazu *Beuthien,* NZG 2005, 493; *Hadding,* ZGR 2006, 137; *Reuter,* ZRP 2005, 169, aus europäischer Sicht *Terner,* ZEuP 2007, 96 ff.

zu den Grundkonzepten des Privatrechts und kann deshalb in die allgemeinen Lehren des bürgerlichen Rechts verwiesen werden, zumal er sich nicht auf privatrechtliche Personengemeinschaften beschränkt, sondern auch für die Stiftung von Bedeutung ist. Eine Theorie der juristischen Person müsste zudem die öffentlichrechtlichen Körperschaften und Anstalten einbeziehen. Ferner unterscheidet sich das Recht der bürgerlichrechtlichen Vereine wesentlich von dem Recht der rechtsfähigen Körperschaften des Handelsrechts. Es ist für die letzteren zwar von Bedeutung; doch ist die Behandlung des Aktienrechts und des GmbH-Rechts ohne gleichzeitige Darstellung des Vereinsrechts gut möglich. Die verhältnismäßig wenigen Bestimmungen des Vereinsrechts des BGB, die ergänzend Anwendung finden, werden dabei mit berücksichtigt. Der besondere Problemkreis der Interessenverbände gehört nur zu einem geringen Teil zum Gesellschaftsrecht (oben Rn. 13), so dass mit dem Vereinsrecht auch dieser Bereich ausgespart bleibt.

Anders steht es mit dem Recht der BGB-Gesellschaft. Diese Form wird häufig eingesetzt, auch als Unternehmensträger und Investitionsvehikel (unten § 5 Rn. 3, 12). Sie hat Bedeutung als Grundform für die Gesellschaftsformen des HGB und die PartG. Das Recht der OHG, der KG, der stillen Gesellschaft und der Partnerschaft greift subsidiär auf das Gesellschaftsrecht des BGB zurück. Deshalb wird im Folgenden das Recht der BGB-Gesellschaft mit behandelt. Der Schwerpunkt liegt gleichwohl bei der präziser ausgestalteten OHG, die zudem Verweisungsziel für die KG, die PartG, die EWIV und, nach der Rechtsprechung des BGH, auch die BGB-Gesellschaft ist.

Die Gesellschaftsformen der Sondergesetze bilden schon rein quantitativ den *Hauptstoff* des Gesellschaftsrechts (oben § 1 Rn. 4) und damit auch der Darstellung. Im Interesse der Anschaulichkeit und Übersichtlichkeit werden nur die wichtigeren, universell für vielerlei Zwecke verwendbaren ausführlich behandelt. Die auf besondere Spezialgebiete beschränkten Formen der **Reederei**,[38] des **Versicherungsvereins auf Gegenseitigkeit**[39] und der praktisch weniger bedeutsamen *EWIV*[40] werden nur gelegentlich gestreift. Die *Partnerschaftsgesellschaft*[41] ist durch ihre enge Anlehnung an die OHG grundsätzlich leicht zu erschließen. Spezielle Probleme ergeben sich aus den Besonderheiten des in Partnerschaft ausgeübten Freien Berufes, so dass eine vertiefte Behandlung die Auseinandersetzung mit dem jeweiligen Berufsrecht erfordert, die nicht in ein Kurzlehrbuch für Gesellschaftsrecht gehört.

Ähnliches gilt für die **eingetragene Genossenschaft**. Diese Rechtsform hat beträchtliche wirtschaftliche Bedeutung.[47] Das Genossenschaftsrecht hat sich aber seit langem zu einem eigenständigen Spezialgebiet innerhalb des Gesellschaftsrechts entwickelt. Aus der besonderen Zielsetzung, die sich von derjenigen der personalistischen wie der kapitalistischen Erwerbsgesellschaften, ebenso aber auch von den beim Verein und bei der BGB-Gesellschaft möglichen ideellen Zielen grundsätzlich unterscheidet, außerdem durch branchenspezifische Regulierung überlagert ist, folgen abweichende rechtliche Strukturen. Deren Verständnis verlangt ein tieferes Eindringen in die Entwicklungsgeschichte und in die wirtschaftlichen Besonderheiten des Genossenschaftswesens einschließlich des Kartellrechts. Eine Kurzdarstellung für Studienzwecke könnte kaum über den bloßen Gesetzesinhalt hinausgehen und soll deshalb unterbleiben. In den Prüfungs- und Studienordnungen kommt das Genossenschaftsrecht kaum vor; der gesellschaftsrechtlich kompetente Jurist wird sich, wie stets, bei Bedarf und Interesse selbständig einarbeiten.[43]

Die folgende Darstellung umfasst also die BGB-Gesellschaft, die OHG mit Hinwei- **24** sen zur PartG und zur EWIV, die KG, die Stille Gesellschaft, die GmbH, die Aktiengesellschaft, die Kommanditgesellschaft auf Aktien und die SE. Praktisch gehört die GmbH zu den wichtigsten Gesellschaftsformen und hat sich von der „kleinen Schwes-

---

[38] Literatur zur Reederei: *Ruhwedel*, Die Partenreederei, 1973; *K. Schmidt*, Die Partenreederei als Handelsgesellschaft, 1995; *ders.*, Gesellschaftsrecht, § 65; *Bote*, in: MünchHdbGesR, Bd. I, §§ 87–93.

[39] Literatur zum VVaG: *Benkel*, Der Versicherungsverein auf Gegenseitigkeit, 2. Aufl., 2002; *Fahr/Kaulbach*, VAG, 1994, §§ 15–53 b; *Heidelbach*, Der kleinere VVaG, 1994; *Prölss*, Versicherungsaufsichtsgesetz, 2005, §§ 15–53 b.

[40] Literatur zur EWIV: Baumbach/Hopt/*Hopt*, Anh. nach § 160; *Salger/Neye*, in: MünchHdb-GesR I, §§ 94–99; *von der Heydt/von Rechenberg*, Die Europäische Wirtschaftliche Interessenvereinigung, 1991.

[41] Literatur zur PartG: *Damm*, FS Brandner, 1996, S. 31 ff.; *Henssler*, PartGG, 1997; *Michalski/Römermann*, PartGG, 3. Aufl., 2005; MünchKomm-BGB/*Ulmer*, PartGG (nach § 740).

[42] Vgl. die beispielsweise Aufzählung in § 1 GenG: landwirtschaftliche Produktions- und Absatzgenossenschaften, Wohnungsbaugenossenschaften, Kreditgenossenschaften (z.B. Volks- und Raiffeisenbanken).

[43] Literatur zum Genossenschaftsrecht: *Beuthien*, GenG, 14. Aufl., 2004; *ders.*, Zeit für eine Genossenschaftsreform, DB 2000, 1161; *Reuter*, 100 Bände BGHZ: Vereins- und Genossenschaftsrecht, ZHR 151 (1987), 355; *Stumpf*, JuS 1998, 701.

ter" der AG zu einer sehr eigenständigen Gestalt entwickelt. Da die GmbH wenigstens in Grundzügen fast überall Pflichtfach ist, wird sie zuerst behandelt; einige Verweisungen auf das Aktienrecht sind dabei unumgänglich. Die AG wird zunehmend durch kapitalmarktrechtliche Einflüsse geprägt und unter diesem Blickwinkel erörtert. Die im Vordringen befindliche SE verdient ein eigenes Kapitel. Ferner wird als besonders wichtiger Anwendungsfall der Rechtsformverbindung die GmbH & Co KG vorgestellt. Der abschließende Abschnitt gibt einen Überblick über Umwandlungen. Sonstige Strukturänderungen sowie Unternehmensverbindungen sind jeweils im Zusammenhang behandelt und nur für die AG gesondert zusammengefasst. Ökonomische Zusammenhänge, Querverbindungen zu anderen Rechtsgebieten und Rechtsvergleich werden kurz angesprochen, wenn dies dem Gesamtverständnis förderlich erscheint. Soweit Regeln nationalen Rechts EG-Richtlinien umsetzen, wird das vermerkt; auch allgemein findet der Stand der Europäisierung des Gesellschaftsrechts Berücksichtigung.

Literaturhinweise zu den einzelnen Gesellschaftstypen jeweils am Anfang der Darstellung.

V. Anhang: Historische und ökonomische Grundlagen

1. Historische Entwicklung der Personenvereinigungen

25   Die historischen Grundlagen sind nicht nur aus wissenschaftlicher Sicht, sondern auch zum besseren Verständnis von Rechtsvergleich und Europäisierung des Gesellschaftsrechts von Interesse. Die Personenvereinigungen des geltenden Rechts haben geschichtliche Vorbilder sowohl aus der deutschrechtlichen als auch der römischrechtlichen Tradition. Die deutsche Rechtsentwicklung zeigt eine große Vielfalt an Vereinigungsformen. Einfacher und klarer erscheint das römische Recht, jedenfalls zur Zeit Justinians, wie es nach Fortbildung durch die romanistische Jurisprudenz im mittelalterlichen Italien der Rezeption zugrunde lag. Zum Vergleich und zur Veranschaulichung der grundsätzlichen Möglichkeiten folgt ein Blick auf diese Formen des römischen Rechts, zumal sie die deutsche Entwicklung seit der Rezeptionszeit stark beeinflusst haben.

a) Römisches Recht

26   Die Personenvereinigungen des römischen Rechts sind die *universitas* und die *societas*.[44]

Die universitas ist rechtsfähig, im heutigen Sinn juristische Person. Sie tritt nach außen als selbständige Einheit auf. Das Vermögen erscheint als Vermögen der universitas, nicht als Vermögen der Mitglieder; für die Schulden haftet nur die universitas, nicht die einzelnen Mitglieder (quod universitati debetur, singulis non debetur; nec quod universitas debet, singuli debent). Im Prozess ist nur die universitas Partei. Ein Wechsel der Mitglieder berührt den Bestand der universitas nicht. Sie ist also in jeder Hinsicht von der Vielheit der einzelnen Mitgliedern losgelöst und verselbständigt. Als solche universitates kamen im römischen Recht vor allem, aber nicht ausschließlich, Staat und Gemeinden in Betracht.

---

[44] *Jörs/Kunkel/Wenger,* Römisches Privatrecht, 3. Aufl., 1949 (Nachdruck 1978), §§ 44 und 151; *Kaser,* Römisches Privatrecht, 18. Aufl., 2005, §§ 17 und 43; *Kaser,* Das römische Privatrecht, Abschnitt 2, 2. Aufl., 1975, §§ 214 und 267; *Meissel,* Societas, 2004; *Zimmermann,* The Law of Obligations, 1990/1992, S. 451–476.

Die societas oder Gesellschaft ist kein Rechtssubjekt, sondern lediglich eine schuldrechtliche Beziehung zwischen selbständigen Einzelpersonen. Es gibt kein Gesellschaftsvermögen im eigentlichen Sinn, das vom Privatvermögen der einzelnen Gesellschafter völlig getrennt wäre, sondern das dem Gesellschaftszweck gewidmete Vermögen gehört quotenweise den Mitgliedern. Für die Schulden haften die einzelnen Gesellschafter, im Prozess sind sie Partei. Jeder Gesellschafter kann grundsätzlich jederzeit Auflösung des Gesellschaftsverhältnisses verlangen. Das Ausscheiden eines Gesellschafters, z. B. durch Tod, hat notwendig die Auflösung der ganzen Gesellschaft zur Folge.

Bei der universitas herrscht der Einheitsgedanke, bei der societas dagegen steht die Vielheit der Mitglieder im Vordergrund.

b) Deutschrechtliche Elemente

Auch in der deutschen Rechtsentwicklung lassen sich, wenn man die Formenvielfalt **27** systematisch zusammenfasst, zwei Grundformen unterscheiden: die *deutschrechtliche Körperschaft* und die *Gemeinschaft zur gesamten Hand*.[45]

In der ältesten Zeit gab es allerdings noch keine Personenvereinigungen mit selbständiger Rechtsfähigkeit. Es fehlte die Fähigkeit zur Abstraktion, auf Grund derer man den Verband als selbständiges Rechtssubjekt von den Mitgliedern hätte trennen können. Im Mittelalter aber tauchen rechtsfähige Körperschaften in sehr verschiedener Form und zu sehr verschiedenen Zwecken auf, etwa Zünfte, Kaufmannsgilden, Deichgenossenschaften usw. Aus ihnen lässt sich eine Grundform der deutschrechtlichen Körperschaft ableiten. Sie ist wie die universitas selbständiges Rechtssubjekt und besitzt einen Gesamtwillen, den sie durch ihre Organe zum Ausdruck bringt. Die Loslösung des Verbandes von den Mitgliedern geht nicht so weit wie im römischen Recht. Es gibt keine völlige Trennung der Rechtssphäre der Mitglieder von derjenigen der Körperschaft. Die Körperschaft ist zwar selbständige Einheit, aber doch nicht derart verselbständigt, dass zwischen Körperschaft und Genossen nur Rechtsbeziehungen wie zwischen dritten, einander fremden Personen denkbar wären. Vielmehr berücksichtigte man stets, dass die Körperschaft sich aus den einzelnen Genossen aufbaut. Zwischen Körperschaft und Genossen ergeben sich deshalb besonders geartete Rechtsbeziehungen. Sie sind durch die Mitgliedschaft begründet und bedingt und wurden deshalb als „sozialrechtlich" bezeichnet. Das zeigt sich auch in der Behandlung des Gesellschaftsvermögens. Es gehört der Körperschaft als solcher, da diese juristische Person ist; aber auch die Mitglieder können selbständige Rechte an den Gegenständen dieses Vermögens haben, insbesondere Nutzungsrechte, die nicht etwa als iura in re aliena erscheinen, sondern als eigenartige Mitgliedschaftsrechte, die einem Dritten, Außenstehenden, gar nicht zustehen konnten. Für die Schulden haftet grundsätzlich die Körperschaft, daneben besteht vielfach aber auch eine Haftung der Mitglieder. Insgesamt zeigt sich, dass der begriffliche Gegensatz zwischen den Mitgliedern als Einzelpersonen und der Körperschaft nicht so scharf durchgeführt wird wie im römischen Recht. Dieser Ansatz ist heute bei der eingetragenen Genossenschaft feststellbar, während die AG mehr wie eine universitas aufgebaut ist.

Die Gemeinschaft zur gesamten Hand ist eine Besonderheit des deutschen Rechts, die man in vielfältigen Ausprägungen findet. Sie unterscheidet sich sehr wesentlich von der römischen societas. Während die societas in rein schuldrechtlichen Beziehungen zwischen Personen besteht, so dass sich die Gesellschafter lediglich als Gläubiger und Schuldner gegenüberstehen, findet in der Gemeinschaft zur gesamten Hand eine stärkere Bindung der Mitglieder statt. Sie werden zu einer wirklichen Gemeinschaft zusammengefasst. Diese ist nicht völlig verselbständigt, aber der Gemeinschaftsgedanke wird viel stärker betont als bei der societas. Das zeigt sich vor allem bei der Behandlung des Gesellschaftsvermögens. Es gibt ein Gesellschaftsvermögen, das völlig vom Privatvermögen der Gesellschafter getrennt ist. Dieses Vermögen wird durch den Gemeinschaftsgedanken gebunden. Es ist ein Sondervermögen, das allen Gesellschaftern gemeinsam gehört und über das sie nur gemeinsam verfügen können (vgl. unten § 3 Rn. 4 ff.). Die Gemeinschaft zur gesamten Hand ist aus der Hausgemeinschaft hervorgegangen. Die unter der Herrschaft des Vaters stehenden Familienmitglieder bildeten eine Gemeinschaft, der das der Familie zugewiesene Land als Gesamtgut gehörte. Auch nach dem Tode des Vaters blieben die erwachsenen Söhne vielfach in der Hausgemeinschaft verbunden, ohne eine Erbteilung vorzunehmen. Solche Ganerbengemeinschaften bestanden im Mittelalter in mannigfacher Weise, ihre Rechtsform ist die Gemeinschaft zur gesamten Hand. Später wurden entsprechende Gemeinschaften auch durch Vertrag begründet, insbesondere auch Erwerbsgesellschaften.

---

[45] Vgl. dazu *Hübner*, Grundzüge des deutschen Privatrechts, 5. Aufl., 1930 (Nachdruck 1969), S. 123 ff., sowie das grundlegende Werk von *Otto v. Gierke*, Das deutsche Genossenschaftsrecht (4 Bände), 1868 ff.; auch *Mitteis/Lieberich*, Deutsches Privatrecht, 9. Aufl., 1981, Kap. I 1.

c) Verbindung zum geltenden Recht

28   Das geltende Recht zeigt Haupttypen für Gesellschaften, die diesem geschichtlichen Überblick entsprechen, im Einzelnen aber sehr unterschiedliche Gestalt annehmen können. Die vier Formen universitas, societas, deutschrechtliche Körperschaft und Gemeinschaft zur gesamten Hand sind auch heute noch die wesentlichen rechtstechnischen Instrumente für Personenvereinigungen. Dabei bilden universitas und societas die schärfsten Gegensätze: Bei der universitas herrscht der Einheitsgedanke, die einzelnen Mitglieder treten völlig hinter der Einheit der universitas zurück; bei der societas herrscht der Vielheitsgedanke, die Einzelnen socii erscheinen als selbständige, nur durch schuldrechtliche Pflichten aneinander gebundene Personen. Die deutschrechtliche Körperschaft und Gemeinschaft zur gesamten Hand stehen in der Mitte dazwischen.

Im geltenden Recht finden sich entsprechende Rechtsformen wieder. Eine der *societas* entsprechende Gesellschaft ist möglich. Zwar ist die Gesellschaft des bürgerlichen Rechts in der Regel Gemeinschaft zur gesamten Hand, aber das ist nicht zwingend. Kraft Vertragsfreiheit können die Gesellschafter von einem gemeinsamen Vermögen ganz absehen oder eine Bruchteilsgemeinschaft vereinbaren. Die Gesellschaft kann darüber hinaus bloße Innengesellschaft sein, nach außen gar nicht hervortreten und sich auf rein schuldrechtliche Beziehungen der Gesellschafter untereinander beschränken. Das gilt notwendig für die stille Gesellschaft. Eine Gesellschaftsform ohne Rechtspersönlichkeit, aber mit rechtlicher Verselbständigung, ist heute die BGB-Gesellschaft in manchen Fällen, die OHG und die KG sowie der nichtrechtsfähige Verein. Bei der OHG wird der Einheitsgedanke stärker betont; sie hat eine einheitliche Firma, unter der sie nach außen als Einheit auftritt, Rechte erwirbt und Verbindlichkeiten eingeht, klagt und verklagt werden kann (§ 124 HGB). Sie nähert sich deshalb im Außenverhältnis der juristischen Person. Daneben stehen dann die *juristischen Personen* (unten § 2 Rn. 7). Auch hier findet man im Einzelnen Abstufungen. Im Handelsrecht ist der Einheitsgedanke im Sinn der römischrechtlichen *universitas* besonders scharf ausgeprägt bei der AG, während GmbH und KGaA Übergangsformen zur Personengesellschaft ermöglichen und die Genossenschaft stärker an die *deutschrechtliche Körperschaft* erinnert.

29   Diese historische Rückführung von rechtstechnischen Gesellschaftsformen sagt noch nichts über die Funktion und Rahmenbedingungen von Personenvereinigungen. Erst mit dem Gedankengut der Aufklärung konnte sich das moderne, privatrechtlich geprägte Gesellschaftsrecht entwickeln. Die bürgerlichen Freiheiten, der Zugang zur gewerblichen Betätigung ohne ständische Schranken prägen das heutige Gesellschaftsrecht, das insoweit ein Produkt der bürgerlichen und der industriellen Revolution ist.[46] Kapitalistische Wirtschaftsformen und das Vordringen von Marktprozessen als Hauptsteuerungselement (dezentrale Koordination), das Phänomen des von einer Kapitalgesellschaft betriebenen Großunternehmens haben sich auch als rechtliche Fragestellungen niedergeschlagen und neue Regelungselemente hervorgebracht, z.B. ein ausdifferenziertes Bilanz- und Kapitalmarktrecht sowie die Unternehmensmitbestimmung (oben Rn. 6f. und 10). Hinzu kommen die Rechtsfragen, die sich aus der Durchlässigkeit der Grenzen im europäischen Binnenmarkt und der zunehmenden weltweiten Öffnung von Märkten ergeben.

2. Ökonomische Grundlagen

30   Ein Blick auf die ökonomischen Grundlagen des Gesellschaftsrechts soll weniger wirtschaftshistorisch ausgerichtet, sondern auf einige Grundfragen gelenkt werden, die auch im rechtlichen Zusammenhang von Bedeutung sind. Aus der Fülle der ökonomi-

---

[46] Näher *Kübler/Assmann*, § 2.

schen Theorien werden dabei diejenigen Ansätze herausgegriffen, die die größte Nähe zu gesellschaftsrechtlichen Fragestellungen aufweisen, nämlich die neue Institutionenökonomik.[47]

Ein entscheidender Ausgangspunkt ist die Frage nach der **Wirtschaftlichkeit** als Kernproblem ökonomischer Organisation. Es geht um die Relation der eingesetzten Mittel zur Erreichung eines Zieles und das Ausmaß der Zielerreichung. Das Verhältnis von Aufwand und Erfolg soll optimiert werden. Dies ist nicht notwendig identisch mit „Gewinnmaximierung", da das Wirtschaftlichkeitsproblem in allen Lebenszusammenhängen auftritt, also auch bei der Verfolgung sehr privater Präferenzen, künstlerischer, wissenschaftlicher und altruistischer Ziele. Ein – in gewissen Grenzen – bewährtes Mittel zur optimierten Zielerreichung ist der Abschluss von Austauschverträgen, also der **Marktprozess.** Wenn Personen sich zur gemeinsamen Zweckerreichung zusammenschließen, ersetzen sie eine (theoretisch mögliche) Vielzahl von Einzeltransaktionen durch Kooperation, eine **Organisation** oder eine Gesellschaft. Warum und unter welchen Voraussetzungen die Organisation (Hierarchie) dem Vertrag überlegen ist, behandelt die Theorie der Unternehmung.[48] Ein System von Kompetenzzuweisungen kann günstiger sein als eine Vielzahl von Einzelverträgen (Ersparnis von Transaktionskosten), wirft aber neue Probleme auf. Die Personen mit Entscheidungs- und Handlungskompetenz haben einen Informationsvorsprung und können unentdeckt eigene Pflichten und die Interessen der Gesellschafter vernachlässigen (Opportunismus, *principal-agent*-Situation, **Agenturproblem**). Das führt zu erhöhtem Kontrollbedarf; die Kontrolle verursacht aber wiederum Kosten. Ferner können **Verteilungsprobleme** hinsichtlich der Kooperationsgewinne auftreten. Insgesamt ist von besonderer Bedeutung, dass bei Kooperation nicht wie bei einem punktuellen Austauschvertrag alle wesentlichen Elemente in einer abgegrenzten Transaktion von den Parteien festgelegt werden können, sondern dass die gemeinsame Zweckverfolgung immer neue Entscheidungen verlangt (vgl. oben Rn. 14). Rechtsregeln sind oftmals ein taugliches Mittel, solche Probleme zu lösen. Das gilt ganz besonders für dispositives Recht als bewährte "Werkzeugkiste". Ein zwingender Eingriff durch den Gesetzgeber bedarf der besonderen Begründung; die dadurch verursachten Freiheitsverluste und Kosten müssen zu einem effizienteren Ressourceneinsatz führen als dies ohne Regulierung der Fall wäre oder, wenn andere Ziele verfolgt werden wie Fairness, Teilhabe, Gemeinwohlorientierung, müssen Ziele und Kosten offen gelegt werden und die Mittel geeignet sein. Neben zwingendem Recht werden andere Anreizsysteme wie dispositives Recht, Vorschriften zur Informationsverbesserung, private Regelsysteme, Reputationsverlust etc. untersucht, ferner Rahmenbedingungen wie Marktverhältnisse etc. Methodisch ist hervorzuheben, dass die Analyse der Zusammenhänge nicht nur theoretisch (hypothetisch und mathematisch) erfolgt, sondern empirische Daten auswertet und von oft sehr konkreten Fallstudien ausgeht.

Die skizzierten ökonomischen Fragen stehen in engem Zusammenhang mit den Rechtsproblemen, die typischerweise Gegenstand des Gesellschaftsrechts sind. Es ist daher ein Gewinn und verspricht eine Qualitätsverbesserung der rechtswissenschaftlichen Arbeit, wenn die Fragen, Erkenntnisse und Methoden der Nachbardisziplin zur Kenntnis genommen werden, zumal so manches juristische Argument eine verkappte ökonomische Behauptung ist, die aber weder theoretisch noch empirisch untersucht ist.

---

[47] Einführende Literatur: *Cheffins*, S. 3–213; *Fleischer*, ZGR 2001, 1; *Grundmann*, European Company Law, § 3 Rn. 79 ff.; *Homann/Suchanek*, Ökonomik, 2. Aufl., 2004; *Kirchner*, in: Riesenhuber (Hrsg.), Europäische Methodenlehre, 2006, § 5; *Richter/Furubotn*, Neue Institutionenökonomik, 3. Aufl., 2003; *Vanberg*, Markt und Organisation, 1982; *Oliver E. Williamson*, Die ökonomischen Institutionen des Kapitalismus, 1990. – Weniger ertragreich ist hier die eher neoklassisch geprägte sog. ökonomische Analyse des Rechts i.S.v. *Posner*, Economic Analysis of Law, 6. Aufl., 2003, oder *Schäfer/Ott*, Lehrbuch der ökonomischen Analyse des Zivilrechts, 4. Aufl., 2005.

[48] Grundlegend *Coase*, The Nature of the Firm, Economica (New Series), Vol. 4 (1937), S. 386 ff.; anders dagegen die Modellvorstellung, die Gesellschaft sei ein „Netzwerk von Verträgen" (nexus of contracts), Vertragsbündeltheorie, z.B. bei *Procaccia*, ZGR 1990, 169; *Ruffner*, Die ökonomischen Grundlagen des Rechts der Publikumsgesellschaft, 2000, S. 155 ff. Dieser Ansatz ist für Juristen wenig weiterführend, da der juristische Vertragsbegriff sehr viel enger ist, vgl. *Cheffins*, S. 31 f.; *Sester*, Projektfinanzierungen als Gestaltungs- und Regelungsaufgabe, 2004, 150 ff. m. w. N.

§ 2. Einteilung der Personenvereinigungen und Rechtsquellen

I. Einteilung

1 Die gesetzlich vorgesehenen Typen der Personenvereinigungen bieten eine beträchtliche Vielfalt. Die Vorschriften sind, je nach Gesellschaftsform in unterschiedlichem Ausmaß, dispositiv. Es werden daher privatautonom trotz der Bindung an den *numerus clausus* der Gesellschaftsformen im Rahmen der Vertragsfreiheit Gestaltungen entwickelt, die mehr oder weniger stark von den gesetzlichen Grundtypen abweichen. Ferner können Kombinationen von Gesellschaftsformen geschaffen werden, indem eine Gesellschaft Mitglied in einer anderen wird. Zur Erleichterung des Überblicks über diese vielgestaltigen Erscheinungen werden die Personenvereinigungen traditionell unter Verwendung verschiedener Gesichtspunkte in Gruppen zusammengefasst. Dies führt nicht notwendig zu einer stimmigen Systematik. Die Perspektiven überlagern sich und die verwendeten Kategorien haben im Lauf der Rechtsentwicklung teils an Bedeutung gewonnen, teils an Bedeutung verloren. Folgende Unterscheidungen sind dabei geläufig:

1. Nicht rechtsfähige und rechtsfähige Vereinigungen, Vereinigungen mit Rechtspersönlichkeit

Literatur: *Beuthien*, JZ 2003, 715; *Flume*, Personengesellschaft, § 5; *ders.*, Juristische Person, Kap. I; *U. Huber*, FS Lutter, 2000, S. 107; MünchKomm-BGB/*Ulmer*, Vor § 705 Rn. 9 ff.; *K. Schmidt*, Gesellschaftsrecht, § 8; *Schöpflin*, Der nichtrechtsfähige Verein, 2003; *Seibert*, JZ 1996, 785; Soergel/*Hadding*, BGB, Vor § 21, Rn. 1 ff.; *Wiedemann* II, § 1.

2 Die Verfolgung des gemeinsamen Zwecks in einer Personenvereinigung kann in unterschiedlichem Ausmaß verselbständigt werden. Bei manchen Personenvereinigungen liegt der Schwerpunkt nach wie vor bei der Vielheit der Mitglieder – **Vielheitsprinzip,** bei anderen treten die Mitglieder hinter der Zusammenfassung in der Vereinigung zurück – **Einheitsprinzip.**[1] Dabei handelt es sich nicht um absolute Gegensätze; es gibt Übergangsformen, bei denen beide Prinzipien in unterschiedlichem Ausmaß verwirklicht sind. Ferner kann die privatautonome Ausgestaltung im Einzelfall Einheits- oder Vielheitsaspekte betonen oder abschwächen. Die Unterscheidung erlangt Bedeutung für die Bestimmung des Verhältnisses der Gesellschafter untereinander sowie gegenüber Dritten. Besonders deutlich wird das bei der Schuldenhaftung. Bei einer Gesellschaft mit starkem Gesellschafterbezug wie der OHG haften die Gesellschafter persönlich für die Verbindlichkeiten der Gesellschaft (§ 128 HGB), während die Gläubiger einer Aktiengesellschaft nur diese juristische Person in Anspruch nehmen können, nicht die einzelnen Aktionäre (§ 1 Abs. 1 Satz 2 AktG).

a) Mitglieder als Rechtsträger

3 Es können ausschließlich die interessierten Personen Rechtsträger bleiben.

---

[1] *G. Hueck*, FS Zöllner, 1998, Bd. 1, S. 275, 286 ff.; *U. Huber*, FS Lutter, 2000, S. 107, 123; *Wiedemann* I, § 5 I 1.

Beispiele: Nachbarn verabreden, abwechselnd ihre etwa gleichaltrigen Kinder zur Betreuung zu bringen. Unternehmen vereinbaren die gemeinsame Verwertung von Forschung und Entwicklung (§ 2 GWB i.V.m. Art. 81 Abs. 1, 3 EGV, GVO-FuE).[2] Jemand beteiligt sich still an einem Handelsunternehmen (§§ 230 ff. HGB).

Ein besonderes Gesellschaftsvermögen wird in diesen Fällen nicht gebildet. Die Gesellschaft tritt vermögensrechtlich und nach außen nicht in Erscheinung, sie ist nicht Träger von Rechten und Pflichten. Man spricht deshalb von einer **Innengesellschaft** (unten Rn. 13). Die Gesellschaft besteht im Wesentlichen aus einem Schuldverhältnis zwischen den Gesellschaftern. Sie kann sich gleichwohl vertraglich eine innere Organisation geben.

Wann der Übergang zur Rechtsträgerschaft der Gesellschaft selbst erfolgt, ist im **4** Einzelnen streitig. Nach dem ursprünglichen Konzept des BGB sind die Gesellschafter von Personengesellschaften in ihrer Verbundenheit, nicht die Gesellschaft, Rechtsträger.[3] Eigenständige Rechtssubjekte dagegen seien nur die juristischen Personen. Eine weitgehende Verselbständigung nach außen galt freilich schon immer für die OHG nach § 124 HGB, so dass sich die Diskussion anhand der BGB-Gesellschaft entwickelte, die rechtstatsächlich vielfach wirtschaftlich aktiv nach außen als Unternehmensträger in Erscheinung tritt. Da das Gesellschaftsvermögen regelmäßig als Gesamthandsvermögen von dem der einzelnen Gesellschafter abgegrenzt ist (unten § 3 Rn. 4 ff.), wurde auch die Gesamthand i.S. eines Sondervermögens als Gegenstand der Verselbständigung aufgefasst.[4] Nachdem die Rechtsprechung[5] die Rechtsfähigkeit der Außengesellschaft bürgerlichen Rechts rechtsfortbildend anerkannt hat, betrifft der Streit die Frage, wann diese Art der Verselbständigung gegeben ist, wie weit sie reicht und wie die rechtlichen, insbesondere prozessrechtlichen Konsequenzen zu konstruieren sind.

b) Rechtsfähige Personengesellschaften

Die erste Legaldefinition der „rechtsfähigen Personengesellschaft" wurde 1996 in **5** § 1059a Abs. 2 BGB eingeführt, dann 2000 in § 14 Abs. 2 BGB übernommen. Diese Vorschrift hat allerdings geringen Erklärungswert[6] und geht nicht von demselben Begriff der Rechtsfähigkeit aus wie §§ 21 ff. BGB. Ferner sprechen §§ 191 Abs. 2 Nr. 1, 202 Abs. 1 Nr. 1 UmwG von Personengesellschaften als Rechtsträgern. Die amtliche Überschrift zu § 7 PartGG erwähnt die „rechtliche Selbständigkeit" der Partnerschaft. § 7 Nr. 3 MarkenG erklärt, dass „Personengesellschaften, sofern sie mit der Fähigkeit ausgestattet sind, Rechte zu erwerben und Verbindlichkeiten einzugehen", Markeninhaber sein können. Ausweislich der Gesetzesmaterialien zielt die Vorschrift auf § 124 HGB, also die OHG und die KG, nicht auf die GbR.[7] § 11 Abs. 2 InsO geht davon

---

[2] (Zulässige) Kartelle können in verschiedenen Rechtsformen gebildet werden; die Innengesellschaft bürgerlichen Rechts ist eine Möglichkeit; vgl. *K. Schmidt*, § 7 I 2 bb Beispiel Nr. 2.

[3] 19. Aufl., § 2, I 1; *G. Hueck*, FS Zöllner, 1998, Bd. 1, S. 275; *U. Huber*, FS Lutter, 2000, S. 107, 113 f.; *Schack*, BGB Allgemeiner Teil, 11. Aufl., 2006, Rn. 71, 137; *Zöllner*, FS Gernhuber, 1993, S. 563; *ders.*, FS Claussen, 1997, S. 423, 429 ff., 438.

[4] *Flume*, Personengesellschaft, § 5; vgl. auch *K. Schmidt*, § 8 III 2; MünchKomm-BGB/*Ulmer*, § 705 Rn. 160: Gesamthand ist vom Objekt zum Subjekt geworden.

[5] Grundlegend BGHZ 146, 341 = NJW 2001, 1056 – ARGE Weißes Ross.

[6] Als Tautologie kritisiert von *Flume*, ZIP 2000, 1427, 1428; *Hensen*, ZIP 2000, 1151; zur begrenzten Tragweite der neueren Gesetzeswortlaute auch *G. Hueck*, FS Zöllner, 1998, Bd. 1, S. 275, 279 ff.

[7] Ebenso *BGH* DB 2000, 2117; *Wertenbruch*, DB 2001, 419, 421; *Fezer*, FS Ulmer, 2003, S. 119, 124 f. Für eine Beschränkung der Bezeichnung in § 14 Abs. 2 BGB auf die Fähigkeiten nach § 124 Abs. 1 HGB *Bork*, Allgemeiner Teil des Bürgerlichen Gesetzbuchs, 2. Aufl., 2006, § 5 Rn. 195; *Medicus*, Allgemeiner Teil des BGB, 9. Aufl., 2006, Rn. 1099 (zu § 1059a BGB); *H. Roth*, JZ 2000, 1013, 1015 Fn. 17.

aus, dass die dort genannten Personengesellschaften selbständig insolvenzfähig, gleichwohl aber keine juristischen Personen sind. Andere Vermögensmassen sind ebenfalls insolvenzfähig, ohne dass deren Rechtsfähigkeit in Betracht gezogen würde, nämlich der Nachlass und das Gesamtgut der ehelichen Gütergemeinschaft, § 11 Abs. 2 Nr. 2 InsO. Jedenfalls für die OHG und KG, die PartG und die EWIV deutschen Rechts ist davon auszugehen, dass sie gemäß § 124 HGB, § 7 PartGG, Art. 1 Abs. 2 EWIVVO i.V.m. § 1 EWIVG rechtsfähig sind, ohne deshalb juristische Personen zu sein.[8] Im Steuerrecht werden die Personengesellschaften, insbesondere auch die rechtlich verselbständigten Handelsgesellschaften, nicht als (Körperschaft-)Steuersubjekt angesehen, vielmehr sind die einzelnen Gesellschafter verpflichtet, die Erträge der Gesellschaft anteilig ihrer persönlichen Einkommensteuer zu unterwerfen, sog. steuerliche Transparenz (unten § 4 Rn. 10). Das Recht der Zweigniederlassungen (§ 13 Abs. 1 Satz 1 HGB) trennt zwischen Einzelkaufleuten, Juristischen Personen und Handelsgesellschaften. Auch im Straf- und Ordnungswidrigkeitenrecht wird zwischen juristischen Personen und rechtsfähigen Personengesellschaften unterschieden (§ 14 Abs. 1 Nr. 2 StGB, §§ 9 Abs. 1 Nr. 2, 30 Abs. 1 Nr. 3 OWiG).

6 Es bleibt der problematische Bereich der (teil-)rechtsfähigen BGB-Gesellschaft.[9] Eine nur beschränkte Anerkennung klingt in der Rechtsprechung des II. BGH-Senates an, der von der Rechtsfähigkeit der GbR spricht, „soweit" diese durch Teilnahme am Rechtsverkehr Rechte und Pflichten begründet. Die Gesellschaft bürgerlichen Rechts könne grundsätzlich, d.h. soweit nicht spezielle Gesichtspunkte entgegenstehen, jede Rechtsposition einnehmen. Gleichwohl ist die „Teilrechtsfähigkeit" auch hier misslich, da man nicht weiß, welcher Teil nun genau gemeint ist.[10] Die Kriterien dafür, unter welchen Voraussetzungen diese (Teil-)Rechtsfähigkeit eintritt, sind nicht abschließend geklärt (dazu näher unten § 5 Rn. 6). Die genannten Vorschriften, die von Rechtsträgern und Rechtsfähigkeit sprechen, geben dafür jedenfalls nichts her. Zu beachten ist ferner, dass in der ursprünglichen Terminologie des BGB „Rechtsfähigkeit" gleichbedeutend war mit Rechtspersönlichkeit bzw. juristischer Person.

Die Gesetzesbegründung zu § 736 Abs. 2 BGB, der für die Nachhaftung des ausscheidenden BGB-Gesellschafters auf die entsprechenden Vorschriften zur OHG verweist, führte dazu an, dass die GbR „noch" vielfach für freiberufliche Partnerschaften und als Träger minderkaufmännischer Unternehmen verwendet werde. Inzwischen wurde das PartGG erlassen, so dass für die Freiberufler eine eigenständige Gesellschaftsform zur Verfügung steht, und die Handelsrechtsreform 1998 hat in § 2 HGB den Kleingewerbetreibenden den Zugang zum Handelsrecht und damit den Handelsgesellschaften als Rechtsform ermöglicht. Die Ähnlichkeit zwischen BGB-Gesellschaft und OHG durch die Verweisung in § 736 Abs. 2 BGB ist demnach auf einen für vorübergehend angesehenen Bedarf ausgerichtet und nicht geeignet, eine weiter reichende Ähnlichkeit zu begründen.[11]

c) Juristische Personen

7 Nach überwiegender, wenn auch bestrittener[12] Ansicht ist zwischen rechtsfähigen Personengesellschaften und **Gesellschaften mit eigener Rechtspersönlichkeit,** d.h.

---

[8] So aber *Bälz,* FS Zöllner, 1998, Bd. 1, S. 35, 62; *Raiser,* AcP 194 (1994), 495; *ders.,* AcP 199 (1999), 104; *Timm,* NJW 1995, 3205; *ders.,* ZGR 1996, 247, 251 ff.; – dagegen BGHZ 146, 341 = NJW 2001, 1056 – ARGE Weißes Ross; *G. Hueck,* FS Zöllner, 1998, Bd. 1, S. 275, 286; *Ulmer,* AcP 198 (1998), 113, 119; *Zöllner,* FS Gernhuber, 1993 S. 563; *ders.,* FS Claussen. 1997. S. 423, 429 ff.; Großkomm-HGB/*Habersack.* § 124 Rn. 2. – Im französischen Recht ist die *société civile* juristische Person (*personne morale*); konsequenterweise wird die Eintragung in ein Register verlangt, Art. 1842 Code Civil.

[9] Zur „Teilrechtsfähigkeit" *Fabricius,* Relativität der Rechtsfähigkeit, 1963; für unbeschränkte Rechtsfähigkeit der GbR MünchKomm-BGB/*Ulmer,* § 705 Rn. 303 ff.; differenzierend *Wiedemann* II, § 7 I 4.

[10] *Beuthien,* JZ 2003, 715, 720; *Seibert,* JZ 1996, 785.

[11] *Seibert,* JZ 1996, 785.

[12] Zur Personengesellschaft als juristischer Person oben Fn. 8.

juristischen Personen zu unterscheiden. Die dem gemeinsamen Zweck gewidmeten Rechte scheiden aus dem Sonderrechtsbereich der Mitglieder völlig aus, sie werden mit der **von den einzelnen Mitgliedern unabhängigen Organisation** verknüpft. Die einzelnen Mitglieder sind zwar wirtschaftlich die Interessierten, juristisch aber haben sie keine Rechte am Gesellschaftsvermögen, sondern nur Rechte und Pflichten gegenüber der juristischen Person. Diese Trennung macht es möglich, dass die Gesellschaft mit eigener Rechtspersönlichkeit auch nur einen einzigen Gesellschafter haben kann (Einpersonengesellschaft); sie bleibt „Personengemeinschaft", indem sie die grundsätzlich auf die Mehrpersonengesellschaft zugeschnittene körperschaftliche Verfassung hat. Die vollständige Verselbständigung zur juristischen Person wirft umgekehrt wieder die Frage auf, ob und unter welchen Voraussetzungen ausnahmsweise es doch auf die einzelnen Gesellschafter, sei es hinsichtlich der Zurechnung von rechtlich relevanten Umständen, sei es als Haftungssubjekt, ankommt – **Durchgriff**.[13]

Über das Wesen der juristischen Person gibt es kontroverse Theorien, die vor allem **8** im 19. Jahrhundert intensiv diskutiert wurden. Insbesondere werden *Savignys* Fiktionstheorie und *Otto von Gierkes* Theorie der realen Verbandspersönlichkeit gegenübergestellt.[14] Für die praktische Rechtsanwendung folgt angesichts der konkreten Ausgestaltung der einzelnen Rechtsformen durch Gesetz[15] und Rechtsprechung daraus wenig.[16] Rechtsvergleichend dominiert der Fiktionsansatz, da das der natürlichen Person nachgebildete Konstrukt der juristischen Person (legal person, personne morale) der Anerkennung als Rechtsträger durch die Rechtsordnung bedarf. Historisch gesehen beruhte die Rechtspersönlichkeit zunächst auf staatlicher Verleihung (Konzession), seit etwa Mitte des 19. Jahrhunderts hat sich das System der Normativbestimmungen durchgesetzt, das eine Registrierung zur Überwachung der Einhaltung der Mindestnormen verlangt (Näheres unten § 25 Rn. 27). Auch die Reform des Stiftungsrechts 2002 hat die Erlangung der Rechtspersönlichkeit durch Genehmigung durch das Bundesland des Sitzes durch ein System von Normativbestimmungen mit Rechtsanspruch auf Anerkennung ersetzt.[17] Ein Großteil der Schwierigkeiten, zu denen die Annahme rechtsfähiger BGB-Gesellschaften (oben Rn. 5 f.) führt, resultiert aus der fehlenden Eintragung und den damit zusammenhängenden Mindestbedingungen. Die eher rechtssoziologisch geprägte Auffassung, dass der real existierende Personenverband oder, später, das „Unternehmen" die Rechtsträgerschaft hervorbringe,[18] ist eher ein für die deutsche Rechtsentwicklung eigentümliches Erklärungsmuster (oben § 1 Rn. 25). Rechtspraktisch wichtiger als die Theorien zur juristischen Person, vor allem

---

[13] Überblick bei Staudinger/*Weick*, Einl. zu §§ 21 ff. Rn. 37 ff.; Einzelheiten unten § 24 Rn. 27 ff.; praktisch kommen Durchgriffsfragen am häufigsten bei GmbH vor, rechtlich können diese Probleme aber bei allen Gesellschaftsformen entsprechend ihrem Ausmaß der Verselbständigung auftreten.

[14] Überblick m. w. N. bei *K. Schmidt*, § 8 II; Soergel/*Hadding*, Vor § 21 Rn. 8 ff.; vgl. auch MünchKomm-BGB/*Reuter*, Vor § 21 Rn. 1 ff.; *Flume*, Juristische Person, S. 25 ff.; *Larenz/Wolf*, Allgemeiner Teil des BGB, 9. Aufl., 2004, § 9; Staudinger/*Weick*, Einl. zu §§ 21 ff. Rn. 1 ff.

[15] Juristische Personen sind der eingetragene Verein (§ 21 BGB), die AG und die KGaA (§§ 1 Abs. 1, 278 Abs. 1 AktG), die GmbH (§ 13 GmbHG), die Genossenschaft (§ 17 Abs. 1 GenG) und der Versicherungsverein aus Gegenseitigkeit (§ 15 VAG). Eine juristische Person des Privatrechts ist auch die rechtsfähige Stiftung nach §§ 80 ff. BGB. Sie hat jedoch keine Mitglieder und gehört daher nicht zu den Personengemeinschaften (oben § 1 Rn. 2). Zur Bedeutung der Registrierung und des Systems der Normativbestimmungen Soergel/*Hadding*, Vor § 21 Rn. 4, 6.

[16] *Jauernig*, in: Jauernig, BGB, 12. Aufl., 2007, Vor § 21 Rn. 2; ausführliche Nachweise zum Bedeutungsverlust des Theorienstreits in der zweiten Hälfte des 20. Jahrhunderts bei *Ott*, Recht und Realität der Unternehmenskorporation, 1977, S. 36 ff.

[17] §§ 80 ff. BGB; *Kübler/Assmann*, § 12 II.

[18] *O. v. Gierke*, Deutsches Privatrecht, Bd. 1, 1895, § 58 ff.; *ders.*, Die Genossenschaftstheorie, 1887; *Th. Raiser*, Das Unternehmen als Organisation, 1969.

angesichts der Anerkennung der Rechtsfähigkeit von Personengesellschaften,[19] ist die nachfolgend (2.) behandelte Unterscheidung der **Organisationsprinzipien** als Gesellschaft oder Verein (Körperschaft).

2. Gesellschaft (im engeren Sinn) und Verein (Körperschaft)

9   Das BGB regelt die zwei Grundformen von Personenvereinigungen, die auf freiwilligem Zusammenschluss beruhen, den **Verein** (§§ 21 ff.) und die **Gesellschaft im engeren Sinn** (§§ 705 ff.). Die gleiche Unterscheidung lässt sich auch für die übrigen hier interessierenden Personenverbände durchführen: Sie sind also entweder Körperschaften wie der Verein oder Gesellschaften. Das ist praktisch von erheblicher Bedeutung, weil, soweit die gesetzliche Sonderregelung Lücken enthält, ergänzend auf die Regelung des BGB und die Grundstruktur Gesellschaft oder Körperschaft zurückgegriffen werden muss. Diese Einordnung ergibt jeweils, ob Vereinsrecht oder Gesellschaftsrecht des BGB und welche Grundprinzipien heranzuziehen sind. Auch bei der Ausfüllung von Vertragslücken ist jeweils auf den zugrundeliegenden Grundtyp zurückzugehen.

10   Die Unterscheidung steht in gewissem Zusammenhang mit derjenigen zwischen nichtrechtsfähigen und rechtsfähigen Personenvereinigungen einerseits und juristischen Personen andererseits. Der Verein als Grundtyp der Körperschaft ist, soweit er im BGB näher geregelt ist, juristische Person (oben Rn. 7). Die Gesellschaft des BGB dagegen ist, im besonderen Schuldrecht angesiedelt, zunächst eine schuldrechtliche Verbindung (oben Rn. 3). Die beiden Unterscheidungen decken sich nicht völlig. Die Gesellschaften im engeren Sinn sind nach geltendem deutschem Recht sämtlich nicht juristische Personen,[20] aber es wäre an sich denkbar, ihnen Rechtspersönlichkeit zu verleihen. Das zeigt sich deutlich bei der OHG, die nach § 124 Abs. 1 HGB unter ihrer Firma rechtsfähig ist und in manchen ausländischen Rechtsordnungen als juristische Person aufgefasst wird. So stellt es auch die EWIVVO der EG den Mitgliedstaaten frei, die in ihrem Hoheitsbereich registrierten EWIV entsprechend der jeweiligen nationalen Rechtsordnung mit oder ohne eigene Rechtspersönlichkeit auszugestalten. Umgekehrt gibt es neben den rechtsfähigen Vereinen auch nicht rechtsfähige. Zwar will § 54 BGB sie dem Recht der Gesellschaft unterstellen, aber das ist schon im Gesetz nicht konsequent durchgeführt (§ 50 Abs. 2 ZPO, § 11 Abs. 1 Satz 2 InsO). In der weiteren Rechtsentwicklung wurde die Behandlung der nicht rechtsfähigen Vereine in vieler Hinsicht derjenigen der rechtsfähigen Vereine angenähert. Jedenfalls ist auch der nicht eingetragene Verein körperschaftlich verfasst.[21] Im Steuerrecht spiegelt sich die Unterscheidung zwischen Gesellschaft im engeren Sinn und Körperschaft bei der Frage wider, wer Steuersubjekt ist. So erfasst der Katalog des § 1 Abs. 1 KStG nicht nur juristische Personen, sondern auch zahlreiche andere „Gebilde" bzw. sonstige „körperschaftlich organisierte Zweckvermögen".[22] Personengesellschaften sind dagegen nicht selbst Einkommensteuersubjekt; steuerpflichtig sind die Gesellschafter (un-

---

[19] Die von MünchKomm-BGB/*Ulmer*, § 705 Rn. 307 ff. angeführten Unterschiede zwischen rechtsfähiger Personengesellschaft und Kapitalgesellschaft als juristischer Person betrifft dementsprechend hauptsächlich Charakteristika der körperschaftlichen Verfassung; ebenso schon Soergel/*Hadding*, Vor § 21 Rn. 17; s. aber auch *Wiedemann* II, § 7 I 4.

[20] *G. Hueck*, FS Zöllner, Bd. 1, 1998, S. 275, 286; *Ulmer*, AcP 198 (1998), 113, 119; *Zöllner*, FS Gernhuber, 1993, S. 563; *ders.*, FS Claussen, 1997 S. 423, 429 ff.; Großkomm-HGB/*Habersack*, § 124 Rn. 2; zu den Strukturelementen der Gesellschaftsformen *Hadding*, FG Zivilrechtslehrer, 1999, S. 147, 151 ff.

[21] *K. Schmidt* § 23 II 1, 25 II.

[22] *Birk*, Steuerrecht, 9. Aufl., 2006, Rn. 1051.

ten § 4 Rn. 10). Diese sog. *steuerliche Transparenz* wird in anderen Ländern auch bestimmten juristischen Personen zugestanden.[23] Die Rechtspersönlichkeit ist, wie sich insbesondere aus § 1 Abs. 1 Nr. 5 KStG ergibt, nicht allein entscheidend.

Der **Unterschied zwischen Verein (Körperschaft) und Gesellschaft im engeren Sinn** ist vor allem in folgenden Punkten zu sehen.

a) Mitgliedschaftliche Bindung

Der Zweck des Vereins überdauert die Einzelpersönlichkeit der Mitglieder und ist **11** von ihnen unabhängig. Dagegen ist die Gesellschaft grundsätzlich von ihrem Mitgliederbestand abhängig; sie beruht auf einer stärkeren persönlichen Bindung (vgl. auch unten Rn. 17: Personengesellschaft). Beim Verein ist deshalb ein Mitgliederwechsel grundsätzlich zulässig, bei der Gesellschaft nicht. Allerdings ist auch bei der Gesellschaft ein Aus- oder Eintritt von Mitgliedern denkbar, aber er bedarf als Abweichung vom Grundmodell der besonderen Zulassung im Gesellschaftsvertrag oder der Zustimmung aller Gesellschafter. Wesentlich ist das Verhältnis von Regel und Ausnahme.

Beispiel: Der Anteil an einer OHG kann ohne Zustimmung sämtlicher Gesellschafter nicht veräußert werden, die Aktie dagegen ist frei übertragbar. Die OHG ist Gesellschaft, die Aktiengesellschaft trotz ihres Namens Verein (Körperschaft).

b) Organisatorische Struktur

Der Verein muss als einheitliches Ganzes organisiert sein, d.h. er muss eine Satzung, **12** bestimmte Organe (Mitgliederversammlung, Vorstand) und einen eigenen Namen haben. Wegen der Notwendigkeit einer solchen – körperschaftlichen – Organisation bezeichnet man Personenvereinigungen dieser Art auch generell als **Körperschaften.** In der Mitgliederversammlung als Willensbildungsorgan gilt grundsätzlich das **Mehrheitsprinzip** (§ 32 Abs. 1 Satz 3 BGB). Der Vorstand braucht nicht aus Mitgliedern zu bestehen, mit dieser Organfunktion können auch Dritte betraut werden – **Dritt-** oder **Fremdorganschaft.**

Bei der **Gesellschaft** gilt grundsätzlich das **Einstimmigkeitsprinzip** unter den Gesellschaftern; sie führen die Geschäfte selbst – **Selbstorganschaft** (§ 709 BGB). Die einfache BGB-Gesellschaft braucht keinen eigenen Namen zu haben. Die Ausgestaltung im Einzelnen kann durchaus anders sein. Es handelt sich also nicht um absolute Gegensätze, vielmehr sind privatautonom gestaltete Übergänge möglich. Entscheidend sind wiederum das Regel-Ausnahmeverhältnis und die Reichweite der Dispositionsmöglichkeiten. So wird allgemein der Grundsatz der Selbstorganschaft bei den Gesellschaften als unabdingbar angesehen und die Vereinbarung des Mehrheitsprinzips an gewisse Schranken gebunden (unten § 6 Rn. 9; § 14 Rn. 11).

Beispiel: Die OHG wird durch einzelne Gesellschafter vertreten, Dritte können nur zusätzlich herangezogen werden, § 125 Abs. 3 HGB. Die AG wird durch den Vorstand vertreten, dessen Mitglieder nicht Aktionäre zu sein brauchen. In der OHG gilt das Einstimmigkeitsprinzip, Abweichungen durch den Gesellschaftsvertrag betreffen im Zweifel nur Geschäftsführungsangelegenheiten. In der Hauptversammlung der AG gilt das Mehrheitsprinzip, auch für Satzungsänderungen, §§ 133, 179 Abs. 2 AktG.

Zu den **Gesellschaften im engeren Sinn** gehören neben der BGB-Gesellschaft die OHG, die KG, die stille Gesellschaft und die Partnerschaftsgesellschaft. Die EWIV ist ein Mischtyp; trotz einzelner körperschaftlicher Elemente, insbesondere Drittorgan-

---

[23] Z.B. die Limited Liability Company (LLC), *Merkt/Göthel,* US-amerikanisches Gesellschaftsrecht, 2. Aufl., 2006, Rn. 138 ff.

schaft (Nichtmitglied als Geschäftsführer möglich), überwiegt das gesellschaftsrechtliche Element, wohl auch bei der Reederei. Alle übrigen in § 1 Rn. 4 aufgeführten Vereinigungen gehören zu den **Vereinen (Körperschaften).**

3. Innen- und Außengesellschaften

13   Diese Unterscheidung spielt nur für die Gesellschaften ohne Rechtspersönlichkeit eine Rolle, da juristische Personen notwendig als Einheit nach außen auftreten und deshalb immer Außengesellschaften sind. Jedoch ist die *Unterscheidung von Innen- und Außenverhältnis* von grundlegender Bedeutung für das Verständnis des gesamten Gesellschaftsrechts: Unter **Innenverhältnis** sind die Beziehungen der Gesellschafter zueinander zu verstehen, unter **Außenverhältnis** die Beziehungen der Gesellschaft zu dritten Personen. Es sind verschiedene Fragen, ob für mehrere Personen in ihrem Verhältnis zueinander Gesellschaftsrecht gilt, sie z. B. zur Leistung von Beiträgen in das gemeinsame Gesellschaftsvermögen, zur Mitarbeit im Unternehmen der Gesellschaft, auch allgemein zur gemeinsamen Zweckverfolgung und gegenseitiger Treue verpflichtet sind, oder ob sie Dritten gegenüber gemeinschaftlich als Gesellschaft auftreten. Von der Frage, ob ein Gesellschafter den Mitgesellschaftern gegenüber befugt ist, eine bestimmte Handlung vorzunehmen, etwa ein Grundstück zu kaufen (Innenverhältnis), ist die Frage scharf zu unterscheiden, ob, wenn er die Handlung vornimmt, die Gesellschaft Dritten gegenüber gebunden ist (Außenverhältnis). Die Verteilung des Verlustes im Innenverhältnis und die Haftung der Gesellschaft für Schulden im Außenverhältnis, also Dritten gegenüber, können ganz verschieden geregelt sein usw.

Ein praktisches Hilfsmittel für die Unterscheidung zwischen Innen- und Außenverhältnis ist die Gliederung des HGB bei den Vorschriften über die OHG. Der Zweite Titel des 1. Abschnitts des II. Buches, §§ 109–122 HGB, ist mit „Rechtsverhältnis der Gesellschafter untereinander" überschrieben, betrifft also das Innenverhältnis. Der Dritte Titel, §§ 123–130 b HGB, ist mit „Rechtsverhältnis der Gesellschafter zu Dritten" überschrieben; das ist das Außenverhältnis. Die Zuordnung der jeweils geregelten Materie zum Innen- bzw. Außenverhältnis (nicht der Inhalt) kann auch auf andere Gesellschaftsformen übertragen werden.

14   Tritt eine Gesellschaft als solche nach außen in Erscheinung, so bezeichnet man sie als **Außengesellschaft.** Bei ihr gibt es sowohl Beziehungen der Gesellschafter untereinander als auch solche gegenüber Dritten, somit *Innen- und Außenverhältnis.* Die Beteiligten können aber auch *lediglich das Innenverhältnis* gesellschaftlichen Regeln unterstellen, während sie nach außen nicht gemeinschaftlich hervortreten. In diesem Fall spricht man von einer *reinen* **Innengesellschaft.**[24] Das wichtigste Beispiel ist die *stille Gesellschaft,* bei der ein Kapitalgeber sich an dem Unternehmen eines Kaufmanns in der Weise beteiligt, dass nach außen hin allein der Letztere hervortritt und das Unternehmen unter seinem Namen betreibt (§§ 230 ff. HGB). Aber auch die BGB-Gesellschaft kann kraft Vertragsfreiheit abweichend vom gesetzlichen Normaltyp als reine Innengesellschaft ausgestaltet werden (unten § 5 Rn. 10), während alle echten Handelsgesellschaften – wie die OHG und die KG, aber auch die EWIV und die Partnerschaft als Trägerin eines freiberuflichen Unternehmens notwendig auch Außengesellschaften sind,[25] da sie unter gemeinsamer Firma bzw. Bezeichnung nach außen auftreten. Bei einer Innengesellschaft ist dagegen eine gemeinsame Gesellschaftsbezeichnung nicht nötig, eine Firma im technischen Sinn (§ 17 HGB) sogar unmöglich.

---

[24] Zur Innengesellschaft allgemein *K. Schmidt,* § 58 II 2; MünchKomm-BGB/*Ulmer,* § 705 Rn. 275 ff.
[25] Vgl. RGZ 165, 265; auch BGHZ 10, 48.

Es gibt kein eigentliches Gesellschaftsvermögen, da ein gemeinsames Vermögen notwendig Beziehungen zu Dritten mit sich bringen würde (str.). Vielmehr gehört, wenn ein dem Gesellschaftszweck gewidmetes Vermögen vorhanden ist, dieses entweder wie bei der stillen Gesellschaft einem Gesellschafter allein, oder es können mehreren Gesellschaftern bestimmte Bruchteile an den einzelnen Gegenständen zustehen. Zwischen den Gesellschaftern einer Innengesellschaft bestehen in Bezug auf ein solches Gesellschaftsvermögen nur schuldrechtliche Beziehungen.

Dagegen kann eine *Gesellschaft nicht* **bloße Außengesellschaft** sein. Treten Personen nur im Außenverhältnis wie Gesellschafter auf, ohne im Innenverhältnis gesellschaftlich organisiert zu sein, können zwar zum Schutz Dritter einzelne Regeln des Gesellschaftsrechts Anwendung finden, eine wirkliche Gesellschaft liegt aber nicht vor (h.M.). Es handelt sich im Wesentlichen um Rechtsscheinprobleme – **Scheingesellschaft** (unten § 13 Rn. 10). | **15**

4. Personen- und Kapitalgesellschaften

Diese Unterscheidung[26] ist wirtschaftlich von Bedeutung; rechtlich spiegelt sich hier | **16** die Unterscheidung zwischen Gesellschaft im engeren Sinn und Körperschaft. Den verschiedenen wirtschaftlichen Strukturen entsprechend sind auch die Rechtsformen unterschiedlich gestaltet. Das Gesetz kannte die beiden Begriffe ursprünglich nicht. Sie wurden zunächst von der Wissenschaft herausgearbeitet und dann übernommen, zunächst im UmwG von 1956, vor allem aber mit dem Bilanzrichtliniengesetz 1985 in das HGB (§§ 264 ff.). Die Unterscheidung ist allgemein,[27] zumal in den Rechtsordnungen der EU, geläufig und findet sich daher in Richtlinien wieder. Diese zählen typischerweise die Gesellschaftsformen, für die sie anwendbar sind, auf. Damit ist aber keine systematische Abgrenzung für alle Gesellschaftsformen verbunden, die auch nicht immer ganz scharf gelingt. Der Unterschied besteht hauptsächlich in Folgendem:

Die **Personengesellschaft** baut auf den Persönlichkeiten der einzelnen Gesellschaf- | **17** ter auf. Die Mitgliedschaft ist auf die Person zugeschnitten und deshalb ohne Zustimmung der anderen Gesellschafter grundsätzlich nicht übertragbar und vererblich. Persönliche Mitarbeit und persönliche Haftung für die Schulden spielen eine entscheidende Rolle. Die Geschäfte werden durch die Gesellschafter selbst geführt (*Selbstorganschaft* – Ausnahme: EWIV). Die Personengesellschaft ist regelmäßig Gesellschaft im engeren Sinn ohne Rechtspersönlichkeit. Gleichwohl kann gerade für unternehmenstragende Personengesellschaften ihre rechtliche Verselbständigung sehr stark ausgeprägt sein, vgl. § 124 HGB für die OHG.

Demgegenüber steht bei der **Kapitalgesellschaft** die Kapitalbeteiligung im Vorder- | **18** grund. Charakteristisch ist ein zahlenmäßig bestimmtes Grundkapital. Das Kapital ist unpersönlich; deshalb kommt es nicht wesentlich auf die Person des einzelnen Gesellschafters an, so dass die Kapitalanteile grundsätzlich frei veräußert werden können. Die Gesellschafter haften nicht persönlich, sondern es haftet nur das Vermögen der Gesellschaft. Persönliche Mitarbeit der Gesellschafter ist im Allgemeinen nicht erforderlich; die Geschäfte werden durch besondere Organe geführt *(Drittorganschaft)*. Die

---

[26] *Zur Terminologie:* Im älteren Schrifttum, teilweise auch in der Betriebswirtschaftslehre, überwog für die erste Gruppe die Bezeichnung „Personalgesellschaften"; inzwischen hat sich die Bezeichnung „Personengesellschaften" eingebürgert. Der Gesetzgeber verwendet den Begriff seit 1956 (UmwG). Im Folgenden ist deshalb einheitlich nur von Personengesellschaften die Rede.

[27] *Kraakman/Davies u.a.*, Anatomy, 2004.

Kapitalgesellschaft ist normalerweise Körperschaft und juristische Person. Das hierfür typische Mehrheitsprinzip richtet sich nach dem Ausmaß der Beteiligung, nicht nach Köpfen wie beim Verein.

19   Der Grundtyp der Personengesellschaft ist die BGB-Gesellschaft, die OHG ist gleichwohl in der organisatorischen Ausformung ausgeprägter; der Grundtyp der Kapitalgesellschaft ist die AG. Neben den Grundtypen sind vielfältige **Mischformen und Übergänge** zu finden. Auch die EWIV, die KG und die stille Gesellschaft sind Personengesellschaften, es findet sich aber schon ein erheblicher kapitalistischer Einschlag. Ein Teil der Gesellschafter hat zwar die gleiche oder doch eine ähnliche Stellung wie die Gesellschafter der OHG, ein anderer aber arbeitet nicht persönlich mit und haftet nur beschränkt. Umgekehrt sind außer der AG die GmbH und die KGaA Kapitalgesellschaften, aber mit einer Tendenz zur Personengesellschaft. Bei der KGaA können neben den Aktionären persönlich mitarbeitende und persönlich haftende Gesellschafter stehen. Und bei der GmbH ist eine persönliche Nachschusspflicht möglich, die Mitarbeit der Gesellschafter kann vorgesehen werden, die Übertragbarkeit der Anteile ist erschwert, die persönliche Bindung ist also stärker. Nach der Reform des GmbH-Rechts durch das MoMiG[28] kann die Unternehmergesellschaft, eine Art GmbH und damit Kapitalgesellschaft, sogar ohne anfänglich eingezahltes Stammkapital gegründet werden.

20   Im Rahmen der **Vertragsfreiheit** können durch Parteiwillen **weitere Zwischenformen** geschaffen werden. Schon die OHG kann einen gewissen kapitalistischen Einschlag erhalten, indem einzelne Gesellschafter von der Geschäftsführung ausgeschlossen werden, sie sich also nur mit Kapital und nicht mit ihrer Arbeitskraft beteiligen. Noch stärker kann die KG kapitalistisch ausgestaltet werden, so dass man geradezu als Sonderform von der kapitalistischen KG spricht:[29] Der persönlich haftende Gesellschafter ist vermögenslos oder eine juristische Person, so dass seine unbeschränkte Haftung praktisch keine Rolle spielt; im Innenverhältnis haben die Kapitalgeber den Haupteinfluss, der geschäftsführende Gesellschafter ist den Weisungen der Kommanditistenversammlung unterstellt, möglicherweise wählt diese einen besonderen Aufsichtsrat (Verwaltungsrat), dem die eigentliche Geschäftsleitung zusteht. Eine hinsichtlich der Einflussmöglichkeiten der Kapitalgeber anders strukturierte Form der Personengesellschaft ist die aus steuerlichen Gründen zeitweise häufiger auftretende Massen- oder Publikums-KG oder auch BGB-Gesellschaft, die sich dadurch besonders deutlich den Kapitalgesellschaften annähert, dass sie sich wie die Publikums-AG an ein breites Anlegerpublikum wendet (unten § 19). In der GmbH & Co. KG werden Elemente der Personengesellschaft mit solchen der Kapitalgesellschaft verbunden (vgl. unten § 37). Andererseits kann auch bei der AG das persönliche Element eine Rolle spielen, etwa bei einer Familien-AG, ferner etwa bei einer AG aus wenigen Hauptaktionären, die zugleich Vorstandsmitglieder sind und in enger persönlicher Bindung miteinander arbeiten, was etwa bei Neugründungen für neue Geschäftsfelder vorkommt. Der Gesetzgeber hat dem durch flexiblere Vorschriften für kleine AGs Rechnung getragen. Noch stärker kann die GmbH dank der Elastizität des ohnehin weit-

---

[28] RegE eines Gesetzes zur Modernisierung des GmbH-Rechts und zur Bekämpfung von Missbräuchen (MoMiG) vom 23. 5. 2007; im Internet bei *Möllers*, www.jura.uni-augsburg.de / Materialien zum Gesellschaftsrecht.
[29] So schon *Boesebeck*, Die „kapitalistische" Kommanditgesellschaft 1938; – zu den vertraglich gestalteten Zwischenformen siehe auch *Immenga*, Die personalistische Kapitalgesellschaft, 1970; *Kübler/Assmann*, § 21; *Nitschke*, Die körperschaftlich strukturierte Personengesellschaft, 1970; *H. P. Westermann*, Vertragsfreiheit und Typengesetzlichkeit im Recht der Personengesellschaften, 1970; *Teichmann*, Gestaltungsfreiheit in Gesellschaftsverträgen, 1970.

gehend dispositiven GmbH-Rechts den Personengesellschaften angenähert werden: Die persönliche Arbeitsleistung (Pflicht zur Geschäftsführung) kann ganz im Vordergrund stehen, während die Kapitaleinlage gering ist; die Übertragung des Anteils kann an die Zustimmung aller Gesellschafter gebunden werden.

Mit der hier behandelten Unterscheidung zwischen Personen- und Kapitalgesell- **21** schaften nicht zu verwechseln ist die *rein wirtschaftliche Unterscheidung zwischen kapitalintensiven und arbeitsintensiven Unternehmen.* Eine OHG kann ein Kapital von vielen Millionen haben, das in Gebäuden, Maschinen und anderen Anlagegütern investiert ist, während die Zahl der Arbeitnehmer verhältnismäßig gering ist, so dass ein kapitalintensives Unternehmen vorliegt. Umgekehrt hat eine Wirtschaftsprüfungs-AG oder eine Dienstleistungs-GmbH typischerweise kein kapitalintensives Unternehmen. Persönliche Mitarbeit der Gesellschafter und Bedeutung der Arbeit als Produktionsfaktor im Gesellschaftsunternehmen sind nicht gleichzusetzen. Ebenso wenig bedeutet ein kapitalintensives Geschäftsfeld, dass diese Mittel durch Eigenkapital des Unternehmensträgers aufgebracht werden müssten (unten § 32 Rn. 8).

5. Handelsgesellschaften

Unter den Gesellschaften, die als Unternehmensträger am Wirtschaftsleben teilneh- **22** men (vgl. bereits oben § 1 Rn. 11), auch *Erwerbsgesellschaften* genannt, spielen die Handelsgesellschaften (§ 6 HGB) die bei weitem wichtigste Rolle. Das sind Gesellschaften, die notwendig oder doch in der Regel ein Handelsgewerbe im Sinn der §§ 1–3 HGB betreiben und deshalb **Kaufleute** sind, also **dem Handelsrecht unterstehen**, eine Firma führen und in das Handelsregister eingetragen werden. Echte Handelsgesellschaften sind die OHG, die KG, die EWIV, die AG, die KGaA und die GmbH. Die beiden ersteren müssen definitionsgemäß ein kaufmännisches Gewerbe betreiben (§§ 105, 161 HGB). Die anderen brauchen im Einzelfall keinen Gewerbebetrieb zu haben, sondern sind schon um ihrer Rechtsform willen Kaufleute, sog. **Formkaufleute**; trotz der relativ strengen Beschränkung auf kooperative Hilfstätigkeiten zumindest im weiteren Sinn gilt das auch für die EWIV (§ 6 Abs. 2 HGB, §§ 3, 278 Abs. 3 AktG, § 13 Abs. 3 GmbHG, § 1 a. E. EWIVG).

Die **Genossenschaften** und die **großen Versicherungsvereine auf Gegenseitigkeit** **23** sind zwar keine eigentlichen Handelsgesellschaften, da sie kein Handelsgewerbe im strengen Sinn betreiben. Sie sind aber **den Handelsgesellschaften** weitgehend **gleichgestellt**, so dass auch sie zu den Formkaufleuten rechnen und dem Handelsrecht unterstehen (§ 17 Abs. 2 GenG, § 16 VAG). **Keine Handelsgesellschaft** ist die **stille Gesellschaft** trotz ihrer Regelung im HGB, da nicht sie, sondern nur der geschäftsführende Gesellschafter ein Handelsgewerbe betreibt (§ 230 HGB). Der stille Gesellschafter als solcher ist deshalb nicht Kaufmann, es gibt keine gemeinschaftliche Firma. – *Keine Handelsgesellschaft* ist ferner die ebenfalls im HGB geregelte *Reederei.* § 489 Abs. 2 HGB stellt Handelsgesellschaften und Reederei ausdrücklich als Gegensätze einander gegenüber. Dass der gemeinsame Betrieb eines Seeschiffes in der Rechtsform der Reederei keine Handelsgesellschaft begründet, beruht weniger auf sachlichen Gründen als vielmehr auf alter Tradition, die das HGB fortsetzt. Der aus dem Schiffsnamen abgeleitete Name der Reederei stellt keine Firma dar. Eine Eintragung ins Handelsregister findet nicht statt.

Anknüpfend an die Unterscheidung zwischen Personen- und Kapitalgesellschaften (oben Rn. 16ff.) werden die OHG und die KG als *Personenhandelsgesellschaften* bezeichnet.

II. Rechtsquellen

1. Nationales Gesetzesrecht

24 Eine einheitliche Regelung des Gesellschaftsrechts im nationalen Gesetzesrecht fehlt (oben § 1 Rn. 22). Wie schon erwähnt sind im **BGB** zwei Grundformen geregelt, der rechtsfähige Verein – e. V. – und die Gesellschaft. Systematisch sind sie aber nicht in einem Recht der Personenvereinigungen zusammengefasst, sondern der Verein ist als juristische Person in das Personenrecht, §§ 21–79, dagegen die Gesellschaft dem Vorbild der römischrechtlichen *societas* entsprechend als Schuldverhältnis unter die einzelnen Schuldverträge, §§ 705–740, aufgenommen worden. In diesem System war für den nichtrechtsfähigen Verein kein sinnvoller Platz, da er weder „Person" im Rechtssinn noch reines Schuldverhältnis ist; er wurde deshalb in § 54 BGB lediglich gestreift und im Wesentlichen dem Gesellschaftsrecht unterstellt. Diese Lösung hat sich nicht bewährt; man wendet deshalb heute weitgehend die Vorschriften des Vereinsrechts auch auf den nichtrechtsfähigen Verein an, soweit sie die körperschaftliche Verfassung betreffen.[30] Die weitgehende Verselbständigung der BGB-Gesellschaft als Gesamthand (oben Rn. 5, 7) und auch des nicht eingetragenen Vereins erfordert hier besondere terminologische Vorsicht, da im BGB ursprünglich „Rechtsfähigkeit" gleichbedeutend mit Rechtspersönlichkeit bzw. juristischer Person verwandt wurde.[31] Neben den gesellschaftsrechtlichen Vorschriften des BGB ist für das Gesellschaftsrecht als Privatrecht natürlich das allgemeine zivilrechtliche Instrumentarium anwendbar, insbesondere der Allgemeine Teil des BGB und das Allgemeine Schuldrecht. Die Besonderheiten des Gesellschaftsrechts kommen ergänzend und überlagernd hinzu.

Beispiel: Bei einer „Anfechtung" im gesellschaftsrechtlichen Zusammenhang muss man nicht nur zwischen der Anfechtung von Willenserklärungen nach §§ 119 ff. BGB und der Insolvenzanfechtung (§§ 129 ff. InsO) sowie der Anfechtung nach dem AnfG unterscheiden, sondern auch danach, ob es sich um eine Beschlussanfechtung (z. B. §§ 243 ff. AktG) handeln könnte.

25 Im **2. Buch des HGB** waren ursprünglich die Handelsgesellschaften – mit Ausnahme der GmbH – und die stille Gesellschaft geregelt. Für die *OHG*, §§ 105–160, die *KG*, §§ 161–177 a, und die *stille Gesellschaft*, §§ 230–237, gilt das auch heute. Die Reform des Aktienrechts im Jahr 1937 hat das Recht der AG und der KGaA in ein besonderes Gesetz aufgenommen. Ähnlich bestanden schon früher Sondergesetze für die GmbH und für die Genossenschaft. Zu den Sondergesetzen für die einzelnen Gesellschaftsformen s. oben § 1 Rn. 4.

Einige **weitere Gesetze mit speziell gesellschaftsrechtlichem Inhalt** regeln ergänzend bestimmte Fragenkomplexe rechtsformübergreifend, also jeweils für mehrere Gesellschaftstypen gemeinsam.
- Das **Umwandlungsgesetz** – **UmwG** von 1994 regelt Strukturänderungen in Form der Verschmelzung, Spaltung (Aufspaltung, Abspaltung, Ausgliederung), Vermögensübertragung und den Wechsel der Rechtsform zwischen verschiedenen Gesellschaftstypen unter Einbeziehung auch des Einzelkaufmanns sowie öffentlichrechtlicher Rechtsträger.
- Das *Gesetz über die Rechnungslegung von bestimmten Unternehmen und Konzernen* – **Publizitätsgesetz** von 1969 dehnt die Rechnungslegungs- und Publizitätsre-

---

[30] *K. Schmidt*, § 25 II 2 c m. w. N.
[31] *K. Schmidt*, § 25 II 1 a.

geln für Kapitalgesellschaften in modifizierter Form auf Großunternehmen in anderer Rechtsform aus. Rechtspolitisch war vor allem die Anknüpfung an die Unternehmensgröße statt an die Rechtsform eine wesentliche Neuerung.

– Nach der umfassenden Regelung des **Bilanzrechts im 3. Buch des HGB** unter der Überschrift „Handelsbücher", §§ 238–342 a,[32] sind die entsprechenden Vorschriften in den gesellschaftsrechtlichen Spezialgesetzen auf einige Ergänzungen für die jeweiligen Gesellschaftsformen beschränkt worden. Im ersten Abschnitt (§§ 238–263 HGB) stehen vor allem Buchführungs- und Bilanzierungspflicht, Bewertungsvorschriften sowie Aufbewahrungs- und Vorlagepflicht auch für Einzelkaufleute und Personenhandelsgesellschaften (zum Zusammenhang zwischen Gesellschafts- und Bilanzrecht auch oben § 1 Rn. 7).

– Ebenfalls rechtsformübergreifend für die verschiedenen Arten der Kapitalgesellschaften einschließlich bestimmter Fälle der GmbH & Co KG sowie für die Genossenschaft ist die **Mitbestimmung der Arbeitnehmer** (s. auch oben § 1 Rn. 10; unten § 28 Rn. 9 ff.) in verschiedenen Gesetzen geregelt. Die unübersichtliche Gesetzeslage ist historisch entstanden und heute vor allem durch die rechtspolitische Problematik der Materie angesichts geänderter Verhältnisse bedingt. Im Einzelnen gelten das **Gesetz über die Mitbestimmung der Arbeitnehmer – MitbestG 1976** für Großunternehmen und im Übrigen das **Drittelbeteiligungsgesetz** vom 18. 5. 2004 für kleinere Unternehmen in bestimmten Rechtsformen. Für die SE gilt das **SE-Beteiligungsgesetz – SEBG**. Da die Unternehmensmitbestimmung die Besetzung des Aufsichtsrates, teilweise auch des Vorstandes der Gesellschaften betrifft, liegt hier ein deutlich gesellschaftsrechtlicher Regelungsgehalt vor.

– Mehrere Gesetze betreffen den Überschneidungsbereich von Gesellschafts- und Kapitalmarktrecht, insbesondere das **Wertpapierhandelsgesetz – WpHG** von 1994 und das **Gesetz zur Regelung von öffentlichen Angeboten zum Erwerb von Wertpapieren und von Unternehmensübernahmen – WpÜG** von 2001. Beide Gesetze enthalten z. B. Pflichten für Organmitglieder im Interesse des Anlegerschutzes, die früher dem Aktienrecht zugerechnet wurden, nunmehr aber eher eigenständig im Kapitalmarktrecht geregelt werden. Dabei geht es nicht immer ohne Friktionen und Unstimmigkeiten ab.

Zum nationalen Gesetzesrecht im technischen Sinn gehören auch die Durchführungs- und ergänzenden Ausführungsgesetze zu EG-Richtlinien und -Verordnungen. Ihr Regelungsgehalt ist jedoch untrennbar mit den europäischen Rechtsquellen verbunden.[33]

2. Primäres und sekundäres Gemeinschaftsrecht

a) Primäres Gemeinschaftsrecht

Das primäre Gemeinschaftsrecht nennt Gesellschaften ausdrücklich als Adressaten **26** der **Niederlassungsfreiheit** (Art. 48 EGV) und der **Dienstleistungsfreiheit** (Art. 55 i. V. m. Art. 48 EGV); es enthält einen *Harmonisierungsauftrag* für das Gesellschaftsrecht (Art. 44 Abs. 2g EGV). Ferner wirken sich mittelbar die anderen Grundfreiheiten auf das Gesellschaftsrecht aus. Die Bedeutung der Niederlassungsfreiheit und der Dienstleistungsfreiheit wurde bereits im Zusammenhang mit dem internationalen Ge-

---

[32] Das *Bilanzrichtlinien-Gesetz* von 1985 hat mit der Übernahme der 4., 7. und 8. EG-Richtlinie das Recht der Rechnungslegung, Publizität und Konzernrechnungslegung rechtsformübergreifend für Kapitalgesellschaften in das HGB verlagert.

[33] Zum methodischen Herangehen s. *Riesenhuber* (Hrsg.), Europäische Methodenlehre, 2006.

sellschaftsrecht angesprochen (oben § 1 Rn. 19). Hinzu kommen die **Freiheit des Kapitalverkehrs** und das **Diskriminierungsverbot,** die besonders bei der Beteiligung ausländischer Gesellschafter an inländischen Gesellschaften und umgekehrt betroffen sind. Was „Gesellschaften" in diesem Zusammenhang sind, wird nicht definiert. Theoretisch kommen sämtliche Gesellschaftsformen in Betracht, praktisch liegt der Schwerpunkt aber bei den Erwerbsgesellschaften. Ferner bedeutet „Gesellschaftsrecht" nicht nur Gesellschaftsorganisationsrecht, sondern auch andere Regelungskomplexe, die die Beziehungen von Gesellschaften zu ihrem wirtschaftlichen Umfeld gestalten.[34]

b) Sekundäres Gemeinschaftsrecht

27 Die Angleichung nationalen Rechts erfolgt durch Richtlinien, die nach Art. 249 EGV für die Mitgliedstaaten verbindlich sind. Für die Umsetzung durch Durchführungsgesetze bestehen gewisse Spielräume, so dass im Ergebnis durchaus Unterschiede zu finden sind, jedoch ein gemeinsamer Grundbestand gesichert ist. Die Umsetzung erfolgt oft durch Änderung bestehender Gesetze, so dass der gemeinschaftsrechtliche Zusammenhang nicht auf den ersten Blick ersichtlich ist. Wegen der gebotenen richtlinienkonformen Auslegung, möglicherweise sogar einer **Pflicht zur Vorlage an den EuGH** nach Art. 234 EGV,[35] ist es aber stets erforderlich, richtlinienkonformes Recht zu identifizieren. Verordnungen gelten unmittelbar (Art. 249 EGV); sie werden durch Ausführungsgesetze lediglich ergänzt. Die Verordnung wird vor allem zur Schaffung neuer, supranationaler Gesellschaftsformen eingesetzt. Nachfolgend werden diejenigen verabschiedeten Richtlinien, Verordnungen und die dazugehörigen Gesetze im Überblick aufgelistet, die sich direkt auf das Gesellschaftsrecht auswirken. Einige Richtlinien wurden zwischenzeitlich geändert, dementsprechend auch die Umsetzungsgesetze dazu. Nähere Erläuterungen finden sich in der Literatur zum Europäischen Gesellschaftsrecht.[36] Die gesellschaftsrechtlichen Richtlinien wurden zunächst durchnumeriert; wegen der Überschneidung der, zudem in den Mitgliedstaaten unterschiedlich definierten, Rechtsgebiete ist diese Einteilung aber weder eindeutig noch abschließend. Bisher wurden folgende Richtlinien erlassen und umgesetzt:

28 – Erste Richtlinie 68/151/EWG vom 9. März 1968 **(Publizitätsrichtlinie);** Durchführungsgesetz: 15. 8. 1969; geändert durch Richtlinie 2003/58/EG vom 15. Juli 2003; Durchführungsgesetz 10. 11. 2006 (EHUG);
– Zweite Richtlinie 77/91/EWG vom 13. Dezember 1976 **(Kapitalrichtlinie);** Durchführungsgesetz: 13. 12. 1978; geändert durch Richtlinie 2006/68/EG vom 6. September 2006;
– Dritte Richtlinie 78/855/EWG vom 9. Oktober 1978 **(Fusionsrichtlinie);** Durchführungsgesetz: 25. 10. 1982;
– Vierte Richtlinie 78/660/EWG vom 25. Juli 1978 **(Jahresabschlussrichtlinie/Bilanzrichtlinie);** Durchführungsgesetz: zur vierten, siebenten und achten Richtlinie: 19. 12. 1985 (Bilanzrichtliniengesetz – BiRiLiG); in inhaltlichem Zusammenhang damit **GmbH & Co. KG** Richtlinie 90/605/EWG vom 8. November 1990 sowie Mittelstandsrichtlinie 90/604/EWG vom 8. November 1990; Durchführungsgesetze: 25. 4. 1994 (DMBilÄndG) und 24. 2. 2000 (KapCoRiLiG); geändert durch **Fair-Value-Richtlinie** 2001/65/EG vom 27. September 2001, **Schwellenwertrichtlinie** 2003/38/EG vom 13. Mai 2003 sowie **Modernisierungsrichtlinie** 2003/51/EG vom 18. Juni 2003; Durchführungsgesetz: 4. 12. 2004 (BilReG); geändert durch Richtlinie 2006/46/EG vom 14. Juni 2006;

---

[34] *Windbichler/Krolop,* in: Riesenhuber (Hrsg.), Europäische Methodenlehre, § 19 Rn. 1 f., 6 ff.
[35] Rechtsprechungsübersichten bei *Klinke,* ZGR 1994, 153; 1995, 373; 1996, 567; 1998, 212; *ders.,* ECFR 2005, 270; *Saenger* (Hrsg.), Casebook, Europäisches Gesellschafts- und Unternehmensrecht, 2002.
[36] *Grünwald,* Europäisches Gesellschaftsrecht, 1999; *Grundmann,* Europäisches Gesellschaftsrecht, 2004; *ders.,* European Company Law, 2007; *Habersack,* Europäisches Gesellschaftsrecht, 3. Aufl., 2006; *Hertig/McCahery,* ECFR 2006, 341; *Lutter,* Europäisches Unternehmensrecht, 4. Aufl., 1996 (ZGR-Sonderheft 1); *Schön,* ZGR 1995, 1; *Schwarz,* Europäisches Gesellschaftsrecht, 2000.

– Sechste Richtlinie 82/891/EWG vom 17. Dezember 1982 (**Spaltungsrichtlinie**); Durchführungsgesetz: 18. 10. 1994 (UmwG);
– Siebente Richtlinie 83/349/EWG vom 13. Juni 1983 (Richtlinie über den konsolidierten Abschluss/ **Konzernbilanzrichtlinie**); Durchführungsgesetz: Durchführungsgesetz (s. o.) zur vierten, siebenten und achten Richtlinie: 19. 12. 1985; geändert durch Richtlinie 2006/46/EG vom 14. Juni 2006;
– Achte Richtlinie 84/253/EWG vom 10. April 1984 (Prüferbefähigungsrichtlinie/**Abschlussprüferrichtlinie**); Durchführungsgesetz (s. o.) zur vierten, siebenten und achten Richtlinie: 19. 12. 1985; **ersetzt** durch Richtlinie 2006/43/EG vom 17. Mai 2006; Durchführungsgesetz: 3. 9. 2007 (BARefG);
– Zehnte Richtlinie vom 26. Oktober 2005 über die Verschmelzung von Kapitalgesellschaften aus verschiedenen Mitgliedstaaten (grenzüberschreitende **Verschmelzungsrichtlinie**) 2005/56/EG; Durchführungsgesetze: 21. 12. 2006 (Arbeitnehmermitbestimmung bei grenzüberschreitender Verschmelzung – MgVG); 19. 4. 2007 (2. Gesetz zur Änderung des UmwG);
– Elfte Richtlinie 89/666/EWG vom 21. Dezember 1989 (Zweigniederlassungsrichtlinie); Durchführungsgesetz: 22. 7. 1993;
– Zwölfte Richtlinie 89/667/EWG vom 21. Dezember 1989 (Einpersonen-Gesellschafts-Richtlinie); Durchführungsgesetz: 18. 12. 1991;
– Ergänzungsrichtlinie zum Statut der Europäischen Gesellschaft (**Societas Europaea – SE**) hinsichtlich der Beteiligung der Arbeitnehmer (2001/86/EG) vom 8. 10. 2001; Durchführungsgesetz: 22. 12. 2004 (SEBG);
– Ergänzungsrichtlinie zum Statut der Europäischen Genossenschaft (**Societas Cooperativa Europaea – SCE**) hinsichtlich der Beteiligung der Arbeitnehmer (2003/72/EG) vom 22. 7. 2003; Durchführungsgesetz: 14. 8. 2006 (SCEBG);
– Richtlinie vom 21. April 2004 betreffend Übernahmeangebote (**Übernahmerichtlinie**) 2004/25/EG; Durchführungsgesetz: 8. 7. 2006; – Richtlinie 2007/36/EG vom 11. Juli 2007 über die Ausübung bestimmter Rechte von Aktionären in börsennotierten Gesellschaften.

Hinzu kommen Richtlinien, die nur für bestimmte Branchen gelten, insbesondere Banken und Versicherungen, sowie Richtlinien zur Schaffung eines europäischen Börsenrechts. Auch diese Regelungen haben gesellschaftsrechtlich relevanten Einfluss.

An Verordnungen wurden verabschiedet   **29**
– Verordnung über die Schaffung einer **Europäischen Wirtschaftlichen Interessenvereinigung** (**EWIV**) vom 25. 7. 1985 (Nr. 2137/85/EWG); Ausführungsgesetz: 14. 4. 1988 (EWIVG);
– Verordnung über das **Statut der Europäischen Gesellschaft** (**SE-VO**) vom 8. 10. 2001 (Nr. 2157/ 2001/EG); Ausführungsgesetz: 22. 12. 2004 (SEAG);
– Verordnung betreffend die **Anwendung internationaler Rechnungslegungsstandards** (**IAS-VO**) vom 19. 7. 2002 (Nr. 1606/2002/EG); Einführungsgesetz: 4. 12. 2004 (BilReG);
– Verordnung über das **Statut der Europäischen Genossenschaft** (**SCE-VO**) vom 22. Juli 2003 (Nr. 1435/2003/EG); Ausführungsgesetz: 14. 8. 2006 (SCEAG).

Die Verordnung über die Kontrolle von Unternehmenszusammenschlüssen (EG-Fusionskontrollverordnung) vom 20. 1. 2004 (Nr. 139/2004/EG) betrifft die Auswirkungen von Zusammenschlüssen auf den Wettbewerb, nicht die gesellschaftsrechtliche Technik; gleichwohl kann es auch hier zu Rückwirkungseffekten kommen (oben § 1 Rn. 8).

Die nachfolgend aufgelisteten weiteren **Entwürfe und Vorschläge** haben sehr unterschiedliche Aussichten auf Realisierung. Die älteren Vorhaben gehen teilweise noch von einem größeren Rechtsangleichungsbedarf aus, der heute eher hinter dem Aspekt der **Subsidiarität** und des **Systemwettbewerbs** bei möglichst weitreichender und gesicherter **Information** sowie **Empfehlungen** als „weichere" Form zurücktritt (vgl. auch oben § 1 Rn. 16).[37] Sie werden daher teilweise nicht weiter verfolgt. An nicht verabschiedeten **Richtlinien** liegen vor: **30**
– Dritter geänderter Vorschlag einer fünften Richtlinie vom 20. November 1991 (zuvor 9. 10. 1972; 19. 8. 1983; 13. 12. 1990) (Strukturrichtlinie) – aufgegeben;
– Vorentwurf einer neunten Richtlinie von 1984 (Konzernrechtsrichtlinie) – aufgegeben;
– Überarbeiteter Vorentwurf einer Richtlinie von 1987 (Liquidationsrichtlinie XV/43/87-DE) – aufgegeben;
– Vorentwurf für eine **vierzehnte** Richtlinie vom 22. 4. 1997 (Sitzverlegungsrichtlinie) – aufgegeben;
– aufgegeben;
– Vorschlag für eine Richtlinie zur **Änderung** der Richtlinie 78/855/EWG des Rates betreffend die **Verschmelzung von Aktiengesellschaften** und der Richtlinie 82/891/EWG des Rates betreffend die **Spaltung von Aktiengesellschaften** hinsichtlich des Erfordernisses der Prüfung des Verschmel-

---

[37] Oben § 1 Rn. 19; *Grundmann*, Europäisches Gesellschaftsrecht, § 6; *Windbichler/Krolop*, in: Riesenhuber (Hrsg.), Europäische Methodenlehre, § 19 Rn. 19 f., 26.

zungs- oder Spaltungsplans und der Erstellung eines Berichts durch einen unabhängigen Sachverständigen (KOM(2007) 91).

An **Verordnungen** befinden sich im Stadium des Entwurfs oder Vorschlags:
– Geänderter Vorschlag einer Verordnung über das **Statut des Europäischen Vereins** vom 6. 7. 1993;[38]
– Geänderter Vorschlag einer Verordnung über das **Statut der Europäischen Gegenseitigkeitsgesellschaft** vom 6. 7. 1993;

Auf privater Initiative beruht ein Vorschlag einer Verordnung über das Statut einer **Europäischen Privatgesellschaft**, die einer kleinen GmbH ähnelt.[39]

Zu erwähnen ist ferner das nach Art. 220 EWG-Vertrag abgeschlossene Anerkennungs-Übereinkommen vom 19. 2. 1968, das die gegenseitige Anerkennung von Gesellschaften und juristischen Personen regelt und dem die meisten EG-Mitglieder, auch die Bundesrepublik Deutschland, inzwischen beigetreten sind; es ist jedoch mangels Ratifizierung durch alle Mitgliedstaaten noch nicht in Kraft getreten.

An **Empfehlungen** der Kommission sind zu nennen:
– Empfehlung der Kommission zur Einführung einer angemessenen Regelung über die **Vergütung von Mitgliedern der Unternehmensleitung** börsennotierter Unternehmen (2004/913/EG) vom 14. 12. 2004; Umsetzung: 3. 8. 2005 (VorstOG);
– Empfehlung der Kommission zu den **Aufgaben von nicht geschäftsführenden Direktoren/Aufsichtsratsmitgliedern** börsennotierter Gesellschaften sowie zu den Ausschüssen des Verwaltungs-/Aufsichtsrats (2005/162/EG) vom 15. 2. 2005.

Die sog. **SLIM-Initiative** (Simpler Legislation for the Internal Market) erfasst auch das Gesellschaftsrecht. Ein Teil der oben beschriebenen Änderungen geht auf sie zurück. Ferner kann als Agenda für die Entwicklung des europäischen Gesellschaftsrechts der sog. **Aktionsplan** (Mitteilung der EG-Kommission an den Rat und das Europäische Parlament vom 23. 5. 2003 betreffend die Modernisierung des Gesellschaftsrechts und Verbesserung der Corporate Governance in der Europäischen Union) heran gezogen werden. Ferner liegt eine Mitteilung der Kommission über ein vereinfachtes Unternehmensumfeld in den Bereichen Gesellschaftsrecht, Rechnungslegung und Abschlussprüfung vom 10. 7. 2007 (KOM(2007)394 endg.) vor.

§ 3. Stellung des Gesellschaftsvermögens

I. Gesellschaftsvermögen allgemein

1   Eine Gesellschaft muss nicht stets ein besonderes Gesellschaftsvermögen haben. Der gemeinsame Zweck kann ohne Inanspruchnahme besonderer Vermögensmittel verfolgt werden, oder die dem Gesellschaftszweck gewidmeten Vermögenswerte gehören jeweils nur *einem* Gesellschafter, der sie zugunsten des gemeinsamen Zwecks verwaltet (oben § 2 Rn. 3, 13 f., Innengesellschaft). Normalerweise aber wird ein **besonderes Gesellschaftsvermögen** gebildet. Vom Gesellschaftsvermögen zu unterscheiden ist das **wirtschaftliche Eigentum,** das den Gesellschaftern zugeschrieben wird, vor allem im wirtschaftswissenschaftlichen Zusammenhang. Darunter versteht man die sog. *Residualberechtigung,* d. h. den Gesellschaftern steht erst nach Begleichung sämtlicher Gesellschaftsverbindlichkeiten zu, was übrig bleibt. Das der Gesellschaft gewidmete Vermögen ist Wagniskapital, also mit dem Risiko des Verlustes belastet.

---

[38] *Terner,* ZEuP 2007, 96 ff.
[39] *Bachmann,* ZGR 2001, 351; *Boucourechliev/Hommelhoff* (Hrsg.), Vorschläge für eine Europäische Privatgesellschaft, 1999; *Hommelhoff/Helms* (Hrsg.), Neue Wege in die Europäische Privatgesellschaft, 2001; *Grundmann,* European Company Law, § 34 Rn. 1203 ff.; *Kretschmer,* Die Europäische Privatgesellschaft, 2005; *Steinberger,* BB-Spezial Nr. 7, 2006, 27 ff.; zur aktuellen Entwicklung *Baums,* AG 2007, 57, 63.

Die **Verselbständigung des Gesellschaftsvermögens** im Verhältnis zu den Gesellschaftern und den Gläubigern der Gesellschafter hat entscheidende Bedeutung für die Struktur und Ausgestaltung der Gesellschaft. Die Trennung zwischen dem Vermögen der Gesellschaft und dem Vermögen der Gesellschafter – *asset partitioning*[1] – ermöglicht es, den Gesellschaftern den (beliebigen) **Zugriff auf das Gesellschaftsvermögen** zu verwehren, damit das Gesellschaftsvermögen vorrangig für die **Gesellschaftsgläubiger** vorzuhalten – *affirmative asset partitioning.* Umgekehrt müssen sich *Gläubiger der Gesellschafter* zunächst an das (Privat-)Vermögen der Gesellschafter halten; ein Zugriff auf das Gesellschaftsvermögen ist mindestens erschwert, wenn nicht unmöglich – *defensive asset partitioning.* Im Falle der **Haftungsbeschränkung** können Gläubiger der Gesellschaft nicht auf das Vermögen der Gesellschafter zugreifen.

Für die rechtliche Zuordnung des Gesellschaftsvermögens bestehen drei rechtstechnische Möglichkeiten: Bruchteilsgemeinschaft, Gesamthandsgemeinschaft und juristische Person. Bruchteilsgemeinschaft und Gesamthand kommen für die Gesellschaften im engeren Sinn (oben § 2 Rn. 9 ff.), die Gesamthand auch für Körperschaften, die (noch) nicht juristische Person sind, in Betracht.

II. Bruchteilsgemeinschaft

Bei der Bruchteilsgemeinschaft steht **jedem Teilhaber an jedem einzelnen Gegenstand des Vermögens ein bestimmter Anteil** zu. Soweit es sich um Sachen handelt, besteht **Miteigentum**, §§ 1008 ff. BGB. Aber auch an jedem anderen Recht (Nießbrauch, Pfandrecht, Patentrecht usw.) ist eine entsprechende **Mitberechtigung** möglich. Jeder **Teilhaber kann** über seinen Anteil an jedem einzelnen Gegenstand grundsätzlich **frei verfügen** (§ 747 Satz 1 BGB). Zwar kann er sich im Gesellschaftsvertrag verpflichten, von dieser Verfügungsbefugnis ohne Zustimmung der anderen Gesellschafter keinen Gebrauch zu machen, aber dadurch wird nur eine schuldrechtliche Bindung herbeigeführt (§ 137 BGB); eine trotzdem vorgenommene Verfügung ist Dritten gegenüber wirksam und macht den verfügenden Gesellschafter lediglich den Mitgesellschaftern gegenüber wegen Vertragsverletzung schadensersatzpflichtig. Diese schwache Bindung wird den Gesellschaftszwecken nur selten gerecht, vor allem nicht, wenn die Gesellschaft ein Unternehmen betreiben will. Eine Befugnis jedes Gesellschafters, über Anteile an den einzelnen zum Unternehmen gehörenden Gegenständen, etwa den Fabrikgrundstücken oder Maschinen selbständig zu verfügen, wäre völlig fehl am Platz. Deshalb ist die **Bruchteilsgemeinschaft** bei Gesellschaften die **Ausnahme,** die besonders vereinbart werden muss.

In der Praxis findet sie sich am ehesten dann, wenn schon vor Gründung der Gesellschaft Bruchteilseigentum besteht. **Beispiel:** Mehrere Personen sind Miteigentümer eines Grundstücks, schließen sich zu gemeinsamer Verwaltung, Nutzung oder Verwertung desselben zusammen, ändern aber die Eigentumsverhältnisse nicht, um keine Grundbucheintragung vornehmen lassen zu müssen; geschlossene Immobilienfonds oder Gesellschaften mit vorübergehenden Zwecken wie die Bauherrengemeinschaft als Innengesellschaft, gerichtet auf Errichtung des Bauwerks und Bildung von Wohnungseigentum zugunsten der einzelnen Bauherren.[2]

Eine Gesellschaft mit Bruchteilseigentum nähert sich der schlichten Rechtsgemeinschaft (oben § 1 Rn. 2 f.), bei der die Teilhaber Vereinbarungen über eine gemeinsame

---

[1] Grundlegend *Hansmann/Kraakman,* 110 Yale L.J. 387 (2000–2001); dazu *Wiedemann* II, § 1 I 2 b aa.

[2] MünchKomm-BGB/*Ulmer,* Vor § 705 Rn. 47 ff.

Verwaltung treffen können. Sie bleibt aber, da die Teilhaber über diese gemeinsame Verwaltung hinaus einen gemeinschaftlichen Zweck verfolgen, Zweckgemeinschaft und unterliegt deshalb grundsätzlich den Vorschriften des Gesellschaftsrechts. Allerdings sind all die Bestimmungen nicht anwendbar, die ein Gesamthandsvermögen voraus setzen. Eine besondere Art der Bruchteilsgemeinschaft ist die **Wohnungseigentumsgemeinschaft** nach dem WEG; diese ist **keine Gesellschaft,** die Rechtsprechung hat aber in Anlehnung an die BGB-Gesellschaft deren Rechtsfähigkeit kreiert.[3]

III. Gesamthandsgemeinschaft

1. Besonderheiten des Gesamthandsvermögens[4]

4   Das Gesetz sieht für die **Personengesellschaften als Regel** die **Gemeinschaft zur gesamten Hand** vor. Diese Form der Vermögenszuordnung kommt auch in anderen Zusammenhängen vor, etwa der *Erbengemeinschaft* (§ 2032 BGB) und der ehelichen *Gütergemeinschaft* (§ 1416 BGB), auch bei Miturheberschaft (§ 8 Abs. 2 UrhG). Das Vermögen der Personengesellschaften ist Gesamthandsvermögen, soweit nichts anderes vereinbart ist (§ 718 Abs. 1 BGB), und unterliegt daher einer starken **dinglichen Bindung;** es entsteht ein **Sondervermögen.** Die Gesellschafter können nicht über „Anteile" an den einzelnen zum Gesellschaftsvermögen gehörenden Gegenständen verfügen (§ 719 Abs. 1 BGB; vgl. auch § 717 BGB). Man streitet (mit geringer praktischer Bedeutung) darüber, ob es solche Anteile überhaupt gibt.[5] Jedenfalls können die Gesellschafter nur gemeinsam – „mit gesamter Hand" – über die einzelnen Gegenstände verfügen. Das gehört zum Wesen der Gesamthand, weshalb daran auch durch Vereinbarung nichts geändert werden kann.

Beispiel: Eine Gesellschaft mit einem Grundstück als Gesellschaftsvermögen hat drei gleichmäßig beteiligte Gesellschafterinnen, A, B und C. Bei Bruchteilseigentum würde A ein Drittel des Grundstücks gehören, das sie selbständig veräußern oder mit einer Grundschuld belasten könnte (§ 747 BGB). Bei Gesamthandseigentum können nur A, B und C gemeinsam über das Grundstück verfügen, z.B. ein Drittel davon veräußern. Wenn sie A dazu ermächtigen, verfügt sie gleichwohl nicht über „ihr" Drittel, sondern über ein gemeinsames Drittel und bleibt an dem Rest beteiligt.

5   Dagegen steht den einzelnen Gesellschaftern ein **Anteil am Gesamtvermögen,** also am Gesellschaftsvermögen im Ganzen zu. Ob ein Gesellschafter über diesen Anteil am Gesellschaftsvermögen verfügen kann, lässt sich nicht aus der Form der Vermögenszuordnung herleiten. Bei der Erbengemeinschaft ist eine solche Verfügung ohne weiteres zulässig (§ 2033 Abs. 1 BGB im Gegensatz zu Abs. 2); bei der Gütergemeinschaft

---

[3] BGHZ 163, 154 = NJW 2005, 2061; krit. dazu *Bork,* ZIP 2005, 1205, 1206.

[4] Zur Gesamthand vertiefend *Dauner-Lieb,* Unternehmen in Sondervermögen, 1998, S. 520 ff.; *Flume,* Personengesellschaft, § 7 III; *ders.,* ZHR 136 (1972) 177; *Th. Raiser,* AcP 194 (1994) 495; *Reiff,* Die Haftungsverfassungen nichtrechtsfähiger unternehmenstragender Verbände, 1996, § 10; *K. Schmidt,* § 8 III; *Ulmer,* AcP 198 (1998) 113; *Zöllner,* FS Gernhuber, 1993, S. 563. – Zur Gesamthand als „Sonderweg" des deutschen Rechts *Wiedemann* I, § 5 I 1; *K. Schmidt,* § 8 I; *Schöpflin,* Der nichtrechtsfähige Verein, 2003; zur rechtshistorischen Herkunft *Köbler,* Lexikon der europäischen Rechtsgeschichte, 1997; *Ebel/Thielmann,* Rechtsgeschichte, 3. Aufl., 2003, D. Rn. 265 f.; vgl. auch oben § 1 Rn. 25; – zum materiellen Gehalt von Gesamthand und juristischer Person MünchKomm-BGB/*Reuter,* Vor § 21 Rn. 7.

[5] Bejahend z.B. *Schulze-Osterloh,* Das Prinzip der gesamthänderischen Bindung, 1972, S. 13 ff.; *Weber-Grellet* AcP 182 (1982), 316, 331; verneinend z.B. *Flume,* Personengesellschaft, § 8 (S. 119) sowie § 17 II (S. 351); MünchKomm-BGB/*Ulmer,* 4. Aufl., § 719 Rn. 8; *K. Schmidt,* § 58 IV 2.

ist sie dagegen entsprechend der persönlichen Bindung unter Ehegatten nicht möglich (§ 1419 Abs. 1 BGB). Bei der Gesellschaft gilt ein *Verfügungsverbot hinsichtlich der Anteile am Gesamtvermögen*. Die Beteiligung am Gesellschaftsvermögen ist **untrennbarer Bestandteil (Ausfluss) der Mitgliedschaft**. Ein Nichtgesellschafter kann nicht Teilhaber der Gesamthandsgemeinschaft sein. Durch Vereinbarung kann die Übertragung der ganzen Mitgliedschaft zugelassen werden; dann wird der Anteil am Gesamtvermögen zusammen mit der Mitgliedschaft in der Gesellschaft übertragen. § 719 Abs. 1 BGB, der in gleicher Weise die Verfügung über den Anteil am Gesellschaftsvermögen und an den einzelnen dazugehörenden Gegenständen ausschließt, ist daher so zu lesen, dass der erste Teil in bestimmter Form dispositiv ist, während der zweite Teil zwingend ist.

Nach heute h. M. steht § 719 Abs. 1 BGB der Übertragung der Mitgliedschaft nicht entgegen.[6] Der Anteil am Gesellschaftsvermögen und die Mitgliedschaft können nicht – auch nicht mit Zustimmung aller Gesellschafter – voneinander getrennt werden. Nach dem gesetzlichen Grundmuster ist die Mitgliedschaft zwar nicht übertragbar, davon können die Gesellschafter jedoch abweichen. Fehlt die Zustimmung auch nur eines Gesellschafters, ist die Übertragung schwebend unwirksam, bei endgültiger Verweigerung endgültig unwirksam, nicht etwa relativ unwirksam i. S. v. § 135 BGB.

Der dritte Teil des § 719 Abs. 1 BGB, dass kein Gesellschafter die Teilung des Gesellschaftsvermögens verlangen kann, ist die selbstverständliche Folge der Verbindung der Gesellschafter zu einem gemeinsamen Zweck. Will ein Gesellschafter seinen Vermögensanteil herauslösen, muss er die Auflösung der Gesellschaft betreiben. Der geschilderten dinglichen Bindung entspricht es, dass ein Privatgläubiger eines Gesellschafters in der **Zwangsvollstreckung** auf den gesamthänderisch gebundenen Vermögenswert nur in der Form zugreifen kann, dass er den Anteil des Gesellschafters am Gesellschaftsvermögen pfändet und die Gesellschaft kündigt (§ 725 Abs. 1 BGB, § 135 HGB, § 859 Abs. 1 Satz 1 ZPO). Die Befriedigung erfolgt aus dem Auseinandersetzungsguthaben (§ 730 bzw. § 738 BGB), d. h. der Wert der Beteiligung muss durch **Lösung aus der gesamthänderischen Bindung** realisiert werden. An die einzelnen Gegenstände des Gesellschaftsvermögens kann sich der Privatgläubiger eines Gesellschafters keinesfalls halten (§ 859 Abs. 1 Satz 2 ZPO; vgl. auch oben Rn. 1). Wegen einer Verbindlichkeit der Gesellschaft kann in das Gesellschaftsvermögen vollstreckt werden (§ 736 ZPO, § 124 Abs. 2 HGB; – Näheres unten § 5 Rn. 8, § 15 Rn. 6, 31). **6**

Scheidet ein Gesellschafter aus der Gesellschaft aus, ohne dass diese aufgelöst wird, verliert er notwendig seinen Anteil am Gesellschaftsvermögen; er wird auf einen *schuldrechtlichen Ausgleichsanspruch* beschränkt. Sein Anteil wächst kraft Gesetzes den übrigen Gesellschaftern zu (§ 738 BGB). *Tritt* umgekehrt *ein neuer Gesellschafter in die Gesellschaft ein*, so wird er damit von selbst Mitglied der Gesamthandsgemeinschaft; ihm wächst kraft Gesetzes ein Anteil am Gesellschaftsvermögen zu. In beiden Fällen gilt das für die Gesamthandsgemeinschaft typische **Anwachsungsprinzip**. **7**

2. Zuordnung

Die Zuordnung des Gesamthandsvermögens hängt von der Art der Personengesellschaft und dem Ausmaß ihrer Verselbständigung ab (oben § 2 Rn. 4 ff.). Handelt es sich um eine **Personengesellschaft, die mit der Fähigkeit ausgestattet ist, Rechte zu erwerben und Verbindlichkeiten einzugehen** (vgl. § 14 Abs. 2 BGB, § 124 Abs. 1 HGB, § 7 PartGG), kann die Gesellschaft selbst **als Vermögensträger** angesehen wer- **8**

---

[6] MünchKomm-BGB/*Ulmer*, § 719 Rn. 4; zum früheren Streit, ob § 719 Abs. 1 BGB ein Übertragungshindernis für den Gesellschaftsanteil darstellt, *K. Schmidt*, § 45 III 2 m. w. N.

den.[7] Anderenfalls wird das Gesellschaftsvermögen den einzelnen Gesellschaftern gemeinsam zugeordnet, das *Gesellschaftsvermögen steht den Gesellschaftern selbst in ihrer gesamthänderischen Verbundenheit zu.*[8] Die Gesamthand ist eine vermögensrechtliche Figur, die auch außerhalb des Gesellschaftsrechts vorkommt; sie bestimmt jedenfalls nicht allein den Rechtscharakter und die Organisation der Personengesellschaft. Als rechtsfähig anerkannte Personengesellschaften unterscheiden sich gleichwohl von den juristischen Personen. Letztere sind allein Vermögensträger und von den Gesellschaftern unabhängig; es gibt auch juristische Personen mit nur einem oder keinem (Stiftung) Gesellschafter. Für eine Gesamthandsgemeinschaft ist stets eine Mehrheit von Personen erforderlich.

9   **Zusammengefasst** ergibt sich: Das **Gesamthandsvermögen ist ein Sondervermögen, das vom jeweiligen Privatvermögen der Gesellschafter klar getrennt** ist. Es ist der Verfügung des einzelnen Gesellschafters und dem Zugriff seiner Gläubiger entzogen und ausschließlich den besonderen Zwecken der Gesellschaft dienstbar gemacht. Die **Gesamthandsgemeinschaft ist die typische Vermögensform der Personengesellschaften,** wobei je nach Art der Gesellschaft diese selbst oder die einzelnen Gesellschafter in ihrer Verbundenheit Träger sein können.

IV. Juristische Person

10   Die stärkste Trennung des Gesellschaftsvermögens von dem der Gesellschafter tritt ein, wenn die **Gesellschaft als** Rechtspersönlichkeit – **juristische Person** – verselbständigt wird (oben § 2 Rn. 7f.). Sie nimmt dann selbst am Rechtsverkehr teil und ist Zuordnungssubjekt für Rechte und Pflichten, dementsprechend auch **allein Trägerin des Gesellschaftsvermögens.** Zwar ist auch das Gesellschaftsvermögen der Personengesellschaft der individuellen Verfügung der einzelnen Gesellschafter entzogen, es bleibt aber doch die Gesellschaft als solche grundsätzlich von der jeweiligen Zusammensetzung der Gesellschaft und somit von der Person der einzelnen Gesellschafter abhängig. Das ist dann nicht zweckmäßig, wenn eine große Zahl von Mitgliedern vorhanden ist, mit einem häufigen Mitgliederwechsel gerechnet werden muss, und deshalb die Person des einzelnen Mitglieds hinter dem Verband als solchem zurücktritt. Eine körperschaftliche Verfassung des Verbandes ist dafür besser geeignet; die Körperschaft ist typischerweise juristische Person (oben § 2 Rn. 10).

11   Alle Rechte, die zu dem Gesellschaftsvermögen gehören, stehen dann der Gesellschaft als solcher zu. Die Mitglieder haben keinerlei Anteilsrechte, weder an den einzelnen zum Gesellschaftsvermögen gehörenden Gegenständen noch am Vermögen als solchem – **Trennungsprinzip.** Sie können vielmehr lediglich Ansprüche gegenüber der Gesellschaft haben. Daraus folgt ohne weiteres, dass ein **Mitgliederwechsel** die Stellung des Gesellschaftsvermögens in keiner Weise berührt.

Privatgläubiger der Gesellschafter können sich nicht an das Gesellschaftsvermögen halten. **Ansprüche der Gesellschaftsgläubiger** richten sich grundsätzlich **nur gegen die Gesellschaft;** nur sie ist Schuldner. Es haftet also nur das Gesellschaftsvermögen,

---

[7] MünchKomm-BGB/*Ulmer,* § 705 Rn. 305; *Wiedemann* II, § 7 I 4a; vgl. oben § 2 Rn. 6 und unten § 5 Rn. 6.

[8] So als allgemeine Regel die früher h. M.; RGZ 141, 277, 280; BGHZ 34, 293, 296; BGH NJW 1988, 556; *G. Hueck,* FS Zöllner, Bd. 1, 1998, S. 275; *ders.,* Gesellschaftsrecht, 19. Aufl., 1991, § 3 II; *Wiedemann* I, § 5 2; *Zöllner,* FS Gernhuber, 1993, S. 563; *ders.,* FS Kraft, 1998, S. 701; vgl. auch *Beuthien,* JZ 2003, 715, 721.

während zwischen Gläubigern und Gesellschaftern keine unmittelbaren Beziehungen bestehen. Das Trennungsprinzip wirkt nach beiden Seiten (vgl. oben Rn. 1). Zwar gibt es einzelne Fälle, in denen neben der Haftung der juristischen Person auch eine mehr oder weniger weitgehende Haftung der Mitglieder vorgesehen ist, aber das ist die Ausnahme.

§ 4. Rechtsformwahl und praktische Bedeutung der Gesellschaftsformen

I. Rechtsformwahl

Mit den oben in § 1 Rn. 4 aufgezählten Gesellschaftstypen stehen für privatrechtliche Personenzusammenschlüsse zur Verfolgung gemeinsamer Zwecke mehr als ein Dutzend verschiedener Rechtsformen zur Verfügung. Diese haben unterschiedliche rechtliche Merkmale, die bei den einzelnen Typen in verschiedenartiger Kombination auftreten. Nimmt man die Möglichkeit zu gesellschaftsvertraglicher Ergänzung und Abwandlung der vorgegebenen Typen wie auch zu einer Verbindung derselben (z.B. GmbH & Co. KG) hinzu, so zeigt sich, dass trotz der Bindung an den numerus clausus der Gesellschaftsformen für die **Privatautonomie** der Beteiligten ein weiter Spielraum bei der **Wahl** und der **näheren Ausgestaltung** der im Einzelfall geeigneten Rechtsform besteht. Erweist sich die Form einer vorhandenen Gesellschaft als nicht (mehr) geeignet für die verfolgten Zwecke, besteht die Möglichkeit, durch *formwechselnde Umwandlung* ohne Auflösung und Neugründung das „Rechtskleid" zu ändern (§§ 1, 190 ff. UmwG). *Grundsätzlich* besteht **kein Rechtsformzwang** in dem Sinn, dass für Personenzusammenschlüsse etwa nach Art, Größe, Zielsetzung oder sonstigen Merkmalen jeweils eine ganz bestimmte Gesellschaftsform vorgeschrieben ist. Die Auswahl der geeigneten Gesellschaftsform und die zu treffenden Abreden im Einzelnen gehören zu den ganz wesentlichen Gestaltungsaufgaben der Praxis. Die juristische Arbeit besteht hier zu einem großen Teil aus Beratung, Konfliktvermeidung und der Schaffung interessengerechter, ausgewogener Organisationen. Gewisse **Einschränkungen** dieser Gestaltungsfreiheit sowie z.T. verzerrende Anreize ergeben sich aus dem Folgenden. 1

1. Gesellschaftszweck

Besonders bedeutsam für die Rechtsformwahl ist regelmäßig der von den Beteiligten gemeinsam verfolgte Gesellschaftszweck. Dabei kann sich die eine oder andere Gesellschaftsform nach ihrer vom Gesetz als Hauptanwendungsfall gedachten und der daran orientierten Regelung als mehr oder weniger geeignet, u.U. auch als ungeeignet erweisen. Neben diesem allgemeinen Einfluss des Gesellschaftszwecks können sich aus der angestrebten Betätigung einer Personenvereinigung auch konkrete rechtliche Grenzen für die Wahl der geeigneten Rechtsform ergeben. **Grenzen der Rechtsformwahl nach dem Gesellschaftszweck** finden sich im geltenden Recht vor allem in dreifacher Richtung: 2

a) Ideelle Zwecke

3   Sollen ideelle Zwecke – d. h. nicht wirtschaftliche – in der personenbezogenen Bindung einer **Gesellschaft im engeren Sinn** (§ 2 Rn. 9 ff.) verfolgt werden, steht dafür **nur** die **BGB-Gesellschaft** offen. Alle anderen Personengesellschaften haben notwendig wirtschaftliche Zielsetzungen, auch wenn sie wie die stille Gesellschaft und die Reederei nicht Handelsgesellschaften sind. Die OHG und die KG betreiben ein Handelsgewerbe, die Partnerschaftsgesellschaft dient der gemeinsamen Ausübung eines freien Berufes. Als **körperschaftliche Rechtsform** stehen für ideelle Zwecke der eingetragene (e. V.) und der nicht eingetragene Verein nach dem Konzept des BGB im Vordergrund – **Idealverein**. Es kommen auch AG, KGaA und GmbH in Betracht, die wegen ihrer Rechtsform, aber nicht notwendig auch nach ihrer Zielsetzung, Handelsgesellschaften sind. Wegen dieser handelsrechtlichen Ausrichtung sind vor allem die AG und die KGaA für ideelle Zwecke im Allgemeinen weniger geeignet. Die sehr flexible GmbH hingegen findet sich zunehmend auch als gemeinnützige Gesellschaft.

Umgekehrt sind BGB-Gesellschaft und Verein nicht auf ideelle Zielsetzungen beschränkt, sondern können auch für wirtschaftliche Zwecke eingesetzt werden. Beim rechtsfähigen Verein ist das jedoch mit der Notwendigkeit staatlicher Verleihung der Rechtspersönlichkeit verbunden, § 22 BGB – **wirtschaftlicher Verein**, was praktisch selten vorkommt. Davon zu unterscheiden ist die Problematik der wirtschaftlichen Betätigung und wirtschaftlichen Bedeutung von Idealvereinen.[1] Für die BGB-Gesellschaft gilt letzteres nicht; hier besteht eher das Problem, dass die im BGB vorgefundene kursorische Ausgestaltung für die Verwendung dieser Form als Unternehmensträger ergänzt werden muss.

b) Erwerbszwecke

4   Für Erwerbszwecke stehen zunächst die **Personenhandelsgesellschaften** zur Verfügung. Die **BGB-Gesellschaft** kommt nur für Kleingewerbe in Betracht; sie kann kein Handelsgewerbe betreiben, eine solche Personengesellschaft ist automatisch OHG. Einige spezielle Gesellschaftstypen wurden für ganz bestimmte Zwecke geschaffen und können auch nur für diese eingesetzt werden. Die **Partnerschaftsgesellschaft** ist ausschließlich zur gemeinsamen Ausübung freier Berufe durch natürliche Personen vorgesehen. Die Reederei dient dem Betrieb eines Seeschiffes, § 489 HGB; der VVaG betreibt die Versicherung der Mitglieder nach dem Gegenseitigkeitsprinzip, § 15 VAG. Für kooperatives Zusammenwirken zur Förderung der Gewinnerzielung der Mitglieder gedacht sind die EWIV und (teilweise) die Genossenschaft. Dieselben Zwecke können aber jeweils auch in anderer Rechtsform verfolgt werden. Kapitalgesellschaften können für jeden legalen Zweck gegründet werden. Der Beschränkung auf bestimmte Gesellschaftszwecke entspricht also kein strenger Rechtsformzwang.

c) Besondere Erwerbszweige

5   Einem **Rechtsformzwang** nahe kommt es aber, wenn in Sondergesetzen für spezielle wirtschaftliche Betätigungen nur bestimmte Gesellschaftstypen, allerdings meist zwei oder mehrere, zugelassen werden. Im Übrigen werden Schutzzwecke vor allem durch behördliche Aufsicht und Publizitätspflichten verfolgt.

---

[1] *K. Schmidt*, § 23 III; MünchKomm-BGB/*Reuter*, Vor §§ 21 Rn. 6 ff.; *instruktiv* das ADAC-Urteil BGHZ 85, 84 = NJW 1983, 569 = JuS 1983, 553, dazu *K. Schmidt*, NJW 1983, 543; *Wiedemann/Frey*, Nr. 21 ff.; die Rechnungslegung betreffend *Lutter*, BB 1988, 489; *Segna*, DStR 2006, 1568; Sportvereine betreffend BGHZ 99, 119 = NJW 1987, 1811 – Jägermeister. Diese Problematik ist Schwerpunkt der Reformdiskussion zum Vereinsrecht; *Beuthien*, NZG 2005, 493; *Hadding*, ZGR 2006, 137; *Reuter*, NZG 2005, 738 ff.

Das gilt etwa für **Versicherungsunternehmen** (mit gewissen Ausnahmen für einzelne Versicherungszweige): nur VVaG oder AG, § 7 Abs. 1 VAG, für private **Bausparkassen:** nur AG, § 2 Abs. 1 BausparkassenG, für **Hypothekenbanken:** nur AG oder KGaA, § 2 HypBG, für **Kapitalanlagegesellschaften:** nur AG oder GmbH, § 6 Abs. 1 Satz 2 InvG, für **Steuerberatungsgesellschaften** und für **Wirtschaftsprüfungsgesellschaften:** AG, KGaA, GmbH, OHG, KG oder Partnerschaft, § 49 Abs. 1 StBerG und § 27 Abs. 1 WPO. § 2a Abs. 1 des Kreditwesengesetzes (KWG) schließt allgemein für Kreditinstitute die Rechtsform des Einzelkaufmanns aus.

2. Größenkriterien

Die gesetzlich zur Verfügung gestellten Gesellschaftstypen enthalten keine Größenkriterien, sind aber doch deutlich für jeweils einen kleineren oder größeren **Gesellschafterkreis** zugeschnitten. Die Personengesellschaften einschließlich der Personenhandelsgesellschaften (oben § 2 Rn. 17, 22) gehen von einer überschaubaren Zahl von Personen aus, die einander kennen, einander vertrauen und meist auch aktiv in der Gesellschaft mitarbeiten. Auch die GmbH ist, obwohl Kapitalgesellschaft, eher personalistisch orientiert; ihre große Flexibilität lässt sehr individuelle Ausgestaltungen zu. Die Aktiengesellschaft dagegen ist als Publikumsgesellschaft angelegt; sie eignet sich als Kapitalsammelbecken für Großunternehmen. Dies schlägt sich jeweils in den anwendbaren Regeln und dem Maß nieder, in dem vom Gesetz abgewichen werden kann und ist deshalb ein maßgebliches Kriterium für die Rechtsformwahl. Ähnliches gilt für die benötigte **Finanzierung** und **Kapitalausstattung.** Als **kapitalmarktgeeignete Formen** kommen nur die AG und die KGaA in Betracht, während sich die Personengesellschaften und die GmbH hauptsächlich durch Kredite und Eigenkapital finanzieren.

6

3. Organisationsstruktur

Die Organisationsstruktur, und damit wiederum die Unterscheidung zwischen Gesellschaft im engeren Sinne und Körperschaft (oben § 2 Rn. 9ff.), hat ebenfalls große Bedeutung für die Auswahl der Gesellschaftsform. Ist ohnehin persönliche Mitarbeit geplant, ist der Grundsatz der **Selbstorganschaft,** der in den Personengesellschaften gilt, die geeignete rechtliche Ausprägung dafür. Ist dagegen, auch im Hinblick auf Nachfolgeprobleme im Erbfall, eine Geschäftsführung durch Dritte in Betracht gezogen, ist nur eine Körperschaft geeignet, die **Drittorganschaft** zulässt. Ferner kommt es darauf an, ob ein geschlossener Gesellschafterkreis oder die Öffnung für weitere Mitglieder und die **Übertragbarkeit der Mitgliedschaft** gewollt ist. Auch die Intensität der **Mitwirkungs- und Kontrollrechte** ist je nach Gesellschaftsform ausdifferenziert. In unterschiedlichem Ausmaß sind **Mitgliedschaften verschiedener Art** innerhalb einer Gesellschaftsform möglich. Die OHG geht grundsätzlich von weitgehender Gleichheit der Gesellschafter aus, die KG dagegen setzt zwei unterschiedliche Arten von Gesellschaftern voraus, nämlich den oder die Komplementäre mit Leitungsfunktion und die Kommanditisten, die meist nur finanziell beteiligt sind. Die GmbH lässt eine unterschiedliche Ausstattung der Geschäftsanteile zu, in der AG sind dem enge Grenzen gesetzt. Ein Element der Organisationsstruktur ist auch, ob die Gesellschaft bei Erreichen bestimmter **Mitarbeiterzahlen** der Unternehmensmitbestimmung unterfällt. Kapitalgesellschaften unterliegen strengeren Pflichten zur **Rechnungslegung.**

7

4. Haftungsverhältnisse

Gerade bei wirtschaftlicher Zielsetzung – Erwerbsgesellschaften – sind die **Möglichkeiten der Haftungsbeschränkung** wichtig, aber auch bei nichtwirtschaftlicher

8

Zielsetzung ist die Beschränkung des zu übernehmenden Risikos oftmals Voraussetzung für ein Engagement überhaupt. Rechtsformen, die eine beschränkte Haftung ermöglichen, machen viele wirtschaftliche Aktivitäten überhaupt erst möglich. Die Beschaffung großer Kapitalbeträge auf dem **Kapitalmarkt** setzt voraus, dass die einzelnen Anleger sich mit einen bestimmten Kapitaleinsatz beteiligen und damit ihr Risiko auf den des Kapitalverlustes eingrenzen können; eine darüber hinaus reichende Haftung würde eine ständige Befassung mit der Investition und komplizierte Abstimmungsprozesse erfordern. Die Aktiengesellschaft, die nur geringe Anforderungen an den einzelnen Aktionär stellt, ist daher die geeignete Gesellschaftsform für die **Ansammlung von Investivkapital** (vgl. unten § 25 Rn. 14). Der Anleger kann sein Verlustrisiko dadurch begrenzen, dass er seine Investitionen auf verschiedene Unternehmen in verschiedenen Branchen und Ländern verteilt. Ähnliches gilt für die Gläubiger. Da sie normalerweise mit vielen Partnern in geschäftlichem Kontakt stehen, wird das Risiko des Ausfalls bei Insolvenz eines Schuldners gestreut und damit erträglicher. Letzteres Argument gilt besonders auch für kleine und mittlere Unternehmen. Die einzelne Unternehmerpersönlichkeit nimmt **Handeln unter Bedingungen der Unsicherheit – unternehmerisches Handeln –** eher auf, wenn das Privatvermögen, das auch der Vor- und Fürsorge für das Alter und die Familie dient, geschont wird. Das ist legitim und kann durch haftungsbeschränkte Gesellschaftsformen erreicht werden. Die beschränkte Haftung hat aber auch ihren Preis. Bei der Rechtsformwahl wichtig ist dann, welche Belastungen an Risikokapitaleinsatz, Publizität, Gläubigerschutz- und ggf. Anlegerschutzvorschriften die einzelnen Gesellschaftsformen mit sich bringen.

5. Steuerrecht

9   Die Vielfalt der Gesellschaftstypen mit ihrer jeweiligen Variationsbreite gibt den Beteiligten die Möglichkeit, die für ihr Vorhaben nach gesellschaftsrechtlichen Gesichtspunkten am besten passende Rechtsform auszuwählen. Tatsächlich spielen aber bei der Rechtsformwahl in der Praxis **steuerrechtliche Auswirkungen** bei allen gesellschaftsrechtlichen Vorgängen die ausschlaggebende Rolle.[2] **Beratungsziel** ist regelmäßig eine **steuergünstige Gestaltung.** Steuervermeidung ist legal und strikt von Steuerhinterziehung und anderen rechtswidrigen Machenschaften zu unterscheiden. Zahlreiche Steuerreformen (1977, 2000, 2008) strebten eine rechtsformneutrale Besteuerung an, d.h. die Steuerbelastung sollte nicht von der gewählten Gesellschaftsform abhängen, sondern der wirtschaftlichen Leistungsfähigkeit folgen. Wirklich erreicht ist dieses Ziel bis heute nicht. Das liegt nicht zuletzt an der hohen Komplexität des Regelungsgegenstandes, zu der auch Zielkonflikte gehören. Neben der staatlichen Einnahmenerzielung verfolgt das Steuerrecht auch **wirtschafts- und gesellschaftspolitische Ziele** (vgl. § 3 Abs. 1 AO). Solche Eingriffe in Marktprozesse[3] haben meist unerwünschte Folgen – **Mitnahmeeffekte,** so dass ein Steuergesetz zunächst als Förderpolitik willkommen geheißen und später als Steuerschlupfloch diskreditiert wird. Rechtstechnisch kommt noch hinzu, dass verschiedene Steuerarten koordiniert werden müssen und dass die Grundfreiheiten in der Europäischen Union, insbesondere die Niederlassungsfreiheit und die Kapitalverkehrsfreiheit, bei grenzüberschreitenden Sachverhalten

---

[2] *K. Schmidt,* § 1 II 6; vgl. auch *Jacobs,* Unternehmensbesteuerung und Rechtsform, 3. Aufl., 2002; *Scheidle/Jahn,* in: Lüdicke/Rieger (Hrsg.), Münchener Handbuch zum Unternehmenssteuerrecht, 2004, § 1 Rn. 35 ff.
[3] Steuervergünstigungen (Überblick bei *Tipke/Lang,* Steuerrecht, 18. Aufl., 2005, § 19) können nach Art. 87 EGV unzulässige Beihilfen sein.

zu wahren sind.[4] Die folgende Skizze zeigt einige für das Gesellschaftsrecht besonders wichtige steuerrechtliche Grundprobleme. Daneben besteht die an die Grenze des Rechtsstaates gehende Belastung mit häufigen Gesetzesänderungen. Es gilt der Satz „nach der Reform ist vor der Reform". Das Steuerrecht wird weiterhin eine „unerwünschte Rechtsquelle des Gesellschaftsrechts" bleiben. Soweit steuerliche Zusammenhänge gesellschaftsrechtliche Entwicklungen besonders geprägt haben, wird das bei der jeweiligen Gesellschaftsform geschildert.[5]

An gestaltungsrelevanten Steuerarten sind in erster Linie zu nennen die **Einkommen- bzw. Körperschaftsteuer** und die **Gewerbesteuer**, dann auch die Grunderwerbsteuer und die Erbschaftsteuer.[6] Steuersubjekt für die Einkommensteuer ist die **natürliche Person**, die Körperschaftsteuer dagegen bezieht sich auf die Gewinne der **juristischen Personen**. Bei den **Personengesellschaften** wird das Geschäftsergebnis, Gewinn oder Verlust, den einzelnen Gesellschaftern unmittelbar im Verhältnis ihrer Beteiligungen zugerechnet – **steuerliche Transparenz**, § 15 EStG.[7] Sie haben den auf sie entfallenden Anteil als eigenes Einkommen mit ihrem persönlichen Steuersatz zu versteuern, gleichgültig ob der Gewinn ausgeschüttet wird oder nicht. Das soll in der Unternehmensteuerreform 2008 durch eine begünstigte Thesaurierungsrücklage geändert werden. Die einheitliche Gewinnfeststellung durch das Betriebsfinanzamt dient nur als Grundlage für die Zurechnung; die Gesellschaft als solche ist nicht einkommensteuerpflichtig. Die zivilrechtliche Verselbständigung der Personengesellschaft, sei es nach § 124 HGB, sei es nach der Rechtsprechung (oben § 2 Rn. 5), findet keine Entsprechung im Einkommen- bzw. Körperschaftsteuerrecht. Für die **Gewerbesteuer**[8] hingegen sind Personengesellschaften als Mitunternehmerschaften selbst Steuersubjekte.

Die **Kapitalgesellschaft** als selbständiges Rechtssubjekt unterliegt unmittelbar sowohl der Gewerbesteuer als auch der **Körperschaftsteuer**. Außerdem müssen an die Gesellschafter ausgeschüttete Gewinnanteile von diesen als Einkommen versteuert werden. Daraus ergibt sich das Problem der **Doppelbelastung ausgeschütteter Gewinne** und damit eine Benachteiligung der Rechtsform der Kapitalgesellschaft. Verschiedene rechtstechnische Strategien dienen dazu, das zu vermeiden. Das **Anrechnungsverfahren** (Körperschaftsteuerreform von 1976, Frankreich) erlaubt dem Gesellschafter, die auf den ausgeschütteten Gewinnanteil entrichtete Körperschaftsteuer auf die von ihm zu zahlende Einkommensteuer anzurechnen. Die **Definitivbesteuerung** verbunden mit dem sog. **Halbeinkünfteverfahren** für natürliche Personen und Personengesellschaften als Gesellschafter (Unternehmensteuerreform 2000) belegt Gewinne von Kapitalgesellschaften – ohne Anrechnungsmöglichkeit – mit einem einheitlichen Steuersatz, der deutlich unter dem höchstmöglichen Einkommensteuersatz liegt (derzeitige Planung: 15%). Die körperschaftsteuerliche Vorbelastung kann auf der Ebene der Anteilseigner (natürliche Person oder Personengesellschaft) dadurch berücksichtigt werden, dass bezogene Ausschüttungen nur zur Hälfte in die Bemessungsgrundlage für die persönliche Einkommensteuer einbezogen werden. Eine andere Möglichkeit ist die sog. **Abgeltungssteuer** (ab 2009), die generell Kapitalerträge in einem anonymen Abzugsverfahren einer pauschalen Steuer von 25% unterwirft. Das begünstigt Personen, deren persönlicher Einkommensteuersatz höher liegt und benachteiligt Anleger mit niedrigerem Steuersatz. Ausgleichsmechanismen wiederum drohen die beabsichtigte Vereinfachung zu beeinträchtigen. Ausschüttungen, die eine Kapitalgesellschaft von einer anderen inländischen oder ausländischen Kapitalgesellschaft erhält, werden steuerfrei vereinnahmt, da sonst wiederum eine Doppelbelastung eintreten würde. Die Besteuerung wird auf die Ausschüttung verschoben; dann greift die Einkommensteuer des Gesellschafters. Ein weiteres Problem ist die Besteuerung von Kursgewinnen.

Rechtspolitisch wird je nach Wirtschaftslage die **Begünstigung von Ausschüttungen** angestrebt oder der **Thesaurierung**, d. h. das Belassen von Gewinnen im Unternehmen zu Investitionszwecken. Das kann etwa durch unterschiedliche Körperschaftsteuersätze für einbehaltene und ausgeschüttete

---

[4] Vgl. *Kessler/Spengel*, Checkliste potenziell EG-rechtswidriger Normen des deutschen direkten Steuerrechts, DB 2007 Beil. Nr. 1 zu Heft 3.

[5] Vgl. auch *Kübler/Assmann*, § 20 II-VI.

[6] Seit der Einführung der richtlinienkonformen Allphasen-Netto-Umsatzsteuer mit Vorsteuerabzug (Mehrwertsteuer) 1968 schlägt sich diese Steuerart kaum noch in der rechtlichen Gestaltung von Unternehmensträgern nieder.

[7] *Crezelius*, Steuerrecht II, 2. Aufl., 1994, § 5 Rn. 2 f.; *Knobbe-Keuk*, Bilanz- und Unternehmenssteuerrecht, 9. Aufl., 1993, Rn. 361 ff.; *Tipke/Lang*, Steuerrecht, 18. Aufl., 2005, § 18 Rn. 13 f.; *Weber-Grellet*, Steuerbilanzrecht, 1996, § 24.

[8] Die Gewerbesteuer ist eine Gemeindesteuer. Sie belastet die Erträge von gewerblichen Unternehmen nach dem lokalen Hebesatz. Als Realsteuer geht sie vom Tatbestand des Gewerbes unabhängig von der Rechtsform des Gewerbetreibenden aus.

Gewinne oder unterschiedliche Steuersätze für die Gesellschaft und die Gesellschafter erreicht werden. Die beiden Ziele stehen aber im **Widerspruch zueinander, so dass in aller Regel die Steuersystematik leidet.** Das Anrechnungsverfahren ist für ausländische Gesellschafter und Beteiligungen von Inländern an ausländischen Gesellschaften schwer zu handhaben; die Unternehmenssteuerreform 2000, die das Anrechnungsverfahren in Deutschland beseitigte, diente daher u. a. einer in diesem Sinn europafreundlicheren Gestaltung.[9]

Ein weiteres Grundproblem ist die **Bemessungsgrundlage,** d. h. die Festlegung des zu besteuernden Gewinns. Ausgangspunkt ist zunächst die Handelsbilanz, die dann steuerrechtlichen Modifikationen unterliegt. Um eine unerwünschte Begünstigung von nicht ausgeschütteten Gewinnen bei Kapitalgesellschaften durch den reduzierten Körperschaftsteuersatz zu vermeiden, wurde 2000 die **Anrechnung der Gewerbesteuer** in pauschalierter Form auf die tarifliche Einkommensteuer von Personengesellschaftern eingeführt. Modellrechnungen anhand vielfältiger Sachverhaltskonstellationen zeigen jedoch, dass die angestrebte Entlastung der Personengesellschaften und Einzelunternehmen nicht immer erreicht wird. Die Unternehmensteuerreform 2008 will die Abzugsfähigkeit der Gewerbesteuer beseitigen und bietet dafür wiederum Ausgleichsmechanismen an. Ferner ist der Abzug von **Finanzierungskosten als Betriebsausgabe** umstritten. Unternehmen, die mit Fremdkapital arbeiten, z.B. Bankkredit, müssen dafür Zinsen zahlen, die sie bisher bei der Bemessungsgrundlage abziehen können. Dadurch ergeben sich Gestaltungsmöglichkeiten, die die wirtschaftlich sinnvolle Finanzierung durch steuerliche Erwägungen überlagern. Deshalb soll eine sog. **Zinsschranke** die Abzugsfähigkeit abhängig vom Verhältnis erhaltener und gezahlter Zinsen begrenzen.

Uneinheitlich bleibt weiterhin die **Behandlung von Verlusten.** Da die **Kapitalgesellschaften** selbst Steuersubjekte sind, wirken sich Verluste nur bei ihnen selbst, nicht bei den Gesellschaftern aus. Erleidet hingegen eine **Personengesellschaft** Verluste, werden diese den **Gesellschaftern als Mitunternehmern** anteilig zugerechnet. Hat ein Gesellschafter steuerpflichtige Einkünfte aus anderen Quellen, kann er diese in gewissen Grenzen (§ 15a EStG) mit den Verlusten verrechnen und so seine Steuerlast senken (unten § 18 Rn. 5). Das führt zur Wahl der Personengesellschaft für Zwecke, für die sie gesellschaftsrechtlich nicht geeignet ist.

Die **Grunderwerbsteuer** hat Auswirkungen auf die Rechtsformwahl, da Gestaltungsmöglichkeiten bestehen, die die Übertragung von Gesellschaftsanteilen an die Stelle von Grundstücksübertragungen treten lassen. Die Grunderwerbsteuer kann so vermieden werden (vgl. unten § 10 Rn. 11, 16). Die **Erbschaftsteuer**[10] kann zu beträchtlichen Belastungen von Unternehmen führen, wenn eine Gesellschaftsbeteiligung zum Nachlass gehört und der Erbe zum Zweck der Steuerzahlung Liquidität benötigt, die anderenfalls dem Unternehmen zur Verfügung stünde. Die besonderen Vorschriften des **Bewertungsgesetzes zur Bestimmung des Wertes des Betriebsvermögens, die die Unternehmen im Erbfall entlasteten, verstoßen aber gegen den verfassungsrechtlichen Gleichheitssatz im Verhältnis zu nicht begünstigten** Vermögensgegenständen, z.B. Aktien.[11] Auch die privatautonomen Nachfolgeregelungen einschließlich der Rechtsformwahl dienen der erbschaftsteuerlichen Optimierung.

Um **Strukturänderungen des Unternehmensträgers,** d. h. Änderung der Rechtsform, Verschmelzung von Gesellschaften oder Spaltung, nicht mit steuerlichen Hemmnissen zu belegen, gelten hierfür besondere Vorschriften (näher unten § 38). Da grenzüberschreitenden Maßnahmen im Rahmen der Niederlassungs- und Kapitalverkehrsfreiheit immer weniger Hindernisse entgegenstehen, ist die steuerliche Behandlung innerhalb der EU eine besondere Herausforderung, zumal die nationalen Steuersysteme sehr verschieden sind.

Vom gesellschaftsrechtlichen Standpunkt aus ist zu wünschen, dass die Besteuerung für die verschiedenen Gesellschaftsformen möglichst gleichmäßig gestaltet wird – **rechtsformneutrale Besteuerung.**[12] Damit würde der steuerliche Anreiz für die Bevorzugung bestimmter Rechtsformen und die gesellschaftsrechtlich oft unnötig komplizierte Gestaltung im Einzelnen ausgeschaltet. Die Beteiligten könnten die Rechtsformwahl stärker an ihren Bedürfnissen und Interessen bei der gemeinsamen Zweckverfolgung, also an rein gesellschaftsrechtlichen Gesichtspunkten orientieren. Zwar sind durch die diversen Steuerreformen von 1977, 2000 und 2008 Fortschritte in Richtung auf eine solche rechtsformneutrale Besteuerung gemacht worden. Deren Wirkung wird durch unterschiedliche Einzelmaßnahmen aus wirtschafts- oder finanzpolitischen Gründen aber immer wieder abgeschwächt. Das Bedürfnis für eine generelle Reform ist daher weiter aktuell.

---

[9] Gesetz vom 23. 10. 2000 BGBl. I 1433 zur Senkung der Steuersätze und zur Reform der Unternehmensbesteuerung. Das Gesetz dient zugleich der Steuersenkung, die sich jedoch je nach Fallgestaltung unterschiedlich oder überhaupt nicht auswirkt.

[10] Die Schenkungsteuer erfüllt dieselben Zwecke und folgt weitgehend denselben Regeln.

[11] BVerfG NJW 2007, 573.

[12] *Birk,* Steuerrecht, 9. Aufl., 2006, Rn. 1105; *Knobbe-Keuk,* Bilanz- und Unternehmenssteuerrecht, 9. Aufl., 1993, Einl. S. 1 ff.; *Tipke/Lang,* Steuerrecht, 18. Aufl., 2005, § 8 Rn. 80, § 18 Rn. 530 ff.

II. Praktische Bedeutung der Gesellschaftsformen

Anwendungsbereich und praktische Bedeutung des Gesellschaftsrechts (oben § 1 Rn. 12) schlagen **11** sich in der **Häufigkeit der Verwendung der verschiedenen Gesellschaftsformen** nieder. Ganz besonders gilt das für den Bereich der Gesellschaften als **Träger von Unternehmen.** Die technische, wirtschaftliche und Informationsentwicklung stellen seit langem in nahezu allen Wirtschaftsbereichen Anforderungen, die Kapital, Arbeitskraft und Risikobereitschaft des einzelnen Unternehmers übersteigen. Das führt notwendig zu verstärkter Arbeitsteilung und Kooperation, die sich ganz überwiegend in Form von Gesellschaften vollzieht. Das **Einzelunternehmen** spielt gleichwohl auch heute noch eine bedeutende Rolle. Rein *zahlenmäßig* ist es seit jeher die häufigste Unternehmensform. Das Gewicht verschiebt sich jedoch stark zu den **Gesellschaftsunternehmen,** wenn man auf die *wirtschaftliche Bedeutung* nach Unternehmensgröße, angelegtem Kapital oder Umsatz abstellt. Großunternehmen werden ausschließlich von Gesellschaften betrieben, vornehmlich in der Rechtsform der AG. Auch bei Unternehmen mittlerer Größe stehen Gesellschaften als Träger im Vordergrund.[13]

Die Angaben zur Verbreitung der verschiedenen Unternehmensträger variieren stark nach den verwendeten Quellen. Einen **Gesamteindruck** über die zahlenmäßige Verteilung nach Rechtsformen und die Jahresumsätze vermittelt die **Umsatzsteuerstatistik,** die Unternehmen ab einem Jahresumsatz von 32 500 DM (ab 2005 mehr als 17 500 €) erfasst, dabei allerdings vom Unternehmerbegriff des Umsatzsteuerrechts ausgeht. Nach Auskunft des Statistischen Bundesamtes ist für das Jahr 2005 von folgender Verteilung auszugehen:

Rechtsform	Anzahl	%	Umsatz (Mio €)	%
Einzelunternehmen	2 130 837	70,17	492 827	10,79
OHG	261 705	8,62	228 480	5
KG	121 653	4,01	1 070 680	23,44
AG, KGaA	7 258	0,24	895 755	19,61
GmbH	452 946	14,91	1 578 845	34,57
Sonstige	50 885	1,68	218 730	4,79
Gesamt	3 036 758	100	4 567 397	100

Rund 2,13 Mio. Einzelunternehmen standen also etwa 0,84 Mio. Gesellschaftsunternehmen der wichtigsten Rechtsformen gegenüber; auf letztere entfielen jedoch über 84,42% aller erfassten Umsätze gegenüber 10,79% bei den Einzelunternehmen. Im Vergleich dazu wies die Umsatzsteuerstatistik 1962 für rund 1,4 Mio. Einzelunternehmen noch fast 30% aller Umsätze aus gegenüber knapp 0,25 Mio. Gesellschaftsunternehmen mit etwa 58,5% der Umsätze. 1986 erzielten ca. 1,45 Mio. Einzelunternehmen nur mehr ca. 15% der erfassten Umsätze, während etwa 0,45 Gesellschaftsunternehmen über 77% der Umsätze erzielten.[14]

Aufschlussreich ist auch die Verteilung der Unternehmensformen unter den *100 größten Unternehmen* in der Bundesrepublik.[15]

	1978	1988	1998	2004	Zum Vergleich 1960
Einzelunternehmen	1	–	–	–	1
OHG	–	2	–	–	1
KG	6	7	3	5	3
GmbH & Co KG	2	–	3	3	–
GmbH	17	16	6	6	13
AG	67	67	77	75	79
KGaA	3	3	3	2	–
Sonstige	4	5	2	9	3

[13] Rechtstatsachen bei *Kornblum*, GmbHR 1981, 227; *ders.*, GmbHR 1983, 29, 61; *ders.*, GmbHR 1985, 7, 42; *ders.*, GmbHR 1994, 505; *ders.*, GmbHR 1997, 630; *ders.*, GmbHR 2000, 1240; *ders.*, GmbHR 2006, 28; *ders.*, GmbHR 2007, 25.

[14] Statistisches Jahrbuch 1989, S. 453; weitere Angaben: Statistisches Bundesamt – www.destatis.de.

[15] 16. Hauptgutachten der Monopolkommission 2004/2005 BT-Drs. 16/2960 Tab. III 7 (www.monopolkommission.de); 13. Hauptgutachten der Monopolkommission 1998/1999 BT-Drs. 14/4002 S. 230; 8. Hauptgutachten der Monopolkommission 1988/89 BT-Drs. 11/7582; für 1960: Konzentrationsenquête 1964 BT-Drs. IV, 2320 S. 71.

Die zahlenmäßige Entwicklung der Kapitalgesellschaften und ihres Grund-/Stammkapitals in den Jahren 1988 und 1989 zeigt die folgende Übersicht:[16]

	1989	1999	2001	2006
Anzahl der AG und KGaA	2 508	7 375	12 468	15 422
Grundkapital Mio. DM / ab 2006 in €	136 127	261 129	308 730	162 985
Anzahl der GmbH	401 687	693 200	730 600	995 940
Stammkapital Mio. DM	180 690	(für 1996 ca. 304 000 DM)	k. A.	k. A.

[16] Zahlen für AG und KGaA 1999, 2001 und 2006 DAI-Factbook Übersicht 01–1; für GmbH 1989 Statistisches Jahrbuch 1990 S. 125, für 1999 und 2001 Auskunft Statistisches Bundesamt, für 2006 *Kornblum*, GmbHR 2007, 25, 26; zu AG und KGaA vgl. auch unten § 25 Rn. 24, zur GmbH vgl. unten § 20 Rn. 8 f., 12.

2. Abschnitt. Das Recht der Personengesellschaften

1. Kapitel. Die Gesellschaft des bürgerlichen Rechts

Literatur: Außer den im Literaturverzeichnis genannten Gesamtdarstellungen des Gesellschaftsrechts insbesondere:

Kommentare: Erman/*Westermann* BGB; MünchKomm-BGB/*Ulmer*, 4. Aufl., 2004, §§ 705 ff.

Systematische Darstellungen: *Flume*, Personengesellschaft; Münchener Handbuch des Gesellschaftsrechts, Bd. 1, 2. Aufl., 2004; *W. Müller/Hoffmann* (Hrsg.), Beck'sches Handbuch der Personengesellschaften, 2. Aufl., 2002; *H. P. Westermann*, in: Westermann u.a., Handbuch der Personengesellschaften, 4. Aufl., 1994 ff. (Loseblatt).

Zu einzelnen Fragestellungen: *Dauner-Lieb*, Unternehmen in Sondervermögen, 1998, § 9; *Flume* ZHR 138 (1972) 177; *Habersack*, JuS 1993, 1; *G. Hueck*, FS Zöllner, Bd. 1, 1998, S. 275; *Reiff*, Die Haftungsverfassung nicht rechtsfähiger unternehmenstragender Verbände, 1996; *Schulze-Schulze-Osterloh*, Das Prinzip der gesamthänderischen Bindung, 1972; *Ulmer*, AcP 198 (1998) 113; insbesondere zur Rechts- und Parteifähigkeit der Gesellschaft bürgerlichen Rechts: *K. Schmidt*, NJW 2001, 993; *Ulmer*, ZIP 2001, 585; *Wertenbruch*, Die Haftung von Gesellschaften und Gesellschaftsanteilen in der Zwangsvollstreckung, 2000, Kap. 11–13; *Zöllner*, FS Gernhuber, 1993, S. 563; *ders.*, FS Kraft, 1998, S. 701.

Rechtsprechungsübersichten: *Brandes*, WM 1989, 1357; 1990, 1221; 1994, 569; 1998, 261; *Westermann*, DWiR 1993, 272, 327; *Hirte*, NJW 2005, 718; 2007, 817; *Wertenbruch*, NZG 2006, 408.

Zu älterer Literatur und Rechtsprechung vgl. die Hinweise in der Vorauflage.

§ 5. Begriff, Arten und Bedeutung

I. Begriff

Die Gesellschaft des bürgerlichen Rechts (GbR oder BGB-Gesellschaft) ist eine auf **1** Vertrag beruhende Personenvereinigung zur Förderung eines von den Gesellschaftern gemeinsam verfolgten Zweckes (§ 705 BGB). Sie ist Gesellschaft im engeren Sinne (oben § 2 Rn. 9 ff.), kann rechtlich verselbständigt werden (§ 14 Abs. 2 BGB, oben § 2 Rn. 5 f.) und ist grundsätzlich geeignet, Unternehmensträger zu sein.

1. Gesellschaftsvertrag

Die Gesellschaft setzt stets einen Vertrag als Grundlage voraus (unten § 6 Rn. 2 ff.). **2** Eine Gemeinschaft, die auf einer anderen Grundlage beruht, ist niemals Gesellschaft. Das gilt auch für die handelsrechtlichen Personengesellschaften, die Varianten der BGB-Gesellschaft sind. Betreiben Ehegatten in Gütergemeinschaft[1] oder Erben in

---

[1] Dazu BGHZ 65, 79: Gesellschaftsanteile müssen ehevertraglich zum Vorbehaltsgut erklärt werden, wenn eine OHG begründet werden soll; *K. Schmidt*, Handelsrecht, 5. Aufl., 1999, § 5 I 3 c; – a.A. Baumbach/Hopt/*Hopt*, § 105 Rn. 25; MünchKomm-BGB/*Ulmer*, § 705 Rn. 75, 82; *Gernhuber/Coester-Waltjen*, Familienrecht, 5. Aufl., 2006, § 38 Rn. 14–20.

Miterbengemeinschaft ein Handelsgewerbe, liegt allein deshalb noch keine OHG vor.[2] Auch eine bloß tatsächliche Gemeinschaft genügt nicht. Ein Gesellschaftsvertrag kann jedoch stillschweigend geschlossen werden.[3]

Am Abschluss des Gesellschaftsvertrags beteiligt, also **Gesellschafter,** können alle natürlichen und juristischen Personen, auch solche des öffentlichen Rechts sein, ferner bestimmte andere Personenvereinigungen, die am Rechtsverkehr als geschlossene Einheiten teilnehmen, nämlich vor allem OHG und KG, aber auch eine andere BGB-Gesellschaft[4] oder ein nicht eingetragener Verein, dagegen nicht Bruchteilsgemeinschaft, Erbengemeinschaft, eheliche Gütergemeinschaft, stille Gesellschaft (Näheres zur gleichen Frage bei der OHG unten § 13 Rn. 4 f.). Anders als bei den Kapitalgesellschaften kann die BGB-Gesellschaft nicht ihr eigener Gesellschafter sein.

Der **Vertrag,** der durch übereinstimmende Willenserklärungen aller Beteiligten zustande kommt, ist *erforderlich,* um den gemeinsamen Zweck festzusetzen und Verpflichtungen zu seiner Verfolgung zu begründen. Deshalb ist eine ältere Literaturansicht[5] abzulehnen, nach der es ausreichend sein sollte, wenn die Beteiligten sich ohne vorherigen Gesellschaftsvertrag als Gesellschafter betätigen, so dass auch eine sogenannte *„faktische Gesellschaft"* eine wirkliche Gesellschaft im Rechtssinn wäre.[6] Ein solcher Fall ist ferner praktisch kaum denkbar, denn ein Gesellschaftsvertrag kann auch durch konkludentes Handeln geschlossen werden. Ist der Gesellschaftsvertrag fehlgeschlagen, z.B. formunwirksam, kommt eine **fehlerhafte Gesellschaft** in Betracht (unten § 6 Rn. 8). Die Begriffe sollten sauber auseinander gehalten werden.

Damit nicht zu verwechseln ist die Frage, ob und in welchem Umfang beim Fehlen eines Gesellschaftsvertrages gutgläubige Dritte zu schützen sind. Das ist eine Frage des Vertrauensschutzes und insbesondere im Handelsrecht bedeutsam – **Scheingesellschaft** (unten § 13 Rn. 10 f.).

2. Gemeinsamer Zweck

3   Gesellschaftszweck kann **jeder erlaubte Zweck** sein. Es können *wirtschaftliche oder ideelle Zwecke* gefördert werden. Wissenschaftliche, künstlerische, religiöse, karitative, gesellschaftliche, politische Zwecke können Gegenstand der Gesellschaft sein. Der Zweck kann auch ein *altruistischer* sein, er kann den Vorteil dritter Personen betreffen.

Beispiele: Kunstfreunde schließen sich zusammen, um auf gemeinsame Kosten einen jungen Künstler ausbilden zu lassen. Familienangehörige verpflichten sich gegenseitig, den Unterhalt für einen bedürftigen Verwandten aufzubringen. Gemeinsames Spielen eines Lotterieloses, sog. Tippgemeinschaft;[7] gemeinsames Halten eines Pkw; Verabredung gemeinsamen Einkaufs zur Erzielung günstiger Preise; gemeinsames Anmieten einer Wohnung (Wohngemeinschaft).

In jedem Fall muss aber eine **rechtliche Bindung** hinsichtlich des gemeinsamen Zwecks gewollt sein; diese ist Inhalt des Gesellschaftsvertrages. Die Verabredung, gemeinsam Spaziergänge zu unternehmen oder Sport zu treiben, ist in aller Regel nicht rechtsgeschäftlicher Natur und bleibt im Bereich der Gefälligkeit.[8] Nicht nötig ist, dass die Beteiligten eine bewusste Vorstellung über das Vorhandensein einer Gesellschaft im Rechtssinn haben. Soll ein Handelsgewerbe betrieben werden, entsteht automatisch eine OHG. Je nach den ganz unterschiedlichen Zwecken variiert die tatsächliche und rechtliche Ausprägung der BGB-Gesellschaft beträchtlich (unten Rn. 12).

---

[2] *Dauner-Lieb,* Unternehmen in Sondervermögen, 1998, § 7 S. 330 f.; Baumbach/Hopt/*Hopt,* § 105 Rn. 7; *K. Schmidt,* Handelsrecht, 5. Aufl., 1999, § 5 I 3 b; *ders.,* JuS 2004, 361; MünchKomm-BGB/*Ulmer,* § 705 Rn. 28; vgl. BGHZ 92, 259 = NJW 1985, 136; auch schon BGHZ 17, 299 = NJW 1951, 311, 312; – a. A. vor allem *Fischer,* ZHR 144 (1989) 1.

[3] Für Ehegatten z. B. *BGH* NJW 1999, 2969; für Erbengemeinschaft vgl. BGHZ 92, 259, 264 = NJW 1985, 136.

[4] *BGH* NJW 1998, 376.

[5] Besonders *Haupt,* Gesellschaftsrecht, 3. Aufl., 1944, § 6.

[6] Dagegen BGHZ 11, 190, heute allgemeine Meinung.

[7] Vgl. *BGH* NJW 1974, 1705 über Grenzen der Verpflichtung; der Fall lässt sich aber ohne weiteres gesellschaftsrechtlich lösen.

[8] BGHZ 39, 156, 158; MünchKomm-BGB/*Ulmer,* § 705 Rn. 17 ff.

Demgegenüber ist der Zweck der handelsrechtlichen Personengesellschaften immer auf den Betrieb eines Gewerbes oder die Beteiligung an einem solchen gerichtet, bei der EWIV auf die grenzüberschreitende Förderung wirtschaftlicher Interessen, bei der Partnerschaft auf die gemeinsame Ausübung eines freien Berufes, ist also notwendig wirtschaftlicher Art. Das trifft auch für die OHG und KG zu, die nur eigenes Vermögen verwalten, § 105 Abs. 2 Satz 1 HGB, da dann die Handelsregistereintragung die Vermögensverwaltung zum Handelsgewerbe macht.

Der Zweck muss **allen Gesellschaftern gemeinsam** sein. Gemeinsamkeit des kon- **4** kreten Gesellschaftszwecks setzt nicht einheitliche Motivation der Beteiligten für ihre Teilnahme an der gemeinsamen Zweckverfolgung voraus und schließt auch nicht aus, dass die einzelnen Gesellschafter damit zugleich unterschiedliche individuelle Ziele verbinden.

Daraus folgt die ganz allgemein h.M. mit Recht, dass ein Vertrag, der ausschließlich im Interesse eines Beteiligten geschlossen wird, keine Gesellschaft ist, sog. *societas leonina.* Unzutreffend ist aber, schon dann eine Gesellschaft abzulehnen, wenn bei wirtschaftlicher Zielsetzung nicht alle Gesellschafter ein unmittelbares materielles Interesse an dieser haben; nach manchen Autoren soll sogar die Beteiligung aller am Gewinn unerlässlich sein. Dabei wird übersehen, dass der Zweck der Gesellschaft, wie dargelegt, kein wirtschaftlicher zu sein und deshalb überhaupt nicht den materiellen Interessen der Mitglieder zu dienen braucht, sondern den Vorteil dritter Personen betreffen kann. Deshalb ist, auch wenn ein Gewinn erzielt wird, Beteiligung an demselben nicht unbedingt nötig, sofern nur ein sonstiges Interesse am Gesellschaftszweck besteht.[9] Ist z.B. Zweck der Gesellschaft der Betrieb eines Unternehmens, so genügt das Interesse, dieses Unternehmen als Kunden oder Lieferanten zu haben. Ebenso würde das ideelle Interesse eines Vaters genügen, der Tochter als Mitgesellschafterin im gemeinsamen Unternehmen eine Lebensstellung zu sichern.[10]

Der Zweck muss von allen Gesellschaftern **gemeinsam verfolgt** werden. Die Ver- **5** pflichtung hierzu ist **notwendiger Inhalt** des Gesellschaftsvertrages – **Förderungspflicht.** Ein bloß gleichgerichtetes Interesse der Beteiligten genügt nicht.[11] Dadurch unterscheidet sich die Gesellschaft von den sog. *partiarischen Rechtsverhältnissen,* d.h. Rechtsverhältnissen nicht gesellschaftlicher Art, bei denen aber eine Gewinnbeteiligung vereinbart ist. Beispiele sind ein Darlehen, bei dem als Vergütung kein fester Zins, sondern ein Anteil am Gewinn gewährt wird, oder ein Anstellungsverhältnis, wenn der Angestellte einen bestimmten Teil des Reingewinns als Vergütung (Tantieme) bekommen soll. In solchen Fällen sind alle Beteiligten an der Erzielung eines möglichst hohen Gewinns interessiert, aber sie wirken nicht zu diesem Zweck zusammen. In der vereinbarten gemeinsamen Zweckverfolgung liegt auch der wesentliche *Unterschied zur schlichten Rechtsgemeinschaft* (oben § 1 Rn. 3).

3. Rechtliche Verselbständigung[12]

Die Gesellschaft des bürgerlichen Rechts kann rechtlich verselbständigt werden. Sie **6** ist **keine juristische Person.** Nach der Rechtsprechung[13] und der überwiegenden Literaturmeinung kann sie jedoch **Rechtsfähigkeit** erlangen (vgl. oben § 2 Rn. 4ff.). Die Abgrenzung, wann das im Einzelnen der Fall ist, ist streitig. Als Kriterien werden fol-

---

[9] *Wiedemann* I, § 1 I 1b; *Flume,* Personengesellschaft, § 3 II; MünchKomm-BGB/*Ulmer,* § 705 Rn. 149ff.; *K. Schmidt,* § 59 I 3; für die GmbH BGHZ 14, 264, 271; gegen Notwendigkeit der Gewinnbeteiligung bereits RGZ 90, 16f.; ferner BGHZ 135, 387 = NJW 1997, 2592.

[10] *A. Hueck,* OHG, § 1 I 16.

[11] Zu Abgrenzungsfragen *Wiedemann* II, § 7 I 1.c.

[12] Dazu *Flume,* Personengesellschaft, § 5; *U. Huber,* FS Lutter, 2000, S. 107; *G. Hueck,* FS Zöllner, Bd. 1, 1998, S. 275; *Raiser,* AcP 199 (1999) 104; *K. Schmidt,* § 8; *ders.,* NJW 2001, 993 (mit Rechtsprechungsübersicht); MünchKomm-BGB/*Ulmer,* § 705 Rn. 289ff.; *Soergel/Hadding,* Vor § 21; *Wiedemann* II, § 7 III; *Zöllner,* FS Gernhuber, 1993 S. 563; *ders.,* FS Kraft, 1998 S. 701.

[13] BGHZ 146, 341 = NJW 2001, 1056 – ARGE Weißes Ross; 48, 291 = NJW 2001, 3121; – s. auch schon BGHZ 78, 311; 79, 374 = NJW 1981, 1213; 116, 86 = NJW 1992, 499; 118, 83.

gende Gesichtspunkte angeführt: Es muss sich in jedem Fall um eine **Außengesellschaft** handeln, und es muss ein **Gesamthandsvermögen** vorhanden sein.[14] Manche beschränken die bis zur Rechtsfähigkeit reichende Verselbständigung auf solche Gesellschaften, die „unternehmenstragend" sind.[15] Ohne den Unternehmensbegriff zu bemühen, jedoch mit ähnlichen Ergebnissen verlangen andere die **Teilnahme am Rechtsverkehr** unter eigener Identitätsausstattung, d. h. **unter einem eigenen Namen,** mit eigener Handlungsorganisation (geschäftsführender Gesellschafter) und eigener Haftungsverfassung (Gesamthandsvermögen).[16] In der Leitentscheidung des BGH handelte es sich um eine Arbeitsgemeinschaft des Baugewerbes (ARGE), in Form der BGB-Gesellschaft, die durch die Kautelarpraxis ausgeformt ist und nach einem Mustervertrag vielfach verwendet wird; auf den Mustervertrag wird dann auch bei Auslegungsfragen Bezug genommen.[17] In solchen Fällen macht es sich jedenfalls praktisch weniger bemerkbar, dass es an einer **Registrierungsmöglichkeit** und dazu gehörigen Mindestanforderungen (oben § 2 Rn. 8) **fehlt.**[18] Je nach Gesellschaftszweck kann, so die Rechtsprechung, eine BGB-Gesellschaft auch Verbraucher i. S. d. § 13 BGB sein, obwohl das Gesetz ausdrücklich eine natürliche Person verlangt.[19]

> Bei einer **Falllösung** ist daher ggf. erforderlich zu erläutern, ob und warum eine bestimmte BGB-Gesellschaft als rechtsfähig angesehen wird. Das ist etwa dann von Bedeutung, wenn die Gesellschaft selbst unter ihrem Namen verklagt werden soll, oder wenn es um die Fähigkeit geht, bestimmte Rechte wahrnehmen zu können. Geht es nur darum, ob eine Verbindlichkeit der Gesellschaft besteht, also das Gesellschaftsvermögen haftet und daneben die Gesellschafter selbst, kommt es oftmals auf die Abgrenzung nicht an. Im Interesse der Arbeitsökonomie sind Ausführungen zur „Rechtsfähigkeit" der GbR nicht erforderlich (wie stets), wenn daraus für die Falllösung nichts folgt.

7   Die GbR kann einen **eigenen Namen** haben, der aber nicht wie bei den handelsrechtlichen Personengesellschaften Firma im technischen Sinn des HGB ist (vgl. §§ 17, 105 Abs. 1, 124 Abs. 1, 161 HGB). Frühere Schwierigkeiten, die daraus herrührten, dass der Eindruck einer Firma erweckt werden konnte, sind durch die Reform des Firmenrechts 1998 beseitigt worden. Nach § 19 HGB ist die Rechtsform des Unternehmens zu kennzeichnen, so dass eine Bezeichnung ohne eine solche Angabe nicht wie eine Firma aussieht. Die für freiberufliche Zusammenschlüsse in der Form der GbR früher geläufige Bezeichnung „Partnerschaft" oder „und Partner" ist nur noch für Partnerschaften i. S. d. PartGG zulässig.[20]

> § 191 Abs. 2 Nr. 1 UmwG nennt die Gesellschaft des bürgerlichen Rechts als Rechtsträger neuer Rechtsform, in die ein anderer Rechtsträger umgewandelt werden kann. Nach § 202 Abs. 1 Nr. 2 UmwG sind die Anteilsinhaber des formwechselnden Rechtsträgers an dem Rechtsträger nach den für die neue Rechtsform geltenden Vorschriften beteiligt. Für die rechtliche Verselbständigung lässt sich daraus wenig herleiten, zumal die BGB-Gesellschaft als formwechselnder Rechtsträger nicht genannt ist, sondern nur als Zielgesellschaft. Eine andere Art der Umwandlung tritt von Gesetzes wegen ein, wenn eine GbR zunächst ein Kleingewerbe betreibt, das aber mit zunehmende Unternehmensgröße nach Art und Umfang einen in kaufmännischer Weise eingerichteten Geschäftsbetrieb erfordert (vgl. § 1 Abs. 2 HGB). Sie betreibt dann ein Handelsgewerbe und wird damit automatisch zur OHG (§ 105 Abs. 1 HGB; dazu unten § 12 Rn. 2).

---

[14] *Habersack*, BB 2001, 477; *Hadding*, ZGR 2001, 712, 716; – ob auch Bruchteilseigentum genügt (Bauherrengemeinschaft), ist jedenfalls nicht abschließend geklärt.
[15] *K. Schmidt*, § 58 V; dagegen *Ulmer*, ZIP 2001, 585, 593.
[16] MünchKomm-BGB/*Ulmer*, § 705 Rn. 305; *Wiedemann* II, § 7 III 2 b.
[17] BGHZ 146, 341 = NJW 2001, 1056 – ARGE Weißes Ross.
[18] Deshalb kann nach *BGH* NJW 2006, 2189 = NZG 2006, 305 die GbR nicht Verwalter einer Wohnungseigentümergemeinschaft sein.
[19] BGHZ 149, 80; str., dagegen etwa *Bork*, Allgemeiner Teil des Bürgerlichen Gesetzbuchs, 2. Aufl., 2006, Rn. 169 m. w. N.; wieder anders *Wiedemann* II, § 7 III 2 c (S. 651): Zurechnungsdurchgriff.
[20] § 11 PartGG; MünchKomm-BGB/*Ulmer*, § 705 Rn. 274.

Bei entsprechender Verselbständigung ist die BGB-Gesellschaft scheck- und wechselfähig.[21] Sie kann Genosse in einer Genossenschaft[22] sein, auch Kommanditistin in einer Kommanditgesellschaft, dann müssen aber auch die Gesellschafter der BGB-Gesellschaft bei den Anmeldungen der KG zur Eintragung zum Handelsregister angegeben werden (§ 162 Abs. 1 Satz 2 HGB).[23] Lediglich unter ihrem Namen ist die GbR also nicht „registerfähig". Entsprechendes gilt nach h.M. bislang für die Grundbuchfähigkeit.[24]

Parallel zur Frage der Rechtsfähigkeit ist die **Parteifähigkeit im Prozess** zu beurteilen. Falls die Gesellschaft so weit verselbständigt ist, dass sie als rechtsfähig gilt, kommt ihr auch Parteifähigkeit zu. Sie kann dann unter ihrem Namen klagen und verklagt werden.[25] Anderenfalls sind Prozesspartei jeweils die Gesellschafter, in Aktivprozessen über ein zum Gesellschaftsvermögen gehörendes Recht nach allgemeiner Meinung als notwendige Streitgenossen (§ 62 ZPO), in Passivprozessen im Hinblick auf u.U. bestehende unterschiedliche Verteidigungsmöglichkeiten nach h.M. als einfache Streitgenossen (§ 61 ZPO).[26] Für die **Zwangsvollstreckung** in das Gesellschaftsvermögen verlangt § 736 ZPO einen Titel gegen sämtliche Gesellschafter. Daran könnte es fehlen, wenn die Gesellschaft selbst unter ihrem Namen erfolgreich verklagt wurde. Zur Lösung dieses Problems wird vorgeschlagen, § 736 ZPO zu reduzieren oder nur als Vorschrift über die Bezeichnung zu lesen, zumal sie historisch gesehen in erster Linie die Vollstreckung von Privatgläubigern der Gesellschaft in das Gesellschaftsvermögen verhindern sollte.[27] Nach § 11 Abs. 2 Nr. 1 InsO ist die BGB-Gesellschaft insolvenzfähig. Ein **Insolvenzverfahren** kommt allerdings nur dann in Betracht, wenn ein Gesellschaftsvermögen gebildet wurde, also nicht bei einer reinen Innengesellschaft.

II. Arten

1. Gesetzlicher Normalfall

Das Gesetz geht in seinem dispositiven Grundmodell davon aus, dass die Beteiligten zur Erreichung des Gesellschaftszwecks ein gemeinsames Vermögen bilden und dass dieses Vermögen allen Gesellschaftern zur gesamten Hand gehören soll (§ 718 Abs. 1

[21] BGHZ 136, 254 = NJW 1997, 2754.
[22] BGHZ 116, 86 = NJW 1992, 499.
[23] So auch schon BGHZ 148, 291 = NJW 2001, 3121; siehe auch unten § 13 Rn. 4, § 18 Rn. 6f.
[24] *K. Schmidt*, § 60 II 1a; *Wiedemann* II, § 7 III 2c; *BayObLG* NJW 2003, 70; NZG 2004, 1107; *OLG Celle* NJW 2006, 2194; – a.A. *Grunewald*, 1 A Rn. 102 (nur Bezeichnungsfrage); *Hadding*, ZGR 2001, 712, 724; MünchKomm-BGB/*Ulmer*, § 705 Rn. 313ff.; *OLG Stuttgart* NZG 2007, 263 obiter; – offen gelassen in BGHZ 138, 82 = NJW 1998, 1220; *BGH* NJW 2004, 3632; NJW 2006, 3716.
[25] BGHZ 146, 341 = NJW 2001, 1056 – ARGE Weißes Ross; *BGH* NJW 2002, 1207; *BAG* NZG 2005, 264; *BFH* NJW 2004, 2773; MünchKomm-BGB/*Ulmer*, § 705 Rn. 318ff.; *Wertenbruch*, Die Haftung von Gesellschaften, 2000, S. 213ff.; *Weth*, in: Musielak, ZPO, 4. Aufl., 2005, § 50 Rn. 22c; s. auch schon Soergel/*Hadding*, 11. Aufl., § 714 Rn. 52; *Lindacher*, JuS 1986, 540; *Hüffer*, FS Stimpel, 1985, S. 165; *Schünemann*, Grundprobleme der Gesamthandsgesellschaft, 1975, S. 212ff.; – dogmatischen Klärungsbedarf sehen *Prütting*, FS Wiedemann, 2002, S. 1177; *Pohlmann*, ZZP 115 (2002) 102.
[26] *Schilken*, in: Münchener Kommentar zur ZPO, 2. Aufl., 2000f., § 62 Rn. 30ff.; *Vollkommer*, in: Zöller, ZPO, 26. Aufl., 2006, § 62 Rn. 15f.; *Westermann*, NZG 2001, 289, 292.
[27] *K. Schmidt*, NJW 2001, 993; MünchKomm-BGB/*Ulmer*, § 705 Rn. 321; *Wertenbruch*, Die Haftung von Gesellschaften, S. 122ff.; – dagegen *Prütting*, FS Wiedemann, 2002, S. 1177, 1189ff. – zur Zustellung des Vollstreckungstitels (nur) an den geschäftsführenden Gesellschafter *BGH* NJW 2006, 2191 = NZG 2006, 500.

BGB). Die BGB-Gesellschaft ist also *in der Regel* **Gesamthandsgemeinschaft**. Bei der Verwaltung dieses Vermögens tritt die Gesellschaft notwendig nach außen hervor. Sie ist deshalb, wenn sie ein Gesamthandsvermögen hat, typischerweise **Außengesellschaft**. Die Gesellschafter können ihre Rechtsbeziehungen aber auch abweichend gestalten, ohne dass dadurch das Rechtsverhältnis aufhörte, Gesellschaft im Sinn des BGB zu sein. Neben der Normalform der Gesellschaft als Gesamthandsgemeinschaft stehen deshalb *atypische Gesellschaftsformen.* Infolge der im Gesellschaftsrecht des BGB herrschenden Vertragsfreiheit können die Rechtsbeziehungen im Einzelnen sehr verschiedenartig sein. *Zwei Hauptformen* lassen sich unterscheiden:

2. Abweichungen

10   Eine Gesellschaft, die zwar nach außen hervortritt, aber kein Gesamthandsvermögen hat, ist denkbar – **Außengesellschaft ohne Gesamthandsvermögen.**[28] Ein Anwendungsfall ist die Abrede mehrerer Unternehmen, einen gemeinsamen Betrieb zu führen (vgl. § 1 Abs. 2 BetrVG).[29] Es kann aber auch wie bei der römischen *societas* den Gesellschaftern als Miteigentümern nach Bruchteilen zustehen – *Bruchteilsgemeinschaft* (oben § 3 Rn. 2) oder es kann von einem einzelnen Gesellschafter als *Treuhänder* für die Gesellschaft gehalten werden; dann ist gegenüber außen stehenden Dritten nur dieser Träger des Vermögens.

Die Gesellschafter bilden ein Gesamthandsvermögen, verzichten aber auf eine Verselbständigung nach außen und ein Auftreten als Gesellschaft. Diese Erscheinungsform wird als „unselbständige Außengesellschaft" oder „Innengesellschaft im weiteren Sinn" bezeichnet.[30]

Eine Gesellschaft kann sich auf die internen Beziehungen der Gesellschafter untereinander beschränken – **reine Innengesellschaft** (oben § 2 Rn. 13 f.).

Beispiele: Ehegatteninnengesellschaft: diese kommt dann in Betracht, wenn Ehegatten in einer über den normalen Rahmen der ehelichen Lebensgemeinschaft hinausgehenden Weise gemeinsam einen besonderen Zweck durch beiderseitige Leistungen fördern. Die rechtliche Bindung hierzu kann stillschweigend vereinbart sein, darf aber auch hier nicht fehlen.[31] Betont zurückhaltend war auch die Rechtsprechung zur Innengesellschaft zwischen Partnern nichtehelicher Lebensgemeinschaften. Selbstverständlich können diese, wie andere Personen, Gesellschaftsverträge auch stillschweigend abschließen, ein solcher Wille darf auch bei wirtschaftlichem Zusammenwirken nicht ohne deutlichen Anhalt in den Gesamtumständen angenommen werden. Entsprechendes gilt für Lebenspartnerschaften nach dem LebenspartnerschaftsG. Immerhin neigt die Rechtsprechung dazu, bei konkreten, die Lebensgemeinschaft überdauernden gemeinsamen Wirtschaftsobjekten eine Auseinandersetzung analog zu §§ 730 ff. BGB vorzunehmen.[32] Ein gesetzlich geregelter Fall der Innengesellschaft ist die Stille Gesellschaft, §§ 230 ff. HGB.

Auch die Außengesellschaft ohne Gesamthandsvermögen und die Innengesellschaft weisen die Begriffsmerkmale des § 705 BGB auf. Sie sind deshalb **echte Gesellschaften**. Die §§ 705 ff. BGB finden somit Anwendung, allerdings nur soweit sie sich nicht

---

[28] Vgl. BGHZ 24, 293; MünchKomm-BGB/*Ulmer,* § 705 Rn. 266 ff.; ablehnend *K. Schmidt,* § 58 II 2 b.

[29] *Wiedemann* II, § 7 I 5 d (S. 615); *Windbichler,* Anm. zu BAG AR-Blattei ES 530.12.1 (Betriebsverfassung XII A) Nr. 5.

[30] MünchKomm-BGB/*Ulmer,* § 705 Rn. 305 f.; *Wiedemann* II, § 7 I 4 a.

[31] *BGH* NJW 1974, 2278; BGHZ 84, 361, 366 = NJW 1982, 2236; 87, 265 = NJW 1983, 1845; *BGH* NJW-RR 1990, 1090; BGHZ 127, 48 = NJW 1994, 2545; 142, 137 = NJW 1999, 2962; MünchKomm-BGB/*Ulmer,* Vor § 705 Rn. 73 ff.

[32] BGHZ 77, 55 und 84, 388; *BGH* NJW 1983, 2375; 1986, 51; 1997, 3371; für Trennung von evtl. Zugewinnausgleichsanspruch *BGH* NJW 2006, 1268.

auf das Gesamthandsvermögen bzw. die Vertretung nach außen beziehen. **Im Folgenden** soll hauptsächlich die **Normalform,** also die **Gesamthandsaußengesellschaft,**
besprochen werden.

III. Bedeutung und Erscheinungsformen

Das Gesellschaftsrecht des BGB kommt teils unmittelbar zur Anwendung, teils er- **11**
gänzend, soweit die Vorschriften für die Spezialformen des Handelsrechts und andere
Spezialgesetze zu Personengesellschaften Lücken enthalten, ferner analog, wenn in
bestimmten Fällen die Anwendung der Vorschriften des Allgemeinen Schuldrechts
oder Bereicherungsrechts unangemessen wäre (s. oben bei Fn. 31). Das BGB hat zwar
den nicht rechtsfähigen Verein in § 54 dem Gesellschaftsrecht unterstellt. Allerdings ist
auch der nicht rechtsfähige, d.h. nicht eingetragene Verein grundsätzlich Körperschaft,
so dass die Vorschriften über die GbR nicht passen. Deshalb kommt nach h.M. im
Innenverhältnis Körperschaftsrecht zur Anwendung (oben § 2 Rn. 9ff.).[33]

1. Unmittelbare Geltung

Die §§ 705ff. BGB gelten für alle Gesellschaften, die die oben Rn. 2–5 genannten **12**
Merkmale erfüllen.[34] Das Gesetz selbst geht davon aus, dass die Gesellschafter von
ihrer weitreichenden Gestaltungsfreiheit Gebrauch machen; das kommt in den zahlreichen Vorschriften zum Ausdruck, die „in Ermangelung einer anderen Vereinbarung"
gelten, z.B. § 706 Abs. 1. Aber auch andere Vorschriften, die diese Formulierung nicht
enthalten, sind dispositiv, so dass in erster Linie nach dem Vertragsinhalt zu fragen ist.
Auf diese Weise kann die BGB-Gesellschaft ihren ganz unterschiedlichen Erscheinungsformen entsprechend ausgestaltet werden. Schranken ergeben sich aus dem
zwingenden Grundbestand gesellschaftsrechtlicher Regelungen, ggf. auch aus Vorschriften, deren Anwendung sich aus dem Gesellschaftszweck ergibt.[35]
Zunächst sind die **Gesellschaften mit ideellen Zwecken** (Beispiele oben Rn. 3) zu
nennen, wobei Gesellschaft hier wie im Folgenden im engen technischen Sinn eines
nichtkörperschaftlichen, personalistisch ausgestalteten Zusammenschlusses zu verstehen ist (oben § 2 Rn. 9ff.). Aber auch bei **Gesellschaften mit wirtschaftlichen Zwecken** findet sich häufig die Rechtsform der GbR. Das gilt für alle Erwerbsgesellschaften, deren Gewerbe keinen kaufmännisch eingerichteten Geschäftsbetrieb erfordert,
vgl. § 1 Abs. 2 HGB – **Kleingewerbe.** Die Rechtsform der OHG und KG verdrängt
bei Kaufleuten die Rechtsform der BGB-Gesellschaft (§§ 105 Abs. 1, 161 HGB). Betreibt die Gesellschaft ein Kleingewerbe oder verwaltet sie eigenes Vermögen, kann sie
nach § 105 Abs. 2 HGB die Form der Handelsgesellschaft wählen (dazu unten § 12
Rn. 2).

Beispiele: Zusammenschlüsse von Landwirten, die sich nicht nach § 3 Abs. 2 HGB ins Handelsregister
eintragen lassen können oder wollen; ferner etwa der gemeinsame Betrieb der Praxis bei Ärzten (Ge-
meinschaftspraxis) oder Rechtsanwälten (Anwaltssozietät), die nicht in der Form der Partnerschaftsgesellschaft erfolgen.

---

[33] Erman/*Westermann,* § 54; *Flume,* Personengesellschaft, § 7 I; *Kübler/Assmann,* § 11; Soergel/
Hadding, § 54; MünchKomm-BGB/*Ulmer,* Vor § 705 Rn. 133ff.
[34] Zu den Erscheinungsformen *Wiedemann* II, § 7 I 5.
[35] BGHZ 118, 83, 100 = NJW 1992, 2222, 2226 – BuM, betreffend die Haftungsregelung für ein
Emissionskonsortium mit Rücksicht auf § 185 Abs. 4 AktG; unten § 32 Rn. 21.

Eine andere wichtige Gruppe im wirtschaftlichen Bereich bilden die **Gelegenheits-gesellschaften,** d. h. Gesellschaften, die nur vorübergehend zur Vornahme einzelner Rechtsgeschäfte oder für ein bestimmtes einzelnes Vorhaben eingegangen werden und aus diesem Grund nicht die Form einer Handelsgesellschaft annehmen können, auch wenn die Beteiligten ihrerseits Kaufleute oder Handelsgesellschaften sind. Die Spann-weite verschiedenartiger Anwendungsfälle ist hier besonders groß.

Beispiele: Wirtschaftlich von besonderer Bedeutung sind etwa **Emissionskonsortien,** d. h. Zusammen-schlüsse von Banken zur Platzierung von Wertpapieren (Aktien oder Anleihen, vgl. auch unten § 26 Rn. 1), ebenso sonstige Konsortien, etwa zur Finanzierung großer Vorhaben oder gemeinsamer Sanie-rung eines anderen Unternehmens u. dgl.; Arbeitsgemeinschaften zur gemeinsamen Durchführung großer Projekte durch mehrere Unternehmen, besonders häufig und wichtig in der Bauwirtschaft; vor allem hier ist die Kurzbezeichnung „ARGE" geläufig. Wegen der Beschränkung auf ein bestimmtes Projekt handelt es sich nach traditioneller Auffassung nicht um ein Handelsgewerbe, obwohl eine komplexe Organisation erforderlich und üblich ist. Gelegentlich wurde die ARGE schon als OHG eingeordnet.[36] Die Entscheidung, die sich explizit für die Rechtsfähigkeit der BGB-Gesellschaft ausge-sprochen hat, betraf eine solche ARGE; daher war es auch möglich, in Zweifelsfragen auf den für sol-che Vorhaben üblichen Mustervertrag zurückzugreifen.[37] Ferner Zusammenschluss für Ankauf und Parzellierung eines Grundstücks; geschlossener Immobilienfonds;[38] Gesellschaft zum Spielen eines Lotterieloses – Tippgemeinschaft;[39] gemeinsames Mieten eines Pkw für eine Vergnügungsfahrt.[40]

Weiter sind **stille Beteiligungen** am Unternehmen eines anderen zu nennen, das kein Handelsgewerbe ist, da dann die Sonderform der stillen Gesellschaft eingreift. Auch die **Unterbeteiligung** am Gesellschaftsanteil eines anderen kann die Form einer BGB-Gesellschaft zwischen Haupt- und Unterbeteiligtem annehmen.[41]

2. Ergänzende Geltung

13   Das Gesellschaftsrecht des BGB gilt subsidiär für alle Personengesellschaften des Handelsrechts, also die OHG, die KG, die stille Gesellschaft und die Reederei, ferner auch die PartG und die EWIV; vgl. vor allem die Verweisungen in § 105 Abs. 3 und mittelbar in § 161 Abs. 2 HGB sowie in § 1 EWIVG. Rechtstechnisch handelt es sich daher um eine Kuriosität, dass § 736 Abs. 2 auf die für Personenhandelsgesellschaften geltenden Regelungen verweist. Darin zeigt sich, dass das Recht der Handelsgesell-schaften praktisch stärker konturiert und ausgereift ist (vgl. oben § 1 Rn. 12, 29). Die weitgehende Verselbständigung der GbR durch die Rechtsprechung und Literatur führt ferner dazu, dass im das Recht der OHG quasi als Grundnorm herangezogen wird.

---

[36] *OLG Dresden* NZG 2003, 124; dazu *K. Schmidt,* DB 2003, 713; *Wiedemann* II, § 7 I 5 d (S. 614).
[37] BGHZ 146, 341 = NJW 2001, 1056 – ARGE Weißes Ross.
[38] *Wiedemann* II, § 7 I 5 b.
[39] *BGH* NJW 1974, 1705.
[40] BGHZ 46, 313 = NJW 1967, 558.
[41] Vgl. BGHZ 50, 316, 320; *BGH* NJW 1994, 2886; *Armbrüster,* Die treuhänderische Beteiligung an Gesellschaften, 2001; Baumbach/Hopt/*Hopt,* § 105 Rn. 38 ff.; *Grundmann,* Der Treuhandvertrag, 1997, § 12 (S. 482 ff.); MünchKomm-BGB/*Ulmer,* Vor § 705 Rn. 92 ff; *K. Schmidt,* § 63; *Wiedemann* II, § 7 I 5 b. – Zur Abgrenzung von der stillen Gesellschaft unten § 18 Rn. 5 ff.

§ 6. Gesellschaftsvertrag

I. Inhalt

Jede Gesellschaft setzt als Grundlage notwendig einen Gesellschaftsvertrag voraus   1
(oben § 5 Rn. 1 ff.). In diesem Vertrag **verpflichten sich alle Beteiligten, die Erreichung eines gemeinsamen Zwecks in der im Vertrag vorgesehenen Weise zu fördern,** wozu vor allem **Leistung der vereinbarten Beiträge** gehört (§ 705 BGB).
Auf die Art der Beiträge kommt es nicht an. Es können Kapitalleistungen (Geld,
Grundstücke, Forderungen, Patente usw., auch gegen eine Gegenleistung[1]), Dienste
wie die Übernahme der Geschäftsführung, die Gewährung eines Kredits, auch Unterlassungen usw. sein. Ein Beitrag liegt u. U. auch schon darin, dass ein Gesellschafter durch Übernahme der Schuldenhaftung den Kredit der Gesellschaft stärkt.[2] Über
den Mindestinhalt hinaus können die Beteiligten ihre Rechtsbeziehungen untereinander und – mit gewissen Einschränkungen – auch gegenüber Dritten im Einzelnen regeln.

II. Rechtsnatur

1. Gemeinschafts- und Organisationsvertrag

Die Gesellschaft ist eine Personengemeinschaft; die Gesellschafter sind nicht nur zur   2
Erbringung bestimmter Leistungen verpflichtet, sie sind nicht nur Gläubiger und
Schuldner, sondern sind zugleich Mitglieder einer Gemeinschaft. Der Gesellschaftsvertrag ist daher ein *gemeinschaftsbegründender Vertrag.* Da typischerweise nicht von
Anfang an feststehen kann, wer was im Einzelnen zur Förderung des gemeinsamen
Zwecks zu tun und zu unterlassen hat und welche Ansprüche für die Gesellschafter
aus dem Gesellschaftsverhältnis erwachsen, ist es wesentliche Aufgabe des Gesellschaftsvertrages, all diese Entwicklungen zu strukturieren und Entscheidungsmecha-
nismen zur Verfügung zu stellen; es handelt sich um einen **Organisationsvertrag** (vgl.
oben § 1 Rn. 14, 30).[3]

Dagegen ist es nicht zweckmäßig, von einem *Gesamtakt* zu sprechen. Die Gesellschafter richten aneinander übereinstimmende Willenserklärungen, um einen Rechtserfolg herbeizuführen. Das ist das
Wesen des Vertrages, wie auch das Gesetz und der Sprachgebrauch des täglichen Lebens übereinstimmend von einem Gesellschafts*vertrag* sprechen. Historisch von Interesse ist die Auffassung, die nach
Otto v. Gierke die Gesellschaft als personenrechtliches Verhältnis, den Gesellschaftsvertrag als *personenrechtlichen Vertrag* charakterisiert. Daran ist richtig, dass der Gesellschaftsvertrag zu einer persönlichen Bindung der Beteiligten führt, und dass er eine gegenseitige Treuepflicht begründet, die dem

---

[1] Z. B. in *BGH* ZIP 2001, 515.
[2] Vgl. *BGH* NJW 1995, 197: Übernahme einer Bürgschaft als Einlage eines Kommanditisten.
[3] So die von *Würdinger,* Arbeitsbericht des Ausschusses für das Recht der Personalgesellschaften der
Akademie für Deutsches Recht, 1939, § 8 II 3, geprägte Terminologie; der Sache nach heute ganz h. M.,
wenn auch mit Unterschieden im Sprachgebrauch, z. B. *Flume,* Personengesellschaft, § 2 I, II; *Lutter,*
AcP 180 (1980) 84, 97 ff.; MünchKomm-BGB/*Ulmer,* § 705 Rn. 158; *K. Schmidt,* § 59 I 2 c; *Wiedemann* II, § 2 I 1 a, c.

Vertragstyp entsprechend über die im allgemeinen Schuldrecht nach § 242 BGB geltende Beziehung zwischen Gläubiger und Schuldner hinaus geht.[4] Aber der Begriff des personenrechtlichen Verhältnisses bietet keine klaren Anhaltspunkte für praktische Folgerungen und die Anwendbarkeit bestimmter Rechtsgrundsätze.

Die Besonderheiten des Gesellschaftsvertrages führen nicht, wie in der älteren Literatur gelegentlich behauptet, dazu, dass die Geltung der *Normen des Schuldrechts* für die Gesellschaft grundsätzlich abzulehnen wäre. Schon die Stellung im Besonderen Schuldrecht zeigt eindeutig, dass das BGB den Gesellschaftsvertrag als **schuldrechtlichen Vertrag** einordnet. Das BGB stellt, seinem individualistischen Charakter entsprechend, auch bei den Gemeinschaftsverträgen die aus dem Gemeinschaftsverhältnis entspringenden einzelnen Ansprüche und Pflichten in den Vordergrund und rechnet den Gesellschaftsvertrag, weil er die Gesellschafter zu einem Tun oder Unterlassen verpflichtet (vgl. § 194 Abs. 1 BGB), zum Schuldrecht. Demgegenüber wäre es an sich möglich, den Schwerpunkt mehr auf die Begründung der Gemeinschaft als abgegrenzte Einheit zu legen. Diesem Ansatz entspricht etwa die systematische Einordnung bei *Flume*, der sein Werk über die Personengesellschaft dem Allgemeinen Teil des BGB zuordnet. Gleichwohl ist der Gesellschaftsvertrag zunächst schuldrechtlicher Vertrag, auf den die Normen des allgemeinen Schuldrechts Anwendung finden, soweit nicht die Besonderheiten des Gesellschaftsverhältnisses, die Gemeinschaftsbindung allgemein oder die besondere Ausprägung der Gesellschaft im konkreten Fall zu Abweichungen führen (z.B. unten Rn. 4f. und 7).

2. Kein Austauschvertrag

3   Anders als die Einordnung im Schuldrecht ist die Frage, ob der Gesellschaftsvertrag ein *gegenseitiger Vertrag* ist, in Einzelheiten streitig. Praktische Bedeutung hat das für die Anwendbarkeit der für gegenseitige Verträge geltenden Bestimmungen bei Leistungsstörungen (§ 320ff. BGB).

Das *Reichsgericht* hat den Gesellschaftsvertrag in ständiger Rechtsprechung als gegenseitigen Vertrag erfasst;[5] der *Bundesgerichtshof* hat ihn früher zwar gelegentlich ebenfalls so bezeichnet, verneint aber jedenfalls das Gegenseitigkeitsverhältnis von Sozialansprüchen aus dem Gesellschaftsverhältnis.[6] Insbesondere wenn die Gesellschaft als Unternehmensträger fungieren soll, kommt eine rein schuldrechtliche Einordnung nicht mehr in Betracht.[7] In der älteren *Literatur* überwogen vielfach rein begriffliche Erwägungen, was aber nicht weiter führt. Die Überlegungen konzentrierten sich sonach mit Recht im Wesentlichen auf die Frage der Anwendbarkeit der §§ 320ff. BGB. Im Ergebnis herrscht die ablehnende Auffassung, mit Differenzierungen, vor. Aber auch diejenigen, die die Vorschriften über gegenseitige Verträge grundsätzlich anwenden, nehmen mit Rücksicht auf die Besonderheiten des Vertragstyps Einschränkungen vor;[8] diejenigen, die die Anwendbarkeit der §§ 320ff. BGB grundsätzlich ablehnen, kommen zur entsprechenden Anwendung in den Fällen, in denen eine große Nähe zum Austauschvertrag besteht.[9]

---

[4] Grundlegend *A. Hueck*, Der Treuegedanke im modernen Privatrecht, 1947; vgl. auch *Wiedemann*, Das Arbeitsverhältnis als Austausch- und Gemeinschaftsverhältnis, 1966.

[5] Z.B. RGZ 78, 303; 147, 340.

[6] *BGH* NJW 1951, 308; LM Nr. 11 zu § 105 HGB; auch BGHZ 10, 44, 51; betr. Sozialanspruch (Rückzahlung unberechtigter Entnahmen) *BGH* NZG 2000, 199; die Anwendung des § 320 betr. die Verpflichtung zur Einbringung eines Grundstücks wurde ausdrücklich abgelehnt von *OLG München* ZIP 2000, 2255.

[7] BGHZ 112, 40, 45 = NJW 1990, 2616, 2618 für die OHG.

[8] *Emmerich*, in: Heymann, HGB, 2. Aufl., 1995ff., § 105 Rn. 5; *Hüttemann*, Leistungsstörungen bei Personengesellschaften, 1998.

[9] Soergel/*Hadding*, 11. Aufl., § 705 Rn. 44f.; MünchKomm-BGB/*Ulmer*, § 705 Rn. 161ff.; *Wiedemann* II, § 2 I 2; nach dem Bereich, in dem die Störung auftritt, differenzierend *K. Schmidt*, § 20 III; Erman/*Westermann*, § 705 Rn. 43f.

Der Gesellschaftsvertrag ist **kein Austauschvertrag.** Die Parteien tauschen nicht Leistungen aus, sondern verpflichten sich zur Mitwirkung bei der **Verfolgung eines gemeinsamen Zwecks.** Lässt man für den Begriff des gegenseitigen Vertrages genügen, dass die eine Partei sich zu einer Leistung verpflichtet, weil und damit auch die andere Partei leistet, trifft das auch auf den Gesellschaftsvertrag zu; ein Synallagma ist das allerdings nicht. Denn die Parteien des Gesellschaftsvertrages wollen ein gemeinsames Ziel fördern; der einzelne Gesellschafter will aber nicht einseitig zur Erreichung dieses Zieles beitragen, sondern indem er seinerseits eine Leistung verspricht, will er damit zugleich die Mitwirkung der übrigen Gesellschafter sichern. Die Leistungen der verschiedenen Beteiligten stehen also auch beim Gesellschaftsvertrag in einem Abhängigkeitsverhältnis zueinander. Der eine Gesellschafter hätte sich dem anderen gegenüber nicht verpflichtet, wenn nicht auch der andere seine Leistung versprochen hätte. In diesem Sinn ist es zutreffend, wenn § 705 BGB für den Begriff des Gesellschaftsvertrages verlangt, dass die *Gesellschafter sich gegenseitig verpflichten.*

Die Frage, welche gesetzlichen Vorschriften für gegenseitige Verträge in diesem weiteren Sinn bestimmt sind, lässt sich nicht einheitlich beantworten, zumal auch nach der Schuldrechtsmodernisierung Dauerrechtsverhältnisse, unvollständige und relationale Verträge vom Gesetz kaum mit allgemeinen Regeln erfasst sind.[10] Die §§ 320 ff. BGB sind auf Austauschverträge im Zweiparteienverhältnis nach dem Muster des Kaufvertrages zugeschnitten. Dagegen sind an einer Gesellschaft häufig auch mehr Personen beteiligt; die Leistungen beschränken sich nicht auf einen einmaligen oder jedenfalls konkretisierbaren Austausch, sondern zielen auf gemeinsame Zweckverfolgung in einem dynamischen Prozess. Deshalb kann nur eine **sehr eingeschränkte Anwendung der §§ 320 ff. BGB** in Frage kommen, nämlich nur insoweit, als sie auch für den konkreten Gesellschaftsvertrag passen, d.h. sich bei der Gesellschaft infolge der Verknüpfung der verschiedenen Leistungspflichten eine ähnliche Interessenlage ergibt wie beim Austauschvertrag. Die Einrede des nichterfüllten Vertrages, also die Verweigerung des zugesagten Beitrages durch einen Gesellschafter, weil und solange ein anderer Gesellschafter seinen Beitrag nicht leistet, ist nur dann anwendbar, wenn nur zwei Gesellschafter vorhanden sind – **zweigliedrige Gesellschaft,** denn ein Gesellschafter, der selbst nicht leistet, kann seinen Mitgesellschafter nicht zur Vorleistung zwingen. *Anders* ist zu entscheiden, wenn die *Gesellschaft aus mehr als zwei Personen* besteht, da hier die Leistung jedes Gesellschafters der Gesamtheit der übrigen Gesellschafter geschuldet wird und eine Aufteilung i.S.d. § 320 Abs. 1 Satz 2 nicht möglich ist; die Säumnis eines Gesellschafters darf nicht die ganze Gesellschaft lahm legen. Die Nichtleistung eines Gesellschafters kann aber u.U. für die übrigen Gesellschafter einen wichtigen Grund zur Kündigung des ganzen Gesellschaftsverhältnisses bilden. Ferner kommt ein Rücktritt nicht mehr in Betracht, sobald die Gesellschaft nach außen im Rechtsverkehr in Erscheinung getreten oder der Gesellschaftsvertrag sonst zur Ausführung gelangt, vor allem ein Gesellschaftsvermögen gebildet worden ist. §§ 323 ff. BGB werden dann durch die **Sondervorschrift des § 723 BGB** ausgeschaltet, der der besonderen Eigenart der Gesellschaft angepasst ist. An die Stelle eines auch für die Vergangenheit wirkenden Rücktritts wegen Vertragsverletzung tritt die nur für die Zukunft wirkende fristlose Kündigung,[11] und zwar nicht nach § 314 BGB, sondern nach der spezielleren gesellschaftsrechtlichen Vorschrift.

Beispiel: A und B verabreden, wöchentlich für insgesamt 50 € gemeinsam Lotto zu spielen. Wenn A den fälligen Beitrag nicht leistet, weigert sich auch B, seinen Anteil zu zahlen, § 320 BGB.

---

[10] MünchKomm-BGB/*Ulmer,* § 706 Rn. 23; *Wiedemann* II, § 2 I 2 (S. 96).
[11] So schon RGZ 78, 303; 81, 303.

5　Entsprechendes gilt für die **Gewährleistungsvorschriften** der einzelnen Schuldvertragstypen, die je nach Art der vereinbarten Beiträge in Betracht kommen. Hat ein Gesellschafter eine Sache eingebracht, die sich als mangelhaft erweist, kann die Nacherfüllung (§ 439 BGB) eine auch für die Gesellschaft taugliche Lösung sein. Rücktritt, Minderung oder Schadensersatz werden jedoch in der Regel mit der gemeinsamen Zweckverfolgung nicht vereinbar sein. Die Rechtsfolgen sind im Einzelfall durch Auslegung zu bestimmen; die Beendigung der Gesellschaft durch Kündigung (§ 723 BGB) oder wegen Unmöglichkeit (§ 726 BGB) bleibt als letztes Mittel. Mit Hilfe der (ergänzenden) Auslegung ist in aller Regel auch die Anpassung an veränderte Verhältnisse zu bewältigen.[12] Der **Vorrang gesellschaftsrechtsspezifischer Organisationsregeln** ist besonders wichtig bei der Anwendung der Vorschriften über Gesamtschuld und Gesamtgläubigerschaft (§§ 420 ff. BGB).

III. Form

6　Der **Gesellschaftsvertrag als solcher bedarf keiner Form.** Er kann mündlich geschlossen werden oder auch durch schlüssiges Verhalten konkludent, also stillschweigend, zustande kommen.[13]

Beispiel: Setzen die Erben eines Einzelkaufmanns das Unternehmen gemeinschaftlich fort und schließen die einseitige Auflösung aus oder gehen sonst eine engere Bindung als in einer gewöhnlichen Erbengemeinschaft ein, so liegt darin regelmäßig die Begründung einer OHG. Dagegen reicht die bloße Fortführung des Handelsgeschäfts durch die Erben dafür nicht aus; es muss ermittelt werden, ob eine über die Miterbenstellung hinausgehende Bindung zwischen allen Beteiligten stillschweigend vereinbart ist.[14] Ehegatten bauen durch beiderseitige Leistungen über den typischen Rahmen der ehelichen Lebensgemeinschaft hinaus wirtschaftliche Werte auf.[15] Auch hier kann es schwierig sein, im Einzelfall einen stillschweigenden Vertragsschluss festzustellen. Wesentlich ist, dass die oben (§ 5 Rn. 2–5) dargestellten Merkmale vorliegen und dass bei allen Beteiligten ein entsprechender **Bindungswille** besteht; dagegen ist das Bewusstsein, eine Gesellschaft zu bilden, nicht erforderlich.

Der Gesellschaftsvertrag ist aber dann **formbedürftig,** wenn er ein **Leistungsversprechen** (Beitragsverpflichtung) enthält, das seinerseits **formbedürftig** ist. Der wichtigste Fall ist das Versprechen eines Gesellschafters, ein Grundstück einzubringen (§ 311 b BGB), was auch dann zutrifft, wenn er die Einbringung eines Unternehmens zusagt, zu dem ein Grundstück gehört. In einem solchen Fall muss der **ganze Gesellschaftsvertrag** notariell beurkundet werden, da er eine Einheit bildet. Der Formmangel wird aber durch Erfüllung, d.h. Überführung des Grundstücks in Gesamthandseigentum der Gesellschafter durch Auflassung und Eintragung ins Grundbuch, nach § 311 b Abs. 1 Satz 2 BGB geheilt. Dagegen findet § 311 b BGB keine Anwendung auf einen Gesellschaftsvertrag, der nur allgemein auf Erwerb und Wiederveräußerung von Grundstücken als Gemeinschaftszweck gerichtet ist, da er keine unmittelbare Verpflichtung in Bezug auf bestimmte Grundstücke begründet;[16] – anders, wenn darin bereits eine konkrete Erwerbsverpflichtung enthalten ist. § 311 b BGB gilt ferner nicht, wenn ein Grundstück der Gesellschaft nur zur Nutzung zu überlassen ist, aber im

---

[12] *BGH* NJW 1993, 2101; BGHZ 123, 281 = NJW 1993, 3193 betr. nachträgliche Unangemessenheit einer Abfindungsklausel; zur Auslegung widersprüchlicher Klauseln *BGH* NZG 2005, 593.
[13] BGHZ 8, 249; 11, 192; allg. M.
[14] Baumbach/Hopt/*Hopt*, § 105 Rn. 54 a. E.
[15] Z. B. BGHZ 47, 142; BGHZ 142, 137 = NJW 1999, 2962.
[16] H. M., *BGH* NJW-RR 1991, 613 = JuS 1991, 690; NJW 1996, 1279; 1998, 376 = NZG 1998, 23; teilweise einschränkend MünchKomm-BGB/*Ulmer*, § 705 Rn. 39 m. w. N.; *Wiedemann/Frey*, Nr. 81.

Eigentum des Gesellschafters verbleibt. Entsprechendes gilt, wenn Bestimmungen des Gesellschaftsvertrages nach anderen gesetzlichen Vorschriften formbedürftig sind, so z. B. § 311 b Abs. 2 BGB oder § 15 GmbHG. Die Aufnahme eines Gesellschafters ohne Einlage in ein bestehendes Unternehmen (z. B. innerhalb der Familie) kann Schenkung sein, wenn im Ergebnis eine Vermögensmehrung gewollt ist; dann greift § 518 Abs. 1 BGB ein mit der Heilungsmöglichkeit nach § 518 Abs. 2.[17]

IV. Mängel des Gesellschaftsvertrages und fehlerhafte Gesellschaft

Die Auslegungsregel des § 139 BGB sieht vor, dass bei **Teilnichtigkeit** im Zweifel der gesamte Vertrag nichtig ist. Das wird dem gemeinsamen Interesse meist nicht gerecht, so dass die Vorschrift nicht bzw. umgekehrt zur Anwendung kommt. Der nichtige Teil wird durch dispositives Recht oder eine angemessene Regelung in ergänzender Vertragsauslegung ersetzt.[18] Entsprechendes gilt für § 154 BGB, zumal wenn die Gesellschaft in Vollzug gesetzt wurde.[19] Dann kann auch von einem stillschweigenden Vertragsschluss mit dem konkret praktizierten Inhalt ausgegangen werden. **7**

Der Gesellschaftsvertrag oder die einzelnen ihn bildenden Erklärungen der Gesellschafter können an Mängeln leiden, die nach allgemeinen Grundsätzen die Nichtigkeit oder Anfechtbarkeit zur Folge haben (Geschäftsunfähigkeit, Sittenwidrigkeit, Gesetzwidrigkeit, Willensmängel, Dissens,[20] Formmängel[21] usw., auch Widerruf nach § 355 BGB[22]) – **fehlerhafte Gesellschaft.** Diese Wirkungen treten auch für den Gesellschaftsvertrag ein, jedoch nur solange die Gesellschaft noch nicht zur Ausführung gekommen ist. Sobald aber die Gesellschaft in Vollzug gesetzt ist, führt die Anwendung der allgemeinen Regeln zu großen Schwierigkeiten. Denn da eine Gesellschaft nicht ohne vertragliche Grundlagen bestehen kann (oben § 5 Rn. 2), würde eine von Anfang an wirkende Nichtigkeit des Gesellschaftsvertrages und ebenso eine den Vertrag rückwirkend beseitigende Anfechtung zur Folge haben, dass für alle Maßnahmen, die auf Grund des Gesellschaftsvertrages getroffen worden sind, die tragende Grundlage fehlt. Alle Rechtsfolgen müssten rückgängig gemacht werden; soweit das nicht möglich ist, müsste nach Bereicherungsrecht ein Ausgleich geschaffen werden. Die Frage, wie diese Schwierigkeiten zu lösen sind, spielt vor allem bei der OHG eine große Rolle und soll deshalb für diese näher behandelt werden (vgl. unten § 13 Rn. 11 ff.). **8**

Bei der BGB-Gesellschaft muss man unterscheiden, ob ein Gesamthandsvermögen oder doch wenigstens eine interne Vermögensgemeinschaft gebildet ist oder nicht. Ist (noch) kein solches gemeinschaftliches Vermögen vorhanden, stehen der Anwendung der allgemeinen Grundsätze keine entscheidenden Bedenken entgegen. Ist dagegen bereits mit der Bildung eines Gesamthandsvermögens oder einer internen Vermögensbindung begonnen worden, gelten für die BGB-Gesellschaft dieselben Grundsätze wie für die OHG (unten § 13 Rn. 13 ff.). Die fehlerhafte Gesellschaft wird als **vollwertige Gesellschaft** behandelt, **unterliegt** aber **der sofortigen Beendigung** (unten § 11

---

[17] Baumbach/Hopt/*Hopt,* § 105 Rn. 56; gegen Schenkung wegen Übernahme der Haftung und Pflichten als Gesellschafter BGHZ 112, 40 = NJW 1990, 2616; krit. dazu MünchKomm-BGB/*Ulmer,* § 705 Rn. 43 ff.

[18] BGHZ 47, 293, 301; *K. Schmidt,* § 6 I 1 b.

[19] *BGH* NJW 1982, 2816.

[20] *BGH* NJW 1992, 1501 zum versteckten Dissens.

[21] *BGH* NJW-RR 2001, 1450; vgl. auch *BGH* NJW 2003, 1552 (fehlende Vollmacht).

[22] BGHZ 148, 201; *Westermann,* ZIP 2002, 189, 191 f. und 241 ff. – Unten § 19 Rn. 16.

Rn. 1 ff.) durch Berufung auf den Mangel. An die Stelle der Auflösungsklage bei der OHG tritt für die GbR eine Kündigung aus wichtigem Grund.[23]

V. Änderungen des Gesellschaftsvertrages

9   Änderungen des Gesellschaftsvertrages unterliegen denselben Regeln wie der ursprüngliche Abschluss. Das betrifft nicht nur eventuelle Formerfordernisse (oben Rn. 6), sondern vor allem das Erfordernis, dass sich alle Gesellschafter einig sein müssen – **Einstimmigkeit.** Der Vertrag kann jedoch Änderungen durch **Mehrheitsbeschluss** vorsehen. Zusätzliche Voraussetzung ist dann aber, dass jedenfalls der Gegenstand der Änderung festgelegt sein muss – **Bestimmtheitsgrundsatz.**[24] Jeder Gesellschafter soll sich ein Bild machen können, in welcher Angelegenheit er möglicherweise überstimmt werden kann (vgl. auch unten § 14 Rn. 11).

Vertragsänderungen sind **Grundlagengeschäfte** (§ 8 Rn. 1) und können alle Angelegenheiten betreffen, die einer Verankerung im Gesellschaftsvertrag bedürfen (z.B. Beitragspflicht, §§ 706 f. BGB) oder nach Auffassung der Gesellschafter dort geregelt sein sollen.

Bei Mängeln der Vertragsänderung können die Grundsätze über die fehlerhafte Gesellschaft zur Anwendung kommen. Man spricht dann von **fehlerhafter Vertragsänderung** oder, wenn es sich um den Beitritt eines neuen Gesellschafters handelt, vom fehlerhaften Beitritt. Entscheidend ist auch hier, dass die Änderung vollzogen wurde.

§ 7. Rechte und Pflichten der Gesellschafter

I. Pflichten der Gesellschafter

Aus dem durch Gesellschaftsvertrag begründeten Gemeinschafts- und Organisationsverhältnis folgen eine ganze Reihe von Rechten und Pflichten der Gesellschafter untereinander, also im **Innenverhältnis.** Unter den Pflichten sind hervorzuheben:

1. Beitragspflicht

1   Die *Pflicht zur Leistung von Beiträgen* (§ 706 BGB) kann ganz verschiedenartig ausgestaltet sein (oben § 6 Rn. 1). Sowohl dem Inhalt als auch dem Umfang nach können die Beiträge der einzelnen Gesellschafter voneinander abweichen, doch muss das besonders vereinbart werden; sonst schulden die Gesellschafter gleiche Beiträge (§ 706 Abs. 1 BGB).

---

[23] Ausführlich dazu MünchKomm-BGB/*Ulmer,* § 705 Rn. 323 ff. m. w. N.; *K. Schmidt,* § 6 III; *BGH* NJW 1992, 1501; BGH, NJW-RR 2000, 1576; vgl. auch BGHZ 8, 157, 166; 55, 5 = NJW 1971, 375 zur atypischen bzw. typischen stillen Gesellschaft sowie BGHZ 13, 320 zur Vor-GmbH.

[24] *BGH* NJW-RR 2006, 829 = NZG 2006, 379; NZG 2007, 259 mit Hinweis auf die Ausübungskontrolle; MünchKomm-BGB/*Ulmer,* § 709 Rn. 81 ff.

Sind Sachen einzubringen, ist zu klären, ob sie gemeinschaftliches Eigentum (Gesamthandseigentum) werden oder zumindest dem Wert nach dem Gesellschaftsvermögen zugehören sollen oder ob sie der Gesellschaft nur zum Gebrauch überlassen werden sollen (societas **quoad dominium** bzw. **sortem** oder societas **quoad usum**). Entscheidend ist der **Parteiwille,** der im Zweifel durch Auslegung des Gesellschaftsvertrages festgestellt werden muss. Für zwei Fälle gibt § 706 Abs. 2 BGB eine Auslegungsregel: Für vertretbare oder verbrauchbare Sachen gilt die Vermutung, dass sie Gesamthandseigentum werden sollen, und ebenso für sonstige Sachen, wenn diese auf Grund einer Schätzung beizutragen sind, die nicht lediglich für die Gewinnverteilung bestimmt ist.

Bei *Einbringung* einer Sache **zu Eigentum ist** die Übereignung nach sachenrechtlichen Regeln erforderlich. Die Stellung des Gesellschafters ähnelt der eines Verkäufers. Deshalb können die *Regeln des Kaufrechts* als Auslegungshilfe herangezogen werden, soweit nicht die Tatsache, dass die Übereignungspflicht nicht aus einem Austauschvertrag entspringt, sondern einen Teil des Gesellschaftsvertrages bildet, Abweichungen nötig macht.[1] So haftet z.B. der einbringende Gesellschafter für Mängel, der Rücktritt ist aber ausgeschlossen, da er den Gesellschaftsvertrag auflösen würde. Es verbleibt die Pflicht zur Nacherfüllung oder, wenn das nicht möglich ist, zur Leistung von Wertersatz. Ebenso ist eine Minderung der Leistungen der anderen Gesellschafter nicht durchführbar, da sie die Erreichung des Gesellschaftszwecks beeinträchtigen würde; an ihre Stelle tritt deshalb eine Pflicht des einbringenden Gesellschafters auf Ersatz des Minderwertes. Reicht das nicht aus, so bleibt den übrigen Gesellschaftern nur die Möglichkeit, den Gesellschaftsvertrag aus wichtigem Grund zu kündigen, falls eine einvernehmliche Lösung durch Vertragsanpassung nicht gelingt (vgl. oben § 6 Rn. 5).

Sollen die Sachen nur **zum Gebrauch oder zur Nutzung** überlassen werden, liegt ein der Leihe, Miete oder Pacht ähnliches Verhältnis vor. Deshalb können die *Leih-, Miet- oder Pachtregeln* herangezogen werden, wiederum aber nur mit den durch die Eigenart des Gesellschaftsverhältnisses bedingten Abwandlungen. Von der Einbringung der Sachen als Beitrag in den geschilderten Formen zu unterscheiden ist die Abmachung, dass ein Gesellschafter der Gesellschaft bestimmte Gegenstände **gegen Entgelt** liefern oder zum Gebrauch überlassen soll. Solche Verpflichtungen können ebenfalls ihre Grundlage im Gesellschaftsvertrag haben; auch eine Leistung gegen Entgelt kann Beitrag sein, vor allem wenn sie sonst nicht oder nur schwierig zu erlangen wäre. Wenn die Verpflichtungen also nicht Gegenstand eines selbständigen, nur äußerlich mit dem Gesellschaftsvertrag verbundenen Kauf- oder Mietvertrages sind – *Drittgeschäfte,* unterliegen sie ihrem Inhalt nach den Regeln des Kauf- oder Mietrechts, da es sich um einen echten Leistungsaustausch handelt. Die Verankerung im Gesellschaftsvertrag als Beitrag kann allerdings für die Auslegung wie auch für die Abwicklung der Leistungsverpflichtung bedeutsam sein.[2]

2. Nachschusspflicht

Eine Pflicht zur nachträglichen Erhöhung der vereinbarten Beiträge sowie zur Ergänzung der durch Verlust verminderten Einlage besteht grundsätzlich nicht (§ 707 BGB). Der im Gesellschaftsvertrag festgesetzte Beitrag stellt die Höchstgrenze dar, über die hinaus der Gesellschafter im Innenverhältnis nicht zu Leistungen herangezogen werden kann. Eine Erhöhung der Beitragspflicht könnte nur durch **Änderung des Gesellschaftsvertrages** herbeigeführt werden. Diese bedarf grundsätzlich der Zustimmung aller, auch des betroffenen Gesellschafters. Jeder Gesellschafter soll also von vornherein den Umfang seiner Beitragspflicht übersehen können. Eine **Ausnahme** gilt nur, wenn schon **im Gesellschaftsvertrag eine Nachschusspflicht vorgesehen** ist oder der Gesellschaftsvertrag entsprechend geändert wird (oben § 6 Rn. 9). Andernfalls ist der Gesellschafter auch dann nicht zu weiteren Leistungen verpflichtet, wenn ohne Zuführung neuer Mittel die Erreichung des Gesellschaftszwecks gefährdet ist oder unmöglich wird. Es bleibt dann gegebenenfalls nur die Auflösung der Gesellschaft übrig. Diese Beschränkung der Leistungspflicht des Gesellschafters stellt ein Grundprinzip des Gesellschaftsrechts dar. Das Gesellschaftsrecht steht damit in klarem Gegensatz zum Recht des Vereins (Körperschaft), bei dem im Zweifel durch Mehrheitsbeschluss die Beiträge erhöht werden können (oben § 2 Rn. 12).

2

---

[1] H.M., abw. MünchKomm-BGB/*Ulmer,* § 706 Rn. 21 ff., 27; *K. Schmidt,* § 20 III 3 d.
[2] Insbesondere zur Nichtanwendung des § 320 BGB betr. die entgeltliche Einbringung eines Grundstücks *OLG München* ZIP 2000, 2255.

3. Geschäftsführung

Die Pflicht zur Geschäftsführung besteht grundsätzlich für **alle Gesellschafter gemeinsam,** doch kann der Gesellschaftsvertrag beliebige Abweichungen vorsehen (§ 709 BGB). Näheres zu den Organisationselementen Geschäftsführung und Vertretung unten § 8.

4. Treuepflicht[3]

3   Da die Gesellschaft Personengemeinschaft ist, besteht zwischen den Beteiligten eine stärkere persönliche Bindung als bei einfachen Schuldverhältnissen, auch bei Austauschverträgen. Deshalb wird das Verhältnis der Gesellschafter zueinander von dem Grundsatz gegenseitiger Treue beherrscht, d.h. es gilt für alle Gesellschafter eine **allgemeine Treuepflicht,** die vertragsspezifisch über die allgemeinen Anforderungen des § 242 BGB hinaus geht. Sie umfasst positiv die Pflicht, die Interessen der Gesellschaft wahrzunehmen, und negativ die Pflicht, alles zu unterlassen, was diese Interessen schädigt.
    Die **positive Pflicht** besteht vor allem für die geschäftsführenden Gesellschafter. Der Gesichtspunkt der Treue bestimmt Umfang und Inhalt der Geschäftsführungspflicht. Sie besteht aber auch für nicht geschäftsführende Gesellschafter, so etwa bei Abstimmungen in Gesellschaftsangelegenheiten, in Eilfällen, wenn die geschäftsführenden Gesellschafter verhindert sind, oder als Pflicht, drohende Gefahren den anderen Gesellschaftern anzuzeigen. Als **Unterlassungspflicht** kommt die Treuepflicht in gleicher Weise für geschäftsführende und nicht geschäftsführende Gesellschafter in Betracht. Kein Gesellschafter darf dritten Personen Mitteilungen über die Gesellschaft machen, die deren Ruf oder Kredit schädigen, auch wenn die mitgeteilten Tatsachen erweislich wahr sind; ferner verbietet die Treuepflicht beispielsweise den Verrat von Geschäfts- und Betriebsgeheimnissen. Ein Gesellschafter darf Geschäftschancen der Gesellschaft nicht für sich selbst oder ihm nahe stehende Personen wahrnehmen.[4] Die Treuepflicht **begrenzt** ggf. die Wahrnehmung bestehender Rechte, z.B. bei der Stimmrechtsausübung.

4   Die Treuepflicht findet ihre **Grenze an der Wahrnehmung berechtigter eigener Interessen des Gesellschafters.** Interessen der Gesellschaft sind ebenso Privatinteressen wie diejenigen des einzelnen Gesellschafters und verdienen deshalb keinen unbedingten Vorrang. Man muss vielmehr unterscheiden: Der einzelne Gesellschafter ist nur insoweit verpflichtet, das Gesellschaftsinteresse uneingeschränkt zur Richtschnur seines Handelns zu machen, als er das _im Gesellschaftsvertrag versprochen_ hat. Das trifft vor allem zu, soweit es sich um die Geschäftsführung handelt. Die anderen Gesellschafter vertrauen darauf, dass der geschäftsführende Gesellschafter getreu seinem Versprechen seine Tätigkeit dem Gesellschaftszweck widmen und sich für das gemein-

---

[3] Näheres zur Treuepflicht bei _A. Hueck,_ FS Hübner, 1935, S. 72 ff.; _ders.,_ Der Treuegedanke im modernen Privatrecht, 1947; MünchKomm-BGB/_Ulmer,_ § 705 Rn. 221 ff.; _Zöllner,_ Die Schranken mitgliedschaftlicher Stimmrechtsmacht bei den privatrechtlichen Personenverbänden, 1963, S. 335 ff.; teilweise einschränkend _Flume,_ Personengesellschaft, § 15; _Wiedemann_ II, § 3 II 3; – Geltung und grundlegende Bedeutung der Treuepflicht sind heute ganz allgemein anerkannt, vgl. BGHZ 30, 195, 201; 37, 381 = NJW 1962, 859; 44, 40; 64, 253, 257; 68, 81; _BGH_ NJW 1986, 584 = JuS 1986, 407 m. Anm. _K. Schmidt; BGH_ NJW 1998, 376 = NZG 1998, 23; auch schon RGZ 162, 394; _Hüffer,_ FS Steindorff, 1990, S. 59; _Lutter,_ ZHR 162 (1998) 164; _Michalski,_ NZG 1998, 460; in der Sache auch _Kübler/Assmann,_ § 6 II 2 c, jedoch kritisch hinsichtlich der Bezeichnung als Treuepflicht.
[4] _BGH_ NJW 1986, 584; 1989, 2687.

same Ziel einsetzen werde. Wer die Geschäftsführung einer Gesellschaft übernimmt, erhält damit **uneigennützige Befugnisse,** d.h. solche, die ihm im gemeinsamen Interesse aller Gesellschafter eingeräumt werden. Er muss insoweit seine eigenen Interessen hintansetzen.[5] Anders dagegen ist es, soweit es sich um Rechte handelt, die dem Gesellschafter im eigenen Interesse gegeben sind – **eigennützige Rechte** –, wie das Recht auf einen Gewinnanteil oder das Recht auf Kündigung. Erst recht gilt das für Rechte, die ihm außerhalb des Gesellschaftsverhältnisses zustehen. Er braucht derartige Rechte nicht ohne weiteres dem Gesellschaftsinteresse zu opfern, denn er hat nur versprochen, den gemeinsamen Zweck „in der durch den Vertrag bestimmten Weise" zu fördern (§ 705 BGB). Jenseits dieser Grenze ist er grundsätzlich frei; er kann also auch Eigeninteressen verfolgen, die mit dem Gesellschaftsinteresse nicht übereinstimmen. Allerdings muss er auch bei der Verfolgung solcher Interessen auf das Gesellschaftsinteresse und die berechtigten Interessen der Mitgesellschafter billige Rücksicht nehmen, vor allem unter mehreren Möglichkeiten des Vorgehens die schonendste wählen.

5. Sorgfaltsmaßstab

Bei der Erfüllung seiner Pflichten hat jeder Gesellschafter nur für die **Sorgfalt** einzustehen, die er **in eigenen Angelegenheiten** anzuwenden pflegt (§ 708 BGB – eigenübliche Sorgfalt, **diligentia quam in suis,** § 277 BGB).   **5**

Diese aus dem römischen Recht stammende Vorschrift beruht auf dem Gedanken, dass jeder Gesellschafter von einem Mitgesellschafter nur erwarten sollte, er werde die Angelegenheiten der Gesellschaft ebenso behandeln wie seine eigenen. Da er sich freiwillig mit jenem zu einer Gesellschaft zusammengeschlossen habe, könne er sich über dessen geringe Sorgfalt in Gesellschaftsangelegenheiten nicht beklagen, wenn sie der Sorgfalt in eigenen Angelegenheiten entspreche. Angesichts der vielfältigen Anwendungsbereiche der GbR passt dieser Ausgangspunkt oft nicht. Statt dessen wird von einem Gesellschafter, der mit den eigenen zugleich fremde Angelegenheiten wahrnimmt, ähnlich wie von einem Beauftragten die verkehrsübliche Sorgfalt erwartet. Da § 708 dispositiv ist, können die Gesellschafter diesem Bedenken Rechnung tragen, indem sie die Haftung für jede Fahrlässigkeit vereinbaren. Auch abgesehen von einer solchen Vereinbarung wird man § 708 eng auslegen müssen. Dem entspricht es, dass der BGH § 708 (wie auch § 1359) für unanwendbar erklärt, wenn ein Gesellschafter in dieser seiner Eigenschaft das Lenken eines Kraftwagens übernimmt und infolge seines fahrlässigen Fahrens ein Mitgesellschafter verletzt wird.[6] Zum Ausschluss des § 708 BGB bei Publikumspersonengesellschaften unten § 19 Rn. 12.

Durch § 708 BGB wird die **Haftung nur gemildert,** nicht dagegen über das objektive Maß einfacher Fahrlässigkeit (§ 276 BGB) hinaus verschärft, auch wenn der Gesellschafter in eigenen Angelegenheiten ganz besonders vorsichtig sein sollte. Die *Haftung für grobe Fahrlässigkeit* wird durch § 708 BGB *nie ausgeschlossen* (§ 277 BGB). § 708 BGB gilt für *alle Pflichten aus dem Gesellschaftsvertrag,* besonders für die Geschäftsführungspflicht (zur Haftung bei Überschreitung der Geschäftsführungsbefugnis unten § 8 Rn. 7), aber auch für die Treuepflicht. Eine nach § 708 zu vertretende Vertragsverletzung verpflichtet zum Schadensersatz, kann aber auch andere Konsequenzen haben (Entziehung der Geschäftsführungsbefugnis, Kündigung der Gesellschaft etc.).

Für die **Fallbearbeitung** besonders wichtig ist, dass § 708 BGB nur den Sorgfaltsmaßstab bestimmt, also keinesfalls als Anspruchsgrundlage herangezogen werden darf. Erst im Rahmen einer Anspruchsgrundlage, die Verschulden als Merkmal enthält, kommt die Vorschrift zum Tragen.

---

[5] *BGH* NJW 1986, 584.
[6] BGHZ 46, 313; vgl. zur eigenüblichen Sorgfalt auch *Müller-Graff,* AcP 91 (1991) 475; *Wiedemann/Frey,* Nr. 65.

6. Geltendmachung, insbesondere die actio pro socio

6   Die genannten Pflichten bestehen gegenüber allen anderen Gesellschaftern gemeinsam. Der Anspruch auf Erfüllung kann deshalb in erster Linie von der Gesamtheit der
Gesellschafter, je nach Ausmaß der Verselbständigung der Gesellschaft von dieser
selbst geltend gemacht werden – **Sozialanspruch.** Zuständig sind die zur Geschäftsführung und Vertretung berufenen Gesellschafter. Die Erfüllung eines solchen Sozial-
anspruchs kann aber auch durch jeden einzelnen Gesellschafter im eigenen Namen
verlangt werden – **actio pro socio** (Gesellschafterklage, Einzelklagebefugnis). Allerdings kann der einzelne Gesellschafter, da die Leistung der Erfüllung des Gesellschaftszwecks dienen soll, sie nicht für sich selbst beanspruchen, sondern er kann nur
Leistung an die Gesellschaft fordern.

Die *actio pro socio,* auch als **Gesellschafter- oder Einzelklage** bezeichnet, kommt für alle aus dem
Gesellschaftsverhältnis entspringenden Ansprüche gegen Mitgesellschafter in Betracht. Davon strikt zu
unterscheiden ist die Geltendmachung von Ansprüchen der Gesellschaft gegenüber außen stehenden
Dritten durch einen Gesellschafter kraft Vertretungsmacht oder besonderer Prozessführungsbefugnis.[7]
– Die actio pro socio ist meist besonders wichtig für die Geltendmachung des Anspruchs auf Beitrags-
leistung oder von Ersatzansprüchen gegen Gesellschafter wegen Pflichtverletzung. Sie spielt bei allen
Personengesellschaften eine Rolle, vor allem auch bei der OHG, sowie unter den Körperschaften bei
der GmbH. Praktisch kommt ihr dabei oft die Funktion des Minderheitsschutzes zu. Sie wird für die
Personengesellschaften seit langem von der h.M. anerkannt, ist aber bis heute vor allem in der dogmatischen Begründung umstritten.[8]
     Eine Konstruktion ist die Annahme eines eigenen Anspruchs (Individualanspruch) jeden einzelnen
Gesellschafters aus dem Gesellschaftsvertrag, da die Leistungen aus dem Gesellschaftsvertrag auch
jedem einzelnen Gesellschafter versprochen sind, die Gesellschafter sich „gegenseitig" verpflichtet
haben (§ 705 BGB). Diese Deutung passt vor allem für die schuldrechtlich geprägte, organisatorisch
wenig verselbständigte Gesellschaft. Auch dann aber ergeben sich aus der Treuepflicht Schranken für
den Einsatz der Gesellschafterklage, da der einzelne Gesellschafter die internen Entscheidungsmecha-
nismen zu respektieren hat. Nach anderer Auffassung ist die Einzelklagebefugnis ohnehin nur Not-
kompetenz, § 744 Abs. 2 BGB,[9] also nur gegeben, wenn die Gesamtwillensbildung nicht funktioniert.
Diese Konstruktion differenziert aber nicht danach, ob Sozialansprüche oder Ansprüche gegen Dritte
geltend gemacht werden sollen (dazu unten § 8 Rn. 3 a. E.), da § 744 Abs. 2 BGB alle Arten von Maßnahmen zur Erhaltung eines gemeinsamen Gegenstandes betrifft. Wieder anders ist die prozessrechtli-
che Deutung als richterrechtlich entwickelte oder aus dem Gesellschaftsverhältnis fließende Prozessstandschaft,[10] d.h. die Befugnis, ein fremdes Recht (nämlich ein Recht der Gesellschaft) im eigenen
Namen geltend zu machen. Mit Rücksicht auf die Binnenorganisation der Gesellschaft ist diese Befugnis subsidiär. Die Begründung passt zu rechtlich verselbständigten Gesellschaften und Körperschaften.
Die Unterschiede für die Rechtsanwendung sind begrenzt, da in jedem Fall die gesellschaftsinterne
Entscheidungsfindung berücksichtigt werden muss und nur Leistung an die Gesellschaft verlangt werden kann; ob Verzicht und Vergleich mit Wirkung gegen die übrigen Gesellschafter möglich sind und
ob sich die Rechtskraft eines im Wege der actio pro socio erstrittenen Urteils auf die Gesellschaft erstreckt, ist im Einzelnen streitig.[11]

---

[7] BGHZ 39, 14; *BGH* NJW 1988, 558, 559; 1988, 1585.
[8] Überblick bei *K. Schmidt,* § 21 IV; für eine generelle Befugnis jeden Gesellschafters BGHZ 25, 47,
49f. gegen RGZ 171, 51; *BGH* NZG 2000, 199; vgl. *A. Hueck,* OHG, § 18 II 3; *Grunewald,* Die Gesellschafterklage in der Personengesellschaft und der GmbH, 1990; ferner *Flume,* Personengesellschaft,
§ 10 IV; auch *Flume,* Juristische Person, § 8 V; *Hadding,* Actio pro socio. Die Einzelklagebefugnis
bei Gesamthandansprüchen aus dem Gesellschaftsverhältnis, 1966, S. 59f.; *ders.,* JZ 1975, 159, 162;
Kübler/Assmann, § 6 II 3b, III 4b; *Wiedemann* II, § 3 III 6a; MünchKomm-BGB/*Ulmer,* § 705
Rn. 204ff.; einschränkend BGHZ 102, 152, 155 = NJW 1988, 558.
[9] RGZ 112, 362, 367 (obiter); BGHZ 17, 181, 183; dagegen Staudinger/*Keßler,* 12. Aufl., 1979ff.,
§ 705 Rn. 70; klarstellend BGHZ 39, 14, 20; anders Staudinger/*Langhein,* § 744 Rn. 31, dort wird aber
von einer generellen, nicht nur einer Notzuständigkeit ausgegangen, was sich auf die Übertragbarkeit
auf Gesellschaften auswirken muss.
[10] Baumbach/Hopt/*Hopt,* § 109 Rn. 32; *Bork/Oepen,* ZGR 2001, 515, 522ff.; *K. Schmidt,* 4b;
MünchKomm-BGB/*Ulmer,* § 21 IV 4b; MünchKomm-BGB/*Ulmer,* § 704 Rn. 208.
[11] *Bork/Oepen,* ZGR 2001, 515, 540ff.; Soergel/*Hadding,* 11. Aufl., § 705 Rn. 50.

Beispiel: A ist Sozius in der Anwaltssozietät A, B & Kollegen und verlangt von Mitgesellschafter B im eigenen Namen Rückzahlung eines Betrages, den B vertragswidrig aus der Gesellschaftskasse entnommen hatte. Die Rückforderung ist von A's Geschäftsführungs- und Vertretungsbefugnis nicht gedeckt. In jedem Fall muss A die Regelung der Geschäftsführungs- und Vertretungsbefugnis respektieren, also an die Sozien herantreten und ggf. eine Gesellschafterversammlung einberufen. Das ergibt sich entweder aus der Treuepflicht, wenn man von einem eigenen mitgliedschaftlichen Recht des A ausgeht, oder als Voraussetzung für eine subsidiäre Notgeschäftsführungsbefugnis oder Prozessstandschaft. Die dogmatische Erklärung hat damit mehr für den **Fallaufbau** als für die Falllösung Bedeutung.

Actio-pro-socio-Fälle haben somit folgende **Merkmale:**[12] Ein Gesellschafter klagt gegen einen anderen im eigenen Namen auf Leistung an die Gesellschaft. Das setzt voraus: (1) **Anspruch der Gesellschaft,** (2) **aus dem Gesellschaftsverhältnis** (Sozialanspruch)[13] sowie (3) Erfordernisse der Geltendmachung durch einen Gesellschafter: **Subsidiarität,** begründet nach der Vertragstheorie (§ 705 BGB) durch die Treuepflicht, bei Prozessstandschaft und Notzuständigkeit (vgl. § 744 Abs. 2 BGB) durch Hindernisse bei der Gesamtwillensbildung nach den Regeln des Gesellschaftsvertrages und des Gesetzes.

II. Rechte der Gesellschafter

Unter den Rechten der Gesellschafter sind Mitverwaltungsrechte und Vermögensrechte zu unterscheiden.

1. Mitverwaltungs-, Mitwirkungsrechte

Der Pflicht zur **Geschäftsführung** entspricht das Recht darauf (Näheres zu Geschäftsführung und Vertretung unten § 8). Nach dem dispositiven gesetzlichen Grundmodell steht die Geschäftsführung allen Gesellschaftern gemeinsam zu (§ 709 BGB). Auch der nicht geschäftsführende Gesellschafter hat jedoch ein Recht auf persönliche Unterrichtung über die Angelegenheiten der Gesellschaft. Er kann zu diesem Zweck ihre Geschäftsbücher und Papiere einsehen. Auch dieses **Informationsrecht** kann vertraglich eingeschränkt oder ausgeschlossen werden. Eine zwingende Grenze setzt hier § 716 BGB: Eine solche Vereinbarung steht der Geltendmachung von Informationsrechten dann nicht entgegen, wenn Grund zur Annahme unredlicher Geschäftsführung besteht.[14] 7

Ein weiteres Mitwirkungsrecht ist **das Stimmrecht** bei Gesellschafterbeschlüssen. Die Willensbildung in der GbR erfolgt nicht notwendig in einer Versammlung, es sind auch andere Formen möglich (schriftliches Verfahren, Telefonrundruf, andere Verständigungsformen, stillschweigende Handhabung[15]). Jedenfalls erfolgt die Willensbildung grundsätzlich einstimmig, falls der Gesellschaftsvertrag nichts anderes bestimmt. Gesellschafterbeschlüsse spielen vor allem bei den Personenhandelsgesellschaften eine große Rolle. Deshalb kann hier auf die Ausführungen unten § 14 Rn. 9ff. verwiesen werden.

2. Vermögensrechte

Die wichtigsten Vermögensrechte sind die **Ansprüche auf den Gewinn und das Auseinandersetzungsguthaben** bei Auflösung der Gesellschaft (§§ 721, 734 BGB; 8

---

[12] Vgl. Erman/*Westermann*, § 705 Rn. 59.
[13] *BGH* NJW 2001, 1210 = NZG 2001, 318.
[14] Ausführlich zum Informationsrecht *K. Schmidt*, Informationsrechte in Gesellschaften und Verbänden, 1984; *Wohlleben*, Informationsrechte des Gesellschafters, 1989.
[15] *BGH* NZG 2005, 625.

über letzteres unten § 11 Rn. 9).[16] Die Ansprüche richten sich gegen die Gesellschaft bzw. gegen die Gesellschafter in ihrer Gesamtheit, nicht gegen die einzelnen Gesellschafter – **Sozialverpflichtungen.** Der **Gewinn** wird zum vereinbarten Zeitpunkt, sonst nach Auflösung der Gesellschaft verteilt, bei längerer Dauer der Gesellschaft jährlich (§ 721 BGB). Die Berechnung des Gewinns, die Höhe des Gewinnanteils und die Voraussetzungen für einen Auszahlungsanspruch richten sich nach dem Gesellschaftsvertrag. Ist nichts vereinbart, so erhalten die Gesellschafter gleiche Anteile, auch wenn die Beiträge verschieden hoch waren. Der Anteil am **Verlust** entspricht im Zweifel dem Anteil am Gewinn (§ 722 BGB). Die Beteiligung am Verlust ist eine interne Rechenoperation und begründet **keinen Zahlungsanspruch gegen den Gesellschafter;** das liefe auf eine Beitragserhöhung hinaus, die nach § 707 BGB nicht geschuldet ist.[17] Davon zu unterscheiden ist die Nachschusspflicht bei Auflösung der Gesellschaft (§ 735 BGB) und die Haftung im Außenverhältnis (unten § 9 Rn. 6f.).

3. Abspaltungsverbot

9   Die **Rechte** der Gesellschafter sind grundsätzlich **nicht übertragbar.** Es soll nicht ein Fremder ohne Zustimmung der übrigen Gesellschafter in das Gesellschaftsverhältnis eindringen. Vielmehr bildet die Mitgliedschaft eine Einheit, von der nicht einzelne Befugnisse abgetrennt werden können – **Abspaltungsverbot.** Das wird in § 717 Satz 1 BGB zwingend festgelegt.[18]

Etwas anderes gilt für die *Überlassung* einzelner Mitgliedschaftsrechte an Dritte lediglich *zur Ausübung.* Sie setzt das Einverständnis aller Mitgesellschafter voraus und darf nicht unwiderruflich erfolgen.[19] Das gilt auch für die Erteilung einer *Vollmacht zur Ausübung* von Mitgliedschaftsrechten. Dagegen bedarf der *gesetzliche Vertreter eines Gesellschafters* zu deren Wahrnehmung nicht der Zustimmung der übrigen Gesellschafter. Grenzfälle sind der Nießbrauch an Gesellschaftsanteilen und Treuhandverhältnisse.[20] Eine **Ausnahme** gilt für *Ansprüche vermögensrechtlicher Art,* deren Abtretung das Gesellschaftsverhältnis selbst nicht berührt, insbesondere reine Geldansprüche. Dazu gehören Ansprüche aus der Geschäftsführung, soweit deren Befriedigung vor der Auseinandersetzung verlangt werden kann (z.B. Ersatz von Auslagen), Ansprüche auf einen konkreten Gewinnanteil (nicht das sog. Gewinnstammrecht, d.h. die Berechtigung zur Gewinnbeteiligung allgemein) und auf das Auseinandersetzungsguthaben (§ 717 Satz 2 BGB).

Das Abspaltungsverbot ist ein **Grundelement der gesellschaftsrechtlichen Mitgliedschaft** unabhängig von der Gesellschaftsform, lässt sich also einem „Allgemeinen Teil" des Gesellschaftsrechts zuordnen (oben § 1 Rn. 20, § 3 Rn. 5).

---

[16] Zu Art und Entstehung dieses Anspruchs *BGH* NJW 1989, 453.
[17] *BGH* NJW 1983, 164 = JuS 1983, 223; *K. Schmidt,* § 59 III 1 a.
[18] Heute ganz h.M., *Wiedemann,* Die Übertragung und Vererbung von Mitgliedschaftsrechten bei Handelsgesellschaften, 1965, S. 276 ff.; vgl. ferner BGHZ 3, 354, 357; *K. Schmidt,* § 19 III 4; Münch-Komm-BGB/*Ulmer,* § 717 Rn. 7.
[19] BGHZ 36, 292, 295 = NJW 1962, 738; MünchKomm-BGB/*Ulmer,* § 717 Rn. 9.
[20] Dazu ausführlich *Armbrüster,* Die treuhänderische Beteiligung an Gesellschaften, 2001; *Grundmann,* Der Treuhandvertrag, 1997, § 12.

§ 8. Geschäftsführung und Vertretung

I. Geschäftsführung

1. Begriff

Da die Gesellschaft als solche nicht entscheiden kann, durch welche Maßnahmen im   1
Einzelnen ihr Zweck verfolgt werden soll, müssen die Gesellschafter, seien es einzelne,
seien es alle, tätig werden. Diese **auf die Verfolgung des Gesellschaftszwecks gerichtete Tätigkeit** bezeichnet man als Geschäftsführung. Der Begriff ist im weitesten Sinn
zu verstehen. Die Geschäftsführung umfasst nicht nur den Abschluss von Rechtsgeschäften, sondern auch Verrichtungen tatsächlicher Art wie die Leitung der Produktion, die Führung der Bücher, die Erledigung der Korrespondenz. **Nicht** zur **Geschäftsführung** gehören dagegen Handlungen, die die **Grundlagen der Gesellschaft**
selbst oder die **Beziehungen der Gesellschafter zueinander** betreffen,[1] wie der Abschluss oder spätere Änderungen des Gesellschaftsvertrages, die Erhöhung oder Herabsetzung der Beiträge, die Aufnahme eines neuen Gesellschafters oder die Zustimmung zum Ausscheiden eines der bisherigen Gesellschafter. Solche Entscheidungen
fallen nicht in die Zuständigkeit der geschäftsführenden Gesellschafter, sondern bedürfen, sofern nicht der Gesellschaftsvertrag dafür Mehrheitsbeschlüsse vorsieht, der
Zustimmung aller Gesellschafter. Von den Grundlagengeschäften wiederum zu unterscheiden sind außergewöhnliche Geschäfte, die zwar zur Geschäftsführung gehören, jedoch nach Art oder Umfang eine Sonderstellung bei der Verfolgung des Gesellschaftszwecks einnehmen.

2. Verhältnis von Geschäftsführung und Vertretung

Geschäftsführung und Vertretung nach außen sind scharf zu unterscheiden. Besonders   2
bedeutsam ist das im Handelsrecht wegen der dort besonders wichtigen Leichtigkeit und Sicherheit des Geschäftsverkehrs für die Handelsgesellschaften, aber auch für
unternehmenstragende BGB-Gesellschaften. Die Unterscheidung ist nicht so zu verstehen, als ob die Tätigkeit der Gesellschafter für die Gesellschaft in zwei Teile zu zerlegen wäre, derart dass bestimmte Handlungen zur Geschäftsführung, andere zur Vertretung gehörten. Vielmehr kann *eine und dieselbe Handlung gleichzeitig ein Akt der
Geschäftsführung und der Vertretung sein.* Der **Unterschied** liegt darin, von welchem
Gesichtspunkt aus die Tätigkeit betrachtet wird. Betätigung für die Gesellschaft vom
Innenverhältnis her gesehen ist **Geschäftsführung**, vom **Außenverhältnis** her gesehen **Vertretung**. Im ersteren Fall handelt es sich um die interne Willensbildung, Zuständigkeit und Verantwortlichkeit, um die Frage, ob der Gesellschafter die Handlung
vornehmen darf, ohne seine Pflicht den anderen Gesellschaftern gegenüber zu verletzen; im letzteren Fall handelt es sich um die Wirksamkeit nach außen, um die Frage,
ob die Handlung die Gesellschaft im Verhältnis zu Dritten bindet.

---

[1] Allg. M.; RGZ 162, 370, 372; BGHZ 76, 160, 164 = NJW 1980, 1463; MünchKomm-BGB/*Ulmer*,
§ 709 Rn. 10 f.; *Wiedemann* II, § 4 II 1.

Beispiel: Der Abschluss eines Kaufvertrages für die Gesellschaft ist gleichzeitig Akt der Geschäftsführung und Vertretungshandlung. Im Innenverhältnis, also soweit es sich um die Beziehungen zu den Mitgesellschaftern handelt, ist zu fragen, ob der handelnde Gesellschafter die nötige Geschäftsführungsbefugnis besitzt; im Außenverhältnis dagegen ist der Kauf unabhängig von der Entscheidungsbefugnis im Innenverhältnis bindend, wenn der handelnde Gesellschafter Vertretungsmacht hatte. Die Bedeutung der Unterscheidung wird besonders deutlich bei der OHG: bei ihr ist die Vertretungsmacht unbeschränkbar (§ 126 HGB), während die Geschäftsführungsbefugnis beliebig eingeschränkt werden kann. Bestimmt der Gesellschaftsvertrag, dass Verträge über mehr als 10 000 € der Zustimmung aller Gesellschafter bedürfen, und schließt ein Gesellschafter trotzdem allein ein solches Geschäft ab, so ist der Vertrag gültig, die OHG ist gebunden, aber der Gesellschafter hat seine Geschäftsführungsbefugnis überschritten und ist deshalb den anderen Gesellschaftern verantwortlich. Bei der BGB-Gesellschaft können entsprechende Situationen eintreten, wenn im Gesellschaftsvertrag Geschäftsführung und Vertretung abweichend von § 714 BGB unterschiedlich geregelt sind.

Geschäftsführungsbefugnis und Vertretungsmacht können, brauchen sich aber nicht zu decken. Ersteres trifft im Zweifel für die BGB-Gesellschaft zu (§ 714 BGB), nicht dagegen für die Handelsgesellschaften (unten § 15 Rn. 12 ff.). Handlungen, die nach außen nicht hervortreten, wie die Führung der Bücher, gehören eben deshalb nur zur Geschäftsführung. Dagegen gibt es keine Maßnahmen der Vertretung, die nicht zugleich Akte der Geschäftsführung wären.

3. Geschäftsführungsbefugnis

3   Bei der BGB-Gesellschaft als Personengesellschaft gilt das Prinzip der **Selbstorganschaft,** d.h. die Geschäftsführung steht ausschließlich den Gesellschaftern zu (vgl. oben § 2 Rn. 12), und zwar nach § 709 BGB grundsätzlich *allen Gesellschaftern gemeinschaftlich* – **Gesamtgeschäftsführung.** Die Gesamtgeschäftsführung ist schwerfällig, aber ungefährlich und deshalb für die BGB-Gesellschaft, die nicht für die Teilnahme am kaufmännischen Geschäftsverkehr konzipiert ist, aus Vorsichtsgründen als gesetzliche Regel vorgesehen. Wünschen die Gesellschafter eine größere Beweglichkeit der Geschäftsführung, so können sie das durch entsprechende Abreden im Gesellschaftsvertrag erreichen. Zu jedem Geschäft ist also grundsätzlich, soweit nichts anderes vereinbart ist, die **Zustimmung aller Gesellschafter** nötig (§ 709 Abs. 1 BGB). Die Zustimmung kann aber auch stillschweigend, durch bewusstes Geschehenlassen, erteilt werden. Außerdem können die Gesellschafter im einzelnen Fall einen oder mehrere einzelne Gesellschafter mit der Ausführung bestimmter Geschäfte betrauen; sie müssen also nicht stets gemeinsam aktiv handeln.

Eine *Ausnahme* gilt im Fall der sog. **Notgeschäftsführung:** Jeder Gesellschafter kann allein die zur Erhaltung eines zum Gesellschaftsvermögen gehörenden Gegenstandes notwendigen Maßnahmen treffen (§ 744 Abs. 2 BGB).[2] Er handelt dann kraft eigenen Rechts im eigenen Namen. Wegen des Vorrangs der innergesellschaftlichen Kompetenzverteilung kommt das jedoch nur in außergewöhnlichen Fällen in Betracht (vgl. auch unten Rn. 8 ff.).

4. Abweichende Gestaltungen

4   Der Grundsatz der Gesamtgeschäftsführung ist nicht zwingend. Der Gesellschaftsvertrag kann **Abweichungen** vorsehen, die jedoch stets die Geschäftsführung in der Hand wenigstens eines Gesellschafters belassen müssen. Das Prinzip der **Selbstorganschaft** ist **nicht dispositiv.** Es können zwar bestimmte Aufgaben an Nichtgesellschafter, vor allem Mitarbeiter, übertragen werden. Die Gesellschafter können aber nicht die

---

[2] H.M., BGHZ 17, 181, 183; 39, 14, 20; *Flume,* Personengesellschaft, § 15 II 1 a. E.; *A. Hueck,* OHG, § 10 II 7 a. E.; MünchKomm-BGB/*Ulmer,* § 709 Rn. 21.

Geschäftsführung insgesamt auf Dritte übertragen; das **Abspaltungsverbot** (oben § 7 Rn. 9) ist zu beachten. Folgende Möglichkeiten kommen für die Vertragsgestaltung vor allem in Betracht:

- Die Geschäftsführung steht zwar allen Gesellschaftern zu, aber es soll Stimmenmehrheit entscheiden – **Mehrheitsprinzip.** Wie dann die Mehrheit zu berechnen ist (z.B. nach der Größe der Anteile), bestimmt der Gesellschaftsvertrag. Enthält er keine Vorschrift, so hat dem Wesen der Personengesellschaft entsprechend jeder Gesellschafter eine Stimme (§ 709 Abs. 2 BGB).
- Die Geschäftsführung steht allen Gesellschaftern zu, aber jedem für sich allein – **Einzelgeschäftsführung.** Dann kann aber jeder Gesellschafter der Vornahme eines Geschäfts durch einen anderen mit der Wirkung widersprechen, dass das Geschäft unterbleiben muss (§ 711 BGB). Diese Regelung gilt bei der OHG kraft dispositiven Gesetzes (§ 115 Abs. 1 2. Halbs. HGB). Wichtig ist hier, dass es sich ausschließlich um das Innenverhältnis handelt; die Wirksamkeit eines trotz Widerspruchs vorgenommenen Geschäfts nach außen richtet sich ausschließlich nach der Vertretungsmacht.[3]
- Der Gesellschaftsvertrag **kann einzelne Gesellschafter von der Geschäftsführung ausschließen.** Das trifft auch dann zu, wenn die *Geschäftsführung* einem oder mehreren *bestimmten Gesellschaftern übertragen* ist, denn dadurch wird die Geschäftsführungsbefugnis aller übrigen Gesellschafter verneint (§ 710 BGB). In diesem Fall haben die von der Geschäftsführung Ausgeschlossenen auch kein Widerspruchsrecht,[4] da dieses Teil der Geschäftsführungsbefugnis ist. Wohl aber verbleibt ihnen das oben (§ 7 Rn. 7) genannte Informationsrecht nach § 716 BGB. Auch das Notgeschäftsführungsrecht entsprechend § 744 Abs. 2 BGB (oben Rn. 3 a.E.) setzt keine Geschäftsführungsbefugnis voraus.
- Der Gesellschaftsvertrag kann die Geschäftsführung nach Sachgebieten auf verschiedene Gesellschafter aufteilen und eine Art **Ressortprinzip** einführen. Das geht über eine schlichte Arbeitsteilung hinaus, da der jeweils sachlich nicht zuständige Gesellschafter insoweit von der Geschäftsführung ausgeschlossen ist. Ferner kommen Kombinationen der genannten Abweichungen in Betracht, z.B. Einzelgeschäftsführung nur für einen bestimmten Gesellschafter für einen bestimmten Bereich, im Übrigen Gesamtgeschäftsführung etc.

5. Geschäftsführungsrecht und -pflicht

Die Zuständigkeit zur Geschäftsführung begründet zugleich Recht und Pflicht des einzelnen Gesellschafters. Weder kann er sich einseitig dieser Pflicht entziehen, noch können ihm die anderen Gesellschafter das Recht willkürlich nehmen. Etwas anderes gilt aber dann, wenn ein wichtiger Grund zur Beendigung der Geschäftsführungsbefugnis eines Gesellschafters eintritt, z.B. grobe Pflichtverletzungen oder Unfähigkeit zur Fortführung der Geschäfte, etwa wegen schwerer Erkrankung. In einem solchen Fall ist die **Entziehung der Geschäftsführungsbefugnis** (§ 712 Abs. 1 BGB) durch einstimmigen oder, wenn der Gesellschaftsvertrag das zulässt, durch Mehrheitsbeschluss der übrigen Gesellschafter möglich.[5] Umgekehrt kann auch der Gesellschafter seine Geschäftsführungspflicht bei Vorliegen eines wichtigen Grundes durch „Kündi-

5

---

[3] Allg. M.; BGHZ 16, 394, 398f. = NJW 1955, 825; *BGH* NJW 1997, 314; MünchKomm-BGB/*Ulmer*, § 711 Rn. 14f., auch § 714 Rn. 11 m.w.N.; *Wiedemann/Frey*, Nr. 68.

[4] RGZ 102, 410, 412; MünchKomm-BGB/*Ulmer*, § 710 Rn. 7; *Wiedemann* II, § 4 II 3 a bb.

[5] BGHZ 102, 172, 176 = NJW 1988, 696, 970.

gung" beenden (§ 712 Abs. 2 BGB) – **Amtsniederlegung.** Eine einfache Niederlegung wäre hingegen eine Verletzung der Gesellschafterpflichten; sie ist unwirksam.

Die Möglichkeit der Entziehung gilt nach dem Gesetzeswortlaut nur für die durch Gesellschaftsvertrag übertragene besondere Geschäftsführungsbefugnis, nicht für die kraft Gesetzes bestehende Teilhabe an einer Gesamtgeschäftsführung – § 712 Abs. 1 BGB.[6] Eine im Vordringen begriffene Ansicht hält das für überholt, da die GbR nach heutigem Recht nicht mehr dem im BGB zu Grunde gelegten Typus entspreche.[7] Da die Geschäftsführungsorganisation dispositiv ist, haben die Gesellschafter allerdings die Möglichkeit, eine für ihre Gesellschaft passende Regelung zu vereinbaren. Bei einer notwendigen Neuordnung des Innenverhältnisses besteht u. U. eine Treuepflicht zur Mitwirkung.[8]

6. Rechtsstellung bei der Geschäftsführung

6   Der Gesellschafter wird für die Gesellschaft *auf Grund des Gesellschaftsvertrages* tätig. Aber inhaltlich erinnert die Stellung des geschäftsführenden Gesellschafters an die eines Beauftragten, denn auch dieser übt eine Tätigkeit für einen anderen aus. Deshalb ist auf die Rechte und Pflichten des geschäftsführenden Gesellschafters **Auftragsrecht entsprechend** anzuwenden, soweit sich nicht aus dem Gesellschaftsverhältnis etwas anderes ergibt (§ 713 BGB).

Nach § 664 BGB hat der geschäftsführende Gesellschafter im Zweifel die Befugnis zur *Geschäftsführung persönlich auszuüben.* Er darf sich ohne Zustimmung der übrigen Gesellschafter nicht durch einen Bevollmächtigten vertreten lassen und darf die Geschäftsführung nicht auf einen Dritten übertragen. Das gilt auch schon auf Grund des Abspaltungsverbots, oben Rn. 4. Das betrifft aber nur die eigentliche Leitung der Geschäfte. Dagegen kann der Gesellschafter bei der Ausführung Hilfspersonen heranziehen, soweit das nach Art und Umfang des Betriebs und den gesamten sonstigen Verhältnissen der Gesellschaft angemessen ist. Es handelt sich dann meist um Arbeitnehmer der Gesellschaft als solcher oder um unabhängige Dienstleister (z. B. Steuerberater), nicht um Gehilfen des geschäftsführenden Gesellschafters.[9] Zum **Aufwendungsersatz,** der nach § 670 BGB zu leisten ist (vgl. § 110 HGB für die OHG), gehört grundsätzlich *nicht* eine *Vergütung für die Geschäftsführungstätigkeit* als solche. Diese wird aus dem Gesellschaftsvertrag als Beitrag geschuldet; eine besondere Tätigkeitsvergütung kann daher nur dort oder durch Gesellschafterbeschluss geregelt werden.

7. Pflichtverletzungen

7   Schuldhafte Verletzung der Geschäftsführungspflicht, mag es sich um Nichterfüllung oder Schlechterfüllung handeln, ist Vertragsverletzung und verpflichtet zum **Schadenersatz** (§ 280 Abs. 1 BGB). Dabei ist der **Sorgfaltsmaßstab** des § 708 BGB (oben § 7 Rn. 5) zu beachten, falls nichts anderes vereinbart ist.

Umstritten ist die Haftung bei **Überschreitung der Geschäftsführungsbefugnis.** Soweit das Handeln eines Gesellschafters für die Gesellschaft nicht durch seine Geschäftsführungsbefugnis gedeckt ist, liegt ebenfalls eine Pflichtverletzung vor. Das RG hat eine Haftung schon dann angenommen, wenn der Gesellschafter bei Anwendung der notwendigen Sorgfalt hätte erkennen müssen, dass die Handlung außerhalb seiner Geschäftsführungsbefugnis lag und sie auch nicht dem wirklichen oder mutmaßlichen Willen der anderen Gesellschafter entsprach (§ 678 BGB, Geschäftsführung ohne Auftrag). § 708 BGB finde dabei keine Anwendung.[10] Demgegenüber hat sich eine *differenzierende Beurteilung* durchgesetzt: Die Prüfung, ob eine Handlung noch durch die Geschäftsführungsbefugnis gedeckt ist, gehört zu den Gesellschafterpflichten; für diese gilt § 708 BGB. Hat der Gesellschafter trotz Anwendung der in eigenen Angelegenheiten üblichen Sorgfalt und ohne grobe Fahrlässigkeit nicht erkannt, dass sein Handeln die Geschäftsführungsbefugnis überschreitet, so kann ihm dies auch nicht vorge-

---

[6] Erman/*Westermann*, § 712 Rn. 2; *Kraft/Kreutz*, C II 2 c ff.; *Kübler/Assmann*, § 6 III 2 c.
[7] *Grunewald*, 1 A Rn. 46; MünchKomm-BGB/*Ulmer*, § 712 Rn. 4 f. und 23 f.
[8] *Wiedemann* II, § 4 II 5 a dd (S. 357).
[9] Näher dazu *A. Hueck*, OHG, § 10 V 2; MünchKomm-BGB/*Ulmer*, § 713 Rn. 6.
[10] RGZ 158, 302, 312 f.; ebenso *v. Gamm*, in: Kommentar zum BGB, hrsg. von Mitgliedern des BGH (RGRK), 12. Aufl., 1974 ff., § 708 Rn. 2.

worfen werden. Er haftet deshalb nicht anders als bei einer zulässigen Geschäftsführungsmaßnahme, also nur dann, wenn ihm Fehlleistungen bei der Durchführung nach dem Maßstab des § 708 BGB als schuldhafte Vertragsverletzung zuzurechnen sind. Hätte dagegen der Gesellschafter mit der nach § 708 BGB von ihm zu fordernden Sorgfalt erkennen müssen, dass er seine Kompetenzen überschreitet, so muss er das gegen sich gelten lassen. Sein Handeln unterliegt deshalb in diesem Fall der strengeren Haftung nach den Regeln der Geschäftsführung ohne Auftrag.[11]

II. Vertretung

1. Vertretungsmacht

Auch die rechtsgeschäftliche Vertretung der Gesellschaft nach außen gegenüber **8** Dritten ist nach dem Prinzip der **Selbstorganschaft** Sache der Gesellschafter. Eine Vertretung durch Nichtgesellschafter kann nur auf Grund einer außerhalb des Gesellschaftsverhältnisses erteilten rechtsgeschäftlichen Vollmacht erfolgen. Auch ein Gesellschafter kann im Namen der Gesellschaft, d. h. mit Wirkung für und gegen die Gesellschaft bzw. die anderen Gesellschafter, nur dann rechtsgeschäftliche Erklärungen mit Bindungswirkung abgeben, wenn ihm *eine entsprechende Vertretungsmacht* zusteht.

Bei der BGB-Gesellschaft richtet sich der **Umfang der Vertretungsmacht** nach den *getroffenen Vereinbarungen.* Er kann im Gegensatz zur OHG *beliebig eingeschränkt* werden. Ist nichts anderes vereinbart, so deckt sich die Vertretungsmacht mit der Geschäftsführungsbefugnis (§ 714 BGB). Falls der Gesellschaftsvertrag nichts anderes bestimmt, besteht also mit der *Gesamtgeschäftsführung* (§ 709 Abs. 1 BGB) auch **Gesamtvertretungsmacht.** Rechtsgeschäfte mit Dritten binden dann die Gesellschaft nur, wenn sie von allen Gesellschaftern gemeinsam abgeschlossen werden. Sieht dagegen beispielsweise der Gesellschaftsvertrag *Einzelgeschäftsführung* vor, besteht mangels abweichender Bestimmung auch **Einzelvertretungsmacht.**[12] In einem solchen Fall ist im Innenverhältnis der *Widerspruch* eines anderen Gesellschafters zu beachten, der aber *keine Einschränkung der Vertretungsmacht,* sondern nur der Geschäftsführungsbefugnis bewirkt (oben Rn. 4), es sei denn die Einschränkung ist dem Geschäftsgegner bekannt. Über die Rechtslage bei der OHG unten § 15 Rn. 13.

Die **Vertretungsmacht** kann ebenso wie die Geschäftsführungsbefugnis **entzogen 9** werden, also nicht willkürlich, sondern nur **aus wichtigem Grund.** War sie zusammen mit der Geschäftsführungsbefugnis erteilt, so kann sie auch nur mit ihr zusammen entzogen werden (§ 715 BGB). Es handelt sich um ein Grundlagengeschäft (oben Rn. 1).

2. Wirkung

Durch rechtsgeschäftliches Handeln im Namen der Gesellschaft, sei es bei Gesamt- **10** vertretung durch alle Gesellschafter, sei es durch einzelne von ihnen im Rahmen besonders erteilter Vertretungsmacht (§ 714 BGB – oben Rn. 8), erworbene **Rechte** fallen in das **Gesellschaftsvermögen** (§ 718 Abs. 1 BGB, unten § 9 Rn. 1). **Verpflichtungen** treffen gleichfalls stets das Gesellschaftsvermögen, aber auch die **Privatvermögen der Gesellschafter.** Insoweit besteht zumindest über das Ergebnis im Prinzip Einigkeit (näher

---

[11] *BGH* NJW 1997, 314 (OHG); *A. Hueck,* OHG, § 10 VI 5; Soergel/*Hadding,* 11. Aufl., 1978ff., § 708 Rn. 5; MünchKomm-BGB/*Ulmer,* § 708 Rn. 8ff.; für die OHG Baumbach/Hopt/*Hopt,* § 114 Rn. 15. – Demgegenüber trat Großkomm-HGB/*Fischer,* 3. Aufl., 1973, § 116 Anm. 29 für ausschließliche Vertragshaftung unter Berücksichtigung von § 708 ein; ebenso *Emmerich,* in: Heymann, HGB, 2. Aufl., 1995ff., § 114 Rn. 20; *Grunewald,* 1 A Rn. 123.
[12] Zur konkludent erteilten Vollmacht *BGH* NZG 2005, 345.

zu Einzelheiten der Haftung unten § 9 Rn. 6 ff.). Die **rechtliche Begründung** hierfür ist allerdings **umstritten**. Unterschiede ergeben sich aus dem Ausmaß der Verselbständigung der Gesellschaft (oben § 2 Rn. 3 ff.). Bei einer reinen Innengesellschaft gibt es überhaupt keine Vertretungsakte, da es an einem Außenverhältnis fehlt.

a) Gesellschafter als Rechtsträger

11   Die lange Zeit ganz überwiegende **individualistische Auffassung** rechnet das Handeln für die Gesellschaft **unmittelbar den Gesellschaftern** zu. Das entspricht dem Wortlaut der gesetzlichen Regelung in §§ 714, 715 BGB und stimmt mit der traditionellen Gesamthandslehre (oben § 2 Rn. 3 f.) überein, die als Träger des Gesellschaftsvermögens die Gesellschafter selbst in gesamthänderischer Verbundenheit ansieht. Danach vertritt ein Gesellschafter, der im Rahmen seiner Vertretungsmacht handelt, die anderen Gesellschafter und handelt zugleich auch für sich selbst. Entsprechendes gilt, wenn bei Gesamtvertretung die Gesellschafter gemeinsam handeln. *Berechtigt und verpflichtet werden daher jeweils alle Gesellschafter.* **Rechte** stehen ihnen nach § 718 Abs. 1 BGB gemeinschaftlich als Gesellschaftsvermögen, also **zur gesamten Hand** zu. Da es sich um einen gemeinschaftlichen Vertragsabschluss handelt, werden sie gemeinsam nach § 427 BGB **als Gesamtschuldner verpflichtet,** sowohl mit dem Gesellschaftsvermögen als auch mit ihren Privatvermögen. Insoweit liegt eine **einheitliche Verpflichtung mit doppelter Wirkung** hinsichtlich der betroffenen Vermögensmassen vor.[13]

b) Rechtliche Verselbständigung der Gesellschaft

12   Die neuere Auffassung bezieht die gesellschaftsrechtliche Vertretung auf die **Gesellschaft als solche.** Ihr liegt die Lehre von der rechtlichen Verselbständigung der BGB-Gesellschaft als selbständiges Zurechnungssubjekt für Rechte und Verbindlichkeiten – **Rechtsfähigkeit** (oben § 3 Rn. 5 f.) – zugrunde, die besonders auf unternehmenstragende und sonst im Wirtschaftsverkehr auftretende Gesellschaften wie die Arbeitsgemeinschaften des Baugewerbes (ARGE) zugeschnitten ist.[14] Durch Handeln im Rahmen der Vertretungsmacht, auch bei Gesamtvertretung durch alle Gesellschafter, wird danach die **Gesellschaft selbst berechtigt und verpflichtet.** Rechte werden entsprechend § 718 Abs. 1 BGB dem Gesellschaftsvermögen und damit der Gesellschaft als dessen Träger zugerechnet. Auch für die Gesellschaft eingegangene Verbindlichkeiten treffen zunächst nur diese mit dem Gesellschaftsvermögen, sog. Gesamthandsschulden. Die weitergehende *persönliche Haftung der Gesellschafter* mit ihrem Privatvermögen bedarf dann einer anderen Begründung (unten § 9 Rn. 6). Jedenfalls bei dieser Auffassung ist davon auszugehen, dass die Vertretungsregelung durch den Gesellschaftsvertrag zu einer **organschaftlichen** (im Unterschied zur rechtsgeschäftlichen Vollmacht) **Vertretungsmacht** führt (dazu näher unten § 15 Rn. 8 ff.).[15]

---

[13] Vgl. dazu etwa *Larenz*, Lehrbuch des Schuldrechts, Bd. 2, 12. Aufl., 1981, § 60 III b und IV c; *v. Gamm*, in: Kommentar zum BGB, hrsg. von Mitgliedern des BGH (RGRK), 12. Aufl., 1974 ff., § 714 Rn. 1; Staudinger/*Keßler*, 12. Aufl., 1979 ff., § 714 Rn. 1 ff., 14 f.; *Kraft/Kreutz*, C III 2 a, c, 3 a; ausführlich *Nicknig*, Die Haftung der Mitglieder einer BGB-Gesellschaft für Gesellschaftsschulden, 1972.

[14] BGHZ 146, 341 = NJW 2001, 1056 – ARGE Weißes Ross.

[15] *Wiedemann* II, § 7 III 3 b; vgl. aber *BGH* NJW 2002, 1194 = NZG 2002, 125: Anwendbarkeit des § 174 BGB auf einseitige Rechtsgeschäfte der GbR trotz organschaftlicher Vertretung, weil Vertretungsverhältnisse für Dritte bei der GbR nicht aus einem Register ersichtlich sind. Die Entscheidung stammt nicht vom Gesellschaftsrechts-, sondern vom Landwirtschaftssenat, ist aber instruktiv: § 174 BGB gilt eigentlich nur bei rechtsgeschäftlicher Vertretung, ist nach der Entscheidung aber auch dann anwendbar, wenn GbR-Vertretung wegen deren Rechtsfähigkeit jetzt organschaftlich zu verstehen sein sollte. Grund ist wiederum das fehlende Register.

c) Praktische Bedeutung

Beide Auffassungen sind nach wie vor von Bedeutung, da nicht alle BGB-Gesell- 13
schaften als rechtlich verselbständigt angesehen werden können (oben § 5 Rn. 6 ff.).
Nicht jede kleine Gesellschaft zu einem vorübergehenden privaten Zweck ohne besondere Organisation ist „rechtsfähig", selbst wenn sie den einen oder anderen Gegenstand als Gesamthandsvermögen hat und nach außen in Erscheinung tritt. Nach
dem zirkulär anmutenden Leitsatz des II. BGH-Senats[16] wird allerdings eine GbR, die
unter einer eigenen Bezeichnung am Rechtsverkehr teilnimmt, sich daran festhalten
lassen müssen.

§ 9. Gesellschaftsvermögen und Gesellschaftsschulden

I. Zusammensetzung des Gesellschaftsvermögens

Im Normalfall ist das Gesellschaftsvermögen ein **Gesamthandsvermögen** (oben § 3 1
Rn. 4, § 5 Rn. 9). Zum Gesellschaftsvermögen können *alle Gegenstände* gehören, *die
Vermögenswert haben,* nicht nur Sachen und Rechte jeder Art (Forderungen, Nutzungsrechte, Patente und andere Immaterialgüter), sondern auch Werte tatsächlicher
Natur wie Beziehungen zur Kundschaft, Geschäftserfahrungen, Geschäftsgeheimnisse.
Nach § 718 BGB können solche Werte Gesellschaftsvermögen werden durch Beitragsleistung, durch Erwerb auf Grund der Geschäftsführung und durch Surrogation.
Zum Gesellschaftsvermögen gehören die schon geleisteten **Beiträge** (zu Beiträgen
allgemeiner oben § 7 Rn. 1), aber auch die **Ansprüche auf noch geschuldete Beiträge**.
Das ist wichtig, weil infolgedessen diese Ansprüche ein Zugriffsobjekt für die Gesellschaftsgläubiger bilden. Gesellschaftsvermögen wird ferner alles, was ein Gesellschafter oder mehrere gemeinsam als Geschäftsführer **durch Rechtsgeschäft im Namen
der Gesellschaft** erwerben (oben § 8 Rn. 10). Tritt der Gesellschafter dagegen im eigenen Namen auf, so wird, auch wenn er wirtschaftlich gesehen in Angelegenheiten der
Gesellschaft tätig ist, das Erworbene zunächst sein Eigentum, und die übrigen Gesellschafter haben lediglich einen Anspruch auf Übertragung des Erworbenen (§§ 713, 667
BGB). Dieser Anspruch gehört aber bereits zum Gesellschaftsvermögen. Nach § 718
Abs. 2 BGB fällt im Wege der **Surrogation** alles in das Gesellschaftsvermögen, was auf
Grund eines zum Gesellschaftsvermögen gehörenden Rechts oder als Ersatz für die
Zerstörung, Beschädigung oder Entziehung eines zum Gesellschaftsvermögen gehörenden Gegenstandes erworben wird, also Früchte von Sachen oder Rechten, die zum
Gesellschaftsvermögen gehören, Schadenersatzansprüche wegen Beschädigung von
Sachen der Gesellschaft, Versicherungsleistungen usw.

II. Gesellschaftsvermögen und Privatvermögen

Leistungen aus dem Privatvermögen eines Gesellschafters in das Gesellschaftsver- 2
mögen, aber auch umgekehrt Leistungen aus dem Gesellschaftsvermögen an einzelne

---

[16] BGHZ 146, 341 = NJW 2001, 1056 – ARGE Weißes Ross.

Gesellschafter erfordern einen **Wechsel der Rechtszuständigkeit** (vgl. oben § 3 Rn. 1). Daher müssen die Vorschriften über die Übertragung von Rechten auf ein anderes Rechtssubjekt eingehalten werden. Das gilt für den ganzen zu übertragenden Gegenstand ohne Rücksicht darauf, dass er, wirtschaftlich gesehen, dem einzelnen Gesellschafter wegen seiner Beteiligung an der Gesellschaft auch im Rahmen der Gesellschaft zusteht, und dass jedenfalls bei Gesamtvertretung der Gesellschafter auf beiden Seiten des Geschäfts steht. Denn rechtlich gesehen hat der Gesellschafter an dem einzelnen zum Gesellschaftsvermögen gehörenden Gegenstand kein Anteilsrecht. Das **Gesellschaftsvermögen** als Gesamthandsvermögen (oben § 3 Rn. 4ff.) ist ein **selbständiges Sondervermögen**. Das gilt unabhängig davon, ob und in welchem Umfang die Gesellschaft als solche rechtlich verselbständigt ist. § 718 Abs. 1 BGB definiert das Gesellschaftsvermögen als gemeinschaftliches Vermögen der Gesellschafter. Über die Rechtsträgerschaft lässt sich aus dem Gesetz daher nichts entnehmen (dazu oben § 8 Rn. 11 f.).

3   Dem gemäß müssen bei Entrichtung der Beiträge die **sachenrechtlichen Vorschriften** eingehalten werden, z.B. muss eine bewegliche Sache nach §§ 929ff. BGB übereignet werden. Die **Einbringung eines Grundstücks** in eine Gesellschaft muss durch **Auflassung und Eintragung** ins Grundbuch vollzogen werden; zur umstrittenen Grundbuchfähigkeit der GbR oben § 5 Rn. 7. Die Einbringung in das Gesamthandsvermögen führt dazu, dass Grunderwerbsteuer anfällt. Auf solche Rechtsübertragungen, besonders also Übereignungen, finden wie bei Drittgeschäften die Vorschriften über den *Schutz des guten Glaubens* Anwendung. Beim Erwerb für die Gesellschaft kommt es gemäß § 166 Abs. 1 BGB auf die Gutgläubigkeit des oder der bei der Übereignung mitwirkenden Gesellschafter an; böser Glaube nur eines dieser Gesellschafter schließt den Eigentumserwerb der Gesellschaft aus. Sind die handelnden Gesellschafter gutgläubig, kommt gleichwohl eine Wissenszurechnung nach § 166 Abs. 2 BGB in Betracht, wenn diese auf Weisung bösgläubiger Gesellschafter handeln.[1]
Wenn ein Gesellschafter eine Leistung der Gesellschaft erhalten soll, z.B. Aufwendungsersatz oder eine Gewinnauszahlung, bedarf es ebenfalls der Übertragung nach allgemeinen Regeln, d.h. Zahlungen müssen durch vertretungsberechtigte Gesellschafter erfolgen. Einschränkungen nach § 181 BGB bestehen nicht, wenn es sich um die Erfüllung einer Verbindlichkeit handelt.
Eine *Rechtsübertragung* ist auch dann *nötig*, wenn der in Betracht kommende Gegenstand schon im Bruchteilseigentum sämtlicher Gesellschafter steht oder umgekehrt aus dem Gesellschaftseigentum in das Bruchteilseigentum der Gesellschafter überführt werden soll. Denn Gesamthandseigentum und Bruchteilseigentum bedeuten auch *bei Personengleichheit der Beteiligten verschiedene Rechtszuständigkeiten*. Auch wenn der Gegenstand schon bisher im Gesamthandseigentum der Gesellschafter stand, aber einer anderen Gesamthandsgemeinschaft gehörte, etwa einer aus sämtlichen Gesellschaftern bestehenden Erbengemeinschaft, und nun in eine Gesellschaft des bürgerlichen Rechts oder eine OHG eingebracht werden soll, ist die Übertragung erforderlich.[2] Entscheidend ist, dass das Vermögen jeder einzelnen Gesamthandsgemeinschaft ein in sich geschlossenes Sondervermögen darstellt, so dass der Übergang aus dem einen Vermögen in das andere einen Wechsel der Rechtszuständigkeit bedeutet. *Anders* dagegen ist es, wenn die *Identität der bisherigen Gesamthandsgemeinschaft erhalten* bleibt und sich *nur ihre Rechtsform ändert*, z.B. eine BGB-Gesellschaft wegen Vergrößerung ihres Betriebs zur OHG oder eine OHG durch Beschränkung der Haftung eines Gesellschafters zur KG wird. Hier findet kein Wechsel der Rechtszuständigkeit und dementsprechend keine Rechtsübertragung statt, so dass z.B. eine Auflassung der Gesellschaftsgrundstücke nicht erforderlich ist, vielmehr eine einfache Berichtigung des Grundbuchs genügt. Auch bei der Entstehung einer GbR durch Umwandlung, §§ 190ff. UmwG, sind Übertragungsakte nicht erforderlich.

III. Gesellschaftsschulden und Haftung

4   Gesellschaftsschulden sind alle Verbindlichkeiten, für die das **Gesellschaftsvermögen** haftet. Das Gesetz spricht zwar von den „gemeinschaftlichen Schulden" der Ge-

---

[1] Zur Wissenszurechnung vgl. *BGH* NJW 1995, 2159; 1996, 1205.
[2] Zu den rechtsdogmatischen Konstruktionsmöglichkeiten und dabei auftretenden Zweifelsfragen *Dauner-Lieb*, Unternehmen in Sondervermögen, 1998, S. 478 f.

sellschafter (§§ 733 Abs. 1, 735 Satz 1 BGB), im Ergebnis besteht jedoch Einigkeit über die Haftung des Gesellschaftsvermögens.[3] Daneben haften die Gesellschafter mit ihrem **Privatvermögen**.

1. Gesellschaftsschulden

a) Aus Rechtsgeschäft

Bei weitem am wichtigsten sind hier die **Verpflichtungen aus Rechtsgeschäften**, die im Namen der Gesellschaft und im Rahmen bestehender Vertretungsmacht (oben § 8 Rn. 8 ff.) abgeschlossen wurden. Da bei der BGB-Gesellschaft grundsätzlich Gesamtvertretungsmacht gilt, kann sich ein Dritter auf die Vertretungsmacht eines einzelnen Gesellschafters überhaupt nur verlassen, wenn er erfahren hat, dass abweichend von der gesetzlichen Regel einem Gesellschafter Einzelvertretungsmacht ausdrücklich oder stillschweigend gemäß § 714 BGB (durch Verleihung einer entsprechenden Geschäftsführungsbefugnis) eingeräumt ist. Es sind allerdings auch Fälle der Anscheins- oder Duldungsvollmacht denkbar.[4]

Für die **Fallbearbeitung** bedeutet das, dass im Anspruchsaufbau zunächst die Gesellschaft als Anspruchsgegner benannt wird. Ausführungen zur Rechtsfähigkeit der GbR sind an dieser Stelle regelmäßig überflüssig, da es darum geht, ob das Gesamthandsvermögen haftende Vermögensmasse ist. Das ist unabhängig vom theoretischen Deutungsmuster der Gesamthand.[5] Als nächster Schritt sind das Zustandekommen des Rechtsgeschäfts (z.B. Kaufvertrag) und die wirksame Vertretung der Gesellschaft festzustellen. Die Reihenfolge hängt von den im Einzelfall aufgeworfenen Problemen ab. Ist eine Gesellschaftsschuld wegen mangelnder Vertretung nicht gegeben, ist (falls keine Genehmigung erfolgt) mit einem Anspruch gegen die handelnde Person nach § 179 BGB fortzufahren.

Soweit Ansprüche ein Verschulden voraussetzen, wie z.B. § 280 Abs. 1 BGB, ist die Gesellschaft nach § 278 BGB für ihre Erfüllungsgehilfen, nach § 31 BGB analog für ihre handelnden Gesellschafter verantwortlich. Geschäftsführende Gesellschafter sind nicht Erfüllungsgehilfen, da sie nicht weisungsunterworfen sind, sondern selbst den Willen und das Handeln der Gesellschaft bilden. Die Zurechnung haftungsbegründenden Verhaltens ist nach § 31 BGB analog möglich, dazu sogleich im Zusammenhang mit deliktischen Ansprüchen. Nach bestrittener[6] Auffassung können die organschaftlichen Vertreter auch als gesetzliche Vertreter angesehen werden, für die die Gesellschaft ebenfalls nach § 278 BGB einzustehen hat.

b) Verbindlichkeiten aus Gesetz

Aus **ungerechtfertigter Bereicherung** haftet die Gesellschaft, wenn und solange 5 gerade diese bereichert ist. Das kommt vor allem in Betracht bei der Rückabwicklung von fehlgeschlagenen Verträgen, die im Namen der Gesellschaft abgeschlossen wurden.

Eine Haftung der Gesellschaft aus **Delikt** kommt nur in Betracht, wenn diese deliktsfähig ist. Für Körperschaften erreicht das § 31 BGB. Diese **Zurechnungsvor-**

---

[3] Der Streit um die rechtliche Verselbständigung der Gesamthand hat eine uneinheitliche Terminologie hervorgebracht. Die Sammelbezeichnung für alle Verbindlichkeiten, für die das Gesellschaftsvermögen haftet, als Gesellschaftsschulden kürzt diese angesichts der fortgeschrittenen Rechtsfortbildung weniger aktuelle Auseinandersetzung ab.

[4] Zur konkludent erteilten Einzelvollmacht *BGH* NZG 2005, 345.

[5] Die Ausbildungsliteratur enthält vielfach den Gliederungspunkt „Rechtsfähigkeit der Gesellschaft", z.B. *Timm/Schöne*, Fälle zum Handels- und Gesellschaftsrecht, Bd. I, 6. Aufl., 2006, Fall 10; auch die (zweifelhafte) Analogie zu § 124 I HGB ist überflüssig.

[6] Zum Streitstand *K. Schmidt*, § 10 IV 3; ein Unterschied zwischen den Zurechnungsnormen ergibt sich hinsichtlich der Möglichkeit, die Haftung für Vorsatz auszuschließen, vgl. § 278 Satz 2 BGB.

schrift wird entsprechend angewandt für andere Personenvereinigungen, die sich eines verselbständigten Sondervermögens bedienen. Das kann auch eine BGB-Gesellschaft sein.[7] Nach § 31 BGB ist der Verein für Schäden verantwortlich, den ein verfassungsmäßig berufener Vertreter durch eine in Ausführung der ihm zustehenden Verrichtungen begangene, zum Ersatz verpflichtende Handlung einem Dritten zufügt. „Verfassungsmäßig berufene Vertreter" sind diejenigen Gesellschafter, denen der Gesellschaftsvertrag oder ein Gesellschafterbeschluss eine bestimmte Tätigkeit zuweist. Ferner kann die Gesellschaft wegen Organisationsmängeln und nach § 831 BGB haftbar sein.

Für die **Fallbearbeitung** ist wichtig, dass § 31 BGB analog eine **Zurechnungsnorm, keine Anspruchsgrundlage** ist. Als Anspruchsgrundlage ist zunächst eine dafür geeignete Vorschrift zu prüfen, z.B. § 823 Abs. 1 BGB; sodann ist zu begründen, warum die Gesellschaft dafür einzustehen hat (verfassungsmäßiger Vertreter). Getrennt davon ist ggf. die Haftung der handelnden Person selbst zu untersuchen. Aufbautechnisch ist, je nach Fallfrage, die Haftung der handelnden Person voranzustellen. Auf diese Ausführungen kann dann verwiesen werden.

Zu den gesetzlich begründeten Ansprüchen gehören auch **Steuerschulden** und, bei Beschäftigung von Arbeitnehmern, abzuführende **Sozialabgaben**. Die Haftungsverhältnisse dafür sind meist sondergesetzlich geregelt. Für die Einkommensteuer sind jedoch auch die rechtsfähigen Personengesellschaften nicht Steuersubjekt, sondern die einzelnen Gesellschafter (oben § 4 Rn. 10). Dagegen kann die GbR Grunderwerb- und Gewerbesteuerschuldnerin sein.[8]

2. Haftung der Gesellschafter mit ihrem Privatvermögen

6 Die **Gesellschafter haften** grundsätzlich gegenüber Dritten **persönlich mit ihrem Privatvermögen** als Gesamtschuldner (§ 427 BGB) für die Gesellschaftsverbindlichkeiten. Dieses Ergebnis ist allgemein anerkannt, wird jedoch unterschiedlich begründet. Die verschiedenen dogmatischen Deutungen wirken sich hinsichtlich der Reichweite und der Möglichkeit der Haftungsbeschränkung aus.

a) Begründungen

Soweit die Gesellschafter selbst (in ihrer gesamthänderischen Verbundenheit) als Vermögensträger angesehen wurden, führte das Handeln für die Gesellschaft zu einer *einheitlichen Verpflichtung mit doppelter Wirkung*. Die hauptsächlich in der Rechtsprechung früher ebenfalls verbreitete Annahme einer zusätzlichen Vertretungsmacht geschäftsführender Gesellschafter auch gegenüber den Mitgesellschaftern führte dazu, dass durch Rechtsgeschäft die Gesellschafter neben der Gesellschaft verpflichtet wurden, *rechtsgeschäftliche Doppelverpflichtung*.[9] Beide Lehren führen weitgehend zum gleichen Ergebnis.

---

[7] Allg. M.; so schon *von Caemmerer/Ulmer*, FS Flume, 1978, Bd. 1, S. 366 und Bd. 2, S. 309; Erman/*Westermann*, § 31 Rn. 1, § 705 Rn. 64 ff.; *Kübler/Assmann*, § 6 III 5 b bb; MünchKomm-BGB/*Ulmer*, § 705 Rn. 263; *K. Schmidt*, § 60 II 4; BGHZ 154, 188 = NJW 2003, 1445 gegen BGHZ 45, 311 = NJW 1966, 1807; vgl. auch BGHZ 155, 205, 210 = NJW 2003, 2984; *BGH* ZIP 2007, 1460.

[8] *BFH* NJW 1987, 1719 (GrESt); § 5 Abs. 1 Satz 3 GewStG.

[9] *Kraft/Kreutz*, C III 2 c aa; Soergel/*Hadding*, 11. Aufl. § 714 Rn. 5, 10 f. und 29; *Wiedemann* II, § 7 III 4 a. Trotz des unterschiedlichen theoretischen Ansatzes liegen *rechtsgeschäftliche Doppelverpflichtung* und *einheitliche Verpflichtung mit doppelter Wirkung* im äußeren Erscheinungsbild der Vertretung als Handeln „für die Gesellschaft" und auch in der verpflichtenden Wirkung hinsichtlich der betroffenen Vermögensmassen im Ergebnis nahe zusammen. Deshalb wird hier oft nicht unterschieden; dagegen *G. Hueck*, FS Zöllner, Bd. 1, 1998, S. 275, 293.

Für **Verpflichtungen kraft Gesetzes** gibt es keinen dem gemeinsamen Vertragsabschluss bzw. der bindenden Vertretung bei diesem vergleichbaren allgemeinen Tatbestand, der wie bei rechtsgeschäftlicher Verpflichtung zu einer Haftung der Gesellschafter sowohl mit dem Gesellschaftsvermögen als auch mit ihren Privatvermögen führt. Es gilt dann lediglich die *allgemeine Regel:* Aus gesetzlichen Schuldverhältnissen sind grundsätzlich nur diejenigen verpflichtet, bei denen die jeweiligen Voraussetzungen erfüllt sind; ob davon das Gesellschaftsvermögen oder – allein oder daneben – das Privatvermögen betroffen wird, hängt dementsprechend davon ab, in welchem Bereich diese Voraussetzungen liegen. – Im Anschluss an die ältere Rechtsprechung befürwortete auch schon die Literatur zur individuellen Theorie die volle Haftung der Gesellschafter mit dem Privatvermögen als Ausnahme für den Sonderfall der Leistungskondiktion eines Dritten hinsichtlich des zur Erfüllung einer vermeintlichen Vertragsschuld an die Gesellschaft Geleisteten.[10] Zur Begründung wird auf den engen Zusammenhang mit dem fehlgeschlagenen Vertragsverhältnis hingewiesen und die für dieses an sich geltende gesamtschuldnerische Haftung der Gesellschafter in entsprechender Anwendung von § 427 BGB auf die bereicherungsrechtliche Rückabwicklung übertragen.[11]

Für *unerlaubte Handlungen* bei der Geschäftsführung haften diejenigen geschäftsführenden Gesellschafter persönlich, die den jeweiligen Tatbestand verwirklicht haben, mehrere als Gesamtschuldner nach § 840 BGB. Die anderen Gesellschafter haben dafür mit dem Gesellschaftsvermögen einzustehen, da § 31 BGB entsprechend auf die GbR anzuwenden ist. Aus dieser Ableitung ergibt sich aber, dass die *Haftung der Gesellschafter zunächst auf das Gesellschaftsvermögen beschränkt ist;* auch bei einer Körperschaft, insbesondere einer juristischen Person, erschließt § 31 BGB in erster Linie das Verbandsvermögen als Haftungsmasse, nicht das Vermögen der Mitglieder.[12] Die Haftung der Gesellschafter bedarf einer zusätzlichen Begründung.

Die Rechtsprechung und mit gewissen Differenzierungen die Literatur gehen ganz **7** generell von der *persönlichen Haftung der Gesellschafter für alle Gesellschaftsschulden* aus, also einem Gleichlauf der Haftung – **Akzessorietät**.[13] Das entspricht dem für die OHG geltenden Modell einer klaren und im Interesse der Gläubiger strengen Haftungsregelung (§ 128 HGB). Ihre Erstreckung auf die BGB-Gesellschaft folgt jedoch nicht aus dem Haftungssystem des geltenden Personengesellschaftsrechts des BGB, sondern ist Ergebnis einer **Rechtsfortbildung**.[14] Argumente dafür sind allgemeine Grundsätze, z. B. für Gesamthandsgemeinschaften (vgl. aber oben § 3 Rn. 4) oder dass jemand, der als Einzelperson oder mit anderen Geschäfte betreibt, für die daraus entstehenden Verpflichtungen hafte, solange kein gesetzliches oder vereinbartes Modell der Haftungsbeschränkung greife. Die Heranziehung des § 128 HGB ist insofern merkwürdig, als die BGB-Gesellschaft die Grundform, die OHG dagegen die speziellere Ausprägung der Personengesellschaft ist (oben § 5 Rn. 13). Soweit es sich, wie in der Leitentscheidung,[15] um eine organisierte Gesellschaft handelt, die unternehmerisch am Rechtsverkehr teilnimmt, ist das klare Ergebnis von Vorteil. Wesentliche Probleme liegen in der Abgrenzung, wann eine solche rechtsfähige Gesellschaft vorliegt, und in der fehlenden Registrierung (oben § 5 Rn. 6 f.). Zur akzessorischen Haftung im Einzelnen unten § 15 Rn. 16 ff. Ob und in welchen einzelnen Punkten die Heranziehung des § 128 HGB bei der GbR zu Abweichungen führt, ist nicht abschließend geklärt.

---

[10] BGHZ 61, 338 = NJW 1974, 451; dazu *Westermann,* ZGR 1977, 552; *BGH* NJW 1983, 1905; 1985, 1828; dazu *Crezelius,* JuS 1986, 685.

[11] Soergel/*Hadding,* 11. Aufl., § 714 Rn. 42 f.; *Habersack,* JuS 1993, 1, 4.

[12] *Altmeppen,* NJW 1996, 1017, 1021 ff.; *H. Baumann,* JZ 2001, 895, 900 f.; *Flume,* Personengesellschaft, § 16 IV 6; *C. Schäfer,* ZIP 2003, 1225, 1227 f.; gegen *BGH* NJW 2003, 1445; *Altmeppen,* NJW 2003, 1553.

[13] BGHZ 146, 341 = NJW 2001, 1056 – ARGE Weißes Ross; *Flume,* Personengesellschaft, § 16 II und IV; *Reiff,* Die Haftungsverfassung nichtrechtsfähiger unternehmenstragender Verbände, 1996, S. 186 ff.; *K. Schmidt,* § 60 III 2; MünchKomm-BGB/*Ulmer,* § 714 Rn. 34; *Wiedemann* I, § 5 IV 1 c für Außengesellschaften mit wirtschaftlicher Zielsetzung; anders die ältere Rspr., z. B. BGHZ 74, 240, 242 = NJW 1979, 1821; BGHZ 79, 374, 377 = NJW 1981, 1213.

[14] *Canaris,* ZGR 2004, 69, 84, 116 ff. hält diese Rechtsfortbildung für verfassungswidrig, da die Voraussetzungen für eine zulässige Rechtsfortbildung nicht gegeben seien.

[15] BGHZ 146, 341 = NJW 2001, 1056 – ARGE Weißes Ross.

b) Haftungsbeschränkung

8 Die Gesellschafter haben oft ein Interesse daran, ihre Haftung auf das Gesellschaftsvermögen zu begrenzen (oben § 4 Rn. 8). Bei der BGB-Gesellschaft ist das nur sehr eingeschränkt möglich. Die von selbst eintretende Mitverpflichtung der Gesellschafter kann im Einzelfall durch **besondere Vereinbarung mit dem jeweiligen Gläubiger** ausgeschlossen werden. Es muss mit den Gläubigern individuell vereinbart werden, dass sich die Haftung auf das Gesellschaftsvermögen beschränken soll. Eine **einseitige Haftungsbeschränkung** durch Bestimmung im Gesellschaftsvertrag **gibt es** hingegen grundsätzlich **nicht**. Haftungsbeschränkungen bedürfen zwar der Publizität; eine Verlautbarung nach außen, nur mit dem Gesellschaftsvermögen haften zu wollen, hilft allein jedoch nicht.[16] Eine rechtsgeschäftliche Haftungsbeschränkung durch AGB herbeizuführen, wird nur in bestimmten Fallgruppen gelingen.[17]

Auch ohne besondere Vereinbarung auf das Gesellschaftsvermögen beschränkt bleibt die Verpflichtung zu einer Leistung, die nur aus diesen erbracht werden kann; so, wenn ein bestimmter zum Gesellschaftsvermögen gehörender Gegenstand zu leisten, etwa ein Gesellschaftsgrundstück zu übereignen ist. Die Beschränkung ergibt sich unmittelbar aus dem Inhalt der Verpflichtung, ist also letztlich mit dieser zusammen vereinbart. Man kann hier von einer echten *Gesamthandsschuld* sprechen, doch wird diese Bezeichnung in der Literatur in unterschiedlichem, teilweise weiterreichendem Sinn verwendet (vgl. Fn. 1). Die inhaltlich bedingte Beschränkung bezieht sich nur auf den primären Leistungsgegenstand. Soweit sekundäre Pflichten wie Schadensersatz bei Leistungsstörungen der Sache nach nicht auf das Gesellschaftsvermögen beschränkt sind, bleibt es daher bei der gesamtschuldnerischen Haftung der Gesellschafter auch mit ihrem Privatvermögen.

9 Die frühere Rechtsprechung und die ganz überwiegende Literatur gingen von der Möglichkeit aus, dass im Gesellschaftsvertrag eine Einschränkung der Vertretungsmacht der geschäftsführenden Gesellschafter vorgesehen werden konnte. Die vertretungsberechtigten Gesellschafter schließen dann Rechtsgeschäfte für die übrigen Gesellschafter nur mit der Beschränkung der Haftung auf das Gesellschaftsvermögen ab.[18] Auch bei dieser Lösung wurde im Interesse der Verkehrssicherheit verlangt, dass eine solche Einschränkung der Vertretungsmacht für Dritte erkennbar sein müsse, widrigenfalls sich die übrigen Gesellschafter nicht darauf berufen können.[19] Die Rechtsprechung hat sich von dieser Gestaltungsmöglichkeit gelöst, da der Weg über die (eingeschränkte) Vertretungsmacht nicht zur akzessorischen Haftung passt. Ferner ist der allgemein-zivilrechtliche Einwand von Gewicht, dass es im Recht der Stellvertretung zwar Beschränkungen hinsichtlich der Art und des Umfangs der zu tätigenden Geschäfte gebe, nicht aber hinsichtlich der zu verpflichtenden Vermögensmassen.[20] Die Änderung der Rechtsprechung erwies sich als besonders problematisch für Fälle, in denen in Kenntnis der und im Vertrauen auf die Möglichkeit der Haftungsbeschränkung BGB-Gesellschaften aktiv geworden waren. Für geschlossene Immobilienfonds und Bauherrengemeinschaften hat der BGH die Möglichkeit der Haftungsbeschränkung daher aufrecht erhalten,[21] was vom Ergebnis her einleuchtet, aber zu weiterer Rechtsunsicherheit führt.

---

[16] BGHZ 142, 315 = NJW 1999, 3483; BGHZ 134, 226 = NJW 1997, 1580 = JuS 1997, 752, dort allerdings zu vereinbarter quotaler Haftung; – Ausnahmen werden mit unterschiedlichen Konstruktionen für Altfälle und Massengesellschaften (unten § 19 Rn. 22) gemacht, BGHZ 150, 1 = NJW 2002, 1642 (geschlossener Immobilienfonds); vgl. auch *BGH* NJW-RR 2006, 683 = NZG 2006, 107.

[17] *BGH* NJW 1992, 3037; BGHZ 142, 315 = NJW 1999, 3483; *BGH* NZG 2005, 209; krit. *Armbrüster*, ZGR 2005, 34; *Canaris*, ZGR 2004, 69, 96 ff.; *Casper*, JZ 2002, 1112, 1113 f.; *Ulmer*, ZIP 2003, 113, 116 ff.; *Wiedemann* II, § 7 III 4 b bb; vgl. auch § 51 a Abs. 1 BRAO, § 54 a WPO, § 67 a StBerG.

[18] Vgl. RGZ 155, 87; BGHZ 61, 67; *BGH* NJW 1985, 619; BGHZ 113, 216, 219 = NJW 1991, 922; *BGH* NJW 1992, 3037; ferner z. B. *Canaris*, ZGR 2004, 69, 87 ff.; *Kraft/Kreutz*, C III 3 a dd; *Kübler*, Gesellschaftsrecht, 5. Aufl., 1998, § 6 III 4 c bb; MünchKomm-BGB/*Ulmer*, 2. Aufl., 1986, § 714 Rn. 32.

[19] *BGH* NJW 1985, 619 = JuS 1985, 643 m. Anm. *K. Schmidt*; *BGH* NJW 1987, 3124 = JuS 1988, 404 (ehem. KG als BGB-Gesellschaft fortgeführt); BGHZ 113, 216, 219 = NJW 1991, 922; *OLG Jena* EWiR 1998, 975 m. Anm. *Bachmann*; ausführlich MünchKomm-BGB/*Ulmer*, 3. Aufl., 1997, § 714 Rn. 34 ff.

[20] BGHZ 142, 315 = NJW 1999, 3483; *Dauner-Lieb*, FS Lutter, 2001, S. 835, 840 ff.;

[21] BGHZ 150, 1 = NJW 2002, 1642: Kapitalanlagegesellschaft in der Rechtsform der GbR (Altfall geschlossener Immobilienfonds); *Kübler/Assmann*, § 6 III 5 c; *K. Schmidt*, NJW 2003, 1897, 1901 f. – Zu Übergangsproblemen vgl. ferner *BGH* NJW-RR 2005, 118 (Rechtsmittelbefugnis); 2006, 42 (Berichtigung des Urteilsrubrums).

Die Möglichkeiten der Haftungsbeschränkung war von erheblich größerer Bedeutung, so lange außer der GbR keine andere Rechtsform für die gemeinschaftliche Ausübung eines nichtkaufmännischen Gewerbes oder freien Berufes zur Verfügung stand. Nunmehr können auch Kleingewerbetreibende eine KG gründen und damit die begrenzte Kommanditistenhaftung erlangen (unten § 18 Rn. 16 ff.). Freiberufler können sich in einer PartG zusammenschließen, für die § 8 PartGG eine der Eigenart freiberuflicher Tätigkeit entsprechende Haftungsregelung enthält. Nach Abs. 1 haften zunächst die Partnerschaft und die Partner akzessorisch. Für Ansprüche aus fehlerhafter Berufausübung haften nur die Partner persönlich, die mit der Bearbeitung des Auftrags befasst waren, Abs. 2.[22] Ferner kann gesetzlich für einzelne Berufe eine summenmäßige Haftungsbeschränkung i. V. m. einer Berufshaftpflichtversicherung vorgesehen werden, § 8 Abs. 3 PartGG (vgl. auch § 323 HGB). Konstruktiv zweifelhaft hat der BGH eine mittelbare Haftungsbeschränkung anerkannt, die durch ein auf die Gesellschaftsbeteiligung beschränktes Schuldanerkenntnis mit Vollstreckungsunterwerfung durch den Geschäftsführer namens der Gesellschafter herbeigeführt wurde.[23]

c) Sozialverpflichtungen

Nur mit dem Gesellschaftsvermögen haften die Gesellschafter für *Verpflichtungen gegenüber einem* **10** *Mitgesellschafter, die sich aus dem Gesellschaftsverhältnis selbst ergeben.* Unter bestimmten engen Voraussetzungen ist als Ausnahme eine Haftung auch mit dem Privatvermögen anerkannt, wenn es sich um den Ausgleich für die Erfüllung einer Gesellschaftsschuld durch einen einzelnen Gesellschafter handelt (§ 670 BGB), Näheres dazu unten § 15 Rn. 28 zu den gleichen Fragen bei der OHG. Dass es sich um eine Ausnahme handeln muss, ergibt sich daraus, dass sonst mittelbar eine Beitragserhöhung entgegen § 707 BGB erreicht würde. Dagegen hat ein Gesellschafter Gläubiger bei sog. *Drittgeschäften,* die er mit der Gesellschaft wie ein Dritter abgeschlossen hat, im Wesentlichen auch dieselbe Stellung wie ein Fremdgläubiger.[24]

3. Geltendmachung und Zwangsvollstreckung

Die Parteifähigkeit der BGB-Gesellschaft im Zivilprozess gehört zu den wichtigs- **11** ten Folgen der rechtlichen Verselbständigung; dazu und zu den Folgen für die Zwangsvollstreckung bereits oben § 5 Rn. 8. Soweit die Gesellschafter für Gesellschaftsschulden persönlich als Gesamtschuldner haften, kann sich ein Gläubiger nach seiner Wahl an das Gesellschaftsvermögen oder an das Privatvermögen jedes einzelnen Gesellschafters halten. Auch mit dem Privatvermögen wird primär gehaftet, nicht etwa nur hilfsweise als Ausfallhaftung. Da aber ein Titel gegen „die Gesellschaft" die Vollstreckung in das Privatvermögen eines Gesellschafters nicht ermöglicht (vgl. § 129 Abs. 4 HGB), empfiehlt es sich, wie bei der OHG die Gesellschaft sowie die einzelnen Gesellschafter (oder jedenfalls die für solvent gehaltenen) zu verklagen, damit der Zugang sowohl zum Gesellschafts- als auch zum Gesellschaftervermögen eröffnet wird. Ein Titel gegen sämtliche Gesellschafter ermöglicht, anders als bei der OHG (§ 124 Abs. 2 HGB), auch die Vollstreckung in das Gesellschaftsvermögen nach § 736 ZPO.[25]

---

[22] Die Bedeutung dieser Haftungsform zeigt sich etwa bei dem Sachverhalt, eine GbR betreffend, in *BGH* NJW 2006, 437 = NZG 2006, 136.

[23] *BGH* NJW-RR 2006, 683 = NZG 2006, 107 betr. Fondsbeteiligung; *BGH* ZIP 2005, 1361; vgl. auch oben Fn. 21.

[24] *BGH* NJW 1983, 749; MünchKomm-BGB/*Ulmer,* § 705 Rn. 197, 202 f., 220; Erman/*Westermann,* § 705 Rn. 61; zum Abfindungsanspruch BGHZ 148, 201, 206; dazu *Ulmer,* a. a. O., § 705 Rn. 217 f.

[25] *BGH* NJW 2004, 3632; 2007, 1813.

§ 10. Wechsel der Gesellschafter

1   Die BGB-Gesellschaft ist Personengesellschaft. Deshalb ist ihr Fortbestand nach dem gesetzlichen Grundmuster von der **unveränderten personellen Zusammensetzung** abhängig. Der Fortfall eines Gesellschafters bringt grundsätzlich die ganze Gesellschaft zur Auflösung. Es braucht sich auch niemand gegen seinen Willen einen neuen Mitgesellschafter aufdrängen zu lassen. Beides ist jedoch **nicht zwingend.** Die Gesellschafter können die Gesellschaft auch bei Fortfall einzelner Mitglieder fortsetzen (vgl. §§ 736, 738); der Eintritt neuer Gesellschafter ist möglich, wenn die übrigen Gesellschafter damit einverstanden sind. **Eintritt und Ausscheiden** von Gesellschaftern sind **möglich,** sie sind aber nicht die Regel, sondern **Ausnahmen** (vgl. oben § 2 Rn. 11).

> Wenn daher in den §§ 723 ff. BGB von „Kündigung" die Rede ist, ist stets die Kündigung der Gesellschaft insgesamt gemeint, die zur Auflösung führt, nicht die Kündigung nur der einzelnen Mitgliedschaft. Diese Unterscheidung ist auch in der **Fallbearbeitung** zwingend zu berücksichtigen.

I. Eintritt eines neuen Gesellschafters

1. Aufnahmevertrag

2   Der Eintritt eines neuen Gesellschafters erfolgt durch einen Aufnahmevertrag, der zwischen ihm und den bisherigen Gesellschaftern geschlossen wird;[1] die **Mitwirkung sämtlicher Gesellschafter** ist also erforderlich. Die Gesellschafter können sich dabei eines Vertreters bedienen;[2] dieser muss dann aber eine besondere Vollmacht zum Abschluss des Aufnahmevertrages haben. Keinesfalls genügt die allgemeine gesellschaftliche Vertretungsmacht des geschäftsführenden Gesellschafters nach § 714 BGB, da es sich um eine Veränderung im Grundverhältnis der Gesellschafter zueinander handelt (oben § 8 Rn. 1). Der **Gesellschaftsvertrag** kann die Aufnahme neuer Gesellschafter erleichtern. Er kann einen **Mehrheitsbeschluss** genügen lassen, er kann auch einem einzelnen Gesellschafter die Befugnis einräumen, über die Aufnahme eines Gesellschafters zu entscheiden. Letzteres spielt vor allem bei der Übertragung von Gesellschaftsanteilen eine Rolle, derart dass ein Gesellschafter das Recht erhält, seinen Nachfolger zu bestimmen (unten Rn. 15).

> Von dem Grundsatz, dass jede Aufnahme eines neuen Gesellschafters der Zustimmung aller bisherigen bedarf, besteht in diesen Fällen nur scheinbar eine Ausnahme. Die Zustimmung haben die anderen Gesellschafter schon vorher im Gesellschaftsvertrag gegeben, indem sie sich bereit erklärten, die durch Mehrheitsbeschluss oder durch die Entscheidung des Aufnahmeberechtigten näher bestimmte Person als neuen Gesellschafter anzunehmen. Das Recht zur Aufnahme eines neuen Gesellschafters unterliegt, wie die Ausübung aller Gesellschafterrechte, der **Treuepflicht.** Wählt der berechtigte Gesellschafter ein neues Mitglied unter Verletzung seiner Treuepflicht, können die übrigen Gesellschafter die Aufnahme ablehnen. Die **Aufnahme** selbst erfolgt auch beim Bestimmungsrecht eines Gesellschafters **durch Aufnahmevertrag** zwischen dem Aufzunehmenden und allen übrigen Gesellschaftern. Die letzteren sind dann auf Grund des Mehrheitsbeschlusses oder der Entscheidung des aufnahmeberechtigten Gesellschafters verpflichtet, an dem Aufnahmevertrag mitzuwirken. Möglich ist auch, dass schon mit der

---

[1] BGHZ 26, 333; *BGH* NJW 1998, 1226.
[2] *BGH* WM 1987, 1336.

Erteilung des Rechts, den neuen Gesellschafter zu bestimmen, die Vollmacht zum Abschluss des Aufnahmevertrages verbunden wird. Dann kann der aufnahmeberechtigte Gesellschafter den Vertrag allein abschließen; er handelt dabei im Namen aller anderen Gesellschafter, so dass diese die eigentliche Partei des Aufnahmevertrages sind. Ist der Aufnahmevertrag fehlerhaft und wird der Beitritt gleichwohl vollzogen, kommen die Grundsätze über die fehlerhafte Gesellschaft (oben § 6 Rn. 8) zur Anwendung.[3]

2. Erbfolge

Grundsätzlich sind Beteiligungen an Gesellschaften nicht veräußerlich und nicht 3
vererblich. Die Gesellschaft wird durch den Tod eines Gesellschafters aufgelöst. Davon kann der Gesellschaftsvertrag abweichen indem er die Fortsetzung der Gesellschaft bestimmt – **Fortsetzungsklausel** (§ 727 Abs. 1 BGB, dazu unten § 11 Rn. 2).
Ein Eintritt neuer Gesellschafter kann sich nur dann durch Erbfolge vollziehen, wenn der Gesellschaftsvertrag vorsieht, dass die Gesellschaft mit den Erben des verstorbenen Gesellschafters oder einem von ihnen fortgesetzt werden soll – **Nachfolgeklausel.**
Dann treten die betreffenden Erben mit dem Erbfall ohne weiteres in die Gesellschaft ein. Dazu bedarf es keiner besonderen Erklärung des Erben und keiner besonderen Aufnahme durch die anderen Gesellschafter; bei minderjährigen Erben ist hierfür eine familiengerichtliche Genehmigung nicht erforderlich.[4] Den Erben kann aber auch nur das Recht eingeräumt werden, in die Gesellschaft einzutreten; der Eintritt selbst hängt dann davon ab, ob sie dieses Recht wahrnehmen – **Eintrittsklausel.**[5] Wird das Eintrittsrecht ausgeübt, bedarf es eines Aufnahmevertrages (vgl. auch unten § 16 Rn. 5 für die OHG).

3. Identität der Gesellschaft und Haftung

Kraft des Aufnahmevertrages oder der Erbfolge tritt der neue Gesellschafter mit al- 4
len Rechten und Pflichten in die bestehende Gesellschaft ein. Die **Identität der Gesellschaft** wird **nicht berührt.** Deshalb ist keine Übertragung des Gesellschaftsvermögens erforderlich, vielmehr wächst dem neuen Gesellschafter automatisch durch seinen Eintritt ein Anteil am Gesellschaftsvermögen zu, derart dass er hinfort Mitglied der Gesamthandsgemeinschaft ist (oben § 3 Rn. 7). Es bedarf deshalb z.B. auch keiner Auflassung der Gesellschaftsgrundstücke, sondern das unrichtig gewordene Grundbuch ist durch Miteintragung des neuen Gesellschafters zu berichtigen (vgl. oben § 5 Rn. 7).
Der dem Eintritt zugrunde liegende Gesellschaftsvertrag betrifft nicht die Übertragung von Grundvermögen, sondern die Mitgliedschaft; er ist deshalb nicht nach § 311b Abs. 1 BGB formbedürftig. Es fällt in der Regel auch keine Grunderwerbsteuer an (s. auch unten Rn. 16).
Der neue Gesellschafter haftet für die Gesellschaftsschulden als Gesellschafter (oben § 9 Rn. 4ff.); für vor seinem Eintritt entstandene Schulden der Gesellschaft haftet er bei rechtlich verselbständigten Gesellschaften entsprechend § 130 HGB; Einzelheiten sind nach wie vor streitig.[6]

---

[3] *BGH* NJW 1992, 1501.
[4] BGHZ 55, 269.
[5] *BGH* NJW-RR 1987, 989.
[6] Anders noch BGHZ 74, 240; nunmehr BGHZ 154, 370, 373 = NJW 2003, 1803 betr. Anwaltssozietät; dazu *Habersack/Schürnbrand,* JuS 2003, 739; *BGH* NZG 2006, 106: Schutzbedürfnis des Eintretenden muss im Einzelfall geprüft werden; *K. Schmidt,* NJW 2003, 1897, 1900 ff.; MünchKomm-BGB/*Ulmer,* § 714 Rn. 72 f.; vgl. auch *OLG Saarbrücken* NZG 2006, 619: keine Haftung des Scheingesellschafters für Altschulden. – Keine Anwendung soll dagegen § 28 HGB finden, BGHZ 157, 361.

II. Ausscheiden eines Gesellschafters

1. Freiwilliges Ausscheiden

5   Ein freiwilliges Ausscheiden ist nur möglich, wenn entweder der Gesellschaftsvertrag dem Gesellschafter die Befugnis dazu gibt oder alle übrigen Gesellschafter ihr Einverständnis erklären. Bei Vorliegen einer dieser Voraussetzungen bestehen andererseits keinerlei Beschränkungen. Zu den vermögensrechtlichen Folgen des Ausscheidens s. unten Rn. 11 ff.

2. Zwangsweises Ausscheiden

6   Die **Ausschließung** gegen oder doch ohne den Willen des betroffenen Gesellschafters erfolgt entweder auf Grund bestimmter im Gesellschaftsvertrag vorgesehener Umstände oder durch Beschluss der übrigen Gesellschafter.

a) Vertragliche Gründe

Als Gründe, aus denen der Gesellschaftsvertrag das Ausscheiden eines Gesellschafters anordnen kann, nennt das Gesetz die **Kündigung** des Gesellschafters, seinen **Tod** und die **Eröffnung des Insolvenzverfahrens** über sein Vermögen (§ 736 BGB). Das sind Umstände, die an sich die Auflösung der Gesellschaft zur Folge haben. Der Gesellschaftsvertrag kann aber die Fortsetzung der Gesellschaft unter den übrigen Gesellschaftern vorsehen, was dann notwendig das Ausscheiden des betroffenen Gesellschafters zu dem Zeitpunkt, in dem ohne diese Bestimmung die Gesellschaft aufgelöst worden wäre, zur Folge hat.

Die **Aufzählung des Gesetzes** ist **nicht abschließend**, vielmehr kann der Gesellschaftsvertrag noch weitere Gründe vorsehen, z.B. die Kündigung der Gesellschaft durch den Privatgläubiger eines Gesellschafters nach § 725 Abs. 1 BGB, die Bestellung eines Betreuers (§§ 1896 ff. BGB), die Verlegung seines Wohnsitzes ins Ausland, die Erreichung eines bestimmten Alters, der Ablauf einer im Vertrag bestimmten Frist, Verlust der Berufszulassung (vgl. § 9 Abs. 3 PartGG). Grenze für solche Ausschlussklauseln ist vor allem § 138 BGB. Dabei sind der Ausschluss und die Abfindungsregelung (unten Rn. 9) getrennt zu beurteilen. Ist eine Ausschluss- oder Abfindungsklausel nichtig, führt das nicht zur Gesamtnichtigkeit des Gesellschaftsvertrages (oben § 6 Rn. 7).

b) Beschluss der übrigen Gesellschafter

7   Die Ausschließung eines Gesellschafters durch Beschluss der übrigen Gesellschafter ist nur unter der **doppelten Voraussetzung** zulässig, dass erstens der Gesellschaftsvertrag für den Fall einer Kündigung die Fortsetzung der Gesellschaft unter den übrigen Gesellschaftern vorsieht, und dass zweitens in der Person eines Gesellschafters ein Grund eintritt, der die übrigen zur außerordentlichen Kündigung der Gesellschaft berechtigen würde. Sind diese beiden Voraussetzungen gegeben, haben die übrigen Gesellschafter das Recht, statt die Gesellschaft zu kündigen, den betreffenden Gesellschafter auszuschließen (§ 737 BGB). Der Grund für diese Bestimmung liegt darin, dass einerseits die Gesellschafter durch die Klausel im Gesellschaftsvertrag gezeigt haben, dass erstens sie die Gesellschaft auch bei Ausscheiden eines Gesellschafters fortsetzen wollen, und dass zweitens eine solche Fortsetzung hier nur durch Ausschluss des störenden Mitgesellschafters möglich erscheint.

Die **gesetzliche Ausschließungsregelung** in § 737 BGB ist **dispositiv.** Im Gesell-schaftsvertrag kann das Ausschließungsrecht eingeschränkt, beseitigt, erweitert und umgestaltet werden. Das betrifft auch das einzuhaltende **Verfahren.** Letzteres spielt vor allem bei der OHG und KG eine Rolle, kommt aber auch bei der BGB-Gesell-schaft vor. Statt des einstimmigen Beschlusses der übrigen Gesellschafter kann ein Mehrheitsbeschluss für ausreichend erklärt werden; das Ausschließungsrecht kann auch einem einzelnen Gesellschafter oder einer Gruppe von Gesellschaftern einge-räumt werden, etwa bei einer KG den persönlich haftenden Gesellschaftern gegenüber den Kommanditisten. **Materiell** kann der Gesellschaftsvertrag bestimmte weitere Aus-schließungsgründe festlegen, die dadurch für diese Gesellschaft vertraglich den wichti-gen Gründen gleichgestellt werden.

Dagegen ist fraglich, ob der Gesellschaftsvertrag ohne solche konkrete Benennung ganz allgemein   **8** die **Ausschließung ohne wichtigen Grund** durch Beschluss der anderen Gesellschafter, durch Mehr-heitsbeschluss oder Kündigung durch einen oder einige Gesellschafter – sog. **Hinauskündigungsrecht** – zulassen kann. Gegen die Zulässigkeit kann nicht lediglich auf die allgemeine Grenze des § 138 BGB verwiesen werden – **Inhaltskontrolle.** Denn eine derartige Regelung als solche ist nicht in jedem Fall ohne weiteres sittenwidrig. Je nach der Zusammensetzung und den besonderen Verhältnissen einer Gesellschaft kann es sinnvoll und angemessen sein, wenn das Verbleiben von Mitgesellschaftern in der Gesellschaft von der Kontinuität bestehender Verhältnisse abhängig gemacht und die Entscheidung hierüber der Beschlussfassung durch alle oder einzelne Gesellschafter vorbehalten bleibt. Dann kommt es auf die Ausübung des Ausschließungsrechts an, die nicht treuepflichtwidrig sein darf – **Ausübungs-kontrolle.** In der älteren Rspr. und Literatur wurde die vertragliche Vereinbarung einer Ausschließung ohne wichtigen Grund durch Mehrheitsbeschluss oder Kraft eines Kündigungsrechts für zulässig gehalten.[7] Dagegen verlangt die neuere Rspr. mit weitgehender Zustimmung der Literatur einen *sachli-chen Grund* aus den besonderen Verhältnissen der Gesellschaft für Hinauskündigungsklauseln und sonstige Regelungen in Gesellschaftsverträgen, die den Ausschluss von Gesellschaftern ohne wichtigen Grund in das Ermessen der Mehrheit oder einzelner Gesellschafter stellen. Sonst sind solche Klauseln grundsätzlich unwirksam.[8]

Zur **Begründung** stützt sich der BGH neben der generellen Berufung auf § 138 BGB (vertragliche Unterwerfung unter die Ermessensentscheidung von Mitgesellschaftern als u. U. sittenwidrige Bin-dung) auf allgemeine gesellschaftsrechtliche Gesichtspunkte. Vor allem sollen die Gesellschafter vor *Einschränkungen ihrer Entscheidungsfreiheit unter dem Eindruck willkürlicher Ausschlussmöglichkei-ten* geschützt werden – *„Damoklesschwert der Hinauskündigung".*[9] Derartige Regelungen in Gesell-schaftsverträgen sind nur dann zulässig, wenn nach der besonderen Situation eine solche Gefahr nicht besteht oder andere Interessen ihr gegenüber vorrangig sind. Das kann sich aus Besonderheiten bei Entstehung der Gesellschaft oder Erwerb der Mitgliedschaft ergeben,[10] oder wenn ein Ausufern der Gesellschafterzahl bei Vererblichkeit und Teilbarkeit der Anteile verhindert werden soll.[11] Wesentlich ist dabei, dass der BGH die Wirksamkeit der gesellschaftsvertraglichen Ausschließungsregelung als solcher vom Vorliegen der besonderen Umstände abhängig macht, also auf die Verhältnisse und Über-legungen bei ihrer Schaffung abstellt. Dadurch wird die vertragliche Gestaltungsfreiheit eingeschränkt, was nicht ganz unproblematisch ist.[12] Der BGH und die heute h. M. halten insoweit eine bloße Aus-übungskontrolle, also die Beurteilung nur der Umstände des konkreten Ausschlusses, auf Grund einer generell wirksamen vertraglichen Ausschlussklausel nicht für ausreichend.

---

[7] Z. B. *BGH* NJW 1973, 1606; zur früher h. M. *A. Hueck,* OHG, § 29 I 2 b mit weiteren Nachweisen in Fn. 6.

[8] BGHZ 68, 212; seither st. Rspr., primär zur OHG und KG, doch allgemein für Personengesell-schaften maßgebend, etwa BGHZ 81, 263; *BGH* NJW 1985, 2421; zur Möglichkeit einer geltungser-haltenden Reduktion (Teilnichtigkeit) BGHZ 107, 351; vgl. auch schon BGHZ 105, 213; *Fastrich,* ZGR 1991, 306; *K. Schmidt,* § 50 III 3; MünchKomm-BGB/*Ulmer,* § 737 Rn. 17 ff.; Soergel/*Hadding,* 11. Aufl., § 737 Rn. 7; *Wiedemann* II, § 5 I 3; teilweise enger und anders differenzierend *Flume,* Perso-nengesellschaft, § 10 III; ausführlich *Grunewald,* Der Ausschluss aus Gesellschaft und Verein, 1987, S. 125 ff.; *Schöne,* Gesellschafterausschluss bei Personengesellschaften, 1993, S. 48 ff.

[9] Informativ BGHZ 105, 213, 216 f.; 125, 74, 79 (stille Gesellschaft).

[10] Z. B. unentgeltlich mit Rückerwerbsvorbehalt, auch alleinige Finanzierung, BGHZ 112, 103 (GmbH).

[11] Befristetes Ausschlussrecht bei der Rechtsnachfolge von Todes wegen, BGHZ 105, 213.

[12] Dazu *K. Schmidt,* § 50 III 3 b m. w. N.

Soweit wegen der besonderen Verhältnisse ein Ausschließungsrecht sachlich begründet und daher zulässig ist, muss es, um wirksam zu sein, im Gesellschaftsvertrag eindeutig vereinbart werden (oben § 6 Rn. 9) – **Bestimmtheitsgrundsatz.**[13]

9   Problematisch ist schließlich das **Verhältnis von Ausschließung und Abfindung** des ausgeschlossenen Gesellschafters. Die Möglichkeit, einen Gesellschafter ohne wichtigen Grund auszuschließen, darf nicht dazu führen, dass sich die übrigen Gesellschafter dabei in unangemessener Weise auf Kosten des Ausgeschlossenen bereichern. Deshalb ist eine gesellschaftsvertragliche Regelung der Abfindung (unten Rn. 12; auch unten § 16 Rn. 19) hier nur anwendbar, wenn sie dem Ausgeschlossenen einen den gesamten Umständen nach **angemessenen Abfindungsanspruch** gewährt. Ist das nicht der Fall und führt auch eine ergänzende Vertragsauslegung nicht zu einem angemessenen Ergebnis,[14] ist die vertragliche Abfindungsregelung insoweit nach § 138 BGB nichtig, als sie auch für die Ausschließung ohne wichtigen Grund gelten soll. Die Abfindung erfolgt dann nach der gesetzlichen Regel des § 738 BGB.[15] Voraussetzung ist dabei, dass die Ausschließung als solche wirksam ist. Das bloße Vorhandensein einer ungünstigen Abfindungsregelung berührt die Wirksamkeit der Ausschließung nicht, es sei denn die Mitgesellschafter wollen sich dadurch in sittenwidriger Weise bereichern.

c) Zweigliedrige Gesellschaft

10   Bei einer aus nur zwei Gesellschaftern bestehenden Gesellschaft führt die Anwendung des § 737 BGB zu einem **Übernahmerecht** des verbleibenden Gesellschafters. Das setzt allerdings analog zu § 737 BGB die Vereinbarung einer Übernahmeklausel – bei einer ursprünglich mehrgliedrigen Gesellschaft genügt eine Fortsetzungsklausel – für den Kündigungsfall sowie einen wichtigen Grund in der Person des ausscheidenden Gesellschafters voraus. Das Übernahmerecht kann, wie auch das Ausschließungsrecht, im Gesellschaftsvertrag näher geregelt werden. Bei seiner Ausübung geht das bisherige Gesellschaftsvermögen als Ganzes auf den übernehmenden Gesellschafter über. Die Gesellschaft erlischt, denn eine Einpersonen-BGB-Gesellschaft gibt es nicht. Der Ausgeschlossene hat einen schuldrechtlichen Abfindungsanspruch. Der entscheidende Unterschied zur Auflösung der Gesellschaft ist das Anwachsungsprinzip der Gesamthand, das hier zu einer Gesamtrechtsnachfolge führt (oben § 3 Rn. 7). § 140 Abs. 1 Satz 2 HGB stellt diese Folge klar.[16] Der gesetzgeberische Zweck ist die Rechtssicherheit und die Werterhaltung unternehmerisch eingesetzten Vermögens. Denn in aller Regel ist das in einem lebenden Unternehmen gebundene Vermögen in seinem Zusammenhang mehr wert als die Summe seiner Teile.

3. Identität der Gesellschaft

a) Gesellschaftsvermögen

11   Durch das Ausscheiden eines Gesellschafters wird die Identität der Gesellschaft nicht berührt, die bisherige Gesellschaft besteht unter den übrigen Gesellschaftern weiter. Der ausscheidende Gesellschafter hört mit dem Augenblick seines Ausscheidens auf, Mitglied der Gesamthandsgemeinschaft zu sein. Er büßt also seine dingliche Mitberechtigung am Gesellschaftsvermögen ein und hat nur noch schuldrechtliche Ansprüche gegen die übrigen Gesellschafter. Sein Anteil am Gesellschaftsvermögen wächst, wie § 738 Abs. 1 Satz 1 BGB ausdrücklich bestimmt, den übrigen Gesellschaftern zu – **Anwachsungsprinzip** (oben § 3 Rn. 7). Das bedeutet, dass nunmehr das Gesellschaftsvermögen nur noch den verbliebenen Gesellschaftern zusteht. Die Rechtsstellung jedes einzelnen der übrigen Gesellschafter erweitert sich, weil der Kreis der

---

[13] BGHZ 68, 212.

[14] Zur ergänzenden Auslegung von Abfindungsklauseln BGHZ 135, 387 = NJW 1997, 2592 = JuS 1997, 1135 m. Anm. *K. Schmidt;* zur Unwirksamkeit von Abfindungsvereinbarungen *BGH* NZG 2006, 425.

[15] *BGH* NJW 1979, 104.

[16] Zur Rechtslage vor der Handelsrechtsreform 1998: BGHZ 32, 314; *BGH* LM Nr. 2 zu § 737 BGB, Nr. 15 zu § 142 I HGB = NJW 1966, 827; *K. Schmidt,* FS Frotz, 1993, S. 401; Überblick bei MünchKomm-BGB/*Ulmer,* § 730 Rn. 65 ff.

Mitberechtigten kleiner und somit die sich aus dem Vorhandensein der Mitberechtigten ergebende Beschränkung geringer wird. Dagegen liegt keine wirkliche Rechtsnachfolge in den Anteil des Ausgeschiedenen vor. Da es sich nicht um eine Mitberechtigung nach Bruchteilen, sondern um eine Gesamthandsberechtigung handelt, kommt es auf die Höhe der Anteile der einzelnen Gesellschafter nicht an. Diese Wirkung tritt automatisch ein; eine besondere Übertragung des Gesellschaftsvermögens ist nicht nötig. Deshalb findet auch keine Auflassung der Grundstücke statt, sondern lediglich eine Berichtigung des Grundbuchs.[17]

b) Abfindungsanspruch

Als Ausgleich für den Verlust der gesamthänderischen Beteiligung erhält der Aus- **12** scheidende **schuldrechtliche Ansprüche gegen die übrigen Gesellschafter** (§ 738 BGB): Diese müssen ihm vor allem eine **Abfindung** zahlen in Höhe des Betrages, den er erhalten hätte, wenn die Gesellschaft zur Zeit seines Ausscheidens aufgelöst worden wäre. Erforderlichenfalls ist dazu der Wert des Gesellschaftsvermögens zu schätzen (§ 738 Abs. 2 BGB). Der Anspruch ist gegen die verbleibenden Gesellschafter in ihrer gesamthänderischen Verbundenheit geltend zu machen.[18] Im Gesellschaftsvertrag können ergänzende und auch abweichende Regeln über die Höhe und die Berechnung der Abfindung vereinbart werden (zu den Grenzen oben Rn. 9; vgl. auch unten § 16 Rn. 19). Ferner haben die Gesellschafter dem Ausgeschiedenen der Gesellschaft nur **zur Benutzung überlassene Gegenstände** zurückzugeben.

c) Haftung für Gesellschaftsschulden

Für nach seinem Ausscheiden entstandene Verbindlichkeiten der Gesellschaft haftet **13** der Ausgeschiedene nicht. Dagegen bleibt seine **Haftung für** im Augenblick des Ausscheidens schon **bestehende Schulden unberührt**. Die Gläubiger dürfen nicht durch Wegfall eines Schuldners benachteiligt werden. Allerdings ist die Nachhaftung zeitlich begrenzt, sie erlischt spätestens nach fünf Jahren (§ 736 Abs. 2 BGB i.V.m. § 160 HGB). Für die OHG beginnt die Frist mit der Eintragung des Ausscheidens des Gesellschafters ins Handelsregister. Da es für die GbR kein Register gibt, bereitet die Feststellung des maßgeblichen Zeitpunktes Schwierigkeiten. Jedenfalls beginnt die Frist ab der positiven Kenntnis des Gläubigers vom Ausscheiden des Gesellschafters zu laufen (vgl. auch unten § 15 Rn. 24).[19]

Im **Innenverhältnis** haben die verbleibenden Gesellschafter, denen das Gesellschaftsvermögen zusteht, die Schulden allein zu tragen. Daraus folgt, dass sie den Ausscheidenden von der Haftung für diese Verbindlichkeiten befreien oder, wenn die Schuld noch nicht fällig ist, **Sicherheit** leisten müssen (§ 738 Abs. 1 Satz 3 BGB). Der Ausscheidende nimmt gemäß § 740 BGB an dem Gewinn oder Verlust der zur Zeit seines Ausscheidens **schwebenden Geschäfte** teil. Die Abwicklung dieser Geschäfte ist aber allein Sache der übrigen Gesellschafter, die dem Ausgeschiedenen am Schluss jeden Geschäftsjahres **Auskunft** zu erteilen und Rechenschaft abzulegen haben. Reicht der Wert des Gesellschaftsvermögens zur Deckung der gemeinschaftlichen Schulden und der Einlagen nicht aus, hat also die bisherige Geschäftsführung der Gesellschaft

---

[17] Deshalb kann eine unrichtige Grundbucheintragung auch keinen Gutglaubensschutz bei Übertragung von Gesellschaftsanteilen bieten, *BGH* NJW 1997, 860.
[18] *OLG Köln* NZG 2001, 467 (Revision nicht angenommen); *OLG Frankfurt* NZG 2005, 712; vgl. aber auch *BGH* NZG 2007, 19 betr. Auflösung einer zweigliedrigen Gesellschaft.
[19] BGHZ 117, 168 = NJW 1992, 1615 (zur entsprechenden Anwendung von § 159 HGB a. F.).

zu einem **Verlust** geführt, so muss der Ausscheidende an diesem Fehlbetrag nach Maßgabe seiner Verlustbeteiligung teilnehmen, den übrigen Gesellschaftern also u.U. einen entsprechenden Geldbetrag zahlen (§ 739 BGB).

III. Übertragung der Mitgliedschaft

1. Doppelvertrag

14   Eine Gesellschafternachfolge unter Lebenden (zur Erbfolge bereits oben Rn. 3) stellt der Sache nach eine Verbindung des Ausscheidens eines Gesellschafters und des Eintritts eines neuen Gesellschafters dar. Sie kann auch rechtlich so vollzogen werden, nämlich durch Austritt des einen und zeitlich übereinstimmenden Eintritt des anderen Gesellschafters jeweils durch gesonderten Vertrag mit allen anderen Gesellschaftern nach dem oben (Rn. 2 und 5) Ausgeführten. Deshalb wird diese Konstruktion auch als Doppelvertrag bezeichnet. Die §§ 717, 719 BGB stehen dem nicht entgegen (oben § 3 Rn. 5). Daneben können außerhalb des Gesellschaftsverhältnisses schuldrechtliche Beziehungen zwischen Ausscheidendem und Eintretendem über eine gemeinsame Abwicklung bestehen, z.B. dass der Ausscheidende dem Eintretenden sein Abfindungsguthaben abtritt, das dieser wiederum mit seiner Einlageverpflichtung gegenüber der Gesellschaft verrechnen kann; notwendig ist das jedoch nicht. Es liegt keine unmittelbare Rechtsnachfolge vor.[20]

2. Übertragung durch Verfügungsgeschäft

15   Die andere, praktisch wichtigere und weniger umständliche Form der Nachfolge unter Lebenden ist die unmittelbare Übertragung der Mitgliedschaft vom ausscheidenden auf den eintretenden Gesellschafter durch **gesellschaftsrechtliches Verfügungsgeschäft** zwischen diesen. Die Verfügung hat **dingliche Wirkung**, führt also den Gesellschafterwechsel unmittelbar herbei (vgl. §§ 413, 398 BGB). Das ist heute allgemein anerkannt.[21] Notwendig damit verbunden ist die Übertragung des Anteils am Gesellschaftsvermögen (oben § 3 Rn. 5). Deshalb wird die Übertragung der Mitgliedschaft oft auch als *Übertragung des Gesellschaftsanteils* bezeichnet. Der Anteil am Gesellschaftsvermögen kann nur mit der Mitgliedschaft insgesamt veräußert werden, der Veräußerer scheidet deshalb aus der Gesellschaft aus, während der Erwerber notwendig Mitglied der Gesellschaft werden muss – **Abspaltungsverbot** (oben § 7 Rn. 9). Die Übertragung des Gesellschaftsanteils als Übertragung der Mitgliedschaft selbst ist stets klar zu unterscheiden von der bloßen Übertragung des Auseinandersetzungsguthabens, bei der es sich lediglich um die Abtretung einer Geldforderung handelt. Ein nur schuldrechtliches Geschäft ist auch das der Übertragung zugrunde liegende Verpflichtungsgeschäft zwischen altem und neuem Gesellschafter.

Die Übertragung der Mitgliedschaft (noch nicht die bloße Verpflichtung dazu) verändert die personelle Zusammensetzung der Gesellschaft. Sie berührt unmittelbar

---

[20] Vgl. zum Gesellschafterwechsel durch Doppelvertrag BGHZ 44, 231; MünchKomm-BGB/*Ulmer,* § 719 Rn. 17 ff.; ausführlich *U. Huber,* Vermögensanteil, Kapitalanteil und Gesellschaftsanteil an Personengesellschaften des Handelsrechts, 1970, S. 354 ff.

[21] BGHZ 13, 179, 185; 44, 229, 231; 81, 82, 84; *Flume,* Personengesellschaft, § 17 II; MünchKomm-BGB/*Ulmer,* § 719 Rn. 21 ff., 25 ff.; *Wiedemann* II, § 5 II 1.

die Beziehungen der Gesellschafter untereinander, ist **Grundlagengeschäft** (oben § 8 Rn. 1) und bedarf stets der **Zustimmung aller Gesellschafter.** Ein ohne diese Zustimmung abgeschlossener Übertragungsvertrag ist schwebend unwirksam, d. h. von der Genehmigung der übrigen Gesellschafter abhängig.[22] Wird diese auch nur durch einen Gesellschafter versagt, so ist der Vertrag endgültig unwirksam. Die Zustimmung kann auch im Voraus, vor allem auch generell oder in bestimmtem Rahmen bereits im Gesellschaftsvertrag erteilt werden. Dem einzelnen Gesellschafter kann das Recht eingeräumt werden, einen neuen Gesellschafter frei bzw. mit den vereinbarten Beschränkungen selbst auszuwählen und ihm die Mitgliedschaft zu übertragen. Auf diese Weise kann die **freie Übertragbarkeit der Gesellschaftsanteile** erreicht werden (oben Rn. 2).

Der **eintretende Gesellschafter** erhält grundsätzlich die **gleiche Stellung wie** sie **der ausscheidende** hatte. Das gilt für den Anteil am Gewinn und Verlust, den Anspruch auf das Auseinandersetzungsguthaben, für Verwaltungsrechte sowie Geschäftsführungsbefugnis und Vertretungsmacht. Das Gleiche trifft für die Pflichten des bisherigen Gesellschafters zu, z. B. die Pflicht zur Zahlung rückständiger Einlagen. Jedoch kann im Gesellschaftsvertrag auch eine abweichende Stellung des Eintretenden vorgesehen sein. Ebenso kann sie später, auch noch anlässlich der Anteilsübertragung, vereinbart werden. Sie bedarf, da es sich um eine Änderung des Gesellschaftsvertrages handelt, der Einigung aller Gesellschafter, auch des Eintretenden, wenn die Vereinbarung erst bei der Veräußerung an ihn erfolgt. Die anderen Gesellschafter können ihre Zustimmung hiervon abhängig machen. Im Außenverhältnis sind die Gesellschafter wie ausscheidende und eintretende zu behandeln, d. h. es gilt die Nachhaftung nach § 736 Abs. 2 BGB i. V. m. § 160 HGB (oben Rn. 13) sowie ggf. die Haftung des neuen Gesellschafters für Altschulden entsprechend § 130 HGB (oben Rn. 4).

Mit Zustimmung der übrigen Gesellschafter kann ein Gesellschaftsanteil auch **teil-** 16 **weise übertragen** werden. Dann findet kein Mitgliederwechsel statt, sondern es tritt ein neuer Gesellschafter ein, während der übertragende Gesellschafter Mitglied bleibt. Infolgedessen werden die Verwaltungsrechte nicht übertragen, sondern sie entstehen in der Person des Eintretenden neu. Übertragen wird lediglich ein bestimmter Teil der vermögensrechtlichen Stellung. Der Erwerber erhält einen Anspruch auf Gewinn und auf ein Auseinandersetzungsguthaben; er bekommt nicht nur schuldrechtliche Ansprüche, sondern es wächst ihm als neuem Mitglied der Gesamthandsgemeinschaft auch ein Anteil am Gesellschaftsvermögen zu, der dem von ihm erworbenen Teil des übertragenen Gesellschaftsanteils entspricht.

Möglich ist auch eine **gleichzeitige Auswechslung aller Gesellschafter** in der Weise, dass jeder bisherige Gesellschafter seinen Anteil mit Zustimmung der übrigen auf einen Rechtsnachfolger überträgt.[23] Sogar die Übertragung sämtlicher Gesellschaftsanteile auf einen einzigen Erwerber ist möglich; dieser wird dann Alleininhaber des Gesellschaftsvermögens, die Gesellschaft erlischt. Solche Konstruktionen sind von besonderem Interesse, wenn Grundbesitz zum Gesellschaftsvermögen gehört. Wegen des Anwachsungsprinzips sind Übertragungsakte hinsichtlich der einzelnen Grundstücke nicht erforderlich (oben Rn. 4). Steuerlich werden jedoch Anteilsübertragungen bei Gesellschaften, deren Vermögen im Wesentlichen aus Immobilien besteht, der Grundstücksübertragung gleichgestellt, so dass Grunderwerbsteuer anfällt (§ 1 Abs. 2 a, 3 GrEStG).[24]

---

[22] BGHZ 13, 179. Zur treuwidrigen Verweigerung der Zustimmung im Einzelfall *BGH* NJW 1987, 952; NZG 2005, 129.
[23] BGHZ 13, 179, 187 = NJW 1954, 1155; BGHZ 44, 229, 231; auch BGHZ 71, 284, 291.
[24] Umstritten ist daher auch die Instrumentalisierung des Anwachsungsprinzips, wenn dadurch die an sich erforderliche Zustimmung der Mandanten zur Weitergabe ihrer Akten bei Veräußerung einer Anwaltskanzlei entbehrlich gemacht werden soll; der *BGH* hat die Bildung einer sog. Außensozietät zu diesem Zweck gebilligt, BGHZ 148, 97 = NJW 2001, 2462.

§ 11. Beendigung der Gesellschaft

I. Auflösung und Vollbeendigung

1 Die Gesellschaft ist nicht nur ein Schuldverhältnis, aus dem punktuell einzelne Rechte und Pflichten entspringen, sondern ein **Dauerrechtsverhältnis.** Der Gesellschaftsvertrag begründet ein **Gemeinschaftsverhältnis** und meist eine **Organisation** (oben § 6 Rn. 2). Es gibt normalerweise ein *gesamthänderisch gebundenes Gesellschaftsvermögen* und *Gesellschaftsschulden.* Das hat zur Folge, dass die Beendigung der Gesellschaft in der Regel nicht wie bei sonstigen Schuldverhältnissen durch einen einfachen Akt erfolgen kann, sondern dass es einer **Auseinandersetzung der Gemeinschaft** bedarf (§§ 730 ff. BGB). Die Beendigung setzt mehrere Schritte voraus, die eine bestimmte Zeit benötigen. Den Beginn dieses Zeitraumes pflegt man als **Auflösung** der Gesellschaft, das Ende desselben als **Beendigung** (Vollbeendigung, Erlöschen) zu bezeichnen. Die Vollbeendigung, die also das Ziel der Auflösung ist, tritt erst ein, wenn kein gemeinsames Vermögen mehr vorhanden ist und auch alle sonstigen gemeinsamen Rechtsbeziehungen unter den Gesellschaftern beseitigt sind. Nur ausnahmsweise fallen Auflösung und Vollbeendigung zusammen.

So vor allem bei Vereinigung aller Gesellschaftsanteile in einer Hand, auch bei Ausübung eines Übernahmerechts (oben § 10 Rn. 10, 16). Bei einer reinen Innengesellschaft (oben § 2 Rn. 14, § 5 Rn. 10) entfällt gleichfalls die Auseinandersetzung mangels eines Gesamthandsvermögens und abzuwickelnder Außenbeziehungen. Für die **Fallbearbeitung** wichtig ist, dass im Normalfall die Gesellschaft mit ihrer Auflösung nicht einfach verschwindet.

Die Auflösung führt **keine** grundsätzliche **Änderung in der Rechtsnatur der Gesellschaft** herbei. Die Gesellschaft bleibt Gesamthandsgemeinschaft, sie **ändert aber** ihren **Zweck.** An die Stelle des bisher verfolgten Gesellschaftszwecks tritt das Ziel der Abwicklung. Die Gesellschafter wollen nur noch die bestehenden Rechtsbeziehungen beseitigen. Die Gesellschaft wird zu einer Abwicklungsgesellschaft, ohne dass dadurch die **Identität der Gesellschaft** berührt würde. Auch die Treuepflicht der Gesellschafter besteht mit einem jetzt durch den Abwicklungszweck bestimmten Inhalt fort.[1] Auflösung bedeutet also **Umwandlung in eine Abwicklungsgesellschaft**, allg. M., auch wenn § 730 Abs. 2 BGB das in die Form einer Fiktion kleidet („die Gesellschaft *gilt* als fortbestehend").

Die Auseinandersetzung kann in sehr verschiedener Weise durchgeführt werden; außer im Fall eines Insolvenzverfahrens ist der Wille der Gesellschafter maßgebend. Fehlt eine besondere Vereinbarung, erfolgt die Auseinandersetzung im Wege der Liquidation (§ 731 ff. BGB); dazu unten Rn. 8 f.

II. Auflösungsgründe

2 Das **Gesetz** zählt in den §§ 723 bis 728 BGB eine Anzahl von Auflösungsgründen auf. Die Aufzählung ist nicht abschließend. Daneben kommen Ereignisse in Betracht, die **nach allgemeinen Rechtsgrundsätzen** die Beendigung eines Rechtsverhältnisses

---

[1] *BGH* NJW 1971, 802; NZG 2003, 73.

zur Folge haben. Insbesondere gibt es **keine Einpersonen-GbR;** das Ausscheiden des vorletzten Gesellschafters führt also stets zur Auflösung. Im **Gesellschaftsvertrag** können weitere Auflösungsgründe vorgesehen werden. Die Gesellschaft wird hingegen nicht aufgelöst, wenn sie durch Ausweitung des Geschäftsbetriebs, Registereintragung und ggf. Vertragsänderung zur OHG, KG oder Partnerschaftsgesellschaft wird.

1. Zeitablauf

Ist die Gesellschaft nach dem Gesellschaftsvertrag auf eine fest bestimmte Zeit eingegangen (vgl. auch unten Rn. 4 zur Höchst- oder Mindestdauer), tritt mit Ablauf dieser Zeit die Auflösung von selbst ein; es bedarf keines besonderen Beschlusses der Gesellschafter. Wohl aber können die Gesellschafter umgekehrt den Eintritt der Auflösung verhindern, indem sie durch Beschluss den vorgesehenen Endtermin hinausschieben oder die Gesellschaft in eine solche von unbestimmter Dauer verwandeln. Ein solcher Beschluss ändert den Gesellschaftsvertrag und muss deshalb grundsätzlich einstimmig gefasst werden.[2] Setzen die Beteiligten die Gesellschaft über die für ihre Dauer bestimmte Zeit stillschweigend fort, liegt darin eine Verlängerung auf unbestimmte Zeit (§ 724 Satz 2 BGB).

2. Erreichung oder Unmöglichwerden des Gesellschaftszwecks

Nach § 726 BGB führen Erreichung oder Unmöglichwerden des Gesellschaftszwecks zur Auflösung der Gesellschaft. Hier zeigt sich eine **gesellschaftsrechtsspezifische Abweichung von den allgemeinen Regeln** der §§ 275, 362 BGB, die auf Organisationsverträge nicht passen. Die Unmöglichkeit muss offenbar und darf nicht bloß vorübergehend sein;[3] je nach Lage des Falles kann jedoch eine zeitweise Unmöglichkeit der Zweckerreichung das Ruhen der Gesellschaft zur Folge haben.[4]

3. Beschluss der Gesellschafter

Der Auflösungsbeschluss muss grundsätzlich einstimmig gefasst werden, doch kann der Gesellschaftsvertrag auch einen Mehrheitsbeschluss genügen lassen, muss das dann aber klar zum Ausdruck bringen (Bestimmtheitsgrundsatz, oben § 6 Rn. 9). Die Auflösung durch einstimmigen Beschluss ist stets zulässig, kann also durch den Gesellschaftsvertrag nicht ausgeschlossen werden, denn die Gesellschafter könnten, wenn sie einig sind, eine solche Bestimmung des Gesellschaftsvertrages jederzeit aufheben. Die Auflösung ist deshalb auch dann zulässig, wenn eine Mindestdauer vereinbart war und diese noch nicht erreicht ist.

4. Tod eines Gesellschafters

Nach § 727 Abs. 1 BGB wird die Gesellschaft durch den Tod eines Gesellschafters aufgelöst. Darin kommt zum Ausdruck, dass die Gesellschaft als Personengemein-

---

[2] Zu den Anforderungen an einen konkludenten Beschluss *BGH* NJW 1995, 2843.
[3] RGZ 164, 142; BGHZ 24, 293.
[4] BGHZ 24, 296.

schaft grundsätzlich vom Bestand ihrer Mitglieder abhängig ist. Die Vorschrift weist aber selbst darauf hin, dass der **Gesellschaftsvertrag** etwas anderes vorsehen kann, nämlich

– Fortsetzung unter den übrigen Gesellschaftern; dann scheidet der Verstorbene aus der Gesellschaft aus, seine Erben sind nach den oben § 10 Rn. 11 ff. geschilderten Regeln abzufinden – **Fortsetzungsklausel.**

– Fortsetzung mit den Erben oder einzelnen von ihnen (oben § 10 Rn. 3); **Nachfolgeklausel** oder **Eintrittsklausel.**

Auch ohne eine Bestimmung des Gesellschaftsvertrages können die Gesellschafter die Fortsetzung der Gesellschaft mit oder ohne Erben beschließen. Dann ist aber die Zustimmung aller Gesellschafter einschließlich der Erben des Verstorbenen erforderlich, es sei denn, der Gesellschaftsvertrag sieht vor, dass die verbliebenen Gesellschafter allein beschließen können oder ein Mehrheitsbeschluss genügt.

Die *Auflösung einer juristischen Person,* die Mitglied der Gesellschaft ist, steht dem Tod eines Gesellschafters nicht gleich, da die juristische Person zunächst als Abwicklungsgesellschaft Mitglied der Gesellschaft bleiben kann. Erst die Vollbeendigung der juristischen Person würde dem Tod des Gesellschafters zu vergleichen sein. Eine solche Vollbeendigung tritt aber im Allgemeinen nicht ein, solange die juristische Person noch Mitglied der Gesellschaft ist und deshalb noch vermögensrechtliche Rechte und Pflichten hat. Wohl aber kann die Auflösung der juristischen Person ein wichtiger Grund zur Kündigung der Gesellschaft sein.

5. Insolvenz

a) Gesellschaft

3 Durch Eröffnung des Insolvenzverfahrens über das Vermögen der Gesellschaft wird die GbR aufgelöst (§ 728 Abs. 1 Satz 1 BGB i. V. m. § 11 Abs. 2 Nr. 1 InsO). An die Stelle der Auseinandersetzung tritt das Insolvenzverfahren (§ 730 Abs. 1 BGB). Der Antrag auf Eröffnung des Insolvenzverfahrens (§ 13 InsO) genügt nicht als Auflösungsgrund, auch nicht die Ablehnung der Eröffnung mangels Masse (§ 26 InsO).[5] Zu den Fortsetzungsmöglichkeiten unten Rn. 7.

b) Gesellschafter

Auch durch die Eröffnung des Insolvenzverfahrens über das Vermögen eines Gesellschafters wird die Gesellschaft aufgelöst (§ 728 Abs. 2 BGB). In diesem Fall müssen die in der Beteiligung des Gesellschafters enthaltenen Vermögenswerte zugunsten seiner Gläubiger aus der gesamthänderischen Bindung gelöst werden. Daraus folgt, dass er die Gesellschaft nicht fortsetzen kann. Da aber die Gesellschaft grundsätzlich vom Bestand ihrer Mitglieder abhängig ist, führt die Gesellschafterinsolvenz notwendig die Auflösung der Gesellschaft herbei, falls nicht die Fortsetzung der Gesellschaft unter den übrigen Gesellschaftern im Gesellschaftsvertrag vorgesehen ist oder von den verbleibenden Gesellschaftern nachträglich mit Zustimmung des Insolvenzverwalters vereinbart wird. In den letzteren Fällen scheidet der insolvente Gesellschafter aus der Gesellschaft aus (§ 736 Abs. 1 BGB, oben § 10 Rn. 6); der Abfindungsanspruch fällt in die Insolvenzmasse.[6]

---

[5] Vgl. BGHZ 75, 178 = NJW 1980, 233; BGHZ 96, 151, 154 = NJW 1986, 851; *BGH* NJW 1995, 196 jeweils zum Konkurs der KG; MünchKomm-BGB/*Ulmer,* § 728 Rn. 8 ff.

[6] *BGH* NJW 2007, 1067: Verrechnungen zum Zweck der Ermittlung des Auseinandersetzungsguthabens unterliegen nicht der Insolvenzanfechtung.

6. Kündigung

Die Kündigung ist der praktisch wichtigste Auflösungsgrund. Sie kann von einem 4
Gesellschafter oder von dem Privatgläubiger eines Gesellschafters erklärt werden.

a) Kündigung durch einen Gesellschafter (§ 723 BGB)

Gemeint ist die Kündigung der Gesellschaft insgesamt, nicht der einzelnen Mitgliedschaft (oben § 10 Rn. 1). Hier sind, wie bei allen Kündigungen, zwei Fälle zu unterscheiden, die ordentliche und die außerordentliche Kündigung.[7]

aa) Die **ordentliche Kündigung** ist nur zulässig, wenn die Gesellschaft nicht auf bestimmte Zeit eingegangen ist.

Unter bestimmter Zeit ist dabei eine Frist zu verstehen, die gleichzeitig Höchst- und Mindestdauer
sein soll. Ist die vereinbarte Zeit nur **Höchstdauer,** so ist die Kündigung vorher zulässig, aber auch
ohne Kündigung wird die Gesellschaft mit Ablauf der Zeit aufgelöst. Ist die Zeit nur **Mindestdauer,** so
ist die Kündigung bis zum Ablauf der Frist ausgeschlossen; danach läuft die Gesellschaft auf unbestimmte Zeit weiter und kann jetzt gekündigt werden. Eine auf Lebenszeit eines Gesellschafters eingegangene Gesellschaft wird wie eine auf unbestimmte Zeit vereinbarte Gesellschaft behandelt, kann also
schon vorher beliebig gekündigt werden (§ 724 Satz 1 BGB).

Ist die Gesellschaft auf **unbestimmte Zeit** eingegangen, so ist die Kündigung grundsätzlich **jederzeit** fristlos möglich (§ 723 Abs. 1 BGB). Sie darf aber **nicht zur Unzeit**
erfolgen, d. h. nicht in einem Zeitpunkt, in dem die Auflösung für die Gesellschaft besondere Nachteile mit sich bringt, es sei denn, dass für die Kündigung gerade in diesem Zeitpunkt ein wichtiger Grund vorliegt. Erfolgt die Kündigung ohne einen solchen Grund zur Unzeit, so ist sie zwar wirksam, aber der kündigende Gesellschafter
wird den anderen schadensersatzpflichtig (§ 723 Abs. 2 BGB). Es handelt sich um eine
gesetzliche Ausprägung der Treuepflicht.
Der **Gesellschaftsvertrag** kann eine **Kündigungsfrist** und im Zusammenhang damit auch **Kündigungstermine** vorsehen; beides ist grundsätzlich frei bestimmbar,
darf allerdings nach den Verhältnissen der Gesellschaft, insbesondere dem Gesellschaftszweck, nicht ganz unangemessen sein. Im Übrigen kann das Kündigungsrecht
nicht ganz ausgeschlossen und nicht in anderer als zeitlicher Hinsicht beschränkt
werden (§ 723 Abs. 3 BGB). Wann die nähere vertragliche Ausgestaltung der Kündigung eine unzulässige Kündigungsbeschränkung enthält, kann im Einzelfall umstritten
sein.[8]
Die Kündigung muss **allen übrigen Gesellschaftern erklärt** werden. Eine besondere Form ist nicht vorgeschrieben; die Vereinbarung einer unschwer einzuhaltenden
Form (z.B. Schriftform, auch eingeschriebener Brief) stellt keine unzulässige Kündigungsbeschränkung dar.
bb) Die **außerordentliche Kündigung** setzt einen **wichtigen Grund** voraus und ist
jederzeit fristlos möglich, auch wenn die Gesellschaft auf bestimmte Zeit oder für eine
Mindest- oder Höchstdauer eingegangen ist. § 723 ist *lex specialis* zu § 314 BGB. Auch
eine zur Unzeit erfolgende außerordentliche Kündigung macht nicht nach § 723
Abs. 2 BGB ersatzpflichtig, wenn für sie ein wichtiger Grund vorliegt; allerdings bedarf es gegebenenfalls besonderer Prüfung, ob der wichtige Grund die Kündigung gerade in diesem für die Gesellschaft besonders ungünstigen Zeitpunkt rechtfertigt.

---

[7] Zur Umdeutung einer außerordentlichen in eine ordentliche Kündigung *BGH* NJW 1998, 1551.
[8] Z.B. BGHZ 126, 226 = NJW 1994, 2536; *BGH* NZG 2007, 65: 30-jähriger Kündigungsausschluss
bei Anwaltssozietät.

Ein **wichtiger Grund** liegt vor, wenn dem kündigenden Gesellschafter bei einer Gesamtwürdigung aller Umstände im Einzelfall nach Treu und Glauben die Fortsetzung des Gesellschaftsverhältnisses bis zum vertragsmäßig vorgesehenen Ende oder bis zum nächsten ordentlichen Kündigungstermin nicht mehr zugemutet werden kann (allg. Grundsatz, vgl. §§ 314 Abs. 1 Satz 2, 626 Abs. 1 BGB).[9] § 723 Abs. 1 Satz 3 BGB nennt als **Beispiele** die vorsätzliche oder grob fahrlässige Verletzung einer wesentlichen Gesellschafterverpflichtung und das Unmöglichwerden der Erfüllung einer solchen Pflicht. Der wichtige Grund braucht nicht in der Person eines anderen Gesellschafters zu liegen und setzt vor allem kein Verschulden voraus, vielmehr können z. B. auch eigene Erkrankung oder dauernde Unrentabilität des Gesellschaftsunternehmens die Kündigung rechtfertigen. Ferner liegt mit gewissen Einschränkungen ein wichtiger Grund vor, wenn ein minderjähriger Gesellschafter volljährig wird (§ 723 Abs. 1 Satz 3 Nr. 2, Satz 4–6 BGB).

5   Ein **Ausschluss oder** eine **Beschränkung** des Rechts zur außerordentlichen Kündigung sind **nicht zulässig** (§ 723 Abs. 3 BGB). Deshalb ist es auch nicht möglich, die Kündigungsgründe im Gesellschaftsvertrag abschließend aufzuzählen; wohl aber kann sich aus einer solchen Aufzählung ein Anhalt dafür ergeben, wie die Verhältnisse der Beteiligten zu beurteilen sind und was danach als wichtiger Grund zu werten ist. Dass Dauerrechtsverhältnisse aus wichtigem Grund beendbar sein müssen, ist ein allgemeiner Grundsatz; vor Einführung des § 314 BGB in seiner jetzigen Fassung wurde gern auf § 723 Abs. 3 BGB als Ausprägung dieses Grundsatzes hingewiesen.
Erweiterungen des Kündigungsrechts im Gesellschaftsvertrag sind ohne weiteres zulässig.

b) Kündigung durch den Privatgläubiger eines Gesellschafters

6   Das durch die Gesamthand gebundene Gesellschaftsvermögen ist während des Bestehens der Gesellschaft dem Zugriff der Gläubiger des einzelnen Gesellschafters entzogen (§ 725 Abs. 2 BGB; oben § 3 Rn. 6). Diese können sich lediglich an die Ansprüche ihres Schuldners gegen die Gesellschaft halten, und das auch nur, soweit diese übertragbar sind, d. h. aus der Geschäftsführung entstandene Ansprüche, den Gewinnanteil und das Auseinandersetzungsguthaben (vgl. dazu §§ 829, 851 ZPO). Reichen die beiden ersteren zur Befriedigung eines Gläubigers nicht aus, so hätte er, solange die Gesellschaft nicht aufgelöst wird, keinen Zugriff auf die vielleicht erheblichen Vermögenswerte seines Schuldners, die in dessen Beteiligung an der Gesellschaft gebunden sind. Um hier Abhilfe zu schaffen, gibt § 725 Abs. 1 BGB dem Gläubiger das Recht, die Gesellschaft zu kündigen und so die fraglichen Werte flüssig zu machen.

Voraussetzung ist, dass der Gläubiger den Anteil seines Schuldners am Gesellschaftsvermögen auf Grund eines nicht nur vorläufig vollstreckbaren Schuldtitels gepfändet hat (Pfändbarkeit nach §§ 859 Abs. 1, 857 Abs. 1 ZPO).[10] Eine Kündigungsfrist braucht nicht eingehalten zu werden. Die Kündigung wird wirksam, sobald alle Gesellschafter von ihr Kenntnis erlangt haben.[11] Da es sich um den **Schutz der Gläubiger** handelt, kann der Gesellschaftsvertrag eine derartige Kündigung nicht ausschließen. Wohl aber kann er vorsehen, dass im Fall der Kündigung die Gesellschaft unter den übrigen Gesellschaftern bestehen bleibt – **Fortsetzungsklausel** entsprechend § 736 BGB (allg. Meinung). Der Gesellschafter, dessen Gläubiger gekündigt hat, scheidet dann aus, und sein Gläubiger kann sich aus dem **Abfindungsguthaben** befriedigen. Ferner können die Gesellschafter die Auflösung der Gesellschaft dadurch verhindern, dass sie ihrerseits den Gläubiger befriedigen (analog zu § 268 BGB). Ob dann, wenn der betroffene Gesellschafter den Gläubiger vor der Auseinandersetzung mit den übrigen Gesellschaftern befriedigt, diese zur Fortsetzung der Gesellschaft mit ihm verpflichtet sind, kann nur nach den gesamten Umständen des Falles unter Berücksichtigung der gesellschaftlichen Treupflicht entschieden werden.[12]

---

[9] Zum wichtigen Grund vgl. *BGH* NJW 1998, 146; ZIP 2003, 1037; NZG 2006, 135.
[10] BGHZ 97, 392 = NJW 1986, 1991; BGHZ 116, 222, 229 = NJW 1992, 830; näher zur Anteilspfändung *K. Schmidt*, § 45 IV.
[11] *BGH* NJW 1993, 1002.
[12] RGZ 169, 155; BGHZ 30, 201.

III. Fortsetzung der aufgelösten Gesellschaft

Da die aufgelöste Gesellschaft während der Auseinandersetzung noch als **Abwick-** 7
lungsgesellschaft bestehen bleibt und lediglich ihren Zweck geändert hat, steht grundsätzlich nichts im Weg, durch erneute Zweckänderung die Gesellschaft ihrem alten
oder einem abgeänderten Zweck erneut dienstbar zu machen. Erforderlich ist dafür ein
Beschluss aller Gesellschafter, der grundsätzlich **einstimmig** zu fassen ist.[13] Für zwei
Fälle der Beendigung des Insolvenzverfahrens sieht das § 728 Abs. 1 Satz 2 BGB ausdrücklich vor; damit ist ein allgemeiner Grundsatz angesprochen. Die Fortsetzung ist
keine Neugründung, sondern die **Identität der alten Gesellschaft** bleibt aufrechterhalten.[14] Deshalb ist keine Übertragung des Gesellschaftsvermögens erforderlich.

Eine **Fortsetzung** der Gesellschaft unter Aufrechterhaltung ihrer Identität ist auch möglich **bei
gleichzeitigem Ausscheiden eines oder mehrerer Gesellschafter.** Dann ist ebenfalls die Zustimmung
aller Gesellschafter, auch des ausscheidenden, erforderlich, bzw. wenn ein Gesellschafter gestorben ist,
seiner Erben, in den Fällen der §§ 725 Abs. 1, 728 Abs. 2 BGB des Pfändungspfandgläubigers oder
Insolvenzverwalters. Anders nur, wenn schon der Gesellschaftsvertrag die Fortsetzung vorsah oder
den verbleibenden Gesellschaftern das Recht einräumte, ihrerseits die Fortsetzung unter Ausschluss
des betroffenen Gesellschafters zu beschließen. Denn von diesen Fällen abgesehen hat jeder Gesellschafter ein Recht darauf, dass sein Guthaben im Wege der Auseinandersetzung festgestellt wird; er
braucht sich nicht darauf einzulassen, dass ihm lediglich sein (geschätztes) Abfindungsguthaben ausgezahlt wird. Verweigert er seine Zustimmung, so können die übrigen Gesellschafter nur eine neue Gesellschaft vereinbaren, wobei dann aber eine Neubegründung des Gesellschaftsvermögens, vor allem
auch eine Auflassung der Gesellschaftsgrundstücke nötig wird.

IV. Auseinandersetzung

Die Auseinandersetzung – **Liquidation** – verfolgt den **Zweck, das Gesellschafts-** 8
vermögen aus der gesamthänderischen Gebundenheit zu lösen und den einzelnen
Gesellschaftern die ihnen zustehenden wirtschaftlichen Werte zur freien Verfügung
zuzuführen. Sie dient also vornehmlich den **Interessen der Gesellschafter,** nicht,
wie bei den juristischen Personen, in erster Linie den Interessen der Gläubiger. Die
Gläubiger sind hier dadurch gesichert, dass ihnen die einzelnen Gesellschafter persönlich haften (oben § 9 Rn. 6f.). Es gibt deshalb keinen besonderen Gläubigerschutz.
Dementsprechend ist die Liquidation bei den Personengesellschaften **nicht zwingend**
vorgeschrieben. Sie kann vielmehr durch den **Gesellschaftsvertrag** oder eine **Vereinbarung** der Gesellschafter ausgeschlossen und durch eine **andere Art der Auseinandersetzung** ersetzt oder doch in den Einzelheiten beliebig abgeändert werden. Das
geschieht in der Praxis häufig, etwa so, dass das ganze Gesellschaftsvermögen von
einem Gesellschafter übernommen wird und dieser den übrigen Gesellschaftern eine
entsprechende Vergütung zahlt. Ebenso ist eine Veräußerung des Gesellschaftsvermögens an einen Dritten denkbar oder die Übertragung an einen Treuhänder, der es für
Rechnung der Gesellschafter abwickelt oder veräußert. Insbesondere bei unterneh-
menstragenden Gesellschaften ist es meist wirtschaftlich günstiger, den Zusammenhang der einzelnen Gegenstände im lebenden Unternehmen zu wahren (vgl. oben § 10
Rn. 10).

---

[13] Zu den Anforderungen an einen konkludenten Fortsetzungsbeschluss *BGH* NJW 1995, 2843.
[14] *BGH* NZG 2004, 227.

9   Mangels besonderer Vereinbarung finden die §§ 730 ff. BGB Anwendung (vgl. § 731 BGB). Im Einzelnen gilt dann Folgendes:

Die **Geschäftsführung** steht, auch wenn für die bisherige Gesellschaft etwas anderes galt, allen Gesellschaftern gemeinsam zu, es sei denn, dass der Gesellschaftsvertrag etwas anderes bestimmt, etwa die bisherige abweichende Regelung der Geschäftsführung auch für das Liquidationsverfahren aufrechterhält (§ 730 Abs. 2 Satz 2). Doch gilt, abgesehen vom Fall der Auflösung durch Kündigung, die einem Gesellschafter durch den Gesellschaftsvertrag übertragene Geschäftsführungs- und damit verbundene Vertretungsbefugnis zu seinen Gunsten als fortbestehend, solange er die Auflösung nicht kennt oder kennen muss (§ 729 Satz 1). Der geschäftsführende Gesellschafter wird dadurch vor Ersatzansprüchen geschützt.

Von einem Gesellschafter der Gesellschaft nur **zum Gebrauch** *(quoad usum)* **überlassene Gegenstände** sind zurückzugeben (§ 732). Eine Entschädigung für die Gebrauchsüberlassung kann nicht verlangt werden (§ 733 Abs. 2 Satz 3).

Weiter sind zunächst die **Gesellschaftsschulden** aus dem Gesellschaftsvermögen zu befriedigen; § 733 Abs. 1 spricht von gemeinschaftlichen Schulden. Ist eine Schuld noch nicht fällig oder streitig, so ist das zur Berichtigung Erforderliche zurückzubehalten. Ansprüche der Gesellschafter untereinander aus dem Gesellschaftsverhältnis können nicht gesondert geltend gemacht werden; sie sind grundsätzlich nur Rechnungsposten in der Auseinandersetzung.[15] Das gilt nicht für Forderungen aus Drittgeschäften.[16]

Sodann sind die **Einlagen zurückzuerstatten**, und zwar nicht in natura, sondern in Geld nach dem Wert zur Zeit der Einbringung. Dienstleistungen werden nicht vergütet.[17] Reichen die liquiden Mittel zur Bezahlung der Schulden und Erstattung der Einlagen nicht aus, so ist das sonstige Gesellschaftsvermögen in Höhe des erforderlichen Betrages zu versilbern, d. h. in Geld umzusetzen (§ 733 Abs. 2 und 3).

Der verbleibende *Rest des Gesellschaftsvermögens* – **Auseinandersetzungsguthaben** – *wird unter die Gesellschafter* nach dem Verhältnis ihrer Gewinnanteile *verteilt*. Teilbare Gegenstände werden in natura geteilt (§ 752 i. V. m. § 731 Satz 2 BGB), andere in Geld umgesetzt und dieses verteilt (§ 734). Reicht das Gesellschaftsvermögen zur Tilgung der Schulden und Rückerstattung der Einlagen nicht aus, so haben Gesellschafter für den **Fehlbetrag** nach Maßgabe ihrer Verlustanteile aufzukommen. Ist ein Gesellschafter zahlungsunfähig, so haben die übrigen Gesellschafter den Ausfall nach dem gleichen Maßstab zu tragen (§ 735 BGB). Dabei handelt es sich nicht etwa um eine nachträgliche Einlagenerhöhung (§ 707 BGB), sondern um die Verteilung der Last der Außenhaftung im Innenverhältnis.

Beim Ausscheiden des vorletzten Gesellschafters (oben Rn. 2) ist die Gesellschaft beendet.[18] Das Vermögen fällt an den letzten Gesellschafter; einer Liquidation bedarf es nicht. Statt des Auseinandersetzungsanteils hat der Ausgeschiedene einen Abfindungsanspruch (oben § 10 Rn. 10, 12).

---

[15] *BGH* NJW 1998, 376; Einlageforderung als Rechnungsposten bei Bestimmung das Abfindungsguthabens *BGH* NJW 2000, 2586; DStR 2002, 228; NZG 2006, 185.

[16] *BGH* NZG 2006, 459.

[17] Über eine Ausnahme von diesem Grundsatz vgl. *BGH* NJW 1980, 1744.

[18] *BGH* NJW-RR 2002, 704.

2. Kapitel. Personenhandelsgesellschaften und stille Gesellschaft

Literatur: Außer den im Literaturverzeichnis genannten Gesamtdarstellungen des Gesellschaftsrechts auch Lehrbücher und Kommentare zum 2. Buch des HGB:
    Kommentare: *Baumbach/Hopt/Hopt,* HGB, §§ 105 ff.; *Ebenroth/Boujong/Joost,* HGB, §§ 105 ff.; *Röhricht/v. Westphalen,* HGB, §§ 105 ff.; *Großkomm-HGB,* §§ 105 ff.; *Koller/Roth/Morck,* HGB; *MünchKomm-HGB/K. Schmidt,* Bd. 2 und 3; mit steuerrechtlichem Schwerpunkt *Stuhlfelner,* und *Selder,* in: Heidelberger Kommentar zum HGB, 7. Aufl., 2006.
    Systematische Darstellungen: *Blaurock,* Handbuch der stillen Gesellschaft, 6. Aufl., 2003; *A. Hueck,* OHG; *Müller/Hoffmann* (Hrsg.), Beck'sches Handbuch der Personengesellschaften, 2. Aufl., 2002; *MünchHdb-GesR* I und II; *H. P. Westermann,* Handbuch der Personengesellschaften, 4. Aufl., 1994 ff. (Loseblatt).
    Rechtsprechungsübersichten zum Personengesellschaftsrecht: *Hirte,* NJW 2003, 1285; 2005, 718; 2007, 817; *Kuhn,* WM 1968, 78; 1970, 1502; 1973, 1168; 1977, 126; fortgesetzt von *Brandes,* WM 1986, Sonderbeil. 1; 1987, Sonderbeil. 1; 1990, 1221; 1994, 569; 2000, 285; *Hüffer,* ZHR 151 (1987), 396; *Kellermann/Stodolkowitz,* Höchstrichterliche Rechtsprechung zum Personengesellschaftsrecht, 4. Aufl., 1994; *Reuter,* JZ 1986, 16, 72; *K. Schmidt,* NJW 2000, 2917; *Ulmer,* ZHR 161 (1997), 102; *Wertenbruch,* NZG 2006, 408; *H. P. Westermann,* in: Heldrich/Hopt (Hrsg.), 50 Jahre Bundesgerichtshof, Festgabe aus der Wissenschaft, Bd. 2, 2000, S. 245.
    Zu übergreifenden und rechtsvergleichenden Fragen: *McCahery/Raaijmakers/Vermeulen* (Hrsg.), The Governance of Close Corporations and Partnerships – US and European Perspectives, 2004; *Huu,* Die Personengesellschaft im Konzern, 2006; *Hochedlinger/Fuchs,* Stille Gesellschaft, 2003 (Österreich).
    Zur Handelsrechtsreform 1998 s. Vorauflage.

§ 12. Die OHG: Begriff, Rechtsnatur und Bedeutung

I. Begriff

Die OHG ist eine Gesellschaft, deren Zweck auf den Betrieb eines Handelsgewerbes **1** unter gemeinschaftlicher Firma gerichtet ist und bei der alle Gesellschafter den Gläubigern unbeschränkt haften (§ 105 Abs. 1 HGB).

§ 105 Abs. 3 HGB zeigt, dass das HGB den Gesellschaftsbegriff des BGB zugrunde legt. Die OHG muss deshalb zunächst alle oben in § 5 entwickelten **Begriffsmerkmale der BGB-Gesellschaft** aufweisen. Hinzu kommen folgende **weitere Voraussetzungen:**

1. Betrieb eines Handelsgewerbes

Der **Gesellschaftszweck** muss auf den **Betrieb eines Handelsgewerbes** gerichtet sein. **2** Der Begriff des Handelsgewerbes ergibt sich aus den §§ 1–3 HGB, die durch die Handelsrechtsreform 1998 grundlegend geändert worden sind (vgl. Lehrbücher und Kommentare zum Handelsrecht). Dadurch wurde auch der Anwendungsbereich der OHG erweitert. Nach wie vor ausgenommen sind die freien Berufe; für sie steht die Gesell-

schaftsform der Partnerschaft nach dem PartGG zur Verfügung.[1] Der Zusammenschluss von *Kleingewerbetreibenden* (vgl. § 1 Abs. 2 HGB) ist als BGB-Gesellschaft
oder, bei Eintragung ins Handelsregister, als OHG möglich. Die Gesellschafter haben
die Wahlmöglichkeit entsprechend § 2 HGB. Auch eine Gesellschaft, die nur eigenes
Vermögen verwaltet, kann dies in der Form der OHG tun (§ 105 Abs. 2 HGB).[2]

Der ursprüngliche Grund für diese Regelung sind die zwingend vorgeschriebene Haftung aller Gesellschafter, die grundsätzlich für jeden einzelnen Gesellschafter bestehende unbeschränkte Vertretungsmacht und vor allem die Anwendung von Handelsrecht, die die OHG besonders riskant und für
kleingewerbliche Verhältnisse oft ungeeignet machen. Diesen Risiken sollen nur Kaufleute zwingend
ausgesetzt sein. Die BGB-Gesellschaft kann allerdings, mit Ausnahme der Registerwirkungen, ebenso
ausgestaltet werden wie eine OHG; für die Einführung der Einzelvertretungsmacht ist eine besondere
Vereinbarung nötig (oben § 8 Rn. 8).

Geht **nachträglich** und nicht nur vorübergehend der **Umfang** des Betriebs der Gesellschaft auf den
eines Kleingewerbes zurück oder gibt die Gesellschaft den Betrieb z. B. durch Verpachtung auf, wird
die OHG zur **BGB-Gesellschaft**.[3] Eine Übertragung des Vermögens ist nicht notwendig, weil die
Identität der Gesellschaft nicht berührt wird. Falls zum Gesellschaftsvermögen Grundstücke gehören,
ist das Grundbuch lediglich zu berichtigen. Die OHG ist im Handelsregister zu löschen. Solange das
nicht geschehen ist, sind die §§ 2, 5 und 6, 15 HGB zu beachten.[4] Die Gesellschaft kann aber auch nach
§ 105 Abs. 2 HGB eingetragen und damit OHG bleiben.[5] Vertragliche Vereinbarungen über Geschäftsführung und Vertretung bleiben bis zu ihrer Änderung bestehen. Zum umgekehrten Fall des
Wachsens eines Kleingewerbes unten Rn. 13.

2. Firma

3   Die Gesellschaft muss eine gemeinschaftliche Firma führen, d. h. sie muss **nach
außen als Einheit auftreten** (Außengesellschaft, daher „offene" Handelsgesellschaft).
Die *firmenrechtlichen* Anforderungen ergeben sich aus den §§ 17 ff. HGB. Danach muss
die Firma unterscheidungskräftig und darf nicht irreführend sein; sie muss einen
Rechtsformzusatz enthalten, der erkennen lässt, dass es sich um eine OHG handelt
(„offene Handelsgesellschaft" oder eine allgemein verständliche Abkürzung, § 19
Abs. 1 Nr. 2 HGB).[6] Übernimmt die OHG ein schon bestehendes Handelsgeschäft,
kann sie die damit verbundene Firma fortführen, wenn der bisherige Geschäftsinhaber
oder seine Erben in diese Fortführung einwilligen (§ 22 Abs. 1 HGB). Entsprechendes
gilt bei Aufnahme eines Gesellschafters in das Geschäft eines Einzelkaufmanns und bei
Änderungen in der personellen Zusammensetzung einer Gesellschaft (§ 24 HGB).
Auch bei fortgeführter Firma ist in jedem Fall der korrekte Rechtsformzusatz erforderlich.

---

[1] Zur Abgrenzung BayObLGZ 2002, 95 = NZG 2002, 718; MünchKomm-BGB/*Ulmer,* § 1 PartGG,
Rn. 15 ff.

[2] Die Verwaltung eigenen Vermögens ist nach überwiegender Ansicht kein Gewerbe; von praktischer
Bedeutung ist das bei sog. Besitzgesellschaften nach Betriebsaufspaltung, die selbst kein Unternehmen
mehr betreiben, sondern nur das Anlagevermögen an die Betriebsgesellschaft verpachten, oder bei
Holdinggesellschaften, die nur Anteile an anderen Gesellschaften verwalten; *BGH* NJW-RR 1990, 798
= JuS 1990, 1020 *(K. Schmidt);* BGHZ 149, 80, 86 = NJW 2002, 368; Großkomm-HGB/*Ulmer,* § 105
Rn. 26; – str., a. A. Baumbach/Hopt/*Hopt,* § 1 Rn. 17 f.: Umfang und Komplexität maßgebend; weiter-
gehend MünchKomm-HGB/*K. Schmidt,* § 105 Rn. 58 ff., der jede nichtgewerbliche Außengesellschaft
unter § 105 Abs. 2 HGB fasst.

[3] BGHZ 32, 307; Baumbach/Hopt/*Hopt,* § 105 Rn. 8; zum umgekehrten Fall BayObLGZ 2002, 137,
140 f. = NZG 2002, 882 = NJW-RR 2002, 1363.

[4] Die Konstruktion ist im Einzelnen streitig; jedenfalls ist die Gesellschaft weiter als OHG zu behandeln; vgl. Baumbach/Hopt/*Hopt,* § 2 Rn. 6, § 105 Rn. 8.

[5] Str., ob dazu ein Antrag erforderlich ist; dafür *Canaris,* § 3 Rn. 49 f.; a. A. Ebenroth/Boujong/Joost/
Kindler, § 2 Rn. 32.

[6] Für den Namen der Partnerschaftsgesellschaft ist in § 2 PartGG weitgehend auf das Firmenrecht
verwiesen.

Gehört der OHG *keine natürliche Person* als Gesellschafter an, muss sowohl bei der Bildung einer neuen als auch bei Fortführung einer übernommenen Firma zur *Klarstellung der Haftungsverhältnisse* ein entsprechender *Firmenzusatz* angefügt werden (§ 19 Abs. 2 HGB). Im Geschäftsverkehr soll schon aus der Firma deutlich werden, dass hier keine natürliche Person unbeschränkt haftet. Deshalb gilt die Bestimmung nicht, wenn der Gesellschaft eine andere OHG oder KG mit einer voll haftenden natürlichen Person als Gesellschafter angehört.[7] Vgl. im Übrigen zur GmbH & Co. KG unten § 37 Rn. 12.

Die OHG kann immer *nur eine Firma* haben, auch wenn sie mehrere verschiedenartige Handelsgeschäfte betreibt.[8] Bei einer Handelsgesellschaft ist die Firma nicht nur wie beim Einzelkaufmann der besondere Handelsname, unter dem das Geschäft betrieben wird, sondern sie ist die einzige Bezeichnung und damit das einzige Unterscheidungsmittel für den Firmeninhaber. Es würde deshalb Verwirrung stiften, wenn ein und dieselbe Gesellschaft zwei verschiedene Firmen führen könnte. Im Geschäftsverkehr würde der Eindruck mehrerer verschiedener Gesellschaften erweckt. Das gilt grundsätzlich auch für eine Zweigniederlassung (§ 13 HGB).

3. Haftung

Die Haftung gegenüber den Gesellschaftsgläubigern darf bei keinem Gesellschafter **4** beschränkt sein, d.h. es darf nicht nach dem Muster der KG (§§ 161 ff. HGB) bei einzelnen Gesellschaftern die Haftung wirksam eingeschränkt sein. Dieses Merkmal in § 105 Abs. 1 HGB ist das Kriterium zur **Unterscheidung der OHG von der KG**. Die unbeschränkte **Haftung** der Gesellschafter ergibt sich dann zwingend als **gesetzliche Folge** aus § 128 HGB. Sie braucht also nicht besonders vereinbart zu werden. Über den Inhalt der Haftung unten § 15 Rn. 17 ff.

Für die **Fallbearbeitung** ergeben sich hier eher selten Probleme. Das Vorliegen einer OHG sollte nur geprüft werden, wenn daran ernsthafte Zweifel bestehen. Das ist nicht der Fall, wenn z.B. die **Firma falsch** gebildet wurde, denn das lässt den **Bestand der Gesellschaft unberührt** und hat ggf. firmenrechtliche (§§ 14, 37 HGB) oder Rechtsscheinkonsequenzen. Entsprechendes gilt für die **Haftung**; wenn ein Gesellschafter seine Haftung bestreitet, begründet das noch keinen Zweifel am Vorliegen einer OHG. Beim objektiven Vorliegen ihrer Voraussetzungen besteht die OHG **von Rechts wegen**.

II. Rechtsnatur der OHG

1. Gesellschaft

Die OHG ist Gesellschaft im engeren Sinn (oben § 2 Rn. 9 ff.), also nicht Verein **5** oder Körperschaft, und damit **Personengesellschaft**. Im Zweifel sind daher bei Fehlen einer vertraglichen oder gesetzlichen Regelung die Grundprinzipien über die Gesellschaft anzuwenden (Bindung an die Mitglieder, Selbstorganschaft, Einstimmigkeit). Die OHG ist **Gesamthandsgemeinschaft** (oben § 3 Rn. 4). Die Vermögenszuordnung folgt daher den Regeln über die Gesamthand, was vor allem im Innenverhältnis und beim Wechsel von Gesellschaftern von Bedeutung ist. Theoretisch ist die Bildung von Bruchteilsvermögen der Gesellschafter zwar möglich,[9] was jedoch praktisch kaum relevant werden dürfte.

Das Recht der OHG ist in den **§§ 105–160 HGB** geregelt. Ergänzend finden die Vorschriften des **BGB** über die Gesellschaft Anwendung (§ 105 Abs. 3 HGB). Hervorzuheben sind die Punkte, in denen sich das Recht der OHG vom Recht der BGB-Gesellschaft unterscheidet oder denen bei der

---

[7] Baumbach/Hopt/*Hopt*, § 19 Rn. 25.
[8] BGHZ 67, 166 = NJW 1976, 2163; – h. M.
[9] Baumbach/Hopt/*Hopt*, § 124 Rn. 5.

OHG besonderes Gewicht zukommt. Dagegen sind die Vorschriften des BGB über den eingetragenen Verein nicht anwendbar, da die OHG weder Verein (Körperschaft) noch juristische Person ist. Das gilt nicht für die analoge Anwendung des § 31 BGB, die für alle Personenvereinigungen in Betracht kommt, die sich eines verselbständigten Sondervermögens und einer besonderen Organisation bedienen (oben § 9 Rn. 5).

2. Rechtsfähigkeit

6   Die OHG ist rechtsfähige Personengesellschaft i. S. d. § 14 Abs. 2 BGB. Ihre rechtliche Verselbständigung ergibt sich aus § 124 HGB. Sie ist jedoch **nicht juristische Person** (oben § 2 Rn. 5, 10). Darüber wird gelegentlich gestritten, für das deutsche Recht ist das jedoch ganz überwiegend anerkannt.[10] Dem entspricht die Behandlung im **Steuerrecht**. Die OHG als solche ist im Gegensatz zur AG und GmbH nicht Körperschaftsteuersubjekt; die einzelnen Gesellschafter haben ihren Anteil am Gewinn als Einkommen zu versteuern – **Transparenz**. Der Gewinn wird lediglich einheitlich für alle Gesellschafter der OHG durch das Betriebsfinanzamt festgestellt (oben § 2 Rn. 5; § 4 Rn. 10). Die OHG als solche ist steuerpflichtig bei Grundsteuer, Gewerbesteuer und Umsatzsteuer; diese Steuerarten knüpfen an das Grundeigentum und bestimmte Aktivitäten an, sind also Objekt- bzw. Verkehrsteuern. Als Rechtsträger i. S. d. UmwG kann die OHG ihre Rechtsform in eine andere wechseln (§§ 3 Abs. 1 Satz 1, 191 Abs. 1 UmwG) oder durch Umwandlung aus einem anderen Rechtsträger entstehen.

3. Handelsgesellschaft

7   Die OHG ist Handelsgesellschaft, da der Betrieb eines Handelsgewerbes Voraussetzung ist (§ 105 mit §§ 1–3 HGB). Sie ist deshalb immer **Kaufmann** (§ 6 Abs. 1 HGB). Das gilt auch für die OHG, die nur ein Kleingewerbe betreibt und die vermögensverwaltende OHG (§ 105 Abs. 2 Satz 1 HGB). Die Kaufmannseigenschaft kommt der OHG als solcher zu, im Fall des § 105 Abs. 1 HGB ohne Rücksicht darauf, ob sie in das Handelsregister eingetragen ist (dazu unten § 13 Rn. 7f., 21). Die Folge ist, dass alle von ihr vorgenommenen Rechtsgeschäfte **Handelsgeschäfte** (§ 343 HGB) sind und somit den Regeln des Handelsrechts unterstehen. Die Vorschriften über das **Handelsregister** finden Anwendung, insbesondere § 15 HGB; sie ist nach §§ 238ff. HGB zur **Buchführung und Bilanzierung** verpflichtet.

Dagegen unterliegt die OHG nicht den ergänzenden Vorschriften über den Jahresabschluss und dessen Veröffentlichung nach §§ 264ff. HGB, es sei denn die OHG hat keine natürliche Person als Gesellschafter und für ihre Gesellschafter haftet ebenfalls keine natürliche Person (§ 264a HGB). Davon gibt es wiederum eine Gegenausnahme, wenn die Gesellschaft in einen Konzernabschluss einer anderen Gesellschaft einbezogen ist (§ 264b HGB). Diese Vorschriften setzen die GmbH & Co. Richtlinie um (oben § 2 Rn. 28). Sehr große OHG, die die gesetzlichen **Größenmerkmale** des Publizitätsgesetzes erfüllen, sind wie große Kapitalgesellschaften zur Rechnungslegung und Publizität verpflichtet.[11]

---

[10] St. Rspr. u. h. M.; RGZ 136, 270 und 402; RGZ 165, 203; BGHZ 34, 293, 296 = NJW 1961, 1022; BGHZ 110, 127, 128; vgl. auch BGHZ 146, 341 = NJW 2001, 1056 – ARGE Weißes Ross; BGHZ 149, 80, 84 = NJW 2002, 368; Baumbach/Hopt/_Hopt_, § 124 Rn. 1; _U. Huber_, FS Lutter, 2000, S. 107, 109f., 113f.; _A. Hueck_, OHG, § 3 IV; _G. Hueck_, FS Zöllner, Bd. 1, 1998, S. 275, 286; _Kübler/Assmann_, § 7 I 2b; Röhricht/von Westphalen/_von Gerkan_, § 105 Rn. 6; _K. Schmidt_, § 8 I 3, § 46 II, 1; Großkomm-HGB/_Habersack_, § 124 Rn. 2; Großkomm-HGB/_Ulmer_, § 105 Rn. 4, 39ff.; _Ulmer_, AcP 198 (1998), 113, 119; _Zöllner_, FS Gernhuber, 1993, S. 563; _ders._, FS Claussen, 1997, S. 423, 429ff.; vgl. auch § 11 Abs. 2 Nr. 1 InsO; – anders dagegen _Bälz_, FS Zöllner, Bd. 1, 1998, S. 35, 62; _Raiser_, AcP 199 (1999), 104; _Timm_, ZGR 1996, 247, 251ff.

[11] Gesetz über die Rechnungslegung von bestimmten Unternehmen und Konzernen (Publizitätsgesetz – PublG) vom 15. 8. 1969. – Zur Bilanzierung s. auch _Wiedemann_ II, § 8 II 4.

Kaufmannseigenschaft haben nach der Rechtsprechung des BGH auch die **einzel-** 8
nen Gesellschafter in dieser Eigenschaft.[12] Dem folgt die überwiegende Meinung in
der Literatur nur mit einigen **Differenzierungen.** Dabei kommt es auf den Zweck der
jeweils anzuwendenden Norm an.[13]

Gesellschafter einer OHG können zu Handelsrichtern nach § 109 Abs. 1 GVG ernannt werden; sie
werden aber nicht als Kaufleute i.S.d. §§ 29 Abs. 2, 38 Abs. 1 ZPO angesehen.[14] Beim Abschluss und
Änderung des Gesellschaftsvertrages selbst ist der Gesellschafter nicht Kaufmann, wenn er nicht schon
vorher ein Handelsgewerbe betreibt. Der Gesellschaftsvertrag ist jedenfalls kein Handelsgeschäft i.S.d.
§ 343 HGB. Gesellschafter können sich aber formlos für die Gesellschaft verbürgen (§ 350 HGB).[15]
Praktisch wichtiger ist die Frage, in welchen Fällen Gesellschafter, selbst wenn ihnen die Kaufmannseigenschaft nicht zukommt, dennoch nicht Verbraucher i.S.d. § 13 BGB sind. Die OHG selbst ist Unternehmer i.S.d. § 14 Abs. 1 BGB.[16] Soweit einzelne Gesellschafter Geschäfte im Zusammenhang mit
der OHG tätigen, ist der Schutzzweck des Verbraucherrechts nicht einschlägig; das kann sich z.B. bei
der Kontrolle Allgemeiner Geschäftsbedingungen auswirken (§ 310 Abs. 1 BGB).

4. Innen- und Außengesellschaft

Die OHG ist stets **zugleich Innen- und Außengesellschaft** (oben § 2 Rn. 14). Auf Personen, die im 9
Innenverhältnis keine Gesellschaft bilden, sondern nur nach außen wie eine OHG auftreten, finden
nur zum Schutz gutgläubiger Dritter einzelne Regeln des OHG-Rechts Anwendung (unten § 13
Rn. 10) – **Scheinhandelsgesellschaft.** Umgekehrt müssen die Gesellschafter auch nach außen als Einheit unter gemeinschaftlicher Firma auftreten, sonst bilden sie nur eine Innengesellschaft, die Gesellschaft bürgerlichen Rechts oder stille Gesellschaft sein kann. Das Recht der OHG kommt nicht zur
Anwendung, soweit es das Außenverhältnis betrifft.

III. Geschichte, ökonomische Grundlagen und Rechtsvergleich

1. Geschichte[17]

Eine Gesellschaftsform, die der heutigen OHG entspricht, gab es bereits im *Mittelalter.* Ihre Wurzel 10
ist die Hausgemeinschaft. Hinterlässt ein Kaufmann bei seinem Tod mehrere Söhne als Erben, die vielleicht schon bisher im Geschäft des Vaters tätig waren, liegt es nahe, dass sie das Geschäft gemeinsam
weiterführen. Sie sind gleichberechtigt, nehmen an der Geschäftsführung und Vertretung teil, führen
die Geschäfte unter gemeinsamem Namen (Firma) und haften sämtlich für die gemeinsamen Schulden.
Später werden entsprechende Gesellschaften auch unter Nichtverwandten durch Vertrag begründet.
Im Gegensatz zu der unten (§ 17 Rn. 4) zu besprechenden commenda ist charakteristisch, dass jeder
offen beteiligt ist, als *Mitunternehmer* hervortritt und deshalb auch den Gläubigern *unbeschränkt haftet.* Es handelt sich also um eine Arbeitsgemeinschaft und eine Vermögensgemeinschaft zur gesamten
Hand.

In *Italien* findet sich diese Gesellschaftsform seit dem 13. Jahrhundert als *compagnia* oder (sehr bezeichnend) societas fratrum. Später tritt sie auch in *Deutschland* hervor, gut ausgeprägt finden wir sie
im 15. und 16. Jahrhundert. Das berühmteste Beispiel ist die Gesellschaft der Fugger in Augsburg,
begründet durch einen Vertrag zwischen Ulrich, Georg und Jakob Fugger, 1494, dem ältesten erhalten

---

[12] BGHZ 34, 293, 296 f. = NJW 1961, 1022; BGHZ 45, 282, 284 = NJW 1966, 1960; *BGH* BB 1968,
1053; *Canaris,* § 2 Rn. 20; *Flume,* Personengesellschaft, § 4 II (S. 58 f.); *A. Hueck,* OHG, § 3 III, vor
allem Fn. 8; Röhricht/von Westphalen/*Röhricht,* § 1 Rn. 75.

[13] Baumbach/Hopt/*Hopt,* § 105 Rn. 19 ff.; Ebenroth/Boujong/Joost/*Kindler,* § 1 Rn. 86; *K. Schmidt,*
Handelsrecht, 5. Aufl., 1999, § 5 I 1 b; Großkomm-HGB/*Ulmer,* § 105 Rn. 77.

[14] Baumbach/Hopt/*Hopt,* § 105 Rn. 20; *Hopt,* AcP 183 (1983) 608, 635 f.; str.

[15] Dafür Baumbach/Hopt/*Hopt,* § 105 Rn. 22; *K. Schmidt,* ZIP 1986, 1510.

[16] Eine vermögensverwaltende GbR, die nicht nach § 105 Abs. 2 HGB eingetragen ist, wird von der
Rechtsprechung dagegen als „natürliche Person" und Verbraucher behandelt, BGHZ 149, 80 = NJW
2002, 368.

[17] Instruktiv *Zimmermann,* The Law of Obligations, 1993, S. 451–476.

gebliebenen Gesellschaftsvertrag. Jeder der drei Brüder hatte unbeschränkte Geschäftsführungsbefugnis und Vertretungsmacht, jeder haftete unbeschränkt für die Schulden. Mit dem Tode von Ulrich und Georg traten deren Erben als Gesellschafter ein, aber sie sind von Geschäftsführung und Vertretung ausgeschlossen; Jakob der Reiche ist der alleinige „Regierer" oder geschäftsführende Gesellschafter, wie wir heute sagen würden. Es leuchtet ein, dass, wenn bei den anderen Gesellschaftern nicht nur die Geschäftsführungsbefugnis, sondern auch die Haftung beschränkt worden wäre, aus der OHG eine KG geworden wäre, wie es bei anderen Gesellschaften der damaligen Zeit tatsächlich der Fall war.

Gesetzliche Regelungen dieser Gesellschaftsform brachten vor allem die ordonnance sur le commerce von 1673 (société générale), der code de commerce von 1807 (société en nom collectif) in Frankreich, in Deutschland das ADHGB von 1861, das schon die wesentlichen Grundsätze des geltenden Rechts enthielt. Das HGB von 1897, das zusammen mit dem BGB zum 1. 1. 1900 in Kraft trat, blieb hinsichtlich der Vorschriften über die OHG im Wesentlichen gleich, bis die Handelsrechtsreform 1998 mehrere grundlegende Änderungen anbrachte. Diese betreffen hauptsächlich die Fortführung der Gesellschaft und das Ausscheiden von Gesellschaftern. Dabei hat der Gesetzgeber nachgezeichnet, was sich in der Kautelarjurisprudenz ohnehin durchgesetzt hatte. Ferner ist die OHG als Handelsgesellschaft von den allgemeinen Änderungen des Handelsrechts, z. B. Kaufmannsbegriff, Handelsregister, Rechnungslegung etc. betroffen.

2. Ökonomische Grundlagen

11   Ausgangspunkt ist die Grundentscheidung, ob eine unternehmerische Aktivität durch ein Individuum allein (Einzelkaufmann) oder durch mehrere Personen betrieben werden soll. In den oben (Rn. 10) geschilderten Fällen wäre es sicher wirtschaftlich nicht sinnvoll gewesen, das lebende Unternehmen aufzuteilen. Meist ist aber die Grundlage für die Entscheidung, sich in einer Gesellschaft zusammen zu tun, die bessere Ertragsaussicht für die Ressourcen der einzelnen Gesellschafter im Verbund (vgl. oben § 1 Rn. 30). Das betrifft sowohl die eigene Arbeitskraft – die OHG ist auf die Mitwirkung aller Gesellschafter durch Geschäftsführung und Vertretung angelegt, als auch die Vermögenseinlagen, insbesondere bei schwacher Eigenkapitalausstattung. Die wirtschaftliche Bedeutung der OHG als Gesellschaftstyp liegt darin, dass sie die Elemente **echter Mitunternehmerschaft** verwirklicht. Sie führt zur Vereinigung der Arbeitskraft, der Kapitalkraft und des Kredits der Gesellschafter. Die gesamthänderische Bindung des Gesellschaftsvermögens trennt dieses vom Privatvermögen der Gesellschafter. Die **unbeschränkte Haftung** für die Gesellschaftsschulden hat zugleich eine Steuerungsfunktion, indem sie zur Vorsicht anhält und von unvernünftigen Risiken abhält. Die Rechtsform der OHG ist daher darauf angelegt, dass alle Gesellschafter ihre ganze Arbeits- und Finanzkraft dem gemeinsamen Unternehmen widmen wollen, die Teilnahme hieran also im Wesentlichen ihren Beruf ausmachen soll. Dabei verhindern Alleingeschäftsführungsbefugnis und Alleinvertretungsmacht jedes einzelnen Gesellschafters eine sonst aus dem Zusammenwirken vieler resultierende Schwerfälligkeit und sichern der OHG die im Handelsverkehr erforderliche Beweglichkeit. Alleingeschäftsführungsbefugnis und Vertretungsmacht jedes Gesellschafters einerseits und unbeschränkte persönliche Haftung jedes einzelnen mit seinem ganzen Privatvermögen andererseits sind auf Dauer nur tragbar, wenn volles gegenseitiges Vertrauen in die Zuverlässigkeit und die Fähigkeiten aller Mitgesellschafter besteht. Sind diese Voraussetzungen erfüllt, erspart die OHG Kosten für die Kontrolle bei Drittorganschaft, für den Gläubigerschutz bei Haftungsbeschränkung und bei Inanspruchnahme des Kapitalmarktes. Die geschaffenen wirtschaftlichen Werte sind allerdings in der Gesellschaft gebunden, da es keinen Markt für Anteile gibt; ein Gesellschafterwechsel bedarf der Zustimmung aller Beteiligten.

Die geschilderten Eigenschaften machen die OHG besonders geeignet für *mittelständische Unternehmen*, also für kleine und mittlere Unternehmen, sowohl im Bereich des Handels wie auch der Industrie und im Dienstleistungssektor. Dagegen überschreiten Kapitalbedarf und Haftungsrisiko bei größeren und großen Unternehmen den für die OHG sinnvollen Rahmen; hier sind GmbH, AG und SE die geeigneten Rechtsformen. Ferner kommt die OHG als Kooperationsform für Unternehmen in Betracht.

3. Rechtsvergleich[18]

12   Wie schon oben (Rn. 10) erwähnt hat die OHG eine lange europäische Tradition. Mit den großen Kodifikationen, insbesondere dem französischen *code de commerce*, wurde sie der gesetzlichen Regelung zugeführt, die umfassende praktische Erfahrungen verarbeitet (vgl. oben § 1 Rn. 13, 17). Dem

---

[18] Überblick bei *Wiedemann* II, § 1 V.

entspricht im angelsächsischen Rechtskreis die *(general) partnership*. In den USA sind alle Staaten außer Louisiana entweder dem Vorschlag des *Uniform Partnership Act* (UPA) von 1914 oder dem *Revised Uniform Partnership Act* (RUPA) von 1996 gefolgt. Charakteristisch ist die (informelle) vertragliche Grundlage, die persönliche Zusammenarbeit, persönliche Haftung und Treuepflicht *(„fiduciary duty")*. Das Recht der *partnership* wird in engem Zusammenhang mit dem Recht der Stellvertretung gesehen (und gelehrt). Die ältere *„aggregate theory"* ging von den Gesellschaftern als Rechtsträgern und der existenziellen Abhängigkeit der Gesellschaft vom Bestand der Gesellschafter aus; all das erscheint aus der Diskussion über die Gesamthand bekannt.

Die Ausprägung der der OHG entsprechenden Gesellschaftsform ist in den einzelnen Ländern unterschiedlich. In Frankreich etwa ist die *société en nom collectif* ab Registereintragung juristische Person (Art. L210–6 C. com.), allerdings auch das Äquivalent zur BGB-Gesellschaft, die *société civile*, die ebenfalls der Registrierung bedarf (Art. 1842 C. civ.).[19]

Die neuere Rechtsentwicklung zeigt zwei Hauptrichtungen: zum einen die verstärkte Neigung zu haftungsbeschränkten Formen (in etwa der KG oder der GmbH entsprechend), zum anderen eine Bevorzugung von Formen, in denen nicht die Gesellschaft, sondern ausschließlich die Gesellschafter Steuersubjekte sind *(„flow-through taxation")*.[20]

IV. Praktische Bedeutung

1. Recht der OHG

Das Recht der OHG hat große praktische Relevanz; dafür sind mehrere Faktoren 13 maßgebend.

Diese Rechtsform erfasst nicht nur die Fälle bewusster und gezielter Anwendung zur Begrundung und Erhaltung echter Mitunternehmerschaft. Vielmehr liegt kraft **zwingender Geltung des § 105 HGB** eine OHG stets dann vor, wenn die positiven Tatbestandsmerkmale erfüllt sind, wenn also ein Handelsgewerbe gemeinschaftlich betrieben wird, ohne dass wirksam eine Haftungsbeschränkung (KG) vereinbart oder eine juristische Person – zumindest als Vorgesellschaft – gegründet ist. Ein auf die Wahl der Rechtsform OHG gerichteter Wille der Gesellschafter ist dazu nicht nötig. Man spricht insoweit von § 105 HGB als **Auffangtatbestand,** auch von einer Art Rechtsformzwang (oben § 4 Rn. 4).

So kann *beispielsweise* eine OHG entstehen, wenn nach dem Tod eines Kaufmanns dessen Erben das Geschäft (nicht nur als Erbengemeinschaft) gemeinsam fortführen,[21] oder wenn ein Kaufmann in sein Handelsgeschäft mit Wirkung nach außen (andernfalls stille Gesellschaft) einen Teilhaber aufnimmt (vgl. auch § 28 HGB). Beide Vorgänge führen nicht selten zur Bildung von Familien-OHG. Eine OHG entsteht ipso iure, wenn ein in der Form der BGB-Gesellschaft betriebenes Kleingewerbe in den Bereich des Handelsgewerbes hineinwächst (zum umgekehrten Fall des Schrumpfens bereits oben Rn. 2).[22] Weiter gehören hierher die Fälle misslungener Haftungsbeschränkung bei der KG oder etwa beim Betrieb eines Handelsgewerbes durch die Gesellschafter einer Vor-GmbH, die deren Eintragung ins Handelsregister nicht (mehr) verfolgen.[23]

Ferner ist für die Bedeutung des OHG-Rechts wichtig, dass die OHG die **Grund-** 14 **form für die KG** ist. Letztere zeichnet sich lediglich durch das zusätzliche Vorhandensein von beschränkt haftenden Gesellschaftern, den Kommanditisten, aus. Im Übrigen, insbesondere hinsichtlich der Stellung der persönlich haftenden Gesellschafter, der

---

[19] Vgl. *Hübner/Constantinesco,* Einführung in das französische Recht, 4. Aufl., 2001, S. 243; *Wiedemann* II, § 1 V 1 a, c.

[20] *Wiedemann* II, § 1 V 2 c; vgl. auch oben § 2 Rn. 10.

[21] BGHZ 92, 259 = NJW 1985, 136 m. Anm. *K. Schmidt; Wiedemann/Frey,* Nr. 90.

[22] BayObLGZ 2002, 137, 140 f. = NZG 2002, 882 = NJW-RR 2002, 1363.

[23] BGHZ 22, 240, h. M.; – unten § 21 Rn. 33.

Komplementäre, entspricht die Rechtslage derjenigen bei der OHG. § 161 Abs. 2 HGB enthält deshalb eine ausdrückliche **Verweisung auf das Recht der OHG.** Entsprechendes wie für die KG gilt auch für die GmbH & Co. KG, die primär ebenfalls KG ist und daher in gleichem Umfang dem OHG-Recht unterliegt.

Auch das Recht der **Partnerschaftsgesellschaft** und der **EWIV** verweist vielfach auf die OHG (z.B. §§ 7 Abs. 2 und 3, 8 Abs. 1, 9 Abs. 1 PartGG; § 1 EWIVG). Durch die Fortbildung des Rechts der BGB-Gesellschaft zur immer weiter gehenden rechtlichen Verselbständigung werden Vorschriften über die OHG als der spezielleren Gesellschaftsform zunehmend auch auf die Grundform angewandt (oben § 9 Rn. 7).

2. Verbreitung

15   Die zahlenmäßige Verbreitung der OHG ist schwer festzustellen (oben § 4 Rn. 11); sie geht aber offenbar zurück. In der Umsatzsteuerstatistik für 1978 war die OHG noch die häufigste Gesellschaftsform vor GmbH und KG. 1986 standen noch 152 738 OHG an zweiter Stelle nach 203 564 GmbH. Im Jahr 2000 standen 262 030 OHG, zwar immer noch an zweiter Stelle, 446 797 GmbH gegenüber. Die Umsätze der Unternehmen in der Rechtsform der OHG betrugen sowohl 1986 wie 2000 zwischen 6 und 7% der Umsätze aller erfassten Unternehmen. Das zeigt, dass die OHG vornehmlich für kleinere und mittlere Unternehmen Bedeutung hat.

	1978	1986	2000	2005
OHG	114 969	152 738	262 030	261 705
GmbH	98 329	203 564	446 797	452 946

Die oben (Rn. 12) erwähnte allgemeine Präferenz für Formen, die eine Haftungsbeschränkung zulassen, gleichwohl aber nicht zur Körperschaftsteuerpflicht führen, lässt sich in Mischformen verfolgen, vor allem der GmbH & Co. KG (dazu unten § 37 Rn. 7). Auch das trägt zum Rückgang der zahlenmäßigen Verbreitung der OHG im Verhältnis zu anderen Gesellschaftsformen bei.

§ 13. Entstehung und Beendigung der OHG

I. Gesellschafter

1   Mitglieder einer OHG und damit auch an deren Errichtung beteiligt sein können grundsätzlich **alle natürlichen und juristischen Personen** sowie solche **Personengesamtheiten,** *die im Verkehr als selbständige Einheiten auftreten und eine selbständige Haftung übernehmen können.* Das ergibt sich aus Wesen und Zweck der OHG.

Die **Zahl der Gesellschafter** ist nicht beschränkt. Eine OHG kann beliebig viele Gesellschafter haben. Eine Mindestzahl ergibt sich aus dem Wesen der Gesellschaft als Personenzusammenschluss; sie muss aus mehreren, also wenigstens zwei Personen bestehen. Eine Einpersonengesellschaft ist nicht möglich (oben § 11 Rn. 2); über die andersartige Lage bei den Kapitalgesellschaften AG und GmbH unten § 21 Rn. 34 ff. und § 25 Rn. 23. Dieselben Personen können auch mehrere OHG bilden, ebenso wie ein Einzelkaufmann mehrere getrennte Unternehmen unter verschiedenen Firmen betreiben kann. Davon ist der Fall zu unterscheiden, dass eine OHG mehrere Betriebe, vor allem mehrere Zweigniederlassungen an verschiedenen Orten hat, wodurch die Identität der OHG nicht berührt wird.

1. Natürliche Personen

a) Nicht voll geschäftsfähige Personen

Minderjährige bedürfen zum Abschluss des Gesellschaftsvertrages der Mitwirkung 2 ihrer gesetzlichen Vertreter (Eltern, Vormund) und der Genehmigung des Familiengerichts (§§ 1643, 1822 Nr. 3 BGB).

Nicht erforderlich ist die Genehmigung des Familiengerichts für eine spätere Änderung des Gesellschaftsvertrages.[1] Wohl aber bedarf der Austritt des Minderjährigen aus der OHG der familiengerichtlichen Genehmigung, weil darin vom Standpunkt des Minderjährigen aus gesehen die Veräußerung eines Erwerbsgeschäfts (§ 1822 Nr. 3 BGB) liegt. Die Gesellschafterrechte des Minderjährigen werden vom gesetzlichen Vertreter ausgeübt;[2] es ist aber auch die Ermächtigung zur selbständigen Ausübung der Gesellschafterrechte nach § 112 BGB möglich.[3] Zum Verhältnis der unbeschränkten und unbeschränkbaren Haftung des OHG-Gesellschafters zur Haftungsbeschränkung und Kündigungsmöglichkeit des volljährig Gewordenen nach §§ 1629a, 723 Abs. 1 Satz 3 BGB unten § 15 Rn. 21, § 16 Rn. 9.

Fällt die Betätigung eines Betreuten als OHG-Gesellschafter unter den Einwilligungsvorbehalt nach § 1903 BGB, bedarf der Betreuer für die Einwilligung ebenfalls der vormundschaftsgerichtlichen Genehmigung (§§ 1908 i i. V. m. 1822 Nr. 3 BGB).

b) Ehegatten

Für die Beteiligung eines Ehegatten können sich Beschränkungen unter besonderen Voraussetzungen aus dem **Ehegüterrecht** ergeben. Ehegatten können Gesellschafter einer OHG sein; diese kann auch nur aus den Eheleuten bestehen.

Durch den **gesetzlichen Güterstand** der **Zugewinngemeinschaft** (§§ 1363 ff. BGB) wird die Fähigkeit jedes Ehegatten, Mitglied einer OHG zu sein oder zu werden, grundsätzlich nicht beeinträchtigt, jedoch greift § 1365 BGB ein, wenn damit die Übertragung des (nahezu) ganzen Vermögens als Einlage verbunden ist. Bei **Gütergemeinschaft** können Gesellschaftsanteile im Ehevertrag zum Vorbehaltsgut eines Ehegatten erklärt werden (§ 1418 Abs. 2 Nr. 1 BGB); die Gütergemeinschaft selbst kann nicht Gesellschafter sein.[4] Keine Beschränkungen gibt es im Fall der **Gütertrennung**. Für **Lebenspartner** gilt dasselbe; § 8 Abs. 2 LPartG verweist auf § 1365 BGB, nach § 7 LPartG können die Lebenspartner ihre vermögensrechtlichen Verhältnisse durch Lebenspartnerschaftsvertrag entsprechend den ehevertraglichen Vorschriften regeln.

2. Juristische Personen

AG, GmbH, eingetragene Vereine, rechtsfähige Stiftungen usw., auch juristische 3 Personen des öffentlichen Rechts können sich an einer OHG beteiligen.[5] Es gibt eine

---

[1] H.M., aber nicht unstr.; vgl. BGHZ 38, 26 = NJW 1962, 2344; *BGH* DB 1968, 932; Baumbach/Hopt/*Hopt*, § 105 Rn. 26; *A. Hueck*, OHG, § 6 IV; *Wiedemann* II, § 2 II 5 a; *Wiedemann/Frey*, Nr. 92; a. A. MünchKomm-HGB/*K. Schmidt*, § 105 Rn. 129.

[2] Zu diesem Problemkreis BGHZ 65, 93, 95; *Behnke*, NJW 1998, 3078; *Fortun*, NJW 1999, 754; Baumbach/Hopt/*Hopt*, § 105 Rn. 27.

[3] Baumbach/Hopt/*Hopt*, § 105 Rn. 27.

[4] Baumbach/Hopt/*Hopt*, § 105 Rn. 24; MünchKomm-BGB/*Koch*, § 1365 Rn. 70 ff. zur Zugewinngemeinschaft; *BayObLG* ZIP 2003, 480 zur Gütergemeinschaft.

[5] Partner einer Partnerschaftsgesellschaft können hingegen nur natürliche Personen sein, § 1 Abs. 1 Satz 3 PartGG.

Reihe gesetzlicher Vorschriften, die die Möglichkeit der Mitgliedschaft juristischer Personen implizit voraussetzen, z.B. § 19 Abs. 2, §§ 130a, b und § 264a HGB.

Auch das Vorstadium der AG und GmbH bei ihrer Gründung – **Vorgesellschaft** – *Vor-GmbH, Vor-AG,* das selbst noch nicht juristische Person ist, kann sich an einer OHG beteiligen (unten § 21 Rn. 14, 18, 21). Gegenüber gewissen Bedenken im Hinblick auf die fehlende Eintragung und die deshalb noch mangelnde Durchschaubarkeit der Mitgliedschafts- und Haftungsverhältnisse stellt der BGH darauf ab, dass die Vorgesellschaft bereits körperschaftliche Struktur, vor allem Handlungsorgane hat.[6] Praktische Bedeutung hat die Frage hauptsächlich bei der Gründung einer GmbH & Co. KG, der danach eine Vor-GmbH bereits als alleiniger persönlich haftender Gesellschafter angehören kann.

3. Personengesellschaften

4   **Offene Handelsgesellschaften** und **Kommanditgesellschaften** treten unter ihrer Firma selbständig im Verkehr auf und sind rechtsfähig (§ 124 HGB, § 14 Abs. 2 BGB). Sie können daher ohne weiteres Gesellschafter von Personenhandelsgesellschaften sein. Das gilt auch für die EWIV und die Partnerschaftsgesellschaft, ist wegen deren besonderer Zwecke aber eher fern liegend (vgl. § 1 Abs. 1 Satz 2 PartGG).

Dagegen wurde früher eingewandt, dass durch die Beteiligung von KG oder OHG unklare Verhältnisse hinsichtlich der Schuldenhaftung und der Vertretung entständen. Diese Bedenken waren unbegründet. Ist die OHG A Mitglied der OHG B, haften für die Schulden der Letzteren nach § 128 HGB sowohl die OHG A als auch deren Gesellschafter persönlich und unbeschränkt. Ist die OHG A vertretungsberechtigter Gesellschafter der OHG B, haben diejenigen Gesellschafter der OHG A, die bei ihr Vertretungsmacht haben, diese auch für die Gesellschaft B. Wer haftet und wer Vertretungsmacht hat, kann aus dem Handelsregister leicht festgestellt werden.

Problematisch ist hingegen die Mitgliedschaft anderer rechtlich verselbständigter Personenvereinigungen ohne Registrierung. Für die Vorgesellschaft (oben Rn. 3) ist der Streit positiv entschieden; es handelt sich in der Regel auch nur um ein Durchgangsstadium. Die inzwischen rechtsfortbildend auch der BGB-Gesellschaft zugestandene Rechtsfähigkeit könnte zur Konsequenz haben, dass solche Gesellschaften auch persönlich haftende Gesellschafter von Personenhandelsgesellschaften sein können. Dann aber treten die Unklarheiten auf, die (zu Unrecht) bei der Beteiligung von OHG und KG befürchtet wurden. Der Gesetzgeber hat jedenfalls für die Kommanditistenstellung vorgeschrieben, dass die Gesellschafter einer GbR, die Kommanditist ist, bei der Anmeldung zum Handelsregister anzugeben sind (§ 162 Abs. 1 Satz 2 HGB; vgl. oben § 5 Rn. 7). Der mit demselben Gesetz wie § 162 abgeänderte § 106 HGB enthält allerdings keine entsprechende Vorschrift für die OHG. Daraus lässt sich schließen, dass die BGB-Gesellschaft als OHG-Gesellschafter weiterhin nicht in Betracht kommt.[7]

Ausländische rechtsfähige Personengemeinschaften können Gesellschafter sein, soweit ihrer inländischen Anerkennung nach IPR (oben § 1 Rn. 18f.) nichts entgegensteht.[8]

---

[6] BGHZ 80, 129 = NJW 1981, 1373; *BGH* NJW 1985, 736; anders noch BGHZ 63, 45 = NJW 1974, 1905.

[7] Ebenroth/Boujong/Joost/*Wertenbruch,* HGB, § 105 Rn. 102; Koller/Roth/Morck/*Koller,* § 105 Rn. 19; und die früher ganz h.M.; BGHZ 46, 293, 296; *BGH* WM 1966, 188, 190; WM 1990, 586; – a.A. *LG Berlin* NZG 2003, 580; Baumbach/Hopt/*Hopt,* § 105 Rn. 28, anders aber § 107 Rn. 1; *Brodersen,* Die Beteiligung der BGB-Gesellschaft an den Personenhandelsgesellschaften, 1988; Röhricht/von Westphalen/*von Gerkan,* § 105 Rn. 64a; MünchKomm-BGB/*Ulmer,* § 705 Rn. 79f.; *Schünemann,* Grundprobleme der Gesamthandsgesellschaft, 1975, S. 204f.; MünchKomm-HGB/*K. Schmidt,* § 106 Rn. 19, zweifelnd aber § 105 Rn. 92; offen gelassen in *BGH* NJW-RR 1990, 798, 799.

[8] *BayObLG* NJW 1986, 3029; *OLG Saarbrücken* NJW 1990, 647; *Bokelmann,* ZGR 1994, 337.

4. Nicht als Gesellschafter Geeignete

Dagegen können sich an einer OHG solche Personengemeinschaften nicht beteili- **5** gen, die nicht nach außen als Einheit auftreten oder die nicht auf Dauer angelegt sind. Das ist die **BGB-Gesellschaft** (str., s. o. Rn. 4), jedenfalls wenn sie nicht rechtlich verselbständigt, z. B. nur **Innengesellschaft** ist. Auch die **stille Gesellschaft** kommt aus diesem Grund nicht in Betracht. Der **nicht eingetragene Verein**, die **eheliche Gütergemeinschaft** sind ebenfalls nicht nach außen verselbständigt. Die **Erbengemeinschaft** ist auf Auseinandersetzung angelegt und eignet sich deshalb nicht zum OHG-Gesellschafter.[9] Ferner kann die OHG nicht ihr eigener Gesellschafter sein, wie das bei den Kapitalgesellschaften möglich ist (unten § 23 Rn. 22, § 30 Rn. 6 ff.).

II. Zeitpunkt der Entstehung

Bei der Errichtung einer OHG spielen drei Vorgänge eine Rolle: der Abschluss des **6** Gesellschaftsvertrages, die **Eintragung in das Handelsregister** und der **Beginn der Geschäfte.** Sicher liegt eine OHG vor, wenn alle drei Vorgänge abgeschlossen sind. Es können aber auch schon vorher die Vorschriften über die OHG (teilweise) anzuwenden sein. Es muss dabei, wie stets, klar zwischen Innen- und Außenverhältnis (oben § 2 Rn. 13) unterschieden werden. Grundsätzlich sind die Vorschriften über das Innenverhältnis dispositiv, diejenigen für das Außenverhältnis sind zwingend oder nur in bestimmter Weise abänderbar. Eine bereits bestehende Gesellschaft kann durch Umwandlung zur OHG werden, etwa nach dem UmwG (unten § 38) oder wenn eine unternehmenstragende GbR in die Dimension des Handelsgewerbes hinein wächst (oben § 12 Rn. 13).

1. Innenverhältnis

Für die Beziehungen der Gesellschafter zueinander ist in erster Linie der **Gesellschaftsvertrag maßgebend** (§ 109 HGB). Ohne ihn kommt keine Gesellschaft zustande (oben § 5 Rn. 2). Er reicht aus, um die Beziehungen der Gesellschafter zueinander dem OHG-Recht zu unterstellen. Mithin ist für den Zeitpunkt der Entstehung der OHG im Innenverhältnis lediglich der Parteiwille maßgebend. Die Eintragung in das Handelsregister und der Beginn der Geschäfte sind nicht erforderlich.

Beispiel:[10] Die Parteien hatten über die Gründung einer OHG verhandelt, der Beklagte hatte dann aber das Geschäft als Einzelkaufmann begründet. Der Kläger verlangte Verurteilung des Beklagten zur Mitwirkung, dass das Geschäft in eine OHG umgewandelt und der Kläger als Gesellschafter eingetragen werde. Der Beklagte wandte ein, dass in der Person des Klägers ein wichtiger Grund zur Auflösung der OHG im Sinn des § 133 HGB gegeben sei. Das RG stellte fest, dass ein gültiger Gesellschaftsvertrag vorliege, eben deshalb aber auch § 133 HGB schon anwendbar sei.

Das gilt auch für die Fälle der §§ 2 und 3, 105 Abs. 2 HGB, in denen das von der Gesellschaft betriebene Gewerbe bzw. die Vermögensverwaltung erst durch Eintragung zum Handelsgewerbe wird. Die Gesellschaft ist dann GbR, deren Innenbezie-

---

[9] BGHZ 22, 192; *BGH* WM 1971, 308; BGHZ 58, 317 = NJW 1972, 1755; *BGH* NJW 1983, 2377: zur Stellung der Erben und des Testamentsvollstreckers unten § 16 Rn. 2 ff.
[10] RGZ 112, 280.

hungen aber dem OHG-Recht unterstellt sind.[11] Die Gesellschafter sind aus dem Gesellschaftsvertrag verpflichtet, an der Anmeldung zur Eintragung mitzuwirken.

Die Gesellschafter können im **Vertrag** den **Zeitpunkt des Beginns** der Gesellschaft hinausschieben oder auch rückwirkend festlegen.[12] Sie können z.B. im November den Gesellschaftsvertrag abschließen und vereinbaren, dass die OHG mit dem 1. Januar beginnen soll. Dann liegt grundsätzlich vor diesem Tag auch im Innenverhältnis noch keine OHG vor, z.B. haben die Gesellschafter noch nicht das Recht und die Pflicht zur Geschäftsführung. Soweit aber nach dem Willen der Parteien z.B. Vorbereitungshandlungen vorgenommen werden sollen, unterstehen sie im Zweifel schon jetzt dem OHG-Recht. So würde ein Gesellschafter für eine Pflichtverletzung bei einer solchen Maßnahme bereits wegen Verletzung des Gesellschaftsvertrages haften, dementsprechend aber mangels besonderer Vereinbarung auch nur nach § 708 BGB beschränkt auf die eigenübliche Sorgfalt.

2. Außenverhältnis

7   § 123 HGB regelt das Wirksamwerden der OHG nach außen. Im Verhältnis zu Dritten genügt der bloße Vertragsschluss nicht. Es muss eine **Kundgebung nach außen** hinzu treten. Das kann auf verschiedene Weise erfolgen.

a) Eintragung in das Handelsregister

In der Eintragung in das Handelsregister (unten Rn. 21) liegt stets eine Verlautbarung nach außen. Die OHG entsteht deshalb im Außenverhältnis spätestens mit der Eintragung (§ 123 Abs. 1 HGB), denn die Einsicht ins Handelsregister ist jedem gestattet (§ 9 Abs. 1 HGB). Auf die Bekanntmachung (§ 10 HGB) kommt es nicht an. Sie kann aber eine Rolle spielen für die Frage, ob die Entstehung einem Dritten, der keine Kenntnis davon hat, entgegengehalten werden kann (§ 15 HGB); für die Entstehung als solche ist die Bekanntmachung nicht wesentlich.

Die Eintragung eines Zeitpunktes für den Beginn der Gesellschaft, der nach der Eintragung liegt, ist nicht möglich, selbst wenn die Geschäfte erst später aufgenommen werden sollen. Solange die Eintragung besteht, können die Gesellschafter sich nicht darauf berufen, das Gewerbe der Gesellschaft sei kein Handelsgewerbe (§ 5 HGB).

b) Beginn der Geschäfte

8   Eine Kundgebung nach außen liegt auch im Beginn der Geschäfte im Namen der Gesellschaft, sofern alle Gesellschafter ihm ausdrücklich oder stillschweigend zugestimmt haben. Die OHG tritt dadurch Dritten gegenüber ins Leben, wenn sie ein **Handelsgewerbe i.S.d. § 1 HGB** betreibt (§ 123 Abs. 2 HGB; oben § 12 Rn. 13). Für den Geschäftsbeginn genügen Vorbereitungen, z.B. die Anmietung von Geschäftsräumen, Zeitungsanzeigen, Abschluss eines Unternehmenskaufvertrages etc.,[13] wenn klar der kaufmännische Zuschnitt angestrebt und alsbald erforderlich wird. Ein Handelsgewerbe kann nur im Fall des § 1 HGB ohne Eintragung vorliegen, die Eintragung ist dann deklaratorisch. Dagegen wird in den Fällen der §§ 2 und 3, 105 Abs. 2 das Kleingewerbe oder die Vermögensverwaltung[14] gerade erst durch die Eintragung zum Han-

---

[11] Baumbach/Hopt/*Hopt*, § 123 Rn. 17f.
[12] *BGH* DB 1976, 1860; *U.H. Schneider*, AcP 175 (1975) 279, 297.
[13] *BGH* WM 1990, 586, 587f.; NZG 2004, 663 (Kontoeröffnung); *Wiedemann/Frey*, Nr. 91.
[14] Nach BGHZ 149, 80 = NJW 2002, 368 ist die Verwaltung eigenen Vermögens unabhängig von der Höhe des verwalteten Vermögens keine gewerbliche Tätigkeit, die die Anwendung von Verbraucherschutzvorschriften hindert; etwas anderes kann sich aus dem Umfang der mit der Vermögensverwaltung verbundenen Geschäfte ergeben.

delsgewerbe. Die Eintragung wirkt konstitutiv. Werden in diesen Fällen die Geschäfte vor der Eintragung aufgenommen, handelt es sich um eine BGB-Gesellschaft.[15]

Beispiel: Beginnen A und B eine Maschinenfabrik oder einen Großhandel unter gemeinsamer Firma ohne Eintragung, liegt auch nach außen eine OHG vor. Betreiben sie dagegen einen Zeitungskiosk, entsteht die OHG erst durch die Eintragung. Doch sind auch in diesem Fall gutgläubige Dritte zu schützen, sofern A und B wie Mitglieder einer OHG auftreten (Scheinhandelsgesellschaft; dazu unten Rn. 10).

Eine Vereinbarung, dass die OHG erst später beginnen solle, ist Dritten gegenüber unwirksam (§ 123 Abs. 3 HGB). Eine solche Vereinbarung hat nur für das Innenverhältnis Bedeutung (oben Rn. 6).

III. Gesellschaftsvertrag

Wie jede Gesellschaft setzt auch die OHG notwendig einen Gesellschaftsvertrag **9** voraus. Das für die BGB-Gesellschaft Ausgeführte gilt auch für die OHG (oben § 6 zu **Inhalt, Rechtsnatur** und **Form**), jedoch mit der Maßgabe, dass es sich stets um eine rechtlich verselbständigte Außengesellschaft handelt, die anderen Gestaltungsvarianten der GbR also nicht in Betracht kommen.[16] Der Abschluss eines OHG-Vertrages ist selbst kein Handelsgeschäft (oben § 12 Rn. 8). Besonderer Erörterung bedürfen die Fälle, in denen ohne Gesellschaftsvertrag nach außen der Anschein einer OHG erweckt wird, ferner die Fälle mangelhafter Gesellschaftsverträge.

1. Scheinhandelsgesellschaft

Fehlt der Gesellschaftsvertrag gänzlich (nicht einmal ein fehlgeschlagener Vertrag **10** liegt vor, dazu unten Rn. 11), genügt die bloße Kundgebung nach außen durch Auftreten als OHG nicht, um eine OHG zu schaffen.[17] Bei einem nur zum Schein geschlossenen Gesellschaftsvertrag gilt im Innenverhältnis das von den Parteien Gewollte (§ 117 Abs. 2 BGB).[18] Nach außen liegt eine **Schein-OHG** vor. Dasselbe gilt, wenn eine andere der wesentlichen Voraussetzungen der OHG (oben § 12 Rn. 1–4) fehlt. Die (angeblichen) Gesellschafter können sich nicht auf den Bestand einer OHG berufen, wohl aber können **gutgläubige Dritte** geltend machen, dass ihnen gegenüber der äußere Anschein einer OHG hervorgerufen sei. Die **angeblichen Gesellschafter müssen sich so behandeln lassen, als ob eine OHG bestünde.** Praktisch bedeutet das vor allem, dass die Regeln des OHG-Rechts über die Vertretungsmacht und die unbeschränkte Haftung aller Gesellschafter zur Anwendung gelangen. **Rechtsscheingrundsätze** kommen ferner zur Anwendung, wenn eine Gesellschaft (z.B. eine GbR oder GmbH) wie eine OHG auftritt oder ein Nichtgesellschafter nach außen als Gesellschafter agiert.[19]

Nach allgemeinen Vertrauensschutzgrundsätzen muss sich derjenige, der im Handelsverkehr eine öffentliche Erklärung abgibt, von gutgläubigen Dritten, die diesen Rechtsschein gekannt und sich darauf verlassen haben, an der Erklärung festhalten lassen. Bei fehlerhafter Bekanntmachung, nach h.M. auch bei fehlerhafter Handelsregistereintragung, kommt die positive Publizität nach § 15 Abs. 3 HGB in Betracht; dann bedarf es keiner Kausalität des Rechtsscheins für das Verhalten des Dritten. Die Voraussetzungen für einen Drittschutz wegen Vorliegens einer Scheingesellschaft sind deutlich enger als bei

---

[15] Baumbach/Hopt/*Hopt*, § 123 Rn. 17.
[16] Der Gesellschaftsvertrag einer PartG bedarf der Schriftform, § 3 PartGG.
[17] BGHZ 11, 190; *BGH* NJW 1954, 231.
[18] *BGH* NJW 1953, 1220; BGHZ 11, 190, 191; *BGH* WM 1966, 736; DB 1976, 2057.
[19] Vgl. *OLG München* NJW-RR 2001, 1358 zum Schein-Partner einer PartG.

einer fehlerhaften Gesellschaft (unten Rn. 14, 19). Der Dritte hat ein Wahlrecht, ob er sich auf den Rechtsschein berufen will oder sich an die tatsächliche Rechtslage hält. Bei der fehlerhaften Gesellschaft besteht diese Möglichkeit nicht.

Eine **rechtsscheinbegründende Erklärung** liegt in dem Auftreten als OHG. Sie kann durch Anmeldung zum Handelsregister wie durch den Beginn der Geschäfte erfolgen, aber auch in anderer Weise, etwa durch Bekanntmachungen in Zeitungen oder durch Rundschreiben. Gebunden wird aber nur, wer einen solchen Rechtsschein **in zurechenbarer Weise gesetzt** hat, d.h. wer eine solche Erklärung selbst abgegeben oder seine Zustimmung dazu erteilt hat, dass ein anderer als Geschäftsführer der „OHG" für ihn mithandelt. **Nicht gebunden** sind deshalb Personen, die keine rechtlich wirksame Erklärung abgeben können wie **Minderjährige,** sofern nicht der gesetzliche Vertreter und das Familiengericht ihre Zustimmung gegeben haben.[20] Nicht gebunden sind Personen, in deren Namen ein anderer ohne ihre Zustimmung gehandelt hat. Da in Wirklichkeit keine OHG vorliegt, sondern nur im Interesse der Verkehrssicherheit das Vertrauen Dritter auf den von den angeblichen Gesellschaftern veranlassten Rechtsschein geschützt werden soll, versagt der Schutz, wenn der Dritte den wahren Sachverhalt kennt.

2. Mängel des Gesellschaftsvertrages, fehlerhafte Gesellschaft

11　　Vom gänzlichen Fehlen eines Gesellschaftsvertrages ist der Fall zu unterscheiden, dass ein solcher zwar abgeschlossen ist, aber an Mängeln leidet, die nach den allgemeinen Vorschriften des BGB zur **Nichtigkeit oder Anfechtbarkeit** führen. Folge der Nichtigkeit bzw. erfolgreicher Anfechtung des Gesellschaftsvertrages wäre nach den allgemeinen Regeln, dass die OHG nicht entsteht und damit OHG-Recht nicht gilt. Das führt zu erheblichen praktischen und rechtlichen Schwierigkeiten, wenn der Vertrag trotz seiner Mängel tatsächlich durchgeführt wird. Die OHG wird in das Handelsregister eingetragen; die Gesellschafter leisten ihre Beiträge; ein Gesellschaftsvermögen wird gebildet, über das die vermeintlichen Gesellschafter verfügen; sie treten im Rechtsverkehr als OHG auf, schließen Rechtsgeschäfte mit Dritten ab, gehen Verbindlichkeiten ein; es entsteht Gewinn oder Verlust usw. Eine Rückabwicklung nach allgemeinen Regeln wäre dann kompliziert; sie würde zu unvollständigen, zufälligen und unausgewogenen Ergebnissen führen. Deshalb haben Rechtsprechung und Lehre die Grundsätze über die fehlerhafte Gesellschaft entwickelt.

Ausgehend vom Recht der Kapitalgesellschaften (heute teilweise gesetzliche Regelung in §§ 275 ff. AktG, §§ 75 ff. GmbHG) und dann parallel dazu hat die Rechtsprechung des RG und des BGH auch für Personengesellschaften im Wege schrittweiser Rechtsfortbildung Lösungen entwickelt, über deren grundsätzliche Punkte im Ergebnis heute Einigkeit besteht.[21] Die dogmatischen Grundlagen der Lehre von der fehlerhaften Gesellschaft sind in Einzelheiten noch uneinheitlich. Die Rechtsprechung und Teile der Literatur betonen die Prinzipien der Rechtssicherheit und des Verkehrsschutzes. Daneben wird vor allem auf die im Vollzug des Gesellschaftsvertrages entstandene, über die nur schuldrechtliche Bindung hinaus reichende Organisationsstruktur der Gesellschaft (Doppelnatur, oben § 6 Rn. 2) abgestellt, die nicht rückwirkend auflösbar ist. Die Rechtsnatur des Gesellschaftsvertrages als gemeinschaftsbegründender Organisationsvertrag entfaltet sich auch dann, wenn ein nichtiger Vertrag praktiziert wird. Gänzlich aufgegeben wurde aus guten Gründen die Lehre von den „faktischen" Vertragsverhältnissen.[22] Deshalb sollte man stets von der *fehlerhaften,* nicht der „faktischen" Gesellschaft sprechen. Damit kommt ein wichtiges Tatbestandsmerkmal zum Ausdruck, nämlich der fehlgeschlagene Vertrag. Entsprechendes gilt etwa auch bei fehlerhaftem Arbeitsverhältnis.

---

[20] BGHZ 17, 160; vgl. auch *BGH* NJW 1977, 623 betr. Vollmacht.

[21] Vgl. etwa *BGH* NJW 1992, 1503 = JuS 1992, 792 m. Anm. *K. Schmidt;* BGHZ 148, 201 = NJW 2001, 2718 = NZG 2001, 936; *Kort,* Bestandsschutz fehlerhafter Strukturänderungen im Kapitalgesellschaftsrecht, 1998 S. 5–24; *Kübler/Assmann,* § 26; MünchKomm-HGB/*K. Schmidt,* § 105 Rn. 228 ff.; Großkomm-HGB/*Ulmer,* § 105 Rn. 333 ff.; *Wiedemann* II, § 2 V 1, 2; ferner aus der älteren Literatur *A. Hueck,* OHG, § 7; *ders.,* AcP 149 (1944) 1 ff.; *Erman,* Personalgesellschaft auf mangelhafter Vertragsgrundlage, 1947; *Canaris,* Die Vertrauenshaftung im deutschen Privatrecht, 1971, S. 120 ff., 172 ff., 447 ff.; *Wiesner,* Die Lehre von der fehlerhaften Gesellschaft, 1980. Zum Parallelproblem im Arbeitsrecht *Reichold,* Arbeitsrecht, 2. Aufl., 2006, § 7 Rn. 48 ff.

[22] *Haupt,* Über faktische Vertragsverhältnisse, FS Siber, Bd. 2, 1941, S. 1.

a) Gründungsstadium

Solange der *Gesellschaftsvertrag noch nach keiner Richtung zur Ausführung gelangt* 12
ist, kommen nur Beziehungen der Gesellschafter zueinander in Betracht, während das
Außenverhältnis noch keine Rolle spielt. Auch im Innenverhältnis ist noch keine Vermögensgemeinschaft entstanden; es bestehen nur rein schuldrechtliche Beziehungen
der Gesellschafter. Deshalb gibt es noch *keinen Grund, von den allgemeinen Vorschriften über Nichtigkeit oder Anfechtbarkeit abzuweichen.* Liegt also ein Nichtigkeitsgrund vor (etwa Scheingeschäft, Formmangel, Mangel der Geschäftsfähigkeit, Gesetzwidrigkeit, Sittenwidrigkeit usw.) oder ist der Vertrag wegen Irrtums, Täuschung
oder Drohung mit Recht angefochten, kann jeder Gesellschafter das jederzeit in belie-
biger Weise geltend machen, vor allem seine Leistung verweigern, ohne dass es einer
besonderen Auflösungsklage bedarf.

Ob sich an den Nichtigkeits- bzw. Anfechtungsgrund sonstige Folgen knüpfen, insbesondere Scha-
densersatzpflichten, richtet sich nach den allgemeinen Regeln, z. B. §§ 122, 280 Abs. 1, 311 Abs. 2,
§ 823 Abs. 2 BGB u. dgl.[23] Erfasst die Nichtigkeit nur einen Teil des Vertrages, kommt die Auslegungsregel des § 139 BGB überwiegend nicht zur Anwendung (oben § 6 Rn. 7). In der Praxis enthalten zudem die meisten Gesellschaftsverträge eine salvatorische Klausel. Die Frage nach der fehlerhaften Gesellschaft stellt sich dann nicht.

b) Innenverhältnis nach Invollzugsetzung des Gesellschaftsvertrages

Nach der heute allgemein anerkannten **Lehre von der fehlerhaften Gesellschaft** gilt 13
als **Grundsatz** für das Innenverhältnis: **Ist durch Vollzug eines mangelhaften Vertrages ein Gesellschaftsverhältnis begründet worden, kann dieses** nicht mehr rückwirkend beseitigt, sondern **nur noch für die Zukunft aufgelöst werden.** Ein Anfech-
tungs- oder Nichtigkeitsgrund kann also in diesem Stadium grundsätzlich nicht mehr
nach den allgemeinen Regeln mit Rückwirkung, sondern nur noch für die Zukunft
geltend gemacht werden. Die ex tunc-Wirkung wird durch eine ex nunc-Wirkung
ersetzt (über Ausnahmen nachfolgend unten Rn. 17). Damit wird dem Umstand Rechnung getragen, dass nach Invollzugsetzung des Gesellschaftsvertrages, vor allem nachdem mit der Bildung eines Gesellschaftsvermögens und der Verwirklichung der gesellschaftlichen Organisation begonnen, möglicherweise auch der Geschäftsbetrieb schon
aufgenommen worden ist, eine Rückabwicklung nach den allgemeinen Regeln auf
ganz erhebliche Schwierigkeiten stoßen, vielfach auch gar nicht mehr möglich sein
würde.

aa) Voraussetzung ist auf jeden Fall ein, wenn auch mangelhaft zustande gekom- 14
mener, **Gesellschaftsvertrag.**[24] Andernfalls kommt nur eine Scheingesellschaft in Betracht (oben Rn. 10).

Dabei ist zu bedenken, dass der Gesellschaftsvertrag formfrei und auch stillschweigend abgeschlossen werden kann. Bei völligem Fehlen eines Vertrages kann ein, nicht einmal von einem fehlerhaft gebildeten Willen der Beteiligten getragenes, rein tatsächliches Zusammenwirken keine gesellschaftlichen
Bindungen im Innenverhältnis erzeugen. Die Heranziehung von Rechtsscheingrundsätzen, wie sie bei
Fehlen des Gesellschaftsvertrages für das Außenverhältnis gegenüber gutgläubigen Dritten gelten,
kommt für die Beziehungen der Beteiligten untereinander nicht in Betracht. Dasselbe gilt, wenn der
Gesellschaftsvertrag nur zum Schein abgeschlossen worden ist (§ 117 Abs. 1 BGB), da dann die Gesellschafter ihre Rechtsbeziehungen zueinander gerade nicht dem Gesellschaftsrecht unterstellen wollten;
ggf. gilt das verdeckte Rechtsgeschäft (§ 117 Abs. 2 BGB; vgl. oben Rn. 10). In den seltenen Fällen, in
denen ein Scheinvertrag überhaupt in Vollzug gesetzt worden ist, muss genau geprüft werden, ob darin
nicht konkludent der Wille für einen nunmehr bindenden Vertragsschluss zum Ausdruck kommt.

---

[23] *BGH* NJW 1993, 2107 betr. stille Gesellschaft.
[24] BGHZ 11, 190; *BGH* NJW 1988, 1321; NJW 1992, 1501; h. M.

Welche Anforderungen an das **Invollzugsetzen** des Gesellschaftsvertrages zu stellen sind, ist nicht eindeutig geklärt. In der Formulierung der Rspr. müssen Rechtstatsachen geschaffen sein, an denen die Rechtsordnung „nicht vorbei gehen" kann.[25] Eine verfasste Organisation ist dann in Gang gesetzt, wenn die Gesellschaft nach außen ihren **Geschäftsbetrieb aufgenommen** hat, wenn also Rechtsgeschäfte – auch nur vorbereitender Art – mit Dritten abgeschlossen worden sind.[26] Als ausreichend wird es aber auch bereits angesehen, wenn lediglich im Innenverhältnis durch die **Leistung von Einlagen** mit der **Bildung des Gesellschaftsvermögens** begonnen worden ist, jedenfalls wenn die gesamthänderische Bindung nicht ohne weiteres rückgängig gemacht werden kann.[27] Kein Invollzugsetzen wird man in der bloßen Anmeldung der OHG zum Handelsregister sehen können, da diese zurückgenommen werden kann; anders dagegen, wenn die Eintragung erfolgt ist.

15　　**bb)** Ist durch Vollzug des mangelhaften Vertrages eine Gesellschaft tatsächlich begründet worden, kann als **Rechtsfolge** der *Mangel* nur *für die Zukunft geltend gemacht* werden, die Gesellschaft kann nicht rückwirkend beseitigt werden. Dazu bedarf es bei der OHG einer **Auflösungsklage** entsprechend § 133 HGB (unten Rn. 26).[28]

Für die Auflösungsklage reicht grundsätzlich jeder Grund aus, der nach den allgemeinen Regeln die Anfechtbarkeit oder Nichtigkeit des Gesellschaftsvertrages zur Folge hat. Da die Klage der Geltendmachung dieses Grundes dient, braucht daneben nicht auch noch das Vorliegen eines wichtigen Grundes i.S.d. § 133 HGB geprüft zu werden.[29] Der Anfechtungs- oder Nichtigkeitsgrund muss aber bei Klageerhebung noch bestehen und seine Geltendmachung darf nicht rechtsmissbräuchlich oder treuwidrig sein. Beispielsweise könnte die Aufrechterhaltung des Gesellschaftsverhältnisses über einen längeren Zeitraum in Kenntnis des Mangels je nach Lage der Dinge die spätere Berufung hierauf unzulässig machen, wenn nicht im Einzelfall sogar schon im Vollzug des Vertrages trotz allseitiger Kenntnis seiner Fehlerhaftigkeit eine konkludente Bestätigung i.S.d. §§ 141, 144 BGB erblickt werden kann. Ein Formmangel kann durch Vollzug geheilt sein (z.B. § 311b Abs. 1 Satz 2 BGB).[30] Die Anfechtungsfrist des § 121 BGB, die hier entsprechend auch für die Klageerhebung gilt, könnte verstrichen sein usw.

Da nach der Handelsrechtsreform 1998 die ordentliche Kündigung eines Gesellschafters nicht mehr zur Auflösung der Gesellschaft, sondern zum Ausscheiden des Gesellschafters führt (§ 131 Abs. 3 Nr. 3 HGB), wird man auch den **Austritt durch außerordentliche Kündigung** als Rechtsfolge zulassen müssen.[31] Wenn der Nichtigkeits- bzw. Anfechtungsgrund nur einzelnen Gesellschaftern gegenüber anderen zur Last fällt, ist ferner die **Ausschließungs-** bzw. **Übernahmeklage** in Betracht zu ziehen (§ 140 Abs. 1 HGB).[32]

16　　**cc)** *Bis zur Rechtskraft des Auflösungsurteils* ist die **fehlerhafte OHG** grundsätzlich **als bestehend zu behandeln.** Die gesetzlichen Bestimmungen, aber auch der an sich

---

[25] *BGH* NJW 1978, 2505; 1992, 1501.

[26] BGHZ 3, 285, 287 f.; 13, 320 (betr. GmbH); vgl. auch oben Rn. 8.

[27] Str., vgl. *Flume*, Personengesellschaft, § 2 III; *K. Schmidt*, § 6 III 1 b; Großkomm-HGB/*Ulmer*, § 105 Rn. 343; *Wiedemann* II, § 2 V 3 a; auch BGHZ 13, 320, 312 f.; *BGH* NZG 2005, 472 ff., 476 ff. – Göttinger Gruppe. – Enger *Kübler/Assmann*, § 26 II 2; stark einschränkend auch *A. Hueck*, OHG, § 7 III 6.

[28] RGZ 165, 193; BGHZ 3, 285; allg. M.

[29] BGHZ 3, 285 im Gegensatz zum RG; heute ganz h.M.

[30] *BGH* NJW-RR 1991, 613.

[31] Baumbach/Hopt/*Hopt*, § 105 Rn. 88.

[32] BGHZ 10, 44, 51; 47, 301 = NJW 1967, 1961; *K. Schmidt*, § 6 III 2.

fehlerhafte Gesellschaftsvertrag finden, vorbehaltlich der nachfolgend umrissenen Ausnahmen, auf die Rechtsbeziehungen der Gesellschafter im Innenverhältnis volle Anwendung. Die Gesellschafter sind daher zur *Geschäftsführung* berechtigt und verpflichtet; *Gewinn und Verlust* sind nach den getroffenen Vereinbarungen zu verteilen; für das Zusammenwirken der Gesellschafter gilt die *Treuepflicht.* Grundsätzlich sind auch die Einlagepflichten zu erfüllen.[33] Hier können die nachfolgenden Ausnahmen Bedeutung erlangen.

dd) Ausnahmen von dem Prinzip der vorläufigen Wirksamkeit gelten im Hinblick 17 auf den **Schutzzweck der verletzten Rechtsnormen.** Die Gleichstellung der in Vollzug gesetzten fehlerhaften Gesellschaft mit der wirksam begründeten ist dann nicht uneingeschränkt. Bestimmte Mängel des Vertrages müssen ihrer Art nach schon vor der rechtskräftigen Auflösung berücksichtigt werden. Sie können das fehlerhafte Gesellschaftsverhältnis als Ganzes oder einzelne Gesellschafter oder konkrete Vertragsbestimmungen betreffen.

(1) Dem **Gesellschaftsvertrag** ist jegliche Wirkung zu versagen, wenn er **als Ganzes** gegen fundamentale Regeln der Rechtsordnung verstößt, so vor allem bei *Gesetzesverstoß oder grober Sittenwidrigkeit des Gesellschaftszwecks* (§§ 134, 138 BGB), nicht etwa nur einzelner Vertragsklauseln (dazu nachfolgend (3)). **Beispiele:** Verstoß gegen § 1 RechtsberatungsG;[34] Verfolgung strafbarer Ziele, etwa Steuerhinterziehung[35] oder Schmuggel. In diesen Fällen sind die Regeln über die fehlerhafte Gesellschaft unanwendbar. Die Rückabwicklung erfolgt nach den allgemeinen Vorschriften, vor allem nach Bereicherungsrecht (beachte § 817 BGB). Umstritten ist die Behandlung von kartellrechtswidrigen Gesellschaften. Teilweise wird die Anerkennung einer fehlerhaften Gesellschaft im Hinblick auf das Kartellverbot versagt. Das Kartellverbot verbietet jedoch nicht Gesellschaften (z.B. mit dem Zweck der Herstellung und des Vertriebs eines Anzeigenblattes), sondern die wettbewerbsbeschränkende Abstimmung von Konkurrenten (z.B. gemeinsam ein Anzeigenblatt herzustellen und zu vertreiben). Deshalb werden Anwendungsfälle selten und mit Differenzierungen bei den Rechtsfolgen zu bewältigen sein.[36] Im Außenverhältnis führt die Nichtanerkennung meist zu ganz unangemessenen Ergebnissen (unten Rn. 19). Zum Abschluss eines Gesellschaftsvertrages nur *zum Schein* bereits oben Rn. 10.

(2) Nur auf den **einzelnen Beteiligten** beschränkt bleibt die Ausnahme von den – für die übrigen Gesellschafter voll anwendbaren – Regeln über die fehlerhafte Gesellschaft bei der Beteiligung von **Minderjährigen** am Gesellschaftsvertrag, wenn die erforderliche Mitwirkung des gesetzlichen Vertreters oder des Familiengerichts fehlt und auch später nicht nachgeholt wird. Dann greift der mit Vorrang geltende Schutz des nicht voll Geschäftsfähigen ein. Für diesen entstehen keinerlei Verpflichtungen. Bereits geleistete Einlagen sind nach Eigentums- oder Bereicherungsrecht zurück zu gewähren.[37] Dagegen ist im Übrigen eine Einbeziehung in die Regeln über die fehlerhafte Gesellschaft möglich, etwa durch Gewinnbeteiligung bei aktiver Mitarbeit. Wiederum ist bei der Rechtsfolgenbestimmung zu differenzieren.[38] Der nicht voll Geschäftsfähige kann sich auf die seinem Schutz dienende Unwirksamkeit in jeder Form berufen. Dagegen können die übrigen Gesellschafter den Mangel nur nach den Regeln über die fehlerhafte Gesellschaft durch Auflösungsklage geltend machen.

Keine Sonderstellung nehmen dagegen Gesellschafter ein, die durch arglistige **Täuschung**, rechtswidrige **Drohung** oder sittenwidrige **Übervorteilung** zur Teilnahme an der Gesellschaft veranlasst

---

[33] Str.; einschränkend vor allem *A. Hueck*, OHG, § 7 III 2a; Baumbach/Hopt/*Hopt*, § 105 Rn. 86 m.w.N. für den Fall, dass die Leistung ausschließlich einem betrügerischen Mitgesellschafter zugute käme.

[34] BGHZ 62, 234 = NJW 1974, 1201; vgl. auch BGHZ 75, 214, 217 = NJW 1980, 638: Abhängigkeit eines Apothekers; BGHZ 97, 243, 250 = NJW 1986, 65: gesetzliches Verbot eines beruflichen Zusammenschlusses.

[35] OLG Koblenz WM 1979, 1435.

[36] *K. Schmidt*, AcP 186 (1986), 421, 448ff.; *ders.*, FS Mestmäcker, 1996, S. 763; *Schwintowski*, NJW 1988, 937; *Benner*, Kartellrechtliche Unwirksamkeit von verfassten Verbänden, 1993; *Grunewald*, 1 A Rn. 162.

[37] BGH NJW 1992, 1503 = JuS 1992, 792 m. Anm. *K. Schmidt*.

[38] *Kübler/Assmann*, § 26 IV 4; MünchKomm-HGB/*K. Schmidt*, § 105 Rn. 238f.; MünchKomm-BGB/*Ulmer*, § 705 Rn. 337ff.; *Wiedemann/Frey*, Nr. 102; BGH NJW 1983, 748; – dagegen für vollständige Nichtigkeit noch BGHZ 17, 166ff.; zu den Auswirkungen des Minderjährigenhaftungsbeschränkungsgesetzes *Grunewald*, ZIP 1999, 596, 600.

worden sind.[39] Zwar ist auch hier der Mangel des Gesellschaftsvertrages auf eine bestimmte Person bezogen, doch rechtfertigt deren Schutz im Gegensatz zum Schutz der nicht voll Geschäftsfähigen keine generelle Abweichung von den Regeln über die fehlerhafte Gesellschaft. Die Möglichkeit der Kündigung, Auflösung und Ansprüche auf Schadenersatz nach §§ 280 Abs. 1, 311 Abs. 2, 823, 826 BGB u. dgl. gewährleisten eine angemessene Lösung. Das schließt nicht aus, dass der betroffene Gesellschafter im Einzelfall einer unzumutbaren Inanspruchnahme aus dem fehlerhaften Gesellschaftsvertrag mit der Einrede der Arglist begegnen kann, etwa wenn seine Leistung gerade und nur dem für die Täuschung oder Übervorteilung verantwortlichen Mitgesellschafter zugute kommen würde (vgl. auch unten § 19 Rn. 16).

(3) Im Übrigen kommen **Ausnahmen** von den Wirkungen der fehlerhaften Gesellschaft **punktuell hinsichtlich einzelner Rechtsfolgen** in Betracht, soweit entweder die zur Fehlerhaftigkeit führende Rechtsnorm das zwingend gebietet oder zumindest den Bestand des Gesellschaftsverhältnisses ohne Beeinträchtigung zulässt. Mit dieser Maßgabe werden vor allem die *von dem Fehler unmittelbar betroffenen Vertragsklauseln* nicht oder nur in dem für den Bestand der Gesellschaft unverzichtbaren Umfang durchgeführt. **Beispiele:** Eine formnichtige Vertragsbestimmung bleibt außer Betracht, z. B. eine gegen § 311b Abs. 1 BGB oder § 15 Abs. 4 GmbHG verstoßende Einlageverpflichtung. Durch arglistige Täuschung erlangte überhöhte Gewinnzusagen oder Sondervergütungen können nicht geltend gemacht werden. Ein sittenwidriger Ausschluss von den Kontroll- und Mitverwaltungsrechten ist nicht bindend; usw. Eine so entstandene Lücke ist, wenn die betroffene Regelung nicht ersatzlos entfallen kann, durch richterliche Vertragsergänzung angemessen auszufüllen.[40]

18   **ee)** Ist ein **rechtskräftiges Auflösungsurteil** ergangen, ist die fehlerhafte Gesellschaft nach OHG-Recht abzuwickeln (unten Rn. 31ff.). Das ist eine Konsequenz aus der Lehre über die fehlerhafte Gesellschaft und trägt am besten dem Umstand Rechnung, dass andere Rückabwicklungsvorschriften den Verhältnissen nach Invollzugsetzung der Gesellschaft gerade nicht gerecht werden.

Ebenso wie bei der fehlerfreien können auch bei der fehlerhaften OHG abweichende Abwicklungsbestimmungen des Gesellschaftsvertrages berücksichtigt werden, sofern sich die Fehlerhaftigkeit nicht gerade auf sie bezieht. Ebenso können die Beteiligten Abweichungen vom gesetzlichen Abwicklungsverfahren vereinbaren. Praktisch liegen Verhandlungslösungen entsprechend den Umständen des Einzelfalls besonders nahe.[41]

c) Außenverhältnis der fehlerhaften OHG

19   Mit dem Eintritt in den Rechtsverkehr gegenüber außen stehenden Dritten ist der fehlerhafte Gesellschaftsvertrag stets in Vollzug gesetzt (oben Rn. 14). Wie im Innenverhältnis gilt dann auch im Außenverhältnis, dass die **fehlerhafte Gesellschaft Dritten gegenüber** grundsätzlich **voll wirksam** ist, bis sie aufgelöst und durch Abwicklung beendet wird.

Das ergibt sich aus der Lehre über die fehlerhafte Gesellschaft.[42] Der Heranziehung von Rechtsscheingesichtspunkten bedarf es danach nicht.[43] Deshalb spielt auch die Frage der Gut- oder Bösgläubigkeit Dritter in diesem Zusammenhang keine Rolle (oben Rn. 10).
Die fehlerhafte OHG untersteht auch im Außenverhältnis grundsätzlich dem **OHG-Recht.** Besonders wichtig ist die unbeschränkbare persönliche Haftung nach § 128 HGB und die gesetzlich umschriebene Vertretungsregelung des § 125 HGB. Auch § 123 HGB ist zu beachten, der den Beginn der Geltung des OHG-Rechts im Außenverhältnis näher regelt (oben Rn. 7f.); die fehlerhafte OHG kann insoweit nicht mehr Wirkungen entfalten als eine fehlerfrei gegründete. Für Rechtsbeziehungen der fehlerhaften Gesellschaft gegenüber Dritten vor dem nach § 123 HGB maßgebenden Zeitpunkt gilt das Recht der BGB-Gesellschaft.

---

[39] *BGH* BB 1975, 758; BGHZ 26, 330, 335; BGHZ 55, 9 = NJW 1971, 375; BGHZ 63, 345 = NJW 1975, 1022; vgl. auch BGHZ 148, 201 = NJW 2001, 936 (betr. GbR).

[40] BGHZ 47, 293, 301 = NJW 1967, 1961.

[41] *K. Schmidt,* § 6 III 2 a. E.: Die Rechtsfolgen werden meist nicht „schulmäßig", sondern nach streitigen Verhandlungen im Vergleichswege bereinigt.

[42] BGHZ 44, 235, 236f. = NJW 1966, 107.

[43] A. A. *Canaris,* Die Vertrauenshaftung im deutschen Privatrecht, 1971, S. 121ff., 175.

Im Übrigen gibt es nur wenige **Einschränkungen** im Außenverhältnis: Der **Schutz der nicht voll Geschäftsfähigen** gilt auch hier. Fehlt die Mitwirkung des gesetzlichen Vertreters oder des Familiengerichts beim Gesellschaftsvertrag (oben Rn. 2), kommt eine Haftung nicht in Betracht. Gesellschaftsverträge, die im Innenverhältnis wegen **Gesetzwidrigkeit** oder **grober Sittenwidrigkeit** (oben Rn. 17) oder als **Scheingeschäft** (oben Rn. 10) nicht anerkannt werden, haben auch im Außenverhältnis keine Wirkung; treten die Beteiligten trotzdem gegenüber Dritten wie eine OHG auf, finden die Regeln über die Scheingesellschaft Anwendung (oben Rn. 10).

3. Mängel einer Vertragsänderung

Wie der ursprüngliche Gesellschaftsvertrag können auch spätere Änderungen desselben unter Mängeln leiden, die zur Anfechtbarkeit oder Nichtigkeit führen (oben § 6 Rn. 9). Auf sie können die für die **fehlerhafte Gesellschaft** entwickelten Regeln grundsätzlich dann **entsprechend** angewandt werden, wenn es sich um Vorgänge handelt, die nach Vollzug nicht oder nur mit erheblichen Schwierigkeiten rückwirkend korrigiert werden können.[44]   **20**

Der fehlerhaften Gründung besonders nahe und daher einer entsprechenden Anwendung leicht zugänglich ist der **fehlerhafte Beitritt** zu einer schon bestehenden Gesellschaft.[45] Andere Vertragsänderungen, die die genannten Voraussetzungen erfüllen – so etwa **fehlerhafter Austritt** oder **fehlerhafte Auflösung** der Gesellschaft –, erfordern gegebenenfalls im Rahmen der entsprechenden Anwendung eine Anpassung der Regeln über die fehlerhafte Gesellschaft.

Für die **Fallbearbeitung** ergibt sich aus den Grundsätzen über die fehlerhafte Gesellschaft, dass nach Feststellung eines Mangels bei dem Merkmal „Gesellschaftsvertrag" (bzw. Vertragsänderung, Beitritt) zu prüfen ist, ob nicht gleichwohl weiter nach OHG-Recht zu verfahren ist. Dann sind die Voraussetzungen gemäß Rn. 14 zu prüfen. Wegen der ggf. erforderlichen Differenzierung der Rechtsfolgen empfiehlt es sich, vorrangige Interessen der Allgemeinheit oder schutzwürdiger Personen nicht als negatives Tatbestandsmerkmal, sondern bei der Rechtsfolgenbestimmung einzuführen. Kommt man hingegen zum Ergebnis, dass nicht einmal ein fehlerhafter Gesellschaftsvertrag vorliegt, also nur eine Scheingesellschaft in Betracht kommt, ist ggf. mit Ansprüchen gegen die einzelnen Scheingesellschafter fortzufahren.

4. Anmeldung und Eintragung in das Handelsregister

Jede OHG muss zum Handelsregister angemeldet werden (§ 106 HGB). Zur Anmeldung sind sämtliche Gesellschafter verpflichtet, unabhängig davon, ob sie Geschäftsführungsbefugnis und Vertretungsmacht haben (§ 108 HGB).[46] Die Anmeldung erfolgt bei dem Amtsgericht, in dessen Bezirk die OHG ihren Sitz hat, in der Form des § 12 HGB. Sie muss die in § 106 Abs. 2 HGB näher aufgeführten Angaben enthalten.[47] Die Bedeutung der Eintragung ist verschieden, je nachdem ob die Gesellschaft ein Handelsgewerbe i.S.d. § 1 oder der §§ 2 und 3 HGB oder Vermögensverwaltung   **21**

---

[44] Das betont BGHZ 62, 20, 26 f.; vgl. auch *Hommelhoff,* ZHR 158 (1994) 11; *Krieger,* ZHR 158 (1994) 35 (betr. Kapitalgesellschaften).

[45] BGHZ 26, 330, 334 f.; 44, 235, 236 f. = NJW 1966, 107; *BGH* NJW 1988, 1321 und 1324; 1992, 1501; *Kübler/Assmann,* § 26 V; *K. Schmidt,* § 6 V; *Wiesner,* Die Lehre von der fehlerhaften Gesellschaft, 1980, S. 138 ff.

[46] Dem entspricht bei der Partnerschaftsgesellschaft die Anmeldung zur Eintragung ins Partnerschaftsregister; § 4 PartGG verweist teilweise auf die §§ 106, 108 HGB. Für die PartG ist die Eintragung allerdings konstitutiv.

[47] *Behnke,* NJW 1998, 3078, 3081 ff. verlangt bei Minderjährigkeit die Eintragung auch dieser Tatsache; nach § 106 Abs. 2 Nr. 1 HGB ist aber ohnehin das Geburtsdatum der Gesellschafter einzutragen.

betreibt (oben Rn. 7 f.). Im ersten Fall wirkt die Eintragung deklaratorisch; die Gesellschaft war auch schon vor der Eintragung eine OHG. Betreibt die OHG kein Handelsgewerbe i. S. d. § 1 HGB, wirkt die Eintragung konstitutiv; die Gesellschaft wird erst durch die Eintragung zur Handelsgesellschaft. Im Übrigen richten sich die Wirkungen der Eintragung nach den allgemeinen Vorschriften der §§ 5 und 15 HGB.

IV. Auflösung und Vollbeendigung

22   Wie bei allen Gesellschaften sind Auflösung und Vollbeendigung scharf zu unterscheiden (oben § 11 Rn. 1 für die BGB-Gesellschaft). Die Auflösung bedeutet eine Zweckänderung; die Gesellschaft ist nicht mehr auf eine werbende Tätigkeit, sondern auf die Abwicklung ausgerichtet (§ 145 HGB). Erst mit Abschluss der Liquidation tritt Vollbeendigung ein (vgl. § 157 HGB). Auch nach Auflösung, aber vor der Beendigung, kann die Fortsetzung der Gesellschaft beschlossen werden (unten Rn. 28 ff.). Die Liquidation braucht nicht den gesetzlichen Vorschriften zu folgen, die Gesellschafter können die Auseinandersetzung auch auf andere Art betreiben (§§ 145 Abs. 1, 158 HGB, unten Rn. 31 ff.).

1. Auflösungsgründe

23   Die Auflösungsgründe sind zum Teil abweichend vom bürgerlichen Recht geregelt. Die Handelsrechtsreform 1998 hat dem Fortbestand der OHG den Vorrang vor der Auflösung gegeben. Damit soll die Zerschlagung wirtschaftlicher Werte verhindert und die Kontinuität des auf Dauer angelegten Handelsgewerbes begünstigt werden. Darüber hinaus will das Gesetz möglichst Klarheit schaffen. § 131 Abs. 1 und 2 HGB zählen deshalb die **gesetzlichen Auflösungsgründe** abschließend auf. Weitere Auflösungsgründe können im **Gesellschaftsvertrag** vorgesehen, nicht dagegen aus einer ergänzenden Anwendung der Vorschriften für die BGB-Gesellschaft hergeleitet werden. *Erreichung* oder *Unmöglichwerden des Gesellschaftszwecks* sind im Gegensatz zur BGB-Gesellschaft (§ 726 BGB) keine Auflösungsgründe, sondern können nur eine Kündigung oder eine Auflösungsklage rechtfertigen. Zur **Vereinigung aller Gesellschaftsanteile in einer Hand** unten § 16 Rn. 20 f. Bei der näheren Ausgestaltung der einzelnen Auflösungsgründe tritt das Streben des HGB nach Rechtsklarheit hervor, insbesondere durch das Erfordernis der Auflösungsklage nach § 133 HGB. § 131 Abs. 1 HGB enthält allgemeine Auflösungsgründe, Abs. 2 enthält Auflösungsgründe für Gesellschaften, an denen keine natürliche Person beteiligt ist.

a) Zeitablauf (§ 131 Abs. 1 Nr. 1 HGB)

24   Die **Höchstdauer** der Gesellschaft kann im Gesellschaftsvertrag festgesetzt werden (oben § 11 Rn. 2).[48] Für die OHG ist das eher selten, kann aber sachgerecht sein, etwa wenn es um die Verwertung von Schutzrechten mit begrenzter Laufzeit geht. Wird die Gesellschaft stillschweigend nach Ablauf ihrer vereinbarten Dauer fortgesetzt, gilt sie nach § 134 HGB als für unbestimmte Zeit eingegangen.

---

[48] In manchen Rechtsordnungen ist eine Höchstdauer zwingend vorgeschrieben; so verlangt Art. L 210–2 des französischen *code de commerce* die Angabe der Dauer der Gesellschaft, die 99 Jahre nicht übersteigen darf.

b) Gesellschafterbeschluss (§ 131 Abs. 1 Nr. 2 HGB)

Durch einstimmigen Beschluss der Gesellschafter kann die Gesellschaft stets aufgelöst werden, selbst wenn sie für eine Mindestzeit eingegangen ist, die noch nicht abgelaufen ist. In extremen Fällen kann die Treuepflicht die Zustimmung zur Auflösung gebieten.[49] Ein Mehrheitsbeschluss muss, da es sich um ein Grundlagengeschäft handelt, bereits im Gesellschaftsvertrag unter Beachtung des Bestimmtheitsgrundsatzes vorgesehen sein. Im Einzelfall kann die Auflösung gleichwohl gegen die Treuepflicht verstoßen.[50]

c) Insolvenz (§ 131 Abs. 1 Nr. 3 HGB)

Die Eröffnung des Insolvenzverfahrens über das Vermögen der Gesellschaft (unten **25** § 15 Rn. 7) bewirkt automatisch die Auflösung der Gesellschaft. In diesem Fall ist die Zweckänderung durch die Ziele des Insolvenzverfahrens (§ 1 InsO) bestimmt; die Gläubiger der Gesellschaft sollen befriedigt werden, wobei nach Möglichkeit das Unternehmen zu erhalten ist. Letzteres soll vor allem durch das Insolvenzplanverfahren (§§ 217 ff. InsO) erreicht werden. Im Erfolgsfall können die Gesellschafter die Gesellschaft fortsetzen (§ 144 HGB, unten Rn. 28 ff.). An die Stelle der Abwicklungsvorschriften tritt die InsO (§ 145 Abs. 1 HGB). Der Insolvenzverwalter ist nunmehr auch zuständig, die persönliche Haftung der Gesellschafter für Verbindlichkeiten der Gesellschaft geltend zu machen (§ 93 InsO).[51] Der Eröffnungsantrag (§§ 13 ff. InsO) führt noch nicht zur Auflösung der Gesellschaft. Auch die Abweisung des Insolvenzantrags mangels Masse (§ 26 InsO) genügt nicht.[52]

Im Gegensatz zur BGB-Gesellschaft (§ 728 Abs. 2 BGB) löst die Eröffnung des Insolvenzverfahrens über das Vermögen eines Gesellschafters die Gesellschaft nicht auf, sondern führt zu dessen Ausscheiden (§ 131 Abs. 3 Satz 1 Nr. 2 HGB, unten § 16 Rn. 12). Der Gesellschaftsvertrag kann für diesen Fall aber die Auflösung vorsehen. Dann kann nach § 145 Abs. 2 HGB die Abwicklung nur mit Zustimmung des Insolvenzverwalters unterbleiben. Letztere Vorschrift stammt allerdings noch aus der Zeit, in der der Gesellschafterkonkurs die Auflösung der Gesellschaft von Gesetzes wegen bewirkte; auf vertragliche Auflösungsklauseln passt sie hingegen schlecht.

d) Gerichtliche Entscheidung (§§ 131 Abs. 1 Nr. 4, 133 HGB)

Gemeint ist das Gestaltungsurteil, das auf Auflösungsklage nach § 133 HGB ergeht. **26** Im Gegensatz zur BGB-Gesellschaft (§ 723 BGB, oben § 11 Rn. 4) genügt eine Kündigung der Gesellschaft nicht. Die Auflösungsklage tritt an die Stelle der außerordentlichen Kündigung. Das Gesetz will, da die Beteiligten genau wissen müssen, ob die OHG noch besteht oder nicht, durch gerichtliche Entscheidung eine unbedingt klare Rechtslage schaffen. Die gleiche Interessenlage besteht bei der fehlerhaften Gesellschaft (oben Rn. 15), wenn nach Invollzugsetzung ein Gesellschafter einen Anfechtungs- oder Nichtigkeitsgrund geltend macht und dadurch den Fortbestand der OHG in Frage stellt.

Voraussetzung der Klage ist das **Vorliegen eines wichtigen Grundes**, insoweit gilt das oben § 11 Rn. 4 f. Gesagte entsprechend. Bei der OHG ist allerdings davon auszugehen, dass der besondere wichtige Grund der Volljährigkeit nach § 723 Abs. 1 Satz 3 Nr. 2 BGB die Austrittskündigung i. S. d. § 131 Abs. 3 Nr. 3 HGB ermöglicht, nicht die Auflösungsklage (unten § 16 Rn. 13). Liegt ein wichtiger

---

[49] *BGH* NJW 1960, 434.
[50] *BGH* ZIP 1986, 91 = NJW-RR 1986, 256 = JuS 1986, 407.
[51] Zur Reichweite von § 93 InsO *BGH* NJW 2002, 2718 = NZG 2002, 861.
[52] Vgl. BGHZ 75, 178 = NJW 1980, 233; BGHZ 96, 151, 154 = NJW 1986, 851; *BGH* NJW 1995, 196 jeweils zum Konkurs der KG.

Grund vor, muss das Gericht auf Auflösung erkennen. Die Klage kann im Gegensatz zu den Klagen aus §§ 117, 127 und 140 HGB von jedem einzelnen Gesellschafter unabhängig von den übrigen erhoben werden, sobald ihm die Fortsetzung der OHG nicht mehr zugemutet werden kann. Mehrere Gesellschafter können gleichzeitig zur Klage berechtigt sein; sie können, aber müssen nicht gemeinsam klagen. Die Klage richtet sich grundsätzlich gegen alle übrigen Gesellschafter. Das Urteil ist **Gestaltungsurteil,** führt also die Auflösung herbei, ohne dass es einer Vollstreckung bedarf. Es hat keine rückwirkende Kraft.[53]

Das Recht des Gesellschafters zur Auflösungsklage kann ebenso wie bei der BGB-Gesellschaft das außerordentliche Kündigungsrecht **nicht** im Voraus **ausgeschlossen oder beschränkt werden** (§ 133 Abs. 3 HGB). Dagegen kann vertraglich vorgesehen werden, dass lediglich der klagende Gesellschafter aus der OHG ausscheidet, diese also unter den übrigen Gesellschaftern fortgesetzt wird. Es genügt, dass dem klagenden Gesellschafter die Beseitigung seiner persönlichen Bindung ermöglicht wird. Ebenso kann vereinbart werden, dass nur der Gesellschafter ausscheidet, in dessen Person der wichtige Grund liegt. **Erweiterungen und Erleichterungen** der Auflösungsmöglichkeit sind **zulässig,** vor allem kann der Gesellschaftsvertrag die Auflösungsklage durch eine **fristlose Kündigung** ersetzen, denn die die Rechtssicherheit gewährende Gestaltungsklage ist lediglich im Interesse der Gesellschafter vorgesehen.[54] Zulässig ist auch, die Auflösung einem **Schiedsgericht** zu übertragen.

e) Auflösungsgründe nach § 131 Abs. 2 HGB

27   Für Gesellschaften, in denen keine natürliche Person unmittelbar oder mittelbar über die Mitgliedschaft einer anderen Gesellschaft (§ 131 Abs. 2 Satz 2) persönlich haftet, ist auch die Ablehnung der Eröffnung eines Insolvenzverfahrens mangels Masse (§ 26 InsO) Auflösungsgrund, ebenso die Löschung im Handelsregister wegen Vermögenslosigkeit. Beide Auflösungsgründe ergänzen die Vorschriften, die auf eine OHG, die nur beschränkt haftende Gesellschaften (in der Regel Kapitalgesellschaften) zu Gesellschaftern hat, die Anwendung von Kapitalgesellschaftsrecht vorschreiben. Das ist in erster Linie die Insolvenzantragspflicht nach § 130a HGB (unten § 15 Rn. 7), ferner die Amtslöschung (§ 141a Abs. 3 FGG). Im letzteren Fall findet eine Liquidation nur statt, wenn sich nachträglich herausstellt, dass verteilungsfähiges Vermögen vorliegt (§ 145 Abs. 3 HGB).

2. Fortsetzung der Gesellschaft

28   Die Auflösung der OHG führt, wenn das Unternehmen nicht als Ganzes veräußert oder von einem Gesellschafter übernommen wird, zur Zerschlagung des Unternehmens und damit zur Vernichtung oder doch Entwertung mancher im Unternehmen verwirklichter Werte, vor allem der unkörperlichen Geschäftswerte wie Organisation, Beziehungen zur Kundschaft, Geschäftserfahrungen. Das lebende Unternehmen ist in der Regel mehr wert als die Summe seiner Teile. Die Auflösung mit Liquidation entspricht deshalb, solange das Unternehmen noch lebensfähig ist, weder dem wirklichen Interesse der Gesellschafter noch dem der Allgemeinheit. Ferner führt die notwendige Auflösung stiller Reserven in der Liquidation oftmals zu einer zusätzlichen steuerlichen Belastung. Deshalb sieht das Gesetz ähnlich wie bei der BGB-Gesellschaft, aber in noch weiterem Umfang die Möglichkeit vor, dass die Gesellschafter noch nach der Auflösung die Fortsetzung der OHG beschließen (oben § 11 Rn. 7).[55] § 144 Abs. 1 HGB enthält insoweit einen allgemeinen Grundsatz; die Fortsetzung ist möglich, solange nicht Vollbeendigung eingetreten ist.[56] Die Gesellschaft bleibt dieselbe. Dabei ist zu unterscheiden, ob die Fortsetzung durch alle Gesellschafter oder nur durch einen Teil derselben erfolgen soll.

a) Fortsetzung durch alle Gesellschafter

29   Eine Fortsetzung durch alle Gesellschafter setzt die Zustimmung sämtlicher Gesellschafter voraus, ist dann aber grundsätzlich immer möglich. Eine **Ausnahme** besteht in der **Insolvenz** der Gesellschaft. Hier haben die Gesellschaftsgläubiger ein Interesse an der Liquidation des Gesellschaftsvermögens. Deshalb kann in diesem Fall die Fortsetzung der OHG erst nach Beendigung des Insolvenzverfahrens durch Einstellung auf Antrag des Schuldners (§§ 212f. InsO) oder Bestätigung eines Insolvenzplanes (§ 248 InsO), der den Fortbestand der Gesellschaft vorsieht, beschlossen werden (§ 144 Abs. 1 HGB). Die Fälle der *Gesellschafterinsolvenz* und der *Kündigung durch den Privatgläubiger* eines Gesellschaf-

---

[53] Näheres über die gesellschaftsrechtlichen Gestaltungsklagen bei *A. Hueck,* FS 150 Jahre Carl Heymanns Verlag, 1966, S. 287ff.
[54] BGHZ 31, 300, 302.
[55] Zu den Anforderungen an den Fortsetzungsbeschluss *BGH* NJW 1995, 2843.
[56] Baumbach/Hopt/*Hopt,* § 131 Rn. 30, 33.

ters kommen nur in Betracht, wenn der Gesellschaftsvertrag in Abweichung von § 131 Abs. 3 Nr. 2, 4 die Auflösung der Gesellschaft vorsieht. Für diese Fälle sieht § 145 Abs. 2 HGB vor, dass die Liquidation nur mit Zustimmung des Gläubigers bzw. Insolvenzverwalters unterbleiben darf. Die Gesellschafter können einstimmig, einschließlich des Gesellschafters, aus dessen Sphäre der Auflösungsgrund kommt, die Fortsetzung beschließen.[57] Ein Mehrheitsbeschluss für die Fortsetzung, die ja eine Zweckänderung beinhaltet, ist nur möglich, wenn der Gesellschaftsvertrag das ausdrücklich (Bestimmtheitsgrundsatz) vorsieht.

b) Fortsetzung durch einen Teil der Gesellschafter

Eine Fortsetzung der OHG durch einen Teil der Gesellschafter ist ohne weiteres zulässig, wenn alle **30** Gesellschafter einschließlich des ausscheidenden einverstanden sind, und keiner der oben Rn. 29 genannten Ausnahmefälle vorliegt. Ohne Zustimmung des ausscheidenden Gesellschafters können die übrigen Gesellschafter die Fortsetzung der OHG in Fällen beschließen, in denen der Gesellschaftsvertrag das Ausscheiden eines Gesellschafters nach § 131 Abs. 3 HGB durch die Auflösung der Gesellschaft ersetzt und ein solcher Fortsetzungsbeschluss ausdrücklich vorgesehen ist.

3. Liquidation

Zum *Zweck der Liquidation* und zur *Möglichkeit abweichender Vereinbarungen* **31** über die Auseinandersetzung gilt das oben § 11 Rn. 8 f. für die BGB-Gesellschaft Gesagte auch für die OHG. Da eine Zerschlagung des Unternehmens Werte vernichtet (oben Rn. 28), ist gerade bei der OHG eine abweichende Vereinbarung sehr häufig, vor allem in der Form, dass das Unternehmen der Gesellschaft als Ganzes veräußert oder auch von einem der Gesellschafter unter Ausschluss der Liquidation mit allen Aktiven und Passiven übernommen wird. Die letztgenannte Lösung entspricht der Übernahme (unten § 16 Rn. 20 f.). Möglich ist auch die Umwandlung in eine andere Gesellschaftsform, etwa eine GmbH, § 191 Abs. 3 UmwG. Die Gesellschaft wird dann in einem anderen „Rechtskleid" fortgesetzt, eine Liquidation findet nicht statt.

Das **Liquidationsverfahren** ist in den §§ 145 ff. HGB abweichend vom bürgerlichen Recht (oben § 11 Rn. 8) geregelt. Das Gesetz trägt damit den Besonderheiten einer Gesellschaft Rechnung, die ein Handelsgewerbe betreibt. Durch den Eintritt in die Liquidation wird die *Identität der OHG nicht berührt.* Sie bleibt Gesamthandsgemeinschaft, ändert aber ihren Zweck: Aus der Erwerbsgesellschaft wird eine **Abwicklungsgesellschaft.** Da die Abwicklung noch zum Betrieb des Handelsgewerbes gehört, bleibt die Gesellschaft Handelsgesellschaft. Die Vorschriften des OHG-Rechts sind weiterhin anwendbar, soweit sich nicht aus dem Liquidationszweck oder den besonderen Vorschriften über die Liquidation etwas anderes ergibt (§ 156 HGB).

a) Gesellschafter

Die Gesellschafter unterstehen grundsätzlich noch den bisherigen Vorschriften, doch ergeben sich **32** aus den Liquidationsvorschriften einige Änderungen (§ 156 HGB). Die **Beitragspflicht** wird beschränkt, Beiträge sind nur noch zu leisten, falls sie für die Zwecke der Liquidation erforderlich sind. Recht und Pflicht zur **Geschäftsführung** bestehen nur noch insoweit, als die Gesellschafter zugleich Liquidatoren sind. Die **Vertretungsmacht** der Gesellschafter als solcher fällt fort. Ein Recht auf **Entnahmen** aus der Gesellschaftskasse besteht nicht mehr (§ 155 Abs. 2 Satz 2 HGB). **Bestimmungen des Gesellschaftsvertrages** gelten fort, soweit nicht der Abwicklungszweck Modifikationen erfordert. Ansprüche der Gesellschafter gegen die Gesellschaft und umgekehrt (unten § 14 Rn. 24) werden bloße Rechnungsposten.[58] Die **Haftung** der Gesellschafter besteht weiter nach §§ 128, 129 HGB. § 159 HGB setzt zwar eine besondere Verjährungsfrist ab Eintragung der Auflösung für die Gesellschafter-

---

[57] Baumbach/Hopt/*Hopt*, § 135 Rn. 13.
[58] *BGH* NJW 1998, 376; für Behandlung der Einlageforderung als Rechnungsposten bei der Bestimmung das Abfindungsguthabens eines ausgeschiedenen Gesellschafters *BGH* NJW 2000, 2586; DStR 2002, 228 (betr. BGB-Gesellschaft).

haftung in Gang; dieser Zeitpunkt gilt jedoch nicht, wenn die Forderung erst später fällig wird (§ 159 Abs. 3 HGB) oder gar erst zur Entstehung kommt. Auch in der Liquidation können noch neue Verbindlichkeiten begründet werden.

b) Liquidatoren

33   Die Durchführung der Liquidation erfolgt durch besondere Liquidatoren. Diese sind Organe der Gesellschaft und für Geschäftsführung und Vertretung zuständig.

Wer Liquidator ist, richtet sich nach dem Gesellschaftsvertrag oder einem einstimmigen Beschluss der Gesellschafter (§ 146 Abs. 1 HGB). Diese sind in der Auswahl der Liquidatoren nicht beschränkt; sie können auch einen Nichtgesellschafter, etwa einen Vertrauensmann der Gläubiger, zum Liquidator bestellen – „gekorene Liquidatoren" –; insoweit ist der Grundsatz der Selbstorganschaft hier gelockert. Mangels einer solchen Bestimmung sind alle Gesellschafter Liquidatoren ohne Rücksicht auf die bisher geltende Geschäftsführung und Vertretung – „geborene Liquidatoren". Bei Vorliegen eines wichtigen Grundes kann das zuständige Amtsgericht auf Antrag eines Gesellschafters (oder Gesellschaftererben) Liquidatoren abberufen und neue ernennen (§ 146 Abs. 2 HGB). Ebenso können Liquidatoren abberufen werden (§ 147 HGB). Alle Liquidatoren sind in das Handelsregister einzutragen (§ 148 HGB). **Geschäftsführungsbefugnis und Vertretungsmacht** stehen hinfort nur den Liquidatoren zu. Im Gegensatz zur werbenden Gesellschaft gilt jetzt **Gesamtgeschäftsführung und Gesamtvertretung** (§ 150 HGB). Der Umfang der Befugnisse richtet sich nach den Liquidationsaufgaben (§ 149 HGB). Dieser Rahmen darf nicht zu eng gefasst werden. Die Liquidatoren können zur Erfüllung dieser Aufgaben, insbesondere zur Abwicklung schwebender Geschäfte, auch neue Geschäfte abschließen. Dritten gegenüber wirkt die Beschränkung der Vertretungsmacht durch den Liquidationszweck (§ 149 Satz 2 HGB) nur, wenn sie ihnen erkennbar war; die Beweislast trifft die Gesellschaft, da böser Glaube nicht vermutet wird.[59] Weitere Beschränkungen der Vertretungsmacht der Liquidatoren mit Wirkung für Dritte sind nicht möglich (§ 151 HGB).

c) Liquidationsaufgaben

34   Die Aufgaben der Liquidatoren richten sich nach dem **Ziel der Liquidation.** Das Gesellschaftsvermögen soll aus der Gesamthandsbindung gelöst und auf die einzelnen Gesellschafter überführt werden. Zu diesem Zweck haben die Liquidatoren laufende Geschäfte zu beenden, Forderungen einzuziehen, das übrige Vermögen in Geld umzusetzen (Grundsatz der Versilberung, was für die BGB-Gesellschaft so allgemein nicht gilt) und die Gläubiger zu befriedigen, soweit das Gesellschaftsvermögen dazu ausreicht (§ 149 HGB). Ist letzteres nicht der Fall, können die Liquidatoren von den Gesellschaftern keine Nachschüsse verlangen, sondern müssen es den Gläubigern überlassen, die einzelnen Gesellschafter in Anspruch zu nehmen.[60] Zu Beginn der Liquidation ist eine Eröffnungsbilanz zu erstellen (§ 154 HGB). Das verbleibende Nettovermögen ist auf Grund einer Schlussbilanz an die Gesellschafter zu verteilen (§ 155 HGB).

Die Verteilung erfolgt nach den *Kapitalanteilen* (unten § 14 Rn. 16 ff.). Auch Zwischenverteilungen sind möglich. Ergeben sich in der Schlussbilanz für einzelne Gesellschafter negative Kapitalanteile, sind sie den anderen in diesem Verhältnis zum *Ausgleich* verpflichtet.[61] Dieser Ausgleich ist nicht mehr Sache der Liquidatoren, sondern bleibt den Gesellschaftern überlassen.

d) Beendigung

35   Mit der Schlussverteilung endet die Liquidation, es tritt **Vollbeendigung** der **OHG** ein. Sie **erlischt als Rechtsträger,** ein gesamthänderisch gebundenes Vermögen besteht

---

[59] *BGH* NJW 1984, 982.
[60] Str., a. A. *K. Schmidt*, § 52 IV 1 b: Der Liquidationszweck umfasse die gesamte Abwicklung des Rechtsträgers, deshalb müssten die Gesellschafter nach § 105 Abs. 3 HGB, § 735 BGB Nachschüsse leisten. Nach h. M. betrifft § 735 BGB nur das Verhältnis der Gesellschafter untereinander und ist eine Verrechnungsvorschrift, vgl. *Grunewald*, 1. B Rn. 83.
[61] Beispiel bei *Wiedemann/Frey*, Nr. 187.

nicht mehr. Den *nicht befriedigten Gläubigern* haften die früheren Gesellschafter in der alten Weise fort, doch läuft eine besondere fünfjährige Verjährung (§ 159 HGB). Die Unterlagen, die nach § 257 HGB der handelsrechtlichen Aufbewahrungspflicht unterliegen, sind von einem Gesellschafter oder einem Dritten zu verwahren (§ 157 Abs. 2 HGB).

4. Handelsregister

Die **Auflösung** ist zum Handelsregister anzumelden; bei Eröffnung des Insolvenzverfahrens wird **36** die Auflösung von Amts wegen eingetragen (§ 143 HGB). Die **Eintragung** wirkt nur **deklaratorisch**, die Auflösung tritt unabhängig von der Eintragung ein. Wohl aber knüpfen sich an die Eintragung und die öffentliche Bekanntmachung die gewöhnlichen Publizitätsfolgen gemäß § 15 HGB. Die Gesellschaft behält ihre **Firma**, soll aber einen entsprechenden Zusatz („in Liquidation", kurz: i. L.) hinzufügen. Die Liquidatoren und ihre Vertretungsmacht sind ebenfalls eintragungspflichtig (§ 148 HGB). Auch der Beschluss zur Fortsetzung der Gesellschaft (oben Rn. 28 ff.) ist anmeldepflichtig.[62] Ist die Liquidation entbehrlich, weil eine Übernahme stattfindet (unten § 16 Rn. 20 f.), ist der Übernehmer Einzelkaufmann und als solcher einzutragen; für die Firmenfortführung gilt § 24 Abs. 2 HGB.

Mit der **Vollbeendigung** erlischt die Firma, was von den Liquidatoren zum Handelsregister anzumelden ist (§ 157 Abs. 1 HGB, vgl. auch § 31 Abs. 2 HGB). Auch diese **Eintragung** ist **deklaratorisch**. Findet sich nachträglich doch noch Gesellschaftsvermögen, ist die Liquidation nicht beendet.[63]

§ 14. Innenverhältnis der OHG

I. Grundsatz der Vertragsfreiheit

Die OHG ist Handelsgesellschaft; ihre Gesellschafter stehen Kaufleuten weitgehend **1** gleich. Es kann von ihnen erwartet werden, dass sie die nötige Geschäftsgewandtheit und Erfahrung besitzen, um ihre Interessen selbst wahrzunehmen. Außerdem sind die Verhältnisse innerhalb der einzelnen Gesellschaften sehr verschieden. Deshalb können die Beteiligten ihre Beziehungen zueinander grundsätzlich nach freiem Belieben regeln; **im Innenverhältnis** herrscht weitgehende **Vertragsfreiheit**.[1] Die gesetzlichen Vorschriften (§§ 110–122 HGB) sind dispositiv (§ 109 HGB). Teilweise gehen die Vorschriften auf häufige Abweichungen ein und unterstützen diese durch weitere dispositive Regeln. Die folgende Darstellung folgt im Wesentlichen dem gesetzlich vorgesehenen Normalbild. Auf abweichende Gestaltungen kann nur begrenzt eingegangen werden; in der Fallbearbeitung haben diese jedoch Vorrang. Im Übrigen gelten die bereits für das Innenverhältnis der GbR geschilderten Grundsätze, insbesondere zu *Beiträgen, Treuepflicht* und *actio pro socio* (oben § 7).

---

[62] Baumbach/Hopt/*Hopt*, § 131 Rn. 31 a. E.
[63] *BGH* NJW 1979, 1987.
[1] Zur Problematik der Vertragsfreiheit und ihrer Grenzen im Gesellschaftsrecht oben § 2 Rn. 20; ferner *Reuter*, Privatrechtliche Schranken der Perpetuierung von Unternehmen, 1973; *Loritz*, JZ 1986, 1073; Zusammenfassung bei *K. Schmidt*, § 5 III.

II. Geschäftsführung

1. Selbstorganschaft und Einzelgeschäftsführung

2   Für die OHG ist wie für alle Personengesellschaften (Ausnahme EWIV) das Prinzip der **Selbstorganschaft zwingend** (oben § 2 Rn. 12). Im Gegensatz zur BGB-Gesellschaft gilt für sie aber mangels abweichender Vereinbarung der **Grundsatz** der **Einzelgeschäftsführung.** Jeder Gesellschafter kann im gewöhnlichen Geschäftsbetrieb unabhängig von den übrigen grundsätzlich jede in den Bereich der Geschäftsführung (oben § 8 Rn. 1) fallende Handlung vornehmen (§§ 114, 115 HGB).

> Dieser Unterschied zum bürgerlichen Recht ist für die OHG charakteristisch. Die Einzelgeschäftsführung ist gefährlich, aber sie verleiht der Gesellschaft sehr viel größere Beweglichkeit; sie ermöglicht rasche Entschlüsse und sofortiges Handeln. Sie ist deshalb für die im Wirtschaftsleben stehende OHG zweckmäßig, zumal die Gesellschafter als Kaufleute geschäftsgewandt sind, sich gegenseitig kennen und Vertrauen zueinander haben müssen, wenn die Rechtsform der OHG überhaupt am Platz sein soll.

3   Der Gesellschaftsvertrag kann aber **beliebig andere Regelungen** treffen. Zum Beispiel können einzelne Gesellschafter von der Geschäftsführung ganz oder teilweise ausgeschlossen werden;[2] die Geschäfte können unter die Gesellschafter nach Ressorts verteilt, etwa dem einen die kaufmännische, dem anderen die technische Leitung anvertraut werden; für bestimmte wichtige Geschäfte kann die Zustimmung aller Gesellschafter oder ein Mehrheitsbeschluss für nötig erklärt werden. Ebenso kann der Gesellschaftsvertrag Gesamtgeschäftsführung durch alle Gesellschafter oder doch durch je zwei Gesellschafter vorsehen; dann kann aber bei Gefahr im Verzug jeder an der Geschäftsführung beteiligte Gesellschafter allein handeln (§ 115 Abs. 2 HGB). Davon zu unterscheiden ist die sog. **Notgeschäftsführung** zur Erhaltung von Gegenständen des Gesellschaftsvermögens analog § 744 Abs. 2 BGB. Sie steht jedem Gesellschafter, auch dem von der Geschäftsführung ganz ausgeschlossenen zu (oben § 8 Rn. 3).

4   Wie bei der GbR (§ 716 BGB, oben § 7 Rn. 7) steht auch hier dem von der Geschäftsführung ausgeschlossenen Gesellschafter grundsätzlich ein weitgehendes **Informationsrecht** in den Angelegenheiten der Gesellschaft zu, das die Einsicht in die Geschäftsbücher und sonstige (auch vertrauliche) Papiere umfasst (§ 118 Abs. 1 HGB). Es kann im Gesellschaftsvertrag näher geregelt und dabei erweitert, aber auch eingeschränkt oder ausgeschlossen werden (z.B. durch Übertragung der Kontrollrechte auf ein Aufsichtsgremium bzw. einen Beirat). Letzteres steht jedoch der Ausübung durch den einzelnen Gesellschafter dann nicht entgegen, wenn Grund zur Annahme unredlicher Geschäftsführung besteht (§ 118 Abs. 2 HGB).[3] Neben dem Informationsrecht besteht ein **Auskunftsrecht** der Gesamtheit der Gesellschafter aus §§ 713, 666 BGB gegenüber den geschäftsführenden Gesellschaftern.[4]
Umstritten ist, ob *alle Gesellschafter von der Geschäftsführung ausgeschlossen* werden können. Das würde notwendig zu einer ausschließlichen Geschäftsführungsbefugnis von Nichtgesellschaftern – *Drittorganschaft* – führen und wird deshalb von der h.M. abgelehnt. Dabei wird vor allem auf den für Personengesellschaften geltenden Grundsatz der *Selbstorganschaft* sowie auf das **Abspaltungsverbot** verwiesen, das die Trennung einzelner Mitverwaltungsrechte von der Gesellschafterstellung untersagt.[5] Allerdings kann im Gesellschaftsvertrag selbst vorgesehen werden, dass die Leitung des Unternehmens

---

[2] Bei der Partnerschaftsgesellschaft können einzelne Partner nur von der Führung der sonstigen Geschäfte, also nicht von der Ausübung des Freien Berufs als Gegenstand der Partnerschaft, ausgeschlossen werden, § 6 Abs. 2 PartGG.

[3] Ausführlich zum Informationsrecht *K. Schmidt,* Informationsrechte in Gesellschaften und Verbänden, 1984; *Wohlleben,* Informationsrechte des Gesellschafters, 1989.

[4] *BGH* NJW 1992, 1890; zum umgekehrten Fall (Auskunftsanspruch einer KG gegenüber ausgeschiedenem Kommanditisten) *OLG Hamm* NZG 2001, 73.

[5] BGHZ 36, 292; 41, 367, 369 für Vertretung; *BGH* NJW 1982, 1817; *Kübler/Assmann,* § 21 II 2 und 3; *K. Schmidt,* § 14 II 2; Großkomm-HGB/*Ulmer,* § 109 Rn. 34f.; *Wiedemann,* Die Übertragung und Vererbung von Mitgliedschaftsrechten in Personengesellschaften, 1965, S. 377ff.

einem oder mehreren Dritten übertragen werden soll. Der Dritte erhält dadurch keine gesellschaftsrechtliche Geschäftsführungsbefugnis (oben § 8 Rn. 6); seine Stellung beruht auf dem mit ihm abzu-
schließenden besonderen Vertrag und hat deshalb einen anderen Inhalt als die Geschäftsführungsbefugnis eines Gesellschafters.[6] Auch bleibt den Gesellschaftern immer die Möglichkeit, durch einstimmigen Beschluss dem Fremdgeschäftsführer Weisungen zu erteilen oder sonst in die Geschäftsführung
einzugreifen, da ein vollständiger Ausschluss von der Geschäftsführung nicht möglich ist. Eine derartige Vertragsbestimmung ist lediglich als Ausschluss der Einzelgeschäftsführungsbefugnis zu verstehen.
Im Übrigen kommt es einer Drittorganschaft praktisch nahe, wenn eine der OHG angehörende juristische Person – GmbH oder AG – mit alleiniger Geschäftsführungsbefugnis ausgestattet wird, die dann
deren bestelltes Handlungsorgan – Geschäftsführer oder Vorstand – ausübt. Diese Fragen sind praktisch u. a. bedeutsam für die OHG als verbundenes Unternehmen.[7]

2. Ungewöhnliche Geschäfte

Die gesetzlich vorgesehene **Einzelgeschäftsführung** gilt nur für Handlungen, die   5
der **gewöhnliche Betrieb** des Handelsgewerbes gerade dieser OHG mit sich bringt
(§ 116 Abs. 1 HGB). Für ungewöhnliche Geschäfte ist ein Beschluss aller Gesellschafter, auch der nicht geschäftsführenden, nötig (§ 116 Abs. 2).

Ungewöhnlich sind Geschäfte, die dem bisherigen Zweck der OHG überhaupt fremd sind, aber
auch solche, die den Rahmen des normalen bisherigen Geschäftsbetriebes dieser OHG, überschreiten.
Beispiele: Errichtung einer Zweigniederlassung, sofern nicht der Betrieb der OHG von vornherein auf
zahlreiche Filialen angelegt ist; Bau eines neuen Fabrikgebäudes; Aufnahme oder Gewährung besonders hoher Kredite; ungewöhnlich große oder ungewöhnlich langfristige Lieferungsverträge usw. Keine ungewöhnlichen Geschäfte sind **Grundlagengeschäfte**; sie **fallen** überhaupt **nicht unter die Geschäftsführung** (oben § 8 Rn. 1).

Die **Erteilung einer Prokura** bedarf zwar nicht der Zustimmung sämtlicher Gesellschafter, wohl aber aller *geschäftsführenden* Gesellschafter, es sei denn, dass Gefahr im
Verzug ist. Dagegen ist zum Widerruf jeder geschäftsführende Gesellschafter allein
berechtigt (§ 116 Abs. 3 HGB). Die Prokura ist in besonderem Maß Vertrauenssache.
Sie soll deshalb nicht erteilt, aber auch nicht aufrechterhalten werden, wenn auch nur
ein geschäftsführender Gesellschafter, mag er Einzel- oder Gesamtgeschäftsführungsbefugnis haben, nicht das nötige Vertrauen zu dem Prokuristen besitzt. § 116 Abs. 3
HGB betrifft aber nur das Innenverhältnis der Gesellschafter untereinander; für Erteilung und Widerruf der Prokura gegenüber dem Prokuristen gilt § 126 HGB (unten
§ 15 Rn. 12).

3. Widerspruchsrecht

Auch bei gewöhnlichen Geschäften hat **jeder andere geschäftsführende Gesell-**   6
schafter ein Widerspruchsrecht. Ein geschäftsführender Gesellschafter braucht zwar
bei Vornahme eines gewöhnlichen Geschäfts die übrigen nicht zu fragen; erfährt aber
ein anderer Gesellschafter von seiner Absicht und erhebt er Widerspruch, muss ange-

---

[6] BGHZ 36, 292; *BGH* NJW 1982, 877, 878; 1982, 1817 – Holiday Inn; *BGH* WM 1994, 237. – Zur
vorübergehenden Einsetzung eines Dritten als Geschäftsführer im Wege der einstweiligen Verfügung
für die Dauer eines Ausschließungsprozesses vgl. BGHZ 33, 105; Entsprechendes kann bei Entzie-
hungs- und Übernahmeklagen gelten; instruktiv zur Kautelarpraxis *H. P. Westermann*, FS Lutter, 2000,
S. 955. – Vgl. im Übrigen *Reuter*, Privatrechtliche Schranken der Perpetuierung von Unternehmen
1973, S. 178 ff.; *Wiedemann* II, § 8 II 2 a; im Ergebnis auch *A. Hueck*, OHG, § 10 II 2. – Differenzierend *H. P. Westermann*, Vertragsfreiheit und Typengesetzlichkeit im Recht der Personengesellschaften,
1970, S. 328 ff. Gegen die h. M. etwa *Teichmann*, Gestaltungsfreiheit in Gesellschaftsverträgen, 1970,
S. 116 ff.

[7] *Haar*, Die Personengesellschaft im Konzern, 2006; MünchKomm-HGB/*Mülbert*, KonzernR
Rn. 138.

sichts der grundsätzlichen Gleichberechtigung der Gesellschafter die geplante Maßnahme unterbleiben (§ 115 Abs. 1 HGB). Ist sie allerdings bereits durchgeführt, muss
sie nicht rückgängig gemacht werden.

Das Widerspruchsrecht ist selbst Teil der Geschäftsführungsbefugnis. Haben zwei Gesellschafter
Gesamtgeschäftsführungsbefugnis, können sie auch das Widerspruchsrecht nur gemeinsam ausüben.
Haben also A und B nur gemeinsam, C dagegen allein Geschäftsführungsbefugnis, bedarf A, wenn er
einer Handlung des C widersprechen will, der Zustimmung des B, während C einer Handlung der
beiden anderen allein widersprechen kann. Auch bei einer großen Zahl von geschäftsführenden Gesellschaftern genügt der Widerspruch eines einzigen Gesellschafters, um die Maßnahme im Innenverhältnis unzulässig zu machen. Der Widerspruch wird also nicht durch einen Mehrheitsbeschluss ausgeschlossen, sofern der Gesellschaftsvertrag das nicht besonders bestimmt.

Ein Gesellschafter darf das Widerspruchsrecht nur **im Interesse der OHG,** nicht in seinem – wider-
streitenden – eigenen Interesse ausüben. Das folgt aus der Treuepflicht, die in besonderem Maß für die
Geschäftsführung gilt (oben § 7 Rn. 3). Bei der Geschäftsführung muss sich jeder Gesellschafter vom
Interesse der Gesellschaft leiten lassen. Tut er das nicht, handelt er pflichtwidrig und wird bei Verschulden schadensersatzpflichtig mit der Folge, dass die übrigen Gesellschafter den pflichtwidrigen
Widerspruch nicht zu beachten brauchen.[8] Nicht entscheidend ist, ob die geplante Maßnahme objektiv
für die OHG vorteilhaft ist oder nicht. Das ist eine Frage unternehmerischen Ermessens; es kann Ansicht gegen Ansicht stehen, und solange der widersprechende Gesellschafter vernünftigerweise annehmen darf, das Interesse der OHG wahrzunehmen (vgl. die Formulierung in § 93 Abs. 1 Satz 2 AktG),
muss sein Widerspruch beachtet werden. Es handelt sich um Kompetenzverteilung; die Zweckmäßigkeit von Entscheidungen ist dagegen keine Rechtsfrage.

4. Entziehung der Geschäftsführungsbefugnis

7   Wie bei der BGB-Gesellschaft (oben § 8 Rn. 5) kann auch bei der OHG die Befugnis zur Geschäftsführung **aus wichtigem Grund** entzogen werden. Für den geschäftsführenden Gesellschafter der OHG ist aber die Tätigkeit in der Gesellschaft in der
Regel von ganz besonderer Bedeutung, sie macht oft seinen Lebensberuf aus. Deshalb
genügt nicht wie nach BGB ein bloßer Beschluss der übrigen Gesellschafter, sondern
es ist eine **gerichtliche Entscheidung** erforderlich, um unbedingte Klarheit über die
Rechtslage zu schaffen (§ 117 HGB). Die Entziehung setzt die **Mitwirkung aller übrigen Gesellschafter** voraus; sie müssen gemeinsam klagen. Verweigert auch nur ein
Gesellschafter seine Mitwirkung, ist die Klage abzuweisen.

In einem solchen Fall kann eine **Mitwirkungspflicht** des klageunwilligen Gesellschafters auf Grund
der **Treuepflicht** bestehen. Dieselbe Frage tritt auch bei der Klage auf Entziehung der Vertretungsmacht nach § 127 HGB (unten § 15 Rn. 10) und bei der Ausschließungsklage nach § 140 HGB (unten
§ 16 Rn. 17) auf (vgl. auch zur ähnlichen Frage bei Beschlüssen über eine Änderung des Gesellschaftsvertrages in besonderen Situationen unten Rn. 10).[9] Allerdings reicht dazu das Vorliegen eines wichtigen Grundes für die geplante Maßnahme allein nicht aus, sondern diese muss wegen besonders
dringender Gesellschaftsinteressen erforderlich sein. Da die Maßnahme das Grundverhältnis der Gesellschafter betrifft, sind auch die entgegenstehenden persönlichen Interessen des klageunwilligen Gesellschafters zu berücksichtigen. Die Maßnahme muss nach einem strengen Maßstab **für die Gesellschaft geboten** und für **den Gesellschafter zumutbar** sein. Damit wird den beachtlichen Bedenken
der früheren Gegenmeinung Rechnung getragen.[10] Besteht danach eine Mitwirkungspflicht, kann diese
notfalls klageweise durchgesetzt werden. Sinnvollerweise wird diese Klage mit der Entziehungs- oder
Ausschlussklage, an der mitgewirkt werden soll, verbunden, was aber zu zahlreichen prozessrechtlichen Einzelproblemen führt.[11]

---

[8] *BGH* LM Nr. 11 zu § 105 HGB, auch *BGH* NJW 1986, 844; WM 1988, 968; vgl. auch *OLG
Hamm* BB 1993, 165; *Wiedemann/Frey,* Nr. 120 f.

[9] BGHZ 64, 253, 257; 68, 81; *BGH* NJW 1984, 173; BGHZ 102, 172, 176 = NJW 1988, 969 (GbR);
K. Schmidt, § 47 V 1 b m. w. N.

[10] Dazu *A. Hueck,* OHG, § 10 VII 4 mit weiteren Angaben.

[11] BGHZ 68, 81; *K. Schmidt,* Mehrseitige Gestaltungsprozesse bei Personengesellschaften, 1992;
Wiedemann II, § 8 II 2 d.

Liegen die Voraussetzungen vor, gibt das Gericht der Klage durch **Gestaltungsurteil** statt. Dieses wirkt nicht zurück, obwohl der Grund für die Entziehung schon früher bestanden hat. Besteht Gefahr, dass der verklagte Gesellschafter die Geschäftsführungsbefugnis bis zum Erlass des Urteils missbraucht, kann durch einstweilige Verfügung eine vorläufige Regelung getroffen werden. Statt die Geschäftsführung ganz zu entziehen hat das Gericht eine bloße **Beschränkung** vorzunehmen, wenn das zur Beseitigung der entstandenen Unzuträglichkeiten ausreicht.

§ 117 HGB ist als Vorschrift des Innenverhältnisses **dispositiv**. Der **Gesellschafts-** **8** **vertrag** kann die Entziehung der Geschäftsführungsbefugnis erschweren. Ob sie ganz ausgeschlossen werden kann, ist sehr str. Als Alternative im Konfliktfall bleibt immerhin die Ausschließung des Gesellschafters (§ 140 HGB) oder die Auflösung der Gesellschaft (§ 133 HGB).[12] Im Gesellschaftsvertrag kann die Entziehung auch erleichtert werden, insbesondere kann das gerichtliches Urteil durch einen bloßen (Mehrheits-) Beschluss der Gesellschafter ersetzt werden.[13] Sogar das Erfordernis eines wichtigen Grundes für die Entziehung ist verzichtbar. Solche sehr weitgehenden Gestaltungen werden allerdings selten sein. Naheliegender ist eine Abrede, die das gerichtliche Verfahren durch eine Schiedsvereinbarung ersetzt (§§ 1029 ff. ZPO).

III. Gesellschafterbeschlüsse

In einer Reihe von Fällen müssen alle oder die geschäftsführenden Gesellschafter **9** zusammenwirken, um eine Entscheidung herbeizuführen, nämlich bei Vornahme ungewöhnlicher Geschäfte, bei Erteilung der Prokura, bei Entziehung der Geschäftsführungsbefugnis, bei Änderung des Gesellschaftsvertrages. Dieses Zusammenwirken erfolgt in der Form von Beschlüssen. Sie können, wie die Beispiele zeigen, im Bereich der Geschäftsführung liegen, aber auch die Grundlagen der Gesellschaft betreffen. Die Willensbildung durch Beschlüsse ist ganz typisch für das gesamte Gesellschaftsrecht. Deshalb ist es von Interesse, den Beschluss als Rechtsgeschäft eigener Art und Bestandteil eines Allgemeinen Teils des Gesellschaftsrechts zu erfassen.[14] Die Ausprägungen sind aber bei den einzelnen Gesellschaftsformen verschieden; Gesellschafterbeschlüsse müssen daher mit ihren jeweiligen Eigenarten betrachtet werden (vgl. oben § 1 Rn. 22). Für die OHG ist Folgendes zu beachten.

1. Einstimmigkeitsprinzip

Gesellschafterbeschlüsse sind **grundsätzlich einstimmig** zu fassen (§ 119 Abs. 1 **10** HGB). Formerfordernisse bestehen nicht; im Gegensatz zur AG ist nicht einmal eine besondere Gesellschafterversammlung erforderlich, schriftliche Abstimmung oder Verständigung durch Einzelbesprechungen genügen.[15]

Die **Stimmabgabe** des einzelnen Gesellschafters ist eine für sämtliche anderen Gesellschafter bestimmte Willenserklärung; die Einzelstimme muss also ihnen gegenüber abgegeben werden. Ein Gesellschafter kann zur Entgegennahme der Stimmen durch die anderen Gesellschafter bevollmächtigt werden; das ist z. B. bei Abstimmungen in einer Gesellschafterversammlung für den Versammlungsleiter anzunehmen. Die Stimme ist, wenn der Gesellschaftsvertrag nichts anderes bestimmt, **persönlich** abzugeben. Im Gesellschaftsvertrag kann **Stellvertretung** zugelassen, auch in ihren personellen und sachlichen Voraussetzungen beliebig näher geregelt werden. Im Übrigen braucht sich kein Gesellschaf-

---

[12] Näheres bei *A. Hueck*, OHG, § 10 VII 11 a; Baumbach/Hopt/*Hopt*, § 117 Rn. 11 m. w. N.

[13] *BGH* NJW 1973, 651; obiter auch BGHZ 86, 177, 180; 102, 172, 176 = NJW 1988, 969 (GbR).

[14] *K. Schmidt*, § 15 I m. w. N.; s. auch *Bork*, Allgemeiner Teil des Bürgerlichen Rechts, 2. Aufl., 2006, Rn. 436 ff.

[15] Zur stillschweigenden Beschlussfassung *BGH* NZG 2005, 625.

ter die Teilnahme eines Fremden gefallen zu lassen; mit Zustimmung aller ist jedoch auch eine nicht im Gesellschaftsvertrag geregelte Vertretung möglich. Selbst mit Zustimmung ist es dagegen nicht möglich, das Stimmrecht getrennt von der Mitgliedschaft zu übertragen – **Abspaltungsverbot** (oben § 7 Rn. 9).[16]

Grundsätzlich hat jeder Gesellschafter bei allen Beschlüssen **Stimmrecht**. Gesellschafter, gegen die sich Beschlüsse über Entziehung der Geschäftsführungsbefugnis oder Vertretungsmacht oder ähnliches richten, sind von der Abstimmung **ausgeschlossen**.[17] Ein Beispiel enthält § 113 Abs. 2 HGB. Verallgemeinernd gilt als Grundsatz, dass niemand Richter in eigener Sache sein kann. Die entsprechenden Vorschriften für AG, GmbH, Verein und Genossenschaft (§ 136 AktG, § 47 Abs. 4 GmbHG, § 34 BGB, § 43 Abs. 6 GenG) sind jedoch uneinheitlich und können nicht ohne weiteres auf die OHG übertragen werden. Das Stimmrecht ist nicht schon deshalb zu versagen, weil Interessen eines Gesellschafters in Bezug auf den Gegenstand der Beschlussfassung möglicherweise mit den Gesellschaftsinteressen kollidieren; beim Abschluss eines Rechtsgeschäfts zwischen OHG und Gesellschafter, aber auch bei Organisationsakten wird nach den Umständen und der Bedeutung zu differenzieren sein.[18]

Bei seinem Stimmverhalten muss sich der Gesellschafter grundsätzlich von der **Treuepflicht** gegenüber der OHG (dazu oben § 7 Rn. 3 f.) leiten lassen. Verstößt er schuldhaft hiergegen, wird er schadensersatzpflichtig, müsste also nach den Grundsätzen der Naturalrestitution seine Abstimmung zurücknehmen und deshalb braucht, ähnlich wie beim schuldhaft pflichtwidrigen Widerspruch (oben Rn. 6), seine Stimmabgabe nicht berücksichtigt zu werden. Im Streitfall wird jedoch grundsätzlich eine Leistungsklage gegen den Ablehnenden erforderlich sein; die geschuldete Zustimmung wird gem. § 894 ZPO durch Urteil ersetzt.[19] Soweit es sich um Maßnahmen der **Geschäftsführung** handelt, besteht nicht nur ein Stimmrecht, sondern eine **Stimmpflicht**, nämlich die Pflicht, so zu stimmen, wie es die Interessen der OHG nach der auf Grund sorgfältiger Prüfung gewonnenen Überzeugung des Gesellschafters verlangen. Schuldhafte Verletzung der Pflicht macht schadensersatzpflichtig; eine solche Pflichtverletzung kann auch im Unterlassen der Stimmabgabe bestehen.

Bei Beschlüssen über **Änderungen des Gesellschaftsvertrages** besteht dagegen grundsätzlich völlige Freiheit der Abstimmung. Nur ausnahmsweise kann sich auf Grund der Treuepflicht auch hier eine Zustimmungspflicht ergeben, wenn einerseits die Vertragsänderung mit Rücksicht auf die Interessen der OHG oder der übrigen Gesellschafter dringend erforderlich (kollektive Erforderlichkeit) und sie andererseits dem betreffenden Gesellschafter unter Berücksichtigung seiner eigenen Belange zumutbar ist (individuelle Zumutbarkeit).[20]

Beispiel: In einer zweigliedrigen OHG ist ein Gesellschafter 63, der andere 71 Jahre alt. Der Ältere will nicht abwarten, bis er nicht mehr verantwortlich mitarbeiten kann und dadurch die Gesellschaft und das darin angesammelte Vermögen gefährdet. Er will deshalb schon zu Lebzeiten seine Stellung als persönlich haftender Gesellschafter auf seinen zur Nachfolge berufenen Erben übertragen. Der BGH sah die kollektive Erforderlichkeit und die individuelle Zumutbarkeit für den anderen Gesellschafter als gegeben an, zumal der Nachfolger ohnehin im Gesellschaftsvertrag designiert war.[21]

2. Mehrheitsbeschlüsse

11   Der Gesellschaftsvertrag kann auch Mehrheitsbeschlüsse vorsehen. Im Zweifel ist die Mehrheit nach Köpfen zu berechnen (§ 119 Abs. 2 HGB). Jeder Gesellschafter hat dann

---

[16] BGHZ 3, 354; 20, 363; *BGH* NJW 1970, 468. Zur Zulässigkeit und Begrenzung von *Stimmbindungsverträgen* Baumbach/Hopt/*Hopt*, § 119 Rn. 17 ff.; *Noack*, Fehlerhafte Beschlüsse in Gesellschaften und Vereinen, 1989, S. 66 ff.; *Wiedemann* II, § 4 I 4 d; *Zöllner*, ZHR 155 (1991) 168.

[17] *BGH* NJW 1974, 1555, 1556; BGHZ 102, 172, 176 = NJW 1988, 969; *OLG Hamm* DB 1992, 266; grundlegend und ausführlich *Zöllner*, Die Schranken mitgliedschaftlicher Stimmrechtsmacht bei den privatrechtlichen Personenverbänden, 1963.

[18] Für ein umfassendes Stimmverbot bei Rechtsgeschäften zwischen Gesellschaft und Gesellschafter Soergel/*Hadding*, 11. Aufl., § 709 Rn. 29; MünchKomm-BGB/*Ulmer*, § 709 Rn. 65 ff.; *Zöllner*, Die Schranken mitgliedschaftlicher Stimmrechtsmacht bei den privatrechtlichen Personenverbänden, 1963, S. 184, 193 f.; anders *A. Hueck*, OHG, § 11 III 2; MünchKomm-HGB/*Enzinger*, § 119 Rn. 33.

[19] BGHZ 64, 253, 259 = NJW 1975, 1410; BGHZ 68, 81 = NJW 1977, 1013.

[20] H.M., BGHZ 44, 40; dazu *Fischer*, Anm. LM Nr. 3 zu § 114 HGB; *BGH* NJW 1987, 952 = JZ 1987, 95 m. Anm. *H. P. Westermann;* dazu auch *Weipert*, ZGR 1990, 142; ferner *A. Hueck*, ZGR 1972, 244 ff.; *Schneider*, AG 1979, 57 ff.; Großkomm-HGB/*Ulmer*, § 105 Rn. 244 ff.; *Westermann*, FS Hefermehl, 1976, S. 225 ff.; *Zöllner*, Die Anpassung von Personengesellschaftsverträgen an veränderte Umstände, 1979.

[21] *BGH* NJW 1987, 952; NZG 2005, 129; vgl. auch *Wiedemann/Frey*, Nr. 124.

unabhängig vom Ausmaß seiner Beteiligung eine Stimme. Häufig ist aber auch, dass das Stimmgewicht nach Kapitalanteilen (unten Rn. 16 ff.) bestimmt wird. Der Gesellschaftsvertrag kann je nach Beschlussgegenstand verschiedene Mehrheitserfordernisse aufstellen. Die nur allgemein gehaltene Bestimmung, dass die Mehrheit entscheiden solle, gilt **im Zweifel nur für laufende Angelegenheiten**, d. h. die **Geschäftsführung**, nicht für *Grundlagengeschäfte*, insbesondere *Änderungen des Gesellschaftsvertrages*. Das Mehrheitsprinzip kann auch hierfür vorgesehen werden, muss dann aber strengeren Anforderungen genügen.

Der Gesellschaftsvertrag muss dann, notfalls nach Auslegung, erkennen lassen, inwieweit er nach dem Willen der Gesellschafter durch Mehrheitsbeschluss abänderbar sein soll – **Bestimmtheitsgrundsatz** (oben § 6 Rn. 9). Eine detaillierte Aufzählung ist nicht erforderlich. Wohl aber muss generell für den einzelnen Gesellschafter erkennbar sein, auf welche Vertragsteile sich das Mehrheitsprinzip erstreckt. Besondere Zurückhaltung ist bei ungewöhnlichen Änderungen, etwa Verminderung der Rechte einzelner oder aller Gesellschafter oder Vermehrung der Pflichten geboten. Die äußerste Grenze bildet stets § 138 BGB: Mehrheitsbeschlüsse sind dann nicht zulässig, wenn sich daraus eine gegen die guten Sitten verstoßende Abhängigkeit des einzelnen Gesellschafters von der Willkür der übrigen ergeben würde – **Inhaltskontrolle**.[22] So kann zwar eine Erhöhung der Beiträge durch Mehrheitsbeschluss vorgesehen werden, aber es muss dann entweder eine Höchstgrenze festgesetzt werden, oder es muss den Gesellschaftern die Möglichkeit offen stehen, durch Ausscheiden aus der OHG der erhöhten Beitragspflicht zu entgehen.[23] Ergänzend zum Bestimmtheitsgrundsatz wird zum Schutz der Minderheit nach der **Kernbereichslehre** vertreten, dass erhebliche Eingriffe in wichtige Gesellschafterrechte nicht ohne Zustimmung des Betroffenen erfolgen dürfen.[24] Weitere Schranken der Mehrheitsherrschaft ergeben sich aus dem **Grundsatz der gleichmäßigen Behandlung** und der Treuepflicht (**Verhältnismäßigkeit**). Ist unter Einhaltung des Bestimmtheitsgrundsatzes die Mehrheitsentscheidung eröffnet, tritt ggf. ergänzend die **Ausübungskontrolle** im konkreten Fall hinzu.[25]

3. Beschlussmängel

Das HGB enthält keine Vorschriften über Mängel von Beschlüssen bei der OHG. Nur im Aktienrecht gibt es dazu besondere Regeln, die aber nicht übertragen werden können (oben Rn. 9). Vor allem die Einteilung in nichtige und anfechtbare Beschlüsse gibt es im Personengesellschaftsrecht nicht.[26] Auf jeden Fall ist zu unterscheiden, ob der Mangel die einzelne Stimmabgabe oder den Beschluss betrifft.[27] Mangelhafte Beschlüsse sind grundsätzlich nichtig.

a) Mängel der Stimmabgabe

Die Stimmabgabe ist Willenserklärung und unterliegt deshalb den allgemeinen Vorschriften für diese. Sie kann nichtig sein, etwa weil sie nur zum Schein abgegeben wurde; sie kann nach §§ 119, 123

---

[22] BGHZ 81, 263, 266 = NJW 1981, 2565.

[23] BGHZ 8, 41; 48, 251; auch *BGH* BB 76, 948 m. Anm. *Ulmer*; ferner etwa *A. Hueck*, OHG, § 11 IV 2 und 3; kritisch gegenüber dem Bestimmtheitsgrundsatz zugunsten eines mehrheitsfesten Kernbereichs von Gesellschafterrechten MünchKomm-BGB/*Ulmer*, § 709 Rn. 84 ff.; Großkomm-HGB/*Ulmer*, § 109 Rn. 37 f., jeweils m. w. N.; *K. Schmidt*, ZHR 158 (1994) 205; MünchKomm-HGB/*K. Schmidt*, § 119 Rn. 68.

[24] *BGH* NJW 1995, 194 (Informationsrechte); BGHZ 132, 263, 268 = NJW 1996, 1678 (Bilanzfeststellung); anders nunmehr betr. Bilanzfeststellung *BGH* NZG 2007, 259; *BayObLG* NZG 2005, 173; MünchKomm-HGB/*K. Schmidt*, § 119 Rn. 64 ff., 78 ff.

[25] *BGH* NZG 2007, 259; MünchKomm-HGB/*K. Schmidt*, § 119 Rn. 82 ff.

[26] H. M., BGHZ 85, 350, 353 = NJW 1983, 1056; *BGH* NJW-RR 1990, 474; NJW 1999, 3113; Baumbach/Hopt/*Hopt*, § 119 Rn. 31; a. A. *Noack*, Fehlerhafte Beschlüsse in Gesellschaften und Vereinen, 1989, S. 55 ff., 64 ff. („generelle" und „interne" Nichtigkeit); *K. Schmidt*, § 15 II 3; *ders.*, FS Stimpel, 1985, S. 217 (einheitliches Beschlussmängelrecht).

[27] *A. Hueck*, OHG, § 11 V; *Zöllner*, Die Schranken mitgliedschaftlicher Stimmrechtsmacht bei den privatrechtlichen Personenverbänden, 1963, S. 359 ff., 373 ff.

BGB angefochten werden. Die Rechtsfolgen für den Beschluss richten sich nach der Bedeutung, die die einzelne Stimme für ihn hat. Ist Einstimmigkeit erforderlich, ist der ganze Beschluss unwirksam; bei Mehrheitsbeschlüssen kommt es darauf an, ob die nichtige Stimme für die Bildung der Mehrheit nötig war.

b) Mängel des Beschlusses

13   Der Beschluss selbst kann mangelhaft sein, wenn er gegen das Gesetz, die guten Sitten oder den Gesellschaftsvertrag verstößt. Er ist dann grundsätzlich nichtig. Im Einzelnen ist jedoch zu differenzieren. Soweit es sich nur um einen Verstoß gegen eine Verfahrensvorschrift handelt, kann der betreffende Gesellschafter auf ihre Einhaltung verzichten. Ein solcher Verzicht ist anzunehmen, wenn sich ein Gesellschafter trotz Kenntnis des Verfahrensmangels an der Abstimmung beteiligt. Ein Verstoß gegen eine bloße Ordnungsvorschrift führt nicht zur Nichtigkeit. Ferner muss zwischen dem Mangel und dem Abstimmungsergebnis Kausalität bestehen.[28] Ein Mangel im Zustandekommen eines Beschlusses kann durch nachträgliche Zustimmung geheilt werden, die auch stillschweigend erteilt werden kann.

Beschlussmängel können durch **Feststellungsklage** nach § 256 Abs. 1 ZPO gegen die übrigen Gesellschafter geltend gemacht werden.[29] Eine besondere Klagefrist gibt es nicht. Die Treuepflicht verlangt aber, dass ein Gesellschafter, der einen Beschluss wegen eines Verfahrensmangels nicht gelten lassen will, unverzüglich Widerspruch erhebt, sobald er von der Beschlussfassung und dem Mangel Kenntnis erhält, oder sonst innerhalb angemessener Zeit den Mangel geltend macht; andernfalls kann ihm Verwirkung entgegengehalten werden.[30] Je nach Art des Mangels kommt auch die Geltendmachung durch **Einrede** in Betracht. Wenn etwa ein Gesellschafter unter Verletzung des Gleichbehandlungsgrundsatzes belastet wurde, kann er insoweit die Leistung verweigern. Der Gesellschaftsvertrag kann den Umgang mit fehlerhaften Beschlüssen näher regeln, z. B. Klagefristen bestimmen.

IV. Wettbewerbsverbot

14   Für die Gesellschafter der OHG gilt als Konkretisierung der allgemeinen Treuepflicht (oben § 7 Rn. 3) das Wettbewerbsverbot des **§ 112 HGB**. Ein Gesellschafter darf die eigene Gesellschaft nicht durch Wettbewerb schädigen und dabei möglicherweise Geschäftserfahrungen und Geschäftsgeheimnisse der OHG ausnutzen. Als Vorschrift des Innenverhältnisses ist das Wettbewerbsverbot **dispositiv**. Deshalb bedarf ein Gesellschafter der Einwilligung der anderen, wenn er im Handelszweig der OHG Geschäfte machen oder an einer anderen gleichartigen Handelsgesellschaft als persönlich haftender Gesellschafter teilnehmen will. Das Verbot gilt grundsätzlich auch für Gesellschafter, die von der Geschäftsführung ausgeschlossen sind.

Für das Verhältnis von § 112 HGB zum *Verbot wettbewerbsbeschränkender Verträge* nach § 1 GWB und Art. 81 EGV – **Kartellverbot** – ist zu unterscheiden:[31] Bei einer dem „gesetzlichen Regelfall einer Arbeits- und Haftungsgemeinschaft" entsprechenden OHG gehört das Wettbewerbsverbot als „notwendiger Bestandteil" zur Verpflichtung der geschäftsführenden Gesellschafter, durch ihre Tätigkeit den Gesellschaftszweck zu verfolgen. Insoweit steht § 1 GWB der Anwendung von § 112 HGB auf geschäftsführende Gesellschafter nicht entgegen. Anders kann es jedoch bei atypischer Gestaltung sein, wenn ein Gesellschafter – ähnlich einem Kommanditisten, für den nach § 165 HGB das Wettbewerbsverbot nicht gilt, – im Wesentlichen nur kapitalistisch beteiligt, insbesondere von Geschäftsführung und Vertretung ausgeschlossen ist oder tatsächlich nicht daran teilnimmt. Dann ist, falls der Tatbestand des § 1 GWB vorliegt, das Wettbewerbsverbot des § 112 HGB nichtig, ohne dass das normalerweise nach § 139 BGB die Fehlerhaftigkeit des ganzen Gesellschaftsvertrages zur Folge hat. Die Rechtstech-

---

[28] *BGH* NJW 1987, 1262, 1263.
[29] *BGH* NJW 1999, 3113.
[30] BGHZ 112, 339, 344 = NJW 1991, 691; *BGH* NJW 1999, 3131.
[31] BGHZ 38, 306, 312 = NJW 1963, 646 – Bonbonniere; BGHZ 70, 331, 334 = NJW 1978, 1001 – Gabelstapler; BGHZ 89, 169 – Werbeagentur; BGHZ 104, 246, 251 = NJW 1988, 2737 (betr. GmbH); *EuGH* Slg. 1994 I-5641 – Gotrup-Klim; *Kübler/Assmann*, § 7 II 2 b; *Lettl*, Kartellrecht, 2005, Rn. 148; *K. Schmidt*, § 20 V 2; *Wiedemann* I, § 13; *Armbrüster*, ZIP 1997, 261 ff.

nik dieser mit „Immanenztheorie" umschriebenen Lösung für die Normkollision – § 1 GWB verbietet, was § 112 HGB gebietet – ist die restriktive Auslegung beider Normen jeweils im Lichte der anderen.

Verstößt ein Gesellschafter schuldhaft gegen das Verbot, kann die OHG nach ihrer **15** Wahl **Schadensersatz** fordern oder verlangen, dass der Gesellschafter das für eigene Rechnung gemachte Geschäft als für Rechnung der OHG gemacht gelten lässt – **Eintrittsrecht** (§ 113 Abs. 1 HGB). Im letzteren Fall muss der Gesellschafter das Ergebnis des Geschäfts gegen Erstattung der Aufwendungen auf die OHG übertragen; dagegen bleibt im Verhältnis zum Dritten der Gesellschafter Vertragspartei; die OHG wird also dem Dritten gegenüber weder berechtigt noch verpflichtet. § 113 HGB schließt andere gesellschaftsrechtliche Reaktionen nicht aus, z. B. die Entziehung der Geschäftsführungs- und Vertretungsbefugnis, in krassen Fällen sogar den Ausschluss des Gesellschafters. Für die Auflösung der Gesellschaft stellt das § 113 Abs. 4 HGB ausdrücklich klar.

Darüber, ob Schadensersatz verlangt oder das Eintrittsrecht geltend gemacht werden soll, entscheiden die übrigen Gesellschafter durch Beschluss (§ 113 Abs. 2 HGB; oben Rn. 10 f.); der betroffene Gesellschafter ist dabei nicht stimmberechtigt. Kommt kein Beschluss zustande, kann keiner der beiden Ansprüche geltend gemacht werden; ausnahmsweise kann eine Zustimmungspflicht bestehen.

Die Regelung gleicht dem Wettbewerbsverbot für Handlungsgehilfen (§§ 60, 61 HGB), geht aber nicht so weit wie dieses, das dem Unternehmer auch die volle Arbeitskraft des Gehilfen sichern soll, während § 112 HGB sich nur gegen den unmittelbaren Wettbewerb richtet. Deshalb darf der Gesellschafter im Gegensatz zum Handlungsgehilfen ein Geschäft einer anderen Branche betreiben. Das Wettbewerbsverbot bindet den Gesellschafter, solange er Mitglied der Gesellschaft ist. Für die Zeit nach dem Ausscheiden können besondere Vereinbarungen getroffen werden. Ferner ist eine nachwirkende Treuepflicht in Betracht zu ziehen (str.).[32] Beides ist wiederum nach der Immanenztheorie mit dem Kartellverbot abzustimmen.

Vom Wettbewerbsverbot zu unterscheiden ist die **Geschäftschancenlehre.** Auch dabei handelt es sich um eine besondere Ausprägung der Treuepflicht. Ein Gesellschafter darf eine Geschäftschance, die der Gesellschaft zusteht, nicht für sich selbst ausnutzen.[33]

V. Kapitalanteil

1. Begriff

Der Kapitalanteil ist eine **Rechengröße, die das Verhältnis der Beteiligungen** der **16** verschiedenen Gesellschafter **zueinander ausdrückt.** Er bildet den Maßstab, wenn das Verhältnis der Beteiligungen rechtlich relevant ist, z. B. für die Gewinnverteilung nach § 121 Abs. 1 HGB oder wenn nach dem Gesellschaftsvertrag abweichend von § 119 HGB nach Kapitalanteilen abgestimmt wird. Jeder[34] Gesellschafter ist an der OHG mit einem Kapitalanteil beteiligt, der **aus der Bilanz ersichtlich** ist. Er lautet auf einen bestimmten Geldbetrag.[35]

---

[32] *OLG Düsseldorf* ZIP 1990, 861; *Paefgen*, ZIP 1990, 839.
[33] Instruktiv *BGH* NJW 1989, 2687 = JuS 1990, 145 m. Anm. *K. Schmidt; Kübler/J. Waltermann*, ZGR 1991, 162.
[34] Im Gesellschaftsvertrag kann vereinbart werden, dass ein Gesellschafter gar keinen Kapitalanteil hat; dann stehen dem Gesellschafter die Rechte, die nach Maßgabe des Kapitalanteils gewährt werden (Gewinnverteilung, Entnahmerecht, Beteiligung am Liquidationserlös), nicht zu. Diese Gestaltung wird oft für GmbH als Gesellschafter gewählt; z. B. *BayObLG* NZG 2005, 173. Vgl. auch *Wiedemann* II, § 2 III 1 (S. 123 f.); oben § 5 Rn. 4.
[35] Zum Kapitalanteil RGZ 117, 238, 242; *BGH* NJW 1999, 2438; *A. Hueck*, OHG, § 16 V; umfassend *U. Huber*, Vermögensanteil, Kapitalanteil und Gesellschaftsanteil an Personalgesellschaften des Handelsrechts, 1970; *ders.*, ZGR 1988, 1.

Der Kapitalanteil ist nicht mit dem Anteil des Gesellschafters am Gesellschaftsvermögen (oben § 3 Rn. 4 f.) zu verwechseln, denn bei einer Gesamthandsgemeinschaft steht dem einzelnen Beteiligten kein Bruchteil am Gesamthandsvermögen zu, der in einer bestimmten Geldsumme auszudrücken wäre. Ebenso wenig bedeutet der Kapitalanteil eine Forderung an die OHG; er kann deshalb nicht an einen Dritten abgetreten oder verpfändet werden. Der Kapitalanteil besagt auch nichts über den tatsächlichen wirtschaftlichen Wert der Gesellschaftsbeteiligung. Die Summe der Kapitalanteile ist nicht identisch mit dem Gesellschaftsvermögen.

2. Berechnung

17   Ausgangspunkt für die Berechnung des Kapitalanteils ist der Wert der vom Gesellschafter geleisteten Einlage. Der Kapitalanteil erhöht sich durch weitere Einlagen und durch den dem Gesellschafter gutgeschriebenen Gewinn, er vermindert sich durch Verlust und Entnahmen. Nach diesem gesetzlichen Grundmuster stellt er also **keine feste Größe** dar wie die Aktie oder der Geschäftsanteil bei der GmbH, sondern ist ständigem Wechsel unterworfen. Er kann auch negativ werden – passiver oder **negativer Kapitalanteil** –, wenn Entnahmen und Verlust größer sind als Einlagen und Gewinn.

Ein solcher passiver Kapitalanteil verpflichtet den Gesellschafter nicht, einen entsprechenden Betrag an die Gesellschaft zu zahlen.[36] Auch der passive Kapitalanteil bringt vielmehr nur die verhältnismäßige wirtschaftliche Beteiligung des Gesellschafters zum Ausdruck. Er deutet an, in welchem Umfang der Gesellschafter, wenn es jetzt zur Auflösung der OHG käme, seinen Mitgesellschaftern gegenüber ausgleichspflichtig wäre, soweit nicht durch einen etwaigen Abwicklungsgewinn der Passivsaldo beseitigt würde.

18   In der Praxis ist das ständige Schwanken der Kapitalanteile durch Gewinne, Verluste und Entnahmen meist unerwünscht. Als bloße Rechengröße für die Verhältnisse der Gesellschafter untereinander unterliegt der Kapitalanteil der Vertragsfreiheit. Daher werden im **Gesellschaftsvertrag** meist Abweichungen in der Berechnung und auch **unveränderliche Kapitalanteile** vereinbart. In der Bewertung sind die Gesellschafter im Innenverhältnis frei und nicht an die Vorschriften des Bilanzrechts (§ 253 HGB) gebunden. Das ist vor allem von Bedeutung bei Dienstleistungen oder immateriellen Wirtschaftsgütern als Beitrag (oben § 6 Rn. 1). Die Bestimmungen über die Gesellschafterkonten sind eine wichtige Gestaltungsaufgabe in der Beratungspraxis.

Buchmäßig werden die Veränderungen des Kapitalanteils üblicherweise auf einem für jeden Gesellschafter geführten **Kapitalkonto**, auch *Gesellschafterkonto*, erfasst. Häufig werden laufende Vorgänge im Verkehr mit dem Gesellschafter, soweit sie die Höhe des Kapitalanteils nicht beeinflussen, auf einem gesonderten Konto, etwa *Privatkonto*, auch Darlehenskonto, gebucht – verbreitet dann Unterscheidung von Kapitalkonto I und Kapitalkonto II; das ist vor allem wichtig, wenn nach dem Gesellschaftsvertrag eine vom Gesetz abweichende Berechnungsweise gilt.[37]

3. Rechtliche Bedeutung

19   Der Kapitalanteil ist in folgenden Fällen maßgebend:
– für die **Verteilung des Reingewinns** (unten Rn. 22),
– für das **Recht** der Gesellschafter **auf Entnahmen** (unten Rn. 23),
– für die **Berechnung des Auflösungs- oder Abfindungsguthabens** bei Auflösung der OHG oder Ausscheiden eines Gesellschafters (unten § 16 Rn. 18 f. und § 17 Rn. 13),

---

[36] BGHZ 68, 225, 227 = NJW 1977, 1339; *BGH* NJW 1999, 2438.
[37] Dazu instruktiv *K. Schmidt*, § 47 III 2 d. – Zur rechtlichen Behandlung solcher zusätzlicher Konten *BGH* BB 1978, 630 und BB 1982, 2007; Übersicht bei *U. Huber*, ZGR 1988, 1, insb. 29 ff.

– wenn der **Gesellschaftsvertrag** den Kapitalanteil sonst zum Maßstab für Rechte oder Pflichten der Gesellschafter macht; so praktisch häufig für das Stimmrecht bei Mehrheitsbeschlüssen, weiter etwa als Berechnungsgrundlage für vereinbarte Nachschüsse (Kapitalerhöhungen).

VI. Gewinn und Verlust, Entnahmen

1. Ergebnisermittlung

Wie jeder Kaufmann (oben § 12 Rn. 7) hat die OHG zum Schluss jeden Geschäfts-   20
jahres auf Grund einer **Jahresbilanz** den Gewinn oder Verlust des Jahres festzustellen (§ 120 Abs. 1 HGB). Für die Aufstellung der Bilanz gelten die allgemeinen handelsrechtlichen Vorschriften (§§ 238 ff. HGB) und kaufmännischen Bräuche. Daneben besteht die steuerrechtliche Buchführungspflicht nach §§ 140 ff. AO. Deshalb wird praktisch oft vereinbart, dass gleichzeitig die steuerrechtlichen Bilanzvorschriften berücksichtigt werden, so dass sich **Handelsbilanz** und **Steuerbilanz** decken – Einheitsbilanz.[38]

Die **Aufstellung der Bilanz** ist Sache der geschäftsführenden Gesellschafter. Die   21
endgültige **Feststellung** dagegen erfolgt durch sämtliche Gesellschafter,[39] die nach § 245 HGB die Bilanz zu unterzeichnen haben.

Die Gesellschafter können in dem durch §§ 252 ff. HGB gesetzten Rahmen in der Handelsbilanz im Gegensatz zur Steuerbilanz offene und stille Reserven bilden. Gegen den Willen eines Gesellschafters dagegen ist die Bildung solcher Reserven, soweit sie nicht etwa im Gesellschaftsvertrag vorgesehen ist, nur in dem Ausmaß zulässig, das bei gewissenhafter kaufmännischer Abwägung aller Verhältnisse notwendig erscheint, um das Unternehmen für die Zukunft lebens- und widerstandsfähig zu erhalten (vgl. § 253 HGB Abs. 4 und 5).

Die Bilanz stellt das Verhältnis des Vermögens und der Schulden der Gesellschaft dar (§ 242 Abs. 1 HGB). Aus dem **Vergleich mit dem Vorjahr** ergibt sich die Veränderung des Gesellschaftsvermögens im abgelaufenen Geschäftsjahr. Die Vermehrung stellt den **Gewinn**, die Verminderung den **Verlust** dar. Es kommt also jeweils nur auf die Weiterentwicklung des Vermögensvergleichs an, nicht auf das Verhältnis zum ursprünglichen Gesellschaftsvermögen (Summe der Einlagen). Die Gewinn- und Verlustrechnung nach § 242 Abs. 2 HGB stellt Aufwendungen und Erträge gegenüber; sie dient auch der Gewinnermittlung, soll aber in erster Linie die Ertragslage darstellen.

Beispiel: Wurde die OHG mit einem Reinvermögen von 1 Mio. € errichtet und weist die Bilanz nach einem Jahr 800 000 € aus, liegt ein Verlust von 200 000 € vor. Zeigt die nächste Bilanz ein Vermögen von 900 000 €, ist ein verteilungsfähiger Gewinn von 100 000 € vorhanden, obwohl das ursprüngliche Vermögen noch nicht wieder erreicht ist.

Das steht im deutlichen Gegensatz zum Recht der Kapitalgesellschaften (unten § 25 Rn. 3 ff.). Im Hinblick auf die unbeschränkte persönliche Haftung der Gesellschafter für die Gesellschaftsschulden ist es nicht nötig, der OHG im Interesse der Gläubiger ein bestimmtes Mindestvermögen zu sichern, ehe ein Gewinn verteilt werden darf.

---

[38] BGHZ 132, 263, 270 = NJW 1996, 1678, 1680 zur Kollision von handelsrechtlichen und steuerrechtlichen Vorschriften bei Einheitsbilanz.
[39] Zur abweichenden Regelung im Gesellschaftsvertrag *BGH* NZG 2007, 259, 260.

2. Ergebnisverteilung

22　Das so ermittelte Ergebnis des Geschäftsjahrs wird **rechnerisch unter die Gesellschafter verteilt**, d. h. ein Gewinn wird ihren Kapitalkonten oder den nach Gesellschaftsvertrag dafür vorgesehenen Konten gutgeschrieben, ein Verlust von denselben abgebucht (§ 120 Abs. 2 HGB). Dabei handelt es sich um eine zunächst *rein buchmäßige Verteilung;* Ansprüche auf Auszahlung richten sich nach § 122 HGB. Für die Verteilung des Ergebnisses stellt das Gesetz folgende – allerdings dispositive – Regeln auf:

a) Gewinn

Ist ein Gewinn vorhanden, erhält jeder Gesellschafter auf seinen Kapitalanteil eine Vorzugsdividende von 4 %. Das ist gewissermaßen die Verzinsung des investierten Kapitals. Reicht der Gewinn nicht aus, erhält jeder Gesellschafter entsprechend weniger (§ 121 Abs. 1 HGB). Im Laufe des Geschäftsjahres erfolgte Einlagen und Entnahmen werden verrechnet (§ 121 Abs. 2 HGB). Der Rest des Gewinns wird nach Köpfen verteilt (§ 121 Abs. 3 HGB). Das ist der eigentliche Unternehmergewinn, der durch das Zusammenwirken aller Gesellschafter (Personengesellschaft) verdient ist, und an dem deshalb alle gleichmäßig teilnehmen sollen.

b) Verlust

Ein etwaiger Verlust wird nur nach Köpfen, also ohne Rücksicht auf die Höhe des Kapitalanteils, verteilt (§ 121 Abs. 3 HGB). Ein Anspruch der Gesellschaft gegen die Gesellschafter auf Ausgleich der Verluste entsteht dadurch nicht. Dem steht § 707 BGB entgegen. Die Gläubiger sind durch die persönliche Haftung der Gesellschafter geschützt.

Diese Regeln werden den besonderen Verhältnissen der einzelnen OHG häufig nicht gerecht. Sie werden meist durch den **Gesellschaftsvertrag** abgeändert. Oft wird vereinbart, dass Gesellschafter eine **besondere Vergütung für die Geschäftsführung** in Form eines Gehalts oder einer Tantieme erhalten sollen, während im Übrigen der Gewinn nach den Kapitalanteilen verteilt wird (Annäherung an die Kapitalgesellschaften). Denkbar ist auch eine **feste Verzinsung** der Kapitalanteile, selbst wenn kein Gewinn erzielt wurde. Diese Regelung sah das ADHGB kraft Gesetzes vor; sie begünstigte aber die Kapitalbeteiligung sehr stark vor der Arbeitsleistung und ist deshalb heute als gesetzliche Regelung beseitigt. Auch die heutige Regelung bedeutet, sofern der Gewinn nicht besonders hoch ist, eine Bevorzugung des Kapitals gegenüber der Arbeitsleistung, während bei den Kapitalgesellschaften gerade umgekehrt die Entlohnung des Vorstands für die Geschäftsführung den Vorrang vor der Kapitaldividende hat. Eine Anpassung an diese Regelung wird vielfach der Billigkeit entsprechen. Auch ein **Ausschluss** eines Gesellschafters **von der Beteiligung am Gewinn** ist entgegen der früher h. M., die darin eine unzulässige *societas leonina* erblickte, als zulässig anzusehen; es genügt, dass der betreffende Gesellschafter anderweit an dem Betrieb des Unternehmens der OHG interessiert ist.[40] Entscheidende Gestaltungsgesichtspunkte sind immer auch die steuerrechtlichen Konsequenzen (oben § 4 Rn. 9 f., § 12 Rn. 6). Der Besteuerung liegt der auf die einzelnen Gesellschafter entfallende Gewinn zugrunde, unabhängig davon, ob dieser ausgezahlt wird oder in der Gesellschaft verbleibt.

3. Entnahmerecht

23　Die Verteilung von Gewinn und Verlust ist ein Buchungsvorgang. Davon ist zu unterscheiden, welche Beträge die Gesellschafter aus dem Gesellschaftsvermögen ent-

---

[40] H. M., etwa *A. Hueck*, OHG, § 1 I 1 b; Großkomm-HGB/*Ulmer*, § 105 Rn. 22; vgl. auch schon oben § 5 Rn. 4.

nehmen dürfen. Auch dafür ist in erster Linie der **Gesellschaftsvertrag** maßgebend und sollte deshalb den Verhältnissen der konkreten Gesellschaft entsprechend gestaltet werden. Enthält er keine Vorschriften, bestimmt § 122 Abs. 1 HGB, dass jeder Gesellschafter zunächst ohne Rücksicht auf die Höhe des erzielten Gewinns 4% seines für das letzte Geschäftsjahr festgestellten Kapitalanteils entnehmen darf. Diese Bestimmung geht von der Vorstellung aus, dass der Gesellschafter seine Arbeitskraft der OHG widmet und deshalb zur Bestreitung seines Lebensunterhalts von der OHG auch dann Geld erhalten muss, wenn kein Gewinn erzielt wurde. Darüber hinaus kann er, wenn ein höherer Gewinn angefallen ist, auch diesen entnehmen, aber nur, wenn das nicht zum offenbaren Schaden der OHG gereicht, also z. B. nicht, wenn die OHG trotz des Gewinns nicht liquide ist und ein Kredit nicht oder nur sehr teuer zu erhalten ist.

Im Übrigen kann ein Gesellschafter nur mit **Zustimmung der übrigen Gesellschafter** Geld aus der Gesellschaftskasse (so der Sprachgebrauch des Gesetzes, heute handelt es sich meist um Bankguthaben) erhalten, d. h. seinen Kapitalanteil vermindern (§ 122 Abs. 2 HGB). Schranken durch besondere Kapitalerhaltungsvorschriften bestehen nicht. Das steht im Gegensatz zu den Kapitalgesellschaften, bei denen im Interesse der Gläubiger ein dem Grundkapital entsprechendes Vermögen der Gesellschaft gegen Entnahmen gesichert wird. Bei der OHG dagegen sind die Gläubiger durch die unbeschränkte persönliche Haftung aller Gesellschafter geschützt.[41]

Beispiel: Eine OHG besteht aus drei Gesellschaftern, A, B und C. A bringt sein Unternehmen im Wert von 2 Mio. € ein, B leistet eine Bareinlage von 1 Mio. €, C stellt nur seine Arbeitskraft zur Verfügung. Über Kapitalanteile, Gewinn, Verlust und Entnahmen sind keine vertraglichen Bestimmungen getroffen (was in der Praxis vermieden werden sollte).
In der Eröffnungsbilanz lauten die Kapitalkonten:
A 2 000 000 €
B 1 000 000 €
C   0 €
Im ersten Jahr werden 270 000 € verdient. Davon erhalten vorweg A 4% von 2 Mio. = 80 000 € und B 4% von 1 Mio. = 40 000 €. Der Rest wird zu gleichen Teilen verteilt, also je 50 000 €. Die Kapitalkonten lauten am Schluss, des Jahres:
A 2 130 000 €
B 1 090 000 €
C   50 000 €
A und C entnehmen ihren ganzen Gewinn, B lässt ihn stehen. Das nächste Jahr bringt einen Verlust von 150 000 €. Die Kapitalanteile lauten jetzt:
A 1 950 000 €
B 1 040 000 €
C   -50 000 €
Der Kapitalanteil des C ist negativ geworden.[42] Im nächsten Jahr darf deshalb C nichts entnehmen, A dagegen trotz des Verlustes, und obwohl seine Einlage 50 000 € unter ihrem ursprünglichen Betrag liegt, 4% von 1 950 000 € = 78 000 €, und B 4% von 1 040 000 € gleich 41 600 €. Es leuchtet ein, dass das für C nicht tragbar ist, wenn er kein sonstiges Vermögen oder Einkommen hat. Er wird deshalb auf einer anderen Regelung im Gesellschaftsvertrag bestehen.

Da bei Entnahmen die Vermögenszuordnung vom Gesamthandsvermögen zum Privatvermögen des Gesellschafters verändert wird, bedarf es zum Vollzug der entsprechenden Rechtsgeschäfte. Das wird in der Regel eine Banküberweisung durch den ver-

---

[41] Deshalb gibt es bei der OHG auch keine eigenkapitalersetzenden Darlehen im technischen Sinne (unten § 23 Rn. 7, § 24 Rn. 16 zur GmbH). Sind jedoch Kapitalgesellschaften Gesellschafter der OHG, dürfen die Kapitalerhaltungsvorschriften dadurch nicht umgangen werden (vgl. § 129 a HGB).

[42] Im Beispiel außer Acht gelassen ist die im Einzelnen umstrittene Frage der Aktivierung der Verpflichtung des C, seine Arbeitskraft einzubringen. Tatsächlich geleistete Dienste können als erbrachte Einlage gebucht werden. Vgl. dazu Baumbach/Hopt/*Hopt*, § 120 Rn. 17.

tretungsberechtigten Gesellschafter sein, ggf. auch Übereignung von Bargeld. Aus § 181 BGB folgt keine Beschränkung, wenn der Handelnde zugleich der Empfänger ist, da nach § 122 Abs. 1 HGB bzw. dem Gesellschafterbeschluss nach § 122 Abs. 2 HGB eine Verbindlichkeit gegenüber dem Gesellschafter besteht.

Für die **Fallbearbeitung** ist wichtig, wie stets den Vorrang der gesellschaftsvertraglichen Vereinbarungen und Beschlüsse zu beachten. Ferner ist strikt zwischen Gewinnverteilung, Entnahmerecht und tatsächlicher Entnahme zu unterscheiden. Erforderliche Beschlüsse sind an der Treuepflicht zu messen, die z.B. gebieten kann, Entnahmen zur Begleichung anfallender Steuern zu gestatten (vgl. oben Rn. 22).

VII. Ersatzansprüche und Verzinsung

24   Nach § 110 HGB hat jeder Gesellschafter einen **Ersatzanspruch** gegen die OHG
– für **Aufwendungen** in Gesellschaftsangelegenheiten, die er den Umständen nach für erforderlich halten durfte; dazu gehört auch, was er zur Befriedigung eines Gesellschaftsgläubigers nach § 128 HGB aus seinem Privatvermögen geleistet hat;[43]
– für **Verluste**, die er unmittelbar **durch** seine **Geschäftsführung** oder aus Gefahren erleidet, die mit ihr untrennbar verbunden sind. Über die Haftung der Mitgesellschafter für derartige Ansprüche unten § 15 Rn. 28.
Aufgewendetes Geld und Verluste hat die Gesellschaft zu verzinsen (§ 110 Abs. 2 HGB).

Die Vorschrift ist eine Erweiterung des § 670 BGB (vgl. § 713 BGB); insbesondere die Erstattungsfähigkeit von Verlusten, die bei § 670 BGB nur durch extensive Auslegung zu erreichen ist, ist im HGB ausdrücklich vorgesehen.

Der Gesellschafter hat nach § 111 HGB ab Fälligkeit, ohne dass die Voraussetzungen des Verzugs gegeben sein müssten, eine **Verzinsungspflicht** in Höhe von 5% (§ 352 Abs. 2 HGB), wenn er
– seine Geldeinlage nicht rechtzeitig leistet,
– vereinnahmtes Gesellschaftsgeld nicht rechtzeitig an die Gesellschaftskasse abliefert,
– unbefugt Geld aus der Gesellschaftskasse entnimmt.
Im Falle des Verzugs bestimmt sich der Zinssatz nach §§ 288 Abs. 2, 247 BGB.

§ 15. Außenverhältnis der OHG

1   Im Gegensatz zum Innenverhältnis sind die gesetzlichen Bestimmungen für das Außenverhältnis, §§ 123–130b HGB, überwiegend zwingend oder nur in ganz bestimmter Weise abänderbar. Zur Orientierung, welche Regelungen das Innenverhältnis und welche das Außenverhältnis betreffen, sind die Zwischenüberschriften des HGB ein bewährtes Hilfsmittel (oben § 2 Rn. 13).

I. Die OHG im Rechtsverkehr

2   Die rechtliche Verselbständigung und die Stellung der OHG im Rechtsverkehr bestimmt **§ 124 Abs. 1 HGB.** Danach kann die OHG unter ihrer **Firma** (oben § 12 Rn. 3) Rechte erwerben und Verbindlichkeiten eingehen, Eigentum und andere dingli-

---

[43] Beispiel bei *BGH* ZIP 2002, 394 m. Anm. *Hennrichs* = NZG 2002, 232 (betr. KG).

che Rechte erwerben, vor Gericht klagen und verklagt werden. Damit ist die *Rechtsfähigkeit* der OHG als Personengesellschaft i. S. d. (freilich sehr viel jüngeren und an Erklärungswert armen, oben § 2 Rn. 5) § 14 Abs. 2 BGB umschrieben. Juristische Person ist sie gleichwohl nicht (oben § 12 Rn. 5). § 124 Abs. 1 regelt das **äußere Auftreten der OHG**. Nach außen tritt sie als **geschlossene Einheit** auf. Insoweit nähert sie sich der juristischen Person und wird im Außenverhältnis zu Dritten, im Gegensatz zum Innenverhältnis, weitgehend wie eine solche behandelt.

Im Einzelnen zeigt sich das in folgenden Punkten:

1. Rechtsgeschäfte

Die OHG kann **unter ihrer Firma handeln,** vor allem Rechtsgeschäfte abschließen. 3 Sie muss dabei vertreten sein, sei es (organschaftlich) durch Gesellschafter, sei es (rechtsgeschäftlich) durch Prokuristen oder Handlungsbevollmächtigte. Über die Vertretungsmacht der Gesellschafter nachfolgend unten Rn. 8 ff. Für schuldhaftes Verhalten ihrer Vertreter und Erfüllungsgehilfen haftet die Gesellschaft nach §§ 31, 278 BGB (oben § 9 Rn. 4 a. E.).

2. Unerlaubte Handlungen

Die OHG ist auch **deliktsfähig.** Da sie als Einheit im Rechtsverkehr auftritt und 4 sich dabei der Gesellschafter als ihrer Organe bedient, muss sie für unerlaubte und sonstige zum Schadenersatz verpflichtende Handlungen aufkommen, die ein Gesellschafter in Ausführung der ihm zustehenden Verrichtungen begeht. **§ 31 BGB** findet entsprechende Anwendung (oben § 9 Rn. 5). Auf die Vertretungsmacht kommt es dafür nicht an.

Die bei den Körperschaften bestehende Tendenz zur Ausdehnung der Organhaftung auf weitere Personen mit leitender Funktion als Repräsentanten stößt bei der OHG im Hinblick auf die unbeschränkte persönliche Haftung der Gesellschafter auf Bedenken; auch der Einzelkaufmann haftet nicht nach § 31 BGB für seine Repräsentanten. Allenfalls könnte man daher eine auf das Gesellschaftsvermögen beschränkte Haftung in Betracht ziehen; das würde der bei den juristischen Personen entsprechen, wäre aber bei der OHG mit Blick auf § 128 HGB systemfremd.[1]

Dagegen ist die OHG *nicht strafrechtlich* verantwortlich (vgl. oben § 2 Rn. 5), doch können gegen sie nach § 30 OWiG *Geldbußen* festgesetzt werden wegen Straftaten oder Ordnungswidrigkeiten, wenn vertretungsberechtigte Gesellschafter Pflichten, welche die OHG treffen, verletzen oder wenn die OHG bereichert worden ist oder werden sollte. Auch die Einziehung eines Gegenstandes der OHG oder des Wertersatzes ist nach § 29 OWiG möglich.

3. Vermögensträgerschaft

Die OHG kann unter ihrer Firma **Rechte und Pflichten** haben, deshalb auch in das 5 **Grundbuch** eingetragen werden. Die Formulierung in § 124 Abs. 1 HGB darf nicht als Einschränkung missverstanden werden. Die OHG kann selbstverständlich auch Eigentum an beweglichen Sachen erwerben. Das Gesellschaftsvermögen ist **Gesamthandsvermögen** (oben § 3 Rn. 8). Es wird gebildet durch Beiträge, Erwerb im

---

[1] Näher dazu MünchKomm-BGB/*Reuter*, § 31 Rn. 14 m. w. N.; ferner *Spindler*, Unternehmensorganisationspflichten, 2001, S. 601 ff.; für Beschränkung der Haftung auf das Gesellschaftsvermögen *Altmeppen*, NJW 1996, 1017; *Flume*, Personengesellschaft, S. 344; gegen beide *Kleindiek*, Deliktshaftung und juristische Person, 1997, S. 278 ff.; sehr weitgehend *BGH* ZIP 2007, 1460.

Namen der Gesellschaft und Surrogation (oben § 9 Rn. 1). Verbindlichkeiten werden eingegangen durch Rechtsgeschäfte im Namen der Gesellschaft; bei gesetzlichen Schuldverhältnissen sind insbesondere auch die Zurechnungstatbestände zu beachten, die die Gesellschaft zum Schuldner machen (oben § 9 Rn. 5).

4. Parteifähigkeit

6   Die OHG kann klagen und verklagt werden, sie ist also im Prozess aktiv und passiv **parteifähig.** In der Klage genügt zur Bezeichnung der Partei die Angabe der Firma. Der Aus- oder Eintritt eines Gesellschafters in die OHG während der Dauer des Rechtsstreits ist für diesen ohne Bedeutung; solange die OHG besteht, tritt ein Wechsel der Prozesspartei nicht ein, vielmehr ist die OHG Partei in ihrer jeweiligen Zusammensetzung. Jeder Gesellschafter kann, da er als einzelner nicht Partei ist, der OHG als Nebenintervenient beitreten. Es sind auch Prozesse zwischen der OHG als solcher und einzelnen Gesellschaftern möglich. Will ein Gläubiger der Gesellschaft nicht nur einen Titel gegen die Gesellschaft erstreiten (§ 124 Abs. 2 HGB), sondern auch gegen einzelne Gesellschafter vollstrecken können (§ 129 Abs. 4 HGB), muss er Gesellschaft und Gesellschafter verklagen. Diese sind dann einfache (nicht notwendige) Streitgenossen (§ 62 ZPO).[2] Der Übergang vom Gesellschafts- zum Gesellschafterprozess und umgekehrt sind gewillkürter Parteiwechsel.[3]

Die Eigenart der Personengesellschaft führt dennoch zu einigen prozessrechtlichen Detailproblemen. Str. ist z.B., ob Gesellschafter als *Zeugen* oder nur *als Partei vernommen* (§§ 445 ff. ZPO) werden können. Der BGH beschränkt die Parteivernehmung auf die vertretungsberechtigten Gesellschafter, da sie auch Prozesshandlung ist, während nicht vertretungsberechtigte Gesellschafter als Zeugen zu vernehmen sind.[4] Wenn allerdings die Gesellschafter zugleich mit der OHG verklagt werden, können sie nicht als Zeugen vernommen werden.

5. Insolvenz

7   Die OHG ist nach § 11 Abs. 2 Nr. 1 InsO insolvenzfähig. Die Eröffnung des Insolvenzverfahrens führt zur Auflösung der Gesellschaft (oben § 13 Rn. 25). **Insolvenzgrund** ist normalerweise nur die **Zahlungsunfähigkeit** der OHG (§ 17 InsO), drohende Zahlungsunfähigkeit nur, wenn die Gesellschaft selbst den Eröffnungsantrag stellt (§ 18 InsO). **Überschuldung** ist **ausnahmsweise** dann Insolvenzgrund, wenn kein Gesellschafter eine natürliche Person ist. Bei einer solchen Gesellschaft besteht bei Vorliegen eines Insolvenzgrundes die Pflicht, die Eröffnung des Insolvenzverfahrens zu beantragen (§ 130a HGB). Die Vorschrift ist weitgehend dem Recht der GmbH und der AG nachgebildet und soll durch das MoMiG[5] in die InsO verlagert werden. Auf die Zahlungsfähigkeit der einzelnen Gesellschafter kommt es nicht an; das Insolvenzverfahren ist also möglich, auch wenn die Gläubiger durch Inanspruchnahme eines zahlungsfähigen Gesellschafters Befriedigung erlangen könnten.

---

[2] BGHZ 54, 251; 63, 51, 54; *BGH* NJW 1988, 2113; anders noch RGZ 123, 151; 136, 266.
[3] BGHZ 62, 131; *BGH* DB 1982, 2562.
[4] H.M., BGHZ 42, 230; Baumbach/Hopt/*Hopt*, § 124 Rn. 43; *K. Schmidt*, § 46 II 3 a bb. A.A. *A. Hueck*, OHG, § 22 III; *Hüffer*, FS Stimpel, 1985, S. 165, 182 (alle Gesellschafter sind als Partei zu vernehmen).
[5] RegE eines Gesetzes zur Modernisierung des GmbH-Rechts und zur Bekämpfung von Missbräuchen (MoMiG) vom 23. 5. 2007; im Internet bei *Möllers*, www.jura.uni-augsburg.de / Materialien zum Gesellschaftsrecht.

II. Vertretung

1. Grundsatz

Da die OHG nicht selbst handeln kann, bedarf sie bei Vornahme von Rechtsge- **8** schäften der Vertretung. Diese Vertretung erfolgt in erster Linie durch Gesellschafter – **organschaftliche Vertretung**. Ein Nichtgesellschafter kann zwar Prokurist oder Handlungsbevollmächtigter der Gesellschaft sein, dann handelt es sich aber nur um eine besonders erteilte **rechtsgeschäftliche Vollmacht**. Die primäre gesellschaftsrechtliche Vertretung ist notwendig den Gesellschaftern höchstpersönlich vorbehalten – Grundsatz der **Selbstorganschaft** (oben § 2 Rn. 12).[6]

Das oben (§ 14 Rn. 4) zur *Drittorganschaft* bei der Geschäftsführung Ausgeführte gilt hier entsprechend. Durch Erteilung einer umfassenden Vollmacht an einen Dritten und Vereinbarung bloßer Gesamtvertretungsmacht aller Gesellschafter oder durch Erteilung alleiniger Vertretungsmacht an eine der OHG angehörende GmbH oder AG kann auch hier eine Annäherung an eine Drittorganschaft erreicht werden. Über eine vorübergehende Abweichung vom Prinzip der Selbstorganschaft unten Rn. 10.

Vertretungsberechtigt ist grundsätzlich jeder Gesellschafter, im Gegensatz zur BGB-Gesellschaft jeder für sich allein – **Einzelvertretungsmacht** (§ 125 Abs. 1 HGB). Er bedarf also nicht der Mitwirkung eines anderen Gesellschafters. Die Vertretungsmacht wird nicht durch den Widerspruch eines anderen (oben § 14 Rn. 6) ausgeschlossen; der Widerspruch betrifft nur die Geschäftsführung und damit das Innenverhältnis (vgl. oben § 8 Rn. 8). Die Einzelvertretungsmacht ist für die OHG aus den gleichen Gründen vorgesehen wie die Einzelgeschäftsführung (oben § 14 Rn. 2); sie verleiht der Gesellschaft die im Handelsverkehr gebotene Beweglichkeit.

2. Abweichungen

a) Gesellschaftsvertrag

Vom Grundsatz der Einzelvertretungsbefugnis kann der Gesellschaftsvertrag auf **9** **bestimmte, gesetzlich vorgesehene Weise abweichen**. Da im Außenverhältnis Interessen Dritter zu berücksichtigen sind, besteht nicht wie bei der Geschäftsführung volle Vertragsfreiheit.

aa) Einzelne Gesellschafter können von der Vertretung **ausgeschlossen** werden (§ 125 Abs. 1 HGB). Dann steht die Vertretungsmacht nur den übrigen zu, diesen aber grundsätzlich als Einzelvertretungsmacht. Alle Gesellschafter von der Vertretung auszuschließen ist nicht möglich, da dann die OHG ohne organschaftliche Vertretung wäre.[7] Zum mindesten muss die Vertretung durch alle Gesellschafter zusammen möglich sein.

bb) Es kann bestimmt werden, dass alle oder mehrere Gesellschafter die OHG nur gemeinsam vertreten können – **Gesamtvertretung** (§ 125 Abs. 2 HGB). Diese Gesamtvertretung kann z. B. so ausgestaltet sein, dass immer alle Gesellschafter zusammenwirken müssen. Es kann die Mitwirkung von je zwei Gesellschaftern genügen. Zulässig ist auch, dass einzelne Gesellschafter Alleinvertretungsmacht haben, andere dagegen nur Gesamt-

---

[6] BGHZ 26, 330, 333; 33, 105, 108; Baumbach/Hopt/*Hopt*, § 125 Rn. 5 f.
[7] BGHZ 26, 330, 333; 33, 105, 108; 36, 292; *K. Schmidt*, § 14 II 2 b m. w. N.

vertretungsmacht. Für Willenserklärungen an die Gesellschaft genügt stets die Erklärung gegenüber einem von mehreren gesamtvertretungsberechtigten Gesellschaftern – **Passivvertretung** (§ 125 Abs. 2 Satz 3 HGB).

Gesellschafter, die Gesamtvertretungsmacht haben, können einzelne von ihnen zur Vornahme bestimmter Geschäfte oder Geschäftsarten ermächtigen (§ 125 Abs. 2 Satz 2 HGB). In der Praxis ist das häufig, besonders wenn die Geschäftsführung nach Fachgebieten verteilt ist und der einzelne Gesellschafter auf dem ihm übertragenen Gebiet selbständig Geschäfte soll abschließen können, während im übrigen Gesamtvertretung gilt.[8]

cc) Bei Gesamtvertretung kann auch eine Vertretung durch einen oder mehrere Gesellschafter in Gemeinschaft mit einem oder mehreren Prokuristen vorgesehen werden – **unechte** oder **gemischte Gesamtvertretung** (§ 125 Abs. 3 HGB). Die unechte Gesamtvertretung ist nicht zulässig, wenn nur ein vertretungsberechtigter Gesellschafter vorhanden ist, denn es muss stets eine Vertretung der OHG durch Gesellschafter allein möglich sein (Selbstorganschaft).[9] Die gemischte Gesamtvertretung ist nur *neben* einer Vertretungsform ausschließlich durch Gesellschafter statthaft.

b) Entziehung

10   Ähnlich wie die Geschäftsführungsbefugnis kann auch die Vertretungsmacht **aus wichtigem Grund** auf Antrag aller übrigen Gesellschafter durch **gerichtliche Entscheidung** (Gestaltungsurteil) entzogen werden (§ 127 HGB). Dafür gelten entsprechende Regeln wie für die Entziehung der Geschäftsführungsbefugnis, auch hinsichtlich abweichender Vereinbarungen im Gesellschaftsvertrag (oben § 14 Rn. 7 f.). Der Gesellschaftsvertrag kann jedoch die Entziehung der Vertretungsmacht aus wichtigem Grund nicht völlig ausschließen.[10] Erfordernisse und Verfahren der Handelsregistereintragung (unten Rn. 11) können nicht abgeändert werden. Praktisch werden die Entziehung der Geschäftsführungsbefugnis und der Vertretungsmacht in der Regel miteinander verbunden.[11]

Auch dem *einzigen vertretungsberechtigten Gesellschafter* einer OHG kann die Vertretungsmacht entzogen werden. Da aber eine OHG nicht ohne organschaftliche Vertretung sein kann, steht in einem solchen Fall sämtlichen Gesellschaftern Gesamtvertretungsmacht zu, bis sie durch Änderung des Gesellschaftsvertrages, für eine andere Vertretungsmöglichkeit sorgen.[12] Der Grundsatz der Selbstorganschaft steht in einem solchen Fall der nur vorübergehenden gerichtlichen Bestellung eines Nichtgesellschafters zum geschäftsführenden Vertreter der OHG während des Prozesses über die Entziehung der Vertretungsmacht nicht entgegen. Die vollständige Entziehung der Vertretungsmacht kann unverhältnismäßig sein, wenn etwa die Ersetzung der Alleinvertretungsmacht durch Gesamtvertretungsbefugnis geeignet ist, den unzumutbaren Zustand zu beseitigen.[13]

3. Registereintragung

11   Die Vertretungsregelung ist zur Eintragung in das Handelsregister anzumelden (§ 106 Abs. 2 Nr. 4 HGB) und wird nach § 10 HGB bekannt gemacht. Das gilt nicht

---

[8] Aufschlussreich, auch zur Frage des Selbstkontrahierens, BGHZ 64, 72 = NJW 1975, 1117; krit. dazu *K. Schmidt*, § 48 II 3 b.

[9] BGHZ 26, 330, 333.

[10] *BGH* NJW 1998, 1226 = NZG 1998, 101 (betr. KG).

[11] Z.B. in den parallel geführten Verfahren, in denen zwei Gesellschafter sich gegenseitig die Geschäftsführungs- und Vertretungsbefugnis zu entziehen suchten, *BGH* NJW-RR 2002, 540 = NZG 2002, 280; NJW-RR 2002, 757 = NZG 2002, 279.

[12] BGHZ 33, 105, 107 f.; *A. Hueck*, OHG, § 20 IV 3; *K. Schmidt*, § 48 II 4 a.

[13] *BGH* ZIP 2002, 396.

für die Ermächtigung nach § 125 Abs. 2 Satz 2 HGB, denn darin liegt keine generelle Regelung der Vertretungsmacht. Eintragungsfähig ist dagegen die Befreiung von den Beschränkungen des § 181 BGB.[14] Die Eintragung ist **deklaratorisch,** also nicht Voraussetzung für die Wirksamkeit der getroffenen Regelungen. Sie ist aber wichtig im Hinblick auf die Rechtsfolgen nach § 15 HGB.[15] Ein Dritter, der keine positive Kenntnis der abweichenden Regelung hat, darf bei fehlender Eintragung und Bekanntmachung vom gesetzlichen Grundmodell der Einzelvertretungsbefugnis ausgehen.

4. Umfang

Die organschaftliche Vertretungsmacht ist ihrem Umfang nach grundsätzlich **un-** **12** **beschränkt** (§ 126 Abs. 1 HGB). Sie erstreckt sich auf alle gerichtlichen und außergerichtlichen Rechtsgeschäfte und Rechtshandlungen. Damit reicht sie weiter als die gesetzlich umschriebene Vertretungsmacht des Prokuristen (§ 50 HGB), auch bei unechter Gesamtvertretung.[16] Sie umfasst stets auch die Veräußerung und Belastung von Grundstücken und die Erteilung und den Widerruf der Prokura. Sie gilt in gleicher Weise für gewöhnliche und ungewöhnliche[17] Geschäfte, unabhängig davon, ob im Innenverhältnis die notwendige Kompetenz besteht. Sie umfasst auch das Recht, Angestellten Weisungen zu erteilen, denn auch der Angestellte steht der OHG als Dritter gegenüber. Für die Gültigkeit solcher Weisungen kommt es deshalb nicht auf die Geschäftsführungsbefugnis, sondern nur auf die Vertretungsmacht an.

Dagegen erstreckt sich die Vertretungsmacht **nicht** auf das **Grundverhältnis,** also die *Beziehungen der Gesellschafter zueinander,* vor allem nicht auf Änderungen des Gesellschaftsvertrages, da der vertretungsberechtigte Gesellschafter die OHG als ganze, nicht aber den einzelnen Gesellschafter vertritt (vgl. oben § 8 Rn. 1). Deshalb kann er auch nicht einen neuen Gesellschafter in die OHG aufnehmen, die Kündigung eines Gesellschafters für die anderen wirksam entgegennehmen[18] oder das Unternehmen der Gesellschaft einschließlich der Firma veräußern.[19] Einen stillen Gesellschaftsvertrag dagegen kann der vertretungsberechtigte Gesellschafter im Namen der OHG wirksam abschließen, da der stille Gesellschafter nicht in den Kreis der Gesellschafter der OHG eintritt.[20]

Die Vertretungsmacht ist grundsätzlich **unbeschränkbar** (§ 126 Abs. 2 HGB). Sie ist handelsrechtlich fest umschrieben und kann weder durch den Gesellschaftsvertrag noch durch sonstige Vereinbarungen eingeschränkt werden. Der Dritte, der mit der OHG Rechtsgeschäfte abschließt, soll sich darauf verlassen können, dass, wenn ein Gesellschafter überhaupt Vertretungsmacht hat, er sie in vollem Umfang besitzt, und nicht jedes Mal den Umfang der Vertretungsmacht nachprüfen müssen, zumal das Handelsregister nur über den Bestand der Vertretungsmacht Auskunft gibt. In diesem Punkt *unterscheidet sich die Vertretungsmacht sehr wesentlich von der Geschäftsführungsbefugnis,* die schon kraft Gesetzes eingeschränkt ist und durch Vereinba-

---

[14] *OLG Hamm* BB 1983, 858; *OLG Hamburg* BB 1986, 1255; *BayObLG* NJW-RR 2000, 562 = NZG 2002, 138.
[15] Dazu etwa *Lettl,* Handelsrecht, 2007, Rn. 25 ff.
[16] RGZ 134, 303.
[17] Beispiel bei *Wiedemann/Frey,* Nr. 144.
[18] *BGH* NJW 1993, 1002 (betr. GbR).
[19] *BGH* NJW 1995, 596; dazu *K. Schmidt,* ZGR 1995, 675, 678 ff.
[20] RGZ 153, 371; *BGH* DB 1971, 189; WM 1979, 71; vgl. auch *Wiedemann/Frey,* Nr. 145.

rung beliebig weiter beschränkt werden kann. Abreden im Innenverhältnis über die Ausübung der Vertretungsmacht sind wirksam, betreffen aber eben nur das Innenverhältnis.

13 Der Grundsatz der Unbeschränkbarkeit der Vertretungsmacht soll aber nur den **redlichen Verkehr** schützen. Er versagt deshalb, wenn ein vertretungsberechtigter Gesellschafter und ein Dritter arglistig zum Schaden der OHG zusammenwirken – **Kollusion.** Dasselbe gilt, wenn der Dritte positiv weiß oder grob fahrlässig verkennt, dass der Gesellschafter seine *Vertretungsmacht bewusst zum Schaden der OHG missbraucht.*[21] Dagegen schadet es dem Dritten nicht, wenn er hätte erkennen können, dass der vertretungsberechtigte Gesellschafter die Schranken seiner Geschäftsführungsbefugnis überschritt, etwa die nach dem Gesellschaftsvertrag vorgesehene Zustimmung der übrigen Gesellschafter nicht eingeholt oder das Geschäft gegen den Widerspruch eines anderen Gesellschafters vorgenommen hat. Denn eine Pflicht zur Nachforschung über das Innenverhältnis besteht für den Dritten nicht. Die Unbeschränkbarkeit der Vertretungsmacht gilt folgerichtig auch nicht für *Drittgeschäfte* der OHG *mit einem Gesellschafter,* der ihr dann zwar wie ein Dritter gegenübersteht, dennoch aber interne Schranken der Vertretungsbefugnis gegen sich gelten lassen muss.[22]

Eine **Ausnahme** von dem Grundsatz der Unbeschränkbarkeit der Vertretungsmacht enthält § 126 Abs. 3 HGB, der die Beschränkung der Vertretungsmacht auf den **Betrieb einer von mehreren Niederlassungen** gestattet. Das setzt voraus, dass die Niederlassungen unter verschiedenen Firmen betrieben werden, wofür genügt, dass ein Zusatz die Firma als solche einer Zweigniederlassung bezeichnet. Die Vorschrift entspricht der Regelung der Filialprokura (§ 50 Abs. 3 HGB).

Als allgemeine Regel findet § 181 BGB Anwendung.[23] Vom Verbot des Selbstkontrahierens und der Mehrvertretung kann der Gesellschaftsvertrag jedoch befreien; die Befreiung ist eintragungsfähig (oben Rn. 11). Von dieser Möglichkeit sollte Gebrauch gemacht werden, wenn Gesellschafter in mehrfacher Funktion tätig sind, z.B. als Geschäftsführer einer Komplementär-GmbH oder in einem verbundenen Unternehmen.

5. Unterschiede zwischen Vertretungsmacht und Geschäftsführungsbefugnis

14 Für die **Fallbearbeitung** besonders wichtig ist die Unterscheidung zwischen Geschäftsführungs- und Vertretungsbefugnis (vgl. schon oben § 8 Rn. 2), also zwischen Innen- und Außenverhältnis. Ferner müssen die Grundlagengeschäfte von der Verfolgung des Gesellschaftszwecks abgegrenzt werden. Die wichtigsten **Unterschiede** der gesetzlichen Regelung und der vertraglichen Gestaltungsmöglichkeiten bei Geschäftsführung und Vertretung sind:

Geschäftsführung	Vertretung
Einzelgeschäftsführung, Widerspruch eines anderen Geschäftsführungsberechtigten ist zu beachten (§ 115 Abs. 1 HGB)	Einzelvertretung (Widerspruch ohne Wirkung im Außenverhältnis) (§ 125 Abs. 1 HGB)
ungewöhnliche Geschäfte und Prokuraerteilung bedürfen der Zustimmung der anderen (geschäftsführenden) Gesellschafter (§ 116 HGB)	unbeschränkt (§ 126 Abs. 1 HGB)
durch Gesellschaftsvertrag beliebig einschränkbar (§ 109 HGB)	unbeschränkbar (§ 126 Abs. 2 HGB)
bei Gesamtgeschäftsführung Notgeschäftsführungsrecht bei Gefahr im Verzug (§ 115 Abs. 2 HGB)	kein „Notvertretungsrecht"
keine Publizität	Vertretungsregelung eintragungspflichtig (§ 106 Abs. 2 Nr. 4 HGB)

[21] Großzügiger BGHZ 50, 112, 114 betr. Prokura (einfache Fahrlässigkeit); strenger *BGH* WM 1984, 730 (betr. GmbH-Geschäftsführer); BGHZ 127, 239, 241; *BGH* NJW 1994, 2082 (betr. rechtsgeschäftliche Vollmacht).

[22] BGHZ 38, 26, 32 ff.; *BGH* DB 1973, 1117; WM 1979, 71.

[23] Vgl. BGHZ 112, 339, 343 = NJW 1991, 691 (betr. GbR); *BGH* NJW-RR 1994, 291 (betr. GmbH).

III. Gesellschaftsschulden und Haftung

1. Gesellschaftsschulden

Gesellschaftsschulden sind alle Verbindlichkeiten, für die das Gesellschaftsvermögen 15 haftet, d. h. die OHG als solche ist zur Erfüllung verpflichtet (vgl. oben § 9 Rn. 4 f.). Das Gesetz spricht ausdrücklich von den „Verbindlichkeiten der Gesellschaft" (§ 128 HGB). Dazu gehören die Pflichten aus den im Namen der OHG abgeschlossenen Rechtsgeschäften, aber auch die auf Gesetz beruhenden Verbindlichkeiten ohne Rücksicht auf den Schuldgrund, wie Verpflichtungen aus unerlaubten Handlungen der Organe der OHG, Schulden aus ungerechtfertigter Bereicherung sowie öffentlich-rechtliche Verbindlichkeiten wie Steuer- und Abgabenschulden.

Dagegen haftet die OHG **nicht** für **private Schulden ihrer Gesellschafter.** Privatgläubiger können sich nicht an das Gesellschaftsvermögen halten (§ 124 Abs. 2 HGB), sondern nur die vermögensrechtlichen Ansprüche ihres Schuldners gegen die OHG pfänden, z. B. Ansprüche auf Aufwendungsersatz nach § 110 HGB, Ansprüche aus einem Gewinnausschüttungsbeschluss, vor allem das (künftige) Auseinandersetzungsguthaben.[24]

2. Haftung der Gesellschafter mit ihrem Privatvermögen

Für die Gesellschaftsschulden haftet einerseits die OHG mit dem Gesellschaftsver- 16 mögen, andererseits haften alle Gesellschafter mit ihrem gesamten Vermögen (§ 128 HGB). Diese Haftung ist **zwingend;** sie kann weder durch den Gesellschaftsvertrag noch durch sonstige Vereinbarungen unter den Gesellschaftern ausgeschlossen oder eingeschränkt werden. Vor allem ist eine Beschränkung der Haftung auf das Gesellschaftsvermögen nicht möglich. Diese **unbeschränkte und unbeschränkbare persönliche Haftung aller Gesellschafter** ist ein Hauptcharakteristikum der OHG.[25]

Dagegen kann der **einzelne Gläubiger durch Vertrag** mit der OHG oder mit den Gesellschaftern auf die persönliche Inanspruchnahme aller oder einzelner Gesellschafter verzichten; insofern wird die Haftung *auf das Gesellschaftsvermögen beschränkt.* Das kann im ursprünglichen Vertrag, aber auch nachträglich vereinbart werden. Auf Bedenken stößt aber umgekehrt ein Erlass gegenüber der OHG unter Vorbehalt der Inanspruchnahme eines Gesellschafters.[26] Die Gesellschafterhaftung ist akzessorisch (unten Rn. 20, 25), setzt also eine Verbindlichkeit der Gesellschaft voraus.

a) Inhalt der Haftung

Besteht die Verbindlichkeit in einer Geldschuld, ergeben sich keine Besonderheiten 17 für die Haftung des Gesellschafters. Schwierigkeiten bereitet aber die Frage nach dem Inhalt der Gesellschafterhaftung, wenn eine andere Leistung geschuldet ist, z. B. Übereignung eines Grundstücks oder Erteilung einer Auskunft. Nach der **„Erfüllungstheorie"** schuldet der Gesellschafter die gleiche Leistung wie die Gesellschaft.[27] Nach der **„Haftungstheorie"** trifft den Gesellschafter eine Einstandspflicht in Geld für die Ver-

---

[24] BGHZ 116, 222, 229.
[25] Das Haftungsregime der Partnerschaft folgt dem nur eingeschränkt; nach § 8 Abs. 2 PartGG haften für berufliche Fehler neben der Partnerschaft nur diejenigen Partner, die mit der Bearbeitung des Auftrags befasst waren.
[26] BGHZ 47, 376; dazu *K. Schmidt,* § 49 II 3 a.
[27] BGHZ 73, 217; *BGH* NJW 1987, 2367 = JuS 1987, 826 *(K. Schmidt).*

bindlichkeit der OHG.[28] Beide Ansätze führen, streng angewandt, nicht zu tauglichen Problemlösungen. Die heute überwiegende Meinung folgt der Erfüllungstheorie, jedoch mit zahlreichen Varianten in der Begründung wie auch in den Folgerungen.[29]

> Dogmatische Erklärungen stützen sich darauf, dass die Haftung der Gesellschafter nach § 128 HGB primäre Schuld ist, nicht etwa nur Ersatz- oder Ausfallhaftung für den Fall, dass die OHG nicht erfüllt. Auch die Auffassung von der Rechtsträgerschaft der Gesellschafter bei der Gesamthand, wie sie im Wortlaut der §§ 733 Abs. 1 Satz 1, 735 Satz 1 BGB zum Ausdruck kommt, spricht für die Erfüllungstheorie, ist bei der unzweifelhaften rechtlichen Verselbständigung der OHG aber wenig überzeugend. Für die Haftungstheorie spricht die Akzessorietät der Gesellschafterhaftung, eine Vorstellung, die von der OHG als Rechtsträger und damit der Unterscheidung zwischen Gesellschaftsschuld und Gesellschafterhaftung ausgeht. Gleichwohl kann von der Akzessorietät nicht zwingend auf den Inhalt der Haftung geschlossen werden.
>
> Vielfach behandelte **Beispiele** sind teilweise realitätsfern, aber instruktiv: Die OHG, vertreten durch einen Gesellschafter, verpflichtet sich zur Übereignung eines Grundstücks, das zum Privatvermögen eines anderen Gesellschafters gehört. Kann der Gläubiger von ihm Erfüllung durch Übereignung des Grundstücks verlangen, auch wenn der Gesellschafter keineswegs zu dessen Aufgabe bereit ist, etwa weil es mit seinem Einfamilienhaus bebaut ist und er der Gesellschaft bezüglich des Grundstücks nichts schuldet? Muss ein Gesellschafter einem Gläubiger der OHG sonst nicht mehr erhältliche Ware liefern, die er für sein eigenes Geschäft noch auf Lager hat? Muss er marktgängige Ware, die er selbst nicht hat, für den Gläubiger beschaffen? Ist der Gesellschafter einer Bau-OHG an deren Stelle zur Errichtung eines Bauwerkes oder zur Mängelbeseitigung verpflichtet? Kann ein Gesellschafter, der selbst von der Geschäftsführung und Vertretung ausgeschlossen ist, auf von der OHG geschuldete Rechnungslegung in Anspruch genommen werden?

18   Der Inhalt der Gesellschafterhaftung kann nicht im Wege formaler Ableitung aus dem Wesen der OHG oder aus einer bestimmten dogmatischen Einordnung der Gesellschafterhaftung gewonnen werden. Vielmehr bedarf es dafür ausgehend vom **Zweck des § 128 HGB** und der praktischen Umsetzbarkeit im Zivilprozess einer Abwägung zwischen Gläubiger- und Gesellschafterinteressen.[30] Dafür ist wesentlich, dass § 128 HGB, da bei der OHG ein in der Aufbringung und Erhaltung rechtlich gesichertes Haftungskapital fehlt, die umfassende persönliche Haftung zum **Schutz der Gesellschaftsgläubiger** vorschreibt und damit, auch im Interesse der Kreditfähigkeit der OHG, den Gläubigerinteressen besonderes Gewicht verleiht. Diesem Ziel entspricht die Gewährung des Erfüllungsanspruchs besser als die bloße Verweisung auf Geldersatz. Letztere würde einen Gläubiger, der in erster Linie auf Erfüllung Wert legt, an der primären Inanspruchnahme der Gesellschafter hindern oder ihn insoweit in den an sich nicht gewünschten Geldersatz drängen. Andererseits darf die Verpflichtung des Gesellschafters nicht eine neue, über die OHG-Verbindlichkeit hinaus gehende Leistung darstellen.[31]

19   **aa)** Mit der h.M. ist also im **Grundsatz** davon auszugehen, dass die Gesellschafter nach § 128 HGB **Erfüllung der Gesellschaftsverbindlichkeiten in gleicher Weise wie die OHG** schulden. **Abweichungen** können sich unter verschiedenen Gesichtspunkten ergeben, die nachfolgend zusammengefasst sind.

bb) Wenn eine Leistung ihrem **Gegenstand** nach nur von der OHG erbracht werden kann, haften die Gesellschafter persönlich nur auf Geldersatz.

> **Beispiele:** Eine bestimmte als Stückschuld zu leistende Sache befindet sich im Gesellschaftsvermögen. Eine Werkleistung, etwa eine besondere Entwicklungsarbeit, kann nur durch von der OHG be-

---

[28] Großkomm-HGB/*Fischer*, 3. Aufl., 1967ff., § 128 Anm. 6ff., insb. 9ff.; *John*, Die organisierte Rechtsperson, 1977, S. 250ff., insb. S. 254ff.

[29] Ausführlich *K. Schmidt*, § 49 III.

[30] BGHZ 23, 302, 305 gestützt auf *A. Hueck*, OHG, § 21 II 3 und 5; *Grunewald*, 1 B Rn. 38f.; *K. Schmidt*, § 49 III 1 c; *Wiedemann* I, § 5 IV 1, auch 2 a bb.

[31] *K. Schmidt*, § 49 III 2 c; MünchKomm-HGB/*K. Schmidt*, § 128 Rn. 24; *OLG Nürnberg* WM 1996, 399, 402.

schäftigte Spezialisten oder nur mit ihren Spezialeinrichtungen verwirklicht werden. Die OHG ist zur Abgabe einer Willenserklärung verpflichtet.

Das gilt auch, wenn *vertraglich* die *Erfüllungspflicht auf die OHG beschränkt* wird. Das kann ausdrücklich vereinbart werden, kann sich aber auch durch **Vertragsauslegung** ergeben, wobei im Interesse des Gläubigers an die Erkennbarkeit keine zu geringen Anforderungen zu stellen sind (§ 157 BGB).

Beispiel: Bei einer Baugesellschaft können Planung und Bauausführung allein durch die OHG vereinbart sein, da insoweit meist das Vertrauen des Bauherrn zu einem bestimmten Unternehmen wesentlich ist; etwas anderes mag für eine spätere Mängelbeseitigung gelten.

Wird durch Vertrag die **Erfüllungspflicht** auf die OHG beschränkt, bleibt die Haftung der Gesellschafter nach § 128 HGB als **Einstandspflicht** auf Geldersatz bestehen. Das muss *deutlich unterschieden* werden von der oben Rn. 16 a. E. behandelten vertraglichen *Haftungsbeschränkung auf das Gesellschaftsvermögen,* durch die der Gläubiger auf die Haftung der Gesellschafter nach § 128 HGB ganz verzichtet. In den Fällen, in denen der Gläubiger vom einzelnen Gesellschafter zwar nicht Erfüllung verlangen kann, könnte man statt dessen eine Pflicht zur Einwirkung des Gesellschafters auf die Gesellschaft erwägen. Daran ist richtig, dass die Mitverantwortung des Gesellschafters eine solche Einwirkung umschließt und dass letztlich die persönliche Haftung nach § 128 HGB (auch) auf diesem Gedanken beruht und einen entsprechenden Anreiz setzt. Dennoch ist ein Rechtsanspruch des Gläubigers auf Einwirkung in diesem Sinn als Inhalt der Haftung nach § 128 HGB abzulehnen, denn damit würde der Sache nach entgegen § 124 HGB der gegen die OHG gegebene Anspruch mit anderem Inhalt (Verhalten im Innenverhältnis) gegen den einzelnen Gesellschafter gerichtet. – Erst recht mit § 124 HGB unvereinbar wäre ein Anspruch gegen einen vertretungsberechtigten Gesellschafter persönlich auf **Abgabe einer Willenserklärung** namens der OHG. Ein solcher Anspruch kann sich nur gegen die OHG als solche richten; die Folgen im Fall einer Vollstreckung nach § 894 ZPO machen das zusätzlich deutlich.

cc) Die Gesellschafter sind **bei vertretbaren Leistungen,** wenn also Sachleistungen oder Handlungen geschuldet sind, bei denen es auf die Person des Leistenden nicht ankommt, in gleicher Weise wie die OHG zur Erfüllung verpflichtet. Kann der Gesellschafter die Leistung nicht selbst erbringen, sie aber mit entsprechendem Geldaufwand durch einen Dritten bewirken lassen, kann der Gläubiger von ihm Erfüllung verlangen und braucht sich nicht auf bloßen Geldersatz und eine von ihm selbst einzuleitende Ersatzvornahme verweisen zu lassen.[32]

dd) Wenn die Gesellschaft eine **nicht vertretbare Leistung** schuldet, die gerade (nur) der in Anspruch genommene Gesellschafter erbringen kann, ist zu differenzieren. Zwischen dem von § 128 HGB geschützten Gläubigerinteresse und der ebenfalls anzuerkennenden *gesellschaftsfreien Privatsphäre* des Gesellschafters ist abzuwägen. Überwiegend anerkannt ist, dass der Gesellschafter dem Gläubiger jedenfalls Erfüllung in natura schuldet, wenn er *der Gesellschaft gegenüber* – sei es als Einlage, sei es im Rahmen der Geschäftsführung oder in sonstiger Weise – *zu einer solchen Leistung verpflichtet ist.* Ohne diese Verpflichtung kann sich der Gesellschafter zumindest dann auf Geldersatz beschränken, wenn *für den Gläubiger das Übergreifen des Leistungsversprechens in die Privatsphäre erkennbar* war. In den verbleibenden Fällen wird man dem Gläubigerinteresse an Erfüllung grundsätzlich den Vorrang einräumen müssen; der Gesellschafter kann demgegenüber allenfalls bei schwerwiegender Beeinträchtigung eine Berücksichtigung seiner Privatsphäre nach § 242 BGB verlangen. Noch nicht ausgelotet ist, ob die Maßstäbe des § 275 Abs. 2 und 3 BGB etwas für den Übergang von der Erfüllungs- zur Einstandspflicht hergeben.

Beispiele: In dem eingangs erwähnten Grundstücksfall muss der Gesellschafter das ihm gehörende Grundstück unmittelbar dem Gläubiger übereignen, wenn er ohnehin zur Einbringung in das Gesellschaftsvermögen oder in sonstiger Weise zur Übertragung verpflichtet war; trifft das nicht zu – so im Zweifel bei dem von ihm bewohnten Hausgrundstück –, schuldet er nur Geldersatz, denn die Zugehörigkeit zum Privatvermögen konnte der Gläubiger aus dem Grundbuch ersehen. Der (ausgeschiedene)

---

[32] BGHZ 73, 217, 221; *Wiedemann/Frey,* Nr. 149.

Gesellschafter ist zur Herausgabe einer Leasing-Sache verpflichtet.[33] Hat allein der Gesellschafter persönlich noch die von der OHG zugesagte, anderweitig nicht mehr zu beschaffende Ware auf Lager, kommt es darauf an, ob für den Gläubiger dieser Tatbestand erkennbar war; ist das, wie anzunehmen, nicht der Fall, muss der Gesellschafter aus seinem Bestand liefern.

Der Einwand, dass hiernach *innergesellschaftliche Rechtsbeziehungen* für das Außenverhältnis gegenüber dem Gläubiger maßgeblich seien, greift nicht, wenn es sich eine Leistung zusagen lässt, die für ihn erkennbar nur aus dem Privatvermögen eines Gesellschafters oder sonst von diesem persönlich erbracht werden kann. Auch die Lösung über die Akzessorietät der Gesellschafterhaftung führt nicht weiter. Das Unvermögen der OHG zur Leistung könnte sich entsprechend auch auf den Inhalt der Haftung des Gesellschafters auswirken. Doch hängt dieses Unvermögen gerade auch davon ab, ob der Gesellschafter intern zu der Leistung verpflichtet ist, die der Gesellschaft die Erfüllung gegenüber dem Gläubiger ermöglicht. Das nötigt ebenfalls zur Berücksichtigung innergesellschaftlicher Beziehungen.

ee) Besonderheiten können sich bei **Unterlassungspflichten** ergeben, vor allem bei Wettbewerbsverboten. Wenn sie ohnehin ihrem Inhalt nach nur die OHG selbst betreffen oder nur für diese vereinbart sind, gilt das oben zu bb) Ausgeführte; die Gesellschafter sind persönlich nicht gebunden.[34] Andererseits kann sich die Unterlassungspflicht auf sie nach dem vorstehend zu dd) Ausgeführten erstrecken, wenn die Gesellschafter der OHG gegenüber zur Einhaltung verpflichtet sind.

Streng genommen ist das Unterlassen (z.B. von Wettbewerb) der Gesellschaft und das Unterlassen des Gesellschafters nicht dasselbe. Daher wird als Begründung für die Verpflichtung der Gesellschafter Umgehung und Rechtsmissbrauch (§ 242 BGB) herangezogen, wenn die Gesellschafter eine andere personengleiche Gesellschaft vorschieben.[35] Damit ist eine Problematik angesprochen, die bei den juristischen Personen unter dem Stichwort **Durchgriff** diskutiert wird (unten § 24 Rn. 27 ff.).

b) Weitere Merkmale der Gesellschafterhaftung

20   Die Haftung nach § 128 HGB ist **unbeschränkt** und **unbeschränkbar, unmittelbar, primär** und **gesamtschuldnerisch.** Unmittelbare Haftung bedeutet, dass der Gläubiger den Gesellschafter direkt in Anspruch nehmen kann und keinen Umweg über die Gesellschaft selbst gehen muss. Letzteres ist der Fall bei der Innenhaftung z.B. der GmbH und Vor-GmbH (unten § 21 Rn. 25). Die Haftung ist primär, weil es dem Gläubiger frei steht, ob er zuerst die Gesellschaft oder den Gesellschafter oder beide zugleich in Anspruch nehmen will. Der Gesellschafter hat keine Einrede der Vorausklage wie bei einer Bürgschaft (§ 771 BGB). Die Gesellschafter sind untereinander, wie § 128 Satz 1 HGB ausdrücklich sagt, Gesamtschuldner; es gelten die §§ 412 ff. BGB. Jeder Gesellschafter haftet für die ganze Verbindlichkeit der OHG und kann nicht auf die Mitgesellschafter (*pro rata*) verweisen. Etwas anderes gilt natürlich im Innenverhältnis beim Innenausgleich. **Kein Gesamtschuldverhältnis** besteht dagegen **zwischen der OHG und** ihren **Gesellschaftern.**[36] Es handelt sich vielmehr um ein Verhältnis der **Akzessorietät,** d.h. die Gesellschafterhaftung teilt das Schicksal der Verbindlichkeit der Gesellschaft. Einwendungen des Gesellschafters richten sich nach § 129 HGB (unten Rn. 25 f.).

c) Minderjährige Gesellschafter

21   Mit Zustimmung des Familiengerichts (oben § 13 Rn. 2) oder durch Erbfall (unten § 16 Rn. 2 ff.) können auch Minderjährige Gesellschafter einer OHG werden. Nach § 1629 a BGB haften Minderjährige nur beschränkt für Verbindlichkeiten, die von den Eltern oder sonstigen vertretungsbefugten Personen mit Wirkung für das Kind oder auf Grund eines Erwerbs von Todes wegen begründet wurden.

---

[33] *BGH* NJW 1987, 2367, 2369.

[34] So z.B. in den Fällen *RG* JW 1902, 78 und RGZ 136, 266; anschaulich bei *K. Schmidt*, § 49 III 2 c.

[35] BGHZ 59, 64 für einen Kiesabbauvertrag; *BGH* BB 1974, 482 bei teilweiser Veräußerung eines regionalen Müllabfuhrunternehmens.

[36] H.M., *K. Schmidt*, § 49 II 4 b m.w.N.; einzelne Rechtsgedanken aus dem Recht der Gesamtschuld können aber ggf. herangezogen werden, Baumbach/Hopt/*Hopt*, § 128 Rn. 19 f.

Erfordernis und Vorliegen der familiengerichtlichen Genehmigung ändern daran nichts. Zum Zuschnitt und zur Haftungsverfassung der OHG passt das allerdings schlecht; dass sich die Möglichkeit der Haftungsbeschränkung mit der Stellung als OHG-Gesellschafter nicht verträgt, zeigt § 139 HGB, der Übergangszeiten zu minimieren sucht (dazu unten § 16 Rn. 7 ff.). Nach § 1629a Abs. 2 BGB gilt die Haftungsbeschränkung nicht, wenn es sich um Verbindlichkeiten aus dem selbständigen Betrieb eines Erwerbsgeschäfts handelt, soweit der Minderjährige hierzu nach § 112 BGB ermächtigt war. Das ist ein auch für die OHG gangbarer Weg, zumal der minderjährige Gesellschafter dann seine Rechte in der Gesellschaft selbst ausüben kann.[37] Im Übrigen gilt die Möglichkeit der Haftungsbeschränkung auch für den volljährig gewordenen OHG-Gesellschafter. Streitig ist dabei die Haftung für gesetzliche Ansprüche gegen die Gesellschaft, da § 1629a BGB nur rechtsgeschäftlich begründete Verbindlichkeiten erfasst. Ein Aufspalten der Haftung nach dem Entstehungsgrund[38] wäre nach der Theorie der Doppelverpflichtung stimmig, die aber zur akzessorischen Haftung bei der OHG nicht passt (oben § 9 Rn. 6 f.). Mit dem Haftungskonzept der Personenhandelsgesellschaften besser vereinbar ist ein anderer Lösungsansatz, der darauf verweist, dass die Gesellschafterhaftung nach § 128 HGB *ex lege* besteht, somit nicht auf einzelnen Rechtsgeschäften oder sonstigen Handlungen mit Wirkung für das Kind beruhen.[39] Maßgeblich kann daher nur der Erwerb der Mitgliedschaft selbst sein, der zur gesetzlichen Haftung führt, und der Bestand der Verbindlichkeiten im Zeitpunkt des Volljährig-Werdens. § 1629a Abs. 4 sieht deshalb, in Verbindung mit dem Kündigungsrecht nach § 723 Abs. 1 Satz 3 Nr. 2 BGB, eine gewisse Erleichterung hinsichtlich des Nachweises des Entstehungszeitpunkts der einzelnen Verbindlichkeiten vor. Zur Kündigungsmöglichkeit bei der OHG unten § 16 Rn. 13. Praktisch ist jedenfalls von der Aufnahme Minderjähriger in eine OHG ohne Ermächtigung nach § 112 BGB abzuraten. Die Wahrung der Interessen des Minderjährigen, der Gesellschaft und deren Gläubiger sollten in anderen Gestaltungsformen gesucht werden.

3. Haftung eintretender und ausscheidender Gesellschafter

Der für die Gesellschafterhaftung maßgebliche Zeitpunkt ist zunächst die Entstehung der Verbindlichkeit. Wer dann Gesellschafter ist, haftet nach § 128 HGB. Tritt ein Gesellschafter neu in die Gesellschaft ein, wäre es allerdings misslich, wenn zwischen den Verbindlichkeiten vor und nach dem Eintritt unterschieden werden müsste. Scheidet ein Gesellschafter aus der Gesellschaft aus, haftet er für danach begründete Verbindlichkeiten der Gesellschaft nicht. Er kann sich aber nicht der bereits bestehenden Haftung für zuvor begründete Schulden entziehen. Deshalb gibt es Sonderregeln für die Fälle des Ein- und Austritts. **22**

a) Eintretender Gesellschafter

Nach § 130 Abs. 1 HGB haften neu eintretende Gesellschafter auch für bereits bestehende Gesellschaftsschulden; auf die Fortführung der Firma kommt es, anders als bei § 25 HGB, nicht an. Entgegenstehende Abreden sind Dritten gegenüber unwirksam (§ 130 Abs. 2 HGB). Ihnen kann auch nicht, wie bei Entstehung einer OHG durch Eintritt als Gesellschafter in das bestehende Geschäft eines Einzelkaufmanns nach § 28 Abs. 2 HGB, durch Eintragung ins Handelsregister Außenwirkung verschafft werden. Abreden im Innenverhältnis bleiben davon unberührt. **23**

b) Ausgeschiedener Gesellschafter

Aus der OHG ausgeschiedene Gesellschafter haften weiter für Verbindlichkeiten, die vor ihrem Ausscheiden entstanden sind.[40] § 160 HGB begrenzt diese Nachhaftung **24**

[37] Vgl. dazu BGHZ 65, 93, 95; Baumbach/Hopt/*Hopt*, § 105 Rn. 27; *Behnke*, NJW 1998, 3082; *Haertlein*, JA 2000, 982; *Klumpp*, ZEV 1998, 409, 411 (für teleologische Reduktion des § 1629a BGB).
[38] So *Grunewald*, ZIP 1999, 597, 598.
[39] *Habersack*, FamRZ 1999, 1, 3.
[40] Zum maßgeblichen Zeitpunkt BGHZ 142, 324 = NJW 2000, 208 = NZG 2000, 135 (betr. GbR); BAG NZG 2004, 1104; *Wiedemann/Frey*, Nr. 152.

auf höchstens fünf Jahre (ähnlich §§ 26, 28 Abs. 2 HGB, § 45 UmwG). Der Haftungsausschluss erfasst alle Ansprüche aus der persönlichen Haftung nach § 128 HGB einschließlich der (früher besonders streitigen) Dauerschuldverhältnisse. Voraussetzung für die Nachhaftung ist, dass die Verbindlichkeit vor Ablauf von fünf Jahren fällig wird und Ansprüche daraus gegen den Gesellschafter vollstreckbar (i. S. d. § 197 Abs. 1 Nr. 3–5 BGB) geworden sind. Die Frist beginnt mit der Eintragung des Ausscheidens im Handelsregister (§ 160 Abs. 1 Satz 2 HGB). Wie bei der Verjährung wird der Ausschluss durch Rechtsverfolgung gehemmt (§ 160 Abs. 1 Satz 3 HGB i. V. m. § 204 BGB). Einer vollstreckbaren Feststellung bedarf es nicht, wenn der Gesellschafter den Anspruch schriftlich anerkennt (§ 160 Abs. 2 HGB). Die Nachhaftungsbegrenzung greift auch ein, wenn ein OHG-Gesellschafter Kommanditist wird (§ 160 Abs. 3 HGB). Der Ausschluss gilt nicht bei Auflösung der Gesellschaft (§ 159 HGB, dazu oben § 13 Rn. 32, 35).

4. Einwendungen des Gesellschafters

25   Wird ein Gesellschafter wegen einer Gesellschaftsschuld in Anspruch genommen, kann er sich in zweifacher Richtung **verteidigen:**

a) Einwendungen der Gesellschaft

Der Gesellschafter kann alle Einwendungen geltend machen, die der OHG selbst zustehen (§ 129 Abs. 1 HGB).

Beispiele: Nichtigkeit des Vertrags, Verjährung der Forderung gegenüber der OHG,[41] Stundung, Erfüllung, Erlass (dazu oben Rn. 16). Die Geltendmachung kann ihm ausnahmsweise aus besonderen, nur bei ihm vorliegenden Gründen verwehrt sein, z. B. wenn die Verjährung nur ihm gegenüber rechtzeitig unterbrochen wurde.[42]

§ 425 BGB findet keine Anwendung (oben Rn. 20). Das gilt auch für den ausgeschiedenen Gesellschafter, der nach § 160 HGB haftet. Die Einwendungen stehen dem Gesellschafter aber nur insoweit zu, als sie von der OHG selbst geltend gemacht werden können. Deshalb wird ein Einwand z. B. durch Verzicht der OHG oder Verwirkung nach § 242 BGB auch für den Gesellschafter ausgeschlossen. Das ergibt sich aus der *Akzessorietät,* der Gesellschafter haftet für die Gesellschaftsschulden in ihrem jeweiligen Bestand. Wird durch ein rechtskräftiges Urteil gegen die OHG das Bestehen der Gesellschaftsschuld festgestellt, gilt das auch für den Gesellschafter; es verbleiben ihm dann nur persönliche Einwendungen (nachfolgend Rn. 27).

b) Gestaltungsrechte der Gesellschaft

26   Steht der OHG ein Recht zur **Anfechtung, Aufrechnung,** zum **Rücktritt** oder ein ähnliches *Gestaltungsrecht* zu, kann der einzelne Gesellschafter dieses Recht nicht im eigenen Namen ausüben, da er über Rechte der OHG nicht verfügen kann. Im Namen der OHG könnte er als vertretungsberechtigter Gesellschafter handeln, was aber vielleicht nicht im Sinne der Gesellschaft ist. Fehlt ihm die (Allein-)Vertretungsmacht, hat er überhaupt keinen Zugriff auf die Gestaltungsmöglichkeiten der Gesellschaft. Deshalb gibt ihm § 129 Abs. 2 und 3 HGB eine **aufschiebende Einrede.** Er kann, solange die OHG ein solches Gestaltungsrecht hat, die Leistung verweigern.

---

[41] BGHZ 73, 217, 223; 78, 114, 120; aber auch *BGH* NJW 1981, S. 2579 (Verjährungseintritt nach Titulierung der Forderung gegen Gesellschafter).
[42] BGHZ 104, 76 = NJW 1988, 1976 = JuS 1988, 991 m. Anm. *K. Schmidt.*

Nach dem Wortlaut des § 129 Abs. 3 HGB kommt es für die Aufrechnungseinrede auf die Aufrechnungsbefugnis des Gläubigers an; das bedarf nach dem Sinn der Regelung einer Korrektur: Der Gesellschafter kann die Einrede nicht erheben, wenn zwar der Gläubiger aufrechnungsbefugt ist, aber die OHG einem Aufrechnungsverbot unterliegt (z. B. § 393 BGB), denn sonst könnte der Gläubiger auf dem Umweg über die Einrede seinerseits zur Aufrechnung gezwungen werden. Andererseits hindert ein Aufrechnungsverbot, das den Gläubiger trifft, die Erhebung der Einrede nicht, wenn die Gesellschaft aufrechnen könnte.

c) Persönliche Einwendungen des Gesellschafters

Außerdem kann sich der Gesellschafter auf Einwendungen berufen, die in seiner **27** Person begründet sind (§ 129 Abs. 1 HGB). In Betracht kommt etwa eine ihm persönlich zugesagte Stundung oder die Aufrechnung mit einer privaten Forderung, auch die Haftungsbegrenzung nach § 160 HGB. Liegt bereits ein rechtskräftiges Urteil gegen die Gesellschaft vor (oben Rn. 25), kann der Gesellschafter in extremen Ausnahmefällen geltend machen, das Urteil sei erschlichen worden (§ 826 BGB).[43]

5. Gesellschafter als Gläubiger der OHG

Auch ein Gesellschafter kann Gläubiger der OHG sein. Dann haftet ihm jedenfalls **28** das Gesellschaftsvermögen. Für eine Haftung der Mitgesellschafter ist zu unterscheiden, ob der Anspruch aus dem Gesellschaftsverhältnis stammt – *Sozialverpflichtung* – oder eine außergesellschaftliche Grundlage hat – *Drittbeziehung*.

a) Sozialverpflichtungen

Ansprüche aus dem Gesellschaftsverhältnis sind z. B. solche auf Entnahmen (§ 122 HGB) oder auf Ersatz von Aufwendungen und Verlusten im Rahmen der Geschäftsführung (§ 110 HGB). Für solche Ansprüche **haften die übrigen Gesellschafter** mit ihrem Privatvermögen während des Bestehens der Gesellschaft **nicht**. Das folgt aus § 707 BGB, wonach der einzelne Gesellschafter nicht zur Erhöhung des vereinbarten Beitrags verpflichtet ist, also auch nicht zu den Kosten der Geschäftsführung über die Beitragspflicht hinaus herangezogen werden kann.[44] Bei Auflösung der OHG werden diese Ansprüche zu Verrechnungsposten gegenüber den Mitgesellschaftern (oben § 13 Rn. 32). Ein ausgeschiedener Gesellschafter ist dagegen Dritter und hinsichtlich seines Abfindungsanspruches nicht mehr Gesellschafter (unten § 16 Rn. 18).

Eine **Ausnahme** wird für den *Ausgleichsanspruch* gemacht, falls ein Gesellschafter eine Gesellschaftsschuld getilgt hat, sei es freiwillig, sei es vom Gläubiger zwangsweise in Anspruch genommen (§ 128 HGB), und die Gesellschaft keine frei verfügbaren Mittel hat. Es wäre eine unzumutbare Härte, wenn der zufällig in Anspruch genommene Gesellschafter, sofern von der OHG kein Ausgleich nach § 110 HGB zu erhalten ist, die Last allein tragen müsste. Deshalb wird ihm dann das Recht zugestanden werden, *subsidiär* auch von den Mitgesellschaftern nach § 426 Abs. 2 BGB entsprechend ihrer Beteiligung am Verlust anteiligen Ersatz zu verlangen.[45]

Beispiel: Hat der Gesellschafter A ½, B ⅓ und C ⅙ des Verlusts zu tragen, und bezahlt A eine Gesellschaftsschuld in Höhe von 12 000 €, ohne aus dem Gesellschaftsvermögen Ersatz bekommen zu können, kann er von B 4000 und von C 2000 € Ersatz verlangen. Bezahlt C die Schuld, kann er von A

---

[43] *BGH* NJW 1996, 658 = JuS 1996, 651 m. Anm. *K. Schmidt*.
[44] BGHZ 37, 299, 301.
[45] H. M.; BGHZ 37, 299; 103, 72, 76; *BGH* NJW 1980, 339 und 1981, 1095, für die BGB-Gesellschaft; Großkomm-HGB/*Ulmer,* § 110 Rn. 32; *K. Schmidt,* § 49 V 1 und 2, auch zur Frage, ob die Erfüllung einer Gesellschaftsschuld durch den Gesellschafter zum Übergang der Hauptforderung führt; dazu ferner *Habersack,* AcP 198 (1998) 163; *Neubauer,* in: MünchHdb-GesR I, § 69 Rn. 9 ff.; etwas weitergehend *Wiedemann* I, § 5 III 2 a.

6000 und von B 4000 € fordern. Wäre B zahlungsunfähig, müssten die an sich auf B entfallenden 4000 € im Verhältnis $1/2$ zu $1/6$, also 3 zu 1 auf A und C verteilt werden, dass C von A 6000 + 3000 = 9000 € fordern könnte.

b) Drittgläubigeransprüche

29   Außergesellschaftliche Verpflichtungen sind etwa Ansprüche aus einem Kauf- oder Darlehensvertrag zwischen OHG und Gesellschafter. Für die Frage, ob und wieweit der Gesellschafter auch gegen die Mitgesellschafter vorgehen kann, muss man seine *Doppelstellung* berücksichtigen. Er ist einerseits *Gläubiger* und steht, da sein Anspruch nicht aus dem Gesellschaftsverhältnis entspringt, *der OHG wie ein Dritter gegenüber*. Deshalb haften ihm grundsätzlich die Mitgesellschafter persönlich als Gesamtschuldner nach § 128 HGB. Aber er ist andererseits auch *Gesellschafter* und die *Treuepflicht* verlangt von ihm, dass er sich *in erster Linie an die OHG hält* und die Mitgesellschafter nur dann in Anspruch nimmt, wenn eine Befriedigung aus dem Gesellschaftsvermögen nicht oder nicht ohne besondere Schwierigkeiten zu erlangen ist – **Subsidiarität**. Weiter ist zu berücksichtigen, dass er im Innenverhältnis den auf ihn entfallenden Verlustanteil zu tragen hat. Denn nach dem oben zu a) Dargelegten würde der Gesellschafter, den er in Anspruch nimmt, in dieser Höhe von ihm wieder Ersatz verlangen können. Also kann der Gesellschaftergläubiger insoweit keinen Anspruch geltend machen *(dolo facit qui petit quod redditurus est)*, muss sich vielmehr in dieser Höhe einen Abzug gefallen lassen.[46]

Beispiel: Besteht eine OHG aus vier Gesellschaftern mit gleichen Verlustanteilen, und hat ein Gesellschafter eine Forderung von 12 000 €, kann er jeden der anderen Gesellschafter (als Gesamtschuldner) nur in Höhe von 9000 € in Anspruch nehmen. Steht fest, dass ein Mitgesellschafter zahlungsunfähig ist, muss jeder der anderen von dem Gesamtbetrag 4000 € tragen, so dass der Gesellschaftergläubiger nur 8000 € von den beiden anderen Gesellschaftern als Gesamtschuldner fordern kann.

6. Zusammenfassung

30   Für die **Fallbearbeitung** ergeben sich aus dem Vorangegangenen nachfolgend skizzierte Konsequenzen bei Ansprüchen Dritter gegen die Gesellschaft und die Haftung der Gesellschafter:
Zunächst ist zu klären, **wer** in Anspruch genommen werden soll: die **Gesellschaft** und/oder einzelne **Gesellschafter**. Trotz Akzessorietät ist die Gesellschafterhaftung immer getrennt zu prüfen, denn die Frage nach der Gesellschaftereigenschaft oder persönlichen Einwendungen haben bei einem Anspruch gegen die Gesellschaft nichts zu suchen; die §§ 124 Abs. 2 und 129 Abs. 4 HGB verlangen getrennte Schuldtitel. Da die Gesellschafterhaftung stets einen Anspruch gegen die Gesellschaft voraussetzt, ist dieser vorab zu behandeln; dann kann auf die Ausführungen verwiesen werden, Inzidentprüfungen werden vermieden.

Anspruch gegen die Gesellschaft	typische Probleme
Anspruchsgrundlage (Vertrag, Quasivertrag, Gesetz)	wie bei allen zivilrechtlichen Aufgaben
Vorliegen einer OHG, Anwendbarkeit von OHG-Recht	Wirksamwerden nach außen; ggf. Handelsgesellschaft kraft Eintragung (§ 5 HGB), fehlerhafte Gesellschaft (oben § 13 Rn. 7 ff., 11 ff.)
Verpflichtung der OHG	Vertretungsfragen einschließlich § 15 HGB (oben Rn. 8 ff.) Zurechnungsfragen (§§ 31, 278 BGB)

---

[46] H.M., *BGH* NJW 1983, 749; Baumbach/Hopt/*Hopt*, § 128 Rn. 24; *A. Hueck,* OHG, § 21 V; *Kübler/Assmann,* § 7 V 4a; *K. Schmidt,* § 49 II 2b; obiter wohl auch BGHZ 103, 72 (für die BGB-Gesellschaft).

Anspruch gegen Gesellschafter (§ 128 HGB)	typische Probleme
Voraussetzung: Anspruch gegen die Gesellschaft, der kein Sozialanspruch ist	Verweis nach oben, sonst Inzidentprüfung nach vorstehendem Muster Differenzierung nach Anspruchsgrundlagen erforderlich
Gesellschaftereigenschaft des In-Anspruch-Genommen – maßgeblicher Zeitpunkt: Entstehung der Verbindlichkeit, sonst: – § 130 HGB	wirksamer Ein- und Austritt einschließlich § 15 HGB; ggf. Scheingesellschafter (unten § 16 Rn. 22)
Einwendungen der OHG, die der Gesellschafter geltend machen kann (§ 129 Abs. 1 HGB)	evtl. gespaltene Lösungen bei Verjährungsfragen (oben Rn. 25)
Gestaltungsrechte der OHG als Einwendung des Gesellschafters (§ 129 Abs. 2 und 3 HGB)	erweiternde bzw. einschränkende Auslegung bei Aufrechnungslagen (oben Rn. 26)
persönliche Einwendungen des Gesellschafters	Abweichungen vom Erfüllungsanspruch (oben Rn. 17 f.) § 160 HGB Besonderheiten bei Drittansprüchen von Mitgesellschaftern (oben Rn. 29)
Geltendmachung	unterschiedliche Gerichtsstände für Gesellschaft und Gesellschafter: §§ 13, 17 ZPO Erstreckung von Gerichtsstands- und Schiedsvereinbarungen der Gesellschaft auf den Gesellschafter Insolvenz der Gesellschaft: Geltendmachung der persönlichen Gesellschafterhaftung nur durch Insolvenzverwalter, § 93 InsO (oben § 13 Rn. 25)

Der Gläubiger kann nach Belieben die OHG oder einen oder mehrere einzelne Gesellschafter in Anspruch nehmen. Will er in das Gesellschaftsvermögen vollstrecken, muss er die OHG verklagen (§ 124 Abs. 2 HGB); will er sich dagegen an das Privatvermögen eines Gesellschafters halten, braucht er einen Vollstreckungstitel gegen diesen Gesellschafter (§ 129 Abs. 4 HGB, oben Rn. 6). Deshalb ist es zweckmäßig, die **Klage gleichzeitig gegen die OHG und die einzelnen Gesellschafter** zu richten. Eine solche Verbindung von Gesellschafts- und Gesellschafterprozess ist in der Praxis weitgehend üblich. Bei einer Klage, die wegen einer Gesellschaftsschuld gegen die OHG und einen persönlich haftenden Gesellschafter gerichtet ist, besteht zwischen den Beklagten keine notwendige Streitgenossenschaft; der Übergang vom Gesellschaftsprozess zum Gesellschafterprozess ist gewillkürter Parteiwechsel. Die Klage gegen die Gesellschaft macht den Anspruch gegen den Gesellschafter nicht rechtshängig und umgekehrt, denn es handelt sich um verschiedene Parteien. Eine Schiedsvereinbarung der Gesellschaft mit einem Dritten wirkt auch gegenüber dem Gesellschafter,[47] ebenso eine Gerichtsstandsvereinbarung.[48] Sollen Gesellschafter als Zeugen vernommen werden, ist das nur möglich bei nicht vertretungsberechtigten Gesellschaftern. Wenn allerdings die Gesellschafter zugleich mit der OHG verklagt werden, können sie nicht als Zeugen vernommen werden.

§ 16. Wechsel der Gesellschafter in der OHG

Grundsätzlich gilt zunächst dasselbe wie für die BGB-Gesellschaft (oben § 10) betreffend Eintritt, Austritt und die rechtsgeschäftliche Übertragung von Gesellschaftsanteilen. Abweichend davon hat die Handelsrechtsreform von 1998 den Fortbestand der

---

[47] *BGH* NJW 1980, 1797; WM 1991, 384; str.
[48] *BGH* NJW 1981, 2644, 2646.

Gesellschaft beim Ausscheiden von Gesellschaftern aus bestimmten Gründen zur Regel gemacht. Damit wurde der verbreiteten Praxis Rechnung getragen, die durch Vertragsgestaltung der OHG zu einer gewissen Unabhängigkeit vom Bestand ihrer Gesellschafter verhalf. Ferner enthält das HGB seit jeher besondere Vorschriften für den Fall, dass ein OHG-Gesellschaftsanteil vererblich gestellt wird (oben § 10 Rn 3), denn dann können Konflikte zwischen den Interessen des Erben an Haftungsbeschränkung und Überlegungszeit, Haftungsstrenge und Beweglichkeit der OHG und den Interessen der übrigen Gesellschafter eintreten. In diesem Bereich ist sorgfältige Vertragsgestaltung, einschließlich der Berücksichtigung steuerlicher Implikationen, besonders wichtig.

I. Beerbung eines Gesellschafters

2   Vor der Handelsrechtsreform 1998 war der Tod eines Gesellschafters grundsätzlich Auflösungsgrund. Der Gesellschaftsvertrag sah aber üblicherweise die Fortsetzung unter den verbleibenden Gesellschaftern allein oder mit den Erben des Verstorbenen vor, da die Auflösung des Unternehmens wirtschaftliche Werte vernichten, seine Fortsetzung ohne die Erben es mit deren Abfindungsansprüchen stark belasten würde. Hinzu kommt das Bestreben der Gesellschafter, ihren nächsten Angehörigen als Erben den Eintritt in das Geschäft zu ermöglichen – **Familienunternehmen.** Nach § 131 Abs. 3 Nr. 1 HGB führt nunmehr der Tod eines Gesellschafters mangels abweichender Vereinbarung nur zu dessen Ausscheiden aus der Gesellschaft, d.h. die Gesellschaft besteht unter den übrigen Gesellschaftern fort. Einer Fortsetzungsklausel bedarf es bei der OHG nicht. Ist weiter nichts vereinbart, steht den Erben der Abfindungsanspruch (oben § 10 Rn. 12, unten Rn. 18 f.) zu, der zum Nachlass gehört.

Damit Abfindungsansprüche die Gesellschaft nicht zu sehr belasten, kann die Berechnung abweichend von § 738 Abs. 1 Satz 2 BGB geregelt werden. Häufig sind Buchwertklauseln, die dazu führen, dass der ausscheidende Gesellschafter und damit seine Erben nicht an den stillen Reserven und dem goodwill des Unternehmens beteiligt werden. Sogar der völlige Ausschluss der Abfindung ist im Interesse des Fortbestandes der Gesellschaft zulässig.[1] Die Erhöhung der Gesellschaftsanteile der verbleibenden Gesellschafter ist gleichwohl keine Schenkung auf den Todesfall (formbedürftig, § 2301 Abs. 1 Satz 1 BGB), wenn bei gleichmäßiger Vereinbarung für alle Gesellschafter der Chance der Vergrößerung der eigenen Beteiligung das entsprechende Verlustrisiko im Fall des eigenen Vorversterbens gegenübersteht, also keine unentgeltliche Zuwendung gegeben ist.

Sollen ein oder mehrere Erben des Erblassers oder eine andere Person an dessen Stelle Gesellschafter werden, muss das gesellschaftsvertraglich und erbrechtlich geregelt werden. Dieses *Ineinandergreifen von Gesellschaftsrecht und Erbrecht* gelingt nicht immer reibungslos, da beide Gebiete, von dem Teilaspekt des § 139 HGB abgesehen, nicht aufeinander abgestimmt sind.

1. Nachfolgeklausel

3   Ist die **Fortsetzung** der OHG **mit den Erben** eines verstorbenen Gesellschafters vorgesehen – **einfache** oder **allgemeine Nachfolgeklausel** – werden diese mit dem Erbfall Gesellschafter, von mehreren Erben jeder selbständig für seine Person.[2] Der Gesellschaftsanteil des Verstorbenen fällt einem Alleinerben im Ganzen, mehreren

---

[1] BGHZ 22, 186, 194 = NJW 1957, 180; BGHZ 50, 316, 318 = NJW 1968, 2003.
[2] In einer Partnerschaft ist eine Nachfolgeklausel nur möglich, wenn der Nachfolger Angehöriger des einschlägigen Freien Berufs ist, § 9 Abs. 4 PartGG.

Miterben im Verhältnis ihrer Erbteile zu; Abfindungsansprüche entstehen nicht. Die Nachfolge erfolgt auf der Grundlage des Gesellschaftsvertrages nach erbrechtlichen Grundsätzen, daher auch: *erbrechtliche Nachfolgeklausel.* Sie tritt mit dem Erbfall *von selbst* ein, ohne dass es einer Aufnahme der Erben durch Rechtsgeschäft bedarf; für Minderjährige ist deshalb auch keine familiengerichtliche Genehmigung nach §§ 1643, 1822 Nr. 3 BGB erforderlich.[3]

Beim Vorhandensein mehrerer Erben findet eine **Sonderrechtsnachfolge in den**   4 **Gesellschaftsanteil** statt. Darin liegt eine Durchbrechung des allgemeinen erbrechtlichen Grundsatzes der Gesamtrechtsnachfolge, die als Rechtsfortbildung heute allgemein anerkannt ist.[4] Ein der Gesamtrechtsnachfolge entsprechender Übergang der Gesellschafterstellung auf eine Erbengemeinschaft ist nicht möglich, da diese nicht Gesellschafter einer OHG sein kann (oben ; den Erben gemeinsam könnte nur ein Abfindungsanspruch zustehen, der aber nicht entsteht, wenn die Erben kraft gesellschaftsvertraglicher Nachfolgeklausel unmittelbar in die Gesellschafterstellung einrücken. Ihnen dies zu versagen, besteht aber abgesehen vom praktischen Bedürfnis auch deshalb kein Anlass, weil § 139 HGB eine solche Nachfolge deutlich voraussetzt. Insoweit wird daher heute ein *Vorrang des Gesellschaftsrechts vor dem Erbrecht* ganz überwiegend anerkannt.[5]

Vielfach bestimmt der Gesellschaftsvertrag, dass die OHG beim Tod eines Gesellschafters *nur mit einem oder einigen von mehreren Erben* fortgesetzt wird – **qualifizierte Nachfolgeklausel.** Dadurch kann die Zahl der Gesellschafter im Interesse der Handlungsfähigkeit der OHG überschaubar gehalten, ein Ausufern als Folge mehrfacher Erbfälle vermieden werden. Die *Bestimmung des Nachfolgeberechtigten* kann im Gesellschaftsvertrag durch Festlegung persönlicher und sachlicher Merkmale, ältestes Kind oder bestimmte Fachausbildung, näher geregelt werden, aber auch uneingeschränkt dem Gesellschafter überlassen bleiben, der sie durch Verfügung von Todes wegen (Erbeinsetzung, Teilungsanordnung) treffen kann, sofern die gesetzliche Erbfolge nicht ohnehin zu dem gewünschten Ergebnis führt. Die **Rechtsfolgen** entsprechen für den nachfolgeberechtigten Erben denjenigen bei der allgemeinen Nachfolgeklausel. *Er wird im Zeitpunkt des Erbfalls von selbst Gesellschafter mit dem ganzen Anteil des Verstorbenen.* Sind mehrere Erben nebeneinander nachfolgeberechtigt, fällt ihnen der Anteil im Verhältnis ihrer Erbteile zu. Es handelt sich auch dabei um eine erbrechtliche Sonderrechtsnachfolge, an der allerdings im Gegensatz zur allgemeinen Nachfolgeklausel nicht alle Miterben im Verhältnis ihrer Erbteile, sondern nur einer oder einige von ihnen teilnehmen. Auch insofern gilt der *Vorrang des Gesellschaftsrechts vor dem Erbrecht,* denn nur der Gesellschaftsvertrag kann verbindlich festlegen, mit wem und unter welchen Voraussetzungen die anderen Gesellschafter die OHG fortsetzen.

2. Eintrittsklausel

Wenn die OHG beim Tod eines Gesellschafters von den übrigen fortgesetzt werden   5 soll und einem oder mehreren Erben lediglich ein **Recht zum Eintritt in die Gesellschaft** eingeräumt wird, spricht man von einer Eintrittsklausel. In diesem Fall erfolgt der Eintritt jedes einzelnen Erben durch **Aufnahmevertrag**, gegebenenfalls unter Einhaltung von §§ 1643 Abs. 1, 1822 Nr. 3 BGB. Auf den Beitritt in dieser Form räumt der Gesellschaftsvertrag als Vertrag zugunsten Dritter dem Erben einen schuldrechtlichen Anspruch ein, doch kann er ihn als Dritten nicht dazu verpflichten. Deshalb hängt es von seiner Entscheidung ab, ob er davon Gebrauch machen will. Da die Er-

---

[3] BGHZ 55, 269 = NJW 1971, 1258.
[4] BGHZ 22, 186, 191 ff.; 68, 225, 229 ff.; 91, 132, 135 f.; 98, 48, 51; 108, 192 = NJW 1989, 3153; *BGH* NJW 1996, 1284 (betr. GbR).
[5] BGHZ 50, 317; 68, 225, 236 f. = NJW 1977, 1339, dazu *Ulmer*, BB 1977, S. 805; BGHZ 91, 132; 98, 48; 108, 187; *BGH* NJW 1978, 264; 1983, 2376; 1985, 1953; *Säcker*, Gesellschaftsvertragliche und erbrechtliche Nachfolge in Gesamthandsmitgliedschaften, 1970; *Ulmer/Schäfer*, ZHR 160 (1996) 413; *Wiedemann*, Die Übertragung und Vererbung von Mitgliedschaftsrechten bei Handelsgesellschaften, 1965, S. 156 ff.

ben der OHG nicht automatisch angehören, wächst der Gesellschaftsanteil des verstorbenen zunächst den anderen Gesellschaftern an (oben § 10 Rn. 11). Dafür entsteht, wenn der Gesellschaftsvertrag nichts anderes bestimmt, ein Abfindungsanspruch, der in den Nachlass fällt. Tritt dann ein Erbe der OHG bei, muss seine Gesellschafterstellung neu begründet werden. Dabei kann, besonders wenn von mehreren Erben nicht alle beitreten, die Erfüllung der Einlagepflicht durch die an sich nahe liegende Verrechnung mit dem Abfindungsanspruch auf Schwierigkeiten stoßen, da dieser erst aus dem Nachlass gelöst werden muss. Wird einem minderjährigen Erben das Eintrittsrecht erst auf den Zeitpunkt der Volljährigkeit eingeräumt, was wegen §§ 1629a, 1822 Nr. 3 BGB empfehlenswert sein kann, kann für die Zwischenzeit der zur Einlage bestimmte Wert der Abfindung als Unterbeteiligung bei einem anderen Gesellschafter angesiedelt werden.

3. Abweichungen zwischen gesellschaftsvertraglicher und erbrechtlicher Regelung

6   Schwierigkeiten entstehen, wenn die gesellschaftsvertraglichen und die erbrechtlichen Regelungen nicht übereinstimmen. Den Gesellschaftern ist zwar sehr zu empfehlen, die Regelung der Erbfolge durch Verfügung von Todes wegen auf den Gesellschaftsvertrag abzustimmen, doch ist das keineswegs immer gewährleistet.

Vor allem bei qualifizierten Nachfolgeklauseln (oben Rn. 4 kommt es vor, dass nur **einer** oder einige **von mehreren Erben zur Nachfolge in die Gesellschaft zugelassen** sind. Dann werden auch nur diese im Wege der Sondernachfolge Gesellschafter, da nur bei ihnen die gesellschaftsrechtlichen Voraussetzungen gegeben sind. Für die übrigen Erben, die nicht Gesellschafter werden, entsteht bei dieser Gestaltung **kein Abfindungsanspruch gegen die Gesellschaft**, denn der oder die Erben rücken in die gesamte Gesellschafterstellung des Verstorbenen ein. Unberührt bleibt aber der **interne Ausgleich zwischen den Miterben**, wenn der Wert des Gesellschaftsanteils den des Erbteils des Nachfolgers übersteigt. Der nachfolgeberechtigte Gesellschafter muss sich im Zweifel bei der Auseinandersetzung des Nachlasses den Wert der ihm zugefallenen Gesellschaftsbeteiligung auf seinen Erbteil anrechnen lassen – **Wertausgleich**. Auch hier empfiehlt es sich, durch letztwillige Verfügung, z.B. durch Vermächtnis oder Bestimmung der Erbquote, Vorsorge zu tragen, denn die wirtschaftliche Belastung, die übrigen Miterben abzufinden, kann den Erben überfordern. Das Vermögen ist ja gesamthänderisch in der Gesellschaft in einem lebenden Unternehmen gebunden und kann nicht beliebig entnommen werden. Ein gangbarer Lösungsweg ist, auch in Ermangelung letztwilliger Vorsorge, den weichenden Erben eine Unterbeteiligung an dem Gesellschaftsanteil einzuräumen (oben § 5 Rn. a.E.).[6]

Wird der im Gesellschaftsvertrag bezeichnete Nachfolge überhaupt nicht Erbe, scheitert die erbrechtliche Sukzession. Die Versuche, die unmittelbare Nachfolge gesellschaftsrechtlich zu konstruieren,[7] werden mit Recht von der h.M. abgelehnt. Soll der Gesellschaftsvertrag als Vertrag zugunsten Dritter das Einrücken des Nachfolgers bewirken, wäre er wegen der persönlichen Haftung zugleich Vertrag zu Lasten Dritter, und müsste ferner als Verfügung zugunsten des Dritten[8] wirken. Das aber sind Gestaltungsinstrumente, die das geltende Privatrecht nicht kennt. Funktionstauglich ist dagegen ein **Eintrittsrecht**, das unabhängig von der erbrechtlichen Lage im Gesellschaftsvertrag eingeräumt werden kann. Bei der **Auslegung** von Gesellschaftsverträgen ist deshalb darauf zu achten, dass der bloße Wortlaut allein nicht maßgebend ist, da der allgemeine Sprachgebrauch nicht präzise zwischen und Eintrittsrecht unterscheidet, zudem auch andere Ausdrücke wie Übergang, Nachrücken u. dgl. verwendet werden. Auch die **Umdeutung** einer Nachfolge- in eine Eintrittsklausel ist in Betracht zu ziehen.[9] Der Beitritt muss dann durch Aufnahmevertrag vollzogen werden.

Im Gesellschaftsvertrag kann vorgesehen werden, dass an die Stelle des durch Tod ausgeschiedenen Gesellschafters kein Erbe, sondern ein Dritter treten soll. Die geeignete rechtliche Form auch dafür ist eine **Eintrittsklausel** (oben Rn. 5), die das Eintrittsrecht statt dem Erben einem Dritten eröffnet. Aus-

---

[6] BGHZ 50, 316 = NJW 1968, 2003.
[7] So noch *Brox*, Erbrecht, 18. Aufl., 2000, Rn. 754; *Flume*, Personengesellschaft, § 18 IV, VII.
[8] Dagegen BGHZ 41, 95 = NJW 1964, 1319.
[9] BGHZ 68, 225, 230 ff.; *BGH* NJW 1978, 264; JZ 1987, 880 mit Anm. *Ulmer*; Beispiel bei *Wiedemann/Frey*, Nr. 180.

nahmsweise kann eine sog. vertragliche Nachfolgeklausel zum unmittelbaren Einrücken eines Dritten (ohne erbrechtliche Nachfolge) führen, wenn der *Nachfolger bereits Gesellschafter* ist und daher den Gesellschaftsvertrag mit dieser Klausel abgeschlossen hat. Dann nämlich bestehen die Einwände des Vertrages zu Lasten und der Verfügung zugunsten Dritter nicht. Praktisch ist das wichtig, wenn der Anteil eines Gesellschafters sich automatisch um denjenigen des verstorbenen Mitgesellschafters erhöhen soll.

Für die *Erben* des verstorbenen Gesellschafters entsteht in den Fällen der Eintrittsklausel normalerweise ein **Abfindungsanspruch** gegen die Gesellschaft, doch kann der Gesellschaftsvertrag eine andere Regelung treffen (oben Rn. 2). In Betracht kommt dabei vor allem ein entsprechender Anspruch gegen den Eintrittsberechtigten, falls dieser von seinem Recht Gebrauch macht.

4. Fortsetzung als Kommanditgesellschaft

Die Stellung als Gesellschafter kann für den Erben wirtschaftlich wertvoll und we- **7** gen der damit verbundenen Betätigungsmöglichkeit im Unternehmen interessant sein. Andererseits kann für ihn eine Pflicht zur Mitarbeit (Geschäftsführung) beschwerlich oder unerfüllbar, die unbeschränkte persönliche Haftung gefährlich sein. Um einen Erben, der diesen Nachteilen entgehen will, nicht zur Ausschlagung der ganzen Erbschaft zu zwingen, gewährt ihm das **Recht,** innerhalb von drei Monaten nach Kenntnis vom Anfall der Erbschaft die **Stellung eines Kommanditisten** zu verlangen.[10] Dadurch vermeidet er die Geschäftsführungspflicht und die unbeschränkte Haftung (unten § 17 Rn. 10, 18 ff.). Die **übrigen Gesellschafter können** die Kommanditistenstellung des Erben jedoch **ablehnen.** Es genügt, wenn einer von ihnen damit nicht einverstanden ist (oben § 14 Rn. 10 f.). Geschieht das, kann der Erbe entweder voll haftender OHG-Gesellschafter mit allen Rechten und Pflichten bleiben oder aber nunmehr ohne Einhaltung einer Kündigungsfrist **aus der Gesellschaft ausscheiden** und sein Abfindungsguthaben verlangen (§ 139 Abs. 2). Sind mehrere Erben nachfolgeberechtigt, kann jeder Erbe diese Rechte unabhängig von den übrigen für sich ausüben.

Wird der Erbe Kommanditist, richtet sich die Höhe seiner **Kommanditeinlage** nach dem auf ihn **8** entfallenden Teil der Einlage seines Erblassers (§ 139 Abs. 1 HGB). Darunter ist der Kapitalanteil des Erblassers zurzeit des Todes zuzüglich etwa noch geschuldeter Beiträge und unberechtigter Entnahmen zu verstehen.[11] Scheidet der Erbe aus, wird die OHG unter den übrigen Gesellschaftern fortgesetzt. In beiden Fällen haftet der Erbe für die früheren Gesellschaftsschulden nur nach erbrechtlichen Grundsätzen, d. h. er haftet zwar an sich persönlich und unbeschränkt, kann aber durch die im BGB vorgesehenen Mittel (§§ 1975 ff. BGB, Nachlassverwaltung, Nachlassinsolvenz) seine Haftung auf den Nachlass beschränken. Für neu entstehende Gesellschaftsschulden haftet der Erbe, wenn er Kommanditist wird, nach den Grundsätzen des KG-Rechts (unten § 17 Rn. 16 ff.), wenn er dagegen ausscheidet, überhaupt nicht. In der Schwebezeit ist der Erbe zwar (vorläufig) persönlich haftender Gesellschafter und haftet für Altschulden nach § 130 HGB, für neue Verbindlichkeiten nach § 128 BGB; die Vergünstigung des § 139 Abs. 4 HGB wirkt jedoch auf den Zeitpunkt des Anfalls der Erbschaft zurück. Deshalb sorgt § 139 Abs. 3 HGB dafür, dass die Schwebezeit möglichst kurz ist, da die erbrechtliche Haftungsbeschränkung und die Gesellschafterstellung in der OHG nicht zusammen passen. Der Erbe muss auch bei seiner Anmeldung als Gesellschafter zum Handelsregister mitwirken, sonst könnte § 15 HGB die erbrechtliche Haftungsbeschränkung zunichte machen.[12]

§ 139 HGB ist, wenn sein Anwendungsbereich einmal eröffnet ist, **zwingend.** Der Gesellschafts- **9** vertrag kann, wenn er überhaupt die Fortsetzung der OHG mit den Erben vorsieht, ihre Entschließungsfreiheit darüber, ob sie die weniger anspruchsvolle Stellung als Kommanditisten vorziehen, nicht einengen. Er kann lediglich für den Fall, dass ein Erbe Kommanditist wird, die Höhe seines Gewinn-

---

[10] Da es im Recht der Partnerschaft keine Entsprechung zur KG gibt, kann der Erbe einer Partnerschaftsbeteiligung, der nicht Partner sein will, nur den Austritt erklären, § 9 Abs. 4 Satz 2 PartGG.

[11] Einzelheiten str., Näheres bei Großkomm-HGB/*Ulmer,* § 139 Rn. 122 ff.; MünchKomm-HGB/ *K. Schmidt,* § 139 Rn. 71 ff.; s. auch BGHZ 101, 123, besonders zu Bewertung und Haftung; allgemein zu Problemen des § 139 *K. Schmidt,* ZGR 1989, 445 m. w. N.

[12] Baumbach/Hopt/*Hopt,* § 108 Rn. 1, § 139 Rn. 28; vgl. auch *BayObLG* ZIP 2003, 1443.

anteils anders bemessen (§ 139 Abs. 5 HGB), weil dann der Erbe nicht mehr zur Geschäftsführung verpflichtet ist und am Risiko des Unternehmens nur noch begrenzt teilnimmt. Wohl aber kann der Gesellschaftsvertrag umgekehrt vorsehen, dass die Erben eines Gesellschafters nur die Stellung von Kommanditisten erhalten – **Umwandlungsklausel.**[13] Diese Gestaltung empfiehlt sich, wenn die Erben noch minderjährig sind, ggf. in Verbindung mit der gesellschaftsvertraglich eingeräumten Möglichkeit, zu einem späteren Zeitpunkt die Mitgliedschaft wieder in die eines OHG-Gesellschafters umzuwandeln. Damit werden die Erhaltung der Gesellschaft als Familiengesellschaft einerseits gewährleistet, Belastungen und Unsicherheiten für die Gesellschaft und ihre Gläubiger andererseits verringert. Insbesondere werden die Haftungsrisiken für Minderjährige minimiert, so dass wenig Anreiz besteht, die Haftungsbeschränkung nach § 1629a BGB in Anspruch zu nehmen (oben § 13 Rn. 2, § 15 Rn. 21).

5. Hinweise zur Fallbearbeitung

10   Wie bei allen Fällen des Gesellschafterwechsels kommt insbesondere bei der Beerbung eines Gesellschafters die Frage nach der Gesellschafterstellung vor. Diese wird üblicherweise im historischen (chronologischen) Aufbau geprüft, d.h. man geht von der unstreitigen Gesellschafterstellung z.B. des Erblassers als Fixpunkt aus und verfolgt dann die Änderungen. Das wiederum kann Bestandteil einer anderen Prüfung sein, wenn es um das Merkmal „Gesellschaftereigenschaft" geht (vgl. oben § 15 Rn. 30). Für die Beerbung eines Gesellschafters sind nachfolgende Gesichtspunkte zu beachten.[14]

Fragestellung	Folge
Schicksal der Gesellschaft	Auflösung oder Fortsetzung (§ 727 BGB, § 131 Abs. 3 Nr. 1 HGB, abweichende Vereinbarungen)
bei Fortsetzung: Gesellschaftsanteil vererblich gestellt?	maßgebend: Gesellschaftsvertrag: Nachfolgeklausel
wenn ja: a) gesellschaftsrechtliche Voraussetzungen für Nachfolge? b) erbrechtliche Voraussetzungen für Nachfolge? c) bei Diskrepanz von a) und b)	Voraussetzungen der (qualifizierten) Nachfolgeklausel erfüllt? Erbenstellung Lösung durch Auslegung oder Umdeutung des Gesellschaftsvertrags, des Testaments (dafür auch § 2084 BGB)
wenn Nachfolge	automatisches Einrücken in die Gesellschafterstellung (allein, bei mehreren nach Erbquote oder Gesellschaftsvertrag)
Umwandlungsklausel	automatisches Einrücken in die Gesellschafterstellung und deren Umwandlung in Kommanditistenstellung
wenn Nachfolge ohne Umwandlung: § 139 HGB a) Verlangen nach Kommanditistenstellung b) Annahme/Ablehnung durch die übrigen Gesellschafter	§ 139 HGB ist nicht abdingbar (§ 139 Abs. 5 HGB) im Zweifel Zustimmung aller Gesellschafter erforderlich
aa) bei Annahme durch die übrigen Gesellschafter: Kommanditist bb) bei Ablehnung cc) bei Ausscheiden	Kapitalanteil des Erblassers als Kommanditeinlage, entsprechende Haftungsbeschränkung Wahlrecht: volle Gesellschafterstellung oder Ausscheiden durch fristlose Kündigung Haftungsbeschränkung nach erbrechtlichen Grundsätzen; Abfindungsanspruch fällt in den Nachlass

---

[13] *K. Schmidt,* BB 1989, 1702 m.w.N.; BGHZ 66, 101; 101, 123, 125.
[14] Vgl. auch Übungsfall 2 bei *Heldrich/Eidenmüller,* Erbrecht, 4. Aufl. 2001, S. 12.

Fragestellung	Folge
Eintrittsklausel	Voraussetzungen der gesellschaftsvertraglichen Eintrittsklausel erfüllt?
Eintritt erfolgt?	durch Vertrag mit den übrigen Gesellschaftern, ausnahmsweise vorweggenommen durch Gesellschaftsvertrag
Einlage erbracht?	z. B. durch letztwillige Zuwendung des Abfindungsguthabens und Aufrechnung
Abfindungsanspruch des ausscheidenden Erblassers	fällt in den Nachlass Höhe: Gesellschaftsvertrag (Buchwert, Ausschluss), sonst § 738 BGB

6. Testamentsvollstreckung und Nachlassverwaltung

Inwieweit eine vom Erblasser angeordnete Testamentsvollstreckung (§§ 2197 ff. BGB) den von ihm **11** hinterlassenen Gesellschaftsanteil erfasst, ist umstritten. Im Vordergrund steht dabei die auf Dauer angelegte **Verwaltungsvollstreckung** im Gegensatz zur insoweit weniger problematischen Abwicklungsvollstreckung. Grundsätzlich unterliegen *Anteile* von Erben *an einer OHG* und ebenso als *persönlich haftende Gesellschafter einer KG nicht* der Verwaltung durch einen Testamentsvollstrecker.[15] Das lässt sich allerdings nicht damit begründen, dass der Gesellschaftsanteil wegen der Sondernachfolge (oben Rn. 4) nicht in den Nachlass falle.[16] Entscheidend ist vielmehr, dass der Testamentsvollstrecker den Erben nicht über den Nachlass hinaus verpflichten kann, wie es dessen unbeschränkte persönliche Haftung als Gesellschafter der OHG zwingend erfordert. Auch lassen sich die mit dieser Stellung verbundenen weitreichenden persönlichen Rechte und Pflichten innerhalb der Gesellschaft mit der Verwaltung durch einen Testamentsvollstrecker, den sich die übrigen Gesellschafter ja nicht ausgesucht haben, schwer vereinen. Mit Zustimmung der Mitgesellschafter, die auch im Voraus im Gesellschaftsvertrag erfolgen kann, können jedoch die Nachfolger die Ausübung ihrer Gesellschafterrechte dem Testamentsvollstrecker überlassen.[17]

Die Gründe gegen die Testamentsvollstreckung treffen nicht für abtretbare Vermögensrechte des Gesellschafters zu. Deshalb unterstellt die Rechtsprechung die auf den Gesellschaftsanteil entfallenden *Gewinnansprüche und den Anspruch auf das künftige Auseinandersetzungsguthaben* der Verwaltung des Testamentsvollstreckers.[18] Dabei ist allerdings zu berücksichtigen, dass die Gewinne und nach einiger Zeit auch der Wert des Anteils bei der Auseinandersetzung durch die Tätigkeit des Erben-Gesellschafters mit geschaffen sein können; dem muss im Einzelfall durch entsprechende Aufteilung zwischen Nachlass und Privatvermögen Rechnung getragen werden.

Die Möglichkeit der Testamentsvollstreckung an Kommanditanteilen kann sich bei der Vererbung von OHG-Anteilen oder Komplementär-Anteilen einer KG dann auswirken, wenn die Erben nach dem Gesellschaftsvertrag nur Kommanditisten werden können (Umwandlungsklausel, oben Rn. 9).

Für die Nachlassverwaltung (§§ 1975 ff. BGB) gilt Entsprechendes. Sie erstreckt sich bei einem OHG-Anteil nur auf Vermögensrechte wie Gewinn, Abfindung und Auseinandersetzungsguthaben.[19]

---

[15] So schon RGZ 170, 392; BGHZ 24, 112 f.; 68, 225, 239 = NJW 1977, 1339, 1343; BGHZ 91, 132, 137 = NJW 1984, 2104; BGHZ 108, 187, 195 = NJW 1989, 3152, 3154; Baumbach/Hopt/*Hopt*, § 139 Rn. 21; anders BGHZ 98, 48; *BGH* NJW 1996, 1284; vgl. dazu *K. Schmidt*, § 45 V 8; Beispielsfall bei *Wiedemann/Frey*, Nr. 181.

[16] Die Sondernachfolge hat mit der Nachlasszugehörigkeit nichts zu tun, *BGH* NJW 1983, 237; BGHZ 98, 48; 108, 187, 195; *BGH* NJW 1996, 1284; 1998, 1313 = JZ 1998, 468 m. Anm. *Ulmer*.

[17] Unstr., BGHZ 24, 106, 112 = NJW 1957, 1026; BGHZ 68, 225, 239 = NJW 1977, 1339, 1343; BGHZ 91, 132 = NJW 1984, 2104; *Ulmer/Schäfer*, ZHR 160 (1996) 423, 436; allgemein zum Problem der Testamentsvollstreckung an Unternehmen *Dauner-Lieb*, Unternehmen in Sondervermögen, 1998, S. 270 ff.

[18] So zunächst für die gleiche Frage bei Nachlassverwaltung und -konkurs BGHZ 47, 293, 296 = NJW 1967, 1961; BGHZ 91, 132, 136 = NJW 1984, 2104; nunmehr allgemein *BGH* NJW 1985, 1953, 1954; BGHZ 98, 48, 56 = NJW 1986, 2431, 2433; BGHZ 108, 187, 192 = NJW 1989, 3152.

[19] BGHZ 47, 293 = NJW 1967, 1961; *BGH* NJW 1996, 1284; 1998, 1313; Röhricht/v. Westphalen/*v. Gerkan*, § 139 Rn. 25.

II. Ausscheiden eines Gesellschafters aus anderen Gründen

1. Insolvenz eines Gesellschafters

12   Die Eröffnung des Insolvenzverfahrens über das Vermögen eines Gesellschafters (Eröffnungsbeschluss, § 27 InsO) führt automatisch zum Ausscheiden dieses Gesellschafters, wenn der Gesellschaftsvertrag nichts anderes vorsieht (§ 131 Abs. 3 Satz 1 Nr. 2 HGB). Das Abfindungsguthaben (unten Rn. 18 f.) fällt in die Insolvenzmasse und steht damit den Gläubigern des Gesellschafters zur Verfügung, ohne dass der rechtliche Fortbestand der OHG dadurch beeinträchtigt wird (oben Rn. 1). Vor der Handelsrechtsreform 1998 führte die Eröffnung des Konkurses über das Vermögen eines Gesellschafters zur Auflösung der Gesellschaft, die übrigen Gesellschafter konnten jedoch die Fortsetzung beschließen (§§ 131 Nr. 5, 141 HGB a. F.). Diese Regelung gilt auch jetzt noch für die GbR (oben § 11 Rn. 3).

2. Kündigung des Gesellschafters

13   Ebenfalls anders als bei der BGB-Gesellschaft (§ 723 Abs. 1 BGB) kann ein Gesellschafter nicht nur die Gesellschaft insgesamt, sondern seine Mitgliedschaft kündigen. Diese **Austrittskündigung** führt nicht zur Auflösung der Gesellschaft, sondern zum Ausscheiden des Gesellschafters. Die Kündigung ist als ordentliche möglich, dann sind Kündigungsfrist und -termin des § 132 HGB zu beachten. Sie darf nicht zur Unzeit erfolgen, andernfalls macht sich der Gesellschafter schadensersatzpflichtig. § 132 HGB sagt das zwar nicht ausdrücklich, man kann aber auf § 723 Abs. 2 BGB oder die Treuepflicht zurückgreifen. Der mit dem Ausscheiden des Gesellschafters entstehende Abfindungsanspruch kann eine große Belastung für die OHG und ihr Unternehmen darstellen, weshalb viele Gesellschaftsverträge sinnvollerweise die Kündigungsmöglichkeit einschränken. Dabei sind allerdings die Grenzen des § 723 Abs. 3 BGB zu beachten. Die außerordentliche Kündigung aus wichtigem Grund ist jedenfalls zulässig, wenn sie im Gesellschaftsvertrag vorgesehen ist. Sie dient ebenfalls dem Bestandsschutz der Gesellschaft, die sonst der Auflösung nach § 133 HGB (dazu oben § 13 Rn. 26) ausgesetzt wäre.

Ein besonderes Kündigungsrecht sieht § 713 Abs. 1 Satz 3 Nr. 2 BGB für den volljährig Gewordenen vor, das der Durchführung der Haftungsbeschränkung nach § 1629 a BGB dient (oben § 15 Rn. 21). Unklar ist, ob diese Kündigung bei der OHG zur Auflösungsklage nach § 133 HGB oder zur Kündigung i. S. d. § 131 Abs. 3 Nr. 3 HGB berechtigt. Letzteres ist vorzuziehen, da damit sowohl dem Schutz des volljährig Gewordenen als auch dem Bestandsinteresse der Gesellschaft, das nach dem Gesamtkonzept der HGB-Reform besonderes Gewicht erhalten hat, genüge getan ist.[20]

3. Kündigung durch den Privatgläubiger eines Gesellschafters

14   Will ein Privatgläubiger eines Gesellschafters auf den gesamthänderisch gebundenen Vermögenswert des Gesellschaftsanteils seines Schuldners zugreifen (vgl. oben § 3 Rn. 6), kann er den (künftigen) Abfindungsanspruch pfänden und sich zur Einziehung überweisen lassen. § 135 HGB gewährt ihm zur Realisierung des Anspruchs ein eigenständiges Kündigungsrecht. Diese Kündigung führt nach § 131 Abs. 3 Nr. 4 HGB zum

---

[20] *Grunewald,* ZIP 1999, 597, 599; a. A. Baumbach/Hopt/*Hopt,* § 133 Rn. 7, 19: der Gesellschaftsvertrag kann die Auflösungsklage durch ein Recht zur Austrittskündigung ersetzen.

Ausscheiden des Schuldnergesellschafters, nicht zur Auflösung der Gesellschaft wie nach § 725 Abs. 1 BGB. Der Gläubiger muss zuvor erfolglos versucht haben, in das bewegliche Vermögen des Gesellschafters zu vollstrecken. Da § 135 HGB den Gläubiger des Gesellschafters schützt, kann das Kündigungsrecht nicht durch Gesellschaftsvertrag erschwert werden. Der Gesellschaftsvertrag kann aber wie nach § 131 Nr. 5 HGB a. F. die Auflösung der Gesellschaft vorsehen.

4. Vertraglich vorgesehenes Ausscheiden

Der Gesellschaftsvertrag kann weitere Gründe, die zum Ausscheiden eines Gesell-   **15** schafters führen, bestimmen (§ 131 Abs. 3 Nr. 5 HGB). Gebräuchlich sind Altersgrenzen, dauernde Unfähigkeit zur aktiven Mitarbeit, familiäre Ereignisse bei Familiengesellschaften.[21] Solche Klauseln müssen dem Bestimmtheitsgrundsatz (oben § 14 Rn. 11) genügen. Ferner darf nicht ein beliebiges Recht zum Hinauskündigen eines Gesellschafters begründet werden; hier sind dieselben Schranken wie für den Ausschluss von Gesellschaftern zu beachten (vgl. schon oben § 10 Rn. 8).

5. Ausschließung durch Beschluss

Nach § 131 Abs. 3 Nr. 6 HGB kann ein Gesellschafterbeschluss das Ausscheiden ei-   **16** nes Gesellschafters bewirken. Damit ist aber nicht eine beliebige Ausschlussmöglichkeit eröffnet. Der Beschluss verlangt grundsätzlich Einstimmigkeit; ein Ausschluss gegen den Willen des Betroffenen erfordert nach § 140 HGB einen wichtigen Grund und ein Gestaltungsurteil. Eine Ausschlussklausel im Gesellschaftsvertrag ist an die oben genannten Schranken (oben § 10 Rn. 7 ff.) gebunden. Der Gesellschaftsvertrag kann Ausschließungsgründe statuieren, ist dabei aber an den Bestimmtheitsgrundsatz gebunden; der konkrete Beschluss unterliegt ggf. einer Ausübungskontrolle.[22]

III. Ausschließungsklage

Besteht ein **wichtiger Grund zur Auflösung der Gesellschaft** (§ 133 HGB, oben   **17** § 13 Rn. 26) **in der Person eines Gesellschafters**, kann – zur Vermeidung der Abwicklung der Gesellschaft und der damit verbundenen Gefahr der Zerschlagung wirtschaftlicher Werte – der betreffende Gesellschafter ausgeschlossen werden.[23] Dieser Vorgang ist für den betroffenen Gesellschafter, aber auch für die ganze OHG so wesentlich, dass das Gesetz ebenso wie bei der Entziehung der Geschäftsführungsbefugnis und der Vertretungsmacht (oben § 14 Rn. 7 und § 15 Rn. 10) im Interesse unbedingter Klarheit ein **Gestaltungsurteil** verlangt. Voraussetzung ist außer dem wichtigen Grund in der Person des Gesellschafters, der die Auflösung der Gesellschaft insgesamt rechtfertigen würde, dass alle übrigen Gesellschafter Ausschließungsklage erheben (§ 140 HGB). Über die Pflicht zur Mitwirkung hierbei bereits oben § 14 Rn. 7; beim Beschluss über die Erhebung der Ausschließungsklage ist der betroffene Gesellschafter nicht berechtigt, mit zu stimmen.

---

[21] Z. B. *BGH* NJW 1965, 2253; BGHZ 105, 213 = NJW 1989, 834.

[22] Einzelheiten str.; vgl. *Wiedemann*, GS Lüderitz, 2000, S. 839, 846 ff.

[23] Verliert ein Partner einer Partnerschaftsgesellschaft die Zulassung zum einschlägigen freien Beruf, scheidet er automatisch aus der Gesellschaft aus, § 9 Abs. 3 PartGG.

Die Ausschließung ist für den betroffenen Gesellschafter eine sehr einschneidende Maßnahme; sie ist deshalb das **äußerste Mittel,** das nur angewandt werden darf, wenn auf andere Weise eine befriedigende Regelung nicht zu erzielen ist.[24] Deshalb hat das Gericht zu prüfen, ob nicht die Entziehung der Geschäftsführungsbefugnis und der Vertretungsmacht als milderes Mittel genügt. Die Treuepflicht kann u. U. erfordern, dass die übrigen Gesellschafter durch Vertragsänderung – etwa Einräumung der Stellung als Kommanditist, Beschränkung der persönlichen Mitarbeit – eine für alle Teile erträgliche Regelung des Gesellschaftsverhältnisses herbeizuführen suchen und erst bei Ablehnung auf Ausschließung klagen. Beispiele für Ausschließungsgründe: Veruntreuungen, begründeter Verdacht unredlichen Verhaltens,[25] auch unverschuldete Umstände wie Krankheit.

§ 140 HGB ist **nicht zwingend.** Das **Ausschließungsrecht** kann im Gesellschaftsvertrag **beschränkt** und sogar *ganz ausgeschlossen* werden. Es genügt, dass jeder Gesellschafter im äußersten Fall die Auflösung der OHG herbeiführen kann (§ 133 HGB, oben § 13 Rn. 26), um eine unerträglich gewordene Bindung zu beseitigen. Dagegen liegt kein Grund vor, den Gesellschaftern auch gegen ihren Willen die Ausschließung eines Mitgesellschafters und die Fortsetzung der OHG unter den übrigen offenzuhalten.

Die **Ausschließung** kann auch vertraglich **erleichtert** werden. In **formeller** Hinsicht kann anstelle der Ausschließungsklage ein *einfacheres* gesellschaftsinternes *Verfahren* vereinbart werden, weit verbreitet z. B. Ausschließung durch Beschluss der übrigen Gesellschafter, auch mit qualifizierter oder sogar einfacher Mehrheit,[26] oder Ausschließungsbefugnis bestimmter Gesellschafter oder einer Gruppe – sog. Hinauskündigung.[27] **Materiell** kann die Ausschließung durch Bezeichnung weiterer, nicht notwendig i. S. der §§ 133, 140 Abs. 1 HGB wichtiger, **Gründe** erleichtert werden. Stets erforderlich ist eine dem Bestimmtheitsgrundsatz genügende *Regelung im Gesellschaftsvertrag.*[28] Darüber hinaus darf nicht in den *Kernbereich* der Mitgliedschaft unverhältnismäßig und ohne (im Gesellschaftsvertrag vorweggenommene) Zustimmung des Gesellschafters eingegriffen werden (oben § 14 Rn. 11).

IV. Abfindungsguthaben

18   Der ausscheidende Gesellschafter verliert seinen Anteil am Gesellschaftsvermögen, der den verbleibenden Gesellschaftern anwächst, und bekommt dafür aber einen **Anspruch auf Abfindung** (oben § 10 Rn. 11 f.). Diese soll dem Ausscheidenden grundsätzlich den vollen Wert seiner Beteiligung am Gesellschaftsvermögen gewähren (§ 738 Abs. 1 Satz 2 BGB, § 155 Abs. 1 HGB). Bei der OHG ist sie nach kaufmännischen Grundsätzen zu ermitteln.

Zu diesem Zweck ist eine besondere **Abschichtungsbilanz** aufzustellen. Der maßgebliche Zeitpunkt ist im Allgemeinen der Tag des Ausscheidens. Eine Ausnahme gilt für das Ausscheiden infolge Ausschlussurteils; hier ist der Tag der Klageerhebung maßgebend, um zu verhindern, dass der auszuschließende Gesellschafter durch Verschleppung des Prozesses noch länger am Gewinn der OHG teilnimmt (§ 140 Abs. 2 HGB).

Die Abschichtungsbilanz soll den wirklichen Stand des Vermögens, den Verkehrswert des lebenden Unternehmens, wiedergeben. Sie ist deshalb im Gegensatz zur Jahresbilanz, die lediglich der Gewinnermittlung dient, eine echte Vermögensbilanz. Deshalb gelten für sie wesentlich andere Grundsätze: Aktiva sind mit ihrem wahren Wert anzusetzen; stille Reserven sind aufzulösen; an den offenen Reserven ist der Ausscheidende zu beteiligen. Ebenso ist er an dem durch Schätzung zu ermittelnden Wert unkörperlicher, in der Bilanz nicht aktivierter Werte wie Organisation, Beziehungen zur Kundschaft, Geschäftsgeheimnisse, Geschäftserfahrungen usw. – Geschäftswert, innerer Wert, goodwill – zu beteiligen, da er auch durch seine Arbeit entstanden ist. Da auf den Ertragswert abzustellen ist,[29] ist eine gesonderte Beteiligung an schwebenden Geschäften, wie sie § 740 Abs. 1 Satz 1 BGB vorsieht, überholt.[30] Der Zerschlagungs- oder Liquidationswert (§ 738 Abs. 1 Satz 2 BGB) ist nur eine Untergrenze.

---

[24] So schon RGZ 146, 169, 180; BGHZ 18, 350, 362; h. M.

[25] BGHZ 6, 113, 116 ff.; 31, 295, 304; vgl. auch *BGH* NJW 1995, 597; 1998, 1225.

[26] BGHZ 31, 295; 68, 212.

[27] BGHZ 81, 263, 265 f.; 107, 351, 356.

[28] BGHZ 68, 212; 81, 263; 105, 213; 107, 351.

[29] *BGH* NJW 1985, 192; BGHZ 116, 370 = NJW 1992, 892, 895 (betr. GmbH).

[30] Baumbach/Hopt/*Hopt*, § 131 Rn. 45; *BGH* NJW 1993, 1194 (betr. GbR) verselbständigt den Anspruch aus schwebenden Geschäften gegenüber dem Abfindungsanspruch; dazu *K. Schmidt,* § 50 IV 1 e.

Einzelansprüche zwischen der Gesellschaft und dem Ausgeschiedenen sind unselbständige Rechnungsposten in der Auseinandersetzungsrechnung. Im Innenverhältnis hat der ausgeschiedene Gesellschafter Anspruch auf Befreiung von den Verbindlichkeiten der Gesellschaft (§ 738 Abs. 1 Satz 2 BGB), für die er im Außenverhältnis weiter haftet (§§ 128, 160 HGB, oben § 15 Rn. 24).

Die Bewertung des Gesellschaftsvermögens, insbesondere des inneren Geschäfts- **19** wertes, stößt vielfach auf große Schwierigkeiten und gibt leicht Anlass zu Streitigkeiten. Die gesetzlichen Grundlagen sind nicht zwingend, im Gesellschaftsvertrag wird deshalb oft eine abweichende Regelung vorgesehen – **Abfindungsklausel.** Verbreitet sind Vereinbarungen, dass die Buchwerte der letzten oder der auf das Ausscheiden folgenden Jahresbilanz maßgebend sein sollen – **Buchwertklausel.** Der Ausscheidende nimmt dann an den stillen Reserven und dem Geschäftswert nicht teil. Statt der Handelsbilanz kann die **Steuerbilanz** zugrunde gelegt werden, weil darin die stillen Reserven eine geringere Rolle spielen. Der innere Geschäftswert kann in einem festen Zuschlag berücksichtigt werden, um einerseits den Ausscheidenden auch an diesem Wert zu beteiligen, andererseits die besonders problematische Schätzung desselben zu vermeiden. Verbreitet sind auch **Auszahlungsregelungen,** die im Interesse der Liquidität der OHG die sonst sofort eintretende Fälligkeit der Abfindung hinausschieben, auch Zahlung in Teilbeträgen und zwischenzeitliche Verzinsung vorsehen können, ferner die Einschaltung von **Schiedsgutachtern.**[31]

Grenzen für die vielfältigen Möglichkeiten (Vertragsfreiheit) ergeben sich zunächst aus § 138 Abs. 1 BGB, auch zum *Schutz der Gläubiger* des Gesellschafters. Zwar können diese nicht mehr verlangen als dem Gesellschafter selbst zusteht, sie brauchen sich aber nicht durch Abfindungsklauseln, die nicht den Gesellschafter selbst, sondern nur die Gläubiger treffen, beeinträchtigen zu lassen.[32] Auch zum *Schutz der Gesellschafter* wird § 138 Abs. 1 BGB herangezogen, ferner § 723 Abs. 3 BGB und § 133 Abs. 3 HGB – **Inhaltskontrolle.**[33] Grundsätzlich zulässige Buchwertklauseln stoßen an Grenzen, wenn ein erhebliches Missverhältnis zum wirklichen Wert (besonders hohe stille Reserven und Firmenwert) besteht und sie dadurch eine unzulässige Kündigungsschranke errichten.[34] Bei der Bewertung von Abfindungsklauseln spielt auch der Anlass des Ausscheidens eine Rolle. Ferner kann die Veränderung der Umstände in der Zeit zwischen Abschluss des Gesellschaftsvertrages und Eintritt des Ereignisses zur nachträglichen Unangemessenheit führen, die dann ggf. durch ergänzende Vertragsauslegung oder § 313 Abs. 1 BGB zu beheben ist – **Ausübungskontrolle.**[35]

V. Besonderheiten der zweigliedrigen Gesellschaft

1. Übernahme

Das Ausscheiden eines Gesellschafters im eigentlichen Sinn ist nur möglich, wenn **20** mindestens zwei Gesellschafter übrig bleiben, da es bei Personengesellschaften eine Einpersonengesellschaft nicht gibt (oben § 11 Rn. 2). Bei einer nur aus zwei Gesellschaftern bestehenden OHG müsste deshalb gleichzeitig ein neuer Gesellschafter eintreten, wenn die Gesellschaft fortbestehen soll. Anderenfalls hätte das Ausscheiden notwendig die Auflösung der OHG zur Folge. Die Auflösung führt aber normalerwei-

---

[31] Vgl. *BGH* NZG 2005, 394.
[32] *BGH* NJW 2000, 2819 (betr. GmbH); vgl. *Wiedemann/Frey,* Nr. 170.
[33] Vgl. etwa BGHZ 123, 281 = NJW 1993, 3193; dazu *Dauner-Lieb,* ZHR 158 (1994) 271; *Rasner,* ZHR 158 (1994) 292; *Ulmer,* FS Quack, 1991, S. 477; *Ulmer/Schäfer,* ZGR 1995, 134; BGHZ 126, 226 = NJW 1994, 2536.
[34] *BGH* NJW 1979, 104; 1989, 2685 und 3272; 1993, 2101; BGHZ 123, 281 = NJW 1993, 3193; dazu *Ulmer/Schäfer,* ZGR 1995, 134; grundlegend *Heckelmann,* Abfindungsklauseln in Gesellschaftsverträgen, 1973.
[35] Baumbach/Hopt/*Hopt,* § 131 Rn. 69 ff.

se zur Liquidation. Um diese sowohl volkswirtschaftlich als auch aus der Sicht der Beteiligten unerwünschte Folge zu vermeiden, um also zwar nicht die OHG, wohl aber das Unternehmen zu erhalten, gab § 142 HGB a. F. in bestimmten Fällen einem der beiden Gesellschafter das Recht, das Unternehmen ohne Liquidation als Ganzes zu übernehmen – **Übernahmerecht.** Dem entspricht jetzt § 140 Abs. 1 Satz 2 HGB, wonach statt Auflösung der Gesellschaft auch dann die Ausschließung möglich ist, wenn nur ein Gesellschafter übrig bleibt. Die **Gesellschaft erlischt** dann **ohne Liquidation** mit dem Ausscheiden des vorletzten Gesellschafters. Das **Gesellschaftsvermögen wird** im Wege der Gesamtrechtsnachfolge **Alleinvermögen** des letzten Gesellschafters, dem Ausgeschiedenen steht ein **Abfindungsanspruch** zu. Diese Rechtsfolgen können weiterhin mit Übernahme bezeichnet werden.[36] Sie dient bei der zweigliedrigen Gesellschaft dem gleichen wirtschaftlichen Zweck wie bei der mehrgliedrigen die Fortsetzung der OHG unter den vom Auflösungsgrund nicht betroffenen Gesellschaftern.

Die Übernahme ist die Folge der gesetzlich vorgesehenen Ausschließung auch bei der zweigliedrigen Gesellschaft unter den Voraussetzungen des § 140 Abs. 1 Satz 1 HGB (oben Rn. 17). An den wichtigen Grund und die Ausschöpfung milderer Mittel sind besonders strenge Anforderungen zu stellen. Dieselben Wirkungen hat das Ausscheiden eines Gesellschafters nach § 131 Abs. 3 HGB aus einer zweigliedrigen Gesellschaft.[37] Durch den Gesellschaftsvertrag kann die Übernahme ebenso erschwert, ausgeschlossen oder ausgedehnt werden, wie das im Rahmen der §§ 131 Abs. 3, 140 Abs. 1 HGB möglich ist (oben Rn. 12 ff.). Der Gesellschaftsvertrag kann das Übernahmerecht näher regeln. Auch ohne Bestimmung des Gesellschaftsvertrages können die Gesellschafter den Übergang des Unternehmens auf einen der Gesellschafter vereinbaren.

Die Handelsrechtsreform 1998, die in § 131 Abs. 3 HGB im Interesse des Gesellschafts- und Unternehmensschutzes bestimmte Ereignisse nicht mehr zur Auflösung der Gesellschaft, sondern zum Ausscheiden des betroffenen Gesellschafters führen lässt, engt die Spielräume bei der zweigliedrigen Gesellschaft ein. Denn die aufgelöste Gesellschaft besteht bis zum Abschluss der Liquidation fort, so dass in diesem Zeitraum auch Maßnahmen zur Fortsetzung getroffen werden können, etwa Aufnahme eines neuen Gesellschafters. Das Erlöschen der Gesellschaft ohne Liquidation bei Ausscheiden des vorletzten Gesellschafters lässt das nicht zu. Hier ist ggf. vertraglich Vorsorge zu treffen, z.B. indem statt Ausscheidens des Gesellschafters Auflösung der Gesellschaft vereinbart wird.[38]

2. Rechtsfolgen

21   In allen diesen Fällen geht das Unternehmen von selbst als Ganzes auf den Übernehmer und damit in sein Vermögen über.[39] Besondere Übertragungsakte sind nicht erforderlich, daher bedarf es auch keiner Auflassung der Gesellschaftsgrundstücke, das Grundbuch wird lediglich berichtigt. Das Gesamthandsvermögen wird durch Gesamtrechtsnachfolge Alleinvermögen. Diese Folge ergibt sich aus der Bestimmung des § 140 Abs. 1 Satz 2 HGB, wonach der Ausschließungsklage nicht entgegensteht, dass nach der Ausschließung nur noch ein Gesellschafter verbleibt. Für die Abfindung des Ausgeschiedenen gelten die gleichen Regeln wie für den ausscheidenden Gesellschafter einer mehrgliedrigen OHG (oben Rn. 18 f.). Die vorstehenden Regeln gelten entsprechend für die *mehrgliedrige* Gesellschaft, wenn sämtliche übrigen Gesellschafter gleichzeitig bis auf einen ausscheiden.

VI. Handelsregister

22   Eintritt und Ausscheiden von Gesellschaftern sind durch sämtliche Gesellschafter zur Eintragung ins Handelsregister anzumelden, §§ 107, 108 Abs. 1, 143 Abs. 2 HGB. Die Eintragung ist deklaratorisch. Damit hängt die Wirksamkeit des Ein- und Aus-

---

[36] Baumbach/Hopt/*Hopt,* § 131 Rn. 3, 25.
[37] Baumbach/Hopt/*Hopt,* § 131 Rn. 35.
[38] Baumbach/Hopt/*Hopt,* § 131 Rn. 84; *K. Schmidt,* § 50 I 2 c.
[39] BGHZ 50, 309; *BGH* BB 1973, 909.

tritts nicht von der Registereintragung ab; ein neuer Gesellschafter haftet nach § 130 HGB für die Altverbindlichkeiten, nach § 128 HGB für die nach seinem Eintritt begründeten Verbindlichkeiten. Ein ausgeschiedener Gesellschafter haftet zwar nicht für nach seinem Austritt begründete Verbindlichkeiten, mangels Eintragung kann er sich aber ggf. nach § 15 Abs. 1 HGB nicht auf seinen Austritt berufen. Die Frist für die Haftungsbegrenzung nach § 160 HGB (oben § 15 Rn. 24) beginnt mit der Eintragung des Ausscheidens des Gesellschafters. Die Übertragung der Mitgliedschaft (oben § 10 Rn. 15) wird als Ein- und Austritt eingetragen.

§ 17. Die Kommanditgesellschaft

Literatur: Außer den im Literaturverzeichnis genannten Gesamtdarstellungen des Gesellschaftsrechts die oben vor § 12 aufgeführte Literatur zur OHG, vor allem die Lehrbücher und Kommentare zu §§ 161 ff. HGB.
Literatur zur GmbH & Co. KG unten § 37.

I. Begriff und gesetzliche Regelung

Die KG ist eine **Abwandlung der OHG.** Die **Definition** in § 161 Abs. 1 HGB ent- 1 spricht derjenigen der OHG mit einem Unterschied: **Bei einem Teil der Gesellschafter ist die Haftung gegenüber den Gesellschaftsgläubigern auf den Betrag einer bestimmten Vermögenseinlage beschränkt.** Im Übrigen müssen alle oben in § 12 Rn. 1 ff. erörterten Begriffsmerkmale der OHG vorliegen.

Während bei der OHG hinsichtlich der Haftung alle Gesellschafter gleich stehen, sind bei der KG **zwei Arten von Gesellschaftern** zu unterscheiden. Diejenigen, die unbeschränkt haften, heißen **Komplementäre** oder **persönlich haftende Gesellschafter** (§ 161 Abs. 1 HGB);[1] ihre *Rechtsstellung* entspricht in jeder Hinsicht derjenigen der *Mitglieder einer OHG.*

Die Gesellschafter, die **beschränkt haften,** heißen **Kommanditisten**[2] (§ 161 Abs. 1 2 HGB). Nach ihrer wirtschaftlichen Stellung sind sie im Wesentlichen nur kapitalistisch und nur in bestimmter Höhe beteiligt; sie arbeiten normalerweise nicht im Unternehmen mit, während die Komplementäre mit ihrer ganzen Persönlichkeit und ihrem ganzen Vermögen mit der Gesellschaft verbunden sind. Rechtlich kommt die andersartige Stellung der Kommanditisten in der beschränkten Haftung (dazu allgemeiner oben § 4 Rn. 8) und darin zum Ausdruck, dass sie grundsätzlich von Geschäftsführung und Vertretung ausgeschlossen sind.

In jeder KG muss **mindestens ein Komplementär und ein Kommanditist** vorhanden sein. Eine nur aus Komplementären bestehende Gesellschaft ist eine OHG, eine nur

---

[1] Wegen hartnäckig auftretender Fehler sei auf folgende Trivialität hingewiesen: Der Komplementär hat mit Komplimenten nichts zu tun, er wird mit zwei „e" geschrieben.

[2] Vgl. Fn. 1; der Kommanditist hat mit Kommandos nichts zu tun, er wird mit zwei „i" geschrieben.

aus Kommanditisten bestehende Gesellschaft ist rechtlich nicht möglich.[3] Will keiner der Gesellschafter die unbeschränkte persönliche Haftung übernehmen, kann die Form der AG oder der GmbH gewählt werden, bei denen den Interessen der Gläubiger durch andere Schutzvorschriften Rechnung getragen wird. Praktisch wird aber in solchen Fällen meist die Mischform der GmbH & Co. KG bevorzugt, bei der die persönliche Haftung durch eine GmbH als einzige Komplementärin übernommen wird; dazu näher unten § 37. Auch die britische *Limited Liability Partnership*[4] – *LLP* – oder *Private Company Limited by Shares – Limited (Ltd.)* – kommt für diesen Zweck in Betracht.[5]

Die KG enthält eine Verbindung von personalistischen und kapitalistischen Elementen. Sie steht deshalb wirtschaftlich, wenn auch nicht juristisch, der *stillen Gesellschaft* nahe. Bei der stillen Gesellschaft tritt aber die Kapitalbeteiligung nach außen nicht hervor; der Stille haftet den Gläubigern überhaupt nicht, er hat deshalb eine freiere Stellung. Dafür gewährt die offene, aus dem Handelsregister ersichtliche Beteiligung der Kommanditisten der KG eine bessere Kreditgrundlage. **Kommanditisten** sind **Mitunternehmer** i.S.v. § 15 Abs. 1 Satz 1 Nr. 2 EStG (vgl. oben § 4 Rn. 10). Wie die OHG ist die KG Gesellschaft im engeren Sinn und nicht Verein, also nicht Körperschaft; sie ist Personengesellschaft mit einem kapitalistischen Einschlag, der durch den Gesellschaftsvertrag noch gesteigert werden kann (unten § 19 Rn. 4 ff.); sie ist **Gesamthandsgemeinschaft** und **Handelsgesellschaft**. Näheres bereits oben § 12 Rn. 5 ff.

3   Auf die KG **anwendbares Recht** ist zunächst das Recht der OHG, soweit das Gesetz nicht Sonderbestimmungen enthält (§ 161 Abs. 2 HGB). Für die OHG gilt ergänzend das Gesellschaftsrecht des BGB (§ 105 Abs. 3 HGB). Mithin sind auf die KG anzuwenden: in erster Linie die Sonderbestimmungen der §§ 161–177a HGB, in zweiter Linie die Normen des OHG-Rechts, §§ 105–160 HGB, in dritter Linie das Gesellschaftsrecht des BGB, §§ 705–740 BGB. Wie bei der OHG kommen ferner das UmwG und bei Vorliegen der Größenmerkmale das PublizitätsG zur Anwendung. Als Handelsgesellschaft unterliegt die KG mit ihren Geschäften und hinsichtlich der Rechnungslegung dem HGB. Insbesondere im Innenverhältnis sind die gesetzlichen Vorschriften überwiegend dispositiv, so dass der Gesellschaftsvertrag Vorrang hat (§ 163 HGB). Im Folgenden werden nur die wesentlichen Abweichungen vom OHG-Recht besprochen; dabei wird zunächst das gesetzliche Grundmuster der KG zugrunde gelegt.

II. Geschichte und heutige Bedeutung

1. Geschichte und Rechtsvergleich

4   Wie die OHG (oben § 12 Rn. 10) geht die KG auf die romanische (italienische, französische) und die deutsche **mittelalterliche Rechtsentwicklung** zurück. Dem liegt die Übung zugrunde, sich in der Weise gemeinsam an einem Geschäftsbetrieb zu beteiligen, dass ein Beteiligter nach außen allein das Unternehmen in seinem Namen führt – Unternehmer *(tractator)*, der andere sich nur mit einer Geld-

---

[3] De lege ferenda in diese Richtung *Drygala*, ZIP 2006, 1797 (KmbH); eine ähnliche Funktion soll die im RegE zum MoMiG (oben § 2 Rn. 19 m. Fn. 28) vorgesehene „Unternehmergesellschaft" erfüllen, dazu *Seibert*, GmbHR 2007, 673; vgl. auch *Gehb*, NZG 2006, 88; *Lutter*, BB 2006, Special H. 37 S. 2; *K. Schmid*, DB 2006, 1096.

[4] *Bank*, Die britische Limited Liability Partnership: Eine attraktive Organisationsform für Freiberufler?, 2006; *Wiedemann* II, § 1 V 2.

[5] Zur Eintragungsfähigkeit vgl. *OLG Frankfurt/M* NZG 2006, 830; *LG Bielefeld* NZG 2006, 504 zur *Limited* allgemein *Rehm*, in: Eidenmüller (Hrsg.), Ausländische Kapitalgesellschaften im deutschen Recht, 2004, § 10.

oder Wareneinlage beteiligt – Kapitalgeber *(commendator)*, und der Reinerlös zwischen beiden geteilt wird. In den romanischen Ländern bezeichnet man diese Form der Beteiligung als *commenda*, ein Name, der dann auch für die Entwicklung in Deutschland benutzt wird. Die commenda ist die Wurzel der heutigen *KG* und der heutigen *stillen Gesellschaft*. Diese Entwicklung und die Unterscheidung der beiden Formen ist vor allem in den romanischen Ländern deutlich zu erkennen.

Tritt der commendator nach außen gar nicht hervor, gibt es keine Gesellschaftsfirma; der commendator bleibt den Dritten unbekannt, er haftet deshalb den Gläubigern nicht. Man spricht von *participatio* oder auch, vor allem bei dauernden Gesellschaften, von *compagnia secreta*. Das ist die heutige stille Gesellschaft.

Alternativ tritt der commendator nach außen hervor, es wird eine gemeinschaftliche Firma angenommen. Geschäftsführung und Vertretung stehen zwar nur dem tractator zu, aber auch der commendator haftet für die Schulden, wenn auch nur beschränkt mit seiner Einlage. Man spricht von *compagnia palese* oder *accomendita*. Das ist die heutige KG.

Auch in *Deutschland* finden sich am Ausgang des Mittelalters beide Formen; die der heutigen KG entsprechende Form ist sehr verbreitet, stammt allerdings vielfach nicht aus der commenda, sondern aus der OHG, indem einzelne Gesellschafter oder Erben derselben zwar ihr Kapital in der Gesellschaft beließen, aber sich nicht mehr aktiv an der Geschäftsführung beteiligten und nur noch beschränkt mit der Einlage hafteten, oder auch von vornherein in dieser Form als Gesellschafter aufgenommen wurden (Beispiele: Gesellschaft der Welser in Augsburg sowie die Ravensburger Gesellschaft, beide aus dem 15. Jahrhundert). Als unter dem Einfluss des Dreißigjährigen Krieges Handel und Unternehmungsgeist zurückgehen, tritt diese Gesellschaftsform gegenüber der stillen Gesellschaft zurück. Im preußischen ALR ist nur die letztere geregelt. – Umgekehrt tritt in dem damals wirtschaftlich blühenden *Frankreich* die offene Form der Beteiligung, die *société en commandite*, in den Vordergrund und findet in der Ordonnance sur le commerce von 1673 und später im *Code de commerce* von 1807 eine eingehende Regelung.

Das ADHGB von 1861 hat dann beide Formen nebeneinander geregelt. Daran hat das heutige deutsche Recht festgehalten, während das Ausland zum Teil, wie Frankreich und die Schweiz, nur die KG geregelt hat. Im englischen Recht entspricht der KG die limited partnership. Diese wurde in den USA zuerst im State New York 1822 eingeführt durch Gesetz, das dem französischen Code de commerce nachgebildet war. Als Modellgesetze folgten 1916 der Uniform Limited Partnership Act (ULPA), den fast alle Einzelstaaten (Louisiana hat einen civil code) umgesetzt haben. Eine revidierte Fassung (RULPA) folgte 1976 mit Ergänzungen 1985; eine erneute Revision ist in Arbeit. Wesentliche Gesichtspunkte sind dabei der Erhalt der Besteuerung als Personengesellschaft (oben § 12 Rn. 12) und das Ausmaß, in dem ein limited partner (Kommanditist) in der Geschäftsführung aktiv werden kann, ohne die Haftungsbeschränkung zu verlieren. Neuere Versionen sind die *limited liability partnership* (LLP) und die *limited liability limited partnership* (LLLP), bei der sämtliche Partner nur beschränkt haften. Daneben wurde nach dem Modell der europäischen GmbH die *limited liability company* (LLC) eingeführt (zuerst 1977 in Wyoming), die steuerlich unter bestimmten Voraussetzungen wie eine Personengesellschaft behandelt wird.[6]

In der Zeit vor dem ersten Weltkrieg war die KG in Deutschland wenig verbreitet. Statt dessen wählte man die GmbH, um jede persönliche Haftung zu vermeiden, oder die stille Gesellschaft wegen der bequemeren Stellung des Stillen und der größeren Elastizität dieser Gesellschaftsform. Im ersten Weltkrieg erlangte dann die KG aus steuerlichen Gründen größere Bedeutung. Die Kapitalgesellschaften (AG, GmbH) litten unter der Doppelbelastung (oben § 4 Rn. 10), deshalb suchte man in die KG auszuweichen. Dabei wurde vielfach die KG in der inneren Ausgestaltung der Kapitalgesellschaft stark angenähert (dazu unten § 19 Rn. 4 ff.). Später trat wiederum aus steuerlichen Gründen ein erneuter Umschwung ein: die zunächst im Verhältnis zur Einkommensteuer niedrigeren Sätze der Körperschaftsteuer ließen die GmbH vorteilhafter erscheinen. Nach 1933 führten die Erhöhung der Körperschaftsteuer und sonstige Maßnahmen der Nationalsozialisten gegen die „Anonymität der Kapitalgesellschaft", begünstigt durch das zu diesem Zweck erlassene Umwandlungsgesetz von 1934, zu zahlreichen Umwandlungen von Kapitalgesellschaften in Personengesellschaften. Dabei lag es nahe, die der Kapitalgesellschaft ähnlichste Form, die KG zu wählen.

2. Neuere Entwicklung und heutige Bedeutung

Auch heute noch erfüllt die KG in vielen Fällen die der Entwicklungsgeschichte entsprechende und 5 in der gesetzlichen Regelung vorausgesetzte Funktion als typische **Gesellschaftsform für mittelständische Unternehmen**. Darin ist sie der OHG nahe verwandt und vergleichbar (oben § 12 Rn. 14).

---

[6] Zu den Entwicklungen im englischen und amerikanischen Recht vor allem unter dem Gesichtspunkt der Zusammenarbeit von Rechtsanwälten *Henssler,* FS Wiedemann, 2002, S. 907.

Anders als diese ist sie aber dank ihres kapitalistischen Einschlags auch für größere Unternehmen geeignet, falls hierfür bei überschaubarer Mitgliederzahl die Form einer Personengesellschaft erwünscht ist. Für **Familienunternehmen** passt sie gleichermaßen für die Aufnahme naher Angehöriger in das Geschäft eines Einzelkaufmanns bei Lebzeiten wie für die Fortführung im Todesfall, insbesondere für die Gestaltung der Generationenfolge bei der OHG (oben § 16 Rn. 2, 7). Nach der Umsatzsteuerstatistik 2005 wird ein höherer Anteil der erfassten Umsätze von Kommanditgesellschaften (23,44%) erzielt als von AG und KGaA (19,61%) und der zahlenmäßig viel weiter verbreiteten OHG (5%) (vgl. die Zahlenangaben oben § 4 Rn. 11).

Besonders beliebt ist die **Mischform** der **GmbH & Co. KG** (unten § 37), in der Vorzüge der Kapitalgesellschaft mit solchen der Personengesellschaft verbunden werden können. Dem steht allerdings der Nachteil notwendig komplizierter Vertragswerke und der Überschneidung gesetzlicher Regelungen als Folge der Verbindung zweier verschiedenartiger Gesellschaftstypen gegenüber. Vor Einführung des Anrechnungsverfahrens durch die Steuerreform 1977 brachte die GmbH & Co. KG wesentliche Steuervorteile, die durch die Reform nicht vollständig beseitigt wurden. Auch die Unternehmenssteuerreform 2000 lässt Gestaltungsspielräume, die gesellschaftsrechtlich nicht sinnvoll erklärbare Verschachtelungen weiterhin attraktiv erscheinen lassen. Die Auswirkungen der neuerlichen Unternehmensteuerreform bleiben abzuwarten. In der Praxis erfreut sich die GmbH & Co. KG ungebrochener Beliebtheit. Rechtlich handelt es sich, trotz der Beteiligung einer GmbH oder sonstigen juristischen Person als Komplementär, doch immer nur um eine KG.

Eine andere, im Wesentlichen steuerrechtlich motivierte Entwicklung zeigt die KG – regelmäßig als GmbH & Co. KG – in der Form der *Publikums-* oder *Massen-KG*, die sich auf dem Kapitalmarkt an ein breites Anlegerpublikum wendet und so in Bereiche vorstößt, für die eigentlich die AG oder KGaA gedacht ist (unten § 19).

III. Entstehung und Beendigung

1. Gesellschaftsvertrag

6   Im Gesellschaftsvertrag muss die **beschränkte Haftung** jedes Kommanditisten und die Höhe dieser Haftung vereinbart sein. Das geschieht durch die Festsetzung eines bestimmten Geldbetrags als **Haftsumme,** auch als *Hafteinlage* bezeichnet. Diese kann zwar, muss sich aber nicht notwendig mit der im Innenverhältnis zu leistenden Einlage (oben § 7 Rn. 1) decken.

Beides stimmt häufig überein; § 161 Abs. 1 HGB spricht nur generell von Vermögenseinlage und § 162 Abs. 1 HGB bezeichnet die ins Handelsregister einzutragende Haftsumme (Hafteinlage) kurz als Einlage. **Abweichungen** zwischen Haft und Pflichteinlage sind sowohl in der Höhe als auch dem Gegenstand nach möglich. Deshalb muss zwischen der stets in Geld ausgedrückten für die Haftung nach außen maßgebenden **Haftsumme und** der als Beitrag zum Gesellschaftszweck zu leistenden **Einlage** – *Pflichteinlage* – **streng unterschieden** werden. Letztere kann in beliebigen Werten bestehen, Geld, Sachen, Forderungen, anderen Rechten, auch in der Leistung von Diensten.[7]

Die Fähigkeit, *Gesellschafter* einer KG zu sein, richtet sich für Komplementäre und Kommanditisten zunächst nach den Grundsätzen für die OHG (oben § 13 Rn. 2 ff.). Darüber hinaus ist die Fähigkeit der GbR, Kommanditistin zu sein, inzwischen außer Streit (vgl. § 162 Abs. 1 Satz 2 HGB). Die Kommanditisten sind in dieser Eigenschaft nicht Kaufleute (vgl. oben § 12 Rn. 8 für die persönlich haftenden Gesellschafter).

Die KG kann auch durch **Abänderung des Gesellschaftsvertrages** einer anderen Personengesellschaft zustande kommen, insbesondere durch Wechsel eines OHG-Gesellschafters in den Status eines Kommanditisten, durch Beitritt eines neuen Gesellschafters in eine bestehende OHG als Kommanditist oder durch Zustimmung der OHG-Gesellschafter zur Fortsetzung der Gesellschaft mit einem Gesellschafter-Erben als Kommanditist (§ 139 HGB, oben § 16 Rn. 7 ff.). Eine Kapitalgesellschaft kann in eine KG umgewandelt werden; dann muss der Umwandlungsbeschluss den oben genannten Mindestinhalt des Gesellschaftsvertrages enthalten (vgl. § 234 Nr. 2 UmwG).

---

[7] Z.B. *BGH* NJW 1995, 197: Bürgschaft als Pflichteinlage.

2. Handelsregister

Die **Firma** der KG ist nach § 18 HGB zu bilden oder kann nach §§ 22, 24 HGB   7
fortgeführt werden. In jedem Fall ist der **Rechtsformzusatz** nach § 19 Abs. 1 Nr. 3
HGB erforderlich. Vor der Handelsrechtsreform 1998 bestimmte § 19 Abs. 4 HGB
a. F. ausdrücklich, dass der Name eines Kommanditisten nicht in die Firma aufgenommen werden durfte. Davon wird bei Bildung einer Personenfirma auch heute auszugehen sein, da Dritte mit dessen persönlicher Haftung rechnen und insofern irrege-
führt werden können (§ 18 Abs. 2 HGB).[8] Bei der GmbH & Co. KG ist ein diese
besondere Gestaltung anzeigender Zusatz beizufügen (§ 19 Abs. 2 HGB – unten § 37
Rn. 12, 17).

In das *Handelsregister* sind nach § 162 Abs. 1 mit § 106 Abs. 2 HGB neben den für
die OHG erforderlichen Angaben über Komplementäre, Firma und Vertretungsregelung die Namen der Kommanditisten und jeweils die Geldbeträge ihrer Haftsummen
(Hafteinlagen) einzutragen. Ist eine GbR Kommanditistin, sind deren Gesellschafter
anzumelden (§ 162 Abs. 1 Satz 2 HGB). Bei der Bekanntmachung sind keine Angaben
über die Kommanditisten zu machen (§ 162 Abs. 2 HGB). Dass § 15 HGB insoweit
nicht anzuwenden ist, steht ausdrücklich im Gesetz, lässt aber die Frage nach der Bedeutung der Bekanntmachung für § 15 HGB im Allgemeinen und das Zusammenspiel
mit §§ 172 Abs. 1, 175 f. HGB im Besonderen offen.[9]

3. Beendigung

a) Auflösung und Abwicklung

Wie stets ist zwischen Auflösung und Vollbeendigung der Gesellschaft zu unter-   8
scheiden; es gelten die Ausführungen zur OHG (oben § 13 Rn. 22 ff.). Nicht zur Auflösung führt die Umwandlung der KG, z. B. in eine OHG durch Ausscheiden der
Kommanditisten. Erhebt in einer zweigliedrigen KG der Kommanditist erfolgreich die
Ausschließungklage (§ 140 HGB, oben § 16 Rn. 20), wird er zum Einzelkaufmann.

b) Ausscheiden des einzigen Komplementärs

Die KG muss zwingend mindestens einen unbeschränkt persönlich haftenden Ge-   9
sellschafter haben (oben Rn. 2), das Ausscheiden des einzigen Komplementärs löst
daher die Gesellschaft auf. Die infolge des Auflösungsgrundes in Liquidation befindliche Gesellschaft kann wieder in eine werbende KG umgewandelt werden, wenn einer
der Kommanditisten, ein Dritter oder eine zu diesem Zweck gebildete GmbH mit Zustimmung aller Gesellschafter (vgl. oben § 13 Rn. 28 ff.) die Komplementärstellung
übernimmt. Wird die Gesellschaft dagegen ohne Komplementär als werbende fortgeführt, kann sie nur als OHG gelten mit den entsprechenden Haftungsfolgen für die
Gesellschafter.

Anwendungsfälle sind der Tod des einzigen Komplementärs ohne Nachfolgeklausel oder wenn alle Erben nach § 139 HGB die Stellung als Kommanditisten beanspruchen. Der einzige Komplementär kann
auch nach § 140 HGB aus der KG ausgeschlossen werden. Die vertragstreuen Kommanditisten müssen die
Möglichkeit haben, sich von einem nicht mehr tragbaren Komplementär zu trennen. Der Ausschluss führt

---

[8] Baumbach/Hopt/*Hopt,* § 19 Rn. 22; krit. *Jung,* ZIP 1998, 677, 681 f.; zur Firmenbildung und Haftung bei Firmenfortführung *Wiedemann/Frey,* Nr. 199.
[9] Dazu *K. Schmidt,* ZIP 2002, 413.

dann allerdings zur Auflösung der Gesellschaft.[10] Es empfiehlt sich, in solchen Fällen rechtzeitig für den **Eintritt eines neuen Komplementärs** Sorge zu tragen, um die Fortsetzungsmöglichkeit nutzen zu können. Ferner empfiehlt sich bei zweigliedrigen Gesellschaften, Ausscheidensgründe (§ 131 Abs. 3 HGB) durch Auflösung der Gesellschaft mit Übernahmeklausel zu ersetzen, da bei Übernahme durch Ausscheiden des vorletzten Gesellschafters eine Fortsetzung der Gesellschaft nicht möglich ist (oben § 16 Rn. 20 a. E.).

IV. Innenverhältnis

1. Geschäftsführung

10   Die Geschäftsführung steht nach dem Gesetz **nur den Komplementären** zu (§ 164 HGB). Ist eine GmbH Komplementärin, handelt für sie ihr Geschäftsführer. Der **Kommanditist** beteiligt sich normalerweise nur mit seinem Kapital, nicht mit seiner Arbeitskraft; er ist deshalb **von der Geschäftsführung ausgeschlossen.** Lediglich bei ungewöhnlichen Geschäften ist seine **Zustimmung** erforderlich entsprechend der Rechtslage beim nicht geschäftsführenden Gesellschafter der OHG (§ 164 HGB).

Die Vorschrift schließt nach ihrem Wortlaut nur den Widerspruch bei gewöhnlichen Geschäften aus, sagt aber nichts über die Behandlung ungewöhnlicher Geschäfte; daher bleibt § 116 Abs. 2 HGB anwendbar. Ein bloßes Widerspruchsrecht bei ungewöhnlichen Geschäften würde zum Schutz des Kommanditisten nicht ausreichen, da er an der Geschäftsführung nicht teilnimmt und deshalb häufig von einer ungewöhnlichen Maßnahme erst zu spät Kenntnis erlangen würde.[11] Wie stets ist zwischen Geschäftsführungsmaßnahmen, auch ungewöhnlichen, und Grundlagengeschäften zu unterscheiden (oben § 8 Rn. 1).[12] Zum *Notgeschäftsführungsrecht* analog zu § 744 Abs. 2 BGB, das auch dem Kommanditisten ganz ausnahmsweise zusteht, oben § 8 Rn. 3. Im Übrigen hat der Kommanditist nur gewisse *Kontrollrechte* (§ 166 HGB). Diese sind geringer als diejenigen des von der Geschäftsführung ausgeschlossenen Gesellschafters der OHG, was sich aus seiner eingeschränkten Haftung erklärt.[13]

11   Da im Innenverhältnis **Vertragsfreiheit** besteht, kann der Gesellschaftsvertrag **abweichende Regelungen** vorsehen. Er kann den **Kommanditisten** als Gesellschaftern – somit ohne Verstoß gegen das Verbot der Drittorganschaft – die **Geschäftsführung** ganz oder teilweise übertragen,[14] oder er kann die Komplementäre bei bestimmten wichtigen, nicht notwendig bereits ungewöhnlichen Geschäften an die Zustimmung der Kommanditisten binden; er kann sie sogar den Weisungen der Kommanditisten oder einer allgemeinen Gesellschafterversammlung unterstellen. Es kann demgemäß die eigentliche interne Leitungsmacht in der Gesellschaft ganz in den Händen der Kommanditisten liegen, ohne dass sich allein dadurch deren Stellung nach außen gegenüber Dritten ändert.[15] Umgekehrt kann der Gesellschaftsvertrag die Rechte der

---

[10] So schon BGHZ 6, 113 = NJW 1952, 875.

[11] Ganz h. M. seit RGZ 158, 302; Baumbach/Hopt/*Hopt*, § 164 Rn. 2.

[12] Die Veräußerung des von der KG betriebenen Unternehmens, das zugleich das gesamte Vermögen der Gesellschaft darstellt, wird als Grundlagengeschäft angesehen und bedarf daher der Zustimmung auch der Kommanditisten, *BGH* NJW 1995, 596; die Bilanzaufstellung ist grundsätzlich Geschäftsführungsmaßnahme, nicht dagegen die Bilanzfeststellung, die grundsätzlich durch sämtliche Gesellschafter zu erfolgen hat, *BGH* NZG 2007, 259.

[13] Zu den Informations- und Kontrollrechten auch BGHZ 25, 115; *BayObLG* NZG 2003, 25; *K. Schmidt*, Informationsrechte in Gesellschaften und Verbänden, 1984; *Goerdeler*, FS Kellermann, 1991 (ZGR-Sonderheft 10), S. 77; *Grunewald*, ZGR 1989, 545; *U. Huber*, ZGR 1982, 539.

[14] BGHZ 17, 392, 394 = NJW 1955, 1394; BGHZ 51, 198, 201 = NJW 1969, 507; *BGH* DB 1968, 797; BB 1976, 526.

[15] BGHZ 45, 204 = NJW 1966, 1309 – Rektor-Fall; – vgl. auch unten § 19 Rn. 4.

Kommanditisten weiter einschränken, etwa das Zustimmungsrecht für außergewöhnliche Geschäfte ausschließen oder Befugnisse auf einen Beirat übertragen; die Grenzen sind im Einzelnen streitig.[16]

2. Treuepflicht

Als besondere Ausprägung der Treuepflicht enthält § 112 HGB für die Komplementäre ein Wett- **12** bewerbsverbot. Für den Kommanditisten besteht **kein Wettbewerbsverbot** (§ 165 HGB). Da er an der Geschäftsführung nicht teilnimmt, die Geschäftsgeheimnisse nicht erfährt und keine Beziehungen zu den Kunden hat, besteht für ein solches Verbot normalerweise kein Grund; anders beispielsweise, wenn der Kommanditist die KG beherrscht.[17] Wohl aber verlangt auch bei der KG die **allgemeine Treuepflicht**, dass der Kommanditist unmittelbare Schädigungen der KG unterlässt, so vor allem, wenn er für die KG tätig wird, etwa faktisch in nicht unerheblichem Umfang deren Geschäfte führt.[18] In Wettbewerbssituationen kann die Treuepflicht zur Beschränkung der Informationsrechte führen.[19]

3. Kapitalanteil und Beteiligung an Gewinn und Verlust

Das **Gesellschaftsvermögen** ist, wie bei der OHG, **Gesamthandsvermögen.** Die **13** Beteiligung der Komplementäre wie auch Kommanditisten daran wird durch einen *Kapitalanteil* ausgedrückt (oben § 14 Rn. 16 ff.). Die Gewinnermittlung erfolgt wie bei der OHG (oben § 14 Rn. 20 f.); für die *Verteilung von Gewinn und Verlust* gelten besondere Regeln (§§ 167, 168 HGB), die sehr oft durch den Gesellschaftsvertrag abgewandelt werden. Zwischen der rechnerischen Ergebnisverteilung und Auszahlungen ist zu unterscheiden (oben § 14 Rn. 22 f.).

a) Gewinn

Vom Gewinn erhält jeder Gesellschafter, also auch der Kommanditist, 4% seines Kapitalanteils vorweg. Der Rest wird, wenn der Gesellschaftsvertrag nichts anderes bestimmt, in einem angemessenen Verhältnis verteilt. Eine gleichmäßige Verteilung nach Köpfen wie bei der OHG ist hier nicht angebracht, denn es muss die Arbeitsleistung der Komplementäre wie auch ihre stärkere Haftung berücksichtigt werden (§ 168 Abs. 2 HGB). Die Gesetzesformulierung „gilt als bedungen" legt eine vertragliche Regelung ausdrücklich nahe.

Der Gewinn wird den Kapitalanteilen zugeschrieben, bei den Kommanditisten aber nicht über den Betrag der im Innenverhältnis vereinbarten Einlage hinaus (§ 167 Abs. 2 HGB), die nicht notwendig mit der nach außen maßgebenden Haftsumme übereinstimmt. Die **Pflichteinlage** ist also die **oberste Grenze des Kapitalanteils.** Übersteigt der Gewinnanteil diesen Betrag, steht dem Kommanditisten ein Anspruch auf Auszahlung zu, der nicht dem Kapitalanteil (oft Kapitalkonto I), sondern buchtechnisch einem Privatkonto (Kapitalkonto II) gutgeschrieben wird.[20] Die gesetzliche Regelung ist umständlich und wird oft auch sachlich den Bedürfnissen der Gesellschafter nicht gerecht; vor allem kann die Begrenzung des Kapitalanteils über einen längeren Zeitraum zu erheblichen Benachteiligungen der Kommanditisten gegenüber den Komplementären führen, wenn diese durch Stehenlassen von Gewinnen ihre Kapitalanteile immer weiter erhöhen können. Deshalb sind **abweichende Regelungen im Gesellschaftsvertrag** sehr verbreitet. Sie betreffen meist sowohl die Festsetzung der Kapitalanteile als auch die Verteilung des Gewinns (vgl. oben § 14 Rn. 18, 22).

---

[16] BGHZ 119, 346, 357 = NJW 1993, 1265; *BGH* NJW 1992, 1890 = JZ 1993, 46 m. Anm. *Wiedemann;* BGHZ 132, 263, 267 = NJW 1996, 1678 = JuS 1996, 752 m. Anm. *K. Schmidt.*

[17] BGHZ 89, 162, 166 = NJW 1984, 1351.

[18] *BGH* BB 1989, 1430.

[19] *BGH* WM 1979, 1061; NJW 1995, 194.

[20] Beispiel bei *Wiedemann/Frey,* Nr. 211.

b) Verlust

14   Der Verlust wird mangels Bestimmung im Gesellschaftsvertrag ebenfalls angemessen verteilt (§ 168 Abs. 2 HGB). Er wird vom Kapitalanteil abgeschrieben. Dieser kann dadurch negativ (passiv) werden. Ein **negativer Kapitalanteil** bedeutet aber nicht, dass der Kommanditist zahlungspflichtig wäre (§ 735 BGB), auch nicht bei Auflösung der Gesellschaft.[21] Der Kommanditist hat nie mehr als den Betrag der rückständigen Einlage zu leisten; das ist mit § 167 Abs. 3 HGB gemeint, wo es heißt, der Kommanditist nehme nur in Höhe des Kapitalanteils und der rückständigen Einlage am Verlust teil. Der passive Kapitalanteil des Kommanditisten hat aber insofern Bedeutung, als er **durch spätere Gewinne aufzufüllen** ist, ehe ein Gewinn ausgezahlt wird. Steuerlich handelt es sich um Verluste, für deren Behandlung § 15a EStG zu beachten ist.

4. Entnahmen

15   Der Kommanditist hat **kein gewinnunabhängiges Entnahmerecht** in Höhe von 4% seines Kapitalanteils, § 122 HGB findet keine Anwendung (§ 169 Abs. 1 Satz 1 HGB). Die Teilnahme an der KG stellt typischerweise nicht seinen Lebensberuf dar, so dass er im Allgemeinen sonstige Einnahmen haben wird. Er kann lediglich **Auszahlung des Gewinnanteils** verlangen, aber auch nur dann, wenn sein Kapitalanteil den Betrag der bedungenen Einlage, soweit diese schon zahlbar war, erreicht. Er muss also zunächst den Verlust früherer Jahre durch Stehenlassen von Gewinnen ausgleichen. Hat er aber einmal Gewinn bezogen, braucht er ihn wegen späterer Verluste nicht zurückzuzahlen (§ 169 Abs. 1 Satz 2, Abs. 2 HGB). Das Bestreben des Gesetzes geht also dahin, die *Einlage* möglichst *in der ursprünglichen Höhe zu erhalten*, sie nicht zu erhöhen, aber auch nicht zu vermindern und, wenn eine Verminderung eingetreten ist, sie wieder aufzufüllen. Der **Gesellschaftsvertrag** kann das Entnahmerecht abweichend regeln, wobei vielfach im Interesse der Eigenkapitalbildung **weitergehende Einschränkungen** vorgesehen werden.

V. Außenverhältnis

1. Vertretungsmacht

16   Der **Kommanditist** hat **keine organschaftliche Vertretungsmacht** (§ 170 HGB). Diese Vorschrift ist zwingend.[22] In seiner Eigenschaft als Gesellschafter ist also der Kommanditist nie vertretungsbefugt; diese Funktion ist den Komplementären vorbehalten. Dagegen kann ein Kommanditist **rechtsgeschäftliche Vollmacht** erhalten, Prokurist oder sonstiger Handlungsbevollmächtigter sein. Eine ihm *durch den Gesellschaftsvertrag erteilte Prokura* kann ihm entgegen § 52 HGB mit Wirkung für das Innenverhältnis nach dem Grundgedanken der §§ 117, 127 HGB nur bei Vorliegen eines wichtigen Grundes entzogen werden.[23] Ein Widerruf der Prokura ohne wichtigen Grund ist allerdings nach außen wirksam, doch hat der Kommanditist dann aus dem Gesellschaftsvertrag einen Anspruch auf erneute Erteilung der Prokura.

---

[21] BGHZ 86, 122, 126 = NJW 1983, 876; *BGH* WM 1986, 234 = NJW-RR 1986, 226.
[22] BGHZ 51, 198, 200 = NJW 1969, 507.
[23] BGHZ 17, 392 = NJW 1955, 1394.

Dem einzigen Komplementär kann die Vertretungsmacht nicht entzogen werden, denn die KG wäre dann ohne organschaftliche Vertretung, was nicht zulässig ist.[24] Der bei der OHG bestehende Ausweg, dass dann allen Gesellschaftern Gesamtvertretungsmacht zusteht (oben § 15 Rn. 10), ist hier nicht gangbar, da Kommanditisten nach dem zwingenden § 170 HGB keine organschaftliche Vertretungsmacht haben können. Es bleibt nur die Möglichkeit der Ausschließungs- oder Auflösungsklage (oben Rn. 8), sofern nicht mit Zustimmung sämtlicher Gesellschafter ein Kommanditist die Stellung eines Komplementärs übernimmt oder ein Dritter als Komplementär in die Gesellschaft aufgenommen wird. Aus denselben Gründen verwandelt sich, wenn einer von zwei gesamtvertretungsberechtigten Komplementären aus der KG ausscheidet und nur noch ein Komplementär übrigbleibt, dessen Gesamtvertretungsmacht zwangsläufig in ein Alleinvertretungsrecht.[25]

2. Kaufmannseigenschaft

Die *KG* als solche und im Grundsatz auch die *Komplementäre* sind *Kaufleute* (dazu oben § 12 **17** Rn. 8). Dagegen sind die Kommanditisten *nicht* Kaufleute.[26] Sie sind aber Gewerbetreibende i. S. d. GewO und Mitunternehmer i. S. d. § 15 EStG.

3. Haftung

Die Komplementäre haften für die Gesellschaftsschulden wie Gesellschafter einer **18** OHG (oben § 15 Rn. 16 ff.). Eine GmbH als Komplementärin haftet als juristische Person unbeschränkt mit ihrem Gesellschaftsvermögen; ihre Gesellschafter haften nicht (unten § 20 Rn. 3; § 24 Rn. 27). Besonders geregelt ist die **Haftung der Kommanditisten.**[27] Haftungsbeschränkung ist wirtschaftlich sinnvoll (oben § 4 Rn. 8) und international verbreitet (oben § 1 Rn. 18). Sie kann jedoch nicht beliebig in Anspruch genommen werden, sondern verlangt im Interesse der Gläubiger einen bestimmten Vermögenseinsatz sowie Publizität.

a) Vor Leistung der Einlage

Solange die Einlage nicht geleistet ist, haftet auch der Kommanditist unmittelbar, primär, als Gesamtschuldner mit seinem ganzen Vermögen, jedoch nicht unbeschränkt, sondern nur **bis zur Höhe der** im Handelsregister eingetragenen Einlage – **Haftsumme** – (§ 171 Abs. 1 HGB).

Es handelt sich also nicht um eine gegenständlich beschränkte Haftung, sondern ein Gläubiger kann sich, solange die Einlage noch nicht geleistet ist, an das gesamte Privatvermögen halten und in jeden beliebigen Teil desselben vollstrecken. Aber die *Haftung* ist *der Höhe nach beschränkt*. Im Übrigen gilt für die Haftung dasselbe wie für die Gesellschafterhaftung bei der OHG (oben § 15 Rn. 16 ff.), insbesondere ist sie nicht subsidiär, also unabhängig davon, ob der Gläubiger Befriedigung aus dem Gesellschaftsvermögen erlangen kann.

b) Nach Leistung der Einlage

Ist dagegen die Einlage geleistet, ist die **persönliche Haftung des Kommanditisten 19 ausgeschlossen** (§ 171 Abs. 1 HGB); bei teilweiser Einlageleistung ist die Haftung in der entsprechenden Höhe ausgeschlossen. Die Leistung der Einlage kann erfolgen

---

[24] BGHZ 51, 198, 200 = NJW 1969, 507; *BGH* ZIP 2002, 396 (obiter) = NJW-RR 2002, 540 = NZG 2002, 280.
[25] BGHZ 41, 367 = NJW 1964, 1624.
[26] BGHZ 45, 282 = NJW 1966, 1960; *BGH* NJW 1980, 1572, 1574; 1982, 569, 570; ganz h. M., vgl. nur Baumbach/Hopt/*Hopt*, § 161 Rn. 5; Großkomm-HGB/*Schilling*, § 161 Rn. 12.
[27] Dazu *Beyerle*, Der unbeschränkt haftende Kommanditist, 1976; *Kornblum*, Die Haftung der Gesellschafter für Verbindlichkeiten von Personengesellschaften, 1972, S. 197 ff.; *K. Schmidt*, § 54; *ders.*, Einlage und Haftung des Kommanditisten, 1977; *ders.*, ZGR 1976, 307 und ZHR 144 (1980), 192; *Keuk*, ZHR 135 (1971), 410; *Wiedemann* II, § 9 III 2.

durch Zahlung bzw. Erbringen der sonstigen vereinbarten Einlageschuld an die KG, durch Aufrechnung mit einer Forderung gegen die KG,[28] durch Stehenlassen des Gewinns, aber auch durch Befriedigung eines Gesellschaftsgläubigers und Aufrechnung des Regressanspruches (§ 110 HGB) gegen die Einlageforderung der Gesellschaft.[29] Wandelt ein Gesellschafter seine Stellung vom persönlich Haftenden in die eines Kommanditisten um, wird meist der Kapitalanteil in die Kommanditeinlage umgebucht, ähnlich bei schenkweiser Zuwendung eines Gesellschaftsanteils durch Einbuchung. Wichtig ist auch dann jeweils, dass die Haftsumme durch tatsächliche Werte gedeckt ist.[30] Das **Prinzip der objektiven Wertdeckung** dient dem Gläubigerschutz, im Innenverhältnis besteht dagegen Bewertungsfreiheit.

> Für die Berücksichtigung einer *nicht in Geld bestehenden Einlage* ist deren *objektiver Wert* maßgebend, nicht der von den Gesellschaftern vereinbarte Betrag, da dadurch die Sicherheit der Gläubiger vermindert werden könnte.[31] **Beispiel:** Bringt ein Kommanditist auf seine Einlage von 10 000 € Patente ein, die ihm im Betrag von 8000 € angerechnet werden, während der wirkliche Wert nur 5000 € beträgt, ist er im Innenverhältnis, also der KG gegenüber, nur noch zur Zahlung der vereinbarten 2000 € in bar verpflichtet, den Gläubigern aber haftet er in Höhe von 5000 €.
>
> Die Haftungsbeschränkung für die Kommanditisten bleibt auch dann bestehen, wenn ein Kommanditist wirtschaftlich gesehen Alleininhaber des Unternehmens ist, weil der Komplementär keine Vermögenseinlage geleistet hat. Allerdings darf nicht durch das Auftreten des Kommanditisten für die KG nach außen der *Rechtsschein* erweckt werden, er sei Komplementär; demgegenüber könnte er sich nicht auf die beschränkte Kommanditistenhaftung berufen (zur Durchgriffsproblematik unten § 24 Rn. 27 ff.).

20   Die Hafteinlage ist das auch im Interesse der Gläubiger der Gesellschaft gewidmete Vermögen. Gegen Verluste können Rechtsregeln nicht schützen, wohl aber dagegen, dass den Gläubigern von den Gesellschaftern Haftungsmasse entzogen wird. Wird die **Einlage** später ganz oder teilweise **zurückgezahlt,** gilt sie insoweit als nicht geleistet, der Kommanditist *haftet* also erneut den Gläubigern unmittelbar (§ 172 Abs. 4 HGB). Solche Zahlungen sind zulässig, aber das Privileg der Haftungsbeschränkung geht verloren. Das trifft auch dann zu, wenn die KG dem Kommanditisten die Einlage mittelbar, d. h. auf dem Umweg über einen Dritten, zurück gewährt.[32] Dagegen lässt eine Leistung aus dem Privatvermögen des Komplementärs an den Kommanditisten dessen Haftung nicht wiederaufleben, wenn jener dafür keinen Rückgriff bei der KG nehmen kann.[33] Eine Rückzahlung der Einlage liegt auch vor, wenn ein Kommanditist ausscheidet und sich sein **Abfindungsguthaben** auszahlen lässt. Das Gleiche wie bei Einlagerückgewähr gilt, wenn ein Kommanditist sich **Gewinn auszahlen** lässt, obwohl seine **Einlage durch Verlust gemindert** war; er haftet dann in entsprechender Höhe, es sei denn der Kommanditist bezieht gutgläubig einen Gewinn auf Grund einer zwar tatsächlich unrichtigen, aber gutgläubig errichteten Bilanz (§ 172 Abs. 5 HGB).

---

[28] *OLG Dresden* NZG 2004, 1155; befreiend jedoch nur in Höhe des objektiven Werts der Forderung, BGHZ 95, 188, 196 = NJW 1985, 2947 = JuS 1986, 159, dazu *K. Schmidt*, ZGR 1986, 152; tendenziell ebenso schon BGHZ 61, 59, 70 = NJW 1973, 1691, 1694 f.; vgl. *Wiedemann/Frey*, Nr. 218, 220.

[29] BGHZ 39, 319, 328 = NJW 1963, 1873, 1875; BGHZ 42, 192, 193 = NJW 1964, 2407; 58, 72, 74 = NJW 1972, 480; *BGH* NJW 1984, 2290 = JuS 1984, 812.

[30] Zur Frage, ob dafür stille Reserven zu berücksichtigen sind, BGHZ 109, 334 = NJW 1990, 1109; *K. Schmidt*, § 54 III 2 c; *Schulze-Osterloh*, ZGR 1991, 510.

[31] BGHZ 39, 319, 329 f. = NJW 1963, 1873, 1876; BGHZ 61, 59, 72 = NJW 1973, 1691, 1695; BGHZ 95, 188, 195 = NJW 1985, 2947.

[32] BGHZ 47, 149 = NJW 1967, 1321; einen besonderen Fall behandelt BGHZ 61, 149 = NJW 1973, 1878.

[33] BGHZ 93, 246 = NJW 1985, 1776 = JuS 1985, 733 m. Anm. *K. Schmidt;* BGHZ 112, 31 = NJW 1990, 3145 = JuS 1991, 155 m. Anm. *K. Schmidt;* zum Rückgriffsanspruch des freiwillig zuzahlenden Kommanditisten BGH NZG 2005, 807.

Beispiel: Vereinbarte Einlage: 100 000 €, eingezahlt 60 000 €. Der Kommanditist haftet den Gläubigern in Höhe von 40 000 €. Es tritt Verlust ein, von dem der Kommanditist 25 000 € zu tragen hat. Dann beträgt sein Kapitalanteil nur noch 35 000 €, trotzdem haftet er den Gläubigern nach wie vor nur in Höhe von 40 000 €, da er ja 60 000 € schon bezahlt hat. Jetzt entfällt auf den Kommanditisten ein Gewinn von 50 000 €, den er sich ganz auszahlen lässt. Dann haftet er in Höhe von 65 000 €, denn seine Einlage gilt bis auf den noch vorhandenen Kapitalanteil von 35 000 € als nicht geleistet.

c) Haftungsumfang

Für die **Höhe der Haftsumme** ist den Gläubigern gegenüber **der in das Handelsre-** 21 **gister eingetragene Betrag** maßgebend (§ 172 Abs. 1 HGB). Das gilt auch dann, wenn die intern als Beitrag zu leistende Einlage mit der Haftsumme (Hafteinlage) nicht übereinstimmt; dadurch wird letztere weder beschränkt noch erhöht. Durch *interne Vereinbarungen* kann die Haftung weder abgeschwächt noch beseitigt werden. Vor allem ist eine *Stundung* oder ein *Erlass* der Einlage durch die KG den Gläubigern gegenüber *wirkungslos* (§ 172 Abs. 3 HGB).

Nachträgliche **Erhöhungen und Verminderungen** der Haftsumme durch Änderung des Gesellschaftsvertrages sind möglich, **müssen** aber (konstitutiv) **eingetragen werden** (§ 175 HGB). Vor der Eintragung können sich die Gläubiger auf eine *Erhöhung* nur berufen, wenn diese in handelsüblicher Weise kundgemacht oder ihnen in anderer Weise von der KG mitgeteilt worden ist (§ 172 Abs. 2 HGB). Eine *Verminderung* ist vor der Eintragung den Gläubigern gegenüber unwirksam. Auch nach der Eintragung wirkt sie naturgemäß nicht gegenüber früheren Gläubigern (§ 174 HGB), da andernfalls die Sicherung dieser Gläubiger ohne ihre Zustimmung vermindert werden könnte.

Verminderung und Erlass der Einlage sind also zu unterscheiden. Bei der Verminderung der Einlage wird die Höhe derselben summenmäßig herabgesetzt. Der Kommanditist hat im Beispiel hinfort statt 100 000 € nur noch 70 000 € Einlage. Beim Erlass bleibt die Höhe der Einlage unverändert, nur braucht im Innenverhältnis der Kommanditist den Betrag nicht mehr zu leisten. Seine Hafteinlage beträgt nach wie vor 100 000 €, aber es wird so angesehen, als ob er sie ganz bezahlt habe, während er nur 70 000 € gezahlt hat. Eine solche Vereinbarung ist intern wirksam, aber die Gläubiger brauchen sie sich entgegen halten zu lassen.

In der **Insolvenz der KG** können während der Dauer des Verfahrens die Gläubiger 22 den Kommanditisten nicht unmittelbar in Anspruch nehmen. Um eine gleichmäßige Befriedigung der Gläubiger zu gewährleisten, ist ausschließlich der Insolvenzverwalter zuständig, die Haftungsrechte der Gläubiger auszuüben (§ 171 Abs. 2 HGB).[34] Dieses für die KG entwickelte Modell wurde durch § 93 InsO auf alle Fälle der persönlichen Gesellschafterhaftung erstreckt.

d) Unbeschränkte Kommanditistenhaftung

Der Kommanditist haftet unbeschränkt, wenn die KG (1) **vor der Eintragung** 23 (2) die Geschäfte beginnt, (3) der Kommanditist damit einverstanden und (4) dem in Frage kommenden Gläubiger die Eigenschaft des Gesellschafters als Kommanditist nicht bekannt war (§ 176 Abs. 1 Satz 1 HGB). Haftungsbeschränkung setzt Publizität voraus; ohne Eintragung könnte der Gläubiger annehmen, dass er es mit einer OHG zu tun habe. Diese Deutung der Norm als objektiver Vertrauensschutz spielt eine Rolle bei Ansprüchen auf Schadensersatz aus unerlaubter Handlung und ist umstritten; im „Deliktsverkehr" kommt nämlich ein wie auch immer geartetes Vertrauen nicht in Betracht.[35] Die Haftung nach § 176 Abs. 1 HGB gilt nur, wenn es sich um ein Handels-

---

[34] Dazu BGHZ 39, 319 = NJW 1963, 1873; BGHZ 42, 192 = NJW 1964, 2407; BGHZ 58, 72 = NJW 1972, 480; BGHZ 82, 209 = NJW 1982, 883; BGHZ 109, 334, 344 = NJW 1990, 1109, 1111. – Bei Eigenverwaltung ist nach § 270 Abs. 3 InsO der Sachwalter zuständig.

[35] BGHZ 82, 209, 215; MünchKomm-HGB/*K. Schmidt*, § 176 Rn. 37; dagegen *Wiedemann* II, § 9 III 7; *Wiedemann/Frey*, Nr. 226; vgl. das Problem bei § 15 Abs. 1 HGB: „niemand lässt sich im Vertrauen auf das Handelsregister von einem Auto überfahren", *Wiedemann/Fleischer*, Nr. 104.

gewerbe im Sinn des § 1 HGB handelt, nicht dagegen in den Fällen der §§ 2, 3, 105 Abs. 2 HGB (§ 176 Abs. 1 Satz 2 HGB). Denn in diesen letzteren Fällen wird das Gewerbe oder die Vermögensverwaltung erst durch die Eintragung zum Handelsgewerbe, die Gesellschaft erst dadurch zur KG. Vorher besteht keine Handelsgesellschaft, es finden die Bestimmungen für die BGB-Gesellschaft Anwendung (oben § 9 Rn. 8).[36] Ein bloßer Hinweis nach außen, nur beschränkt haften zu wollen, genügt danach nicht.[37] Im Ergebnis ist damit § 176 Abs. 1 Satz 1 HGB eine Möglichkeit der Haftungsmilderung für Handelsgesellschaften. § 15 Abs. 1 HGB ist daneben nicht anwendbar, wohl aber § 15 Abs. 3.[38]

Wenn die Gesellschaft vor Eintragung bereits wie eine KG aufgetreten ist, reichte der dadurch bewirkte Rechtsschutz zugunsten eines darauf vertrauenden Geschäftspartners nach der älteren Rechtsprechung nicht weiter als der ihr zugrunde liegende Rechtsschein; deshalb hafteten die Kommanditisten nur nach Maßgabe ihrer vermeintlichen Kommanditeinlagen, also beschränkt; § 176 HGB fand insoweit keine Anwendung.[39] Durch die Änderung des § 1 HGB und die Rechtsprechung zur akzessorischen Haftung bei der wirtschaftlich tätigen BGB-Gesellschaft (oben § 9 Rn. 7) haben sich die Probleme aber deutlich verschoben.[40]

VI. Wechsel der Gesellschafter

Es gilt zunächst das Gleiche wie bei der OHG (oben § 16), jedoch mit folgenden Besonderheiten:

1. Haftung beim Wechsel der Kommanditisten

a) Eintritt

24 Tritt jemand als Kommanditist in eine bestehende OHG oder KG ein, haftet er unabdingbar auch für die vorher begründeten **Altschulden,** aber beschränkt auf seine Einlage (§ 173 HGB). Dagegen sieht das Gesetz für die in der Zeit zwischen Eintritt und Eintragung begründeten Schulden die unbeschränkte Haftung in gleicher Weise vor wie bei vorzeitigem Geschäftsbeginn im Fall einer Neugründung (§ 176 Abs. 2 HGB, oben Rn. 21).[41] Diese in der Praxis unerwünschte Folge (der Kommanditist will eben nur Kommanditist sein) kann durch geeignete Vertragsgestaltung vermieden werden, etwa indem die Registereintragung zur aufschiebenden Bedingung des Eintritts gemacht wird und der Kommanditist zunächst (auflösend bedingt) nur stiller Gesellschafter wird.[42]

---

[36] Zur Schein-KG bei fehlender gewerblicher Tätigkeit BGHZ 113, 216 = NJW 1991, 922; dazu *v. Gerkan,* ZGR 1992, 109; nach der Handelsrechtsreform 1998 kann allerdings auch Grundstücksvermietung als Vermögensverwaltung in der Form der KG betrieben werden, oben § 12 Rn. 2.

[37] *K. Schmidt,* § 55, II 1 a aa; *Wiedemann* II, § 9 III 7 b: kein Rechtsschein zulasten Dritter.

[38] MünchKomm-HGB/*K. Schmidt,* § 176 Rn. 45 ff.

[39] BGHZ 61, 59, 65 ff. = NJW 1973, 1691, 1693; BGHZ 69, 95, 99 f. = NJW 1977, 1683; *Canaris,* NJW 1974, 455; Baumbach/Hopt/*Hopt,* § 176 Rn. 7; Großkomm-HGB/*Schilling,* § 176 Rn. 14; str., a. A. *Flume,* Personengesellschaft, § 16 IV 5; *v. Gerkan,* ZGR 1992, 109, 112 f.

[40] MünchKomm-HGB/*K. Schmidt,* § 176 Rn. 6 f.: Funktionswandel der Norm, daher analoge Anwendung nahe gelegt.

[41] Dazu BGHZ 82, 209 = NJW 1982, 883.

[42] MünchKomm-HGB/*K. Schmidt,* § 176 Rn. 29; *Wiedemann* II, § 9 III 6 a.

b) Ausscheiden

Beim Ausscheiden eines Kommanditisten ist zu beachten, dass die **Zahlung des Abfindungsguthabens** (oben § 16 Rn. 18 f.) durch die KG eine **Rückgewähr der Einlage** darstellt und deshalb die persönliche Haftung wieder aufleben lässt (§ 172 Abs. 4 HGB, oben Rn. 18). Diese Haftung bezieht sich auf die vor dem Ausscheiden begründeten Verbindlichkeiten nach Maßgabe des § 160 HGB.

c) Übertragung einer Kommanditbeteiligung

Die Übertragung der Mitgliedschaft an einer Personengesellschaft ist mit Einverständnis aller Beteiligten möglich (oben § 10 Rn. 14 ff.). Wird eine Kommanditbeteiligung übertragen, löst das weder beim Veräußerer noch beim Erwerber eine persönliche Haftung aus, wenn die Einlage voll erbracht ist.[43] Das Einrücken des Nachfolgers in die volle Stellung des Vorgängers ist mit der heute anerkannten unmittelbaren Übertragung der Mitgliedschaft durch Verfügungsgeschäft verbunden, aber auch nach der früheren Vorstellung einer Kombination von Ausscheiden und Neueintritt bei gleichzeitiger Übertragung des Abfindungsguthabens durch bloße Umbuchung war es nicht gerechtfertigt, hierin eine Rückzahlung der Einlage an den ausscheidenden Kommanditisten zu erblicken. Im **Handelsregister** muss der Tatbestand der Beteiligungsübertragung kenntlich gemacht werden, um den Rechtsschein einer Erweiterung der Haftungsgrundlage durch Hinzutreten eines weiteren Kommanditisten auszuschließen – **Nachfolgevermerk.** 25

2. Tod eines Kommanditisten

Wie bei der OHG (vgl. § 131 Abs. 3 Satz 1 Nr. 1 HGB) löst der Tod eines Kommanditisten die Gesellschaft nicht auf; ein wichtiger Unterschied zur OHG besteht aber darin, dass die Gesellschaft mit den Erben fortgesetzt wird (§ 177 HGB). Der **Kommanditanteil** ist grundsätzlich **vererblich.** Davon kann der Gesellschaftsvertrag abweichen; umgekehrt kann für den Fall des Todes eines OHG-Gesellschafters oder Komplementärs der Gesellschaftsanteil vererblich gestellt werden (oben § 16 Rn. 3).[44] An die Stelle des verstorbenen Kommanditisten tritt im Zeitpunkt des Erbfalls sein Erbe. Sind mehrere Erben vorhanden, wird nicht die Erbengemeinschaft, sondern im Wege der **Sonderrechtsnachfolge** jeder einzelne Erbe im Verhältnis seines Erbteils Kommanditist (oben § 16 Rn. 4). 26

Die Möglichkeit einer *Testamentsvollstreckung* an Kommanditbeteiligungen hat der BGH lange offen gelassen, dann aber bejaht.[45] Danach kann der Testamentsvollstrecker mit gewissen Einschränkungen die mit dem Kommanditanteil verbundenen Mitgliedschaftsrechte ausüben. Voraussetzung ist nach h. M. die Zustimmung der Gesellschafter, die entweder bereits im Gesellschaftsvertrag enthalten sein oder von ihnen später erteilt werden kann.[46] Einzelheiten, auch hinsichtlich der Befugnisse des Testamentsvollstreckers, sind nach wie vor umstritten.

---

[43] BGHZ 81, 82, 85 = NJW 1981, 2747; auch schon BGHZ 47, 149, 154 f. = NJW 1967, 1321; *Wiedemann* II, § 9 III 6 b; zu der Gepflogenheit, dem Registergericht gegenüber eine Erklärung abzugeben, dass keine Abfindung gewährt werde, *BGH* NZG 2006, 15; zur Frage der Haftung, falls im Anschluss an die Übertragung eine Einlagenrückgewähr erfolgt, *Michel*, ZGR 1993, 118.

[44] Zu dem Fall, dass der Komplementär von einem Kommanditisten beerbt wird, *BayObLG* NZG 2003, 476.

[45] BGHZ 91, 132, 137 f. = NJW 1984, 2104; nach vorbereitendem Hinweis in *BGH* NJW 1985, 1953, 1954 jetzt BGHZ 108, 187, 195 = NJW 1989, 3152, 3154 f.; *Ulmer/Schäfer*, ZHR 160 (1996) 439.

[46] So schon BGHZ 68, 225, 241 = NJW 1977, 1339, 1344; *BGH* NJW 1985, 1953, 1954; Baumbach/Hopt/*Hopt*, § 139 Rn. 26.

§ 18. Die stille Gesellschaft

Literatur: Außer den im Literaturverzeichnis genannten Gesamtdarstellungen des Gesellschaftsrechts die oben vor § 12 aufgeführte Literatur zur OHG, vor allem die Lehrbücher und Kommentare zu §§ 230 ff. (in älteren Darstellungen §§ 335 ff.) HGB; hervorzuheben sind MünchKomm-HGB/ *K. Schmidt; Blaurock,* Handbuch der stillen Gesellschaft, 6. Aufl., 2003 (mit rechtsvergleichendem Überblick, § 3 Rn. 3.8 ff.); *Hochedlinger/Fuchs,* Stille Gesellschaft, 2003 (Österreich).

I. Begriff und Rechtsnatur

1   Die stille Gesellschaft ist eine Gesellschaft, bei der sich jemand an dem Handelsgewerbe eines anderen mit einer in dessen Vermögen übergehenden Einlage gegen einen Anteil am Gewinn beteiligt (§§ 230, 231 Abs. 2 HGB).

1. Mitglieder

Die stille Gesellschaft besteht nach dem gesetzlichen Grundmuster *aus zwei Mitgliedern,* dem tätigen Teilhaber (Geschäftsinhaber, Komplementär) und dem Stillen. Das ist jedoch nicht zwingend. Ein Kaufmann kann mit *mehreren Kapitalgebern* stille Gesellschaftsverträge abschließen, dann entstehen ebenso viele stille Gesellschaften unabhängig voneinander. Die verschiedenen stillen Gesellschafter, deren Interessen parallel laufen, können sich untereinander organisieren (BGB-Gesellschaft, Poolvertrag). Nach inzwischen h.M. ist es möglich, dass *mehrere stille Beteiligungen* in einem *einheitlichen Gesellschaftsvertrag* zusammengefasst werden, *mehrgliedrige stille Gesellschaft.*[1]

Der **tätige Teilhaber** muss **Kaufmann oder Handelsgesellschaft** (z.B. OHG, KG, GmbH, AG) sein. Die Eigenschaft als Formkaufmann (§ 6 Abs. 2 HGB) genügt, auch wenn kein Handelsgewerbe betrieben wird.[2]

Stiller Gesellschafter können natürliche und juristische Personen, Gesellschaften, auch eine Erbengemeinschaft oder Gütergemeinschaft sein. Minderjährige bedürfen je nach Ausgestaltung der stillen Beteiligung ggf. der Genehmigung des Familiengerichts (§§ 1643, 1822 Nr. 3 BGB).[3] Personen, die bereits in anderer Form Gesellschafter des Unternehmensträgers sind, können zugleich auch stille Gesellschafter werden, z.B. ein Kommanditist mit einer stillen Beteiligung (neben der Kommanditeinlage) an der KG.

2. „Gesellschaftsvermögen"

2   Es wird **kein gemeinsames Gesellschaftsvermögen** gebildet, der Stille leistet vielmehr seine Einlage in das Vermögen des tätigen Teilhabers (§ 230 Abs. 1 HGB). Wenn sie in Sachen besteht, übereignet sie der Stille. Besteht sie in anderen Werten (dazu oben § 6 Rn. 1), sind diese Werte in der für sie in Betracht kommenden Weise in das

---

[1] *BGH* NJW 1972, 338; BGHZ 125, 74, 76 f. = NJW 1994, 1156; BGHZ 127, 176, 179; *BGH* NJW-RR 2005, 245; Baumbach/Hopt/*Hopt,* § 230 Rn. 7; MünchKomm-HGB/*K. Schmidt,* § 230 Rn. 83.

[2] *BFH* BB 1983, 1515; *K. Schmidt,* § 62 II 1 b.

[3] MünchKomm-HGB/*K. Schmidt,* § 230 Rn. 106.

Vermögen des tätigen Teilhabers zu überführen. Zugesagte Dienste sind dem Inhaber des Handelsgewerbes zu leisten. Ist als Einlage die Überlassung des Gebrauchs oder der Nutzung einer Sache vereinbart, so ist die Sache dem Inhaber zum Gebrauch oder zur Nutzung zu übergeben usw. Die Bewertung des Eingebrachten steht den Beteiligten frei. Es bestehen weitreichende Gestaltungsmöglichkeiten, die wirtschaftlich eine Beteiligung des Stillen am Vermögen des Tätigen bewirken (unten Rn. 13).

3. Gewinnbeteiligung

Der stille Gesellschafter muss **zwingend** am Gewinn beteiligt sein, sonst handelt es **3** sich nicht um eine stille Gesellschaft. Er nimmt in der Regel auch am Verlust teil, doch kann die Verlustbeteiligung ausgeschlossen werden (§ 231 Abs. 2 HGB).

4. Rechtsnatur

Die stille Gesellschaft ist echte **Personengesellschaft,** denn beide Teile verpflichten **4** sich gegenseitig zu Leistungen zur Erreichung eines gemeinsamen Zwecks, nämlich der Erzielung von Gewinn durch den Betrieb eines Handelsgewerbes (oben § 2 Rn. 9 ff.). Ähnlich wie die KG hat sie einen *starken kapitalistischen Einschlag.* Sie ist **keine Gesamthandsgemeinschaft.** Es gibt kein gemeinschaftliches oder sonst getrenntes Vermögen, vielmehr gehört das Unternehmen ausschließlich dem tätigen Teilhaber. Die stille Gesellschaft ist ferner **reine Innengesellschaft.** Sie tritt nach außen nicht hervor; nach außen handelt allein der tätige Teilhaber. Er betreibt das Unternehmen und schließt alle Rechtsgeschäfte in seinem Namen ab. Der Stille wie auch die stille Gesellschaft als solche werden deshalb auch nicht in das Handelsregister eingetragen, es gibt keine gemeinschaftliche Firma. Es bestehen *lediglich intern schuldrechtliche Ansprüche und Verpflichtungen* zwischen den Gesellschaftern (oben § 2 Rn. 3). Die stille Gesellschaft ist **keine Handelsgesellschaft,** da sie als solche kein Handelsgewerbe betreibt. Die Überschrift des 2. Buches des HGB lautet deshalb: „Handelsgesellschaften und stille Gesellschaft". Kaufmann ist lediglich der tätige Teilhaber, nicht der Stille.

II. Abgrenzung von verwandten Rechtsformen

Die stille Gesellschaft ist nicht immer leicht von *verwandten Gestaltungen* abzu- **5** grenzen. In der Praxis sind die Übergänge fließend; die Einordnung bestimmt aber wesentlich die anwendbaren Rechtsnormen.

1. BGB-Gesellschaft

Die stille Gesellschaft ist wie die OHG und die KG eine **Unterform der BGB-Gesellschaft.** Aber diese ist normalerweise Gesamthandsgemeinschaft und Außengesellschaft (§ 5 Rn. 9). Beides trifft für die stille Gesellschaft nicht zu. Die stille Gesellschaft ist die *typische Innengesellschaft.* Das Gesellschaftsrecht des BGB ist daher zwar grundsätzlich anwendbar, jedoch scheiden diejenigen Vorschriften aus, die das Gesellschaftsvermögen und das Auftreten nach außen betreffen.

Ist der tätige Teilhaber *nicht Kaufmann,* z.B. nicht in das Handelsregister eingetragener Kleingewerbetreibender, liegt keine stille Gesellschaft im Sinn des HGB, sondern eine *BGB-Gesellschaft* als *Innengesellschaft* (oben § 2 Rn. 13, § 5 Rn. 10) vor. Auch eine Beteiligung an einzelnen Geschäften (Gelegenheitsgesellschaft) genügt nicht. In diesen Fällen können aber passende Bestimmungen des HGB analog angewandt werden.

2. Kommanditgesellschaft

6   Die stille Gesellschaft steht wirtschaftlich der KG sehr nahe (oben § 17 Rn. 4). Bei beiden handelt es sich um eine lediglich kapitalistische Beteiligung an einem Handelsgewerbe durch eine begrenzte Einlage mit entsprechend begrenztem Risiko. Der entscheidende Unterschied liegt darin, dass der Kommanditist nach außen als Mitunternehmer hervortritt.

Im Einzelnen ergibt sich daraus:
– Bei der KG gibt es ein gemeinsames Gesellschaftsvermögen, bei der stillen Gesellschaft nicht (oben Rn. 2).
– Die KG hat eine gemeinsame Firma, die stille Gesellschaft nicht (oben Rn. 4).
– Die KG wird in das Handelsregister eingetragen, die stille Gesellschaft nicht.
– Die KG tritt nach außen als Einheit auf, sie schließt Rechtsgeschäfte ab, ist deliktsfähig, kann klagen und verklagt werden und ist insolvenzfähig. Für die stille Gesellschaft gilt das alles nicht.
– Der Kommanditist haftet den Gläubigern unmittelbar, wenn auch nur beschränkt, der stille Gesellschafter überhaupt nicht.
Trotzdem kann die Unterscheidung in der Praxis unter Umständen schwierig sein, insbesondere wenn aus steuerlichen Gründen die Ausgestaltung der KG stark angenähert wird. Möglich ist auch eine Kombination von KG und stiller Gesellschaft in der Weise, dass die KG tätiger Teilhaber ist, an dessen Handelsgeschäft ein oder mehrere stille Gesellschafter beteiligen. Dann ist zwischen Kommanditisten und stillen Gesellschaftern zu unterscheiden; sie haben verschiedenartige Rechtsstellungen. Das schließt nicht aus, dass sich eine Person als Kommanditist und daneben mit einer Einlage als stiller Gesellschafter beteiligt (oben Rn. 1 und unten § 19 Rn. 14 für Publikums-KGen).

3. Unterbeteiligung[4]

7   Eine Unterbeteiligung besteht darin, dass sich jemand bei dem Gesellschafter einer (Handels-)Gesellschaft in der Weise beteiligt, dass nur der andere nach außen, vor allem der Gesellschaft gegenüber, die Stellung eines Gesellschafters hat – **Hauptgesellschafter** –, während intern der **Unterbeteiligte** am Gewinn, meist auch am Verlust teilnimmt. Wie bei der stillen Gesellschaft liegt eine nach außen nicht hervortretende Beteiligung vor; diese bezieht sich jedoch nicht auf ein Handelsgewerbe, sondern nur auf die *Gesellschaftsbeteiligung* des Hauptgesellschafters. Deshalb ist die Unterbeteiligung nicht stille Gesellschaft, sondern BGB-Innengesellschaft. Eine Unterbeteiligung kommt bei allen Erwerbsgesellschaften (oben § 1 Rn. 12) in Betracht.

4. Darlehen

8   Die typische stille Gesellschaft ist nahe mit dem Darlehen verwandt. Beiden gemeinsam ist, dass eine Einlage (Darlehenssumme) in das Vermögen eines anderen übergeht. Die Unterscheidung hat erhebliche praktische Bedeutung, da Darlehen und stille Gesellschaft rechtlich sehr verschiedenen Regelungen unterliegen; z.B. unterliegen for-

---

[4] Dazu näher MünchKomm-HGB/*K. Schmidt,* § 230 Rn. 191 ff.; *Wiedemann* II, § 10 V.

mularmäßig angebotene Gesellschaftsbeteiligungen nach § 310 Abs. 4 Satz 1 BGB grundsätzlich nicht der AGB-Kontrolle (unten § 19 Rn. 8); ferner hat der stille Gesellschafter kein mit § 490 Abs. 1 BGB vergleichbares Kündigungsrecht.

Ein Indiz für ein Darlehen ist, dass der Geldgeber **festen Zins** erhält, denn der *stille Gesellschafter* ist typischerweise am Geschäftsergebnis, *Gewinn und Verlust,* beteiligt ist. Zwingend ist das aber nicht; auch beim Darlehen kann eine Vergütung in Form einer Gewinnbeteiligung vereinbart werden – **partiarisches Darlehen** (oben § 5 Rn. 5), und bei der stillen Gesellschaft kann die *Verlustbeteiligung ausgeschlossen* werden. Entscheidend ist, ob das Verhältnis bei Berücksichtigung aller Einzelheiten in seiner Gesamtheit eine wirkliche Zweckgemeinschaft begründet oder die Beteiligten, wie bei einer bloßen Kreditgewährung, lediglich ihre eigenen Interessen wahrnehmen.[5]

Eine Gewinnbeteiligung ist bei der stillen Gesellschaft unbedingt nötig; wird also lediglich ein *fester Zins* vereinbart, liegt sicher ein Darlehen vor.[6] Umgekehrt spricht die *Beteiligung am Verlust* stets für *eine stille Gesellschaft,* da das mit dem Wesen des Darlehens, bei dem die hingegebene Geldsumme zurückzuzahlen ist, im Widerspruch stünde.[7] Zweifelhaft bleiben aber die Fälle, in denen lediglich eine Gewinnbeteiligung ausgemacht ist, sei es ausschließlich, sei es neben einem festen Mindestzins, der auch bei der stillen Gesellschaft möglich ist. Praktisch kann die Ausgestaltung der Kontrollrechte einen Anhaltspunkt für die Ermittlung des Parteiwillens geben. Je umfangreicher sie sind, desto mehr spricht das für eine stille Gesellschaft. Ist etwa der Geschäftsinhaber bei Vornahme wichtiger Geschäfte im Innenverhältnis an die Zustimmung des Geldgebers gebunden, so wird nur eine stille Gesellschaft in Frage kommen. Doch bleibt zu beachten, dass auch beim Darlehen gewisse Aufsichtsrechte ausbedungen werden können.[8]

Entsprechendes wie für das partiarische Darlehen gilt auch für andere partiarische Rechtsverhältnisse, etwa Dienstleistungen gegen Gewinnbeteiligung. Hier ist u. a. die Gleichordnung der Gesellschafter Abgrenzungsmerkmal.[9]

III. Gesetzliche Regelung und praktische Bedeutung

Für die stille Gesellschaft gelten in erster Linie die §§ 230–237 HGB, bis 1986 §§ 335–342 HGB, die durch das BilanzrichtlinieG nach vorn verschoben wurden. Ergänzend kommen die Vorschriften über die BGB-Gesellschaft in Betracht, aber nur, soweit sie nicht das Auftreten nach außen und die Vermögensgemeinschaft betreffen (oben Rn. 5).

Die praktische Bedeutung reicht vom reinen Finanzierungsverhältnis bis zur Ausgestaltung, die einer Handelsgesellschaft ähnelt. Letztere hat vor allem aus steuerlichen Gründen Bedeutung, da die sog. **atypische stille Gesellschaft** zur Mitunternehmereigenschaft des Stillen i. S. d. § 15 EStG führt, so dass die steuerliche Zuweisung von Verlusten möglich ist (oben § 4 Rn. 10, unten Rn. 13). Wie die KG wird die stille Gesell-

9

---

[5] *BGH* NJW 1992, 2696; BGHZ 127, 176 = NJW 1995, 192; krit. gegenüber partiarischen Darlehen *Schön,* ZGR 1993, 210; näher dazu MünchKomm-HGB/*K. Schmidt,* § 230 Rn. 57 ff.

[6] So schon RGZ 122, 387, 390; Baumbach/Hopt/*Hopt,* § 231 Rn. 2; MünchKomm-HGB/*K. Schmidt,* § 230 Rn. 41.

[7] So schon RGZ 168, 284, 286; *BGH* WM 1965, 1052, 1053; vgl. auch MünchKomm-AktG/*Habersack,* § 221 Rn. 88, 89: stille Beteiligung einzige vom Gesetz vorgesehene Form der Beteiligung am Verlust auf schuldrechtlicher Grundlage.

[8] Sog. Covenants, *Heinrich,* Covenants als Alternative zum gesetzlichen Kapitalschutz (demnächst); *Kästle,* Rechtsfragen der Verwendung von Covenants in Kreditverträgen, 2003; *Kümpel,* Bank- und Kapitalmarktrecht, 3. Aufl., 2004, Rn. 6578 ff.

[9] *BGH* NJW 1992, 2696; Baumbach/Hopt/*Hopt,* § 230 Rn. 4; MünchKomm-HGB/*K. Schmidt,* § 230 Rn. 55.

schaft für ein breites Anlegerpublikum angeboten; die Rechtsprobleme, die sich daraus ergeben, und deren Lösung entsprechen teilweise der Publikums- oder Massen-KG (unten § 19). Ferner dient die stille Gesellschaft der Arbeitnehmerbeteiligung am Arbeitgeberunternehmen (vgl. § 2 Abs. 1 Nr. 1 i des 5. VermBG).

Das bedeutet nicht notwendig, dass das Vorhandensein des Stillen dem Publikum, vor allem den Gläubigern, unbekannt bleiben muss. Vielmehr wird der tätige Teilhaber wichtigen Gläubigern, besonders seiner Bank schon im Interesse seines Kredits von der Einlage des Stillen Mitteilung machen. Wie die stille Beteiligung in der Bilanz des Tätigen abzubilden ist, ist streitig und hängt von der Ausgestaltung im Einzelnen ab.[10] Sie kann eigenkapitalähnlich sein und stützt dann die Bonität des Tätigen. Der Stille tritt dadurch in keinerlei unmittelbare Rechtsbeziehungen zu den Gläubigern. Für die stille Gesellschaft selbst gelten keine gesetzlichen Rechnungslegungspflichten, jedoch ist der Tätige dem Stillen gegenüber zur internen Abrechnung verpflichtet (unten Rn. 11).

IV. Gesellschaftsvertrag

10   Die Errichtung der stillen Gesellschaft erfolgt durch *formfreien* **Vertrag,** sofern nicht die Art der zu erbringenden Einlage des Stillen die Einhaltung einer Form erfordert, z.B. § 311b Abs. 1 BGB. Trifft letzteres nicht zu, kann der Vertrag auch stillschweigend geschlossen werden, etwa wenn der Verkäufer eines kaufmännischen Unternehmens einen Teil des Kaufpreises im Unternehmen stehen lässt. Die Gesellschaft entsteht schon durch den Vertragsschluss, eine tatsächliche Leistung der Einlage ist nicht erforderlich. Nach seiner Rechtsnatur ist der Gesellschaftsvertrag zunächst ein schuldrechtlicher Vertrag, er kann aber auch organisationsrechtliche Elemente, z.B. Mitwirkungs- und Kontrollrechte enthalten (vgl. oben § 6 Rn. 2). Bei Mängeln finden daher die Grundsätze über die fehlerhafte Gesellschaft Anwendung.[11]

V. Innenverhältnis

1. Rechte und Pflichten des tätigen Teilhabers

11   Die **Geschäftsführung** steht ausschließlich dem tätigen Teilhaber zu. Dieser ist auch dem stillen Gesellschafter gegenüber zum Betrieb des Handelsgewerbes verpflichtet und haftet für nachlässige Geschäftsführung, allerdings nur nach Maßgabe des § 708 BGB *(diligentia quam in suis).* Das gilt nicht bei einer GmbH als Geschäftsinhaber und in der Publikumsgesellschaft; dort ist die Sorgfalt eines ordentlichen Kaufmanns geschuldet.[12] Die Treuepflicht innerhalb der stillen Gesellschaft verbietet es dem Geschäftsinhaber, dem Geschäftsbetrieb Konkurrenz zu machen; §§ 112, 113 HGB gelten allerdings nicht unmittelbar. Der tätige Teilhaber hat gemäß §§ 713, 670 BGB, § 110 HGB einen Anspruch auf Aufwendungsersatz; eine Vergütung kann er nur bei entsprechender Vereinbarung verlangen, da normalerweise die Gewinnbeteiligung seine

---

[10] *Blaurock,* Rn. 13.85 ff.; MünchKomm-HGB/*K. Schmidt,* § 230 Rn. 170 ff.

[11] BGHZ 55, 5; 62, 234, 237; *BGH* NJW 1992, 2696, 2698; 1993, 2107; 2005, 1784, 1785; Röhricht/v. Westphalen/*v.Gerkan,* § 230 Rn. 14; differenzierend Baumbach/Hopt/*Hopt,* § 230 Rn. 11; *K. Schmidt,* § 62 III 1 d; MünchKomm-HGB/*K. Schmidt,* § 230 Rn. 133 f.

[12] *BGH* NJW 1995, 1353; Baumbach/Hopt/*Hopt,* § 230 Rn. 17; unten § 19 Rn. 12.

Interessen wahrt (oben § 14 Rn. 22). Der Tätige hat den Gewinn des Stillen den vertraglichen Abreden entsprechend zu ermitteln (§ 232 Abs. 1 HGB).[13]

Im Fall der Pflichtverletzung, die sowohl in sorgfaltswidriger Geschäftsführung als auch in Verletzungen des stillen Gesellschaftsvertrages bestehen kann, ist in erster Linie das Vermögen des Geschäftsinhabers wieder herzustellen, denn ein „Gesellschaftsvermögen" der stillen Gesellschaft gibt es ja nicht. Bei der für Publikumsgesellschaften verbreiteten Form der GmbH & Still muss dann z.B. der Geschäftsführer der GmbH das GmbH-Vermögen auffüllen. Streitig ist, ob der stille Gesellschafter solche Ansprüche im Wege der actio pro socio (oben § 7 Rn. 6) geltend machen kann.[14]

2. Rechte und Pflichten des Stillen

Dem Stillen stehen die gleichen geringen **Kontroll- und Informationsrechte** zu wie   12
dem Kommanditisten; § 233 HGB entspricht in seiner Funktion dem § 166 HGB. Die Ausübung dieser Rechte unterliegt der Treuepflicht.[15] Der Stille wirkt an der Geschäftsführung nicht mit und hat auch bei ungewöhnlichen Geschäften kein Widerspruchsrecht. Ist er mit der Geschäftsführung nicht einverstanden, so ist er auf Schadenersatzansprüche und Kündigung angewiesen. Der Stille ist *notwendig* am **Gewinn** beteiligt, in der Regel auch am **Verlust**.

Die **Höhe des Anteils** wird durch den Gesellschaftsvertrag festgelegt. Ist nur der Anteil am Gewinn oder am Verlust bestimmt, so gilt die Bestimmung im Zweifel für Gewinn und Verlust (§ 722 Abs. 2 BGB). Ist gar nichts vereinbart, so erhält der Stille einen den Umständen nach angemessenen Anteil am Gewinn und trägt einen entsprechenden Anteil am Verlust (§ 231 Abs. 1 HGB). Dabei sind die Höhe der Beteiligung, die Höhe des Gesamtkapitals, aber auch die Arbeitsleistung des tätigen Teilhabers und das beiderseitige Risiko zu berücksichtigen.

Auf den ihm zustehenden **Gewinn** hat der Stille ein Forderungsrecht. Er kann nach Feststellung des Gewinns sofortige **Auszahlung** verlangen (§ 232 Abs. 1 HGB). Nur ist zunächst, wenn die Einlage durch frühere Verluste vermindert ist, diese aufzufüllen (§ 232 Abs. 2 HGB). Lässt er darüber hinaus Gewinn stehen, so erhöht sich seine Einlage dadurch nicht, sondern er hat dann eine gewöhnliche Geldforderung (§ 232 Abs. 3 HGB).

Am **Verlust** nimmt der Stille genauso wie der Kommanditist nur bis zum Betrag seiner Einlage teil; zu Nachschüssen ist er nicht verpflichtet (§ 232 Abs. 2 HGB). Im Gesellschaftsvertrag kann die Teilnahme am Verlust ausgeschlossen werden (§ 231 Abs. 2 HGB).

Die **Hauptpflicht** des stillen Gesellschafters besteht in der Leistung seiner Einlage. Sie muss in das Vermögen des tätigen Teilhabers überführt werden (oben Rn. 2). Die Einlage kann in allen Gegenständen bestehen, die Vermögenswert haben, auch in Dienstleistungen.

3. Atypische stille Gesellschaft

Mit Ausnahme der Gewinnbeteiligung ist die *gesetzliche Regelung dispositiv*. Einige   13
Abweichungen sind praktisch besonders wichtig und haben sich, vor allem wegen der steuerlichen Folgen typisiert, durchgesetzt.[16] Die Mitunternehmerschaft im steuer-

---

[13] *Blaurock,* Rn. 14.8 ff.

[14] *BGH* NJW 1988, 413; 1995, 738; 1995, 13 55 (gewillkürte Prozessstandschaft); dazu MünchKomm-HGB/*K. Schmidt,* § 230 Rn. 156 ff., 185 (actio pro socio); *Windbichler,* ZGR 1989, 434 (Auffüllung des Geschäftsvermögens).

[15] *Kort,* DStR 1997, 1372; zu Einzelheiten *Blaurock,* Rn. 12.65 ff.

[16] Baumbach/Hopt/*Hopt,* § 230 Rn. 3; *Groh,* FS Kruse, 2001, S. 417; *Joost,* Die steuerliche Abgrenzung zwischen typischen und atypischen stillen Gesellschaften, 1999; MünchKomm-HGB/*K. Schmidt,* § 230 Rn. 74 ff.; *K. Schmidt,* § 62 II 2 c.

rechtlichen Sinne i.S.v. § 15 Abs. 1 Nr. 2 EStG, die die Zuweisung von Verlusten ermöglicht (oben § 4 Rn. 10), wird vom BFH anerkannt, wenn die Merkmale „Unternehmerrisiko" und „Mitunternehmerinitiative" erfüllt sind. [17] Die hierfür geeigneten Gestaltungen haben wiederum zu einer gewissen Typisierung geführt, weshalb auch von **„typischen atypischen" stillen Gesellschaften** gesprochen wird.

Unternehmerrisiko: Der stille Gesellschafter kann intern in der Weise *schuldrechtlich am Geschäftsvermögen beteiligt* werden, dass er bei Auflösung der Gesellschaft so gestellt wird, als ob das Vermögen beiden bzw. allen Gesellschaftern gemeinsam gehört habe – **wirtschaftliche Beteiligung am Geschäftsvermögen.** Damit wird eine Teilnahme an der inneren Wertsteigerung – Firmenwert, stille Reserven – erreicht, die normalerweise dem Stillen nicht zukommt, die aber dem Wesen einer stillen Beteiligung auch nicht zuwiderläuft.[18]

Mitunternehmerinitiative verlangt Teilnahme an unternehmerischen Entscheidungen. Wie bei der KG für die Kommanditisten kann auch für den stillen Gesellschafter vertraglich die **Teilnahme an der Geschäftsführung** in beliebigem Umfang vorgesehen werden.[19]

VI. „Außenverhältnis"

14   Unabhängig von der konkreten Ausgestaltung ist die stille Gesellschaft **immer Innengesellschaft,** d.h. sie hat **kein Außenverhältnis.** Im Verhältnis zu Dritten ist der *tätige Gesellschafter der alleinige Inhaber des Handelsgeschäfts.* Er betreibt es in seinem Namen; aus allen im Betrieb geschlossenen Geschäften wird nur er berechtigt und verpflichtet (§ 230 Abs. 2 HGB). Eine Vertretungsmacht kommt mithin gar nicht in Frage, da weder der Stille noch die Gesellschaft als solche zu Dritten in Rechtsbeziehungen tritt.

Für die **Geschäftsschulden** haftet nur der Inhaber, nicht der Stille, auch nicht in Höhe seiner Einlage. Ist diese noch nicht geleistet, so schuldet sie der Stille lediglich dem tätigen Gesellschafter, ist also eine rein interne Verbindlichkeit. Demgemäß können der Stille und der Inhaber beliebige Vereinbarungen über die Einlage treffen, können sie erhöhen, vermindern, stunden, erlassen, zurückzahlen, ohne dass die Gläubiger widersprechen könnten. Die Gläubiger haben lediglich die Möglichkeit, die Forderung des Inhabers auf die rückständige Einlage wie jede andere Forderung zu pfänden. Außerdem kann ihnen gegen eine sie benachteiligende Vereinbarung der Gesellschafter ein Anfechtungsrecht nach § 136 InsO oder dem Anfechtungsgesetz zustehen, sofern die Voraussetzungen dafür vorliegen. Im Verhältnis zu den Gläubigern steht also der Stille grundsätzlich einem Darlehensgeber gleich; zum Insolvenzfall unten Rn. 17.

VII. Beendigung

1. Auflösungsgründe

15   Wie bei der BGB-Gesellschaft (§ 727 Abs. 1 BGB) löst der Tod des Geschäftsinhabers die stille Gesellschaft auf; jedoch ist wie bei der OHG und der KG (§ 131 Abs. 3 Satz 1 Nr. 1) der **Tod des Stillen kein Auflösungsgrund** (§ 234 Abs. 2 HGB). Bei einer nur kapitalistischen Beteiligung kommt es auf die Persönlichkeit des Gesellschafters nicht entscheidend an; die stille **Beteiligung ist vererblich.** Auf die **Kündigung** durch einen Gesellschafter oder einen Privatgläubiger des stillen Gesellschafters finden statt der Vorschriften des BGB die Regeln über die OHG entsprechende Anwendung (§ 234 Abs. 1 HGB – oben § 16 Rn. 13 f.); die Kündigung ist also vor allem an eine Kündigungsfrist von 6 Monaten

---

[17] BFHE 141, 405, 440 = NJW 1985, 93, 96; *Blaurock*, Rn. 20.53 ff.; *Wiedemann/Frey*, Nr. 265.
[18] BGHZ 7, 174; 8, 157; BFHE 170, 345, 351.
[19] BGHZ 8, 157, 160; vgl. auch *BGH* NJW 1992, 2696.

gebunden und darf nur zum Schluss des Geschäftsjahrs erfolgen. Ein völliger Ausschluss der ordentlichen Kündigung ist auch hier nicht zulässig.[20] Dagegen wird die Auflösung bei Vorliegen eines wichtigen Grundes durch einfache fristlose Kündigung und nicht durch Auflösungsklage herbeigeführt (§ 234 Abs. 1 HGB, § 723 BGB). Bei der, dem gesetzlichen Grundtyp entsprechenden, zweigliedrigen stillen Gesellschaft führt die Kündigung zur Auflösung. Bei der mehrgliedrigen stillen Gesellschaft (oben Rn. 1), führt die Kündigung zum Ausscheiden des Stillen.

Gläubiger des tätigen Teilhabers können nicht kündigen, da sie ohne weiteres in das Geschäftsvermögen vollstrecken können, das dem Schuldner allein zusteht.

2. Auseinandersetzung

Da es kein Gesellschaftsvermögen gibt (oben Rn. 2), ist auch eine Liquidation nicht **16** erforderlich. Die Auflösung führt zur sofortigen Beendigung der Gesellschaft. Der stille Gesellschafter hat aber einen **schuldrechtlichen Anspruch auf Auseinandersetzung** (§ 235 HGB).

Die Auseinandersetzung erfolgt in der Weise, dass der tätige Teilhaber auf Grund einer besonderen Bilanz (Auseinandersetzungsbilanz) das **Guthaben** des Stillen feststellt und auszahlt. Das Guthaben ist gleich dem Wert der geleisteten Einlage, vermehrt oder vermindert um nicht ausgezahlten früheren Gewinn, nicht ausgeglichene Verlustanteile, etwaige Entnahmen und das in der Schlussbilanz festgestellte Ergebnis des letzten Geschäftsjahrs. Die **Auszahlung** erfolgt stets **in Geld,** auch wenn die Einlage aus sonstigen Werten bestand. Außerdem nimmt der Stille am Gewinn und Verlust der zurzeit der Auflösung noch schwebenden Geschäfte teil (§ 235 HGB). Am Geschäftswert und den stillen Reserven ist der Stille nach dieser Berechnung nicht beteiligt.[21] Bei der atypischen stillen Gesellschaft mit kommanditistenähnlicher Stellung des Stillen wird auch das Auseinandersetzungsguthaben entsprechend berechnet.[22] Ist der nach den einschlägigen Grundsätzen berechnete Anteil negativ, besteht **keine Nachschusspflicht.**[23]

VIII. Insolvenz des Geschäftsinhabers

Durch die Eröffnung des Insolvenzverfahrens über das Vermögen eines der beiden **17** Gesellschafter wird die stille Gesellschaft aufgelöst (§ 728 BGB). In der Insolvenz des Geschäftsinhabers kann der Stille sein Guthaben fordern (§ 236 Abs. 1 HGB). Da es sich um einen schuldrechtlichen Anspruch gegen den Geschäftsinhaber handelt, kann er es als einfache Insovenzforderung geltend machen. Er erhält darauf die Insolvenzquote. Da er den Gläubigern nicht haftet, tritt er mit seiner Forderung auch nicht hinter andere Gläubiger zurück, sondern wird in gleicher Weise wie sie befriedigt. Eine rückständige Einlage hat der Stille in der Höhe zur Insolvenzmasse zu leisten, in der sie zur Deckung seines Verlustanteils erforderlich ist (§ 236 Abs. 2 HGB), falls er überhaupt am Verlust beteiligt ist.

Der stille Gesellschafter kann nicht einfach die ganze Einlage, sondern nur das **Auseinandersetzungsguthaben,** also die Einlage abzüglich des auf ihn entfallenden Verlustanteils verlangen (§ 236 Abs. 1 HGB).

---

[20] BGHZ 23, 10, 14; 50, 316, 321; *BGH* NJW 1992, 2696, 2698.
[21] BGHZ 127, 176, 181 = NJW 1995, 192, 193.
[22] *BGH* NJW-RR 1995, 1061; MünchKomm-HGB/*K. Schmidt,* § 235 Rn. 65.
[23] MünchKomm-HGB/*K. Schmidt,* § 235 Rn. 35, 65.

Beispiel: Einlage: 100 000 €; Verlustanteil: $^1/_5$; Verlust: 200 000 €. Dann beträgt das Guthaben des Stillen 60 000 €. Bei einer günstigen Insolvenzquote von 20% bekommt er 12 000 €, büßt also 88 000 € ein. Günstiger steht er, wenn er seine Einlage noch nicht einbezahlt hatte. Dann braucht er nur seinen Verlustanteil einzuzahlen (§ 236 Abs. 2 HGB). Im vorangegangenen Beispiel sind das 40 000 €; er würde also nur 40 000 € einbüßen. Hatte er 60 000 € eingezahlt, so hätte er ein Guthaben von 20 000 €, würde also bei 20% Insolvenzquote 4000 € erhalten, also 56 000 € einbüßen. Er verliert also umso mehr, je mehr er einbezahlt.

Ganz anders ist die Stellung des *Kommanditisten.* Das Insolvenzverfahren betrifft das Vermögen der KG, deren Mitinhaber er ist. Infolgedessen hat er keine Insolvenzforderung, sondern büßt die ganze Kommanditeinlage ein. War sie noch nicht einbezahlt, so muss er jetzt in vollem Umfang leisten. Übersteigt die Kommanditeinlage seinen Verlustanteil, so hat er lediglich im Innenverhältnis einen Ausgleichsanspruch gegen die anderen Gesellschafter, der außerhalb des Insolvenzverfahrens geltend zu machen ist.

Da der Stille, der seine Einlage noch nicht gezahlt hat, in der Insolvenz weniger einbüßt, besteht die Gefahr, dass bei drohender Insolvenz der tätige Teilhaber dem Stillen, mit dem ihn vielleicht enge Beziehungen verbinden, noch die Einlage ganz oder teilweise zurückgewährt. Dadurch würden die übrigen Gläubiger geschädigt werden. Deshalb gibt § 136 InsO (früher § 237 HGB) dem Insolvenzverwalter ohne Rücksicht auf eine Benachteiligungsabsicht des Stillen ein besonderes **Recht zur Anfechtung** hinsichtlich der Rückgewähr. Die Folge ist, dass das Zurückgewährte der Insolvenzmasse zu erstatten ist, wohingegen der Stille seine Forderung auf sein Guthaben in voller Höhe anmelden kann. Entsprechendes gilt, wenn im letzten Jahr vor der Insolvenzeröffnung der Anteil des Stillen am entstandenen Verlust ganz oder teilweise erlassen wird.[24] Das Anfechtungsrecht entfällt, wenn der Eröffnungsgrund für das Insolvenzverfahren erst nach der Vereinbarung der Rückzahlung oder des Erlasses eingetreten ist.

Abweichend davon kann die Einlage des stillen Gesellschafters vereinbarungsgemäß wie Eigenkapital behandelt werden.[25] Er wird dann auch in der Insolvenz des Geschäftsinhabers wie ein Kommanditist behandelt.

---

[24] Es handelt sich um einen Spezialtatbestand der inkongruenten Deckung (vgl. § 131 InsO), *Krolop,* ZIP 2007, 1738.

[25] *BGH* NJW 1981, 2251; Baumbach/Hopt/*Hopt,* § 236 Rn. 3; MünchKomm-HGB/*K. Schmidt,* § 236 Rn. 37 ff.

3. Kapitel

§ 19. Publikumspersonengesellschaften

Literatur: In Kommentaren und systematischen Darstellungen: Baumbach/Hopt/*Hopt*, HGB, Anh. § 177 a Rn. 52 ff.; *Blaurock*, § 19; *Kübler/Assmann*, §§ 21, 32 VI; Münchener Handbuch des Gesellschaftsrechts, Bd. 2, 2. Aufl., 2004, §§ 61 ff.; *K. Schmidt*, § 57; MünchKomm-HGB/*K. Schmidt*, § 161 Rn. 103 ff.; Wiedemann I, § 9 III 2; *Wiedemann/Frey*, Nr. 244–252.

Aus der umfangreichen Literatur ferner: Grundsätzliche Fragen: *Kellermann*, FS Stimpel, 1985, S. 295; *H. P. Westermann*, AcP 175 (1975), 375, 407 ff.

Anlegerschutz, insb. Prospekthaftung: Großkomm-AktG/*Assmann*, Einl. C; *Hopt* und *Mertens*, Gutachten und Referat zum 51. Deutschen Juristentag 1976; *Fleischer*, Gutachten F zum 64. Deutschen Juristentag, 2004; *Assmann*, Prospekthaftung, 1985; *Ellenberger*, Prospekthaftung im Wertpapierhandel, 2001; *Förster*, Die Prospekthaftung der organisierten und grauen Kapitalmärkte, 2002; *Hopt*, ZHR 141 (1977), 389; *Köndgen*, AG 1983, 85, 120; *Pleyer*, FS Stimpel, 1985, S. 335; *Pleyer/Hegel*, ZIP 1985, 1370 und 1986, 681; *Schwark*, ZGR 1976, 271; *Stimpel*, FS Fischer, 1979, S. 781; rechtsvergleichend *Hopt/Voigt* (Hrsg.), Prospekt- und Kapitalmarktinformationshaftung, 2005.

Inhaltskontrolle des Gesellschaftsvertrags: *Dannecker*, Die richterliche Inhaltskontrolle der Gesellschaftsverträge von Personengesellschaften, 1992; *Fastrich*, Richterliche Inhaltskontrolle im Privatrecht, 1992, S. 124 ff.; *Reuter*, AG 1979, 321; *U. H. Schneider*, ZGR 78, 1.

Minderheitenschutz: *Fischer*, FS Barz 1974, S. 33; *Immenga*, ZGR 1974, 385.

Treuhandorganisation: *Armbrüster*, Die treuhänderische Beteiligung an Gesellschaften, 2001; *Bälz*, ZGR 1980, 1; *Grundmann*, Der Treuhandvertrag, 1997, S. 482 ff.; *Kraft*, ZGR 1980, 399.

Zur Rechtsprechung des BGH: *Brandes*, WM 1987 Sonderbeilage 1; *ders.*, WM 1990, 1221; *ders.*, WM 1994, 578; *Kraft*, FS Fischer, 1979, S. 321.

I. Allgemeine Problematik

Das Gesetz geht von dem als typisch angesehenen **Normalfall** aus, dass Personenge- **1** sellschaften eine Vereinigung einer kleineren Zahl von Gesellschaftern sind, die sich persönlich kennen (oben § 4 Rn. 6). Auch bei der KG wird in Anlehnung an die OHG eine Gesellschaft mit zumindest noch überschaubarer Mitgliederzahl zugrunde gelegt, bei der persönliche Kontakte auch noch mit den entfernter stehenden Kapitalgebern bestehen, die ihrerseits ein erhebliches Maß von Vertrauen gegenüber den aktiv Tätigen aufbringen. Solche Verhältnisse sind in mittelständischen Unternehmen, vor allem in *Familienunternehmen* anzutreffen. Daneben wird der große Spielraum der **Vertragsfreiheit** für **abweichende privatautonome Gestaltungen** genutzt (oben § 2 Rn. 20). Die Praxis hat außer individuellen Regelungen auch typische Ausformungen entwickelt, die sich vom gesetzlichen Grundtyp erheblich unterscheiden. Von besonderem Interesse sind Varianten, die Elemente der Kapitalgesellschaft verwenden, weshalb man auch von *kapitalistischen* Personengesellschaften spricht, und die eine große Zahl von Gesellschaftern zulassen – *Massengesellschaften*.

Nur die Rechtsform der Personengesellschaft ermöglicht es, die Gesellschafter steu- **2** erlich als Mitunternehmer zu behandeln und ihnen Verluste zuzuweisen, die sie mit anderen steuerpflichtigen Einkünften verrechnen können (oben § 4 Rn. 10, § 17 Rn. 5).

Solche Verluste wurden vielfach durch besondere Abschreibungsmöglichkeiten, die vom Gesetzgeber als Förderinstrument für bestimmte Branchen oder Regionen eingesetzt wurden, erreicht – **Abschreibungsgesellschaften.** Missbräuche und Marktverzerrungen führten zu Einschränkungen dieser Art der sog. Investitionsförderung. Personen mit hohen Einkommen konnten durch z.T. hoch riskante und wirtschaftlich wenig sinnvolle Geldanlagen ihre Steuerlast beträchtlich verringern. § 15 a EStG begrenzt die buchmäßige Verlustzuweisung; die Verrechnungsmöglichkeit solcher Verluste mit positiven Einkünften ist ebenfalls beschränkt. Es bestehen aber nach wie vor genügend Anreize, größere Investitionsprojekte in Form von breiter gestreuten Beteiligungen an Personengesellschaften zu finanzieren. Für Immobilienfonds und die Anlage von Risikokapital *(„venture capital", „private equity")*[1] sind neben der KG die stille Gesellschaft und die BGB-Gesellschaft in Gebrauch.

3   Gesellschaftsrechtlich sind solche Gebilde bedenklich, da der im Aktien- und Kapitalmarktrecht entwickelte Anlegerschutz im Personengesellschaftsrecht fehlt, dessen Funktionsprinzipien nicht auf eine Vielzahl[2] von Gesellschaftern zugeschnitten sind. Hinzu kommen zweifelhafte Vertriebsmethoden; das auf andere Arten von Transaktionen zugeschnittene Verbraucherschutzrecht ist aber mit den gesellschaftsrechtlichen Belangen, etwa des Gläubigerschutzes, nicht abgestimmt. Das Haftungsregime (oben § 4 Rn. 8), insbesondere das der GbR nach der neueren Rechtsprechung, passt ebenfalls nicht zur Publikumsgesellschaft. Hinzu kommen die besonderen Risiken, wenn die Beteiligung mit Krediten finanziert wurde. Die Rechtsprechung half mit weit gehender Rechtsfortbildung im Vertrags-, Delikts- und Gesellschaftsrecht, der Gesetzgeber durch das VerkaufsprospektG 1998, § 264 a StGB (Kapitalanlagebetrug), das AnlegerschutzverbesserungsG 2004 und das WpPG 2005. Seit 1972 hat sich der **BGH** vielfach mit diesen Problemen befasst und schrittweise ein **Sonderrecht der Publikums-KG** geschaffen.[3] Da die KG auf die längste Entwicklung als Publikumspersonengesellschaft zurückblicken kann, wird sie nachfolgend zum Ausgangspunkt genommen.

II. Kapitalistische KG – Publikums-KG

1. Typische Erscheinungsformen

4   Die **Zahl der Kommanditisten** kann außergewöhnlich **groß sein.** Das kommt bei Familiengesellschaften vor, in denen durch mehrere Erbgänge die Zahl der nicht aktiv im Unternehmen tätigen Gesellschafter angestiegen ist. Dann bedarf es einer dieser Situation angemessenen Binnenorganisation. Die Gesellschaft kann aber auch von vornherein auf eine Vielzahl von Gesellschaftern angelegt sein. Sie wird zunächst von einigen wenigen Initiatoren gegründet und dann durch Beitritte erweitert. Neben der angemessenen Binnenorganisation ist dann der für Personengesellschaften ungewöhnliche Mitgliederzuwachs zu bewältigen.

Möglich ist auch, dass die Rechte der Kommanditisten vermehrt werden. Der **wirtschaftliche Schwerpunkt** der Gesellschaft kann ganz **bei den Kommanditisten** als den Geldgebern liegen, ohne dass einer von ihnen bereit ist, die persönliche Haftung zu übernehmen. Dann liegt es nahe, ihnen auch

---

[1] Vgl. dazu §§ 1 a Abs. 2 und 2 UBGG; *Gabbert*, ZIP 2000, 11; *Jäger*, NZG 1998, 833; *Leopold*, DStR 1999, 470; *Lorenz*, DStR 2001, 821; *Pfeifer*, BB 1999, 1665; *Pöllath/Rodin*, FS Rädler, 1999 S. 487.

[2] *BGH* NJW 1976, 894: über 1000.

[3] Überblick dazu bei *Gummert*, in: MünchHdbGesR II, § 61 Rn. 1 ff.

als Kommanditisten einen stärkeren *Einfluss auf die Geschäftsführung* einzuräumen, u. U. die ganze Leitung in ihren Händen zu vereinigen (oben § 17 Rn. 11, 16). Die Komplementäre können an Weisungen der Kommanditisten gebunden werden, so dass mittelbar die Leitung der Geschäfte bei diesen liegt. Dafür kann der Komplementär intern vom Risiko befreit werden; er haftet zwar den Gläubigern kraft zwingender Vorschrift, aber einige finanzstarke oder alle Kommanditisten sagen ihm finanzielle Freistellung zu, falls er in Anspruch genommen werden sollte. Wird zugleich für die Tätigkeit des Komplementärs ein festes Gehalt vorgesehen, so hat er wirtschaftlich die Stellung eines Fremdgeschäftsführers. Diese Regelung kann mit den Modellen für eine große Zahl von Kommanditisten kombiniert werden. Dadurch erreicht man im Innenverhältnis eine Organisation, die derjenigen einer Kapitalgesellschaft weitgehend entspricht.

Ein anderer Weg, eine große Zahl von Anlegern zu beteiligen, ist das in der Praxis 5 ebenfalls verbreitete **Treuhandmodell.** Danach gehört der KG nur **ein Kommanditist als Treuhänder für die Anleger** an, die dann als *Treugeber* nur mittelbar an der KG beteiligt sind; sie bilden ihrerseits meist eine BGB-Gesellschaft.

Der Treuhandkommanditist ist meist eine juristische Person (GmbH oder AG); es können auch mehrere Treuhänder nebeneinander Kommanditisten sein, jeweils gesondert für einen bestimmten Kreis von Anlegern. Das **Treuhandverhältnis** wird wesentlich durch die Stellung des Treuhänders als Kommanditist geprägt; die hieraus folgenden Verpflichtungen ziehen, wenn nichts anderes vereinbart ist, entsprechende Bindungen des Treugebers nach sich.[4] Andererseits ist der Treuhänder verpflichtet, gegenüber der KG und dem Komplementär die **Interessen der Treugeber** zu wahren; bei grober Verletzung dieser Pflicht können diese nach den allgemein für Dauerrechtsverhältnisse geltenden Grundsätzen die Treuhandverträge außerordentlich kündigen und sich dadurch auch von ihren Beteiligungen lösen.[5]

Die Publikums-KG oder Massen-KG in der Ausprägung, die sie im Wege der 6 Rechtsfortbildung durch den II. BGH-Senat erhalten hat, kommt der Kapitalgesellschaft sehr nahe. Sie ist aber ungeachtet aller Besonderheiten in erster Linie KG und dem KG-Recht unterworfen. Das gilt uneingeschränkt, soweit dieses *zwingend* ist, also vor allem im Außenverhältnis, insbesondere hinsichtlich der *Haftung gegenüber Gesellschaftsgläubigern* (unten Rn. 14).

2. Errichtung und Gesellschaftsvertrag

a) Initiatoren

Der Gesellschaftsvertrag wird in der Regel von einer kleinen Zahl von Initiatoren 7 abgeschlossen, die weiteren Gesellschafter kommen erst später hinzu. Häufig nimmt bei solchen KG eine GmbH die Komplementärstellung ein (zur GmbH & Co KG unten § 37). Die Geschäftsführer der GmbH führen dann auch die Geschäfte der KG. Durch eigene Beteiligung an der GmbH oder sonstige geeignete Unterbringung der Geschäftsanteile sichern sich die Initiatoren und sonstigen Gründer der Publikums-KG den Einfluss auf die GmbH und ihre Geschäftsführer oder nehmen diese Funktion selbst wahr.

b) Inhaltskontrolle des Gesellschaftsvertrags

Bei der Ausgestaltung des Gesellschaftsvertrages ist die Gefahr einer Benachteili- 8 gung der Anlagegesellschafter besonders groß. Sie werden ohne die Möglichkeit individueller Einflussnahme mit dem von den Initiatoren und Gründern bereits abgeschlossenen und daher inhaltlich vorgegebenen Vertrag konfrontiert, der nicht dem für

---

[4] *BGH* BB 1980, 549: Einlagepflicht trotz drohenden Vermögensverfalls; *BGH* DB 1980, 781: Wiederaufleben der Haftung bei Einlagenrückgewähr.
[5] BGHZ 73, 294 = NJW 1979, 1503.

solche Gestaltungen vorgesehenen Recht der Körperschaften unterliegt. In gewisser Weise gleicht die Lage derjenigen bei der Verwendung allgemeiner Geschäftsbedingungen. Wie ursprünglich auch bei diesen hat sich deshalb der BGH für eine auf § 242 BGB gestützte (die §§ 305 ff. BGB sind nicht anwendbar, § 310 Abs. 4 Satz 1 BGB) **gerichtliche Inhaltskontrolle** des Gesellschaftsvertrages bei der Publikums-KG ausgesprochen und diese beim Treuhandmodell auch auf die Treuhandabrede erstreckt.[6]

> Danach ist solchen Vertragsbestimmungen die Wirksamkeit zu versagen, die die Anlagegesellschafter unangemessen in ihren Rechten beschränken oder sonst belasten, so z.B. ungerechtfertigt kurze Verjährung von Schadenersatzansprüchen gegen Mitglieder eines Aufsichtsrats, sachlich nicht gebotene Erschwerung der Abberufung eines mit der Geschäftsführung betrauten Verwalters, einseitiges, in das freie Ermessen gestelltes Optionsrecht der Komplementär-GmbH auf Übernahme der Kommanditbeteiligungen.[7] Sowohl als **Maßstab** der Inhaltskontrolle wie für die (ergänzende) Vertragsauslegung werden rechtsfortbildend **körperschaftsrechtliche Grundsätze** herangezogen.[8] Vereinbarungen, dass Streitigkeiten über die Mitgliedschaft nicht mit den übrigen Gesellschaftern, sondern mit der Gesellschaft selbst zu führen sind, werden als zulässig und sinnvoll angesehen.[9]

c) Auslegung

9   Im Übrigen ist, ohne dass es dazu einer Inhaltskontrolle bedarf, bei der **Auslegung des Gesellschaftsvertrages** ein **objektiver Maßstab** anzulegen. Da der Vertrag für eine Vielzahl später erst beitretender Gesellschafter bestimmt ist, können subjektive, im Vertrag nicht ausgedrückte Vorstellungen der Gründer nicht maßgebend sein; ebenso wenig ist ohne förmliche Vertragsänderung eine von diesem abweichende Praxis für die Zukunft bindend, selbst wenn sie längere Zeit vorbehaltlos hingenommen wurde; bei zusätzlichen Verpflichtungen der Kommanditisten ist eine deren Interessen berücksichtigende enge Auslegung geboten.[10]

10   Inhaltskontrolle und Auslegung versagen, wenn Vereinbarungen, die die Gesellschaft belasten und sich mittelbar ungünstig für die Gesellschafter auswirken, nicht in den Gesellschaftsvertrag aufgenommen, sondern gesondert getroffen werden. Deshalb werden Vereinbarungen über *Vorteile zugunsten der Gründer* wie Geschäftsführervergütungen u.dgl. ähnlich wie Sondervorteile und Gründungsaufwand bei der AG (§ 26 AktG) nur wirksam, wenn sie im Gesellschaftsvertrag selbst oder in einem ordnungsgemäß protokollierten Gesellschafterbeschluss niedergelegt sind; unzureichende Angaben über Kapitalrückflüsse an die Initiatoren führen zur Prospekthaftung (unten Rn. 19).[11]

3. Innenverhältnis

11   Im Recht der KG fehlt die im AktG angelegte Organisation, die auch dem Schutz der Anlagegesellschafter dient. Dazu gehören die Vorschriften über die Gründung, die Ausgestaltung der Gesellschafterrechte, den Minderheitsschutz und die Verantwortlichkeit der Organe. Zwar ermöglicht das Recht der KG dank seiner großen Flexibilität rechtstechnisch zufrieden stellende Lösungen auch für die Massen-KG; die Beratungspraxis hat das unter Beweis gestellt. Der bei der normalen KG wirksame

---

[6] BGHZ 104, 50 = NJW 1988, 1903; für Kontrolle von Gesellschafts- und Treuhandvertrag anhand der §§ 307 ff. BGB im Fall der mittelbaren Beteiligung *Grundmann*, Der Treuhandvertrag, 1997, S. 514 ff.
[7] BGHZ 64, 238 = NJW 1975, 1318; BGHZ 84, 11 = NJW 1982, 2303; BGHZ 102, 172 = NJW 1988, 969; BGHZ 104, 50 = NJW 1988, 1903; zur Publikums-GbR *BGH* NJW 1982, 2495; DB 1984, 179.
[8] Dazu insb. *Kellermann*, FS Stimpel, 1985, S. 295; *Kübler/Assmann*, § 21 III 3–5; vgl. auch oben Rn. 28 m. Fn. 41.
[9] *BGH* NJW 2003, 1729.
[10] *BGH* NJW 1979, 419; 1979, 2102; 1990, 2684; 1991, 2906; NZG 2005, 753 (GbR).
[11] *BGH* BB 1976, 526 = NJW 1976, 1451; NJW 1978, 755; 2000, 3346 = NZG 2000, 997.

Mechanismus der Vertragsgerechtigkeit baut auf der Richtigkeitsgewähr individuell ausgehandelter Verträge auf. Bei der Publikums-KG dagegen wird der Gesellschaftsvertrag von einem kleinen Kreis der Initiatoren oder Gründer abgeschlossen. In vielen Fällen wurden daher die Rechte der Anlagegesellschafter zugunsten der Initiatoren oder des von ihnen eingesetzten Managements über Gebühr beschnitten oder sonst beeinträchtigt. Dem ist die Rechtsprechung entgegen getreten.

a) Organe

Bei der großen Zahl der Kommanditisten können diese ihre Rechte (Kontrollrechte, Zustimmung zu **12** ungewöhnlichen Geschäften, Mitwirkung bei Abänderung des Gesellschaftsvertrages, Ausübung der Befugnisse aus §§ 113 Abs. 2, 117, 127, 139 Abs. 2, 140 HGB) kaum sinnvoll einzeln ausüben. Zur gemeinsamen Ausübung der ihnen zustehenden Rechte oder eines Teils derselben kann eine **Kommanditistenversammlung** gebildet werden, die über die Ausübung dieser Rechte einstimmig oder durch Mehrheitsbeschluss zu entscheiden hat. Oder es wird ein Vertrauensmann oder ein **Kommanditistenausschuss, Verwaltungs-, Aufsichts- oder Beirat** gewählt, der diese Rechte für sämtliche Kommanditisten ausübt. Diese Gremien können auch zur Überwachung und Beratung der Geschäftsführung eingesetzt werden. Häufig sichern sich die Initiatoren oder Gründer durch entsprechende vertragliche Gestaltung der Besetzung den maßgeblichen Einfluss auch in diesen Organen; das ist rechtlich zulässig, birgt aber im Zusammentreffen mit der Einwirkung auf die zu überwachende Geschäftsführung die Gefahr von Missbräuchen.[12]

In Anlehnung an das Aktienrecht (unten § 28 Rn. 37) gilt bei der **Haftung** der Gesellschafter, die einem Aufsichtsrat, Beirat oder einem ähnlichen Überwachungsorgan angehören, gegenüber ihren Mitgesellschaftern **nicht** die **Haftungsbeschränkung des § 708 BGB** (dazu oben § 7 Rn. 5). Diese wird allein durch die persönlichen Bindungen gerechtfertigt, die bei der Publikums-KG gerade fehlen. Inhalt und Umfang der Pflichten sind in Anlehnung an die Aufsichtsratspflichten des Aktienrechts (§§ 116, 93 AktG analog) näher zu bestimmen, auch hinsichtlich der Verjährung von Schadenersatzansprüchen, die nicht unter fünf Jahre verkürzt werden kann (§ 93 Abs. 6 AktG). Entsprechend ist auch dem **Komplementär** die Berufung auf § 708 BGB zu versagen. Handelt es sich wie meist um eine Komplementär-GmbH, so haftet auch deren *Geschäftsführer* der KG, für die er letztlich tätig wird, unmittelbar.[13]

b) Gesellschafterbeschlüsse

Wie bei den Kapitalgesellschaften wird bei der Publikums-KG regelmäßig für Gesellschafterbe- **13** schlüsse das **Mehrheitsprinzip** vorgesehen, und zwar meistens auch **für Änderungen des Gesellschaftsvertrages**. Dem liegt die Erkenntnis zugrunde, dass es bei großen Gesellschafterzahlen praktisch unmöglich ist, die an sich erforderliche Zustimmung aller zu einer Vertragsänderung zu erlangen. Andererseits muss aber die Möglichkeit zur Anpassung an veränderte Verhältnisse und zur Fortentwicklung der Gesellschaft bestehen. Deshalb wird bei der Publikums-KG der **Bestimmtheitsgrundsatz** (oben § 14 Rn. 11) **nicht angewendet,** d.h. die für Mehrheitsbeschlüsse eröffneten Gegenstände brauchen nicht näher umschrieben zu werden.[14] Als **Ausnahme** ist die, aus Gesellschaftersicht besonders gefährliche, Möglichkeit der Auferlegung von Nachschusspflichten (oben § 7 Rn. 2) nur zulässig, wenn die gesellschaftsvertragliche Bestimmung eindeutig ist und Ausmaß und Umfang der möglichen zusätzlichen Belastung erkennen lässt.[15]

Dagegen hat die Rechtsprechung bisher nicht in vollständiger Angleichung an die Kapitalgesellschaften (§ 179 Abs. 2 AktG, § 53 Abs. 2 GmbHG) auf eine vertragliche Grundlage für die Geltung des Mehrheitsprinzips ganz verzichtet, lässt aber jedenfalls die Abberufung des Geschäftsführers aus wichtigem Grund mit Mehrheit zu.[16]

---

[12] Vgl. *BGH* NZG 2005, 33.

[13] BGHZ 64, 238; 69, 207, 210 = NJW 1977, 2311; BGHZ 75, 321 = NJW 1980, 589 = JuS 1980 m. Anm. *Emmerich;* BGHZ 76, 326 = NJW 1980, 1524; BGHZ 87, 84 = NJW 1983, 1675; *BGH* NJW 1978, 425; DB 1980, 71; *Hüffer,* ZGR 1981, 348.

[14] BGHZ 66, 82 = NJW 1976, 958; BGHZ 69, 160, 166 = NJW 1977, 2160; BGHZ 71, 53 = NJW 1978, 1382; auch BGHZ 85, 350 = NJW 1983, 1056; *Wiedemann/Frey,* Nr. 247.

[15] *BGH* NZG 2005, 753; 2006, 306; vgl. auch *Wiedemann/Frey,* Nr. 248.

[16] BGHZ 102, 172 = NJW 1988, 969; zur Tendenz *Stimpel,* FS Fischer, 1979 S. 779f. mit Blick auf BGHZ 71, 58f.; *Kellermann,* FS Stimpel, 1985 S. 295, 301ff.

4. Außenverhältnis

14   Die Publikums-KG wird durch den Komplementär, wenn dieser eine Kapitalgesellschaft ist, durch dessen Vertretungsorgan nach außen vertreten. Die Haftungsverhältnisse richten sich nach dem Recht der KG (oben § 17 Rn. 18ff.).

> Gelegentlich übersehen wird in der Praxis die für den Anlagekommanditisten u. U. gefährliche unbeschränkte Haftung für Verbindlichkeiten aus Geschäften der schon aktiv tätigen KG in der Zeit zwischen dem Beitritt und dessen Eintragung ins Handelsregister nach § 176 Abs. 2 HGB (oben § 17 Rn. 24).[17] Es empfiehlt sich, den Beginn der Mitgliedschaft von der Eintragung abhängig zu machen. Auch das Wiederaufleben der persönlichen Haftung bei Einlagenrückgewähr richtet sich allein nach dem Recht der KG (oben § 17 Rn. 20). Das ist praktisch vor allem bedeutsam bei gutgläubigem Empfang eines zu unrecht ausgewiesenen Gewinns; hier gilt die im Vergleich zu § 62 Abs. 1 Satz 2 AktG strengere Regelung des § 172 Abs. 5 HGB.[18] Für die Haftungsbeschränkung ist ferner wichtig, dass Zahlungen auf ein neben der Kommanditeinlage geschuldetes Darlehen auf die Haftsumme anzurechnen sind, wenn diese sich aus beiden zusammensetzt.[19] Damit zieht der BGH die Konsequenz aus seiner ständigen Rechtsprechung, wonach zusätzlich zur eigentlichen Einlage vereinbarte weitere Kapitalleistungen – praktisch nicht selten Darlehen oder eine zusätzliche stille Beteiligung – als gesellschaftsvertragliche Leistungen dem Eigenkapital zuzurechnen und auch bei einer Liquidation oder in der Insolvenz entsprechend zu behandeln sind, es sei denn es handelt sich um einen den Mitgesellschaftern zukommenden Ausgleich für einen höheren inneren Wert des durch späteren Beitritt erworbenen Anteils.[20]

5. Gesellschafterbeitritt und -wechsel

a) Vertrag

15   Der Beitritt zu einer Personengesellschaft erfordert einen Vertrag mit allen Gesellschaftern (oben § 10 Rn. 1f.). Das gilt zunächst auch für die Publikums-KG, hat aber bei ihr zur Folge, dass die im Gesellschaftszweck angestrebten zahlreichen Neuaufnahmen gerade durch die große Zahl der am Vertrag zu beteiligenden Mitglieder extrem schwierig wäre. Deshalb wird üblicherweise bereits im Gesellschaftsvertrag der **Komplementär zur Aufnahme neuer Kommanditisten ermächtigt.**

> Danach kann der Geschäftsführer der Komplementär-GmbH *alle Gesellschafter beim Abschluss des Aufnahmevertrages vertreten.*[21] Die Rechtsprechung stellt angesichts der Zielsetzung der KG an die Auslegung des Gesellschaftsvertrages nur geringe Anforderungen und lässt auch eine Ermächtigung zum Handeln im eigenen Namen an die Komplementär-GmbH oder auch an die KG als solche zu.[22]

b) Fehlerhafter Beitritt und Widerruf

16   Beruht der Beitritt eines Kommanditisten auf **arglistiger Täuschung** (falsche oder unvollständige Angaben im Prospekt, unrichtige Darstellung der gegenwärtigen Lage der KG u.dgl.), ist nach den Regeln über die *fehlerhafte Gesellschaft* (oben § 13 Rn. 11ff.) eine Anfechtung mit Rückwirkung ausgeschlossen; der **Beitritt ist zunächst wirksam.** Dem betroffenen Gesellschafter steht ein nicht an eine Klage gebundenes

---

[17] Dazu BGHZ 82, 209 = NJW 1982, 883.
[18] BGHZ 84, 383 = NJW 1982, 2500.
[19] *BGH* BB 1982, 1138 = NJW 1982, 2253 m. Anm. *K. Schmidt.*
[20] *BGH* NJW 1978, 376; 1980, 1522; 1981, 2251; BGHZ 84, 383 = NJW 1982, 2500.
[21] *BGH* NJW 1973, 1604; BGHZ 63, 338, 345 = NJW 1975, 1022, 1024; *BGH* NJW 1983, 1117; 1985, 1080.
[22] *BGH* NJW 1978, 1000; *K. Schmidt*, § 57 II 1 a.

Recht zum Ausscheiden durch **außerordentliche fristlose Kündigung** seiner Mitgliedschaft auch dann zu, wenn der Gesellschaftsvertrag das nicht ausdrücklich vorsieht.[23]

Eine dennoch ausgesprochene Anfechtung kann in eine Kündigung umgedeutet werden, die ohnehin der Sache nach einer Anfechtung mit ex nunc-Wirkung entspricht.[24] Das Austrittsrecht kann nicht mehr ausgeübt werden, wenn für die KG ein Auflösungsgrund eingetreten ist und das die Kündigungsmöglichkeit rechtfertigende Fortsetzungsinteresse der Gesellschaftermehrheit nicht mehr besteht.[25] Auch wenn der Gesellschaftszweck insgesamt nicht mehr zu erreichen ist, verweist der BGH grundsätzlich auf die für solche Fälle gegebene Auflösungsklage. Ein außerordentliches Kündigungsrecht wird hier nur dann zu gewähren sein, wenn die anderen Gesellschafter durch Fortsetzungsbeschluss mit der gesellschaftsvertraglich erforderlichen Mehrheit die Auflösung wirksam ausgeschlossen haben.[26]

Durch die außerordentliche Kündigung wird der Gesellschafter von seiner **Einlagepflicht**, die durch den zunächst wirksamen Beitritt begründet worden ist, **nicht befreit;** ebenso wenig kann er ihr mit der Einrede der Arglist begegnen. Beides würde sich im Ergebnis zu Lasten der für die arglistige Täuschung nicht verantwortlichen Mitgesellschafter auswirken, denen insoweit das Verhalten der Geschäftsführung – trotz der Vertretung beim Beitrittsvertrag – nicht zugerechnet wird. Einlagepflicht wie auch bereits geleistete Einlagen werden lediglich rechnerisch im Rahmen der Ermittlung des **Abfindungsguthabens** für den ausscheidenden Gesellschafter (oben § 16 Rn. 18) berücksichtigt. Soweit sich dabei für ihn ein **Fehlbetrag** ergibt, bleibt der ausgeschiedene Gesellschafter zur Leistung einer noch ausstehenden Einlage verpflichtet.[27]

Unabhängig davon, ob beim Vertrieb unzutreffende Angaben gemacht wurden, **17** kommt je nach Vertriebsform ein **Widerrufsrecht nach §§ 312, 355 BGB** (früher: § 7 VerbrKrG, § 1 Abs. 1 Satz 1 HWiG) in Betracht.

Hierbei handelt es sich um Vorschriften, die den Individualschutz bezwecken, während die Prospekthaftung (unten Rn. 19) jedenfalls auch einen Funktionsschutz für Kapitalanlagen aus übergeordneten wirtschafts- und sozialpolitischen Gründen anstrebt. Deshalb wurde wohl auch in Kauf genommen, dass die in vielen Fällen unterbliebene Belehrung über das Widerrufsrecht und damit offen gebliebene Widerrufsfrist dazu instrumentalisiert werden, aus einer Anlage auszusteigen, die sich lang fristig als ungünstig erwiesen hat.[28] § 355 Abs. 3 Satz 1 BGB sollte diese Möglichkeit opportunistischen Verhaltens begrenzen, wird aber durch den nach den Vorgaben des EuGH[29] angefügten Satz 3 weitgehend funktionslos.

Als **Rechtsfolge** des Widerrufs greifen die Grundsätze über den fehlerhaften Beitritt (oben Rn. 16).[30] Der Gesellschafter kann sein Abfindungsguthaben verlangen.[31]

Das Widerrufsrecht aus § 312 Abs. 1 (Haustürgeschäft) hat die Gerichte besonders beim **kreditfi- 18 nanzierten Beitritt zu Immobilienfonds**, meist in Form einer GbR, beschäftigt. Häufig handelte es sich um „Schrottimmobilien", d.h. Objekte, die nicht werthaltig waren. Dann bleibt der Wert des Auseinandersetzungsguthaben weit hinter der empfangenen Darlehensvaluta und der **Rückzahlungsverpflichtung aus dem Darlehensvertrag** zurück.

---

[23] BGHZ 63, 338 = NJW 1975, 1022; *BGH* NJW 1973, 1604; 1975, 1700; 1976, 894; *BGH* BB 1981, 1128; die dem Betroffenen statt dessen zustehende Auflösungsklage nach § 133 HGB würde den Interessen der bei der Publikums-KG größeren Zahl der fortsetzungsbereiten Mitgesellschafter nicht gerecht; nach der Handelsrechtsreform ist das Kündigungsrecht weniger ungewöhnlich, vgl. oben § 13 Rn. 15 a.E.

[24] BGHZ 63, 338, 344f. = NJW 1975, 1022, 1024; *BGH* NJW 1975, 1700; enger *OLG Celle* ZIP 1999, 1128, 1130.

[25] *BGH* NJW 1979, 765.

[26] BGHZ 69, 160 = NJW 1977, 2160.

[27] *BGH* NJW 1978, 424; auch schon BGHZ 26, 330 als früher Vorläufer der heutigen Rspr. zur Publikums-KG; *Wiedemann/Frey*, Nr. 246.

[28] Vgl. *OLG Stuttgart* ZIP 2001, 322 (mit Kreditaufnahme verbundenes Geschäft); BGHZ 148, 201 = NJW 2001, 2718; strenger *BGH* NJW 2000, 2270 (betr. Publikums-GbR) jeweils zur Rechtslage vor In-Kraft-Treten der §§ 312, 355 BGB n.F.; ausführlich *Westermann*, ZIP 2002, 189, 240.

[29] *EuGH* Slg. 2001 I–9945 = NJW 2002, 281 – Heininger: Verstoß gegen die Haustürgeschäftewiderrufsrichtlinie (RiLi 86/653/EWG), soweit Haustürgeschäfte betroffen sind.

[30] BGHZ 148, 201 = NJW 2001, 2718 = LM Nr. 38 zu HWiG m. Anm. *Littbarski*.

[31] Vgl. nur BGHZ 156, 46, 52f. = NJW 2003, 2821 (II. Senat); *BGH* NJW 2006, 1788, 1789 (XI. Senat); 2006, 1952, 1954; *Schubert*, WM 2006, 1328; Palandt/*Grüneberg*, § 357 Rn. 4a.

Für den Anleger ist es daher wichtig, von der Verpflichtung zur Rückzahlung des Darlehens loszukommen. Nach § 358 Abs. 1 BGB kann der Anleger gegenüber dem Kreditinstitut, das den Beitritt finanziert hat, den Darlehensvertrag als (mit dem Beteiligungserwerb) verbundenes Geschäft widerrufen, wenn die Voraussetzungen dafür gegeben sind.[32] Auch der Darlehensvertrag kann nach § 312 Abs. 1 BGB dem Widerruf unterliegen oder nach Vorschriften über den Verbraucherkredit nichtig sein; dann ist der Anleger gemäß § 358 Abs. 2 BGB auch nicht mehr an den Vertrag gebunden, der durch den Kredit finanziert werden sollte, hier den Beitritt zu der Gesellschaft.

Grundsätzlich entbindet der Widerruf eines Darlehensvertrags aber nicht von der Pflicht zur Rückzahlung des empfangenen Betrags. Der Anleger sieht sich einem sofort fälligen Anspruch der Bank aus § 812 Abs. 1 S. 1 BGB gegenüber. Solche Risiken will aber der europäische Verbraucherschutz vermeiden.[33] Für den Fall, dass der Darlehensbetrag direkt an den Unternehmer (hier: an die Publikumsgesellschaft bzw. den Treuhänder) geflossen ist, bestimmt § 358 Abs. 4 S. 3 BGB, dass der Darlehensgeber hinsichtlich der Folgen des Widerrufs gegenüber dem Verbraucher in die Rechte und Pflichten des Unternehmers eintritt. Daraus leitet der BGH ab, dass der Anleger nicht zur Rückzahlung des Darlehens, sondern lediglich zur Übertragung des Anspruchs auf Zahlung des Auseinandersetzungsguthabens verpflichtet ist – **Rückforderungsdurchgriff**.[34]

Wie die übrigen Konstellationen, die nicht unter §§ 358 Abs. 1 bzw. Abs. 2 i.V.m. Abs. 4 BGB fallen, europarechtskonform unter Respektierung der Lehre von der fehlerhaften Gesellschaft gelöst werden können, ist unklar und wird kontrovers diskutiert[35]. Hier kommen auch Schadensersatzansprüche in Betracht.[36]

c) Anlegerschutz

19　Kapitalmarktrechtlich wird der Anlegerschutz bei unrichtigen, unvollständigen oder irreführenden Angaben beim Vertrieb von Beteiligungen durch die allgemeine und die spezialgesetzliche **Prospekthaftung**[37] erfasst. Praktisch relevant ist das vor allem für den Primärmarkt, d.h. die erstmalige Platzierung von Beteiligungen. Ein Sekundärmarkt für Kommanditanteile, auf dem Veräußerung und Erwerb bestehender Anteile als Marktprozess Fungibilität und Preisbildung gewährleisten, besteht faktisch nicht. Damit fehlt die Außenkontrolle durch den Kapitalmarkt, wie sie bei börsennotierten Aktiengesellschaften gegeben ist (unten § 25 Rn. 17f.); die Anleger sind daher stärker auf allgemein zivilrechtliche und gesellschaftsrechtliche Interessenwahrung angewiesen.

Gestützt wird die **allgemeine Prospekthaftung** auf Verschulden bei Vertragsverhandlungen unter dem Gesichtspunkt getäuschten Verhandlungsvertrauens, in einigen Fällen auch auf die Verletzung eines besonderen Auskunftsvertrages.[38] Neben dem Komplementär (der Komplementär-GmbH und

---

[32] Die einschränkende Spezialvorschrift von § 358 Abs. 3 S. 3 BGB gilt nur für den unmittelbaren Erwerb eines Grundstücks. Für den Beitritt zu einer Gesellschaft gilt § 358 Abs. 3 S. 2 BGB; *BGH* NJW 2006, 1952, 1954; Palandt/*Grüneberg*, § 358 Rn. 14.

[33] *EuGH* Slg. 2005 I–9215 = NJW 2005, 3551 – Schulte/Badenia (4. Leitsatz); vgl. auch *EuGH* Slg. 2005 I–9273 = NJW 2005, 3555 – Crailsheimer Volksbank.

[34] BGHZ 159, 280, 287f. = NJW 2004, 2731; *BGH* NJW 2006, 1788, 1789; Palandt/*Grüneberg*, § 358 Rn. 21.

[35] Aus der umfangreichen Literatur *Jungmann*, NJW 2007, 1562; *Hoffmann*, ZIP 2005, 1985; *Knops*, WM 2006, 70; *Lang/Rösler*, WM 2006, 513; *Piekenbrock*, WM 2006, 466; *Tonner/Tonner*, WM 2006, 505.

[36] *BGH* NJW 2006, 2099 (XI. Senat): fehlende Widerrufsbelehrung als zum Schadensersatz verpflichtende Aufklärungspflichtverletzung, mit eingehender Auseinandersetzung mit dem Schrifttum und der Rechtsprechung des EuGH.

[37] Baumbach/Hopt/*Hopt*, Anh. § 177a Rn. 59ff.; *Kübler/Assmann*, § 32 VI 2, 4; *K. Schmidt*, § 57 IV 3; VerkaufsprospektG und VerkaufsprospektVO von 1998 galten zunächst nur für verbriefte Anlagen, seit 2004 auch öffentliche Angebote von nicht in Wertpapieren verbrieften Beteiligungen erfasst; ferner § 264a StGB.

[38] Aus der umfangreichen Rspr. BGHZ 71, 284 = NJW 1978, 1625; BGHZ 72, 382 = NJW 1979, 718; BGHZ 76, 231 = NJW 1980, 1470; BGHZ 83, 222 = NJW 1982, 1514; BGHZ 111, 314 = NJW 1990, 2461; BGHZ 115, 214 = NJW 1992, 228; BGHZ 116, 7 = NJW 1992, 241; *BGH* NJW 2000, 3346.

u. U. auch deren Geschäftsführer) haften für die mit ihrem Willen und Wissen herausgegebenen Prospekte auch die das Management bildenden Initiatoren und Gründer und auch sonstige Personen, die Einfluss auf die Gesellschaft ausüben, sowie selbständige gewerbliche Vermittler, ferner Anwälte und Wirtschaftsprüfer, die erkennbar an der Abfassung des Prospekts mitgewirkt haben. Dabei kommt es nicht darauf an, ob dem Betroffenen die Personen und ihr Einfluss bekannt sind, das Vertrauen der Anleger wird stark typisiert. Gleichwohl kann über den Anlegerschutz nicht das allgemeine wirtschaftliche Risiko solcher Anlagen abgewälzt werden; Risikoverwirklichung muss von Hinweis- und Beratungsfehlern sorgfältig abgegrenzt werden.

Es besteht eine Tendenz, die kapitalmarktrechtliche Kontrolle auf Bereiche des sog. grauen Kapitalmarkts auszudehnen.[39] So wird zunehmend in bestimmten Formen der Beteiligung an Publikumsgesellschaften die Entgegennahme fremder Gelder als i. S. d. KWG oder InvestG **genehmigungspflichtiges Einlagengeschäft**[40] angesehen. Dies hat zur Folge, dass die Initiatoren der Bank- bzw. Kapitalmarktaufsicht durch die Bundesanstalt für Finanzdienstleistungsaufsicht – **BaFin** – unterliegen.[41] **20**

Von den Publikumspersonengesellschaften sind die Kapitalanlagegesellschaften im rechtstechnischen Sinne zu unterscheiden. Dabei handelt es sich um Kreditinstitute, deren Geschäftsbetrieb darauf gerichtet ist, Sondervermögen zu verwalten. Diese dürfen nur in der Rechtsform der AG und GmbH betrieben werden, vgl. § 6 InvestG. Die Geschäftsaufnahme bedarf einer Genehmigung durch die BaFin, die auch die Einhaltung der Rechtsvorschriften durch die Kapitalanlagegesellschaften überwacht.[42]

Vor allem bei Treuhandmodellen übernimmt der Treuhänder Geschäftsbesorgungen für die Anleger, etwa Darlehensverträge und Kreditsicherungen, die mit dem **Rechtsberatungsgesetz** in Konflikt geraten können.[43] Die Abgrenzung erfolgt danach, ob fremde Rechtsangelegenheiten wahrgenommen oder wirtschaftliche Interessen vertreten werden. Gegen das RBerG verstoßende Verträge sind gem. § 134 BGB nichtig. Vollmachten können gleichwohl nach den Grundsätzen über die Anscheinsvollmacht zu wirksamen Verpflichtungen führen.[44]

Auch einen **Schadensersatzanspruch** wegen Pflichtverletzung bei Vertragsverhandlungen (§ 311 Abs. 2, 3 BGB) kann der getäuschte Gesellschafter **nicht gegen die KG als solche oder gegen die anderen Kommanditisten** geltend machen, deshalb auch nicht gegen eine nach dem oben Ausgeführten verbleibende Einlageschuld aufrechnen. Der BGH begründet das wiederum mit dem Gedanken, dass die anderen Anlagegesellschafter sich das Verhalten des Komplementärs (der Komplementär-GmbH und ihres Geschäftsführers) bei den Beitrittsverhandlungen nicht zurechnen lassen müssen, da sie hierauf im Rahmen der Organisation einer Publikums-KG keinerlei Einfluss haben. Deshalb haftet nur der Komplementär bzw. dessen Geschäftsführer wegen Verschuldens bei Vertragsverhandlungen.[45] Ein Treuhandkommanditist haftet, wenn der Komplementär für ihn handelt und wirbt.[46]

---

[39] *Assmann*, Referat zum 64. Deutschen Juristentag 2004, P 11, 14 ff.; *Keussler*, Vom grauen zum weißen Kapitalmarkt, 2001.

[40] Zur Genehmigungspflicht nach § 1 I S. 1 Nr. 6 KWG i. V. m. § 32 KWG bzw. § 7 Abs. 2 InvestG vgl. *BVerwG* NZG 2005, 265, 269 (GbR); *VG Berlin* DB 1999, 1377 (stille Gesellschaft ohne Verlustbeteiligung); *VG Frankfurt* WM 2005, 515; DB 2005, 2014 (Kommanditbeteiligung); *Bornemann*, ZHR 166 (2002), 211; *Tettinger*, DStR 2006, 863 ff.; eingehend *Ruhl*, Das Einlagengeschäft nach dem Kreditwesengesetz – Eine Untersuchung der gesellschaftsrechtlichen Aspekte des bankaufsichtsrechtlichen Einlagenbegriffes, 2005.

[41] Unabhängig davon, ob der Genehmigungsvorbehalt eine Verbotsnorm i. S. v. § 134 BGB ist (offen gelassen bei *BGH* NZG 2005, 467, 468 – Göttinger Gruppe; vgl. auch *OLG Stuttgart* NZG 2003, 1160, 1162), kann die BaFin auf der Grundlage von § 37 KWG die Rückabwicklung der getätigten Geschäfte verlangen.

[42] *Spindler*, WM 2006, 553, 601.

[43] BGHZ 118, 229, 236; 154, 283; *BGH* NJW 2006, 2980; NJW 2007, 1813; *Altmeppen*, ZIP 2006, 1; *Habersack*, BB 2005, 1695; *Ulmer*, ZIP 2005 1341.

[44] *BGH* BGHZ 167, 223 = NJW 2006, 1952 (XI. Senat), einschränkend *BGH* NJW 2004, 2736, 2737 f. (II. Senat): keine Anwendung der §§ 171, 172 BGB wenn ein verbundenes Geschäft vorliegt; näher dazu *Paal*, JuS 2006, 775, 776 f. m. w. N. (jeweils in Hinblick auf die treuhänderische Beteiligung an GbR-Immobilienfonds).

[45] *BGH* NJW 1973, 1604, 1605; 1985, 380; *BGH* BB 1990, 12 = NJW-RR 1990, 229; NJW 1991, 1608 (auch: Kommanditist, dessen Kapital die Publikums-KG am Leben erhält); WM 1992, 482 = ZIP 1992, 322 = NJW-RR 1992, 542 (Ausnahme: Kommanditist, der selbst täuscht).

[46] BGHZ 84, 141, 144 ff. = NJW 1978, 1625; BGHZ 116, 7, 11 f. = NJW 1992, 241; *BGH* NJW 1995, 130.

III. Stille Gesellschaft, GmbH & Still

21   Auch die stille Gesellschaft wird als Publikumspersonengesellschaft verwendet. Verbreitet anzutreffen ist die sog. **GmbH & Still**. Dabei beteiligt sich eine Vielzahl von Anlegern an einer Handelsgesellschaft, meist einer GmbH, als stille Gesellschafter (mehrgliedrige stille Gesellschaft, oben § 18 Rn. 1).[47] Die Anleger können auch ihrerseits eine Außengesellschaft oder einen Treuhänder zwischenschalten, der stiller Gesellschafter für sie wird. Dann liegt eine einfache stille Gesellschaft vor, die Anleger untereinander sind GbR (unten Rn. 22).[48] Der Geschäftsinhaber hat gegenüber den Anlegern eine Art Treuhänderfunktion. Durch die Ausgestaltung der stillen Beteiligung als „Mitunternehmerschaft" i. S. v. § 15 Abs. 1 S. 1 Nr. 2 EStG können dieselben steuerlichen Effekte erzielt werden wie bei der KG, ohne dass die Anleger nach außen als Gesellschafter in Erscheinung treten müssen.[49] Auch die Risiken der Kommanditistenhaftung (oben § 17 Rn. 18 ff.) werden so vermieden.

Als reine Innengesellschaft steht die stille Gesellschaft einem Schuldverhältnis näher als andere Gesellschaften. Daher wird in Frage gestellt, ob auch bei der stillen Gesellschaft die Anwendung der Lehre von der fehlerhaften Gesellschaft sachgerecht ist.[50] Der BGH hält an der fehlerhaften stillen Gesellschaft fest, bejaht aber gleichzeitig – anders als bei der KG (oben Rn. 16) – im Falle einer Täuschung oder Verletzung einer Aufklärungspflicht einen Schadensersatzanspruch gegen den schuldhaft handelnden Unternehmensinhaber auf Rückabwicklung der Beteiligung. Der Inhaber ist Vertragspartner des Stillen i. S. des § 230 HGB, deshalb bestehe kein Widerspruch zur Lehre von der fehlerhaften Gesellschaft, da nur die stille Gesellschaft fehlerhaft sei.[51]

IV. Gesellschaft Bürgerlichen Rechts

22   Die GbR ist vor allem im Immobilienbereich verbreitet,[52] etwa als geschlossener Immobilienfonds oder Bauherrengemeinschaft.[53] Daneben ist die GbR auch als Baustein der GmbH & Still relevant. Die Anleger können sich in der Weise beteiligen, dass sie eine GbR bilden, und nur die GbR sich still an der Handelsgesellschaft beteiligt.[54] Dann stellt sich die Problematik der Publikumspersonengesellschaft nicht auf der Ebene der stillen Gesellschaft, sondern auf der Ebene der GbR und ist in Wirklichkeit ein Problem der Publikums-GbR.

---

[47] Zur stillen Beteiligung von Anlegern an einer AG *OLG Celle* AG 1996, 370 – Göttinger Gruppe: 55.000 Verträge.

[48] MünchKomm-HGB/*K. Schmidt*, § 230 Rn. 86.

[49] *Blaurock*, § 19 Rn. 19.11.

[50] So etwa *Geibel*, BB 2005, 1009; MünchKomm-BGB/*Ulmer*, § 705 Rn. 276; differenzierend MünchKomm-HGB/*K. Schmidt*, § 230 Rn. 127 ff.

[51] Zusammenfassend *BGH* NJW-RR 2006, 178; NJW 2004, 3706, 3708; 2004, 467, 469 – Göttinger Gruppe; anders noch *OLG Stuttgart* NZG 2003, 1160; kritisch *Armbrüster*, ZIP 2004, 189; *Schäfer*, ZHR 167 (2006), 383 ff.; vgl. auch *Kübler/Assmann*, § 21 III 2 b.

[52] Vgl. *BGH* NZG 2005, 753; NJW 2000, 2270; *KG Berlin* NZG 2007, 226; *Assmann/Schütze*, Handbuch des Kapitalanlagenrechts, 2. Aufl., 1997, § 25; *Schücking*, in: MünchHdbGesR I, § 4 Rn. 49 ff., 51 ff.

[53] Insbesondere das sogenannte „Kölner Modell", vgl. BGHZ 142, 325 = NJW 2000, 208; *Schücking*, in: MünchHdbGesR I, § 4 Rn. 62 f.

[54] *Blaurock*, § 19 Rn. 19.17; MünchKomm-HGB/*K. Schmidt*, § 230 Rn. 86.

Im Fall des fehlerhaften oder widerrufenen Beitritts gelten wie bei der KG die oben Rn. 16 ff. ausgeführten Grundsätze. Der Ausscheidende erhält sein Abfindungsguthaben, bei dessen Ermittlung geleistete Einlagen verrechnet werden.[55]

Zahlreiche Publikums-GbR wurden vor der Änderung der Rechtsprechung zur akzessorischen Haftung der Gesellschafter gegründet und gingen von der Möglichkeit der Haftungsbeschränkung aus. Für solche Gesellschaften hat die Rechtsprechung mit unterschiedlichen, teils widersprüchlichen Begründungen offenbar auch weiterhin Haftungsbeschränkungen anerkannt (oben § 9 Rn. 7, 9).[56] Das wirft aus praktischer Sicht Abgrenzungsprobleme auf; aus theoretischer Sicht ist die Frage nach der dogmatischen Deutung der Gesellschaft bürgerlichen Rechts und dem Umgang mit dem unpassenden Gebrauch bestimmter Gesellschaftsformen erneut gestellt.

---

[55] BGHZ 156, 46, 52 f. = NJW 2003, 2821 (II. Senat); dem im Grundsatz zustimmend *BGH* NJW 2006, 1788, 1789 (XI. Senat).

[56] BGHZ 150, 1 = NJW 2002, 1642; *BGH* NJW-RR 2006, 683 = NZG 2006, 107; *Kübler/Assmann*, § 6 III 5 c; *K. Schmidt*, NJW 2003, 1897, 1901 f.

3. Abschnitt. Das Recht der Körperschaften

1. Kapitel. Die Gesellschaft mit beschränkter Haftung[*]

Literatur: Außer den im Literaturverzeichnis aufgeführten Gesamtdarstellungen des Gesellschaftsrechts:

Kommentare zum GmbHG: *Baumbach/Hueck;* Großkomm-GmbHG; *Lutter/Hommelhoff; Michalski; G. H. Roth/Altmeppen; Rowedder/Schmidt-Leithoff,* 4. Aufl., 2002; *Scholz.*

Systematische Darstellungen: *Centrale für GmbH Dr. Otto Schmidt* (Hrsg.), GmbH-Handbuch, 5 Bände (Loseblatt); *Goette,* Die GmbH, 2. Aufl., 2002; *Henze,* Handbuch zum GmbH-Recht, 3. Aufl., 2002; *Lutter/Ulmer/Zöllner* (Hrsg.), FS 100 Jahre GmbH-Gesetz, 1992; Michalski/*Michalski,* GmbHG, Bd. 1: Syst. Darst.; *W. Müller/Hense* (Hrsg.), Beck'sches Handbuch der GmbH, 3. Aufl., 2002; MünchHdb-GesR III; *Römermann* (Hrsg.), Münchener Anwaltshandbuch GmbH-Recht, 2002; *K. Schmidt/Uhlenbruck,* Die GmbH in Krise, Sanierung und Insolvenz, 3. Aufl., 2003.

Zu historischen, rechtsvergleichenden und rechtspolitischen Fragen allgemein (Auswahl): *Behrens* (Hrsg.), Die Gesellschaft mit beschränkter Haftung im internationalen und europäischen Recht, 2. Aufl., 1997; *Herberstein,* Die GmbH in Europa, 2. Aufl., 2001; *G. H. Roth* (Hrsg.), Das Recht der Kapitalgesellschaften im Umbruch – ein internationaler Vergleich, 1990; *Stupp,* GmbH-Recht im Nationalsozialismus, 2002; *Süß/Wachter* (Hrsg.), Handbuch des internationalen GmbH-Rechts, 2006.

Rechtstatsächliche Untersuchungen: *Hansen,* GmbHR 2001, 286; 2002, 148; *Kornblum,* GmbHR 1981, 227 u. 1983, 29, 61; *Kornblum/Kleinle/Baumann,* GmbHR 1985, 7 u. 42; *Kornblum,* GmbHR 1994, 505; 1997, 630; *ders.,* GmbHR 2003, 1157; *ders.,* GmbHR 2005, 36; *ders.,* GmbHR 2007, 1; *Kornblum/Hampf/Naß,* GmbHR 2000, 1240; *Limbach,* Theorie und Wirklichkeit der GmbH, 1966; *Loidl,* Die GmbH ohne erwerbswirtschaftliche Zielsetzung, 1970; *Meyer,* GmbHR 2002, 177 u. 242; *Niemeier,* ZIP 2006, 2237.

Rechtsprechungsübersichten: *Brandes,* WM 1983, 286; 1988, Sonderbeil. 2; 1989, 329; 1995, 641; 1998, 1; *Hirte,* NJW 2005, 477; *Gehrlein,* BB 2004, 2361; Gesellschaftsrechtliche Vereinigung, Gesellschaftsrecht in der Diskussion, Jahrestagungen ab 1999; *Henze/Röhricht,* GmbH-Recht – Höchstrichterliche Rechtsprechung, 2004; *Kuhn,* Die Rechtsprechung des BGH zur GmbH, WM 1969, 1154; 1972, 1142; 1976, 754; 1978, 598; *Ulmer,* Das Recht der GmbH und GmbH & Co. nach 50 Jahren BGH-Rechtsprechung, in: 50 Jahre Bundesgerichtshof, FG aus der Wissenschaft, Bd. 2, 2000, S. 273; – Literatur zur GmbH & Co. KG unten § 37.

Zur Reform (Auswahl): *Bayer/Graff,* DStR 2006, 1654; *Bayer/Lieder,* GmbHR 2006, 1121; *Bork,* ZGR 2007, 250; *Drygala/Kremer,* ZIP 2007, 1289; *Eidenmüller,* ZGR 2007, 168; *Ekkenga,* WM 2006, 1986; *Gehb,* NZG 2006, 88; *Grunewald,* WM 2006, 2333; *Grunewald/Gehling/Rodewig,* ZIP 2006, 685; *Haas,* GmbHR 2006, 729; *Haas/Oechsler,* NZG 2006, 806; Handelsrechtsausschuss des DAV, Stellungnahme, NZG 2007, 211; *Huber/Habersack,* ZGR 2006, 370; *Kleindiek,* ZGR 2007, 276; *Krolop,* ZIP 2007, 1738; *Lutter,* BB 2006, Beil. 7 zu H. 37, S. 2; *Mülbert,* WM 2006, 1977; *Noack,* DB 2006, 1475; *ders.,* DB 2007, 1395; *Oechsler,* NZG 2006, 806; *Preuß,* GmbHR 2007, 57; *C. Schäfer,* DStR 2006, 2085; *K. Schmidt,* ZIP 2006, 1925; *ders.,* DB 2006, 1096; *ders.,* GmbHR 2007, 1; *Seibert,* ZIP 2006, 1157; *ders.,* GmbHR 2007, 673; *Thiessen,* DStR 2007, 202; *ders.,* ZIP 2007, 253; *Veil,* ZIP 2007, 1241; *Wachter,* GmbHR 2006, 793; *Wilhelm,* DB 2007, 1510.

---

[*] Paragrafen ohne nähere Bezeichnung beziehen sich in diesem Kapitel auf das GmbHG.

§ 20. Begriff und Bedeutung

I. Grundbegriffe

1. Rechtsnatur der GmbH

Das Gesetz enthält keine Definition der GmbH. Nach den wesentlichen Merkmalen **1** ihrer gesetzlichen Regelung ist die GmbH **körperschaftlich organisiert, Handelsgesellschaft, Kapitalgesellschaft** und, im Gegensatz zu den Personengesellschaften, **juristische Person** (§ 13). Sie heißt „Gesellschaft", ist aber nur Gesellschaft im weiteren Sinne (oben § 2 Rn. 9) einer Personenvereinigung zur Erreichung eines bestimmten gemeinsamen Zwecks. Sie kann zu jedem zulässigen Zweck gegründet werden. Die GmbH ist ohne Rücksicht auf den von ihr verfolgten Zweck **Formkaufmann** (§ 13 Abs. 3 mit § 6 Abs. 2 HGB). Das bedeutet, dass auf ihre Geschäfte Handelsrecht Anwendung findet und dass sie zur kaufmännischen Buchführung verpflichtet ist, ohne dass die §§ 1 ff. HGB geprüft werden müssten. Darüber hinaus unterliegt sie den strengeren **Rechnungslegungsvorschriften** für Kapitalgesellschaften nach §§ 264 ff. HGB. Alle GmbH werden insoweit nach einheitlichen Rechtsgrundsätzen behandelt ohne Ausnahmen für Gesellschaften mit ideellen Zwecken. Auch diese führen deshalb eine Firma und werden ins Handelsregister eingetragen.

Die GmbH ist **Körperschaft** und **Verein** i.S.d. BGB; sie ist vom Mitgliederbestand **2** unabhängig und hat eine eigenständige **Organisation mit verselbständigten Organen** (oben § 2 Rn. 9 ff.). Wichtige Folgen sind etwa die grundsätzliche Geltung des **Mehrheitsprinzips** und die unmittelbare Anwendbarkeit von § 31 BGB, **Organhaftung.** Es bestehen Ähnlichkeiten mit der AG (unten §§ 25 ff.), die GmbH kann aber stark **personalistisch ausgestaltet** werden. Als Kapitalgesellschaft hat die GmbH stets ein durch die Satzung bestimmtes **Stammkapital,** das der Summe der von den Gesellschaftern zu leistenden **Stammeinlagen** entspricht.

Für Gesellschaftsschulden haftet den Gläubigern nur die Gesellschaft. Die auch bei **3** einer juristischen Person an sich denkbare persönliche Haftung der Mitglieder ist grundsätzlich ausgeschlossen. Die **Gesellschafter haften nicht** für Gesellschaftsschulden (§ 13 Abs. 2). Die **GmbH haftet unbeschränkt** für ihre Verbindlichkeiten.[1] Insofern ist ihre Bezeichnung nicht wörtlich zu nehmen. Die GmbH unterliegt in einer Reihe von Punkten weniger strengen oder zwingenden Vorschriften als die AG. Sie eignet sich daher vor allem für kleine und mittelständische Unternehmen, als Element im Unternehmensverbund und für nicht wirtschaftliche Zwecke. Der **Zugang zum Kapitalmarkt** ist **kaum möglich,**[2] dafür ist die AG gedacht. Die Geschäftsanteile der GmbH sind zwar übertragbar, jedoch ist dafür notarielle Beurkundung erforderlich; sie eignen sich daher nicht zum Börsenhandel. Das GmbHG enthält dementsprechend keine Vorschriften aus der Perspektive des Schutzes eines breiten Anlegerpublikums. Ökonomisch gesehen besteht in der typischen GmbH kein Agentur-Problem zwischen Gesellschaftern und Geschäftsführung mit der Folge, dass das Gesetz kaum Ansätze für eine „*Corporate Governance*" enthält (vgl. oben § 1 Rn. 30, unten § 25

---

[1] Zur Haftungsbeschränkung allgemein oben § 4 Rn. 8.
[2] Die GmbH kann allenfalls Schuldverschreibungen ausgeben, vgl. unten § 32 Rn. 9 ff., was jedoch selten vorkommt.

Rn. 40 ff.). Das **GmbH-Recht** ist **in großem Umfang dispositiv.** Wegen der geringe-ren Regelungsdichte des GmbH-Rechts werden immer wieder Analogien zur AG her-angezogen, etwa im Recht der Beschlussmängel (unten § 29 Rn. 39). Bei der Frage, ob eine Analogie möglich ist und wie weit sie ggf. im Einzelfall reicht, ist stets genau zu prüfen, ob nicht die Eigenart der GmbH entgegen steht. Bei stark personalistischer Ausgestaltung einer GmbH ist auch der Rückgriff auf Grundsätze des Personengesell-schaftsrechts zu erwägen.[3] Das betrifft auch den Umgang mit dem Gesellschaftsver-trag: körperschaftliche Bestandteile sind objektiv und revisibel, individuelle Bestand-teile nach §§ 133, 157 BGB auszulegen.[4]

2. Stammkapital, Stammeinlage und Geschäftsanteil

a) Stammkapital

4   Als Kapitalgesellschaft hat die GmbH ein Stammkapital, das **in der Satzung festge-legt** werden muss (§ 3 Abs. 1 Nr. 3). Es kann dementsprechend nur durch Satzungsän-derung erhöht oder verringert werden (unten § 23 Rn. 23 ff.). Das Stammkapital be-trägt **derzeit mindestens 25 000 €** (§ 5 Abs. 1).[5] Der Zweck des Mindeststammkapitals ist umstritten. Es soll dem **Gläubigerschutz** dienen, aber auch als sog. **Seriositäts-schwelle.**[6] Letzteres bedeutet, dass die Gründer durch ein Minimum an finanziellem Engagement die Ernsthaftigkeit ihres Vorhabens belegen. Das Gesetz beschränkt sich auf den zahlenmäßig festgelegten Mindestbetrag ohne Rücksicht auf Art und Umfang des Geschäftsbetriebs der GmbH. Zwar ist eine „angemessene" Kapitalausstattung in der rechtspolitischen Diskussion wiederholt gefordert worden, doch fehlen praktikab-le Maßstäbe dafür.[7] Wie die Gesellschafter die Mittel für die Verfolgung des Gesell-schaftszwecks zusammen bringen, bleibt ihnen überlassen – **Finanzierungsfreiheit.**

5   Die **rechtliche Bedeutung** des Stammkapitals ist die einer **Rechengröße** (Rech-nungsposten); es darf deshalb nicht mit dem ständig wechselnden *Gesellschaftsvermö-gen* verwechselt werden. Nur beim Beginn der Gesellschaft decken sich beide, denn die Summe der Geschäftsanteile (unten Rn. 7) ist dann gleich der Summe der einge-zahlten oder der GmbH noch geschuldeten Beträge (Gesellschaftsvermögen), abgese-hen von den Gründungskosten. Das ändert sich, sobald die GmbH zu arbeiten be-ginnt. Jeder Gewinn, der nicht ausgezahlt wird, steigert das Gesellschaftsvermögen über den Betrag des Stammkapitals hinaus, während umgekehrt bei Verlust das Gesell-schaftsvermögen unter das Stammkapital sinken kann. Der Stand des Gesellschafts-

---

[3] Baumbach/Hueck/*Hueck/Fastrich*, Einl. Rn. 35.

[4] Baumbach/Hueck/*Hueck/Fastrich*, § 2 Rn. 25 ff.

[5] Bei Schaffung der GmbH 1892 betrug das Mindeststammkapital 20 000 Mark, was nach heutiger Kaufkraft mindestens 250 000 € entspricht, *T. Bezzenberger,* Das Kapital der Aktiengesellschaft, 2005, S. 31. Nach inflationsbedingten Anpassungen wurde der Betrag durch die GmbH-Novelle von 1980 von 20 000 DM auf 50 000 DM heraufgesetzt. Mit der Umstellung auf € erfolgte eine geringfügige Ver-ringerung. Zu weiteren Änderungsplänen unten Rn. 19 ff. Zum Vergleich: Für die AG gab es zunächst kein Mindestgrundkapital, erst 1924 wurde der Mindestbetrag von 50 000 Reichsmark eingeführt, der 1937 auf 500 000 RM erhöht und durch das DMBilG 1949 auf 100 000 DM (für die GmbH auf 20 000 DM) festgesetzt wurde.

[6] Zusammenfassend *Haas,* DStR 2006, 993.

[7] Eine subsumtionsfähige Rechtsregel, was ein „angemessenes" Grundkapital ist, ist nicht formulier-bar. Betriebswirtschaftlich ist nach der Finanzierung durch Eigen- und durch Fremdkapital zu unter-scheiden, wobei Grundkapital und Eigenkapital nicht identisch sind. Welches Verhältnis von Eigen- und Fremdkapital optimal ist, hängt von verschiedenen Faktoren ab, z.B. vom Zinsniveau, und ist schon deshalb nicht in eine rechtliche Regel umsetzbar; *Albach,* Allgemeine Betriebswirtschaftslehre, 2000, 10.1; *K. Schmidt,* § 18.

vermögens wechselt von Tag zu Tag, ohne dass dadurch der Betrag des Stammkapitals berührt wird. Für die Gläubiger ist das Stammkapital eine **Garantieziffer** derart, dass es wenigstens einmal real aufgebracht werden muss und dass keine Zahlungen an die Gesellschafter erfolgen dürfen, solange und soweit nicht das Gesellschaftsvermögen den Betrag des Stammkapitals übersteigt (§ 30 Abs. 1) – **Grundsätze der Aufbringung und Erhaltung des Stammkapitals** (unten § 23 Rn. 1).

b) Stammeinlage

Das Stammkapital setzt sich aus den Stammeinlagen der Gesellschafter zusammen. **6** Sie müssen auf einen glatten Betrag in € lauten und derzeit mindestens 100 € betragen.[8] Die einzelnen Stammeinlagen können verschieden groß sein und sind es in der Praxis auch häufig im Gegensatz zu Aktien, bei denen dadurch die Börsenfähigkeit leiden würde. Die **Summe der Stammeinlagen muss,** zumindest bei der Gründung, **mit dem Stammkapital übereinstimmen** (§ 5 Abs. 1–3).

c) Geschäftsanteil

Mit **Geschäftsanteil** wird in der GmbH die **Mitgliedschaft,** d.h. die Gesamtheit der **7** Rechte und Pflichten des Gesellschafters bezeichnet (§ 14). Die Stammeinlage bestimmt den Anteil am Stammkapital; der Geschäftsanteil wird mit dem festen Betrag der übernommenen Stammeinlage bemessen.

Beispiel: Ein Geschäftsanteil von 20 000 € bedeutet, dass der Anteil durch Übernahme einer Stammeinlage von 20 000 € entstanden ist, während der jetzige Wert größer oder geringer sein kann. Auch die tatsächlich geleisteten Zahlungen können bei Überpariemission oder Nachschüssen höher, bei fehlender Volleinzahlung geringer sein.

Der Geschäftsanteil ist grundsätzlich **frei veräußerlich und vererblich,** die Übertragbarkeit ist jedoch durch das Erfordernis der notariellen Beurkundung erschwert (§ 15 Abs. 3, 4); das soll **potenzielle Gesellschafter** schützen. Die Satzung kann die Veräußerung von der Genehmigung der Gesellschaft abhängig machen – *vinkulierte Geschäftsanteile* (§ 15 Abs. 5). Der Geschäftsanteil kann **nicht in einem Wertpapier verbrieft** werden. Zwar können Geschäftsanteilscheine ausgegeben werden, aber diese stellen bloße Beweisurkunden dar, d.h. ihr Besitz ist zur Geltendmachung der Mitgliedsrechte oder Übertragung der Mitgliedschaft nicht erforderlich, sondern erleichtert nur die Legitimation. In diesem Sinn kann die Satzung die Vorlage vorsehen.

II. Bedeutung

1. Anwendungsbereich

Nach der gesetzgeberischen Intention ist die GmbH in erster Linie eine Gesellschafts- **8** form für **kleine und mittlere Unternehmen,**[9] bei denen keiner der daran Beteiligten die volle persönliche Haftung übernehmen will. Dem entspricht die tatsächliche Lage. 1996 hatten ca. 83% aller GmbH ein Stammkapital unter 100 000 DM, nur 2% ein solches

---

[8] Nach dem RegE MoMiG wird der Mindestbetrag aufgehoben.

[9] An Kleinstunternehmen war hingegen nicht gedacht, vgl. Fn. 4. 1971 bezeichnete es *Robert Fischer* als unerfreulichen Zustand, dass Kleingewerbe in der Form der GmbH betrieben würden, Scholz/*Fischer,* GmbH-Gesetz, Klein-Kommentar, 8. Aufl., 1977, § 5 Anm. 2.

über 1 Mio. DM.[10] Die GmbH ist der typische Unternehmensträger, wenn die Form einer Kapitalgesellschaft gewollt ist, wegen geringer Unternehmensgröße sowie überschaubarer Gesellschafterzahl die AG aber ungeeignet ist. Deshalb findet sich unter den GmbH eine Vielzahl von Gesellschaften mit zwei oder drei, jedenfalls nur wenigen Gesellschaftern, die aktiv an der Geschäftsführung teilnehmen. Zwar gilt rechtlich das Prinzip der **Drittorganschaft**, doch sind die als Organe bestellten Geschäftsführer häufig mit den Gesellschaftern identisch, so dass **de facto Selbstorganschaft** besteht.[11] In diesem Zusammenhang gehört auch die beträchtliche Zahl von **Einpersonen-GmbH** (unten § 21 Rn. 34 ff.),[12] vielfach der Sache nach zutreffend als „einzelkaufmännische Unternehmen mit beschränkter Haftung" charakterisiert. Besonders deutlich ist das, wenn der Alleingesellschafter auch Geschäftsführer ist. Die **Insolvenzanfälligkeit** gerade dieser kleinen GmbH ist verhältnismäßig groß. Die GmbH genießt deshalb, sofern nicht das Unternehmen im Einzelfall einen besonders guten Ruf hat, trotz großer Verbreitung (unten Rn. 12) nur geringes Ansehen und hat geringeren Kredit als eine OHG oder AG gleicher Größe („Gesellschaft mit beschränkter Hochachtung").[13]

9   Die Verwendung der GmbH als Rechtsform für **Großunternehmen** ist ohne weiteres zulässig, aber eher **selten**.[14] Anwendungsfälle sind etwa Inlandstöchter ausländischer Unternehmensgruppen, die nicht selbständig den Zugang zum Kapitalmarkt benötigen. Immerhin befanden sich 1996 unter den 100 größten deutschen Unternehmen noch 13 GmbH neben 72 AG oder KGaA; dagegen waren es 2004 nur noch sechs neben 77 AG oder KGaA.[15] 2005 unterlagen 341 GmbH dem MitbestG 1976, beschäftigten also allein oder zusammen mit abhängigen Konzernunternehmen jeweils mehr als 2000 Arbeitnehmer.[16] Das Bilanzrecht (vgl. § 267 HGB) sowie auch die Mitbestimmungsgesetze sind Schritte in Richtung einer stärkeren Differenzierung der Kapitalgesellschaften nach Größenmerkmalen.

10   GmbH kommen oft in **Unternehmensgruppen** vor und werden im **Konzernverbund** (oben § 1 Rn. 4 a. E.) auf verschiedenen Organisationsstufen unterhalb der Muttergesellschaft eingesetzt. Betriebswirtschaftlich ist es in solchen Fällen sinnvoll und verbreitete Praxis, die Zahlungsströme im ganzen Konzern in einem sog. *cash-pool* zusammenzufassen.[17] Das hat zu Unzuträglichkeiten in Krisensituationen und zu Missbräuchen geführt, die die Gerichte intensiv beschäftigt haben, da das kapitalgesellschaftsrechtliche Trennungsprinzip (oben § 3 Rn. 1, 10 f., *asset partitioning*) nicht durchgehalten wurde (unten § 23 Rn. 20).

Ferner dient die GmbH häufig als **Gemeinschaftsunternehmen**, in dem zwei, zuweilen auch mehr, übergeordnete Unternehmen gemeinsam spezielle Aufgaben oder Interessen, z. B. technische Entwicklungsarbeiten, wahrnehmen. Der Risikoverteilung wie auch der Wahrnehmung steuerlicher Vorteile kann die Verbindung mit einem anderen Unternehmen, meist einer Personengesellschaft dienen, etwa in der Weise, dass die GmbH den Vertrieb der erzeugten Waren übernimmt (Vertriebs-GmbH neben Produktionsgesellschaft) oder auch den ganzen Betrieb pachtet (Betriebs-GmbH neben Besitzgesellschaft – **Betriebsaufspaltung**). Solche Verbindungen entstehen nicht selten durch *Ausgliederung* des der GmbH übertragenen Teils aus dem ursprünglich einheitlichen Unternehmen (unten § 38 Rn. 12 f.).

---

[10] *Kornblum*, GmbHR 1997, 630, 634.

[11] Das bestätigen rechtstatsächliche Untersuchungen von *Kornblum/Hampf/Nass*, GmbHR 2000, 1240 (Raum Württemberg). Reine Drittorganschaft gab es nur bei 18,22% (AG Böblingen) bzw. 7,04% (AG Reutlingen) der untersuchten GmbH; vgl. auch *Meyer*, GmbHR 2002, 177, 181; für 2006 wird berichtet, dass ca. 40% aller GmbH Einpersonengesellschaften sind, *Kornblum*, GmbHR 2007, 25, 26.

[12] Auch dazu *Kornblum/Hampf/Nass*, GmbHR 2000, 1240: im Bereich der Untersuchung 42,26% bzw. 39,45%; vgl. auch *Meyer*, GmbHR 2002, 177, 181.

[13] *Wiedemann/Frey*, Nr. 269: „Gehste mit, biste hin"; auch: „Gesellschaft mit beschränkter Hochachtung" etc.

[14] Im Jahr 2000 hatten lediglich 3,42% der GmbH einen Umsatz von über 10 Mio. € gegenüber 32,03% der AG. Über 120 Mio. € Umsatz hatten 5,25% der AG und nur 0,12% der GmbH (Auskunft des Statistischen Bundesamtes); vgl. auch *Meyer*, GmbHR 2002, 177, 179; unten § 25 Rn. 24.

[15] 16. Hauptgutachten der Monopolkommission 2004/2005, 2006, Rn. 311 Tabelle III.7.

[16] *DGB Bundesvorstand*, Abt. *Mitbestimmung und Unternehmenspolitik*, Fakten zur Mitbestimmung, April 2007: http://www.dgb.de/themen/themen_a_z/abiszdb/abisz_search?kwd=Arbeitgeber&showsingle=1.

[17] Beschreibung z. B. bei *Altmeppen*, ZIP 2006, 1026.

Besondere Bedeutung hat die GmbH im Rahmen der beliebten **Typenverbindung** als **GmbH & Co. KG** (unten § 37), bei der sie die Rolle des (i. d. R. einzigen) persönlich haftenden Gesellschafters – **Komplementär-GmbH** – übernimmt. Anders als bei der Unternehmensgruppe liegt hier eine auf Unternehmenseinheit gerichtete Verbindung zweier Gesellschaften vor.

Auch für Vereinigungen mit **nicht unternehmerischer** oder mit **ideeller Zielsetzung** ist die GmbH   **11** als Rechtsform geeignet und gebräuchlich.[18] Im Bereich des Verbandswesens haben nicht wenige Berufs- und Wirtschaftsverbände diese Rechtsform, ebenso Forschungsinstitute und andere wissenschaftliche, auch künstlerische oder sonstige kulturelle Einrichtungen sowie nur teilweise privatisierte staatliche Aktivitäten *(public-private Partnership)*. Für Unternehmen der öffentlichen Hand ist die Rechtsform der GmbH verbreitet; sie bietet den Vorzug, dass die handelsrechtliche Buchführung und Rechnungslegung für Unternehmen geeigneter ist als das immer noch verbreitete kameralistische Haushaltsrecht.

2. Verbreitung

Die GmbH hat sich als Gesellschaftsform von Anfang an (1892) durchgesetzt. Ende 1979 erreichte   **12** die Zahl der GmbH 225 209, das gesamte Stammkapital betrug fast 92,4 Milliarden DM und übertraf damit erstmals das Gesamtgrundkapital aller AG und KGaA von damals rund 88,6 Milliarden DM deutlich (dazu auch oben § 4 Rn. 11 sowie § 25 Rn. 24). Ende 1989 gab es 401 687 GmbH mit 180,69 Milliarden DM Stammkapital.[19] Nach Auskunft der Registergerichte gab es 2004 erstmals über 1 Mio. GmbH.[20] Die Änderungen des AktG von 1994, die die sog. „kleine AG" einführten (unten § 25 Rn. 21), haben sich auf die stetige Zunahme der GmbH nicht ausgewirkt.

III. Geschichte, Rechtsvergleich und europäische Entwicklung

1. Geschichte

Anders als die Personenhandelsgesellschaften und die AG ist die GmbH in   **13** Deutschland 1892 vom Gesetzgeber ohne geschichtliches Vorbild zur Erfüllung bestimmter Zwecke neu geschaffen worden.[21] Im Gegensatz zu anderen gesetzlichen „Erfindungen" ohne Vorgeschichte hat sich die GmbH insgesamt bewährt und ist in ähnlicher Form in vielen anderen Ländern anzutreffen.

1870 ging das deutsche Aktienrecht zum System der Normativbestimmungen über; diese waren zunächst verhältnismäßig milde, wurden dann aber 1884 auf Grund der Erfahrungen der Gründerjahre wesentlich verschärft (unten § 25 Rn. 27). Die AG wurde dadurch zu einer komplizierten und teuren Rechtsform. Die weitgehend zwingenden Vorschriften des Aktienrechts ergaben eine gewisse Starrheit, z. B. die umständlichen Vorschriften über die Gründung, besonders die Gründungsprüfung und die Gründerhaftung, die Notwendigkeit von drei Organen (Hauptversammlung, Vorstand, Aufsichtsrat), ferner, dass Beschlüsse der Aktionäre nur in besonderer Versammlung, der Hauptversammlung, meist unter Zuziehung eines Notars, gefasst werden können, dass eine Nachschusspflicht oder sonstige Pflichten der Aktionäre ausgeschlossen sind usw. Ursprünglich und noch bis zum BilanzrichtlinienG von 1985 spielten auch die strengeren Vorschriften über den Jahresabschluss, seine Prüfung und Veröffentlichung eine Rolle.

All das ist zweckmäßig für *Gesellschaften mit großen Unternehmen,* die sich hinsichtlich ihres Kapitalbedarfs an ein breites Publikum wenden und eine große Zahl ständig wechselnder Mitglieder haben, passt aber *nicht für kleinere Gesellschaften* mit einer geringen Zahl von Mitgliedern. Andererseits war

---

[18] *Kübler/Assmann,* § 18 I 3 c mit Beispielen.
[19] Statistisches Jahrbuch 1990 S. 125.
[20] *Kornblum,* GmbHR 2006, 28, 29; die Differenz zu den Zahlen oben § 4 Rn. 11 ergibt sich aus den unterschiedlichen Quellen (Handelsregister, Umsatzsteuerstatistik); vgl. auch *Kornblum,* GmbHR 2007, 25.
[21] *K. Schmidt,* § 33 II; *Koberg,* Die Entstehung der GmbH in Deutschland und Frankreich, 1992; *Zöllner,* JZ 1992, 381.

es schon in der damaligen Zeit auch bei solchen Gesellschaften nicht selten, dass keiner der Gesell-schafter die unbeschränkte Haftung übernehmen wollte, so dass die Formen der OHG und KG nicht in Betracht kamen. Um diese Lücke auszufüllen, hat der Gesetzgeber **neben der AG eine zweite Form der Kapitalgesellschaft** geschaffen, die GmbH: Gesetz betreffend die Gesellschaften mit beschränkter Haftung – **GmbHG** – vom **20. 4. 1892.**
Bereits 1911 zählte man in Deutschland die für damalige Verhältnisse große Zahl von 20 000 GmbH. Während des ersten Weltkriegs ließen die Neugründungen infolge der zunehmend spürbaren einkom-mensteuerlichen Doppelbelastung bei den juristischen Personen deutlich nach. Das änderte sich nach Einführung der Körperschaftsteuer, deren Sätze zunächst weit unter denen der Einkommensteuer la-gen (zur Bedeutung der Steuerbelastung für die Rechtsformwahl oben § 4 Rn. 9 f.). Als Folge wurde die GmbH stark bevorzugt, so dass ihre Zahl zeitweilig auf über 70 000 anstieg; Ende 1936 gab es noch etwa 40 000 mit 5 Mrd. RM Stammkapital. Danach hat die Zahl infolge der damals aus ideologischen Gründen (Abkehr von der „anonymen" Kapitalgesellschaft) geförderten Umwandlung in Personenge-sellschaften erheblich abgenommen. Seit 1945 steigt die Zahl der GmbH ständig. Ende 1961 gab es in der Bundesrepublik wieder fast 39 000 GmbH mit einem Stammkapital von rund 16,7 Milliarden DM. 1973 waren es 112 063 GmbH mit 58,5 Milliarden DM Stammkapital (vgl. 17. Aufl. dieses Lehrbuchs).

14   In der **weiteren Entwicklung** nach 1892 sind über einen langen Zeitraum nur kleinere Änderungen vorgenommen worden.[22] Im Gegensatz zum Aktienrecht ist eine in den dreißiger Jahren geplante um-fassende Reform nicht zustande gekommen. Im Übrigen ist das GmbH-Recht in ähnlicher Weise wie das Aktienrecht durch verschiedene Gesetze seit Anfang der fünfziger Jahre beeinflusst worden (vgl. unten § 25 Rn. 34). Zu nennen sind etwa das alte *UmwG*, das *KapErhG* und das *PublizitätsG*, das aktienrechtliche Rechnungslegungsgrundsätze auf größere Unternehmen anderer Rechtsform ausdehn-te, ferner die Gesetze über die Mitbestimmung der Arbeitnehmer.
Zum Zweck einer umfassenden **Reform des GmbH-Rechts** hatte die Bundesregierung **1971** einen **Entwurf** vorgelegt. Das mit einer Verdreifachung der Paragraphenzahl sehr regelungsfreudige Vorha-ben zeigte eine deutliche, unter dem Gesichtspunkt der Eigenständigkeit und Flexibilität der GmbH bedenklich enge, Anlehnung an das AktG 1965. Diese sog. große GmbH-Reform ist aus verschiedenen Gründen **gescheitert.**[23]
Einige Änderungen sind als **kleine Reform** durch die **GmbH-Novelle von 1980** – Gesetz zur Ände-rung des GmbHG und anderer handelsrechtlicher Vorschriften vom 4. 7. 1980 – verwirklicht worden. Sie betreffen u. a. die Einpersonen-Gründung, Höhe und Aufbringung des Stammkapitals, Sacheinla-gen, eigenkapitalersetzende Gesellschafterdarlehen und Individualrechte der Gesellschafter.[24] Neurege-lungen im Bereich des Handels- und Gesellschaftsrechts haben weitere Änderungen des GmbH-Rechts gebracht. Das UmwBerG von 1994 hat u. a. die GmbH als Rechtsträger in die neue Gesamt-regelung zu Umwechsel, Verschmelzung, Spaltung und Vermögensübertragung einbezogen (dazu unten § 38). Die Handelsrechtsreform 1998 hat vor allem das Firmenrecht liberalisiert. Weitere Ände-rungen haben die InsO, das KapAEG, KonTraG und die Umstellung auf den € gebracht. Insbesondere das Kapitalersatzrecht ist eingeschränkt und präzisiert worden. Seit 1999 sind Rechtsanwalts- und Patentanwalts-GmbH zulässig (§§ 59 c ff. BRAO, §§ 52 c ff. PatAnwO). Wichtige Änderungen hin-sichtlich der Verwendung und Ausgestaltung der GmbH ergeben sich mittelbar aus verschiedenen Änderungen des Steuerrechts (oben § 4 Rn. 9 ff.).[25] Zur weiteren Reform unten Rn. 19 ff.

2. Rechtsvergleich

15   Dem Typus der GmbH entsprechen in den Mitgliedstaaten der EU und weltweit Formen, die wegen des beschränkten Gesellschafterkreises und fehlender Inanspruchnahme des Kapitalmarktes oft als „geschlossene Gesellschaften" bezeichnet werden. Manche Länder gehen von einem einheitlichen Grundtyp der Kapitalgesellschaft aus, der dann in *„public"* und *„private"* oder *„close"* corporations

---

[22] Zum Mindeststammkapital oben Fn. 5.
[23] Aus dem umfangreichen *Material:* RefE eines Gesetzes über GmbH, Bundesministerium der Jus-tiz (Hrsg.) 1969; RegE eines GmbHG und eines Einführungsges., BR-Drs. 595/71, jeweils mit ausführ-licher Begründung; ferner GmbH-Reform, 1970, mit Beiträgen von *Barz/Forster/Knur/E. Rehbin-der/ Limbach/Teichmann;* Probleme der GmbH-Reform, 1970, mit Beiträgen von *Goerdeler/Lutter/Mertens/ Rittner/Ulmer/Wiethölter/Würdinger; Arbeitskreis GmbH-Reform (G. Hueck/Lutter/Mertens/E. Reh-binder/Ulmer/Wiedemann/Zöllner),* Thesen und Vorschläge zur GmbH-Reform, 2 Bde., 1971 f.
[24] Vgl. dazu RegE mit Begründung, BR-Drs. 404/77; abgedruckt mit weiteren Materialien bei *Deut-ler,* Das neue GmbH-Recht – GmbH-Novelle 1980; *Centrale für GmbH Dr. Otto Schmidt* (Hrsg.), Das neue GmbH-Recht in der Diskussion, 1981, mit Beiträgen von *Deutler/Hesselmann/Th. Raiser/ K. Schmidt/Ulmer/Tillmann.*
[25] Zur Entwicklung der GmbH-Besteuerung *Kußmaul/Meyering,* GmbHR 2005, 17.

ausdifferenziert wird.[26] Unterscheidungskriterien sind die Gesellschafterzahl, Übertragungsbeschränkungen der Anteile (keine Börsenfähigkeit), persönliche Mitarbeit von Gesellschaftern u.ä. Andere Länder bieten eine besondere Gesellschaftsform an, nicht selten nach dem Muster der deutschen GmbH gestaltet. Nachfolgend seien nur einige Beispiele genannt.

In Österreich ist die GmbH (dort auch: GesmbH) ebenfalls sehr häufig. 1996 gab es dort ca. 91 000 GmbH; nur 1,75% der Gesellschaften hatten mehr als 10 Gesellschafter, 29% sind Einpersonen- oder Quasi-Einpersonen-Gesellschaften. Bei 70% der GmbH waren Gesellschafter zu Geschäftsführern bestellt.[27] Die öGmbH wurde 1906 in Kenntnis der deutschen Erfahrungen eingeführt.[28]

Frankreich kennt mit der *société à responsabilité limitée (s.a.r.l.)* ebenfalls eine besondere Rechtsform für die kleine Kapitalgesellschaft. Das Erfordernis eines Mindestkapitals (7 500 €) wurde 2004 aufgegeben. Die ohne besondere Beurkundungsvorschriften einfach zu gründende Gesellschaft unterliegt weit gehenden Publizitätsanforderungen.[29]

Die englische *private company limited by shares (Ltd.)*[30] ist ebenfalls sehr einfach zu gründen, erfordert kein Mindestkapital und ist sehr verbreitet.[31] Beim Gesellschaftsregister in Cardiff waren Ende 2006 insgesamt ca. 2,3 Mio. *Ltds.* eingetragen.

Die starke Verbreitung zeigt den praktischen Bedarf für eine relativ einfache, haftungsbeschränkte Unternehmensträgerform. Im Rahmen der europäischen Niederlassungsfreiheit auch für Gesellschaften werden bei der Rechtsformwahl zunehmend Formen aus dem europäischen Ausland, insbesondere die englische Ltd. verwendet. Ob dies eine vorübergehende Erscheinung ist, bleibt abzuwarten. Der deutsche Gesetzgeber ist jedenfalls bemüht, durch eine umfassende Reform die GmbH wettbewerbsfähiger zu machen (unten Rn. 19ff.). Jedenfalls trägt der Rechtsvergleich zur klareren Problemsicht bei (oben § 1 Rn. 18).

3. Europäische Rechtsentwicklung

Eine direkte Harmonisierung des GmbH-Rechts ist nicht erfolgt. Jedoch haben sich **16** **EG-Richtlinien** im Bereich des Gesellschaftsrechts auf das GmbH-Recht ausgewirkt, obwohl deren Schwerpunkt eher die AG ist (vgl. oben § 2 Rn. 27 f.).[32] Neben den Gesetzen zur Durchführung der Publizitäts- und der Verschmelzungsrichtlinie ist vor allem das Bilanzrichtlinien-Gesetz zu nennen, das mit der Aufnahme in das 3. Buch des HGB die **Rechnungslegung für AG und GmbH angeglichen** hat. Im GmbHG selbst änderte es vor allem die §§ 41–42a und führte zu einer Neufassung des § 29 über die Ergebnisverwendung (unten § 22 Rn. 30 ff.). Die Bilanzrichtlinie wurde geändert durch die Mittelstandsrichtlinie und im Anwendungsbereich erweitert durch die GmbH & Co. KG-Richtlinie;[33] die Änderungen betreffen vor allem die Bilanzpublizität. Die Einpersonengesellschaftsrichtlinie[34] hat nur zu geringfügigen Änderungen geführt, da die Einpersonen-GmbH in Deutschland ohnehin anerkannt war.

Von Wissenschaftlern und Verbänden wurde ein Verordnungsvorschlag für eine „Société Fermée **17** Européenne – SFE"/„Société Privée Européenne – SPE"/„Europäische Privatgesellschaft – EPG" ent-

---

[26] So z.B. die Staaten der USA, *Merkt/Göthel*, US-amerikanisches Gesellschaftsrecht, 2. Aufl., 2006, Rn. 252ff.; Scholz/*H.P. Westermann*, Einl. Rn. 162ff.

[27] *Koppensteiner*, GmbH-Gesetz, 2. Aufl., 1999, Allg.Einl Rn. 7 zum österreichischen GmbHG.

[28] Zum Zustandekommen instruktiv *Kalss/Eckert*, in: Doralt/Kalss (Hrsg.), Franz Klein – Vorreiter des modernen Aktien- und GmbH-Rechts, 2004, S. 1777; vgl. ferner *Kusznier*, in: Van Hulle/Gesell (Hrsg.), European Corporate Law, 2006, 2/I Rn. 1 ff.; Scholz/*H.P. Westermann*, Einl. Rn. 174 f.

[29] *Garnier/Buseine*, in: Van Hulle/Gesell (Hrsg.), European Corporate Law, 2006, 2/VIII Rn. 83 ff.; Scholz/*H.P. Westermann*, Einl. Rn. 165 f.

[30] *Micheler*, ZGR 2004, 324; *Rehm*, in: Eidenmüller (Hrsg.), Ausländische Kapitalgesellschaften im deutschen Recht, 2004, § 10; Scholz/*H.P. Westermann*, Einl. Rn. 158 ff.; *Turnbull/Coleman*, in: Van Hulle/Gesell (Hrsg.), European Corporate Law, 2006, 2/XXV Rn. 1 ff.

[31] *Niemeier*, ZIP 2006, 2237; *Westhoff*, GmbHR 2007, 474.

[32] Scholz/*H.P. Westermann*, Einl Rn. 64 ff.

[33] Oben § 2 Rn. 28; dazu Baumbach/Hopt/*Hopt*, HGB, Einl. v. § 238 Rn. 8.

[34] Zwölfte gesellschaftsrechtliche Richtlinie 89/667/EWG vom 21. 12. 1998, ABl. EG 1989 Nr. L 395/40.

worfen.[35] Nach bislang geringen Umsetzungschancen hat die Generaldirektion Binnenmarkt nunmehr am 19. 7. 2007 ein Konsultationspapier für ein mögliches Statut einer Europäischen Privatgesellschaft – **European Private Company (EPC)** – vorgelegt.[36] Dabei werden verschiedene Optionen angeboten, vor allem die Alternative zwischen einem umfassenden europäischen Statut oder einem flexiblen Statut, das nur einige Kernfragen regelt und im übrigen Gestaltungsfreiheit lässt, ergänzt durch fakultative Mustersatzungen. Nach den Erfahrungen mit der SE (unten § 35) sollen jedenfalls Verweisungen auf nationales Recht vermieden werden.

18   Der wichtigste Einfluss des europäischen Rechts besteht in den Entscheidungen des EuGH zur Sitzverlegung und **Niederlassungsfreiheit** (oben § 1 Rn. 19, § 31 Rn. 8) und dem damit eröffneten **Wettbewerb der Rechtsordnungen**.[37] Zahlreiche Einzelprobleme, die sich aus der Tätigkeit von Auslandsgesellschaften im Inland ergeben, sowie die Weiterentwicklung nationalen Rechts als Angebot in diesem Wettbewerb erfordern Rechtsvergleich als erste Stufe. Die nachfolgend skizzierte Reform soll das deutsche Angebot in diesem Wettbewerb verbessern.

IV. Reform

19   Nach mehreren kleineren steht nunmehr eine Reform an, die **einschneidende Änderungen** verspricht – Regierungsentwurf eines Gesetzes zur Modernisierung des GmbH-Rechts und zur Bekämpfung von Missbräuchen **(MoMiG)**.[38] Auf die Änderungen nach dem Stand des Regierungsentwurfs wird nachfolgend **jeweils eingegangen (kursiver Text)**.

1. Modernisierung

20   *Der Entwurf geht im Vergleich zum Reformansatz 1971 (oben Rn. 14) in die entgegengesetzte Richtung.* **Vereinfachung** *und* **Flexibilisierung** *stehen im Vordergrund, z. T. auch gegen in manchen Gebieten ausufernde Rechtsprechung (verdeckte Sacheinlage, Eigenkapitalersatz). Das Vertrauen in die gläubigerschützende Wirkung des Stammkapitals ist begrenzt; die Gewichte werden, ähnlich wie bei der englischen Limited ins Insolvenzrecht verschoben. Das* **Mindeststammkapital** *wird auf 10000 € herabgesetzt (vgl. dazu oben Rn. 4 mit Fn. 4). Hinzu kommt die GmbH-Variante „Unternehmergesellschaft (haftungsbeschränkt)".*

a) Unternehmergesellschaft (haftungsbeschränkt)

21   *Die* **Unternehmergesellschaft (haftungsbeschränkt)** *oder UG (haftungsbeschränkt) ist eine Variante der GmbH, deren Stammkapital den Mindestbetrag von 10000 € nicht zu erreichen braucht (§ 5a Abs. 1). Das entspricht der Rechtslage in Großbritannien, Frankreich und anderen Ländern.[39] Der Be-*

---

[35] Dazu *Bachmann,* ZGR 2001, 351; *Grundmann,* European Company Law, Rn. 1203 ff.; *Van Hulle,* EWS 2000, 521; *de Kluiver/van Gerven* (Hrsg.), The European Private Company?, 1995.

[36] Abzurufen unter http://ec.europa.eu/internal_market/company/epc/epcquest.pdf (08/2007).

[37] Oben § 1 Rn. 21; *Eidenmüller,* ZGR 2007, 168; *Rehm,* in: Eidenmüller (Hrsg.), Ausländische Kapitalgesellschaften im deutschen Recht, 2004, § 1 Rn. 10 ff.; *Scholz/H. P. Westermann,* Einl. Rn. 156 f.; *Wachter,* GmbHR 2005, 717; *Windbichler/Krolop,* in: Riesenhuber (Hrsg.), Europäische Methodenlehre, 2006, § 19 Rn. 83 ff.

[38] RegE eines Gesetzes zur Modernisierung des GmbH-Rechts und zur Bekämpfung von Missbräuchen (MoMiG) vom 23. 5. 2007 (www.bmj.bund.de/files/2109/MoMiG-RegE%2023%2005%200%.pdf; auch bei *Möllers,* www.jura.uni-augsburg.de / Materialien zum Gesellschaftsrecht); abgedruckt in ZIP 2007, Beilage zu Heft 23.

[39] Vgl. jeweils in Van Hulle/Gesell (Hrsg.), European Corporate Law, 2006: *Garnier/Buseine,* 2/VIII Rn. 98 f. (Frankreich); *McLaughlin,* 2/XII Rn. 19 (Irland); *Turnbull/Coleman,* 2/XXV Rn. 20 f. (UK); *Micheler,* ZGR 2004, 324.

darf für eine derartige Rechtsform ist umstritten, zeigt sich jedenfalls aber darin, dass sie in der Praxis nachgefragt wird.[40] *Wie stets wird auch hier ggf. die Praxis durch das Ausmaß der Akzeptanz der UG entscheiden.*

Der Zugang zu einer haftungsbeschränkten Form soll damit vor allem für Existenzgründer möglichst einfach und kostengünstig sein und ein Ausweichen auf ausländische Rechtsformen überflüssig machen. Eine vollständige Aufgabe des Mindeststammkapitals ist damit nicht verbunden, da § 5 a RegE lediglich eine Variante anbietet, die Regel-GmbH aber immer noch ein, wenn auch abgesenktes, Mindeststammkapital benötigt. Das wird durch die abweichende Bezeichnung noch unterstrichen. Die UG (haftungsbeschränkt) kann in eine Standard-GmbH übergeleitet werden. Da die Kapitalrichtlinie[41] *auf GmbH keine Anwendung findet, sind die nationalen Gesetzgeber in dieser Hinsicht frei. Der Verzicht auf ein Mindeststammkapital stellt einen Wandel der – ohnehin umstrittenen – Funktion des Stammkapitals dar; Gläubigerschutz oder Eintrittsschwelle kommen nicht mehr in Betracht, das frei wählbare Stammkapital ist ausschließlich eine Finanzierungsentscheidung der Gesellschafter. Damit wird unterstrichen, dass die rechtlichen Regeln zur Kapitalausstattung mit dem wirtschaftlichen Kapitalbedarf und dessen Deckung wenig zu tun haben (oben Rn. 3 f.).*

Ob die UG (haftungsbeschränkt) nach dem RegE Gesetz wird, ist nicht gewiss. Wie man sie auch auffasst, als Brüderchen, Schwesterchen,[42] *Bastard*[43] *oder Wechselbalg, die in diesem Zusammenhang und auch schon früher entwickelten Argumente, Einwände und Einsichten vermessen jedenfalls das Terrain.*

b) Gründung allgemein

Die **Gründung** *wird* **vereinfacht.** *In Deutschland gesetzestechnisch neu wird ein sog. „Gründungs- Set" in Form von elektronisch zugänglichen Mustern angeboten, dessen Verwendung Zeit und Kosten spart. Individuell und detailliert ausgearbeitete Gründungen bleiben gleichwohl möglich, so dass die Vielseitigkeit der GmbH nicht eingeschränkt wird. Die Eintragung ins Handelsregister, die durch die Änderung des HGB im EHUG*[44] *bereits modernisiert wurde, wird weiter erleichtert. Die Aufbringung des Stammkapitals soll durch leichter handhabbare Regeln entrümpelt werden.* **22**

c) Innenverhältnis

Die GmbH wird im Innenverhältnis **flexibler,** *indem z. B. die Einteilung der Geschäftsanteile (oben Rn. 7) in größerem Umfang den Gesellschaftern überlassen wird. Eine weitere Entlastung von Unzuträglichkeiten im Leben einer GmbH soll die Möglichkeit des gutgläubigen Erwerbs von Geschäftsanteilen bringen. Die verbreitete Finanzierung durch Darlehen hat zu einem außerordentlich komplexen Eigenkapitalersatzrecht geführt; diese Vorschriften werden vereinfacht und ins Insolvenzrecht verlagert. Die Verwendung der GmbH in Unternehmensgruppen mit cash-pool (oben Rn. 10) wird von Unsicherheiten entlastet.*

2. Missbrauchsbekämpfung

Die notorische Insolvenzanfälligkeit der GmbH ist deshalb besonders problematisch, weil in vielen Fällen kein ordnungsgemäßes Insolvenzverfahren oder eine sonst ordnungsgemäße Abwicklung stattfinden. Solche Situationen werden auch gezielt herbeigeführt (sog. Firmenbestattung), nachdem die Gesellschaft zuvor „ausgeplündert" wurde. Dabei spielt das unauffindbare Verschwinden von Geschäftsführern und Gesellschaftern eine große Rolle. Zur Bekämpfung solcher Missbräuche wird die Erreichbarkeit der Gesellschaft von Gesetzes wegen gesichert. Die Publizität der Gesellschafter wird erhöht. Die Insolvenzantragpflicht wird verschärft und gesichert. Zu Lasten der Gläubiger erfolgte Zahlungen sind verstärkt der Anfechtung unterworfen. **23**

---

[40] *Niemeier,* ZIP 2006, 2237, 2243 ff. (methodenkritisch zu *Westhoff,* GmbHR 2006, 525); vgl. auch oben § 17 Rn. 2.

[41] Zweite Richtlinie 77/91/EWG vom 13. Dezember 1976 (Kapitalrichtlinie); geändert durch Richtlinie 2006/68/EG vom 6. September 2006.

[42] *K. Schmidt,* DB 2006, 1096.

[43] *Freitag/Riemenschneider,* ZIP 2007, 1485, 1486.

[44] Gesetz über elektronische Handelsregister und Genossenschaftsregister sowie das Unternehmensregister (EHUG) vom 10. 11. 2006; BGBl. I, S. 2553.

§ 21. Gründung von GmbH, Einpersonengesellschaft und Unternehmergesellschaft (haftungsbeschränkt)

I. Gründung

1   Die GmbH ist die einfachste, dadurch relativ **schnell**[1] und **billig** zu gründende Kapitalgesellschaft. Zusätzliche Erfordernisse gelten, wenn nicht nur **Bareinlagen,** sondern Sacheinlagen vereinbart werden – **Sachgründung.** Eine GmbH kann ferner durch **Formwechsel** aus einer anderen Rechtsform oder durch eine andere Strukturänderung nach dem UmwG entstehen (unten § 38). Die Gründungsvorschriften finden teilweise entsprechende Anwendung, wenn eine „auf Vorrat", d. h. ohne aktive Geschäftätigkeit gegründete, GmbH oder eine GmbH, die zwischenzeitlich ihren Geschäftsbetrieb eingestellt hat, als werbende Gesellschaft verwendet werden soll (unten Rn. 11).

2   Im gesetzlichen **Normalfall** der **Mehrpersonen-Gründung** sind mindestens zwei Gründer erforderlich, aber auch ausreichend. Bei der *Einpersonen-Gründung* greifen einige Sonderregeln ein (unten Rn. 37 ff.). **Gründer** und damit Gesellschafter können natürliche und juristische Personen, auch schon Vorgesellschaften (unten Rn. 21) sein, ferner Personenhandelsgesellschaften, also OHG und KG (unstr.), Partnerschaftsgesellschaften und nach heute ganz h. M. auch andere Gesamthandsgemeinschaften, nämlich BGB-Gesellschaft, Erbengemeinschaft und nichtrechtsfähiger Verein.[2]

1. Gesellschaftsvertrag

a) Form

3   Der Gesellschaftsvertrag ist ein Organisationsvertrag (oben § 1 Rn. 14 f.). Er bedarf der **notariellen Form** (§ 2 Abs. 1). Mit dem formgerechten Abschluss des Gesellschaftsvertrages ist die Gesellschaft errichtet, d. h. es entsteht eine Vorgesellschaft (unten Rn. 14).

Zur **Terminologie:** Obwohl das Gesetz die Bezeichnung **Gesellschaftsvertrag** verwendet, spricht man körperschaftsrechtlich gedacht auch von **Satzung.** Der Gesellschaftsvertrag hat nicht notwendig nach seinem ganzen Inhalt Satzungscharakter, sondern kann auch andere, z. B. schuldrechtliche Bestandteile haben; dazu nachfolgend Rn. 7.

3 a   *MoMiG: Nach § 2 Abs. 1 a RegE muss der Gesellschaftsvertrag lediglich **schriftlich** abgefasst werden, wenn die Gründer das **gesetzliche Muster** (Mustervertrag, Mustersatzung, oben § 20 Rn. 22) verwenden. Damit entfällt die Belehrung und Beratung durch den Notar. Wollen die Gründer vom Notar beraten werden oder von der Mustersatzung abweichen, müssen sie die Beurkundung wählen. Das ist mit Kosten verbunden, die der (alten und neuen) Standardrechtslage entsprechen. Die vereinfachte Gründung steht für Gesellschaften mit höchstens drei Gründern zur Verfügung (Anlage 1 zu Nr. 50 RegE Fn. 12).*

Die Unterschriften müssen gleichwohl öffentlich beglaubigt werden (§§ 129 BGB, § 40 BeurkG). Das dient der eindeutigen Identifizierung der Gründer. Den weiteren Schritt, elektronische Formulare und elektronische Signaturen (§ 126 a BGB) zuzulassen, ist der RegE nicht gegangen.[3]

---

[1] Eine gewisse Beschleunigung ist durch das EHUG, das die elektronische Führung der Handelsregister regelt, eingetreten (§ 12 Abs. 2 HGB, § 8 Abs. 5).

[2] Scholz/*Emmerich,* § 2 Rn. 51 a ff.; BGHZ 78, 311 = NJW 1981, 682; BGHZ 118, 83 = NJW 1992, 2222 (betr. AG) mit Hinweisen zur Haftung für die Einlageverpflichtung bei einer BGB-Gesellschaft als Gründer.

[3] Krit. dazu *Eidenmüller,* ZGR 2007, 199; *Noack,* DB 2007, 1395, 1398. In einigen Ländern ist die Echtzeit-online-Gründung bereits möglich, z. B. in Dänemark und Großbritannien.

b) Mindestinhalt

§ 3 Abs. 1 schreibt den unverzichtbaren Mindestinhalt für den Gesellschaftsvertrag **4** vor: Firma, Sitz, Gegenstand des Unternehmens, Betrag des Stammkapitals und Beträge der Stammeinlagen.

Die **Firma** muss kennzeichnungs- und unterscheidungskräftig und darf nicht irreführend sein (§ 18 HGB); sie muss immer den **Rechtsformzusatz** „Gesellschaft mit beschränkter Haftung" oder eine gängige Abkürzung dieser Bezeichnung enthalten (§ 4). Der **Gegenstand des Unternehmens** bezeichnet den Bereich und die Art der Betätigung der Gesellschaft. Er ist nicht notwendig identisch mit deren u. U. weiterem und allgemeiner gefasstem Zweck, doch wird er wesentlich durch diesen bestimmt. In Betracht kommt jeder beliebige Zweck, der den allgemeinen Gesetzen nicht zuwiderläuft (§ 1). Es braucht sich also nicht um den Betrieb eines Handelsgewerbes und überhaupt nicht um ein auf eine Tätigkeit am Markt gerichtetes Unternehmen zu handeln (oben § 20 Rn. 1). Bei einer sog. Mantel- oder Vorratsgründung, bei der die spätere Verwendung der GmbH noch nicht feststeht, muss der Unternehmensgegenstand entsprechend bezeichnet werden, üblicherweise mit „Verwaltung des eigenen Vermögens".[4] Zu **Stammkapital, Geschäftsanteil** und **Stammeinlage** oben § 20 Rn. 4 ff.

MoMiG: Der RegE bestimmt den Umfang des Geschäftsanteils (Stammeinlage); deshalb ist ein- **4a** *heitlich vom **Nennbetrag der Geschäftsanteile** die Rede, vgl. §§ 3 Abs. 1 Nr. 4, 5 Abs. 2 und 3, 14 RegE. Es handelt sich nur um eine terminologische Klarstellung.*

*Bisher musste als **Sitz** der Gesellschaft ein inländischer Betriebsort oder der inländische Ort der Ver-* **4b** *waltung gewählt werden (§ 4a Abs. 2 a. F.). Diese Regel wird gestrichen, damit eine deutsche GmbH auch ihren Tätigkeitsschwerpunkt im Ausland haben kann, wie es die Sachverhalte der EuGH-Entscheidungen zur Niederlassungsfreiheit beschreiben, d. h. **Mobilität** hergestellt wird.[5] Der Satzungssitz muss ein inländischer sein (§§ 4a, 7 Abs. 1 RegE), der Verwaltungssitz kann nunmehr im Ausland liegen.[6]*

*Wieweit die **Bezeichnung des Unternehmensgegenstandes** individualisiert sein muss, war umstritten;* **4c** *Leerformeln wie „Handelsgeschäfte aller Art" galten als unzureichend.[7] Daran kann man nicht festhalten, da die Mustersatzung (Anlage 1 zu Nr. 50 RegE) eine anzukreuzende Auswahl von drei derartigen sehr kursorischen Bezeichnungen enthält. Der satzungsmäßige Unternehmensgegenstand hat hauptsächlich Bedeutung im Innenverhältnis (unten § 22 Rn. 11). Für Vorratsgründungen kommt die Mustersatzung nicht in Betracht, da alle drei verfügbaren Unternehmensgegenstände irreführend wären. Allerdings soll die Reform Vorratsgründungen gerade überflüssig machen. Wegen der beschränkten Auswahl an Unternehmensgegenständen und der pauschalen Fassung dürfte die vereinfachte Gründung nach Muster für GmbH mit nichtwirtschaftlichen Zielen i. d. R. ungeeignet sein.*

c) Übernahme der Stammeinlagen

Die Gründer übernehmen die Stammeinlagen im Gesellschaftsvertrag (§ 3 Abs. 1 **5** Nr. 4) und daher mit diesem in *notarieller Form.* **Jeder Gründer** muss eine Stammeinlage übernehmen (§ 3 Abs. 1 Nr. 4, § 5 Abs. 1), er kann aber **nur einen** einheitlichen **Geschäftsanteil** übernehmen (§ 5 Abs. 2). Gerade deshalb ist es praktisch wichtig, dass die Stammeinlagen verschieden hoch sein können (§ 5 Abs. 3). Alle Stammeinlagen müssen von den Gründern selbst übernommen werden.[8] Der Nennbetrag muss durch 50 teilbar sein und mindestens 100 € betragen. Der **Gesamtbetrag aller Geschäftsanteile muss mit dem Stammkapital übereinstimmen** (§ 5 Abs. 3 Satz 3). Die Stammeinlage ergibt

---

[4] BGHZ 117, 323 = NJW 1992, 1824 (betr. AG); BGHZ 153, 158 = NJW 2003, 892.

[5] *EuGH* Slg. 1999 I 1459 = NJW 1999, 2027 – Centros; Slg. 2002 I 9919 = NJW 2002, 3614 – Überseering; Slg. 2003 I 10 155 = NJW 2003, 3331 – Inspire Art; *Eidenmüller,* ZGR 2007, 168, 204 ff.

[6] Nicht ganz klar ist, ob es sich um eine sachrechtliche Norm des GmbH-Rechts oder zugleich um eine Kollisionsnorm (oben § 1 Rn. 19 f.) handelt, vgl. *Eidenmüller,* ZGR 2007, 168, 205 f.; der für eine generelle Regelung kollisionsrechtlicher Fragen im EGBGB eintritt, einerseits, *Seibert,* DB 2007, Beilage Status: Recht 22, 23 (Kollisionsnorm); auch *Handelsrechtsausschuss des DAV,* NZG 2007, 211, 212.

[7] *Baumbach/Hueck/Hueck/Fastrich,* § 3 Rn. 8.

[8] Die früher verbreiteten Treuhand-(Strohmann-)Gründungen haben durch die Zulassung der Einpersonen-Gründung an Bedeutung verloren. Neben dem Treuhänder wird ggf. auch der Treugeber wie ein Gesellschafter behandelt; sehr weitgehend BGHZ 118, 107 = NJW 1992, 2023; differenzierend die Literatur, Nachweise bei Baumbach/Hueck/*Hueck/Fastrich,* § 1 Rn. 42 ff.

zugleich die Einlagepflicht des Gesellschafters. Auch ohne ausdrückliche gesetzliche Regelung gilt wie bei der AG (unten § 26 Rn. 3) das **Verbot der Unterpariemission,** d.h. die zu leistende Einlage darf im Wert nicht hinter dem Nennbetrag der Stammeinlage zurück bleiben. Das dient der Aufbringung des Stammkapitals (oben § 20 Rn. 5 f.). Gegen die Vereinbarung eines Aufgeldes (Agio) zur Stammeinlage – **Überpariemission** – bestehen keine Bedenken.

5 a   *MoMiG: Nach §§ 3 Abs. 1 Nr. 4, 5 Abs. 2 Satz 2 RegE kann ein Gründer **mehrere Geschäftsanteile** übernehmen, ein **Mindestnennbetrag** ist **nicht mehr vorgeschrieben.** Der Geschäftsanteil muss lediglich auf volle € lauten, Teilbarkeitserfordernisse gibt es nicht. Damit kann von Anfang an eine größere Zahl kleinerer Geschäftsanteile geschaffen werden, die auch getrennt veräußert werden können. Eine Teilung (§ 17 a. F.) wird sich meist erübrigen. Teilung und Zusammenlegung sind freilich möglich (unten § 22 Rn. 22 a, 44 b). Die persönliche Identifikation des Gründers mit einem ganz bestimmten Geschäftsanteil wird gelockert, die Geschäftsanteile werden durchnummeriert und zugeordnet. Die GmbH kann somit kapitalistischer ausgestaltet werden. Das System des festen satzungsmäßigen Stammkapitals bleibt erhalten; die Summe der Nennbeträge aller Geschäftsanteile muss mit dem Stammkapital übereinstimmen. Bei der vereinfachten Gründung nach Muster kann jeder Gründer nur einen Geschäftsanteil übernehmen.*

6   **Sacheinlagen** sind zulässig. Sie müssen aber im Gesellschaftsvertrag nach Gegenstand und Betrag der dadurch zu bewirkenden Stammeinlage festgesetzt werden (§ 5 Abs. 4). Außerdem haben die Gesellschafter in einem **Sachgründungsbericht** die Angemessenheit der zugrunde liegenden Bewertung darzulegen. Der Bericht dient der Überprüfung durch das Registergericht; dagegen findet keine entsprechende Gründungsprüfung durch externe Wirtschaftsprüfer statt (so bei der AG, unten § 26 Rn. 16). Einen im Zeitpunkt der Anmeldung zum Handelsregister bestehenden Minderwert der Sacheinlage gegenüber der übernommenen Stammeinlage hat der Gesellschafter durch eine Geldeinlage auszugleichen – **Differenzhaftung** (§ 9).[9] Im Übrigen lehnt das Registergericht bei Überbewertung von Sacheinlagen die Eintragung der GmbH in das Handelsregister ab (§ 9 c). Die Vorschriften über die Sachgründung gehen im Wesentlichen auf die GmbH-Novelle von 1980 zurück. Sog. **verdeckte** (verschleierte) **Sacheinlagen,** d.h. Umgehung der strengen Sacheinlagevorschriften durch Verbindung einer Bareinlage mit einem Verkehrsgeschäft, so dass das wirtschaftliche Ergebnis einer Sacheinlage gleichkommt, sind unzulässig (unten § 23 Rn. 14).

In der **Fallbearbeitung** ergibt sich daraus, dass die **Anspruchsgrundlage** für die Einforderung von Einlagen, seien es Bar- oder Sacheinlagen oder die Differenz zwischen dem (geringeren) Wert der Sacheinlage und dem Betrag der übernommenen Stammeinlage, stets der Gesellschaftsvertrag (Übernahme der Stammeinlage) ist; vgl. auch § 14 i. d. F. des RegEMoMiG.

d) Fakultativer Inhalt

7   Der sonstige Inhalt kann in weitestem Umfang von den Gesellschaftern gestaltet werden – **Gestaltungsfreiheit,** soweit nicht die zwingende körperschaftliche Verfassung betroffen ist.

§ 3 Abs. 2 schreibt die Aufnahme in den Gesellschaftsvertrag vor, falls eine **zeitliche Beschränkung** der Gesellschaft vereinbart wird (selten), ferner – praktisch sehr wichtig – für **Nebenpflichten** der Gesellschafter (unten § 22 Rn. 43). Entsprechendes gilt nach § 26 Abs. 1 für die davon zu unterscheidende **Nachschusspflicht** (unten § 22 Rn. 39 f.). Auch im Übrigen sieht das Gesetz mehrfach Abweichungen oder Ergänzungen durch den Gesellschaftsvertrag vor. Ganz allgemein gilt, dass die **Organisation** der Gesellschaft und die **mitgliedschaftlichen Rechte und Pflichten** der Gesellschafter in dem durch relativ wenige zwingende Vorschriften begrenzten Rahmen im Gesellschaftsvertrag geregelt werden können, so etwa **Vorzugsrechte** bestimmter Gesellschafter, Beschränkungen für die Veräußerung von Geschäftsanteilen – **Vinkulierung** (§ 15 Abs. 5) – und dergleichen mehr.

---

[9] Fallbeispiele bei *Wiedemann/Frey,* Nr. 284 f.

Regelungen dieser Art, d. h. Bestimmungen über die Organisation und das Verhältnis der Gesellschafter zur Gesellschaft haben *Satzungscharakter* und bilden die auf Dauer angelegten Grundlagen der Gesellschaft. Daneben sind auch *weniger grundsätzliche Vertragsbestimmungen* möglich. Nach § 6 Abs. 3 Satz 2, Abs. 4 kann die Bestellung der ersten Geschäftsführer und die Regelung ihrer Bezüge im Gesellschaftsvertrag erfolgen; auch rein **schuldrechtliche** – nicht mitgliedschaftliche – **Vereinbarungen** kommen vor. Die Unterscheidung ist wichtig, weil nur für die erstgenannte Gruppe die besonderen Vorschriften über Satzungsänderungen (§§ 53 ff.) gelten[10] und die Auslegung eingeschränkt-objektiviert nach körperschaftsrechtlichen Grundsätzen erfolgt.

2. Geschäftsführer

Bereits im Gründungsstadium benötigt die Gesellschaft einen oder mehrere Ge- 8 schäftsführer, die im Gesellschaftsvertrag oder durch späteren Beschluss der Gesellschafter bestellt werden. Die Geschäftsführer nehmen die Kapitaleinzahlungen und Sacheinlagen entgegen und melden die Gesellschaft zum Handelsregister an (unten Rn. 10). Wer Geschäftsführer sein kann, bestimmt § 6 Abs. 2 (unten § 22 Rn. 4). Sie können, müssen aber nicht Gesellschafter sein – **Drittorganschaft** (§ 6 Abs. 3).

3. Eintragung ins Handelsregister

Durch die **konstitutive Eintragung** ins Handelsregister entsteht die GmbH als ju- 9 ristische Person (§ 11 Abs. 1). Die Bekanntmachung der Eintragung ist für die Entstehung nicht erforderlich, aber für die Publizitätswirkung nach § 15 HGB wichtig.

Zur Sicherung der Aufbringung des Stammkapitals im Gläubigerinteresse (unten § 36 Rn. 12) muss ein Teil der Stammeinlagen **vor der Anmeldung** der Gesellschaft zum Handelsregister erbracht werden – **Mindesteinzahlung**.

Auf jede in Geld zu leistende Stammeinlage muss mindestens *ein Viertel* eingezahlt werden; außerdem müssen diese Einzahlungen **zusammen mindestens** 12 500 €, also die Hälfte des gesetzlichen Mindeststammkapitals, erreichen (§ 7 Abs. 2). **Sacheinlagen** müssen **voll** geleistet werden. Sie müssen bei der Anmeldung endgültig zur freien Verfügung des Geschäftsführers stehen (§ 7 Abs. 3). Auf die Einlagensumme von 12 500 € sind Sacheinlagen mit dem Betrag der durch sie erbrachten Stammeinlagen anzurechnen.

*MoMiG: Die Mindesteinzahlung beträgt ein Viertel des Nennbetrags des Geschäftsanteils, der Ge- 9a samtbetrag muss die Hälfte des Mindeststammkapitals erreichen (§ 7 Abs. 2 RegE). Insoweit ist eine terminologische Anpassung erfolgt, statt von der Stammeinlage ist vom Geschäftsanteil die Rede. Eine mittelbare sachliche Änderung liegt in der Bezugnahme auf das Mindeststammkapital, das nach § 5 Abs. 1 RegE 10 000 € beträgt. Die Mindesteinzahlung beträgt demnach 5 000 €, was die Gründung erleichtern soll. Auf diese Summe sind ggf. Sacheinlagen anzurechnen. Bei der **vereinfachten Gründung** nach Muste sind nur Bareinlagen zulässig, die entweder voll oder zur Hälfte eingezahlt werden müssen.*

Die **Anmeldung** ist von den Geschäftsführern gemeinsam vorzunehmen (§§ 7 Abs. 1, 78). Sie darf 10 erst erfolgen, wenn die Mindesteinlagen geleistet sind (§ 7 Abs. 2, 3; oben Rn. 9). § 8 regelt den Inhalt der Anmeldung, vor allem bestimmte dabei abzugebende Erklärungen, und benennt die Unterlagen, die der Anmeldung beizufügen sind. Ihr Ziel ist es, die **Prüfung durch das Registergericht** (§ 9c) zu ermöglichen. Diese erstreckt sich auf die Errichtung der Gesellschaft und deren Anmeldung sowohl in formeller Hinsicht als auch in Bezug auf die materielle Richtigkeit und Wirksamkeit des eintragungspflichtigen Vorgangs sowie die **Bewertung von Sacheinlagen**. Die Kontrolle der inhaltlichen Richtigkeit des Gesellschaftsvertrags ist nach § 9c Abs. 2 eingeschränkt. Die Begrenzung der Kontrolle auf schwere Satzungsmängel soll das Registerverfahren beschleunigen. Nach § 8 Abs. 1 Nr. 6 muss die **staatliche Genehmigungsurkunde** vorgelegt werden, wenn die GmbH nach ihrem Unternehmensgegenstand eine genehmigungspflichtige Tätigkeit ausüben, z. B. nach §§ 2, 3 GaststättenG eine Gaststätte betreiben will. Das führt zu Unzuträglichkeiten und Verzögerungen, vor allem wenn die Genehmi-

---

[10] BGHZ 18, 205; Baumbach/Hueck/*Zöllner*, § 53 Rn. 2 ff.

gungsbehörde ihrerseits nicht mit einer Vor-GmbH als Genehmigungsträger vorlieb nehmen will.[11] Ist die GmbH nicht ordnungsgemäß errichtet und angemeldet und räumen die Beteiligten die Bedenken nicht aus, lehnt das Gericht die Eintragung ab; das gilt auch bei Überbewertung von Sacheinlagen. Andernfalls erfolgt die Eintragung mit dem in § 10 festgelegten Inhalt und Bekanntmachung nach § 10 HGB.

10a   *MoMiG: Die Legitimation der Geschäftsführer (§ 8 Abs. 1 Nr. 2 RegE) kann bei der vereinfachten Gründung durch die Niederschrift einer Gesellschafterversammlung nach gesetzlichem Muster (Teil des sog. Gründungs-Sets) erfolgen. Die der Anmeldung beizufügenden Unterlagen sind den übrigen Änderungen angepasst. Da nunmehr mehrere Geschäftsanteile von einem Gründer übernommen werden können, müssen die Geschäftsanteile durchnummeriert und den einzelnen Gründern zugeordnet werden. § 8 Abs. 1 Nr. 6 ist ersatzlos gestrichen, d. h. eine fehlende Behördenerlaubnis ist **kein Eintragungshindernis**. Dadurch erübrigt sich eine Fassung des Unternehmensgegenstandes, die Genehmigungserfordernisse vermeidet und später durch Satzungsänderung angepasst werden muss.*[12] *Es ist Sache der GmbH, einen bestimmten Geschäftsbetrieb erst aufzunehmen, wenn die erforderlichen Genehmigungen vorliegen.*

10b   *Die Prüfung der Bewertung von Sacheinlagen durch das Registergericht stößt auf praktische Schwierigkeiten und konnte schon bei geringfügigen Unklarheiten zu erheblichen Verzögerungen führen. Deshalb beschränkt § 9 Abs. 1 Satz 2 RegE das Eintragungshindernis auf **nicht unwesentliche Überbewertung von Sacheinlagen**. An der Differenzhaftung nach § 9 (oben Rn. 6) und der Gründerhaftung (unten Rn. 13) ändert das freilich nichts.*

10c   *Neben der Vertretungsbefugnis der Geschäftsführer ist eine **inländische Geschäftsanschrift** anzugeben (§ 8 Abs. 4 RegE). Diese wird auch ins Handelsregister eingetragen (§ 10 Abs. 1 Satz 1 RegE) und bekannt gemacht. Entsprechendes gilt für die **Anschrift einer inländischen zustellungsberechtigten Person** (§ 10 Abs. 2 Satz 2); diese Angabe ist aber fakultativ. Die Möglichkeit hilft der Gesellschaft, ihre Erreichbarkeit sicher zu stellen. Häufiger ist der umgekehrte Fall, dass die Gesellschaft oder ihre Gesellschafter nicht erreichbar sein wollen. Dadurch, dass die inländische Geschäftsanschrift eine Pflichtangabe ist, gilt § 15 Abs. 1 HGB, d. h. ein Dritter braucht sich nicht eingetragene und bekanntgemachte Änderungen nicht entgegenhalten zu lassen. Die Anschrift einer inländischen empfangsberechtigten Person ist lediglich eintragungsfähig; § 10 Abs. 2 Satz 2 2. Halbs. RegE bewirkt eine dem § 15 Abs. 1 HGB nachgebildete Publizität: Einem Dritten gegenüber gilt die Empfangsberechtigung als fortbestehend, bis sie im Handelsregister gelöscht und die Löschung bekannt gemacht ist. Es schadet lediglich positive Kenntnis.*

10d   *Für die **Anmeldung der GmbH mit Mustersatzung** stellt das Gesetz ein Muster zur Verfügung (§ 7 Abs. 2 Satz 3 RegE). Dieses ist zunächst in Papierform zu verwenden (oben Rn. 3a). Die Unterschrift des anmeldenden Geschäftsführers ist notariell zu beglaubigen; der Notar nimmt dann die elektronische Übermittlung an das Handelsregister vor (§ 12 Abs. 1 HGB).*

11   Wird eine bereits existierende GmbH, die aber keinen Geschäftsbetrieb hat, aktiviert oder eine GmbH, die ihren Geschäftsbetrieb aufgegeben hat, für eine neue Aktivität eingesetzt – **Mantelverwendung,** entspricht das **wirtschaftlich** einer **Neugründung.** Das ist zulässig; die Rechtsprechung verlangt hier aber von den Geschäftsführern dieselben Angaben wie bei der Gründung und wendet dieselben Kapitalaufbringungsvorschriften an (unten § 23 Rn. 9 f.).

4. Gründungsmängel

12   Gründungsmängel können Formfehler, Mängel bei der Beteiligung einzelner Gesellschafter oder Fehler beim Mindestinhalt der Satzung sein. Ist die Eintragung in das Handelsregister erfolgt, hat sie weitgehend heilende Wirkung. **Mängel des Gesellschaftsvertrages** können nur bei bestimmten sehr schwerwiegenden Inhaltsmängeln die Grundlage für eine Nichtigkeitsklage oder ein Eingreifen des Registergerichts nach

---

[11] Vgl. BGHZ 102, 209; Baumbach/Hueck/*Hueck/Fastrich,* § 8 Rn. 9; Scholz/*Winter/Veil,* § 8 Rn. 14 ff.

[12] Beispiel aus der Regierungsbegründung (S. 77): „Errichtung eines Gaststättengebäudes" – „Betrieb einer Gaststätte"; praktisch häufig auch § 34c GewO, Erlaubnis für Makler, Bauträger und Baubetreuer.

§§ 144a oder 144b FGG bilden (§§ 60 Abs. 1 Nr. 6, 75, 76). **Mängel der Beitrittserklärung** eines Gesellschafters können grundsätzlich nach der Eintragung nicht mehr geltend gemacht werden.[13] Der Bestandsschutz einmal eingetragener Gesellschaften entspricht der Publizitätsrichtlinie.[14]

5. Gründerhaftung

Die Haftung der Gründer ist durch die GmbH-Novelle von 1980 erweitert und der **13** aktienrechtlichen Regelung (unten § 26 Rn. 23 ff.) angenähert worden. Danach haften Geschäftsführer, Gründer und deren etwaige Hintermänner **gegenüber der Gesellschaft** bei falschen Angaben sowie **bei schuldhafter Schädigung** im Zusammenhang mit Einlagen oder Gründungsaufwand. Die Beteiligten haften als Gesamtschuldner mit beschränkter Exkulpationsmöglichkeit bei Unkenntnis des Vorgangs; Einzelheiten in §§ 9 a und 9 b. Gegenüber Gesellschaftern, auch Mitgründern und Dritten können Schadensersatzverpflichtungen nach den allgemeinen Vorschriften in Betracht kommen, vor allem nach § 826 BGB oder § 823 Abs. 2 BGB i. V. m. § 82 Abs. 1 Nr. 1, 2, 5 GmbHG. § 82 stellt Gründungsschwindel und andere falsche Angaben unter Strafe. Ferner haften die Gründer als Gesellschafter gegenüber der Vorgesellschaft und, nach Eintragung, als Gesellschafter gegenüber der GmbH (unten Rn. 25, 31). Bis zur Eintragung kommt als Außenhaftung zudem die Handelndenhaftung nach § 11 Abs. 2 in Betracht (unten Rn. 27).

II. Vorgesellschaft

Die GmbH wird nicht in einem einzigen Akt, sondern in mehreren auf einander **14** folgenden Schritten gegründet. Die GmbH als solche, d. h. als juristische Person in ihrer endgültigen Gestalt, entsteht nach § 11 Abs. 1 erst mit der Eintragung in das Handelsregister. Diese setzt aber bereits das Bestehen einer Personenvereinigung voraus, die schon wesentliche Merkmale der künftigen GmbH aufweist. Sie beruht auf dem notariellen **Gesellschaftsvertrag** (§ 2 Abs. 1). Durch ihn schließen sich die **Gründer der GmbH als Gesellschaft** zusammen, rufen deren Organisation ins Leben und verpflichten sich zur Leistung ihrer Stammeinlagen; die GmbH ist **mit dem Abschluss des Gesellschaftsvertrages „errichtet"**, vgl. § 29 AktG. In dem Stadium zwischen Errichtung und Eintragung in das Handelsregister besteht die künftige GmbH als **Vorgesellschaft** oder **Vor-GmbH**, die ein **Durchgangsstadium** auf dem Weg zur endgültigen Entstehung der GmbH ist.

MoMiG: Wird ein Gesellschaftsvertrag unter Verwendung des gesetzlichen Musters ohne notarielle **14a** *Beurkundung abgeschlossen (§ 2 Abs. 1a RegE), ist fraglich, ob die Vorgesellschaft bereits mit der privatschriftlichen Abfassung der Satzung, d. h. mit dem Ausfüllen und der Unterzeichnung des Formulars errichtet ist oder erst mit der Beglaubigung der Unterschriften. Die Frage dürfte nur theoretisch sein, da der Zuschnitt der Gesellschaft nach Muster – maximal drei Gesellschafter, Bargründung, sowie die Beschleunigung durch elektronische Anmeldung (§ 12 Abs. 1 HGB) – wenig Raum für Aktivitäten einer Vorgesellschaft lassen.*

Die **rechtliche Erfassung** der Vorgesellschaft hat lange Schwierigkeiten bereitet und **15** war in vieler Hinsicht *umstritten*.[15] Eine **gesetzliche Regelung** des Rechts der Vorge-

---

[13] Baumbach/Hueck/*Hueck/Fastrich*, § 2 Rn. 38 ff.
[14] Art. 11 Erste Richtlinie 68/151/EWG vom 9. März 1968 (Publizitätsrichtlinie); oben § 2 Rn. 28; *Grundmann*, European Company Law, § 8 Rn. 236 ff.
[15] Siehe 19. Aufl., § 35 II (S. 334 ff.); *Kübler/Assmann*, § 25 II.

sellschaft **fehlt,** abgesehen von der wenig ergiebigen Handelndenhaftung nach § 11 Abs. 2. Das Gesetz lässt mittelbar Anforderungen an einen Rechtsträger erkennen, die allerdings schwer miteinander in Einklang zu bringen sind. Einerseits verlangt der streng durchgeführte Grundsatz der Aufbringung des Stammkapitals (unten § 23 Rn. 1), dass dieses der Gesellschaft im Zeitpunkt ihrer endgültigen Entstehung, also bei Eintragung in das Handelsregister, nach Möglichkeit ungeschmälert zur Verfügung steht – **Unversehrtheitsgrundsatz.** Das wird aber andererseits dadurch in Frage gestellt, dass ebenfalls im Gesetz vorausgesetzt ist, dass bereits vor Eintragung ein Gesellschaftsvermögen zu bilden ist, und die Vorgesellschaft, die auf die Entstehung der endgültigen Gesellschaft ausgerichtet ist, auch über dieses Vermögen verfügen kann. Dadurch kann dieses je nach Lage der Dinge nicht unerheblich beeinträchtigt werden.

Bereits im Stadium der Vorgesellschaft haben deren Organe die Mindesteinlagen entgegenzunehmen und zu verwalten. Vor allem bei Sachgründungen wird zumindest eine beschränkte **Teilnahme am Geschäftsverkehr unumgänglich,** da Sacheinlagen bei der GmbH notwendig vor der Eintragung voll eingebracht werden müssen (§ 7 Abs. 3). Insbesondere bei Einbringung eines ganzen Unternehmens muss dieses dann, da ein „Einfrieren" nicht in Betracht kommt, im Interesse seiner Erhaltung von der Vorgesellschaft fortgeführt werden, die sich damit zur vollen Teilnahme am Geschäftsverkehr genötigt sieht. Auch sonst ist es vielfach zwar nicht schlechthin notwendig, aber doch wirtschaftlich zweckmäßig, bereits vor der Eintragung in das Handelsregister die Geschäftätigkeit ganz oder teilweise aufzunehmen.

16   Gestützt auf Vorarbeiten in der Literatur[16] hat der *Bundesgerichtshof* in einer Reihe von Entscheidungen schrittweise durch **Rechtsfortbildung** Lösungen für die wichtigsten grundlegenden Fragen und damit zugleich ein teilweise neues, **in sich geschlossenes System für das Recht der Vorgesellschaft** entwickelt.[17] Diese Rechtsprechung hat in der Literatur überwiegend Zustimmung gefunden, wenn auch weiterhin Einzelfragen kontrovers geblieben sind. Die dogmatische Erfassung des Übergangs von der Vorgesellschaft zur endgültigen juristischen Person hat durch die Kodifikation des Umwandlungsrechts im UmwG 1994 zusätzliche Impulse erhalten. Die erwähnte Rechtsprechung des BGH betrifft *in erster Linie* die Probleme der Vorgesellschaft bei der *GmbH.* Das war im Hinblick auf die im Verhältnis zur AG ungleich zahlreicheren Gründungen verständlich; die Zunahme der AG-Gründungen hat bislang kaum entsprechende Fälle zu höchstrichterlicher Entscheidung gebracht.[18] Weiter erklärt sich die GmbH-spezifische Entwicklung aber auch aus der größeren Anfälligkeit der oft auf schwacher finanzieller Basis nach dem weniger strengen GmbH-Recht gegründeten Gesellschaften für Störungen während der Gründung oder bald danach, die zu Rechtsstreitigkeiten über Vorgänge im Stadium der Vorgesellschaft führen.

1. Vorgründungsgesellschaft

17   Von der Vorgesellschaft ist die Vorgründungsgesellschaft, auch *Vorvertragsgesellschaft* genannt,[19] streng *zu unterscheiden.* Sie beruht auf einem Vorvertrag – **Vorgrün-**

---

[16] *G. Hueck,* FS 100 Jahre GmbHG, 1992, S. 127; *Priester,* ZIP 1987, 280; *Stimpel,* FS Fleck, 1988, S. 345; *Ulmer,* ZGR 1981, 593; Übersicht über den älteren Streitstand bei *Wiedemann,* Juristische Analysen 1970, 439 (Heft 6, S. 3); vgl. ferner etwa *Flume,* FS Geßler, 1971, S. 3 und FS v. Caemmerer, 1978, S. 517; *Ulmer,* FS Ballerstedt, 1975, S. 279; grundlegend *Rittner,* Die werdende juristische Person, 1973; vertieft zu einzelnen Fragen *Theobald,* Vor-GmbH und Gründerhaftung, 1984; *John,* Die Gründung der Einpersonen-GmbH, 1986.

[17] Besonders wichtig BGHZ 80, 129 = NJW 1981, 1373; BGHZ 105, 300 = NJW 1989, 710; BGHZ 134, 333 = NJW 1997, 1507.

[18] Vgl. allerdings *BGH* NJW 2007, 589 = EWiR § 41 AktG 1/07, 289 m. Anm. *Krolop; LG Heidelberg* ZIP 1997, 2045 m. Anm. *K.-U. Wiedemann,* ZIP 1997, 2029.

[19] *K. Schmidt,* § 34 III 2 a; *Scholz/K. Schmidt,* § 11 Rn. 9, 14 f.

dungsvertrag –, der dem Abschluss des Gesellschaftsvertrages für die GmbH vorausgehen kann, aber nicht muss. Durch den Vorgründungsvertrag verpflichten sich die Gründer, u. U. auch weitere Personen, zur Gründung der GmbH zusammen zu wirken.

Eine Rechtspflicht zum Abschluss des Gesellschaftsvertrages kann der Vorvertrag nur begründen, wenn er notariell beurkundet wird; anderenfalls könnte die Formvorschrift des § 2 umgangen werden. Dagegen kann das bloße Zusammenwirken bei der Vorbereitung einer Gründung auch formlos vereinbart werden. Die Vorgründungsgesellschaft ist **in der Regel BGB-Gesellschaft;** nur wenn sie ausnahmsweise bereits ein Handelsgewerbe i. S. des § 1 HGB aufnimmt, wird sie zur OHG (§ 105 Abs. 1 HGB).[20] Normalerweise ist sie aber ihrem Ziel entsprechend auf *bloße Vorbereitungshandlungen* beschränkt. Sie ist deshalb *nicht Vorläufer der künftigen GmbH, auch nicht der Vorgesellschaft,* und geht deshalb nicht etwa bei deren Entstehung in diese über. Folgerichtig kann auch ein Handeln, vor allem der Abschluss von Rechtsgeschäften, im Namen der künftigen GmbH im Vorgründungsstadium noch *nicht* die *Handelndenhaftung* nach § 11 Abs. 2 (unten Rn. 27) begründen.[21] Eine Haftung ergibt sich vielmehr nur nach allgemeinen Regeln, besonders nach § 179 BGB bei fehlender Vertretungsmacht. Die Vorgründungsgesellschaft **endet** im Allgemeinen **durch Zweckerreichung** (§ 726 BGB). Dabei hängt es vom Inhalt des Vorvertrages im Einzelfall ab, ob das bereits bei Abschluss des Gesellschaftsvertrages für die GmbH oder erst bei deren Eintragung in das Handelsregister der Fall ist. Es ist also denkbar, dass Vorgesellschaft und Vorgründungsgesellschaft zeitweilig nebeneinander bestehen; sie sind auch und gerade dann rechtlich klar auseinanderzuhalten.

MoMiG: Die Verpflichtung zur Gründung einer GmbH nach gesetzlichem Muster, die keiner notariellen Beurkundung bedarf (§ 2 Abs. 1 a RegE), kann ihrerseits ohne notarielle Form begründet werden. **17 a**

2. Rechtsnatur der Vorgesellschaft

Die Rechtsnatur der Vorgesellschaft ist immer noch nicht endgültig geklärt. Die **18** früher versuchte Einordnung in das allgemeine Schema der gesetzlich geregelten Typen der Personenvereinigungen, etwa als BGB-Gesellschaft oder nicht eingetragener Verein wurde den Verhältnissen der Vorgesellschaft nicht gerecht. Sie ist eine **Vereinigung eigener Art** (sui generis), die weitgehend bereits der zu gründenden GmbH entspricht. Neben dem Gesellschaftsvertrag sind die Normen des GmbH-Rechts anzuwenden, soweit diese nicht gerade die Eintragung ins Handelsregister voraussetzen oder ihre Anwendung sonst mit dem Gründungsstadium nicht vereinbar ist.[22] Hierfür sprechen die gesetzlichen Gründungsvorschriften, die die Organisation der künftigen Gesellschaft und ein Gesellschaftsvermögen vor der Eintragung entstehen lassen, ebenso wie die Überlegung, dass es regelmäßig auch der Wille der am Gesellschaftsvertrag beteiligten Gründer ist, ihre Rechtsbeziehungen soweit wie möglich von vornherein den Regeln für die von ihnen letztlich angestrebte Rechtsform zu unterstellen. Die Vor-GmbH ist bereits **körperschaftlich verfasst.** Da es die juristische Person als Vermögensträger aber noch nicht gibt, ist die Vorgesellschaft nach überwiegender Auffassung Gesamthand[23] und als solche **Vermögensträger.**

---

[20] *BGH* NJW 1983, 2822; BGHZ 91, 148, 151 = NJW 1984, 2164; *BGH* NJW 1992, 2698 und 1998, 1645; Scholz/*K. Schmidt,* § 11 Rn. 14.

[21] Rspr. und h. M., vgl. BGHZ 91, 148 = NJW 1984, 2164 unter Aufgabe der entgegengesetzten älteren Rspr.; *BGH* NJW 1998, 1645; 1998, 2897; 2001, 1042; Baumbach/Hueck/*Hueck/Fastrich,* § 11 Rn. 50; *K. Schmidt,* § 34 III 2 c, d; Großkomm-GmbHG/*Ulmer,* § 11 Rn. 131.

[22] *BGH* in std. Rspr., vgl. BGHZ 21, 242, 246 = NJW 1956, 1435; BGHZ 45, 338, 347 = NJW 1966, 1311, 1313; BGHZ 51, 30, 32 = NJW 1969, 509; BGHZ 72, 45, 48 = NJW 1978, 1978f. m. Anm. *K. Schmidt;* grundsätzlich BGHZ 17, 385, 389 = NJW 1955, 1229 und BGHZ 20, 281, 285 für die Genossenschaft.

[23] BGHZ 80, 129, 135 = NJW 1981, 1373; Großkomm-GmbHG/*Ulmer,* § 11 Rn. 41; *Kübler/Assmann,* § 25 I 2 b, II 3 d; Baumbach/Hueck/*Hueck/Fastrich,* § 11 Rn. 7; Roth/Altmeppen/*Roth,* § 11 Rn. 38; anders Lutter/Hommelhoff/*Lutter/Bayer,* § 11 Rn. 4; *Raiser/Veil,* § 26 Rn. 103; Scholz/*K. Schmidt,* § 11 Rn. 24; – allen Auffassungen ist gemeinsam, dass das Vermögen der Vor-GmbH von dem Vermögen der einzelnen Gesellschafter getrennt ist.

3. Verhältnis der Gesellschafter untereinander und zur Gesellschaft

19   Für das Verhältnis der Gesellschafter untereinander ergeben sich im Hinblick auf den Gründungszweck in der Vorgesellschaft stärkere Bindungen als später in der GmbH. Insbesondere **Änderungen des Gesellschaftsvertrages** sind nur einstimmig in notarieller Form nach § 2 möglich. Dieser ist die Grundlage für die Gründung, damit auch für die Bindung in der Vorgesellschaft und die spätere Eintragung in das Handelsregister. Die Vorschriften über die Satzungsänderung (§§ 53 ff.) sind noch nicht anwendbar.[24] Entsprechendes gilt für jeden **Wechsel der Gründer-Gesellschafter.** Ihre Benennung und die Angabe ihrer Stammeinlagen sind notwendiger Inhalt des von ihnen als Parteien geschlossenen Gesellschaftsvertrages; nur durch dessen förmliche Änderung kann hieran etwas verändert werden.[25] Eine Übertragung von Geschäftsanteilen nach § 15 ist in diesem Stadium noch nicht möglich (vgl. auch § 41 Abs. 4 Satz 1 AktG, der das entsprechend für die AG ausdrücklich bestimmt). Die laufende Geschäftsführung obliegt den Geschäftsführern, die gerade zur Herstellung der Handlungsfähigkeit bereits im Gründungsstadium zu bestellen sind (oben Rn. 8). Da bereits der körperschaftsrechtliche Grundsatz der Drittorganschaft gilt, brauchen diese nicht Gründungsgesellschafter zu sein. Gesellschafterbeschlüsse zur Geschäftsführung können mit einfacher Mehrheit gefasst werden. Die Geschäftsführung umfasst alle zur Durchführung der Gründung erforderlichen Maßnahmen; eine darüber hinaus gehende geschäftliche Betätigung bedarf eines einstimmigen Gesellschafterbeschlusses, da damit besondere Haftungsrisiken verbunden sind. Das gilt besonders für die Verwaltung von Sacheinlagen.

20   Bis zur Eintragung haften die Gesellschafter anteilig, der Höhe nach aber unbeschränkt, für die nicht durch das Stammkapital gedeckten Verluste der Vor-GmbH – **gesellschaftsinterne anteilige unbeschränkte Verlustdeckungshaftung.**[26] Praktisch bedeutet das jedoch nicht, dass die Gesellschafter laufende Zahlungen zu leisten hätten. Die Bedeutung dieser Haftung besteht vielmehr darin, dass damit sowohl vor wie nach Eintragung die Gläubiger auf ein entsprechendes Gesellschaftsvermögen sollen zugreifen können (unten Rn. 31).

4. Verhältnis zu Dritten

a) Rechtliche Verselbständigung

21   Im **Außenverhältnis** kann die Vorgesellschaft **allgemein am Rechtsverkehr teilnehmen.** In ihrem Namen können z. B. **Bankkonten** eingerichtet werden,[27] auch **Wechsel- und Scheckfähigkeit** wird ihr allgemein zuerkannt.[28] Sie ist **grundbuchfähig,**[29] dabei kann die Eintragung ins Grundbuch unter der Bezeichnung (Firma) der künfti-

---

[24] H. M., BGHZ 21, 242, 246 = NJW 1956, 1435; Baumbach/Hueck/*Hueck/Fastrich*, § 11 Rn. 8; Großkomm-GmbHG/*Ulmer*, § 11 Rn. 47; *Kübler/Assmann*, § 25 II 3 d; a. A. Lutter/Hommelhoff/ *Lutter/Hommelhoff*, § 47 Rn. 3; *Priester*, ZIP 1987, 280; Scholz/*K. Schmidt*, § 11 Rn. 48; *ders.*, GmbHR 1997, 869.

[25] BGHZ 21, 242, 246 = NJW 1956, 1435; BGHZ 29, 300 = NJW 1959, 934; *BGH* NJW 1997, 1507; a. A. *K. Schmidt*, GmbHR 1997, 869, 872f.

[26] Grundlegend BGHZ 134, 333 = NJW 1997, 1507 unter Aufgabe der früheren Rspr.

[27] BGHZ 45, 338, 347 = NJW 1966, 1311, 1313; *OLG Naumburg* GmbHR 1998, 239.

[28] BGHZ 117, 323, 326 = NJW 1992, 1824.

[29] BGHZ 45, 338, 347 ff. = NJW 1966, 1311, 1313; *BayObLG* DB 1979, 1500; 1986, 106.

gen GmbH mit einem das Gründungsstadium anzeigenden Zusatz („i. G.")[30] erfolgen, der nach Entstehung der GmbH durch bloße Berichtigung beseitigt wird. Die Vorgesellschaft kann ein eingebrachtes oder von ihr erworbenes **Unternehmen fortführen.**[31] In diesen Fällen ist bereits auf die Vor-GmbH Handelsrecht anzuwenden, wenn das Unternehmen den nach § 1 Abs. 2 HGB erforderlichen Umfang erreicht. § 13 Abs. 3 findet hingegen erst ab Eintragung Anwendung. Die Vorgesellschaft kann auch schon die Stellung als **Komplementär einer GmbH & Co. KG** einnehmen.[32] Sie ist aktiv und passiv parteifähig und kann für die eigene Eintragung im FGG-Verfahren Beteiligte sein.[33] Für die Zwangsvollstreckung gegen die Vor-GmbH ist ein Titel gegen diese erforderlich, § 735 ZPO. Ihre Insolvenzfähigkeit wird entsprechend § 11 Abs. 1 InsO angenommen.[34]

b) Vertretung

Die Vorgesellschaft wird durch den **Geschäftsführer** vertreten. Der Geschäftsführer **22** handelt dabei **als Organ der Gesellschaft** nur für diese. Die früher verbreitete Differenzierung danach, ob er im Namen der Vorgesellschaft, im Namen der künftigen GmbH oder in beider Namen auftritt, wird dem nicht gerecht und hat sich zudem als wenig fruchtbar erwiesen. Ist die Vor-GmbH Unternehmensträger, besteht zudem die Vermutung, dass unternehmensbezogenes Handeln im Namen des (jeweiligen) Unternehmensträgers erfolgt.[35] Umstritten ist hingegen der **Umfang der Vertretungsmacht.** Er kann sich aus drei Gesichtspunkten ergeben: Gesetz, Gesellschaftsvertrag und sonstige Ermächtigung durch die Gesellschafter.

In jedem Fall umfasst die Vertretungsmacht alle Handlungen zur Wahrnehmung der Aufgaben, die das **Gesetz** dem Geschäftsführer im Gründungsstadium zuweist, also alles, was mit dem Empfang der Einlagen und der Herbeiführung der Eintragung in das Handelsregister zusammenhängt. Ein Teil der Literatur nimmt bereits unbeschränkte Vertretungsmacht i. S. d. § 37 Abs. 2 an.[36] Dagegen bestehen aber Bedenken, da der Zweck der Vor-GmbH zunächst auf die vollständige Gründung der GmbH gerichtet ist, außerdem ein unbeschränktes Haftungsrisiko für die Gesellschafter besteht (unten Rn. 25). Jedenfalls kann der **Gesellschaftsvertrag** die Vertretungsmacht erweitern und im Einzelnen näher regeln. Stets enthält die Vereinbarung von Sacheinlagen die Ermächtigung nicht nur zur Entgegennahme, sondern auch zur weiteren Verwaltung und Erhaltung. Bei Einbringung eines Unternehmens, zumal wenn die künftige GmbH im Wesentlichen auf dessen Betrieb gerichtet ist, kommt das im Ergebnis der Ermächtigung zur Aufnahme des vollen Geschäftsbetriebs gleich. Diese kann der Gesellschaftsvertrag auch bei einer kombinierten Bar- und Sachgründung oder einer reinen Bargründung vorsehen; allerdings muss das dann besonders vereinbart sein. Auch außerhalb des Gesellschaftsvertrages und ohne dessen Form kann dem Geschäftsführer die **Ermächtigung** zur vollen oder in bestimmter Weise beschränkten Aufnahme des Geschäftsbetriebs erteilt werden, jedoch **nur durch alle Gesellschafter** gemeinsam.[37]

---

[30] Vgl. BGHZ 117, 323, 326 = NJW 1992, 1824; BGHZ 120, 103 = NJW 1993, 459.

[31] BGHZ 45, 338 = NJW 1966, 1311; BGHZ 65, 378 = NJW 1976, 419; BGHZ 72, 45 = NJW 1978, 1978 m. Anm. *K. Schmidt; Kübler/Assmann*, § 25 II 3 a: Unternehmensträger.

[32] BGHZ 80, 129 = NJW 1981, 1373; *BGH* NJW 1985, 736.

[33] BGHZ 79, 239, 241 = NJW 1981, 873; *BGH* NJW 1998, 1079; für das Eintragungsverfahren BGHZ 117, 323, 325 ff. = NJW 1992, 1824.

[34] *BGH* NZG 2003, 1167.

[35] *BGH* BB 1990, 86 = NJW-RR 1990, 220; *KG* GmbHR 1993, 648.

[36] *Raiser/Veil*, § 26 Rn. 122; *W.-H. Roth*, ZGR 1984, 597, 608; *Scholz/K. Schmidt*, § 11 Rn. 63 f.

[37] BGHZ 80, 129, 139 = NJW 1981, 1373; BGHZ 80, 182 = NJW 1981, 1452; *BGH* WM 1982, 40; auch schon BGHZ 45, 338, 343 = NJW 1966, 1311; diese Auffassung hat in der Literatur überwiegend Zustimmung gefunden; Baumbach/Hueck/*Hueck/Fastrich*, § 11 Rn. 20; *Lachmann*, NJW 1998, 2263, 2264; *Leßmann*, JURA 2004, 367; *Lutter*, JuS 1998, 1073, 1076; Lutter/Hommelhoff/*Lutter/Bayer*, § 11 Rn. 11; Großkomm-GmbHG/*Ulmer*, § 11 Rn. 68 ff.; *Wiegand*, BB 1998, 1065, 1070 f.; wieder anders *Beuthien*, NJW 1997, 565, 566: Vertretungsmacht kraft tatsächlicher Teilnahme am Geschäftsverkehr in kaufmännischem Umfang.

c) Haftung

23   **Verbindlichkeiten der Vorgesellschaft** werden vor allem durch Rechtsgeschäfte des Geschäftsführers im Rahmen seiner Vertretungsmacht begründet, ferner entstehen gesetzliche Verbindlichkeiten wie Steuern, Sozialabgaben bei der Beschäftigung von Arbeitnehmern und ggf. aus Delikt (§ 31 BGB). Das Haftungskonzept ist nach wie vor umstritten, nachdem Rechtsprechung und Lehre das Vorbelastungsverbot zugunsten des Unversehrtheitsgrundsatzes (unten Rn. 31) aufgegeben haben und daher die frühere Betonung der Handelndenhaftung (§ 11 Abs. 2) ihren Sinn verloren hat. Es sind drei verschiedene Ansätze zu unterscheiden: die *Haftung der Vorgesellschaft* selbst, die *Haftung der Gesellschafter* und die *Handelndenhaftung* derjenigen, die für die Vorgesellschaft bzw. die künftige GmbH handeln.

24   **aa)** Zunächst haftet die **Vorgesellschaft selbst** mit dem **Gesellschaftsvermögen.** Dieses besteht aus den Werten, die auf die Stammeinlagen eingebracht wurden (Bar- und Sacheinlagen) sowie allem, was die Gesellschaft durch eine eventuelle Geschäftstätigkeit hinzu erwirbt. Ferner gehören dazu die Ansprüche, die der Vor-GmbH gegen ihre Gründer zustehen. Letztere sind von besonderer Bedeutung, falls das eingebrachte Vermögen bereits verwirtschaftet ist, dann nämlich greift nach Eintragung die sog. Vorbelastungshaftung (unten Rn. 31).

25   **bb)** Streitig ist hingegen, ob die **Gesellschafter (Gründer)** eine **persönliche Außenhaftung** trifft. § 13 Abs. 1 und 2 findet mangels Eintragung ins Handelsregister noch keine Anwendung. Nach der früheren ständigen Rechtsprechung des BGH[38] hafteten als Folge der gemeinsamen Verpflichtung die Gesellschafter persönlich in Höhe ihrer Einlageschuld. Soweit diese noch nicht in das Gesellschaftsvermögen geleistet war, hafteten sie daher auch mit ihrem Privatvermögen, allerdings auf die Einlage begrenzt. Dieser Umfang der Haftung wurde mit der von den Gesellschaftern im Gesellschaftsvertrag eingegangenen Bindung begründet, auch mit der funktionalen Eingrenzung der Vertretungsmacht des Geschäftsführers als Organ der Vorgesellschaft. Mit einer weitergehenden Verpflichtung der Gesellschafter könne deshalb ein Dritter, der mit einer Vorgesellschaft oder künftigen GmbH abschließt, nicht rechnen. Diese Begründung der Haftungsbeschränkung versagte allerdings bei gesetzlich begründeten Ansprüchen.[39] Zudem stößt die Vorstellung einer auf eine bestimmte Vermögensmasse beschränkten Vertretungsmacht auf Bedenken (oben § 9 Rn. 9 zur BGB-Gesellschaft). Ferner besteht ein Wertungswiderspruch mit der unbegrenzten Vorbelastungshaftung der Gesellschafter nach Eintragung der Gesellschaft.

Die neuere **Rechtsprechung** nimmt deshalb eine **anteilige unbeschränkte Innenhaftung** an.[40] Die Gesellschafter haften der Vor-GmbH entsprechend ihrem Geschäftsanteil für die Deckung sämtlicher Verluste,[41] nicht aber deren Gläubigern. Die Gläubiger

---

[38] BGHZ 65, 378, 382 = NJW 1976, 419; BGHZ 72, 45, 49 f. = NJW 1978, 1978; BGHZ 80, 182, 183 f. = NJW 1981, 1452; *BGH* WM 1980, 955; obiter auch in BGHZ 86, 122, 125 f. = NJW 1983, 876; BGHZ 91, 148, 152 = NJW 1984, 2164; *BGH* NJW 1983, 2822.

[39] Vgl. *BSG* BB 1986, 2271, 2272; *OLG Frankfurt* GmbHR 1994, 708.

[40] Grundlegend BGHZ 134, 333 = NJW 1997, 1507. Der zuständige II. Senat des *BGH* hatte seine neue Konzeption zunächst wegen der abweichenden Rspr. des BSG und des BAG dem Gemeinsamen Senat der Obersten Gerichtshöfe des Bundes vorgelegt, NJW 1996, 1210; damit haben sich frühere Vorlagen des BAG und des BSG erledigt, die sich dem II. BGH-Senat angeschlossen haben; vgl. *BAG* NJW 1996, 3165; 1997, 3331; *BSG* ZIP 2000, 494, 496.

[41] Kritisch sowohl in der Terminologie wie in der Sache *Zöllner*, FS Wiedemann, 2002, S. 1383, 1391 ff.: Es geht nicht um Verluste, sondern um eine Deckungslücke wegen Minderungen des Gesellschaftsvermögens aus den verschiedensten Gründen (a. a. O., S. 1405 ff.) gegen das Konzept der Prorata-Innenhaftung, für unbeschränkte Außenhaftung, die mit Eintragung der Gesellschaft in interne Unterbilanzhaftung übergeht.

der Vorgesellschaft haben Zugriff auf das Vermögen der Gesellschafter, indem sie einen Titel gegen die Gesellschaft erwerben und in der Vollstreckung Ansprüche der Gesellschaft gegen die Gesellschafter pfänden und sich zur Einziehung überweisen lassen.

Ein Teil der **Literatur** tritt für eine unbeschränkte gesamtschuldnerische Außenhaftung der Gründer-Gesellschafter ein.[42] Als Grundlage wird eine Entsprechung zu § 128 HGB, auch § 54 BGB genannt; entscheidend ist aber wohl das praktische Argument, dass die Rechtsdurchsetzung für die Gläubiger bei einer reinen Innenhaftung schwierig sei. Zur Kapitalgesellschaft, deren Rechtsnatur ganz weitgehend auch schon die Vorgesellschaft teilt, passt die unbeschränkte Außenhaftung nicht.[43] Andererseits fehlt es an der Registerpublizität, die Haftung pro-rata ist für Gläubiger besonders intransparent. Die Innenhaftung orientiert sich dagegen am Grundsatz der Aufbringung und Erhaltung des Stammkapitals und erreicht einen Gleichlauf zwischen der Haftungslage vor und nach Eintragung. Die Außenhaftung müsste in Betracht ziehen, ob die Gesellschaft selbst genügend Vermögen hat; dann aber wäre eine Inanspruchnahme der Gesellschafter durch Dritte subsidiär. Oder man müsste danach differenzieren, ob das Stammkapital angegriffen ist (Unterbilanz),[44] was aber für einen außenstehenden Gläubiger sehr schwierig ist. In anderen Zusammenhängen, u. a. bei treupflichtwidrigem bzw. deliktischem Eingriff eines Gesellschafters in die GmbH, ging die Rspr. von einer Außenhaftung aus (unten § 24 Rn. 29, 35 f.).

cc) Die Realisierung der Innenhaftung erfolgt im Insolvenzfall durch den Insol- **26** venzverwalter (vgl. § 93 InsO). Im Übrigen ist sie in der Tat für den einzelnen Gläubiger schwierig. Deshalb lassen Rechtsprechung und Literatur, mit unterschiedlichen Eingrenzungen im Einzelnen, in Sonderfällen den **Durchgriff auf die Gesellschafter** zu (unten § 24 Rn. 29). Die Gesellschafter haften anteilig entsprechend ihrer Beteiligung, da die direkte Inanspruchnahme Ersatz für die anteilige Innenhaftung ist. Eine gesamtschuldnerische Haftung ist damit nicht vereinbar.[45]

dd) Die Handelndenhaftung, auch *Handlungshaftung*, nach § 11 Abs. 2 (entspre- **27** chend § 41 Abs. 1 Satz 2 AktG und Art. 7 der Publizitätsrichtlinie, die auch für die GmbH gilt) tritt neben diejenige der Gesellschaft und der Gründer und ist von ihr unabhängig. Ihre *Bedeutung* ist entsprechend der nunmehr weitgehend geschlossenen Dogmatik der Vorgesellschaft zurückgegangen. Ursprünglich sah man in der Handelndenhaftung eine strafähnliche Sanktion für grundsätzlich zu missbilligendes Handeln im Namen der künftigen GmbH, doch rückte bald mehr der Gesichtspunkt einer Sicherung für die Gläubiger, denen noch keine juristische Person haftet, in den Vordergrund. Dieser *Sicherungszweck* ist jedoch in dem Maß wieder zurückgetreten, in dem eine Haftung der Vorgesellschaft und ihrer Gesellschafter anerkannt wurde. Daneben wurde und wird teilweise auch heute noch darauf hingewiesen, dass die persönliche Haftung die Betroffenen zur baldigen Eintragung der GmbH anhalten solle, sog. *Druckfunktion*. Weiterhin wichtig ist die Handelndenhaftung in den – praktisch allerdings nicht allzu häufigen – Fällen einer *Überschreitung der Vertretungsmacht* (oben Rn. 22) durch den Geschäftsführer der Vorgesellschaft; ebenso beim Fehlen der Vertretungsmacht für eine Person, die wie ein Geschäftsführer handelt. § 11 Abs. 2 geht in diesen Fällen als *lex specialis* dem § 179 BGB vor, dessen differenzierendes Haftungssystem deshalb hier nicht eingreift.

Wer im rechtsgeschäftlichen Verkehr mit Dritten für die künftige GmbH oder, praktisch gleichbedeutend, für die Vorgesellschaft gehandelt hat, haftet in vollem Umfang persönlich. Mehrere Handeln-

---

[42] *Flume*, DB 1998, 45, 48; *Gummert*, in: MünchHdbGesR III, § 16 Rn. 95, 98 ff.; *Raiser/Veil*, § 26 Rn. 124 ff.; *Roth/Altmeppen/Roth*, § 11 Rn. 55; *Altmeppen*, NJW 1997, 1509 und 3272; *Scholz/ K. Schmidt*, § 11 Rn. 82 ff.; *K. Schmidt*, § 34 III 3 c; *Wilhelm*, DStR 1998, 457; *Zöllner*, FS Wiedemann, 2002, S. 1383, 1405 ff.

[43] Baumbach/Hueck/*Hueck/Fastrich*, § 11 Rn. 29; *Dauner-Lieb*, GmbHR 1996, 82, 90; *Lutter*, JuS 1998, 1073, 1077; *Ulmer*, ZIP 1996, 733, 737.

[44] So *K. Schmidt*, ZIP 1996, 353, 356.

[45] Baumbach/Hueck/*Hueck/Fastrich*, § 11 Rn. 27.

de haften als Gesamtschuldner. Handelnder im Sinn dieser Regelung ist nur, wer *als Geschäftsführer oder wie ein solcher* für die Vorgesellschaft bzw. die künftige GmbH tätig wird.[46] Durch die fortschreitende Anerkennung der Haftung der Vorgesellschaft und ihrer Mitglieder ist die früher verbreitete Unterscheidung danach, ob im Namen der künftigen GmbH, der Vorgesellschaft oder beider gehandelt worden ist, wohl entbehrlich geworden (zur gleichen Frage bei der Vertretung durch den Geschäftsführer oben Rn. 22). Die Haftung erfasst nur rechtsgeschäftliches Handeln, nicht dagegen die gesetzlichen Verbindlichkeiten, z.B. die Abführung von Sozialversicherungsbeiträgen.[47] Durch Vertrag mit dem Geschäftspartner kann die Haftung nach § 11 Abs. 2 ausgeschlossen werden. Der Abgrenzung des Personenkreises entspricht es, dass auch denjenigen die Handelndenhaftung trifft, der sich *als Geschäftsführer durch einen anderen vertreten lässt*,[48] während ein solcher Vertreter seinerseits der Handelndenhaftung nicht unterliegt.[49]

Die **Handelndenhaftung erlischt**, soweit der Handelnde die Vorgesellschaft wirksam verpflichtet hat – also nicht in den vorausgehend erwähnten Fällen fehlender oder überschrittener Vertretungsmacht –, mit der **Entstehung der GmbH durch Eintragung ins Handelsregister** (unten Rn. 32).

5. Beendigung der Vorgesellschaft

28   Die Vorgesellschaft endet im **Normalfall** durch den **Übergang zur GmbH** durch Eintragung in das Handelsregister. Wird die Eintragung endgültig abgelehnt, ist dadurch die Vorgesellschaft aufgelöst und muss abgewickelt werden (vgl. § 726 BGB). Ein Gesellschafter kann die Vorgesellschaft aus wichtigem Grund kündigen (vgl. § 723 Abs. 1 BGB).[50] Die Gesellschafter können die Vorgesellschaft auch **durch Beschluss auflösen**,[51] wenn sie das Gründungsvorhaben aufgeben. Ein weiterer Auflösungsgrund ist die **Insolvenz** (unten § 24 Rn. 2, 6ff.). Führen die Gesellschafter die Gesellschaft fort, obwohl die Absicht der GmbH-Gründung nicht (mehr) verfolgt wird, handelt es sich nicht (mehr) um eine Vorgesellschaft (unten Rn. 33).

a) Übergang in die GmbH

29   Die Vorgesellschaft geht in die GmbH in ihrer endgültigen Gestalt als juristische Person *mit deren Entstehung* über, also **im Zeitpunkt der Eintragung in das Handelsregister** (vgl. § 11 Abs. 1, oben Rn. 9). Die Vorgesellschaft als bloße Vorstufe (oben Rn. 14) endet; **Organisation und Mitgliedschaft setzen sich** in der GmbH **fort**, für die sie nach dem Gesetz im Gründungsstadium geschaffen worden sind (**Kontinuitätstheorie**).[52] Die für die Vorgesellschaft begründeten **Rechte und Pflichten** *gehen auf die GmbH über*. Das geschieht, ohne dass es einer besonderen Übertragung des Vermögens oder einer Übernahme der Verbindlichkeiten bedarf.

Zu den **Haftungsverhältnissen nach Entstehung der GmbH** ist hervorzuheben:

---

[46] H.M. und std. Rspr. seit BGHZ 47, 25 = NJW 1967, 828; auch BGHZ 53, 206 = NJW 1970, 1043; BGHZ 65, 378, 380 = NJW 1976, 419; BGHZ 66, 359 = NJW 1976, 1685; BGHZ 80, 129, 135 = NJW 1981, 1373; BGHZ 91, 148, 149 = NJW 1984, 2164; – in Abkehr von der älteren Rspr. des RG und BGH, die den Kreis der Handelnden wesentlich weiter ausdehnte.

[47] *BSG* BB 1986, 2272; *BAG* ZIP 1995, 1893.

[48] BGHZ 53, 206 = NJW 1970, 1043.

[49] BGHZ 66, 359 = NJW 1976, 1685.

[50] *BGH* NJW 2007, 589 (betr. AG).

[51] Nach h.M. muss dieser Beschluss nicht einstimmig erfolgen, sondern entspr. § 60 Abs. 1 Nr. 2 mit Dreiviertel-Mehrheit; Baumbach/Hueck/*Hueck*/*Fastrich*, § 11 Rn. 30 m.w.N.

[52] Ganz h.M., vgl. vor allem BGHZ 80, 129, 137 ff. = NJW 1981, 1373; auch BGHZ 134, 333, 338 f. = NJW 1997, 1507. – Umstritten ist, ob Identität der Vorgesellschaft mit der endgültigen GmbH besteht, oder ob die GmbH als neu entstandener Rechtsträger im Wege der Gesamtrechtsnachfolge die Vor-GmbH ablöst. Der Streit ist eher theoretisch-dogmatisch und ändert nichts an den von der Rechtsprechung entwickelten Folgen; vgl. *G. Hueck*, FS 100 Jahre GmbHG, 1992, S. 127; Baumbach/Hueck/*Hueck*/*Fastrich*, § 11 Rn. 55 ff.; *Kübler*/*Assmann*, § 25 II 3 c, III 2 a; Scholz/*K. Schmidt*, § 11 Rn. 132 (Identität); kritisch gegen die Annahme der Identität *Hüffer*, AktG, § 41 Rn. 16 a.

b) Übergang der Verbindlichkeiten

Die Anerkennung der Gesamtrechtsnachfolge, die zum Übergang nicht nur der Ak- **30** tivmasse des Vermögens, sondern in vollem Umfang auch der Verbindlichkeiten auf die GmbH führt, trägt der Fähigkeit der Vorgesellschaft zur Teilnahme am Geschäftsverkehr Rechnung. Mit dieser ist sie zumindest mittelbar in den Gründungsvorschriften des Gesetzes angelegt und wird von ihnen vorausgesetzt (dazu oben Rn. 15). Die Gesamtrechtsnachfolge findet eine Parallele in §§ 202, 214 UmwG, die insbesondere mit dem Formwechsel einer Personenhandelsgesellschaft in eine Kapitalgesellschaft einen vergleichbaren Vorgang ausdrücklich regeln. Hierauf wird in der Literatur zu Recht vielfach hingewiesen. Die GmbH haftet für alle **Verbindlichkeiten der Vorgesellschaft** (oben Rn. 29), aber auch nur für diese, dagegen nicht, soweit durch Rechtshandlungen auch die Vorgesellschaft nicht gebunden worden war. Deshalb kommt es in diesem Zusammenhang wesentlich auf den jeweiligen Umfang der Vertretungsmacht des Geschäftsführers im Stadium der Vorgesellschaft an (oben Rn. 22).

Mit der Anerkennung der vollen Haftung der GmbH für die Verbindlichkeiten der Vorgesellschaft hat die h. M. zumindest für die GmbH die Lehre vom **Vorbelastungsverbot aufgegeben.**[53] Diese suchte dem Grundsatz der Aufbringung und Erhaltung des Grund- bzw. Stammkapitals dadurch Rechnung zu tragen, dass Verbindlichkeiten der Vorgesellschaft nur unter bestimmten engen Voraussetzungen auf die GmbH übergehen sollten, um das Gesellschaftsvermögen im Zeitpunkt der Entstehung nach Möglichkeit von bereits bestehenden Belastungen freizuhalten. Das Vorbelastungsverbot konnte dieses Ziel jedoch aber bei strenger Anwendung nur eingeschränkt verwirklichen, denn das Gesetz selbst zwingt zu bestimmten Aufwendungen, die als rechtlich notwendige Geschäfte stets auch die GmbH belasten. Hinzu kam die fortschreitende Anerkennung von Durchbrechungen einer strikten Vorbelastungssperre, so bei wirtschaftlich notwendigen Geschäften, etwa als Folge von Sacheinlagen, besonders bei Unternehmensfortführung, sowie bei satzungsmäßig vorgesehenen Geschäften, nach manchen sogar bei wirtschaftlich nützlichen Geschäften. Im Ergebnis war so ein unübersichtliches, in den Einzelheiten unklares und umstrittenes System entstanden, das die Anwendung des Vorbelastungsverbots problematisch, seine Effektivität fraglich machte.

c) Unversehrtheitsgrundsatz und Vorbelastungshaftung

Die Aufgabe des Vorbelastungsverbots macht es notwendig, dem Grundsatz der **31** Aufbringung des Stammkapitals in anderer Weise Rechnung zu tragen, also die oben (Rn. 5) erwähnte zentrale Problematik einer Gewährleistung des vollen Stammkapitals im Zeitpunkt der Entstehung der GmbH – **Unversehrtheitsgrundsatz** – auf anderem Wege wirkungsvoller zu lösen. Gestützt auf Vorschläge in der Literatur hat der BGH durch Rechtsfortbildung eine **Vorbelastungshaftung** der Gesellschafter, nach manchen auch **Unterbilanzhaftung,** früher auch allgemeine Differenzhaftung genannt, entwickelt. Soweit sich als Folge von Vorbelastungen im Zeitpunkt der Eintragung in das Handelsregister eine Differenz zwischen dem Stammkapital und dem Wert des Gesellschaftsvermögens ergibt, haften die Gesellschafter der Gesellschaft gegenüber anteilig auf Ausgleich. Die Vorbelastungshaftung wird wie die (restliche) Einlagepflicht behandelt[54] und unterliegt denselben Sicherungen (unten § 23 Rn. 10ff.).

Der BGH stützt die von ihm vollzogene **Rechtsfortbildung** vornehmlich auf die für Fälle der Überbewertung von Sacheinlagen schon länger anerkannte Pflicht zum Ausgleich der Wertdifferenz durch bare Zuzahlungen,[55] die seit der GmbH-Novelle von 1980 in § 9 als spezielle Differenzhaftung gesetzlich geregelt ist. Diese bleibt allerdings durch die strikte Verknüpfung mit der Überbewertungsproblematik auf einen eng umrissenen Anwendungsbereich beschränkt; sie stellt im Übrigen auch nur

---

[53] BGHZ 80, 129 = NJW 1981, 1373 hebt das im Leitsatz besonders hervor.
[54] Grundlegend BGHZ 80, 129, 140ff. = NJW 1981, 1373; auch BGHZ 134, 333 = NJW 1997, 1507; h. M., Baumbach/Hueck/*Hueck/Fastrich,* § 11 Rn. 61 a. E. m. w. N.
[55] BGHZ 68, 191 = NJW 1977, 1196; auch BGHZ 64, 52 = NJW 1975, 974 für die AG.

auf die Anmeldung zum Handelsregister als Bewertungszeitpunkt ab. Die Parallelen zwischen spezieller und allgemeiner Differenzhaftung, letztere im Sinne der Vorbelastungshaftung, sind also nicht sehr deutlich; lediglich ein ganz allgemein verstandener Grundgedanke konnte als Ansatz für die Fortentwicklung durch den BGH dienen.

Die Verlustdeckungshaftung, die unter teilweiser Aufgabe der früheren Rechtsprechung zur (beschränkten) Außenhaftung der Gesellschafter der Vorgesellschaft nunmehr als reine Innenhaftung angenommen wird,[56] geht in der Vorbelastungshaftung auf.[57]

d) Handelndenhaftung

32 Mit dem Übergang aller Verbindlichkeiten der Vorgesellschaft auf die GmbH bei deren Entstehung ist der Zweck der Handelndenhaftung (oben Rn. 27) erfüllt. Sie *erlischt* deshalb, aber auch nur für diejenigen Verbindlichkeiten, die auf die GmbH übergegangen sind. Die Haftung bleibt dagegen bestehen, soweit der Geschäftsführer seine Vertretungsmacht überschritten oder ein anderer wie ein Geschäftsführer, aber ohne Vertretungsmacht gehandelt hat, denn dadurch konnte – vom Fall einer wirksamen Genehmigung abgesehen – weder die Vorgesellschaft noch als Folge die GmbH verpflichtet werden.[58]

6. Fehlgeschlagene Vorgesellschaft

33 Unechte oder fehlgeschlagene Vorgesellschaften sind solche, bei denen die **Gründung einer GmbH** von vornherein **nicht beabsichtigt** war **oder** später **aufgegeben** worden ist, letzteres vor allem dann, wenn die Eintragung in das Handelsregister nicht mehr ernsthaft betrieben wird.[59] In solchen Fällen finden die *Regeln über die Vorgesellschaft keine Anwendung;* bei späterer Aufgabe des Gründungsziels gilt das von diesem Zeitpunkt an. Die Vorgesellschaft ist bloßes Durchgangsstadium bei der Entstehung einer GmbH; sie ist notwendig auf diese ausgerichtet, allein hierauf gründet sich ihre rechtliche Anerkennung. Ein Personenzusammenschluss ohne diese Zielrichtung kann daher nicht Vorgesellschaft sein. Er unterliegt dem Recht derjenigen Gesellschaftsform, deren Tatbestandsmerkmale in Wahrheit verwirklicht sind, also BGB-Gesellschaft oder, wenn ein Handelsgewerbe betrieben wird, OHG (oben § 12 Rn. 2). Die **Gesellschafter haften dann persönlich und unbeschränkt** nach § 128 HGB (zur BGB-Gesellschaft oben § 9 Rn. 6 f.).[60] Vereinbarungen im Gesellschaftsvertrag oder die nach außen geführte Bezeichnung (Firma) können daran nichts ändern.[61] Die unbeschränkte Haftung der Gesellschafter umfasst dann auch die bereits vorher begründeten Schulden.[62]

---

[56] BGHZ 134, 133 = NJW 1997, 1507.

[57] Baumbach/Hueck/*Hueck*/*Fastrich*, § 11 Rn. 66.

[58] BGHZ 80, 182 = NJW 1981, 1452; auch BGHZ 80, 129, 145 = NJW 1981, 1373; *BGH* NJW 1982, 932; früher schon BGHZ 69, 95, 103 = NJW 1977, 1683; BGHZ 70, 132, 139 = NJW 1978, 636; BGHZ 76, 320, 323 = NJW 1980, 1630; – Baumbach/Hueck/*Hueck*/*Fastrich*, § 11 Rn. 53 m. w. N.

[59] Fallbeispiel bei *Lettl*, JuS 2006, 912; umfassend *Murawo*, Die unechte Vorgesellschaft im GmbH- und Aktienrecht, 2006.

[60] H. M., BGHZ 22, 240 = NJW 1957, 218; BGHZ 80, 129, 142 = NJW 1981, 1373; BGHZ 134, 333, 341 = NJW 1997, 1507; *BGH* NJW 2000, 1194; *BGH* NZG 2004, 663; Baumbach/Hueck/*Hueck*/ *Fastrich*, § 11 Rn. 32 f.

[61] *BGH* NJW 2000, 1194; für die BGB-Gesellschaft vgl. BGHZ 134, 315 = NJW 1999, 3483.

[62] BGHZ 80, 129, 142 = NJW 1981, 1373; BGHZ 134, 333, 341 = NJW 1997, 1507; *BGH* NJW 2003, 429; Baumbach/Hueck/*Hueck*/*Fastrich*, § 11 Rn. 33. Ausgenommen sind Verbindlichkeiten, für die auch die Vorgesellschaft nach § 28 HGB nicht haftete, *BGH* NJW 2000, 1193, 1194.

Ob dies mit der unbeschränkten anteiligen Innenhaftung bei der Vorgesellschaft nach der neueren Rechtsprechung in Einklang zu bringen ist, ist streitig. Jedenfalls gewinnt die Abgrenzung, ob es sich noch um eine Vorgesellschaft handelt oder nicht, an Bedeutung, zumal die unbeschränkte Außenhaftung bei der fehlgeschlagenen Vorgesellschaft für die Gläubiger einfacher zu handhaben ist.[63]

Praktisch relevant ist das insbesondere, wenn bei einer Vorgesellschaft das ursprüngliche Ziel der *Gründung einer GmbH später aufgegeben* wird. Dann können die Gesellschafter die Regeln über die Vorgesellschaft weiter in Anspruch nehmen, wenn sie diese alsbald auflösen und in dieser Eigenschaft liquidieren.[64] Unberührt bleibt die Handelndenhaftung des Geschäftsführers nach § 11 Abs. 2 (oben Rn. 27). Sie *besteht* dagegen in vollem Umfang *fort*, wenn die Eintragung der GmbH unterbleibt. Gerade dann kann sie besondere Bedeutung erlangen, falls nämlich das Gesellschaftsvermögen der Vorgesellschaft überbelastet und auch von den Gesellschaftern persönlich nichts zu erlangen ist. Dem Geschäftsführer kann je nach Ausgestaltung seiner Rechtsbeziehungen zu den Gesellschaftern gegen diese ein Freistellungsanspruch zustehen.

III. Die Einpersonen-GmbH

1. Allgemeines

Es gehört zur *Eigenart der Kapitalgesellschaften AG und GmbH, dass sie auch be-* **34** *stehen können, wenn alle Anteile in einer Hand vereinigt sind* – **Einpersonengesellschaft.** Körperschaftliche Organisation und Mitgliedschaft sind bei AG und GmbH in ihrem Bezug zum Gesellschaftsvermögen und dessen satzungsmäßig formalisierter Kapitalgrundlage so sehr verselbständigt, dass sie in ihrer Existenz nicht vom Vorhandensein eines Personenverbandes abhängig sind. Die Selbständigkeit der Gesellschaft als juristischer Person und die volle Geltung ihrer Verfassung werden dadurch nicht berührt. Die Eigenschaft als Einpersonengesellschaft endet, wenn ein weiterer Gesellschafter durch Erwerb eines Geschäftsanteils hinzu tritt.

Das steht im *Gegensatz zu den Personengesellschaften*, aber auch zu *anderen Körperschaften*, deren Bestand jeweils vom Vorhandensein einer Personenmehrheit abhängig ist. Personengesellschaften erlöschen ausnahmslos, wenn die Mitgliederzahl auf eine Person absinkt (§ 11 Rn. 1, § 16 Rn. 20 f.). Bei e. V. und Genossenschaft, die beide eine der AG oder GmbH vergleichbare kapitalmäßige Anknüpfung nicht kennen, sondern im Wesentlichen personenbezogen sind, führt die Unterschreitung einer bestimmten Mitgliederzahl – drei nach § 80 GenG und § 73 BGB – zur Auflösung oder, praktisch gleichbedeutend, zum Entzug der Rechtsfähigkeit i. S. d. § 54 BGB.

Die Zulässigkeit der Einpersonengesellschaft bei den Kapitalgesellschaften gehört zum gesicherten Stand und kommt in zahlreichen gesetzlichen Bestimmungen zum Ausdruck. Die Einpersonengesellschaftsrichtlinie[65] verlangt, dass die Mitgliedstaaten eine Rechtsform zur Verfügung stellen, in der auch eine einzelne Person ein Unternehmen mit beschränkter Haftung betreiben kann. Mit der Einpersonen-GmbH ist dem ohne weiteres genüge getan. In anderen Ländern bereitete die Vorstellung eher Schwierigkeiten.[66]

---

[63] Vgl. dazu *Kleindiek*, ZGR 1997, 427, 446 f.; *BGH* NJW 1996, 1210, 1212; BGHZ 134, 333, 341 = NJW 1997, 1507.

[64] BGHZ 80, 129, 142 = NJW 1981, 1373; auch schon BGHZ 51, 30, 32 = NJW 1969, 509; ferner *BayObLG* BB 1986, 549.

[65] 12. Richtlinie 89/667/EWG vom 21. Dezember 1989 (Einpersonen-Gesellschafts-Richtlinie); dazu *Habersack*, Europäisches Gesellschaftsrecht, § 9.

[66] *Grundmann*, European Company Law, § 10 Rn. 327 ff.; *Habersack*, Europäisches Gesellschaftsrecht, § 9 Rn. 3.

35   Die Einpersonen-GmbH hat **erhebliche praktische Bedeutung.** Zwar wird sie in der amtlichen Statistik nicht erfasst, doch ergeben einige rechtstatsächliche Untersuchungen einen ungefähren Anteil von deutlich über 30%, z. T. sogar 40% (oben § 20 Rn. 12). Der **Anwendungsbereich** spiegelt die vielseitige Verwendbarkeit der GmbH als solcher wider (oben § 20 Rn. 8). Hervorzuheben ist die Funktion der Einpersonen-GmbH als *„einzelkaufmännisches Unternehmen mit beschränkter Haftung",* also als Instrument der **Risikobeschränkung für einen Alleinunternehmer.** Wesentlich dafür ist die *Haftungsbeschränkung,* da auch bei der Einpersonen-GmbH die im Unternehmen begründeten Verbindlichkeiten allein solche der GmbH sind, für die grundsätzlich nur diese, dagegen nicht der Alleingesellschafter haftet. Gesellschaftsvermögen und Privatvermögen bleiben rechtlich und wirtschaftlich getrennt. Allerdings müssen für den *Gläubigerschutz* die Kapitalaufbringungs- und -erhaltungsvorschriften strikt eingehalten werden. Der Alleingesellschafter kann die aktive *Leitung des Unternehmens* als Gesellschafter-Geschäftsführer selbst in die Hand nehmen, sich davon aber ebenso durch Bestellung eines Fremdgeschäftsführers entlasten. Auch **erbrechtliche Gesichtspunkte** können für die Gestaltung des einzelkaufmännischen Unternehmens als Einpersonen-GmbH sprechen. Dadurch kann im Erbfall die Erhaltung als Familienunternehmen gesichert, die Auseinandersetzung zwischen den Erben insoweit auf die Aufteilung der Geschäftsanteile beschränkt werden.
    Die Form der GmbH kann die **Veräußerung eines Unternehmens** – auch eines sonstigen Vermögens oder eines einzelnen wertvollen Objekts – dadurch erleichtern, dass an die Stelle von Einzelübertragungen die oft einfachere und billigere, u. U. auch steuerlich günstigere, Übertragung der Geschäftsanteile tritt. Dabei kann sowohl die Veräußerung von einer Einpersonen-GmbH ausgehen als auch auf der anderen Seite durch den Erwerb eine solche entstehen.
    Im Rahmen von **Unternehmensverbindungen** findet die Einpersonen-GmbH ebenso wie allgemein die Rechtsform der GmbH vielfältige Verwendung. Sie eignet sich zur *Ausgliederung* von Betriebsteilen, die auch nach der Verselbständigung zu 100% im Besitz des Mutterunternehmens bleiben sollen (vgl. oben § 20 Rn. 10).
    Ferner ist die **Komplementär-GmbH** einer GmbH & Co. KG nicht selten Einpersonen-GmbH. Eine spezielle Gestaltung dieser Art ist die sog. *Einheitsgesellschaft,* bei der die KG alle Anteile ihrer Komplementär-GmbH innehat (vgl. § 172 Abs. 6 HGB; unten § 37 Rn. 11).

2. Entstehung

36   Die Einpersonen-Gesellschaft kann von Anfang an als solche gegründet werden oder durch nachträgliche Vereinigung aller Geschäftsanteile einer Mehrpersonen-GmbH in der Hand eines einzigen Gesellschafters zustande kommen. Nach §§ 152, 158 ff. UmwG kann ein Einzelkaufmann sein Unternehmen oder Teile davon auf eine Einpersonen-GmbH ausgliedern.

a) Einpersonen-Gründung

37   Nach § 1 ist die *Gründung* einer GmbH *durch eine einzige Person* möglich. Es gelten zunächst die Gründungsvorschriften ebenso wie für die Mehrpersonen-Gründung. Hinzu kommen einige *Besonderheiten.* An die Stelle des Abschlusses eines *Gesellschaftsvertrages* tritt eine *einseitige Erklärung des Gründers,* die man als **Organisationsakt** bezeichnen kann. Das Gesetz regelt diesen Vorgang zusammen mit dem Gesellschaftsvertrag einheitlich und ohne besonderen terminus technicus. Deshalb gilt auch hier das Erfordernis **notarieller Form** (§ 2);[67] der **Inhalt** entspricht dem des Gesellschaftsvertrages (§ 3; oben Rn. 4), soweit dieser nicht gerade auf das Mehrpersonenverhältnis abstellt.
    Da bei der Einpersonen-Gründung eine Sicherstellung der vollen **Aufbringung des Stammkapitals** durch die Ausfallhaftung aller Gesellschafter (§ 24) entfällt, verlangt § 7 Abs. 2 Satz 3 als Eintragungsvoraussetzung neben der Leistung der Mindesteinlagen zusätzlich die **Bestellung einer Sicherung** *für die restliche Geldeinlage.* Die allgemein gehaltene Formulierung macht deutlich, dass nicht notwendig eine förmliche

---

[67] Auch kostenrechtlich handelt es sich um ein einseitiges Geschäft, was zunächst streitig war, da bei einem Vertrag höhere Gebühren anfallen; *BayObLG* DB 1983, 604; *OLG Frankfurt a. M.* WM 1983, 405; *OLG Hamm* DB 1983, 2679.

Sicherheitsleistung nach §§ 232 ff. BGB erfolgen muss, sondern auch andere geeignete Sicherungen ausreichen. Wichtig ist, dass eine weitere Vermögensmasse für die Kapitalaufbringung haftet. Eine persönliche Bürgschaft des Gründer-Gesellschafters selbst genügt also nicht. Bei der Anmeldung zur Eintragung muss zusätzlich eine Versicherung über die bestellte Sicherheit abgegeben werden (§ 8 Abs. 2 Satz 2). **Sacheinlagen** müssen ohnehin vor der Anmeldung zum Handelsregister voll geleistet werden (§ 7 Abs. 3), bedürfen also keiner zusätzlichen Sicherung. Für die *Einbringung eines Unternehmens* des Alleingründers bietet sich statt einer Sachgründung als Alternative die Ausgliederung gem. §§ 152 ff. UmwG an.

MoMiG: Das Erfordernis einer besonderen Sicherung für den noch ausstehenden Teil der Stamm- **37 a** *einlage ist entfallen. Auch für die Einpersonen-Gründung kommt die vereinfachte Form nach § 2 Abs. 1 a RegE in Betracht; dann kann auch das Anmeldungsmuster verwendet werden (§ 7 Abs. 2 Satz 3 RegE).*

Eine besondere Problematik ergibt die **Vermögens- und Haftungslage im Gründungsstadium.** **38** Träger des bereits in diesem Stadium aus den Mindesteinlagen zu bildenden Gesellschaftsvermögens ist bei der Mehrpersonen-Gründung die Vorgesellschaft als Gesamthand (oben Rn. 18). Da bei der Einpersonen-Gründung eine aus mehreren Personen bestehende Vorgesellschaft fehlt und es eine Einpersonen-Gesamthand nicht gibt, stellt sich die Frage nach dem **Zurechnungssubjekt** für das auch hier nach dem Gesetz vor der Eintragung in das Handelsregister zu bildende Gesellschaftsvermögen und zusätzlich auch für die vom Gründer zu bestellende Sicherung der Resteinlage. Dieser hat die Mindesteinlage nicht etwa an sich selbst zu leisten und sich selbst die Sicherung zu bestellen; die Haftung für die im Hinblick auf die künftige GmbH begründeten Verbindlichkeiten kann auch nicht unbesehen eine persönliche des Gründers sein. Die Fragen sind in dogmatischer Hinsicht nicht abschließend geklärt. Teilweise wird die Vorgesellschaft in Anlehnung an die zukünftige GmbH als (teil-)rechtsfähige Einpersonengesellschaft angesehen, so dass diese selbst Rechtsträger ist.[68] Jedenfalls besteht für das Ergebnis die deutliche Tendenz, auf die Einpersonen-Gründung die für die Vorgesellschaft entwickelten Regeln möglichst weitgehend anzuwenden. Dabei kommt es nicht so sehr darauf an, ob man terminologisch auch von einer „Einpersonen-Vorgesellschaft" sprechen will; man kann auch eine gesonderte Vermögensmasse, d. h. ein **Sondervermögen** annehmen, dessen Träger zwar letztlich auch der Gründer ist, das aber rechtlich und wirtschaftlich von seinem sonstigen Vermögen klar zu trennen ist und das im Rahmen der bereits gebildeten Gründungsorganisation, insbesondere also von dem in diesem Stadium bereits bestellten Geschäftsführer, verwaltet wird. Die Bedeutung der dogmatischen Konstruktion zeigt sich bei der Einbringung der Einlagen. Es bedarf jedenfalls rechtsgeschäftlicher Übertragungen, bei Grundstücken also Auflassung; eine bloße Bereitstellung von Gegenständen oder Umbuchung von Guthaben genügt nicht.[69]

b) Vereinigung aller Geschäftsanteile in einer Hand

Bei der sog. Strohmann-Gründung ist die Vereinigung aller Geschäftsanteile in einer **39** Hand von Anfang an geplant. Rechtlich hat der Strohmann als Treuhänder zunächst die volle Stellung eines Gründungsgesellschafters einschließlich der damit verbundenen Haftung (oben Rn. 5, 13), für die allerdings im Verhältnis zum Treugeber meist ein Freistellungsanspruch vereinbart ist. Zulässigkeit und Wirksamkeit der Strohmann-Gründung sind seit langem allgemein anerkannt.

Um eine **Umgehung der Pflicht zur Bestellung einer Sicherung** für die restlichen Geldeinlagen nach § 7 Abs. 2 Satz 3 bei der Einpersonen-Gründung auszuschließen, erstreckt § 19 Abs. 4 die Sicherungspflicht auf alle Fälle einer nachträglichen Vereinigung aller Geschäftsanteile in einer Hand innerhalb von drei Jahren nach der Eintragung der GmbH in das Handelsregister. Der Gesellschafter hat dann binnen drei Monaten von der Anteilsvereinigung an entweder die Einlagen voll einzuzahlen oder für den ausste-

---

[68] Dieser auch für die Mehrpersonengründung vertretene Ansatz (*Raiser/Veil*, § 26 Rn. 103: vorläufige Rechtsfähigkeit; *K. Schmidt*, § 11 IV 3, § 40 II 2; für die AG *Bachmann*, NZG 2001, 961, 962) löst einige Probleme und wirft wiederum andere auf, insbesondere beim Scheitern der Gründung; kritisch etwa *Hüffer*, AktG, § 41 Rn. 17 c.

[69] *BayObLG* DB 1994, 524; Baumbach/Hueck/*Hueck/Fastrich*, § 11 Rn. 43 m. w. N.

henden Betrag eine Sicherung zu bestellen. Das ist für Strohmann-Gründungen wichtig, gilt aber allgemein für die nachträgliche Entstehung von Einpersonen-GmbH. Im Übrigen ist nach § 40 Abs. 1 unverzüglich das **Handelsregister** zu benachrichtigen.

39 a   *MoMiG: Da die nach § 7 Abs. 2 Satz a. F. erforderliche Sicherung für ausstehende Einlagen entfallen ist, entfällt auch die nachträgliche Sicherung. § 19 Abs. 4 RegE enthält nunmehr Vorschriften zur verdeckten Sacheinlage (unten § 23 Rn. 14 a). Die Aktualisierung der Gesellschafterliste beim Handelsregister erfolgt nach dem neugefassten § 40 Abs. 1 RegE.*

40   Der Erwerb der Geschäftsanteile durch einen einzigen Gesellschafter kann auch im Wege der Gesamtrechtnachfolge (Erbfall) entstehen, ferner wenn in der Zweipersonen-Gesellschaft ein Gesellschafter durch Kaduzierung (§ 21), Amortisation (§ 34), Ausschluss oder Austritt die Gesellschaft verlässt und der andere Gesellschafter oder die Gesellschaft selbst den Geschäftsanteil erwerben. Die nachträgliche Entstehung einer Einpersonen-GmbH und die Erhaltung dieser Eigenschaft werden durch das Vorhandensein *eigener Geschäftsanteile der GmbH* (§ 33) nicht gehindert. Denn wesentliches Kriterium ist allein das Vorhandensein nur eines Gesellschafters; die GmbH selbst ist aber als Inhaberin eigener Geschäftsanteile in diesem Sinn nicht Gesellschafterin (unten § 23 Rn. 22). Mit der Veräußerung eines eigenen Geschäftsanteils der GmbH an einen anderen als den Alleingesellschafter endet die Eigenschaft als Einpersonengesellschaft.

Bedenklich ist der mehr theoretische Fall einer Vereinigung aller Geschäftsanteile als eigene bei der GmbH – sog. *Keinmann-GmbH*. Eine Gesellschaft ganz ohne Mitglieder ist auch bei Kapitalgesellschaften trotz ihrer weitgehenden Verselbständigung nicht möglich. Das würde, ganz abgesehen von grundsätzlichen rechtsdogmatischen und systematischen Schranken, auch zur vollständigen Lähmung der Gesellschafterversammlung als wichtigstem Organ der GmbH führen, da für eigene Geschäftsanteile kein Stimmrecht besteht. Ohne funktionsfähiges Willensbildungsorgan *kann die GmbH nicht weiterbestehen.* Deshalb spricht sich die h. M. in der Literatur mit Recht für eine alsbaldige Auflösung aus.[70]

3. Verfassung der Einpersonen-GmbH

41   Für die Einpersonen-GmbH gilt die Verfassung der GmbH in gleicher Weise wie für die Mehrpersonen-GmbH (unten § 22). Einige **Besonderheiten** sind hervorzuheben:

a) Gesellschafterversammlung

Die Gesellschafterversammlung als Organ besteht bei der Einpersonen-GmbH nur aus dem Alleingesellschafter. Gesellschafterbeschlüsse beruhen daher allein auf seinen jeweiligen Entschlüssen. Im Interesse der Rechtssicherheit und -klarheit schreibt § 48 Abs. 3 vor, dass über Gesellschafterbeschlüsse unverzüglich nach der **Beschlussfassung** eine **Niederschrift** aufzunehmen und zu unterschreiben ist. Die Niederschrift dient Beweiszwecken; ihr Fehlen führt nicht zur Nichtigkeit des Beschlusses.[71] Ob diese schwache Dokumentationsobliegenheit sinnvoll ist, steht nicht außer Zweifel.[72] Satzungsänderungen bedürfen stets notarieller Beurkundung (§ 53 Abs. 2).

---

[70] Baumbach/Hueck/*Hueck/Fastrich*, § 33 Rn. 19 m. w. N; nach älterer Ansicht ist dem Erwerb des letzten Anteils durch die GmbH die rechtliche Anerkennung zu versagen; vereinzelt wird die Konstruktion sogar für zulässig und bestandsfähig gehalten.

[71] H. M., Baumbach/Hueck/*Zöllner*, § 48 Rn. 48 f.; in der Tendenz auch *BGH* NJW 1995, 1750.

[72] Vgl. *OLG Köln* GmbHR 1996, 290; ferner *BGH* GmbHR 1997, 164; *KG* NJW-RR 2000, 224 = GmbHR 1999, 818; Baumbach/Hueck/*Zöllner*, § 48 Rn. 46.

b) Geschäftsführung und Vertretung

Der Gesellschafter einer Einpersonen-GmbH kann zugleich auch deren Geschäfts- **42** führer sein. Trifft das zu, so ist nach § 35 Abs. 4 auf die **Insichgeschäfte des Gesellschafter-Geschäftsführers** § 181 BGB anzuwenden. Dabei ist zu beachten, dass der Gesellschafter allein die Gesellschafterversammlung bildet, also das für die Erlaubnis zum Selbstkontrahieren zuständige Organ. Praktisch führt deshalb die Geltung von § 181 BGB dazu, dass die Befreiung hiervon nur in der Satzung erfolgen kann.[73]

c) Haftung

Wie bei der Mehrpersonengesellschaft sind auch bei der Einpersonengesellschaft **43** grundsätzlich *die GmbH als selbständige juristische Person* und der *Alleingesellschafter rechtlich klar zu trennen.* Gesellschaftsvermögen und Privatvermögen sind verschiedenen Rechtssubjekten zugeordnet; für Gesellschaftsschulden haftet grundsätzlich nur die GmbH, für persönliche Schulden des Gesellschafters nur dieser – **Trennungsprinzip.**

Das Trennungsprinzip unterliegt allerdings gewissen **Einschränkungen.** Unter bestimmten Voraussetzungen werden **rechtlich relevante Tatsachen oder Vorgänge bei der Einpersonen-GmbH** dem **Alleingesellschafter zugerechnet** oder auch umgekehrt – sog. **Durchgriff** (unten § 24 Rn. 27 ff.). Dadurch wird den wirtschaftlichen Zusammenhängen und der personellen Verknüpfung Rechnung getragen. Ein solcher Durchgriff ist der Sache nach keineswegs auf Einpersonengesellschaften, auch nicht auf juristische Personen als Unternehmensträger beschränkt.[74] Der Tatbestand einer Einpersonengesellschaft allein genügt keinesfalls, um Durchgriffslösungen zu rechtfertigen. Aber die Wahrscheinlichkeit, dass eine Situation eintritt, die zu einer Gleichsetzung von Gesellschaft und Mitglied führen kann, ist unter den besonderen Verhältnissen der Einpersonengesellschaft wesentlich größer als bei einer Mehrpersonengesellschaft, und sie nimmt bei dieser mit steigender Mitgliederzahl sehr schnell ab. So überwiegen auch in der Rechtsprechung bei weitem Entscheidungen zur Einpersonen-GmbH.

IV. Unternehmergesellschaft (haftungsbeschränkt) nach dem RegE

1. Rechtsnatur

Die Unternehmergesellschaft (haftungsbeschränkt) ist eine **Variante der GmbH,** *d. h. mit Ausnahme* **44** *der Sondervorschriften in § 5 a RegE findet GmbH-Recht Anwendung. Die UG ist demnach körperschaftlich organisiert, Handelsgesellschaft, Kapitalgesellschaft und juristische Person. Als Formkaufmann unterliegt sie den handelsrechtlichen Rechnungslegungsvorschriften einschließlich derer für Kapitalgesellschaften (§§ 264 ff. HGB); sie ist Unternehmer i. S. d. § 14 BGB. Es gilt das Trennungsprinzip, d. h. für Verbindlichkeiten der Gesellschaft haftet diese mit ihrem Vermögen; die Gesellschafter und Geschäftsführer haften nicht. Die* **Firma** *der Gesellschaft muss den Rechtsformzusatz „Unternehmergesellschaft (haftungsbeschränkt)" oder „UG (haftungsbeschränkt)" enthalten. Abkürzungen (etwa UG mbH) sind nicht zulässig.*

---

[73] BGHZ 87, 59, 60 = NJW 1983, 1676; *Baumbach/Hueck/Zöllner/Noack,* § 35 Rn. 132, 137; – a. A. *Altmeppen,* NJW 1995, 1182, 1185; *Bachmann,* ZIP 1999, 85, 88; *Michalski/Lenz,* § 35 Rn. 83.

[74] BGHZ 54, 222 = NJW 1970, 2015 behandelt den Haftungsdurchgriff bei einem e. V., BGHZ 45, 204 bei einer KG; ein Fall des umgekehrten Zurechnungsdurchgriffs ist auch die Behandlung einer GbR als Verbraucher, BGHZ 149, 80; str., dagegen etwa *Bork,* Allgemeiner Teil des Bürgerlichen Rechts, 2. Aufl., 2006, Rn. 169 m. w. N.

*Die UG kann **für jeden gesetzlich zulässigen Zweck** gegründet werden (§ 1 RegE). Die besondere Firmierung der UG legt dagegen nahe, dass diese Form nur für unternehmerische Tätigkeiten vorgesehen ist. Der Gesetzgeber hatte jedenfalls „Existenzgründer", d. h. Personen im Auge, die eine selbständige unternehmerische Tätigkeit aufnehmen wollen. Im Text hat das keinen Niederschlag gefunden, und angesichts der Schwierigkeiten, einen Namen für eine Art der GmbH zu finden, die nicht GmbH heißen soll, dürfte der Bezeichnung kein besonderer Regelungswert zukommen.[75] Als Kapitalgesellschaft kann sich die UG an anderen Gesellschaften beteiligen, z.B. als Komplementärin einer Unternehmergesellschaft (haftungsbeschränkt) & Co. KG. Ob derartige Konstruktionen sinnvoll sind, ist eine andere Frage.*

2. Stammkapital und Geschäftsanteile

a) Stammkapital

45   *Da auch die UG Kapitalgesellschaft ist, benötigt sie wenigstens ein symbolisches **Stammkapital**, das in der Satzung festzulegen ist. Da es mindestens einen Geschäftsanteil geben muss und der Mindestbetrag für einen Geschäftsanteil 1 € ist, kann eine UG mit 1 € Stammkapital gegründet werden.[76] Das Stammkapital kann frei gewählt werden, muss aber unter 10 000 € bleiben, anderenfalls handelt es sich um eine Normal-GmbH. Es ist **Satzungsbestandteil** und kann nur durch Satzungsänderung verändert werden (oben § 20 Rn. 4). Es unterliegt den Kapitalaufbringungs- und -erhaltungsvorschriften (§§ 19, 30 RegE, unten § 23). Darüber hinaus ist die Möglichkeit einer Gewinnausschüttung durch die Pflicht, Rücklagen zu bilden, beschränkt (§ 5 a Abs. 3 RegE). Der Gläubigerschutz soll im Wesentlichen insolvenzrechtlich gewährleistet werden (unten § 24 Rn. 16 a ff.). § 5 a Abs. 4 RegE verpflichtet dazu, bereits bei drohender Zahlungsunfähigkeit unverzüglich eine Gesellschafterversammlung einzuberufen.*

b) Geschäftsanteile

46   *Für die Geschäftsanteile gilt kein Mindestbetrag, sie müssen aber auf volle € lauten (§ 5 Abs. 2 RegE). Gründen mehrere Gesellschafter die UG, muss jeder mindestens einen Geschäftsanteil übernehmen; das Mindeststammkapital beträgt dann die Zahl der Gründer in €. Die Nennbeträge der Geschäftsanteile können verschieden sein. Ein Gründer kann auch mehrere Geschäftsanteile übernehmen (oben Rn. 5 a).*

3. Gründung

47   *Die UG kann in der **vereinfachten Form** nach gesetzlichem Muster ohne notarielle Beurkundung gegründet werden (§ 2 Abs. 1 a RegE). Es kann aber auch die **normale Gründung mit notarieller Beurkundung** gewählt werden, wenn andere oder weitere Angaben im Gesellschaftsvertrag aufgenommen werden sollen als im Muster vorgesehen oder mehr als drei Gründer vorhanden sind. Ein „Unternehmer" braucht sich nicht zu beteiligen; Gründer können natürliche oder juristische Personen oder andere Personengesamtheiten sein (oben Rn. 2). Demnach kommt die UG (haftungsbeschränkt) auch als Konzerntochter oder schnelles Akquisitionsvehikel in Betracht.*
*   **Sacheinlagen** sind **nicht zulässig**. Im Übrigen muss die Satzung den Mindestinhalt (oben Rn. 4 f.) enthalten. Zwischen Errichtung der Gesellschaft (oben Rn. 14 f.) und der Eintragung ins Handelsregister besteht eine **Vor-UG**, auf die die Regeln über die Vorgesellschaft (oben Rn. 14, 18 ff.) Anwendung finden. Diese Phase dürfte kurz sein; da nur Bargründungen zulässig sind, ist auch ein zwischenzeitliches Tätigwerden im Geschäftsverkehr nicht notwendig. Wird die Eintragung nicht zügig betrieben, handelt es sich um eine unechte oder fehlgeschlagene Vorgesellschaft (oben Rn. 33). Die **Eintragung im Handelsregister** ist **konstitutiv**; die Anmeldung kann erst nach **Volleinzahlung** des Stammkapitals erfolgen.*
*   Eine andere Entstehung als durch Gründung ist nicht vorgesehen, insbesondere kann eine normale GmbH nicht unter Berufung auf § 5 a RegE ihr Stammkapital unter den gesetzlichen Mindestbetrag herabsetzen. Auch die Entstehung durch Umwandlung eines anderen Rechtsträgers, etwa Ausgliede-*

---

[75] Kritisch zur Namensgebung etwa *Wilhelm*, DB 2007, 1510, 1511: irreführend und unglücklich; auch *Seibert*, GmbHR 2007, 673, 675: kein Schönheitspreis; jeweils mit Hinweisen auf mindestens ebenso unglückliche Alternativen (Gesellschaft mit besonders/total beschränkter Haftung, Mini-GmbH, Kuschel-GmbH etc.).

[76] In Irland ist das Minimum ein Cent (0,01 €), *McLaughlin*, in: Van Hulle/Gesell (Hrsg.), European Corporate Law, 2006, 2/XII Rn. 19 (Irland).

rung aus dem Vermögen eines Einzelkaufmanns (§ 152 UmwG) oder Formwechsel (§§ 190 ff. UmwG) ist nicht möglich.

4. Überleitung in Normal-GmbH und Umwandlung

a) Überleitung

*Da die UG eine Variante der GmbH ist, kann sie **ohne Umwandlung** in eine Normal-GmbH über-* **48** *geleitet werden (Übergang von einer GmbH-Variante in eine andere). Bildlich gesprochen handelt es sich um den Aufstieg aus dem gesellschaftsrechtlichen Prekariat. Voraussetzung ist ein Stammkapital, das mindestens 10 000 € beträgt. Dies kann nur durch **Kapitalerhöhung** erreicht werden (§ 5 a Abs. 5 RegE). Die Sondervorschriften für die UG finden dann keine Anwendung mehr, die Gesellschaft kann ihre Firma aber beibehalten. Die Kapitalerhöhung ist insoweit nahegelegt, als die gesetzlich zu bildende Rücklage nur zur Erhöhung des Stammkapitals aus Gesellschaftsmitteln verwendet werden darf (§§ 5 a Abs. 3 Satz 2, 57 c RegE).*

b) Umwandlung

Da die UG eine Variante der GmbH ist, spricht nichts dagegen, sie als umwandlungsfähigen Rechts- **49** *träger i. S. d. § 3 Abs. 1 Nr. 2 UmwG anzusehen, soweit nicht ihre eigene Entstehung betroffen ist (oben Rn. 47). Praktisch könnte das relevant werden für den Formwechsel in eine Personengesellschaft (§ 191 Abs. 2 UmwG; vgl. unten § 38 Rn. 2).*

§ 22. Verfassung der GmbH und Rechtsstellung der Gesellschafter

I. Verfassung der GmbH

1. Übersicht

Die GmbH hat in jedem Fall *zwei notwendige Organe:* **Geschäftsführer** (§§ 6, **1** 35 ff.) und die **Gesellschafterversammlung.** Wenn von der *Gesamtheit der Gesellschafter* die Rede ist, bezieht sich das darauf, dass die Willensbildung nicht unbedingt in einer Versammlung erfolgen muss und das Gesetz nicht genau zwischen den Rechten der einzelnen Gesellschafter und dem Organ Gesellschafterversammlung unterscheidet (§§ 45 ff.).[1] Beim Aufsichtsrat als drittem Organ ist zu unterscheiden: Nach der Konzeption des GmbH-Gesetzes ist ein Aufsichtsrat zwar zulässig, aber nicht notwendig – **fakultativer Aufsichtsrat.** Er kann weitgehend frei im Gesellschaftsvertrag geregelt werden; ergänzend verweist § 52 auf einige Bestimmungen des AktG. Dagegen ist ein Aufsichtsrat zwingend vorgeschrieben, wenn die GmbH der **Mitbestimmung der Arbeitnehmer** unterliegt – **notwendiger Aufsichtsrat** (unten Rn. 19).

Durch Gesellschaftsvertrag können **weitere Organe** geschaffen werden, auch neben **2** einem fakultativen oder sogar notwendigen Aufsichtsrat. Das GmbHG gewährt insoweit Gestaltungsfreiheit. In der Praxis findet man nicht selten *Beiräte, Verwaltungsräte oder Gesellschafterausschüsse,* die meist Beratungs- und Überwachungsfunktionen,

---

[1] Zur Unterscheidung zwischen Gesamtheit der Gesellschafter und Gesellschafterversammlung *Hüffer,* FS 100 Jahre GmbH-Gesetz, 1992, S. 521; *Kübler/Assmann,* § 18 V 3; *K. Schmidt,* § 36 III 1; Baumbach/Hueck/*Zöllner,* § 45 Rn. 4, § 48 Rn. 2.

zuweilen darüber hinaus auch Entscheidungskompetenzen wahrnehmen. Sie sind stets zusätzliche Einrichtungen, können also nicht etwa die gesetzlich vorgeschriebenen Organe ganz ersetzen. § 52 findet auf sie selbst bei aufsichtsratsähnlicher Ausgestaltung keine Anwendung.

3   Im **Verhältnis der Organe zueinander** begründet das GmbH-Recht einen **klaren Vorrang** für die **Gesellschafterversammlung als oberstes Organ** bzw. die Gesamtheit der Gesellschafter. Das Aktienrecht dagegen sucht möglichst weitgehend ein Gleichgewicht zwischen den Organen herzustellen (unten § 25 Rn. 10). Der Gesellschafterversammlung stehen neben der Satzungs- und sonstigen Grundlagenkompetenz zahlreiche weitere Befugnisse zu (§ 46). Diese erstrecken sich auch auf den Bereich der laufenden Geschäftsführung und können die **Geschäftsführer an Weisungen binden.** Einzelheiten der Kompetenzverteilung können im Gesellschaftsvertrag geregelt werden (§§ 37 Abs. 1, 45 Abs. 1) – **Gestaltungsfreiheit.**

In der **mitbestimmten GmbH** verschieben sich die Gewichte, je nach der anzuwendenden Mitbestimmungsregelung in unterschiedlichem Ausmaß, zugunsten des dann zwingend vorgeschriebenen Aufsichtsrates. Vor allem im Anwendungsbereich des MitbestG wird dadurch zumindest mittelbar den Geschäftsführern eine stärkere Stellung gegenüber der Gesamtheit der Gesellschafter eingeräumt.

2. Geschäftsführer

4   Der oder die Geschäftsführer sind das **Handlungsorgan** der GmbH. Sie führen die Geschäfte im Innenverhältnis und vertreten die Gesellschaft nach außen.[2] Geschäftsführer können nur natürliche Personen sein; es darf kein Einwilligungsvorbehalt eines Betreuers (§ 1903 BGB), eine Vorstrafe nach §§ 283–283d StGB oder ein behördliches Berufsverbot im Geschäftszweig der GmbH bestehen (§ 6 Abs. 2).

4a   *MoMiG: Die Ausschlussgründe in § 6 Abs. 2 RegE sind neu gefasst und durch die Verurteilung wegen vorsätzlicher Verwirklichung der Straftatbestände der Insolvenzverschleppung, falscher Angaben und unrichtiger Darstellungen nach GmbHG, AktG, HGB, UmwG oder PublG sowie Kreditbetrug, Untreue und Vorenthalten und Veruntreuen von Arbeitsentgelt ergänzt. Dabei werden auch ausländische Straftaten berücksichtigt, die den in § 6 Abs. 2 Nr. 3 RegE genannten Taten vergleichbar sind. Die Verschärfung dient dazu, Personen, die sich durch wirtschaftsstrafrechtliche Auffälligkeit als ungeeignet zur Unternehmensführung erwiesen haben, von der Geschäftsführung fern zu halten.*

a) Bestellung, Anstellung und Abberufung

5   **aa)** Die Geschäftsführer werden durch den Gesellschaftsvertrag oder einen Beschluss der Gesellschafter **bestellt** (§§ 6 Abs. 3, 46 Nr. 5). Die Satzung kann auch einem anderen Organ das Bestellungsrecht übertragen. Sie kann einzelnen Gesellschaftern ein Sonderrecht auf eine Geschäftsführerfunktion einräumen.[3] Die Bestellung ist ein **körperschaftlicher Akt** und bedarf der Annahme. Sie kann befristet oder unbefristet erfolgen (anders § 84 Abs. 1 Satz 1 AktG für die AG).[4]

Nach § 31 MitbestG ist in der nach diesem Gesetz **mitbestimmten GmbH** der Aufsichtsrat für die Bestellung ausschließlich zuständig. In diesen Fällen ist als gleichberechtigter Geschäftsführer ein Ar-

---

[2] Zur Terminologie: „Geschäftsführer" bei der GmbH ist der technische Sprachgebrauch des Gesetzes; eine Beschränkung der Funktion auf das Innenverhältnis, vgl. oben § 8 Rn. 2, ist damit nicht verbunden. Auch die allgemeinsprachliche Verwendung der Bezeichnung „Geschäftsführer" für bestimmte Leitungsfunktionen bei anderen Formen von Unternehmensträgern darf damit nicht verwechselt werden.

[3] *RGZ* 170, 358; *BGH* NJW 1969, 131; GmbHR 1982, 129, 130; Baumbach/Hueck/*Zöllner/Noack*, § 35 Rn. 13, 18f.

[4] *BGH* NZG 2006, 62: Geschäftsführerbestellung unter auflösender Bedingung.

beitsdirektor zu bestellen (unten § 27 Rn. 7). Nach DrittelbG bleibt die Zuständigkeit der Gesellschafterversammlung zur Bestellung der Geschäftsführer unberührt, woraus sich Abstimmungsprobleme hinsichtlich der Organfunktionen ergeben.[5]

bb) Von der körperschaftlichen Bestellung als Organ ist der schuldrechtliche Vertrag **6** zur **Anstellung** zu unterscheiden. Einen Hinweis darauf gibt § 38 Abs. 1, der zwischen dem Widerruf der Bestellung und Ansprüchen aus Verträgen unterscheidet. Für den Abschluss des Anstellungsvertrags ist typischerweise das Bestellungsorgan zuständig. Bei der GmbH kommt aber auch ein Anstellungsvertrag mit einem Dritten vor, etwa wenn der Geschäftsführer einer konzernabhängigen GmbH bei der Muttergesellschaft beschäftigt ist.[6] Wegen der Bindung an Weisungen der Gesellschafterversammlung und der insgesamt weniger unabhängigen Stellung von Fremdgeschäftsführern, also solchen, die selbst nicht an der Gesellschaft beteiligt sind, können diese **arbeitnehmerähnlich** sozial schutzbedürftig sein. Der Anstellungsvertrag ist gleichwohl kein Arbeitsvertrag.[7] Geschäftsführer können jedenfalls, auch wenn sie gering beteiligte Minderheitsgesellschafter sind, sozialversicherungspflichtig sein, eine betriebliche Altersversorgung i.S.d. § 17 BetrAVG erhalten und Schutzpflichten der GmbH in Anspruch nehmen.[8]

Im Anstellungsvertrag werden üblicherweise die Vergütung, Altersversorgung und ähnliche Bedingungen geregelt. Die organschaftlichen Rechte und Pflichten ergeben sich jedoch aus dem Bestellungsverhältnis und können nur auf körperschaftlicher Ebene (Satzung, satzungsgemäßer Gesellschafterbeschluss), nicht durch Schuldvertrag verändert werden.[9] Der Anstellungsvertrag wird nach allgemeinen Regeln beendet und kann ordentlich, ggf. außerordentlich gekündigt werden.[10]

cc) Die **Bestellung** zum Geschäftsführer kann **jederzeit widerrufen** werden – **Ab-** **7** **berufung.** Die Satzung kann das Widerrufsrecht auf den Fall des wichtigen Grundes beschränken, aber nicht ganz ausschließen (§ 38); Einschränkungen im Anstellungsvertrag genügen dafür nicht. Ferner ist ein satzungsgemäßes oder durch Gesellschaftervereinbarung eingeräumtes Recht zur Geschäftsführung zu berücksichtigen. Etwas anderes gilt für nach dem MitbestG mitbestimmte GmbH, für die kraft Verweisung § 84 AktG (dazu unten § 27 Rn. 10) gilt. Der Anstellungsvertrag ist nach den allgemeinen Regeln kündbar; der Widerruf der Bestellung führt nicht automatisch zur Beendigung.[11]

Die Bestellung wird ferner beendet durch **Niederlegung** des Amtes. Eine missbräuchliche Amtsnie- **8** derlegung ist körperschaftsrechtlich wirksam;[12] eine Ausnahme wird gemacht für die Amtsniederlegung durch den einzigen Geschäftsführer, der zugleich Gesellschafter ist, und keinen neuen Geschäfts-

---

[5] *Baumbach/Hueck/Zöllner/Noack,* § 52 Rn. 229 ff.

[6] Vgl. *BGH* NJW 1991, 1680; 1998, 1315; *Baumbach/Hueck/Zöllner/Noack,* § 35 Rn. 165; *Windbichler,* Arbeitsrecht im Konzern, 1989, S. 502 ff. zur mitbestimmungsrechtlichen Qualifikation dieses Personenkreises.

[7] *Baumbach/Hueck/Zöllner/Noack,* § 35 Rn. 172, 174 ff. m.w.N.; *BGH* NJW 1996, 2678 (Geschäftsführer der Vor-GmbH); 2000, 1638; *BAG* NJW 2003, 3290; differenzierend *BGH* ZIP 2003, 485: Fremdgeschäftsführer können insolvenzrechtlich Arbeitnehmer sein; a.A. in der Literatur etwa *Krause,* Mitarbeit in Unternehmen, 2002, S. 297 ff., 310 ff.; differenzierend Scholz/*U.H. Schneider,* § 35 Rn. 160 ff.

[8] *BGH* NJW 1997, 2882; zur Rentenversicherungspflicht *BSG* NJW 2006, 1162; *Baumbach/Hueck/ Zöllner/Noack,* § 35 Rn. 177 ff.; *Raiser/Veil,* § 32 Rn. 44 f.

[9] *Baumbach/Hueck/Zöllner/Noack,* § 35 Rn. 171.

[10] *BGH* NJW-RR 2004, 540 = NZG 2004, 90: ordentliche Kündigung ohne besonderen Grund; *BGH* NZG 2005, 714: außerordentliche Kündigung wegen Insolvenzverschleppung.

[11] Die Ausübung des gesellschaftsrechtlichen Widerrufsrechts ist kein vertragswidriges Verhalten der Gesellschaft i.S.d. § 628 Abs. 2 BGB, *BGH* NJW 2003, 351.

[12] BGHZ 121, 257, 261 = NJW 1993, 1198; *Baumbach/Hueck/Zöllner/Noack,* § 38 Rn. 83.

führer bestellt (str.).[13] Rechtstatsächlich hat es sich als Missstand erwiesen, dass sich unseriös geführte GmbH durch postalische Unerreichbarkeit (dazu oben § 21 Rn. *10b*) und fehlende Geschäftsführer (vgl. oben § 21 Rn. 26 zur Vorgesellschaft) der Rechtsverfolgung entziehen. Die gerichtliche **Bestellung eines Notgeschäftsführers** entsprechend § 29 BGB[14] unterbleibt in diesen Fällen meist mangels Antrags eines Beteiligten.[15]

8a   *MoMiG: Für den Fall, dass eine GmbH keinen Geschäftsführer hat – Führungslosigkeit –, bestimmt § 35 Abs. 1 Satz 2 RegE, dass die Gesellschaft durch die Mitglieder des Aufsichtsrates oder, wenn sie keinen Aufsichtsrat hat, die Gesellschafter passiv vertreten wird. Willenserklärungen können gegenüber diesen Personen abgegeben und Schriftstücke ihnen zugestellt werden.*

9   **dd)** Wer **Geschäftsführer** ist und die **Vertretungsregelung** sind ins **Handelsregister** einzutragen (§§ 10 Abs. 1, 39). Damit greifen die **Publizitätsvorschriften** des § 15 HGB. Anmeldepflichtig ist die Gesellschaft, vertreten durch den amtierenden Geschäftsführer; Bestellung bzw. Abberufung sind durch Urkunden nachzuweisen (§ 39 Abs. 2). Sämtliche Geschäftsführer und ggf. der Vorsitzende des Aufsichtsrates sowie sonstige für Dritte wesentliche Punkte sind auf den **Geschäftsbriefen** der Gesellschaft anzugeben (§§ 35a, 71 Abs. 5). Diese Vorschriften setzen die Publizitätsrichtlinie[16] um.

9a   *MoMiG: Das für die vereinfachte Gründung im sog. Gründungs-Set enthaltene Muster einer Niederschrift einer Gesellschafterversammlung zur Bestellung eines Geschäftsführers (oben § 21 Rn. 10a) ist nur für die Gründung (8 Abs. 1 Nr. 2 RegE), nicht für spätere Änderungen vorgesehen. Das ist insofern sinnvoll, als das Muster nur die Bestellung enthält, nicht aber die Abberufung eines vorhandenen Geschäftsführers. In der Praxis sind Änderungen häufig eine Kombination von Abberufung und Neubestellung. Im Übrigen hindert nichts die Verwendung des Formulars, wenn die Gesellschafter das wünschen.*

b) Geschäftsführung und Vertretung

10   Die Geschäftsführer führen im Innenverhältnis die Geschäfte der GmbH und vertreten sie nach außen. Grundsätzlich gilt **Gesamtgeschäftsführung** und **Gesamtvertretung,** soweit die **Satzung** nicht etwas anderes vorschreibt. So kann etwa Einzelvertretung, modifizierte Gesamtvertretung oder teilweise gemischte Gesamtvertretung (vgl. § 125 Abs. 2, 3 HGB, oben § 15 Rn. 9) im Gesellschaftsvertrag vereinbart werden. Die **Vertretungsmacht** ist gegenüber Dritten, also im **Außenverhältnis, unbeschränkt** und **unbeschränkbar** (§ 37 Abs. 2).[17] Den Gläubigern gegenüber haften die Geschäftsführer nicht, es sei denn, es ist eine eigenständige Anspruchsgrundlage gegeben (z.B. Verletzung von Pflichten aus einem Schuldverhältnis nach § 311 Abs. 3 BGB). Für ihre Organe haftet die Gesellschaft nach § 31 BGB.

Die Vertretungsmacht ist grundsätzlich durch das **Verbot des Selbstkontrahierens** (§ 181 BGB) eingeschränkt. Das gilt auch für den Alleingesellschafter-Geschäftsführer (oben § 21 Rn. 42). Die Gestattung des Selbstkontrahierens kann in der Satzung erfolgen. Da es sich dann um eine generelle Vertretungsregelung handelt, ist die Eintragung ins Handelsregister erforderlich.[18] Wie in der Mehrpersonengesellschaft dem Geschäftsführer durch Gesellschafterbeschluss eine Befreiung von § 181 BGB erteilt werden kann, ist in Einzelheiten streitig.[19]

---

[13] *BayObLG* NJW-RR 2000, 179; *OLG Düsseldorf* DB 2001, 261; *KG* GmbHR 2001, 147; Lutter/Hommelhoff/*Lutter/Hommelhoff,* § 38 Rn. 42ff.; a.A. Baumbach/Hueck/*Zöllner/Noack,* § 38 Rn. 87; Roth/Altmeppen/*Roth,* § 38 Rn. 79.

[14] Baumbach/Hueck/*Hueck/Fastrich,* § 6 Rn. 21; Baumbach/Hueck/*Zöllner/Noack,* § 35 Rn. 7; Lutter/Hommelhoff/*Lutter/Hommelhoff,* Vor § 35 Rn. 13.

[15] Zu rechtsmissbräuchlicher Führungslosigkeit *Haas,* GmbHR 2006, 729, 732; *Helmschrott,* ZIP 2001, 636; *Seibert,* FS Röhricht, 2005, S. 585, 594.

[16] Erste Richtlinie 68/151/EWG vom 9. März 1968 (Publizitätsrichtlinie), geändert durch Richtlinie 2003/58/EG vom 15. Juli 2003.

[17] Zu Reichweite und Grenzen *Fleischer,* NZG 2005, 529; vgl. auch oben § 15 Rn. 13.

[18] BGHZ 87, 59, 61 = NJW 1983, 1676; *OLG Frankfurt* GmbHR 1997, 349; *OLG Hamm* DB 1998, 1457 = NJW-RR 1998, 1193; Baumbach/Hueck/*Zöllner/Noack,* § 35 Rn. 133; a.A. Michalski/*Lenz,* § 35 Rn. 83.

[19] Baumbach/Hueck/*Zöllner/Noack,* § 35 Rn. 132 m.w.N.; *Bachmann,* ZIP 1999, 85. – Teilweise wird eine satzungsmäßige Grundlage auch für die Befreiung durch die Gesellschafterversammlung im Einzelfall verlangt.

MoMiG: § 35 Abs. 2 RegE ist sprachlich neu gefasst, belässt es aber bei der Gesamtvertretung, soweit **10a** *in der Satzung nichts anderes bestimmt ist. Die **Einzelzuständigkeit** für die Entgegennahme von Willenserklärungen und Schriftstücken **(Passivvertretung)** gilt nicht nur für Geschäftsführer, sondern im Fall der Führungslosigkeit (oben Rn. 8a) auch für Aufsichtsratsmitglieder bzw. Gesellschafter. Es kann die im **Handelsregister eingetragene Geschäftsanschrift** verwendet werden; dass unter dieser Anschrift zuständige Personen erreicht werden, wird vom Gesetz unwiderleglich vermutet. Solange die eingetragene Adresse überhaupt noch existiert, können Erklärungen dort zugehen, auf die tatsächliche Kenntnisnahme kommt es nicht an. Zustellungen können auch an die gem. § 10 Abs. 2 Satz 2 RegE fakultativ eingetragene empfangsberechtigte Person erfolgen (oben § 21 Rn. 10b).*

Im **Innenverhältnis** sind die Geschäftsführer an Beschränkungen durch den **Ge-** **11** **sellschaftsvertrag** und durch **Gesellschafterbeschlüsse,** die auch **Weisungen** in Geschäftsführungsangelegenheiten zum Inhalt haben können (§ 37 Abs. 1), gebunden. Auch Zustimmungsvorbehalte sind möglich und verbreitet. Bei besonders bedeutenden, außergewöhnlichen Geschäften sind die Geschäftsführer verpflichtet, die Gesellschafterversammlung zu befassen.[20] Einzelheiten sind hier streitig; es empfiehlt sich daher eine Regelung in der Satzung. Solche Bindungen im Innenverhältnis haben jedoch keine Auswirkung auf die Vertretungsmacht, es sei denn die Außenwirkung wird ausdrücklich zum Vertragsgegenstand gemacht.[21]

Zu den **unabdingbaren Geschäftsführerpflichten** gehört die Buchführung (§ 41), die Einhaltung der Kapitalerhaltungsvorschriften (vgl. § 43 Abs. 3, unten § 23 Rn. 18) und die Anmeldung der Insolvenz bei Zahlungsunfähigkeit oder Überschuldung der Gesellschaft (§§ 64 Abs. 1, 84 Abs. 1 Nr. 2; unten § 24 Rn. 7). Im Rahmen der Pflichten eines ordentlichen Geschäftsleiters (§ 43 Abs. 1) hat der Geschäftsführer die Zahlungsfähigkeit der Gesellschaft zu überwachen, ggf. einen Finanzplan aufzustellen, um Liquiditätsengpässe frühzeitig festzustellen und für ihre Beseitigung zu sorgen. Er hat eine Gesellschafterversammlung einzuberufen oder die Gesellschafter in anderer Weise zu unterrichten, wenn Verluste eingetreten sind, die das Gesellschaftsvermögen auf weniger als die Hälfte des Stammkapitals haben absinken lassen (§§ 49 Abs. 3, 84 Abs. 1 Nr. 1).

MoMiG: In der Unternehmergesellschaft (haftungsbeschränkt) muss die Gesellschafterversammlung **11a** *bei drohender Zahlungsunfähigkeit (§ 18 Abs. 2 InsO, unten § 24 Rn. 6, 12a) einberufen werden (§ 5a Abs. 4 RegE). Dieser Zeitpunkt kann früher, aber auch später als die Verlustschwelle des § 49 Abs. 3 RegE eintreten, maßgeblich ist nur die drohende Zahlungsunfähigkeit. Das wird kritisiert; andererseits ist bei einem Stammkapital unter dem Mindestbetrag diese Summe kein Parameter für eine Warnfunktion.*

c) Haftung

Die Haftung der Geschäftsführer für **Pflichtverletzungen** gegenüber der Gesell- **12** schaft richtet sich nach § 43. Maßstab ist die Sorgfalt eines ordentlichen Geschäftsleiters. Für die **Geltendmachung** ist ein Gesellschafterbeschluss nach § 46 Nr. 8 erforderlich.[22] Die Verantwortlichkeit der Geschäftsführer gegenüber der Gesellschaft bei Verletzung von Kapitalerhaltungsvorschriften ist im Interesse des Gläubigerschutzes nicht durch Gesellschafterbeschluss vermeidbar (§ 43 Abs. 3 Satz 3). § 43 betrifft die Pflichten aus dem Organschaftsverhältnis; dass daneben Sorgfaltspflichten aus dem Anstellungsvertrag bestehen können, hat demgegenüber keine eigenständige Bedeutung.[23]

---

[20] Baumbach/Hueck/*Zöllner*, § 46 Rn. 90.
[21] *BGH* NJW 1997, 2678; zum Missbrauch der handelsrechtlich umschriebenen Vertretungsmacht oben § 15 Rn. 13.
[22] Zur Entbehrlichkeit in Ausnahmefällen etwa *BGH* NZG 2004, 962.
[23] Baumbach/Hueck/*Zöllner/Noack*, § 43 Rn. 4; Überblick bei *Kindler*, JURA 2006, 364; vgl. aber auch *K. Schmidt*, § 36 II 4a betr. Verjährung.

Keine Pflichtverletzung ist der schlechte Gang der Geschäfte im Rahmen des unternehmerischen Risikos (vgl. unten § 27 Rn. 33 f.).[24]

Für die **Fallbearbeitung** folgt daraus, dass § 43 die wichtigste Anspruchsgrundlage für Ansprüche der Gesellschaft gegen den Geschäftsführer ist. Anstellungsvertrag, Treuepflicht etc. sind i. d. R. unfruchtbare Ausweichstrategien.
Wenn eine Person wie ein Geschäftsführer agiert, ohne als solcher bestellt zu sein, treffen diese u. U. ebenfalls entsprechende Pflichten und Haftung. Der Problemkreis wird unter dem Stichwort *„faktischer Geschäftsführer"*, in Frankreich *dirigeant de fait*, in Großbritannien *shadow director* diskutiert. Sehr weitgehend ist hier die strafrechtliche Rechtsprechung.[25] Von der *de facto*-Tätigkeit zu unterscheiden sind die Fälle der fehlerhaften Bestellung, die wie die fehlerhafte Gesellschaft (vgl. oben § 13 Rn. 11 ff.) behandelt werden.

3. Gesellschafterversammlung

13 Die Willensbildung der Gesellschafter in der GmbH erfolgt zumeist in der Gesellschafterversammlung (§ 48 Abs. 1, oben Rn. 1). Das ist nicht zwingend. Auch die Zuständigkeit der Gesellschafterversammlung ist nicht abschließend geregelt; sie reicht weiter als bei der AG (vgl. unten § 29 Rn. 2 ff.). Die §§ 46–51 sind grundsätzlich satzungsdispositiv (§ 45 Abs. 1).

a) Versammlung und Beschlussfassung

Die Gesellschafterversammlung unterliegt keinen strengen Förmlichkeiten. Der Geschäftsführer (§ 49 Abs. 1) lädt zur Versammlung durch eingeschriebenen Brief mit einer Frist von einer Woche (§ 51 Abs. 1).[26] Beschlussgegenstände müssen mindestens drei Tage vor der Versammlung angekündigt werden (§ 51 Abs. 4). Die Satzung kann eine andere Form und vor allem längere Fristen vorsehen. Gewisse Mindesterfordernisse müssen erhalten bleiben.[27] Die Ladung ist verzichtbar, wenn alle Gesellschafter anwesend sind – **Vollversammlung** (§ 51 Abs. 3). Beschlüsse müssen notariell beurkundet werden, wenn es sich um Satzungsänderungen handelt (§ 53 Abs. 3, unten Rn. 45). Außer bei Einpersonen-Gesellschaften ist nicht einmal eine Protokollierung vorgeschrieben (§ 48 Abs. 3); es gehört aber zu den Aufgaben einer ordnungsgemäßen Versammlungsleitung, die Ergebnisse zu Nachweiszwecken festzuhalten.

14 Die **Beschlussfassung** erfolgt **in der Gesellschafterversammlung,** auch **ohne Versammlung,** wenn sämtliche Gesellschafter dem Beschluss in Textform zustimmen oder mit schriftlicher Abstimmung einverstanden sind (§ 48 Abs. 2). Im letzteren Fall bedarf die Einverständniserklärung ihrerseits nicht der Schrift- bzw. Textform, sondern kann auch mündlich erfolgen.[28] Die **Abstimmung** erfolgt, sofern die Satzung nichts anderes, z. B. Mehrstimmrechte, bestimmt, nach Geschäftsanteilen; je 50 € geben eine Stimme (§ 47 Abs. 2).

---

[24] Baumbach/Hueck/*Zöllner/Noack,* § 43 Rn. 23.
[25] BGHZ 104, 44 = NJW 1988, 1789; BGHZ 148, 167 = NJW 2001, 3123; BGHZ 150, 61 = NJW 2002, 1803; Baumbach/Hueck/*Zöllner/Noack,* § 35 Rn. 9, § 43 Rn. 3; *Habersack/Verse,* ZHR 168 (2004), 174, 189; *Merkt/Spindler,* in: Lutter (Hrsg.), Legal Capital in Europe, 2006 (ECFR Sonderbd. 1), S. 166, 183; *Schall,* ZIP 2005, 965, 968; *Davies,* S. 197 ff., sec. 251 Insolvency Act; zum Strafrecht *Lindemann,* JURA 2005, 305.
[26] Die Vorschrift ist älter als die derzeit geltenden Postregelungen; nach Sinn und Zweck wird man darunter ein Übergabe-Einschreiben verstehen; Baumbach/Hueck/*Zöllner,* § 51 Rn. 12.
[27] Vgl. BGHZ 99, 119, 124 = NJW 1987, 1811: keine Abkürzung der Ankündigungsfrist (zu § 32 BGB).
[28] BGHZ 28, 355, 358 = NJW 1959, 194, 195.

MoMiG: Da die Geschäftsanteile nicht mehr durch 50 teilbar sein, sondern lediglich auf volle € lau-   **14 a**
ten müssen, gewährt jeder € eines Geschäftsanteils eine Stimme (§ 47 Abs. 2 RegE).

Der **Gesellschaftsvertrag** kann die Abstimmung an strengere Erfordernisse binden,   **15**
sie aber auch weiter erleichtern. So kann etwa generell schriftliche Abstimmung vorgesehen werden, auch mündliche Stimmabgabe ohne Versammlung, telefonische oder
elektronische Abstimmung (h. M.).

b) Zuständigkeit

Die Kompetenzen der Gesellschafterversammlung können im Gesellschaftsvertrag   **16**
näher geregelt werden (§ 45 Abs. 1) und erstrecken sich, soweit dieser nichts anderes
bestimmt, auch auf die laufende Geschäftsführung (§ 37 Abs. 1 a. E.), die Feststellung
des Jahresabschlusses und die Ergebnisverwendung (§ 29), die Bestellung und Abberufung der Geschäftsführer (§ 46 Nr. 5, zu Ausnahmen unten Rn. 19), Maßnahmen zur
Prüfung und Überwachung der Geschäftsführung, die Bestellung von Prokuristen und
Generalbevollmächtigten sowie Rechtsbeziehungen zwischen Gesellschaft und Gesellschaftern (weitere Einzelheiten § 46). **Zwingend** vorgesehen ist die **Zuständigkeit für
die Einforderung von Nachschüssen, Satzungsänderungen** und die **Auflösung**; hier
handelt es sich um **Grundlagenkompetenzen** (§§ 26, 53, 60 Abs. 1 Nr. 2). Nach § 318
Abs. 1 Satz 2 HGB wählt die Gesellschafterversammlung den Abschlussprüfer, wenn
die Satzung nichts anderes bestimmt; der Geschäftsführung kann jedoch die Wahl des Abschlussprüfers jedoch nicht überlassen werden.[29]

c) Fehlerhafte Beschlüsse

Über **Beschlussmängel** enthält das Gesetz keine Vorschriften. Die Lücke ist durch   **17**
entsprechende Anwendung der aktienrechtlichen Vorschriften (§§ 241 ff. AktG; unten
§ 29 Rn. 39 ff.), jedoch stets mit Rücksicht auf die Besonderheiten der GmbH, auszufüllen.[30] Zunächst ist zwischen **Nichtigkeit** und **Anfechtbarkeit** zu unterscheiden.
Danach ist ein Beschluss vor allem dann *nichtig,* wenn er inhaltlich gegen die guten
Sitten, gegen zwingende, in erster Linie im öffentlichen Interesse, auch zum Gläubigerschutz, erlassene Vorschriften des Gesetzes verstößt (vgl. § 241 AktG; die dortige
Bezugnahme auf Formvorschriften muss dem GmbH-Recht entsprechend modifiziert
werden).[31] Andere Mängel, insbesondere Verstöße gegen dispositive Rechtsnormen,
Verfahrensvorschriften oder Bestimmungen der Satzung machen den Beschluss nur
anfechtbar.
Die **Geltendmachung** von Beschlussmängeln kann wie bei der AG durch **Klage,** die
gegen die Gesellschaft zu richten ist, erfolgen. Eine bestimmte Frist für die Erhebung
der Klage besteht nicht, doch ist mit Rücksicht auf die Treupflicht der Gesellschafter
zu verlangen, dass die Klage wegen ihrer einschneidenden Bedeutung für die Gesellschaft möglichst beschleunigt und dementsprechend binnen einer angemessenen Frist
erhoben wird. Je nach Schwierigkeit der Sach- und Rechtsfragen muss der Gesellschaf-

---

[29] Baumbach/Hopt/*Hopt*, HGB, § 318 Rn. 1; Baumbach/Hueck/*Schulze-Osterloh*, § 41 Rn. 84; vgl.
auch Art. 37 der Abschlussprüferrichtlinie (neugefasste 8. RL) 2006/43/EG vom 17. 5. 2006.
[30] BGHZ 11, 231, 236 = NJW 1954, 385; BGHZ 36, 207, 210 f. = NJW 1962, 538; BGHZ 101, 113,
116 ff. = NJW 1987, 2514; – h. M., vgl. Scholz/*K. Schmidt*, § 45 Rn. 36; Lutter/Hommelhoff/*Lutter/
Hommelhoff,* Anh. § 47; *Kübler/Assmann,* § 18 V 3 d; *Raiser/Veil,* § 33 Rn. 71 ff. mit zutr. Hinweis
darauf, dass sich das Aktienrecht eigenständig weiterentwickelt hat; – sehr krit. Baumbach/Hueck/
Zöllner, Vor § 45 Rn. 2, Anh. § 47.
[31] Betr. Sittenwidrigkeit BGHZ 15, 382 = NJW 1955, 221; betr. gravierende Formmängel *BGH* NZG
2006, 349.

ter aber eine ausreichende Prüfungsfrist zur Verfügung haben.[32] Ein die Nichtigkeit des Beschlusses feststellendes oder der Anfechtungsklage stattgebendes Urteil wirkt für und gegen alle Gesellschafter, die Geschäftsführer und einen etwaigen Aufsichtsrat (Gestaltungswirkung, vgl. § 248 AktG). Anders als bei der AG ist die **Geltendmachung** von Beschlussmängeln **auch auf andere Weise,** etwa durch Einrede, möglich (str.).[33]

4. Aufsichtsrat

18   Nach ihrem gesetzlichen Grundmodell braucht bei der GmbH kein Aufsichtsrat gebildet zu werden, es sei denn er ist im Rahmen der Arbeitnehmermitbestimmung oder ausnahmsweise nach sondergesetzlicher Vorschrift notwendig.[34] Für den fakultativen Aufsichtsrat besteht weitgehende Gestaltungsfreiheit. Zunächst ist die rechtliche Ausgestaltung durch den Gesellschaftsvertrag maßgebend. § 52 verweist nur ergänzend auf einige Vorschriften des AktG. Auch ein fakultativer Aufsichtsrat unterliegt nach § 52 Abs. 2 der Publizität. Grenzen der Satzungsautonomie[35] ergeben sich aus dem gesetzlichen Mindestbestand der Kompetenzverteilung. Dem Aufsichtsrat können z.B. nicht die zwingend den Geschäftsführern zugewiesenen Geschäftsführungs- und Vertretungsaufgaben (Buchführung, Aufstellung des Jahresabschlusses, Insolvenzantragspflicht) oder die der Gesellschafterversammlung zustehende Satzungskompetenz zugewiesen werden. Denkbar sind, außer der Anlehnung an die aktienrechtliche Regelung, zahlreiche Nebenkompetenzen.

Entfernt sich das Gesamtbild des fakultativen Organs zu weit von dem eines Aufsichtsrates, handelt es sich um ein sonstiges zusätzliches Organ, das ebenfalls im Rahmen der Satzungsautonomie geschaffen werden kann. Verbreitet sind etwa Beiräte oder Gesellschafterausschüsse (oben Rn. 1).[36]

19   Anders ist die Lage beim **notwendigen Aufsichtsrat** nach den gesetzlichen Regelungen für die **Mitbestimmung der Arbeitnehmer.** Je nach Größe des betriebenen Unternehmens richtet sich die Mitbestimmung wie bei der AG (unten § 28 Rn. 9ff.) nach dem DrittelbG oder MitbestG.[37] Diese Gesetze sehen die Bildung eines Aufsichtsrats zum Zweck der Mitbestimmung **zwingend** vor; sie verweisen dabei weitgehend auf das AktG. Diese Gesetze übertragen die Aufsichtsratsverfassung des AktG nur teilweise und zudem nicht einheitlich auch auf die GmbH.

Bei der GmbH besteht eine *Mitbestimmungspflicht* nach § 1 Abs. 1 Nr. 3 DrittelbG, wenn sie mehr als 500 Arbeitnehmer beschäftigt. Der Aufsichtsrat muss zu einem Drittel aus Vertretern der Arbeitnehmer bestehen. Er überwacht die Geschäftsführung, hat aber nicht die Bestellungskompetenz, denn auf § 84 AktG ist in § 1 Abs. 1 Nr. 3 DrittelbG nicht verwiesen. *Bestellung und Abberufung der Geschäftsführer* sind nach § 31 MitbestG, anwendbar auf GmbH mit mehr als 2000 Arbeitnehmern, wie bei der AG dem Aufsichtsrat übertragen. Diese Kompetenz umfasst auch den Abschluss der Anstel-

---

[32] BGHZ 111, 224 = NJW 1990, 2625; Baumbach/Hueck/*Zöllner,* Anh. § 47 Rn. 9ff.; s. auch BGHZ 11, 231, 240 = NJW 1954, 385; BGHZ 101, 113, 117 = NJW 1987, 2514; BGHZ 137, 386 = NJW 1998, 1559; *BGH* NZG 2005, 533; die aktienrechtliche Monatsfrist ist nicht anwendbar, wird gleichwohl häufig heran gezogen.

[33] Dafür insbes. *Noack,* Fehlerhafte Beschlüsse in Gesellschaften und Vereinen 1989; Baumbach/Hueck/*Zöllner,* Anh. § 47 Rn. 12ff.; vgl. aber auch *BGH* ZIP 2003, 116 gegen die inzidente Geltendmachung der Anfechtbarkeit in einem anderen Rechtsstreit.

[34] Z.B. § 6 Abs. 2 InvG für Kapitalanlagegesellschaften.

[35] Die Reichweite der Satzungsautonomie ist i.E. str., vgl. *Reuter,* 100 Jahre GmbHG, 1992, S. 631, 635; *ders.,* FS Steindorff, 1990, S. 229, 230; *Mertens,* FS Stimpel, 1985, S. 417ff.; *ders.* ZGR 1994, 426; *Wiedemann,* FS Lutter, 2000, S. 801; näher dazu Baumbach/Hueck/*Zöllner/Noack,* § 52 Rn. 24ff.

[36] Baumbach/Hueck/*Zöllner,* § 45 Rn. 17ff. m.w.N.

[37] GmbH, die der Montanmitbestimmung unterliegen, sind nur noch theoretische Fälle, Baumbach/Hueck/*Zöllner/Noack,* § 52 Rn. 281; 2005 unterlagen dem MitbestG 341 GmbH, oben § 20 Rn. 9.

lungsverträge mit den Geschäftsführern; das folgt aus dem engen sachlichen Zusammenhang mit der organschaftlichen Bestellung und entspricht der Funktion, die der Einfluss auf die Besetzung des Handlungsorgans im Rahmen der Mitbestimmung hat.[38] Ungeachtet der unterschiedlichen Verteilung der Personalkompetenz und der stets dem Aufsichtsrat zukommenden Überwachung der Geschäftsführung (§ 111 AktG) ist auch in der mitbestimmten GmbH die Gesellschafterversammlung oberstes Organ (oben Rn. 2). Die **Weisungsgebundenheit der Geschäftsführer** wird durch die Mitbestimmung nicht beseitigt.[39] Auch das Recht der Gesellschafter zur Feststellung des Jahresabschlusses (§ 46 Nr. 1) bleibt unberührt.

II. Rechtsstellung der Gesellschafter

1. Erwerb und Verlust der Mitgliedschaft

Ursprünglicher Erwerb der Mitgliedschaft tritt durch Teilnahme an der Gründung   20
(oben § 21 Rn. 5) oder durch Übernahme einer Stammeinlage bei einer Kapitalerhöhung (§ 55) ein. **Abgeleiteter Erwerb** kann auf Erbfolge oder Rechtsgeschäft unter Lebenden beruhen (§ 15 Abs. 1). Letzteres führt auf der anderen Seite zugleich zum **Verlust der Mitgliedschaft** des Veräußerers. Die Mitgliedschaft endet ferner durch Kaduzierung (§ 21, unten § 23 Rn. 15), Abandon (§ 27, unten § 23 Rn. 5), Amortisation (§ 34, unten Rn. 25) sowie Ausschluss oder Austritt des Gesellschafters (unten Rn. 26 ff.).

a) Übertragung der Mitgliedschaft

Der weitaus wichtigste und häufigste Fall ist der Erwerb der Mitgliedschaft durch   21
Abtretung des Geschäftsanteils. Sie erfolgt durch Vertrag und bedarf der **notariellen Beurkundung** (§ 15 Abs. 3). Das gilt nicht nur für die eigentliche Übertragung, sondern auch schon für das *Verpflichtungsgeschäft*, meist einen Kaufvertrag. Jedoch wird insoweit der Mangel der Form durch formgerechte Erfüllung geheilt (§ 15 Abs. 4). Der Formzwang hinsichtlich des Verpflichtungsgeschäfts gilt für den ganzen Vertrag, vor allem für den Kaufpreis und sonstige vom Erwerber übernommenen Verpflichtungen. Der **Gesellschaftsvertrag** kann die Abtretung an **weitere Voraussetzungen,** vor allem an die Genehmigung der Gesellschaft binden – **vinkulierte Geschäftsanteile** (§ 15 Abs. 5) oder Erwerbsvorrechte bestimmen. Die Einhaltung solcher Satzungsvoraussetzungen ist Wirksamkeitsvoraussetzung für die Übertragung.[40]

Die Gesellschaft selbst kann grundsätzlich **eigene Geschäftsanteile** erwerben, im Interesse der Erhaltung des Stammkapitals aber nur unter einschränkenden Voraussetzungen (unten § 23 Rn. 22). Auch nach zulässigem Erwerb kann die Gesellschaft jedoch keine mitgliedschaftlichen Rechte aus eigenen Anteilen ausüben.[41]

---

[38] BGHZ 89, 48, 51 ff. = NJW 1984, 733, 734 ff. – Reemtsma, h. M.; Baumbach/Hueck/*Zöllner/ Noack,* § 52 Rn. 275; *Ulmer/Habersack,* in: Ulmer/Habersack/Henssler, Mitbestimmungsrecht, 2. Aufl., 2006, § 31 MitbestG Rn. 38 ff. (krit. in Rn. 37); Großkomm-GmbHG/*Paefgen,* § 35 Rn. 172; *Raiser,* MitbestG, 4. Aufl., 2002, § 31 Rn. 25 f., der allerdings Richtlinien durch die Gesellschafterversammlung oder Satzung zulässt; – a. A. Scholz/*U. H. Schneider,* § 35 Rn. 176 f.; *Werner,* FS Fischer, 1979, S. 821.
[39] BVerfGE 50, 290, 346 = NJW 1979, 694, 704; BGHZ 89, 48, 57 = NJW 1984, 733, 735; h. M., vgl. Baumbach/Hueck/*Zöllner,* § 37 Rn. 23; Michalski/*Michalski,* Syst. Darst. 1 Rn. 227; *Ulmer/Habersack,* in: Ulmer/Habersack/Henssler, Mitbestimmungsrecht, 2. Aufl., 2006, § 30 MitbestG Rn. 19 f.; Großkomm-GmbHG/*Paefgen,* § 37 Rn. 22; Scholz/*U. H. Schneider,* § 37 Rn. 41 f.
[40] Baumbach/*Hueck/Fastrich,* § 15 Rn. 47 m. w. N.
[41] *BGH* NJW 1995, 1027, 1028; Baumbach/Hueck/*Hueck/Fastrich,* § 33 Rn. 23 ff.; vgl. auch § 71 b AktG.

21a *MoMiG: Nach § 16 Abs. 3 RegE kann ein* **Geschäftsanteil** *vom Nichtberechtigten* **gutgläubig erworben oder** *mit einem Pfandrecht* **belastet** *werden.*[42] *Ein praktisches Bedürfnis für diese Möglichkeit besteht, wenn trotz der strengen Übertragungsvorschriften Fehler auftreten, etwa durch Erbgänge, fehlende Zustimmung zur Übertragung etc.*[43] *Die sachen- bzw. wertpapierrechtlichen* **Rechtsscheinträger** *(Besitz oder ununterbrochene Indossamentenkette) scheiden aus, da die Geschäftsanteile nicht verbrieft werden können (oben § 20 Rn. 7). Auch die Registerpublizität, wie etwa beim Grundbuch, ist nicht gegeben, da die Gesellschafter nicht ins Handelsregister eingetragen werden (unten Rn. 23). Das Gesetz versieht deshalb die* **im Handelsregister aufgenommene Gesellschafterliste** *(§ 40 RegE) für den Fall ihrer Unrichtigkeit mit einer besonderen Vertrauensschutzfunktion (vgl. § 892 BGB). Die zum Handelsregister eingereichten Dokumente sind für jedermann jederzeit elektronisch zugänglich (§ 9 HGB).*

21b *Voraussetzung ist, dass der Nichtberechtigte als Inhaber des Geschäftsanteils in der zum Handelsregister eingereichten Gesellschafterliste eingetragen ist, dem wahren Gesellschafter die* **Unrichtigkeit zuzurechnen** *ist oder die Unrichtigkeit* **seit drei Jahren oder länger besteht.** *Der wahre Gesellschafter trägt ggf. die Beweislast dafür, dass ihm die fehlerhafte Angabe in der Gesellschafterliste nicht zuzurechnen ist.*[44] *Neben Bösgläubigkeit (Kenntnis oder grobfahrlässige Unkenntnis, vgl. § 932 Abs. 2 BGB) des Erwerbers schadet auch ein* **Widerspruch,** *der auf Grund einstweiliger Verfügung oder Bewilligung des Eingetragenen der Angabe in der Gesellschafterliste zugeordnet ist. Diese Widerspruchsmöglichkeit ist § 899 BGB nachgebildet. Der gutgläubige Erwerb eines Geschäftsanteils, der nicht existiert, ist hingegen nicht möglich.*[45]

22 Auch **Teile eines Geschäftsanteils** können veräußert werden, doch ist dazu die Genehmigung der Gesellschaft erforderlich (§ 17). Durch die Teilung entstehen neue (kleinere) Geschäftsanteile. Erwirbt ein Gesellschafter zu seinem ursprünglichen Geschäftsanteil weitere hinzu, so behalten diese ihre Selbständigkeit (§ 15 Abs. 2 und § 55 Abs. 3 bei Kapitalerhöhung). Das ist für eine Wiederveräußerung wichtig, denn dann liegt, auch wenn der Gesellschafter seinen ursprünglichen Anteil nicht mit veräußert, keine Teilung des Geschäftsanteils vor. Eine Genehmigung nach § 17 ist nicht erforderlich.

22a *MoMiG: Da bereits bei der Gründung die Gesellschafter mehrere Geschäftsanteile übernehmen, damit eine Stückelung vornehmen können (oben § 21 Rn. 5a), besteht kein Bedarf für eine besondere Regel für die Teilung zum Zweck der Veräußerung. § 17 RegE entfällt ersatzlos. Teilung und Zusammenlegung von Geschäftsanteilen erfolgen durch Satzungsänderung (unten Rn. 45 f.).*

23 Vom Erwerb der Mitgliedschaft ist die **Legitimation gegenüber der Gesellschaft** zu unterscheiden. Der GmbH gegenüber gilt nur derjenige als Gesellschafter, dessen Erwerb unter **Nachweis des Übergangs bei der Gesellschaft angemeldet** ist (§ 16 Abs. 1; vgl. zur AG § 67 Abs. 2, 3 AktG, unten § 30 Rn. 3). Eine gewisse Publizität erlangen die Gesellschafter durch die **Gesellschafterliste,** die die Geschäftsführer nach § 40 Abs. 1 Satz 1 **zum Handelsregister einzureichen** haben. Eine Eintragung ins Handelsregister ist weder vorgesehen noch möglich, § 15 HGB findet deshalb keine Anwendung. Immerhin ist durch das Einsichtsrecht nach § 9 HGB eine tatsächliche Information vor allem der Gläubiger eröffnet. Im Interesse der Aktualität der Gesellschafterliste sind nicht nur die Geschäftsführer zur Einreichung der Gesellschafterliste verpflichtet, auch die eine Abtretung beurkundenden Notare haben die Abtretung dem Registergericht anzuzeigen (§ 40 Abs. 1 Satz 2). Das kann zu Diskrepanzen führen, wenn aus verschiedenen Gründen die Anmeldung der Abtretung gegenüber der Gesellschaft nach § 16 Abs. 1 unterbleibt.[46] Nach § 40 Abs. 2 haften Geschäftsführer, die ihrer Pflicht zur Einreichung einer aktualisierten Gesellschafterliste nicht nachkommen, den Gläubigern der Gesellschaft für daraus entstehende Schäden. § 40 erhielt seine jetzige Fassung durch die Handelsrechtsreform 1998, die in diesem Punkt nicht als geglückt angesehen wird.

23a *MoMiG: Zur* **Legitimation gegenüber der Gesellschaft** *bedarf es nunmehr der Eintragung in die Gesellschafterliste, die ins Handelsregister aufgenommen ist (§ 16 Abs. 1 Satz 1 RegE). Mit elektronischen Verfahren sollte das innerhalb kürzester Zeit geschehen können. Handelt der Erwerber als Gesellschafter, gilt dies als von Anfang an wirksam, wenn die Liste unverzüglich nach der Rechtshandlung in das Handelsregister aufgenommen wird (§ 16 Abs. 1 Satz 1 RegE).*

23b *Die* **Pflicht zur Aktualisierung der Gesellschafterliste** *in § 40 ist neu gefasst. Die Geschäftsanteile werden durch Nummerierung identifiziert (oben § 21 Rn. 5a, 10a); die Geschäftsführer ändern die*

---

[42] Vgl. dazu *Grunewald/Gehling/Rodewig*, ZIP 2006, 685.

[43] Zu den Fehlerquellen anschaulich *Bohrer*, DStR 2007, 995.

[44] Beispielsfälle in der Begründung zum RegE, S. 87 ff. (zu Nr. 15, zu Abs. 3).

[45] Zu diesem Problem im Referentenentwurf *Eidenmüller*, ZGR 2007, 168, 201; *Ziemons*, BB-Special 7/2006, 9, 11 f.

[46] Dazu näher *A. Marx*, Die Publizität des GmbH-Gesellschafters, 2002.

Liste auf Mitteilung und Nachweis (§ 16 Abs. 1 Satz 2 RegE). Hat ein Notar bei einer Abtretung (§ 15 RegE) oder sonstigen Veränderung mitgewirkt, was der Normalfall ist, hat er an Stelle des Geschäftsführers eine Gesellschafterliste zu erstellen, zu unterschreiben, zum Handelsregister einzureichen und eine Abschrift der Gesellschaft zu übermitteln (§ 40 Abs. 2 RegE).

*Die **Haftung** ist in § 40 Abs. 3 RegE geregelt; die Geschäftsführer haften den Gläubigern der Gesell-* **23 c** *schaft und den Gesellschaftern, deren Beteiligung sich geändert hat. Die Geschäftsführerhaftung wurde also erweitert. Die Haftung des Notars ist im GmbHG nicht angesprochen; hier greift ggf. § 19 BNotO und Amtshaftung.*

*Die Gesellschafterliste hat einen **Funktionswandel** erfahren. Zwar werden die Gesellschafter nach* **23 d** *wie vor nicht ins Handelsregister eingetragen, die Publizitätsvorschriften des § 15 HGB greifen daher nicht. Doch hat die Aufnahme in die Registerdatei jetzt nicht nur Informationsfunktion für Dritte, sondern Legitimationswirkung gegenüber der Gesellschaft und dient als Rechtsscheinträger für den gutgläubigen Erwerb (oben Rn. 21 a).*

b) Verlust der Mitgliedschaft

Neben der praktisch ganz im Vordergrund stehenden Übertragung auf einen ande- **24** ren durch Abtretung des Geschäftsanteils kann der Verlust der Mitgliedschaft auch auf andere Weise eintreten. Wenn der Gesellschaftsvertrag nichts anderes bestimmt, geht beim *Tod eines Gesellschafters* der Geschäftsanteil auf den oder die Erben über (§ 15 Abs. 1). Bei den im Zusammenhang mit der Kapitalaufbringung (unten § 23 Rn 9ff.) möglichen Maßnahmen der *Kaduzierung* bei Versäumung einer Einlage- oder beschränkten Nachschusspflicht und des *Abandons* bei unbeschränkter Nachschusspflicht endet die Mitgliedschaft, der Geschäftsanteil bleibt aber bestehen und wird zur Finanzierung des Ausfalls veräußert. Drei weitere Formen des Ausscheidens kommen hinzu, bei denen, teils notwendig, teils als mögliche Gestaltung, mit der Mitgliedschaft auch der Geschäftsanteil untergeht, während die Gesellschaft fortbesteht, nämlich die *Einziehung* oder *Amortisation* (§ 34) sowie, nicht im GmbHG geregelt, der *Ausschluss* und der *Austritt*.

*MoMiG: Ein zusätzlicher Fall des **Verlusts der Mitgliedschaft** ergibt sich beim **gutgläubigen Erwerb*** **24 a** *des Geschäftsanteils vom Nichtberechtigten (§ 16 Abs. 3 RegE, oben Rn. 21 a). Der wahre Inhaber verliert den Geschäftsanteil und hat Ansprüche aus ungerechtfertigter Bereicherung (§ 816 BGB), ggf. Schadensersatzansprüche.*

aa) Die GmbH kann von sich aus **voll einbezahlte Geschäftsanteile einziehen – Amortisation –,** **25** soweit das im **Gesellschaftsvertrag** vorgesehen ist (§ 34).[47] Der Gesellschaftsvertrag kann weitere Einzelheiten der Einziehung regeln. Soll sie zwangsweise erfolgen – **Zwangsamortisation** – muss die Satzung die Voraussetzungen dafür schon vor dem Erwerb des Geschäftsanteils durch den betroffenen Gesellschafter festgesetzt haben. Anderenfalls ist seine Zustimmung erforderlich, also nur eine **freiwillige Amortisation** möglich (§ 34 Abs. 2). Der Erwerber soll wissen, ob und unter welchen Voraussetzungen ihm der Anteil gegen seinen Willen entzogen werden kann; auf eine Amortisation, die zur Zeit des Erwerbs nicht vorgesehen und näher geregelt ist, braucht er sich nicht einzulassen. Die nachträgliche Einführung der Zwangseinziehung durch Satzungsänderung für bestehende Geschäftsanteile ist mit Zustimmung der betroffenen Gesellschafter möglich.[48] Die Amortisation kann von dem Eintritt bestimmter Ereignisse bei einem Gesellschafter – etwa Tod, Fortfall bestimmter Eigenschaften, Verletzung von Gesellschafterpflichten, auch, praktisch wichtig und häufig, Pfändung des Geschäftsanteils oder Insolvenz des Gesellschafters – abhängig gemacht werden. Im Übrigen darf der Grundsatz der gleichmäßigen Behandlung aller Gesellschafter nicht verletzt werden, der zu amortisierende Anteil darf also nicht willkürlich ausgewählt werden.

Der **Geschäftsanteil geht** durch die Amortisation **unter.** Die durch ihn vermittelte Mitgliedschaft erlischt. Ob und in welcher Höhe der betroffene Gesellschafter als Entgelt eine Abfindung erhält, kann der Gesellschaftsvertrag näher regeln. Die Abfindung braucht nicht dem wahren Wert des Geschäftsanteils zu entsprechen; sie kann auch ganz ausgeschlossen sein. Bei Einziehung im Fall der Pfändung

---

[47] Dazu ausführlich *Niemeier*, Rechtstatsachen und Rechtsfragen der Einziehung von GmbH-Anteilen, 1982; *ders.*, ZGR 1990, 314; *Grunewald*, Der Ausschluss aus Gesellschaft und Verein, 1987; *H. P. Westermann*, FS 100 Jahre GmbH-Gesetz, 1992, S. 447.

[48] BGHZ 116, 359, 363 = NJW 1992, 892, 893.

oder der Gesellschafterinsolvenz darf die Abfindung im Interesse des Gläubigerschutzes den vollen Wert des Anteils allerdings nur dann unterschreiten, wenn dieselbe Abfindungsregelung auch für den Ausschluss aus wichtigem Grund gilt.[49]

Eine gleichzeitige **Herabsetzung des Stammkapitals** ist mit der Amortisation **nicht notwendig** verbunden; die Summe der Geschäftsanteile nach ihren Nennwerten braucht dem Stammkapital nicht mehr zu entsprechen, sondern kann niedriger (nicht höher) als dieses sein.[50] In jedem Fall ist aber der Grundsatz der Erhaltung des Stammkapitals zu beachten. Die dem ausscheidenden Gesellschafter zu zahlende Abfindung darf nur aus Gewinn oder Reserven geleistet werden, da Zahlungen aus dem zur Deckung des Stammkapitals erforderlichen Vermögen nach § 30 Abs. 1 unzulässig sind (§ 34 Abs. 3). Ist das nicht möglich, so müssen die Vorschriften über die Kapitalherabsetzung eingehalten werden oder die Amortisation kann nicht wirksam durchgeführt werden.

26   **bb)** Der **Ausschluss eines Gesellschafters** aus der GmbH beim Vorliegen eines wichtigen Grundes ist im GmbHG wie im AktG nicht geregelt. Anders als die im Ansatz rein kapitalistisch orientierte und daher unpersönliche AG hat die GmbH eine stärker personalistisch geprägte Struktur, der meist auch tatsächlich eine engere Bindung der Gesellschafter entspricht (oben § 20 Rn. 2, 3 a. E.). Dieses personalistische Element wird dadurch verfestigt, dass Geschäftsanteile mangels eines entsprechenden Marktes oft nur schwer, u. U. überhaupt nicht veräußert werden können. Die Situation bei der GmbH entspricht insoweit derjenigen bei den Personengesellschaften. Deshalb ist in Rechtsprechung und Literatur seit langem die *Möglichkeit des Ausschlusses* eines Gesellschafters in Analogie zu § 737 BGB und § 140 HGB nach dem diesen Vorschriften zugrundeliegenden allgemeinen Prinzip der Lösbarkeit von personengebundenen Dauerrechtsverhältnissen (vgl. auch § 314 BGB) allgemein anerkannt.[51]

Der Ausschluss kann ohne entsprechende Regelung im Gesellschaftsvertrag erfolgen. Voraussetzung ist ein **wichtiger Grund,** der dazu führt, dass den anderen Gesellschaftern die Fortsetzung der Gesellschaft mit dem Auszuschließenden infolge seines Verhaltens oder seiner Persönlichkeit nicht mehr zuzumuten ist, seine weitere Mitgliedschaft also den Fortbestand der Gesellschaft unmöglich macht oder ernstlich gefährdet. Das braucht nicht auf einem Verschulden zu beruhen. Wie bei der OHG kommt der Ausschluss nur als äußerste Maßnahme in Betracht, wenn auf andere Weise der Missstand nicht behoben werden kann.[52] Der **Gesellschaftsvertrag** kann den Ausschluss vorsehen und Einzelheiten regeln, vor allem bestimmte Ausschlussgründe festlegen, das Verfahren vereinfachen, etwa auf einen Gesellschafterbeschluss beschränken, und auch die Abfindung nach Höhe, Berechnung, Zahlungsweise usw. präzisieren.[53]

27   Die **Durchführung** des Ausschlusses erfolgt durch entsprechenden Gesellschafterbeschluss und nachfolgende Gestaltungsklage – **Ausschlussklage** – in entsprechender Anwendung von § 140 HGB.[54] Der Gesellschafter verliert durch den Ausschluss seinen Geschäftsanteil, der nach Wahl der Gesellschaft eingezogen (amortisiert, oben Rn. 25) oder durch Abtretung an die Gesellschaft selbst oder einen Dritten verwertet werden kann. Die *Einziehung* ist in diesem Fall auch möglich, wenn sie *nicht im Gesellschaftsvertrag vorgesehen* ist. Ist die Stammeinlage noch nicht voll eingezahlt, so kommt nur die letzte Möglichkeit in Betracht, denn Einziehung und Abtretung an die Gesellschaft setzen nach §§ 19 Abs. 2 Satz 1, 33 Abs. 1 Volleinzahlung voraus. Der ausgeschlossene Gesellschafter erhält einen **Abfindungsanspruch** in Höhe des vollen Werts seines Anteils. Die Gesellschaft darf jedoch auch hier keine Zahlungen zu Lasten des Stammkapitals leisten (§ 30 Abs. 1). Die Abfindung ist deshalb aus freien Mitteln zu leisten (unten § 23 Rn. 19); äußerstenfalls kommt eine Kapitalherabsetzung in Betracht. Der

---

[49] BGHZ 65, 22, 29 = NJW 1975, 1835, 1837 unter Abschwächung des noch strengeren Standpunkts von BGHZ 32, 151 = NJW 1960, 1053; vgl. auch *BGH* NJW 1993, 2101, 2102 betr. OHG; Baumbach/Hueck/*Hueck/Fastrich,* § 34 Rn. 25 ff. m. w. N.

[50] H. M., BayObLGZ 1991, 365 = NJW-RR 1992, 736; Baumbach/Hueck/*Hueck/Fastrich,* § 34 Rn. 20 m. w. N.; Scholz/*H. P. Westermann,* § 34 Rn. 66; – a. A. Lutter/Hommelhoff/*Lutter/Hommelhoff,* § 34 Rn. 2 f.; *Priester,* FS Kellermann, 1991, S. 337, 349 ff. – Bei der AG ist die Einziehung von Aktien ohne Kapitalherabsetzung nur möglich, wenn Stückaktien ausgegeben sind, so dass sich der Anteil der verbleibenden Aktien am Grundkapital entsprechend erhöht (§ 237 Abs. 3 Nr. 3 AktG).

[51] So schon RGZ 169, 330, 334; BGHZ 9, 157, 162 f. = NJW 1953, 780; BGHZ 16, 317, 322 = NJW 1955, 667; BGHZ 80, 346, 352 = NJW 1981, 2302; BGHZ 116, 359, 360, 369 = NJW 1992, 892, 895; *BGH* NJW 2000, 35; Baumbach/Hueck/*Hueck/Fastrich,* Anh. § 34 Rn. 2 m. w. N.

[52] BGHZ 16, 317, 322 = NJW 1955, 667; *BGH* NJW-RR 1991, 1249, 1251; *OLG Hamm* GmbHR 1998, 1081; *OLG Rostock* NZG 2002, 294.

[53] Zu Hinauskündigungsklauseln *BGH* NZG 2005, 968 (Managermodell); 2005, 971 (Mitarbeitermodell); *Peltzer,* ZGR 2006, 702.

[54] BGHZ 9, 157, 164 ff. = NJW 1953, 780 gegen RGZ 169, 330; seither std. Praxis; BGHZ 153, 285 = NJW 2003, 2314 (Dreiviertelmehrheit); zum Gesellschafterausschluss bei zweigliedriger GmbH *OLG Jena* NZG 2006, 36.

BGH hat die fristgerechte Zahlung der im Ausschlussurteil genau zu regelnden Abfindung zur Bedingung für die Wirksamkeit des Ausschlusses gemacht; das wird in der Literatur als zu weitgehend kritisiert.[55]

cc) Dem einzelnen Gesellschafter steht ein **Recht zum Austritt** aus der GmbH **aus wichtigem** 28 **Grund** zu, der für ihn die Fortdauer der Mitgliedschaft unzumutbar macht. Auch ohne gesetzliche Grundlage ist das *allgemein anerkannt* und wird im Wesentlichen auf den allgemeinen Grundsatz gestützt, dass bei Dauerrechtsverhältnissen eine Lösung aus wichtigem Grund möglich sein muss.[56] Der Austritt kommt vor allem in Betracht, wenn den Gesellschafter außer der Einlagepflicht weitere Pflichten treffen – Nebenleistungs-GmbH –, deren weitere Erfüllung für ihn untragbar geworden ist. Dagegen kann sich ein Gesellschafter nicht durch Austritt seiner Einlagepflicht entziehen. Wie der Ausschluss bildet auch der Austritt das letzte Mittel, das nur eingreift, wenn andere Möglichkeiten, etwa die Veräußerung des Geschäftsanteils auch zu ungünstigen Bedingungen, versagen. Vollzogen wird der Austritt durch **einseitige Erklärung** gegenüber der Gesellschaft; eine Klage wie für den Ausschluss ist nicht erforderlich. Für die **Abfindung** des ausgetretenen Gesellschafters gilt Ähnliches wie beim Ausschluss.

2. Rechte der Gesellschafter

Die im Geschäftsanteil verkörperten **mitgliedschaftlichen Rechte** der Gesellschaf- 29 ter sind von schuldrechtlichen und Gläubigerrechten zu unterscheiden (vgl. oben § 15 Rn. 29, § 21 Rn. 7 a. E.).[57] Die Gesellschafterrechte richten sich in erster Linie nach dem Gesellschaftsvertrag. Einige Mitgliedschaftsrechte sind unentziehbar und unverzichtbar.[58] Man unterscheidet zwischen Verwaltungs- oder Teilhaberechten und Vermögensrechten. Da die GmbH juristische Person und Kapitalgesellschaft ist, sind alle Vermögensrechte unter dem Aspekt des Trennungsprinzips und des strengen *asset partitioning* zu sehen (oben § 3 Rn. 1, 10).

a) Vermögensrechte

aa) Als wichtigstes Vermögensrecht haben die Gesellschafter nach § 29 Anspruch 30 auf einen Anteil am jährlichen Bilanzgewinn bzw. an dem (ggf. um einen Gewinn- oder Verlustvortrag ergänzten) Jahresüberschuss – **Gewinnrecht.** Die Verteilung erfolgt im Verhältnis der Geschäftsanteile, doch kann ein anderer **Verteilungsmaßstab,** auch eine **andere Gewinnverwendung** in der Satzung vorgesehen werden. Eine Gewinnausschüttung kann sogar ganz ausgeschlossen werden, was für gemeinnützige GmbH von Bedeutung ist.

Aus dem allgemeinen mitgliedschaftlichen Gewinnrecht – **Gewinnstammrecht** – der Gesellschafter erwächst der konkrete **Gewinnanspruch** als Anspruch auf Auszahlung des Gewinns für ein bestimmtes Geschäftsjahr jeweils erst durch Beschluss der Gesellschafterversammlung über die Verwendung des Jahresergebnisses nach § 46 Nr. 1 – **Ergebnisverwendungsbeschluss,** zuweilen ungenau als Gewinnverteilungsbeschluss bezeichnet. Ihm liegt der vorher oder gleichzeitig ebenfalls von der Gesellschafterversammlung nach § 46 Nr. 1 festzustellende **Jahresabschluss** zugrunde. Seine Aufstellung obliegt nach § 42 a Abs. 1 dem Geschäftsführer, bei mehreren Geschäftsführern diesen gemeinsam. Mittlere und große GmbH müssen ihren Jahresabschluss

---

[55] BGHZ 9, 157, 174 = NJW 1953, 780, 783; zurückhaltender BGHZ 16, 317,324 f. = NJW 1955, 667, 668; *OLG Hamm* DB 1992, 2181, 2182; *OLG Düsseldorf* GmbHR 1999, 543, 547; krit. Baumbach/ Hueck/*Hueck/Fastrich*, Anh. § 34 Rn. 12 ff. m. w. N.; *Grunewald*, Der Ausschluss aus Gesellschaft und Verein 1987 S. 110 ff.

[56] RGZ 128, 1, 16; Baumbach/Hueck/*Hueck/Fastrich*, Anh. § 34 Rn. 15 ff.; *Röhricht*, FS Kellermann, 1991 S. 361; Scholz/*H. P. Westermann*, Anh § 34 Rn. 3.

[57] Baumbach/Hueck/*Hueck/Fastrich*, § 14 Rn. 10; Scholz/*Winter/Seibt*, § 14 Rn. 15 f.

[58] Scholz/*Winter/Seibt*, § 14 Rn. 31 f.

von einem Abschlussprüfer prüfen lassen (§ 316 Abs. 1 HGB), der von der Gesellschafterversammlung bestellt wird (oben Rn. 16 a.E.).

31   Für die **Rechnungslegung** gelten zwingend die Vorschriften des 3. Buches des HGB (allgemeine Vorschriften, §§ 238 ff. und Vorschriften für Kapitalgesellschaften, §§ 264 ff., unten § 31 Rn. 5 ff. zur AG), ergänzt durch §§ 41–42 a GmbHG.[59] Hervorzuheben ist, dass der Vielzahl kleiner GmbH die Erleichterungen nach den Größenklassen des § 267 HGB zugute kommen. Zu den für die AG im AktG geregelten Besonderheiten, die nicht ohne weiteres auf die GmbH übertragen werden können, gehört vor allem die etwas komplizierte Regelung der **Reservenbildung**. Sie muss dort den qualifizierten Erfordernissen der Eigenfinanzierung bei unterschiedlicher Kompetenzzuweisung für die Feststellung des Jahresabschlusses und die Ergebnisverwendung Rechnung tragen (§§ 150 f. AktG, unten § 31 Rn. 11 f.). Der einheitlichen Zuständigkeit der Gesellschafterversammlung und der wesentlich größeren Gestaltungsfreiheit für die Satzung in der GmbH würden solche Vorschriften nicht entsprechen. Es bleibt, sofern nicht die Satzung bereits entsprechende Regeln enthält, nach § 29 Abs. 2 der Gesellschafterversammlung überlassen, im Ergebnisverwendungsbeschluss Beträge in **Gewinnrücklagen** einzustellen oder als **Gewinnvortrag** auf das nächste Geschäftsjahr zu verlagern. Ferner sieht § 29 Abs. 4 auf Initiative der Geschäftsführer Gewinnrücklagen aus Wertaufholungen und steuerlichen Passivposten vor. Das Gewinnrecht steht damit unter dem Vorbehalt der jeweiligen Reservenbildung. Änderungen im Bilanzrecht wirken sich mittelbar auf den ausgewiesenen Gewinn und damit auf gesellschaftsrechtliche Positionen aus. Anreize, den Gewinn vollständig auszuschütten oder zu thesaurieren, also im Unternehmen zu belassen, hängen nicht nur von betriebswirtschaftlichen Erwägungen, sondern stark von der jeweiligen Steuergesetzgebung ab (oben § 4 Rn. 10).

31 a   *MoMiG: Für die **Unternehmergesellschaft (haftungsbeschränkt)** schreibt § 5 a Abs. 3 RegE zwingend vor, dass ein Viertel des um einen Verlustvortrag geminderten Jahresüberschusses in eine **gesetzliche Rücklage** einzustellen ist. Anders als im Aktienrecht (§ 150 AktG, unten § 31 Rn. 11) gibt es keine Obergrenze für die anzusparende Rücklage; sie darf auch nicht zur Verlustdeckung verwendet werden, sondern nur zur Kapitalerhöhung aus Gesellschaftsmitteln (§§ 5 a Abs. 3 Satz 2, 57 c), und fungiert als Auszahlungssperre.[60] Missachtung von § 5 a Abs. 3 führt zur Nichtigkeit des Jahresabschlusses sowie zur Nichtigkeit des Gewinnverwendungsbeschlusses.[61] Wird die UG in eine normale GmbH übergeleitet (oben § 21 Rn. 48), sei es durch Verwendung der Rücklage zur Kapitalerhöhung aus Gesellschaftsmitteln, sei es durch Kapitalerhöhung gegen Einlagen, gilt die Beschränkung nicht mehr (§ 5 a Abs. 5).*

32   Der **Ergebnisverwendungsbeschluss** bedarf grundsätzlich nur **einfacher Mehrheit** (§ 47 Abs. 1). Das birgt die Gefahr einer Benachteiligung von Minderheitsgesellschaftern durch eine rücksichtslos auf übermäßige Reservenbildung gerichtete Dividendenpolitik der Mehrheit mit sich, die im Extrem zu einem „Aushungern" der Minderheit führen kann. Der **Minderheitsschutz** ist nach allgemeinen Regeln zu gewährleisten. Der **Beschluss** ist **anfechtbar** (oben Rn. 17), wenn er gegen den **Gleichbehandlungsgrundsatz** verstößt, außerdem vor allem auch dann, wenn die Mehrheit durch übermäßig hohe, nach vernünftigen kaufmännischen Gesichtspunkten unter Berücksichtigung der Lage der Gesellschaft nicht mehr gerechtfertigte Reservenbildung gegen ihre **Treuepflicht** bei Ausübung von Mehrheitsmacht verstößt (unten Rn. 42).[62] Um solche Schwierigkeiten zu vermeiden, ist es empfehlenswert, die Reservenbildung in der Satzung näher zu regeln; davon wird in der Praxis vielfach Gebrauch gemacht.

33   **bb) Andere Vermögensrechte** und **Entnahmen** sind zulässig, wenn in der Satzung vorgesehen oder durch die Gesellschafterversammlung beschlossen. Eine gesetzliche Regelung wie bei der OHG (oben § 14 Rn. 23) gibt es dafür nicht. Strikt einzuhaltende **Grenze** ist in jedem Fall die Erhaltung des zur **Deckung des Stammkapitals** erforderlichen Vermögens (§ 30); zur Finanzverfassung der GmbH unten § 23 Rn. 1 ff., 17 ff.). Zu den Vermögensrechten gehört auch der Anteil am Liquidationserlös (§ 72).

---

[59] Umfassend Baumbach/Hueck/*Schulze-Osterloh*, § 42.

[60] Unzutreffend *Freitag/Riemenschneider*, ZIP 2007, 1485, 1488, die davon ausgehen, die Rücklage müsse zur Deckung von Verlusten verwendet werden können. Die Rücklage ist ein rein bilanzielle Operation, führt also ggf. zu einer Art Unterbilanz, ist aber keinesfalls ein Hindernis, Verbindlichkeiten Dritter zu begleichen.

[61] Ausweislich der Regierungsbegründung zu Nr. 6, § 5 a Abs. 3 RegE sind die §§ 256, 253 AktG analog anzuwenden.

[62] H.M., Baumbach/Hueck/*Hueck/Fastrich*, § 29 Rn. 29 ff.; Scholz/*Emmerich*, § 29 Rn. 70 ff.; Lutter/Hommelhoff/*Lutter/Hommelhoff*, § 29 Rn. 25 ff.; G. *Hueck*, FS Steindorff, 1990, S. 45, 51 f.

Vorauszahlungen auf erwarteten Gewinn – *Abschlags-* oder **Zwischendividende** – sind schon vor Ablauf des Geschäftsjahrs zulässig, sofern dadurch nicht das Stammkapital angegriffen wird (anders im Aktienrecht § 59 AktG). Tritt der erwartete Bilanzgewinn nicht ein, so ist die Vorauszahlung nach Bereicherungsrecht zurückzuzahlen.[63] In der Satzung können feste Zahlungen, **Entnahmen** oder eine **Verzinsung der Einlage** zugesagt werden (anders § 57 Abs. 3 AktG), die aber nur unter Berücksichtigung der Kapitalerhaltungsvorschriften erfüllt werden dürfen.

Den Gesellschaftern können auch **andere vermögenswerte Rechte**, etwa zum Gebrauch gesellschaftseigener Einrichtungen oder zu vergünstigten Sachbezügen, eingeräumt werden. Auch dadurch darf das Gesellschaftsvermögen nicht unter den Betrag des Stammkapitals vermindert werden. Von einer **verdeckten Gewinnausschüttung** spricht man, wenn an Gesellschafter Leistungen erbracht werden, die nicht Dividendenzahlung oder sonstige satzungsmäßige Bezüge sind, und denen keine adäquate Gegenleistung gegenübersteht. Wichtig ist die **Abgrenzung von Drittgeschäften.** Eine Ausschüttung kann z.B. in die Form der Veräußerung eines Gegenstandes der Gesellschaft an den Gesellschafter zu einem besonders günstigen Preis gekleidet werden, oder es wird eine überhöhte Vergütung an einen Gesellschafter-Geschäftsführer gezahlt; der Entgeltvorteil ist dann auf der Grundlage des Gesellschaftsverhältnisses – *societatis causa* – gewährt.[64] Zulässig ist das nur, soweit nicht § 30 entgegensteht und die **innergesellschaftliche Kompetenzverteilung** berücksichtigt ist. Besteht keine Regelung im Gesellschaftsvertrag, ist die Gesellschafterversammlung zuständig. Deren Beschlüsse unterliegen dem Grundsatz der Gleichbehandlung und der Treuepflicht (unten Rn. 42) und sind bei Verstößen dagegen anfechtbar. Steuerrechtlich wird die verdeckte Gewinnausschüttung beim Gesellschafter als Einkünfte aus Kapitalbeteiligung erfasst; bei der Gesellschaft ist ein Abzug als Betriebsausgabe nicht zulässig.

b) Verwaltungsrechte

aa) Auch für das **Stimmrecht** gilt weitgehende Gestaltungsfreiheit. Mehrstimm- **34** rechte sind ebenso zulässig wie stimmrechtslose Geschäftsanteile. Grundsätzlich wird das Stimmrecht nach Geschäftsanteilen bemessen (oben Rn. 14).

Wird über die Entlastung eines Gesellschafters (als Geschäftsführer), über die Befreiung von einer Verbindlichkeit, die Vornahme eines Rechtsgeschäfts oder einen Rechtsstreit mit einem Gesellschafter beschlossen, darf der betroffene Gesellschafter nicht mit stimmen (§ 47 Abs. 4). Das entspricht einem allgemeinen Grundsatz, dass niemand Richter in eigener Sache sein soll, der aber im Gesetz unterschiedlich ausgestaltet ist (vgl. auch § 34 BGB, § 136 Abs. 1 AktG, § 43 Abs. 6 GenG). Kein Stimmverbot besteht bei körperschaftlichen Maßnahmen wie Bestellung zum Geschäftsführer, auch Abberufung, soweit es nicht um Abberufung aus wichtigem Grund geht.[65]

bb) Bestimmte **Auskunfts- und Einsichtsrechte** der Gesellschafter sind **zwingend 35** vorgeschrieben (§ 51 a). Diese Informationsrechte können jederzeit, also auch außerhalb der Gesellschafterversammlung, in Anspruch genommen werden. Sie sind sehr weit gefasst, dürfen aber nur funktionsgerecht und unter Beachtung der Treuepflicht ausgeübt werden. Sie gehen deutlich über die Rechte von Kommanditisten (§ 166 HGB) oder das Fragerecht der Aktionäre (§ 131 AktG) hinaus. Das gerichtliche Auskunfterzwingungsverfahren ist kraft Verweisung dem Aktienrecht entlehnt (§ 132 AktG, § 51 b, unten § 29 Rn. 21 f.).

cc) Auch **Sonderrechte,** z.B. auf Geschäftsführung oder Bestellung eines Geschäfts- **36** führers, sind möglich. Der Gleichbehandlungsgrundsatz steht dem nicht entgegen, da die Regelung im Gesellschaftsvertrag Vorrang hat. Durch die Gewährung von Sonderrechten in der Satzung oder durch Satzungsänderung entstehen **Vorzugsgeschäftsanteile,** denn sie beziehen sich im Zweifel (Auslegungsfrage) auf die Mitgliedschaft, nicht auf die Person des Gesellschafters. Sie sind nur durch Satzungsänderung und mit Zustimmung des Berechtigten entziehbar.

---

[63] *OLG Hamm* GmbHR 1992, 456; *G. Hueck,* ZGR 1975, 133, 141; Baumbach/Hueck/*Hueck/Fastrich,* § 29 Rn. 60 f. m. w. N.

[64] Baumbach/Hueck/*Hueck/Fastrich,* § 29 Rn. 68 ff.

[65] Baumbach/Hueck/*Zöllner,* § 47 Rn. 82 ff.; *K. Schmidt,* § 21 II 2; § 36 III 3 b; vgl. auch BGHZ 97, 28, 33.

37   dd) Aus der Mitgliedschaft folgt das Recht zur ausnahmsweisen **Verfolgung mitgliedschaftlicher Ansprüche** gegen die Gesellschafter – *actio pro socio*, **Gesellschafterklage.** In erster Linie obliegt diese Aufgabe den Gesellschaftsorganen, d. h. den Geschäftsführern (§ 35 Abs. 1) und der Gesellschafterversammlung (§ 46 Nr. 2 und 8). Nach h. M. steht auch dem einzelnen Gesellschafter ein Recht zur Geltendmachung und gerichtlichen Durchsetzung solcher Ansprüche gegenüber Mitgesellschaftern **im eigenen Namen,** aber gerichtet **auf Leistung an die Gesellschaft** zu, wenn die Verbandsorganisation versagt.[66] Die *actio pro socio* wurde im Recht der Personengesellschaften entwickelt (oben § 7 Rn. 6); die Übertragung auf die GmbH entspricht der im Gegensatz zur AG (unten § 25 Rn. 42, § 30 Rn. 27) regelmäßig stärker personalen Ausprägung. Sie ist ein wichtiges **Instrument des Minderheitsschutzes.** Ein weiteres, unentziehbares Minderheitsrecht ist das Recht zur **Auflösungsklage;** dafür muss ein Quorum von zehn Prozent des Stammkapitals erreicht sein (§ 61 Abs. 2).

3. Pflichten der Gesellschafter

38   Die Pflichten der Gesellschafter sind entsprechend dem Grundtyp der GmbH als kleiner Kapitalgesellschaft mit überschaubarem Gesellschafterkreis ausgestaltet, demnach weiter als im Aktienrecht (unten § 30 Rn. 31). Sie können darüber hinaus **im Gesellschaftsvertrag erweitert,** dagegen regelmäßig nicht eingeschränkt werden, da sie überwiegend dem mittelbaren Gläubiger- oder Minderheitsschutz dienen und daher zwingend sind.

a) Einlage- und Nachschusspflicht

39   aa) Die **Einlagepflicht** wird entscheidend geprägt durch den **Grundsatz der Aufbringung des Stammkapitals.** Sie wird durch Übernahme einer Stammeinlage bei der Gründung (oben § 21 Rn. 5 ff.) oder einer Kapitalerhöhung (§§ 55 ff.) begründet. Anspruchsgrundlage für die Einforderung von Einlagen, auch z. B. wegen verdeckter Sacheinlagen, ist daher stets die Übernahme des Geschäftsanteils sowie ggf. die Haftung für ausstehende Einlagen kraft Rechtsnachfolge oder Ausfallhaftung (§§ 16 Abs. 3, 24). Die Ausgestaltung im Einzelnen gehört zur **Finanzverfassung** der GmbH und ist gesondert behandelt (unten § 23 Rn. 15).

Der Einlagepflicht ähnlich sind die **Verlustdeckungshaftung** bei der Vorgesellschaft (oben § 21 Rn. 25) und die **Differenzhaftung** und **Vorbelastungshaftung** nach Eintragung (oben § 21 Rn. 6, 31). Diese Pflichten unterliegen deshalb denselben Sicherungen. Je nach den konkreten Verhältnissen kann das *das Risiko der Beteiligung an einer GmbH* wesentlich erhöhen. Denn wenn alle Gesellschafter außer einem zahlungsunfähig sind, muss dieser für das ganze restliche Stammkapital aufkommen.

40   bb) Bei der GmbH können **Nachschusspflichten** *in der Satzung vorgesehen* werden (§ 26). Wenn das nicht im ursprünglichen Gesellschaftsvertrag geschieht, müssen einer späteren Einführung einer Nachschusspflicht alle betroffenen Gesellschafter zustimmen (§ 53 Abs. 3). Nachschüsse **verändern das Stammkapital nicht,** gehören aber bilanziell zum Eigenkapital (§ 42 Abs. 2), soweit sie nicht zur Verlustdeckung benötigt werden. Die praktische Bedeutung ist gering.[67] Das Gesetz unterscheidet zwischen beschränkter und unbeschränkter Nachschusspflicht. Beide Formen können kombiniert werden.

Im Gesellschaftsvertrag kann für die Nachschüsse ein Höchstbetrag festgesetzt werden, der nicht überschritten werden kann – **beschränkte Nachschusspflicht** (§ 28). Dann haftet der Gesellschafter für die eingeforderten Nachschüsse in gleicher Weise wie für rückständige Einlagen (unten § 23 Rn. 16). Bei der beschränkten Nachschusspflicht hatte sich jeder Gesellschafter zur Zahlung einer ganz bestimmten Summe verpflichtet; deshalb muss er auch mit ihrer Einforderung rechnen und für sie

---

[66] Baumbach/Hueck/*Hueck/Fastrich,* § 13 Rn. 37 ff.; *Grunewald,* Die Gesellschafterklage in der Personengesellschaft und der GmbH 1990 S. 66 ff.; in der Konstruktion anders *Lutter/Hommelhoff,* § 13 Rn. 31 ff.: *actio pro societate;* ähnlich *Raiser/Veil,* § 27 Rn. 26 f.

[67] Baumbach/Hueck/*Hueck/Fastrich,* § 26 Rn. 1; Scholz/*Emmerich,* § 26 Rn. 1 a.

unbedingt aufkommen. Dagegen besteht keine Ausfallhaftung der übrigen Gesellschafter nach § 24, denn diese besonders strenge Haftung dient nur der Aufbringung des Stammkapitals.

Sieht die Satzung eine **unbeschränkte Nachschusspflicht** (§ 27) vor, ist die Haftung weniger streng, denn bei unbeschränkter Höhe der Nachschusspflicht kann der Gesellschafter nicht voraussehen, welche Anforderungen die GmbH an ihn stellen wird. Sie können infolge unvorhergesehener Umstände seine Erwartungen weit übersteigen. Deshalb gibt es kein Kaduzierungsverfahren und keine Haftung der Vormänner. Wohl aber hat umgekehrt der Gesellschafter seinerseits das Recht, sich durch Zurverfügungstellen seines Anteils von seiner Verpflichtung zu befreien – **Abandon, Preisgabe.**

Die **Entscheidung über die Einforderung** von Nachschüssen erfolgt durch Gesellschafterbeschluss   **41** (§ 26 Abs. 1). Die Gesellschafter können darüber frei entscheiden; Gesellschaftsgläubiger können sie nicht dazu zwingen. Entsprechend dem Grundsatz der Gleichbehandlung der Gesellschafter sind die Nachschüsse von den Gesellschaftern im Verhältnis ihrer Geschäftsanteile einzufordern (§ 26 Abs. 2). Der Gesellschaftsvertrag kann etwas anderes bestimmen, auch die Nachschusspflicht nur bestimmten Gesellschaftern auferlegen. Das ergibt sich daraus, dass die Betroffenen sich vertraglich einer ungleichen Belastung unterwerfen können. Dagegen haben die Gesellschafter gegenüber einer nicht vertraglich begründeten ungleichen Einforderung ein Leistungsverweigerungsrecht und können den Beschluss anfechten.

b) Treuepflicht

Im Hinblick auf die stärker personalistische Ausgestaltung der GmbH besteht eine   **42** allgemeine **Treuepflicht der Gesellschafter** gegenüber der Gesellschaft, aber auch gegenüber den Mitgesellschaftern.[68]

Inhalt und Tragweite der Treuepflicht sind grundsätzlich ebenso zu bestimmen wie bei den Personengesellschaften (oben § 7 Rn. 3f.). Angesichts der durch die Gestaltungsfreiheit des GmbH-Rechts eröffneten großen Spanne zwischen betont personalistischer und rein kapitalistischer Ausgestaltung kann die Treuebindung allerdings im Einzelnen **unterschiedliche Intensität** haben. Maßgebend sind die Verhältnisse im Einzelfall. Besondere Bedeutung hat sie bei **Geschäftsführungsentscheidungen;** dabei haben die Gesellschafter in erster Linie das Gesellschaftsinteresse zu berücksichtigen. In jedem Fall, also auch bei völligem Überwiegen der kapitalistischen Komponente, wirkt die Treuepflicht zumindest als **Handlungsmaßstab** und **Begrenzung für die Ausübung von Mehrheitsmacht** (zur OHG oben § 14 Rn. 10; zur AG unten § 30 Rn. 33). Insoweit ist die Treuepflicht als allgemeiner gesellschaftsrechtlicher Grundsatz ein anerkanntes Mittel, auch spezielle Probleme des Unternehmensverbundes zu lösen, ohne dass es eines besonderen Konzernrechts bedürfte.[69]

Besondere Schwierigkeit bereitet allerdings die Bestimmung der Zweck- und **Treuebindung** bei der   **43** **Einpersonen-GmbH.** Eine Treuepflicht gegenüber Mitgesellschaftern kann es hier nicht geben, und das Eigeninteresse der Gesellschaft wird maßgeblich durch den Gesellschafter im Rahmen seiner Kompetenzen geprägt. Die Rechtsprechung und die überwiegende Literatur gehen davon aus, dass der einzige Gesellschafter einer GmbH, neben den ohnehin zu beachtenden Kapitalerhaltungsvorschriften (unten § 23 Rn. 17ff.), die Gesellschaft nicht in ihrer Existenz gefährden und somit die Vorschriften über die Liquidation (§§ 66ff.) umgehen darf.[70] Angesichts der weiten Verbreitung der Einpersonen-

---

[68] BGHZ 9, 157, 163; BGHZ 14, 25, 38; BGHZ 65, 15, 18f. = NJW 1976, 191 – ITT; BGHZ 98, 276, 279f. = NJW 1987, 189; vgl. auch *BGH* NZG 2004, 516, 517; NJW 2003, 3127; NZG 2007, 185; Baumbach/Hueck/*Hueck/Fastrich,* § 13 Rn. 26ff.; Scholz/*Winter/Seibt,* § 14 Rn. 50ff.; allgemein *Lutter,* AcP 180 (1980), 84, 102ff.; *Immenga,* Die personalistische Kapitalgesellschaft, 1970, S. 261ff.; *M. Weber,* Vormitgliedschaftliche Treuebindungen, 1999; *Winter,* Mitgliedschaftliche Treuebindungen im GmbH-Recht, 1988; *Zöllner,* Die Schranken mitgliedschaftlicher Stimmrechtsmacht bei den privatrechtlichen Personenverbänden, 1963, S. 335ff.

[69] Baumbach/Hueck/*Zöllner,* SchlAnhKonzernR Rn. 18, 77ff.; *Emmerich/Habersack,* Konzernrecht, § 30 III, IV; BGHZ 65, 15 = NJW 1976, 191 – ITT.

[70] BGHZ 142, 92, 95 = NJW 1999, 2817; BGHZ 149, 10 = NJW 2001, 3622 = NZG 2002, 38 – Bremer Vulkan; vgl. auch BGHZ 151, 181 = NJW, 2002, 914; *Emmerich/Habersack,* § 31 I; fraglich ist allerdings, ob es sich dabei um ein Treuepflichtproblem handelt, vgl. Baumbach/Hueck/*Zöllner,* SchlAnhKonzernR Rn. 112f.; unten § 24 Rn. 37f.

GmbH (oben § 20 Rn. 8) haben diese Fragen großes praktisches Gewicht. Ist der einzige Gesellschafter ein Unternehmen i. S. d. § 15 AktG, kann man von einem GmbH-Konzern sprechen (§ 18 AktG). Daher ist ein bedeutender Teil des sog. GmbH-Konzernrechts Recht der Einpersonen-GmbH.

c) Sonstige Pflichten

44   Neben der Pflicht zur Erbringung der Einlage können im Gesellschaftsvertrag der GmbH den Gesellschaftern **beliebige weitere Pflichten** auferlegt werden. Wenn das nicht schon in der ursprünglichen Satzung (§ 3 Abs. 2) geschehen ist, bedarf die spätere Schaffung neuer Pflichten oder die Erhöhung schon bestehender der Satzungsänderung mit Zustimmung aller betroffenen Gesellschafter (§ 53 Abs. 3). Wer einer GmbH beitritt, soll wissen, mit welchen Pflichten er zu rechnen hat. Es kann sich um wiederkehrende oder einmalige Leistungen handeln; sie können in Geld, Sachleistungen, Handlungen oder Unterlassungen bestehen. Eine Vinkulierung der Geschäftsanteile ist nicht erforderlich (vgl. § 55 AktG). Entsprechendes gilt für Sonderrechte.

In der Praxis sind solche **Nebenpflichten weit verbreitet.** Sie brauchen nicht alle Gesellschafter gleichmäßig zu treffen. Häufig sind neben Finanzierungspflichten auch die Übernahme der Pflicht zu Dienstleistungen, etwa Geschäftsführertätigkeit oder technische Entwicklungsarbeiten im Dienst der GmbH, ferner zu Unterlassungen, so vor allem als Wettbewerbsverbot. In Betracht kommen auch Pflichten zur Gebrauchsüberlassung von Sachen, zur Einräumung von Lizenzen u. dgl. Die Stammeinlage kann faktisch gegenüber derartigen Pflichten an Bedeutung ganz zurücktreten. Wirtschaftlich gesehen liegt dann ein Personenverband vor, der nur die äußere Form einer Kapitalgesellschaft hat. Gerade in dieser Richtung hat die große Elastizität des GmbH-Rechts erhebliche Bedeutung.[71]

III. Satzungsänderung

45   Für die Änderung des Gesellschaftsvertrages, also der Satzung der GmbH, ist ein mit **Dreiviertelmehrheit der abgegebenen Stimmen gefasster, notariell beurkundeter Gesellschafterbeschluss** erforderlich (§ 53 Abs. 2). Dieser bedarf der **konstitutiven Eintragung ins Handelsregister** (§ 54). Der Gesellschaftsvertrag kann das Mehrheitserfordernis nicht herabsetzen, aber verschärfen und weitere Erfordernisse aufstellen.

Satzungsänderungen können auch durch notariell beurkundete Einzelerklärungen der Gesellschafter **ohne Gesellschafterversammlung im Umlaufverfahren** erfolgen.[72] Der Anmeldung zum Handelsregister ist der vollständige Wortlaut der Satzung mit notarieller Bescheinigung über deren aktuellen Stand beizufügen (§ 54 Abs. 1 Satz 2; vgl. unten § 32 Rn. 7). Nicht erforderlich ist die besondere Form für die Aufhebung oder Änderung von **Bestimmungen des Gesellschaftsvertrages ohne Satzungscharakter** (oben § 21 Rn. 7).[73] Eher irreführend und für die Fallbearbeitung nicht hilfreich sind die Begriffe der „Satzungsdurchbrechung" und „faktische Satzungsänderung" (vgl. auch unten § 32 Rn. 4). Im ersten Fall handelt es sich um einen Beschluss, der für eine einzelne Maßnahme gegen die Satzung verstößt. Haben alle Gesellschafter dafür gestimmt oder unterbleibt die Anfechtung, ist der Beschluss trotz des Mangels (zu Beschlussmängeln oben Rn. 17) wirksam. Ein Beschluss, der auf (dauerhafte) Änderung der Satzung zielt und die besonderen Anforderungen der §§ 53, 54 nicht erfüllt, ist nichtig.[74]

---

[71] Baumbach/Hueck/*Hueck/Fastrich,* § 3 Rn. 31 ff.; Großkomm-GmbHG/*Ulmer,* § 3 Rn. 65 ff.; Scholz/*Emmerich,* § 3 Rn. 68 ff., alle auch zur Abgrenzung gegenüber Stammeinlage, Nachschusspflicht und schuldrechtlichen Vereinbarungen; *Noack,* Gesellschaftervereinbarungen bei Kapitalgesellschaften, 1994, S. 52 ff.

[72] Baumbach/Hueck/*Zöllner,* § 53 Rn. 60, 79; Scholz/*Priester,* § 53 Rn. 66; Scholz/*K. Schmidt,* § 48 Rn. 61; zur kombinierten Beschlussfassung auch *BGH* NZG 2006, 428.

[73] Einzelheiten str., vgl. Baumbach/Hueck/*Zöllner,* § 53 Rn. 11 ff.

[74] BGHZ 123, 15 = NJW 1993, 2246.

MoMiG: Entsprechend der vereinfachten Gründung nach gesetzlichem Muster ist auch eine verein- **45a** *fachte Satzungsänderung möglich, wenn die Gesellschaft nach § 2 Abs. 1a RegE gegründet wurde (§ 53 Abs. 2 RegE). Wenn die Änderungen die Firma, die Höhe des Stammkapitals ohne Sacheinlagen, die Verlegung des Sitzes oder die Auswahl eines anderen Unternehmensgegenstandes aus dem Muster betreffen und an der Gesellschaft nicht mehr als drei Gesellschafter beteiligt sind, genügt eine vom Geschäftsführer unterzeichnete Niederschrift des Beschlusses aus. Diese Niederschrift ist einem Notar vorzulegen, der die Bescheinigung nach § 54 Abs. 1 RegE erstellt und die Anmeldung in der Form des § 12 HGB veranlasst. Dies gilt auch für die UG (haftungsbeschränkt); eine Kapitalerhöhung aus Gesellschaftsmitteln (§ 57c RegE) zum Zweck der Überleitung in eine normale GmbH ist auf diese Weise nicht möglich, wohl aber die Kapitalerhöhung gegen Bareinlagen.*

Nach dem Wegfall des § 17 (oben Rn. 22a) ist die Teilung von Geschäftsanteilen stets durch Sat- **45b** *zungsänderung möglich. In Anlehnung an die Gründungsvorschriften sind die Geschäftsanteile durch Nummerierung zu kennzeichnen und den Gesellschaftern zuzuordnen (oben § 21 Rn. 5a). Entsprechendes gilt für die Zusammenlegung. Wird lediglich die Stückelung der Geschäftsanteile geändert, ist eine Anpassung der Gesellschafterliste (§ 40 RegE) nicht erforderlich.*

Für einige **qualifizierte Fälle von Satzungsänderungen** gelten Besonderheiten. Da **46** der Betrag des Stammkapitals und der Geschäftsanteile zwingend Bestandteile des Gesellschaftsvertrages sind, unterliegen Veränderungen den Vorschriften über die Satzungsänderung sowie den weiteren Regeln über Kapitalaufbringung und Bezugsrechte (unten § 23 Rn. 23ff.).

Soll die Satzungsänderung zur **Erhöhung der Leistungspflichten** führen, bedarf sie der Zustimmung der betroffenen Gesellschafter (§ 53 Abs. 3). Das gilt auch für die nachträgliche Vinkulierung (§ 15 Abs. 5). Ebenso bedarf die **Entziehung von Sonderrechten**, z.B. besonderer Stimm- oder Gewinnbezugsrechte, der Zustimmung der betroffenen Gesellschafter (vgl. § 35 BGB). **Unternehmensverträge** mit organisationsrechtlicher Natur (vgl. § 291 AktG, Beherrschungs- und Gewinnabführungsverträge) bedürfen mindestens der Zustimmung nach den Vorschriften über die Satzungsänderung sowie der Eintragung ins Handelsregister, nach verbreiteter Ansicht sogar der Zustimmung aller Gesellschafter.[75] Die *Umwandlung* (Verschmelzung, Spaltung, Vermögensübertragung, Formwechsel) der Gesellschaft ist durch das UmwG gesondert geregelt (unten § 38).

MoMiG: Die Zulässigkeit von Unternehmensverträgen i.S.d. § 291 AktG mit einer GmbH als ab- **46a** *hängiger Gesellschaft steht außer Zweifel; sie sind in § 30 Abs. 1 RegE ausdrücklich erwähnt. Die Einzelheiten über den Abschluss sind weiterhin nicht geregelt und nach dem bisherigen Stand von Rechtsprechung und Lehre[76] zu behandeln.*

§ 23. Finanzverfassung der GmbH

I. Kapitalbindungssystem

1. Aufbringung und Erhaltung des Stammkapitals

Da die GmbH Kapitalgesellschaft ist und den Gläubigern nur das Gesellschaftsvermögen haftet (§ 13 Abs. 2), ist der **Grundsatz der Kapitalaufbringung und -erhaltung** eine wichtige Schutzvorkehrung. Die Kapitalaufbringungsvorschriften bei der Gründung der GmbH und bei Kapitalerhöhungen sollen sicher stellen, dass ein Gesellschaftsvermögen in Höhe des satzungsmäßigen Stammkapitalbetrags tatsächlich aufgebracht wird. Ergänzend wird das Gesellschaftsvermögen in Höhe des Stammka- **1**

---

[75] Baumbach/Hueck/*Zöllner*, SchlAnhKonzernR, Rn. 55; *Emmerich/Habersack*, § 32 II 3.
[76] Dazu *Emmerich/Habersack*, § 32 II m.w.N.

pitals gegen Ausschüttungen an die Gesellschafter geschützt. Auf die GmbH findet die Kapitalrichtlinie[1] keine Anwendung, wohl aber die Bilanzrichtlinie. Das harmonisierte Bilanzrecht beeinflusst mittelbar auch die Umsetzung des Grundsatzes der Kapitalaufbringung und -erhaltung. Maßgeblich ist allein das formal in der Satzung festgelegte Stammkapital (§ 42 Abs. 1). Davon zu unterscheiden ist der tatsächliche Kapitalbedarf der Gesellschaft für ihre Tätigkeit und dessen Finanzierung (vgl. oben § 21 Rn. 4). Finanzierungsbeiträge der Gesellschafter können auch in anderer Form als Stammeinlagen geleistet werden (unten Rn. 3 ff.).

2   Die in den Grundsätzen der Aufbringung und Erhaltung des Stammkapitals enthaltene Finanzverfassung ist unabhängig von einem gesetzlich vorgeschriebenen Mindestkapital. In der rechtspolitischen Diskussion sind deshalb Fragen des Mindeststammkapitals (oben § 20 Rn. 4) von den Fragen der Aufbringung und Erhaltung zu trennen.[2]
Für die **Fallbearbeitung** ist wichtig, dass bei Kapitalaufbringungs- und -erhaltungsproblemen stets das satzungsmäßige Stammkapital zugrunde gelegt wird. Fälle, in denen das Mindestkapital eine Rolle spielt, sind sehr selten. Mindestkapital, Satzungskapital und Mindesteinzahlung dürfen nicht verwechselt werden.

2. Andere Finanzierungsmittel

3   Da das Stammkapital in keinem direkten Zusammenhang mit dem Kapitalbedarf der Gesellschaft zur Verfolgung ihrer Zwecke steht (Finanzierungsfreiheit, oben § 20 Rn. 4), ist nach anderen Finanzierungsmitteln zu fragen. Die Gesellschafter können satzungsmäßig Nachschüsse vorsehen (unten Rn. 4 ff.). Dieses Instrument wird praktisch selten eingesetzt, ist aber als Eigenkapitalvariante konstruktiv interessant. Ferner können die Gesellschafter sonstige Einlagen leisten, die weder Stamm- noch Nachschusskapital sind. Als Fremdkapital kommt jede Art von Kredit in Betracht, insbesondere auch Darlehen, die von den Gesellschaftern selbst gewährt werden.

a) Nachschüsse

4   **Nachschusspflichten** können im ursprünglichen Gesellschaftsvertrag vereinbart oder durch Satzungsänderung eingeführt werden (§ 26, oben § 22 Rn. 40 f.). Sie dienen der Kapitalbeschaffung, nicht der Sicherung der Gläubiger. Das Nachschusskapital ist bilanziell Eigenkapital, steht aber im Gegensatz zum Stammkapital zur freien Verfügung der Gesellschaft. Eine Befreiung von der Nachschusspflicht ist möglich. Ebenso darf eine Rückzahlung erfolgen, sofern das Gesellschaftsvermögen das Stammkapital übersteigt; allerdings sieht das Gesetz zum Schutz der Gläubiger eine Sperrfrist von drei Monaten nach öffentlicher Bekanntgabe des Rückzahlungsbeschlusses vor (§ 30 Abs. 2).

aa) Eine **beschränkte Nachschusspflicht** (§ 28) liegt vor, wenn in der Satzung für die Nachschüsse ein Höchstbetrag festgesetzt ist, der nicht überschritten werden darf. Dann haftet der Gesellschafter für die eingeforderten Nachschüsse in gleicher Weise wie für rückständige Einlagen. Bei Säumnis ist also Kaduzierung (unten Rn. 15) möglich; ebenso haften für einen etwaigen Ausfall die Rechtsvorgänger. Bei der beschränkten Nachschusspflicht hatte sich jeder Gesellschafter im Gesellschaftsvertrag zur Zahlung einer ganz bestimmten (maximalen) Summe verpflichtet; deshalb muss er auch mit ihrer Einforderung rechnen und für sie unbedingt aufkommen. Dagegen besteht keine Ausfallhaftung der übrigen Gesellschafter nach § 24, denn diese besonders strenge Haftung dient nur der Aufbringung des Stammkapitals.

5   **bb)** Für die **unbeschränkte Nachschusspflicht** (§ 27) ist die Haftung weniger streng, denn bei unbeschränkter Höhe der Nachschusspflicht kann der Gesellschafter nicht voraussehen, welche Anforderungen die GmbH an ihn stellen wird. Sie können infolge unvorhergesehener Umstände seine Erwartungen weit übersteigen. Deshalb gibt es kein Kaduzierungsverfahren und keine Haftung der Vormänner. Wohl aber hat umgekehrt der Gesellschafter seinerseits das Recht, sich durch Zurverfügungstellen seines Anteils von seiner Verpflichtung zu befreien – **Abandon, Preisgabe.**

---

[1] Zweite Richtlinie 77/91/EWG vom 13. Dezember 1976 (Kapitalrichtlinie); geändert durch Richtlinie 2006/68/EG vom 6. September 2006.
[2] Vgl. *Drygala*, ZGR 2006, 587, 590 ff.

Er muss zu diesem Zweck der GmbH binnen eines Monats eine entsprechende Erklärung abgeben. Tut er das nicht, leistet er aber auch die geforderte Zahlung nicht, so kann die GmbH ihm ihrerseits erklären, sie betrachte den Geschäftsanteil als zur Verfügung gestellt. In beiden Fällen hat die GmbH den Anteil binnen eines Monats **öffentlich versteigern** zu lassen. Aus dem Erlös wird der Nachschuss bestritten; einen Überschuss erhält der Gesellschafter. Ist bei der Versteigerung eine Befriedigung nicht zu erlangen, deckt also das höchste Kaufgebot den eingeforderten Nachschuss plus Kosten nicht, so fällt der Anteil der GmbH zu. Sie kann ihn frei für sich verwerten. Der Gesellschafter haftet für den entstandenen Ausfall nicht. Insgesamt ist der Abandon, auch wenn der Anstoß von der GmbH ausgeht, für den Gesellschafter wesentlich vorteilhafter als das Kaduzierungsverfahren, denn bei günstigem Verkauf erhält er den Überschuss und auch bei ungünstigem haftet er nicht für den Ausfall.

Das Preisgaberecht ist zwingend vorgeschrieben. Die Satzung kann es nur insofern beschränken, als sie bestimmt, dass es erst eintreten soll, wenn die eingeforderten Nachschüsse einen bestimmten Betrag überschreiten (§ 27 Abs. 4). Darin liegt eine **Verbindung von beschränkter und unbeschränkter Nachschusspflicht.** Dann gilt, sofern die Nachschüsse sich innerhalb des vorgesehenen Betrages halten, die Regelung für die beschränkte, erst bei höheren Beträgen diejenige für die unbeschränkte Nachschusspflicht.

b) Sonstiges Eigenkapital

Geschäftsanteile dürfen nicht unter, wohl aber über ihrem Nennwert übernommen **6** werden – **Überpariemission** (oben § 21 Rn. 5). Die Differenz zwischen Nennwert und versprochener höherer Leistung – **Agio** – kann gesellschaftsvertragliche Nebenpflicht (§ 3 Abs. 2) oder schuldrechtliche Verpflichtung sein.[3] In der Bilanz erscheinen auf solcher Grundlage eingebrachte Beträge, soweit sie nicht zur Verlustdeckung aufgebracht sind, als **Kapitalrücklage** (§§ 266 Abs. 3 A II, 277 Abs. 2 HGB). Diese Gestaltung wird gewählt, wenn die Gesellschafter die Gesellschaft durchaus angemessen mit Eigenkapital ausstatten, aber die strenge Bindung als Stammkapital nur für einen Teil davon in Kauf nehmen wollen.

Entsprechendes gilt für sonstige Einlagen, die weder Stammkapital noch Nachschüsse sind. Es kann sich um einmalige Zahlungen handeln oder wiederkehrende Leistungen, auch die Rückführung von ausgezahlten Gewinnen *(Schütt-aus-Hol-zurück-Verfahren);* die Rechtsgrundlage kann gesellschaftsrechtlicher oder schuldrechtlicher Art sein (oben § 21 Rn. 7).[4] Solche zusätzlichen Einlagen vermitteln keine besonderen mitgliedschaftlichen Rechte, wenn nicht der Gesellschaftsvertrag eine entsprechende Ausgestaltung vorsieht.

Es gibt keine Vorschrift, die die Bildung von Rücklagen erzwingt (anders § 150 AktG, unten § 31 Rn. 11). Diese Art der Innenfinanzierung steht den Gesellschaftern frei.

*MoMiG: Die **Unternehmergesellschaft** (haftungsbeschränkt) ist nach § 5 a Abs. 3 RegE verpflichtet,* **6 a** *eine **gesetzliche Rücklage** zu bilden (oben § 21 Rn. 45). In diese ist, unabhängig vom satzungsmäßigen Stammkapital, ein Viertel des Jahresgewinns einzustellen. Da das Stammkapital minimal sein kann, wäre es keine geeignete Bezugsgröße (anders § 150 AktG).*

c) Kredite, insbesondere Gesellschafterdarlehen

Die GmbH kann durch Kredite, also **Fremdkapital** finanziert werden. Dadurch ent- **7** stehen Rückzahlungspflichten, die als Verbindlichkeiten in der Bilanz erscheinen, sowie die Verpflichtung, Zinsen zu zahlen. Geben die Gesellschafter Kredite – **Gesellschafterdarlehen,** handelt es sich um Drittgeschäfte. Gleichwohl kann auch die Verpflichtung zur Darlehensgewährung auf gesellschaftsrechtlicher Grundlage zugesagt werden. Im Rahmen der Finanzierungsfreiheit sind Gesellschafterdarlehen ein belieb-

---

[3] Baumbach/Hueck/*Hueck/Fastrich,* § 3 Rn. 35 f., § 5 Rn. 9; Scholz/*Winter/H. P. Westermann,* § 5 Rn. 23.

[4] Baumbach/Hueck/*Hueck/Fastrich,* § 3 Rn. 39, 56 ff.

tes Instrument, da laufende Zinszahlungen den Gesellschaftern Einkünfte verschaffen, auch wenn die Gesellschaft keine Gewinne macht. Damit durch die Rückzahlungsverpflichtung die Gesellschaft nicht sofort überschuldet ist, können die Gesellschafter ihre Forderungen mit einem **Rangrücktritt** versehen, d.h. allen anderen Gläubigern für den Insolvenzfall den Vorrang einräumen. Einen ähnlichen Effekt hat die Beteiligung eines Gesellschafters als stiller Gesellschafter, d.h. zwischen der GmbH und ihrem Gesellschafter wird ein weiteres, eigenständiges Gesellschaftsverhältnis begründet (oben § 18, § 19 Rn. 21).

8   Die GmbH kann jederzeit Kredite bei Dritten, insbesondere **Banken** aufnehmen. Die praktische Schwierigkeit besteht hier oft in der schwachen Bonität der Gesellschaft, was zu entsprechend höheren Zinsen führt. Besonders bei personalistischen GmbH stellen Gesellschafter und Geschäftsführer häufig persönliche **Sicherheiten,** z.B. als Bürgen; *de facto* geben sie dadurch das Privileg der auf das Gesellschaftsvermögen beschränkten Haftung auf.[5]

II. Kapitalaufbringung

9   Die **reale und unversehrte Aufbringung des Stammkapitals** wird durch die Gründungs- und Kapitalerhöhungsvorschriften (§§ 55 ff.) sowie weitere zwingende (§§ 21–25) Schutzvorkehrungen gesichert. Bereits erörtert wurden das zahlenmäßig in der Satzung angegebene Stammkapital, das Verbot der Unterpariemission, die Simultangründung (Übernahme sämtlicher Geschäftsanteile bei der Gründung) und die Mindesteinzahlung (oben § 21).

Die Kapitalaufbringungsvorschriften betreffen naturgemäß neue GmbH bzw. neue Geschäftsanteile, d.h. Gründung oder Kapitalerhöhung. Sie werden aber entsprechend angewendet, wenn eine GmbH auf Vorrat gegründet wurde – **Vorrats- oder Mantelgründung** (oben § 21 Rn. 4, 11) und später für eine wirtschaftliche Tätigkeit aktiviert wird. Auch die Verwendung eines „alten" Mantels, d.h. einer GmbH, die ihre Geschäftstätigkeit eingestellt hat und später für eine neue Tätigkeit eingesetzt wird, wird als **wirtschaftliche Neugründung** den Kapitalaufbringungsvorschriften unterworfen. Beides ist auf jeden Fall zulässig. Schwierig sind die Abgrenzungen, wann ein solcher Fall vorliegt und an welche Schritte im Einzelnen die Kapitalaufbringungsvorschriften und die registergerichtliche Kontrolle anknüpfen. Da faktisch die Ausfüllung eines leeren GmbH-Mantels nicht ohne eintragungspflichtige Maßnahmen durchführbar ist (Satzungsänderung, Bestellung neuer Geschäftsführer), hängt die Rechtsprechung die Pflicht zur Offenlegung, dass es sich um eine wirtschaftliche Neugründung handelt, an den jeweiligen Eintragungsantrag an und verlangt die Versicherungen des Geschäftsführers nach § 8 Abs. 2 (unten Rn. 12).[6]

1. Bareinlagen

10   Bis zur Anmeldung zum Handelsregister muss die **Mindesteinzahlung** auf die Stammeinlagen geleistet werden (oben § 21 Rn. 9), bezüglich der **ausstehenden** Teile

---

[5] *Kübler/Assmann*, § 18 IV; zur zunehmend verschwimmenden Unterscheidung zwischen Eigen- und Fremdkapital Michalski/*Fleischer*, System. Darst. 6 Rn. 91 ff., 122 ff.; *K. Schmidt*, § 18 II 2 d; aus betriebswirtschaftlich-bilanzrechtlicher Sicht *Kampmann*, Die Kapitalstruktur der Unternehmung in der handelsrechtlichen Rechnungslegung, 2001; zu den Auswirkungen der internationalen Rahmenvereinbarung über die Eigenkapitalanforderungen der Banken (Basel II) auf die Geschäftsführerpflichten *Hennrichs*, ZGR 2006, 563.

[6] BGHZ 117, 323 = NJW 1992, 1824 (Zulässigkeit); BGHZ 153, 158 = NJW 2003, 892 (Mantelgründung); BGHZ 155, 318 = NJW 2003, 3198 (Mantelverwendung); dazu *Goette*, DStR 2004, 461, 463: Anforderungen „rechtsschöpferisch angeordnet".

hat die GmbH **Forderungen** gegen die Gesellschafter. Die Einforderung erfolgt durch den Geschäftsführer bei Fälligkeit nach dem Gesellschaftsvertrag oder Einforderungsbeschluss der Gesellschafter (§ 46 Nr. 2). Der Erwerber eines Geschäftsanteils haftet für rückständige Einlagen (§ 16 Abs. 3). Bei Säumnis ist die ausstehende Einlage zu verzinsen (§ 20). Ansprüche der Gesellschaft aus der Vorbelastungshaftung (oben § 21 Rn. 31) werden wie Einlageansprüche behandelt.[7]

Einlageansprüche unterliegen einem **Erlass- und Aufrechnungsverbot** (§ 19 Abs. 2 Satz 1, 2). Soll **11** ein Gesellschafter von seiner Einlagepflicht befreit werden, ist das nur im Rahmen einer förmlichen Kapitalherabsetzung möglich (§ 19 Abs. 3). Eine **Aufrechnung seitens der Gesellschaft** ist nur zulässig, wenn die Forderung gegen den Gesellschafter vollwertig, fällig und liquide ist; d. h. die Gesellschaft kann sich von einer Verbindlichkeit gegenüber einem Gesellschafter, die völlig unbestritten und fällig ist, durch Aufrechnung mit dem Einlageanspruch befreien, wenn die Gesellschaft selbst zahlungsfähig und nicht überschuldet ist.[8]

Andere Leistungen als Geldzahlungen haben keine befreiende Wirkung, wenn sie nicht auf satzungsgemäße Sacheinlagevereinbarungen erfolgen (§ 19 Abs. 5). Die Einlagepflicht bleibt bestehen; hinsichtlich der erbrachten Leistungen hat der Gesellschafter einen Bereicherungsanspruch gegen die Gesellschaft, mit dem er aber nicht gegen den fortbestehen Einlageanspruch aufrechnen kann.

Beispiel: Der Insolvenzverwalter einer GmbH verlangt vom Gesellschafter E, der seinen Geschäftsanteil von 20 000 € vom Gründer G erworben hat, Zahlung von 20 000 €. G hatte zur Erfüllung seiner Einlagepflicht eine Forderung gegen den Dritten D an die GmbH abgetreten. Im Gesellschaftsvertrag war von Sacheinlagen nicht die Rede. **Anspruchsgrundlage:** Übernahme der Stammeinlage durch G i. V. m. § 16 Abs. 3 und § 19 Abs. 5. Die Abtretung einer Forderung ist eine Sacheinlage, die nur dann befreiende Wirkung hat, wenn die Vorschriften über Sacheinlagen (§§ 5 Abs. 4, 19 Abs. 5) eingehalten sind. Das war hier nicht der Fall. Also ist die Einlage des G noch nicht erbracht, für den Rückstand haften G und E als Gesamtschuldner.[9]

Die Bareinlage muss zur **endgültigen freien Verfügung des Geschäftsführers** stehen (vgl. § 8 **12** Abs. 2 Satz 1); in der Regel werden die Beträge auf ein Bankkonto der (Vor-)Gesellschaft überwiesen. Vorbehalte und Bedingungen sind daher nicht zulässig, insbesondere Abreden über eine Rückzahlung an den Gesellschafter, etwa als Darlehen. Damit erwirbt die Gesellschaft zwar ihrerseits wieder einen Rückzahlungsanspruch auf die Darlehenssumme. Dieser unterliegt aber nicht den besonderen gesellschaftsrechtlichen Sicherungen. Bei sog. **Hin- und Herzahlen** liegt demnach keine befreiende Leistung vor.[10] Die Rechtsprechung vermutet eine Absprache bei einem engen sachlichen und zeitlichen Zusammenhang der Transaktionen. Die Sachverhalte stehen in engem Zusammenhang mit den Fällen der verdeckten Sacheinlage (unten Rn. 14). Sie betreffen keineswegs nur abgekartete Scheinzahlungen, sondern können die Beteiligten auch wirtschaftlich wenig plausibel mit harten Folgen überraschen.[11]

MoMiG: § 8 Abs. 2 Satz 2 a. F. ist funktionslos geworden, da die besondere Sicherung für ausstehende **12 a** *Bareinlagen bei der Einpersonengründung entfallen ist (oben § 21 Rn. 37 a). Satz 2 bezieht sich nunmehr auf Sachverhalte, die nach der bisherigen Rechtsprechung als Hin- und Herzahlen einer wirksamen Einlageleistung entgegen standen. Der Gesetzgeber hat die sog.* **bilanzielle Betrachtung** *festgeschrieben, d. h. wenn die Leistung der Gesellschaft an den Gesellschafter (z. B. das Darlehen) zu einem vollwertigen Gegenleistungs- oder Rückgewähranspruch führt, ist die Einlageschuld erfüllt. Es ist also eine Bewertung erforderlich, die den Regeln des HGB folgt. Ferner gilt die Regelung nur für Sachverhalte, die nicht unter § 19 Abs. 4 RegE (unten Rn. 14 a) fallen. Die Ansiedlung der Vorschrift bei den*

---

[7] Grundlegend BGHZ 80, 129, 140 ff. = NJW 1981, 1373; BGHZ 134, 333 = NJW 1997, 1507; BGHZ 165, 391 = NJW 2006, 1594; dazu *Bayer/Lieder*, ZGR 2006, 875; Baumbach/Hueck/*Hueck/Fastrich*, § 11 Rn. 61 a. E.

[8] *BGH* NZG 2002, 1172; Baumbach/Hueck/*Hueck/Fastrich*, § 19 Rn. 22 ff.; Scholz/*U. H. Schneider/H. P. Westermann*, § 19 Rn. 61 ff.

[9] BGHZ 68, 191, 197 f.; BGHZ 132, 133, 137 = NJW 1996, 1286; weiteres Beispiel bei *Wiedemann/Frey*, Nr. 286.

[10] BGHZ 153, 107 = NJW 2003, 825; *BGH* GmbHR 2006, 306; Baumbach/Hueck/*Hueck/Fastrich*, § 19 Rn. 9.

[11] Vgl. etwa *BGH* NJW 2006, 1736 – *cash-pool*; dazu *Bayer/Lieder*, GmbHR 2006, 449; die bloße Zugehörigkeit zum selben Konzern genügt hingegen nicht, *BGH* NZG 2007, 300; weitere Beispiele bei *Krolop/Pleister*, AG 2006, 650, 651; *Krolop*, NZG 2007, 577.

Versicherungen des Geschäftsführers mag befremdlich erscheinen. Sie erklärt sich daraus, dass eine Rechtsprechung geändert werden soll, die beim Merkmal „zur freien Verfügung des Geschäftsführers" ansetzte.[12] *Der endgültige Zufluss der Leistung auf die Einlage hat der Geschäftsführer nach wie vor nach § 8 Abs. 2 Satz 1 zu versichern.*

2. Sacheinlagen

13   Sacheinlagen sind **alle Einlagen**, die **nicht in Geld** erfolgen, auch z.B. Forderungen. Dienstleistungen sind nicht einlagefähig (vgl. unten § 26 Rn. 14). Sacheinlagen müssen in der Satzung festgesetzt sein und sind vor Anmeldung zur Eintragung vollständig einzubringen (§ 7 Abs. 3); Sachen sind an die Vorgesellschaft zu übereignen, Rechte an sie abzutreten. Ein Problemkreis ist hier die zutreffende **Bewertung**. Deshalb wird ein Sachgründungsbericht verlangt; ggf. greift die Differenzhaftung nach § 9 (oben § 21 Rn. 6).

14   Ein weiterer Problemkreis ist die **Umgehung** der Sacheinlagevorschriften, indem formal eine Bareinlage vereinbart wird, diese aber absprachegemäß so mit einem Verkehrsgeschäft verbunden wird, dass das wirtschaftliche Ergebnis einer Sacheinlage entspricht – sog. **verdeckte Sacheinlage**. Wie beim einfachen Hin- und Herzahlen (oben Rn. 12) fließt der eingebrachte Geldbetrag alsbald an den Gesellschafter (Einleger, Inferenten) zurück. Zahlt z.B. die Gesellschaft aus der frisch eingebrachten Stammeinlage ein Darlehen, das sie vom Inferenten erhalten hat, zurück, hat der Gesellschafter wirtschaftlich die Befreiung von einer Verbindlichkeit eingebracht, also eine Sacheinlage. Die Vergütung für die Überlassung eines Gegenstandes darf nicht verrechnet werden (§ 19 Abs. 5). Nach § 27 Abs. 3 AktG analog ist der Erfüllungsversuch fehlgeschlagen, der Gesellschafter muss nochmals zahlen.[13] Heilungsmöglichkeiten bestehen, sind aber ihrerseits kompliziert und störanfällig.[14]

14a   *MoMiG: § 19 Abs. 4 ist durch den Verzicht auf eine besondere Sicherung bei Einpersonengründungen (oben § 21 Rn. 37a) überflüssig geworden. Dort ist nunmehr die neue Regelung der verdeckten Sacheinlage angebracht. Darin wird zunächst die verdeckte Sacheinlage in Anlehnung an die Rechtsprechung definiert und grundsätzlich für unschädlich erklärt.*[15] *Maßgeblich ist der Wert des der Gesellschaft zugewendeten Vermögensgegenstandes. Erreicht er den Betrag der übernommenen Stammeinlage nicht, haftet der Gesellschafter auf die Differenz nach § 9.*[16] *Für die Werthaltigkeit des eingebrachten Vermögensgegenstandes hat der Gesellschafter die Beweislast. Damit ist die strenge Trennung zwischen Bar- und Sacheinlage verwischt, jedoch dem Grundsatz der realen Kapitalaufbringung Genüge getan. § 19 Abs. 5 a.F. ist aufgehoben, Abs. 6 a.F. ist nunmehr Abs. 5.*

3. Kaduzierung und Ausfallhaftung

a) Kaduzierung

15   Ein mit der Einlageleistung säumiger Gesellschafter kann aus der Gesellschaft ausgeschlossen werden – **Kaduzierung** (§ 21). Voraussetzung ist die Setzung einer Nachfrist mit Androhung des Ausschlusses. Durch Kaduzierung geht der Geschäftsanteil nicht unter; die Rechtsvorgänger des Ausgeschlossenen und der Ausgeschlossene selbst haften weiter für den ausstehenden Betrag (§§ 21 Abs. 3,

---

[12] *Veil*, ZIP 2007, 2141, 1247.

[13] Diese Folge wird in der Literatur mit starken Worten kritisiert: katastrophal, drakonisch, verheerend, *Brander*, FS Boujong, 1996, S. 36, 42; *Grunewald*, FS Rowedder, 1994, S. 111, 114; *Heidenhein*, GmbHR 2006, 455; *Lutter/Gehling*, WM 1999, 1445, 1453; *K. Schmidt*, § 37 II 4b; rechtsvergleichend *Windbichler/Krolop*, in: Riesenhuber (Hrsg.), Europäische Methodenlehre, 2006, § 19 Rn. 39ff.

[14] Satzungsänderung mit Wirkung *ex nunc;* BGHZ 132, 141; BGHZ 155, 329 = NJW 2003, 3127; Baumbach/Hueck/*Hueck/Fastrich*, § 19 Rn. 46 m.w.N.; *Krolop/Pleister*, AG 2006, 650.

[15] Näher *Veil*, ZIP 2007, 1241, 1242ff.

[16] Für diese Lösung bereits *Grunewald*, FS Rowedder, 1994, S. 111.

22). Zahlt ein Rechtsvorgänger den rückständigen Betrag, erwirbt er den Geschäftsanteil. Führen diese Maßnahmen nicht zum Erfolg, ist der Geschäftsanteil öffentlich zu versteigen (§ 23).

Die Kaduzierung steht auch zur Verfügung, wenn eine beschränkte Nachschusspflicht besteht und ein Gesellschafter dieser nicht nachkommt (§ 28 Abs. 1)

b) Ausfallhaftung

Über die individuelle Einlagepflicht hinaus besteht bei der GmbH zur weiteren Sicherung eine *kol-* **16** *lektive Deckungspflicht aller Gesellschafter* – **Ausfallhaftung** (§ 24). Wenn alle anderen Mittel zur Erlangung eines Einlagerückstands ohne Erfolg ausgeschöpft sind, müssen die anderen Gesellschafter für den Ausfall im Verhältnis ihrer Geschäftsanteile aufkommen. Das ist als Teil des Gläubigerschutzes zwingend (§ 25). Die Haftung gilt, wie § 24 deutlich macht, nur für **Geldeinlagen**, nicht für Sacheinlagen, die ohnehin bei Eintragung der GmbH bereits voll geleistet sein müssen (§ 7 Abs. 3). Sie gilt bei kombinierten Sach- und Geldeinlagen für den Geldanteil, entsprechend auch bei der besonderen Differenzhaftung wegen Überbewertung einer Sacheinlage (§ 9). Ebenso umfasst sie die Beträge der **Vorbelastungshaftung**, die eintritt, wenn durch Verbindlichkeiten der Vorgesellschaft die Unversehrtheit des Stammkapitals im Zeitpunkt der Entstehung der GmbH nicht gewährleistet ist (oben § 21 Rn. 31). Für eingeforderte Nachschüsse besteht keine Ausfallhaftung.

III. Kapitalerhaltung

Wenn das Stammkapital einmal real aufgebracht ist, gibt es gleichwohl **keinen** **17** **Schutz vor Verlust durch schlechte Geschäfte.** Die Rechtsordnung kann aber die Gesellschafter daran hindern, Kapital aus der Gesellschaft heraus zu ziehen. Auch hier handelt es sich um eine Ausprägung des Trennungsprinzips und des *affirmative asset partitioning* (oben § 3 Rn. 1, 10 f.). In diesem Sinne ist hier Kapitalerhaltung zu verstehen; Gesellschaftsvermögen in Höhe des Stammkapitalbetrags wird vor dem **Zugriff der Gesellschafter** geschützt. Diese **Ausschüttungssperre** wird auch als Grundpfeiler oder Kernstück des GmbH-Rechts bezeichnet.[17]

1. Ausschüttungsverbot (§ 30)

Wie oben ausgeführt ist das Stammkapital eine **Rechengröße** (oben § 20 Rn. 5); we- **18** nigstens zum Zeitpunkt der Eintragung ins Handelsregister muss **Gesellschaftsvermögen** in dieser Höhe vorhanden sein (oben Rn. 9, § 21 Rn. 5, 31). Im weiteren Leben der GmbH ist darauf zu achten, dass mindestens der Stammkapitalbetrag vom Gesellschaftsvermögen gedeckt ist (vgl. § 43 Abs. 3). Zu diesem Zweck ist das Stammkapital auf der **Passivseite der Bilanz** als gezeichnetes Kapital auszuweisen (§ 42 Abs. 1; § 266 Abs. 3 A I HGB). Es handelt sich nicht um eine Verbindlichkeit, sondern um das *korporative Sparschwein*.[18] Die Bilanz der GmbH ist daher erst ausgeglichen, wenn die Aktiva die Schulden zuzüglich satzungsgemäßes Stammkapital decken. Deshalb schlagen Änderungen des Bilanzrechts mittelbar auf die Kapitalerhaltung durch. Wenn Vermögensgegenstände großzügiger definiert und bewertet werden, steigen die Aktiva und umgekehrt.

§ 30 Abs. 1 enthält ein striktes und zwingendes **Auszahlungsverbot** an Gesellschaf- **19** ter, wenn dadurch das **zur Erhaltung des Stammkapitals erforderliche Vermögen der Gesellschaft** angegriffen würde. Maßgeblich ist dafür der in der **Satzung** festge-

---

[17] BGHZ 28, 77, 78; 105, 300, 302; *Bayer,* ZGR 2007, 220, 224; Scholz/*H. P. Westermann,* § 30 Rn. 1 m. w. N.

[18] Vgl. *Wiedemann* I, § 10 IV 1: „bilanztechnischer Sparstrumpf".

legte Betrag, auf die Einzahlung der Stammeinlagen, Nachschüsse oder Nebenverpflichtungen kommt es nicht an. Das Gesellschaftsvermögen ist rechnerisch nach den allgemeinen Bilanzierungsgrundsätzen des HGB (näher unten § 31 Rn. 5 ff.) mit den Verbindlichkeiten zu vergleichen. Zu den Verbindlichkeiten gehören auch Rückstellungen, nicht aber Rücklagen (unten § 31 Rn. 11, 13). Maßgeblich ist der **Zeitpunkt der Leistung** an den Gesellschafter, deshalb ist im Zweifel eine *Zwischenbilanz* empfehlenswert. Erreicht das errechnete Reinvermögen die Stammkapitalziffer nicht, spricht man von einer **Unterbilanz**. In diesem Fall[19] sind **Leistungen an die Gesellschafter auf der Grundlage des Gesellschaftsverhältnisses unzulässig,** auch Gewinnausschüttungen, satzungsmäßige Entnahmen oder eine Abfindung nach Ausschluss (oben § 22 Rn. 33), nicht aber die Erfüllung einer Verbindlichkeit aus einem Drittgeschäft.[20] Das Auszahlungsverbot erfasst nicht nur Zahlungen, sondern alle Leistungen, die wirtschaftlich das Gesellschaftsvermögen verringern.

20   § 30 hat zu vielfältigen Streitfragen geführt.[21] Die Rechtsprechung hat den *Anwendungsbereich* auf eigenkapitalersetzende Gesellschafterdarlehen erweitert (dazu unten § 24 Rn. 16 ff.). Problematisch ist ferner die Behandlung von **Darlehen der Gesellschaft an Gesellschafter,** insbesondere in sog. *cash-pools,* und die Stellung von Sicherheiten für Verbindlichkeiten eines Gesellschafters. § 43 a verbietet die Gewährung von Darlehen an Geschäftsführer, wenn sie aus dem zur Erhaltung des Stammkapitals erforderlichen Vermögen gezahlt werden. Für Gesellschafter gilt diese Vorschrift nicht,[22] so dass es allein auf die Auslegung des § 30 ankommt. Der BGH hat den bei Darlehensgewährung entstehenden Rückzahlungsanspruch für die Feststellung der Beeinträchtigung des Gesellschaftsvermögens außer acht gelassen; nur ganz ausnahmsweise solle der Rückzahlungsanspruch die Darlehenshingabe neutralisieren – **Aktiventausch;** ungeachtet der Darstellung in der Bilanz sei liquide Haftungsmasse für die Gläubiger wertvoller als eine schuldrechtliche Forderung.[23] Das hat die verbreitete Praxis der *cash-pools* in Unternehmensgruppen (oben § 20 Rn. 10) in Frage gestellt.[24]

20 a   *MoMiG: § 30 Abs. 1 RegE ist neu gefasst und um zwei Sätze erweitert. Zunächst wird eine Regelung für den* **Vertragskonzern** *getroffen. Zu Beherrschungs- und Gewinnabführungsverträgen sagt das GmbHG nichts, die Möglichkeit solcher Verträge in Anlehnung an § 291 AktG ist jedoch seit langem anerkannt (vgl. oben § 22 Rn. 45). Die Streitfrage, ob § 291 Abs. 3 AktG, der innerhalb des Vertragskonzerns von den Kapitalhaltungspflichten frei stellt, auch bei der GmbH anwendbar ist, ist nunmehr in Satz 2 positiv entschieden. Des Weiteren sind Leistungen der Gesellschaft, denen ein* **vollwertiger Gegenleistungs- oder Rückgewähranspruch** *gegen den Gesellschafter gegenüber steht, keine unzulässige Auszahlung. Damit schreibt das Gesetz eine* **bilanzielle Betrachtung** *vor wie auch in der älteren Rechtsprechung und verbreitet in der Literatur. Eine wichtige Schwelle ist das* **Kriterium der Vollwertigkeit,** *d. h. der Empfänger-Gesellschafter muss wirtschaftlich gesund sein, die Gegenleistung dem wirtschaftlichen (nicht nur Buch-)Wert der erhaltenen Leistung entsprechen.[25] Satz 3 nimmt außerdem*

---

[19] Auch bei bereits bestehender Überschuldung, *BGH* NJW 1990, 1730.

[20] Falls die Gesellschaft keine vollwertige Gegenleistung erhält, handelt es sich um eine verdeckte Gewinnausschüttung; Baumbach/Hueck/*Hueck/Fastrich,* § 30 Rn. 22 ff. m. w. N.; zu verdeckten Gewinnausschüttungen auch oben § 22 Rn. 33.

[21] Umfassend Scholz/*H. P. Westermann,* § 30 Rn. 19 ff., 31 ff.

[22] Baumbach/Hueck/*Zöllner/Noack,* § 43 a Rn. 3.

[23] BGHZ 157, 72 = NJW 2004, 1111 – November-Urteil; vgl. auch BGHZ 149, 10 = NJW 2001, 3622 – Bremer Vulkan; *BGH* NJW 2006, 1736 – cash-pool – im Zusammenhang mit der Kapitalaufbringung (oben Rn. 10); Scholz/*H. P. Westermann,* § 30 Rn. 19 ff.

[24] *OLG München* NZG 2006, 195; *Altmeppen,* ZIP 2006, 1025; *Bayer/Lieder,* GmbHR 2006, 1121; Baumbach/Hueck/*Hueck/Fastrich,* § 30 Rn. 26; *Habersack/Schürnbrand,* NZG 2004, 689, 690; Fallbeispiel bei *Wiedemann/Frey,* Nr. 302. – Zur Heilung durch Rückzahlung des Darlehens *BGH* GmbHR 2006, 306; dazu *Krolop/Pleister,* AG 2006, 650, 657.

[25] Vgl. dazu außer der Regierungsbegründung *Drygala/Kremer,* ZIP 2007, 1289, 1292 ff.; *Grunewald,* WM 2006, 2333; zur Problematik auch *Pentz,* ZIP 2006, 781.

die Rückzahlung von Gesellschafterdarlehen von dem Auszahlungsverbot aus; die Vorschrift ist nur vor dem Hintergrund der Rechtsprechung zu eigenkapitalersetzenden Gesellschafterdarlehen verständlich; dazu unten § 24 Rn. 16, 23.

2. Erstattungsanspruch

Entgegen dem Verbot des § 30 geleistete Zahlungen sind der Gesellschaft zurück zu 21 gewähren (§ 31 Abs. 1). Der **Erstattungsanspruch** ist sehr viel stärker als ein Bereicherungsanspruch und in Anlehnung an die Kapitalaufbringungsvorschriften gesichert. Es gilt eine **Ausfallhaftung** der übrigen Gesellschafter und ein **Erlassverbot** (§ 31 Abs. 3 und 4).[26] Die **Geschäftsführer haften** der Gesellschaft auf Ersatz (§ 43 Abs. 3) sowie den Gesellschaftern, die im Wege der Ausfallhaftung in Anspruch genommen worden sind (§ 31 Abs. 6). Der Erstattungsanspruch entfällt auch nicht dadurch, dass das Gesellschaftsvermögen nach dem Verstoß gegen die Kapitalerhaltungsvorschriften bis zur Höhe des Stammkapitals auf andere Weise nachhaltig wieder hergestellt wurde.[27] Ausgenommen von dem Erstattungsanspruch sind lediglich vom Empfänger gutgläubig erhaltene Leistungen, soweit nicht die Befriedigung der Gläubiger die Rückzahlung erfordert (§ 31 Abs. 2), sowie gutgläubig bezogene Gewinnanteile (§ 32).

3. Erwerb eigener Geschäftsanteile

Der **Erwerb eigener Geschäftsanteile** ist eine Art der Einlagenrückgewähr und we- 22 gen der damit verbundenen Gefahren zwar anders als im Aktienrecht (unten § 30 Rn. 6) nicht grundsätzlich verboten, aber nach Gesichtspunkten der Kapitalaufbringung und -erhaltung eingeschränkt. Die Gesellschaft kann nur eigene Geschäftsanteile erwerben, auf die die **Einlage voll eingezahlt** ist (§ 33 Abs. 1). Ferner muss die Gesellschaft den Erwerb **aus freiem,** d.h. nicht zur Erhaltung des Stammkapitals erforderlichem **Vermögen** bestreiten und die nach § 272 Abs. 4 HGB vorgeschriebene Rücklage bilden können (§ 33 Abs. 2). Dadurch wird verhindert, dass Einlageansprüche durch Vereinigung von Schuldner und Gläubiger untergehen und der Wert des eigenen Geschäftsanteils die Aktiva und damit das ausschüttungsfähige Vermögen erhöht. Auch für die Einhaltung dieser Vorschriften haften die Geschäftsführer persönlich (§ 43 Abs. 3). Aus eigenen Geschäftsanteilen kann die Gesellschaft keine Rechte ausüben (oben § 22 Rn. 21 a.E.).

IV. Kapitalerhöhung und -herabsetzung

1. Satzungsänderung

Veränderungen des Stammkapitals bedürfen einer Satzungsänderung (oben § 22 23 Rn. 45 ff.). Sämtliche Erfordernisse der §§ 53 und 54 müssen erfüllt sein; die Eintragung ins Handelsregister wirkt konstitutiv (§ 54 Abs. 3).

---

[26] Die Ausfallhaftung nach § 31 Abs. 3 ist auf den Betrag des Stammkapitals beschränkt, BGHZ 150, 61 = NJW 2002, 1803; dazu *Cahn*, ZGR 2003, 298.

[27] Unter Aufgabe der früheren Rechtsprechung BGHZ 144, 336 = NJW 2000, 2577 – Balsam/ Procedo I.

23 a   *MoMiG: Die Vorschriften über Kapitalerhöhung und Kapitalherabsetzung sind terminologisch angepasst; statt der Stammeinlage wird der Geschäftsanteil in Bezug genommen (oben § 20 Rn. 4 a). Die zulässigen Beträge für Stammeinlagen und das Stammkapital sind den Gründungsvorschriften angepasst (Stammeinlagen glatte €-Beträge, Mindeststammkapital 10 000 €).*

2. Kapitalerhöhung

a) Kapitalerhöhung gegen Einlagen

24   Bei der Kapitalerhöhung gegen Einlagen wird der Gesellschaft neues Kapital zugeführt – **effektive Kapitalerhöhung.** Es können die vorhandenen Geschäftsanteile im Nennwert aufgestockt oder neue Geschäftsanteile geschaffen werden. Neue Geschäftsanteile können auch von Personen übernommen werden, die bisher nicht Gesellschafter waren (§ 55 Abs. 2). Die Gesellschafter können jedoch verlangen, dass ihnen neue Geschäftsanteile jeweils im Verhältnis ihrer bisherigen Beteiligung angeboten werden – **Bezugsrecht.** Das GmbHG sagt dazu nichts, jedoch wird ganz überwiegend § 186 AktG entsprechend heran gezogen.[28] Auf die übernommenen Geschäftsanteile muss die damit versprochene Stammeinlage eingebracht werden. Das können Geld- oder Sacheinlagen sein. Die **Kapitalaufbringungsvorschriften** des Gründungsrechts gelten mit einzelnen Modifikationen auch für Kapitalerhöhungen (§§ 55 ff.). Zahlreiche der oben behandelten Probleme (Rn. 9 ff.) sind im Zusammenhang mit Kapitalerhöhungen aufgetreten.[29]

b) Kapitalerhöhung aus Gesellschaftsmitteln

25   Die Gesellschafter können **Rücklagen** (vgl. oben Rn. 6) **in Stammkapital umwandeln** (§§ 57 c ff.) – **nominelle Kapitalerhöhung.** Dabei fließen der Gesellschaft keine neuen Mittel zu, vielmehr wird vorhandenes Vermögen den Kapitalerhaltungsvorschriften unterworfen. Es können entweder die Nennbeträge der bisherigen Geschäftsanteile aufgestockt oder neue Geschäftsanteile gebildet werden, die dann den Gesellschaftern im Verhältnis ihrer Beteiligung zustehen (§§ 57 h, 57 j).

25 a   *MoMiG: Eine nach § 2 a RegE vereinfacht nach gesetzlichem Muster gegründete GmbH (oben § 21 Rn. 3 a) kann eine effektive Kapitalerhöhung ebenfalls in vereinfachter Form vornehmen (§ 53 Abs. 2 Satz 2 RegE). Eine Unternehmergesellschaft (haftungsbeschränkt) darf die von Gesetzes wegen zu bildende Rücklage (oben Rn. 6 a) ausschließlich zur nominellen Kapitalerhöhung verwenden (oben § 21 Rn. 48). Erreicht das Stammkapital der UG den für die GmbH erforderlichen Mindestbetrag von 10 000 €, sei es durch nominelle, sei es durch effektive Kapitalerhöhung, wird sie automatisch zur normalen GmbH (§ 5 a Abs. 5 RegE).*

3. Kapitalherabsetzung

26   Da die Kapitalherabsetzung das zum Schutz der Gläubiger an die Kapitalerhaltungsvorschriften gebundene Kapital vermindert, unterliegt sie besonderen Verfahrensbedingungen. Sie kann verschiedene Zwecke verfolgen, die seit 1994 auch im Gesetz unterschieden werden. Die **effektive Kapitalherabsetzung** dient dazu, die Auszahlung von Gesellschaftsvermögen an die Gesellschafter zu ermöglichen. Sie ist an Publizitäts- und Sicherungsvorschriften zugunsten der Gläubiger gebunden (§ 58). Die **nominelle Kapitalherabsetzung** dient Sanierungszwecken (vgl. unten § 32 Rn. 45 ff.) und kann deshalb einfacher und schneller durchgeführt werden (§§ 58 a ff.). Die Geschäftsanteile sind im Nennbetrag herab zu setzen. Das Stammkapital kann sogar unter den Betrag des Mindestkapitals herab gesetzt werden, wenn zugleich eine Kapitalerhöhung erfolgt, so dass das Mindeststammkapital wieder erreicht wird (§ 58 a Abs. 4, vgl. auch unten § 32 Rn. 38, 52 zur AG).

---

[28] Baumbach/Hueck/Zöllner, § 55 Rn. 20 ff.; *K. Schmidt*, § 37 V 1 a ee.
[29] Z.B. *BGH* NZG 2002, 1172: Verstoß gegen Aufrechnungsverbot, auch zur Unterscheidung zwischen vor und nach der Kapitalerhöhung entstandenen Forderungen.

§ 24. Beendigung, Insolvenz und Gläubigerschutz

I. Überblick

Wie bei allen Außengesellschaften ist auch bei der GmbH zwischen **Auflösung**, 1 **Abwicklung** und **Vollbeendigung** zu unterscheiden. „Nur der Laie stellt sich die ‚Auflösung' eines Verbandes als dessen Verschwinden vor." [1] Anders als bei Personengesellschaften, bei denen auch nach Beendigung die persönliche Haftung fortbesteht, dienen die Abwicklungsvorschriften bei der GmbH vor allem dem Schutz der Gläubiger (vgl. oben § 11 Rn. 8). Die im Vergleich zu anderen Rechtsformen stärkere *Abhängigkeit von Fremdfinanzierung* korreliert mit der statistisch signifikanten **Insolvenzanfälligkeit** dieser Gesellschaftsform.[2] Ein **rechtstatsächlich** gravierendes Problem ist, dass **notleidende GmbH** oft **nicht ordnungsgemäß aufgelöst** und beendet werden, sondern tatsächlich verschwinden – sog. **Firmenbestattung**.[3] Das hat zu vielfältigen Ergänzungen des GmbH-Rechts durch die Rechtsprechung und Reformen durch den Gesetzgeber geführt. Auch die jüngste Reform, der Regierungsentwurf eines Gesetzes zur Modernisierung des GmbH-Rechts und zur *Bekämpfung von Missbräuchen* (oben § 20 Rn. 19), ist von solchen rechtstatsächlichen Erscheinungen geprägt und soll einen **geordneten Rückzug aus dem Wirtschaftsleben** sichern.

Das **Insolvenzverfahren** dient der gleichmäßigen Befriedigung der Gläubiger und, falls die GmbH noch ein Unternehmen hat, der Erhaltung des Unternehmens als wirtschaftlichen Zusammenhang, der i.d.R. einen höheren Wert hat als die Summe seiner Teile.[4] Diese Zwecke kann das Insolvenzverfahren aber nur erfüllen, wenn es **rechtzeitig** eingeleitet wird. Darauf zielen die Insolvenzgründe, die Insolvenzantragspflicht und verschiedene flankierende Maßnahmen. Vor allem die **GmbH-rechtliche Innenhaftung** der Gesellschafter wird hier relevant, da sie vom Insolvenzverwalter geltend gemacht wird, während bei gesunden Gesellschaften keine Veranlassung dazu besteht.

Genügt das restliche Vermögen nicht, wenigstens die Kosten des Insolvenzverfahrens zu bestreiten, wird die **Eröffnung des Verfahrens mangels Masse abgelehnt** (§ 26 InsO). Das bedeutet nicht notwendig, dass kein Vermögen mehr vorhanden ist.[5] Die Lage ist aber oft unklar und kompliziert, das Gesellschaftsvermögen kann z.B. auch aus Innenhaftungsansprüchen gegen Gesellschafter und Geschäftsführer bestehen. Hier wird nach Direktansprüchen der Gläubiger gesucht, die sowohl gesellschaftsrechtlich wie deliktsrechtlich begründet werden und im Ergebnis zu einem **Durchgriff** führen können.

All das setzt voraus, dass man der Gesellschafter und Geschäftsführer habhaft wird. Diesem Zweck dienen verschiedene Vorschriften des RegEMoMiG. Sie sind auch dann nützlich, wenn das Insolvenzrecht eines anderen Landes Anwendung findet, weil die GmbH ihren Tätigkeitsschwerpunkt in der

---

[1] *K. Schmidt*, § 11 V 3; vgl. auch oben § 11 Rn. 1; Beispielsfall bei *Wiedemann/Frey*, Nr. 324.

[2] Seit langem führen Unternehmen in der Rechtsform der GmbH die Insolvenzstatistik an. 2002 erklärten sich 19 770 GmbH für insolvent; nur knapp die Hälfte der Insolvenzverfahren wurde eröffnet; Lutter/Hommelhoff/*Lutter/Hommelhoff*, Einl. Rn. 43; ferner *Goette*, ZGR 2006, 261, 268.

[3] *Haas*, GmbHR 2006, 729; *Kleindiek*, ZGR 2007, 276; *Seibert*, FS Röhricht, 2005, S. 585.

[4] Oben § 1 Rn. 11; *G. Fischer*, ZGR 2006, 403; der Rettung von Unternehmen in ihrem Zusammenhang dient insbesondere das Insolvenzplanverfahren nach §§ 217 ff. InsO.

[5] *K. Schmidt*, § 11 VI 5; § 38 IV 6 d, e.

EU außerhalb Deutschlands hat. Nach der EuInsVO findet das Insolvenzrecht des Staates Anwendung, in dem der Mittelpunkt der wirtschaftlichen Interessen der Gesellschaft liegt – *centre of main interest = COMI* (oben § 1 Rn. 11).

II. Beendigung der GmbH

1. Auflösung

2   Nach § 60 kommen als **Auflösungsgründe** in Betracht:

- Zeitablauf;
- Gesellschafterbeschluss mit qualifizierter Mehrheit;
- gerichtliches Auflösungsurteil oder Verwaltungsakt nach §§ 61, 62;
- Eröffnung des Insolvenzverfahrens (§ 27 InsO) oder rechtskräftiger Ablehnung der Eröffnung mangels Masse (§ 26 InsO);
- Verfügung des Registergerichts (§§ 144 a, b FGG);
- Löschung wegen Vermögenslosigkeit (§ 141 a FGG).

Praktisch besonders wichtige Auflösungsgründe sind die Eröffnung des Insolvenzverfahrens und die Ablehnung der Eröffnung mangels Masse (unten Rn. 13 ff.). Weitere Auflösungsgründe können in der **Satzung** fest gesetzt werden (§ 60 Abs. 2).

2 a   *MoMiG: Da bei der Einpersonen-Gründung die Sicherheit für ausstehende Einlagen nicht mehr erforderlich ist (oben § 21 Rn. 37 a), entfällt auch der Auflösungsgrund der registergerichtlichen Feststellung der fehlenden Sicherheit bei nachträglicher Einpersonen-Gesellschaft (§ 19 Abs. 4 a. F., § 144 b FGG).*

3   Anders als im Aktienrecht, aber aus dem Recht der Personenhandelsgesellschaften geläufig (oben § 13 Rn. 26), ist die **Auflösungsklage,** die auf Auflösung durch **gerichtliches Gestaltungsurteil** zielt (§ 61).

Die Regelung dient dem **Minderheitsschutz.** Die Klage kann von einem Gesellschafter erhoben werden, dessen Geschäftsanteil **mindestens 10% des Stammkapitals** ausmacht; mehrere Gesellschafter, deren Geschäftsanteile zusammen diesen Mindestumfang erreichen, können gemeinsam klagen. Die Klage ist gegen die GmbH zu richten; ausschließlich zuständig ist das Landgericht am Sitz der GmbH (§ 61 Abs. 2 und 3). Voraussetzung ist ein **wichtiger Grund** für die Auflösung in den Verhältnissen der GmbH (§ 61 Abs. 1). Darin liegt ein wesentlicher Unterschied zur OHG; bei der GmbH genügt nicht jeder wichtige Grund, sondern nur ein solcher, **der sich aus den Verhältnissen der Gesellschaft selbst** ergibt. Dagegen reicht ein Grund lediglich in der Person eines Gesellschafters, auch des Klägers selbst, für die Auflösung nicht aus. Das der Klage statt gebende **Urteil** wirkt **rechtsgestaltend;** mit der Rechtskraft ist die GmbH aufgelöst. Eine Rückwirkung tritt nicht ein, auch wenn der Auflösungsgrund schon früher bestanden hat. Die Vorschrift ist **zwingend.** Die Satzung kann die Auflösung erleichtern, vor allem bestimmte Fälle als wichtige Gründe bezeichnen, dagegen nicht die Auflösung bei einem nach objektiver Beurteilung wichtigen Grund ausschließen. Der Hintergrund dafür ist die schwere Veräußerlichkeit der Geschäftsanteile. Dem Gesellschafter muss die Möglichkeit einer Beendigung der gesellschaftlichen Bindung offen stehen, wenn die Fortsetzung der Gesellschaft aus bei ihr selbst liegenden Gründen unzumutbar ist.

Die **praktische Bedeutung** der Auflösungsklage ist allerdings *gering.* Dazu trägt wesentlich die *praeter legem* entwickelte Möglichkeit zum **Ausschluss** oder **Austritt** eines Gesellschafters aus wichtigem Grund bei (oben § 22 Rn. 26 ff.). Zwar sind die jeweils für den wichtigen Grund maßgebenden Kriterien nicht identisch, doch überschneiden sich die Anwendungsbereiche; soweit das der Fall ist, wird das Ausscheiden des einzelnen Gesellschafters als weniger weitreichende Maßnahme regelmäßig der Auflösung der ganzen Gesellschaft vorgehen, meistens auch dem wichtigen Grund für die letztere das Gewicht nehmen.

2. Abwicklung

4   Die Auflösung führt zur Abwicklung oder **Liquidation** der Gesellschaft (§§ 65–74). Während der Liquidation besteht die Gesellschaft fort mit geändertem Zweck, nämlich der Abwicklung, und wird

von den **Liquidatoren** (außer im Fall der Insolvenz) vertreten. Diese zeichnen für die Gesellschaft, wobei der Firma ein Zusatz beizufügen ist, der auf die Abwicklung hinweist (§ 68 Abs. 2 GmbHG). Die Liquidatoren haben die Beendigung der Geschäftstätigkeit der GmbH herbeizuführen. Das kann auch in der Form geschehen, dass das von der GmbH betriebene Unternehmen als Ganzes veräußert wird. Wirtschaftlich ist das oftmals günstiger als die Zerschlagung. Ein nach Begleichung der Verbindlichkeiten verbleibender Überschuss gebührt den Gesellschaftern (§ 72) – **Liquidationserlös.** Zum Schutz der Gläubiger darf das restliche Gesellschaftsvermögen erst nach Einhaltung einer **Sperrfrist** verteilt werden (§ 73). Stellt sich während der Liquidation Zahlungsunfähigkeit oder Überschuldung heraus, hat der Liquidator die Eröffnung des Insolvenzverfahrens zu beantragen (§ 71 Abs. 4, unten Rn. 7). Einer Liquidation bedarf es nicht bei Verschmelzung durch Neugründung oder Aufnahme (§§ 20 Abs. 1 Nr. 2, 36 Abs. 1 Satz 1 UmwG; unten § 38 Rn. 6 ff.).

3. Vollbeendigung

Die Vollbeendigung der GmbH tritt mit der **Löschung im Handelsregister** ein. 5
Die Löschung von Amts wegen ist nach § 141 a FGG bei Vermögenslosigkeit möglich.

Stellt sich nachträglich heraus, dass doch noch Gesellschaftsvermögen vorhanden ist, ist eine **Nachtragsliquidation** erforderlich.[6]

III. Insolvenz[7]

1. Insolvenzgründe

Insolvenzgründe sind nach § 64 Abs. 1 i. V. m. §§ 17–19 InsO **Zahlungsunfähigkeit,** 6
drohende Zahlungsunfähigkeit und **Überschuldung.**

Zahlungsunfähigkeit liegt vor, wenn die Gesellschaft nicht in der Lage ist, die fälligen Zahlungsverpflichtungen zu erfüllen – **Illiquidität** (§ 17 Abs. 1 InsO). Stellt die Gesellschaft ihre Zahlungen ein, wird nach § 17 Abs. 2 InsO die Zahlungsunfähigkeit vermutet.[8] **Drohende Zahlungsunfähigkeit** besteht, wenn die GmbH voraussichtlich nicht in der Lage sein wird, die bestehenden Zahlungspflichten im Zeitpunkt der Fälligkeit zu erfüllen (§ 18 Abs. 2 InsO). **Überschuldung** ist gegeben, wenn das Vermögen der Gesellschaft die Verbindlichkeiten nicht mehr deckt (§ 19 Abs. 2 InsO). Maßgebend dafür ist **nicht** die **Handelsbilanz** (oben § 22 Rn. 31), sondern eine gesondert aufzustellende **Überschuldungsbilanz.** Auf der Passivseite sind nur echte Verbindlichkeiten aufzunehmen, nicht das Stammkapital (vgl. oben § 23 Rn. 18). Für die **Bewertung der Aktiva** ist entscheidend, ob mit einer Fortführung des Unternehmens gerechnet werden kann; bei einer positiven Prognose sind **Fortführungswerte** in Ansatz zu bringen (§ 19 Abs. 2 Satz 2 InsO), anderenfalls **Zerschlagungswerte.**[9]

2. Insolvenzantragspflicht

Bei Zahlungsunfähigkeit und bei Überschuldung ist die **Gesellschaft,** vertreten 7
durch den Geschäftsführer, ggf. Liquidator, **zwingend verpflichtet, unverzüglich,**

---

[6] Näheres bei Baumbach/Hueck/*Schulze-Osterloh/Fastrich*, § 60 Rn. 65 ff.; Beispielsfall bei *Wiedemann/Frey*, Nr. 325.

[7] Für Einzelheiten muss auf die insolvenzrechtliche Literatur verwiesen werden, insbes. Kommentierungen zur InsO, *Jauernig/Berger*, Zwangsvollstreckungs- und Insolvenzrecht, 22. Aufl., 2007; *Paulus*, Insolvenzrecht, 2007; *K. Schmidt/Uhlenbruck*, Die GmbH in der Krise, Sanierung und Insolvenz, 3. Aufl., 2003.

[8] Baumbach/Hueck/*Schulze-Osterloh*, § 64 Rn. 6 ff.

[9] Beispielsfall bei *Wiedemann/Frey*, Nr. 326; eingehend *K. Schmidt/Uhlenbruck*, Die GmbH in der Krise, Sanierung und Insolvenz, 3. Aufl., 2003, Rn. 809 ff.; vgl. auch *BGH* NZG 2007, 347, 350.

spätestens nach drei Wochen die **Eröffnung des Insolvenzverfahrens** zu **beantragen** (64 Abs. 1). Nach § 15 Abs. 1 InsO gilt für die Antragstellung Einzelvertretungsmacht. Die Frist beginnt mit der Erkennbarkeit der Insolvenzreife.[10] Die Dreiwochenfrist ist eine gesetzliche Höchstfrist; sie wird nicht durch Sanierungs- oder Vergleichsbemühungen verlängert.

7 a   *MoMiG: § 64 Abs. 1 wird aufgehoben. Die **Insolvenzantragspflicht** ist in die InsO verlagert und erweitert (§ 15 a RegE-InsO). Die Ansiedlung in der InsO und die gleichmäßige, rechtsformneutrale Geltung für alle juristischen Personen und Personengesellschaften ohne natürliche Person als auch persönlich haftenden Gesellschafter spiegelt zugleich die Qualifizierung der Insolvenzantragspflicht als auch **zum Insolvenzrecht gehörig**. Das entspricht dem rechtsvergleichenden Befund in etlichen anderen Ländern, z. B. England und Frankreich. Die Insolvenzantragspflicht trifft auch vergleichbare **Auslandsgesellschaften**, auf die deutsches Insolvenzrecht anzuwenden ist, etwa eine hauptsächlich in Deutschland tätige Limited (oben § 1 Rn. 11).*

7 b   *Im Fall der **Führungslosigkeit** (oben § 22 Rn. 8 a) ist jeder **Gesellschafter verpflichtet**, bei Zahlungsunfähigkeit oder Überschuldung den Insolvenzantrag innerhalb der Dreiwochenfrist zu stellen, es sei denn, dieser hat von dem Insolvenzgrund oder der Führungslosigkeit keine Kenntnis; die Pflicht ist strafbewehrt (§ 15 a Abs. 3, 4 RegE-InsO). Damit werden Strategien der sog. Firmenbestattung (oben Rn. 1) unattraktiver. Die Pflichten und Risiken für die Gesellschafter werden erhöht. Es wird ein Anreiz gegeben, Führungslosigkeit zu vermeiden. Welche Konsequenzen dogmatischer Art für die Rechtsstellung des Gesellschafters in der Krise daraus abzuleiten sind, wird ggf. noch zu untersuchen sein. Ferner obliegen den Gesellschaftern im Fall der Führungslosigkeit die insolvenzrechtlichen Mitwirkungspflichten; verweigern sich die Gesellschafter, können sie mit Verfahrenskosten belastet werden (§ 101 Abs. 1 Satz 2 letzter Halbs., Abs. 3 RegE-InsO).*

8   **Antragsberechtigt** ist ferner jeder Gläubiger der Gesellschaft, der ein rechtliches Interesse glaubhaft macht (§ 14 Abs. 1 InsO). Das kann auch ein Gesellschafter sein, der Ansprüche gegen die Gesellschaft hat. Praktisch kommen immer wieder Insolvenzanträge von Sozialversicherungsträgern oder Finanzämtern[11] oder auch die Drohung damit vor, was zu Zahlungen führt, die gesellschafts- und insolvenzrechtlich zweifelhaft sind.

Gesellschafter als solche sind nicht insolvenzantragsberechtigt. Sie können aber durch Beschluss der Gesellschafterversammlung den Geschäftsführer entsprechend anweisen. Bei drohender Überschuldung ist nur die Gesellschaft, vertreten durch die Geschäftsführer, antragsberechtigt; eine Antragspflicht besteht nicht (§ 18 InsO).

8 a   *MoMiG: Im Fall der Führungslosigkeit ist jeder Gesellschafter zur Antragstellung berechtigt (§ 15 Abs. 1 Satz 2 RegE-InsO). Das entspricht der Verpflichtung nach § 15 a InsO.*

3. Sanktionen

a) Ersatzpflicht für unerlaubte Zahlungen

9   Die **Gesellschaft** hat nach § 64 Abs. 2 einen Ersatzanspruch eigener Art gegen die Geschäftsführer wegen unzulässiger **Zahlungen.** Zweck der Vorschrift ist, dass **nach** Eintritt der **Zahlungsunfähigkeit** oder **Überschuldung** nur noch solche Leistungen erfolgen sollen, die die Insolvenzmasse nicht schmälern, z. B. zum Überleben des Unternehmens bei positiver Fortführungsprognose unerlässlich sind. Maßstab ist das Gläubigerinteresse. Weitere Voraussetzungen sind mindestens Fahrlässigkeit des Geschäftsführers sowie Eröffnung des Insolvenzverfahrens oder Ablehnung der Eröffnung mangels Masse.[12]

9 a   *MoMiG: § 64 Satz 3 RegE erweitert das **Zahlungsverbot** auf sämtliche Zahlungen **an Gesellschafter**, die absehbar zur Zahlungsunfähigkeit führen. Das ergänzt die Kapitalerhaltung nach § 30, die aber*

---

[10] BGHZ 143, 185 = NJW 2000, 668; Baumbach/Hueck/*Schulze-Osterloh,* § 64 Rn. 50 m. w. N.

[11] Vgl. den Sachverhalt in *BGH* DB 2007, 1808 f.; ferner *Güther/Kohly,* ZIP 2007, 1349.

[12] *BGH* NJW 2001, 304 = NZG 2000, 1222; zum ganzen Baumbach/Hueck/*Schulze-Osterloh,* § 64 Rn. 81 ff.; Beispielsfall bei *Wiedemann/Frey,* Nr. 327.

bilanziell anknüpft, während hier die Liquidität der Gesellschaft in Rede steht.[13] *Der Anspruch aus der Liqiditätsperspektive ist auch stärker als die Insolvenzanfechtung nach §§ 129 ff. InsO. Die Vorschrift ist im Zusammenhang damit zu sehen, dass zwischen eigenkapitalersetzenden und anderen Gesellschafterleistungen nicht unterschieden wird (unten Rn. 15 a, 16 a).*

b) Schadensersatzansprüche wegen Insolvenzverschleppung

aa) Geschäftsführer haften **der Gesellschaft** für Schäden aus pflichtwidrig verspäte- 10 ter oder unterlassener Antragstellung nach § 43 Abs. 2 (oben § 22 Rn. 11). Haben die Gesellschafter, etwa durch Weisung, die Antragstellung verzögert, liegt insoweit keine Pflichtverletzung vor. Anders als bei der Rückzahlungspflicht nach § 64 Abs. 2 ist hier eine Schadensfeststellung und -berechnung erforderlich.

bb) § 64 Abs. 1 ist **Schutzgesetz** i. S. d. § 823 Abs. 2 BGB zugunsten der Gläubiger.[14] 11 Wiederum schwierig kann hier die Schadensfeststellung sein. Gläubiger, die schon vor Eintritt der Insolvenzreife Gläubiger waren, können durch die Verzögerung eine geringere oder gar keine Quote auf ihre Forderung erhalten – **Quotenschaden bei Altgläubigern.** Wer erst nach Eintritt der Insolvenzreife Geschäfte mit der GmbH gemacht hat – **Neugläubiger,** hat Anspruch auf das **negative Interesse.**[15]

cc) Geschäftsführer, die vorsätzlich oder fahrlässig die Insolvenzantragspflicht verletzen, machen sich nach § 84 Abs. 1 Nr. 2 **strafbar.** Aus dem StGB kommen daneben die §§ 266, 283 ff. StGB (Untreue, Bankrott) in Betracht. Berater können als Teilnehmer strafbar sein.[16] Ferner können die nach Eintritt der Insolvenzreife getätigten Geschäfte den Tatbestand des Betrugs erfüllen (§ 263 StGB), indem dem Geschäftspartner eine solvente Gesellschaft vorgegaukelt wird.

MoMiG: Wie zuvor § 64 Abs. 1 ist § 15 a RegE-InsO Schutzgesetz i. S. d. § 823 Abs. 2 BGB. Da nun- 11 a *mehr auch Gesellschafter verpflichtet sein können, den Insolvenzantrag zu stellen (oben Rn. 7 b), kommt sowohl Insolvenzverschleppungshaftung wie Strafbarkeit von Gesellschaftern in Betracht. Voraussetzung ist jeweils, dass der Gesellschafter den Insolvenzgrund oder die Führungslosigkeit kannte.*

c) Flankierende Maßnahmen

Geschäftsführer und Gesellschafter schätzen typischerweise die wirtschaftliche Lage der Gesell- 12 schaft optimistischer ein als (im Nachhinein) gerechtfertigt; die Besonderheiten unternehmerischen Entscheidens kommen hinzu.[17] Ferner wird gerade bei kleinen, personalistischen Gesellschaften die Finanzplanung oftmals vernachlässigt, obwohl Geschäftsführer im Rahmen der **Geschäftsleiterpflichten** die Zahlungsfähigkeit der Gesellschaft zu überwachen, ggf. einen Finanzplan aufzustellen haben, um Liquiditätsengpässe frühzeitig festzustellen und für ihre Beseitigung zu sorgen. Deshalb schreibt das Gesetz zwingend eine **Gesellschafterversammlung** oder zumindest Unterrichtung der Gesellschafter vor, wenn Verluste eingetreten sind, die das **Gesellschaftsvermögen** auf **weniger als die Hälfte des Stammkapitals** haben absinken lassen (oben § 22 Rn. 11). Was dann geschieht, ist rechtlich nicht geregelt und auch nicht regelbar. Es geht um ein Minimum an Aufmerksamkeit hinsichtlich der Finanzlage der Gesellschaft; die Vorschrift hat eine Warnfunktion.[18]

MoMiG: In der Unternehmergesellschaft (haftungsbeschränkt) muss die Gesellschafterversammlung 12 a *bei drohender Zahlungsunfähigkeit einberufen werden (§ 5 a Abs. 4 RegE; oben § 22 Rn. 11 a).*

---

[13] Zum Zusammenhang zwischen § 30 und 64 *K. Schmidt,* GmbHR 2007, 1, 4 ff.

[14] BGHZ 29, 100; 138, 211 = NJW 1998, 2667; Baumbach/Hueck/*Schulze-Osterloh,* § 64 Rn. 90 m. w. N.

[15] Str.; grundlegend BGHZ 126, 181 = NJW 1994, 2220; Lutter/Hommelhoff/*Lutter/Kleindiek,* § 64 Rn. 41 ff., 47 ff.; kritisch Baumbach/Hueck/*Schulze-Osterloh,* § 64 Rn. 92 ff.; Beispielsfall bei *Wiedemann/Frey,* Nr. 328.

[16] *BGH* NStZ 2000, 34; BGHZ 162, 143 = NJW 2005, 1121, 1124 f.; zu sog. faktischen Geschäftsführern oben § 22 Rn. 12.

[17] Vgl. *Englerth,* in: Engel/Englerth/Lüdemann/Spiecker gen. Döhmann (Hrsg.), Recht und Verhalten, 2007, S. 60, 95 f.; *Kahnemann,* 58 American Psychologist 697 (2003) (Nobelpreisvorlesung vom 8. 12. 2002); zum unternehmerischen Entscheiden oben § 22 Rn. 12, unten § 27 Rn. 33 f.

[18] *Veil,* ZGR 2006, 374.

4. Insolvenzverfahren – gesellschaftsrechtliche Aspekte

13   Mit Eröffnung des Insolvenzverfahrens verlieren, von den Fällen der Eigenverwaltung (§§ 270 ff. InsO) abgesehen, die Gesellschafter ihre Weisungs-, die Geschäftsführer oder die Liquidatoren die Geschäftsführungs- und Vertretungsbefugnis. Diese Aufgaben übernimmt der **Insolvenzverwalter** und verfolgt die Zwecke des Insolvenzverfahrens (§ 80 InsO, oben Rn. 1). Dazu gehört vor allem, das Gesellschaftsvermögen – die Insolvenzmasse – zu sichern und zu ergänzen. Einzuziehende **Forderungen** sind auch solche **gegen Geschäftsführer und Gesellschafter,** die bei einer gesunden Gesellschaft meist keine besondere Rolle spielen.

14   Das beginnt mit Ansprüchen aus dem Gründungsstadium, insbesondere der **Differenzhaftung** bei überbewerteten Sacheinlagen, Gründerhaftung und **Vorbelastungshaftung** (oben § 21 Rn. 6, 13, 31). Ferner sind **ausstehende Einlagen** einzuziehen; hier steht die Erfüllungswirkung bei Hin- und Herzahlen sowie **verdeckten Sacheinlagen** auf dem Prüfstand (oben § 23 Rn. 10 ff.). Sind Einlagen nicht einbringlich, haften Vormänner und die übrigen Gesellschafter (oben § 23 Rn. 15). Die Erfordernisse der realen Kapitalaufbringung gelten auch bei der **Mantelverwendung** oder **wirtschaftlichen Neugründung** (oben § 23 Rn. 9). Unter Verstoß gegen die **Kapitalerhaltungsvorschrift des § 30** erfolgte Zahlungen sind nach § 31 zurück zu fordern (oben § 23 Rn. 19, 21), ggf. auch von anderen Gesellschaftern als den Empfängern (§ 31 Abs. 3). Des weiteren sind **Ersatzansprüche** gegen Geschäftsführer **wegen Pflichtverletzungen** geltend zu machen (oben § 22 Rn. 12, § 23 Rn. 21). Das Einverständnis der Gesellschafter entlastet die Geschäftsführer nicht von Ansprüchen wegen Verletzung der Kapitalerhaltungsvorschrift (§ 43 Abs. 3 Satz 3). **Einforderungsbeschlüsse** nach § 46 Nr. 2 und 8 sind **nicht erforderlich.** Die **Verjährung** beträgt bei Ansprüchen wegen Pflichtverletzungen fünf Jahre (§§ 9 b, 43 Abs. 4), bei Einlagen- und einlagengleichen Ansprüchen zehn Jahre (§§ 9 Abs. 2, 19 Abs. 6); hinzu kommt die Ablaufhemmung nach § 19 Abs. 6 Satz 2.[19]

14 a   *MoMiG: Die teilweise überzogenen Folgen der Anforderungen an die freie Verfügbarkeit von Einlagen, des Aufrechnungsverbots und verdeckter Sacheinlagen sind durch die bilanzielle Betrachtung in §§ 8 Abs. 2 Satz 2, 3 und 19 Abs. 4 RegE abgemildert (oben § 23 Rn. 12 a, 14 a). Praktisch wird das vor allem im Insolvenzfall relevant. An die Stelle der nochmaligen Zahlung der gesamten Einlage tritt die Differenzhaftung. Entsprechendes gilt für die* bilanzielle Betrachtung bei der Kapitalerhaltung. *Leistungen der Gesellschaft an Gesellschafter fallen nicht unter § 30 Abs. 1, wenn die Gesellschaft einen vollwertigen Rückzahlungs- oder Gegenleistungsanspruch erwirbt (oben § 23 Rn. 20 a). Die Vorschrift verhindert zudem die analoge Anwendung auf (eigenkapitalersetzende) Darlehen (unten Rn. 23). Das erklärt die Gesetzesformulierung, die auf die Abänderung nicht des Gesetzes, sondern einer richterlichen Rechtsfortbildung zielt.*

15   Rechtshandlungen, vor allem Zahlungen, die je nach Fallgruppe einen Monat bis zehn Jahre vor Eröffnung des Insolvenzverfahrens vorgenommen wurden und die Gläubiger benachteiligen, können vom Insolvenzverwalter angefochten werden (§§ 129 ff. InsO). Die **Anfechtung** bedeutet in diesem Zusammenhang, anders als in §§ 119, 123 BGB, keine Beseitigung eines Rechtsgeschäfts, sondern führt zu einem **Anspruch auf Rückgewähr** an die Insolvenzmasse (§ 143 InsO). Praktisch bedeutsam ist das für alle Maßnahmen, mit denen Gesellschaftsvermögen noch schnell beiseite geschafft werden sollte.

15 a   *MoMiG: Die Anfechtungsvorschriften (§§ 135, 143 RegE-InsO, § 6 RegE-AnfG) sind auf Gesellschafterdarlehen und damit zusammenhängende Maßnahmen allgemein formuliert. Das Merkmal „kapitalersetzend" ist entfallen. An die Stelle der Abgrenzung zwischen kapitalersetzenden und anderen Leistungen tritt die* Anfechtbarkeit *aller Leistungen zur Befriedigung von Rückgewähransprüchen, die im letzten Jahr vor dem Antrag auf Insolvenzeröffnung oder nach Antragstellung erfolgt sind (insbes. § 135 Abs. 1 Nr. 2 RegE-InsO).*

5. Insbesondere: Eigenkapitalersatz

16   Die GmbH hat oft nur ein geringes Eigenkapital (Stammkapital und sonstiges Eigenkapital, oben § 23 Rn. 3 ff.); die Entscheidung über Art und Umfang der Finanzierung bleibt den Gesellschaftern über-

---

[19] Dazu Baumbach/Hueck/*Hueck/Fastrich,* § 19 Rn. 12.

lassen. Ein verbreitetes Mittel zur Deckung des Kapitalbedarfs sind **Darlehen der Gesellschafter an die GmbH** (oben § 23 Rn. 7). Soweit die Gesellschafter von sich aus anderen Gläubigern den Vorrang einge- räumt haben – **Rangrücktritt**, sind die anderen Gläubiger vor den Gesellschaftern als Darlehensgeber zu befriedigen. Deshalb sind solche Darlehen bei der Überschuldungsbilanz (oben Rn. 6) nicht anzu- setzen.[20] Sollte es gelingen, alle Gläubiger zu befriedigen, können die Gesellschafterdarlehen zurück gezahlt werden. Bleibt danach noch Vermögen übrig, ergibt sich ein Liquidationserlös (oben Rn. 4). Rechtlich problematisch sind dagegen Gesellschafterdarlehen, die ohne Rangrücktritt gewährt werden. Sie sind in normale Fremdmittel und Eigenkapitalersatz zu unterscheiden.

*MoMiG: § 39 Abs. 1 Nr. 5 RegE-InsO erzwingt im Insolvenzfall einen **Rangrücktritt sämtlicher Gesell-*** **16 a** *schafterdarlehen.** Ausgenommen sind Darlehen von Gläubigern, die erst zum Zweck der Sanierung Ge- sellschafter geworden sind (§ 39 Abs. 4 RegE-InsO).[21] Auch Darlehen von Minderheitsgesellschaftern, die weniger als zehn % des Stammkapitals halten und nicht Geschäftsführer sind, sind ausgenommen (§ 39 Abs. 5 RegE-InsO). Eine Einordnung als „eigenkapitalersetzend" findet nicht statt. Rechtsverglei- chend entspricht das, wie stets mit Unterschieden im Detail, der „equitable subordination".[22]*

a) Begriff

Wirtschaftlich erfüllen Gesellschafterdarlehen die Funktion von Eigenkapital, wenn **17** sie ein nach Gesellschaftszweck und Geschäftsvolumen zu geringes Stammkapital oder sonstiges Eigenkapital ergänzen.[23] § 32a behandelt als **eigenkapitalersetzende Gesell- schafterdarlehen** solche, **die in einem Zeitpunkt gegeben werden, in dem ordentli- che Kaufleute der GmbH Eigenkapital zugeführt hätten (Krise der Gesellschaft).** Im **Insolvenzfall** ist dann dem Gesellschafter als Gläubiger dieses Darlehens die Gleichstellung mit den anderen Gläubigern versagt. Der Gesellschafter kann deshalb die Darlehensforderung nur als **letztrangiger Insolvenzgläubiger** geltend machen (§ 32a Abs. 1). Dies ist seit der GmbH-Novelle von 1980 gesetzlich geregelt. Die §§ 32a und b wurden seither mehrfach geändert; sie werden ergänzt durch die § 135 InsO und § 6 AnfG. Das rechtsdogmatische Erklärungsmuster sowie zahlreiche Ein- zelfragen sind bis heute nicht befriedigend gelöst.[24]

Obwohl mit der gesetzlichen Regelung eine eindeutige *Rechtsgrundlage* besteht, ist deren dogmati- **18** sche Einordnung und die Abstimmung mit dem Insolvenzrecht nach wie vor unklar. Die frühere Rechtsprechung hat die Behandlung von Gesellschafterdarlehen als Eigenkapital im Wesentlichen un- ter dem Gesichtspunkt des *venire contra factum proprium* gesehen. Ein Gesellschafter, der der GmbH zur Abwendung des Konkurses Mittel gewährt, setze sich in Widerspruch hierzu und verstoße gegen Treu und Glauben, wenn er sie wieder abzieht, ehe dieses Ziel erreicht ist; er erwecke den Anschein ausreichender Kapitalausstattung.[25] Man spricht auch von *Finanzierungsfolgenverantwortung.*[26] Die Literatur hat sich teilweise auch auf einen allgemeinen Vertrauensschutz[27] sowie auf die Außerkraftset- zung der Außenkontrolle durch (echte) Fremdkapitalgeber[28] gestützt. Gesellschafter versuchen oft, die Gesellschaft auch dann noch zu stützen, wenn Drittkreditgeber dazu nicht mehr bereit wären und die Gesellschaft unter Marktbedingungen nicht weiterexistieren könnte. Den Gesellschafter trifft damit

---

[20] Baumbach/Hueck/*Hueck/Fastrich*, § 32a Rn. 12, 54; Beispielsfall bei *Wiedemann/Frey*, Nr. 329; mit engen Voraussetzungen BGHZ 146, 264 = NJW 2001, 1280.
[21] *Noack*, DB 2007, 1395, 1397f. zum Sanierungsprivileg.
[22] Zur *equitable subordination* Huber/Habersack, in: Lutter (Hrsg.), Legal Capital in Europe, 2006 (ECFR Sonderband 1), S. 308; *Skeel/Krause-Vilmar*, 7 EBOR (2006), 259.
[23] Instruktives Beispiel die Grundsatzentscheidung BGHZ 31, 258 = NJW 1960, 285 – Lufttaxi: dem Stammkapital von 20 000 DM standen weitere 56 000 DM Gesellschafterdarlehen gegenüber; zu sog. Finanzplankrediten unten Rn. 21.
[24] Kritisch etwa *Fastrich*, FS Zöllner, Bd. 1, 1998, S. 143; *Grunewald*, GmbHR 1997, 7; *Kleindiek*, ZGR 2006, 335, 350ff.
[25] BGHZ 31, 258, 272 = NJW 1960, 285; BGHZ 67, 171, 175 = NJW 1977, 171; BGHZ 90, 381, 388f. = NJW 1984, 1893 (betr. AG); zur Bedeutung dieser Begründung *Krolop*, ZIP 2007, 1738, 1739.
[26] BGHZ 127, 336, 344 = NJW 1995, 326; *Habersack*, ZHR 162 (1998), 201, 203f.; *Veil*, ZGR 2000, 223, 232; *Wiedemann*, ZIP 1986, 1293, 1297.
[27] *Lutter/Hommelhoff*, ZGR 1979, 31, 35ff.
[28] *Fastrich*, FS Zöllner, Bd. 1, 1998, S. 143, 149f.

eine Obliegenheit, entweder mit nachrangigem Kapital zu finanzieren oder die Liquidation der Gesellschaft durchzusetzen. Sittenwidrige Gläubigerbenachteiligung durch Darlehen kommt allenfalls in seltenen Extremfällen in Betracht (§ 826 BGB).[29]

18 a *MoMiG: Durch die ausdrückliche Gleichstellung aller Gesellschafterdarlehen in § 30 und in § 39 InsO ist das Merkmal „eigenkapitalersetzend" entfallen. Das Rechtsproblem der Finanzierung der Gesellschaft durch die Gesellschafter im Gewand der Fremdfinanzierung wird nicht mehr aus der Perspektive der Tatbestandsmerkmale des § 32 a (unten Rn. 19 ff.), sondern aus der Perspektive des Insolvenzfalles gesehen.*

b) Tatbestandsmerkmale

19   **aa) „Krise der Gesellschaft":** Für die Abgrenzung eigenkapitalersetzender Gesellschafterdarlehen von anderen Rechtsbeziehungen, kraft deren der Gesellschafter als Drittgläubiger eine Leistung verlangen kann, ist nach § 32 a Abs. 1 maßgebend, ob im Zeitpunkt der Darlehensgewährung ein ordentlicher Kaufmann statt dessen Eigenkapital zugeführt hätte. Dabei ist zunächst problematisch, dass GmbH-Gesellschafter jedenfalls nicht in dieser Eigenschaft Kaufleute sind und es eine allgemeine kaufmännische Finanzierungsverantwortung nicht gibt. Entscheidend ist vielmehr, ob die **Gesellschaft objektiv kreditunwürdig** ist. Daran besteht kein Zweifel, wenn ein Darlehen bei bestehender oder unmittelbar drohender Illiquidität oder Überschuldung zur Abwendung der Insolvenz gegeben wird. Im Übrigen wird darauf abgestellt, ob die Gesellschaft den zur Fortführung notwendigen Kapitalbedarf durch Kredit von dritter Seite zu marktüblichen Bedingungen hätte decken können.[30]

20   **bb)** Die als Darlehensgeber betroffenen sind zunächst die **Gesellschafter,** jedoch mit den Einschränkungen in § 32 a Abs. 3 Satz 2 und 3. Danach trifft Minderheitsgesellschafter, deren Beteiligung 10% des Stammkapitals nicht übersteigt und die nicht an der Geschäftsführung beteiligt sind, nicht die besondere Verantwortung für ihr Finanzierungsverhalten. Die zweite Ausnahme betrifft Darlehensgeber, die zu Sanierungszwecken überhaupt erst in der Krise einen Geschäftsanteil erwerben. Beide Privilegierungen wurden 1998 eingefügt. Dagegen erweitern § 32 a Abs. 2 und Abs. 3 Satz 1 den betroffenen Personenkreis auf **Dritte,** deren Darlehensgewährung wirtschaftlich derjenigen eines Gesellschafters gleichkommt oder durch einen Gesellschafter gesichert wird. Das können auch verbundene Unternehmen sein.

21   **cc)** § 32 a Abs. 1 stellt an sich nur auf die **Lage** der Gesellschaft **bei Darlehensgewährung** ab. Aber auch eine **nachträgliche Qualifizierung** als eigenkapitalersetzendes Darlehen ist möglich, wenn der Gesellschafter ein früher der gesunden GmbH gegebenes Darlehen stehen lässt, obwohl inzwischen für ihn erkennbar die Voraussetzungen eingetreten sind, unter denen das Darlehen wie Eigenkapital zu behandeln ist.[31] Voraussetzung ist allerdings, dass das Darlehen zur Rückzahlung fällig ist oder die Fälligkeit durch Kündigung (§§ 488 Abs. 3, 489, insbes. § 490 BGB) herbeigeführt werden kann, da anderenfalls kein der Hingabe gleich zu achtendes Stehenlassen vorliegt. Das ist dann der Fall, wenn die Gesellschafter gesellschaftsvertraglich oder durch Nebenabreden zur Darlehensfinanzierung verpflichtet sind – **Finanzplankredite.** Dann bestimmen sich die Bindungen dieser Kredite nach den Verträgen; Überschneidungen mit § 32 a sind jedoch nicht ausgeschlossen.[32]

§ 32 a Abs. 3 erstreckt die Regelung auf im wirtschaftlichen Ergebnis einem eigenkapitalersetzenden Darlehen **entsprechende Rechtshandlungen** anderer Art. Das können Fälle der **Gebrauchsüberlassung von Anlagegegenständen** durch Gesellschafter in kritischer Lage der GmbH sein. Weitere instruktive *Beispiele* für Maßnahmen mit eigenkapitalersetzender Funktion sind: Stehenlassen des Geschäftsführergehalts;[33] Stundung des Kaufpreises aus Warenlieferungen;[34] Dazwischenschalten eines abhängigen Unternehmens;[35] Hinterlegung einer Kaution.[36] Einem eigenkapitalersetzenden Gesellschafterdarlehen kommt es wirtschaftlich gleich, wenn ein Gesellschafter in entsprechender Situation

---

[29] So aber *RG* JW 1938, 862; 1939, 354, 356.

[30] Allg. M.; BGHZ 76, 326, 330 = NJW 1980, 1524; BGHZ 81, 252, 255 = NJW 1981, 2570; *BGH* NJW 1990, 980; 1992, 1764; Baumbach/Hueck/*Hueck/Fastrich,* § 32 a Rn. 48 ff. m. w. N.

[31] BGHZ 75, 334 = NJW 1980, 592; ausführlich *BGH* NJW 1985, 2719; auch BGHZ 105, 168, 185 f. = NJW 1988, 3143; BGHZ 106, 7, 11 = NJW 1989, 982; Baumbach/Hueck/*Hueck/Fastrich,* § 32 a Rn. 37 ff. m. w. N.

[32] BGHZ 142, 116 = NJW 1999, 2805; Baumbach/Hueck/*Hueck/Fastrich,* § 32 a Rn. 52 f.; *Fleischer,* Finanzplankredite und Kapitalersatz, 1995; Scholz/*K. Schmidt,* §§ 32 a, 32 b Rn. 42, 97 ff.

[33] BGHZ 76, 326 = NJW 1980, 1524.

[34] BGHZ 81, 252, 262 f. = NJW 1981, 2570.

[35] BGHZ 81, 311 = NJW 1982, 383; BGHZ 105, 168, 176 f. = NJW 1988, 3143.

[36] *BGH* NJW 1989, 1733.

einem Dritten eine **Sicherung für ein Darlehen an die Gesellschaft** bestellt. § 32 a Abs. 2 verweist den Dritten im Insolvenzfall auf die Inanspruchnahme der Sicherung und lässt ihn nur in Höhe eines dabei erlittenen Ausfalls am Insolvenzverfahren teilnehmen.

c) Gesetzliche Rechtsfolgen

Der Anspruch auf Rückgewähr, Zinsen und Nebenforderungen kann im **Insolvenzfall** nur **nach-** **22** **rangig** nach allen anderen Gläubigern geltend gemacht werden (§ 32 a Abs. 1). Das Gesellschafterdarlehen wird den anderen Gläubigern gegenüber wie Eigenkapital behandelt. Der Gesellschafter ist ferner zur **Erstattung von Leistungen** verpflichtet, wenn die Gesellschaft ein Darlehen, für das der Gesellschafter unter den Voraussetzungen des § 32 a Abs. 2, 3 eine Sicherung bestellt oder eine Bürgschaft übernommen hat, im letzten Jahr vor dem Antrag auf Eröffnung des Insolvenzverfahrens zurückgezahlt hat.[37] Im Übrigen geht das Gesetz den Weg der Insolvenzanfechtung (§ 135 InsO) oder Anfechtung nach § 6 AnfG.

Besonders schwierig ist ferner die Bestimmung der **Rechtsfolgen eigenkapitalersetzender Nutzungsüberlassung.** Als gesichert kann gelten, dass diese einen vereinbarten Mietzins oder sonstige Nutzungsentgelte sowie den Nutzungswert im Umfang der Gebrauchsüberlassung erfassen.[38] Dagegen kommt eine Verwertung des Gegenstandes selbst oder des Substanzwertes nicht in Betracht. Handelt es sich um die Überlassung eines Grundstücks, kann dessen Bindung als Eigenkapitalersatz mit Grundpfandrechten Dritter kollidieren.

MoMiG: Der Nachrang betrifft sämtliche Gesellschafterdarlehen (§ 39 Abs. 1 RegE-InsO, oben **22 a** *Rn. 16 a). An die Stelle der gesellschaftsrechtlichen Rückgewährpflicht für den Fall der Erfüllung tritt die Anfechtung nach § 135 RegE-InsO, die zu einem Rückzahlungsanspruch führt (§ 143 InsO). Statt einer materiellen Qualifizierung als kapitalersetzend erfolgt eine zeitliche Eingrenzung; erfasst werden Zahlungen, die bis zu einem Jahr vor Stellung des Antrags auf Insolvenzeröffnung geleistet wurden.*

d) Rechtsfolgen nach der Rechtsprechung

Der Gesetzgeber hat an die vom BGH[39] mit weitgehender Zustimmung der Literatur[40] schrittweise **23** rechtsfortbildend entwickelten Regeln für die Behandlung kapitalersetzender Gesellschafterdarlehen und ähnlicher Tatbestände angeknüpft. Die den §§ 32 a, 32 b vorausgegangene Rechtsprechung hat im Gesetz keine volle Entsprechung gefunden und wurde als unbefriedigend empfunden; deshalb werden die **Rechtsprechungsgrundsätze des BGH** weiterhin neben dem Gesetz angewandt.[41] Daraus ergibt sich ein methodisch und in der Anwendung problematisches Nebeneinander von Rechtsprechung und Gesetz (oben Rn. 18).

Die deutliche Abweichung zwischen der gesetzlichen Regelung und den Rechtsprechungsgrundsätzen besteht darin, dass der BGH einen **gesellschaftsrechtlichen Rückgewähranspruch** auf §§ 30 Abs. 1, 31 analog gestützt und damit die Konsequenz aus der Gleichsetzung kapitalersetzender Darlehen mit dem Eigenkapital gezogen hat.[42] Danach besteht der Anspruch immer dann, wenn die Darlehensrückzahlung unter Beeinträchtigung des das Stammkapital deckenden Gesellschaftsvermögens erfolgt ist. Das geht über die gesetzliche Regelung hinaus, da der Tatbestand der Eröffnung des Insol-

---

[37] Dazu BGHZ 81, 252, 260 = NJW 1981, 2570; *BGH* NJW 1990, 2260, 2261.

[38] BGHZ 109, 55 = NJW 1990, 516; BGHZ 121, 31 = NJW 1993, 392; BGHZ 127, 1 = NJW 1994, 2349; BGHZ 127, 17 = NJW 1994, 2760; *BGH* NJW 1997, 3026 – Lagergrundstück I–V; *G. Hueck,* FS Odersky, 1996, S. 823; Baumbach/Hueck/*Hueck/Fastrich,* § 32 a Rn. 70 ff.; krit. *K. Schmidt,* § 37 IV 3 b.

[39] Grundlegend BGHZ 31, 258 = NJW 1960, 285; ferner BGHZ 67, 171 = NJW 1977, 171; BGHZ 69, 274 = NJW 1978, 160; BGHZ 75, 334 = NJW 1980, 592; BGHZ 76, 326 = NJW 1980, 1524; BGHZ 81, 252 = NJW 1981, 2570; BGHZ 81, 311 = NJW 1982, 383; BGHZ 81, 365 = NJW 1982, 386. Zur Rechtsentwicklung allgemein *Hommelhoff/Kleindiek,* FS 100 Jahre GmbH-Gesetz, 1992, S. 421.

[40] Aus der Literatur ausführlich und mit zahlreichen Angaben zum Stand vor der GmbH-Novelle Hachenburg/*Ulmer,* 8. Aufl., 1992, § 30 Anh. Rn. 68 ff.

[41] BGHZ 90, 370, 376 = NJW 1984, 1891, std. Rspr. und h. M.; m. w. N. und kritisch Baumbach/Hueck/*Hueck/Fastrich,* § 32 a Rn. 92.

[42] BGHZ 31, 258, 273 = NJW 1960, 285; seither in std. Rspr. stets Anwendbarkeit der §§ 30 Abs. 1, 31 betont, vgl. besonders BGHZ 69, 274, 281 = NJW 1978, 160; BGHZ 76, 326 = NJW 1980, 1524; BGHZ 81, 252 = NJW 1981, 2570; BGHZ 81, 365 = NJW 1982, 386; BGHZ 90, 370, 376 = NJW 1984, 1891; BGHZ 95, 188, 191 f. = NJW 1985, 2947; *BGH* NJW 1985, 2719.

venzverfahrens nicht erforderlich ist. Ferner ist den gesetzlichen Einschränkungen zugunsten von Min-derheitsgesellschaftern und Sanierungsgläubigern Rechnung zu tragen. Das Nebeneinander von gesell-schaftsrechtlichen und insolvenzrechtlichen Grundsätzen führt zu einer unerfreulichen Komplizie-rung.[43]

23 a *MoMiG: Die Rechtsprechungsgrundsätze, die vor allem für masselose Insolvenzen von Bedeutung sind, sind nach der Änderung des § 30 nicht mehr anwendbar. Für den Fall, dass ein Insolvenzverfahren nicht eröffnet oder nach Eröffnung mangels Masse eingestellt wird, enthalten §§ 6, 6a RegE-AnfG Anfechtungsmöglichkeiten wegen sämtlicher zurückgezahlter Gesellschafterdarlehen und vergleichba-rer Leistungen im Zeitraum eines Jahres vor Erlangen des Schultitels des ausgefallenen Gläubigers. Als Rechtsfolge muss dem Gläubiger zur Verfügung gestellt werden, was durch die anfechtbare Handlung aus dem Vermögen der GmbH abgeflossen ist (§ 11 AnfG).*

6. Rechtslage bei Unterbleiben der Eröffnung des Insolvenzverfahrens und Einstellung mangels Masse

24 Die Anfechtung gläubigerschädigender Handlungen und Unterlassungen nach §§ 129ff. InsO so-wie die Behandlung eigenkapitalersetzender Gesellschafterleistungen nach §§ 32a, 32b, § 135 InsO setzen jeweils die Eröffnung eines Insolvenzverfahrens voraus. Die Ersatzpflicht der Geschäftsführer wegen unzulässiger Zahlungen (§ 64 Abs. 2, oben Rn. 9) setzt wenigstens einen Insolvenzantrag vor-aus.

Kommt es nicht zum Insolvenzverfahren, sind die Gläubiger ausschließlich auf ihre eigene Rechtsverfolgung angewiesen. Soweit sie auf Gesellschaftsvermögen zugreifen wollen, das aus Ansprüchen gegen Gesellschafter und Geschäftsführer besteht, können sie diese pfänden und sich zur Einziehung überweisen lassen (§§ 829, 835f. ZPO). Es kommen die oben Rn. 13 aufgelisteten Ansprüche in Betracht, auch solche auf Rück-gewähr von eigenkapitalersetzenden Leistungen nach den Rechtsprechungsgrundsät-zen (§§ 30, 31 analog) und auf Ersatzansprüche wegen abredewidrig zurückgewährter oder nicht eingeforderter Finanzplankredite. Direkt gegen Geschäftsführer richten sich deliktische Ansprüche wegen Insolvenzverschleppung (oben Rn. 11). Gläubiger-schädigende Rechtshandlungen können nach dem AnfG angefochten werden; Rechts-folge ist ein Rückgewähranspruch gegen den Begünstigten (§ 11 AnfG).

Die Verfolgung solcher Ansprüche ist praktisch schwierig und kostenträchtig. Des-halb sind Rechtsprechung und Gesetzgebung bemüht, die Identifizierung potenzieller Anspruchsgegner zu erleichtern und statt der Verfolgung einzelner (Innen-)Ansprü-che gebündelte Durchgriffs- und Schadensersatzlösungen anzubieten. Zu beachten ist, dass **„Durchgriff" keine subsumtionsfähige Rechtsfigur** ist, sondern die Beschrei-bung eines Ergebnisses, das sehr unterschiedlich begründet werden kann.[44]

IV. Rechtsverfolgung, Publizität und Zugriff

25 Der Zugriff der Gläubiger auf die GmbH, ihre Gesellschafter und Geschäftsführer ist nur möglich, wenn man die Personen und zustellungsfähige Anschriften kennt. Von 1892 bis zur Handelsrechtsreform 1998 war nach § 40 a.F. lediglich einmal jährlich im Januar eine Gesellschafterliste zum Handelsregister einzureichen. Mit Rücksicht auf die zahlreichen Fälle, in denen Gläubigeransprüche gegen Gesellschafter in Betracht kommen, ist ab 1.1.1999 die Liste nach jeder Veränderung in den Personen der Ge-

---

[43] *Fastrich*, FS Zöllner, Bd. 1, 1998, S. 143, 155ff.
[44] Vgl. m.w.N. *K. Schmidt*, § 9.

sellschafter oder des Umfangs ihrer Beteiligung vom Geschäftsführer zu aktualisieren; Notare, die eine Abtretung nach § 15 Abs. 3 beurkundet haben, haben das dem Registergericht anzuzeigen.[45] Die Geschäftsführer sind nach §§ 10, 39 ins Handelsregister einzutragen; ggf. greift § 15 HGB (oben § 22 Rn. 9).

Die Praxis der sog. Firmenbestattung (oben Rn. 1) kombiniert verschiedene Maßnahmen, die nach **26** Möglichkeit Gesellschaft, Gesellschafter und Geschäftsführer unauffindbar machen. Dazu gehört die Sitzverlegung der Gesellschaft (damit Zuständigkeit eines anderen Handelsregisters), Amtsniederlegung der Geschäftsführer (vgl. oben § 22 Rn. 8) und Verwendung von Adressen, unter denen postalisch niemand erreichbar ist.

MoMiG: Die Erreichbarkeit der GmbH wird durch die **Eintragungspflicht einer inländischen Ge-** **26a** ***schäftsanschrift ins Handelsregister*** *verbessert, zumal für diese Pflichtangabe § 15 HGB gilt (§ 10 Abs. 1 RegE; oben § 21 Rn. 10c). Die Vorschrift gilt auch für vergleichbare Auslandsgesellschaften mit inländischer Zweigniederlassung (§ 13d Abs. 2 HGB). Gleichwohl kann es vorkommen, dass unter der angegebenen Anschrift sich kein Geschäftslokal oder keine zuständige Person befindet. Falls die fakultative Eintragung einer zuständigen Empfangsperson vorliegt (§ 10 Abs. 2 Satz 2 RegE), ist an diese zuzustellen. Scheitert ggf. auch dieser Versuch, erweitert diese Fälle § 15a HGB i.V.m. § 185 Nr. 2 ZPO n.F. die Möglichkeiten der* **öffentlichen Zustellung.** *Damit soll der Strategie des „Verschwindens" bei der sog. Firmenbestattung (oben Rn. 1) entgegen gewirkt werden.*

Die Aufwertung der **Gesellschafterliste** *dadurch, dass die Aufnahme ins Handelsregister zur Legiti-* **26b** *mation des Gesellschafters im Innenverhältnis erforderlich ist (§ 16 Abs. 1 RegE), ist zugleich ein Anreiz, die Aktualisierung tatsächlich vorzunehmen. Hinzu kommen die Pflichten des Geschäftsführers und des Notars, aktualisierte Gesellschafterlisten zum Handelsregister einzureichen (§ 40 Abs. 1, 2 RegE; oben § 22 Rn. 23a, b).*

Eine funktionstaugliche Postanschrift nützt freilich nichts, wenn es keine zum Empfang berechtigte **26c** *Person gibt. Diese als* **Führungslosigkeit** *legaldefinierte Situation führt dazu, dass die Gesellschaft durch die Mitglieder des Aufsichtsrates und wenn sie keinen Aufsichtsrat hat, durch die Gesellschafter passiv vertreten wird (§ 35 Abs. 1 Satz 2 RegE; oben § 22 Rn. 8a). Maßgebliche Anschriften sind die im Handelsregister eingetragenen. Auch dies dient dazu, dass eine GmbH sich nicht durch Amtsniederlegung ihrer Geschäftsführer (oben § 22 Rn. 8) unerreichbar machen kann. § 10 Abs. 2 Satz 2 InsO gibt den Aufsichtsratsmitgliedern bzw. Gesellschaftern bei Führungslosigkeit ein* **Anhörungsrecht** *im Insolvenzverfahren.*

V. Durchgriffslösungen, deliktische Ansprüche und „Existenzvernichtung"

1. Überblick

Das für die GmbH als juristische Person geltende **Trennungsprinzip** (oben § 3 **27** Rn. 11) führt zu einer strikten rechtlichen Trennung zwischen Gesellschaft und Gesellschaftern, insbesondere zwischen Gesellschaftsvermögen und Privatvermögen der einzelnen Gesellschafter. Dementsprechend haftet für die Verbindlichkeiten der GmbH nur das Gesellschaftsvermögen, § 13 Abs. 2. Ausnahmsweise werden jedoch unter besonderen Umständen rechtlich relevante Tatsachen oder Vorgänge bei der GmbH auch den Gesellschaftern zugerechnet und umgekehrt, sog. Durchgriff. Das kommt für Fragen der Haftung – **Haftungsdurchgriff** – wie auch für die Zurechnung sonstiger rechtserheblicher Elemente – **Zurechnungsdurchgriff** – in Betracht. Beides ist *nicht GmbH-spezifisch,* wird bei dieser Gesellschaftsform aber am häufigsten relevant. In jedem Fall bleibt der Durchgriff eine *an enge Voraussetzungen geknüpfte Ausnahme.* Keinesfalls genügt allein, dass es sich um eine Einpersonen-GmbH handelt (oben § 21 Rn. 35), dass ein beherrschender Gesellschafter leitenden Einfluss ausübt (vgl. oben

---

[45] Zur Entwicklung *A. Marx,* Die Publizität des GmbH-Gesellschafters, 2002.

§ 20 Rn. 10) oder dass die GmbH insolvent ist. Wegen des vergleichbaren Ergebnisses, nämlich Durchbrechung des Trennungsprinzips, werden nachfolgend auch Durchgriffssituationen behandelt, die nicht im Zusammenhang mit der Beendigung der GmbH in krisenhaften Situationen stehen (unten Rn. 32–34). Ferner kann auf Gesellschafter, ggf. Geschäftsführer zugegriffen werden, wenn diese selbst die jeweiligen tatbestandlichen Voraussetzungen verwirklicht haben.

28   Für den „Durchgriff" gibt es **keine einheitliche rechtliche Begründung;** es gibt kein Rechtsinstitut des Durchgriffs (oben Rn. 24). Die verschiedenen theoretischen Ansätze erlangen in einem weiten Feld von Anwendungsproblemen Bedeutung. Deshalb ist die Erfassung von **Fallgruppen** zur Systematisierung ebenso wichtig wie die abstrakt-generelle Betrachtung.[46] Stichwortartig können folgende Begründungen genannt werden: Nach der *Normzwecklehre (Durchgriff als Normanwendung)* ist die anzuwendende Norm Ausgangspunkt;[47] wenn sie ihrem Sinngehalt nach auf Gesellschaft und Gesellschafter anzuwenden ist oder eine vom Trennungsprinzip abweichende Zuordnung verlangt, folgt der Durchgriff diesem Normzweck. Ferner wird der Durchgriff für erforderlich gehalten, wenn die Verwendung der Form einer juristischen Person nicht der Rechtsordnung entspricht, vor allem die Form missbraucht wird oder die Berufung auf die Trennung zwischen GmbH und Gesellschafter gegen Treu und Glauben verstoßen würde – *institutionelle Durchgriffslehre*, auch *Missbrauchslehre*. Die Terminologie ist uneinheitlich; die Begründungen sind nicht notwendig Gegensätze, sondern ergänzen sich. Die Rechtsprechung hat sich keiner bestimmten Lehre angeschlossen, sondern verwendet verschiedene Lösungsansätze. Dementsprechend ist die Anspruchsgrundlage je nach Fallgruppe gesondert zu formulieren. Die Fälle, in denen eine eigenständige Zurechnungs- oder Anspruchsgrundlage für die Gesellschaft bzw. den Gesellschafter besteht, ein Durchgriff streng genommen also gar nicht erfolgt, werden gesondert behandelt (unten Rn. 32–34).

2. Fallgruppen für Durchgriffslösungen

a) Umwandlung von Innenhaftung in Außenhaftung

29   Insbesondere bei der Vorgesellschaft wird in bestimmten Fällen die Innenhaftung in eine Außenhaftung der Gesellschafter umgewandelt. Die Haftung der Gesellschafter in der Vorgesellschaft besteht nach umstrittener Rechtsprechung gegenüber der Gesellschaft. Ausnahmsweise erscheint aber ein direkter Zugriff auf die Gesellschafter doch unerlässlich, im Ergebnis ein Durchgriff (oben § 21 Rn. 25 f.). Ein wesentlicher Gesichtspunkt ist dabei die **Verfahrensökonomie,** wenn der Verweis des Gläubigers auf die Pfändung von Ansprüchen der Gesellschaft als nutzloser Umweg erscheint. Die Kriterien im einzelnen sind streitig.[48] Wichtigster Fall ist die **Vermögenslosigkeit der Vorgesellschaft,** deren Vorliegen allerdings nicht immer klar abzugrenzen ist. Jedenfalls dann, wenn die Eröffnung des Insolvenzverfahrens mangels Masse abgelehnt worden ist, wird man von Vermögenslosigkeit ausgehen können. Darauf, ob noch weitere Gläubiger vorhanden sind oder ob es einen Geschäftsführer gibt,[49] kann es hingegen nicht ankommen.

b) Vermögens- und Sphärenvermischung

30   Für den **Haftungsdurchgriff,** d. h. die persönliche Haftung des Gesellschafters für Verbindlichkeiten der GmbH entgegen § 13 Abs. 2, stellt die Rechtsprechung, insoweit auf der Linie der institutionellen Durchgriffslehre, auf objektiven Rechtsformmiss-

---

[46] Rechtsprechungsübersicht bei *Boujong,* FS Odersky, 1996, S. 739.

[47] *Hüffer,* AktG, § 1 Rn. 18; *Kübler/Assmann,* § 24; *Müller-Freienfels,* AcP 156 (1957), 522; *Schanze,* Einmanngesellschaft und Durchgriffshaftung als Konzeptualisierungsproblem gesellschaftsrechtlicher Zurechnung, 1975, S. 65 ff., 102 ff.; *E. Rehbinder,* Konzernaußenrecht und allgemeines Privatrecht, 1969, S. 85 ff.; *K. Schmidt,* § 9 II.

[48] BGHZ 134, 333, 341 = NJW 1997, 1507; BGHZ 152, 290 = JZ 626 m. Anm. *Langenbucher; BAG* NJW 1997, 3331; 1998, 628; *BFH* NJW 1998, 2926; *BSG* ZIP 2000, 494, 497; Baumbach/Hueck/ *Hueck/Fastrich,* § 11 Rn. 27; Scholz/*K. Schmidt,* § 11 Rn. 81, grundsätzlich für Außenhaftung Rn. 82; *Ulmer,* ZIP 1996, 733, 735; *Zöllner,* FS Wiedemann, 2002, S. 1383, 1409 ff.

[49] So andeutungsweise BGHZ 134, 333, 341 = NJW 1997, 1507.

brauch oder Verstoß der Berufung auf das Trennungsprinzip gegen Treu und Glauben ab.[50] Anwendungsfälle sind vor allem die **Vermögens- oder Sphärenvermischung,** in denen Gesellschafts- und Gesellschaftervermögen vermischt, vor allem buchmäßig nicht getrennt geführt werden; Gesellschafter und Gesellschaft wirtschaften „aus einem Topf". Solche Fälle kommen vor z. B. bei schlecht geführten Einpersonen-GmbH und bei unter dichter einheitlicher Leitung geführten Konzernen, wenn die Einzelnen rechtlich selbständigen Unternehmen der Gruppe bilanziell nicht hinreichend abgegrenzt werden (Stichwort „Waschkorbbuchhaltung": Belege werden nur in einen großen Korb geworfen).[51] Die weitere Voraussetzung, dass der in Anspruch genommene Gesellschafter maßgeblichen Einfluss auf diese Handhabung hatte, ist dann regelmäßig erfüllt.[52] Die Durchgriffshaftung dient hier auch der ausnahmsweisen Vereinfachung der Rechtsfolgen im Einzelnen schlecht nachweisbarer (Intransparenzfälle) Verstöße gegen Kapitalerhaltungsvorschriften (§§ 30, 31).[53] Rechtstechnisch kann auf widersprüchliches Verhalten (§ 242 BGB, *venire contra factum proprium*) abgestellt werden: wer selbst das Trennungsprinzip missachtet, muss sich an der gegenständlichen Sphärenvermischung festhalten lassen.

c) Unterkapitalisierung?

In engem Zusammenhang mit dem Vorausgehenden steht die Frage, ob **materielle Unterkapitalisie-** **31** **rung** (Stichwort „Aschenputtel-GmbH") einen Haftungsdurchgriff rechtfertigt. Nach nach geltendem Recht besteht keine Pflicht, eine GmbH mit Stammkapital in der für die Verfolgung des Gesellschaftszwecks erforderlichen Höhe auszustatten (oben § 20 Rn. 4). Soweit die Unterkapitalisierung nur nominell besteht, weil die Gesellschafter das Instrument der Darlehensfinanzierung einsetzen, haben die Vorschriften und Grundsätze über Gesellschafterdarlehen Vorrang.[54] Teilweise wird in der Literatur – mit unterschiedlichen Ansatzpunkten und Begründungen – versucht, jedenfalls die qualifizierte materielle Unterkapitalisierung durch eine mehr oder weniger weitgehende persönliche Haftung der Gesellschafter auszugleichen.[55] Mit dem Prinzip des Mindeststammkapitals, das sich nicht an den tatsächlichen Kapitalbedarf anlehnt, und der Finanzierungsfreiheit der Gesellschafter ist das nicht zu vereinbaren; eine Haftung wegen „Existenzgefährdung" oder wegen mangelnder Lebensfähigkeit wird anders begründet. Eine **gesicherte Fallgruppe „Durchgriff bei Unterkapitalisierung" gibt es** daher **nicht.**[56]

d) Normanwendungsfragen

Einzelne Probleme, ob auf die Gesellschaft oder den Gesellschafter abzustellen ist, **32** ergeben sich bei der Anwendung bestimmter Normen, z. B. in der Gruppe der **Maklerfälle.** Eine Maklerprovision fällt nicht an, wenn eine Bauträger-GmbH das von ihr

[50] BGHZ 22, 226, 230; 31, 258, 270 f. = NJW 1960, 285; BGHZ 68, 312, 315 = NJW 1977, 1449; BGHZ 151, 181 = NJW 2002, 3024 – KBV (Missbrauch der Rechtsform); ferner BGHZ 54, 222, 224 = NJW 1970, 2015 für e. V. und BGHZ 45, 204, 207 für KG; instruktiv *Schön*, FS Wiedemann, 2002, S. 1271; rechtsvergleichend *Merkt/Spindler*, in: Lutter (Hrsg.), Legal Capital in Europe, 2006 (ECFR Sonderband 1), S. 166.

[51] BGHZ 125, 366, 368 = NJW 1994, 1801; *BGH* NJW 2006, 1344: Das Durcheinander muss dem Gesellschafter zurechenbar sein; Vermögensvermischung ist nicht zu verwechseln mit den *cash-pool* Fällen, dort sind i. d. R. alle Buchungsvorgänge nachvollziehbar (oben § 20 Rn. 10).

[52] BGHZ 125, 366, 368 f. = NJW 1994, 1801.

[53] Roth/Altmeppen/*Altmeppen*, § 13 Rn. 112 ff.; für Vermögensvermischung als einzig anerkannten Fall der Durchgriffshaftung, der allerdings weit interpretiert wird, *Altmeppen*, ZIP 2002, 1553, 1557 ff.; dagegen *Ulmer*, JZ 2002, 1049, 1050.

[54] Dazu grundsätzlich, für AG und allgemein, BGHZ 90, 381, 388 f. = NJW 1984, 1893 – BuM/WestLB.

[55] Übersicht bei Baumbach/Hueck/*Hueck/Fastrich*, § 13 Rn. 16; *Wiedemann* I, § 10 IV 3, auch § 4 III 1 b. – Vgl. im Übrigen *Ehricke*, AcP 199 (1999) 257; *Wüst*, JZ 1995, 990.

[56] Baumbach/Hueck/*Hueck/Fastrich*, § 5 Rn. 5 f.; *K. Schmidt*, § 9 IV 4, § 37 III 7.

erstellte Objekt nach „Vermittlung" durch ihren Gesellschafter veräußert.[57] Eine **Bauhandwerker-Sicherungshypothek** (§ 648 Abs. 1 BGB) kann nach § 242 BGB auch am Grundstück des Gesellschafters verlangt werden, wenn die Gesellschaft (nur vorgeschobener) Besteller ist.[58] Im Verhältnis zwischen Gesellschafter und Gesellschaft kommt eine Anwendung der Regeln über den **Rechtsscheinerwerb** nicht in Betracht, da es sich hier nicht um Verkehrsgeschäfte der nach den Gutgläubensvorschriften vorausgesetzten Art handelt. Erwirbt der Alleingesellschafter ein Grundstück von der GmbH, so kann er sich dabei nicht auf den öffentlichen Glauben des Grundbuchs berufen.[59] Soweit **Kenntnisse und Eigenschaften** maßgeblich sind, können solche des Gesellschafters unter Berücksichtigung des Normzwecks der Gesellschaft zugerechnet werden. Ein Alleingesellschafter ist z.B. nicht Dritter bei arglistiger Täuschung i.S.d. § 123 Abs. 2 BGB.[60] Ein Gläubiger, der in der **Zwangsvollstreckung** eine von ihm beherrschte GmbH als Ersteigerer vorschiebt, muss sich so behandeln lassen, als habe er selbst das Grundstück ersteigert und kann sich nicht darauf berufen, die *Gesellschaft* sei ein *Dritter*.[61] Die **wirtschaftliche Lage** einer Arbeitgebergesellschaft, die für die Anpassung von Betriebsrenten nach § 16 BetrAVG maßgebend ist, ist u.U. unter Einschluss derjenigen des herrschenden Gesellschafters zu betrachten – **Zurechnungsdurchgriff**.[62]

e) Vertragsauslegung

33   Bei **Vertragsverhältnissen mit Dritten** kann sich, vor allem bei Einpersonen-GmbH, durch *Auslegung* nach Treu und Glauben eine gleichlaufende Verpflichtung für GmbH und Gesellschafter ergeben, selbst wenn besondere, die Gesellschafter unmittelbar mitverpflichtende Vereinbarungen fehlen. In Betracht zu ziehen ist das vor allem bei einem *Wettbewerbsverbot*, sonstigen Unterlassungspflichten oder Auskunftspflichten, die anderenfalls unter Berufung auf das Trennungsprinzip unterlaufen werden könnten.[63] Die *Veräußerung aller* oder nahezu aller *Geschäftsanteile* an einen Dritten entspricht wirtschaftlich der Veräußerung des Unternehmens selbst. Deshalb treffen den Verkäufer die Gewährleistungspflichten wie beim Verkauf eines Unternehmens.[64] Rechtstechnisch handelt es sich um Fragen der **Vertragsauslegung**.

f) Gesellschafterfreundlicher Durchgriff?

34   Um eine **Gleichsetzung von GmbH und Alleingesellschafter** zugunsten des Gesellschafters im eigenen Interesse, meist auf der Gläubigerseite, geht es beim sog. umgekehrten oder gesellschafterfreundlichen Durchgriff. Der BGH hat zunächst unter bestimmten Voraussetzungen – Schädigung der Gesellschaft durch Verletzungshandlung

---

[57] *BGH* NJW 1971, 1839; auch *BGH* NJW 1974, 1130; DB 1975, 2319; BGHZ 138, 170, 174 = NJW 1998, 1552; zum umgekehrten Fall (kein Entfallen der Provision, wenn Dritterwerber mit Kunden und Kunde des Maklers gesellschaftsrechtlich verflochten sind) *BGH* ZIP 1995, 1755 = NJW 1995, 3311, s. auch § 2 Abs. 2 Nr. 3 WoVermittG.

[58] BGHZ 102, 95 = NJW 1988, 255.

[59] RGZ 126, 46; *Lutter,* AcP 162 (1964), 122, 159 ff.

[60] *BGH* NJW 1990, 1915.

[61] BGHZ 117, 8 = NJW 1992, 1702.

[62] BAGE 78, 87 = NJW 1995, 2127 = NZA 1995, 368; *Windbichler,* Arbeitsrecht im Konzern, 1989, S. 241 ff.

[63] *BGH* NZG 2005, 296; ausführlich *Wiedemann* I, § 4 III 2 a, bb.

[64] RGZ 120, 283, 287, std. Rspr.; *BGH* NJW 1969, 184; DB 1970, 1313; BGHZ 65, 246 = NJW 1976, 236; *BGH* NJW 1980, 2408; zum Sonderfall eines durch die deutsche Teilung bedingten „prozessualen Durchgriffs" auch BGHZ 20, 4.

gegenüber dem Alleingesellschafter – dem letzteren das Recht zuerkannt, einen Schaden der Gesellschaft als eigenen im eigenen Namen geltend zu machen.[65] Die Entscheidung ist in der Literatur zu Recht ganz überwiegend abgelehnt worden, da auf diese Weise die Schadenssumme dem Gesellschaftsvermögen und damit auch den Gesellschaftsgläubigern zugunsten des Privatvermögens entzogen wird. In einer weiteren Entscheidung wurde die Schadensersatzforderung grundsätzlich dem Gesellschaftsvermögen zugeordnet, allerdings im konkreten Fall dem Gesellschafter gleichwohl ein Anspruch auf Leistung an sich selbst zuerkannt im Hinblick darauf, dass hier der Gesellschaft als solcher kein konkurrierender Schadensersatzanspruch zustand.[66] Letztlich handelt es sich um ein Problem der *Drittschadensliquidation*.

3. Deliktische Haftung

In krassen Fällen, etwa wenn die Gesellschaft trotz Insolvenzreife bei fehlender Sanierungsaussicht   **35** mit Schädigungsvorsatz weiter betrieben oder von vornherein extrem unterkapitalisiert mit einem betrügerischen Geschäftsmodell (z. B. Schneeballsystem) konzipiert wird, greifen Tatbestände der *Verschuldenshaftung aus Delikt* wie § 826 BGB oder § 823 Abs. 2 BGB i. V. m. § 263 StGB gegenüber dem Gläubiger.[67] Dann handelt es sich aber nicht eigentlich um Durchgriff, zumal wenn als Rechtsfolge nicht Haftung, sondern Schadensersatz angenommen wird. Die Rechtsprechung ist jedenfalls insofern zurückhaltend, indem sie der Innenhaftung nach § 31 den Vorrang einräumt.[68]

4. „Existenzvernichtungshaftung"

a) Übergang zur deliktischen Innenhaftung

Geprägt von verschiedenen Begründungsmustern und Abgrenzungen wird seit langem eine **Au-**   **36** **ßenhaftung von Gesellschaftern** angenommen, die zum Nachteil der Gesellschaft auf das Gesellschaftsvermögen einwirken und diese letztlich in die Insolvenz treiben. Da die GmbH vielfach als Konzernunternehmen verwendet wird (oben § 20 Rn. 10), wurden zeitweise unter dem Stichwort *„qualifizierter faktischer Konzern"* Haftungstatbestände konstruiert.[69] Die typische Voraussetzung konzernrechtlicher Regeln, nämlich der potenzielle Interessenkonflikt zwischen Unternehmen, spielt allerdings keine tragende Rolle, da auch ein beherrschender Gesellschafter, der keine anderen unternehmerischen Interessen verfolgt, eine GmbH ausplündern kann. Unter der Bezeichnung *„existenzvernichtender Eingriff"* hat die nachfolgende Rechtsprechung eine Außenhaftung von GmbH-Gesellschaftern angenommen, wenn ein Gesellschafter die Zweckbindung des Gesellschaftsvermögens zur Befriedigung der Gläubiger missachtet, indem er der Gesellschaft Vermögen entzieht und ein Einzelausgleich über Rückforderungsansprüche aus §§ 31 (analog), 32 b nicht möglich oder praktikabel ist.[70] Dies wird als Rechtsfortbildung eingeordnet; ob die Begründung eher gesellschaftsrechtlich (Durchgriff wegen Missbrauchs der Rechtsform) oder eher deliktsrechtlich zu qualifizieren ist, ist streitig

---

[65] BGHZ 61, 380 = NJW 1974, 134.

[66] *BGH* NJW 1977, 1283 mit krit. Anm. *Hüffer;* vgl. ferner *BGH* GmbHR 1995, 666 = NJW-RR 1995, 864; NJW 1992, 368, 369; *Lieb,* FS Fischer, 1979, S. 385; Baumbach/Hueck/*Hueck/Fastrich,* § 13 Rn. 23; *Kübler/Assmann,* § 24 IV.

[67] *BGH* NJW 1979, 2104; *OLG Oldenburg* NZG 2000, 555; auch BGHZ 151, 181 = NJW 2002, 3024 – KBV – zieht § 826 BGB heran; vgl. auch *BGH* NJW 2005, 145 – Rheumaklinik.

[68] BGHZ 68, 312 = NJW 1977, 1449; *BGH* NJW 1979, 2104; BGHZ 126, 181 = NJW 1994, 2220; *BGH* NJW 1994, 2149; BGHZ 142, 116 = NJW 1999, 2809; *BAG* NJW 1999, 2298 = ZIP 1999, 878 m. Anm. *Altmeppen;* anders dagegen *BSG* NJW 1984, 2117; NJW-RR 1997, 94.

[69] Nachweise bei Baumbach/Hueck/*Zöllner,* SchlAnhKonzernR Rn. 132 ff.

[70] BGHZ 149, 10 = NJW 2001, 3622 = NZG 2002, 38 – Bremer Vulkan; BGHZ 151, 181 = NJW 2002, 3024 = JZ 2002, 1047 m. Anm. *Ulmer* – KBV; aus der umfangreichen Literatur dazu *Altmeppen,* ZIP 2001, 1837; *Emmerich/Habersack,* Konzernrecht, 8. Aufl., 2005, § 31; *Röhricht,* FS 50 Jahre BGH 2000 S. 83; *K. Schmidt,* NJW 2001, 3577; *Ulmer,* ZIP 2001, 2022; *Wiedemann,* ZGR 2003, 283; *Wagner,* FS Canaris, Bd. 2, 2007, S. 473; *M. Winter,* ZGR 1994, 570, 585 ff.

geblieben. In einer neueren Entscheidung distanziert sich der Gesellschaftsrechtssenat von der eigenständigen Haftungsfigur und greift auf eine **deliktische Innenhaftung gegenüber der Gesellschaft** zurück.[71]

b) Tatbestandsmerkmale

37   Voraussetzung ist, dass ein Alleingesellschafter,[72] ein beherrschender oder mehrere im Konsens handelnde Gesellschafter **bestimmenden Einfluss** auf die Gesellschaft nehmen,[73] dadurch **missbräuchlich** zur Insolvenz führend oder diese vertiefend der GmbH **Vermögen entziehen,** das der **Zweckbindung der vorrangigen Befriedigung der Gläubiger** unterliegt, ohne dass die Eingriffe kompensiert werden.[74] Nicht betroffen sind damit Maßnahmen, die der Verfolgung des Gesellschaftszwecks dienen und sich als Fehlentscheidungen erweisen.[75] Um eine Rechtsfortbildung handelt es sich insofern, als der Schutz des Vermögens der GmbH gegen den Zugriff der Gesellschafter über die gesetzlichen Kapitalerhaltungsregeln hinaus erweitert wird. Die Ausprägung des Trennungsprinzips und des *affirmative asset partitioning* werden verstärkt (oben § 3 Rn. 1, 10f.; § 23 Rn. 17). Die Gesellschafter können zwar frei über die Finanzierung und Fortexistenz der Gesellschaft entscheiden, sollen sie aber nicht ausplündern und sehenden Auges Gläubigerausfälle herbeiführen, sich selbst oder Dritte dabei begünstigen oder gar die Liquidationsvorschriften „kalt" oder „wild" umgehen.

c) Deutungsmuster und Folgen

38   Die neuere BGH-Rechtsprechung betrachtet den existenzvernichtenden Eingriff als – rechtsfortbildend geschaffene – besondere Fallgruppe der vorsätzlichen sittenwidrigen Schädigung (§ 826 BGB). Rechtsfolge ist die Haftung gegenüber der Gesellschaft – **Innenhaftung – auf Schadensersatz.**[76] Subsidiarität im Verhältnis zu (durchsetzbaren) Ansprüchen nach § 31 besteht nicht. Die Annahme eines Sondertatbestandes der Existenzvernichtungshaftung – mit Elementen des § 826 BGB – führte zum **Durchgriff,** wenn ein Einzelausgleich nach §§ 31 (analog), 32b nicht möglich erschien; die Anspruchsgrundlage für diese **Außenhaftung** wird in Anlehnung an § 128 HGB unter teleologischer Reduktion des § 13 Abs. 2 konstruiert.[77] Geht man von einer vorsätzlichen sittenwidrigen Schädigung der Gläubiger aus, führt das zu einem Schadensersatzanspruch.[78]

---

[71] *BGH* ZIP 2007, 1552 – TRIHOTEL; in diese Richtung bereits *BGH* NJW 2005, 145 – Rheumaklinik; zur Entwicklung vgl. *Henze,* WM 2006, 1653, 1656ff.

[72] Bei der echten Mehrpersonengesellschaft sorgen Minderheitsschutz und Treuepflicht bereits im Innenverhältnis auch für einen Schutz der Gesellschaft selbst, der mittelbar den Gläubigern zugute kommt; vgl. BGHZ 65, 15, 18f. = NJW 1976, 191 – ITT.

[73] *BGH* NZG 2005, 177 = ZIP 2005, 117; ZIP 2007, 1552 – TRIHOTEL Rn. 44.

[74] Es genügt auch, dass ein Gesellschafter mittelbar über eine andere Gesellschaft an der GmbH beteiligt ist und über die andere Gesellschaft Einfluss nimmt, sog. Gesellschafter-Gesellschafter, BGHZ 151, 181 = NJW 2002, 3024 – KBV; *BGH* NJW 2005, 145 – Rheumaklinik; ZIP 2007, 1552 – TRIHOTEL Rn. 16; dabei handelt es sich um einen Zurechnungsdurchgriff.

[75] *BGH* NZG 2005, 214; Baumbach/Hueck/*Hueck/Fastrich,* § 13 Rn. 19; *Ihrig,* DStR 2007, 1170, 1173.

[76] *BGH* ZIP 2007, 1552 – TRIHOTEL Rn. 17, 23.

[77] Baumbach/Hueck/*Hueck/Fastrich,* § 13 Rn. 17 m.w.N.; Lutter/Hommelhoff/*Lutter/Hommelhoff,* § 13 Rn. 20; *Ulmer,* in: Ulmer (Hrsg.), Haftung im qualifizierten faktischen GmbH-Konzern – Verbleibende Relevanz nach dem TBB-Urteil?, 2002, S. 41, 62, 69ff.; *ders.,* JZ 2002, 1049, 1050; ein ganzes „Bukett" möglicher Anspruchsgrundlagen sieht *Westermann,* NZG 2002, 1129, 1131, der selbst zu einer deliktischen Einordnung tendiert.

[78] *Wagner,* FS Canaris, Bd. 2, 2007, S. 473, 478, 489ff.

Daraus ergibt sich ein unterschiedlicher **Haftungsumfang.** Der Schadensersatz ist anhand des schadenstiftenden Verhaltens und evtl. unvermeidlichen wirtschaftlichen Entwicklungen zu bestimmen. Mit Ansprüchen aus §§ 31, 32b besteht ggf. Anspruchskonkurrenz. Der Durchgriff dagegen ist zwar gegenüber den letztgenannten Ansprüchen subsidiär, reicht dann aber weiter im Sinne einer vollen persönlichen Haftung, wenn nicht eine zusätzliche Feinsteuerung angebracht wird.

Die Innenhaftung wird vom **Insolvenzverwalter** geltend gemacht (oben Rn. 13f.). Kommt es nicht zu einem Insolvenzverfahren, müssen die Gläubiger den Umweg über die Gesellschaft gehen, wenn nicht ein Fall der Umwandlung in eine Außenhaftung in Betracht kommt (oben Rn. 29). Die Außenhaftung widerspricht dagegen im Insolvenzverfahren dem Ziel der gleichmäßigen Befriedigung der Gläubiger, weshalb § 93 InsO (Geltendmachung durch den Insolvenzverwalter) analog herangezogen wurde.[79]

Die **Qualifizierung** der Anspruchsgrundlage als deliktisch oder gesellschaftsrechtlich spielt ferner eine Rolle für die **Anknüpfung nach internationalem Privatrecht** bei Sachverhalten mit Auslandsberührung. Auch bei ausländischen Gesellschaften ist das Deliktsstatut der Ort der begangenen unerlaubten Handlung (Art. 40 EGBGB), in Deutschland also deutsches Recht. Das Gesellschaftsstatut kann gleichwohl ein anderes sein (oben § 1 Rn. 19f.). Die Qualifizierung kann jedoch nicht schematisch durch Zitierung einer Vorschrift des BGB oder eines gesellschaftsrechtlichen Gesetzes erfolgen, sondern richtet sich nach dem Zweck des Rechtsinstituts im Vergleich mit funktionsverwandten ausländischen Regeln.[80] Die Existenzvernichtungshaftung hat neben den deliktsrechtlichen auch gesellschaftsrechtliche Elemente, nämlich das Konzept der Zweckbindung des Gesellschaftsvermögens zur vorrangigen Befriedigung der Gläubiger. Beim Innenhaftungskonzept erfolgt das sittenwidrig schädigende Verhalten gegenüber der Gesellschaft, die damit als eigenständig gedacht werden muss, auch wenn es sich um eine Einpersonen-GmbH handelt. Ferner bestehen Querverbindungen zum Insolvenzrecht.[81]

5. Hinweise für die Bearbeitung von Durchgriffsfällen

Für die **Fallbearbeitung** ergeben sich aus dem Vorstehenden einige Konsequenzen. Zunächst gibt es **39** keine Anspruchsgrundlage namens „Durchgriff". Vorrangig zu prüfen sind die Vorschriften, nach denen Gesellschafter (oder Geschäftsführer) aus selbständigen Verpflichtungsgründen haften. Dabei kommen auch Pflichtverletzungen aus einem Schuldverhältnis nach §§ 311 Abs. 3, 241 Abs. 2 BGB in Betracht.[82] Allenfalls auf der Grenze zu dieser Eigenhaftung liegt es, wenn der Gesellschafter in Anspruch genommen wird, weil er in zurechenbarer Weise den Rechtsschein einer persönlichen Haftung gesetzt hat.[83] Ebenso wird die Vertragsauslegung in vielen Fällen eine befriedigende Lösung bringen. Entsprechendes gilt für die Normauslegung. *Allgemein* ist zu beachten, dass das Trennungsprinzip bei allen GmbH, auch bei der Einpersonen-Gesellschaft und im Konzern, grundsätzlich volle Wirkung entfaltet. Bei rechtsfortbildend entwickelten und umstrittenen Instrumenten wie der Vorbelastungshaftung, Teilen des Eigenkapitalersatzrechts oder der Existenzvernichtungshaftung kommt es auf Konsequenz der Lösung und Argumentationsreichtum an.

---

[79] *BGH* NJW 2005, 145 – Rheumaklinik; anders *Wagner,* FS Canaris, Bd. 2, 2007, S. 473, 484: § 92 InsO.

[80] *Eidenmüller,* Ausländische Kapitalgesellschaften im deutschen Recht, 2004, § 4 Rn. 18ff.; *ders.,* NJW 2005, 1618, 1620; vgl. auch *Henze,* WM 2006, 1653, 1655f.; *Wagner,* FS Canaris, Bd. 2, 2007, S. 473, 497ff.; zu Folgerungen für die Methode *Windbichler/Krolop,* Europäische Methodenlehre, 2006, § 19 Rn. 70ff.

[81] So insbesondere *Haas,* ZIP 2006, 1373; *Krolop,* NotBZ 2007, 265; *Spindler,* JZ 2006, 839; *Weller,* IPrax 2003, 207ff.

[82] Vgl. BGHZ 126, 181, 183 = NJW 1994, 2220.

[83] In einer älteren Entscheidung vom BGH aber als Durchgriffshaftung eingeordnet, BGHZ 22, 226, 230.

2. Kapitel. Die Aktiengesellschaft*

Literatur: Außer den im Literaturverzeichnis aufgeführten Gesamtdarstellungen des Gesellschaftsrechts, insb. des Kapitalgesellschaftsrechts:

Kommentare zum AktG, insb.: Großkomm-AktG; *Hüffer;* KölnerKomm-AktG; MünchKomm-AktG; ferner *Heidel* (Hrsg.), Aktiengesetz mit Kapitalmarktrecht, 2. Aufl., 2007; speziell zum Konzernrecht: *Emmerich/Habersack,* Aktien- und GmbH-Konzernrecht; zum Kapitalmarktrecht: *Groß,* Kapitalmarktrecht, 3. Aufl., 2006; *Schäfer/Hamann* (Hrsg.), Kapitalmarktgesetze, Kommentar, 2006 (Loseblatt); *Schwark.*

Systematische Darstellungen: *Happ,* Aktienrecht, 3. Aufl., 2007; *Henn,* Handbuch des Aktienrechts, 8. Aufl., 2007; *Marsch-Barner/Schäfer,* Handbuch börsennotierte AG, 2005; *Michalski,* Gesellschaftsrecht, Bd. 2: Körperschaften des Privatrechts, 2001; MünchHdb-GesR IV: Aktiengesellschaft, 3. Aufl., 2007; *Nirk/Ziemons/Binnewies,* Handbuch der Aktiengesellschaft, Loseblattausgabe.

Rechtsprechungsübersichten: *Hirte,* NJW 2003, 1090, 1154, 1285; 2005, 477; *Jäger,* NZG 2003, 1033; 2006, 166; *Lutter,* Entwicklung und Fortbildung des Rechts durch Entscheidung: Der Bundesgerichtshof und das Aktienrecht, in: 50 Jahre Bundesgerichtshof, FG aus der Wissenschaft, Bd. 2, 2000; *Pentz,* BB 2005, 1397; *K. Schmidt,* Rechtsfortbildung im Unternehmens- und Gesellschaftsrecht durch die Rechtsprechung des BGH, NJW 2000, 2917; auch *Spindler/Christoph,* BB 2004, 2197 (zum Kapitalmarktrecht); ferner Gesellschaftsrechtliche Vereinigung, Gesellschaftsrecht in der Diskussion, Jahrestagungen ab 1999. Zu weiter zurückliegenden Zeiträumen s. Vorauflage.

Zur historischen Entwicklung (Auswahl): *Bahrenfuss,* Die Entstehung des Aktiengesetzes von 1965, 2001; *Habersack/Bayer* (Hrsg.), Aktienrecht im Wandel 1807–2007, 2007; *Horn/Kocka,* Recht und Entwicklung der Großunternehmen im 19. und frühen 20. Jahrhundert, 1979; *Kalss/Burger/Eckert,* Die Entwicklung des österreichischen Aktienrechts, 2003; *Mülbert,* Aktiengesellschaft, Unternehmensgruppe und Kapitalmarkt, 2. Aufl., 1996; *Schubert/Hommelhoff,* Hundert Jahre modernes Aktienrecht, 1985; *Schubert/Hommelhoff* (Hrsg.), Die Aktienrechtsreform am Ende der Weimarer Republik, 1987; *Ulmer,* Entwicklungen im Kapitalgesellschaftsrecht 1975 bis 1999, in Müller-Graff/Roth (Hrsg.), Recht und Rechtswissenschaft, 2001. – Zu jüngeren Reformen und Reformvorhaben *Pfitzer/Oser/Orth,* Reform des Aktien-, Bilanz- und Aufsichtsrechts, 2. Aufl., 2006.

Zur europäischen Entwicklung: *Baums,* NZG 2007, 57; *Habersack,* NZG 2004, 1; *Hopt,* FS Röhricht, 2005, S. 235; *ders.,* FS H. Wiedemann, 2002, S. 1013; *Windbichler/Krolop,* in: Riesenhuber (Hrsg.), Europäische Methodenlehre, 2006, § 19 (Gesellschaftsrecht).

§ 25. Begriff und Bedeutung

I. Grundbegriffe

1. Rechtsnatur der AG

1   § 1 AktG umschreibt das Wesen der Aktiengesellschaft. Sie heißt „Gesellschaft", ist aber nur Gesellschaft im weiteren Sinn (oben § 2 Rn. 9). Im engeren Sinn ist die AG **Verein,** also **Körperschaft.** Sie ist vom Mitgliederbestand unabhängig und **körperschaftlich organisiert.** Deshalb gelangen, soweit das AktG Lücken enthält, ergänzend nicht wie bei der OHG die Regeln des Gesellschaftsrechts des BGB, sondern die Vor-

---

*Paragrafen ohne nähere Bezeichnung beziehen sich in diesem und dem folgenden Kapitel auf das AktG.

schriften über den eingetragenen Verein zur Anwendung, was z. B. für §§ 31, 35 BGB wichtig ist. Die AG hat eigene *Rechtspersönlichkeit*, ist also **juristische Person** (oben § 2 Rn. 7). Als selbständiges Rechtssubjekt ist sie Träger von Rechten und Pflichten, sie haftet für ihre Schulden selbst mit ihrem gesamten Vermögen. Die Haftung der Mitglieder für Verbindlichkeiten der Gesellschaft ist ausgeschlossen. Die AG hat ein **in Aktien zerlegtes Grundkapital.** Rechtlich stehen die Aufbringung und Erhaltung dieses Grundkapitals ganz im Vordergrund, während die Persönlichkeit der Mitglieder demgegenüber zurücktritt. Die Aktien sind grundsätzlich frei übertragbar; auf Zahl und Person der Mitglieder kommt es nicht an. Die AG ist reine **Kapitalgesellschaft** (oben § 2 Rn. 16, 18). Ferner ist die AG stets **Handelsgesellschaft,** unabhängig davon, ob sie ein Handelsgewerbe betreibt. Ihr Zweck braucht nicht auf ein Gewerbe und Gewinnerzielung gerichtet, sondern kann auch gemeinnützig sein.[1] Auch dann ist sie Kaufmann, § 3 Abs. 1 AktG, § 6 Abs. 2 HGB – **Formkaufmann.** Die Vorschriften des Handelsrechts finden Anwendung, ohne dass die §§ 1 ff. HGB geprüft werden müssten.

Das AktG unterscheidet in § 3 Abs. 2 zwischen **börsennotierten** und **nicht bör-** 2 **sennotierten** AG. Für nicht börsennotierte AG gelten weniger zwingende Vorschriften; sie haben größere Gestaltungsspielräume. Für börsennotierte Gesellschaften gelten zusätzlich die Vorschriften des Kapitalmarktrechts (WpHG, WpÜG etc.).[2] Für Gesellschaften, die Anteile oder andere Wertpapiere ausgeben, die an einem geregelten Markt gehandelt werden, hat sich auch der Begriff „Unternehmen von öffentlichem Interesse" eingebürgert (z. B. § 319a HGB). Die AG ist eine weltweit geläufige Gesellschaftsform;[3] die Ausgestaltung in den einzelnen Ländern unterscheidet sich natürlich. Innerhalb der EU lassen sich die Entsprechungen leicht an den Richtlinien ablesen, die ihren Geltungsbereich auf die AG beschränken. Dort sind die Bezeichnungen der Gesellschaftsform, die der AG in den anderen Mitgliedstaaten entspricht, aufgelistet.[4]

2. Grundkapital und Aktie

a) Grundkapital

Als Kapitalgesellschaft muss jede AG ein **zahlenmäßig in der Satzung angegebe-** 3 **nes Grundkapital** haben (§§ 1 Abs. 2, 23 Abs. 3 Nr. 3). Darunter ist der bei der Gründung von den Aktionären mindestens aufzubringende Kapitalbetrag zu verstehen. Das Grundkapital muss mindestens **50 000 €** betragen – **Mindestnennbetrag** (§ 7). Es wird in einzelne Anteile, die Aktien, zerlegt. Die Nennbeträge des Grundkapitals und der Aktien, falls Nennbetragsaktien ausgegeben werden, müssen auf € lauten (§ 6).

Beispiel: Das Grundkapital der Bayer AG beträgt 1.965.715.315,20 €, zerlegt in 764.341.920 Stückaktien (Geschäftsbericht 2006 S. 56).

Das Grundkapital ist der Mindestbetrag, den die Gründer der AG aufbringen müssen. Das Prinzip des festen Grundkapitals entspricht Art. 2 und 6 der Kapitalrichtlinie

---

[1] Beispiel: Zoologischer Garten Berlin AG; näher dazu *Bayer/Hoffmann,* AG Report 2006, R 347.
[2] Eine besondere Schwierigkeit ergibt sich aus den unterschiedlichen Definitionen der Märkte; § 3 Abs. 2 entspricht nicht dem durch das Gesetz zur Umsetzung der Richtlinie über Märkte für Finanzinstrumente … (FRUG) v. 16. 7. 2007, BGBl. I 1330, neu gefassten § 2 Abs. 5 WpHG („organisierter Markt"); § 32 BörsG und § 2 Abs. 7 WpÜG i.d. F des FRUG sprechen vom „regulierten Markt"; daneben gibt es den Freiverkehr (§ 57 BörsG a.F./§ 48 BörsG i.d. F. des FRUG). Im Ergebnis ist nicht jede AG, deren Aktien *an* einer Börse gehandelt werden, börsennotiert im rechtstechnischen Sinn.
[3] *Kraakman/Davies u. a.,* Anatomy.
[4] Beispiel: Art. 1 Abs. 1 der Kapitalrichtlinie (2. RL).

(oben § 2 Rn. 28). Es gibt jedoch keine Rechtsvorschrift, die eine dem angestrebten Geschäftsumfang angemessene Grundkapitalausstattung verlangt. Aus verschiedenen Gründen wäre das auch nicht sinnvoll.[5] Im Gegensatz zur GmbH (oben § 20 Rn. 4) übersteigt das Grundkapital der AG in der Praxis den Mindestbetrag regelmäßig ganz erheblich.

4   Der Nennbetrag des Grundkapitals ist eine **feste Größe,** die **ohne Änderung der Satzung nicht verändert** werden kann. Dieser Grundsatz wird lediglich in einem Fall, beim genehmigten Kapital nach §§ 202 ff., in gewissem Umfang durchbrochen (unten § 32 Rn. 29).[6] Das Grundkapital als feste Zahl ist eine Rechengröße (Rechnungsposten) und darf deshalb nicht mit dem ständig wechselnden *Gesellschaftsvermögen* verwechselt werden (vgl. oben § 20 Rn. 5).

> Im obigen **Beispiel** der Bayer AG (Grundkapital 1 957 Mio. €) beträgt das bilanzielle Gesellschaftsvermögen 55 891 Mio. € (Geschäftsbericht 2006 S. 103).

5   Das Gesetz sucht die **Aufbringung des Grundkapitals und** die **Erhaltung** eines dem Grundkapital entsprechenden Gesellschaftsvermögens zu sichern. Diese Grundsätze des Aktienrechts sind ebenfalls in der Kapitalrichtlinie verankert. Damit ist vor allem der **Gläubigerschutz** bezweckt. Die AG ist juristische Person; den Gläubigern haftet nur sie, nicht der einzelne Aktionär oder die Mitglieder der Organe. Dadurch sind die Gläubiger stärker gefährdet als diejenigen einer Personengesellschaft. Zu ihrer Sicherung soll die AG möglichst ein (Mindest-)Vermögen erhalten und behalten, das dem Betrag des Grundkapitals entspricht. Der *Nennbetrag des Grundkapitals* stellt damit eine Art *Garantieziffer* dar. Natürlich kann das Gesetz den Eintritt von Verlusten nicht verhindern, wohl aber kann es eine willkürliche Schmälerung des Gesellschaftsvermögens durch Auszahlungen verbieten. Diesem Bestreben, das Grundkapital der AG zu sichern und zu erhalten, dient eine ganze Reihe von Einzelbestimmungen (unten §§ 26 Rn. 14 ff., 30 Rn. 20, 28).[7]

b) Aktie

Das Wort „Aktie" hat eine **dreifache Bedeutung:**

6   aa) Es bezeichnet zunächst einen **Bruchteil des Grundkapitals.** Nach § 1 Abs. 2 wird das Grundkapital in einzelne Anteile zerlegt; diese Anteile heißen Aktien. Deshalb wäre es eigentlich folgerichtig, die Aktie durch einen Bruchteil des Grundkapitals

---

[5] Eine subsumtionsfähige Rechtsregel, was ein „angemessenes" Grundkapital ist, ist nicht formulierbar. Betriebswirtschaftlich ist nach der Finanzierung durch Eigen- und durch Fremdkapital zu unterscheiden, wobei Grundkapital und Eigenkapital nicht identisch sind. Welches Verhältnis von Eigen- und Fremdkapital optimal ist, hängt von verschiedenen Faktoren ab, z.B. vom Zinsniveau, und ist schon deshalb nicht in eine rechtliche Regel umsetzbar; *Albach,* Allgemeine Betriebswirtschaftslehre, 3. Aufl., 2001, 10.1; s. auch unten § 32 Rn. 8.
[6] Eine spezielle Ausnahme sind Investmentaktiengesellschaften mit veränderlichem Grundkapital, §§ 2 Abs. 5, 96 Abs. 2 InvG, Art. 1 Abs. 2 Kapitalrichtlinie (2. RL).
[7] Wie leistungsfähig das System des festen Grundkapitals, des Mindestkapitals und die Grundsätze der Kapitalaufbringung und -erhaltung zum Schutz der Gläubiger sind, ist umstritten. Andere Länder außerhalb der EU, vor allem die USA, kennen diese Prinzipien nicht und bewerkstelligen den Gläubigerschutz mit anderen Mitteln; vgl. *T. Bezzenberger,* Das Kapital der Aktiengesellschaft, 2005; *Escher-Weingart,* Reform durch Deregulierung im Kapitalgesellschaftsrecht, 2001, S. 235 ff.; *Kübler,* Aktie, Unternehmensfinanzierung und Kapitalmarkt, 1989; *Lutter* (Hrsg.), Legal Capital in Europe, 2006 (ECFR Sonderband 1); *ders.,* AG 1998, 375; *Mülbert/Birke,* EBOR 3 (2002) 695. Die Kapitalrichtlinie schreibt für AG das feste Grundkapital und Mindestvorschriften über dessen Aufbringung und Erhaltung fest; in einer zurückhaltenden Reform wurden die Vorschriften etwas vereinfacht (RL 2006/68/EG vom 6. 9. 2006). Die Änderung des in der gesamten EU umgesetzten Prinzips ist nicht einfach; die Diskussion darüber ist aber im Gange.

auszudrücken: $^1/_{3000}$, $^1/_{5000}$ usw. – sog. *Quotenaktie* – wie sie in einigen ausländischen Rechten vorkommt. Bei der **Stückaktie** ergibt sich der Anteil aus der Zahl der ausgegebenen Aktien im Verhältnis zum Grundkapital, die **Nennwertaktie** lautet auf eine feste in € ausgedrückte Summe (§ 8 Abs. 4). Bis 1998 waren in Deutschland ausschließlich Nennwertaktien zulässig. Das hing teils mit dem Verbot der Unterpariemission zusammen, teils auch mit der Rücksicht auf Gewohnheiten bei der Kursfeststellung im Börsenverkehr, die sich inzwischen aber internationalen Bräuchen angeglichen haben.[8]

Aus der rechnerischen Beteiligung am Grundkapital oder dem Nennwert darf keinesfalls geschlossen werden, dass die Aktie einen Anspruch auf eine bestimmte Summe verbriefe oder stets einen bestimmten Wert habe. Sie bedeutet wirtschaftlich einen bestimmten Anteil am *jeweiligen* Gesellschaftsvermögen. Deshalb unterscheidet sich regelmäßig ihr wahrer Wert, der sich im Börsenkurs widerspiegelt, vom Nennwert. Die Summe des Börsenwerts der Aktien einer Gesellschaft nennt man **Börsenkapitalisierung,** die in der Regel ganz erheblich über dem Grundkapital liegt. Im obigen **Beispiel** der Bayer AG (Grundkapital 1957 Mio. €, bilanzielles Gesellschaftsvermögen 55 891 Mio. €) beträgt die Börsenkapitalisierung 31,1 Mrd. € (Geschäftsbericht 2006 S. 22).

Der **Mindestnennbetrag** einer Aktie ist 1 €; *höhere Nennbeträge* müssen auf volle Euro lauten (§ 8 Abs. 2).[9] Die Aktien einer AG brauchen nicht denselben Nennwert zu haben. Dagegen kann eine AG nicht Stückaktien und Nennwertaktien nebeneinander haben; § 8 Abs. 1 stellt die beiden Formen als Alternative zur Verfügung („entweder – oder"). Bei Stückaktien darf der auf die einzelne Aktie entfallende anteilige Betrag des Grundkapitals 1 € nicht unterschreiten.

bb) Unter „Aktie" versteht man auch die **Mitgliedschaft** in der AG, die ja eine besondere Ausprägung des Vereins ist. Insofern enthält die Aktie eine Reihe einzelner Rechte und Pflichten (dazu unten § 30 Rn. 12 ff., 25 ff.). **7**

Der *Inhalt der Mitgliedschaftsrechte* braucht *nicht für alle Aktien gleich* zu sein. Der in § 53 a ausgesprochene Gleichbehandlungsgrundsatz steht dem nicht entgegen. Die dafür maßgebenden gleichen Voraussetzungen sind nicht gegeben, wenn die Satzung die Aktien mit unterschiedlichen Rechten ausstattet. Bei Verschiedenheit der Rechte bilden Aktien mit gleichen Rechten je eine **Gattung** (§ 11), was z. B. bei Abstimmungen über Satzungsänderungen von Bedeutung ist (unten § 32 Rn. 6). Beispielsweise sind *Vorzugsrechte* für bestimmte Aktien – **Vorzugsaktien** – möglich, z. B. eine Vorzugsdividende (unten § 30 Rn. 15 f.). Aktien ohne Vorrechte pflegt man als **Stammaktien** zu bezeichnen.

Die mitgliedschaftliche Betrachtung tritt bei börsennotierten Gesellschaften in den Hintergrund zugunsten der Behandlung des Aktionärs als Investor, der ganz überwiegend wirtschaftlich interessiert ist. Die mitgliedschaftliche Komponente bleibt aber bedeutsam etwa bei Satzungsänderungen und Strukturmaßnahmen (unten §§ 32 f.). Stamm- und Vorzugsaktien werden mit verschiedenen Wertpapierkennnummern gehandelt; ihr Börsenkurs ist meist unterschiedlich.

cc) Ferner wird mit Aktie auch die **Aktienurkunde** bezeichnet. Es ist seit langem üblich, die Mitgliedschaft in Urkunden zu verbriefen. Geschieht das, ist die Ausübung der Mitgliedschaftsrechte an den Besitz der Urkunde gebunden, die Mitgliedschaft **8**

---

[8] „Nennwertlose Aktien" oder „unechte Quotenaktien" wurden lange Zeit als mit dem Prinzip des festen Grundkapitals nicht vereinbar angesehen, denn Nennwertaktien stellen eine klare Verbindung zum Betrag des Grundkapitals her. Unter dem Druck der technischen Unzuträglichkeiten bei der Umstellung auf den € sowie der internationalen Erfahrungen, die keine besondere Gefährlichkeit dieser Aktienarten belegen, wurde das AktG durch die kurzer Vorbereitungszeit durch das StückAG vom 25. 3. 1998 geändert. Die Bezeichnung „Stückaktie" vermeidet negative Bestandteile wie „nennwertlos" oder „unecht"; der Sache nach sind auch die beiden anderen Begriffe korrekt.

[9] Über die Entwicklung von den früheren hohen (nach HGB und AktG 1937: 1000 RM) zu den heutigen niedrigen Nennwerten (1965: 50 DM, 1994: 5 DM) unten Rn. 31 mit Fn. 40. Übergangsregeln zur Umstellung auf € in §§ 3 f. EGAktG.

kann durch Übertragung der Urkunde übertragen werden. Die Aktie ist also **Wertpapier**. Die Mitgliedschaft kann gleichwohl ohne Ausstellung eines solchen Wertpapiers bestehen; die Ausgabe von Urkunden wirkt *nicht konstitutiv*. Die Aktienurkunden lauten entweder auf den Namen – **Namensaktien** – oder auf den Inhaber – **Inhaberaktien** – (§ 10 Abs. 1). Welche Art Aktien auszugeben ist, muss die Satzung bestimmen (§ 23 Abs. 3 Nr. 5). Der Anspruch auf Verbriefung kann durch die Satzung eingeschränkt oder ausgeschlossen werden (§ 10 Abs. 5).

Nur Namensaktien sind **zulässig**, solange die *Einlage nicht voll geleistet* ist (§ 10 Abs. 2). Da noch eine Zahlungspflicht besteht, muss die AG jederzeit in der Lage sein, den ihr haftenden Aktionär festzustellen. Aus ähnlichen Gründen ist die Namensaktie beim Bestehen von *Nebenleistungspflichten* vorgeschrieben (§ 55). Ferner müssen Namensaktien ausgegeben werden, wenn die Übertragung der Aktien an die Zustimmung der Gesellschaft gebunden ist – *vinkulierte Aktien* – (§ 68 Abs. 2). Näheres über Namens- und Inhaberaktien unten § 30 Rn. 1.

Von den Aktienurkunden zu unterscheiden sind die **Zwischenscheine** – **Interimsscheine**. Darunter versteht man vorläufige Verbriefungen der Mitgliedschaften (§ 8 Abs. 6). Sie kommen in Betracht, wenn Inhaberaktien ausgegeben werden sollen, die Einlagen aber noch nicht voll gezahlt sind. Deshalb dürfen sie ihrerseits nie auf den Inhaber lauten (§ 10 Abs. 3 und 4). Im Übrigen gelten für sie grundsätzlich entsprechende Regeln wie für Aktien. Sie gewähren schon die vollen Mitgliedschaftsrechte und sind echte Wertpapiere (Orderpapiere, § 68 Abs. 5). Wie Aktien dürfen sie erst nach der Eintragung der AG in das Handelsregister ausgegeben werden (§ 41 Abs. 4).

Die Verbriefung der Mitgliedschaften in Wertpapieren war wirtschaftlich von großer Bedeutung, da sie die Übertragbarkeit der Aktien ganz wesentlich erleichterte. Erst durch Verbriefung wurde der *Börsenhandel* mit Aktien überhaupt möglich. Es können die sachenrechtlichen (besitzlosen) Übertragungsformen in Anspruch genommen werden, die mit der Abtretung verbundenen Ungewissheiten (§§ 398 ff. BGB) bestehen nicht. Das DepotG regelt weitere Einzelheiten dieser sog. stückelosen Übertragung. Im internationalen Wertpapierhandel genügen diese Erleichterungen jedoch nicht, da sowohl die Existenz von Depotbanken wie das anwendbare Recht der Übertragung nationale Erscheinungen sind. Es werden daher je nach Börsenplatz Zwischenschritte eingebaut, die den Handel mit Beteiligungen ermöglichen, in den USA z. B. American Depositary Receipts (ADR) für deutsche Aktien. In diesem Überschneidungsbereich zwischen Kapitalmarkt- und Gesellschaftsrecht ist dann jeweils zu prüfen, ob und wieweit ein solches zwischengeschaltetes Instrument mitgliedschaftliche Rechte vermittelt. Da die Aktienurkunden zunehmend einer eher symbolischen Global- oder Sammelurkunde weichen, die es nur noch zum Zweck der Hinterlegung gibt, im grenzüberschreitenden Geschäftsverkehr schuldrechtliche Modelle leistungsfähiger sind und elektronische Hilfsmittel Kommunikations- und Übertragungsvorgänge erleichtern,[10] haben einzelne Aktienurkunden an Bedeutung verloren.[11]

9   **Keine Aktien** sind **Obligationen** und andere Wertpapiere, meist Inhaberschuldverschreibungen, in denen nicht Mitgliedschaftsrechte, sondern Forderungen gegen die AG verbrieft sind. Auch sie werden an Börsen gehandelt (vgl. § 2 Abs. 1 WpHG). Zu Obligationen und zu den Sonderformen der Wandelschuldverschreibung und Gewinnschuldverschreibung unten § 32 Rn. 11 ff. Ebenfalls keine Aktien sind sog. **Derivate** (§ 2 Abs. 2 WpHG).

3. Vorstand, Aufsichtsrat und Hauptversammlung

10   Die AG ist Körperschaft und juristische Person. Um als solche handeln zu können, bedarf sie bestimmter Organe; diesen obliegt die interne Willensbildung und deren

---

[10] Baumbach/Hopt/*Hopt*, HGB, 2. Teil (13) DepotG; *Claussen*, Bank- und Börsenrecht 3. Aufl., 2003, § 9; *Einsele*, Wertpapierrecht als Schuldrecht, Funktionsverlust von Effektenurkunden im internationalen Rechtsverkehr, 1995; *Kümpel*, Bank- und Kapitalmarktrecht, 3. Aufl., 2004, Rn. 11.225 ff.; *Gätsch*, in: Marsch-Barner/Schäfer, Handbuch börsennotierte AG, 2005, § 4 Rn. 59 ff.; *Rieger*, FS Peltzer, 2001, S. 339, 340 ff.

[11] *Schwennicke*, AG 2001, 144; *Seibert*, DB 1999, 267, jeweils zur Beschränkung des Verbriefungsanspruchs der Aktionäre. – Als „Tafelgeschäft" wird der Wertpapierhandel mit tatsächlicher Präsentation von Urkunden bezeichnet. Nach BFHE 195, 40, 45 f. = NJW 2001, 2997 begründet die Tatsache eines Tafelgeschäfts allein noch nicht den Verdacht der Steuerhinterziehung.

Verwirklichung nach außen (oben § 2 Rn. 12). Im Gegensatz zum Verein, für den das
BGB zwei Organe (Mitgliederversammlung und Vorstand, §§ 26, 32 BGB, ähnlich bei
der GmbH Gesellschafterversammlung und Geschäftsführer, oben § 22 Rn. 1) vorsieht, hat die AG stets *drei Organe:* **Vorstand, Aufsichtsrat und Hauptversammlung.** Das **Verhältnis der Organe zueinander** wird durch eine *weitgehend zwingende
Kompetenzverteilung* bestimmt, die durch das Bestreben nach annäherndem Gleichgewicht und funktionsfähigen Kontrollmechanismen gekennzeichnet ist. Dieses System von *checks and balances* macht einen großen Teil der ,*Corporate Governance'*-
Debatte aus (unten Rn. 40 ff.).

Terminologisch fasst man oft Vorstand und Aufsichtsrat unter der Bezeichnung *Verwaltung* zusammen. Das bringt deren Zusammenwirken in Bezug auf die laufende Geschäftsführung und Geschäftspolitik zum Ausdruck im Gegensatz zur Hauptversammlung, die hieran nicht teilnimmt. Am Vorhandensein von drei selbständigen Organen ändert dieser Sprachgebrauch nichts. Die drei Organe waren
schon im Aktienrecht des HGB vorgesehen. Die Aktienrechtsreformen der letzten Jahre befassten sich
u. a. mit einer Intensivierung der Aufsichtsratsarbeit und einer Verbesserung der Zusammenarbeit von
Vorstand und Aufsichtsrat. Die Rechtsordnungen, in denen nach dem Verwaltungsratssystem (z. B.
Schweiz, Frankreich wahlweise, Italien, Spanien, Griechenland, Großbritannien, Irland, USA: *board of
directors*) Geschäftsführung und Kontrolle nicht formal auf zwei Organe aufgeteilt werden, erle-
ben eine funktionale Differenzierung innerhalb des Verwaltungsrats nach geschäftsführenden Mitgliedern und solchen, die für Überwachung zuständig sind. Jedenfalls in großen Gesellschaften ist
daher der praktische Unterschied nicht so sehr groß, es handelt sich eher um eine Frage der Rechts-
kultur.[12]

a) Vorstand

Die eigentliche **Geschäftsführung** und **Vertretung nach außen** liegt allein beim   **11**
Vorstand, der dabei in eigener Verantwortung handelt (§ 76). Das beruht auf der Erfahrung, dass angesichts der Anforderungen des Wirtschaftslebens die Leitung des
meist großen Unternehmens einer AG in den Händen einiger weniger sachkundiger
Personen mit Eignung und Neigung zu unternehmerischem Handeln zusammengefasst sein muss. Diese können ihre Aufgabe nur dann erfolgreich erfüllen, wenn sie die
Geschäfte weitgehend unabhängig führen können. In manchen Ländern entspricht es
der unternehmerischen Tradition, dass eine Einzelperson an der Spitze des Unternehmens steht (*chief executive officer* – CEO, *président directeur général* – PDG). Das
deutsche Recht ist dagegen dem **Kollegialprinzip** verpflichtet (unten Rn. 29 m. Fn. 37;
unten § 27 Rn. 6).

b) Aufsichtsrat

Der Aufsichtsrat **bestellt und überwacht den Vorstand** (§§ 84, 111). Er kann weder   **12**
selbst Geschäftsführungshandlungen vornehmen noch dem Vorstand Weisungen erteilen; die Satzung oder der Aufsichtsrat selbst können den Vorstand in bestimmten Fragen an die Zustimmung des Aufsichtsrats binden. Die Überwachung des Vorstands ist
nicht auf eine nachträgliche Kontrolle beschränkt, vielmehr nimmt der Aufsichtsrat
durch Beratung des Vorstands auf die wesentliche künftige Geschäftspolitik Einfluss.

---

[12] *Davies*, ZGR 2001, 268; *Hopt*, in: Hopt/Kanda/Wymeersch/Prigge (Hrsg.), Comparative Corporate Governance, 1998, S. 223 ff.; Großkomm-AktG/*Kort*, Vor § 76 Rn. 2; *Marsch-Barner*, in: Marsch-
Barner/Schäfer, Handbuch börsennotierte AG, 2005, § 2 Rn. 9 ff.; *Windbichler*, ZGR 1985, 50; vgl.
auch DCGK (unten Rn. 40) Präambel: „Das auch in anderen kontinentaleuropäischen Ländern etab-
lierte duale Führungssystem und das international verbreitete System der Führung durch ein einheitliches Leitungsorgan (Verwaltungsrat) bewegen sich wegen des intensiven Zusammenwirkens von Vorstand und Aufsichtsrat in der Praxis aufeinander zu und sind gleichermaßen erfolgreich."

Insofern entspricht der Aufsichtsrat dem Teil des Verwaltungsrates, der nicht mit der aktuellen Geschäftsführung befasst ist (sog. *non-managing directors* im *board*-System).

c) Hauptversammlung

13   Die Hauptversammlung ist das Organ, in dem die **Aktionäre** primär ihre Rechte ausüben (§ 118 Abs. 1); sie hat die **Grundlagenkompetenz.** Die Hauptversammlung ist für **Satzungsänderungen** (§ 179) und **Strukturänderungen** (unten § 33) zuständig. Außerdem obliegen ihr regelmäßig wiederkehrende Maßnahmen. Sie **wählt den Aufsichtsrat,** bestellt den Abschlussprüfer und entscheidet über die Verteilung des Bilanzgewinns. In Fragen der Geschäftsführung kann sie nur entscheiden, wenn der Vorstand es verlangt (§ 119 Abs. 2). Der Aufsichtsrat bestellt seinerseits den Vorstand. Die Besetzung der beiden anderen Organe der AG kann mithin durch die Hauptversammlung gesteuert werden. Dieser Einfluss besteht fort durch die **Abberufungsmöglichkeit** der Anteilseignervertreter im Aufsichtsrat und durch deren Amtszeitbeschränkung auf vier Jahre; danach entscheidet die Hauptversammlung erneut über die Bestellung. Die tatsächliche Machtverteilung in der AG hängt hingegen stark von den Verhältnissen des Einzelfalles ab (unten § 27 Rn. 1).

II. Wirtschaftliche Bedeutung

1. Zugang zu Kapital

14   Die wirtschaftliche Bedeutung der AG beruht in erster Linie auf der Möglichkeit, sich zur **Beschaffung großer Kapitalbeträge,** die für bestimmte wirtschaftliche Aktivitäten unerlässlich sind, **auf dem allgemeinen Kapitalmarkt** an breite Anlegerkreise zu wenden. Die Beteiligung an einer AG stellt nur geringe Anforderungen. Sie erfordert lediglich die Einzahlung einer bestimmten Geldsumme bzw. die Aufbringung des Erwerbspreises für die Aktie. Im Übrigen wird der Aktionär mit keinen Pflichten belastet; kaufmännische Kenntnisse und Fähigkeiten sind nicht erforderlich. Er nimmt allerdings am *unternehmerischen Risiko* teil, indem seine Beteiligung je nach dem wirtschaftlichen Erfolg der AG an Wert gewinnt oder verliert. Der Aktionär braucht keine Bindung auf lange Dauer einzugehen; zwar ist die dauerhafte Bindung des Gesellschaftsvermögens für die wirtschaftliche Funktion der AG wesentlich, doch ermöglicht die leichte Übertragbarkeit der Aktien dem einzelnen Aktionär im Allgemeinen den jederzeitigen Verkauf zur Realisierung des Werts seiner Beteiligung (**Börsenhandel – Börsenkurs),** ohne dass die Gesellschaft Kapital zurückzahlen müsste.[13] Durch die einfache Art der Beteiligung kann die AG Kapital in einem Ausmaß beschaffen, wie es bei anderen Gesellschaftsformen normalerweise nicht möglich ist. Zugleich wird das Risiko auf zahlreiche Schultern verteilt, so dass auch eine Kapitalbeschaffung für risikoreiche Unternehmen möglich ist, sofern der Kapitalmarkt dem Unternehmen entsprechende Chancen einräumt. Angesichts der bei der Publikums-AG üblichen kleinen Stückelung der Aktien (1 € Nennwert bzw. das rechnerische Äquivalent bei Stückaktien) und des entsprechend überschaubaren Börsenkurses[14] können auch kleine und mittlere Anleger ihr Engagement durch **Beteiligungen** in verschiedenen Bran-

---

[13] In der AG ist das sog. asset partitioning (oben § 3 Rn. 1, § 4 Rn. 8) am klarsten durchgeführt.
[14] Im obigen Beispiel Bayer AG: Kurs einer Aktie 40,66 € Ende 2006.

chen breit **streuen** und dadurch ihr **Anlagerisiko verringern.** Entsprechendes gilt für institutionelle Anleger (Versicherungen, Pensionskassen, Investmentfonds), deren Aufgabe es ist, Geld ihrer Kunden mit einem ausgewogenen Verhältnis von Ertragsaussicht und Risiko anzulegen und auch wieder verfügbar zu machen.

Diese für die Aufbringung eines großen Gesellschaftskapitals günstigen Bedin- **15** gungen machen die Stärke der AG aus. Sie ist deshalb seit langem die **bevorzugte Gesellschaftsform für Großunternehmen** und spielt in marktwirtschaftlich orientierten Wirtschaftssystemen, wenn auch nicht der Zahl nach, so doch im Hinblick auf das beim einzelnen Unternehmen wie bei der Summe aller AG konzentrierte Kapital die führende Rolle.[15] Dem entsprechen die Bemühungen der Transformationsländer im mittleren und östlichen Europa sowie der aufstrebenden Industrienationen wie z.B. China um ein modernes Aktienrecht, wobei verschiedene Vorbilder zum Zuge kommen.[16]

Die rein kapitalistische Struktur der AG (oben § 2 Rn. 18) einerseits, die die Persönlichkeit der Gesellschafter ganz zurücktreten lässt, und andererseits ihre körperschaftliche Organisation machen sie außerdem geeignet zur Teilnahme an **Unternehmensverbindungen,** vor allem als **Konzerngesellschaft.** Die größeren *Unternehmen der öffentlichen Hand* auf staatlicher und kommunaler Ebene und besonders die *gemischtwirtschaftlichen Unternehmen* bedienen sich aus diesen Gründen gern der Form der AG, auch im Hinblick auf **Privatisierungsmöglichkeiten** und die Inanspruchnahme des Kapitalmarktes.

2. Allokation von Produktivkapital

Die AG bietet die besten gesellschaftsrechtlichen Voraussetzungen für einen **von 16 Marktprozessen gesteuerten Einsatz von Produktivkapital.**[17] Insofern ist nicht nur die einzelne AG hinsichtlich ihrer Geschäftstätigkeit, dem Angebot ihrer Produkte, Dienstleistungen und Informationen, dem Wettbewerb ausgesetzt, sondern auch hinsichtlich der Kapitalbeschaffung. Wenn ihre Erträge hinter denen anderer Unternehmen zurückfallen oder ihre Ertragsaussichten schlechter bewertet werden, ist das ein Anreiz für die Anleger, ihr Geld in andere Unternehmen zu investieren. Die Kapitalbeschaffung für die Gesellschaft wird erschwert. Sie wird möglicherweise zum Ziel für die Übernahme durch einen Investor oder ein anderes Unternehmen, das überzeugt ist, durch Änderungen der Unternehmensführung, der Geschäftstätigkeit etc. ein wirt-

---

[15] Im September 2005 waren an der Frankfurter Wertpapierbörse 648 inländische Aktiengesellschaften i.S.v. § 3 Abs. 2 zugelassen, weitere 187 in den Freiverkehr (vgl. § 57 BörsG a.F./§ 48 BörsG i.d.F. des FRUG, vgl. oben Fn. 2) einbezogen (DAI-Factbook 2006 Tabelle 02.1.2.) zur universellen Verbreitung des Grundmusters der AG vgl. *Hansmann/Kraakman,* in: Kraakmann/Davies u.a., Anatomy, S. 1 ff.

[16] Z.B. das tschechische HGB i.d.F. vom 5. 11. 1991 (geändert durch Gesetz Nr. 370/2001); vgl. dazu *Schwarz/Palinkas,* RIW 2001, 273; das russische AktG vom 26. 12. 1995; vgl. dazu *Spies,* RIW 1996, 130 etc.; zu China *Fu/Yuan,* PRC Company & Securities Laws – A Practical Guide, 2006; ferner *Wei,* Comparative Corporate Governance: A Chinese Perspective, 2003; Überblick bei *Kalss,* ZGR 2000, 819.

[17] Neben die AG als die wichtigste und am besten geeignete Rechtsform für die Aufbringung eines großen Gesellschaftskapitals durch Beteiligung eines breiten Anlegerpublikums ist die *Massen- oder Publikums-KG* getreten, die sich ebenfalls an den allgemeinen Kapitalmarkt wendet, oben § 19. Dafür sind vor allem steuerliche Gesichtspunkte maßgebend, oben § 4 Rn. 9 f., § 19 Rn. 2. Die KG, auch als Kapitalgesellschaft & Co. KG, kann aber dem Anleger den Schutz des Aktien- und Kapitalmarktrechts nicht bieten. Das erklärt Missstände und Fehlentwicklungen und hat dazu geführt, dass die Rechtsprechung rechtsfortbildend einen gerade auch am Aktienrecht orientierten, allerdings nicht so weitreichenden Schutz für die Anlagegesellschafter entwickelt hat.

schaftliches Potenzial aktivieren zu können, das sich in der Bewertung der Aktien nicht widerspiegelt. Kapitalmärkte verarbeiten Informationen über Unternehmen in einem Ausmaß und in einer Komplexität, wie es durch einzelne Personen oder Organisationen nicht möglich wäre.[18]

3. Kontrolle durch Markt und Regulierung

17   Die durch die AG eröffneten Möglichkeiten eröffnen auch Missbrauchsgefahren. Die Geschichte des Aktienrechts und der Aktienrechtsreformen zeigt die Bestrebungen, das den jeweiligen wirtschaftlichen und politischen Rahmenbedingungen entsprechende **Gleichgewicht von Regulierung und Freiräumen** herzustellen. Das Fehlen der persönlichen Haftung der Aktionäre und der Organmitglieder für Gesellschaftsschulden bringt Gefahren für die Gläubiger der AG mit sich; das erfordert **Gläubigerschutzbestimmungen.** Die Beteiligung eines wirtschaftlich nicht sachverständigen Publikums bzw. reiner Investoren ohne Interesse am Unternehmen der Gesellschaft erleichtert eine weitgehende **Verselbständigung des Managements,** ja sogar die Ausbeutung der Anleger durch unseriöse Gründungs- und Geschäftspraktiken. Dem Gläubiger- und dem **Anlegerschutz** dienen strenge Gründungsbestimmungen, weitgehende Publizitätspflichten, strikte Bindung und Überprüfung der Jahresabschlüsse. Das Verhältnis der Organe der AG untereinander soll so geregelt sein, dass einerseits die notwendige Beweglichkeit und Entscheidungsfreude für die Geschäftsleitung, andererseits eine ausreichende Kontrolle gewährleistet sind. Die Eignung der AG zur Einbindung in *Konzernverflechtungen* und andere **Unternehmensverbindungen** macht einen Schutz abhängiger Gesellschaften als solcher wie auch ihrer Gläubiger und der außen stehenden Aktionäre erforderlich. Das hierfür geschaffene *Recht der verbundenen Unternehmen* (§§ 15–19, 291–328) hat dieses Ziel nur teilweise verwirklicht. Rechtsordnungen, die kein spezielles Konzernrecht kennen, erreichen dieselben Zwecke durch (modifizierte) Anwendung allgemeiner Regeln, insbesondere der Regelung von **Mehrheits-Minderheitskonflikten.**[19]

In der **Institutionenökonomik** spricht man in diesem Zusammenhang von einer Reihe von Agenturproblemen *(agency conflicts)*.[20] Die Aktionäre als Kapitalgeber wollen nicht selbst ein Unternehmen betreiben, sie überlassen diese Aufgabe der Verwaltung der AG als *agents*. Insbesondere der Vorstand ist also mit fremdem Geld unternehmerisch tätig. Wegen seines großen Informationsvorsprungs über die Verhältnisse der AG bestehen Anreize zu opportunistischem Verhalten, d.h. Förderung der eigenen wirtschaftlichen und persönlichen Interessen entgegen dem Interesse der Aktionäre. Daraus resultiert das Kontrollproblem, wie solches Verhalten verhindert bzw. geahndet werden kann, ohne dass die Kosten dafür den Nutzen der Konstruktion aufzehren. Ähnliches gilt für einen Großaktionär, der die Geschicke der AG bestimmt und damit zugleich die (überstimmten) Minderheitsaktionäre bindet. Hinzu kommen die Interessen anderer, in besonderer Weise der AG verbundenen Personen, insbeson-

---

[18] Inwieweit Kapitalmärkte „effizient" sind, d.h. für eine optimale Allokation des Kapitals sorgen, ist im Einzelnen streitig; *Cheffins,* S. 55ff.; *Raines/Leathers,* Economists and the Stock Market. Speculative Theories of Stock Market Fluctuations, 2000; *Ruffner,* Die ökonomischen Grundlagen eines Rechts der Publikumsgesellschaft, 2000, S. 349ff. – Jedenfalls gehört die Funktionsfähigkeit von Kapitalmärkten zu den Regelungsanliegen des Gesetzgebers; *Grundmann,* European Company Law, Rn. 658; *Kübler/Assmann,* § 32 II 2, 3; *Merkt,* Unternehmenspublizität, 2001, S. 300, 306ff.; *ders.,* JURA 2006, 683, 687ff.; vgl. auch Großkomm-AktG/*Assmann,* Einl C Rn. 358; *Homann/Suchanek,* Ökonomik, 2000, 4.1.3.; Schwark/*Beck,* § 1 WpHG Rn. 2; *Schwark,* FS Lutter, 2002, S. 1529.
[19] Vergleichende Ansätze bei *Forum Europaeum Konzernrecht,* Konzernrecht für Europa, ZGR 1998, 672; *Grundmann,* European Company Law, § 31.
[20] Anschaulich *Hansmann/Kraakman,* in: Kraakman/Davies u.a., Anatomy, S. 2f.; *Kübler/Assmann,* § 14 III 3b; *Ruffner,* Die ökonomischen Grundlagen eines Rechts der Publikumsgesellschaft, 2000, S. 81, 131f.

dere der Arbeitnehmer (sog. *stakeholder*), die ihre Belange möglicherweise nicht ausreichend durch geeignete Vertragsgestaltung und Inanspruchnahme von Schutzgesetzen wahren können. Wenn in diesem Zusammenhang die Aktionäre als „Eigentümer" der Gesellschaft angesprochen werden, bezieht sich das darauf, dass sie das Risiko des Verlustes ihrer Investition tragen, ihnen dafür aber der Gewinn nach Abzug aller Kosten zusteht *(residual ownership)*.[21] Das darf nicht mit dem juristischen Eigentumsbegriff verwechselt werden.

Die **Funktionsfähigkeit der Kapitalmärkte,** und damit auch die Ausübung ihrer 18 Kontrollfunktion, setzt voraus, dass Aktien wie ein homogenes Massengut gehandelt werden können und dass die Gesellschaften vergleichbar dargestellt werden. Das wird durch zwingende Mindeststandards und Informationspflichten erreicht. Neben die nationalen Gesellschaftsrechte, z. T. im Rahmen der EU harmonisiert, treten daher nationales und europäisches Kapitalmarktrecht, internationale Standards *(„best practices")* und Börsenzulassungsregeln. Wieweit Marktprozesse auch für die Entwicklung von Aktienrecht selbst leistungsfähig sind, ist im Einzelnen streitig (vgl. oben § 1 Rn. 10 a. E.). Jedenfalls erfordert die außerordentlich große wirtschaftliche Bedeutung der AG nicht, dass nur zwingendes Recht als Regelungsinstrument in Betracht käme. Dispositive Vorschriften, Anreizgesetzgebung,[22] freiwillige Verhaltenskodizes, Offenlegungspflichten und bewährte Muster im Rahmen der Satzungsfreiheit[23] können beträchtliche Steuerungseffekte entfalten.

Der mit zunehmender Unternehmensgröße einher gehende Zuwachs an wirtschaft- 19 licher Macht verlangt nicht, dass Gegengewichte und die Wahrung gesellschaftsfremder Interessen durch Gesellschaftsrecht gewährleistet werden müssten. Das ist vielmehr Sache des Wettbewerbsrechts und der allgemeinen Gesetzgebung. Z. B. benötigen Gewerbetreibende unabhängig von der Rechtsform des Unternehmensträgers bestimmte behördliche Genehmigungen (GewO, Umweltschutzvorschriften, Banken- und Versicherungsaufsicht etc.); Personengruppen, für die ein besonderer Schutzbedarf angenommen wird, werden als solche Sonderregeln unterworfen (Arbeitsrecht, Verbraucherschutz). Wieweit das Management einer AG auch andere Interessen als die der Aktionäre verfolgen darf, ist sowohl rechtsvergleichend wie betriebswirtschaftlich umstritten (dazu näher unten § 27 Rn. 23). Die verschiedenen, nicht nur rechtlichen, Steuerungsmechanismen für die Aktiengesellschaft werden unter dem Schlagwort **Corporate Governance** (unten Rn. 40) diskutiert.

Die Art der Beteiligung an der AG führt dazu, dass typischerweise weder zwischen 20 den Aktionären untereinander noch zum Unternehmen engere Bindungen bestehen. Die einzelnen Aktionäre und Aktionärsgruppen können *sehr verschiedene, sogar gegensätzliche Interessen* haben. Ein Großaktionär will z. B. das Unternehmen für eine unternehmerische Betätigungsmöglichkeit für sich selbst oder nahe stehende Personen nutzen; ist er auch anderweitig unternehmerisch tätig, besteht die Gefahr von Interessenkonflikten bei der Abstimmung der Unternehmenspolitiken und damit zu einer Konzernbindung (vgl. § 18 Abs. 1 AktG). Dagegen sucht der Anlageaktionär, auch der institutionelle Anleger, eine langfristige, wertbeständige Kapitalanlage, die regelmäßig Gewinn abwirft. Der Spekulationsaktionär will durch kurzfristige Kurssteigerungen einen einmaligen Gewinn erzielen, während ihm das künftige Schicksal der AG gleich-

---

[21] *Hansmann/Kraakman,* in: Kraakman/Davies u. a., Anatomy, S. 13 ff.; vgl. auch *Ruffner,* Die ökonomischen Grundlagen eines Rechts der Publikumsgesellschaft, 2000, S. 135 f.: *residual control.*

[22] *Fleischer,* ZHR 168 (2004), 673, 692 ff.; *Hommelhoff/Mattheus,* AG 1998, 249, 250.

[23] Beispiel: Mustersatzung in Table A im Anhang zum britischen Companies Code; vgl. auch das „Gründungs-Set" im RegE eines Gesetzes zur Modernisierung des GmbH-Rechts und zur Bekämpfung von Missbräuchen (MoMiG) vom 23. 5. 2007 (www.bmj.bund.de/files/2109/MoMiG-RegE%2023%2005%200.pdf); siehe auch oben § 20 Rn. 19.

gültig ist. Es gibt also **kein homogenes „Aktionärsinteresse".**[24] Nach der in Deutschland vorherrschenden interessenpluralistischen Tradition kommen dazu die Interessen der Arbeitnehmer in den Betrieben der AG, die auf Sicherheit ihrer Arbeitsplätze und Leistungsfähigkeit des Unternehmens im sozialen Bereich gerichtet sind, ggf. auch die Interessen von wirtschaftlich abhängigen Zulieferern und der Allgemeinheit. Anliegen des Rechts ist es, hier einen Ausgleich zu ermöglichen. Daraus erklärt sich, dass der Gesetzgeber dem Parteiwillen im Gegensatz zum Recht der Personengesellschaften und zum GmbH-Recht engere Grenzen gezogen und weitgehend zwingende Normen geschaffen hat.

4. „Kleine" AG und Einpersonen-AG

21   Unter den vorgenannten Aspekten erweist sich die AG *vornehmlich als Rechtsform für große, börsennotierte Unternehmen.* Die Anwendung des überwiegend zwingenden, zudem meist formstrengen und dazu komplizierten Aktienrechts erfordert einen beträchtlichen rechtlichen und verwaltungsmäßigen – und damit finanziellen – Aufwand. Für *kleine und mittlere Unternehmen,* die dem vielfach nicht gewachsen sind, bietet sich deshalb, wenn die *Rechtsform einer Kapitalgesellschaft* gewollt ist, die *GmbH* an (oben § 20 Rn. 8). Die Vorteile der GmbH werden allerdings erkauft mit geringeren Kreditmöglichkeiten und vor allem mit dem weitgehenden Verzicht auf die Inanspruchnahme des Kapitalmarktes. Der Markt für GmbH-Anteile ist sehr beschränkt, einen Börsenhandel gibt es nicht. Nach dem UmwG kann eine GmbH in eine AG umgewandelt werden (und umgekehrt). Um solche Korrekturen der Rechtsformwahl überflüssig zu machen, hat der Gesetzgeber 1994 mit dem „Gesetz für kleine Aktiengesellschaften und zur Deregulierung des Aktienrechts" die Vorschriften für die sog. kleine AG gelockert.[25] Die Zahl von Neugründungen hat seither, vor allem Ende der 90-er Jahre, erheblich zugenommen. Das hängt auch mit der Schaffung weniger dicht regulierter Kapitalmarktsegmente zusammen.[26] Dem Enthusiasmus sog. *start-ups* steht freilich eine entsprechende Zahl von Fehlstarts und Insolvenzen gegenüber.

22   Mit dem gleichen Gesetz wurde auch die Mindestzahl der Gründer reduziert, so dass – wie schon zuvor bei der GmbH (oben § 21 Rn. 34 ff.) – auch die AG als **Einpersonengesellschaft** gegründet werden kann (§ 2).[27] Während bei den Personengesellschaften das Sinken der Mitgliederzahl auf eine Person das Ende der Gesellschaft bedeutet (oben § 10 Rn. 10, 16, § 11 Rn. 1, § 13 Rn. 1), ist für die Kapitalgesellschaften die Organisation, die ihre Grundlage im Gesellschaftsvermögen und der körperschaftlichen Verfassung hat, so stark verselbständigt, dass sie auch dann bestehen bleibt, wenn keine Mehrheit von Mitgliedern vorhanden ist. Es gibt dann zwar keine Gesell-

---

[24] *Kübler/Assmann,* § 14 II 2 c; *Ruffner,* Die ökonomischen Grundlagen eines Rechts der Publikumsgesellschaft, 2000, S. 458 ff.; *Siems,* Die Konvergenz der Rechtssysteme im Recht der Aktionäre, 2005, S. 72 ff.

[25] *Hoffmann-Becking,* ZIP 1995, 1 ff.; *Seibert/Kiem,* Handbuch der kleinen AG, 5. Aufl., 2007; aus praktischer Sicht *Hölters/Buchta,* DStR 2003, 79.

[26] Freiverkehr, vgl. §§ 57 BörsG; zum *Entry Standard* an der Frankfurter Wertpapierbörse *Schlitt/ Schäfer,* AG 2006, 147; zu elektronischen und börsenähnlichen Handelssystemen vgl. § 58 BörsG a. F., dazu *Cohn,* ZBB 2002, 365; *Spindler,* WM 2002, 1325; zu den Handelssegmenten allgemein *Buck-Heeb,* Kapitalmarktrecht, 2006, Rn. 431 ff.; *Fleischer,* NJW 2002, 2977, 2982 ff. Mit dem Gesetz zur Umsetzung der Richtlinie über Märkte für Finanzinstrumente (FRUG – dazu oben Fn. 2) kommt es zu einer teilweisen Neuordnung der Marktsegmente. Die außerbörslichen „multilateralen Handelssysteme" sind dann im WpHG geregelt (vgl. § 31i WpHG).

[27] Schon vor der Gesetzesänderung 1994 war die Einpersonen-AG gesetzlich anerkannt, so etwa in § 319 AktG (Eingliederung), konnte aber nicht als solche gegründet werden.

schaft im Sinne eines echten Personenverbandes, aber der objektive Bestand der Mitgliedschaften (Aktien) und die juristische Person der AG mit ihrer körperschaftlichen
Verfassung bleiben erhalten (oben § 2 Rn. 7).

Wirtschaftlich führt die Einpersonengesellschaft zur Einschränkung der Haftung auf eine bestimmte
Vermögensmasse und damit zum „Einzelunternehmen mit beschränkter Haftung", da die im Unternehmen begründeten Verbindlichkeiten nur solche der AG (bzw. GmbH) sind, für die nur diese und
nicht der Alleingesellschafter haftet. Da die Form der selbständigen juristischen Person bestehen
bleibt, Unternehmensvermögen und Privatvermögen des Gesellschafters also weiterhin rechtlich und
wirtschaftlich getrennt sind, auch die Gläubigerschutzbestimmungen in vollem Umfang Geltung behalten, ist die Zulassung der Einpersonengesellschaft im Prinzip unbedenklich.[28] Abgesehen davon,
dass es sich in manchen Fällen nur um ein vorübergehendes Stadium der AG handelt, die dank
der leichten Übertragbarkeit der Aktien alsbald wieder in eine Mehrpersonengesellschaft übergeleitet
werden kann, ist das grundsätzlich legitime Interesse an einer Risikobegrenzung durch Haftungsbeschränkung anzuerkennen. Die Einpersonen-AG ist weiter ein wichtiges Instrument bei verschiedenen
Gestaltungen von Unternehmensverbindungen, im Fall der Eingliederung ist sie sogar unerlässlich
(§§ 319, 320). Nicht zuletzt dient sie als Rechtsform für eine privatwirtschaftliche Betätigung der
öffentlichen Hand.

Rechtlich ist die Einpersonen-AG wie jede andere AG zu behandeln; es finden, mit   **23**
wenigen Ausnahmen (vgl. § 42 AktG), grundsätzlich *alle Vorschriften des Aktienrechts*
Anwendung.[29] Vor allem muss die Gesellschaft die **gesetzlich vorgeschriebenen Orga-**
ne, also **Vorstand, Aufsichtsrat und Hauptversammlung** haben. Der einzige Aktionär
bildet allein die Hauptversammlung; seine Entschlüsse sind also Hauptversammlungsbeschlüsse und bedürfen der entsprechenden Form (vgl. unten § 29 Rn. 23). Er kann sich
selbst in den Aufsichtsrat wählen oder seine Bestellung zum Vorstand veranlassen.

Missbräuchen der Einpersonengesellschaft tritt die Rechtsprechung im Einzelfall
entgegen. Es wird vor allem sorgfältig geprüft, ob und wieweit rechtlich eine Gleichstellung der Gesellschaft mit dem hinter ihr stehenden Alleingesellschafter vorzunehmen ist – sog. *Durchgriff*. Diese Frage stellt sich vornehmlich bei der GmbH und
wurde dort behandelt (oben § 24 Rn. 27). Die Tatsache allein, dass es nur einen Aktionär gibt, rechtfertigt den Durchgriff jedenfalls nicht.

5. Verbreitung

Das so umrissene Verhältnis von AG und GmbH spiegelt sich auch zahlenmäßig   **24**
deutlich in der Entwicklung für beide Rechtsformen wider (vgl. auch oben § 4 Rn. 11,
§ 20 Rn. 12f.).[30]

	AG/KGaA		GmbH	
	Anzahl	**Grundkapital** (aggregiert in Mrd., Durchschnitt in Mio.)	**Anzahl**	**Grundkapital** (in Mrd.)
1911			20 000	
1925	13 010	RM 19,1		
1936			40 000	RM 5

---

[28] Kritisch aber *Hüffer*, § 2 Rn. 4b.
[29] Zu Einzelheiten *Bachmann*, NZG 2001, 961 ff.; *Hüffer*, § 2 Rn. 4ff.
[30] Statistische Angaben nach *Deutsches Aktieninstitut*, DAI-Factbook 2000 und 2006; Statistisches
Bundesamt; *Hansen*, AG 2001, R 315f.; *ders.*, GmbHR 1995, 502; *Kornblum*, GmbHR 2006, 28; ferner
Vorauflagen.

	AG/KGaA		GmbH	
	Anzahl	Grundkapital (aggregiert in Mrd., Durchschnitt in Mio.)	Anzahl	Grundkapital (in **Mrd.**)
1961			39 000	DM 16,7
1979		DM 88,6	225 209	DM 92,2
1983	2 122	DM 101,1		
1989			401 687	DM 180,7
1996			413 344	DM 304
1998		Ø € 22,3 Mio.		
2001 (Mai)	11 833	€ 157 Mrd. Ø € 13,2 Mio.	730 600	
2004			1 006 157	
2006 (August)	15 422	€ 162,9 Mrd.		

Die Zahl der AG und KGaA war 1925 größer als 2001; aber auch damals gab es schon mehr GmbH als AG. Bis Ende 1983 hat die Zahl laufend abgenommen, jedoch bei gleichzeitiger wesentlicher Erhöhung des Gesamtnennkapitals. Dann ist die Zahl der Gesellschaften kontinuierlich gestiegen. Im Gegensatz dazu hat die Zahl der GmbH zeitweise geradezu sprunghaft zugenommen. 1979 überstieg das Gesamtnennkapital der GmbH erstmals dasjenige der AG. Die GmbH als Gesellschaftsform für Unternehmensträger ist der unangefochtene Spitzenreiter mit 76,9% (1999). Die Relation zwischen der Zahl der Gesellschaften und dem jeweiligen Gesamtnennkapital macht aber deutlich, dass es sich bei den AG immer noch im Wesentlichen um Großunternehmen, bei den GmbH dagegen überwiegend um kleinere Unternehmen handelt. Das durchschnittliche Grundkapital der AG ist in den letzten Jahren gesunken. Daraus lässt sich schließen, dass vor allem die Neugründungen Gesellschaften mit niedrigerem Grundkapital sind. Unter den 100 größten Unternehmen der Bundesrepublik waren 1988 immerhin 67 AG und drei KGaA gegenüber 16 GmbH, 2004 waren es 77 AG oder KGaA neben sechs GmbH. Die Bedeutung des Zugangs zum Kapitalmarkt und dessen Internationalisierung zeigen sich daran, dass 1987 679 deutsche und 432 ausländische Gesellschaften an deutschen Börsen notiert waren (einschließlich der Regionalbörsen und des Freiverkehrs); 2005 waren es 976 deutsche und 13.288 ausländische Gesellschaften. Letztere werden in Deutschland zum großen Teil ausschließlich im Freiverkehr gehandelt; nur 116 sind an einem inländischen organisierten Markt notiert.

III. Geschichte und Rechtsquellen

1. Historische Entwicklung

25   Die historische Entwicklung des Aktienrechts zeigt nicht nur die zunehmende rechtstechnische Ausdifferenzierung des Gesellschaftsrechts, sondern spiegelt Interessenkonflikte wider, die auch heute noch rechtspolitisch relevant sind. Dazu gehören Art und Ausmaß staatlicher Kontrolle, das Konzept der AG als eigenständiger juristischer Person und das Konzept der AG als komplexe Beziehung zwischen Personen untereinander und einer mit Leitungsmacht versehenen Personengruppe (Verwaltung, Management).

a) Die Zeit bis zum Aktiengesetz von 1937

Der *Ursprung der AG* liegt im *Beginn der Neuzeit.* Zwar finden sich im antiken Recht und ebenso **26**
im Recht des Mittelalters Rechtsformen, die mit der heutigen AG eine gewisse Ähnlichkeit haben.
Aber bei ihnen lässt sich ein unmittelbarer Einfluss auf die Entstehung der modernen AG nicht nachweisen. Deren Vorläufer sind vielmehr die Staatsgläubigervereine und die **Handelskompagnien.** Erste-
re waren zunächst in Italien Vereinigungen von Personen, die das von ihnen aufgebrachte Kapital dem
Fiskus als Darlehen gaben und dafür mit Korporationsrechten und Privilegien ausgestattet wurden
(Bank des hl. Georg in Genua, 1404). Die 1694 gegründete Bank von England sollte nur bis zum Be-
trag des der Regierung gewährten Darlehens von 1,2 Mio. £ Schulden machen dürfen; für weitere
Schulden waren die Aktionäre nach Maßgabe ihres Aktienbesitzes haftbar. Die seit dem 17. Jahrhundert in verschiedenen Ländern als **Kolonialgesellschaften** gegründeten *Handelskompagnien* wurden zur
Ausbeutung der neu erschlossenen Kolonien (Amerika, Ostindien) errichtet, so als älteste die britisch-
ostindische von 1599, die niederländisch-ostindische von 1602 und die französische *Compagnie des
Indes occidentales* von 1628.[31] Die Handelskompagnien waren Korporationen mit eigener Rechtspersönlichkeit, denen vielfach **öffentlichrechtliche Hoheitsrechte** übertragen wurden. Deshalb bedurften
sie staatlicher Konzession. Die Konzessionierung, die Verleihung von Hoheitsrechten und die damit
verbundene Regelung der inneren Verfassung erfolgten durch eine staatliche Urkunde (oktroi), weswe-
gen man von **Oktroisystem** spricht. Die Kompagnien hatten somit zunächst vorwiegend öffentlich-
rechtlichen Charakter.
    Im Lauf des *18. Jahrhunderts* breitete sich diese Gesellschaftsform auf *andere Gebiete* des gewerbli-
chen Lebens aus; vor allem spielte sie im Seehandel, im Bankwesen und im Versicherungswesen eine
Rolle. Gleichzeitig wurde die Rechtsform durch Verselbständigung der Gesellschaft, beschränkte Haftung und Schaffung der Inhaberaktie fortgebildet, was die Übertragbarkeit der Anteile sehr erleichterte. Führend in dieser Entwicklung war auf dem Kontinent Frankreich, entsprechend seiner politisch
und wirtschaftlich führenden Stellung im 17. und 18. Jahrhundert, während die englischen Kompagnien eine vom Kontinent unabhängige Entwicklung nahmen. In dieser Zeit traten schwere *Missstände
im Aktienwesen* auf, wie sie dessen Geschichte immer wieder kennzeichnen. Im englisch-amerikani-
schen Recht wurden die Gesellschafter als Träger des Gesellschaftsvermögens angesehen, das treuhänderisch von den *directors* verwaltet wurde. Es zeigte sich, dass die AG eine Rechtsform ist, die leicht
von skrupellosen Initiatoren und Managern zur Ausbeutung des leichtgläubigen Publikums missbraucht werden kann. Dem entsprechen die Versuche des Gesetzgebers, die Anleger gegen die in immer wieder neuen Formen auftretenden Missbräuche durch verschärfte Schutzbestimmungen zu sichern, meist mit nur unvollkommenem Erfolg. Berüchtigt waren damals die Schwindelgründungen des
Schotten John Law in Paris (seit 1716), vor allem die sog. Mississippigesellschaft (Compagnie des Indes). Fast zur gleichen Zeit führten in England die ,Seifenblasengründungen' zu einem weitgehenden
Verbot (*Bubble Act* von 1720).
    Die eigentliche Blütezeit der AG beginnt erst mit dem *19. Jahrhundert.* Die AG ist die charakteristi-
sche Unternehmensform des aufkommenden Kapitalismus. Das Oktroisystem wird beseitigt; die AG
wird zur rein privatrechtlichen Körperschaft. Zur Erlangung der Rechtsfähigkeit bedarf es aber zunächst noch staatlicher Konzession – **Konzessionssystem.** Für die Entwicklung des kontinentalen
Rechts ist auch weiterhin Frankreich führend. Die Revolution bringt die Gewerbefreiheit und gibt
damit auch die Gründung der Kompagnien frei.[32] Die gesetzliche Regelung des Aktienrechts erfolgt im
code de commerce von 1807. Die AG, *société anonyme,* wird als privatrechtliche Körperschaft anerkannt, die Gründung aber von staatlicher Prüfung und Genehmigung abhängig gemacht.
    Diesem Vorbild folgten die meisten anderen Staaten. In *Deutschland* wurde die Materie, da es keine
Reichsgesetzgebung gab, zunächst in einzelstaatlichen Gesetzen geregelt, so im preußischen Gesetz
von 1843. Wirtschaftlich spielten unter den AG die Eisenbahngesellschaften zur Aufbringung des für
den Bau von Bahnen erforderlichen Kapitals eine besondere Rolle – in Preußen 1850 annähernd $^2/_3$ des
gesamten Aktienkapitals –, was sich erst mit der Verstaatlichung der Bahnen änderte. Daneben entwickelten
sich AG auf dem Gebiet des Bergbaus (neben den bergrechtlichen Gewerkschaften) und des Versiche-
rungswesens; später treten Bank-AG und industrielle AG mehr in den Vordergrund. – Vom Konzessionssystem ging noch das *ADHGB* von 1861 aus, ließ aber bereits Abweichungen im einzelstaatlichen
Recht zu.

In der zweiten Hälfte des 19. Jahrhunderts führte der zunehmende wirtschaftliche **27**
Liberalismus (Gewerbefreiheit) zur Beseitigung der staatlichen Konzession. Die staatliche Kontrolle über wirtschaftliche Betätigungen wird zurückgenommen, indem die

---

[31] *Hartung,* Geschichte und Rechtsstellung der Compagnie in Europa, 2000.
[32] *Germain,* in: Ripert/Roblot, Traité de Droit Commercial, Bd. 1, 17. Aufl., 1998, S. 1033.

Gründung der AG nur noch von der Erfüllung bestimmter, gesetzlich vorgeschriebener Mindestvoraussetzungen abhängig gemacht wird, die in sog. **Normativbestimmungen** festgelegt sind. Ihre Einhaltung wird durch eine staatliche Behörde, in Deutschland das Registergericht, nachgeprüft. Bei entsprechendem Nachweis besteht ein Rechtsanspruch auf Eintragung in das Handelsregister, durch die die AG Rechtsfähigkeit erlangt, während nach altem Recht die Behörde die Konzession nach freiem Ermessen erteilen oder verweigern konnte. Rechtsvergleichend ist das System der Normativbestimmungen, d. h. ein **privatrechtliches Rechtsgeschäft zuzüglich Registrierung,** heute **international allgemeiner Standard** für die Bildung von Aktiengesellschaften.[33]

In Deutschland brachte die **Aktiennovelle von 1870** den Übergang zu Normativbestimmungen. Es handelte sich um verhältnismäßig wenige, zum großen Teil nur formelle Voraussetzungen. Hierauf folgte eine Periode der **Missbräuche** auf dem Gebiet des Aktienwesens, die sog. **Gründerzeit** in der ersten Hälfte der siebziger Jahre des 19. Jahrhunderts. Es gab kein funktionsfähiges Kontrollsystem dafür, ob die von Anlegern und Gläubigern aufgebrachten Mittel verantwortlich verwendet wurden. Die Umgestaltung des Aktienrechts war für diese Missstände sicher nicht alleiniger Grund, doch hatten sich die Normativbestimmungen, wie zahlreiche unsolide Gründungen zeigten, als zu milde erwiesen. Sie wurden deshalb durch die **Aktiennovelle von 1884** wesentlich verschärft. Vor allem wurde der Vorgang der Gründung eingehender geregelt. Die Gründer unterlagen einer scharfen Haftung, auch im Übrigen wurde ein größerer Schutz der Aktionäre durch eine Reihe meist zwingender Vorschriften vorgesehen.[34] Das **HGB von 1897** regelte das Aktienrecht neu, aber ohne grundsätzliche Änderungen.[35]

28   **Nach dem Ersten Weltkrieg** hatten Krieg und Inflation gewaltige Vermögensverschiebungen mit sich gebracht, was erneut zu **verbreiteten Missständen** auf dem Gebiet des Aktienwesens führte. Aktienmehrheiten wechselten häufig ihre Besitzer und wurden zu Spekulationsobjekten. Das führte auch zu spezifisch aktienrechtlichen Fehlentwicklungen. Typisches Beispiel ist die Verbreitung der **Mehrstimmrechtsaktie.**

Dem kapitalbezogenen Charakter der AG entspricht es, dass grundsätzlich jede Aktie eine Stimme gewährt, das Stimmrecht also nach dem Umfang der Kapitalbeteiligung abgestuft ist. Je größer die Zahl der Aktien ist, die ein Aktionär hält, desto mehr Stimmen stehen ihm in der Hauptversammlung zu und desto größer ist damit der Einfluss auf die Verwaltung (Aufsichtsrat und Vorstand) der AG. Die Möglichkeit, Aktien mit einem mehrfachen Stimmrecht auszustatten, war im HGB vornehmlich für Sanierungsfälle vorgesehen, hatte aber zunächst praktisch eine sehr geringe Rolle gespielt. Diese Möglichkeit wurde jetzt zunehmend ausgenutzt, etwa zur Abwehr der Gefahr einer sog. „Überfremdung" der AG durch in- und vor allem ausländisches Kapital. Wollten und konnten die bisherigen Aktionäre aus wirtschaftlichen Gründen die Beteiligung neuer Gesellschafter nicht ausschließen, wollten sie doch verhindern, dass die Herrschaft über die Gesellschaften in fremde Hände überging. Deshalb schufen Großaktionäre durch Satzungsbestimmung Aktien mit mehrfachem Stimmrecht, die

---

[33] In den USA verabschiedete der Staat New York bereits 1811 ein Gesetz, das die Gründung von *corporations* nach dem Modell der Normativbestimmungen für bestimmte industrielle Aktivitäten zuließ; 1811 N.Y. Laws ch. 67, „*Act relative to Incorporation for Manufacturing Purposes*".

[34] *Reich,* in: Horn/Kocka, Recht und Entwicklung der Großunternehmen, 1979, S. 255, 262 ff.; *Schubert,* in: Hommelhoff/Schubert, Hundert Jahre modernes Aktienrecht, 1985 (ZGR Sonderheft 4), S. 64 ff. (Gründerhaftung), 96 ff. (Individualrechte und Minderheitenschutz).

[35] Anschaulich zu diesen Entwicklungen Meyers Großes Konversations-Lexikon, 6. Aufl., 1902, Eintrag „Aktie und Aktiengesellschaft": „Die Geschichte des Aktienwesens beweist, dass Schwindel und Missbrauch bei den verschiedensten gesetzlichen Regelungen vorkamen. Lassen sich dieselben auch durch gesetzliche Reformen zum Teil mindern, so wird doch das Publikum selbst durch Hebung der wirtschaftlichen Einsicht und Förderung einer gesunden Geschäftsmoral das wichtigste zur Besserung beitragen müssen." Überblick über die historische Entwicklung des Aktien- und Börsenwesens bei *Hopt,* Kapitalanlegerschutz im Recht der Banken, 1976, S. 15 ff.; eingehend Großkomm-AktG/*Assmann,* Einl. A Rn. 1 ff. Zur Substitution der Staatskontrolle unter dem Aspekt der Publizität *Merkt,* Unternehmenspublizität, 2001, S. 53 ff.

auf den Namen lauteten und nur mit Zustimmung der Gesellschaft übertragen werden konnten; die bisherigen Großaktionäre verloren bei Ausgabe von (neuen, einfachen) Aktien zwar kapitalmäßig die Mehrheit, behielten aber die Stimmenmehrheit und damit die Herrschaft über das Unternehmen. Im Verlauf dieser Entwicklung wurde die Mehrstimmrechtsaktie ganz allgemein das Mittel, mit wenig Kapital ein Unternehmen zu beherrschen. Man kaufte eine Aktienmehrheit, setzte damit die Ausgabe von Mehrstimmrechtsaktien an sich selbst durch, die vielleicht nur auf wenige 1000 RM lauteten, verkaufte dann die Stammaktien und beherrschte das Unternehmen mit den Mehrstimmrechtsaktien. Die Mehrstimmrechtsaktie führte so zu einer *Trennung von Kapitalbeteiligung und Herrschaft* und damit zu einer Verfälschung eines der Grundgedanken des Aktienrechts. Der Einfluss des Mehrstimmrechts nahm extreme Formen an; verlieh man den Aktien zunächst ein zwei- oder dreifaches Stimmrecht, gab es nach wenigen Jahren Aktien mit einem hundertfachen, sogar tausendfachen Stimmrecht.

Ähnliche Missstände ergaben sich bei den sog. **Verwaltungsaktien,** d.h. Aktien, die direkt oder mittelbar der AG selbst gehörten, so dass der Vorstand das Stimmrecht ausüben oder doch maßgeblich beeinflussen und dadurch seine Machtstellung sichern konnte. In die gleiche Richtung wirkte vielfach das sog. *Bankenstimmrecht,* das darauf beruhte, dass die Banken sich von ihren Kunden ermächtigen ließen, das Stimmrecht der in ihren Depots lagernden Aktien im eigenen Namen auszuüben. Da die der Gesellschaft nahe stehenden Banken, die meist im Aufsichtsrat vertreten waren, normalerweise für die Verwaltung stimmten, steigerte auch das den Einfluss von Vorstand und Aufsichtsrat.

Alle diese Erscheinungen zusammen führten zu einer weitgehenden **Entrechtung** 29 **der Aktionäre,** zu einer Beseitigung des Grundsatzes, dass der Einfluss auf die Verwaltung vom Umfang der Kapitalbeteiligung und damit von der Höhe des übernommenen Risikos abhängig sein soll. Zugleich wurde so die Kontrolle der Verwaltung durch die Generalversammlung beeinträchtigt. – Daneben zeigten sich *sonstige Missstände,* z.B. mangelnde Publizität in Bilanzen und Geschäftsberichten, übermäßiger Erwerb eigener Aktien, Besetzung der Aufsichtsräte nach Prestigegesichtspunkten mit zu vielen Mitgliedern oder Personen, die zu viele Aufsichtsratsposten auf sich vereinigten, so dass eine wirksame Kontrolle des Vorstands unmöglich wurde usw.

Seit Mitte der zwanziger Jahre wurde verstärkt eine Reform des Aktienrechts gefordert. Die große Wirtschaftskrise 1930–32, die zu einer Reihe sensationeller Zusammenbrüche (Favag-Frankfurter allgemeine Versicherungs-AG, Danatbank, Nordwolle) führte und dadurch die Mängel des Aktienrechts besonders deutlich machte, hatte entsprechende Maßnahmen zur Folge, zunächst im Wege einer **Teilreform** durch NotVO von **1931.** Eine **umfassende Reform** wurde erst durch das **Aktiengesetz vom 30. 1. 1937** durchgeführt. Dieses Gesetz beruhte auf umfänglichen Vorarbeiten und diente jedenfalls nicht in erster Linie der Umsetzung nationalsozialistischer Ideologie.[36] Im Nationalsozialismus waren zunächst Stimmen laut geworden, die die völlige Beseitigung der „anonymen" Kapitalgesellschaften forderten, doch setzte sich die Erkenntnis durch, dass für Großunternehmen die Form der Kapitalgesellschaft unentbehrlich ist. Man begnügte sich deshalb damit, ihr Anwendungsgebiet zu beschränken, die Umwandlung kleiner Gesellschaften in Personengesellschaften oder Einzelunternehmen zu erleichtern (Umwandlungsgesetz von 1934) und im Übrigen das Aktienrecht unter Festhalten an den bewährten Grundsätzen in einzelnen Punkten zu reformieren, wobei die Bestimmungen der NotVO von 1931 integriert wurden.

---

[36] Diese Feststellung ist von Interesse, da die Strukturänderungen durch das AktG 1937 als historische Erfahrung volle Berücksichtigung auch in der heutigen Diskussion verdienen. Ferner wurde nach dem 2. Weltkrieg bis 1965 in der Bundesrepublik mit diesem Gesetz weiter gearbeitet, die Einwände dagegen und die daraus folgenden Reformbestrebungen betrafen eher Fragen der Funktionstauglichkeit; eine umfassende Reform unterblieb in Österreich, wo nach zahlreichen Detailänderungen das AktG 1937 noch immer die Basis des geltenden Aktienrechts darstellt; *Kalss/Burger/Eckert,* Entwicklung des österreichischen Aktienrechts, 2003, S. 338, 346ff.

Die wichtigsten Reformen waren: Ausschließung kleiner Gesellschaften, deshalb Mindestkapital von 500 000 RM; – klarere Umschreibung der Zuständigkeiten der verschiedenen Organe und beschränkte, aber zwingende, Hauptversammlungskompetenzen bei stärkerer Stellung des Vorstands;[37] – interessenpluralistische Ausrichtung der Vorstandspflichten;[38] – Verschärfung der Publizitätsvorschriften; – Einschränkung des Mehrstimmrechts, der Verwaltungsaktien und des Bankenstimmrechts; – Neuregelung der Kapitalbeschaffung (Vorzugsaktien ohne Stimmrecht, bedingte Kapitalerhöhung und genehmigtes Kapital). Das AktG 1937 löste äußerlich das Aktienrecht aus dem HGB (früher §§ 178–334), aber lediglich aus technischen Gründen mit Rücksicht auf die erhebliche Vermehrung der Paragrafenzahl. Sachlich ist das Aktienrecht ein Teil des Handelsgesellschaftsrechts geblieben.

b) Das Aktiengesetz 1965

30   In der Zeit *nach dem Zweiten Weltkrieg* wurde das Aktienrecht zunächst in Einzelgesetzen innerhalb und außerhalb des AktG weiterentwickelt.

   – Das *DM-Bilanzgesetz* vom 21. 8. 1949 zog die Folgerungen aus der Währungsreform von 1948. Von dauernder Bedeutung war die Herabsetzung des Mindestnennbetrags des Grundkapitals von 500 000 RM auf 100 000 DM und des Mindestnennbetrags der Aktien von 1000 RM auf 100 DM; beides sollte der Kapitalarmut in der unmittelbaren Nachkriegszeit Rechnung tragen.
   – Das *BetrVG* vom 11. 10. 1952, das Gesetz über die Mitbestimmung der Arbeitnehmer in den Aufsichtsräten und Vorständen der Unternehmen des Bergbaus und der Eisen und Stahl erzeugenden Industrie vom 21. 5. 1951 – *MontanMitbestG* – und das Mitbestimmungsergänzungsgesetz vom 7. 8. 1956 – *MitbestErgG* – für Holdinggesellschaften der Montanindustrie sind die Gesetze, die die *Beteiligung der Arbeitnehmer an* den Aufsichtsräten und Vorständen der Kapitalgesellschaften regeln; das *MitbestG* 1976 brachte Erweiterungen der Unternehmensmitbestimmung; dazu unten § 28 Rn. 9 ff.
   – Das *Umwandlungsgesetz* vom 12. 11. 1956 regelte die bis dahin nur vorübergehend zugelassene Umwandlung einer AG in eine Personengesellschaft oder ein Einzelunternehmen auf Dauer. Dieses Gesetz wurde 1969 novelliert. Das heutige UmwG von 1994 fasst Umwandlungsvorgänge und andere Strukturänderungen von Rechtsträgern zusammen (unten § 38).
   – Die sog. *kleine Aktienrechtsreform* (Ges. vom 23. 12. 1959) griff drei dringende Reformforderungen auf: Kapitalerhöhung aus Gesellschaftsmitteln, Belegschaftsaktien, Verschärfung der Publizitätsvorschriften für die Gewinn- und Verlustrechnung.

31   Die **Aktienrechtsreform von 1965** hat das heutige Aktienrecht in wesentlichen Teilen gestaltet; nachfolgende Änderungen betreffen die voranschreitende europäische Integration, die weltweite Öffnung der Kapitalmärkte und die damit verbundene Entwicklung des Kapitalmarktrechts, die Anpassung der Anforderungen an funktionsfähige Kontrollstrukturen (Corporate Governance) sowie technische Entwicklungen, insbesondere elektronische Kommunikationsmöglichkeiten.
   Das AktG vom 6. 9. 1965 ist am 1. 1. 1966 an die Stelle des AktG von 1937 getreten. Im Gegensatz zu früheren Reformen des Aktienrechts (etwa 1870, 1884, 1931, 1937) ging es nicht um die Bekämpfung konkreter Missstände. Das AktG 1937 hatte sich im

---

[37] Der Vorstandvorsitzende hatte gem. § 70 Abs. 2 Satz 2 in bestimmten Fällen das Recht zum Stichentscheid. Das wurde (zu Unrecht) als Umsetzung des „Führerprinzips" apostrophiert; vgl. *Kalss/Burger/Eckert*, Entwicklung des österreichischen Aktienrechts, 2003, S. 320 m. Fn. 2156. Rechtsvergleichend handelt es sich dagegen nicht um eine auffällig hierarchische Organisation. Im französischen Recht hat der *Président Directeur Général* (PDG) ein vorrangiges *(préponderant)* Stimmrecht; Art. 100 al. 3 L 24. 7. 1966; *Didier*, Droit Commercial, Bd. 2: L'entreprise en Société, 2. Aufl., 1997, S. 226; Encyclopédie Dalloz, Bd. IV: Président du Conseil d'Administration, 1998; *Sonnenberger*, Französisches Handels- und Wirtschaftsrecht, 1991, Rn. III 160; *M.J. Ulmer*, Harmonisierungsschranken im Aktienrecht, 1998, S. 32, 34 f.; zum *Chief Executive Officer* (CEO) amerikanischer Prägung *Hein*, ZHR 166 (2002), 464.

[38] § 70 Abs. 1 AktG 1937 lautete: „Der Vorstand hat unter eigener Verantwortung die Gesellschaft so zu leiten, wie das Wohl des Betriebs und seiner Gefolgschaft und der gemeine Nutzen von Volk und Reich es fordern." Abgesehen von der zeitgebundenen Terminologie entspricht das einem heute vielfach vertretenen pluralistischen „stakeholder-value"-Ansatz.

Großen und Ganzen bewährt; die Reform verfolgte vielmehr **allgemeine wirtschafts- und sozialpolitische Ziele.**[39]

Dazu gehörte insbesondere das Bestreben, die **Streuung des Aktienbesitzes** zu fördern, um möglichst breite Schichten der Bevölkerung am Produktivvermögen zu beteiligen und der Konzentration des Kapitals in den Händen weniger Großaktionäre entgegenzuwirken. In die gleiche Richtung weist die Erleichterung der Schaffung von **Arbeitnehmeraktien,** die sowohl der Bildung von Vermögen in Arbeitnehmerhand wie auch der Beteiligung der Arbeitnehmer am Beschäftigungsunternehmen dient.[40] Stärkere Streuung von Aktien und die Ausgabe von Belegschaftsaktien erforderten einen stärkeren **Schutz der Kleinaktionäre** und einen Ausbau des **Minderheitsschutzes.** Dem gleichen Zweck diente eine Stärkung der Hauptversammlung in ihrem Einfluss auf die **Gewinnverwendung** (Reservenbildung und Gewinnverteilung), die Verschärfung von **Publizitätspflichten,** die Verbesserung des **Auskunftsrechts des Aktionärs** und die Stärkung der **Kontrolle** des Vorstands **durch den Aufsichtsrat.** Das **Vollmachtstimmrecht der Banken** wurde strengeren Anforderungen unterworfen, die einerseits die Interessen der Kleinaktionäre als Vollmachtgeber besser zur Geltung bringen, andererseits die Stimmrechtsausübung nicht unnötig erschweren sollten.

Ein weiteres Reformanliegen war, das **Recht der verbundenen Unternehmen** zu regeln. Zwar kannte auch das AktG 1937 schon den Begriff des Konzerns, enthielt aber kaum Vorschriften für die inzwischen zum Normalfall gewordene Verflechtung von Unternehmen. Das AktG 1965 enthielt das erste kodifikationsähnliche **Konzernrecht.** Durch Offenlegung von Unternehmensverbindungen und durch Schutzbestimmungen zugunsten der abhängigen Unternehmen, der außenstehenden Aktionäre und der Gläubiger sollte dem Missbrauch offener und verdeckter Machtstellungen begegnet werden. Die Regelung blieb dem Gegenstand des AktG entsprechend auf die Beteiligung von AG und KGaA an Unternehmenszusammenschlüssen beschränkt, war aber gleichwohl für die weitere Rechtsentwicklung in Deutschland bedeutsam.

Die in das AktG 1965 gesetzten Erwartungen haben sich nur zum Teil erfüllt.[41] Die gesellschaftsrechtlichen Voraussetzungen für eine größere Attraktivität der Aktie als Kapitalanlage waren zwar verbessert worden, die Eigenkapitalausstattung der Unternehmen und die Streuung des Aktienbesitzes blieben aber noch lange hinter den Verhältnissen in anderen Ländern zurück.[42] Z.T. hat das sicher auch steuerrechtliche Gründe.[43]

Die **weitere Rechtsentwicklung** betrifft Änderungen des AktG, die **thematisch aus dem historischen Überblick bekannte Probleme** aufgreifen, die europäische Rechtsangleichung und die Vollendung des Binnenmarktes sowie Regelungen außerhalb des AktG, die für das Aktienrecht von ganz außerordentlicher Bedeutung sind. Insbeson-

---

[39] Zu den Reformproblemen allgemein *Wiethölter,* Interessen und Organisation der AG im amerikanischen und deutschen Recht, 1961; – Zusammenstellung der Gesetzesmaterialien bei *Kropff,* Aktiengesetz, Textausgabe, 1965; zur Reformdiskussion *Bahrenfuss,* Die Entstehung des Aktiengesetzes von 1965, 2001; Großkomm-AktG/*Meyer-Landrut,* 3. Aufl., 1973, Einl. II; *K. W. Nörr,* in: FS Zöllner, Bd. 1, 1998, S. 429.

[40] Diese Zielsetzung wird in der Herabsetzung des Mindestnennwerts der Aktie auf 50 DM deutlich. Unter der Geltung des HGB und nach dem AktG 1937 lautete bis zum Jahr 1948 der Mindestnennbetrag 1000 RM. Beim Inkrafttreten des HGB zu Anfang des 20. Jahrhunderts betrug der Durchschnittsverdienst eines gewerblichen Arbeiters 1000 Mark jährlich, bei Verabschiedung des AktG 1965 10 140 DM; für den Erwerb einer 50 DM-Aktie zum Nennwert war also weniger als 0,5% des Jahresverdienstes erforderlich.

[41] *Kropff,* in: Lutter (Hrsg.), 25 Jahre Aktiengesetz, 1991, S. 19; *Westermann,* ebenda, S. 79.

[42] Die Eigenkapitalquote deutscher Unternehmen lag Ende der 80-er Jahre bei 19,1%, in Großbritannien bei 49,5%, Frankreich 30,1%, USA 56,9% und Japan 18,7% (Deutsches Aktieninstitut, DAI-Factbook 2000, 04–2). Der Anteil der Aktionäre an der Gesamtbevölkerung lag in Deutschland im Jahr 2000 noch immer unter 10%, in den USA 1999 bei 25,4%, in Dänemark und den Niederlanden 1998 bei ca. 30% (*Deutsches Aktieninstitut,* DAI-Factbook 2000, 08.6–2).

[43] Erst die Körperschaftsteuerreform 1977 beseitigte die Doppelbelastung der von Aktiengesellschaften ausgeschütteten Erträge mit Körperschaftsteuer bei der Gesellschaft und Einkommensteuer beim Aktionär; das zu diesem Zweck eingeführte Anrechnungsverfahren benachteiligte jedoch ausländische Anleger und hatte weitere Nachteile. Die Unternehmensteuerreform 2000 beseitigte jedenfalls einen Teil dieser Probleme, vgl. oben § 4 Rn. 9.

dere das in Deutschland mit einer gewissen Verspätung herausgebildete **Kapitalmarkt-recht** erfordert die Betrachtung bestimmter Regelungsgegenstände nicht mehr nur aus gesellschaftsrechtlicher Sicht und erzwingt die Rückbesinnung auf die kapitalmarkt-orientierte Funktion mancher gesellschaftsrechtlicher Vorschriften.

c) Mitbestimmung der Arbeitnehmer im Aufsichtsrat

32   Die Unternehmensmitbestimmung[44] war, obgleich die Besetzung von Gesellschafts-organen betreffend, seit jeher außerhalb des AktG geregelt, zunächst im Betriebsräte-gesetz von 1920.[45] Das BetrVG 1952, das die Besetzung des Aufsichtsrates zu einem Drittel mit Arbeitnehmervertretern vorsah, wurde beibehalten und lediglich an das AktG 1965 angepasst. Das Gesetz über die Mitbestimmung der Arbeitnehmer – **Mit-bestimmungsgesetz 1976** führte die paritätische Mitbestimmung der Arbeitnehmer in den Aufsichtsräten großer Kapitalgesellschaften außerhalb des Montanbereichs ein und wirkte sich damit ganz entscheidend auf das Aktienrecht aus. Die zwingenden Regeln für Größe und Zusammensetzung des Aufsichtsrates sind zunehmend der Kri-tik ausgesetzt, da sich die rechtlichen und wirtschaftlichen Rahmenbedingungen für, insbesondere börsennotierte, Aktiengesellschaften seit 1976 erheblich verändert haben (Näheres unten § 28 Rn. 9 ff.). Die Mitbestimmungsvorschriften des BetrVG 1952 wurden durch das Drittelbeteiligungsgesetz vom 18. 5. 2004 ohne einschneidende Än-derungen abgelöst. Die 1951 eingeführte Montanmitbestimmung hat zusammen mit der Kohle und Stahl produzierenden Industrie und der zunehmenden Diversifizierung der Unternehmen an Bedeutung verloren.

d) Änderungen des AktG

33   Das AktG von 1965 wurde häufig geändert. Teilweise handelt es sich um Korrektu-ren ohne einschneidende Fortentwicklung, auch Anpassungen an EG-Richtlinien, teilweise sind deutliche Abweichungen von den Vorstellungen des Reformgesetzgebers 1965 zu verzeichnen. Auffällig ist die zunehmende Frequenz der Änderungen des Ak-tienrechts seit etwa 1998.

– Die Umsetzung der Zweiten Richtlinie (Kapitalrichtlinie, oben § 2 Rn. 28) durch das 2. EG-KoordG vom 13. 12. 1978 brachte keine einschneidenden Veränderungen, da bereits die Richtlinie stark von deutschem Recht geprägt war.
– Das *Bilanzrichtlinien-Gesetz* 1985 (unten Rn. 34) hat das bis dahin im AktG geregelte Recht der Rechnungslegung, Prüfung des Jahresabschlusses und Veröffentlichung sowie der Konzernrech-nungslegung in das HGB übernommen. Das AktG enthält seither nur noch vereinzelte Spezialvor-schriften zur Rechnungslegung.
– Der Staatsvertrag zwischen der Bundesrepublik Deutschland und der Deutschen Demokratischen Republik über die Schaffung einer Wirtschafts- und Währungsunion vom 18. 5. 1990 brachte das

---

[44] Von der Unternehmensmitbestimmung zu unterscheiden ist die *betriebliche Mitbestimmung* nach dem Betriebsverfassungsgesetz. Sie ist rechtsformneutral und gilt in den Betrieben von AG ebenso wie in Betrieben anderer privater Rechtsträger. Für die Wahrnehmung der Mitwirkungs- und Mitbestim-mungsrechte der Arbeitnehmer auf Betriebsebene sieht das BetrVG eine selbständige Organisation vor mit dem Betriebsrat und dem Gesamtbetriebsrat (in Unternehmen mit mehreren Betrieben) als wich-tigsten Interessenvertretungen der Arbeitnehmer. Die AG hat im Rahmen der Betriebsverfassung die Stellung des Arbeitgebers; sie wird dabei durch den Vorstand vertreten. Entsprechendes gilt für die gleichfalls rechtsformneutrale *Vertretung der leitenden Angestellten* durch Sprecherausschüsse (Ge-samt- bzw. Unternehmenssprecherausschüsse) nach dem SprAuG vom 20. 12. 1988. In grenzüber-schreitend tätigen Unternehmen und Unternehmensgruppen sind unter bestimmten Voraussetzungen Europäische Betriebsräte zu bilden (EBRG v. 28. 10. 1996, BGBl. I 1548, 2022.).
[45] Zur Entwicklung Großkomm-AktG/*Oetker*, Vorb. Mitbestimmung der Arbeitnehmer; *ders.*, RdA 2005, 337.

AktG schon vor dem Einigungsvertrag vom 31. 8. 1990 in der DDR in Geltung. Darin lag zwar keine Änderung des Aktienrechts, es wurden jedoch flankierende Vorschriften für eine Übergangszeit zwecks Privatisierung von volkseigenen Betrieben notwendig.[46]
- Das Gesetz für kleine Aktiengesellschaften und zur Deregulierung des Aktienrechts vom 2. 8. 1994 baute Formalitäten ab und brachte vor allem Entlastungen für kleinere Gesellschaften, für die sonst eher die Rechtsform der GmbH geeignet wäre. Dann aber wäre eine Umwandlung erforderlich, wenn die Gesellschaft börsennotiert werden sollte; der Übergang sollte erleichtert werden. Ferner wurde die Einpersonengründung zugelassen.
- Das Gesetz über die **Zulassung von Stückaktien** vom 25. 3. 1998 – *StückAG* beseitigte die für das deutsche Recht traditionell zwingende Ausgabe von Aktien mit einem festen Nennwert (vgl. oben bei Fn. 6).
- Das Gesetz zur Kontrolle und Transparenz im Unternehmensbereich vom 27. 4. 1998 – *KonTraG* diente der Stärkung von Aktionärsrechten und der Verbesserung der Überwachungstätigkeit der Aufsichtsräte.
- Das Euro-Einführungsgesetz vom 9. 6. 1998 – *EuroEG* enthielt zahlreiche technische Anpassungsregeln zum Übergang von DM auf €.
- Das Handelsrechtsreformgesetz vom 22. 6. 1998 – HRefG betraf vor allem durch die **Reform des Firmenrechts** und Änderungen im Bilanzrecht auch das AktG.
- Das Gesetz zur **Namensaktie** und zur **Erleichterung der Stimmrechtsausübung** – *NaStraG* vom 18. 1. 2001 trug den zunehmenden Verbreitung von Namensaktien Rechnung und berücksichtigt neue technische Möglichkeiten der Informationsübermittlung bei der Hauptversammlung und der Stimmrechtsausübung.
- Das Gesetz zur Regelung von öffentlichen Angeboten zum Erwerb von Wertpapieren und von Unternehmensübernahmen – **Wertpapiererwerbs- und Übernahmegesetz** vom 20. 12. 2001 – *WpÜG* – schafft andere Rahmenbedingungen bei Unternehmensübernahmen und anderen öffentlichen Angeboten zum Erwerb von Wertpapieren. Es enthält zunächst kapitalmarktrechtliche Vorschriften (oben Rn. 2; § 1 Rn. 6), fügte aber auch den 4. Teil in das 3. Buch des AktG ein (§§ 327 a–327 f AktG), wonach eine Minderheit von 5% oder weniger der Aktionäre von der Hauptversammlung gegen Abfindung aus der Gesellschaft ausgeschlossen werden kann, sog. **squeeze out**. Die Vorschriften beziehen sich auf alle AG, nicht nur auf börsennotierte.
- Das Gesetz zur weiteren Reform des Aktien- und Bilanzrechts, zu Transparenz und Publizität vom 19. 7. 2002 – *TransPuG* ergänzt die Vorschriften über die Zusammenarbeit zwischen Vorstand und Aufsichtsrat, führt weitere Differenzierungen hinsichtlich börsennotierter und anderer AG ins AktG ein und stellt eine rechtliche Verbindung zwischen dem unverbindlichen **Corporate Governance Kodex** der Regierungskommission[47] (DCGK) und verbindlichen Berichtspflichten her. Diese **Regelungstechnik ist neu.** Den Empfehlungen des Kodex wird für börsennotierte Gesellschaften dadurch Gewicht verschafft; mit der Berichtspflicht wird eine Erwartungshaltung der Praxis verbunden, dass über die bloßen Angaben hinaus Begründungen für Abweichungen gegeben werden.[48]
- Das Spruchverfahrensneuordnungsgesetz – *SpruchG* vom 12. 6. 2003 vereinheitlicht ein besonderes Verfahren zur gerichtlichen Überprüfung der Kompensation von Aktionären für verschiedene Anwendungsfälle innerhalb und außerhalb des AktG. Es übernahm mit einigen Änderungen das zunächst im AktG entwickelte besondere Verfahren (unten § 33 Rn. 22 ff.).
- Das **Gesetz zur Unternehmensintegrität und Modernisierung des Anfechtungsrechts** vom 22. 9. 2005 – *UMAG* – zieht hauptsächlich Konsequenzen aus Missbräuchen des Anfechtungsrechts einerseits und zu schwerfälligem Zugang zu Aktionärsrechten andererseits; Vorschriften zur Vorstandshaftung werden neu formuliert.[49]

---

[46] Gesetz zur Privatisierung und Reorganisation des volkseigenen Vermögens vom 17. 6. 1990, GBl. (DDR) I, S. 300; vgl. auch insbesondere das Gesetz über die Spaltung der von der Treuhandanstalt verwalteten Unternehmen (SpTrUG) vom 5. 4. 1991, BGBl. I S. 854, das im Vorgriff auf das UmwG 1994 die Spaltung von Rechtsträgern im Wege der teilweisen Gesamtrechtsnachfolge ermöglichte.
[47] Deutscher Corporate Governance Kodex, Fassung 20. 7. 2007, www.corporate-governance-code.de (mit Nachweis früherer Fassungen).
[48] Dieses Muster wird in Anlehnung an einen früheren Entwurfsstand des TransPuG als „comply or explain" bezeichnet. Das ist ein fehlgeleiteter Anglizismus, denn nach der endgültigen Fassung des § 161 sind nur Angaben über Einhaltung oder Nichteinhaltung erforderlich. Eine Erklärung i. S. v. „explain" oder „explanation" ist nicht erforderlich. Präziser wäre „comply or disclose". Der Kodex selbst (Nr. 3.10) empfiehlt die Erläuterung von Abweichungen. Näher zur Regelungstechnik etwa *Bachmann*, WM 2002, 2137; *Ulmer*, ZHR 166 (2002), 150.
[49] Überblick bei *Koch*, ZGR 2006, 769.

– Das Gesetz über elektronische Handelsregister und Genossenschaftsregister sowie das Unternehmensregister vom10. 11. 2006 – EHUG – hat die Vorschriften über Registrierung und Bekanntmachungen auch für die AG geändert.

– *MoMiG: Der Regierungsentwurf eines Gesetzes zur Modernisierung des GmbH-Rechts und zur Bekämpfung von Missbräuchen vom 23. 5. 2007 – MoMiG – enthält auch bedeutende Änderungen des Aktienrechts, die nachfolgend jeweils erwähnt werden (vgl. oben § 20 Rn. 19).*

f) Reformen außerhalb des AktG

34   Einige größere Reformen außerhalb des AktG haben Bereiche, die im AktG 1965 zunächst sehr modern oder jedenfalls in ersten Ansätzen behandelt waren, aus dem Gesetz herausverlagert und einer umfasseneren Regelung zugeführt.

– Das im HGB nur sehr knapp angelegte *Bilanzrecht* war zunächst nach dem neuen aktienrechtlichen Muster (§§ 148 ff., §§ 329 ff.) im PublG 1969 für Großunternehmen unabhängig von deren Rechtsform verbindlich gemacht worden.[50] Das **Bilanzrichtlinien-Gesetz** vom 19. 12. 1985 zur Umsetzung der 4., 7. und 8. EG-Richtlinie hat das bis dahin vornehmlich im AktG geregelte Recht der Rechnungslegung, Prüfung des Jahresabschlusses und Veröffentlichung sowie der Konzernrechnungslegung neu gefasst und in das 3. Buch des HGB[51] für alle Kapitalgesellschaften, z. T. für alle Kaufleute übernommen. Dabei sind auch zahlreiche materielle Änderungen vorgenommen worden, die auf den andersartigen Bilanztraditionen beruhen, die in den Richtlinien ihren Niederschlag gefunden haben. Weitere Änderungen des HGB-Bilanzrechts betreffen Einzelheiten der Abschlussprüfung und vor allem die Internationalisierung der Konzernrechnungslegung.

– Das **Umwandlungsgesetz** vom 28. 12. 1994 (Art. 6 des UmwandlungsbereinigungsG) hat die Umwandlungsmöglichkeiten, die zuvor in verschiedenen Gesetzen verstreut geregelt waren, in einer Gesamtregelung über Strukturänderungen von Rechtsträgern zusammengefasst und zugleich mehrere EG-Richtlinien umgesetzt (unten § 38). Das Gesetz regelt nunmehr die Verschmelzung, Spaltung, Vermögensübertragung und den Formwechsel auch von AG, so dass die entsprechenden Vorschriften des AktG (§§ 339 ff.) entfallen konnten.

– Das **Wertpapierhandelsgesetz** vom 26. 7. 1994 (mit nachfolgenden Änderungen) – WpHG[52] hat einen erheblich weiteren Anwendungsbereich als nur den Handel mit Aktien, enthält aber Vorschriften, denen eine gesellschaftsrechtliche Komponente nicht abzusprechen ist, zumal auch das AktG zwischen börsennotierten und nicht börsennotierten Gesellschaften unterscheidet (§ 3 Abs. 2). Deshalb sind manche Vorschriften des Gesellschaftsrechts auf Überschneidungen mit dem Kapitalmarktrecht zu prüfen.

– Eine Zwischenstellung zwischen Gesellschaftsrecht und Kapitalmarktrecht nimmt das **Wertpapiererwerbs- und Übernahmegesetz** vom 20. 12. 2001 – WpÜG ein. Es geht dort um Erwerb und Veräußerung von größeren Aktienpaketen auf öffentlichen Märkten; die Regeln zum Schutz betroffener Gruppen bedienen sich aber durchaus gesellschaftsrechtlicher Mittel (zu weiteren Entwicklungen unten § 33 Rn. 4).

– Die **IAS-VO** vom 19. 7. 2002[53] verpflichtet ab 2005 kapitalmarktorientierte Muttergesellschaften, ihren Konzernabschluss nach internationalen Rechnungslegungsstandards aufzustellen und zu veröffentlichen (unten § 31 Rn. 40 ff.).

– Das **Bilanzrechtsreformgesetz** vom 4. 12. 2004 – BilReG – nimmt Anpassungen im Hinblick auf die IAS-VO und Änderungen von Richtlinien vor; es wirkt sich auf die Rechnungslegung und Prüfung vor allem der börsennotierten Aktiengesellschaft aus.

– Das **Bilanzkontrollgesetz** – BilKoG – vom 15. 12. 2004 dient der verbesserten Durchsetzung der Bilanzierungs-, Prüfungs- und Offenlegungspflichten, wiederum mit Schwerpunkt bei den börsennotierten Unternehmen.

– Das **Gesetz über die Offenlegung von Vorstandsvergütungen** 3. 8. 2005 – VorStOG – verlangt zwingend die Veröffentlichung von Vorstandsbezügen nach Personen aufgeschlüsselt; zuvor war das lediglich eine Kodex-Empfehlung.

---

[50] Hierin kann ein „unternehmensrechtlicher" Ansatz gesehen werden, vgl. oben § 1 Rn. 1 m. Fn. 2.

[51] Das sind die Paragrafen, die durch die Herauslösung des Aktienrechts aus dem HGB freigeworden waren. Dadurch erklärt sich, warum das Bilanzrecht nicht im unmittelbaren Anschluss an die Vorschriften für alle Kaufleute steht, wo es gesetzessystematisch hingehörte.

[52] Dieses Gesetz setzte die Richtlinie 88/627/EWG vom 12. 12. 1988 – Transparenzrichtlinie und die Richtlinie 89/592/EWG vom 13. 11. 1989 – Insiderrichtlinie um; zuletzt geändert durch das Gesetz zur Umsetzung der Richtlinie über Märkte für Finanzinstrumente vom 16. 7. 2007 – FRUG.

[53] Verordnung (EG) Nr. 1606/2002 vom 19. 7. 2002, Abl.EG L 243 vom 11. 9. 2002, S. 1.

– Das Gesetz zur Umsetzung der RL 2004/109/EG .vom 15. Dezember 2004 zur Harmonisierung der Transparenzanforderungen in Bezug auf Information über Emittenten, deren Wertpapiere zum Handel auf einem geregelten Markt zugelassen sind vom 5.1 2007 – **Transparenzrichtlinien-Umsetzungsgesetz** – TUG – ergänzt des Bilanzrecht des HGB und verpflichtet die Vorstandsmitglieder von börsennotierten AG dazu, zu versichern, dass die Rechnungslegung nach bestem Wissen und Gewissen zutreffend erstellt wurde; die unrichtige Darstellung ist Straftatbestand.

2. Rechtsvergleich[54]

In den entwickelten Industrienationen sind übereinstimmend Aktiengesellschaften **35** zu finden. Die gemeinsamen Strukturen wurden in verschiedenen Studien heraus gearbeitet, insbesondere in „*The Anatomy of Corporate Law*"[55]. Entscheidend für einen derartigen Ansatz ist die gemeinsame Problemsprache. Diese kann nur unabhängig von den Eigentümlichkeiten der einzelnen Rechtsordnungen gefunden werden. Die Problembeschreibung aus einer rechtsordnungs-neutralen Perspektive erfolgt nahe liegender Weise ökonomisch auf der Basis der Agentur- *(Principal-Agent-)*Theorie.[56] Als Ausgangspunkte dienen daher die übereinstimmenden Charakteristika der überall vorgefundenen Kapitalgesellschaften, die typischen Konflikte innerhalb der Gesellschaft, nämlich zwischen Verwaltung und Aktionären, zwischen Aktionären untereinander und zwischen der Gesellschaft und anderen Interessengruppen einschließlich Gläubigern und Arbeitnehmern, sowie einer Gruppierung von Strategien im Umgang mit diesen Konflikten. Diese Strategien bestehen nicht nur aus Gesellschaftsrecht und Kapitalmarktrecht, sondern erfassen auch soziale Normen, Gepflogenheiten, Verhaltensalternativen und Anreizsysteme, also sogenanntes *soft law*. Die Grundelemente, die, wenn auch in unterschiedlicher Ausprägung, ubiquitär die Kapitalgesellschaft charakterisieren, sind Rechtspersönlichkeit, beschränkte Haftung, übertragbare Anteile, Verwaltung im Rahmen eines Ratssystems, das gemeinsame Residualeigentum der Kapitalgeber[57] sowie interne Rechnungslegung mit externer Prüfung.[58]

Unabhängig von rechtsgeschichtlicher Entwicklung und rechtstheoretischen Deutungsmustern führt **36** die Rechtspersönlichkeit zu einem einheitlichen, von den Mitgliedern und Geschäftsführern separierten Vertragspartner mit einem eigenen Vermögen, das vor dem Zugriff der Gläubiger der Mitglieder und Geschäftsführer geschützt, damit auch als Kreditunterlage geeignet ist.[59] Die Haftungsbeschränkung stellt ein Spiegelbild dar, indem sie das Vermögen der Anteilsinhaber für deren Gläubiger reserviert.[60] Die Übertragbarkeit der Anteile kann Beschränkungen unterliegen, gehört aber zu den entscheidenden Grundlagen, die das Einwerben von Kapital und die Diversifikation von Investitionen ermöglicht. Das Strukturmerkmal der Verwaltung durch ein Ratssystem passt sowohl auf das Verwaltungsratssystem wie auf das Aufsichtsratsmodell. Wichtig ist das Konzept der, körperschaftsrechtlich gesprochen, von der Mitgliedschaft getrennten Organe mit geregelter Geschäftsführungsbefugnis und Vertretungsmacht nach außen. Das Merkmal „*investor ownership*" ist definiert als Herrschaftsrecht

---

[54] Zur Bedeutung des Rechtsvergleichs im Gesellschaftsrecht allgemein oben § 1 Rn. 17.

[55] *Kraakman/Davies u. a.,* Anatomy.

[56] *Hansmann/Kraakman,* in: Kraakman/Davies u. a., Anatomy, S. 4 m. Fn. 6, S. 21 ff.; vgl. auch *Cheffins,* 1. Teil; *Grundmann,* Europäisches Gesellschaftsrecht, 2004, Rn. 79, 82 ff.; *Ruffner,* Die ökonomischen Grundlagen eines Rechts der Publikumsgesellschaft, 2000, S. 131 ff.

[57] Diese fünf Charakteristika finden sich bei *Hansmann/Kraakman,* in: Kraakman/Davies u. a., Anatomy, S. 5 ff.

[58] *Fleischer,* AcP 204 (2004) 502; *Windbichler,* in: Jürgens/Sadowski/Schuppert/Weiss (Hrsg.), Perspektiven der Corporate Governance, 2007, S. 282, 285 f.

[59] *Hansmann/Kraakman,* The Essential Role of Organizational Law, 110 Yale Law Journal 387 (2000): "affirmative asset partitioning".

[60] *Hansmann/Kraakman,* in: Kraakman/Davies u. a., Anatomy: „defensive asset partitioning".

über das Unternehmen und das Recht auf das Residualeinkommen.[61] Dieses Merkmal wird in Ländern, die Mitbestimmung in Gesellschaftsorganen kennen, durchbrochen.[62]

Die übergreifenden Gemeinsamkeiten dürfen freilich nicht über zahlreiche Unterschiede zwischen den verschiedenen Rechtsordnungen und pfadabhängige Entwicklungen hinwegtäuschen. Die Variationsbreite ist groß und betrifft teils gravierende Unterschiede, teils eher formale Details. Der funktionale Rechtsvergleich beschreibt nicht nur die verschiedenen Regelungen, sondern untersucht ihre Wirkungsweise und Bedeutung im Hinblick auf die oben skizzierten Konflikte.

Die Verwaltung der AG (oben Rn. 10) mag als Beispiel dienen. Früher wurde heftig diskutiert, ob das eingliedrige *board*-Modell „besser" sei als das Aufsichtsratssystem. Funktional gesehen setzt sich eine, wie auch immer organisierte, **Trennung zwischen Geschäftsleitung und Kontrolle** durch.[63] Dafür sprechen die Änderungen im italienischen Gesellschaftsrecht[64] und auch im japanischen Gesellschaftsrecht[65]. Zunehmend wird die Wahl des Modells durch Satzungsbestimmung ermöglicht, etwa bei der SE (unten § 36). Im amerikanischen Gesellschaftsrecht nicht zwingend verankert, aber im Kapitalmarktrecht prominent ist die Trennung von Management und Kontrolle, insbesondere in Form von (vom Management) unabhängigen Direktoren und Bilanzausschüssen.[66] Die geänderte 8. EG-Richtlinie[67] verlangt spätestens ab 29. 6. 2008 ebenfalls Prüfungsausschüsse für börsennotierte Unternehmen, unabhängig davon, ob die Unternehmensleitung im *board*- oder Aufsichtsratsmodell erfolgt. Im weltweiten Vergleich dominiert zwar das eingliedrige *board*-Modell, die Funktionsweise wird aber immer aufsichtsratsähnlicher; der Streit um die systematische Überlegenheit der einen oder anderen Form darf durch Konvergenz als erledigt angesehen werden.

3. Europäische Entwicklung

37 Der Einfluss des Europäischen Primär- und Sekundärrechts auf das Gesellschaftsrecht reicht bei der AG am weitesten (vgl. oben § 1 Rn. 16f.). Gleichwohl hat die Kommission in ihren Planungen die Vollharmonisierung zugunsten einer Kombination von Mindeststandards durch punktuelle Harmonisierung und Wettbewerb der

---

[61] *Hansmann/Kraakman*, in: Kraakman/Davies u.a., Anatomy, S. 13: „the right to control the firm, and the right to receive the firm's net earnings".

[62] *Baums/Ulmer* (Hrsg.), Unternehmens-Mitbestimmung der Arbeitnehmer im Recht der EU-Mitgliedstaaten, ZHR Sonderheft 72, 2004; *Biagi*, in: Blanpain/Engels (Hrsg.), Comparative Labour Law and Industrial Relations in Industrialized Market Economies, 6. Aufl., 1998, S. 341; *Hansmann/ Kraakman*, in: Kraakman/Davies u.a., Anatomy, S. 14f.; *Henssler/Braun* (Hrsg.), Arbeitsrecht in Europa, 2. Aufl., 2007, B 14ff.; *Rebhahn*, NZA 2001, 763; *ders.*, 20 International Journal of Comparative Labour Law and Industrial Relations (2003) 271–295 (Teil 1), 2004 (Teil 2) 107–132; *ders.*, in: Gutachten zum 66. Deutschen Juristentag, Abteilung Arbeitsrecht, 2006; *van Hulle/Gesell*, European Corporate Law, 2006 (Posterbeilage).

[63] *Böckli*, in: Hommelhoff/Hopt/v.Werder (Hrsg.), Handbuch Corporate Governance, 2003, S. 201; *Hansmann/Kraakman*, in: Kraakman/Davies u.a., Anatomy, S. 41; *Cheffins*, S. 95ff., 108ff., 605, 621ff.; *Eisenberg*, The Board of Directors and Internal Control, 19 Cardozo L.Rev. 237 (1997); *Grundmann*, Europäisches Gesellschaftsrecht, Rn. 376ff.; *Hopt*, in: Hopt/Kanda/Wymeersch/Prigge, Comparative Corporate Governance, 1998, S. 223ff.; *Windbichler*, ZGR 1985, 50; – differenzierend *Davies*, ZGR 2001, 268.

[64] Vgl. Artt. 2399c), 2409 – duodecies und 2409 – octiesdecies Codice Civile; *Montalenti*, Giur. comm. 2003 I, S. 422, 423f.; *Associazione Disiano Preite*, Il nuovo diritto delle società, (hrsg. von *Olivieri/Presti/Vella*), 2003, S. 138, 158ff., 162ff.

[65] *Hayakawa*, 7 (2002) ZJapanR Nr. 14 S. 31, 36ff.; *Takahashi*, 8 (2003) ZJapanR Nr. 16 S. 121, 136ff.; vgl. ferner zur Entwicklung in Frankreich *Storck*, ECFR 2004, 36, 41ff.; in Belgien *Wymeersch*, ZGR, 2004, 53, 54ff.

[66] Sarbanes Oxley Act 2002, Sec. 301; Manual (SEC approved Nov. 4, 2003), Sec. 303 A (Independent Directors).

[67] Richtlinie 2006/43/EG vom 17. 5. 2006 über Abschlussprüfungen von Jahresabschlüssen und konsolidierten Abschlüssen, zur Änderung der Richtline 78/660/EWG und 83/349/EWG und zur Aufhebung der Richtlinie 84/253/EWG, Abl.EG vom 9. 6. 2006 L 157/87.

Rechtsordnungen im Übrigen aufgegeben.[68] Der Gemeinschaftsgesetzgeber unterliegt den Einschränkungen des Subsidiaritätsprinzips und dem Gebot der Erforderlichkeit (Art. 5 Abs. 2, 3 EG).[69]

a) Richtlinienbestand

Die insgesamt große Harmonisierungsdichte durch Richtlinien ist durch das sog. **38** Informationsmodell geprägt. Ein zentraler Ansatzpunkt vor allem für kapitalmarktorientierte Gesellschaften ist die Gewährleistung von Information, nach der die Marktteilnehmer ihr Verhalten ausrichten können.[70] Als erster und prägender Transparenzansatz ist die Publizitätsrichtlinie[71] zu nennen, welche die Offenlegung der Vertretungsverhältnisse von Kapitalgesellschaften gewährleistet.

Zum Richtlinienbestand vgl. oben § 2 Rn. 28. Dazu gehören auch die Bilanzrichtlinien, die für alle Kapitalgesellschaften und einige kapitalgesellschaftsähnliche Personengesellschaften gelten.[72] Das Bilanzrecht hat im deutschen Recht seinen Platz im HGB und gilt nach h.M. als öffentliches Recht. Die gesellschaftsrechtliche Einordnung ergibt sich hier aber nicht nur durch die Bezeichnung durch den europäischen Gesetzgeber selbst, sondern auch materiell. Ferner wird die Kapitalrichtlinie, die für Aktiengesellschaften ein Mindestgrundkapital und dessen Aufbringung und Erhaltung vorschreibt, in ihrem Inhalt auch dadurch bestimmt, wie bilanziert wird. Die Vergleichbarkeit von Jahresabschlüssen auf Grund eines gemeinsamen Mindeststandards ist Grundlage für den grenzüberschreitenden Erwerb von Anteilen und für die grenzüberschreitende Kreditvergabe und damit für die Kapitalverkehrsfreiheit.

Jüngere und jüngste Aktivitäten der Europäischen Gesetzgebung konzentrieren sich auf Bereiche, die von besonderer Relevanz für den grenzüberschreitenden Verkehr sind: Gründung von Tochtergesellschaften und Zweigniederlassungen (Zweigniederlassungsrichtlinie), grenzüberschreitende Verschmelzung,[73] Vorentwurf einer 14. Richtlinie zur Sitzverlegung[74] sowie – in der Schnittmenge mit dem Kapitalmarktrecht – die Übernahmerichtlinie.[75]

b) Grundfreiheiten

Für Aktiengesellschaften sind die Niederlassungsfreiheit und die Kapitalverkehrs- **39** freiheit wohl die wichtigsten europäischen Grundfreiheiten. Die Rechtsprechung des

---

[68] Vgl. Aktionsplan zur Modernisierung des Gesellschaftsrechts und Verbesserung der Corporate Governance in der Europäischen Union der Kommission v. 21. 5. 2003, KOM 2003/284; dazu *van Hulle/Maul*, ZGR 2004, 484 ff.; *Habersack*, NZG 2004, 1, 8 f.; zu den skeptischen Stimmen vgl. *Merkt*, RabelsZ 59 (1995), 545 ff. Die Kommission erwägt Maßnahmen zur Vereinfachung des bestehenden Sekundärrechts, vgl. Mitteilung der Kommission v. 10. 7. 2007, KOM 2007/394.

[69] *Grundmann*, Europäisches Gesellschaftsrecht, Rn. 100.

[70] Näher zum Informationsmodell als einem tragenden Leitgedanken der Harmonisierung im europäischen Gesellschaftsrecht *Grohmann*, Das Informationsmodell im europäischen Gesellschaftsrecht, 2006; *Grundmann*, Europäisches Gesellschaftsrecht, Rn. 227 ff.; *ders.*, ZIP 2004, 2401, 2405 ff.

[71] Erste Richtlinie 68/151/EWG des Rates v. 9. März 1968 zur Koordinierung der Schutzbestimmungen, die in den Mitgliedstaaten den Gesellschaften im Sinne des Artikels 58 Abs. 2 des Vertrages im Interesse der Gesellschafter sowie Dritter vorgeschrieben sind, um diese Bestimmungen gleichwertig zu gestalten, Abl. 1968 Nr. L 065/8 (Publizitätsrichtlinie).

[72] Jahresabschlussrichtlinie; Konzernbilanzrichtlinie; flankierend die Achte Richtlinie 84/253/EWG des Rates v. 10. 4. 1984 auf Grund von Artikel 54 Abs. 3 lit. g des Vertrages über die Zulassung der mit der Pflichtprüfung der Rechnungslegungsunterlagen beauftragten Personen, Abl. 1984 Nr. L 126/20 (Abschlussprüferrichtlinie), nunmehr Richtlinie 2006/43/EG vom 17. 5. 2006, Abl.EG vom 9. 6. 2006 L 157/87. Zusammenfassende Darstellung dieses Komplexes mit Abdruck der Vorschriften in *Habersack*, Europäisches Gesellschaftsrecht, § 8; s. auch *Grundmann*, European Company Law, Rn. 526 ff.; siehe auch unten § 31 Rn. 3.

[73] Richtlinie 2005/56/EG zur Verschmelzung von Kapitalgesellschaften aus verschiedenen Mitgliedstaaten; näher dazu unten § 38 Rn. 17; vgl. auch *Grundmann*, European Company Law, § 29.

[74] *Grundmann*, European Company Law, § 27; Vorhaben inzwischen aufgegeben.

[75] Zur Relevanz des Übernahmerechts für die Grundfreiheiten näher *Kaiser*, ZHR 168 (2004), 542; *Grundmann/Möslein*, ZGR 2003, 317, 355 ff.; zu Umsetzungsfragen *Maul/Muffat-Jeandet*, AG 2004, 221 ff., 306 ff.; *Möslein*, ZIP 2007, 208; *Mülbert*, NZG 2004, 633 ff.; *Seibt/Heiser*, ZGR 2005, 200 ff.

EuGH hat diese auch immer wieder herangezogen, so dass starke Europäisierungseffekte nicht durch Harmonisierung oder Rechtsangleichung, sondern auf der Basis des primären Gemeinschaftsrechts zum Tragen kommen (vgl. oben § 1 Rn. 19 insbesondere zur Niederlassungsfreiheit).

Eine wachsende Rolle für das Aktienrecht spielt die Kapitalverkehrsfreiheit. Die Urteile des EuGH zu Beschränkungen des Anteilserwerbs hat diese vor allem an Art. 56 EG gemessen.[76] Die Beschränkungen waren aber gesellschaftsrechtlich vermittelt, insbesondere in Form der berühmten *golden shares* (vgl. oben Rn. 28 zum historischen Problem des Mehrstimmrechts und unten § 29 Rn. 32). Die Überschneidung von Gesellschafts- und Kapitalmarktrecht setzt sich in der Überlappung von Niederlassungs- und Kapitalverkehrsfreiheit fort.

IV. „Corporate Governance"

1. Begriff und Entwicklung

40　　Die internationale Diskussion über die Steuerungs- und Kontrollmechanismen in Kapitalgesellschaften bezieht nicht nur Rechtsregeln, sondern auch wirtschaftliche und andere Anreize, Gepflogenheiten und Empfehlungen ein. Neben Rechtsnormen haben zunehmend Kodizes mit Empfehlungscharakter an Bedeutung gewonnen (oben § 1 Rn. 17 f.). Solche Anleitungen zur guten Unternehmensführung sind teils staatlich initiiert wie der Deutsche Corporate Governance Kodex – DCGK – (oben § 1 Rn. 10 m. Fn. 16), teils von privaten Gruppen und Organisationen vorgelegt.[77] Die Inhalte sind von der jeweils zugrunde gelegten Rechtsordnung geprägt. Der DCGK verfolgt u. a. ausdrücklich das Ziel, wesentliche Vorschriften des AktG zur Leitung und Überwachung deutscher börsennotierter Gesellschaften (Unternehmensführung) im Ausland verständlich zu machen. Empfehlungen des Kodex sind im Text durch die Verwendung des Wortes „soll" gekennzeichnet. Die Gesellschaften können hiervon abweichen, sind dann aber verpflichtet, dies jährlich offenzulegen. Der Kodex soll so zur Flexibilisierung und Selbstregulierung der deutschen Unternehmensverfassung beitragen. Ferner enthält der Kodex Anregungen, von denen ohne Offenlegung abgewichen werden kann; hierfür verwendet der Kodex Begriffe wie „sollte" oder „kann". Die übrigen sprachlich nicht so gekennzeichneten Teile des Kodex betreffen Bestimmungen, die als geltendes Gesetzesrecht zu beachten sind.

Auf europäischer Ebene wird ein einheitlicher Kodex diskutiert, letztlich aber abgelehnt. Für einzelne besonders aktuelle Fragen hat die Kommission jedoch Empfehlungen formuliert, z. B. diejenige zu den Aufgaben von nicht geschäftsführenden Direktoren/ Aufsichtsratsmitgliedern börsennotierter Gesellschaften sowie zu den Ausschüssen des Verwaltungsrats bzw. Aufsichtsrats.[78] International ausgerichtet sind

---

[76] *EuGH* v. 4. 6. 2002 – Rs. C-503/99, Slg. 2002, I-4809 – *Kommission./.Belgien;* v. 4. 6. 2002 – Rs. C-483/99, Slg. 2002, I-4781 – *Kommission./.Frankreich;* v. 4. 6. 2002 – Rs. C-367/98, Slg. 2002, I-4731 – *Kommission./.Portugal,* v. 23. 10. 2007 – Rs. C-112/05, ZIP 2007, 2068 – Kommission/Deutschland (VW-Gesetz).

[77] Deutscher Corporate Governance Kodex, www.ebundesanzeiger.de/amtlicher-teil/bekanntmachung.asp; die Website der Kodex-Kommission, www.corporate-governance-code.de, enthält neben der aktuellen Fassung ein Archiv früherer Versionen; *Ringleb/Kremer/Lutter/v. Werder,* Deutscher Corporate Governance Kodex, Kommentar, 2. Aufl., 2005. Vgl. ferner German Code of Corporate Governance des Berliner Initiativkreises (GCCG), BB 2000, 1573; „Corporate Governance Grundsätze" der Grundsatzkommission Corporate Governance, *Schneider/Strenger,* AG 2000, 106; *Albach,* (Hrsg.), Konzernmanagement. Corporate Governance und Kapitalmarkt, 2001; *Doralt/Kalss* (Red.), Corporate Governance, GesRZ, Sonderheft 2002; *Hommelhoff/Hopt/v.Werder* (Hrsg.), Handbuch Corporate Governance, 2003.

[78] Empfehlung 2005/162/EG vom 15. 2. 2005, Abl.EG vom 25. 2. 2005 L 52/51.

die Corporate Governance Prinzipien der OECD.[79] Solche Initiativen spiegeln die Unterschiede in den Rechtskulturen wieder und sind aufschlussreich dafür, welchen Entwicklungsstand das deutsche Aktienwesen erreicht hat. Sie erfassen nicht nur Rechtsnormen, sondern auch andere Steuerungsmechanismen, sog. *soft law* (vgl. oben Rn. 35).

Die eigenständige Gestaltung der Steuerungsmechanismen wird durch Anreiznor- **41** men gefördert. Ein Beispiel ist § 91 Abs. 2, der vom Vorstand verlangt, ein Überwachungssystem einzurichten, damit den Fortbestand der Gesellschaft gefährdende Entwicklungen früh erkannt werden. Die Ausgestaltung eines solchen Systems hängt stark von der Größe des Unternehmens, dem Geschäftszweig und jeweiligen Erkenntnissen der Betriebswirtschaftslehre ab. Ein ausländisches Beispiel ist Art. 406 des Sarbanes-Oxley Act,[80] der von börsennotierten Gesellschaften die Offenlegung verlangt, ob sie einen *„code of ethics"* für ihre Führungspersonen (dem Vorstand vergleichbar) angenommen haben und, falls nicht, warum nicht.

Solche Ansätze rechtlicher und anderer Art, die die Binnenorganisation der AG betreffen, lassen sich als Innensteuerung auffassen und als **interne Corporate Governance** bezeichnen. Hinzu kommt die Aussensteuerung durch allgemeines Vertragsrecht, Verbraucherschutz und Arbeitsrecht, öffentlichrechtliche Genehmigungs- und Überwachungsvorbehalte etc. sowie Marktmechanismen wie der Zugang zu Krediten *(rating)* und der Kapitalmarkt (vgl. oben Rn. 18). Hier kann von **externer Corporate Governance** gesprochen werden. All diese Steuerungsmechanismen ergänzen und beeinflussen sich gegenseitig.[81]

2. Konfliktlösungsmechanismen

Die gesetzliche Ausgestaltung der Aufgabenverteilung an die verschiedenen Organe **42** der AG verarbeitet langjährige Erfahrungen dazu und bezweckt deren sinnvolles Zusammenwirken und gegenseitige Kontrolle im Unternehmensinteresse, also Corporate Governance. Differenzen zwischen den Organen oder Organmitgliedern im Einzelfall sind dadurch aber nicht ausgeschlossen. Gesetzliche Regelungen für den **Konfliktfall** gewähren Lösungsmöglichkeiten, die sich keinesfalls ausschließlich auf klagbare Rechte oder überhaupt die Inanspruchnahme der Gerichte festlegen lassen, z.B. Abberufungsmöglichkeit oder auch schon Nicht-Wiederbestellung, besondere Kontrollrechte wie die Sonderprüfung etc. Aus der Kompetenzverteilung innerhalb der AG durch Rechte und Pflichten der Organe und ihrer Mitglieder entstehen nicht notwendig „Ansprüche" im schuldrechtlichen Sinne.[82] Deshalb ist allgemein **Vorsicht** angeraten bei der Gewährung von **Klagebefugnissen für Organe untereinander** zur Durchsetzung von Organpflichten und -befugnissen. Sie können im ausgewogenen Gefüge der gesetzlichen Kompetenzregelung fremd und störend wirken.[83]

---

[79] OECD Principles on Corporate Governance, 2004, www.oecd.org.

[80] Im Internet unter www.sarbanes-oxley.com; *Brown,* in: Hopt/Wymeersch/Kanda/Baum (Hrsg.), Corporate Governance in Context, 2005, S. 143.

[81] Zum Zusammenspiel der Steuerungsmechanismen vgl. *Grundmann,* Europäisches Gesellschaftsrecht, § 13; *Merkt,* in: Hommelhoff/Hopt/v. Werder (Hrsg.), Handbuch Corporate Governance, 2003, S. 715; *Pistor,* in: Hopt/Wymeersch/Kanda/Baum (Hrsg.), Corporate Governance in Context, 2005, S. 249 und *Siebert,* a.a.O., S. 281.

[82] Vgl. *Hüffer,* § 90 Rn. 18 ff. betr. die Durchsetzung von Berichtspflichten des Vorstands an den Aufsichtsrat; *K. Schmidt,* § 14 IV 2 b; Einzelheiten str., vgl. *Bork,* ZGR 1989, 1, 55; *Hommelhoff,* ZHR 143 (1979), 288, 294 ff. m. N. zur Rechtslage vor dem AktG 1965.

[83] Dazu ausführlich mit weiteren Angaben KölnerKomm-AktG/*Mertens,* Vorb. § 76 Rn. 4 ff.; *Flume,* Juristische Person, § 11 V; *Hommelhoff,* ZHR 143 (1979), 288, 307 ff.

43 Vor allem muss man die begrenzte Leistungsfähigkeit des vor Gericht ausgetragenen Rechtsstreits in wirtschaftlichen Zusammenhängen sehen. Oftmals fließen Fragen der Rechtmäßigkeit und solche der Zweckmäßigkeit ineinander, oder die Sachentscheidung kommt ohnehin viel zu spät. Die Rechtsprechung hat die Zulässigkeit von **Organklagen** bisher offen gelassen.[84] Ein Teil der Literatur tritt in bestimmten Fällen, teils nur punktuell, teils allgemeiner für die Zulassung als Leistungs- oder Feststellungsklagen zwischen Organen in Bezug auf ihre Organfunktionen ein. Die Einzelheiten, vor allem Rahmen und Eingrenzung der Anwendungsfälle sowie die Bestimmung der Parteien, sind allerdings nach wie vor sehr streitig.[85] Gleiches wie für Klagen von Organen im Ganzen gegeneinander muss auch gelten, wenn **einzelne Organmitglieder** Rechtspositionen von Organen an deren Stelle geltend machen, wobei zusätzlich die Klagebefugnis (Prozessstandschaft, Parallele zur actio pro socio) Probleme aufwirft.[86] Der BGH lässt insoweit generell deutliche Zurückhaltung erkennen; er schließt für solche Fälle die Klage eines Organmitglieds aus eigenem Recht gegen ein anderes Organ ganz aus und betont das besonders, wenn sich auf diesem Umweg eine organintern unterlegene Minderheit gegenüber der Mehrheitsentscheidung durchzusetzen versucht. Das gilt auch für Gruppierungen von Organmitgliedern wie die Arbeitnehmervertreter im Aufsichtsrat.[87] Wieder anders zu beurteilen sind Klagen einzelner Mitglieder, die in einer Abstimmung unterlegen sind und die Rechtmäßigkeit des Organbeschlusses angreifen; hier ist die Nichtigkeitsklage gegeben.[88]

Davon zu unterscheiden ist die Geltendmachung der *persönlichen Rechte und Pflichten der einzelnen Organmitglieder*. Die Klagemöglichkeit steht außer Frage bei Ansprüchen auf Vergütung und ähnliche Leistungen wie umgekehrt bei Durchsetzung von Schadensersatzansprüchen aus Pflichtverletzungen u. dgl. In Betracht kommt auch die klageweise Abwehr von Beeinträchtigungen der Organstellung.[89] Solche Klagen sind gegen die AG zu richten; sie sind nicht Organklagen in dem oben umschriebenen Sinn.[90]

Umstritten ist ferner, ob und in welchem Umfang **Klagen einzelner Aktionäre** über die gesetzlich vorgesehenen Fälle hinaus (unten § 27 Rn. 42; § 30 Rn. 27) zulässig oder auch de lege ferenda wünschenswert sind. Dabei muss man unterscheiden: Das Gesetz sieht eigene Klagen von Aktionären auf Leistung an die Gesellschaft vor, um damit die Durchsetzung von Schadensersatzansprüchen zu sichern (unten § 27 Rn. 38). Eigene Schadensersatzansprüche wegen unzulässigen Eingriffs in die aktienrechtliche Kompetenzverteilung kann ein Aktionär nur geltend machen, wenn er einen Schaden hat, der über die Beeinträchtigung des Gesellschaftsvermögens hinaus geht (§§ 117 Abs. 1 Satz 2, 317 Abs. 1 Satz 2). Nicht gesetzlich geregelt ist die Frage, ob Aktionäre durch Feststellungs-, Unterlassungs- oder Leistungsklagen in Kompetenzkonflikte eingreifen können.

44 Aus Governance-Gesichtspunkten ist hier Zurückhaltung geboten, da das aktienrechtliche Regelungsgefüge durchweg auf anderen Funktionsbedingungen beruht als Rechtsansprüchen und deren gerichtlicher Durchsetzung. Die Klage, insbesondere die Mitgliedschaftsklage muss dieses Gefüge respektieren und ist nur letztes Mittel.[91] Die Rechtslage entfaltet ihre Wirkung nicht nur dadurch, dass Gerichte angerufen werden können. Sie bildet vielmehr den Hintergrund für die Auslotung von Verhaltensspielräumen und die tatsächliche Entscheidungsfindung. Vor allem ist die Verfügbarkeit von Aktionärsklagen kein geeigneter Gradmesser für die „Aktionärsfreundlichkeit" eines Rechtssystems.[92]

---

[84] BGHZ 106, 54, 60 ff. = NJW 1989, 979, 981 – Opel.

[85] Großkomm-AktG/*Kort,* Vor § 76 Rn. 54 ff.; ferner befürwortend etwa *Raiser/Veil,* § 14 Rn. 95 ff.; auch *K. Schmidt,* § 14 IV 2 b; wieder anders *Grunewald,* 2. C. Rn. 89 ff.; gegen Organklagen *Hüffer,* § 90 Rn. 16 ff. m. w. N.; früher bereits *Zöllner,* ZGR 1988, 392, 435 ff.

[86] BGHZ 106, 54, 60 ff. = NJW 1989, 979, 981 f. – Opel; BGHZ 135, 244 = *BGH* NJW 1997, 1926 – ARAG/Garmenbeck.

[87] BGHZ 106, 54 = NJW 1989, 979 – Opel.

[88] BGHZ 122, 342, 347 ff. = NJW 1993, 2307, 2310 f.; BGHZ 135, 244 = NJW 1997, 1926 – ARAG/Garmenbeck.

[89] Z. B. BGHZ 64, 325 = NJW 1975, 1412 – Bayer.

[90] KölnerKomm-AktG/*Mertens,* Vor § 76 Rn. 7 ff.

[91] Großkomm-AktG/*Hopt,* § 93 Rn. 457 ff.; Großkomm-AktG/*Kort,* Vor § 76 Rn. 62 ff.

[92] So die sog. Legal-Origins-Theorie von LaPorta/Lopez-de-Silanes/Shleifer/Vishny, z. B. *LaPorta/Lopez-de-Silanes/Shleifer,* 106 Journal of Political Economy 1113, 1128, 1130 f. (1998); dagegen *S. Voigt,* Journal of Empirical Legal Studies (JELS) 2007 (demnächst).

§ 26. Gründung und Beendigung der AG

Die Gründung einer AG setzt rechtsgeschäftliches Tätigwerden und Eintragung ins 1 Handelsregister voraus. Auf die Eintragung besteht ein Rechtsanspruch, wenn die Mindestanforderungen erfüllt sind (oben § 25 Rn. 27 – Normativbestimmungen). Das historisch bedingte Bestreben des Gesetzgebers, unsolide Gründungen nach Möglichkeit zu verhindern, hat dazu geführt, dass der Vorgang der Gründung *durch zwingende Vorschriften sehr eingehend geregelt* und dadurch kompliziert geworden ist. Die praktische Bedeutung des Gründungsrechts liegt weniger in der Häufigkeit von Gründungen. Diese haben zwar in den letzten Jahren zugenommen, doch nach wie vor werden AG häufig durch Umwandlung einer bereits bestehenden Gesellschaft anderer Rechtsform zur Entstehung gebracht. Die Gründungsvorschriften sind aber wichtig als Vergleichsmaßstab und Vorbild für das Umwandlungsrecht (dazu unten § 38) und für das Recht der Kapitalerhöhungen (unten § 32 Rn. 8 ff.), das vielfach auf die Gründungsregeln verweist.

Das Aktienrecht des HGB und das AktG 1937 unterschieden zwischen der *Einheits-* oder *Simultangründung* und der *Sukzessiv-* oder *Stufengründung*. Bei der Einheitsgründung übernahmen die Gründer selbst alle Aktien; bei der Sukzessivgründung sollten die Aktien erst nach der Gründung durch Zeichnung beim Publikum untergebracht werden.[1] Letztere ist 1965 beseitigt worden. Heute gilt zwingend die **Einheitsgründung**, d. h. alle Aktien müssen von den Gründern übernommen werden (§§ 2, 29). – Sollen Aktien dem Publikum zum Erwerb angeboten werden, beteiligt sich eine Bank – ggf. mehrere Banken (Bankenkonsortium) – als Gründer an der AG, übernimmt die für das Publikum bestimmten Aktien und bringt diese nach Entstehung der AG (unten Rn. 10) durch Verkauf auf dem Anlegermarkt unter – *Emission* der Aktien, daher *Emissionsbank, Emissionskonsortium*. Ferner besteht die Möglichkeit, zunächst eine AG mit einem geringen Grundkapital zu gründen und später im Wege der Kapitalerhöhung neue Aktien zur Zeichnung anzubieten.

Das AktG unterscheidet die einfache und die qualifizierte Gründung. Letztere liegt vor, wenn bestimmte als besonders riskant eingeschätzte Abreden getroffen werden, vor allem die Einbringung von Sachwerten in die AG – **Sachgründung**. Solche Abreden sind praktisch wichtig, wenn ein bereits bestehendes Unternehmen eingebracht werden soll.

I. Einfache Gründung

1. Feststellung der Satzung und Aufbringung des Grundkapitals (§§ 23, 29)

a) Abschluss des Gesellschaftsvertrags

Der Abschluss des Gesellschaftsvertrags (*Satzung,* § 2) erfordert **notarielle Beur-** 2 **kundung** (§ 23 Abs. 1). Eine einzelne Person genügt als Gründer; dann tritt an die Stelle des Gesellschaftsvertrages eine einseitige Errichtungserklärung. Der oder die

---

[1] Verschiedene Formen der Stufengründung, bei der die Initiatoren zunächst die juristische Person zur Entstehung bringen und anschließend Aktionäre als Investoren suchen, sind in anderen Ländern möglich, teilweise auch gebräuchlich, vgl. § 30 öAktG; im spanischen Recht Art. 20–29 TRLSA 1989; §§ 162 Abs. 2, 164–168 tschech. HGB; aus dem amerikanischen Recht § 6.01 Revised Model Business Corporation Act, § 151 Delaware General Corporation Law: Aktien müssen in der Satzung lediglich autorisiert sein, die Ausgabe erfolgt dann durch den *board of directors* (Verwaltungsrat).

Gründer (§ 28) müssen darin Aktien übernehmen, so dass im Ergebnis alle Aktien gezeichnet sind (§§ 2, 29). Die Gründer, Einzelheiten über die von ihnen übernommenen Aktien und der in diesem Stadium eingezahlte Betrag des Grundkapitals sind in der notariellen Urkunde anzugeben (§ 23 Abs. 2). **Gründer** können natürliche und juristische Personen sein, ferner Personenhandelsgesellschaften, also OHG und KG (unstr.), nach heute ganz h. M. auch andere Gesamthandsgemeinschaften, nämlich BGB-Gesellschaft,[2] Vor-AG (unten Rn. 4) und Vor-GmbH (oben § 21 Rn. 14) sowie Erbengemeinschaft und nichtrechtsfähiger Verein.[3]

Häufig wird zuvor ein *Vorgründungsvertrag* abgeschlossen, durch den sich die Beteiligten zur Mitwirkung bei der Gründung der AG schuldrechtlich verpflichten, meist in der Form einer BGB-Gesellschaft, der *Vorgründungsgesellschaft* (unten Rn. 4 a. E.). Auch ein solcher Vertrag bedarf, wenn er bereits eine Rechtspflicht zur Feststellung der Satzung begründen soll, der notariellen Beurkundung.

Die Satzung muss einen bestimmten **Mindestinhalt** haben (§ 23 Abs. 3 und 4), nämlich Angaben über Firma, Sitz, Gegenstand des Unternehmens, Höhe des Grundkapitals und seine Aufteilung in Nennbetrags- oder Stückaktien, die Nennbeträge bzw. Stückzahl der Aktien, bei Vorhandensein mehrerer Gattungen die Gattung der Aktien, Art ihrer Ausstellung als Inhaber- oder Namensaktien, Zahl der Vorstandsmitglieder und Form der Bekanntmachungen.[4]

Die **Firma** ist nach § 18 HGB zu bilden, d. h. sie muss unterscheidungskräftig und darf nicht irreführend sein. Die Handelsrechtsreform 1998 hat hier weite Spielräume eröffnet. Auch heute noch wird die Sachfirma, d. h. eine dem Gegenstand des Unternehmens entnommene Bezeichnung, nahe liegen. Stets, also auch bei einer abgeleiteten Firma (z. B. nach § 22 HGB), muss der **Rechtsformzusatz** „Aktiengesellschaft" oder eine allgemein verständliche Abkürzung dafür in die Firma aufgenommen werden (§ 4).

Für den in der Satzung zu bestimmenden **Sitz** kann die AG wählen zwischen den Orten, an denen sie einen Betrieb hat oder sich die Geschäftsleitung befindet oder der Verwaltung geführt wird (§ 5 Abs. 2). Der Satzungssitz ist maßgebend für die Zuständigkeit des Registergerichts (§ 14). Der Sitz hat für die AG eine ähnliche rechtliche Bedeutung wie der Wohnsitz für die natürliche Person, z. B. für die Feststellung des Gerichtsstandes (§ 17 Abs. 1 ZPO). Ein ausländischer Sitz kann nicht gewählt werden, weil dann ein ausländisches Registergericht zuständig wäre, das aber deutsches Recht nicht anwendet. Eine nach deutschem Recht gegründete AG kann in der EU unbeschränkt tätig werden; umgekehrt kann eine im EU-Ausland gegründete Gesellschaft in Deutschland ihren Geschäften nachgehen, ja sogar ihren Verwaltungssitz haben (oben § 1 Rn. 18f.).

Der **Gegenstand des Unternehmens** darf nicht durch ganz allgemeine, farblose Bezeichnungen bestimmt werden wie z. B. „Betrieb von Handelsgeschäften aller Art". § 23 Abs. 3 Nr. 2 schreibt ausdrücklich vor, dass bei Industrieunternehmen die Art der Erzeugnisse, die hergestellt werden sollen, bei Handelsunternehmen die Art der Waren, die gehandelt werden sollen, näher anzugeben sind. Dementsprechend bedarf es bei Umstellung auf eine ganz andere Art der Tätigkeit einer Satzungsänderung. Sog. Mantel- oder Vorratsgründungen sind zulässig, wenn keine Irreführung durch Angabe eines Unternehmensgegenstands, der nicht alsbald verwirklicht werden soll, erfolgt.[5] Der Unternehmensgegenstand ist **nicht identisch** mit dem **Gesellschaftszweck**.[6]

---

[2] BGHZ 78, 311 (betr. GmbH) und BGHZ 118, 83 = NJW 1992, 2222 mit wichtigem Hinweis zur Haftung für die gemeinsame Stammeinlage einer BGB-Gesellschaft; BGHZ 126, 226, 234f. = NJW 1994, 2536.

[3] Einzelheiten str.; gegen Gründerfähigkeit des nicht eingetragenen Vereins etwa KölnerKomm-AktG/*Kraft*, § 2 Rn. 30; für die Gründerfähigkeit der Erbengemeinschaft *Hüffer*, § 2 Rn. 11 m. w. N.

[4] Nach Art. 2 und 3 der Kapitalrichtlinie (2. RL) sind entsprechende Mindestangaben vorgesehen, wobei nicht alle Inhalt der Satzung sein müssen, sondern auch in einem nach der Publizitätsrichtlinie (1. RL) offenzulegendem (hier: Einreichung zum Handelsregister) Schriftstück enthalten sein können.

[5] BGHZ 117, 323 = NJW 1992, 1824; die zulässige Bezeichnung des Unternehmensgegenstands ist dann „Verwaltung des eigenen Vermögens"; *BGH* NJW 2003, 892 (betr. GmbH) wendet Gründungsvorschriften auf die spätere Verwendung des „Mantels" an.

[6] Dazu m. w. N. *Hüffer*, § 23 Rn. 22.

Pflichtbekanntmachungen erfolgen im elektronischen Bundesanzeiger und in den von der Satzung bestimmten Blättern (§ 25). Die Daten werden vom Betreiber des elektronischen Bundesanzeigers an das Unternehmensregister übermittelt und sind so auch dort zugänglich (§ 9 HGB). **Gesellschaftsblätter** können auch elektronische Medien sein.

Neben dem notwendigen Inhalt kann die Satzung **sonstige Bestimmungen** enthalten. Sie darf dabei aber von Vorschriften des AktG nur abweichen, wenn das Gesetz solche Abweichungen ausdrücklich zulässt (§ 23 Abs. 5 Satz 1). Die Vorschriften des AktG sind also im Gegensatz zum Recht der Personenhandelsgesellschaften (vgl. § 109 HGB) und dem Recht der GmbH (vgl. §§ 3, 45 Abs. 1 GmbHG) in aller Regel zwingend – **Grundsatz der Satzungsstrenge.**[7] Zulässig sind jedoch *ergänzende Bestimmungen* der Satzung, d.h. Bestimmungen über Fragen, die das AktG überhaupt nicht oder nicht abschließend regelt (§ 23 Abs. 5 Satz 2). Auch solche Bestimmungen müssen mit dem Wesen einer AG vereinbar sein und dürfen nicht gegen sonstiges zwingendes Recht, etwa die gesetzlichen Regelung der Mitbestimmung der Arbeitnehmer oder gegen die guten Sitten verstoßen.[8]

b) Übernahme des Grundkapitals und Errichtung

Die zwingend erforderliche **Übernahme aller Aktien** seitens der Gründer sichert **3** die Aufbringung des Grundkapitals. Übernahme der Aktien bedeutet, dass eine **feste Verpflichtung zur Einzahlung** übernommen wird (Anspruchsgrundlage für den Einzahlungsanspruch der Gesellschaft). Aktien dürfen nicht unter dem geringsten Ausgabebetrag, das ist der Nennwert oder der auf die einzelne Stückaktie entfallende anteilige Betrag des Grundkapitals, ausgegeben werden (§ 9 Abs. 1; Art. 8 Abs. 1 Kapitalrichtlinie) – **Verbot der Unterpariemission.** Wenigstens bei der Gründung soll das Grundkapital voll aufgebracht werden. Dagegen ist eine Überpariemission beliebig zulässig (§ 9 Abs. 2). Während der Gründung ist eine Mindesteinzahlung erforderlich (unten Rn. 6); weitere Vorschriften sichern, dass die Einlagen tatsächlich geleistet werden (unten § 26 Rn. 13 ff.; § 30 Rn. 31). Die Übernahme der Aktien bedarf ebenfalls der **notariellen Beurkundung;** sie erfolgt zusammen mit der Feststellung der Satzung (§ 23 Abs. 2 Nr. 2).

Mit der Übernahme aller Aktien ist nach § 29 die **Gesellschaft „errichtet".** Die ei- **4** gentliche AG mit voller Rechtspersönlichkeit entsteht allerdings erst mit der Eintragung in das Handelsregister (§ 41 Abs. 1 Satz 1). Wohl aber besteht nunmehr zwischen den Gründern eine gesellschaftsrechtliche Verbindung, die bereits die körperschaftliche Struktur der künftigen AG aufweist, jedoch noch *nicht juristische Person,* sondern *Gesamthandsgemeinschaft* ist, nämlich die **Vorgesellschaft** oder **Vor-AG** (vgl. oben § 21 Rn. 18 zur Vor-GmbH). Nach heute ganz h.M. handelt es sich um eine *Vereinigung eigener Art,* ein *von den Gründern verschiedenes Rechtsgebilde mit eigenen Rechten und Pflichten, das bereits weitgehend der zu gründenden AG entspricht.* Daher sind auch schon die Normen des Aktienrechts anwendbar, soweit diese nicht die Eintragung voraussetzen.[9] Die Vor-AG endet dadurch, dass sie in die AG übergeht, wenn diese durch Eintragung in das Handelsregister als juristische Person entsteht (unten Rn. 10 – Eintragungswirkung).

---

[7] Wieweit solch strikte Regeln notwendig oder sinnvoll sind, ist im Einzelnen umstritten; dazu *Hopt,* in: Lutter/Wiedemann (Hrsg.), Gestaltungsfreiheit im Gesellschaftsrecht, 1998 (ZGR-Sonderheft 13), S. 123; *Mertens,* ZGR 1994, 426; Großkomm-AktG/*Röhricht,* § 23 Rn. 167; *Spindler,* AG 1996, 53, 58 ff.; vgl. auch oben § 1 Rn. 28.

[8] Z.B. BGHZ 83, 106, 114 ff.; 83, 144, 146 f.

[9] *BGH* NJW 2007, 589; dazu *Krolop,* EWiR § 41 AktG 1/07, 289, 290; *Hüffer,* § 41 Rn. 4; vgl. auch oben § 21 Rn. 18 ff. zur Vor-GmbH.

Eine *gesetzliche Regelung* der Vorgesellschaft und ihrer Besonderheiten *fehlt* für die AG (mit Ausnahme der nur wenig weiterführenden Abs. 2 und 3 des § 41) ebenso wie für die anderen rechtsfähigen Körperschaften. Die Rechtsprechung des BGH hat mit überwiegender Zustimmung der Literatur durch Rechtsfortbildung ein weitgehend geschlossenes Konzept entwickelt. Dieses betraf vornehmlich die gleich liegenden Probleme bei der GmbH, denen praktisch die größere Bedeutung zukommt. Weiterhin umstritten ist die Rechtsnatur der Einpersonen-AG im Gründungsstadium.[10] Von der Vorgesellschaft streng zu unterscheiden ist die **Vorgründungsgesellschaft,** die durch Abschluss eines Vorgründungsvertrages (oben Rn. 2) zustande kommen kann. Sie ist normalerweise BGB-Gesellschaft; falls sie bereits ein Handelsgewerbe i.S. des § 1 HGB aufnimmt, wird sie zur OHG. Die Vorgründungsgesellschaft endet, wenn ihr Zweck erreicht ist (§ 726 BGB), meist also bei Abschluss der Gründung der AG durch deren Eintragung in das Handelsregister. Auch wenn somit Vorgründungsgesellschaft und Vorgesellschaft zeitweilig neben einander bestehen, sind sie rechtlich zu trennen.

2. Bestellung der Organe (§ 30)

5   Um *handlungsfähig* zu sein, muss die Gesellschaft, auch die Vor-AG, Organe haben (oben § 2 Rn. 12). Deshalb haben die Gründer einen **ersten Aufsichtsrat** zu bestellen (§ 30 Abs. 1).[11] Auch das bedarf der *notariellen Beurkundung* und wird deshalb meist mit der Feststellung der Satzung und der Übernahme der Aktien verbunden. Da die AG bei der einfachen Gründung noch kein Unternehmen betreibt, sind für den *ersten Aufsichtsrat* noch keine Arbeitnehmervertreter zu wählen (§ 30 Abs. 2). Die Mitglieder des ersten Aufsichtsrats können nicht für längere Zeit als bis zur Beendigung der Hauptversammlung bestellt werden, die über die Entlastung für das erste Voll- oder Rumpfgeschäftsjahr beschließt (§ 30 Abs. 3). Anschließend wird ein neuer Aufsichtsrat nach den dann maßgebenden Bestimmungen, also evtl. unter Beteiligung von Arbeitnehmervertretern, gebildet (unten § 28 Rn. 9ff.).

Der erste Aufsichtsrat bestellt seinerseits den **ersten Vorstand** (§ 30 Abs. 4). Der Vorstand vertritt zunächst die Vorgesellschaft.[12] Er haftet, wenn er für die zukünftige AG handelt,[13] wie andere handelnde Personen auch, ab Errichtung bis zur Eintragung der AG persönlich – *Handelndenhaftung* (§ 41 Abs. 1 Satz 2; unten Rn. 11; vgl. auch oben § 21 Rn. 27).

3. Einzahlung eines Teils des Kapitals

6   Vor der Anmeldung der AG zum Handelsregister ist auf jede Aktie der **eingeforderte Betrag** einzuzahlen. Seine Höhe kann die Satzung bestimmen. Soweit nicht Sacheinlagen vereinbart sind, muss auf jede Aktie mindestens **ein Viertel** des geringsten Ausgabebetrags[14] und bei Überpariemission auch der Mehrbetrag über den Nennbetrag hinaus (Aufgeld, Agio) einbezahlt werden (§§ 36 Abs. 2, 36 a Abs. 1). Die *Zahlung* kann in bar (selten) oder auf ein Konto der Vor-Gesellschaft oder des Vorstands bei einem Kreditinstitut (§ 54 Abs. 3) erfolgen und muss **zur freien Verfügung des**

---

[10] Dazu *Hüffer,* § 41 Rn. 17 a ff.

[11] Die Vorschrift verlangt auch die Bestellung des ersten Abschlussprüfers, der dann die Aufgaben nach §§ 316 ff. HGB hat. Unterbleibt die Bestellung, ist die AG aber gleichwohl ordnungsgemäß errichtet, *Hüffer,* § 30 Rn. 10.

[12] Der Umfang der Vertretungsmacht ist str., vgl. *Hüffer,* § 41 Rn. 11 m.w.N.; für § 78 analog MünchKomm-AktG/*Pentz,* § 41 Rn. 35, 55.

[13] Nach der Rspr. zur GmbH führt nur Handeln für die künftige Gesellschaft, nicht für die Vor-AG, zur persönlichen Haftung; sehr str., Baumbach/Hueck/*Hueck/Fastrich,* § 11 Rn. 48 m.w.N.; *Hüffer,* § 41 Rn. 22: Handeln für entweder Vor-AG oder künftige AG; GroßKomm-AktG/*K. Schmidt,* § 41 Rn. 90: nur Handeln für Vor-AG.

[14] Das ist das Minimum nach Art. 9 Abs. 1 Kapitalrichtlinie (2. RL).

Vorstands stehen, d.h. die eingezahlten Beträge dürfen keinem Rückforderungsrecht unterliegen, und der Anspruch auf sie darf nicht durch Gegenforderungen beschränkt sein (§ 36 Abs. 2, vgl. auch § 37 Abs. 1).

4. Gründungsbericht und Gründungsprüfung (§§ 32–35)

Die Gründer haben schriftlich über den Hergang der Gründung, d.h. die soeben ge- 7 schilderten Schritte, zu berichten. Dieser **Gründungsbericht** bildet die Grundlage für die nachfolgende Prüfung durch die **Mitglieder des Vorstands und des Aufsichtsrats.** Über seinen Inhalt enthält § 32 nähere Vorschriften.

Der Hergang der Gründung wird sodann von Vorstand und Aufsichtsrat geprüft. Wenn einer der Gründer Mitglied des Vorstands oder des Aufsichtsrats geworden ist, was oft zutrifft, oder wenn eine qualifizierte Gründung (unten Rn. 13 ff.) vorliegt, findet außerdem eine weitere Prüfung durch den beurkundenden Notar oder einen oder mehrere **vom Gericht bestellte** besondere **Gründungsprüfer** statt (§ 33 Abs. 2–5; zur Stellung der Gründungsprüfer siehe § 35). Die Prüfung erstreckt sich auf den gesamten Gründungsvorgang, § 34. Der schriftliche Bericht der Gründungsprüfer wird dem Vorstand übergeben und zum Registergericht eingereicht. Dort kann er von jedermann eingesehen werden (§ 34 Abs. 3). Auch der Bericht der Verwaltungsmitglieder ist zum Handelsregister einzureichen (§ 37 Abs. 4 Nr. 4).

5. Anmeldung zum Handelsregister und Eintragung (§§ 36–39)

a) Anmeldung

Die Anmeldung erfolgt durch sämtliche Gründer, Vorstands- und Aufsichtsrats- 8 mitglieder (§ 36 Abs. 1) bei dem Gericht, in dessen Bezirk die AG ihren Sitz hat (§ 14). Den Inhalt und die sonstigen Einzelheiten der Anmeldung regelt § 37. Die Anmelder und insbesondere der Vorstand haben Erklärungen u.a. über die Mindesteinzahlungen abzugeben; unwahre oder unvollständige Angaben führen zur Haftung (unten Rn. 23). Um dem Gericht eine Nachprüfung zu ermöglichen, sind eine Reihe von Urkunden beizufügen, vor allem die Satzung, der Gründungsbericht und der Prüfungsbericht. Die zum Handelsregister eingereichten Unterlagen sind nach § 9 Abs. 1 HGB für jedermann einsehbar, auch über die Internetseite des Unternehmensregisters (§ 9 Abs. 6 HGB), ohne dass es des Nachweises eines besonderen Interesses bedürfte.[15]

b) Prüfung durch das Gericht

Das Gericht prüft die **Ordnungsmäßigkeit** der Errichtung und der Anmeldung der 9 Gesellschaft. Stellt sich ein Mangel heraus, so ist die Eintragung abzulehnen (§ 38 Abs. 1). Bei mangelhaften, fehlenden oder nichtigen Satzungsbestimmungen darf das Gericht die Eintragung jedoch nicht wegen jeder Kleinigkeit ablehnen; insoweit ist der Prüfungsauftrag beschränkt (§ 38 Abs. 3). Das Gericht kann die Eintragung aber auch ablehnen, wenn die *Gründungs- oder Prüfungsberichte* unrichtig oder unvollständig sind oder den gesetzlichen Vorschriften nicht entsprechen (§ 38 Abs. 2 Satz 1). Die

---

[15] Das entspricht der Publizitätsrichtlinie (1. RL) in ihrer geänderten Form, umgesetzt durch das Gesetz über elektronische Handelsregister und Genossenschaftsregister sowie das Unternehmensregister (EHUG) v. 10. 11. 2006, BGBl I 2553.

Prüfung ist jeweils Rechtsprüfung und bezieht sich *nicht* auf die *Zweckmäßigkeit* der Satzung oder die Solvenz der Gründer. Die registergerichtliche Prüfung ist Ausdruck des Normativsystems (vgl. oben § 25 Rn. 27).

c) Eintragung und Eintragungswirkungen

10 Mit der Eintragung[16] **entsteht die AG als juristische Person.** Die Eintragung hat **konstitutive Wirkung** (§ 41 Abs. 1). Erst jetzt entstehen Aktien im eigentlichen Sinn, erst jetzt dürfen Aktienurkunden oder Zwischenscheine ausgegeben werden, erst jetzt werden die Aktienrechte übertragbar (§ 41 Abs. 4); deshalb ist erst jetzt eine Emission der Aktien durch Verkauf an das Publikum möglich (dazu oben Rn. 1). Dagegen ist die öffentliche Bekanntmachung der Eintragung für die Entstehung nicht erforderlich, sie hat aber die in § 15 HGB vorgesehenen Publizitätswirkungen im Verhältnis zu Dritten.

11 Mit der Entstehung der AG **endet die Vorgesellschaft** als deren Vorstufe (oben Rn. 4); ihre Organisation wie auch die Mitgliedschaft setzen sich in der AG fort. Die so entstandene **AG tritt** ohne weiteres **in die für sie begründeten Rechte ein** (Kontinuitätstheorie).[17] Der Anspruch auf noch nicht geleistete Einlagen steht ihr kraft Satzung zu. Bereits geleistete Einlagen und damit geschaffene sonstige Vermögenswerte der Vorgesellschaft gehen auf die AG als juristische Person über, ohne dass es besonderer Übertragungsakte bedarf.[18] Forderungen aus Einlagekonten bei Kreditinstituten stehen auch dann der AG zu, wenn die Konten auf den Vorstand lauten (§ 54 Abs. 3 Satz 2). Ebenso gehen die **Verbindlichkeiten** der Vorgesellschaft auf die entstandene AG über. Das entspricht jedenfalls der Rechtsprechung des BGH zum Gründungsrecht der GmbH (Näheres dazu für die Vor-GmbH oben § 21 Rn. 14ff.) und ist für diese auch in der Literatur einhellig anerkannt. Der BGH hat die dort vorgenommene Rechtsfortbildung auf den gleichen Vorgang bei der Gründung der AG zunehmend übertragen.[19]

§ 41 Abs. 1–3 (vgl. auch Art. 7 Publizitätsrichtlinie, oben § 2 Rn. 28) steht damit auf den ersten Blick nicht in Einklang. Auf diese Vorschrift wurde die früher ganz überwiegend anerkannte, heute wohl auch für die AG **überholte Lehre vom Vorbelastungsverbot** gestützt. Danach gingen die im Gründungsstadium für die AG begründeten Verbindlichkeiten nicht ohne weiteres, zumindest nicht in vollem Umfang auf die AG über. Die Kontinuität zwischen Vorgesellschaft und AG war dadurch auf der Schuldenseite eingeschränkt. Vor der Eintragung begründete Verbindlichkeiten waren nach dieser Auffassung für die AG nur dann unmittelbar bindend, wenn sie im Gesetz oder in der Satzung vorgesehen sind.[20] Sonstige Verbindlichkeiten, die danach nicht von selbst auf die AG übergehen, kann der Vorstand für diese nach § 41 Abs. 2 in erleichterter Form übernehmen, nämlich durch Vertrag mit dem

---

[16] Einzelheiten über den *Inhalt* der Eintragung in § 39, zur öffentlichen *Bekanntmachung* § 40.

[17] Im Ergebnis h.M.; *G. Hueck*, FS 100 Jahre GmbHG, 1992, S. 127, 140ff.; KölnerKomm-AktG/ *Kraft*, § 41 Rn. 62; für Identität der Vor-AG mit der fertigen AG *K. Schmidt*, § 11 2c, 27, II 3d; vielfach wird auch von Gesamtrechtsnachfolge gesprochen, *Baumbach/Hueck/Hueck/Fastrich*, § 11 Rn. 27, 50ff.; *Hüffer*, § 41 Rn. 16; *Kübler/Assmann*, § 25 II 3c, III 2a, § 28 III 5, die bei Identität streng genommen nicht erforderlich ist; kritisch gegen die Identitätstheorie *Hüffer*, § 41 Rn. 16a. Beide dogmatische Deutungen belegen jedenfalls den Kontinuitätsgedanken.

[18] Grundlegend BGHZ 80, 129 = NJW 1981, 1373 zur GmbH; *Hüffer*, § 41 Rn. 16; *Kraft/Kreutz*, B. I 5c aa, zurückhaltender unter ee; *K. Schmidt*, § 27, II 3d, auch § 11 IV, 2c; *Kübler/Assmann*, § 25 II 3c; ausführlich KölnKomm-AktG/*Kraft*, § 41 Rn. 61ff., 72ff., 118ff.; – 1984 noch Bedenken bei *Eckardt*, in: Geßler/Hefermehl/Eckardt/Kropff, AktG, 1984, § 41 Rn. 14f. mit Einzelheiten zur Haftung bei Annahme von Einzelrechtsnachfolge Rn. 15a.

[19] Tendenziell bereits BGHZ 117, 323 = NJW 1992, 1824; ferner *OLG Karlsruhe* ZIP 1998, 1961; nunmehr *BGH* NJW 2007, 589.

[20] Das wurde teilweise weit ausgelegt, im Einzelnen war vieles umstritten geblieben; Übersicht bei *Kübler/Assmann*, § 25 II 1, 2.

Schuldner, i.d.R. dem während der Vorgesellschaft für die AG Handelnden, und Mitteilung an den Gläubiger innerhalb von drei Monaten. Durch die Übernahme erlischt ebenso wie in den Fällen des von selbst eintretenden Übergangs auf die AG auch nach dieser Auffassung die Handelndenhaftung nach § 41 Abs. 1 Satz 2. Obwohl so ein Teil unerwünschter Belastungen von der neu entstandenen AG ferngehalten werden könnte, ist die Eignung des Vorbelastungsverbots zur *Gewährleistung der ungeschmälerten Aufbringung des Grundkapitals* fragwürdig. Der zur GmbH rechtsfortbildend entwickelte *Unversehrtheitsgrundsatz* erscheint demgegenüber leistungsfähiger.

Wichtig ist danach vor allem: Der Vorstand kann im Rahmen seiner Vertretungs- **12** macht, deren Umfang im Gründungsstadium durch die ihm insoweit nach Gesetz und Satzung zugewiesenen Aufgaben und darüber hinaus durch einstimmig von den Gründern erteilte Ermächtigung bestimmt wird (oben Rn. 5 mit Fn. 12), Verbindlichkeiten für die Vorgesellschaft begründen, die dann mit der Eintragung auf die AG übergehen. Ob der Vorstand dabei im Namen der Vorgesellschaft oder bereits für die künftige AG handelt, macht keinen Unterschied. Allerdings verlangt der Grundsatz der Aufbringung und Erhaltung des Grundkapitals (oben § 25 Rn. 5), dass der AG im Zeitpunkt ihrer Entstehung das Grundkapital ungeschmälert in Vermögenswerten zur Verfügung steht – **Unversehrtheitsgrundsatz**. Soweit das infolge der für die Vorgesellschaft begründeten Verbindlichkeiten nicht der Fall ist, haften der AG die Gründer anteilig in Höhe der Differenz zwischen Grundkapital und Wert des Gesellschaftsvermögens im Zeitpunkt der Eintragung – **Vorbelastungshaftung**. Dagegen *erlischt* mit dem Übergang der Verbindlichkeiten auf die AG die oben (Rn. 5) erwähnte *Handelndenhaftung* nach § 41 Abs. 1 Satz 2.[21] Die erleichterte Übernahme von Verbindlichkeiten durch die AG nach § 41 Abs. 2 hat daher kaum noch Bedeutung.[22]

II. Qualifizierte Gründung (§§ 26, 27)

1. Begriffe

Eine qualifizierte Gründung liegt vor, wenn bestimmte Abreden getroffen werden, **13** die für die junge Gesellschaft, ihre Aktionäre und Gläubiger als besonders gefährlich gelten und deshalb in die Satzung aufgenommen werden müssen. Damit ist Publizität gewährleistet, verdeckte Absprachen können nicht wirksam getroffen werden. Folgende *Fälle* kommen in Betracht:

Einzelnen Aktionären oder Dritten können Vorteile aus dem Anlass der Gründung *persönlich* zugesagt werden (§ 26 Abs. 1); solche **Sondervorteile** sind Gläubigerrechte; sie sind *nicht mit den Aktien verbunden* und fallen nicht dem jeweiligen Aktieninhaber zu. Darin liegt der Unterschied zu Vorzugsaktien (oben § 25 Rn. 7). Historisch (oben § 25 Rn. 27) gehörten überzogene Vergünstigungen zu den Missbräuchen, die zur Verschärfung des Gründungsrechts führten. **Gründungsaufwand** (§ 26 Abs. 2) sind die Vergütungen, die an Gründer oder an Dritte für ihre Tätigkeit bei der Gründung oder ihrer Vorbereitung aus Mitteln der AG bezahlt werden sollen. Hierher gehören sowohl die *Gründungskosten* (Kosten für Notar, Gericht, Bekanntmachungen, Druck der Aktien usw.) als auch Entgelt für die Tätigkeit der Gründer selbst – *Gründerlohn*. Ein solcher Gründerlohn kann durchaus berechtigt sein, soweit er eine Vergütung für wirklich geleistete Arbeit darstellt, aber es besteht auch hier eine erhebliche Missbrauchsgefahr. Wird in der Satzung kein Gründungsaufwand festgesetzt, müssen die Gründer die Gründungskosten selbst tragen.

---

[21] BGHZ 69, 95, 103 f. = NJW 1977, 1683, 1689; *BGH* NJW 1982, 932 jeweils zur GmbH; *Hüffer*, § 41 Rn. 25; MünchKomm-AktG/*Pentz*, § 41 Rn. 109 m.w.N.

[22] Art. 7 der Publizitätsrichtlinie (1. RL), der die Handelndenhaftung vorschreibt, geht dagegen ersichtlich vom alten Modell des Vorbelastungsverbots aus.

Verpflichtungen aus Verträgen über Sondervorteile und Gründungsaufwand, die entgegen § 26 nicht in die Satzung aufgenommen sind, sind *von der Übernahme nach § 41 Abs. 3 ausgeschlossen.* Dadurch soll die Umgehung der für diese Fälle geltenden Vorschriften über die qualifizierte Gründung verhindert werden. Bei Aufnahme in die Satzung treffen solche Verpflichtungen die AG ohnehin von selbst; ohne Satzungsgrundlage können sie dagegen weder im Gründungsstadium noch nach Entstehung der AG wirksam begründet oder ausgeführt werden (§ 26 Abs. 3).

Sachgründung (§ 27 Abs. 1) ist der *Oberbegriff* für die Gründungen, die Sacheinlagen zulassen oder Sachübernahmen vorsehen. **Sacheinlagen** sind *alle Einlagen, die nicht in barem Geld bestehen.* **Sachübernahmen** sind Vereinbarungen der Gründer, durch die die AG verpflichtet wird, *Vermögenswerte* von einem Gründer oder einem Dritten *gegen eine nicht in Aktien bestehende Vergütung,* also entgeltlich, in der Regel kaufweise, zu erwerben. Zur Verhinderung von Umgehungen verlangt § 52 (Art. 11 Kapitalrichtlinie) für bestimmte Verträge der Gesellschaft mit Gründern oder Aktionären die Zustimmung der Hauptversammlung und Eintragung ins Handelsregister – **Nachgründung.** Wenn die Gesellschaft in den ersten zwei Jahren nach ihrer Gründung Anlagen oder andere Vermögensgegenstände für eine $^1/_{10}$ ihres Grundkapitals übersteigende Vergütung von einem Gründer oder Aktionär, der mehr als $^1/_{10}$ des Aktienkapitals hält, erwirbt, sind die genannten besonderen Wirksamkeitsvoraussetzungen zu erfüllen. Nach § 53 gelten zugunsten der Gesellschaft dieselben Ersatzansprüche wie bei der Sachgründung (unten Rn. 16). Keine Nachgründung ist der Erwerb von Vermögensgegenständen im Rahmen der laufenden Geschäfte der Gesellschaft, in der Zwangsvollstreckung oder an der Börse (§ 52 Abs. 9).[23]

2. Sacheinlagen

14   Als Sacheinlage geeignet sind **Gegenstände, die einen feststellbaren wirtschaftlichen Wert haben;**[24] anders als bei den Personengesellschaften kommen Dienstleistungen nicht als Einlage in Betracht (§ 27 Abs. 2; Art. 7 Satz 2 Kapitalrichtlinie). Einlagefähig ist z.B. ein Grundstück, eine Forderung, eine Beteiligung, ein Patent, ein Urheberrecht[25] oder sogar ein Nutzungsrecht.[26] Ein wichtiger Fall der Sacheinlage ist die *Einbringung eines ganzen Unternehmens* gegen Gewährung von Aktien. In der Satzung sind der Gegenstand der Einlage, die Person des einbringenden Aktionärs und der Nennbetrag bzw. die Zahl der zu gewährenden Aktien anzugeben (§ 27 Abs. 1). Für *Sachübernahmen* müssen *wie bei der Sacheinlage* in der Satzung entsprechende Angaben gemacht werden.[27] Soll die Vergütung auf eine Einlage angerechnet werden, so handelt es sich um eine Sacheinlage (§ 27 Abs. 1 Satz 2); Aufrechnung ist ohnehin nicht zulässig (§ 66 Abs. 1 Satz 2).

[23] § 52 wurde durch das NaStraG 2001 neu gefasst. Durch die Zunahme der Gründungen haben die zuvor wenig bedeutsamen Nachgründungsvorschriften unerwünschte Wirkungen entfaltet. Das praktisch schwerfällige Verfahren wurde deshalb auf einen engeren Anwendungsbereich eingegrenzt. Die Neuregelung folgt Art. 11 der Kapitalrichtlinie (2. RL); *Habersack,* Europäisches Gesellschaftsrecht § 6 Rn. 28 f.; vgl. auch *Koch,* Die Nachgründung, 2002, S. 7 f., 30 ff.; *Reichert,* ZGR 2001, 554.
[24] Der Begriff „Vermögensgegenstand" ist nicht notwendig identisch mit bilanzrechtlicher Aktivierungsfähigkeit; str., vgl. *Hüffer,* § 27 Rn. 20 ff. Bei Aktivierungsfähigkeit nach Handelsbilanzrecht bestehen jedenfalls keine Bedenken. Auf „assets" i. S. d. IFRS ist das nicht ohne weiteres übertragbar (unten § 31 Rn. 41).
[25] BGHZ 29, 304, Operette eines wenig bekannten Komponisten.
[26] Einzelheiten str., insbesondere die Einlagefähigkeit obligatorischer Nutzungsrechte; BGHZ 144, 290 = NJW 2000, 2369 – adidas, dazu *Pentz,* ZGR 2001, 901, 908 ff.; *Hüffer,* § 27 Rn. 23, 26 m. w. N.
[27] Zur Kombination von Sacheinlage und Sachübernahme – gemischte Sacheinlage – *BGH* NJW 2007, 765 = NZG 2007, 144; dazu *Krolop,* NZG 2007, 577.

Bei **Nichtaufnahme in die Satzung** kann die AG Sacheinlagen nicht mit befreien- 15
der Wirkung entgegennehmen. Der Aktionär muss vielmehr die **Einlage in Geld** bezahlen (§ 27 Abs. 3 Satz 3). Nach der Eintragung der AG in das Handelsregister kann
an dieser Rechtslage nichts mehr geändert werden; die Unwirksamkeit der fraglichen
Abreden kann weder durch Satzungsänderung[28] noch durch Erfüllung geheilt werden
(§ 27 Abs. 4). Auch die nachträgliche Übernahme solcher Verpflichtungen durch die
Gesellschaft ist nach § 41 Abs. 3 ausgeschlossen. Damit soll verhindert werden, dass
die besondere Gründungskontrolle bei Sacheinlagen umgangen wird.

Der Grundsatz der realen Kapitalaufbringung verlangt, dass der Wert von Sachein- 16
lagen den Wert des Ausgabebetrags der Aktien (Verbot der Unterpariemission, oben
Rn. 3) und bei Überpariemission auch den Mehrbetrag erreicht (§ 36 a Abs. 2 Satz 3).
Die dadurch entstehenden Probleme, vor allem der Bewertung, sind der Grund für
zahlreiche Sonderregeln. Die Gründer haben über Sacheinlagen und Sachübernahmen
im **Gründungsbericht** besonders zu berichten und die Gründe darzulegen, von denen
die Angemessenheit der Bewertung abhängt (§ 32 Abs. 2). Weiter ist für die Angemessenheit der Bewertung immer eine *besondere Prüfung* durch vom Gericht bestellte
Gründungsprüfer nötig (§§ 33, 34; Art. 10 Kapitalrichtlinie). Das sind in aller Regel
Wirtschaftsprüfer. Das Gericht kann bei unangemessen hoher Bewertung die Eintragung ablehnen (§ 38 Abs. 2). Erfolgt die Eintragung dennoch, muss der Aktionär den
Wertunterschied in Geld ausgleichen – **Differenzhaftung**.[29] Die Gründungsprüfung
kann kostspielig und zeitraubend sein. Als Ergebnis der sog. SLIM-Initiative zur Vereinfachung des europäischen Gesellschaftsrechts wurde die Kapitalrichtlinie dahinge-
hend geändert, dass die Mitgliedstaaten bei Einbringung von marktgängigen Wertpapieren und Finanzinstrumenten oder wenn die einzubringenden Gegenstände zeitnah
zuvor von unabhängigen Sachverständigen bewertet wurden auf die Gründungsprüfung verzichten können.[30] Der deutsche Gesetzgeber hat davon noch keinen Gebrauch
gemacht.

Nach § 36 a Abs. 2 sind Sacheinlagen vollständig zu leisten; die weitere Bedeutung der Vorschrift ist 17
streitig, zumal der Wortlaut unklar ist.[31] Wenn ein bestehendes Unternehmen, in dem mindestens 500
Arbeitnehmer beschäftigt sind, als Sacheinlage in die Gesellschaft eingebracht werden soll, ist der erste
Aufsichtsrat gleichwohl ausschließlich von den Gründern zu bestellen (§ 30 Abs. 2). Doch haben in
diesem Fall die Gründer nur so viele Aufsichtsratsmitglieder zu bestellen, wie später Aktionärsvertreter zu wählen sind, im Interesse der Mehrheitsbildung jedoch mindestens drei. Die Plätze für die Arbeitnehmervertreter bleiben zunächst frei und werden nach Einbringung des Unternehmens besetzt
(§ 31).

3. Verdeckte Sacheinlagen

Die deutsche Rechtsprechung und Literatur haben hoch komplexe Regeln zur Sank- 18
tionierung sog. **verdeckter** oder verschleierter **Sacheinlagen** entwickelt. Sachgründungen können äußerlich in das Gewand einer Bargründung gekleidet sein, indem
formal eine Geldeinlage vorgesehen ist, diese aber so mit einem Verkehrsgeschäft ver-

---

[28] Die Rspr. zur GmbH ist insoweit nicht übertragbar, str., vgl. *Hüffer,* § 27 Rn. 31 m. w. N.

[29] Allg. M.; Rechtsgrundlage ist die Übernahmeerklärung; BGHZ 64, 52, 62; vgl. für die GmbH § 9
GmbHG.

[30] Art. 10 a der Kapitalrichtlinie (2.RL) i. d. F. der RL 2006/68/EG v. 6. 9. 2006, Abl.EG v. 25. 9. 2006
L 264/32.

[31] Die Vorschrift wurde zur Umsetzung der Kapitalrichtlinie (2. RL) eingefügt. Der schwer verständliche Satz 2 des § 36 a Abs. 2 bezieht sich nach einer Ansicht nur auf den Fall, dass eine Forderung
als solche Sacheinlage ist (KölnerKomm-AktG/*Kraft,* § 36 a Rn. 9 ff.); nach anderer Ansicht bezieht
sich Satz 1 nur auf Gebrauchs- und Nutzungsüberlassungen, während Satz 2 den Normalfall darstellt,
Hüffer, § 36 a Rn. 4; Großkomm-AktG/*Röhricht,* § 36 a Rn. 6 ff.

bunden wird, dass das wirtschaftliche Ergebnis auf eine Sacheinlage hinausläuft.[32] Wenn z.B. die Bareinlage zur Finanzierung von Lieferungen des Einlegers an die Gesellschaft verwendet werden soll oder wenn mit ihr – vor allem bei Kapitalerhöhungen relevant – bereits bestehende Forderungen aus Leistungen des Einlegers abgedeckt werden sollen, ist das unzulässig mit der Folge, dass durch den Vollzug die Einlagepflicht nicht wirksam erfüllt wird. Der **Aktionär muss (nochmals) zahlen** und hat hinsichtlich des eingelegten Vermögensgegenstands nur den schwachen Bereicherungsanspruch.[33] Die einschlägigen Tatbestände in der Praxis sind außerordentlich vielgestaltig und betreffen oft Kapitalerhöhungen (unten § 32 Rn. 19). Die Lehre von der verdeckten Sacheinlage ist daher nicht unumstritten, zumal es gerade für die Fälle der Kapitalerhöhung gute Gründe für die einfache Umwandlung von Forderungen gegen die AG in Einlagen gibt.[34] Die Kapitalrichtlinie verlangt solch strenge Maßnahmen nicht. Da sie nach h.M. lediglich Mindestvorschriften enthält, steht sie aber auch nicht entgegen.[35] Die Änderung der Richtlinie 2006 (oben Rn. 16) weist freilich rechtspolitisch in die entgegengesetzte Richtung. Im Übrigen kommen auch tatbestandliche Überschneidungen der verdeckten Sacheinlage mit den Fällen der Nachgründung vor, für die eine Zweijahresfrist gilt (siehe Rn. 13).

III. Mängel der Gründung und fehlgeschlagene Gründung

19   Die vorstehenden Ausführungen zeigen, dass die Gründung viele Einzelschritte verlangt, bei denen Fehler auftreten können. Stellt das Registergericht Mängel fest, erlässt es in aller Regel eine Zwischenverfügung mit Fristsetzung zur Behebung, lehnt ggf. die Eintragung endgültig ab. Ist die **AG** aber einmal **in das Handelsregister eingetragen**, dann soll sich die Öffentlichkeit möglichst darauf verlassen können, dass sie auch wirklich besteht. Denn die Nichtigkeit einer AG würde sowohl für Anleger, die Aktien erworben haben, wie für Gläubiger, die der AG Kredit gewährt haben, schwer erträgliche Folgen haben. Dem entsprechend sind die Folgen von Gründungsmängeln, die erst nach der Eintragung festgestellt werden, beschränkt.

1. Mängel des Gründungsakts

Solche Mängel, z.B. Verletzung von Formvorschriften, werden **durch die Eintragung** der AG grundsätzlich **geheilt**. Eine **Ausnahme** sieht das Gesetz nur für den Fall

---

[32] Die tatbestandlichen Voraussetzungen sind i.E. umstritten, vgl. *Hüffer*, § 27 Rn. 14 f. m.w.N.; zur verdeckten gemischten Sacheinlage und der Frage, ob bestimmte Geschäfte entsprechend 52 Abs. 9 AktG (vgl. oben Rn. 13) von vornherein nicht erfasst werden *BGH* NJW 2007, 765 = NZG 2007, 144; *Krolop*, NZG 2007, 577.

[33] H.M. und std. Rspr., grundlegend BGHZ 110, 47, 57 ff. = NJW 1990, 982, 989 ff. – IBH/Lemmerz; BGHZ 118, 83, 93 ff. = NJW 1992, 2222 – BuM; BGHZ 132, 133, 139 = NJW 1996, 1286 (betr. GmbH); *BGH* NJW 2007, 765; *K. Schmidt*, § 29 II 1 c m.w.N.; zur Heilung verdeckter Sacheinlagen *Hüffer*, § 27 Rn. 31 m.w.N.; *Krolop/Pleister*, AG 2006, 650; zur Gegenansicht Großkomm-AktG/*Röhricht*, § 27 Rn. 219 f.; Großkomm-AktG/*Priester*, § 52 Rn. 106; *Lutter*, JZ 1996, 912.

[34] *Windbichler/Krolop*, in: Riesenhuber (Hrsg.), Europäische Methodenlehre, 2006, § 19 Rn. 28 ff. m.w.N.

[35] Der EuGH hat eine entsprechende Vorlage als unzulässig behandelt, *EuGH* Slg. 1992-I, 4897, 4919, 4933 ff. = DB 1992, 1667; dazu Großkomm-AktG/*Röhricht*, § 27 Rn. 192; *Windbichler/Krolop*, in: Riesenhuber (Hrsg.), Europäische Methodenlehre, 2006, § 19 Rn. 46 ff.; der BGH hat mehrfach ein Vorlageerfordernis abgelehnt, BGHZ 110, 47, = NJW 1990, 982; *BGH* DStR 2006, 2326.

vor, dass die *Satzung nicht* den oben (Rn. 2) genannten *Mindestinhalt* hat oder eine dieser Bestimmungen ungültig ist. Aber auch dann ist die AG nicht ohne weiteres nichtig, sie kann nur nach § 275 durch gerichtliches Urteil für nichtig erklärt, nach § 144 Abs. 1 FGG von Amts wegen gelöscht oder nach § 262 Abs. 1 Nr. 5 in Verbindung mit § 144 a FGG aufgelöst werden. Die Regelung entspricht der Publizitätsrichtlinie (1. RL) und wurde durch die Begrenzung des Prüfungsauftrags des Registergerichts in § 38 Abs. 3, eingefügt durch die Handelsrechtsreform 1998, ergänzt. Die **Rechtsfolge** der Nichtigerklärung ist die **Liquidation** der AG (§ 277), d.h. die Gesellschaft „verschwindet" nicht einfach, sondern wird in einem geordneten Verfahren abgewickelt (dazu unten Rn. 32). Die gesetzliche Regelung ist eine Ausprägung der Grundsätze über die fehlerhafte Gesellschaft (vgl. oben § 13 Rn. 11 ff. zur OHG).

Die **gesetzliche Regelung** in §§ 275 ff. AktG sowie in §§ 144 Abs. 1 und 144 a FGG ist **abschließend**. Andere Mängel können weder die Nichtigkeitsklage noch ein Verfahren nach FGG begründen. Verstoßen einzelne Bestimmungen der Satzung gegen die guten Sitten oder gegen zwingendes Recht, ist zu differenzieren: Gehören sie zum Mindestinhalt der Satzung, dann greifen § 275 AktG oder §§ 144, 144 a FGG ein; andernfalls ist lediglich die fragliche Satzungsbestimmung nichtig, während die übrige Satzung unberührt bleibt; § 139 BGB tritt hinter § 275 AktG zurück.[36]

2. Mängel der Beteiligung einzelner Gründer

In ähnlicher Weise werden Mängel der Beteiligung des einzelnen Gründers durch **20** die Eintragung der AG in das Handelsregister geheilt. Vor allem können die Gründungserklärung und die Übernahme der Aktien nach der Eintragung der AG nicht mehr wegen Irrtums, Täuschung oder Drohung angefochten werden; mangelnde Ernstlichkeit oder Scheingeschäft können nicht mehr geltend gemacht werden. Wird vor der Eintragung angefochten, ist eine in Vollzug gesetzte Vor-AG nach den Grundsätzen über die fehlerhafte Gesellschaft zu behandeln;[37] sie ist abzuwickeln. Der Anfechtende ist Gründer i.S.d. § 28. Etwas anderes gilt im *Fall mangelnder Geschäftsfähigkeit* eines Gründers und wenn der angebliche Gründer gar nicht mitgewirkt hat, seine Unterschrift gefälscht ist oder für ihn ein Vertreter ohne Vertretungsmacht gehandelt hat (Zurechnungsmangel). In diesen Fällen ist aber nur die Erklärung des einzelnen Gründers, nicht die AG als solche nichtig (vgl. oben Rn. § 21 Rn. 12).

Die Einschränkung der Rechtsfolgen bei Mängeln der Beteiligung einzelner Gründer wird unterschiedlich begründet, ist im Ergebnis aber unumstritten. Neben den Aspekten Erklärung gegenüber der Öffentlichkeit und Vertrauensschutz ist vor allem von Bedeutung, dass die Errichtung einer AG ein Organisationsvertrag ist, der eine Körperschaft auf den Weg bringt. Die Übernahme der Aktien lässt das Grundkapital und damit die unerlässliche Grundlage für die AG entstehen. Es würde, sobald die AG eingetragen ist, eine schwere Gefährdung für den Rechts- und Wirtschaftsverkehr bedeuten, wenn ihr nachträglich durch Anfechtung der einzelnen Übernahmeerklärungen die finanzielle Grundlage entzogen werden könnte. Hinter diese Verkehrsinteressen tritt das Interesse des einzelnen, der sich geirrt hat, getäuscht worden ist usw., zurück. Schadenersatzansprüche des Aktionärs gegen die AG wegen deliktischen Verhaltens der Organe bei der Gründung nach § 31 BGB sind ausgeschlossen, denn auch dadurch würde das Grundkapital geschmälert werden,[38] während Ansprüche gegen die handelnden Organmitglieder oder Gründer persönlich unberührt bleiben.[39]

---

[36] Zur Heilung nichtiger Bestandteile in der Ursprungssatzung BGHZ 144, 365 = NJW 2000, 2819 betr. GmbH.

[37] *Hüffer*, § 275 Rn. 8.

[38] RGZ 88, 188.

[39] Vgl. *Gebauer*, Börsenprospekthaftung und Kapitalerhaltungsgrundsatz in der Aktiengesellschaft, 1999; vgl. Schwark/*Schwark*, §§ 45 BörsG Rn. 74 ff.; die gegenteilige Entscheidung des Gesetzgebers in §§ 37 d f. WpHG steht dem nicht entgegen, da der Gründer nicht Kapitalmarktteilnehmer ist und keinen Anlegerschutz genießt.

3. Fehlgeschlagene Gründung, unechte Vor-AG

21   Die Gründung ist fehlgeschlagen, wenn es nicht zur Eintragung und damit Entstehung der AG kommt. Dann ist nach dem Schicksal der Vor-AG zu fragen.

Je nachdem warum die Gründung nicht voranschreitet, z. B. Konflikten unter den Gründern, kann das Hindernis durch einstimmige Satzungsänderung behoben und die Gründung weiter betrieben werden. Gelingt dies nicht, kann die **Vor-AG** durch einstimmigen Gesellschafterbeschluss **aufgelöst** werden. Wird die Eintragung der AG rechtskräftig abgelehnt, ist der Zweck der Vor-AG, nämlich die AG zur Entstehung zu bringen, endgültig unmöglich geworden. Sie wird nach § 726 2. Alt. BGB automatisch aufgelöst.[40] Im Übrigen kann die Vor-AG ggf. aus wichtigem Grund gekündigt werden.[41] Ferner ist die **Vor-AG insolvenzfähig**.[42] In all diesen Fällen, in denen die Gründung nicht durch Eintragung der AG abgeschlossen wird, ist die **Liquidation der Vor-AG in einem geordneten Verfahren** erforderlich, das sich, falls nicht sogar ein Insolvenzverfahren statt findet, bereits an das Liquidationsverfahren für die AG anlehnt (unten Rn. 41).[43]

22   Betreiben die Gründer eine Geschäftätigkeit weiter, obwohl sie die Eintragungsabsicht aufgegeben haben bzw. die Eintragung gescheitert ist, handelt es sich um eine sog. **unechte Vor-AG** (vgl. oben § 21 Rn. 33 zur GmbH). Auf diese finden die Vorschriften der jeweils einschlägigen Gesellschaftsform Anwendung, bei Betrieb eines Handelsgewerbes also OHG-Recht, sonst das Recht der GbR mit den jeweiligen Haftungsfolgen.

IV. Haftung

1. Gründerhaftung

23   Die **Gründerhaftung im** engeren, **technischen Sinn** beruht auf den Vorschriften, die das Gesetz zum Schutz gegen Missbräuche bei der Gründung ergänzend neben die eingehende Regelung des Gründungsherganges stellt. Es ist eine weitgehende Haftung der Gründer und der sonst beteiligten Personen **gegenüber der eingetragenen AG** (nicht: Aktionären oder anderen Dritten) vorgesehen (§§ 46 ff.). Im Fall der Nachgründung gelten die Vorschriften entsprechend (§ 53). Diese Ansprüche der AG selbst kommen mittelbar auch deren Gläubigern und Aktionären zugute, indem sie das Gesellschaftsvermögen ergänzen.

a) Personen und Tatbestände

24   **aa)** Die **Gründer** haften in drei Fällen:
– für unwahre und unvollständige Angaben bei der Gründung (Einzelheiten in § 46 Abs. 1);
– für vorsätzliche oder grob fahrlässige Schädigung der AG durch Sacheinlagen, Sachübernahmen oder Gründungsaufwand durch die Gründer; grundsätzlich haften alle Gründer als Gesamtschuldner (§ 46 Abs. 2).
In beiden Fällen kann sich aber jeder einzelne Gründer durch den Nachweis befreien, dass er die die Ersatzpflicht begründenden Tatsachen weder kannte noch kennen musste (§ 46 Abs. 3). Er haftet also nur für Verschulden, aber unter Umkehr der Beweislast.

---

[40] *BGH* NJW 2007, 589, 591; Großkomm-AktG/*Röhricht,* § 36 Rn. 116.
[41] *BGH* NJW 2007, 589, 590.
[42] *BGH* NZG 2003, 1167 (betr. Vor-GmbH).
[43] *BGH* NJW 2007, 589, 592.

– für einen Ausfall, der durch Zahlungsunfähigkeit eines Aktionärs oder seine Unfähigkeit zur Leistung einer Sacheinlage entsteht, aber nur soweit der betreffende Gründer die Beteiligung des Aktionärs in Kenntnis seiner Zahlungs- oder Leistungsunfähigkeit angenommen hatte (§ 46 Abs. 4). In diesem Fall genügt also Fahrlässigkeit nicht.

bb) Die **Hintermänner der Gründer,** d. h. Personen, für deren Rechnung die Gründer Aktien übernehmen, haften in gleicher Weise (§ 46 Abs. 5). Dadurch soll eine Umgehung der Gründerhaftung durch Vorschieben zahlungsunfähiger Strohmänner verhindert werden.

cc) Die sog. **Gründergenossen,** d. h. Empfänger oder Begünstigte verheimlichten Gründerlohns sowie Teilnehmer an einer Schädigung der AG durch Sacheinlagen oder Sachübernahmen haften neben den Gründern und Hintermännern (Einzelheiten in § 47 Nr. 1 und 2).

dd) Die **Emittenten,** d. h. Personen, die vor der Eintragung der AG in das Handelsregister oder in den darauf folgenden zwei Jahren eine Einführung der Aktien öffentlich ankündigen, vor allem also Emissionsbanken. Sie **haften der AG** bei unrichtigen oder unvollständigen Angaben der Gründer oder Schädigung durch Sacheinlagen oder Sachübernahmen, aber nur für eigene Fahrlässigkeit (§ 47 Nr. 3). Davon zu unterscheiden ist die Haftung gegenüber Erwerbern von Aktien nach §§ 44 f. BörsG.

ee) Die **Mitglieder des Vorstands und des Aufsichtsrates,** die bei der Gründung nicht mit der erforderlichen Sorgfalt handeln (§ 48), sind gegenüber der AG verantwortlich.

ff) Die **Gründungsprüfer,** ihre Gehilfen und die bei der Prüfung mitwirkenden gesetzlichen Vertreter einer Prüfungsgesellschaft, die ihre Verpflichtungen verletzen (§ 49); Einzelheiten in § 323 Abs. 1–4 HGB, auf die § 49 AktG verweist.[44]

b) Durchsetzung

Das Gesetz sorgt nicht nur dafür, dass **Ansprüche für die AG** entstehen, sondern auch, dass sie **tat-** 25 **sächlich durchgesetzt** werden. Das ist wichtig, denn die Gründer werden vielfach zum mindesten in der ersten Zeit in der Hauptversammlung die Mehrheit der Aktien besitzen, und es besteht deshalb die Gefahr, dass sie die Geltendmachung der Schadenersatzansprüche zu verhindern suchen. Deshalb schränkt § 50 zur Erhaltung der Ansprüche die Möglichkeit eines Verzichts oder Vergleichs ein. Die Ansprüche müssen geltend gemacht werden, wenn die Hauptversammlung es mit einfacher Mehrheit beschließt; eine Minderheit, die 10% des Grundkapitals oder einen anteiligen Betrag von 1 Mio. € hält, kann verlangen, dass ein besondere Vertreter für die Geltendmachung des Anspruchs bestellt werden (§ 147). Eine Minderheit, die 1% des Grundkapitals oder einen anteiligen Betrag von 100.000 € hält unter bestimmten Umständen die Zulassung der Klage bei Gericht beantragen und auf diese Weise die Geltendmachung erzwingen (§ 148).[45] Die notwendigen Informationen können durch eine Sonderprüfung ermittelt werden, die unter den gleichen Voraussetzungen erzwingbar ist (§ 142).

c) Vorbelastungshaftung

Der Grundsatz der Aufbringung und Erhaltung des Grundkapitals (oben § 25 26 Rn. 3, § 32) verlangt, dass der AG im Zeitpunkt ihrer Entstehung das Grundkapital ungeschmälert in Vermögenswerten zur Verfügung steht – **Unversehrtheitsgrundsatz.** Soweit das infolge der für die Vorgesellschaft begründeten Verbindlichkeiten nicht der Fall ist, haften der AG die Gründer anteilig in Höhe der Differenz zwischen Grundkapital und Wert des Gesellschaftsvermögens im Zeitpunkt der Eintragung. Diese vom BGH rechtsfortbildend für die GmbH entwickelte **Vorbelastungshaftung** (auch als allgemeine Differenzhaftung oder **Unterbilanzhaftung** bezeichnet) ist an die Stelle des wenig praktikablen Vorbelastungsverbots getreten. Die Vorbelastungshaftung besteht gegenüber der AG; sie entsteht mit der Eintragung und setzt insofern die bei der Vor-AG angenommene Innenhaftung (unten Rn. 30) fort. Davon zu unterscheiden ist die Differenzhaftung bei Überbewertung von Sacheinlagen (oben Rn. 16). Die Vorbelastungshaftung kann aber bei Sacheinlagen, insbesondere der Einbringung

---

[44] Zur Begrenzung der Prüferhaftung vgl. Art. 31 der RL 2006/43/EG (oben § 25 Rn. 37); auch zur Versicherbarkeit *W. Doralt,* Haftung der Abschlussprüfer, 2005, S. 98 ff., 220 ff.

[45] Eingeführt durch das Gesetz zur Unternehmensintegrität und Modernisierung des Anfechtungsrechts vom 22. 9. 2005 – *UMAG;* oben § 25 Rn. 33.

eines Unternehmens oder Unternehmensteils besonders relevant werden, etwa wenn die Geschäfte des Unternehmens zwischenzeitlich schlecht gehen.

2. Haftung gegenüber einzelnen Aktionären

27   Eine Haftung der an einer Gründung Beteiligten gegenüber einzelnen Aktionären kann sich aus **allgemeinen Vorschriften** ergeben, etwa aus § 823 Abs. 2 BGB in Verbindung mit Strafvorschriften (unten Rn. 28) oder § 826 BGB (z. b. wegen betrügerischer Verleitung zur Aktienzeichnung). Ferner besteht gegenüber den Aktionären die besondere **Prospekthaftung** des Börsengesetzes (§§ 44 ff. BörsG). Diese trifft in erster Linie die mit der Platzierung von Aktien befasste Bank – *Emissionsbank*. Daneben tritt die allgemeine zivilrechtlichen Prospekthaftung (oben § 19 Rn. 10 a. E., Rn. 19 ff.). Die letztgenannten Fälle sind allerdings wegen der Simultangründung (oben Rn. 4) weniger bei der Gründung als bei späterem Aktienerwerb (sog. Sekundärmarkt) und bei Kapitalerhöhungen relevant.

3. Straftatbestände

28   Neben der zivilrechtlichen Haftung besteht für Gründer, Mitglieder des Vorstands und Aufsichtsrats und Emittenten auch eine speziell aktienrechtliche strafrechtliche Verantwortlichkeit (§ 399). Die Straftatbestände sind vor allem auch als **Schutzgesetze** i. S. v. § 823 Abs. 2 BGB von Interesse.[46] Hinzu kommen ggf. Tatbestände des allgemeinen Strafrechts, z. B. Betrug (§ 263 StGB), Kapitalanlagebetrug (§ 264 a StGB) oder Untreue (§ 266 StGB).

4. Haftung gegenüber Dritten

29   Nach der Eintragung haftet die AG für alle in ihrem und im Namen der Vor-AG (oben Rn. 23) eingegangenen Verbindlichkeiten unbeschränkt mit ihrem gesamten Vermögen. Die Aktionäre haften nicht (§ 1 Abs. 1 S. 2). Zum Vermögen der AG gehören allerdings auch Ansprüche, die diese aus der Gründerhaftung (oben Rn. 23) hat. Die Haftungsverhältnisse vor Eintragung sind im Gesetz nicht abschließend geregelt und im Einzelnen umstritten. Die Rechtsfortbildung zur Vor-AG hat hier indessen Vieles geklärt.

a) Vor-AG

Die Vor-AG selbst ist eine eigenständige Organisation, die mit ihrem Vermögen für die in ihrem Namen eingegangenen Verbindlichkeiten haftet. Sie endet mit Eintragung der AG, die nunmehr Schuldnerin der Verbindlichkeiten ist (Kontinuität). Kommt es nicht zur Eintragung, bleibt die Vor-AG Schuldnerin. Deshalb bedarf es der Liquidation, in der die Gläubiger befriedigt werden. Zu diesem Zweck müssen die Gründer anteilig ihre Einlagen einbringen (Innenhaftung, vgl. oben § 21 Rn. 25 zur GmbH, Einzelheiten str.). Die Innenhaftung kommt dem Gesellschaftsvermögen und damit den Gläubigern der Vor-AG zugute. Ggf. ist ein Insolvenzverfahren durchzuführen.

b) Gründer als Gesellschafter der Vor-AG

30   Grundsätzlich haften die Gesellschafter der Vor-AG nicht gegenüber Dritten. Der nach Eintragung eingreifenden Vorbelastungshaftung (oben Rn. 26) entsprechend verfolgt der BGH ein *Konzept der unbeschränkten Innenhaftung*. Nur ausnahmsweise

---

[46] *BGH* NZG 2005, 976.

können Gläubiger die Gesellschafter der Vor-AG direkt in Anspruch nehmen, nämlich wenn der Umweg über die Gesellschaft aussichtslos und unzumutbar wäre (oben § 21 Rn. 26 zur GmbH).

c) Organe

Eine echte Außenhaftung ist die **Handelndenhaftung** nach § 41 Abs. 1 Satz 2, deren **31** Bedeutung angesichts der Rechtsfortbildung zur Vorgesellschaft jedoch gering ist. Die Handelndenhaftung erlischt mit dem Übergang der Verbindlichkeiten auf die AG, also mit Eintragung (oben Rn. 12). Ein Anwendungsbereich besteht für diejenigen Verbindlichkeiten, die nicht von selbst auf die AG übergehen, weil sie außerhalb der durch Gesetz, Satzung sowie einstimmige Ermächtigung der Gründer bestimmten Vertretungsmacht des Vorstands für die Vorgesellschaft oder die künftige AG eingegangen worden sind. Ferner ist die Handelndenhaftung von Bedeutung, wenn es nicht zur Eintragung der AG kommt.[47]

V. Beendigung der AG

1. Auflösung und Vollbeendigung

Wie bei den Personengesellschaften ist bei den Kapitalgesellschaften zwischen *Auf-* **32** *lösung* und *Beendigung* zu unterscheiden (oben § 11 Rn. 1, § 13 Rn. 22). Rechtspersönlichkeit, Organisation und Gesellschaftsvermögen einschließlich der Schulden werden nicht schlagartig in einem bestimmten Zeitpunkt beseitigt. Die AG ändert mit der „Auflösung" ihren Zweck; sie dient nicht mehr den in der Satzung vorgesehenen Zielen, mag das der Betrieb eines Erwerbsgeschäfts oder etwas anderes gewesen sein. Der Zweck der Gesellschaft ist nunmehr nur noch die Herbeiführung der Beendigung und als Mittel dazu die Durchführung der Abwicklung, die Befriedigung der Gläubiger und die Verteilung des Restvermögens an die Aktionäre. Die AG wird zur **Abwicklungsgesellschaft**. Ihre Identität bleibt erhalten, sie bleibt juristische Person. Um die Änderung des Zwecks der AG nach außen kenntlich zu machen, ist die Auflösung in das **Handelsregister** einzutragen (§§ 263, 398). Üblich ist der Firmenzusatz „i. L." für „in Liquidation". Die Eintragung wirkt nur deklaratorisch, nicht konstitutiv.

2. Auflösungsgründe

Kraft zwingender gesetzlicher Vorschriften bestehen folgende Auflösungsgründe: **33**

a) Zeitablauf

Dieser satzungsmäßige Auflösungsgrund (§ 262 Abs. 1 Nr. 1) entspricht demjenigen bei den Personengesellschaften (oben § 11 Rn. 2, § 13 Rn. 23). Anders als dort kommt eine stillschweigende Verlängerung nicht in Betracht; es bedarf eines ausdrücklichen Verlängerungsbeschlusses (vgl. § 274 AktG). In der Praxis spielt der Grund keine nennenswerte Rolle.

b) Beschluss der Hauptversammlung

Ein Auflösungsbeschluss der Hauptversammlung (§ 262 Abs. 1 Nr. 2) bedarf zwin- **34** gend mindestens einer Mehrheit von ³/₄ des vertretenen Grundkapitals. Die Satzung

---

[47] *BGH* NJW 2004, 2519.

kann das Erfordernis zwar verschärfen, nicht aber die Möglichkeit einer Auflösung durch Beschluss ganz ausschließen.[48] Der Auflösungsbeschluss unterliegt keiner gerichtlichen Inhaltskontrolle, da er seine sachliche Rechtfertigung bereits „in sich trägt": Die Desinvestitionsfreiheit der Aktionäre soll vom Gesetz nicht beschnitten werden.[49] Eine entsprechende Mehrheit ist also nicht daran gehindert, ein lebensfähiges Unternehmen durch Auflösung des Unternehmensträgers auch ohne weitere Begründung zu liquidieren (unten § 29 Rn. 46; § 33 Rn. 11).

c) Insolvenz

35   Praktisch wichtigster Auflösungsgrund ist die Insolvenz der Gesellschaft. Dabei sind zwei Fallgestaltungen zu unterscheiden: (1) Ist die AG zahlungsunfähig oder überschuldet, verfügt aber noch über ausreichendes Vermögen zur Bestreitung der Kosten eines Insolvenzverfahrens, wird auf Antrag des Vorstands (§ 92 Abs. 2; § 15 InsO; § 15 a InsO i.d.F. des RegE MoMiG) oder eines Gläubigers (§ 14 InsO) das **Insolvenzverfahren eröffnet**. Damit wird die AG aufgelöst (§ 262 Abs. 1 Nr. 3) und nach den Vorschriften der Insolvenzordnung abgewickelt. Hat die AG Vermögen oder eine Niederlassung im EU-Ausland, sind außerdem die Vorschriften der EuInsVO von praktischer Bedeutung (oben § 1 Rn. 11). (2) Ist die AG zahlungsunfähig oder überschuldet ohne die Kosten eines Insolvenzverfahrens bestreiten zu können, wird die **Eröffnung** des Insolvenzverfahrens **mangels Masse abgelehnt** (§ 26 InsO). Auch dies führt zur Auflösung der AG (§ 262 Abs. 1 Nr. 4), die Abwicklung findet dann nach den Vorschriften des AktG (§§ 264 ff.) statt.[50]

d) Vermögenslosigkeit

36   Das Fortbestehen vermögensloser Kapitalgesellschaften bedeutet eine unnötige Belastung des Handelsregisters und zugleich eine Gefahr für den Verkehr, da dadurch eine nicht vorhandene Kreditwürdigkeit vorgetäuscht werden kann. Deshalb sieht § 141 a FGG die **Amtslöschung** vor. Auch die Amtslöschung führt zur Auflösung der AG (§ 262 Abs. 1 Nr. 6) und – da es kein abzuwickelndes Vermögen (mehr) gibt – zugleich zu ihrer Beendigung. Stellt sich später heraus, dass doch noch verteilbares Vermögen vorhanden ist, findet nunmehr eine Abwicklung – **Nachtragsliquidation** – statt (§ 264 Abs. 2).

e) Satzungsmängel

37   Im Interesse des Verkehrsschutzes führen Mängel der Satzung nur in besonders schwerwiegenden Fällen zur Auflösung der Gesellschaft (oben Rn. 9). Das ist einmal der Fall bei rechtskräftig festgestellten *„Nichtigkeitsgründen"* i.S.v. § 275 Abs. 1 AktG (ggf. § 144 FGG), die der Sache nach ebenfalls Auflösungsgründe sind (arg. § 277 Abs. 1).[51] Sie beruhen auf einer Umsetzung der Publizitätsrichtlinie (oben § 2 Rn. 28) und sind dem Zweck der Richtlinie entsprechend eng auszulegen.[52] Zum anderen sind die in § 144 a FGG genannten Satzungsmängel zu nennen, die bei rechtskräftiger Feststellung durch das Registergericht ebenfalls zur Auflösung führen – **Amtsauflösung** (§ 262 Abs. 1 Nr. 5; vgl. oben Rn. 19).[53]

---

[48] BGHZ 103, 184, 189 ff. = NJW 1988, 1579 – Linotype.

[49] BGHZ 76, 352, 353 = NJW 1980, 1278 zur GmbH; BGHZ 103, 184 = NJW 1988, 1579, 1580 – Linotype; vgl. auch *BVerfG* NJW 2001, 279 = NZG 2000, 1117 – MotoMeter.

[50] Rechtspolitische Kritik daran bei *K. Schmidt*, § 11 VI 5.

[51] Allg. M., vgl. nur MünchKomm-AktG/*Hüffer*, § 275 Rn. 8; *K. Schmidt*, § 30 VI 2.

[52] *EuGH* Slg. 1990 I S. 4135 – Marleasing; zu den Konsequenzen MünchKomm-AktG/*Hüffer*, § 275 Rn. 23 ff.

[53] Ob damit die engen Vorgaben der Publizitätsrichtlinie überschritten werden, ist nicht unzweifelhaft, wird wegen der ansonsten verbleibenden Sanktionslücken aber nicht (mehr) behauptet, vgl. MünchKomm-AktG/*Hüffer*, § 262 Rn. 58.

Die **Nichtigkeitsklage** (§ 275) ist nur gegeben, wenn die Satzung keine Bestimmungen über die Höhe des Grundkapitals oder über den Gegenstand des Unternehmens enthält oder die Bestimmungen über den letzteren nichtig sind. Soweit der Mangel den Gegenstand des Unternehmens betrifft, kann er durch Satzungsänderung geheilt werden (§ 276). In diesem Fall kann die Klage erst erhoben werden, nachdem die AG aufgefordert worden ist, den Mangel durch Satzungsänderung zu beseitigen und drei Monate fruchtlos verstrichen sind. Sie muss binnen drei Jahren nach der Eintragung erhoben werden. Danach ist nur noch eine Löschung der AG von Amts wegen möglich (§ 275 Abs. 3; dazu § 144 Abs. 1 FGG). Wird der Klage stattgegeben, ist auf Grund des rechtskräftigen Urteils die Nichtigkeit der AG in das Handelsregister einzutragen. Damit ist die AG aber nicht rückwirkend von Anfang an nichtig, denn die Tatsache, dass die AG als juristische Person eingetragen war und im Verkehr aufgetreten ist, kann nicht rückgängig gemacht werden. Die Gesellschaft ist deshalb nur für die Zukunft zu beseitigen d. h. es findet eine Abwicklung wie im Fall der Auflösung statt. Die bisher in ihrem Namen vorgenommenen Rechtsgeschäfte bleiben wirksam; rückständige Einlagen sind insoweit zu leisten, als es zur Erfüllung der Schulden der AG nötig ist (§ 277). Bei allen *sonstigen Verstößen gegen § 23 Abs. 3* (Fehlen oder Nichtigkeit von Bestimmungen über Firma oder Sitz der AG oder über Nennbetrag, Zahl, Gattung und Art der einzelnen Aktien oder über die Zahl der Vorstandsmitglieder, ferner bei Nichtigkeit der Bestimmung über die Höhe des Grundkapitals) greift § 144a FGG ein, **Amtsauflösung:** Eine Nichtigkeitsklage ist nicht möglich, wohl aber hat das Registergericht die AG aufzufordern, binnen einer bestimmten Frist eine den Mangel behebende Satzungsänderung zur Eintragung in das Handelsregister anzumelden oder Widerspruch gegen die Verfügung zu erheben, widrigenfalls die AG aufgelöst werde. Kommt die AG dem nicht rechtzeitig nach, stellt das Gericht den Mangel der Satzung fest. Mit Rechtskraft dieser Verfügung wird die AG aufgelöst (§ 262 Abs. 1 Nr. 5; über die Folgen oben Rn. 19).

f) Sonstige Auflösungsgründe

Wird eine AG nach den Vorschriften des **UmwG** auf eine andere Gesellschaft *ver-* **38** *schmolzen* oder *aufgespalten* oder wird ihr *Vermögen* vollständig auf die öffentliche Hand *übertragen*, führt das zu ihrem Erlöschen (§§ 20 Abs. 1 Nr. 2, 131 Abs. 1 Nr. 2 UmwG) und damit zur **Auflösung ohne Abwicklung** (§§ 2, 123 Abs. 1, 174 UmwG). Der entscheidende Unterschied zur Löschung wegen Vermögenslosigkeit (oben Rn. 36) ist, dass das Vermögen der juristischen Person im Wege der Gesamtrechtsnachfolge bei einem anderen Träger fortbesteht, so dass es deshalb nichts abzuwickeln gibt (unten § 38 Rn. 2, 8).

Praktisch weniger relevant ist die Auflösung auf Grund rechtskräftigen **Auflösungsurteils** wegen *Gefährdung des Gemeinwohls* durch gesetzwidriges Verhalten der Verwaltungsträger der AG, sofern Aufsichtsrat und Hauptversammlung nicht für Abberufung der Verwaltungsträger sorgen (§ 396). Ergänzt wird die Sanktion durch die Möglichkeit einer Auflösungsverfügung – **Verbot** – nach dem Vereinsgesetz, das allerdings nur in den dort enumerativ aufgeführten Fällen in Betracht kommt (vgl. § 3 VereinsG). **Weitere Auflösungsgründe** sind für besondere Arten von AG durch *Sondergesetze* vorgesehen, z. B. für Banken durch das KreditwesenG (KWG) (§§ 35, 38 KWG). Ob die **Satzung** noch andere Auflösungsgründe festsetzen kann, z. B. ob sie ein **Kündigungsrecht** für einen Aktionär vorsehen kann, ist an § 23 Abs. 5 zu messen.[54]

Die **Verlegung des Sitzes ins Ausland** *durch Hauptversammlungsbeschluss* (§§ 5, 23 **39** Abs. 3 Nr. 1) wurde nach bislang h. M. als Auflösungsbeschluss gedeutet,[55] weil nach der Sitztheorie (oben § 1 Rn. 18 f.) die Sitzverlegung zum Statutenwechsel und der Statutenwechsel zur Auflösung führe.[56] Das entspricht aber in aller Regel nicht dem Willen der beschließenden Gesellschafter. Fraglich ist demnach, ob in einem solchen Fall eine bestandserhaltende Verlegung möglich ist. Das hängt innerhalb der EU teilweise vom Zusammenwirken mit dem Recht des Aufnahmestaates, teilweise mit den Auswirkungen der Niederlassungsfreiheit zusammen. Nach der Rechtsprechung des EuGH, die für den Fall des Zuzugs einer Gesellschaft der Nichtanerkennung auf der

---

[54] *BGH* NJW 2007, 589, 590 (obiter); MünchKomm-AktG/*Hüffer,* § 262 Rn. 19 ff.
[55] Vgl. *OLG Hamm* ZIP 1997, 1696 m. Anm. *Neye* betr. GmbH; w. N. bei *Hüffer,* § 5 Rn. 12.
[56] Vgl. MünchKomm-AktG/*Hüffer,* § 262 Rn. 36 f.; MünchKomm-BGB/*Kindler,* IntGesR Rn. 398; *OLG Brandenburg* BB 2005, 549, 850; *OLG Düsseldorf* BB 2001, 901.

Grundlage einer unmodifizierten Sitztheorie den Boden entzogen hat,[57] und die im Rahmen der Niederlassungsfreiheit auch ohne grenzüberschreitende Verschmelzung verlangt,[58] werden sich möglicherweise auch ohne Verabschiedung und Umsetzung der Sitzverlegungsrichtlinie (14. RL; oben § 2 Rn. 28) für den identitätswahrenden Wegzug mit Statutenwechsel Lösungen finden lassen.[59] Im Übrigen erscheint es sinnvoller, Nichtigkeit des Beschlusses anzunehmen als einen nicht gewollten Inhalt.[60] Wiederum andere Probleme wirft die Verlegung des tatsächlichen Verwaltungssitzes ohne Hauptversammlungsbeschluss auf. Nach der Sitztheorie ist damit ebenfalls ein Statutenwechsel verbunden, der zur Auflösung führen kann. Nach der älteren Rechtsprechung des EuGH steht die Niederlassungsfreiheit Wegzugsbeschränkungen nicht entgegen; Einzelheiten sind sehr streitig.[61]

40 **Keine Auflösungsgründe** sind bloße Betriebseinstellung, Veräußerung des Betriebs oder des Vermögens (vgl. § 179a; unten § 32 Rn. 10f.), Undurchführbarkeit des Zwecks. Sie können nur der Hauptversammlung einen Anlass zu einem Auflösungsbeschluss geben (vgl. § 179a Abs. 3). Die Auflösung ist jedoch nicht geboten; die AG kann, ggf. durch Satzungsänderung, einen neuen Zweck erhalten, sich z. B. nach Veräußerung ihres Betriebs in eine Holdinggesellschaft verwandeln oder als Mantel für einen neuen Zweck verwendet werden (oben § 21 Rn. 4, 11).

3. Liquidation

41 Im Gegensatz zu den Personengesellschaften ist die *Abwicklung (Liquidation)* **zwingend** *geregelt* (§ 264 Abs. 1), kann also nicht durch die Satzung oder einen Hauptversammlungsbeschluss ausgeschlossen werden. Der Grund dafür liegt in der *Notwendigkeit eines zuverlässigen Gläubigerschutzes*. Während bei den Personengesellschaften die Gläubiger durch die fortdauernde persönliche Haftung der Gesellschafter (vgl. § 159 HGB) genügend gesichert sind, wären die Gläubiger der AG, die sich nicht an die einzelnen Aktionäre halten können, benachteiligt, wenn die AG ihr Vermögen ohne ein geregeltes Liquidationsverfahren an die Aktionäre ausschütten könnte.[62] Die Liquidation der AG dient also in erster Linie der Befriedigung der Gläubiger und erst in zweiter Linie der Verteilung des Vermögens an die Aktionäre. Dadurch erklären sich die wesentlichen Unterschiede zum Liquidationsrecht der OHG (oben § 13 Rn. 22ff.).

---

[57] *EuGH* NJW 2002, 3614 = NZG 2002, 1146 – Überseering; vgl. auch *BGH* NJW 2002, 3539 = NZG 2002, 1009 einerseits; ZIP 2003, 718 = JZ 2003, 525 andererseits; *BayObLG* NZG 2003, 290; *Eidenmüller*, ZIP 2002, 2233, 2242f.; *Leible/Hoffmann*, RIW 2002, 925; *dies.*, ZIP 2003, 925; *Paefgen*, WM 2003, 561; *W. H. Roth*, IPrax 2003, 117; *Schanze/Jüttner*, AG 2003, 30; *Zimmer*, BB 2003, 1.

[58] *EuGH* Slg. 2005-I, 10805 = NJW 2006, 425 – SEVIC; *Oechsler*, NJW 2006, 812; *Siems*, EuZW 2006, 135; zu einem Fall der Sitzverlegung, um ein anderes Insolvenzstatut zu erreichen, *Mucciarelli*, ECFR 2005, 512; zur grenzüberschreitenden Verschmelzung unten § 38 Rn. 17.

[59] Für die EWIV Artt. 2, 12ff. EWIV-VO; für die Europäische Gesellschaft (SE) Art. 7, 8 SE-Statut; zur Problematik insgesamt *J. Hoffmann*, ZHR 164 (2002) 43; *Kieninger*, Wettbewerb der Privatrechtsordnungen im Europäischen Binnenmarkt, 2002, S. 106ff.; *K. Schmidt*, ZGR 1999, 20; anders *BGH* ZIP 2003, 718 = JZ 2003, 525 m. Anm. *Eidenmüller* (für Gründungstheorie); zum Vorentwurf für die Vierzehnte Richtlinie insbes. *Grundmann*, European Company Law, § 27 Rn. 889ff.; *Habersack*, Europäisches Gesellschaftsrecht, § 4 Rn. 35ff.

[60] *Hüffer*, § 5 Rn. 12, § 262 Rn. 6, 10; *Kieninger*, Wettbewerb der Privatrechtsordnungen im Europäischen Binnenmarkt, 2002, S. 149; MünchKomm-BGB/*Kindler*, IntGesR Rn. 399; so bereits *Wiedemann* I, § 15 III 1b; – nicht gewollt ist vor allem die steuerliche Wirkung der Liquidationsbesteuerung.

[61] *EuGH* Slg. 1988, 5483 = NJW 1989, 2186 – Daily Mail; auch hier spielten fiskalpolitische Gründe eine wesentliche Rolle. Zu Wegzugsbeschränkungen MünchKomm-AktG/*Altmeppen*, Europ. Niederlassungsfreiheit, Rn. 154; *Eidenmüller*, Ausländische Kapitalgesellschaften, 2004, § 4 Rn. 124, 127; *Leible*, ZGR 2004, 531, 536; *Zimmer*, ZHR 168 (2004), 355; *OLG München* BB 2007, 2247.

[62] Dies ist eine weitere Ausprägung des allgemein vorgefundenen „asset partitioning", vgl. oben § 3 Rn. 1, 10.

Eine Liquidation nach den §§ 264 ff. ist nicht erforderlich bei Eröffnung des **Insolvenzverfahrens**, das als **spezielles Liquidationsverfahren** Vorrang hat, sowie für die Verschmelzung, die Aufspaltung und die Vermögensübertragung auf die öffentliche Hand, bei denen in anderer Weise für den Schutz der Gläubiger gesorgt ist (unten § 38 Rn. 2, 8).

Die AG bleibt **während der Liquidation** als **juristische Person** bestehen. Sie bleibt Handelsgesell- **42** schaft und behält ihre Firma, doch ist ein Zusatz beizufügen, der auf die Abwicklung hinweist (§ 269 Abs. 6; vgl. oben Rn. 24 Rn. 4). Die Vorschriften des Aktienrechts sind grundsätzlich auch weiterhin anwendbar (§ 264 Abs. 3). Insbesondere bleibt die **körperschaftliche Organisation** erhalten; die AG behält Aufsichtsrat und Hauptversammlung. An die Stelle des Vorstands treten die **Abwickler.** Dies sind die Vorstandsmitglieder, wenn nicht die Satzung oder die Hauptversammlung andere Abwickler bestellen. Auf Antrag des Aufsichtsrats oder einer Minderheit der Aktionäre von 5% oder mit einem anteiligen Betrag des Grundkapitals von 500 000 € muss das Gericht aus wichtigem Grund Abwickler abberufen und neue bestellen (§ 265, dazu auch § 266).

Die **Aufgabe der Abwickler** besteht in der Beendigung der laufenden Geschäfte, Einziehung der Forderungen, Versilberung des sonstigen Vermögens, Befriedigung der Gläubiger und Verteilung des Restvermögens (§ 268 Abs. 1), entspricht also der Tätigkeit der Liquidatoren bei der OHG (oben § 17 Rn. 13). Die Abwickler haben dabei Rechte und Pflichten wie der Vorstand und unterliegen der Überwachung durch den Aufsichtsrat (§ 268 Abs. 2). Sie vertreten die AG gerichtlich und außergerichtlich (§ 269 Abs. 1); ihre Vertretungsmacht ist im Interesse der Verkehrssicherheit wie die des Vorstands unbeschränkt und unbeschränkbar (§ 269 Abs. 5). Im Interesse der Erlösmaximierung kann die Abwicklung eine unternehmerische Aufgabe sein, da die Veräußerung von Vermögensgegenständen im betrieblichen Zusammenhang meist ertragreicher ist als die Zerschlagung.

Die Abwickler haben unter Hinweis auf die Auflösung der AG die **Gläubiger zur Anmeldung ihrer Forderungen aufzufordern;** diese Aufforderung ist dreimal in den Gesellschaftsblättern, d. h. im elektronischen Bundesanzeiger (§ 25) bekanntzumachen (§ 267); sie ist damit im Unternehmensregister abrufbar (§ 8 b Abs. 2 Nr. 5 HGB). Der letzte Gläubigeraufruf setzt das Sperrjahr nach § 272 Abs. 1 in Lauf. Die Nichtbeachtung der Aufforderung führt nicht zum Verlust der Forderung, sondern alle Forderungen, die den Abwicklern bekannt sind oder vor der Schlussverteilung bekannt werden, sind auch ohne Anmeldung zu befriedigen. Ist das nicht möglich, aber eine Hinterlegung zulässig, ist der Betrag zu hinterlegen. An die Aktionäre darf Vermögen erst ein Jahr seit dem Tag der dritten Bekanntmachung in den Gesellschaftsblättern verteilt werden – **Sperrjahr.** Angemeldete oder sonst bekannte Forderungen müssen vorher berichtigt werden. Ist das nicht möglich oder ist die Forderung streitig, so ist dem Gläubiger Sicherheit zu leisten (§ 272). Werden diese Vorschriften nicht beachtet, machen sich Abwickler und Aufsichtsrat nach §§ 264 Abs. 3, 268 Abs. 2, 93, 116 und nach allgemeinem Deliktsrecht schadensersatzpflichtig. Die Aktionäre haften der AG und den Gläubigern auf Erstattung des zu viel Erhaltenen (§ 62) selbst dann, wenn sie in gutem Glauben waren, da es sich nicht um Gewinnanteile handelt. Dagegen kann, wenn die Schutzbestimmungen eingehalten sind, die Herausgabe der verteilten Beträge nicht verlangt werden, auch nicht unter dem Gesichtspunkt der ungerechtfertigten Bereicherung, da die Verteilung dem Gesetz entsprach und deshalb nicht ohne Rechtsgrund erfolgte.[63] Gläubiger, die sich nicht gemeldet haben und nicht ohnehin bekannt waren, gehen also leer aus.

Die Gesellschaft kann durch Beschluss der Hauptversammlung fortgesetzt werden, solange mit der Verteilung des Vermögens noch nicht begonnen wurde – **Fortsetzungsbeschluss** (§ 274). Die Fortsetzungsmöglichkeit ist auch entscheidend dafür, ob noch eine Verschmelzung (§ 3 Abs. 3 UmwG) oder ein Formwechsel (§ 191 Abs. 3 UmwG) möglich sind.

Das nach der Abwicklung verbleibende Vermögen ist unter die Aktionäre im Verhältnis der Beteiligung am Grundkapital zu **verteilen,** sofern nicht besondere Vorzugsrechte in Bezug auf den Liquidationserlös bestehen.[64] Waren noch nicht alle Einlagen geleistet, werden zunächst die geleisteten Einlagen erstattet und ein Überschuss nach dem Verhältnis der Aktiennennbeträge verteilt (§ 271).

4. Vollbeendigung

Nach Beendigung der Abwicklung wird der Schluss derselben in das **Handelsregister** eingetragen **43** und die **AG gelöscht** (§ 273). Damit tritt normalerweise die **Vollbeendigung** ein, die juristische Person ist untergegangen. Stellt sich allerdings nachträglich heraus, dass doch noch Vermögen vorhanden oder

---

[63] RGZ 124, 210; allg. M.
[64] Die Liquidationspräferenz kann Sonderrecht oder Merkmal für eine Aktiengattung i. S. d. § 11 sein; Großkomm-AktG/*Brändel*, § 11 Rn. 19; zu Anwendungsfällen *Loges/Distler*, ZIP 2002, 467, 471, 473.

sonst noch eine Abwicklungshandlung nötig ist, ist das Abwicklungsverfahren wieder aufzunehmen (§§ 264 Abs. 2, 273 Abs. 4) – **Nachtragsliquidation.** Hier ist str., ob spiegelbildlich zur Vor-AG die gelöschte AG insoweit als Nach-AG fort besteht oder es genügt, dass die erforderlichen Handlungen vorgenommen werden.[65]

§ 27. Vorstand

I. Stellung des Vorstands im Allgemeinen

1   Die zwingende gesetzliche Kompetenzzuweisung legt das Verhältnis der Organe rechtlich weitgehend fest (oben § 25 Rn. 10 ff.). Die **tatsächliche Verteilung** und das **Gewicht des innergesellschaftlichen Einflusses** hängt jedoch stark von den jeweiligen Verhältnissen, insbesondere von der Verteilung des Aktienbesitzes (Aktionärspopulation) und den beteiligten Persönlichkeiten ab.

Hält ein **Großaktionär** oder eine *Aktionärsgruppe*, z. B. eine Familie, die Mehrheit der Aktien, so werden sie diese benutzen, um die Rechte und damit den Einfluss der **Hauptversammlung** voll durchzusetzen, vor allem die Anteilseignersitze im Aufsichtsrat – und durch sie den Vorstand – mit Personen ihres Vertrauens zu besetzen. Anders liegen die Verhältnisse, wenn der *Aktienbesitz breit gestreut* ist, in der reinen **Publikumsgesellschaft**, die in Deutschland allerdings weniger typisch ist. Hier ist der Einfluss der Hauptversammlung geringer, die AG wird von Vorstand und Aufsichtsrat dominiert; faktisch findet Kooptation statt.[1] Die einzelnen Aktionäre überlassen ihre Vertretung in der Hauptversammlung, sofern sie überhaupt daran Interesse zeigen, Aktionärsvereinigungen, Stimmrechtsvertretern oder den die Aktien verwahrenden Depotbanken. Letztere neigen meist dazu, die Vorschläge der Verwaltung zu unterstützen, zumal wenn ein Teil der Aufsichtsratssitze von ihren Vertretern oder solchen der Hausbanken der AG eingenommen werden. Dabei bringen die Banken oftmals Sachkunde und Erfahrung ein; Bedenken bestehen jedoch, falls auf diese Weise eine wenig erfolgreiche Verwaltung zu lange gestützt wird.[2] Institutionelle Investoren (Versicherungen, Investmentfonds, hedge funds) werden zunehmend auch in ihrer Rolle als Aktionäre aktiv und nehmen ihre Rechte in den Hauptversammlungen wahr.[3] Ferner versucht der Gesetzgeber,[4] Vorbereitung und Ablauf der Hauptversammlung sowie die

---

[65] MünchKomm-AktG/*Hüffer*, § 262 Rn. 91 u. § 273 Rn. 16 einerseits; *K. Schmidt*, § 11 V 6 andererseits.

[1] Der Deutsche Corporate Governance Kodex (Nr. 5.1.2) bezeichnet es als gemeinsame Aufgabe von Vorstand und Aufsichtsrat, für eine langfristige Nachfolgeplanung im Vorstand zu sorgen; *Peltzer*, FS Semler, 1993, S. 261, 263 f.; *Kremer/Lutter*, in: Ringleb/Kremer/Lutter/v. Werder, Deutscher Corporate Governance Kodex, 2. Aufl., 2005, 5.1.2 Rn. 940.

[2] Vgl. dazu *Hellwig*, 154 JITE 328; *Hommelhoff*, FS Zöllner, Bd. 1, 1998, S. 235, 237 ff.; *Mülbert*, Empfehlen sich gesetzliche Regelungen zur Einschränkung des Einflusses der Kreditinstitute auf Aktiengesellschaften?, Gutachten zum 61. Deutschen Juristentag, 1996; *Wenger/Kaserer*, in: Hopt/Kanda/Roe/Wymeersch/Prigge, Comparative Corporate Governance, 1998, S. 499; *Miwa/Ramseyer*, in: Hopt/Wymeersch/Kanda/Baum (Hrsg.), Corporate Governance in Context, 2005, S. 527. Die Bankenbeteiligungen als Finanzierungskonzept entsprechen deutscher und japanischer Tradition, werden aber zunehmend in Frage gestellt.

[3] Zum Begriff und den Interessen des institutionellen Anlegers schon *Hopt*, ZHR 141 (1977), 389, 428; *Immenga*, Aktiengesellschaft, Aktionärsinteressen und institutionelle Anleger, 1971; – *Bassen*, Institutionelle Anleger und Corporate governance, 2002; Großkomm-AktG/*Assmann*, Einl. B Rn. 309. Im Mai 2007 haben in Deutschland Fondsgesellschaften ein Vermögen von 1 070 015 Mio € verwaltet; davon Fonds zur Altersvorsorge 1956 Mio € (Kapitalmarktstatistik der Deutschen Bundesbank von Juli 2007 VI. 1. im Internet unter www.bundesbank.de/statistik/statistik). Ende 2005 wurden 13,7% der inländischen börsennotierten Aktien in Deutschland von inländischen Investmentfonds gehalten; zusammen mit Banken Versicherungen betrug der Anteil der inländischen institutionellen Investoren damit 36,8% (vgl. DAI-Factbook 2006, Tabelle 08–1–3 b).

[4] NaStraG (Zulassung von der Gesellschaft selbst benannter Stimmrechtsvertreter, § 134 Abs. 3); UMAG (Einführung des Aktionärsforums, § 127 a); oben § 25 Rn. 33.

Stimmrechtsausübung zu erleichtern. Auch auf europäischer Ebene steht die Aktivierung der Aktionäre als Mitglieder (nicht nur Anleger) auf der politischen Agenda.[5]

Auch das **Verhältnis von Vorstand und Aufsichtsrat** wird nicht allein durch die rechtliche Regelung geprägt. Die Leistungsfähigkeit der Aufsichtsräte ist immer wieder Zweifeln ausgesetzt.[6] Hier hat der **Gesetzgeber** Verbesserungen in die Wege geleitet;[7] europäische Entwicklungen weisen in dieselbe Richtung.[8] Des Weiteren prägen zunehmend Verhaltensrichtlinien, **Corporate Governance-Grundsätze** und ähnliches *soft law* (oben § 25 Rn. 40 f.) die Zusammenarbeit der Organe nach international anerkannten Maßstäben.[9] Im Übrigen bestimmt oft das Gewicht der Persönlichkeit das Maß des Einflusses. Die herausragende und tonangebende Person des Vorstandsvorsitzenden (untechnisch: CEO) kommt ebenso vor wie der dominierende Aufsichtsratsvorsitzende.

Der **Vorstand** vertritt die AG nach außen und leitet die Geschäfte im Innenverhält- **2** nis, hat also **Vertretungsmacht** (unten Rn. 18) und **Geschäftsführungsbefugnis** (unten Rn. 22). Die **Mitglieder des Vorstands** brauchen nicht Aktionäre zu sein. Das ist Ausdruck der körperschaftlichen Verfassung, die dem Prinzip der **Drittorganschaft** folgt (oben § 2 Rn. 12). Sie werden durch Ernennung zu ihrem Amt bestellt und durch Anstellungsvertrag verpflichtet. Die Aktionäre als solche sind zur Geschäftsführung weder berechtigt noch verpflichtet, während in Personengesellschaften die Gesellschafter die Geschäfte der Gesellschaft selbst leiten – *Selbstorganschaft*. Terminologisch ist zu unterscheiden: Vorstand ist das gesamte Organ. Besteht der Vorstand aus mehreren Personen, sind diese Vorstandsmitglieder.

II. Zusammensetzung, Bestellung und Abberufung

1. Zusammensetzung des Vorstandes

Die Zusammensetzung des Vorstands richtet sich nach der **Satzung** (§ 23 Abs. 3 **3** Nr. 6). Er kann aus einer oder mehreren Personen bestehen. Bei Gesellschaften mit einem Grundkapital von mehr als drei Millionen € hat er aus mindestens zwei Personen zu bestehen, falls nicht die Satzung ausdrücklich bestimmt, dass nur eine Person Vorstand sein soll (§ 76 Abs. 2).[10] Wenn ein Arbeitsdirektor zu bestellen ist (§ 33 MitbestG), muss der Vorstand aus mindestens zwei Personen bestehen. Der Deutsche Corporate

---

[5] Aktionsplan der Europäischen Kommission KOM(2003), 284, auch in Beil. zu NZG 13/2003 3.1.2; nunmehr Richtlinie 2007/36/EG über die Ausübung bestimmter Rechte von Aktionären in börsennotierten Gesellschaften vom 11. 7. 2007, Abl. L 184/17 vom 14. 7. 2007; näher dazu *Grundmann/ Winkler*, ZIP 2006, 1421; *Noack*, NZG 2006, 321; *Winkler*, Das Stimmrecht der Aktionäre in der Europäischen Union, 2006, S. 92 ff., 151 ff., 217 ff.

[6] Auch dem *Board*-System werden strukturelle Defekte nachgesagt, *Cheffins*, S. 609 ff.; vgl. auch oben § 25 Rn. 40 a. E.

[7] Gesetz zur Kontrolle und Transparenz im Unternehmensbereich vom 27. 4. 1998 – KonTraG (BGBl. I S. 786); Gesetz zur weiteren Reform des Aktien- und Bilanzrechts, zu Transparenz und Publizität vom 19. 7. 2002 – TransPuG (BGBl. I 2681).

[8] Z. B. Empfehlung der Kommission vom 15. 2. 2005 zu den Aufgaben von nicht geschäftsführenden Direktoren/Aufsichtsratsmitgliedern börsennotierter Gesellschaften sowie zu den Ausschüssen des Verwaltungs-/Aufsichtsrats 2005/162/EG, Abl.EG L 52/51 v. 25. 2. 2005.

[9] Besondere Bedeutung kommt dabei den vom Bundesministerium der Justiz bekannt gemachten Empfehlungen der „Regierungskommission Deutscher Corporate Governance Kodex" zu, da börsennotierte Gesellschaften über seine Anwendung bzw. Nichtanwendung zu berichten haben (§ 161); DCGK, www.corporate-governance-code.de; ferner OECD Principles of Corporate Governance 2004, www.oecd.org/dataoecd/57/19/32159487.pdf (31. 3. 2007); Berliner Initativkreis German Code of Corporate Governance, www.gccg.de (7. 1. 2003).

[10] Zu den Rechtsfolgen der Unterbesetzung des Vorstands als Kollegialorgan *BGH* NJW 2002, 1128 – Sachsenmilch III.

Governance Kodex empfiehlt einen mehrköpfigen Vorstand, die Bestellung eines Vorsitzenden (unten Rn. 31) sowie den Erlass einer Geschäftsordnung (unten Rn. 30). Mitglied des Vorstands kann nur eine **natürliche, unbeschränkt geschäftsfähige Person** sein (§ 76 Abs. 3 Satz 1).[11] Ausgeschlossen sind Aufsichtsratsmitglieder, da diese den Vorstand überwachen sollen (§ 105 Abs. 1). Ausnahmsweise können für einen im Voraus begrenzten Zeitraum, höchstens aber für ein Jahr, auch Aufsichtsratsmitglieder zur Vertretung von fehlenden oder verhinderten Vorstandsmitgliedern bestellt werden; sie haben dann während dieser Zeit die Stellung ordentlicher Vorstandsmitglieder, können aber umgekehrt keine Tätigkeit als Aufsichtsratsmitglied ausüben (§ 105 Abs. 2).

Als negative Voraussetzungen, die die Bestellung hindern, nennt § 76 Abs. 3 Satz 2 und 3 Verurteilung wegen Insolvenzstraftaten (§§ 283–283 d StGB) und gerichtliche oder behördliche Betätigungsverbote, wenn diese den Unternehmensgegenstand betreffen. *Nach dem RegE eines Gesetzes zur Modernisierung des GmbH-Rechts und zur Bekämpfung von Missbräuchen (MoMiG) vom 23. 5. 2007 wird die Vorschrift um weitere Straftaten sowie bestimmte Untersagungen erweitert.* – Die Satzung kann *weitere Voraussetzungen* aufstellen, etwa Mindest- oder Höchstaltersgrenzen, Berufserfahrung, besondere Qualifikationen usw.[12] – Neben den ordentlichen Vorstandsmitgliedern können auch sog. **Stellvertreter** berufen werden, für die dann grundsätzlich die gleichen Regeln gelten wie für die ordentlichen Mitglieder (§ 94). Im Innenverhältnis ist die Geschäftsführungsbefugnis meist eingeschränkt, sie haben aber **volle Vertretungsmacht.** Insoweit ist die Bezeichnung als Stellvertreter eher verwirrend.

2. Bestellung der Vorstandsmitglieder

4   Die Bestellung der Mitglieder erfolgt durch den **Aufsichtsrat** (§ 84 Abs. 1 Satz 1). Das ist zwingendes Recht und hat besondere Bedeutung im Rahmen der gesetzlichen Kompetenzverteilung (oben Rn. 1) wie auch im Hinblick auf die Mitbestimmung der Arbeitnehmer durch Beteiligung an diesem Organ (unten § 28 Rn. 9 ff.). Die Bestellung ist ein **körperschaftlicher Akt.** Er bedarf der **Annahme** (Zustimmung) durch den Bestellten, da niemand gegen seinen Willen zum Vorstandsmitglied gemacht werden kann.[13]

5   Die Bestellung erfolgt auf **höchstens fünf Jahre** (§ 84 Abs. 1 Satz 1). Diese Bestimmung soll verhindern, dass die AG durch langfristige Bestellung zu sehr gebunden wird. Wohl aber ist eine *wiederholte Bestellung zulässig.* Die Vorstandsmitglieder müssen sich also immer erneut das Vertrauen des Aufsichtsrats erwerben. Andererseits soll die feste Amtszeit ihre Unabhängigkeit stärken.

Eine erneute Bestellung oder die Verlängerung der Amtszeit kann wiederum höchstens auf fünf Jahre erfolgen. Sie bedarf eines erneuten Aufsichtsratsbeschlusses, der frühestens ein Jahr vor Ablauf der bisherigen Amtszeit gefasst werden kann (§ 84 Abs. 1 Satz 2 und 3). Anders ist es nur, wenn die ursprüngliche Bestellung auf weniger als fünf Jahre erfolgte und die Amtszeit auf insgesamt fünf Jahre ausgedehnt werden soll (§ 84 Abs. 1 Satz 4). Der Deutsche Corporate Governance Kodex (Nr. 5.1.2) empfiehlt, bei Erstbestellungen die Höchstdauer nicht auszuschöpfen. Fehlt zeitweise ein erforderliches Vorstandsmitglied, kann in dringenden Fällen das **Registergericht** auf Antrag eines Beteiligten vorübergehend ein Mitglied bestellen (§ 85) – **Ersatz- oder Notbestellung.** Nach dem RegE eines Gesetzes zur Modernisie-

---

[11] Die Bestellung juristischer Personen zu Organmitgliedern ist möglich z. B. in Frankreich (Art. L 225–20 code de com., Loi n° 2001–420 du 15 mai 2001 art. 105 et 1001); dann müssen die Aufgaben durch natürliche Personen, die die juristische Person repräsentieren, ausgeübt werden; für England *Davies*, Principles, S. 182.

[12] Im Einzelnen str.; das Auswahlermessen des Aufsichtsrates darf nicht übermässig eingeschränkt werden. Das gilt insbesondere für mitbestimmte Gesellschaften; unten § 28 Rn. 9 ff.

[13] H. M.; *Krieger*, Personalentscheidungen des Aufsichtsrats, 1981, S. 199 ff.; GroßKomm-AktG/ *Kort*, § 84 Rn. 38. Deutung der Bestellung als Vertrag bei *Baums*, Der Geschäftsleitervertrag, 1987, S. 40; wieder anders *Hüffer*, § 84 Rn. 4: zwei einseitige, aber aufeinander bezogene Rechtsgeschäfte.

rung des GmbH-Rechts und zur Bekämpfung von Missbräuchen (MoMiG) vom 23. 5. 2007 vertritt für den Fall, dass die Gesellschaft gar keinen Vorstand hat (Führungslosigkeit), der Aufsichtsrat (§ 78 n. F.).

Der Aufsichtsrat bestellt ggf. auch den **Vorstandsvorsitzenden.** Dessen Rechtsstel- **6** lung ist im Gesetz nicht abschließend geregelt. Es besteht daher die Möglichkeit der Ausgestaltung durch die Satzung oder Geschäftsordnung (unten Rn. 30). Der Gestaltungsspielraum ist aber durch das grundsätzliche Kollegialprinzip und die Gesamtverantwortung des Vorstandes beschränkt.[14]

Im Anwendungsbereich des MitbestG (unten § 28 Rn. 14 ff.) muss dem Vorstand ein **Arbeitsdirek- 7 tor** angehören. Dieser ist gleichberechtigtes Mitglied des dann notwendig aus mehreren, mindestens zwei Personen bestehenden Vorstands (§ 33 MitbestG). Seine Bestellung erfolgt durch den Aufsichtsrat nach den allgemein für die Bestellung der Vorstandsmitglieder geltenden Regeln.[15] Praktisch wird im Interesse einer erfolgreichen Unternehmensführung kaum eine Person zum Arbeitsdirektor bestellt, die von den Arbeitnehmervertretern im Aufsichtsrat abgelehnt wird. Der Arbeitsdirektor ist innerhalb des Vorstands für den **Aufgabenbereich Personal- und Sozialangelegenheiten** *(human resources)* zuständig. Darüber hinaus können ihm auch weitere Aufgaben zugewiesen werden, was vor allem bei kleineren AG mit wenigen Vorstandsmitgliedern wichtig ist.[16] Als gleichberechtigtes Mitglied nimmt er an den allgemeinen Aufgaben und der allgemeinen Verantwortung des Vorstands teil. Der Arbeitsdirektor hat seine Aufgaben im engsten Einvernehmen mit dem Gesamtvorstand auszuüben (so ausdrücklich § 33 Abs. 2 MitbestG). Entscheidet im Vorstand bei streitigen Fragen die Mehrheit, so kann er auch in seinem Bereich von der Mehrheit überstimmt werden.

Mängel der Bestellung machen die **Organstellung fehlerhaft,** aber grundsätzlich **8** nicht unwirksam. Sie endet erst durch Widerruf seitens des Aufsichtsrats entsprechend § 84 Abs. 3 und ist für die Zwischenzeit als wirksam zu behandeln; anders nur bei bestimmten ganz schweren Mängeln.[17] Hier besteht Ähnlichkeit mit den Grundsätzen zur fehlerhaften Gesellschaft (oben § 13 Rn. 11 ff. zur OHG).

3. Pflichten

Aus der Bestellung folgt in in erster Linie die organschaftliche Pflicht zur Geschäfts- **9** führung mit der Sorgfalt eines ordentlichen und gewissenhaften Geschäftsleiters (§§ 76 Abs. 1, 93 Abs. 1 Satz 1; unten Rn. 22 ff.). Ferner besteht eine besondere **Treuepflicht.**[18]

---

[14] Einzelheiten str.; vgl. *von Hein,* ZHR 166 (2002) 464; MünchKomm-AktG/Hefermehl/Raiser/ *Veil,* § 14 Rn. 15 ff., 23 ff.; MünchKomm-AktG/*Spindler,* § 84 Rn. 82; *Raiser/Veil,* § 14 Rn. 15 ff., 23 ff.

[15] Lediglich nach § 13 Abs. 1 Satz 2 MontanMitbestG gilt die Besonderheit, dass die Bestellung nicht gegen die Stimmen der Mehrheit der Arbeitnehmervertreter im Aufsichtsrat erfolgen kann.

[16] Ganz h. M., dazu *Henssler,* in: Ulmer/Habersack, Mitbestimmungsrecht, 2. Aufl., 2006, § 33 MitbestG, Rn. 41; zum Geschäftsbereich des Arbeitsdirektors Großkomm-AktG/*Oetker,* § 33 MitbestG Rn. 19 ff.; *Raiser,* MitbestG, 4. Aufl., 2002, § 33 Rn. 22; *Windbichler,* Arbeitsrecht im Konzern, 1989, S. 572 ff.

[17] Einzelheiten str.; Großkomm-AktG/*Hopt,* § 93 Rn. 44; GroßKomm, AktG/*Kort,* § 84 Rn. 82 ff.; *Hüffer,* § 93 Rn. 12; KölnerKomm-AktG/*Mertens,* § 76 Rn. 29 ff.; ausführlich *Stein,* Das faktische Organ, 1984; sehr weitgehend die nunmehr wohl wirksame Bestellung bei strafbewehrter Pflichtverletzung verantwortlich macht, dazu Großkomm-AktG/*Otto,* § 399 Rn. 20 ff.; *Köhler,* in: Wabnitz/Janovsky (Hrsg.), Handbuch des Wirtschafts- und Steuerstrafrechts, 3. Aufl., 2007, S. 441 ff.; zur zivilrechtlichen Haftung BGHZ 41, 282, 287 = NJW 1964, 1367.

[18] *Hüffer,* § 84 Rn. 8 f. Gelegentlich ist auch von einer treuhänderischen Stellung von Vorstand und Aufsichtsrat die Rede, *Kübler/Assmann,* § 15 III 5 a. Darin klingen die *„fiduciary duties"* an, die im angelsächsischen Rechtskreis die Pflichten der Direktoren bestimmen. *„Fiduciary duties"* stammen ursprünglich aus dem Recht des (Immobilien-)Trust und gehen von der Vorstellung aus, dass die Aktionäre Eigentümer des Gesellschaftsvermögens, die Direktoren Treuhänder seien, ein Konzept, das auf moderne Körperschaften nicht ohne beträchtliche Modifikationen übertragbar ist; vgl. *Davies,* Introduction, S. 115 f., 159 f., 197; *ders.,* Principles, S. 21, 598; Großkomm-AktG/*Mülbert,* Vor §§ 118–147 Rn. 191 f.; anders wohl *Fleischer,* NZG 2004, 1129, 1131 ff.: „legal transplant", was aber die organschaftlichen Treuepflichten unterschätzt.

Die Mitglieder des Vorstands haben die Interessen der Gesellschaft in jeder Weise wahrzunehmen und alles zu unterlassen, was die AG schädigt.[19] Ein Ausfluss dieser Treuepflicht ist die Pflicht, über vertrauliche Angaben und Geheimnisse der Gesellschaft Stillschweigen zu bewahren – **Verschwiegenheitspflicht** (§ 93 Abs. 1 Satz 3). Aus der Treuepflicht folgt auch ein **Wettbewerbsverbot** für Vorstandsmitglieder (§ 88). Vorstandsmitglieder dürfen **Geschäftschancen,** die der Gesellschaft zustehen, nicht für sich oder ihnen nahe stehende Personen oder Unternehmen wahrnehmen.[20] – Zur Haftung bei Pflichtverletzungen unten Rn. 33 ff.

4. Abberufung der Vorstandsmitglieder

10   Die vorzeitige Abberufung eines Vorstandsmitglieds oder der Widerruf der Bestellung zum Vorsitzenden ist **nur aus wichtigem Grund** zulässig. Zuständig ist ausschließlich der Aufsichtsrat (§ 84 Abs. 3).[21] Als wichtiger Grund kommt vor allem *grobe Pflichtverletzung* und *Unfähigkeit* zu ordnungsgemäßer Geschäftsführung in Betracht (§ 84 Abs. 3).[22] Die Möglichkeit der Abberufung ist unerlässlich, wenn die Beibehaltung eines Vorstandsmitglieds angesichts der weitgehenden Machtbefugnisse desselben für die Gesellschaft untragbar wäre. Sie entspricht auch dem allgemeinen Grundsatz, dass Dauerrechtsverhältnisse aus wichtigem Grund beendbar sind. Die Vorschrift ist deshalb zwingend. Ferner ist ein *Misstrauensvotum der Hauptversammlung* ein wichtiger Grund zur Abberufung, woraus sich eine begrenzte Abhängigkeit des Vorstands von der Hauptversammlung ergibt (unten § 29 Rn. 1). § 84 Abs. 3 lässt aber ein Misstrauensvotum dann nicht genügen, wenn das Vertrauen aus offenbar unsachlichen Gründen entzogen worden ist. Von diesem Fall abgesehen kann der Aufsichtsrat Vorstandsmitglieder abberufen, er ist aber dazu nicht verpflichtet, sondern entscheidet auf Grund eigener Verantwortung durch Beschluss.

Das Zusammenspiel von zwingend beschränkter Amtszeit und begrenzter Abberufungsmöglichkeit soll einerseits die Unabhängigkeit des Vorstands und seine Bereitschaft zu unternehmerischem Handeln stärken, andererseits die Verantwortlichkeit und die Kontrolle durch den Aufsichtsrat gewährleisten.[23]

11   Sollte der Aufsichtsrat ein Vorstandsmitglied abberufen, ohne dass ein wichtiger Grund vorliegt, so kann dieses auf Feststellung der Unwirksamkeit klagen. Bis zum Vorliegen eines rechtskräftigen Urteils ist aber die Abberufung als wirksam zu behandeln, so dass das Vorstandsmitglied so lange jede weitere Tätigkeit zu unterlassen hat (§ 84 Abs. 3 Satz 4).

[19] H.M., BGHZ 10, 187, 193 = NJW 1953, 1465; BGHZ 20, 239, 248 = NJW 1956, 906; BGHZ 41, 282, 287 = NJW 1946, 1367; BGHZ 49, 30, 31 = NJW 1968, 396; *BGH* NJW 1986, 585; BGHZ 129, 30, 34 = NJW 1995, 1299; vgl. auch *Peltzer,* ZIP 2006, 205, 210.
[20] Großkomm-AktG/*Hopt,* § 93 Rn. 166 ff.; *Kübler,* FS Werner, 1984, S. 437.
[21] Im Anwendungsbereich des Montan-MitbestG ist die Abberufung eines Arbeitsdirektors an die gleiche Sonderregelung gebunden wie seine Bestellung, nämlich nicht gegen die Stimmen der Mehrheit der Arbeitnehmervertreter (§ 13 Abs. 1 Satz 3).
[22] Vgl. auch *BGH* NZG 2007, 189: Weigerung der Bank, ohne vorherige Abberufung eines Vorstandsmitglieds die Kreditlinie zu verlängern.
[23] Zum Zusammenhang zwischen Amtszeit und Abberufungsmöglichkeit *Hansmann/Kraakman,* in: Kraakman/Davies u.a., Anatomy, S. 37 f.

III. Der Anstellungsvertrag

1. Rechtsnatur des Anstellungsvertrags

Die körperschaftliche Bestellung und Abberufung einerseits und die interne, **12** schuldvertragliche Anstellung und deren Beendigung andererseits sind strikt zu unterscheiden (oben § 22 Rn. 5 ff. zur GmbH). Die Trennung zwischen beiden kommt in § 84 Abs. 1 Satz 5 und Abs. 3 Satz 5 zum Ausdruck: Die Bestellung überträgt dem Vorstandsmitglied die Rechtsstellung im Vorstand als Organ der AG; durch den Anstellungsvertrag verpflichtet es sich der AG gegenüber zu Dienstleistungen und erwirbt andererseits einen Anspruch auf die vereinbarte Vergütung.[24] Der Anstellungsvertrag ist in der Regel **Dienstvertrag (§§ 611, 675 BGB)**, bei unentgeltlicher Tätigkeit Auftrag. Beim Abschluss und bei der Lösung des Vertrages wird die **AG vom Aufsichtsrat vertreten** (§ 112).

Der Anstellungsvertrag folgt eigenen Regeln, wenn auch ein enger **inhaltlicher Bezug zur Bestellung** als Vorstand besteht. Er kann nicht für längere Zeit als die Dauer der Bestellung fest abgeschlossen werden; doch kann vorgesehen werden, dass er für den Fall der Verlängerung der Amtszeit bis zu deren Ablauf weiter gilt (§ 84 Abs. 1 Satz 5). – Die **Selbständigkeit des Anstellungsvertrages** ist bei der Abberufung besonders deutlich. Wird das Vorstandsmitglied aus wichtigem Grund abberufen, endet die Rechtsstellung als Vorstandsmitglied. Dessen ungeachtet besteht der Anstellungsvertrag weiter und muss gesondert gekündigt werden. Der wichtige Abberufungsgrund kann zwar, braucht aber nicht zugleich ein wichtiger Grund zur fristlosen Kündigung des Dienstvertrages (§ 626 BGB) zu sein, so z. B. nicht, wenn es sich um ein zwar nicht offenbar unsachliches, aber doch sachlich immerhin zweifelhaftes Misstrauensvotum der Hauptversammlung handelt. In einem solchen Fall dauert der Anstellungsvertrag fort und die AG muss die vereinbarte Vergütung weiter zahlen, soweit sich nicht ausnahmsweise aus § 615 Satz 2 BGB eine Einschränkung ergibt.[25]

In vielen Fällen besteht ein Interesse daran, sei es aus Beweisgründen, sei es wegen der Reputation der Gesellschaft, eine gerichtliche Auseinandersetzung über einen wichtigen Grund zur Abberufung und einen Kündigungsgrund zu vermeiden. Das Vorstandsmitglied tritt dann zurück, das Anstellungsverhältnis wird gegen die Zahlung einer Abfindung einvernehmlich beendet, wobei die Abfindung eine beträchtliche Höhe erreichen kann (*„golden handshake"*). An dieser Praxis wird vielfach Kritik geübt.

Die Anstellung konkretisiert die sich aus der Bestellung für die Vorstandsmitglieder **13** ergebenden organschaftlichen Pflichten. Der Vertrag mit der AG ist kein Arbeitsvertrag.[26] Im Einzelfall weisen die Dienstverhältnisse der Vorstandsmitglieder teilweise gewisse Ähnlichkeiten mit echten Arbeitsverhältnissen, besonders denjenigen leitender Angestellter auf. Soweit das zutrifft, ist die *entsprechende Anwendung* einzelner ar-

---

[24] Zum Verhältnis von Bestellung und Anstellung *Raiser/Veil*, § 14 Rn. 45 f.; *Reuter*, FS Zöllner, Bd. 1, 1998, S. 503; GroßKomm-AktG/*Roth*, § 84 Rn. 16, 19 ff.

[25] BGHZ 15, 71; *BGH* LM Nr. 5 zu § 75 AktG; vgl. auch *BGH* NJW 1989, 2683, 2684: Geringfügigkeit des Anlasses oder fehlendes Verschulden des Vorstandsmitglieds; der Widerruf der Bestellung ist kein Auflösungsverschulden hinsichtlich des Anstellungsvertrages i. S. d. § 628 Abs. 2 BGB, *BGH* NJW 2003, 351 (betr. GmbH).

[26] Ständige Rspr. des BGH, z. B. BGHZ 10, 187, 191; BGHZ 36, 142 = NJW 1962, 340; BGHZ 79, 38, 41 = NJW 1981, 757; BGHZ 79, 291 = NJW 1981, 1270; BGHZ 91, 1, 3 = NJW 1984, 2366; *BGH* NJW 1989, 2683; NZG 2004, 90 f. und ganz h. M; *G. Hueck*, FS Hilger und Stumpf, 1983, S. 365 m. w. N.; *Raiser/Veil*, § 14 Rn. 48. Die Frage ist stärker umstritten für GmbH-Geschäftsführer, die im Gegensatz zum Vorstand Weisungen der Gesellschafterversammlung unterworfen sind, oben § 22 Rn. 3.

beitsrechtlicher Normen möglich.[27] Für Streitigkeiten sind die ordentlichen Gerichte, nicht die Arbeitsgerichte zuständig (§ 2 Abs. 4, § 5 Abs. 1 Satz 3 ArbGG). Im Übrigen ist zu beachten, dass die Vorstandsmitglieder die Funktionen der AG als Arbeitgeber wahrnehmen; sie können als ehrenamtliche Richter die Arbeitgeberseite bzw. den Handelsstand vertreten, § 22 Abs. 2 Nr. 1 ArbGG, § 109 Abs. 1 Nr. 3 GVG.

Einzel- und Abgrenzungsfragen ergeben sich, wenn eine Person zunächst als Arbeitnehmer (z. B. leitende Angestellte) tätig und dann zum Vorstandsmitglied bestellt wird. Dann kann das Arbeitsverhältnis beendet und durch den Anstellungsvertrag ersetzt werden;[28] das Arbeitsverhältnis kann ruhen und nach Beendigung der Organstellung wieder aufleben. Der Anstellungsvertrag muss nicht notwendig mit der AG selbst geschlossen werden; bei verbundenen Unternehmen kommt es vor, dass eine Muttergesellschaft den Anstellungsvertrag schließt oder sogar Arbeitnehmer in Organpositionen bei abhängigen Gesellschaften einsetzt – **Drittanstellung**.[29] Für die GmbH ist das inzwischen unstreitig (oben § 22 Rn. 6). Die arbeitsrechtlich begründete Weisungsabhängigkeit kann jedoch die durch die Bestellung begründeten gesellschaftsrechtlichen Organpflichten nicht abändern, vor allem nicht § 76 Abs. 1 (unten Rn. 22).

2. Vergütung

14   Im Anstellungsvertrag wird die dem Vorstand für seine Tätigkeit zustehende Vergütung vereinbart. Sie besteht meist aus einem **festen Gehalt** (einschließlich Sachleistungen, Versicherungsprämien etc.) sowie **veränderlichen Bestandteilen** wie Beteiligung am Gewinn[30] – Tantieme, Aktienoptionen – *stock options*,[31] schuldrechtlichen Äquivalenten – *phantom stocks* – oder an anderen Kriterien für die Unternehmensleistung orientierten Zahlungen. Erfolgsbezogene Vergütungsformen sollen die Vorstandsmitglieder zur ertragsorientierten Unternehmensführung anspornen. Je nach rechtlicher Ausgestaltung von Aktienoptionsplänen muss die Hauptversammlung einbezogen werden (vgl. unten § 32 Rn. 28). Weitere Vergütungsbestandteile sind Versorgungszusagen und Versicherungsprämien, ferner Sachleistungen wie z. B. die Benutzung eines gesellschaftseigenen Flugzeugs. § 285 Satz 1 Nr. 9 HGB, der die Offenlegung der Gesamtbezüge der Vorstandsmitglieder verlangt (unten Rn. 45), gibt zugleich einen mittelbaren Überblick über die Komplexität der Vergütungssysteme.

15   In der deutschen Entwicklung des Aktienwesens sind in früherer Zeit nicht selten Gesellschaften durch übermäßig hohe Bezüge der Vorstandsmitglieder geschädigt worden.[32] Deshalb macht es § 87 Abs. 1 dem Aufsichtsrat zur Pflicht, bei der Festsetzung der Vergütung des einzelnen Vorstandsmitglieds dafür zu sorgen, dass die **Gesamtbezüge in einem angemessenen Verhältnis zu den Aufgaben** des einzelnen

---

[27] Z. B. betr. Altersversorgung § 17 BetrAVG, dazu *BGH* AG 1997, 265, 266 = NJW-RR 1997, 348; *BGH* NZA 2001, 266 = NJW-RR 2000, 1275; betr. Urlaub *BGH* NJW 1963, 535; GroßKomm-AktG/*Kort*, § 84 Rn. 412 ff.; KölnerKomm-AktG/*Mertens*, § 84 Rn. 74.

[28] *BAG* NZA 1994, 212; 2000, 1013 = NJW 2000, 3732 (Korrektur der teilweise anders lautenden Rechtsprechung BAGE 49, 81 = NZA 1986, 792); *BGH* NZG 2003, 327 (Fremdgeschäftsführer der GmbH kann insolvenzrechtlich Arbeitnehmer sein).

[29] Bejahend *Hüffer*, § 84 Rn. 14; *Lutter/Krieger*, Rechte und Pflichten des Aufsichtsrats, 2002, § 4 Rn. 168; *Windbichler*, Arbeitsrecht im Konzern, 1989, S. 503 f.; a. A. KölnerKomm-AktG/*Mertens*, § 84 Rn. 51; zweifelnd auch GroßKomm-AktG/*Kort*, § 84 Rn. 319 ff.; MünchKomm-AktG/*Hefermehl/Spindler*, § 84 Rn. 54.

[30] Früher geregelt in § 86, der durch das TransPuG 2002 ersatzlos gestrichen wurde. Es handelte sich um eine Sollvorschrift zur Bemessungsgrundlage, die als überholt angesehen wurde; vgl. aber noch § 113 Abs. 3.

[31] D. h. ein Recht, zu einem im Voraus festgelegten Preis unter bestimmten Bedingungen Aktien der Gesellschaft zu erwerben; liegt der Börsenkurs der Aktien im Zeitpunkt der Ausübung der Option über diesem Preis, bewirkt das einen (beträchtlichen) Gewinn; kritisch *Adams*, ZIP 2002, 1325.

[32] Oben § 25 Rn. 28 f.; *Schlegelberger/Quassowski*, AktG, 1937, § 78 Rn. 1 f.

Vorstandsmitglieds **und zur Lage der Gesellschaft** stehen. Das Gleiche gilt für Ruhegehälter und Hinterbliebenenbezüge.

Lange Jahre hatte diese Vorschrift keine praktische Bedeutung; die Spitzengehälter bei deutschen Unternehmen waren im internationalen Vergleich eher bescheiden. Mit zunehmender gesellschaftsrechtlicher Verflechtung über die Landesgrenzen wurden Vorstandsbezüge deutlich erhöht, teilweise Missbräuche, vor allem aus den USA, importiert.[33] Ein Problemkreis ist der (fehlgeschlagene) Versuch, das Kontrollproblem (oben § 25 Rn. 17 a. E.) dadurch zu lösen, dass die Geschäftsleitervergütung – gleichlaufend mit dem Aktionärsinteresse – an den Börsenkurs gebunden wurde. Im Ergebnis zeigte sich aber weniger ein Anreiz, die Leistungsfähigkeit des Unternehmens zu verbessern, als den Börsenkurs bzw. die für die Vergütung maßgeblichen Parameter zu manipulieren.[34] Ein weiterer Problemkreis sind nachträgliche Zahlungen, die möglicherweise keine Leistungsanreize mehr haben.[35]

§ 87 Abs. 1 ordnet keine spezifische Rechtsfolge an. Jedenfalls führt eine unange- **16** messene Vergütung nicht zur Nichtigkeit des Anstellungsvertrages. Der Aufsichtsrat macht sich ggf. gem. § 116 der AG schadensersatzpflichtig.[36] Rechtspolitisch wäre es verfehlt, absolute Grenzen oder Berechnungsmodi einzuführen; es gibt hier ebenso wenig justiziable Angemessenheit wie bei der Kapitalausstattung (oben § 25 Rn. 3) oder einen „gerechten Preis" wie allgemein im Vertragsrecht. Aussichtsreicher sind Zuständigkeits- und Verfahrensregeln, also Corporate Governance. Der DCGK (Nr. 4.2.3) empfiehlt erfolgsgebundene Vergütungskomponenten mit langfristiger Anreizwirkung; die Empfehlungen und Anregungen wurden im Vergleich zur ursprünglichen Fassung erheblich genauer gefasst. Die EG-Kommission empfiehlt für börsennotierte AG einen Vergütungsausschuss des Aufsichtsrates, der mehrheitlich mit unabhängigen Mitgliedern besetzt ist.[37] Auf Steuerungsmechanismen ausgelegt ist auch die gesetzliche Verpflichtung, Vorstandsvergütungen offen zu legen (unten Rn. 45).

Bei **wesentlicher Verschlechterung der Verhältnisse der AG** ist der Aufsichtsrat zu einer angemes- **17** senen **Herabsetzung** der Bezüge berechtigt und der AG gegenüber verpflichtet, sofern andernfalls eine schwere Unbilligkeit für die AG entstände. Das betroffene Vorstandsmitglied muss sich die Kürzung seiner Bezüge gefallen lassen, kann aber den Anstellungsvertrag mit einer Frist von 6 Wochen zum Schluss des nächsten Kalendervierteljahrs kündigen (§ 87 Abs. 2). Die praktische Relevanz dieser Möglichkeit dürfte gering sein, da bei schlechter Lage der Gesellschaft, insbesondere im Sanierungsfall, wohl eher ein Führungswechsel angeraten ist und besonders kundige und einsatzfreudige Vorstandsmitglieder benötigt werden. Da gute Führungskräfte selten sind, wird man solche Personen mit einer mageren Vergütung nicht gewinnen können.

Die Gesellschaft darf **Kredite an Vorstandsmitglieder** oder deren nächste Angehörige nur nach einem Beschluss des Aufsichtsrates gewähren (§ 89; zur GmbH vgl. oben § 23 Rn. 20). Damit soll Transparenz geschaffen und Missbrauch verhindert werden. Die Vorschrift hat ebenso wie § 87 nachträglich Aktualität erfahren, da die oben Rn. 15 genannten Missbräuche teilweise durch Kredite der Gesellschaft finanziert wurden.

---

[33] Sehr deutlich *Bebchuk/Fried,* Pay Without Performance. The Unfulfilled Promise of Executive Compensation, 2004; s. auch *Cheffins,* S. 653 ff.; *Cox/Hazen,* Corporations, 2. Aufl., 2003, § 11 A; *Lutter,* ZIP 2006, 733; *Peltzer,* FS Lutter, 2000, S. 571; *Thüsing,* ZGR 2003, 457; zivilrechtlich nicht überzeugend BGHSt 50, 331 = NJW 2006, 522 (Strafsache Mannesmann/Vodafone); *Peltzer,* ZIP 2006, 205; rechtstatsächliche Angaben in der DSW Studie zur Vorstandsvergütung www.dsw-info.de/uploads/media/Tabelle/_01.pdf.
[34] *Adams,* ZIP 2002, 1325; GroßKomm-AktG/*Kort,* § 87 Rn. 165 ff.; MünchKomm-AktG/*Hefermehl/Spindler,* § 87; bei Änderung der Konditionen sollte die Hauptversammlung befasst werden, *Ringleb,* in: Ringleb/Kremer/Lutter/v.Werder, Deutscher Corporate Governance Kodex, Kommentar, 2. Aufl., 2005, 4.2.2 Rn. 696, 746; *Semmer,* Repricing – Die nachträgliche Modifikation von Aktienoptionsplänen zugunsten des Managements, 2005.
[35] Gesellschaftsrechtlich nicht überzeugend BGHSt 50, 331 = NJW 2006, 522 (Strafsache Mannesmann/Vodafone); *Fleischer,* DStR 2005, 1279; *Hüffer,* § 87 Rn. 4; *Lutter,* ZIP 2006, 733; *Spindler,* ZIP 2006, 349, 352 f.
[36] Jedenfalls grundsätzlich keine Nichtigkeit; *Hüffer,* § 87 Rn. 8; GroßKomm-AktG/*Kort,* § 87 Rn. 69 ff.; *Peltzer,* FS Lutter, 2000, S. 571, 578 ff.
[37] Empfehlung der Kommission 2005/162/EG v. 15. 2. 2005, Abl. L 52/51 v. 25. 2. 2005, Anhang 3.

IV. Vertretungsmacht

1. Umfang

18 Der Vorstand vertritt die AG gerichtlich und außergerichtlich in allen Angelegenheiten (§ 78 Abs. 1). Die Vertretungsmacht hat also einen nach handelsrechtlichem Muster[38] zwingend festgeschriebenen, sehr weiten Umfang. Sie ist **unbeschränkt und unbeschränkbar** (§ 82 Abs. 1; Art. 9 Publizitätsrichtlinie).

Nur in **wenigen Ausnahmefällen** ist der Vorstand von der Vertretung ausgeschlossen – so bei Rechtsgeschäften und Prozessen zwischen Vorstandsmitgliedern und Gesellschaft (§ 112), oder kann doch nicht allein handeln. Z. B. bei der Nachgründung (unten § 26 Rn. 13 a. E.), bei Vergleichen und Verzichten der AG in Bezug auf Ersatzansprüche gegen Gründer oder Vorstands- und Aufsichtsratsmitglieder (§§ 50, 93 Abs. 4 Satz 3, 116) benötigt er die Zustimmung der Hauptversammlung. Bei der Gewährung von Krediten an Angehörige von Vorstandsmitgliedern oder bestimmte leitende Angestellte, sofern diese ein Monatsgehalt übersteigen (§ 89 Abs. 2, 3), ist ein Beschluss des Aufsichtsrates erforderlich. Bestimmte Grundlagengeschäfte, die an sich die Satzungsebene betreffen, werden zwar durch den Vorstand vorgenommen, bedürfen aber zu ihrer Wirksamkeit der qualifizierten Zustimmung der Hauptversammlung, z. B. Unternehmensverträge (§ 293), ein Verschmelzungsvertrag (§§ 4, 13, 65 UmwG) oder die Veräußerung des gesamten Vermögens der AG (§ 179a). Die von der Rechtsprechung ausnahmsweise angenommene Pflicht des Vorstands, eine Geschäftsführungsmaßnahme von besonderer Bedeutung für die Rechtsstellung der Aktionäre der Hauptversammlung vorzulegen (unten Rn. 26), berührt die Vertretungsmacht nicht.

2. Grundsatz der Gesamtvertretung

19 Gesetzliches **Grundmodell** für Aktivvertretung ist die **Gesamtvertretung,** d. h. alle Vorstandsmitglieder müssen gemeinschaftlich handeln (§ 78 Abs. 1), wenn der Vorstand aus mehreren Personen besteht. Wenn eine Willenserklärung gegenüber der AG abzugeben ist – **passive Vertretung** –, genügt Abgabe gegenüber nur einem Vorstandsmitglied (§ 78 Abs. 2). Auch bei aktiver Vertretung können die **Satzung** oder mit ihrer Ermächtigung der Aufsichtsrat eine **andere Regelung** treffen (§ 78 Abs. 3). Das ist üblich, wenn mehr als zwei Vorstandsmitglieder vorhanden sind, da Gesamtvertretung schwerfällig ist. Verbreitet ist die Vertretung durch zwei Vorstandsmitglieder oder ein Vorstandsmitglied und einen Prokuristen (unechte Gesamtvertretung, vgl. § 125 Abs. 3 HGB). Daneben findet sich auch Einzelvertretung, vor allem wenn ein Vorsitzender des Vorstands (unten Rn. 31) vorhanden ist. Alle derartigen Bestimmungen sind in das Handelsregister einzutragen (§ 81); der Geschäftsverkehr wird durch § 15 HGB geschützt. Im Fall der Überschuldung kann jedes Vorstandsmitglied allein die Pflicht zur Insolvenzanmeldung erfüllen (§ 92 Abs. 2, § 15 Abs. 1 InsO).

MoMiG: Nach dem RegE eines Gesetzes zur Modernisierung des GmbH-Rechts und zur Bekämpfung von Missbräuchen (MoMiG) vom 23. 5. 2007 wird die Insolvenzantragspflicht in § 15 a InsO verlagert.

Der Vorstand selbst kann die Vertretungsmacht als solche nicht ändern, er kann z. B. nicht einem seiner Mitglieder Alleinvertretungsmacht einräumen. Wohl aber kann er einzelne Mitglieder zur Vornahme bestimmter Geschäfte oder bestimmter Arten von Geschäften ermächtigen (§ 78 Abs. 4). Darin liegt aber keine grundsätzliche Änderung der Vertretungsmacht, so dass auch keine Eintragung in das Handelsregister erfolgt.

---

[38] Vgl. dagegen für die juristischen Personen des bürgerlichen Rechts § 26 Abs. 2 Satz 2, § 86 BGB.

3. Beschränkungen im Innenverhältnis

Im Innenverhältnis ist der Vorstand verpflichtet, Beschränkungen einzuhalten, die **20** ihm durch Satzung, Aufsichtsrat und, soweit das zulässig ist, durch Beschluss der Hauptversammlung sowie durch die Geschäftsordnungen des Vorstands und des Aufsichtsrats auferlegt sind (§ 82 Abs. 2). Solche Beschränkungen sind aber nur im Rahmen der zwingenden Vorschriften des AktG über die Verfassung der AG möglich (unten Rn. 30). Da diese Pflicht des Vorstands nur der Gesellschaft gegenüber besteht, handelt es sich nicht um **Beschränkungen** der Vertretungsmacht, sondern **der Geschäftsführungsbefugnis** (zur Unterscheidung oben § 8 Rn. 2). Im Außenverhältnis, also Dritten gegenüber, sind solche Beschränkungen, abgesehen von den oben Rn. 18 genannten Ausnahmen, ohne Bedeutung. Für die Frage, wieweit bei Missbrauch der Vertretungsmacht dem Dritten, der diesen Missbrauch kannte, daraus ein Einwand entgegengesetzt werden kann, gilt Entsprechendes wie bei der OHG (oben § 15 Rn. 13).[39]

V. Zurechnung von Vorstandshandeln

Für unerlaubte Handlungen oder sonstige zum Schadenersatz verpflichtende Handlungen, die der Vorstand in Ausführung der ihm zustehenden Verrichtungen begeht, **21** haftet die AG gemäß **§ 31 BGB**. Die AG wird auf diese Weise **deliktsfähig** (vgl. oben § 9 Rn. 5, § 15 Rn. 4). § 31 BGB ist eine **Zurechnungsvorschrift**, keine Anspruchsgrundlage. Das handelnde Vorstandsmitglied wird dadurch nicht von einer eigenen Haftung, z.B. nach §§ 823, 826 BGB, frei. Als Emittent börsennotierter Wertpapiere treffen verschiedene **Veröffentlichungspflichten** die Gesellschaft als solche. Die Erfüllung erfolgt durch den Vorstand. Begeht er dabei Pflichtverletzungen, haftet die Gesellschaft.[40] Ein Konflikt mit dem Verbot der Einlagenrückgewähr (§ 57, unten § 30 Rn. 21) entsteht, wenn der Gläubiger zugleich Aktionär ist. Die Rechtsprechung räumt der kapitalmarktrechtlichen Ersatzpflicht den Vorrang ein; der Gesellschaft bleibt aber der Rückgriff gegen das betreffende Vorstandsmitglied.[41]

VI. Geschäftsführung

1. Zuständigkeit und inhaltliche Bindung

Die gesamte Geschäftsführung steht grundsätzlich dem Vorstand zu (§ 76 Abs. 1). **22** Dabei hat er das Unternehmensinteresse zu wahren. Dazu gehört vorrangig, aber nicht

---

[39] Für die AG sind diese Grundsätze im Lichte des Art. 9 der Publizitätsrichtlinie (1. RL) zu sehen. Zum Missbrauch der Vertretungsmacht bei verbundenen Unternehmen vgl. *OLG Celle* BB 2002, 1438.

[40] Beispiel Mitteilungspflichten nach § 15 WpHG (ad-hoc-Mitteilung): die Mitteilung geht an ein Bündel von Medien, ein elektronisches Informationsverbreitungssystem, die Internetseite des Emittenten (§§ 3a, 5 Satz 1 Nr. 1, 2 WpAIV), die Börse, die BaFin und das Unternehmensregister (§ 15 Abs. 1, 4 Nr. 1–3 WpHG); zur Haftung vgl. etwa §§ 15 Abs. 6, 37b, 37c WpHG, § 44 BörsG.

[41] *BGH* NJW 2005, 2450 – EM.TV; *Sethe*, in: Assmann/Schneider, WpHG, 4. Aufl., 2006, §§ 37b, c Rn. 102ff.; *Langenbucher*, ZIP 2005, 239ff.; *Fleischer*, ZIP 2005, 1805; Schwark/*Zimmer*, §§ 37b, 37c WpHG Rn. 11ff., 119ff.

ausschließlich, das Interesse der Aktionäre an der Erhaltung und ertragreichen Verwendung ihres Kapitalbeitrags. Das Gesetz betont die Eigenverantwortlichkeit des Vorstands; dagegen enthält es anders als das AktG von 1937 keine ausdrückliche Gemeinwohlklausel. Dennoch ist allgemein anerkannt, dass der Vorstand bei seiner Geschäftsführungstätigkeit nicht nur die Interessen der Aktionäre, sondern auch die Interessen der Arbeitnehmer der AG und der Allgemeinheit berücksichtigen darf. Eine rechtliche Verpflichtung, ausschließlich die Gewinnmaximierung im Interesse der Aktionäre zu betreiben, besteht nicht,[42] zumal auch Aktionärsinteressen nicht unbedingt homogen sind (oben § 25 Rn. 20). Wohl aber muss der Vorstand stets die langfristigen und nachhaltigen Wertschöpfungsmöglichkeiten des Unternehmens im Auge behalten, wenn etwa Standortentscheidungen mit Rücksicht auf die vorhandene Belegschaft getroffen, umweltschonende Investitionen getätigt oder Beiträge zu Stiftungen geleistet werden.[43]

23   Bei der Reform von 1965 wurde der in nationalsozialistischer Terminologie gefasste Hinweis auf die Belegschaftsinteressen und das Gemeinwohl des § 70 AktG 1937 gestrichen und auch darauf verzichtet, die Bestimmung in anderer Formulierung wieder einzufügen. Damit war jedoch keine grundsätzliche Änderung des früheren Rechtszustands beabsichtigt. Man war sich vielmehr bei der Beratung des Gesetzes darüber einig, dass auch künftig der Vorstand bei der Leitung des Unternehmens die drei Faktoren Gemeinwohl, Interessen der Aktionäre und Interessen der Arbeitnehmer der AG berücksichtigen müsse. Das zu sagen, sei aber überflüssig, weil es selbstverständlich sei. Die Pflicht zur Berücksichtigung des Gemeinwohls ergebe sich u. a. aus § 396 und die Berücksichtigung des Arbeitnehmerinteresses brauche in einem sozialen Rechtsstaat nicht besonders betont zu werden und folge zudem aus zahlreichen Vorschriften des Arbeitsrechts, die auch für die AG Geltung hätten. Bei einer ausdrücklichen Regelung könne zudem fälschlich aus der Reihenfolge der Nennung auf eine Rangordnung der Faktoren geschlossen werden; der Vorstand solle aber das Gewicht der einzelnen Interessen von Fall zu Fall nach den jeweiligen Umständen gegeneinander abwägen.[44] – In neuerer Zeit ist die Diskussion unter den Stichworten „shareholder value" und „stakeholder value" erneut aufgeflammt. In den USA spielten dafür kostspielig finanzierte Übernahmen zu Lasten von Mitarbeitern und Kommunen, aber auch der beteiligten Aktionäre, eine große Rolle.[45] In Deutschland dagegen erforderten das Zusammenwachsen der Europäischen Union und die allgemeine Öffnung der Kapitalmärkte eine **Rückbesinnung auf die Aktionärsinteressen.** In den verbreiteten „corporate governance"-Empfehlungen findet sich durchweg ein „aufgeklärtes" shareholder-value-Denken, d. h. die Interessen von Arbeitnehmern, der Verbraucher, der Umwelt, des Ansiedlungsortes usw. dürfen berücksichtigt werden. Als verbindende Klammer der unterschiedlichen Interessen am und im Unternehmen wird die nachhaltige Bestands- und Ertragsfähigkeit angesehen. Insofern handelt es sich um einen breiten Korridor harmonierender Interessen. Es gibt auch keinen Beleg dafür, dass die Berücksichtigung der Belange einer Gruppe im Sinne eines Nullsummenspiels zu Lasten einer anderen gehen müsse.[46] Eine zu breite Interessendefinition hat den Nachteil, dass sich dann fast jedes Vorstandshandeln mit einem guten Grund versehen und damit faktisch jeglicher Kontrolle entziehen lässt.[47] Die Vorstandsmacht

---

[42] So aber eine verbreitete Ansicht in der Betriebswirtschaftslehre, vgl. *Siegel/Bareis/Rückle u. a.,* ZIP 1999, 2077; (berichtend) *Mülbert,* ZGR 1997, 129; a. A. *v. Werder,* ZGR 1998, 69. Die im amerikanischen Recht bedeutsamen *„fiduciary duties"* stammen aus einer anderen Rechtsentwicklung (oben Fn. 18) und gehen davon aus, dass die Verwaltungsratsmitglieder eine Art Treuhänder für die Aktionäre darstellen. Aber auch bei diesem Ansatz wird die Berücksichtigung weiterreichender Interessen für zulässig angesehen, sofern nur ein Bezug zum Interesse am Fortbestand, Ertrag und guten Ruf des Unternehmens besteht.

[43] Großkomm-AktG/*Hopt,* § 93 Rn. 86 ff.; Großkomm-AktG/*Kort,* § 76 Rn. 52 ff.; als Beispielsfall vgl. *Mertens,* AG 2000, 157 gegen *Philipp,* AG 2000, 62; MünchKomm-AktG/*Hefermehl/Spindler,* § 76 Rn. 61 f.; *Windbichler,* 2 EBOR (2001), S. 795.

[44] Bericht des Rechtsausschusses und BegrRegE bei *Kropff* (Hrsg.), AktG, 1965, S. 97 f.

[45] *Mülbert,* ZGR 1997, 129; *Reul,* Die Pflicht zur Gleichbehandlung der Aktionäre bei privaten Kontrolltransaktionen, 1991, S. 20, 88 ff., 197 ff.; *Schmidt/Spindler,* FS Kübler, 1997, S. 515 ff.

[46] *R. H. Schmidt/M. Weiß,* in: Hommelhoff/Hopt/v. Werder (Hrsg.), Handbuch Corporate Governance, 2003, S. 115 ff., 123 ff.

[47] *Fleischer,* Handbuch des Vorstandsrechts, 2006, § 1 Rn. 28 m. w. N.; *Easterbrook/Fischel,* The Economic Structure of Corporate Law, 1991, S. 38 f.; *Ruffner,* Die ökonomischen Grundlagen eines Rechts der Publikumsgesellschaften, 2000, S. 166 ff.

würde dadurch übermäßig gestärkt. Hinzu kommt, dass das Gesellschaftsrecht keine Instrumente zur Verfügung stellt, die Interessenwahrnehmung von „stakeholdern" durchzusetzen. Wichtig ist vielmehr, dass die Rechtstreue (vgl. § 396) als gute Praxis der Unternehmensführung immer wieder angemahnt wird.[48] Damit wird klargestellt (was offenbar nicht selbstverständlich ist), dass die Geschäftspolitik und unternehmerischen Ziele nicht unter Verletzung von z. B. Arbeitnehmer- oder Umweltschutzvorschriften oder durch Wettbewerbsverstöße verfolgt werden dürfen (vgl. oben § 25 Rn. 19). Die Aktionäre sind in ihren mitgliedschaftlichen Interessen hingegen ausschließlich durch Gesellschaftsrecht geschützt, was ihre Priorität im Konfliktfall rechtfertigt.

Nach dem Deutschen Corporate Governance Kodex (Nr. 4.1.1) ist der Vorstand an **24** das **Unternehmensinteresse** gebunden und der Steigerung des nachhaltigen Unternehmenswertes verpflichtet. Der in diesem Zusammenhang und häufig gebrauchte Begriff des Unternehmensinteresses ist nicht klar definiert. Teils wird darunter die Summe aller zu berücksichtigenden Interessen verstanden, teils ein engerer Ausschnitt, der wiederum unterschiedlich abgegrenzt wird.[49] Die Abgrenzung spielt bei Haftungsfragen (unten Rn. 34) eine Rolle, weshalb die positive Definition, was das Unternehmensinteresse ist, weniger wichtig ist als die Feststellung seiner Verletzung. Praktisch wichtige Folge einer interessenpluralistischen Sicht für die Geschäftsführung des Vorstands ist, dass dieser seine Pflicht gegenüber der AG nicht verletzt und ihr demgemäß nicht nach § 93 schadenersatzpflichtig wird, wenn er eine Maßnahme trifft, die den (kurzfristig) verteilungsfähigen Gewinn vermindert und insofern nicht unmittelbar dem Vermögensinteresse der Gesellschaft und ihrer Aktionäre dient, die er aber aus sozialen Gründen oder im Allgemeininteresse zur langfristigen Pflege etwa des guten Rufs des Unternehmens für berechtigt halten durfte; Entsprechendes gilt für das Unterlassen einer Maßnahme, die an sich einen Gewinn für die Gesellschaft hätte herbeiführen können.

2. Beschränkungen

Die Geschäftsführungsbefugnis kann im Gegensatz zur Vertretungsmacht beschränkt werden (§ 82 Abs. 2). Doch ist das nur in begrenztem, vom Gesetz umrissenem Umfang möglich: **25**

a) Satzung und Aufsichtsrat

Die Geschäftsführung muss insgesamt dem in der Satzung festgelegten Unternehmensgegenstand dienen.[50] Die Satzung oder der Aufsichtsrat müssen anordnen, dass bestimmte Arten von Geschäften nur mit Zustimmung des Aufsichtsrats vorgenommen werden dürfen (§ 111 Abs. 4 Satz 2).

---

[48] Z. B. DCGK 4.1.3.; OECD Principles on Corporate Governance, IV., www.oecd.org; International Corporate Governance Network (ICGN) Statement on Global Corporate Governance Principles Nr. 7.2: Corporations should adhere to all applicable laws of the jurisdiction in which they operate, www.icgn.org/documents/cgp/revised_principles_jul2005.pdf (30. 3. 2007); *Fleischer*, Handbuch des Vorstandsrechts, 2006, § 1 Rn. 31, § 7 Rn. 4; *Ulmer*, AcP 202 (2002), 143, 158.

[49] Zur Interessenlage und deren Wertung grundlegend *Zöllner*, Die Schranken mitgliedschaftlicher Stimmrechtsmacht bei den privatrechtlichen Personenverbänden, 1963, §§ 1–9 (zum Unternehmensinteresse § 8); ferner *Davies*, Principles, S. 601 ff.; KölnerKomm-AktG/*Zöllner*, Einl. Rn. 129 ff.; *Kübler/Assmann*, § 14 III; *K. Schmidt*, § 28 II 1 a; *Flume*, Juristische Person, § 2 VII 3; auch unten § 28 Rn. 13.

[50] Der Unternehmensgegenstand muss abstrakt-generell umschrieben werden, da sonst die Geschäftsführungsbefugnis des Vorstands entgegen § 76 zu eng begrenzt würde; anschaulich *OLG Stuttgart* ZIP 2007, 231 – SMART/Maybach; anders *de lege ferenda* bei der GmbH, oben § 21 Rn. 4 b.

Beispiele: Erwerb oder Veräußerung von Grundstücken, Investitionen über einer bestimmten Größenordnung, jährliche Budgetplanung, Errichtung neuer Betriebsstätten, für die Gesellschaft besonders bedeutsame Maßnahmen in Tochterunternehmen.

Art und Umfang der zustimmungsbedürftigen Geschäfte können Satzung oder Aufsichtsrat grundsätzlich frei festsetzen,[51] nur darf der Kreis nicht so weit ausgedehnt werden, dass dadurch dem Vorstand praktisch die Leitung der Geschäfte aus der Hand genommen wird. Das wäre eine vom Gesetz nicht gewollte Verschiebung der Zuständigkeiten. Verweigert der Aufsichtsrat seine Zustimmung, so kann sie auf Antrag des Vorstands durch einen Beschluss der Hauptversammlung ersetzt werden, der aber zwingend einer ¾-Mehrheit der abgegebenen Stimmen bedarf; die Satzung kann dieses Erfordernis weder erleichtern noch erschweren (§ 111 Abs. 4 Satz 3–5).

Maßnahmen der Geschäftsführung selbst können dem Aufsichtsrat nicht übertragen werden (§ 111 Abs. 4 Satz 1); ausführendes Organ bleibt stets der Vorstand. Dieser kann zwar an die Zustimmung, nicht aber an Weisungen des Aufsichtsrats gebunden werden, so dass ihm die eigene Verantwortlichkeit für seine Handlungen bleibt. Die Zustimmung des Aufsichtsrats entlastet den Vorstand daher nicht von einer Haftung wegen Pflichtverletzung, § 93 Abs. 4 Satz 2.

b) Hauptversammlung

26   Über Fragen der Geschäftsführung kann die **Hauptversammlung nur auf Verlangen des Vorstands** entscheiden (§ 119 Abs. 2). Der Vorstand kann ein Interesse daran haben, um seine Haftung gegenüber der Gesellschaft auszuschließen (§ 93 Abs. 4 Satz 1; unten Rn. 36). Hat die Hauptversammlung eine Frage der Geschäftsführung entschieden, weil der Vorstand das verlangt hat, ist der Vorstand verpflichtet, diese Entscheidung zu befolgen (§ 83 Abs. 2). In einer unter dem Stichwort „Holzmüller" bekannt gewordenen Entscheidung hat der BGH[52] **ausnahmsweise** nicht nur ein Recht, sondern eine Pflicht des Vorstands zur Anrufung der Hauptversammlung angenommen, wenn eine Geschäftsführungsmaßnahme einen schwerwiegenden Eingriff in die Rechte oder Interessen der Aktionäre mit sich bringt. Das Ermessen des Vorstands zur Vorlage nach § 119 Abs. 2 sei auf eine Vorlagepflicht reduziert. Im Ergebnis wurde diese Rechtsprechung beibehalten, jedoch nunmehr rechtsfortbildend auf eine **ungeschriebene Hauptversammlungskompetenz** gestützt (unten § 29 Rn. 4 f.).

3. Geschäftsführungsgrundsätze

a) Grundsatz der Gesamtgeschäftsführung

27   Bei mehrköpfigem Vorstand besteht entsprechend der gemeinschaftlichen Vertretung (oben Rn. 19) **grundsätzlich Gesamtgeschäftsführung** (§ 77 Abs. 1). Jedoch können die Satzung oder die Geschäftsordnung des Vorstands **Abweichungen** bestimmen, was praktisch die Regel ist. Bestimmte Geschäftsbereiche werden unter die Vorstandsmitglieder verteilt, etwa durch Zuweisung der Ressorts Einkauf, Verkauf, Finanzen, Entwicklung, Produktion usw. je an ein Mitglied *(funktionale Organisation);* notwendig gilt das für Personal- und Sozialangelegenheiten, wenn ein Arbeitsdirektor bestellt werden muss (oben Rn. 3). Häufig ist auch die sog. *Spartenorganisation,* in der einzelne Vorstandsmitglieder für bestimmte Geschäftsbereiche, innerhalb dieser aber für sämtliche Funktionen zuständig sind. Die *Matrixorganisation* ist ein mehrdi-

---

[51] Die Satzung kann den Kreis der zustimmungsbedürftigen Geschäfte nicht abschließend regeln, der Aufsichtsrat kann insoweit nicht in seiner Kompetenz beschnitten werden, vgl. BGHZ 124, 111, 127 = NJW 1994, 520.
[52] BGHZ 83, 122 = NJW 1982, 1703 – Holzmüller; BGHZ 159, 30 = NJW 2004, 1860 – Gelatine.

mensionales Modell, in dem Organisationseinheiten nach mehreren Gliederungsprinzipien gebildet werden. Der DCGK (4.2.1) empfiehlt gegliederte Zuständigkeiten. In konzernleitenden Gesellschaften können Vorstandsaufgaben auch unternehmensübergreifend gestaltet werden.[53] All diese Aufgabenverteilungen, die letztlich Fragen der **Betriebswirtschaftslehre** betreffen, ändern aber **rechtlich** nichts an der grundsätzlichen **Gesamtverantwortung** des Vorstands für die Geschäftsführung im Ganzen.[54] Bei aufgeteilter Geschäftsführung besteht dann eine Verantwortung für gegenseitige Information und Eingreifen bei Fehlentwicklungen. Auch bei Gesamtgeschäftsführung kann statt Einstimmigkeit Entscheidung durch Mehrheitsbeschluss vorgesehen werden, was sehr häufig geschieht. Dagegen ist es nicht zulässig, dass ein oder mehrere Vorstandsmitglieder gegen die Mehrheit entscheiden (§ 77 Abs. 1).

b) Berichtspflichten

Damit der Aufsichtsrat seine Überwachungsaufgaben, auch im Sinne präventiver **28** Überwachung, erfüllen kann, verlangt § 90 Abs. 1 und 2 **Berichte,** die der Vorstand **ohne besondere Aufforderung** des Aufsichtsrats zu erstatten hat. Die Regelberichterstattung beschränkt sich nicht auf das Unternehmen der AG selbst, sondern betrifft je nach Bedeutung für die Gesellschaft[55] auch die Verhältnisse in verbundenen Unternehmen. Ferner hat der Vorstand **auf Verlangen des Aufsichtsrates oder einzelner Mitglieder** zu berichten (§ 90 Abs. 3). Die Berichtspflicht dient der Verzahnung der Arbeit der beiden Organe. Die gesetzliche Umschreibung ist zudem Indiz für die Vorstandsaufgaben und -pflichten allgemein. Es ist jedoch schwierig, eine für alle Arten der AG passende Regelung zu formulieren § 90 setzte zunächst Mindeststandards. Die Vorschrift wurde mehrfach geändert und ist dadurch detaillierter geworden, z.B. wurden in die Berichtspflicht ein Eingehen auf Abweichungen der Entwicklung des Unternehmens von früher berichteten Zielen sowie Tochter- und Gemeinschaftsunternehmen einbezogen. Hinzu kommen die Empfehlungen des Deutschen Corporate Governance Kodex (dort 3.4) für börsennotierte Gesellschaften.

c) Weitere Pflichten

Weitere organisatorische Vorgaben enthält § 91, die sich unter dem Stichwort **Be- 29 standssicherungspflicht** zusammenfassen lassen. Abs. 1 statuiert die **Buchführungsverantwortung;** die Buchführungspflicht als solche trifft die AG (§ 3 Abs. 1; §§ 6 Abs. 1, 238 HGB). Die Vorstandsmitglieder von börsennotierten AG haben schriftlich zu versichern, dass der Jahresabschluss, Lagebericht, Konzernabschluss und Konzernlagebericht nach bestem Wissen und Gewissen zutreffend erstellt wurden (§§ 264 Abs. 2 Satz 3, 289 Abs. 1 Satz 5, 297 Abs. 2 Satz 4, 315 Abs. 1 Satz 6 HGB).[56] Die unrichtige Darstellung ist ein Straftatbestand (§ 331 Nr. 3a HGB). § 91 Abs. 2 verlangt die Einrichtung eines sog. Frühwarnsystems. Ob mit dieser Gesetzesänderung eine

---

[53] *Kleindiek,* in: Hommelhoff/Hopt/v. Werder (Hrsg.), Handbuch Corporate Governance, 2003, S. 571; *Schwark,* FS Ulmer, 2003, S. 605 m. w. N.; zur Leitungsaufgabe insgesamt *Fleischer,* ZIP 2003, 1.

[54] *Hoffmann-Becking,* ZGR 1998, 497, 506 ff. m. w. N.; *Hüffer,* § 77 Rn. 14 ff., § 91 Rn. 3.

[55] Nach § 90 Abs. 1 Satz 2 erstreckt sich die Berichterstattungspflicht auf Tochter- und Gemeinschaftsunternehmen, ohne dass ein Relevanzkriterium genannt ist. Gleichwohl verträgt gute Unternehmensführung kein Übermaß an kleinteiligen Berichten, sondern verlangt die Konzentration auf für die Muttergesellschaft wesentliche Beteiligungen.

[56] Eingeführt durch das TUG v. 5. 1. 2007 (siehe oben § 25 Rn. 34). Als Vorbild diente die Regelung in den Sections 302 und 906 des Sabanes Oxley Act von 2002 (siehe oben § 25 Rn. 41); näher zum Ganzen *Fleischer,* ZIP 2007, 97 m. w. N.

Änderung gegenüber der vorherigen Rechtslage eingetreten ist, ist streitig, denn zur ordnungsgemäßen Geschäftsleitung gehört auch, **bestandsgefährdende Entwicklungen** zu erkennen und darauf zu reagieren. Die gesetzliche Umschreibung dieses Organisationsziels hat aber besondere Bedeutung für börsennotierte Gesellschaften, da §§ 317 Abs. 4, 321 Abs. 4 HGB die Abschlussprüfung auf das Überwachungssystem erstrecken.

Die Tätigkeit des Vorstands umfasst alles, was mit Rücksicht auf den in der Satzung festgelegten Gegenstand des Unternehmens zur Geschäftsführung gehört. Das Gesetz hebt neben den bereits genannten Aufgaben besonders hervor: die Vorbereitung und Ausführung von Hauptversammlungsbeschlüssen (§ 83), die Aufstellung und Vorlegung von Jahresabschluss und Lagebericht (§§ 242, 264 Abs. 1 HGB, § 170 Abs. 1 AktG), die Berichterstattung an den Aufsichtsrat (§ 90), eine unverzügliche Anzeige an die Hauptversammlung bei Verlust der Hälfte des Grundkapitals (§ 92 Abs. 1) und die Beantragung der Eröffnung des Insolvenzverfahrens bei Eintritt der Zahlungsunfähigkeit oder Überschuldung (§ 92 Abs. 2). Rückschlüsse auf Verhaltenspflichten lassen sich außerdem aus den Berichtsinhalten nach § 90 und der Haftungsvorschrift des § 93 ziehen.[57]

d) Geschäftsordnung

30   Die Aufstellung einer **Geschäftsordnung für den Vorstand** kann durch die **Satzung** dem Aufsichtsrat übertragen werden; dann ist der Aufsichtsrat dazu verpflichtet. Einzelfragen der Geschäftsordnung kann die Satzung auch ihrerseits bindend regeln. Soweit die Satzung nichts vorschreibt, kann der **Aufsichtsrat** von sich aus eine Geschäftsordnung erlassen; er braucht es aber nicht. Tut er es nicht, so kann sich der **Vorstand selbst** eine Geschäftsordnung geben. Beschlüsse des Vorstands über den Erlass oder die Änderung der Geschäftsordnung müssen aber kraft zwingender Vorschrift einstimmig gefasst werden (§ 77 Abs. 2).

4. Vorsitz

31   Der **Aufsichtsrat** kann ein Mitglied zum Vorsitzenden des Vorstands, oft Vorstandssprecher genannt, ernennen (§ 84 Abs. 2, oben Rn. 3). Das geschieht in der Regel, wenn der Vorstand aus einer größeren Zahl von Personen besteht. Auch für den Vorsitzenden gilt, dass er sich bei Abstimmungen im Vorstand nicht gegen die Mehrheit durchsetzen kann (§ 77 Abs. 1); das schließt nicht aus, dass ihm durch Satzung oder Geschäftsordnung der Stichentscheid bei Stimmengleichheit übertragen wird. Praktisch gilt auch hier, dass die Persönlichkeit und das individuelle Durchsetzungsvermögen der beteiligten Personen von größerer Bedeutung sind als aus der rechtlichen Regelung ablesbar ist.[58] Im Übrigen hat der Vorstandsvorsitzende im Zweifel die Befugnisse, die gewöhnlich dem Vorsitzenden eines solchen Gremiums zustehen. Er beruft die Vorstandssitzungen ein, bestimmt die Tagesordnung, leitet die Verhandlungen und stellt die Ergebnisse der Abstimmungen fest usw., alles das aber nur im Rahmen der Geschäftsordnung, die hierüber zweckmäßigerweise nähere Regeln enthalten sollte. Die Regelung der *Vertretung nach außen* wird durch die Ernennung eines Vorsitzenden nicht berührt. Es verbleibt also bei dem Prinzip der Gesamtvertretung bzw. einer abweichenden Regelung durch die Satzung oder mit deren Ermächtigung durch den Aufsichtsrat (§ 78 Abs. 3, oben Rn. 19).

---

[57] Instruktiv die Angaben in Großkomm-AktG/*Hopt*, § 93 Rn. 89 ff.
[58] Aus der Praxis *Frühauf*, ZGR 1998, 407.

5. Konflikte

Bei Konflikten innerhalb der AG sieht das Gesetz verschiedene Rechte des Vorstands oder seiner **32** Mitglieder vor. Dazu gehören insbesondere
- die Anfechtungsbefugnis bei fehlerhaften Hauptversammlungsbeschlüssen nach § 245 Nr. 4,
- die Nichtigkeitsklage nach § 249 Abs. 1,
- die Feststellungsklage nach § 250 Abs. 3 bei fehlerhafter Aufsichtsratswahl,
- die Anrufung der Hauptversammlung gegenüber einer Zustimmungsverweigerung des Aufsichtsrats (§ 111 Abs. 4).

Innerhalb des Vorstandes und bei Konflikten mit dem Aufsichtsrat sind Lösungen, die durch die wechselseitigen Abhängigkeiten, Anreize und Interessen gesteuert werden, praktisch vorrangig (oben § 25 Rn. 42 ff.). Zu Minderheitsrechten und zur Einzelklagebefugnis von Aktionären unten § 30 Rn. 27.

VII. Haftung

1. Haftung für Pflichtverletzungen

Dem weiten Umfang der Befugnisse des Vorstands entspricht eine strenge Haftung **33** für Pflichtverletzungen (§ 93 Abs. 2–5). Dabei ist stets zu berücksichtigen, dass **Unternehmensführung** Handeln unter Bedingungen der Unsicherheit bedeutet. Schlechte Geschäfte oder Verluste allein, soweit sich dadurch ein **Marktrisiko** verwirklicht, sind daher **kein Haftungstatbestand**.[59] Der Erfolg oder Misserfolg bei der Unternehmensleitung unterliegt anderen Kontrollmechanismen (vgl. oben § 25 Rn. 40 ff.), insbesondere der Wiederbestellung bei abgelaufener Amtszeit, der Entwicklung des Börsenkurses der Aktien der AG und der Billigung der Geschäftsführung durch Entlastung (§ 120 Abs. 2). Haftungsvorschriften sollen die unternehmerische Entschlussfreude nicht beeinträchtigen. Der Gesetzgeber hat das durch Neufassung des § 93 Abs. 1 (UMAG, oben § 25 Rn. 33) klargestellt und in Satz 2 eine deutsche Version der „business judgement rule" formuliert. Dabei geht es um die Abgrenzung von unternehmerischen Fehlschlägen von haftungsbegründendem Fehlverhalten; nur letzteres kann einer gerichtlichen Kontrolle unterliegen.[60] Die Neuformulierung des Gesetzes wirkt der Neigung entgegen, Entscheidungen, die sich nachträglich als nachteilig erweisen, für pflichtwidrig zu halten. Dieser sog. *ex-post bias* (nachträgliches Vorurteil) ist menschlich; gleichwohl ist für die rechtliche Beurteilung allein der **Zeitpunkt der Entscheidung** (d.h. *ex-ante* Betrachtung) maßgebend.[61] § 93 ist eine vielschichtige Vorschrift, die Zuordnung der einzelnen Elemente ist umstritten.[62]

§ 93 Abs. 1 enthält i.V.m. § 76 Abs. 1 einen **Verhaltensmaßstab** (vgl. oben Rn. 9). **34** Bei der Ausübung seines unternehmerischen Ermessens muss sich der Vorstand ange-

---

[59] Allgemeiner Grundsatz; BGHZ 135, 244 = NJW 1997, 1926 – ARAG/Garmenbeck; Großkomm-AktG/*Hopt*, § 93 Abs. 1 Satz 2, 4 n.F. Rn. 48 ff.; *Lutter*, ZIP 2007, 841. Dieser Grundsatz ist auch in vielen anderen europäischen Rechtsordnungen anzutreffen, vgl. dazu Länderberichte bei *Kalss* (Hrsg.), Vorstandshaftung in 15 europäischen Ländern, 2005.

[60] *Fleischer*, FS Wiedemann, 2002, S. 827; *ders.*, ZIP 2004, 685 ff.; *Lutter*, ZIP 2007, 841; *Windbichler*, in: Immenga/Schwintowski/Kollmorgen (Hrsg.), Wirtschaftliches Risiko und persönliche Verantwortung der Manager, 2006, S. 42 ff.; vgl. auch BGHZ 119, 305 = NJW 1993, 57 – Klöckner.

[61] Zum *ex-post-bias Englerth*, in: Engel/Englerth/Lüdemann/Spiecker genannt Döhmann, Recht und Verhalten, 2007, S. 112 ff.

[62] GroßKomm-AktG/*Hopt/Roth*, § 93 Abs. 1 Satz 2, 4 n.F. Rn. 8; *Fleischer*, Handbuch des Vorstandrechts, 2006, § 7 Rn. 52 ff.; *Hüffer*, § 93 Rn. 3 f.

messen informieren und ohne sachfremde Einflüsse und Sonderinteressen[63] gutgläubig davon ausgehen, zum Wohle der Gesellschaft zu handeln. Sind diese Voraussetzungen erfüllt, liegt schon tatbestandlich keine Sorgfaltspflichtverletzung vor, selbst wenn die Entscheidung sich als nachteilig herausstellt. Die Kriterien im Einzelnen lassen freilich Raum für Streit. Das betrifft etwa die Informationsanforderungen, die nur ein Element vernünftigen unternehmerischen Entscheidens sind.[64] Information erfolgt sowohl unternehmensintern (Controlling, Interne Revision, Frühwarnsystem i.S.d. § 91 Abs. 2) als auch extern (Marktanalyse, *due diligence* beim Unternehmenserwerb, Sachverständige). Ferner müssen die internen Regeln für die Entscheidungsfindung (Geschäftsordnung, Aufsichtsratszustimmung) beachtet werden. Die Privilegierung unternehmerischen Handelns kommt nicht in Betracht, wenn es sich um rechtswidrige Maßnahmen handelt. Das können Vorschriften außerhalb des AktG sein, z.B. Wettbewerbsverstöße, Verstöße gegen Umwelt-, Arbeitnehmer- oder Verbraucherschutzbestimmungen (vgl. oben § 25 Rn. 19), oder Verstöße gegen Vorschriften des AktG. Für letztere enthält § 93 Abs. 3 einen nicht abschließenden („namentlich" = insbesondere) Katalog. Im Übrigen gilt der Maßstab der Geschäftsleitersorgfalt (§ 93 Abs. 1 Satz 1).[65]

35   Ist eine **Pflichtverletzung** festgestellt, haftet der Vorstand bei **Verschulden,** jedoch unter **Umkehr der Beweislast.** Einfache Fahrlässigkeit genügt. Jedes Vorstandsmitglied haftet für jede Verletzung seiner Pflichten, durch die der Gesellschaft ein Schaden entsteht, sofern es nicht nachweist, dass es die Sorgfalt eines ordentlichen und gewissenhaften Geschäftsleiters angewandt hat (§ 93 Abs. 2 Satz 2). In den in § 93 Abs. 3 aufgezählten besonders wichtigen Fällen wird eine Schädigung der AG vermutet. Das Vorstandsmitglied, das eine der fraglichen Handlungen begangen hat, muss also entweder beweisen, dass es nicht schuldhaft gehandelt hat oder dass trotz schuldhaften Verhaltens kein Schaden entstanden ist. Außerdem ist in diesen Fällen die Möglichkeit der Inanspruchnahme durch Gesellschaftsgläubiger erweitert (unten Rn. 26). Die **Verantwortung bei Geschäftsverteilung** in einem mehrköpfigen Vorstand bestimmt sich nach den zugewiesenen Aufgaben; es bleibt aber stets eine Gesamtverantwortung i.S. einer Informations- und Interventionspflicht (oben Rn. 27).[66] Bei **Kollegialentscheidungen** kann ein Vorstandsmitglied nicht auf die Stimmabgabe anderer Mitglieder verweisen.[67] Haben sich mehrere Vorstandsmitglieder ersatzpflichtig gemacht, haften sie als Gesamtschuldner.

2. Erhaltung und Durchsetzung von Ansprüchen

36   Die **Haftung** besteht grundsätzlich **gegenüber der AG.** Sie **entfällt,** wenn die Handlung auf einem vorherigen gesetzmäßigen **Beschluss der Hauptversammlung**

---

[63] Bei solchen Interessenkonflikten sprechen *Hertig/Kanda,* in: Kraakman/Davies u.a. Anatomy, S. 101 ff. von „conflicted transactions by managers". Dann ist der sichere Hafen *(safe harbor)* der *business judgement rule* nicht verfügbar; das deutsche Recht verfolgt, von den rechtsvergleichend gesehen verschiedenen Möglichkeiten, die „standards strategy" (*Hertig/Kanda,* a.a.O., S. 114 ff.), d.h. die gerichtliche Prüfung einer Sorgfalts- oder Treupflichtverletzung ist eröffnet; zu *rules versus standards* auch *Fleischer,* ZHR 168 (2004), 673, 697 ff.

[64] Vgl. *Hüffer,* § 93 Rn. 4 a; *Windbichler,* in: Immenga/Schwintowski/Kollmorgen (Hrsg.), Wirtschaftliches Risiko und persönliche Verantwortung der Manager, 2006, S. 42; kritisch bezüglich der Übergewichtung von Information auch Großkomm-AktG/*Hopt,* § 93 Abs. 1 Satz 2, 4 Rn. 44 ff.

[65] Einzelheiten in Großkomm-AktG/*Hopt,* § 93 Rn. 78 ff.; *Fleischer,* ZIP 2005, 141.

[66] *Hüffer,* § 93 Rn. 13 a; *Raiser/Veil,* § 14 Rn. 68 ff.

[67] Zur Verantwortlichkeit einzelner Vorstandsmitglieder bei Kollegialentscheidungen *Fleischer,* BB 2004, 2645, 2647.

beruht (§ 93 Abs. 4 Satz 1). Der Vorstand kann sich also dadurch schützen, dass er für eine besonders risikoreiche Maßnahme zunächst eine Beschlussfassung der Hauptversammlung nach § 119 Abs. 2 herbeiführt (oben Rn. 26). Die Entlastung durch die Hauptversammlung hat diese Wirkung nicht (§ 120 Abs. 2 Satz 2). Auch die Billigung der Maßnahme durch den Aufsichtsrat schließt die Ersatzpflicht nicht aus (§ 93 Abs. 4 Satz 2). Die Leistung von Schadensersatz an die Gesellschaft nimmt zugleich die Interessen der Gläubiger und der Aktionäre wahr, da dadurch das Gesellschaftsvermögen wieder ergänzt wird.

Ähnlich wie bei der Gründerhaftung sucht das Gesetz, die **Erhaltung** und Durch- **37** setzung der Schadenersatzansprüche der Gesellschaft zu sichern. Verzicht und Vergleich sind erst nach 3 Jahren zulässig. Sie bedürfen der Zustimmung der Hauptversammlung, und es darf nicht eine Minderheit von $^1/_{10}$ des Grundkapitals widersprechen (§ 93 Abs. 4 Satz 3). Im Übrigen verjähren die Ansprüche in fünf Jahren (§ 93 Abs. 6).

Zuständig für die **Geltendmachung** ist der **Aufsichtsrat** (§ 112), der aber mögli- **38** cherweise nicht tätig wird.[68] Deshalb müssen die Ansprüche geltend gemacht werden, wenn die **Hauptversammlung** das mit einfacher Mehrheit beschließt. Sie, oder auf Verlangen einer Minderheit von 10% oder einem anteiligen Grundkapital von 1 Mio. € das Registergericht, bestellt **besondere Vertreter** zur Geltendmachung (§ 147 Abs. 2). Kommt es auch auf diese Weise nicht zur Geltendmachung des Ersatzanspruches, kann eine **Minderheit** von 1% des Grundkapitals oder dem anteiligen Betrag von 100 000 € bei **Gericht** die Zulassung der Klage im eigenen Namen auf Leistung an die Gesellschaft beantragen (§ 148). Dieses **Klagezulassungsverfahren** wurde durch das UMAG (oben § 25 Rn. 33 a. F.) eingeführt; es lehnt sich in manchen Einzelheiten an die Aktionärsklage an, wie sie aus dem angelsächsischen Rechtskreis bekannt ist (*derivative suit*).[69] Der Konzeption nach handelt es sich um eine besondere Ausprägung der *actio pro socio,* was zugleich bedeutet, dass es daneben keine allgemeine *actio pro socio* im Aktienrecht gibt (vgl. oben § 25 Rn. 42 f.). Neben der Legitimation der Aktionärsminderheit ist erforderlich, dass Tatsachen vorliegen, die den Verdacht rechtfertigen, dass die Gesellschaft vorsätzlich oder durch grobe Gesetzes- oder Satzungsverletzung geschädigt wurde. Ferner dürfen keine überwiegenden Gründe des Gesellschaftswohls entgegenstehen.

All das würde wenig helfen, wenn Hauptversammlung und Aktionäre keine **Kennt- 39 nis** von etwaigen Fehlern in der Geschäftsführung erlangen. Um ihnen in dieser Hinsicht den nötigen Einblick zu verschaffen, gibt § 142 Abs. 1 der einfachen Mehrheit der Hauptversammlung die Möglichkeit, eine Prüfung von Vorgängen der Geschäftsführung durch besondere, von der Hauptversammlung zu wählende oder vom Gericht zu bestellende Prüfer zu verlangen – **Sonderprüfung.** Ähnlich wie bei der Geltendmachung von Ersatzansprüchen kann auf Antrag einer **Minderheit** von 1% des Grundkapitals oder dem anteiligen Betrag von 100 000 € das **Gericht** Sonderprüfer bestellen,

---

[68] Vgl. den Sachverhalt in BGHZ 135, 244 = NJW 1997, 1926 – ARAG/Garmenbeck; dazu *Raiser/Veil,* § 14 Rn. 91.

[69] Das gilt z. B. für den Nachweis, dass die Aktionäre die Gesellschaft unter Fristsetzung aufgefordert haben, selbst Klage zu erheben – *demand requirement.* Im amerikanischen Recht haben die Bemühungen, die Geltendmachung von Ersatzansprüchen durch gesellschaftsinterne Governance-Mechanismen zu regulieren, zu großen Komplikationen und nur bedingt befriedigenden Ergebnissen geführt, vgl. *Cox/Hazen,* Corporations, 2. Aufl., 2003, § 15.05.; *Merkt/Göthel,* US-amerikanisches Gesellschaftsrecht, 2. Aufl., 2006, Rn. 1031 ff. Der deutsche Gesetzgeber hat statt dessen dem Gericht größere Prüfungskompetenzen in § 148 As. 1 Nr. 3 und 4 eingeräumt. – Vgl. zum Gesamtkonzept *K. Schmidt,* ZGR 2005, 796.

der Verdacht besteht, dass Unredlichkeiten oder grobe Gesetzes- oder Satzungsverletzungen vorgekommen sind (§ 142 Abs. 2).[70] Die Einschränkungen dienen der Vermeidung von unnötigen, aussichtslosen oder erpresserischen Klagen und Anträgen. Die Kostenregelung in § 148 Abs. 6 soll eine weitere Seriositätsschwelle aufrichten, ohne zugleich die Rechtsverfolgung unangemessen zu erschweren.

3. Haftung gegenüber den Gläubigern der Gesellschaft

40   Der AG zustehende Ersatzansprüche können unter besonderen Umständen auch **von den Gläubigern geltend gemacht** werden, so dass eine unmittelbare Haftung des Vorstands gegenüber den Gläubigern eintritt (§ 93 Abs. 5). Das gilt in den in § 93 Abs. 3 aufgezählten Fällen, im Übrigen nur bei grober Pflichtverletzung. Voraussetzung ist, dass der Gläubiger von der AG keine Befriedigung erlangen kann; die Haftung ist subsidiär. Den Gläubigern gegenüber wird die Ersatzpflicht weder durch einen Verzicht oder Vergleich zwischen Vorstand und AG noch durch einen die fragliche Handlung billigenden Beschluss der Hauptversammlung ausgeschlossen.

Die **dogmatische Begründung** dieses Verfolgungsrechts der Gesellschaftsgläubiger ist umstritten. Teilweise wird Prozessstandschaft angenommen, was aber nicht die Berechtigung zur Klage des Gläubigers auf Leistung an sich selbst erklärt, teilweise wird ein eigenständiger Anspruch oder eine Anspruchsvervielfältigung konstruiert.[71]

Im Übrigen können die Vorstandsmitglieder den Gläubigern persönlich nach den **allgemeinen Vorschriften** zum Schadenersatz verpflichtet sein, insbesondere aus **Delikt** wegen sittenwidriger Schädigung (§ 826 BGB) oder wegen Verletzung eines Schutzgesetzes (§ 823 Abs. 2 BGB), z.B. bei Insolvenzverschleppung (oben § 24 Rn. 10). Ein schwieriges Problem komplexer Organisationen wie der AG ist, welche Anforderungen an deliktsrechtlich relevante Organisations- und Verkehrssicherungspflichten zu stellen sind.[72] § 93 selbst ist nicht Schutzgesetz zugunsten der Gesellschaftsgläubiger oder Aktionäre. Als **Vertragspartner** der AG können Gläubiger ggf. Vorstandsmitglieder nach §§ 311 Abs. 3, 280 Abs. 1 BGB in Anspruch nehmen. Aktionäre können ebenfalls Ansprüche aus allgemeinen Vorschriften haben;[73] soweit ihr Schaden allerdings nur in einer Wertminderung ihrer Aktien besteht, können sie nur Leistung an die Gesellschaft verlangen, denn ihr Schaden spiegelt dann nur denjenigen der AG wider.[74] Str. ist, ob die Verletzung des Mitgliedschaftsrechts zu persönlichen Ersatzansprüchen gegen den Vorstand führen kann.[75]

---

[70] Der Gesetzgeber hatte im KonTraG 1998 eine kleinere Minderheit als zuvor berechtigt, nach § 147 Abs. 3 (alt) die Rechtsverfolgung zu betreiben, dabei aber die Schwelle für das Verlangen einer Sonderprüfung in § 142 ebenfalls abgesenkt. Durch die Neuregelung im UMAG wurde diese Diskrepanz beseitigt. Vgl. Vorauflage § 23 Rn. 25; umfassend aus rechtsvergleichender Sicht *Jänig*, Die aktienrechtliche Sonderprüfung, 2004.

[71] Nähere Angaben bei *Hüffer*, § 93 Rn. 31 f.

[72] Dazu *Kleindiek*, Deliktshaftung und juristische Person, 1991; *Spindler*, Unternehmensorganisationspflichten. Zivilrechtliche und öffentlichrechtliche Regelungskonzepte, 2001.

[73] BGHZ 160, 149, 151 ff. = NJW 2004, 2971; *BGH* NJW 2006, 2971 – Infomatec; *Sester*, ZGR 2006, 1.

[74] Dazu *Bayer*, NJW 2000, 2609, 2611; *G. Müller*, FS Kellermann, 1991, S. 317; *K. Schmidt*, § 21 V 2; zum Schutzbereich der Vorschrift *BGH* NJW 1992, 3167 – IBH/Scheich Kamel; vgl. auch schon BGHZ 65, 15 = NJW 1976, 191 – ITT.

[75] Positiv entschieden für die Mitgliedschaft im e. V. in BGHZ 110, 323, 327, 334 = NJW 1990, 2877 – Schärenkreuzer (Teilnahme an Segelregatta); *Bayer*, NJW 2000, 2609; umfassend *Habersack*, Die Mitgliedschaft – subjektives und sonstiges Recht, 1996; KölnerKomm-AktG/*Mertens*, § 93 Rn. 172 ff.; kritisch Großkomm-AktG/*Hopt*, § 93 Rn. 470 m. w. N.; *Beuthien*, FS Wiedemann, 2002, S. 755, 764 ff.; *Reuter*, AcP 197 (1997), 322 ff. – Zweifelhaft ist insb. § 823 Abs. 1 BGB als Anspruchsgrundlage, eine verbandsrechtliche Konstruktion läge näher; siehe auch unten § 30 Rn. 27.

4. Strafrechtliche Verantwortlichkeit

Die strafrechtliche Verantwortlichkeit[76] der Vorstandsmitglieder für bestimmte Pflichtverletzungen **41** richtet sich nach §§ 399 ff. Die **Delikte des Aktienstrafrechts** betreffen vor allem falsche Informationen, die Verletzung von Geheimhaltungspflichten und der Pflichten bei Überschuldung und Zahlungsunfähigkeit. Ferner kommen Vorstandsmitglieder als Täter der **Insolvenzstraftaten** nach §§ 283 ff. StGB und der **Bilanzstraftaten** nach §§ 331 ff. HGB in Betracht. Da Vorstandsmitglieder vermögensfürsorgepflichtig i. S. d. Treubruchstatbestandes des § 266 StGB sind, kann bei vorsätzlicher Schädigung der AG auch **Untreue** gegeben sein.[77] Bei börsennotierten Gesellschaften können Vorstandsmitglieder ferner gegen **strafbewehrte Kapitalmarktvorschriften** verstoßen, insbesondere § 38 WpHG. Vorstandsmitglieder haben oft Insiderinformationen i. S. d. § 13 WpHG und unterliegen dem strafbewehrten Verbot von Insidergeschäften nach § 14 WpHG. Falsche Informationen können nach § 15 WpHG (falsche ad-hoc Mitteilung)[78] und § 264 a StGB (Kapitalanlagebetrug) strafbar sein.

Im deutschen Recht gibt es **kein Unternehmensstrafrecht,** nach dem die Gesellschaft selbst strafrechtlich verantwortlich wäre;[79] jedoch sorgt § 14 StGB für die Zurechnung besonderer persönlicher Merkmale aus dem Bereich der juristischen Person zu den verantwortlichen natürlichen Personen (strafrechtliche Organhaftung). Die interne Aufgabenzuweisung führt zu besonderen Problemen bei der Bestimmung von Täterschaft und Teilnahme.[80] Nach § 30 OWiG können **Geldbußen gegen juristische Personen** festgesetzt werden.

5. Haftung anderer Personen

§ 117 Abs. 1 enthält einen **besonderen Deliktstatbestand,** nach dem auch andere **42** Personen der AG schadenersatzpflichtig werden können, wenn sie vorsätzlich unter Benutzung ihres Einflusses auf die AG ein Mitglied des Vorstands oder des Aufsichtsrats, einen Prokuristen oder einen Handlungsbevollmächtigten dazu bestimmen, zum Schaden der Gesellschaft oder ihrer Aktionäre zu handeln. Die Vorschrift dient dem **Schutz der Unabhängigkeit und der Entscheidungsstruktur der Körperschaft** und geht über § 826 BGB hinaus, weil die Gefahr einer unberechtigten Beeinflussung von Personen, die wie Vorstand, Aufsichtsrat oder Bevollmächtigte einer AG in weitem Umfang über fremdes Kapital verfügen können, erfahrungsgemäß besonders groß ist. Wer **vorsätzlich** die Verwaltung einer AG dazu bestimmt, die AG oder ihre Aktionäre zu schädigen, also die ihr anvertrauten Befugnisse zu missbrauchen, verwendet seinen **Einfluss in unzulässiger Weise** und haftet deshalb; bedingter Vorsatz genügt, nicht dagegen Fahrlässigkeit. Der Einfluss kann gesellschaftsrechtlich vermittelt sein (vgl. § 17), aber auch andere Ursachen haben.[81] Als Handelnde kommen auch juristische

---

[76] Überblick über die in Betracht kommenden Tatbestände innerhalb und außerhalb des AktG bei *Bernsmann,* in: Heidel (Hrsg.), Aktiengesetz mit Kapitalmarktrecht, 2. Aufl., 2007, Aktienrecht Vor § 339; Großkomm-AktG/*Otto,* Vor § 399; näher dazu *Köhler,* in: Wabnitz/Janovsky (Hrsg.), Handbuch des Wirtschafts- und Steuerstrafrechts 3. Aufl., 2007, S. 333 ff.; *Teichmann,* Wirtschaftsstrafrecht, 2006, § 9.

[77] BGHSt 47, 148 = NJW 2002, 1211; BGHSt 47, 187 = NJW 2002, 1585; *BGH* NJW 2006, 453 – Kinowelt; gesellschaftsrechtlich nicht überzeugend BGHSt 50, 331 = NJW 2006, 522 (Strafsache Mannesmann/Vodafone).

[78] Vgl. BGHSt 49, 381 = NJW 2005, 445, 447 ff. – EM.TV – einerseits, *BGH* NZG 2004, 811, 813 andererseits.

[79] Anders betr. Verfall und Einziehung, § 75 StGB, sowie Ordnungswidrigkeiten, §§ 29 ff. OWiG; vgl. auch § 82 GWB. Strafrechtliche Verantwortlichkeit von juristischen Personen gibt es etwa in England und in Frankreich; vgl. *Heine,* Die strafrechtliche Verantwortung von Unternehmen, 1995; *Hetzer,* EuZW 2007, 57, 77; *Schroth,* Unternehmen als Normadressaten und Sanktionssubjekte, 1993; *Schünemann,* Unternehmenskriminalität und Strafrecht, 1979.

[80] BGHSt 37, 106, 126 = NJW 1990, 2560, 2564 – Erdal; dazu *Schmidt-Salzer,* NJW 1990, 2966; BGH ZIP 1996, 2017 (§ 266 a StGB betr. GmbH-Geschäftsführer); umfassend *Spindler,* Unternehmensorganisationspflichten. Zivilrechtliche und öffentlichrechtliche Regelungskonzepte, 2001.

[81] BGHZ 94, 55 = NJW 1985, 1777; *Brüggemeier,* AG 1988, 93; *Wiesner,* in: MünchHdbGesR, Bd. 4, § 27 Rn. 2 f.

Personen des privaten oder öffentlichen Rechts in Frage. Mitglieder des Vorstands und des Aufsichtsrates haften als Gesamtschuldner, wenn sie sich unter Verletzung ihrer Pflichten einer solchen Einflussnahme gebeugt haben und sich nicht exkulpieren können (§ 117 Abs. 2). Der **Anspruch** gegen den einflussnehmenden Dritten und die Organmitglieder kann **von Gläubigern,** die von der AG keine Befriedigung erlangen können, **geltend gemacht** werden (§ 117 Abs. 5). Die Geltendmachung innerhalb der Gesellschaft wird nach §§ 147, 148 erleichtert.

Neben der AG haben auch **geschädigte Aktionäre** einen Ersatzanspruch, aber nur soweit ihr Schaden über den ihnen durch die Schädigung der AG zugefügten mittelbaren Schaden hinausgeht, denn letzterer wird schon durch die Entschädigung der AG beseitigt (sog. **Reflexschaden,** § 117 Abs. 1 Satz 2, oben Rn. 40 a.E.). Auch hier haften ggf. außer den Personen, die den schädigenden Einfluss ausgeübt haben, als Gesamtschuldner die Mitglieder des Vorstands und des Aufsichtsrats (§ 117 Abs. 2).

43   Einen solchen unberechtigten Einfluss werden in erster Linie Großaktionäre ausüben können. Die Vorschrift beschränkt sich aber keineswegs auf sie, sondern es können auch Nichtaktionäre, z.B. Lieferanten, Kreditgeber oder Politiker, in Frage kommen. Auch eine Beeinflussung von Arbeitnehmervertretern im Aufsichtsrat durch andere Arbeitnehmer oder Gewerkschaften kann unter § 117 fallen. Einflussmittel kann auch die Ausübung des Stimmrechts in der Hauptversammlung sein.[82] Verfolgt der Aktionär mit der Ausübung seines Stimmrechts Sondervorteile zum Schaden der AG oder der anderen Aktionäre ohne Kompensation oder verletzt er die Treuepflicht, ist der Hauptversammlungsbeschluss anfechtbar (§ 243 Abs. 2; unten § 29 Rn. 46). Die **Haftung entfällt** bei Ausübung unternehmensvertraglich **legitimierter Leitungsmacht** (Beherrschungsvertrag oder Eingliederung § 117 Abs. 7). In diesen Fällen sind die Gläubiger und Minderheitsaktionäre durch konzernrechtliche Vorschriften geschützt. Fehlt es dagegen an dieser Legitimation unternehmerischen Einflusses und werden Nachteile nicht gemäß § 311 rechtzeitig ausgeglichen oder nach § 312 berichtet, greifen zusätzlich §§ 317f.

VIII. Publizität

44   Durch Eintragung der Vorstandsmitglieder und ihrer Vertretungsbefugnis bei der Anmeldung der AG und bei jeder späteren Änderung (§§ 39, 81) in das **Handelsregister** ist die Offenlegung dieser Umstände gesichert. Da es sich um eintragungspflichtige Tatsachen handelt, findet § 15 HGB Anwendung.

Um es dem Publikum weiter zu erleichtern, sich darüber zu unterrichten, wer die leitenden und verantwortlichen Persönlichkeiten einer AG sind, bestimmt § 80, dass alle Vorstandsmitglieder unter besonderer Kennzeichnung eines etwaigen Vorsitzenden und der Aufsichtsratsvorsitzende mit dem Familiennamen und mindestens einem ausgeschriebenen Vornamen auf allen an einen bestimmten Empfänger gerichteten **Geschäftsbriefen,** unabhängig von deren Form, angegeben werden müssen. Weiter sind anzugeben: die Rechtsform und der Sitz der Gesellschaft, das Registergericht des Sitzes und die Nummer, unter der die AG in das Handelsregister eingetragen ist. Angaben über das Kapital der AG sind nicht nötig; werden sie aber gemacht, so müssen stets das Grundkapital und der Gesamtbetrag der noch ausstehenden Einlagen angegeben werden. Die Vorschrift gilt nicht für Mitteilungen und Berichte, die im Rahmen eines bestehenden Geschäftsverkehrs ergehen und für die üblicherweise Vordrucke verwendet werden, in denen lediglich die im Einzelfall erforderlichen besonderen Angaben

---

[82] Geändert durch UMAG 2005; zuvor war die Stimmrechtsausübung privilegiert; dieses Recht sollte nicht unter dem Druck einer Schadensersatzpflicht stehen. Demgegenüber hat sich die Pflichtbindung auch bei der Stimmrechtsausübung durchgesetzt.

eingefügt zu werden brauchen (§ 80 Abs. 2). Dazu gehören aber nicht Bestellscheine; sie gelten stets als Geschäftsbriefe (§ 80 Abs. 3). Die Pflichtangaben betreffen auch Geschäftsbriefe und Bestellscheine von Zweigniederlassungen (§ 80 Abs. 4). Die vorgenannten Publizitätsvorschriften entsprechen der Ersten Richtlinie.

Ferner sind im **Jahresabschluss** die **Gesamtbezüge der Vorstandsmitglieder** anzu- **45** geben (§ 285 Satz 1 Nr. 9 HGB). Die **Individualisierung** war zunächst eine Empfehlung des Deutsche Corporate Governance Kodex für börsennotierte AG und wurde 2005 gesetzlich vorgeschrieben (§ 285 Nr. 9a) Satz 5 HGB). Einzelheiten sind nach wie vor umstritten, zumal bei bestimmten Vergütungskomponenten die Bewertung schwierig ist. Angaben über die gesamten Bezüge der Vorstandsmitglieder sind für die Hauptversammlung wichtig, wenn diese über Aktienoptionsrechte zu entscheiden hat (unten § 32 Rn. 28); nur so kann sich der Aktionär ein vollständiges Bild über die angemessene Höhe der zu gewährenden Chancen und Vorteile machen.[83] Ferner gilt die Transparenz als Steuerungsmittel gegen Missbräuche (vgl. oben § 25 Rn. 40f.).[84] Vorstandsmitglieder börsennotierter AG haben **eigene Geschäfte mit Aktien der Gesellschaft** innerhalb von fünf Werktagen der BaFin mitzuteilen; die Gesellschaft hat die Informationen zu veröffentlichen und dem Unternehmensregister zu übermitteln (§ 15a WpHG).

§ 28. Aufsichtsrat

I. Zusammensetzung und Bestellung der Mitglieder nach AktG

1. Anzahl der Mitglieder

Der Aufsichtsrat besteht aus **mindestens drei Mitgliedern.** Die **Satzung** kann eine **1** größere, bestimmte Zahl festsetzen, die durch 3 teilbar sein muss. Das AktG enthält **Höchstzahlen** von 9 bis 21 Mitgliedern je nach der Höhe des Grundkapitals (§ 95 Satz 1–4).

Die Begrenzung der Aufsichtsratsgrösse soll Missstände verhindern. Vor dem AktG 1965 bestanden Aufsichtsräte großer Gesellschaften häufig aus vielen Mitgliedern, die aus Prestigegründen oder zur Pflege von Beziehungen zu Konzernunternehmen, Banken, Kunden oder Lieferanten berufen wurden; dadurch wurde der Aufsichtsrat arbeitsunfähig und seiner eigentlichen Aufgabe, nämlich der Überwachung des Vorstands, entfremdet. Dass die Zahl der Aufsichtsratsmitglieder stets *durch drei teilbar* sein muss, soll im Hinblick auf das DrittelbG sicherstellen, dass stets $^1/_3$ der Stellen mit Arbeitnehmervertretern besetzt werden können. Die Vorschriften über die Zahl der Aufsichtsratsmitglieder gelten *nicht für Gesellschaften, die unter die übrigen Mitbestimmungsgesetze fallen* (§ 95 Satz 5; unten Rn. 9ff.). Bestrebungen, im Interesse besserer Funktionsfähigkeit des Gesamtorgans die Aufsichtsräte zu verkleinern, sind bei den Beratungen des KonTraG 1998 gescheitert. Auch die Regierungskommission Corporate Governance hat den Vorschlag nicht wieder aufgegriffen.[1] Dabei besteht aber weitgehend Einigkeit, dass Gremien mit 20 und mehr Mitgliedern bei relativ niedriger Sitzungsfrequenz nicht sonderlich arbeitsfähig sind. Widerstände sind bei denjenigen Gruppen zu verzeichnen, denen an Auf-

---

[83] Vgl. Großkomm-AktG/*Frey*, § 192 Rn. 125f.

[84] Vgl. dazu *Baums*, ZIP 2004, 1877, 1879; *Fleischer*, NZG 2006, 561, 565f.; *Martens*, ZHR 169 (2005), 124, 150; skeptisch *Kramarsch*, ZHR 169 (2005), 112, 113; *Spindler*, NZG 2005, 689, 690; kritisch aus verfassungsrechtlicher Sicht *Augsberg*, ZRP 2005, 105.

[1] Bericht der Regierungskommission Corporate Governance Rn. 49; zur Diskussion über die Aufsichtsratsgröße siehe die Beiträge von *Adams*, *Baums*, *Hopt* und *Kübler*, in: AG 1997, August-Sonderheft; *v. Werder*, AG 2004, 166, 179.

sichtsratssitzen besonders gelegen zu sein scheint, nämlich den Gewerkschaften,[2] während Aktionäre und Aktionärsgruppen eher besorgt sind, genügend geeignete Personen zu finden.

Möglich bleibt, dass neben dem Aufsichtsrat größere Gremien als *Beiräte* gebildet werden. Aufgaben des Aufsichtsrats können solchen Gremien aber nicht übertragen werden; sie haben im Allgemeinen nur beratende oder unterstützende Funktionen. Die Kompetenzverteilung in der AG (oben § 25 Rn. 11–13) kann nicht durch zusätzliche Gremien verändert werden.

2. Wählbarkeit und sonstige Anforderungen

2   Grundsätzlich ist jede **unbeschränkt geschäftsfähige natürliche Person** (§ 100 Abs. 1) in den Aufsichtsrat wählbar, dagegen *nicht juristische Personen* (vgl. oben § 27 Rn. 3 m. Fn. 11). Wer schon **zehn Aufsichtsratsmandate** in Handelsgesellschaften, in denen nach deutschem Recht ein obligatorischer Aufsichtsrat zu bilden ist, innehat, kann in keine weitere Aufsichtsratsposition gewählt werden; der Vorsitz in einem Aufsichtsrat zählt dabei doppelt (§ 100 Abs. 2 Satz 1 Nr. 1, Satz 3). Bei börsennotierten Gesellschaften sollen jedoch neben den Mitgliedschaften in anderen Aufsichtsräten den Aktionären vor der Wahl auch Sitze in vergleichbaren Kontrollgremien ausländischer Wirtschaftsunternehmen mitgeteilt werden (§ 125 Abs. 1 Satz 3). Aus Gründen der Konzernorganisation und wegen des dort bestehenden Sachzusammenhangs ist die Bestimmung für **Konzerne** dadurch abgeschwächt, dass auf die Höchstzahl bis zu fünf Aufsichtsratssitze nicht angerechnet werden, die ein gesetzlicher Vertreter (beim Einzelkaufmann der Inhaber) des herrschenden Unternehmens eines Konzerns in zum Konzern gehörenden Gesellschaften innehat (§ 100 Abs. 2 Satz 2). Mit der Begrenzung soll gewährleistet werden, dass die Aufsichtsratsmitglieder genügend Zeit und Aufmerksamkeit für jedes einzelne Mandat verwenden können.[3]

Nicht wählbar sind ferner gesetzliche Vertreter eines von der AG abhängigen Unternehmens (§ 17) und einer anderen Kapitalgesellschaft, deren Aufsichtsrat ein Vorstandsmitglied der AG angehört (§ 100 Abs. 2 Satz 1 Nr. 2 und 3). Die erste Bestimmung geht davon aus, dass der Leiter eines abhängigen Unternehmens nicht geeignet ist, die Kontrolle über die Geschäftsleitung des herrschenden Unternehmens auszuüben, die zweite wendet sich gegen eine Form der rechtspolitisch unerwünschten sog. Überkreuzverflechtung.

Verstöße gegen Zusammensetzungs- und Wählbarkeitsvorschriften können mit der Nichtigkeitsklage nach § 250 angegriffen werden.

Keine Frage der Wählbarkeit betrifft die in § 105 Abs. 1 geregelte **Unvereinbarkeit des Aufsichtsratsmandats** mit der Stellung als Vorstandsmitglied, Stellvertreter dafür, Prokurist oder Generalhandlungsbevollmächtigter derselben Gesellschaft (dazu Ausnahme für Prokuristen als Arbeitnehmervertreter nach § 6 Abs. 2 MitbestG). Die Regelung dient der sauberen Trennung von Überwachungsorgan und unmittelbar zu überwachenden Personen. Deshalb können diese die Bestellung zum Aufsichtsratsmitglied nur annehmen, wenn sie gleichzeitig die unvereinbare Stellung aufgeben. Anderenfalls ist die Bestellung unwirksam.

3   Die Satzung kann **weitere persönliche Voraussetzungen** aufstellen, aber nur für Aufsichtsratsmitglieder, die von der Hauptversammlung ohne Bindung an einen Wahlvorschlag gewählt oder auf Grund der Satzung in den Aufsichtsrat entsandt werden –

---

[2] *Schulte*, BFuP 1996, 292, 303 f.
[3] Die gesetzliche Regelung kann die praktische Vielfalt der Situationen nur begrenzt erfassen; manche Menschen wären bereits mit weniger Mandaten deutlich überlastet, während erfahrene Personen mit guter bürotechnischer Unterstützung auch mehr als die gesetzliche Höchstzahl bewältigen können. Die Verringerung der höchstzulässigen Mandate durch das KonTraG 1998 war daher in beiden Richtungen umstritten. Aus der Diskussion dazu etwa die Beiträge von *Baums, Hopt* und *Mertens*, in: AG 1997, August-Sonderheft; Großkomm-AktG/*Hopt/Roth*, § 100 Rn. 2 ff.

Anteilseignervertreter, *nicht für Arbeitnehmervertreter.* Für letztere sind ausschließlich die Vorschriften der Mitbestimmungsgesetze maßgebend (unten Rn. 9 ff.), so dass die Satzung den Kreis der wählbaren Personen insoweit nicht einschränken kann (§ 100 Abs. 3 und 4).

Die **Qualifikation** und sonstige Eignungsvoraussetzungen, insbesondere **Unabhängigkeit** der Aufsichtsratsmitglieder gehören zu den aktuell heftig diskutierten Problemen. Die mangelnde Funktionsfähigkeit der Aufsichtsräte wird auch auf die fehlende Eignung der Mitglieder zurückgeführt. Es wäre schwierig, solche Anforderungen gleichmäßig (auch für die Arbeitnehmervertreter) und justiziabel (Wahlanfechtung!) zu formulieren. Als Grundsatz für gute Unternehmensorganisation gibt es jedoch Empfehlungen im Deutschen Corporate Governance Kodex (Nr. 5.4).[4] Auch die Informationsanforderungen in § 125 Abs. 1 Satz 3 sollen den Auswahlprozess transparenter machen. Die EG-Kommission hat Empfehlungen betr. das Profil unabhängiger Mitglieder von Aufsichtsgremien börsennotierter Gesellschaften verabschiedet, die hauptsächlich in Form von Kodices umgesetzt werden sollen.[5]

3. Bestellung und Abberufung

a) Bestellung

Alle Aufsichtsratsmitglieder werden **für höchstens 4 Jahre** bestellt (§ 102 Abs. 1). **4** Die **Anteilseignervertreter** im Aufsichtsrat werden grundsätzlich **von der Hauptversammlung** mit einfacher Mehrheit frei **gewählt** (§ 101 Abs. 1, zur Wahl der Arbeitnehmervertreter unten Rn. 15). Wiederwahl nach Ablauf der Amtszeit ist möglich und in der Praxis verbreitet.[6] Die Wahl erfolgt oft als **Blockwahl** für sämtliche zu wählenden Mitglieder. Das ist zulässig, jedoch ist **Einzelwahl** nach Entscheidung des Versammlungsleiters bzw. entsprechendem Geschäftsordnungsbeschluss (vgl. unten § 29 Rn. 19) oder Verlangen einer qualifizierten Minderheit erforderlich.[7] Der DCGK empfiehlt in Nr. 5.4.3 Einzelwahl.

Die Satzung kann vorsehen, dass bestimmte Aktionäre oder die Inhaber bestimmter Aktien das Recht haben sollen, Anteilseignervertreter in den Aufsichtsrat zu entsenden – **Entsendungsrecht** (§ 101 Abs. 2). Im zweiten Fall müssen die Aktien vinkulierte Namensaktien sein (unten § 30 Rn. 5). Die Gesamtzahl der entsandten Mitglieder darf 1/3 der Anteilseignervertreter im Aufsichtsrat nicht übersteigen. Dieses Entsendungsrecht diente vor allem dazu, in gemischtwirtschaftlichen Unternehmen der öffentlichen Hand als Minderheitsaktionär Einfluss zu sichern. Die entsandten Mitglieder haben dieselbe Stellung wie gewählte Mitglieder; sie sind nicht an Weisungen gebunden.[8] Allerdings können sie von den Entsendungsberechtigten jederzeit abberufen und durch andere ersetzt werden (§ 103 Abs. 2). – Nach § 104 kann das *Registergericht* auf Antrag Mitglieder zur Ergänzung des Aufsichtsrats ernennen, wenn die Zahl der Mitglieder geringer ist als die zur Beschlussfassung erforderli-

---

[4] Aufsichtsratsmitglieder sollen die erforderlichen fachlichen Kenntnisse und Erfahrungen haben, keine Organfunktion oder Beratungsfunktion bei wesentlichen Wettbewerbern der Gesellschaft ausüben; dem Aufsichtsrat sollen nicht mehr als zwei ehemalige Mitglieder des Vorstandes angehören; der Wechsel von Vorstandsmitgliedern in den Aufsichtsrat soll nicht die Regel sein. Vgl. auch *v. Werder/ Wieczorek,* DB 2007, 297.

[5] Empfehlung der Kommission zu den Aufgaben von nicht geschäftsführenden Direktoren/Aufsichtsratsmitgliedern ... (2005/162/EG) v. 15. 2. 2005, Abl.EG L 52/51 v. 25. 2. 2005; Großkomm-AktG/*Hopt/Roth,* § 100 Rn. 86 ff.

[6] Die Praxis, dass Vorstandsmitglieder, die das Ruhestandsalter (für die Anwendbarkeit der Altersbestimmungen des AGG auf Organpersonen *Lutter,* BB 2007, 725) erreicht haben, in den Aufsichtsrat gewählt werden, ist in Deutschland verbreitet und wird vielfach kritisiert; *Hüffer,* ZIP 2006, 637; *Lieder,* NZG 2005, 569; *Roth/Wörle,* ZGR 2004, 565; *Schwark,* in Hommelhoff/Lutter/Schmidt/Schön/ Ulmer (Hrsg.), Corporate Governance, 2002 (ZHR-Beiheft 71), S. 75, 109.

[7] *LG München I* NZG 2004, 626 (rkr.); vgl. auch *Hüffer,* § 101 Rn. 6 m. w. N.; zur Blockwahl allgemein BGHZ 156, 38 = NJW 2003, 3412.

[8] BGHZ 36, 296, 306 = NJW 1962, 864, 866; *Möslein,* AG 2007, 770. – Eine fehlerhafte Entsendung kann nicht mit der Nichtigkeitsklage nach § 250 angegriffen werden, sondern nur mit der allgemeinen Feststellungsklage nach § 256 ZPO, *BGH* NZG 2006, 138.

che Anzahl – **Notbestellung.** Auch abgesehen von fehlender Beschlussfähigkeit hat das Gericht den Aufsichtsrat auf Antrag zu ergänzen, wenn ihm länger als drei Monate weniger Mitglieder als die durch Gesetz oder Satzung vorgeschriebene Zahl angehören. (Weitere Einzelheiten zum Antragsrecht und zur Besetzung unter Berücksichtigung der Mitbestimmung in § 104.)

Die Bestellung bedarf bei Wahl und Entsendung – auch im Bereich der Mitbestimmung – der **Annahme.** Diese kann stillschweigend erfolgen, etwa durch Aufnahme der Tätigkeit.

Ob darin neben der Begründung des Aufsichtsratsamts zugleich der Abschluss eines Schuldvertrages liegt – Vertragstheorie –, oder ob nur ein korporationsrechtliches Verhältnis begründet wird – Amtstheorie –, ist str. Da aber nach beiden Auffassungen Rechte und Pflichten des Aufsichtsratsmitglieds Inhalt des fraglichen Rechtsverhältnisses sind, die im Wesentlichen durch Gesetz und Satzung bestimmt werden, hat die Streitfrage nur geringe praktische Bedeutung.[9]

b) Abberufung

5   Die **Hauptversammlung** kann die von ihr frei gewählten Aufsichtsratsmitglieder jederzeit abberufen, doch bedarf der Beschluss einer ¾-Mehrheit, wenn die Satzung nicht etwas anderes bestimmt (§ 103 Abs. 1). Jedes Aufsichtsratsmitglied, ohne Rücksicht auf die Art seiner Bestellung, kann auf Antrag des Aufsichtsrats durch **gerichtliche Entscheidung** abberufen werden, wenn in seiner Person ein **wichtiger Grund** vorliegt, etwa grobe Pflichtverletzung, Unfähigkeit oder ein dauernder schwerwiegender Interessenkonflikt (§ 103 Abs. 3 und 4).[10] Der Aufsichtsrat beschließt über die Antragstellung mit einfacher Mehrheit. Bei Anteilseignervertretern, die von einem Entsendungsberechtigten bestellt worden sind, steht das Antragsrecht auch einer qualifizierten Aktionärsminderheit zu (§ 103 Abs. 3 Satz 3).

c) Ersatzmitglieder

6   Im Gegensatz zu stellvertretenden Vorstandsmitgliedern können *Stellvertreter* von Aufsichtsratsmitgliedern *nicht* bestellt werden. Zulässig ist aber die Bestellung von *Ersatzmitgliedern* für den Fall, dass ein Aufsichtsratsmitglied vor Ablauf seiner Amtszeit wegfällt (§ 101 Abs. 3). Ersatzmitglieder können nur gleichzeitig mit den Aufsichtsratsmitgliedern, für die sie eintreten sollen, bestellt werden. Auf ihre Bestellung und Abberufung sind die für die jeweiligen ordentlichen Mitglieder geltenden Vorschriften anwendbar (§ 103 Abs. 5). Das Ersatzmitglied wird nicht schon durch seine Wahl und die Annahme des Amts Aufsichtsratsmitglied, es rückt aber im Ersatzfall ohne weiteres ein.[11]

4. Vergütung

7   Die Vergütung der Aufsichtsratsmitglieder muss in der **Satzung oder** durch die **Hauptversammlung** festgesetzt werden (§ 113). Dadurch werden einerseits Selbstbedienung durch den Aufsichtsrat, andererseits Einfluss durch den zu überwachenden Vorstand zurückgedrängt.[12] Rechtstatsächlich ist die Vergütung im Vergleich zu den Aufgaben und der Haftungsverantwortung oft niedrig. Deshalb gehört auch die Frage

---

[9] Zu dem Streit *Schilling*, FS Fischer, 1979, S. 679; GroßKomm-AktG/*Meyer-Landrut*, 3. Aufl., 1970ff., § 101 Anm. 6 für Vertragstheorie (überholt); für Amtstheorie GroßKomm-AktG/*Hopt/Roth*, § 101 Rn. 91; *Hüffer*, § 101 Rn. 2; KölnerKomm-AktG/*Mertens*, § 101 Rn. 5ff., insb. Rn. 8.

[10] Beispiele: *OLG Hamburg* AG 1990, 218 – Jansen; *OLG Zweibrücken* WM 1990, 1388; Großkomm-AktG/*Hopt/Roth*, § 103 Rn. 54ff.

[11] Zur Bestellung von Ersatzmitgliedern vgl. auch BGHZ 99, 211 = NJW 1987, 902; *BGH* NJW 1988, 260.

[12] Dies sind Probleme insbesondere im amerikanischen *board*-System; vgl. *Bebchuk/Fried*, Pay Without Performance, 2004, S. 23ff.; *Merkt/Göthel*, US-amerikanisches Gesellschaftsrecht, 2. Aufl., 2006, Rn. 618ff.

einer angemessenen Vergütung zu den Corporate Governance Themen.[13] Umstritten ist ferner, ob, in welchem Umfang und in welcher Art, erfolgsabhängige Vergütungen, wie sie für Vorstandsmitglieder üblich sind, gewährt werden sollen. Die Gewährung von **Aktienoptionen** an Aufsichtsratsmitglieder ist in § 192 Abs. 2 Nr. 3 nicht vorgesehen und **unzulässig;** entsprechendes gilt für Wandelschuldverschreibungen, § 221 Abs. 4.[14] Erfolgsabhängige Vergütungsformen sind gleichwohl möglich und werden in Nr. 5.4.7 DCGK empfohlen. § 113 Abs. 3 entspricht dem gestrichenen § 86 (oben § 27 Rn. 14 m. Fn. 29) und gilt als veraltet.[15] Nicht zur Vergütung gehört ein angemessener Auslagenersatz (§ 670 BGB analog). Versuche, die Einkünfte von Aufsichtsratsmitgliedern durch gesondert honorierte (Berater-)Verträge aufzubessern, müssen die strengen Regeln des § 114 beachten; zusätzliche Verträge kommen nicht für Tätigkeiten in Betracht, die schon kraft des Aufsichtsratsmandates geschuldet sind.[16] Auch die Gewährung von Krediten durch die Gesellschaft an Aufsichtsratsmitglieder oder deren nahe Angehörige unterliegen besonderen Einschränkungen (§ 115). Dadurch soll einem unangemessenen Einfluss des Vorstands vorgebeugt werden.

Aufsichtsratsmitglieder, die auf Vorschlag von Gewerkschaften, gelegentlich auch Aktionärsvereinigungen, oder als unternehmensangehörige Arbeitnehmervertreter gewählt wurden, unterliegen oft Regeln ihres Verbandes oder sonstigen Verpflichtungen, die verlangen, dass sie einen Teil der Aufsichtsratsvergütung an den Verband, eine Stiftung oder sonstige Einrichtung abführen.[17] Noch zu wenig erörtert ist die Frage des Verhältnisses solcher außergesellschaftsrechtlicher Pflichten zu den aktienrechtlich beabsichtigten Anreizen; das gilt auch für Aufsichtsratsmitglieder, die von beteiligten Körperschaften des öffentlichen Rechts oder Gebietskörperschaften bestellt wurden.[18]

5. Publizität

Eine Liste der Aufsichtsratsmitglieder ist vom Vorstand zum Handelsregister einzureichen. Eine **8** Eintragung erfolgt nicht; das Handelsregister veröffentlicht aber nach § 10 HGB einen Hinweis darauf, dass die (aktualisierte) Liste eingereicht wurde (§ 106). Dadurch und durch den Zugang über das **Unternehmensregister** (§ 8 b HGB) ist für jedermann Publizität hergestellt. Ferner ist der Name des Vorsitzenden und seines Stellvertreters zum Handelsregister anzumelden (§ 107 Abs. 1 Satz 2). Der Vorsitzende ist auch auf **Geschäftsbriefen** namentlich zu nennen (§ 80, oben § 27 Rn. 44). Im **Jahresabschluss** sind die Aufsichtsratsmitglieder und die Summe der Bezüge zu nennen (§ 285 Satz 1 Nr. 9 und 10 HGB).

---

[13] Großkomm-AktG/*Hopt/Roth,* § 113 Rn. 57, 131; der unbefriedigende Zustand hängt auch mit der Besteuerung bei der Gesellschaft zusammen, die – systemwidrig – nur die Hälfte der Aufsichtsratsvergütungen als Betriebsausgabe absetzen kann; vgl. *Hüffer,* § 113 Rn. 7. Empirische Angaben bei *v. Rosen* (Hrsg.), Aufsichtsratsvergütung bei deutschen börsennotierten Unternehmen, Studien des Deutschen Aktieninstituts H. 20, 2003, S. 57: Die Spannweite der Gesamtvergütung (fixe und variable Bestandteile) von Aufsichtsratsmitgliedern reicht von 10000 bis 233000 € pro Jahr.

[14] BGHZ 158, 122 = NJW 2004, 1109; dazu *Henze,* BB 2005, 165, 172 f. – In Österreich und Frankreich sind Aktienoptionspläne auch für Aufsichtsratsmitglieder vorgesehen, § 98 Abs. 3 österr. AktG, Art. 208–8–1 al. 1, 2 Loi n° 66–537 sur les sociétés commerciales du 24. 7. 1966.

[15] Die Tantieme berechnet sich nach dem Bilanzgewinn abzüglich eines Betrages von mindestens 4% der auf den geringsten Ausgabebetrag der Aktien geleisteten Einlagen. Es kann auch an andere erfolgsbezogene Kennzahlen angeknüpft werden, Einzelheiten str., vgl. *Hüffer,* § 113 Rn. 9 f. m. w. N.

[16] BGHZ 114, 127 = NJW 1991, 1830; BGHZ 126, 340 = NJW 1994, 2484.

[17] Z. B. für Mitglieder der DGB-Gewerkschaften an die Hans Böckler Stiftung; Großkomm-AktG/*Hopt/Roth,* § 113 Rn. 7, 152; Scholz/*U. H. Schneider,* 9. Aufl., 2002, § 52 Rn. 260 m. Fn. 466: 1999 wurden 61 Mio. DM an Aufsichtsratstantiemen an die Hans-Böckler-Stiftung abgeführt; *Köstler/Zachert/Müller,* Aufsichtsratspraxis, 8. Aufl., 2006, Rn. 725: Von einem Sockelbetrag zwischen € 3.500 und 7.000 sind 10% Prozent abzuführen, von den darüber liegenden Beträgen 90%. Zum Für und Wider dieser Praxis vgl. Diskussion zum Referat von *Schmoldt,* in: Rieble (Hrsg.), Zukunft der Unternehmensmitbestimmung, 2004, S. 142, 151; vgl. auch BFHE 131, 506 zur steuerlichen Abzugsfähigkeit solcher Abführungen.

[18] Dazu insgesamt m. w. N. *Hüffer,* § 394 Rn. 2 f., 27 ff.

II. Arbeitnehmer im Aufsichtsrat

Aus der umfangreichen **Literatur** zur Unternehmensmitbestimmung: Berliner Netzwerk Corporate Governance, AG 2004, 166; GroßKomm-AktG/*Oetker*, MitbestG; *Köstler/Zachert/Müller*, Aufsichtsratspraxis, 8. Aufl., 2006; *Kübler/Assmann*, § 33; *Oetker*, RdA 2005, 337; *Raiser*, MitbestG, 4. Aufl.; 2002; *ders.*, Gutachten zum 66. Deutschen Juristentag, Abt. Arbeitsrecht, 2006; *Rebhahn*, Verhandlungen des 66. Deutschen Juristentags, Bd. II/1: Referate, 2007; *Reuter*, Der Einfluss der Mitbestimmung auf das Gesellschafts- und Arbeitsrecht, AcP 179 (1979), 509; *Sadowski/Junkes/Lindenthal*, Mitbestimmung in Deutschland: Idee, Erfahrungen und Perspektiven aus ökonomischer Sicht, ZGR 2001, 110; *Ulmer*, Paritätische Arbeitnehmermitbestimmung im Aufsichtsrat von Großunternehmen – noch zeitgemäß?, ZHR 166 (2002), 271; *Ulmer/Habersack/Henssler*, Mitbestimmungsrecht, 2. Aufl., 2006; *Wiedemann* I, § 11 I und § 12 III 3; – zur Rechtsprechung zum MitbestG vgl. *Theisen*, BB 1981, 1858; *ders.*, AG 1987, 137; *ders.*, AG 1993, 49; *Oetker*, ZGR 2000, 19.

1. Allgemeines

9   Die Unternehmensmitbestimmung (oben § 25 Rn. 32) ist, rechtsvergleichend betrachtet, ein ungewöhnlicher Weg, Arbeitnehmerinteressen bei der Verwirklichung des Unternehmenszwecks zu integrieren.[19] Schwerpunkt der Regelung ist die teilweise **Besetzung des Aufsichtsrats mit Arbeitnehmervertretern;** demgegenüber hat die Bestellung eines **Arbeitsdirektors** als Vorstandsmitglied (oben § 27 Rn. 7) nur beschränkte Bedeutung. Da die Unternehmensmitbestimmung in die Organisation des Unternehmensträgers, also der Gesellschaft, integriert ist, wird ein unternehmensrechtlicher Ansatz verfolgt (oben § 1 Rn. 10 m. w. N.). Die gesetzliche Regelung orientiert sich im Wesentlichen am Aktienrecht; die Übertragung auf mitbestimmungspflichtige Gesellschaften anderer Rechtsform erfolgt nicht immer reibungslos (oben § 22 Rn. 19 zur GmbH).

Die **heutige Rechtslage** im Bereich der Unternehmensmitbestimmung ist das Ergebnis einer langen historischen Entwicklung.[20] Die gesetzlichen Regelungen sind rechtspolitische Kompromisslösungen; das gilt besonders für das Mitbestimmungsgesetz von 1976, das aber gerade darum im Gesetzgebungsverfahren eine breite Mehrheit gefunden hat und bislang allen Änderungsvorschlägen widerstanden hat. Insgesamt ist das Recht der Unternehmensmitbestimmung eine unübersichtliche Materie, die auch gesetzestechnisch schwierig gefasst ist. Die **Verfassungsmäßigkeit** der Unternehmensmitbestimmung steht seit der Entscheidung des Bundesverfassungsgerichts[21] nicht mehr in Frage. Die Entscheidung,

---

[19] *Baums/Ulmer* (Hrsg.), Unternehmens-Mitbestimmung der Arbeitnehmer im Recht der EU-Mitgliedstaaten, ZHR Sonderheft 72, 2004; *Biagi*, in: Blanpain/Engels (Hrsg.), Comparative Labour Law and Industrial Relations in Industrialized Market Economies, 6. Aufl., 1998, S. 341, 376 ff.; *Cheffins*, S. 574 ff.; *Davies*, Principles, S. 63 ff.; *Henssler/Braun* (Hrsg.), Arbeitsrecht in Europa, 2. Aufl., 2007; *Rebhahn*, NZA 2001, 763; *ders.*, in: Verhandlungen des 66. Deutschen Juristentags, Bd. II/1: Referate.

[20] Näheres zur Entwicklung *Oetker*, RdA 2005, 337; *Pistor*, in: Hommelhoff/Hopt/v. Werder (Hrsg.), Handbuch Corporate Governance, 2003, S. 175; zu den verschiedenen Deutungen dieser Entwicklung vgl. *Gourevitch*, 112 Yale L. J. 1829 (2003); *Pistor*, in: Blair/Roe (Hrsg.), Employees and Corporate Governance, 1999, S. 163; *M. J. Roe*, Political Determinants of Corporate Governance, 2003; auch *Backkhaus*, The Elgar Companion to Law and Economics, 1999, S. 155.

[21] BVerfGE 50, 290 = NJW 1979, 699; aus der umfangreichen Literatur dazu die in ZGR 1979, 444 ff. zusammengefassten Besprechungen aus der Sicht verschiedener Rechtsgebiete von *Papier, E. Rehbinder, Martens* und *Hanau; Ulmer*, BB 1979, 398; *Th. Raiser* und *Rittner*, JZ 1979, 489 und 743; *Säcker*, RdA 1979, 380; *Wiedemann*, AP Nr. 1 zu § 1 MitbestG; – aus der Literatur während des Gesetzgebungsverfahrens und der für das Verfahren vor dem BVerfG erstatteten Gutachten: *Scholz*, Paritätische Mitbestimmung und Grundgesetz, 1974; *Raisch*, Mitbestimmung und Koalitionsfreiheit, 1975; *Th. Raiser*, Grundgesetz und paritätische Mitbestimmung, 1975; *Badura/Rittner/Rüthers*, Mitbestimmungsgesetz 1976 und Grundgesetz, Gemeinschaftsgutachten, 1977; *Kübler/Schmidt/Simitis*, Mitbestimmung als gesetzgebungspolitische Aufgabe, 1978; *Zöllner/Seiter*, ZfA 1970, 97.

ebenso wie der Gesetzgeber, gingen allerdings von Rahmenbedingungen aus, die sich inzwischen erheblich verändert haben.

Ob sich der deutsche Ansatz der Unternehmensmitbestimmung bewährt hat, ist 10 umstritten; empirische Untersuchungen führten zu keinen eindeutigen Aussagen.[22] In der europäischen Rechtsentwicklung konnte sich das deutsche Modell nicht durchsetzen. Für die SE ist in erster Linie eine Vereinbarungslösung vorgesehen, wenn diese nicht zustande kommt, eine bestandserhaltende Auffanglösung (unten § 36 Rn. 13). Die **Kritik an der gegenwärtigen Rechtslage** betrifft insbesondere **grenzüberschreitende Sachverhalte,** denn in den Aufsichtsräten deutscher Muttergesellschaften sind nur die Arbeitnehmer inländischer Tochtergesellschaften repräsentiert, selbst wenn die im Ausland beschäftigten Mitarbeiter in der Mehrheit sind. Ferner wird die **Corporate Governance-Entwicklung** erst nach und nach mit einer adäquaten Mitbestimmungsdebatte verbunden;[23] insgesamt wird die zwingende deutsche Regelung als **zu wenig flexibel** angesehen (unten Rn. 20, 31). Die Diskussion über Größe und Aufgaben der Aufsichtsräte sowie Anforderungen und Anreize für Aufsichtsratsmitglieder bezieht sich meist nur auf die Anteilseignervertreter. In den Ländern, in denen es keine Mitbestimmung in den Gesellschaftsorganen gibt, ist das selbstverständlich. Die Corporate Governance-Fragestellungen (oben § 25 Rn. 40 ff.) machen deutlich, dass die Unternehmenssteuerung ganz wesentlich eine Balance zwischen Kapitalgebern und Management erfordert; beides kann nicht im Mitbestimmungszusammenhang in einen Topf als „Kapital" im Gegensatz zu „Arbeit" geworfen werden. Es geht vielmehr um die **Balance von Kapital, Arbeit und Management** sowie der einschlägigen Außensteuerung durch Schutzgesetze und kollektives Arbeitsrecht.[24]

Der Besetzung der Aufsichtsräte auch mit Arbeitnehmervertretern kommt ein hoher Symbolwert zu.[25] Dass Arbeitnehmerinteressen für die Unternehmensführung eine Rolle spielen, ist im Ergebnis unstreitig; streitig sind hingegen Art und Ausmaß rechtlicher Regulierung (vgl. oben § 1 Rn. 28; § 25 Rn. 17 ff.; § 27 Rn. 22 ff.). Alternative oder Ergänzung zur Aufsichtsratsmitbestimmung sind etwa die Kapitalbeteiligung der Arbeitnehmer,[26] Außensteuerung durch Arbeitsrecht und Kollektivverträge (einschließlich Betriebsverfassung), sowie Anreizsysteme.[27] Die Regierungskommission Corporate

---

[22] *Sadowski/Junkes/Lindenthal,* ZGR 2001, 110, 127 ff., 132: In der Summe legen die vorliegenden Studien nahe, dass die Frage nach den Effizienzwirkungen gesetzlicher Mitbestimmung im Aufsichtsrat bisher empirisch nicht geklärt ist; *Höpner,* Unternehmensmitbestimmung unter Beschuss, MPI für Gesellschaftsforschung, 2004 (www.mpifg-koeln.mpg.de/pu/mpifg_dp/dp04-8.pdf); zu den methodischen Problemen *Windbichler,* 6 EBOR (2005), 507, 510.

[23] *Hopt,* in: Hommelhoff/Lutter/Schmidt/Schön/Ulmer (Hrsg.), Corporate Governance, 2002 (ZHR-Beiheft 71), S. 27, 43; *ders.,* ZIP 2005, 461; *Junker,* ZfA 2005, 1; *Kübler,* FS W. H. Döser, 1999, S. 237, 243; *Leyens,* Information des Aufsichtsrats, 2006, S. 120 ff.; *Oetker,* RdA 2005, 337; *Pistor,* in: Hommelhoff/Hopt/v. Werder (Hrsg.), Handbuch Corporate Governance, 2003, S. 157; *Rieble* (Hrsg.) Zukunft der Unternehmensmitbestimmung, Schriftenreihe des Zentrums für Arbeitsbeziehungen und Arbeitsrecht (ZAAR), 2004; *Schwark,* AG 2004, 173; *Ulmer,* in: Ulmer/Habersack/Henssler, Mitbestimmungsrecht, 2. Aufl., 2006, Einl. MitbestG Rn. 69 ff. „Tabuthema". Kritik am *status quo* wird leicht als „Angriff" auf die Mitbestimmung gedeutet, vgl. *Hexel,* Thesen zum 66. Deutschen Juristentag (www.djt.de/files/66_DJT_Thesen.pdf); *Höpner* (Fn. 22).

[24] *Windbichler,* AG 2004, 190; *dies.,* 6 EBOR (2005), 507, 515 ff.

[25] *Windbichler/Bachmann,* FS Bezzenberger, 2000, S. 797.

[26] Das französische Aktienrecht enthält Sondervorschriften für den gesellschaftsrechtlichen Status der *„actionnaires salariés",* Cozian/Viandier, Droit des Sociétés, 10. Aufl., 1997, Rn. 924 f., 930 (S. 336, 338); *Guyon,* Droit Commercial Général et Sociétés, 9. Aufl., 1996, Rn. 397–1 f., 399 (S. 410 ff.). Gesetzesänderungen 2001 haben die Vorschriften über Belegschaftsaktien ergänzt und vertieft; insbesondere stellen die *„actionnaires salariés"* eine besondere Wählergruppe für Verwaltungsmitglieder dar. Ferner gibt es eine besondere Variante der Aktiengesellschaft mit Arbeitnehmerbeteiligung, die *société à participation ouvrière* (Art. L 225–258–270 code de com.).

[27] OECD Principles on Corporate Governance, 2004, www.oecd.org, S. 46: ... Examples of mechanisms for employee participation include: employee representation on boards; and governance proces-

Governance 2001 hat eine klare Stellungnahme zur Mitbestimmung vermieden. Der DCGK ist an die *lex lata* gebunden und insofern keine Quelle für Innovation.

a) Rechtsquellen

11   Das älteste geltende Gesetz ist das Gesetz über die Mitbestimmung der Arbeitnehmer in den Aufsichtsräten und Vorständen der Unternehmen des Bergbaus und der Eisen und Stahl erzeugenden Industrie – **MontanMitbestG** – vom 21. 5. 1951. Hinzu kommt das Gesetz zur Ergänzung des vorgenannten Gesetzes – **MitbestErgG** – vom 7. 8. 1956 für herrschende Konzerngesellschaften im Montanbereich. Der Gesetzgeber hat sich mehrfach mit der Problematik beschäftigt, dass durch Strukturänderungen, Änderung der Arbeitnehmerzahl und der Branche der unternehmerischen Tätigkeit Gesellschaften aus dem Anwendungsbereich bestimmter Gesetze herausfallen. Zumeist wird eine begrenzte Fortgeltung des alten Mitbestimmungsstatuts angeordnet, wenn dies weitergehende Beteiligungsmöglichkeiten, z.B. mehr Aufsichtsratssitze, für die Arbeitnehmerseite enthielt.[28] Die Rechtfertigung für solche gesetzgeberischen Erhaltungsmaßnahmen ist umstritten, zumal das Verbleiben einer Gesellschaft in einem aufwändigeren Mitbestimmungsstatut eine Ungleichbehandlung gegenüber konkurrierenden Unternehmen darstellt.[29]

Die Mitbestimmung für Unternehmen in bestimmten Rechtsformen ist, nach Größenmerkmalen unterschieden, geregelt im Gesetz über die Mitbestimmung der Arbeitnehmer – **MitbestG** – vom 4. 5. 1976 für Großunternehmen (mehr als 2000 Beschäftigte) und im Drittelbeteiligungsgesetz vom 18. 5. 2004 – **DrittelbG** – für weniger große Unternehmen (ab 500 Beschäftigte). Ergänzend zu den Gesetzen gibt es jeweils Wahlordnungen. Die aufwändigen Wahlverfahren sind durch die Abschaffung des Gruppenprinzips (Unterscheidung zwischen Arbeitern und Angestellten) etwas vereinfacht worden.

b) Mitbestimmungsvereinbarungen

12   Die Mitbestimmungsvorschriften sind **zwingend;** abweichende Regelungen durch die Satzung (§ 23 Abs. 5 AktG, vgl. auch § 25 Abs. 2 MitbestG)[30] oder Vertrag sind nicht möglich. *Mitbestimmungsvereinbarungen* haben gleichwohl eine lange Tradition.[31] Diese betrifft einerseits Fälle, in denen bei allseitigem Konsens nach der Rechtmäßigkeit nicht gefragt wurde, aber auch die Ausnutzung von Gestaltungsspielräumen des Gesellschaftsrechts. (Zusätzliche) Arbeitnehmervertreter können von den Anteilseignern in den Aufsichtsrat gewählt oder entsandt werden; Grundlage können vor allem Abstimmungsvereinbarungen sein (unten § 29 Rn. 37).[32] Zur Abmilderung des Ungleichgewichts der Arbeitnehmervertreter in Mutterunternehmen international tätiger Konzerne wird informell gelegentlich dafür gesorgt, dass auch ausländische Arbeitnehmervertreter gewählt werden können.[33] Tendenziell anders konzipiert ist die Richtlinie zur Ergänzung des Statuts der SE hinsichtlich der Beteiligung der Arbeitnehmer; danach sollen die Verfahren der grenzüberschreitenden Unterrichtung und Anhörung der Arbeitnehmer sowie gegebenenfalls der Mitbestimmung vorrangig durch Vereinbarung festgelegt werden (unten § 36 Rn. 11). De lege ferenda wird rechtspolitisch erwogen, durch Öffnungsklau-

---

ses such as works councils that consider employee viewpoints in certain key decisions. With respect to performance enhancing mechanisms, employee stock ownership plans or other profit sharing mechanisms are to be found in many countries. Pension commitments are also often an element of the relationship between the company and its past and present employees.

[28] Näher dazu Großkomm-AktG/*Oetker*, Mitbestimmungsgesetz Vorbem. Rn. 50 ff.; *Windbichler*, Arbeitsrecht im Konzern, 1989, S. 495 f.; vgl. auch § 325 Abs. 1 UmwG.

[29] § 3 Abs. 2 Satz 1 Nr. 2 MitbestErgG wurde durch BVerfGE 99, 367 = NJW 1999, 1535 aus diesem Grund für verfassungswidrig erklärt.

[30] Großkomm-AktG/*Oetker*, Mitbestimmungsgesetz Vorbem. Rn. 101 m. w. N.

[31] Überblick bei Großkomm-AktG/*Oetker*, Mitbestimmungsgesetz Vorbem. Rn. 97 ff.

[32] Näher zu privatautonomen Mitbestimmungsregelungen *Seibt*, AG 2005, 413; *Windbichler*, Arbeitsrecht im Konzern, 1989, S. 541 ff.

[33] *Schmoldt*, in: Rieble (Hrsg.), Zukunft der Unternehmensmitbestimmung, 2004, S. 142, 149; *Windbichler*, in: Jürgen/Sadowski/Schuppert/Weiss (Hrsg.), Perspektiven der Corporate Governance, 2007, S. 282, 286.

seln in den Mitbestimmungsgesetzen Vereinbarungen zu ermöglichen und damit zu grösserer Flexibilität zu gelangen.[34] Einzelheiten sind weitgehend noch klärungsbedürftig.[35]

c) Rechtsstellung der Arbeitnehmervertreter

Alle **Aufsichtsratsmitglieder** sind **gleichberechtigt,** d. h. Arbeitnehmervertreter ha-   **13** ben **dieselben Rechte und Pflichten** wie die Anteilseignervertreter,[36] sie üben wie diese ihr Amt **eigenverantwortlich** ohne Bindung an Weisungen und Aufträge aus. Die Bezeichnung als Arbeitnehmervertreter ist damit nur ein Hinweis auf das Bestellungsverfahren. Die Gleichstellung aller Aufsichtsratsmitglieder ist ein charakteristisches Merkmal des deutschen Mitbestimmungsmodells.[37] § 4 Abs. 3 MontanMitbestG spricht die Gleichberechtigung und Weisungsunabhängigkeit ausdrücklich aus; dasselbe gilt auch für das DrittelbG und das MitbestG.[38] Das AktG macht, abgesehen von der Bestellung und Abberufung, keinen Unterschied zwischen verschiedenen Gruppen von Aufsichtsratsmitgliedern. Einige Besonderheiten sind jedoch im MitbestG hinsichtlich der inneren Ordnung des Aufsichtsrates normiert (unten Rn. 30).

Die *Rechte und Pflichten der Aufsichtsratsmitglieder* folgen aus den *Aufgaben und Befugnissen des Aufsichtsrats* als Organ der AG (unten Rn. 32 ff.). Bei ihrer Wahrnehmung ist der Aufsichtsrat ebenso wie der Vorstand (oben § 27 Rn. 24) zur **Wahrnehmung des Unternehmensinteresses** verpflichtet. Dem entspricht der Verhaltensmaßstab für alle Mitglieder; aus dem Grundsatz der Gleichstellung folgt die **gleiche Verantwortlichkeit aller Aufsichtsratsmitglieder** (§ 116, unten Rn. 37). Die nähere Bestimmung des Unternehmensinteresses gerade im Mitbestimmungszusammenhang bereitet allerdings Schwierigkeiten. Gesichert ist, dass das Unternehmensinteresse nicht gleichbedeutend mit dem Aktionärsinteresse ist, das angesichts der unterschiedlichen Aktionärspopulationen auch schwer zu fassen ist (oben § 25 Rn. 20). Es ist vielmehr Raum für die Berücksichtigung verschiedener Interessen, auch der Arbeitnehmer der AG und der Belange der Allgemeinheit. Die gemeinsame Verantwortung für die nachhaltige Sicherung der Ertragskraft und Wertsteigerung des Unternehmens gibt hierfür einen bindenden Rahmen. Pflichtwidrig wäre die einseitige Verfolgung von Gruppen- oder Einzelinteressen.[39]

---

[34] *Fleischer,* AcP 204 (2004), 502, 540; *Raiser,* Gutachten B zum 66. Deutschen Juristentag, Abt. Arbeitsrecht, 2006; auch schon *Lutter,* FS Zweigert, 1981, S. 251, 269; „Immerhin lohnt es sich darüber nachzudenken, ob in einem solchen System privatautonomer Gestaltung möglicherweise die Lösung für die internationalen Probleme der Mitbestimmung liegen könnte."

[35] *Reichold,* JZ 2006, 812; *Windbichler,* in: Jürgen/Sadowski/Schuppert/Weiss (Hrsg.), Perspektiven der Corporate Governance, 2007, S. 282.

[36] Hinweis zur Terminologie: die Bezeichnung als „Arbeitgebervertreter" ist falsch, denn Arbeitgeber ist die Aktiengesellschaft selbst. In ihrem Organ Aufsichtsrat sind verschiedene Gruppen vertreten, nicht aber die AG als Arbeitgeber; vgl. auch § 2 MitbestG.

[37] So schon § 70 BetriebsräteG 1920, § 3 AufsichtsratsG 1922; – im französischen Modell haben die vom *comité d'entreprise* entsandten Verwaltungsratsmitglieder nur Beratungsrechte (Art. L432–6 Code de Travail); *Rebhahn,* NZA 2001, 763, 771; in Schweden dürfen von Gewerkschaften ernannte Arbeitnehmervertreter im Verwaltungsrat nicht bei der Behandlung von Fragen teilnehmen, die Tarifvertragsverhandlungen und Arbeitskampfangelegenheiten betreffen (§ 14 Lag om Styrelserepresentation för de Privatanställda – LSA), dazu *Fahlbeck,* in: Sadowski/Schuppert/Weiss (Hrsg.), Perspektiven der Corporate Governance, 2007, S. 132.

[38] Allgemeine Meinung, BGHZ 64, 330 f.; 83, 112 f., 147 und 154; 106, 65; *Ulmer/Habersack,* in: Ulmer/Habersack/Henssler, Mitbestimmungsrecht, 2. Aufl., 2006, § 25 MitbestG Rn. 76 ff.; *Kraft,* in: Gemeinschaftskommentar zum BetrVG, 7. Aufl., 2002, § 76 BetrVG 1952 Rn. 112; Großkomm-AktG/ *Oetker,* MitbestimmungsG § 25 Rn. 20 ff.; *Raiser,* MitbestG, 4. Aufl., 2002, § 25 Rn. 119 f.

[39] Ganz h. M., vgl. BGHZ 64, 325, 330 f. = NJW 1975, 1412; Großkomm-AktG/*Hopt/Roth,* § 116 Rn. 34 ff.; GroßkommAktG/*Oetker,* MitbestG § 25 Rn. 22; DCGK 5.5.1.; dazu *Kremer,* in: Ringleb/ Kremer/Lutter/v. Werder, Deutscher Corporate Governance Kodex, 2. Aufl., 2006, Rn. 1091; *Fitting/Wlotzke/Wißmann,* MitbestG, 2. Aufl., 1978, § 25 Rn. 94 ff.; KölnerKomm-AktG/*Mertens,* Anh. § 117 B § 25 MitbestG Rn. 12; *Lutter/Krieger,* Rechte und Pflichten des Aufsichtsrats, 4. Aufl., 2002, Rn. 765; *Ulmer/Habersack,* in: Ulmer/Habersack/Henssler, Mitbestimmungsrecht, 2. Aufl., 2006, § 25 MitbestG Rn. 93 ff.; *Raiser,* MitbestG, 4. Aufl., 2002, § 25 Rn. 107 ff., 113; *Wiedemann* I, § 11 III 2 b; – auch das BVerfG geht im Mitbestimmungsurteil, BVerfGE 50, 290 = NJW 1979, 699, vom Integrationsmodell aus; dazu etwa *E. Rehbinder,* ZGR 1979, 480; *Ulmer,* BB 1979, 399.

Rechtstatsächlich wird unter Corporate Governance-Gesichtspunkten beklagt, die Mitbestimmung führe dazu, dass im Aufsichtsrat Angelegenheiten beraten werden, die eigentlich nicht auf diese Ebene gehören, andererseits Arbeitnehmervertreter sich oft passiv verhalten, wenn Angelegenheiten ohne Arbeitnehmerbezug anstehen.[40]

d) Besetzung des Aufsichtsrates, Statusverfahren

14   Die einzelnen Gesetze über die Mitbestimmung (oben Rn. 11) sehen unterschiedliche Zusammensetzungen des Aufsichtsrats und verschiedenartige Verfahren für die Bestellung der Arbeitnehmervertreter vor. Einschließlich der Fälle, in denen dem Aufsichtsrat keine Arbeitnehmervertreter angehören, ergeben sich **vier Formen** für die Besetzung des Aufsichtsrats (§ 96 Abs. 1):
– Aufsichtsrat ohne Arbeitnehmervertreter;
– Aufsichtsrat nach dem DrittelbG zu einem Drittel mit Arbeitnehmervertretern besetzt;
– Aufsichtsrat nach dem MitbestG – mit zahlenmäßig paritätischer Zusammensetzung;
– Aufsichtsrat nach dem MontanMitbestG oder dem MitbestErgG, ebenfalls paritätisch besetzt, jedoch unter Heranziehung von „weiteren Mitgliedern".
Hinzu kommt noch die Frage, welche anderen Unternehmen einzubeziehen sind, wenn die Gesellschaft herrschendes Unternehmen eines Konzerns ist (§ 5 MitbestG, § 2 DrittelbG).

15   Für die Festlegung, nach welchen Vorschriften im konkreten Fall der Aufsichtsrat zu bilden ist, sieht das AktG das **Statusverfahren** nach §§ 97–99 vor. Das Gesetz geht zunächst von der Fortgeltung der einmal angewandten gesetzlichen Vorschriften aus (§ 96 Abs. 2). Kommt der **Vorstand** der AG zu der Auffassung, dass diese nicht (mehr) einschlägig sind, hat er das unverzüglich bekanntzumachen und dabei die seiner Ansicht nach nunmehr maßgebenden Vorschriften zu bezeichnen (§ 97 Abs. 1). Wird hiergegen von keinem Beteiligten innerhalb eines Monats das Gericht angerufen, so ist der Aufsichtsrat nach den vom Vorstand genannten Bestimmungen zu bilden (§ 97 Abs. 2). Dabei kommt es nicht darauf an, ob die Ansicht des Vorstands sachlich richtig ist. Das dient der Rechtssicherheit und ist auch bei Falllösungen zu beachten. Zweifel an der richtigen Besetzung des Aufsichtsrates sind im Statusverfahren geltend zu machen; der Bestand eines Aufsichtsrates und die Wirksamkeit seiner Beschlüsse können nicht mit der Behauptung angegriffen werden, das Organ sei nach den falschen Vorschriften besetzt.[41]

Nach der Gründung der AG ist eine Bekanntmachung des Vorstands entsprechend § 97 Abs. 1 immer notwendig. Da der erste Aufsichtsrat im Gründungsstadium ohne Arbeitnehmervertreter gebildet wird (§ 30 Abs. 2; oben § 26 Rn. 5), hat der Vorstand die Bekanntmachung rechtzeitig vor Ablauf von dessen Amtszeit vorzunehmen (§ 30 Abs. 3); im Fall einer Sachgründung durch Einbringung oder Übernahme eines Unternehmens hat dies unverzüglich nach deren Vollzug zu geschehen (§ 31 Abs. 3). Dadurch soll nach der Gründung die erstmalige Besetzung des Aufsichtsrats mit Arbeitnehmervertretern sichergestellt werden, an die dann die oben erwähnte Kontinuität nach § 96 Abs. 2 anknüpfen kann.

16   Ist streitig oder ungewiss, nach welchen Vorschriften der Aufsichtsrat zu bilden ist, entscheidet darüber auf Antrag das **Landgericht (Kammer für Handelssachen)** des

---

[40] *Neubürger,* in: Rieble (Hrsg.), Zukunft der Unternehmensmitbestimmung, 2004, S. 123, 128; *Schiessl,* ZHR 167 (2003), 235, 254; *v. Werder,* AG 2004, 166, 170 f.; vgl. auch die Äußerung des ehemaligen Vorsitzenden der IG-Metall *Zwickel* zur Rechtfertigung seiner Stimmenthaltung bei der Abstimmung über die Millionenprämien im Fall Mannesmann: Er habe empfunden, dass dies keine Angelegenheit der Arbeitnehmervertreter sei (Financial Times Deutschland vom 22. 1. 2004).
[41] *OLG Düsseldorf* AG 1996, 87 = ZIP 1996, 1752; *OLG Dresden* ZIP 1997, 589; *Hüffer,* § 97 Rn. 1.

Sitzes der AG (§ 98 Abs. 1). Die Regelung der **Antragsberechtigung** berücksichtigt die Interessen von Vorstand und Aufsichtsrat sowie der Anteilseigner- und Arbeitnehmerseite (§ 98 Abs. 2). Der Antrag ist nicht davon abhängig, dass eine Bekanntmachung des Vorstands nach § 97 Abs. 1 vorausgeht; jeder Antragsberechtigte, auch der Vorstand selbst, kann somit jederzeit bei Zweifeln über die richtige Besetzung des Aufsichtsrats das Gericht anrufen. Dieses entscheidet im Verfahren nach FGG (§ 99). Seine Entscheidung wird mit Rechtskraft wirksam. Sie wirkt für und gegen alle und ist zum Handelsregister einzureichen (§ 99 Abs. 5). Streitigkeiten, die die Wahl der einzelnen Arbeitnehmervertreter betreffen, werden hingegen von den Arbeitsgerichten im Beschlussverfahren entschieden, § 2a Abs. 1 Nr. 3 ArbGG.

2. Aufsichtsrat nach dem DrittelbG

a) Geltungsbereich

Das DrittelbG regelt die Mitbestimmung im Aufsichtsrat von AGen, die 500 bis zu 2000 Arbeitnehmer beschäftigen[42] und bei denen die besonderen Voraussetzungen des MontanMitbestG oder des MitbestErgG nicht vorliegen und die keine Tendenzunternehmen (§ 1 Abs. 2 DrittelbG) sind. Die Geltung der Vorschriften des DrittelbG ist **rechtsform- und größenabhängig**; sie betreffen auch die KGaA, die GmbH, den VVaG und die eG. 1997 hatten 2602 Unternehmen einen nach dem BetrVG 1952 mitbestimmten Aufsichtsrat.[43]   **17**

b) Besetzung

Das Gesetz belässt es bei der Bestimmung der **Gesamtzahl der Aufsichtsratsmitglieder** durch die **Satzung** nach § 95 AktG (oben Rn. 1). Dem danach zu bildenden Aufsichtsrat müssen **zu einem Drittel Arbeitnehmervertreter** angehören (§ 4 Abs. 1 DrittelbG). Sind danach bei Aufsichtsräten mit drei oder sechs Mitgliedern nur ein oder zwei Arbeitnehmervertreter zu wählen, so müssen dies Arbeitnehmer des Unternehmens sein. Bei größeren Aufsichtsräten können neben zwei Unternehmensangehörigen auch unternehmensfremde Personen gewählt werden, praktisch vor allem Gewerkschaftsvertreter. Sind mehr als die Hälfte der Arbeitnehmer Frauen, so soll mindestens eine Frau gewählt werden (§ 4 Abs. 2, 4 DrittelbG). Die Arbeitnehmervertreter werden von den Arbeitnehmern des Unternehmens nach den Grundsätzen der Mehrheitswahl in **allgemeiner, geheimer, gleicher und unmittelbarer Wahl** bestellt (§ 5 DrittelbG). Ist die Gesellschaft herrschendes Unternehmen eines Konzerns i.S.d. § 18 Abs. 1, wählen auch die in den inländischen Konzernunternehmen Beschäftigten mit.[44] Davon zu unterscheiden ist die Frage, ob die Arbeitnehmer abhängiger Unternehmen dem herrschenden Unternehmen zuzurechnen sind, soweit das Eingreifen der Mitbestimmung von der Arbeitnehmerzahl abhängt. § 2 Abs. 2 DrittelbG stellt dabei auf die rechtliche Struktur der Konzernbindung ab (Vertrags- oder Eingliederungskonzern). Darin liegt ein wesentlicher Unterschied zu § 5 MitbestG (unten Rn. 19),   **18**

---

[42] Die Herausnahme kleinerer AGen erfolgte durch eine frühere Gesetzesänderung, so dass diese Einschränkung nur für Gesellschaften gilt, die nach dem 9. 8. 1994 ins Handelsregister eingetragen worden sind, § 1 Abs. 1 Nr. 1 DrittelbG.

[43] *Kommission Mitbestimmung*, Bertelsmann-Stiftung/Hans-Böckler-Stiftung (Hrsg.), 1998, S. 43; nach einer Schätzung des DGB waren es im Jahre 2001 ca. 2000 Unternehmen.

[44] Zur Besetzung des Aufsichtsrats auch mit Arbeitnehmervertretern aus allen Konzernunternehmen *BAG* NJW 1982, 2518.

der keine solche Differenzierung enthält. Für die **innere Ordnung des Aufsichtsrats** gelten die allgemeinen Regeln des Aktienrechts (unten Rn. 25 ff.).

3. Aufsichtsrat nach dem MitbestG

a) Geltungsbereich

19   Das MitbestG vom 4. 5. 1976 gilt für alle AG, die in der Regel mehr als 2000 Arbeitnehmer beschäftigen und für die nicht die Montanmitbestimmung gilt (§ 1 Abs. 1 und 2 MitbestG). Bei der Berechnung der **Arbeitnehmerzahl** sind bei herrschenden Konzernunternehmen (§ 18 Abs. 1) auch die Arbeitnehmer der abhängigen Unternehmen mitzuzählen (§ 5 Abs. 1 MitbestG). Diese sind auch wahlberechtigt. Da das MitbestG dem Territorialitätsprinzip unterliegt, gilt das jedoch nur für **inländische Konzernunternehmen.**[45] Die Geltung des MitbestG ist für das herrschende Unternehmen **rechtsformabhängig.** Sie erfasst außer der AG unter den gleichen sonstigen Voraussetzungen auch die KGaA, die GmbH und die eG (§ 1 Abs. 1 Nr. 1 MitbestG), ferner in bestimmten Fällen Kommanditgesellschaften, wenn sie eine Kapitalgesellschaft als Komplementär haben (GmbH oder AG & Co. KG, § 4 MitbestG).

Ausgenommen sind nach § 1 Abs. 4 MitbestG sog. **Tendenzunternehmen.** Das sind Gesellschaften, die unmittelbar und überwiegend politischen, koalitionspolitischen, konfessionellen, karitativen,[46] erzieherischen, wissenschaftlichen oder künstlerischen Bestimmungen dienen oder die Berichterstattung oder Meinungsäußerung i. S. d. Art. 5 Abs. 1 Satz 2 GG betreiben. Nach dem Stand von 2004 hatten 729 Unternehmen einen nach dem MitbestG besetzten Aufsichtsrat.[47] Diese Zahl erscheint gering, es sind aber eine Vielzahl von Arbeitnehmern betroffen, schätzungsweise ca. 20% der bundesweit Beschäftigten, da es sich ja gerade um die großen Unternehmen handelt.

b) Besetzung

20   Die **Zahl der Aufsichtsratsmitglieder** ist von der Größe des Unternehmens, gemessen an der Arbeitnehmerzahl, abhängig (§ 7 Abs. 1 MitbestG). Sie besteht je zur Hälfte aus Vertretern der Anteilseigner und der Arbeitnehmer – **paritätische Besetzung.** Zum Schutz der Arbeitnehmervertreter sieht § 26 MitbestG ein Behinderungs- und Benachteiligungsverbot vor.

In Unternehmen, die bis zu 10 000 Arbeitnehmer beschäftigen, gehören je 6 Vertreter der Anteilseigner und der Arbeitnehmer, zusammen also 12 Mitglieder dem Aufsichtsrat an; bis zu 20 000 Arbeitnehmer je 8, zusammen also 16, – bei mehr als 20 000 Arbeitnehmern je 10, zusammen also 20 (§ 7 Abs. 1 MitbestG). Diese zwingend vorgeschriebenen Aufsichtsratsgrößen werden als wenig funktionstauglich kritisiert (oben Rn. 1).

21   Unter den Arbeitnehmervertretern müssen sich im gesetzlich festgesetzten Zahlenverhältnis **Arbeitnehmer des Unternehmens** oder Konzerns (§ 5) und **Vertreter der** im Unternehmen oder Konzern vertretenen **Gewerkschaften** befinden (§ 7 Abs. 2 MitbestG). Bei sechs Arbeitnehmervertretern sind vier unternehmensangehörige und zwei Gewerkschaftsvertreter zu wählen, bei acht entsprechend sechs und zwei, bei

---

[45] Großkomm-AktG/*Oetker*, MitbestG § 1 Rn. 8, § 5 Rn. 33; *Ulmer/Habersack*, in: Ulmer/Habersack/Henssler, Mitbestimmungsrecht, 2. Aufl., 2006, § 1 MitbestG Rn. 6 ff. Die Praxis hilft sich gegen dieses unausgewogene Ergebnis bei international tätigen Konzernen gelegentlich dadurch, dass freiwillig Arbeitnehmerrepräsentanten aus ausländischen Konzernunternehmen als externe Arbeitnehmervertreter gewählt werden, oben Rn. 10.

[46] Anschaulich dazu *BayObLG* AG 1996, 33 = AP Nr. 1 zu § 4 MitbestG.

[47] *Hans-Böckler-Stiftung*, www.boeckler.de/datenkarte 2006.

zehn dann sieben und drei. Bis 2001 waren die den unternehmensangehörigen Arbeitnehmervertretern zukommenden Aufsichtsratssitze auf die Gruppen der Arbeiter und Angestellten zu verteilen. Dieses überholte Gruppenprinzip ist entfallen, was vor allem das Wahlverfahren entlastet.[48] Eine Besonderheit des MitbestG besteht aber nach wie vor darin, dass ein Sitz im Aufsichtsrat einem **Vertreter der leitenden Angestellten** vorbehalten ist, einer Arbeitnehmergruppe, die wegen ihrer besonderen Nähe zur Arbeitgeberfunktion („Faktor Disposition") von der Betriebsverfassung ausgenommen ist (§ 15 Abs. 1 Satz 2 MitbestG). Der **Begriff** des leitenden Angestellten bestimmt sich nach § 5 Abs. 3 BetrVG. Das ergibt sich aus der Verweisung in § 3 Abs. 1 Nr. 2 MitbestG.[49]

Die Aufsichtsratsmitglieder der Arbeitnehmerseite, auch die Vertreter der Gewerk- **22** schaften, werden **von den Arbeitnehmern** der AG, im Fall des § 5 Abs. 1 MitbestG des ganzen inländischen Konzerns, **gewählt** (§ 9 MitbestG; für die Anteilseignervertreter bleiben die Bestimmungen des AktG maßgebend, § 8 MitbestG; oben Rn. 2 ff.). Das MitbestG sieht in §§ 9–24 ein differenziertes Wahlverfahren vor.

Dabei gelten folgende **Grundsätze:** Die Wahl erfolgt teils unmittelbar durch die Arbeitnehmer – **Urwahl,** teils mittelbar durch **Delegierte,** die ihrerseits von den Arbeitnehmern gewählt werden; maßgebend ist die Unternehmensgröße. Die leitenden Angestellten bilden dabei eine Untergruppe (nur) mit eigenem Wahlvorschlagsrecht (§ 15 Abs. 2 Nr. 2 MitbestG). Auch die sog. **Gewerkschaftsvertreter** werden **von den Beschäftigten** direkt oder über Delegierte **gewählt.** Die im Unternehmen oder Konzern vertretenen Gewerkschaften haben jedoch das Vorschlagsrecht, die vorgeschlagenen Personen brauchen nicht in einem Arbeitsverhältnis zu dem Unternehmen zu stehen. Die Wahl erfolgt **geheim** als **Verhältniswahl.**

Die **Amtszeit** der Arbeitnehmervertreter richtet sich nach § 102 Abs. 1; sie können **23** aber wie alle Aufsichtsratsmitglieder **aus wichtigem Grund** durch gerichtliche Entscheidung auf Antrag des Aufsichtsrates **abberufen** werden (§ 103 Abs. 3; oben Rn. 5). Der Aufsichtsratsbeschluss kann unter Berücksichtigung der besonderen Abstimmungsregelungen (unten Rn. 30) auch bei paritätischer Besetzung gegen die Stimmen aller Arbeitnehmervertreter gefasst werden. Das ist tragbar, weil der Beschluss als solcher nicht für die Abberufung des Aufsichtsratsmitglieds genügt; vielmehr kann diese nur durch gerichtliche Entscheidung erfolgen, und das Gericht darf sie nur aussprechen, nachdem es das Vorliegen eines wichtigen Grundes in der Person des Aufsichtsratsmitglieds festgestellt hat. **Ohne** Bindung an einen **wichtigen Grund** ist die Abberufung in einem den Wahlvorschriften angeglichenen Verfahren mit qualifizierter Mehrheit möglich (§ 23 MitbestG). Das Aufsichtsratsmandat erlischt ferner bei **Verlust der Wählbarkeit** (§ 24 Abs. 1 MitbestG).[50]

4. Aufsichtsrat nach dem Montanmitbestimmungsrecht

Das **MontanMitbestG** vom 21. 5. 1951 gilt für AG und GmbH im Bereich des Bergbaus und der Ei- **24** sen und Stahl erzeugenden Industrie – *Montanbereich* –, die in der Regel mehr als 1000 Arbeitnehmer beschäftigen (§ 1 MontanMitbestG). Es hat als lex specialis Vorrang vor dem allgemeinen MitbestG

---

[48] Gesetz zur Reform des BetrVG vom 23. 7. 2001, BGBl. I S. 1852. Das Wahlverfahren wurde durch das Gesetz zur Vereinfachung der Wahl der Arbeitnehmervertreter in den Aufsichtsrat (BGBl. I 2002, S. 1129) und die Anpassung der drei Wahlordnungen vom 27. 5. 2002 (BGBl. I S. 1682, 1708, 1741) reformiert.

[49] *BAG* NJW 1980, 2724; die spätere, lediglich klarstellende Ergänzung durch § 5 Abs. 4 BetrVG ist nach h. M. in die Verweisung einzubeziehen; Großkomm-AktG/*Oetker,* MitbestG § 3 Rn. 20; die Betriebsverfassungsreform 2001 verschob die Verweisung von Abs. 3 in Abs. 1, änderte aber insoweit nichts am Inhalt.

[50] *BAG* SAE 2001, 207 m. Anm. *Windbichler.*

(dort § 1 Abs. 2) und dem DrittelbG (§ 2 MontanMitbestG). § 1 MontanMitbestG enthält eine *Umschreibung des Montanbereichs*, deren Fassung durch Änderungen mit dem Ziel, den Anwendungsbereich des Gesetzes trotz erheblicher Veränderungen im Bereich der Eisen- und Stahlindustrie zu sichern, immer komplizierter geworden ist.[51] Das Gesetz ist im Zusammenhang mit der **alliierten Gesetzgebung nach dem zweiten Weltkrieg** zu sehen (AHK-Gesetz Nr. 27), die damals der Entflechtung der im Montanbereich gebildeten Konzerne diente.[52] Die Mitbestimmung sowie die Einbindung in die EGKS[53] hatten auch den politischen Zweck, nach dem zweiten Weltkrieg die rüstungsrelevante Montanindustrie Deutschlands auf friedliche Zwecke festzulegen und den wirtschaftlichen Wiederaufbau zu fördern. Eine gewichtige Rolle spielten dabei die nach Beschlagnahme und Demontage unklaren Verhältnisse auf der Anteilseignerseite.[54] Ob das Montanmodell den verfassungsrechtlichen Anforderungen, die das BVerfG für das MitbestG formuliert hat, genügt, steht nicht außer Zweifel.[55] Jedenfalls ist die Montanmitbestimmung sowohl wegen der eigentümlichen Entstehungsgeschichte wie auch wegen der inzwischen national und international erfolgten Entwicklung des Kapitalgesellschaftsrechts und der Entwicklung der Kapitalmärkte kein modernes Modell mehr. Anfang 2007 unterlagen noch ca. 30 Unternehmen diesem Gesetz.[56]

Das **MitbestErgG** vom 7. 8. 1956 dehnt die Montanmitbestimmung auf herrschende Konzerngesellschaften (AG und GmbH) aus, die selbst nicht dem MontanMitbestG unterliegen, aber nach diesem mitbestimmte Gesellschaften beherrschen. Auch dieses Gesetz wurde zur Bewahrung des Mitbestimmungsstatuts trotz veränderter Verhältnisse mehrfach geändert (oben Rn. 10). § 3 Abs. 2 Satz 1 Nr. 2 MitbestErgG, der eine solche Fortgeltungsbestimmung enthielt, wurde für verfassungswidrig erklärt.[57]

Die **Besetzung des Aufsichtsrates** ist *paritätisch;* von den elf Mitgliedern entfallen je fünf auf die Anteilseigner und auf die Arbeitnehmer, darunter je 1 sog. „weiteres Mitglied", das besondere Voraussetzungen erfüllen muss (§ 4 MontanMitbestG). Hinzu kommt ein zusätzliches „weiteres Mitglied"; dessen Bestellung vom Konsens beider Seiten getragen sein soll – neutrales Mitglied (§ 8 MontanMitbestG). Bei großen Gesellschaften können die Zahlen auf 15 oder 21 Mitglieder erhöht werden (§ 9 MontanMitbestG). Die Aufsichtsratsmitglieder der Anteilseignerseite werden von der Hauptversammlung gewählt; auch die Mitglieder der Arbeitnehmerseite werden von der Hauptversammlung berufen, diese ist dabei aber an *Wahlvorschläge der Betriebsräte* des Unternehmens gebunden, die diese unter Mitwirkung der teilweise mit einem *Vorschlagsrecht* ausgestatteten Gewerkschaften aufstellen (§§ 5, 6 MontanMitbestG). Die so bestellten zehn Aufsichtsratsmitglieder sollen sich auf das **elfte Mitglied** als **neutrales Mitglied** einigen, das dann ebenfalls auf Grund bindenden Vorschlags von der Hauptversammlung bestellt wird. Kommt keine Einigung zustande, so ist ein mehrstufiges Verfahren in einem paritätisch besetzten Vermittlungsausschuss vorgesehen; bleibt auch dieses erfolglos, so entscheidet letzten Endes die Hauptversammlung (§ 8 MontanMitbestG). Praktisch kommt dieses Verfahren jedoch nicht vor. Das **MitbestErgG** trifft eine ähnliche, in Einzelheiten etwas abweichende Regelung. Das elfte Mitglied soll die Handlungsfähigkeit des Aufsichtsrates auch und gerade dann gewährleisten, wenn Anteilseignervertreter und Arbeitnehmervertreter geschlossen entgegengesetzte Standpunkte vertreten. Die Abberufung von Arbeitnehmervertretern regelt § 11 MontanMitbestG bzw. § 10 m MitbestErgG.

Der **Arbeitsdirektor** (Mitglied des Vorstandes) kann nicht gegen die Mehrheit der Stimmen der Arbeitnehmervertreter bestellt werden (§ 13 MontanMitbestG). Der Aufsichtsrat ist beschlussfähig, wenn mindestens die Hälfte der Mitglieder an der Beschlussfassung teilnehmen (§ 10 MontanMitbestG). Für die **innere Ordnung des Aufsichtsrats** gelten im Übrigen die allgemeinen Regeln des Aktienrechts (unten Rn. 25 ff.).

---

[51] Großkomm-AktG/*Oetker,* Montan-MitbestG Einl. Rn. 4.

[52] Die Anwendung des MontanMitbestG auf später gegründete Gesellschaften war zunächst str., wurde dann aber vom BGH bejaht, BGHZ 87, 52 = NJW 1983, 1617; dazu *Konzen,* AG 1983, 289.

[53] Europäische Gemeinschaft für Kohle und Stahl – Montanunion –, durch Vertrag vom 18. 4. 1951 zwischen Belgien, Bundesrepublik Deutschland, Frankreich, Italien, Luxemburg und den Niederlanden als erste der europäischen Gemeinschaften gegründet.

[54] *Wiedemann* I, § 11 I 1 b.

[55] So etwa Großkomm-AktG/*Oetker,* Montan-MitbestG Einl. Rn. 7.

[56] *DGB-Bundesvorstand,* www.dgb.de/themen/themen_a_z/abiszdb/abisz_search?kwd=Arbeitgeber&showsingle=1. Beispiel zum Bedeutungsverlust durch Strukturwandel: Mannesmann hat seine Geschäftstätigkeit von der Produktion von Röhren (Montanbereich) auf die Telekommunikation verlegt und wurde von dem britischen Telekommunikationsunternehmen vodafone übernommen.

[57] BVerfGE 99, 367 = NJW 1999, 1535 – Mannesmann – auf Vorlage durch das *OLG Düsseldorf* NJW 1991, 153 = AG 1991, 153 (beachte die Verfahrensdauer).

III. Innere Ordnung des Aufsichtsrats

Das AktG enthält nur wenige Vorschriften über die innere Ordnung des Aufsichts- **25** rats (§§ 107–110), hinzu kommen die Vorschriften des MitbestG (§§ 25, 27–29, 31, 32 MitbestG). Die aktienrechtlichen Regeln sind überwiegend zwingend. In diesem Rahmen und unter Berücksichtigung der Satzung kann sich der Aufsichtsrat selbst eine **Geschäftsordnung** geben. Die Tätigkeit des Aufsichtsrates und seine Funktionsfähigkeit als Überwachungsorgan stehen im Zentrum der Corporate Governance-Diskussion (oben § 25 Rn. 40).[58] Der DCGK enthält Empfehlungen und Anregungen für die Aufsichtsratsarbeit in börsennotierten Gesellschaften, insbesondere das Zusammenwirken mit dem Vorstand. In Ländern mit Verwaltungsratssystem werden entsprechende Fragen erörtert; dort geht es mehr um die Trennung von Geschäftsführung und Kontrolle durch die Funktionsaufteilung innerhalb des Verwaltungsrats (vgl. oben § 25 Rn. 36).

1. Vorsitz

Der Aufsichtsrat muss aus seiner Mitte nach näherer Bestimmung der Satzung einen **26** **Vorsitzenden** und mindestens einen Stellvertreter wählen (§ 107 Abs. 1). Der Vorsitzende hat, soweit die Geschäftsordnung nichts anderes bestimmt, die Befugnisse, die einem Vorsitzenden eines solchen Gremiums im Allgemeinen zuzustehen pflegen (oben § 27 Rn. 31), jedoch kein Alleinentscheidungsrecht. Einzelne Aufgaben sind ihm durch Gesetz übertragen (z.B. §§ 90 Abs. 1 Satz 3, 109 Abs. 2, 110 Abs. 1 Satz 1, 184 Abs. 1, 188 Abs. 1, 195 Abs. 1, 223). Der **Stellvertreter** hat nur dann die Rechte und Pflichten des Vorsitzenden, wenn dieser verhindert ist (§ 107 Abs. 1 Satz 3). Der DCGK (Nr. 5.2) weist dem Aufsichtsratsvorsitzenden insbesondere die ständige Kontaktpflege zum Vorstand und dessen Vorsitzenden zu.

2. Beschlüsse

Der Aufsichtsrat entscheidet als Kollegium stets und ausdrücklich durch **Beschluss** **27** (§ 108 Abs. 1). Deshalb ist eine stillschweigende Zustimmung oder sonstige Willenserklärung des Aufsichtsrats nicht möglich.[59] Die Beschlussfassung erfolgt im Allgemeinen in *Sitzungen*. Schriftliche, telegrafische oder fernmündliche Abstimmung *ohne Sitzung* (auch: Videokonferenz) darf erfolgen, wenn kein Mitglied widerspricht (§ 108 Abs. 4). Die **Beschlussfähigkeit** richtet sich in erster Linie nach der Satzung. Im Übrigen ist der Aufsichtsrat beschlussfähig, wenn mindestens die Hälfte der Mitglieder, aus denen er nach Gesetz oder Satzung zu bestehen hat, an der Beschlussfassung teilnimmt. Es müssen aber stets mindestens drei Mitglieder teilnehmen; daran kann auch die Satzung nichts ändern. Der Beschlussfähigkeit steht nicht entgegen, dass dem Aufsichtsrat weniger Mitglieder als die durch Gesetz oder Satzung festgesetzte Zahl ange-

---

[58] Vgl. GroßKomm-AktG/*Hopt/Roth*, § 111 Rn. 15 ff., 49 ff.; *Kremer*, in: Ringleb/Kremer/Lutter/v. Werder, Deutscher Corporate Governance Kodex, 2. Aufl., 2005, Rn. 900 ff.; *Lutter*, ZHR 159 (1995), 287; *Schwark*, in: Hommelhoff/Lutter/Schmidt/Schön/Ulmer (Hrsg.), Corporate Governance, 2002 (ZHR-Beiheft 71), S. 75.
[59] BGHZ 10, 187, 194 = NJW 1953, 1465; BGHZ 41, 282, 286 = NJW 1964, 1367; *BGH* NZG 2005, 276; zur Auslegung von Beschlüssen *BGH* NJW 1989, 1928.

hören, auch wenn das für seine Zusammensetzung maßgebende zahlenmäßige Verhältnis nicht gewahrt ist (§ 108 Abs. 2). Abwesende Mitglieder können an der Beschlussfassung durch Überreichung schriftlicher Stimmabgaben teilnehmen – Stimmbote (Näheres § 108 Abs. 3). Für die Beschlussfassung ist im Allgemeinen die einfache Mehrheit der abgegebenen Stimmen maßgebend. Das ist zwar im Gesetz nicht ausdrücklich vorgeschrieben, ist aber bei Beschlüssen eines Kollegiums im Allgemeinen üblich.

3. Sitzungen

28   Der Aufsichtsrat muss zwei Sitzungen im Kalenderhalbjahr abhalten; in nichtbörsennotierten Gesellschaften kann der Aufsichtsrat beschließen, dass eine Sitzung im Kalenderhalbjahr abzuhalten ist (§ 110 Abs. 3). Die *Sitzungsfrequenz* gehört zu den besonderen Streitpunkten zur Funktionsfähigkeit der Aufsichtsräte; die strengere Vorschrift für börsennotierte AG wurde mehrfach geändert.[60] Im Übrigen kann jedes Aufsichtsratsmitglied und der Vorstand jederzeit verlangen, dass der Vorsitzende eine Sitzung einberuft. Die Sitzung muss binnen zwei Wochen nach der Einberufung stattfinden. Geschieht das nicht, können die Antragsteller die Sitzung selbst einberufen.

An den Sitzungen sollen im Allgemeinen nur Mitglieder des Aufsichtsrats und des Vorstands teilnehmen, doch können im Einzelfall auch Sachverständige und Auskunftspersonen zugezogen werden (§ 109).[61] An der Bilanzsitzung hat der Abschlussprüfer teilzunehmen (§ 171 Abs. 1 Satz 2). Dritte und damit nicht teilnahmeberechtigt sind sog. Ehrenmitglieder oder Ehrenvorsitzende.[62] Die Satzung kann zulassen, dass an Stelle verhinderter Aufsichtsratsmitglieder von diesen schriftlich ermächtigte Nichtmitglieder an den Sitzungen teilnehmen. Über die Sitzungen des Aufsichtsrats ist eine **Niederschrift** anzufertigen, in die u.a. die Beschlüsse des Aufsichtsrats aufzunehmen sind. Die Gültigkeit der Beschlüsse hängt aber nicht von der Protokollierung ab; die Niederschrift dient vielmehr lediglich Beweiszwecken. Jedes Mitglied des Aufsichtsrats kann Aushändigung einer Abschrift verlangen (§ 107 Abs. 2). Auf diese Weise kann ein Aufsichtsratsmitglied z.B. belegen, dass es sich gegen einen für rechtswidrig gehaltenen Beschluss verwendet hat und deshalb nicht im Rahmen der Gesamtverantwortung haftet.[63]

4. Ausschüsse

29   Der Aufsichtsrat kann nach seinem Ermessen[64] **Ausschüsse** einsetzen (§ 107 Abs. 3). Sie haben im Allgemeinen die Verhandlungen und Beschlüsse des Aufsichtsrats vorzubereiten oder die Ausführung derselben zu überwachen. Allerdings kann der Aufsichtsrat ihnen auch Entscheidungsbefugnisse übertragen. In besonders wichtigen Angelegenheiten, die § 107 Abs. 3 aufzählt, ist die eigene Entscheidung des Aufsichtsrats zwingend vorgeschrieben. Auch die Besetzung der Ausschüsse ist der Entscheidung des Aufsichtsrats vorbehalten; die Satzung kann seiner Handlungsfreiheit insoweit nicht vorgreifen. Dem gesamten Aufsichtsrat ist regelmäßig über die Arbeit der Ausschüsse zu berichten. Gerade wegen der oft dysfunktionalen Größe der Aufsichtsräte sind Ausschüsse ein wichtiges Instrument zur sachgerechten Aufgabenerfüllung. Bei börsennotierten Gesellschaften hat der Aufsichtsrat in seinem Bericht an die Hauptversammlung anzugeben, welche Ausschüsse gebildet und wie diese tätig geworden

---

[60] KonTraG 1998; TransPuG 2002, oben § 25 Rn. 33.
[61] BGHZ 47, 341 = NJW 1967, 1711; *Kindl*, Die Teilnahme an der Aufsichtsratssitzung, 1993.
[62] *Hüffer*, § 107 Rn. 9.
[63] Vgl. BGHZ 106, 54 = 1989, 979 – Opel.
[64] Nicht die Satzung, BGHZ 83, 106 = NJW 1982, 1525 – Siemens; BGHZ 122, 342 = NJW 1993, 2307; Überblick bei Großkomm-AktG/*Hopt/Roth*, § 107 Rn. 228 ff.

sind (§ 171 Abs. 2 Satz 2). Bilanz- oder Prüfungsausschüsse sind zwar nicht generell vorgeschrieben, haben aber durch die Erwähnung in den §§ 170 Abs. 3 Satz 2, 171 Abs. 1 Satz 2 besondere Bedeutung erlangt.[65] Der DCGK empfiehlt generell die Bildung von Ausschüssen und insbesondere eines Prüfungsausschusses (Audit Committee) (Nr. 5.3). Die geänderte Abschlussprüferrichtlinie, die bis Mitte 2008 umzusetzen ist,[66] verlangt in Art. 39, dass börsennotierte Unternehmen einen Prüfungsausschuss haben, der aus Mitgliedern des Aufsichtsorgans zusammengesetzt ist.

5. Besonderheiten in Aufsichtsräten nach dem MitbestG

Es gelten grundsätzlich die **Bestimmungen des AktG** (§ 25 Abs. 1 MitbestG), auch **30** für Aufgaben, Rechte und Pflichten des Aufsichtsrats. Das MitbestG enthält jedoch einige **zwingende Abweichungen.** Diese sollen die **Funktionsfähigkeit des Aufsichtsrats** sicherstellen, da die paritätische Besetzung bei Abstimmungen zu Stimmengleichheit führen kann. Dabei ist besonders an den Fall gedacht, dass die Anteilseignervertreter und die Arbeitnehmervertreter jeweils geschlossen gegeneinander stimmen. Formelles Ziel ist deshalb die **sog. Pattauflösung.** Materiell soll damit zugleich ein – allerdings nur leichtes – **Übergewicht der Anteilseignervertreter** ermöglicht werden, das aus verfassungsrechtlichen Gründen erforderlich ist[67] und das im Übrigen auch wesentlich zu dem breiten Konsens beim Erlass des Gesetzes beigetragen hat.

Die **Wahl des Aufsichtsratsvorsitzenden** und seines Stellvertreters erfolgt mit zwei Dritteln der Stimmen aller Aufsichtsratsmitglieder. Kommt die Wahl nicht zustande, so wählen in einem zweiten Wahlgang die Anteilseignervertreter den Vorsitzenden, die Arbeitnehmervertreter den Stellvertreter jeweils mit einfacher Mehrheit (§ 27 Abs. 1 und 2 MitbestG).
Aufsichtsratsbeschlüsse setzen Teilnahme von mindestens der Hälfte der vorgeschriebenen Mitgliederzahl voraus – **Beschlussfähigkeit** (§ 28 MitbestG). Sie werden normalerweise mit **einfacher Mehrheit** der abgegebenen Stimmen gefasst. Bei Stimmengleichheit kann über denselben Gegenstand erneut abgestimmt werden; führt das wiederum zur Stimmengleichheit, so hat dann und nur dann der **Aufsichtsratsvorsitzende** – dagegen nicht im Vertretungsfall dessen Stellvertreter – eine zweite Stimme, die dann den Ausschlag gibt – **Zweitstimmrecht** (§ 29 Abs. 1 und 2 MitbestG).
Bereits das Verfahren bei der Wahl des Aufsichtsratsvorsitzenden begründet im Hinblick auf das tatsächliche Gewicht seiner Stellung für die Anteilseignerseite einen etwas erhöhten Einfluss, der durch das Zweitstimmrecht auch rechtlich fixiert wird. Beide, bevorzugte Wahl des Vorsitzenden wie Ausübung des Zweitstimmrechts, stehen jedoch unter der Voraussetzung, dass vorher eine mehrheitliche Einigung gescheitert ist. Das Gesetz wirkt also primär auf die Einigung hin; dem entspricht die Praxis der mitbestimmten Aufsichtsräte noch überwiegend.
Unter den Aufgaben des Aufsichtsrats haben die **Bestellung des Vorstands** und ihr **Widerruf** be- **31** sondere Bedeutung. § 31 MitbestG enthält dafür eine besondere Regelung. Diese geht von §§ 84, 85 AktG aus (oben § 27 Rn. 4 ff.), jedoch bedarf die Bestellung der einzelnen Vorstandsmitglieder durch den Aufsichtsrat jeweils einer Mehrheit von mindestens zwei Dritteln seiner Mitglieder. Für den Fall, dass diese nicht zustande kommt, sieht das Gesetz ein weiteres Verfahren vor, bei dem ein Zweitstimmrecht des Aufsichtsratsvorsitzenden erst nach Einschaltung eines besonderen, zwingend vorgeschriebenen Ausschusses (§ 27 Abs. 3 MitbestG) und Durchführung weiterer, der Erzielung einer mehrheitlichen Einigung dienender Schritte zum Zuge kommt.
Wenn eine AG **herrschendes Konzernunternehmen** ist, werden ihr nach § 5 MitbestG die Arbeitnehmer der abhängigen Konzernunternehmen sowohl bei der Berechnung der Arbeitnehmerzahl als auch im Wahlverfahren wie eigene Arbeitnehmer zugerechnet. Die einzelnen Konzernunternehmen unterliegen weiterhin jeweils den auf sie anwendbaren Mitbestimmungsregeln. Zur Vermeidung einer Kumulation von Mitbestimmungsrechten bindet § 32 MitbestG bestimmte Beteiligungsrechte an einem

[65] *Hüffer,* § 171 Rn. 13 f.; Empirische Daten zu Aufsichtsratsausschüssen bei *v. Rosen* (Hrsg.), Aufsichtsratsvergütung bei deutschen börsennotierten Unternehmen, Studien des Deutschen Aktieninstituts H. 20, 2003, S. 64 ff.
[66] Richtlinie 2006/43/EG vom 17. Mai 2006 Abl.EG L 157/87; *Niemann,* DStR 2006, 812.
[67] BVerfGE 50, 290, 351 f., 357 = NJW 1979, 699, 705 f.; dazu oben Rn. 9.

ebenfalls dem MitbestG unterliegenden abhängigen Unternehmen, die an sich in die **Zuständigkeit des Vorstands** fallen, an die **Zustimmung der Anteilseignermehrheit im Aufsichtsrat**. Die Vorschrift ist sachlich und gesetzestechnisch missglückt; sie verlangt entgegen der Konzeption des MitbestG im Übrigen eine Art Bänkeprinzip, erfasst nur einen willkürlichen Ausschnitt von Unternehmensverbindungen und steht nicht im Einklang mit der aktienrechtlichen Kompetenzverteilung zwischen Vorstand und Aufsichtsrat.[68]

Die zwingenden Vorschriften des MitbestG und des AktG für die innere Ordnung des Aufsichtsrats sowie seine Rechte und Pflichten lassen grundsätzlich weitere, vor allem **ergänzende Bestimmungen** in der **Satzung der AG** und in der **Geschäftsordnung des Aufsichtsrats** zu (§ 25 Abs. 2 MitbestG). Möglichkeiten und Grenzen solcher Regelungen haben Literatur und Rechtsprechung nach In-Kraft-Treten des Gesetzes intensiv beschäftigt. Wesentlich ist dabei, dass im Rahmen der Satzungsautonomie der AG und der Handlungsfreiheit des Aufsichtsrats keine Regelungen getroffen werden dürfen, die zu einer Beschränkung oder Umgehung der Mitbestimmung führen, etwa den Grundsatz der Gleichstellung aller Aufsichtsratsmitglieder missachten oder die Kompetenzen des Aufsichtsrats beschneiden. Die **Beschlussfähigkeit** des Aufsichtsrats kann nicht in den von § 108 Abs. 2 Satz 1 eingeräumten Spielräumen geregelt werden, sie richtet sich nach dem zwingenden § 28 MitbestG.[69] Die Bildung und Besetzung von **Aufsichtsratsausschüssen** weist § 107 Abs. 3 AktG der alleinigen Zuständigkeit des Aufsichtsrats zu; die Satzung kann daher nicht bestimmte Ausschüsse vorschreiben.[70] Es besteht kein Anspruch auf eine bestimmte Besetzung der Ausschüsse, etwa im Verhältnis der Sitzverteilung im Aufsichtsrat. Vielmehr sind dafür Sachgesichtspunkte maßgebend.[71] Die gezielte Ausschaltung bestimmter Gruppen, vor allem der Arbeitnehmervertreter, wäre damit nicht vereinbar und deshalb rechtswidrig. Dem Ausschussvorsitzenden kann ein Zweitstimmrecht eingeräumt werden, selbst wenn er nicht Aufsichtsratsvorsitzender ist.[72] Der DCGK, der die Bildung von Ausschüssen empfiehlt (Nr. 5.3), nimmt zu diesen Fragen nicht explizit Stellung, geht aber auf die besondere Rolle des Aufsichtsratsvorsitzenden ein (Nr. 5.2). Ferner werden zur Sitzungsvorbereitung getrennte Sitzungen der Arbeitnehmer- und der Anteilseignervertreter empfohlen (Nr. 3.6).

IV. Aufgaben

1. Bestellung des Vorstands und Überwachung der Geschäftsführung

32   Der Aufsichtsrat hat zwei **Hauptaufgaben:** die **Bestellung und Abberufung des Vorstands** (oben § 27 Rn. 4 ff.) und die laufende **Überwachung der Geschäftsführung** des Vorstands.

Die Überwachungsaufgabe, in § 111 nur unvollständig umschrieben, beschränkt sich nicht auf eine **nachträgliche Kontrolle** der Geschäftsführung, sondern umfasst auch die **Beratung** des Vorstands und die **Mitwirkung an** der Formulierung **der wesentlichen Geschäftspolitik**.[73] Im Rahmen des § 77 Abs. 2 kann der Aufsichtsrat eine *Geschäftsordnung für den Vorstand* erlassen und dadurch auf die Rahmenbedingungen von Entscheidungsprozessen und deren Transparenz Einfluss nehmen (oben § 27 Rn. 30). Um dem Aufsichtsrat die Erfüllung der Überwachungsaufgabe zu ermöglichen, stehen ihm umfassende **Informationsrechte** zu.[74] § 90 verpflichtet den Vorstand zu einer umfangreichen *Berichterstattung an den Aufsichtsrat.* Es handelt sich um wie-

[68] KölnerKomm-AktG/*Mertens,* Anh. § 117 B § 32 MitbestG Rn. 2 m. w. N.; *Ulmer/Habersack,* in: Ulmer/Habersack/Henssler, Mitbestimmungsrecht, 2. Aufl., 2006, § 32 MitbestG Rn. 4; *Windbichler,* Arbeitsrecht im Konzern, 1989, S. 558 f.

[69] BGHZ 83, 151 = NJW 1982, 1530 – Bilfinger & Berger.

[70] BGHZ 83, 106 = NJW 1982, 1525 – Siemens; BGHZ 122, 342 = NJW 1993, 2307.

[71] BGHZ 122, 342 = NJW 1993, 2307; *OLG München* AG 1995, 466.

[72] BGHZ 83, 106 = NJW 1982, 1525 – Siemens; BGHZ 83, 144 = NJW 1982, 1528 – Dynamit Nobel.

[73] BGHZ 114, 127 = NJW 1991, 1830; BGHZ 126, 340 = NJW 1994, 2484; *Henze,* BB 2005, 165; Großkomm-AktG/*Hopt/Roth,* § 111 Rn. 52 ff.: Aufsichtsrat als „mitentscheidendes Kontrollorgan"; DCGK Nr. 3. und 5.1.1.

[74] Umfassend dazu *Leyens,* Information des Aufsichtsrats, 2006.

derkehrende **Berichte,** die **in regelmäßigen Abständen** zu erstatten sind (teils jährlich, teils vierteljährlich). Sie betreffen vor allem die beabsichtigte Geschäftspolitik, die Rentabilität der AG, den Gang der Geschäfte, den Umsatz und die Lage der Gesellschaft einschließlich für die AG bedeutsamer Vorgänge bei Tochtergesellschaften sowie Abweichungen der tatsächlichen Entwicklung von früher vorgelegten Planungen (§ 90 Abs. 1 und 2). Außerdem ist dem Vorsitzenden des Aufsichtsrats bei allen wichtigen Anlässen besonders zu berichten. Diese Berichte hat der Vorstand **ohne Aufforderung** zu erstatten.

Daneben kann aber auch der Aufsichtsrat von sich aus vom Vorstand **jederzeit Berichte verlangen** über Angelegenheiten der Gesellschaft einschließlich ihrer Beziehungen zu verbundenen Unternehmen und über geschäftliche Vorgänge bei diesen Unternehmen, die auf die Lage der Gesellschaft von erheblichem Einfluss sein können (§ 90 Abs. 3 Satz 1). Einen solchen Bericht kann auch *jedes einzelne Aufsichtsratsmitglied* verlangen, allerdings nur an den Aufsichtsrat als ganzes; das einzelne Mitglied soll nicht etwa einen Anspruch auf Sonderinformationen haben (§ 90 Abs. 3 Satz 2). Das ist für Arbeitnehmervertreter, aber auch sonst für Vertreter einer Minderheit wichtig, da sie den Bericht auch gegen den Willen der Mehrheit des Aufsichtsrats und des von dieser gestellten Vorsitzenden erzwingen können (unten Rn. 36).

Jedes Aufsichtsratsmitglied hat das Recht, von allen vom Vorstand erstatteten Berichten Kenntnis zu nehmen. Berichte in Textform sind ihm auf Verlangen zu übermitteln, soweit der Aufsichtsrat nichts anderes beschlossen hat (§ 90 Abs. 5). Die zuletzt genannte Möglichkeit soll die Gesellschaft in Fällen schützen, in denen besondere Umstände verlangen, dass die Berichte vertraulich bleiben. Der Aufsichtsrat kann ferner die Bücher und Schriften, die Kasse und die Bestände an Wertpapieren und Waren und das sonstige Vermögen prüfen – *Einsichtsrecht* (§ 111 Abs. 2 Satz 1 und 2). Er kann mit dieser Prüfung auch einzelne Mitglieder und für bestimmte Aufgaben besondere Sachverständige (etwa Buchprüfer) beauftragen.

Die Überwachung bezieht sich auf **Rechtmäßigkeit** und **Zweckmäßigkeit der Un-** **33** **ternehmensleitung.** Sie darf aber nicht dazu führen, dass der Aufsichtsrat die Initiative des Vorstands lähmt oder gar die eigentliche Leitung der Geschäfte an sich zieht. Gegen Mängel der Geschäftsführung hat er einzuschreiten. Dazu gehören für die AG schädliche Geschäfte sowie solche, die ein allzu großes Risiko mit sich bringen, aber auch mangelnde Initiative, Mängel in der Risikoüberwachung (vgl. § 91 Abs. 2) oder der sonstigen Organisation. Ist der Aufsichtsrat mit der Geschäftspolitik oder einzelnen Maßnahmen des Vorstands nicht einverstanden, kann er gleichwohl keine Weisungen erteilen, sondern nur versuchen, durch sonstige Einwirkung Abhilfe zu schaffen. Hilft das nicht, so ist äußerstenfalls die Abberufung des Vorstands oder einzelner Mitglieder möglich, wenn ein wichtiger Grund gegeben ist (oben § 27 Rn. 10). Das wird sich auch auf die Verhandlungssituation auswirken. Handelt es sich um bestimmte Arten von Geschäften, so kann der Aufsichtsrat deren künftige Vornahme von seiner Zustimmung abhängig machen (§ 111 Abs. 4 Satz 2). Ist durch die Handlung des Vorstands ein Schaden entstanden, so hat der Aufsichtsrat Ersatzansprüche (§ 93 Abs. 2), deren Durchsetzungschancen und die Auswirkungen auf die Gesellschaft zu erwägen. In krassen Fällen kann er sogar verpflichtet sein, Ansprüche geltend zu machen.[75] Vgl. im Übrigen zum Zusammenwirken der Organe oben § 25 Rn. 10 ff. und § 27 Rn. 1. Im weiteren Sinn zur Überwachungsaufgabe gehört die **Prüfung des Jahresabschlusses, des Lageberichts und des Gewinnverteilungsvorschlags,** ggf. auch des Konzernabschlusses und Konzernlageberichts, sowie die Berichterstattung darüber an die Hauptversammlung (§ 171; unten § 31 Rn. 22).

---

[75] BGHZ 135, 244 = NJW 1997, 1926 – ARAG/Garmenbeck.

2. Weitere Aufgaben

34   Daneben hat der Aufsichtsrat weitere Aufgaben nach dem Gesetz; zusätzliche können in der Satzung vorgesehen werden.

- Erteilung des **Prüfungsauftrags** an den von der Hauptversammlung (§ 119 Abs. 1 Nr. 4) bestellten **Abschlussprüfer** (§ 111 Abs. 2 Satz 3; unten § 31 Rn. 19). Dadurch soll die Unabhängigkeit des Abschlussprüfers vom Vorstand gestärkt werden.[76]
- **Einberufung der Hauptversammlung,** wenn es das Wohl der Gesellschaft fordert. Für den Beschluss genügt stets einfache Mehrheit (§ 111 Abs. 3).
- **Vorschläge zu den Tagesordnungspunkten der Hauptversammlung,** insbesondere der Wahl von Anteilseignervertretern in den Aufsichtsrat und des Abschlussprüfers (§ 124 Abs. 3).
- **Vertretung der Gesellschaft** bei Rechtsgeschäften und Prozessen mit Vorstandsmitgliedern, auch künftigen oder bereits endgültig ausgeschiedenen, sofern ein Zusammenhang mit dieser Stellung besteht (§ 112).[77] Die Vertretungszuständigkeit gegenüber dem Vorstand wird in den Fällen des § 147 Abs. 2 durch die Bestellung eines besonderen Vertreters verdrängt.[78] Die Erteilung des Prüfungsauftrags (§ 111 Abs. 2 Satz 3) ist ein Fall der Vertretung der AG gegenüber Dritten. Ferner wirkt der Aufsichtsrat bei Prozessen über die Anfechtung und Nichtigkeit von Hauptversammlungsbeschlüssen mit (§§ 246 Abs. 2, 249 Abs. 1). Nach dem RegE eines Gesetzes zur Modernisierung des GmbH-Rechts und zur Bekämpfung von Missbräuchen (MoMiG) vom 23. 5. 2007 vertritt der Aufsichtsrat die Gesellschaft in dem (außergewöhnlichen) Fall, dass die Gesellschaft keinen Vorstand hat (Führungslosigkeit, § 78 n. F.).
- **Zustimmung zur Kreditgewährung** an Vorstandsmitglieder, Aufsichtsratsmitglieder und bestimmte leitende Angestellte (§§ 89, 115).
- Erteilung der **Zustimmung zu bestimmten Maßnahmen der Geschäftsführung,** sofern die Satzung oder der Aufsichtsrat die Zustimmungsbedürftigkeit angeordnet hat (§ 111 Abs. 4; vgl. oben § 27 Rn. 25).
- **Berichterstattung an die Hauptversammlung** über die Prüfung des Jahresabschlusses (oben Rn. 33) sowie die eigene Überwachungstätigkeit, seine Sitzungsfrequenz und, bei börsennotierten Gesellschaften, gebildete Ausschüsse und deren Sitzungsfrequenz (§ 171 Abs. 2 Satz 2).
- Mitwirkung bei der **Feststellung des Jahresabschlusses** (§ 172).
- Mitwirkung bei der **Aktienausgabe auf Grund genehmigten Kapitals** (§§ 202 Abs. 3 Satz 2, 204 Abs. 1 Satz 2)
- Prüfung des **Abhängigkeitsberichts** (§ 314)
- Mitwirkung an der **Erklärung zur Einhaltung des DCGK** bei börsennotierten Gesellschaften (§ 161).

3. Persönliche Verpflichtung

35   Die Aufsichtsratsmitglieder haben ihre **Aufgaben persönlich zu erfüllen;** sie können sie nicht auf Dritte übertragen (§ 111 Abs. 5); Stellvertreter können nicht bestellt werden (§ 101 Abs. 3). Das schließt die Zuziehung von Hilfskräften nicht aus. Ein Anspruch darauf besteht nicht; zur Einhaltung der Verschwiegenheitspflicht (unten Rn. 37) ist Vertraulichkeit zu vereinbaren und zu überwachen.[79] Zu Stimmboten oben Rn. 27.

Aufsichtsratsmitglieder können mit der Gesellschaft zusätzlich Verträge über vergütete Tätigkeiten schließen. Praktisch relevant sind insbesondere Beraterverträge. Die Wirksamkeit solcher Verträge hängt von der Genehmigung durch den Aufsichtsrat ab (§ 114). Damit soll eine unsachliche Beeinflussung durch den Vorstand, der die AG beim Vertragsschluss und damit der Vergütungszusage vertritt,

---

[76] Die Vorschrift wurde durch das KonTraG 1998 eingefügt; vgl. dazu *Hüffer,* § 111 Rn. 12 a f. m.w.N.

[77] BGHZ 103, 213 = NJW 1988, 1384; *BGH* NJW 1989, 2055; BGHZ 130, 108 = NJW 1995, 2559; dazu *Werner,* ZGR 1989, 369.

[78] So schon *A. Hueck,* FS Bötticher, 1969, S. 197.

[79] Dazu *Lutter/Krieger,* DB 1995, 257.

verhindert werden. Für Aufgaben, die das Aufsichtsratsmitglied im Rahmen seines Amtes ohnehin zu erfüllen hat, kann kein zusätzlicher Vertrag bestehen, selbst wenn er vor der Wahl in den Aufsichtsrat geschlossen wurde.[80]

V. Konflikte

Konflikte innerhalb des Aufsichtsrates oder zwischen Aufsichtsrat und anderen **36** Organen der AG spricht das Gesetz durch Zuweisung verschiedener Rechte und Handlungsmöglichkeiten an. Dem **Aufsichtsrat als Organ** steht die Möglichkeit der Abberufung von Vorstandsmitgliedern bei erheblichen Pflichtverletzungen sowie bei Vertrauensentzug durch die Hauptversammlung (§ 84 Abs. 3, oben § 27 Rn. 10) zu, ferner das Auskunftsrecht gegenüber dem Vorstand nach § 90 Abs. 3 Satz 1. Der Aufsichtsrat vertritt die Gesellschaft gegenüber dem Vorstand und hat ggf. über die Geltendmachung von Schadensersatzansprüchen zu entscheiden (§§ 93 Abs. 2, 112, 148 Abs. 3). Soll ein Aufsichtsratsmitglied aus wichtigem Grund abberufen werden, beschließt der Aufsichtsrat über den dazu erforderlichen Antrag bei Gericht mit einfacher Mehrheit (§ 103 Abs. 3).

Das einzelne **Aufsichtsratsmitglied** kann nach § 90 Abs. 3 Satz 2 Auskünfte vom Vorstand verlangen. Dieses Individualrecht ist einklagbar.[81] Ferner haben Aufsichtsratsmitglieder das Antragsrecht im Statusverfahren (§ 98 Abs. 2 Nr. 2); sie können Anfechtungs- oder Nichtigkeitsklage bei Hauptversammlungsbeschlüssen erheben (§§ 245 Nr. 5, 249 Abs. 1); das gilt auch für die Feststellungsklage nach § 250 Abs. 3 bei fehlerhafter Aufsichtsratswahl.

Bei Konflikten innerhalb des Aufsichtsrates kann ein überstimmtes Aufsichtsratsmitglied auf Feststellung der Nichtigkeit des Beschlusses klagen, wenn es den Beschluss für rechtswidrig (nicht nur unzweckmäßig) hält.[82] Beschlüsse, die an wesentlichen Verfahrensfehlern oder Verstößen gegen Gesetz oder Satzung leiden, sind nichtig. In der Literatur wird, insbesondere im Hinblick auf heilbare Verfahrensmängel, auch Anfechtbarkeit diskutiert. Die Rechtsprechung hat sich dagegen, vor allem gegen eine Analogie zu den Vorschriften über die Anfechtung von Hauptversammlungsbeschlüssen, ausgesprochen.[83] Im Übrigen können die Organe der AG nicht aus eigenem Recht gegeneinander klagen (str., zur *Organklage* s. bereits oben § 25 Rn. 42). Insgesamt sind Gerichtsverfahren zur Konfliktlösung eher nachrangig; Klagen einzelner Aktionäre werden von der Rechtsprechung in einzelnen Fallgruppen zugelassen (unten § 30 Rn. 27).

Die Bestellung zum Aufsichtsratsmitglied bringt organschaftliche Treubindungen mit sich, die zu **Interessenkonflikten** führen können, zumal das Aufsichtsratsamt typischerweise eine Nebentätigkeit ist. Praktisch relevant ist das bei der Wahrnehmung mehrerer Aufsichtsratsmandate, gar in konkurrierenden Unternehmen, oder eigenen unternehmerischen, verbandsbezogenen oder politischen Interessen. Solche Interes-

---

[80] BGHZ 114, 127, 133 = NJW 1991, 1830; *BGH* NJW 1998, 3486; BGHZ 168, 188 = NZG 2006, 712; *BGH* NJW 2007, 289; letztere auch interessant unter personengesellschaftsrechtlichen Aspekten.

[81] BGHZ 85, 293 = NJW 1983 – Hertie; BGHZ 106, 54, 62 = NJW 1989, 979 – Opel. Die Klage ist gegen die AG zu richten; *Hüffer,* § 90 Rn. 21 m. w. N.

[82] BGHZ 135, 244 = NJW 1997, 1926 – ARAG/Garmenbeck.

[83] BGHZ 122, 342 = NJW 1993, 2307; BGHZ 124, 111 = NJW 1994, 520 – Vereinte Krankenversicherung; BGHZ 135, 244 = NJW 1997, 1926 – ARAG/Garmenbeck; *Hüffer,* § 108 Rn. 18 f. m. w. N.; sonderbarer Einzelfall: *LG Mühlhausen* AG 1996, 527: Aufsichtsrat schließt ein Mitglied durch Beschluss aus.

senkollisionen darf das Aufsichtsratsmitglied nicht zu Lasten des Unternehmensinteresses lösen. Allerdings wird nicht verlangt, dass das Aufsichtsratsmitglied unbedingt und in jedem Falle den Interessen der AG den Vorzug vor den eigenen gibt.[84] Auch der Aufsichtsrat hat ein weites unternehmerisches Ermessen, soweit er die unternehmerische Tätigkeit des Vorstands im Sinne einer präventiven Kontrolle begleitend mit gestaltet; bei der nachträglichen Kontrolle, vor allem der Geltendmachung von Ersatzansprüchen, ist der Entscheidungsspielraum kleiner.[85] Der DCGK (Nr. 5.5) empfiehlt die **Offenlegung** von drohenden Interessenkonflikten gegenüber dem gesamten Aufsichtsrat, der der Hauptversammlung über aufgetretene Interessenkonflikte und den Umgang damit berichten soll. Droht ein wesentlicher Interessenkonflikt zum Dauerproblem zu werden, schlägt der Kodex die Beendigung des Mandats vor.

VI. Haftung

37   Für die Haftung der Aufsichtsratsmitglieder gelten die Vorschriften über die Haftung des Vorstands sinngemäß (§ 116 mit § 93; oben § 27 Rn. 33 ff.). Bei **Pflichtverletzungen** haften Anteilseignervertreter und Arbeitnehmervertreter, gewählte und entsandte Mitglieder in gleicher Weise; das entspricht dem Grundsatz der **Gleichstellung aller Aufsichtsratsmitglieder** und ihrer Bindung an das Unternehmensinteresse (oben Rn. 13). Dabei ist der Maßstab der „Sorgfalt eines ordentlichen und gewissenhaften Geschäftsleiters" entsprechend der anders gearteten Aufgabe des Aufsichtsrates zu modifizieren. Einige Themenbereiche haben Literatur und Rechtsprechung besonders beschäftigt.

Die **Verschwiegenheitspflicht** nach §§ 116, 93 Abs. 1 Satz 2 trifft alle Aufsichtsratsmitglieder gleich; sie ist gesetzlich zwingend geregelt und kann durch Satzung, Geschäftsordnung oder Aufsichtsratsbeschluss nicht abgeschwächt oder erweitert werden.[86] Das TransPuG 2002 hat das durch § 116 Satz 2 noch besonders hervorgehoben; eine materielle Gesetzesänderung ist damit nicht verbunden. Praktisch ist die Durchsetzung von Vertraulichkeit umso schwieriger, je größer das betroffene Gremium ist. Auch dieser Gesichtspunkt wird im Interesse der Funktionsfähigkeit des Aufsichtsrates diskutiert.[87] Die Verletzung der Geheimhaltungspflicht ist nach § 404 strafbar.

Zum Grundsatz der Gesamtverantwortung vgl. oben § 27 Rn. 27; zur Durchsetzung von Ansprüchen vgl. oben § 27 Rn. 36 ff.; zur gesamtschuldnerischen Haftung bei nachteiliger Einflussnahme durch Dritte (§ 117 Abs. 2) oben § 27 Rn. 42.

---

[84] *Hüffer*, § 116 Rn. 4 m. w. N.; demgegenüber sind „fiduciary duties" strikter, vgl. oben § 27 Rn. 18.

[85] BGHZ 135, 244 = NJW 1997, 1926 – ARAG/Garmenbeck.

[86] BGHZ 64, 325 = NJW 1975, 1412; so schon G. *Hueck*, RdA 1975, 35; Großkomm-AktG/*Oetker*, MitbestG § 25 Rn. 24 ff.; *Raiser*, MitbestG, 4. Aufl., 2002, § 25 Rn. 124; *Ulmer/Habersack*, in: Ulmer/Habersack/Henssler, Mitbestimmungsrecht, 2. Aufl., 2006, § 25 MitbestG Rn. 99 ff.; – die Gegenmeinung (Lockerung der Pflicht im Interesse der Arbeitnehmervertreter), z. B. *Köstler/Zachert/Müller*, Aufsichtsratspraxis, 8. Aufl., 2006, Rn. 535 ff.; *Kittner*, ZHR 136 (1972), 208, hat sich nicht durchgesetzt und ist nach der Einfügung des Satz 2 in § 116 keinesfalls mehr vertretbar.

[87] *Baums* (Hrsg.), Bericht der Regierungskommission Corporate Governance, 2001, Rn. 66 ff.; *Schiessl*, AG 2002, 593, 596.

§ 29. Hauptversammlung

Die Bedeutung der Hauptversammlung und ihr Verhältnis zu den anderen Organen **1**
der AG ist oben (§ 25 Rn. 13) kurz umrissen worden. Sie ist das Organ, in dem die verschiedenen Aktionärsinteressen zur verbandechtlichen Willensbildung zusammenge-
führt werden. Die Beherrschung der Hauptversammlung vermittelt einen beherrschenden Einfluss auf die AG. Deshalb sind vor allem die Regeln über das Stimmrecht, aber
auch diejenigen über die Anfechtbarkeit und Nichtigkeit der Hauptversammlungsbeschlüsse von großer praktischer Bedeutung. Selbst wenn bei klaren Mehrheitsverhält-
nissen die Abstimmungsergebnisse voraus zu sehen sind, bietet der Beschluss den Ansatzpunkt für Informations- und Kontrollrechte, die die Interessen der Minderheit,
mittelbar auch der Gläubiger schützen.

Praktisch führt die Wahl der Anteilseignervertreter im Aufsichtsrat und die Bestellung des Vorstands durch den Aufsichtsrat zu einer kontinuierlichen *Bindung der Verwaltung an das Vertrauen der
Hauptversammlungsmehrheit.* Der Aufsichtsrat kann ein Vorstandsmitglied bei Vertrauensentzug
durch die Hauptversammlung abberufen (oben § 27 Rn. 10). Diese kann somit die Geschäftsführung
des Vorstands mittelbar kontrollieren. Der Aufsichtsrat muss die Abberufung zwar nicht vornehmen,
aber im Hinblick auf die Abhängigkeit der Anteilseignermitglieder von der Wahl durch die Hauptversammlung und damit verbundene Loyalitäten wird er sie zumindest ernsthaft in Betracht ziehen. So
ergibt sich, dass derjenige, der die Mehrheit in der Hauptversammlung hat, die AG beherrschen kann
(vgl. § 17 Abs. 2). Ist die Hauptversammlung hingegen schwach, etwa bei nicht koordiniertem Streubesitz, besteht ein Übergewicht der Verwaltung (oben § 27 Rn. 1).

I. Aufgaben

Die Zuständigkeit der Hauptversammlung umfasst – nur – die im Gesetz oder in der **2**
Satzung ausdrücklich genannten Punkte (§ 119 Abs. 1). Hervorzuheben sind:

1. Laufende Angelegenheiten

Zu den regelmäßig wiederkehrenden Aufgaben der Hauptversammlung gehören
Wahl und Abberufung der Aktionärsvertreter im Aufsichtsrat (§ 119 Abs. 1 Nr. 1; oben
§ 28 Rn. 4f.); Verwendung des Bilanzgewinns (§§ 119 Abs. 1 Nr. 2, 174), normalerweise aber nicht die Feststellung des Jahresabschlusses (§ 173); Wahl des Abschlussprüfers
(§ 119 Abs. 1 Nr. 4 i. V. m. § 318 Abs. 1 HGB). Auf diese Zuständigkeiten ist im jeweiligen Zusammenhang zurückzukommen (unten § 31).

Die **Entlastung von Vorstand und Aufsichtsrat** (§§ 119 Abs. 1 Nr. 3, 120) sieht **3**
zunächst wie eine Formalität aus, hat aber doch praktische Bedeutung. Ihre rechtliche
Bedeutung ist begrenzt. Im Aktienrecht ist der Verzicht auf Ersatzansprüche vor Ablauf von 3 Jahren zwingend verboten (§§ 93 Abs. 4, 116; anders bei der GmbH, oben
§ 22 Rn. 34). Daher kann die Entlastung diese Bedeutung nicht haben; das wird in
§ 120 Abs. 2 ausdrücklich ausgesprochen und zugleich bestimmt, dass durch die Entlastung die Hauptversammlung die Verwaltung der Gesellschaft durch die Mitglieder
des Vorstands und des Aufsichtsrats billigt. Diese Billigung hat zunächst deklaratorische Bedeutung, zumal Information zu den Kontroll- und Steuerungselementen im
Aktien- und Kapitalmarktrecht gehört (oben § 25 Rn. 16ff., 38). Wie wichtig die Ent-

lastung ist, wird vor allem im negativen Fall, d. h. bei ihrer Verweigerung deutlich, die regelmäßig große Beachtung in der interessierten Öffentlichkeit findet.[1] Ferner ist die Entlastung ein Tagesordnungspunkt, der zum Anlass für Opposition (§ 126) und für Aktionärsfragen (§ 131; unten Rn. 20) genommen werden kann. Angelegenheiten der Geschäftsführung, für die die Hauptversammlung nicht zuständig ist (unten Rn. 4), werden oft in diesem Zusammenhang diskutiert. Mängel der entlastungsbezogenen Information der Aktionäre können die Anfechtbarkeit des Beschlusses begründen, ebenso Entlastung trotz schwerer Verletzungen des Gesetzes oder der Satzung.[2]

Über die *Entlastung* ist alljährlich in den ersten acht Monaten des Geschäftsjahres zu beschließen; die Verhandlung darüber soll mit der Verhandlung über die Verwendung des Bilanzgewinns verbunden werden (§ 120 Abs. 3). Über die Entlastung der Mitglieder des Vorstands und über diejenige der Mitglieder des Aufsichtsrats wird jeweils gemeinsam abgestimmt. Eine Sonderabstimmung über die Entlastung eines einzelnen Mitglieds ist erforderlich, wenn die Hauptversammlung es beschließt oder eine Minderheit von 10% des Grundkapitals oder mit Aktien im Nennwert von mindestens 1 Mio. € es verlangt (§ 120 Abs. 1 Satz 2).

4   Für **Fragen der Geschäftsführung** ist die Hauptversammlung grundsätzlich **nicht zuständig**, außer wenn der Vorstand es verlangt (§ 119 Abs. 2; oben § 27 Rn. 26, 36). Als weitere **Ausnahme** sieht der BGH[3] den Vorstand nicht nur für berechtigt, sondern für verpflichtet an, die Hauptversammlung anzurufen, wenn eine Geschäftsführungsmaßnahme so schwerwiegend in die Rechte und Interessen der Aktionäre eingreift, dass sie an die Kernkompetenz der Hauptversammlung, über die Verfassung der Aktiengesellschaft zu bestimmen, rührt (oben § 27 Rn. 26) – **ungeschriebene Hauptversammlungskompetenz.** Die darin liegende Durchbrechung der sonst zwingenden Kompetenzverteilung in der AG wird nur dadurch verständlich, dass es sich um Fälle handelt, die in unmittelbarer Nähe von Tatbeständen liegen, die jeweils qualifizierte Hauptversammlungsbeschlüsse erfordern. Das berührt die nachfolgend zu behandelnde Grundlagenkompetenz der Hauptversammlung (unten Rn. 6). Die Praxis hat sich auf solche ungeschriebenen Hauptversammlungskompetenzen eingestellt, beklagt jedoch, dass die Rechtsprechung keine klaren Abgrenzungskriterien, z. B. in quantitativer Hinsicht, gibt.[4]

Im Ausgangsfall *Holzmüller* wurde ein Betrieb der Gesellschaft, der 80% des Gesellschaftsvermögens umfasste und der einzig gewinnbringend war, auf eine Tochtergesellschaft verlagert. Die Herrschaft über die Tochtergesellschaft übt der Vorstand aus, die Zuständigkeit der Hauptversammlung wird insoweit beschnitten ("Mediatisierungseffekt"). Deshalb hat der BGH ausnahmsweise eine ungeschriebene Hauptversammlungszuständigkeit angenommen. Welche Einzelfälle dieser Situation vergleichbar sind, ist streitig. Diskutiert werden neben Veräußerungen insbesondere Umstrukturierungen im Konzern, der Börsengang einer Tochtergesellschaft (*Initial Public Offering* – IPO), Aktienoptionspläne und Delisting (Antrag auf Rücknahme der Börsenzulassung).[5] Ein subsumtionsfähiger Obersatz konnte bisher nicht formuliert werden.

---

[1] Ein Anspruch auf Entlastung besteht nicht, Großkomm-AktG/*Mülbert*, § 120 Rn. 49 ff.

[2] BGHZ 153, 47 = NJW 2003, 1032 – Macrotron; BGHZ 160, 385 = NZG 2005, 77; *Hüffer*, § 120 Rn. 12 m. w. N. der älteren einschränkenden Rspr.

[3] BGHZ 83, 122, 131 = NJW 1982, 1703 – Holzmüller; BGHZ 159, 30 = NJW 2004, 1860 – Gelatine; auch BGHZ 153, 47 = NJW 2003, 1032 – Macrotron; Fall bei *Wiedemann/Frey*, Nr. 387.

[4] BGHZ 146, 288, 294 f. = NJW 2001, 1277, 1279 – Altana/Milupa – lässt ausdrücklich offen, ab welchem Umfang die Veräußerung eines wesentlichen Geschäftsbereichs der Hauptversammlung vorgelegt werden muss; ebenso BGHZ 159, 30 = NJW 2004, 1860, 1863 f. – Gelatine. Die Literatur versucht gleichwohl Schwellen zu formulieren, vgl. *Fleischer*, NJW 2004, 2335, 2338; *Raiser/Veil*, § 16 Rn. 13. In anderen Ländern werden klare Schwellenwerte angegeben, z. B. in den Zulassungsregeln der Londoner Börse (Chapter 10 UK Listing Rules); vgl. auch Art. L 225–38–40 des französischen code de commerce (2001).

[5] Umstrukturierung: Vgl. *OLG Celle* EWiR § 119 AktG 2/01, 651 m. Anm. *Windbichler; Fleischer*, NJW 2004, 2335, 2338; *Goette*, DStR 2004, 927; *Hüffer*, § 119 Rn. 18 ff. m. w. N. – Börsengang: für

Die verschiedenen Begründungen sind in der Literatur umstritten geblieben.[6] Die **5** ursprüngliche Anlehnung an § 119 Abs. 2 wurde überwiegend abgelehnt (vgl. oben § 27 Rn. 26). Sie hätte konsequenterweise zur Folge, dass für den Hauptversammlungsbeschluss eine einfache Mehrheit genügt und die Vertretungsmacht des Vorstands im Außenverhältnis unberührt bleibt. Teilweise legt man dagegen die Nähe zu Grundlagengeschäften (z.B. §§ 179a, 293, §§ 13, 65, 125 UmwG) im Wege einer Gesamtanalogie zugrunde; sie führte konsequenterweise zum Erfordernis einer qualifizierten Mehrheit in der Hauptversammlung,[7] aber auch zur Einschränkung der Vertretungsmacht des Vorstands, was ersichtlich nicht gewollt ist. Die Rechtsprechung geht den Weg einer offenen **Rechtsfortbildung** und verlangt im Innenverhältnis einen Hauptversammlungsbeschluss mit satzungsändernder Mehrheit (Dreiviertelmehrheit), bleibt aber bei der Einordnung als Geschäftsführungsmaßnahme ohne Beschränkung der Vertretungsmacht.[8] Rechtspolitischer Hintergrund ist der Aktionärsschutz,[9] denn ein Hauptversammlungsbeschluss unterliegt der Anfechtungsmöglichkeit und damit der Rechtskontrolle, die von jedem Aktionär in Anspruch genommen werden kann (dazu unten Rn. 48).[10] Bei Verletzung der Vorlagepflicht soll der Aktionär eine Einzelklagemöglichkeit haben (vgl. oben § 25 Rn. 42; unten § 30 Rn. 27).

Wenn eine ungeschriebene Hauptversammlungszuständigkeit angenommen wird, folgt daraus zusätzlich die Pflicht des Vorstandes, die Hauptversammlung entsprechend zu informieren. Dies gilt auch, wenn der Vorstand das Wirksamwerden eines Vertrages von der Zustimmung der Hauptversammlung abhängig gemacht hat. Einzelheiten sind umstritten[11]

2. Grundlagenkompetenz

Grundlagengeschäfte gehören nicht zur Geschäftsführung (oben § 8 Rn. 1, § 27 **6** Rn. 18). Die Grundlagenkompetenz der Hauptversammlung umfasst **alle grundsätzli-**

Hauptversammlungszuständigkeit *Lutter*, AG 2001, 349; *Schlitt/Seiler*, ZHR 166 (2002) 544, 558; MünchKomm-AktG/*Kubis*, § 119 Rn. 81; dagegen *Henze*, FS Ulmer, 2003, S. 211, 235 f.; *Wackerbarth*, AG 2002, 14 ff. – Aktienoptionspläne: Vgl. *OLG Stuttgart* NZG 2001, 1089 = AG 2001, 540. – Delisting: dafür BGHZ 153, 47 = NJW 2003, 1032 – Macrotron (mit anderer Begründung: Eingriff in die nach Art. 14 GG geschützte Mitgliedschaft); zust. *Hüffer*, § 119 Rn. 23 f.; nach h.M. jedenfalls kein Holzmüller/Gelatine-Fall: *Habersack*, AG 2005, 137, 141; MünchKomm-AktG/*Kubis*, § 119 Rn. 84; *Raiser/Veil*, § 16 Rn. 15; *K. Schmidt*, NZG 2003, 601, 603 f.; gegen Hauptversammlungszuständigkeit *Krolop*, Der Rückzug vom organisierten Kapitalmarkt (Delisting), 2005, S. 229 ff. unter Hinweis darauf, dass der Wegfall der Börsennotierung keine mitgliedschaftliche Rechtsposition beeinträchtigt (S. 235 f.).

[6] Aus der umfangreichen Lit. zu diesem Grenzbereich *Kübler/Assmann*, § 15 V; Übersicht bei *Habersack*, in: Emmerich/Habersack, Aktien- und GmbH-Konzernrecht, Vor § 311.

[7] *Lutter/Leinekugel*, ZIP 1998, 225, 230 f.; Großkomm-AktG/*Mülbert*, § 119 Rn. 21 ff., jeweils m.w.N.

[8] BGHZ 159, 30 = NJW 2004, 1860, 1863 – Gelatine.

[9] So mit Nachdruck *Hüffer*, § 119 Rn. 16 ff.; der Hinweis, dass es sich um Individualschutz der Aktionäre bei Maßnahmen von herausragender Bedeutung handele, ist als Feststellung sicher zutreffend, bietet aber keine Konstruktion für die Abweichung von der gesetzlich vorgesehenen Kompetenzverteilung; *Escher-Weingart*, Reform durch Deregulierung im Kapitalgesellschaftsrecht, 2001, S. 200 ff.; *Krolop*, Der Rückzug vom organisierten Kapitalmarkt 2005 S. 234 ff; *Mülbert*, FS Ulmer, 2003, S. 433.

[10] Kritisch zur Tauglichkeit als Aktionärsschutz *Werner*, ZHR 147 (1983) 429, 440 ff. – Wenn die Hauptversammlung ohne Verlangen des Vorstands ihrer Meinung in einer Frage der Geschäftsführung durch einen Beschluss Ausdruck gibt, ist ein solcher Beschluss für den Vorstand nicht bindend und für eine Haftungsbefreiung nach § 93 Abs. 4 Satz 1 nicht geeignet; im Übrigen ist die rechtliche Einordnung streitig; vgl. KölnerKomm-AktG/*Mertens*, § 93 Rn. 117; für Unzulässigkeit und Nichtigkeit eines solchen Beschlusses: Großkomm-AktG/*Mülbert*, § 119 Rn. 60; KölnerKomm-AktG/*Zöllner*, 1. Aufl., 1970 ff., § 119 Rn. 32 f.

[11] BGHZ 146, 288 = NJW 2001, 1277 – Altana/Milupa; *Hüffer*, § 119 Rn. 19 m.w.N.; *Lutter/Leinekugel*, ZIP 1998, 805, 814.

chen Fragen des verfassungsmäßigen Aufbaus und der Kapitalgrundlage der AG. Solche Strukturmaßnahmen sind vor allem jede Änderung der Satzung (§§ 119 Abs. 1 Nr. 5, 179) einschließlich Kapitalerhöhung und -herabsetzung (§§ 119 Abs. 1 Nr. 6, 182 ff., 222 ff.), Ausgabe von Wandelschuldverschreibungen (§ 221), Umwandlungen (§§ 1, 13, 226 ff. UmwG), Vermögensübertragung (§ 179 a), Abschluss von Unternehmensverträgen (§ 293), Eingliederung (§ 319), Auflösung (§§ 119 Abs. 1 Nr. 8, 262 Abs. 1 Nr. 2) (vgl. auch unten § 33).

3. Weitere Aufgaben

7 Außerhalb des § 119 gibt es im AktG verstreut Hauptversammlungszuständigkeiten, die teilweise zu den wiederkehrenden Angelegenheiten gehören (oben Rn. 2). Ferner sind zu nennen die Geltendmachung von Schadenersatzansprüchen aus der Gründung (§§ 46 ff.), wegen rechtswidriger Einflussnahme (§ 117) sowie gegen Mitglieder des Vorstands oder Aufsichtsrats wegen Pflichtverletzungen (§ 147 Abs. 1) einschließlich der Bestellung von Sonderprüfern (§ 142 Abs. 1). Hier setzen insbesondere Minderheitsrechte ein (vgl. § 27 Rn. 37 f.). Hinzu kommen Verzicht und Vergleich über Ersatzansprüche (§§ 50, 93 Abs. 4, 116), Zustimmung zu Nachgründungsverträgen (§ 52), Festsetzung der Aufsichtsratsvergütung (§ 113).[12]

Nach § 119 Abs. 1 kann die Satzung der Hauptversammlung weitere Aufgaben zuweisen. Die praktische Bedeutung der Vorschrift ist allerdings gering, denn sie kann nichts an der grundsätzlichen Abgrenzung der Zuständigkeit der drei Organe ändern und kann deshalb keine Beschlussfassung der Hauptversammlung in Fragen vorsehen, die nach dem Gesetz von einem anderen Organ zu erledigen sind (§ 23 Abs. 5). Das gilt vor allem für Fragen der Geschäftsführung und die Feststellung des Jahresabschlusses. Möglich ist aber beispielsweise die Entscheidung über die Einforderung rückständiger Einlagen. Umgekehrt kann die Satzung nicht die im Gesetz vorgesehene Zuständigkeit der Hauptversammlung einschränken.

II. Einberufung

1. Versammlungserfordernis

8 Die Aktionäre können ihre Rechte im Allgemeinen nur in der Hauptversammlung ausüben (§ 118 Abs. 1). Die Hauptversammlung als Willensbildungsorgan folgt grundsätzlich dem **Prinzip der Präsenzversammlung.** Schriftliche Abstimmung, wie sie bei anderen Gesellschaftsformen und in anderen Rechtsordnungen auch bei der AG möglich ist, ist nicht zulässig. Das ergibt sich auch daraus, dass alle Beschlüsse notariell protokolliert, mindestens in einer vom Vorsitzenden des Aufsichtsrates zu unterzeichnenden Niederschrift dokumentiert werden müssen (§ 130, unten Rn. 23). Selbst für die Einpersonengesellschaft gilt nichts anderes (oben § 25 Rn. 22 f.). Zur Präsenzversammlung gehört, dass die **Aktionäre** zur Stimmrechtsausübung **anwesend oder vertreten** sein müssen. Verschiedene Änderungen des Gesetzes,[13] auch im Hinblick auf den Einsatz elektronischer Medien, dienen der Erleichterung vor allem der durch Vertreter vermittelten Anwesenheit. Davon zu unterscheiden sind Bestrebungen, die Präsenzversammlung durch online-Teilnahme zu ersetzen oder zu ergänzen.[14]

---

[12] Vgl. *OLG Stuttgart* AG 1991, 404.

[13] NaStraG vom 18. 1. 2001, BGBl. I S. 123; TransPuG vom 19. 7. 2002, BGBl. I S. 2681.

[14] Dazu *Noack*, NZG 2004, 297, 299; *Spindler*, ZGR 2000, 420; *Noack/Spindler* (Hrsg.), Unternehmensrecht und Internet. Neue Medien im Aktien-, Börsen-, Steuer- und Arbeitsrecht, 2001; zu den Nutzungsmöglichkeiten des Internet nach geltendem Recht *Mimberg*, ZGR 2003, 21. – Die Leistungsfähigkeit der Präsenzversammlung ist umstritten; insbesondere bei Publikumsgesellschaften wird sie

2. Zuständigkeit zur Einberufung

Die Hauptversammlung muss besonders einberufen werden (zur Vollversammlung 9
unten Rn. 42). Die Einberufung erfolgt im Allgemeinen durch den **Vorstand**; für den
Einberufungsbeschluss genügt stets einfache Mehrheit (§ 121 Abs. 2). Auch der **Aufsichtsrat** ist zur Einberufung berechtigt und, wenn es das Wohl der AG erfordert,
auch verpflichtet; auch hier genügt einfache Mehrheit (§ 111 Abs. 3). Eine **Aktionärsminderheit** von ¹⁄₂₀ des Grundkapitals kann die Einberufung jederzeit verlangen und,
wenn Vorstand und Aufsichtsrat sie verweigern, durch Anrufung des Registergerichts
erzwingen (§ 122). Die Vorschrift ist zum Schutz der Aktionäre zwingend; die Satzung
kann das Recht lediglich einer kleineren Minderheit zubilligen.

3. Form und Frist

Die Hauptversammlung wird durch **Veröffentlichung in den Gesellschaftsblättern** 10
einberufen (§ 121 Abs. 3), d.h. elektronisch im Unternehmensregister über den eBundesanzeiger (§ 25, § 8b HGB, oben § 26 Rn. 2). Die Einberufung muss mindestens
dreißig Tage vor der Versammlung bzw. Ablauf der Anmeldefrist für die Aktionäre
(§ 123 Abs. 1, 2 Satz 2) erfolgen.[15] Sie muss Firma, Sitz der AG, Zeit und Ort der
Hauptversammlung und die Bedingungen angeben, von denen gemäß § 123 Abs. 2 die
Teilnahme an der Hauptversammlung und die Ausübung des Stimmrechts abhängen
(§ 121 Abs. 3; zum Ort § 121 Abs. 5).

Die Einberufung ist erleichtert für Gesellschaften mit überschaubarem Gesellschafterkreis. Sind die
Aktionäre namentlich bekannt, genügt die Einberufung durch eingeschriebenen Brief (§ 121 Abs. 4).
Ohne Einberufung kommt eine Hauptversammlung nur zustande, wenn sämtliche Aktionäre erschienen oder vertreten sind (Vollversammlung) und kein Aktionär der Beschlussfassung widerspricht
(§ 121 Abs. 6). Das gilt auch bei Einberufungsmängeln, die sonst die Nichtigkeit gefasster Beschlüsse
zur Folge haben (§ 241 Nr. 1).[16]

Bei der Einberufung ist die **Tagesordnung** bekannt zu machen (Einzelheiten in 11
§ 124). Über Gegenstände der Tagesordnung, die nicht ordnungsgemäß bekannt gemacht sind, dürfen keine **Beschlüsse** gefasst werden; geschieht das doch, sind diese
Beschlüsse anfechtbar. Das gilt nicht für den in der Versammlung gestellten Antrag auf
Berufung einer Hauptversammlung und für Anträge, die zu Gegenständen der Tagesordnung gestellt werden (§ 124 Abs. 4). Die Tagesordnung ist ferner maßgeblich für
das **Auskunftsrecht der Aktionäre** nach § 131 (unten Rn. 20ff.). Zu Verhandlungen
ohne Beschlussfassung bedarf es keiner Bekanntmachung. Wenn die Hauptversammlung eine Satzungsänderung oder über eine Strukturmaßnahme beschließen soll, die
nur mit Zustimmung der Hauptversammlung wirksam wird, z.B. einen Unternehmensvertrag (§ 293), sind der Wortlaut der vorgeschlagenen Satzungsänderung oder
der wesentliche Inhalt des Vertrages ebenfalls bekannt zu machen.[17] Vorstand und

---

gelegentlich von Seiten der Gesellschaft als Werbeveranstaltung inszeniert, von Seiten der Aktionäre als
Unterhaltungsausflug (Hauptkriterium: Bewirtung) besucht.
[15] Eine Ausnahme dazu enthält § 16 Abs. 4 WpÜG: zwei Wochen für eine Hauptversammlung im
Zusammenhang mit einem Übernahmeangebot; dazu unten § 33 Rn. 8. – Zur vorsorglichen Ladung auf
zwei Versammlungstage für den Fall, dass die Versammlung bis über Mitternacht dauert, damit kein
Ladungsfehler gerügt werden kann, wenn unter dem Datum des Folgetages Beschlüsse gefasst werden;
Marsch-Barner, in: Marsch-Barner/Schäfer, Handbuch börsennotierte AG, 2005, § 32 Rn. 40.
[16] *Hoffmann-Becking,* ZIP 1995, 1, 6; *Hüffer,* § 121 Rn. 22f., § 241 Rn. 12.
[17] Zu den Informationspflichten bei ungeschriebenen Hauptversammlungskompetenzen (oben Rn. 4f.)
vgl. BGHZ 146, 288 = NJW 2001, 1277 – Altana/Milupa; *Hüffer,* § 119 Rn. 19.

Aufsichtsrat haben zu jedem Punkt der Tagesordnung Vorschläge für die Beschlussfassung zu machen, für die Wahl von Aufsichtsratsmitgliedern und Abschlussprüfern jedoch nur der Aufsichtsrat. Hat eine Minderheit nach der Einberufung der Hauptversammlung Beschlussfassung über einen Gegenstand verlangt, genügt es, wenn dieser Gegenstand binnen 10 Tagen nach der Einberufung der Hauptversammlung bekannt gemacht wird (§§ 122 Abs. 2, 124 Abs. 1 Satz 2).

4. Mitteilungspflichten zur Vorbereitung der Hauptversammlung

12   Der besseren Vorbereitung der Hauptversammlung dienen die besonderen Mitteilungspflichten nach § 125. Der Vorstand hat binnen 12 Tagen nach der Bekanntmachung der Einberufung (oben Rn. 10) den **Kreditinstituten** und anderen **Finanzdienstleistern** sowie den **Aktionärsvereinigungen,** die in der letzten Hauptversammlung Stimmrechte für Aktionäre ausgeübt oder die Mitteilung verlangt haben, die Einberufung der Hauptversammlung mit weiteren Einzelheiten mitzuteilen. Auf die Möglichkeit der Ausübung des Stimmrechts durch Bevollmächtigte (§ 134 Abs. 3) oder Aktionärsvereinigungen ist hinzuweisen.[18] Die gleiche Mitteilung ist den in § 125 Abs. 2 genannten Aktionären, insbesondere im Aktienregister eingetragenen Namensaktionären (§ 67 Abs. 1), sowie auf Verlangen jedem Aufsichtsratsmitglied (§ 125 Abs. 3) zu machen. Auf diese Weise können sich Aktionäre und Aufsichtsratsmitglieder die Kontrolle der Gesellschaftsblätter ersparen. Den Wahlvorschlägen für Aufsichtsratsmitglieder sind bei börsennotierten Gesellschaften Angaben über deren Mitgliedschaft in anderen Aufsichtsräten oder vergleichbaren Gremien beizufügen (§ 125 Abs. 1 Satz 3; oben § 28 Rn. 3). Unter den Voraussetzungen der §§ 126, 127 sind auch Anträge und Wahlvorschläge von Aktionären in dem dort geregelten Umfang zugänglich zu machen.[19]

13   **Kreditinstitute** und andere **Finanzdienstleister,** die für Aktionäre Aktien verwahren oder für Aktionäre im Aktienregister eingetragen sind – sog. **Depotbanken** – haben die ihnen nach § 125 gemachten **Mitteilungen unverzüglich an die Aktionäre weiter zu geben** (§ 128 Abs. 1, 7). Beabsichtigt das Kreditinstitut, in der Hauptversammlung das Stimmrecht für Aktionäre auszuüben oder ausüben zu lassen – **Vollmachtstimmrecht** (unten Rn. 33),[20] so hat es den Aktionären außerdem eigene Vorschläge für die Ausübung des Stimmrechts zu den einzelnen Gegenständen der Tagesordnung mitzuteilen. Zusätzlich ist mitzuteilen, wenn Vorstandsmitglieder oder Mitarbeiter der Bank dem Aufsichtsrat der Gesellschaft angehören und umgekehrt, sowie eine Beteiligung der Bank an der Gesellschaft über 3% der Stimmrechte (§ 21 WpHG) und die Mitwirkung bei Emissionen von Wertpapieren der Gesellschaft (§ 128 Abs. 2).

---

[18] Der Deutsche DCGK empfiehlt in Nr. 2.3.3 der Gesellschaft, den Aktionären die persönliche Wahrnehmung ihrer Rechte zu erleichtern, sie bei der Stimmrechtsvertretung zu unterstützen und für die Bestellung eines weisungsgebundenen Vertreters zu sorgen.

[19] In der Praxis kommen vielfach Aktionärsvorschläge vor, die zu nichtigen oder anfechtbaren Beschlüssen führen würden; diese müssen nicht (§ 126 Abs. 2 Nr. 2), dürfen aber zugänglich gemacht werden. Im Interesse der „shareholder relations", der Pflege der Beziehung zwischen Gesellschaft und Aktionär, werden häufig auch unsachliche und unzulässige Vorschläge verbreitet und ausführlich diskutiert. Im TransPuG wurde daher von der Abschaffung oder Bindung des Gegenantragsrechts an engere Voraussetzungen abgesehen; die elektronische Veröffentlichung führt dagegen zu einer weniger komplizierten und kostengünstigen Verbreitung (BegrRegE, BT-Drs. 109/02 S. 47 f.).

[20] Die hier häufig anzutreffende Bezeichnung als Bankenstimmrecht oder Depotstimmrecht (vgl. z. B. *Raiser/Veil*, § 16 Rn. 103) ist ungenau, da die Verwahrung der Aktien kein Stimmrecht gewährt, der Aktionär vielmehr eine ausdrückliche Vollmacht erteilen muss, für die detaillierte Regelungen gelten (§ 135).

Die Wahrnehmung des Stimmrechts und die Entscheidung über die Stimmabgabe **14** werden weiter dadurch gefördert, dass 2005 durch das UMAG (oben § 25 Rn. 33) das **Aktionärsforum** als Einrichtung des elektronischen Bundesanzeigers geschaffen wurde.[21] Dort können Aktionäre und Aktionärsvereinigungen andere Aktionäre auffordern, gemeinsam Minderheitsrechte wahrzunehmen oder das Stimmrecht auszuüben (§ 127a). Die Aufforderung muss bestimmten Formalien entsprechen. Eine inhaltliche Diskussion erfolgt nicht im Aktionärsforum, sondern über Links auf andere Internetseiten. Die Gesellschaft kann im eBundesanzeiger auf eine Stellungnahme auf ihrer Internetseite zu der Aufforderung hinweisen. Die im Aktionärsforum veröffentlichten Eintragungen sind über die Internetseite des Unternehmensregisters zugänglich (§ 8b Abs. 2 Nr. 6 HGB).

Die Vorschriften über Mitteilungen und deren Weiterleitung sowie Abstimmungsvorschläge und Stimmrechtsvertretung sind mehrfach geändert worden, sowohl um die mittelbare oder unmittelbare Teilnahme an der Hauptversammlung zu verbessern, als auch zur Anpassung an moderne Kommunikationsformen. Die Mitteilungen können in elektronischer Form erfolgen. Ferner soll das Aktionärsforum die Kommunikation der Aktionäre untereinander fördern und das Zustandekommen von Quoren für die Ausübung von Minderheitsrechten erleichtern, ohne die Gesellschaft mit Kosten oder den Unzuträglichkeiten unsachlicher Auseinandersetzungen zu belasten. Unter Corporate Governance Gesichtspunkten (oben § 25 Rn. 40 f.) ist der Aktionär in seiner Rolle als Mitglied *(voice)* angesprochen, weniger als Investor, der bei Unzufriedenheit mit der Gesellschaft seine Aktien verkauft *(exit)*. Vertretungsmodelle und elektronische Kommunikation erlauben, das Modell der Hauptversammlung als Präsenzveranstaltung (oben Rn. 8) auszubauen.

5. Ordentliche und außerordentliche Hauptversammlungen

Ordentliche Hauptversammlungen finden regelmäßig jedes Jahr statt und be- **15** schließen zum mindesten über die Verwendung des Bilanzgewinns und die Entlastung des Vorstandes und des Aufsichtsrates. Die Verhandlungen über alle drei Punkte sollen miteinander verbunden werden (§§ 120 Abs. 3). Die ordentliche Hauptversammlung ist in den ersten 8 Monaten des Geschäftsjahres zu berufen (§ 120 Abs. 1, § 175 Abs. 1 Satz 2).

Außerordentliche Hauptversammlungen sind im Bedarfsfall anzuberaumen, wenn das Wohl der Gesellschaft das erfordert (§§ 121 Abs. 1, 111 Abs. 3) oder eine qualifizierte Minderheit es verlangt (§ 122 Abs. 1); ferner z.B. bei Verlust der Hälfte des Grundkapitals (§ 92 Abs. 1). Eine besondere Form der außerordentlichen Hauptversammlung mit verkürzter Einberufungsfrist und freigestelltem Versammlungsort regelt § 16 Abs. 3 und 4 WpÜG für den Fall eines Übernahmeangebots (unten § 33 Rn. 8).

III. Teilnahmeberechtigung und Verlauf der Hauptversammlung

Über den Verlauf der Hauptversammlung enthält das Gesetz einige grundlegende **16** Vorschriften. Die Satzung kann weitere Bestimmungen aufstellen. Im Übrigen regelt die Hauptversammlung ihre Geschäftsordnung selbst durch Beschluss (§ 129 Abs. 1). Für kleine Gesellschaften bestehen Erleichterungen. Gleichwohl ist nach wie vor eine echte (nicht: virtuelle) Versammlung erforderlich (oben Rn. 8).

---

[21] Dazu *Seibert*, AG 2006, 16; *Dauner-Lieb*, WM 2007, 9; Einzelheiten sind in der Aktionärsforumsverordnung vom 22. 11. 2005, BGBl. I S. 3193 geregelt.

1. Teilnahme an der Hauptversammlung

17   **Alle Aktionäre** sind **teilnahmeberechtigt,** gleichgültig ob ihnen das Stimmrecht zusteht, außerdem die Mitglieder des Vorstands und des Aufsichtsrats, auch wenn sie
nicht Aktionäre sind. Vorstands- und Aufsichtsratsmitglieder sollen an der Versammlung teilnehmen. Die Satzung kann vorsehen, dass in bestimmten Fällen Aufsichtsratsmitglieder im Wege der Bild- und Tonübertragung (Videozuschaltung) teilnehmen
dürfen (§ 118 Abs. 2). Die Satzung oder Geschäftsordnung kann die Übertragung der
gesamten Hauptversammlung in Ton und Bild zulassen (§ 118 Abs. 3); das entwickelt
sich für Publikumsgesellschaften zum Standard und wird im DCGK Nr. 2.3.4 empfohlen. Verfolgt ein Aktionär die Hauptversammlung über das Internet, liegt darin
allerdings keine „Teilnahme", auch wenn der Zugang nur für Aktionäre mit Passwort
möglich ist.

Bis zur Änderung durch das UMAG 2005 konnte die Teilnahme oder auch nur die Ausübung des
Stimmrechts davon abhängig gemacht werden, dass die Aktien bis zu einem bestimmten Zeitpunkt vor
der Versammlung hinterlegt wurden. Bei börsennotierten Gesellschaften erschwerte das den Aktienhandel im Zeitraum um die Hauptversammlung erheblich. Daher kann jetzt nur noch die Anmeldung
verlangt werden (§ 123 Abs. 2). Ohne eine besondere Satzungsbestimmung ist eine Anmeldung nicht
nötig. Für die Legitimation als Aktionär bei börsennotierten Gesellschaften ist der Nachweis der Aktionärseigenschaft zum Beginn des 21. Tages vor der Hauptversammlung maßgebend – sog. *record
date.* Legitimierter und materiell berechtigter Aktionär brauchen also nicht identisch zu sein, wenn
zwischenzeitlich die Aktien veräußert werden (unten § 30 Rn. 2). Die Anmeldung und früher insbesondere die Hinterlegung erschwerten die Teilnahme, vor allem für ausländische Aktionäre.[22]

2. Verzeichnis der Teilnehmer

18   In der Hauptversammlung ist ein Verzeichnis der erschienenen oder vertretenen Aktionäre und ihrer
Vertreter mit Angabe des Namens, des Wohnorts, des Betrags der vertretenen Aktien bei Nennbetragsaktien, sonst der Anzahl der Stückaktien, und der Aktiengattung aufzustellen und zur Einsicht für alle
Teilnehmer auszulegen (§ 129 Abs. 1 Satz 2 und Abs. 4). Ist einem Kreditinstitut, einem Finanzdienstleister, einer Aktionärsvereinigung oder einem geschäftsmäßig Handelnden **Stimmrechtsvollmacht** erteilt und wird diese **im Namen dessen, den es angeht,** ausgeübt, sind Betrag und Gattung der
Aktien gesondert anzugeben, nicht aber die Namen der Aktionäre (§ 129 Abs. 2, unten Rn. 32 ff.). Die
Bestimmung, die den Vorschriften über das Vollmachtstimmrecht angepasst ist, soll kenntlich machen,
dass mit fremdem Aktienbesitz abgestimmt wird, dabei aber die Anonymität des Aktionärs wahren. Ist
jemand ermächtigt, im eigenen Namen das Stimmrecht für ihm nicht gehörende Aktien auszuüben –
Legitimationsaktionär (unten Rn. 29, 33), hat er Betrag und Gattung dieser Aktien gesondert anzugeben, nicht dagegen deren Eigentümer (§ 129 Abs. 3). Auch in diesem Fall soll die Abstimmung mit
fremdem Aktienbesitz erkennbar sein, während der Eigentümer selbst nicht hervorzutreten braucht.

3. Versammlungsleiter

19   Die Versammlung muss einen **Vorsitzenden** haben, der die Verhandlung leitet und
die Beschlüsse verkündet.[23] Wer Vorsitzender ist, bestimmt die Satzung; fehlt eine Be-

---

[22] Eine vergleichende Studie der Deutschen Schutzvereinigung für Wertpapierbesitz über die Jahre
1998–2002 zeigt bei den 30 DAX-Unternehmen Hauptversammlungspräsenzen zwischen 22% und
84,5% bei einem Durchschnitt von 60,95% (1998), sinkend auf 51,23% (2002). Die unterschiedliche
Teilnahmefreundlichkeit der verschieden europäischen Aktienrechte belegt die DSW-Europastudie
(Deutsche Schutzvereinigung für Wertpapierbesitz, Düsseldorf 1999); vgl. nunmehr Richtlinie 2007/
36/EG über die Ausübung bestimmter Rechte von Aktionären in börsennotierten Gesellschaften vom
11. 7. 2007 Abl. L 184/17 v. 14. 7. 2007, insbes. Art. 7; näher dazu *Grundmann/Winkler,* ZIP 2006,
1421; *Noack,* NZG 2006, 321.

[23] Zur Versammlungsleitung *Marsch-Barner,* in: Marsch-Barner/Schäfer, Handbuch börsennotierte
AG, 2005, § 33 Rn. 20 ff.

stimmung, wählt die Versammlung den Vorsitzenden. Üblicherweise leitet der Vorsitzende des Aufsichtsrats die Hauptversammlung. Der Vorsitzende eröffnet, schließt und unterbricht die Verhandlungen. Er hat die Aufgabe, für einen ordnungsgemäßen Ablauf der Hauptversammlung und eine sachgerechte Erledigung der Tagesordnung zu sorgen. Ihm stehen die dazu erforderlichen Rechte zu, gemäß Satzung oder Geschäftsordnung auch die Beschränkung der Frage- und Redezeit des Aktionärs (§ 131 Abs. 2 Satz 2),[24] sogar die Verweisung eines Aktionärs aus der Versammlung.[25] Der Vorsitzende muss allen Teilnehmern ausreichende Gelegenheit zur Darlegung ihres Standpunkts geben; sachlich nicht erforderliche oder unverhältnismäßige Ordnungsmaßnahmen machen die gefassten Beschlüsse anfechtbar (unten Rn. 44 f.). Nach Nr. 2.2.4 DCGK hat der Versammlungsleiter für einen zügigen Ablauf der Versammlung zu sorgen; eine ordentliche Hauptversammlung sollte nach vier bis sechs Stunden beendet sein.

4. Auskunftsrecht

Jeder Aktionär kann in der Hauptversammlung **Auskunft** über alle Angelegenheiten der AG fordern, soweit sie **zur sachgemäßen Beurteilung des Gegenstands der Tagesordnung** erforderlich ist (§ 131 Abs. 1). Das Auskunftsrecht dient dem zweckmäßigen Gebrauch des Stimmrechts, aber auch der Steuerung und Kontrolle durch Information.[26] Die Bestimmung der **Reichweite** ist schwierig und beschäftigt die Rechtsprechung immer wieder. Handelt es sich z.B. um die Entlastung von Vorstand und Aufsichtsrat, können praktisch alle Fragen der Geschäftsführung für die Beschlussfassung von Bedeutung sein. Maßstab ist der „**Standpunkt eines objektiv denkenden Aktionärs**".[27] Das Auskunftsrecht umfasst die rechtlichen und geschäftlichen Beziehungen der AG zu verbundenen Unternehmen und die Lage des verbundenen Unternehmens selbst, soweit sie für die Lage der AG Bedeutung hat. Ist die Gesellschaft ein Mutterunternehmen, hat der Vorstand in der Hauptversammlung, in der der Konzernabschluss vorgelegt wird, über die Lage der in den Konzernabschluss einbezogenen Unternehmen Auskünfte zu geben (§ 290 HGB; §§ 131 Abs. 1 Satz 4, 170 Abs. 1). Die Auskunft hat den Grundsätzen einer gewissenhaften und getreuen Rechenschaft zu entsprechen (§ 131 Abs. 2 Satz 1); sie muss alle erheblichen Tatsachen umfassen, in diesem Sinn vollständig sein. Das Auskunftsrecht in der Hauptversammlung überschneidet sich bei börsennotierten Gesellschaften mit kapitalmarktrechtlichen Informationspflichten; insoweit können Streitfragen auftreten, ob eine (zusätzliche) Auskunft in der Hauptversammlung noch erforderlich ist.

20

Der Anspruch richtet sich gegen die Gesellschaft. Er ist, wie § 131 Abs. 1 klarstellt, vom Vorstand zu erfüllen.[28] Das Interesse des Aktionärs an umfassender Unterrichtung kann kollidieren mit dem Inte-

21

---

[24] *BVerfG* NJW 2000, 349, 351; *Hüffer*, § 131 Rn. 22 a f.; *Wiedemann/Frey*, Nr. 388.

[25] Eine beliebte Unsitte ist, derart zu stören, dass der Versammlungsleiter den Störer aus dem Saal tragen lässt; darauf wird dann eine Anfechtungsklage wegen Verletzung des Teilnahmerechts gestützt, die wiederum mit Hilfe des Relevanzkriteriums (unten Rn. 45) entschärft wird; *OLG Stuttgart* AG 1995, 234 – Daimler Benz; *BVerfG* NJW 2000, 349.

[26] Zur dogmatischen Grundlegung *Merkt*, Unternehmenspublizität, 2001, S. 257 ff.; rechtsvergleichend *Siems*, Die Konvergenz der Rechtssysteme im Recht der Aktionäre, 2005, S. 157 ff.

[27] BGHZ 160, 385, = NJW 2005, 828; vgl. auch § 243 Abs. 4 Satz 1.

[28] Es gehört zur Vorbereitung der Hauptversammlung, Informationen zu Aktionärsfragen bereit zu stellen, mit denen gerechnet werden kann. Darüber hinaus steht üblicherweise eine Gruppe von Mitarbeitern während der Hauptversammlung zur Verfügung, die kurzfristig Daten und Zahlen zusammenstellt, die der Vorstand zur Beantwortung einer Frage heranziehen will. Vgl. dazu *OLG Düsseldorf* AG 1992, 34.

resse der Gesellschaft an der Geheimhaltung ihrer geschäftlichen Angelegenheiten. Deshalb zählt § 131 Abs. 3 abschließend Gründe auf, die den Vorstand zur **Verweigerung der Auskunft** berechtigen. Die Verweigerung darf vor allem erfolgen, soweit die Auskunft nach vernünftiger kaufmännischer Beurteilung geeignet ist, der AG oder einem verbundenen Unternehmen einen nicht unerheblichen Nachteil zuzufügen;[29] weitere Einzelheiten in § 131 Abs. 3. Über die Verweigerung entscheidet zunächst der Vorstand nach pflichtgemäßem Ermessen. Seine Entscheidung unterliegt aber in vollem Umfang **gerichtlicher Nachprüfung.** Für die Entscheidung ist das Landgericht des Sitzes der AG ausschließlich zuständig; es entscheidet im Verfahren der freiwilligen Gerichtsbarkeit (Näheres in § 132). Wenn eine Auskunft zu Unrecht verweigert oder eine Auskunft unzutreffend oder unvollständig erteilt worden ist, können die daraufhin gefassten **Beschlüsse angefochten** werden (unten Rn. 44 ff.). Ein **Auskunftserzwingungsverfahren** nach § 132 braucht nicht vorauszugehen.[30]

22   Um zu vermeiden, dass einzelne Aktionäre bei der Unterrichtung über die Verhältnisse der AG bevorzugt werden, bestimmt § 131 Abs. 4, dass eine Auskunft, die einem Aktionär wegen seiner Aktionärseigenschaft außerhalb der Hauptversammlung gegeben worden ist, jedem anderen Aktionär auf sein Verlangen in der Hauptversammlung zu erteilen ist, auch wenn sie zur sachgemäßen Beurteilung des Gegenstandes der Tagesordnung nicht erforderlich ist. Ein Recht zur Verweigerung der Auskunft besteht in diesem Fall im Allgemeinen nicht (§ 131 Abs. 4 Satz 2). Eine Gleichbehandlung der Aktionäre (vgl. § 53 a) wird dadurch nur bedingt erreicht, denn die Auskunft ist in der (nächsten) Hauptversammlung zu erteilen. Ferner fallen all die Fälle nicht unter die Vorschrift, in denen eine andere Beziehung als die der Mitgliedschaft der Auskunft zu Grunde liegt, z.B. eine Bankverbindung oder ein Unternehmensvertrag (§§ 291 f.). Streitig ist, ob innerhalb von Unternehmensverbindungen ohne solche vertragliche Grundlage Vorzugsauskünfte gegeben werden können, ohne die Folgen des § 131 Abs. 4 auszulösen.[31] Ausdrücklich ausgenommen sind Auskünfte, die Gesellschaften einem Mutterunternehmen zum Zweck der Erstellung einer Konzernbilanz zu erteilen haben (§ 131 Abs. 4 Satz 3, § 294 Abs. 3 HGB).

5. Notarielles Protokoll

23   Die meisten **Hauptversammlungen** sind **notariell zu protokollieren.** Ausgenommen sind nur Hauptversammlungen nichtbörsennotierter Gesellschaften, wenn keine Beschlüsse gefasst werden, die einer satzungsändernden Mehrheit bedürfen; dann genügt eine vom Vorsitzenden des Aufsichtsrates unterzeichnete Niederschrift (§ 130 Abs. 1). In dem notariellen Protokoll sind im Übrigen alle Beschlüsse zu beurkunden; anderenfalls sind sie nach § 241 Nr. 2 nichtig. Dasselbe gilt für ein die Gesellschaft bindendes Minderheitsverlangen (§ 130 Abs. 1 Satz 2).

Zu beurkunden sind Art und **Ergebnis der Abstimmung** und die **Feststellung des Vorsitzenden** über die Beschlussfassung. Was der Vorsitzende als gefassten Beschluss verkündet hat und vom Notar beurkundet ist, ist zunächst maßgebend; zu den Folgen unrichtiger Verkündung durch den Vorsitzenden unten Rn. 25. In die Niederschrift sind weiter etwaige Widersprüche von Aktionären gegen gefasste Beschlüsse (unten Rn. 48) aufzunehmen. Ferner kann, wenn eine Auskunft vom Vorstand verweigert worden ist, der Aktionär verlangen, dass seine Frage und der Grund für die Verweigerung der Auskunft beurkundet werden (§ 131 Abs. 5). Unverzüglich nach der Versammlung hat der Vorstand eine öffentlich beglaubigte Abschrift des vom Notar unterschriebenen Protokolls und seiner Anlagen zum Handelsregister einzureichen (§ 130 Abs. 5), so dass die nach §§ 8b Abs. 2 Nr. 1, 9 HGB allgemein zugänglichen Registerakten über alle Hauptversammlungsbeschlüsse Auskunft geben.

---

[29] Zum Abwägungsmaßstab BGHZ 86, 1, 19 = NJW 1983, 878; *BVerfG* NJW 2000, 129 – Scheidemandel.

[30] Die Rechtsprechung verlangt aber Relevanz (nicht: Kausalität) des Verfahrensmangels für den Beschluss, BGHZ 119, 1, 18 = NJW 1992, 2760, 2764 f.; BGHZ 122, 211, 238 ff. = NJW 1993, 1976, 1982 f.; *BGH* NJW 2002, 1128 – Sachsenmilch III; s. unten Rn. 45, 47.

[31] Nach h. M. ist der faktische Konzern insoweit privilegiert, *Hüffer*, § 131 Rn. 38 m. w. N.

IV. Beschlüsse

1. Mehrheitserfordernisse

Die Hauptversammlung bringt ihren Willen durch Beschlüsse zum Ausdruck. Die **24** Teilnahme einer bestimmten Zahl von Aktionären ist nach dem Gesetz für die **Beschlussfähigkeit** nicht erforderlich; die Satzung kann aber ein Quorum festsetzen. Die Beschlüsse erfordern im Allgemeinen **einfache Mehrheit der abgegebenen Stimmen** (§ 133). Wer nicht anwesend oder vertreten ist oder wer sich der Stimme enthält, zählt nicht mit. Bei Stimmengleichheit ist der Antrag abgelehnt.

Für eine ganze Reihe von Fällen, die sog. Grundlagenbeschlüsse, schreibt das **Gesetz** eine **qualifizierte Mehrheit** vor (in der Regel ¾), teils dispositiv (so bei Satzungsänderungen), teils zwingend (so für die Kapitalherabsetzung). Soweit es sich dabei um eine Mehrheit des vertretenen Grundkapitals, also um eine Kapitalmehrheit handelt, muss zusätzlich jedenfalls einfache Stimmenmehrheit gegeben sein, da sonst überhaupt kein positiver Beschluss vorliegt. Das ist dann von Bedeutung, wenn das Stimmrecht nicht der Kapitalbeteiligung entspricht (unten Rn. 27). Bei bestimmten Beschlüssen müssen, wenn mehrere Gattungen von Aktien vorhanden sind, zu dem Beschluss der ganzen Hauptversammlung noch **Sonderbeschlüsse** der Gattungen hinzukommen (Näheres unten § 32 Rn. 6). Bei **Wahlen** kann die Satzung von der einfachen Stimmenmehrheit absehen, z. B. relative Mehrheit genügen lassen (§ 133 Abs. 2). Die **Satzung** kann schärfere Voraussetzungen, vor allem eine qualifizierte Mehrheit oder Zustimmung eines Mindestteils des Grundkapitals vorsehen.

2. Feststellung und Verkündung des Ergebnisses

Alle Beschlüsse müssen **vom Vorsitzenden** festgestellt und verkündet werden; erst **25** dadurch werden sie wirksam. Außerdem müssen sie notariell beurkundet werden, soweit nicht eine vom Vorsitzenden des Aufsichtsrates unterzeichnete Niederschrift genügt (oben Rn. 23).

Hat der Vorsitzende einen Beschluss **unrichtig verkündet,** etwa weil eine größere oder geringere Mehrheit erforderlich war oder weil Stimmen zu Unrecht mit- oder nicht mitgezählt worden sind, ist der Beschluss **anfechtbar** (unten Rn. 45). Erfolgt keine Anfechtung, ist das Verkündete endgültig wirksam. Dagegen führt eine erfolgreiche Anfechtungsklage zur Nichtigkeit des verkündeten Beschlusses (§§ 241 Nr. 5, 248).

In bestimmten Fällen kann auch eine **Minderheit** eine Entscheidung herbeiführen, z. B. wenn es sich um die Sonderprüfung von Vorgängen bei der Gründung oder der Geschäftsführung handelt (§ 142 Abs. 2) oder die Aufstellung eines Konzernabschlusses, obwohl die Voraussetzungen für einen Verzicht darauf gegeben sind (§ 291 Abs. 3 Nr. 2 HGB).

V. Stimmrecht

1. Grundsatz

Das **Stimmrecht** in der Hauptversammlung steht grundsätzlich jedem Aktionär **26** **entsprechend** seiner **Beteiligung** zu (§ 12 Abs. 1) – „*one share – one vote*". Es kann ihm nicht entzogen oder von einer bestimmten Mindestzahl von Aktien abhängig gemacht werden. Eine Ausnahme besteht für Vorzugsaktien ohne Stimmrecht und bei bestimmten Anlässen, die zum Stimmrechtsausschluss führen.

Das Stimmrecht beginnt erst mit der vollen Einzahlung der Einlage. **Nicht voll eingezahlte Aktien** haben im Allgemeinen kein Stimmrecht. Dadurch soll eine sonst mögliche Umgehung des Verbots von Mehrstimmrechtsaktien (unten Rn. 32) verhindert werden. Die Satzung kann etwas anderes bestimmen, das Stimmrecht muss sich dann aber nach der Höhe der geleisteten Einlage richten (Einzelheiten in § 134 Abs. 2). Sind alle Aktien noch nicht voll einbezahlt, richtet sich auch ohne solche Satzungsbestimmung das Stimmrecht nach der Höhe der geleisteten Einlagen, da sonst überhaupt keine Beschlussfassung möglich wäre.

2. Stimmrechtsausschlüsse

a) Vorzugsaktien ohne Stimmrecht

27   Stimmrechtslose Vorzugsaktien sind Aktien, die mit einer **Vorzugsdividende** ausgestattet sind (§ 12 Abs. 1 Satz 2). Diese ist, wenn in einem Jahr kein ausreichender Gewinn erzielt wird, in späteren Jahren nachzuzahlen. Die Inhaber dieser Aktien haben alle Rechte außer dem Stimmrecht. Auch dieses steht ihnen aber dann zu, wenn und solange die Vorzugsdividende in einem Jahr nicht verteilt und der Rückstand im folgenden Jahr nicht neben dem vollen Vorzug dieses Jahres nachgezahlt wird (Einzelheiten §§ 139 ff.). Vorzugsaktien haben als Finanzierungsmittel gegenüber Schuldverschreibungen für die AG den Vorteil, dass sie in Verlustjahren keine Zinsen zu zahlen braucht; andererseits sichert die Stimmlosigkeit die Dominanz der Stammaktionäre. Anwendungsfälle sind die Börseneinführung von Familienunternehmen oder die Ausgabe von Belegschaftsaktien. Nach deutlicher Zunahme von Vorzugsaktien seit 1980 setzt sich der Grundsatz „*one share – one vote*" wieder deutlich durch.[32]

b) Interessenkollision

28   Der Aktionär kann nicht mit stimmen, wenn die Gefahr besteht, dass das persönliche Interesse das mitgliedschaftliche Interesse zu sehr überwiegt. Das gilt etwa, wenn der Betreffende durch den Beschluss entlastet oder von einer Verbindlichkeit befreit werden soll oder wenn es sich darum handelt, ob die AG gegen ihn einen Anspruch geltend machen soll. Er kann in diesen Fällen das Stimmrecht auch nicht für einen anderen ausüben; das Stimmrecht aus ihm gehörenden Aktien darf nicht durch einen anderen ausgeübt werden (§§ 136 Abs. 1, 405 Abs. 3 Nr. 5). Die Regelung ist zwingend und abschließend.

Weitergehende Stimmrechtsausschlüsse wegen Interessenkollision im älteren Aktienrecht haben sich nicht bewährt und sind deshalb beseitigt worden. Entgegenstehendes eigenes Interesse schließt also von den oben genannten Fällen abgesehen das Stimmrecht nicht aus. Z.B. kann jeder Aktionär bei seiner eigenen Wahl zum Aufsichtsrat mit stimmen (eigennütziges Verwaltungsrecht). Erstrebt aber ein Aktionär mit seiner Abstimmung Sondervorteile zum Schaden der AG oder der Aktionäre oder verletzt er Treuepflichten, kann das die Anfechtbarkeit des Beschlusses begründen (§ 243; unten Rn. 40, 46). Die Stimmabgabe ist dann nicht verboten, wird aber ggf. einer rechtlichen Kontrolle unterzogen.

c) Eigene Aktien der Gesellschaft

29   Hält die Gesellschaft eigene Aktien, ruht das Stimmrecht aus diesen Aktien. Das gilt auch für Aktien, die einem abhängigen Unternehmen oder zwar einem Dritten, aber für Rechnung der Gesellschaft oder eines von ihr abhängigen Unternehmens gehören (§§ 71 ff., insbes. § 71 b; unten § 30 Rn. 9). Dadurch soll der Missbrauch der sog. *Verwaltungsaktien* (oben § 25 Rn. 28 a. E.) bekämpft werden. Den gleichen Zweck, nämlich die **Verhinderung eines Einflusses der Verwaltung auf die Willensbildung der Hauptversammlung,** verfolgt § 136 Abs. 2. Danach ist ein Vertrag nichtig, durch sich ein Aktionär verpflichtet, nach Weisung der AG, ihres Vorstands, Aufsichtsrats

---

[32] *T. Bezzenberger,* Vorzugsaktien ohne Stimmrecht, 1991, S. 36 ff.; *Grundmann,* Europäisches Gesellschaftsrecht, Rn. 417, 419. Aufschlussreich zur derzeitigen Verbreitung von Vorzugsaktien in Europa ist der im Auftrag der EuropäischenKommission erstellte „Report on the Proportionality Pricinile in the European Union" von 2007 im Internet unter http://ec.europa.eu/internal_market/company/share-holders/indexb_en.htm.

oder eines abhängigen Unternehmens oder für die jeweiligen Vorschläge des Vorstands oder des Aufsichtsrats der AG zu stimmen. Zu Stimmbindungsverträgen im Übrigen unten Rn. 37.

3. Stimmgewicht

Das Stimmrecht wird nicht wie bei den Personengesellschaften grundsätzlich nach 30 Köpfen, sondern **nach Kapitalbeträgen** ausgeübt (§ 134 Abs. 1). Bei **Nennbetragsaktien** bestimmt sich das Stimmrecht nach dem Nennwert, bei **Stückaktien** nach deren Anzahl. Das entspricht dem Wesen der Kapitalgesellschaft. Wer Aktien im Nennwert von insgesamt 10 000 € besitzt, hat, wenn der Nennwert der Aktien der Gesellschaft 1 € beträgt, 10 000 Stimmen. Davon gibt es zwei **Ausnahmen,** die rechtspolitisch umstritten und allgemein im Rückgang begriffen sind.

Besitzt ein Aktionär mehrere Aktien, kann die Satzung bei **nichtbörsennotierten** 31 **Gesellschaften** (§ 3 Abs. 2) sein Stimmrecht beschränken – **Höchststimmrecht** (§ 134 Abs. 1 Satz 2–6). Sie kann z. B. vorschreiben, dass niemand mehr als 100 Stimmen haben soll, oder dass das Stimmrecht bei größerem Aktienbesitz abgestuft abnimmt. Für Publikumsgesellschaften sind Höchststimmrechte seit dem KonTraG von 1998 nicht mehr zulässig; als Maßnahme zur Abwehr von (aus der Sicht von Vorstand und Aufsichtsrat) feindlichen Übernahmen (vgl. unten § 33 Rn. 8) waren solche Satzungsbestimmungen ohnehin umstritten geblieben.[33]

Die Ausstattung von Aktien mit mehrfachem Stimmrecht – **Mehrstimmrechtsak-** 32 **tien** – hat in der Vergangenheit zu schweren Missständen geführt (oben § 25 Rn. 28) und ist seit dem KonTraG von 1998 **generell,** nicht nur für börsennotierte Gesellschaften, **verboten** (§ 12 Abs. 2).

Seit dem AktG 1937 war die Neubegründung nur noch mit ministerieller Genehmigung zulässig; das AktG 1965 hatte daran zunächst festgehalten. Mehrstimmrechtsaktien waren grundsätzlich unzulässig, konnten aber durch die für die Wirtschaft zuständige oberste Landesbehörde zugelassen werden, soweit es zur Wahrung überwiegender gesamtwirtschaftlicher Belange erforderlich erschien.[34] Für früher rechtmäßig geschaffene Mehrstimmrechte enthält § 5 EGAktG Übergangsvorschriften zu deren Beseitigung.[35] Im europäischen Ausland gebräuchliche Mehrstimmrechte zum Schutz öffentlicher oder fiskalischer Interessen haben mehrfach den EuGH unter dem Aspekt der Kapitalverkehrsfreiheit beschäftigt.[36]

4. Stimmrechtsausübung durch Dritte

Wie schon bei den Mitteilungspflichten zur Vorbereitung der Hauptversammlung 33 angesprochen, ist es oft für den einzelnen Aktionär nicht möglich oder sinnvoll, selbst

---

[33] Vgl. BGHZ 70, 117; *Adams,* AG 1990, 63; *Baums,* AG 1990, 221; *U. H. Schneider,* AG 1990, 56; *Zöllner/Noack,* AG 1991, 117; im Fall VW beruht das Höchststimmrecht auf Sondergesetz, das in seiner Gesamtheit aber europarechtswidrig ist, *EuGH* v. 23. 10. 2007 – Rs. C-112/05, ZIP 2007, 2068 – Kommission/Deutschland.

[34] Das wurde z. B. bei bestimmten gemischtwirtschaftlichen Unternehmen, insbesondere kommunalen Energieversorgern, angenommen, um der öffentlichen Hand Einfluss zu sichern; vgl. *OVG Münster* WM 1996, 907.

[35] *Hüffer,* § 12 Rn. 11 ff.; zu Ausgleichszahlungen bei Abschaffung der Mehrstimmrechte *BayObLG* ZIP 2002, 1765.

[36] *EuGH* NJW 2002, 2303 – Energieversorgung Belgien; 2002, 2305 – Elf-Aquitaine/Energieversorgung Frankreich; 2002, 2306 – Ausländerdiskriminierung/Portugal; NZG 2006, 942 – Privatisierung Post/Niederlande; *Armbrüster,* JuS 2003, 227; *Grundmann/Möslein,* ZGR 2003, 317, 324, 353; zum VW-Gesetz oben Fn. 33; zur Verbreitung von Mehrstimmrechten und ähnlichen Vorkehrungen in Europa der in Fn. 32 genannte Report.

an der Hauptversammlung teilzunehmen (oben Rn. 12 f.). Die Stimmrechtsausübung durch Dritte hat deshalb ganz besondere Bedeutung. Sie erfolgt entweder im Wege der Stimmrechtsvollmacht oder der Ermächtigung der Stimmrechtsausübung im eigenen Namen. Ferner gibt es Formen treuhänderischen Aktienbesitzes, in denen als eigentlich Stimmberechtigter der Treugeber angesehen werden muss.

a) Stimmrechtsvollmacht

Die Stimmrechtsvollmacht bedarf der Schriftform, wenn nicht die Satzung Erleichterungen vorsieht (§ 134 Abs. 3 Satz 2). Im Übrigen richten sich Erteilung und Widerruf der Vollmacht grundsätzlich nach §§ 167 ff. BGB. Besondere Vorschriften bestehen für die Ausübung des Stimmrechts durch Kreditinstitute und gewerbsmäßig Handelnde (§ 135) sowie für den von der Gesellschaft selbst bestellten Vertreter (§ 134 Abs. 3 Satz 3).

34   Die Bevollmächtigung eines Kreditinstituts oder Finanzdienstleisters (§ 125 Abs. 5) bedarf nicht mehr der Schriftform; hier sind insbesondere **elektronische Vollmachten** möglich. Mit anderen Erklärungen darf sie nicht verbunden werden. In der eigenen Hauptversammlung und in der Hauptversammlung von Unternehmen, an denen das Kreditinstitut mit mehr als 5% des Grundkapitals beteiligt ist, darf es Vollmachtstimmrechte nur ausüben, soweit der Aktionär ausdrückliche Weisungen zu einzelnen Tagesordnungspunkten gegeben hat (§ 135 Abs. 1). Allgemein darf die Vollmacht nur einem bestimmten Kreditinstitut erteilt werden. Sie darf unbefristet sein, ist jedoch jederzeit widerruflich, worauf das Kreditinstitut einmal jährlich hinzuweisen hat (§ 135 Abs. 2). Die Bank kann entweder unter **Benennung des Aktionärs** in dessen Namen auftreten oder, wenn die Vollmacht das bestimmt, auch **im Namen dessen, den es angeht** (§ 129 Abs. 2 Satz 2). Die Bank muss die in der Satzung bestimmten Erfordernisse für die Stimmrechtsausübung erfüllen; enthält die Satzung keine besonderen Vorschriften, genügt der Nachweis nach § 123 Abs. 3 (oben Rn. 17, *record date*). Das Gesetz lässt also die Ausübung des Stimmrechts durch die Bank zu, ohne dass der Aktionär genannt werden muss, aber es soll erkennbar sein, dass sie fremdes Stimmrecht ausübt. Soweit keine Weisungen vorliegen, hat das Kreditinstitut das Stimmrecht wie in der Mitteilung nach § 128 Abs. 2 angekündigt auszuüben, es sei denn, es ist den Umständen nach anzunehmen, der Aktionär würde bei Kenntnis der Sachlage eine Abweichung billigen. Abweichendes Stimmverhalten ist dem Aktionär mitzuteilen und zu begründen (§ 135 Abs. 5 und 8). Jedes Kreditinstitut, das Aktien verwahrt und sich zur Ausübung des Stimmrechts in der betreffenden Hauptversammlung gegenüber Aktionären erboten hat, ist verpflichtet, den Antrag eines Aktionärs zur Ausübung des Stimmrechts anzunehmen. Es kann also den Antrag nicht deshalb ablehnen, weil es die Weisungen des Aktionärs nicht billigt. Die Verpflichtung eines Kreditinstituts zum **Schadensersatz** wegen Verletzung dieser Vorschriften kann nicht im Voraus ausgeschlossen oder beschränkt werden (§ 135 Abs. 11). Dagegen wird die **Wirksamkeit der Stimmabgabe**, sofern nur eine Vollmacht vorliegt und die Bank als Bevollmächtigte gemäß den obigen Ausführungen auftritt, durch einen solchen Verstoß nicht beeinträchtigt (§ 135 Abs. 6). Die Verletzung der besonderen Informationspflichten der Kreditinstitute berechtigt nicht zur Beschlussanfechtung (unten Rn. 47, § 243 Abs. 3 Nr. 1).

35   **Ziel der Regelung** in § 135 ist nicht, die Ausübung des Stimmrechts durch Banken zu erschweren, sondern die Verwaltung der AG der Kontrolle durch die Aktionäre zu unterstellen; zugleich soll erreicht werden, dass das Stimmrecht von den Aktionären selbst oder zumindest nach ihrem Willen, jedenfalls aber nur in ihrem Interesse ausgeübt wird. Wegen der **Gefahr von Interessenkollisionen** schreibt § 128 Abs. 2 Satz 3 ausdrücklich vor, dass sich das Kreditinstitut vom Interesse des Aktionärs leiten zu lassen und **organisatorische Vorkehrungen** dafür zu treffen habe, dass Eigeninteressen aus anderen Geschäftsbereichen nicht einfließen. Die getroffenen Maßnahmen und die Stimmrechtsausübung sind zu dokumentieren. Mit den Vorschlägen hat das Kreditinstitut die Aktionäre um Erteilung von Weisungen für die Ausübung des Stimmrechts zu bitten und darauf hinzuweisen, dass es ohne solche Weisungen das Stimmrecht nach den mitgeteilten eigenen Vorschlägen ausüben werde. Die Erteilung von Weisungen ist möglichst zu erleichtern, z. B. durch (Bildschirm-)Formulare (§ 128 Abs. 2 Satz 5; vgl. auch § 16 Abs. 4 Satz 4 WpÜG). Ähnliches gilt für Aktionärsvereinigungen (§ 128 Abs. 5). Trotz der bekannten **Schwächen des Vollmachtstimmrechts der Kreditinstitute** greifen prinzipielle Einwände dagegen letztlich nicht durch, da bessere Alternativen nicht bestehen. Der Gesetzgeber ist daher bemüht, die Regelungen über die Vertretung der Aktionäre durch Banken interessengerecht auszugestalten und andere Arten der Stimmrechtsvertretung zu fördern.

Zur Erleichterung der Vertretung der Aktionäre wurde durch das NaStraG 2001 ein **von der Gesellschaft benannter Stimmrechtsvertreter** zugelassen (§ 134 Abs. 3 Satz 2). Anklänge an das frühere sog. Verwaltungsstimmrecht (oben § 25 Rn. 28) sollen damit nicht verbunden werden. §§ 71 b und 136 Abs. 2 unterbinden Stimmrechte, die gewissermaßen zur Selbstbedienung von Vorstand und Aufsichtsrat führen könnten.[37] Die gelegentlich verwendete Bezeichnung als „*Proxy*-Stimmrecht" ist irreführend, da die in den USA gebräuchliche Bevollmächtigung der *directors* oder auch Dritter (*Proxies*) zur Stimmabgabe auf anderen rechtlichen Rahmenbedingungen beruht und sehr ins Detail gehenden Regeln des Kapitalmarktrechts unterliegt.[38] § 134 Abs. 3 ist in seinem Wortlaut zu weit geraten, da offen bleibt, welchen inhaltlichen Bindungen der von der Gesellschaft benannte Stimmrechtsvertreter unterliegt. Überwiegend werden ausdrückliche Weisungen der Aktionäre zu den einzelnen Tagesordnungspunkten verlangt.[39]

b) Legitimationsübertragung

Ferner kann der Aktionär seine Aktie einem anderen **treuhänderisch zur Abstim-** 36 **mung im eigenen Namen** überlassen. Dieses Verfahren der Legitimationsübertragung findet mittelbar in § 129 Abs. 3 Anerkennung, der die gesonderte Aufnahme der Legitimationsaktionäre in das Teilnehmerverzeichnis vorsieht (oben Rn. 18). Für Kreditinstitute ist diese Form der Ausübung fremder Stimmrechte ausgeschlossen (§ 135 Abs. 1). Nur bei Namensaktien ist die Ausübung des Stimmrechts im eigenen Namen dann zulässig, wenn die Bank als Aktionär im Aktienregister eingetragen und sie vom Eigentümer zur Ausübung des Stimmrechts schriftlich ermächtigt ist (§ 135 Abs. 7). Das gilt auch bei Eintragung des Kreditinstituts auf Verlangen der Gesellschaft nach § 67 Abs. 4 Satz 2 (unten § 30 Rn. 3).

Der Vorgang ist von einer unzulässigen Abspaltung des Stimmrechts von der sonstigen Berechtigung an der Aktie zu unterscheiden (zum *Abspaltungsverbot* oben § 7 Rn. 9). Es handelt sich um eine Ermächtigung nach dem Vorbild des § 185 BGB; der Legitimationsaktionär übt also fremde Stimmrechte aus.[40]

5. Stimmbindungsverträge

Aktionäre können sich vertraglich zu einer Abstimmung in einem bestimmten Sinn 37 verpflichten, sei es allgemein, sei es für einzelne Fälle. Solche Verträge sind **grundsätzlich wirksam**.[41] Allerdings darf für eine solche Verpflichtung kein besonderer Vorteil versprochen oder gewährt werden, **Stimmenkauf ist unzulässig** und wird als Ordnungswidrigkeit geahndet (§ 405 Abs. 3 Nr. 6). Die Absprache darf nicht gegen die guten Sitten oder einen zwingenden Grundsatz des Aktienrechts verstoßen, z. B. § 136 Abs. 2 oder wenn jemand verspricht, nach den Weisungen eines Aktionärs zu stimmen, der seinerseits vom Stimmrecht ausgeschlossen ist (oben Rn. 28). Stimmbindungsverträge haben lediglich **schuldrechtliche Wirkung**. Stimmt ein Aktionär entgegen seiner Verpflichtung ab, ist seine Stimme trotzdem gültig, er wird aber dem Vertragspartner schadenersatzpflichtig; der Beschluss ist nicht etwa wegen der Vertragsverletzung anfechtbar. Der BGH lässt entgegen der ständigen Rechtsprechung des RG eine Erfüllungsklage

---

[37] Vgl. *Bachmann*, WM 1999, 2100; *ders.*, AG 2001, 635; *Habersack*, ZHR 165 (2001) 172, 185; *Zöllner*, FS Peltzer, 2001, S. 661 (zur Rechtslage vor dem NaStraG).

[38] Vgl. Sec. 14 (a) SEC Act 1934, dazu SEC Regulation 14A, SEC Rules 14 a-1 – 14 a-15: weitreichende Informationspflichten beim Einwerben von Stimmrechtsvollmachten (proxy solicitations); § 212 Delaware General Corporation Law; *Merkt/Göthel*, US-amerikanisches Gesellschaftsrecht, 2. Aufl., 2006, Rn. 784 ff.

[39] *Habersack*, ZHR 165 (2001), 172, 188; *Hüffer*, § 134 Rn. 26 b; *Noack*, ZIP 2001, 57, 62; a. A. *Bachmann*, AG 2001, 635, 638 f.

[40] *BGH* NJW 1987, 780; GroßkommAktG/*Windbichler*, § 16 Rn. 36.

[41] *BGH* NJW 1994, 2536, 2538; allgemein dazu A. *Hueck*, FS Nipperdey, 1965, S. 402 ff.; GroßKomm-AktG/*Röhricht*, § 23 Rn. 241 ff.; KölnerKomm-AktG/*Zöllner*, § 136 Rn. 83 ff.; *Noack*, Gesellschaftervereinbarungen bei Kapitalgesellschaften, 1994, S. 66 ff.

und deren Vollstreckung nach § 894 ZPO zu.[42] Solche Fälle dürften aber bei der AG
selten praktisch werden. Stimmrechtsvereinbarungen können Zurechnungen auslösen,
insbesondere das sog. *acting in concert*, § 30 Abs. 2 WpÜG und § 22 Abs. 2 WpHG.

6. Inhaltliche Bindungen bei der Stimmrechtsausübung

38   Eine **Verantwortlichkeit** für die Ausübung des Stimmrechts besteht grundsätzlich
nicht. Sie kann regelmäßig auch nicht aus einer besonderen Treuepflicht des Aktionärs
hergeleitet werden, denn die feste Kompetenzverteilung in der AG und die anonyme
Vielzahl der Aktionäre steht einer Treuebindung wie im Personengesellschaftsrecht
(oben § 7 Rn. 3 f.) entgegen (unten § 30 Rn. 33 ff.). Gleichwohl können **Missbrauch
der Mehrheitsmacht** oder die Verfolgung von Sondervorteilen zur Anfechtbarkeit der
betreffenden Beschlüsse führen (unten Rn. 40). Die vorsätzliche Schädigung der AG
durch Stimmrechtsausübung macht schadenersatzpflichtig (§ 117 Abs. 1)[43] und begründet die Anfechtbarkeit des so zustande gekommenen Beschlusses (§ 243 Abs. 2).
Ferner kann sich eine Schadenersatzpflicht nach den allgemeinen Vorschriften, insb.
§ 826 BGB, ergeben.

VI. Fehlerhafte Hauptversammlungsbeschlüsse –
Nichtigkeit und Anfechtbarkeit

39   Hauptversammlungsbeschlüsse sind für die AG wegen der strengen Kompetenzverteilung (oben § 25 Rn. 10 ff.) von besonderer Bedeutung. Das gilt für Beschlüsse in
laufenden Angelegenheiten wie Aufsichtsratswahlen oder Gewinnverwendung, erst
recht aber für Beschlüsse im Bereich der Grundlagenkompetenz (oben Rn. 6) wie Satzungsänderungen, Kapitalerhöhungen oder -herabsetzungen, Umwandlungen usw. Im
Interesse der Rechtssicherheit ist es wichtig, dass über ihren rechtlichen Bestand Klarheit herrscht. Andererseits kommt es vor, dass ein Beschluss an einem Verfahrens-
mangel leidet oder inhaltlich gegen Gesetz oder Satzung verstößt. Es wäre jedoch
untragbar, wenn noch nach Jahren aus irgendeinem Verstoß die Nichtigkeit des Beschlusses hergeleitet werden könnte. Deshalb soll ein Mangel des Beschlusses im
Allgemeinen nur im Weg der Anfechtung innerhalb einer kurzen Frist geltend gemacht werden können, so dass, wenn die Frist ohne Anfechtung verstreicht, der Beschluss definitiv gültig ist. Allerdings ist dieses Prinzip nicht vollständig durchführbar,
denn andernfalls könnte sich die Hauptversammlung über alle zwingenden Grundsätze des Aktienrechts hinwegsetzen, sofern nur die Anfechtung unterbleibt. Bei bestimmten Mängeln sind Beschlüsse auch ohne Anfechtung nichtig. Die früher streitige
Abgrenzung zwischen Anfechtbarkeit und Nichtigkeit ist seit 1937 und in ergänz-
ter und verbesserter Form seit 1965 im AktG enthalten.[44] Ferner gibt es unwirksame

---

[42] Str., BGHZ 48, 163, 173 = NJW 1967, 1963; KölnerKomm-AktG/*Zöllner*, § 136 Rn. 112 ff.;
Noack, Gesellschaftervereinbarungen bei Kapitalgesellschaften, 1994, S. 70 ff.; zum einstweiligen
Rechtsschutz *Zutt*, ZHR 155 (1991), 190.

[43] § 117 Abs. 7 sieht Ausnahmen von der Haftung bei besonderer Legitimation der Leitungsmacht
vor; das UMAG 2005 hat eine entsprechende Privilegierung der Stimmrechtsausübung abgeschafft.

[44] Grundlegend bereits *A. Hueck*, Anfechtbarkeit und Nichtigkeit von Generalversammlungsbe-
schlüssen bei Aktiengesellschaften, 1924; *ders.*, Die Sittenwidrigkeit von Generalversammlungsbe-
schlüssen der Aktiengesellschaften, FS Reichsgericht, Bd. IV, 1929, S. 167; umfassend KölnerKomm-
AktG/*Zöllner*, 1. Aufl., 1970 ff., §§ 241 ff.; *Noack*, Fehlerhafte Beschlüsse in Gesellschaften und Vereinen, 1989; Großkomm-AktG/*K. Schmidt*, § 241 Rn. 1 f.; 8 ff.

Beschlüsse, etwa wenn weitere Erfordernisse zur Wirksamkeit eines rechtmäßigen Hauptversammlungsbeschlusses noch fehlen, z.B. die Eintragung im Handelsregister (unten Rn. 54).

Das **Beschlussmängelrecht** ist ein Kandidat für einen „Allgemeinen Teil" des Gesellschaftsrechts **40** (oben § 1 Rn. 22).[45] Im GmbH-Recht haben sich die Unterscheidung zwischen Anfechtbarkeit und Nichtigkeit sowie die Anfechtungsklage als Gestaltungsklage durchgesetzt (oben § 22 Rn. 17); für die Beschlüsse anderer Organe der AG, insbesondere des Aufsichtsrats, hat die Rechtsprechung diese Abstufung dagegen nicht übernommen (oben § 28 Rn. 36). Auch im Personengesellschaftsrecht ist die Anfechtbarkeit nicht anerkannt, was in der Literatur aber umstritten ist (oben § 14 Rn. 12). Gewisse Ähnlichkeiten bestehen zur Fehlerhaftigkeit von Verwaltungsakten, wo ebenfalls zwischen Nichtigkeit und Anfechtbarkeit unterschieden wird. Weiterhin ist streitig, ob es sich bei der Geltendmachung um eine einheitliche Beschlussmängelklage mit gestaltender Wirkung handelt,[46] oder ob die Nichtigkeitsklage eine Form der Feststellungsklage ist. Die folgende Darstellung zeichnet im Interesse der Übersichtlichkeit die herrschende vorgenommene Unterscheidung nach, zumal die Klagevoraussetzungen bei Nichtigkeit und Anfechtbarkeit verschieden sind.

Von der Fehlerhaftigkeit des Hauptversammlungsbeschlusses als solchen ist ein **Mangel der einzelnen Stimmabgabe** zu unterscheiden. Die Unwirksamkeit der einzelnen Stimme wirkt sich auf den Beschluss nur aus, wenn diese Stimme für das Zustandekommen der erforderlichen Mehrheit notwendig war. Trifft das zu, so ist die Berücksichtigung einer unwirksamen Stimme ein Verfahrensfehler, der zur Anfechtbarkeit des Beschlusses (unten Rn. 45) führt.

1. Nichtigkeit

Nichtigkeit kann **von jedermann in jeder Weise geltend gemacht** werden. Eine besondere Klage ist nicht nötig, wohl aber als Feststellungsklage (§ 256 ZPO) zulässig und gesetzlich vorgesehen – **Nichtigkeitsklage.** Für diese Klage gelten, wenn sie von einem Aktionär, dem Vorstand oder einem Mitglied des Vorstands oder des Aufsichtsrats erhoben wird, die Regeln für die Anfechtungsklage teilweise sinngemäß (§ 249; unten Rn. 49). Nichtigkeitsgründe können auch eine Anfechtungsklage stützen.[47]

Das Gesetz zählt die **Nichtigkeitsgründe** in § 241, teils durch Verweisung, erschöpfend auf, um insoweit möglichst jeden Zweifel auszuschließen. Hinzu kommen in den §§ 250 ff. **Sondervorschriften** für Hauptversammlungsbeschlüsse, die die **Wahl von Aufsichtsratsmitgliedern**, die **Feststellung des Jahresabschlusses** und die **Verwendung des Bilanzgewinns** betreffen (unten Rn. 55). Für alle übrigen Hauptversammlungsbeschlüsse kommen nur die in § 241 genannten Nichtigkeitsgründe in Betracht. Die Regelung ist **abschließend** und **zwingend.**

a) Nichtigkeitsgründe

– **Unzulässige Verfahren bei Kapitalmaßnahmen,** die ausdrücklich im Gesetz aufgezählt sind (§ 241 **42** Einleitungssatz).

– **Einberufungsmängel** (§ 241 Nr. 1): Die Verletzung eines der wesentlichen Erfordernisse der Einberufung (z.B. Nichtveröffentlichung in den Gesellschaftsblättern, wenn diese nicht nach § 121 Abs. 4 entbehrlich ist, Einberufung durch einen Unbefugten oder das Fehlen von Mindestangaben) führen zur Nichtigkeit der in dieser Hauptversammlung gefassten Beschlüsse. Dadurch soll eine Überrumpelung von Aktionären, die von der Hauptversammlung nichts gehört haben, verhindert werden; deshalb tritt keine Nichtigkeit ein, wenn trotz des Einberufungsmangels alle Aktionäre erschienen oder vertreten sind – Vollversammlung (§ 121 Abs. 6).

– **Beurkundungsmängel** (§ 241 Nr. 2): Hauptversammlungsbeschlüsse sind grundsätzlich notariell zu beurkunden (§ 130, oben Rn. 23). Fehlt diese Beurkundung oder enthält sie einen wesentlichen

---

[45] So insbes. *K. Schmidt*, § 15 II.
[46] So insb. Großkomm-AktG/*K. Schmidt*, § 241 Rn. 3; für einheitlichen Streitgegenstand BGHZ 152, 1 = NJW 2002, 3465; BGHZ 160, 253 = NJW 2004, 3561: dasselbe materielle Ziel.
[47] *BGH* NJW 1995, 260; BGHZ 152, 1 = NJW 2002, 3465; BGHZ 160, 253 = NJW 2004, 3561.

Mangel, führt das zur Nichtigkeit. Entsprechendes soll bei Fehlen oder gravierenden Mängeln des privatschriftlichen Protokolls bei nichtbörsennotierten Gesellschaften gelten.[48]
– **Inhaltsmängel** (§ 241 Nr. 3): Nur **außergewöhnliche** Inhaltsmängel machen einen Beschluss nichtig, nämlich wenn der Beschluss mit dem Wesen der AG unvereinbar ist oder durch seinen Inhalt Vorschriften verletzt, die ausschließlich oder überwiegend zum Schutz der Gläubiger oder sonst im öffentlichen Interesse gegeben sind.

Beispiele: Verteilung nicht verdienten Reingewinns, Rückzahlung von Einlagen, Ankauf eigener Aktien entgegen § 71, Änderung der grundsätzlichen Zuständigkeiten der Organe der AG, besonders auch der inneren Ordnung und der Rechte und Pflichten des nach dem MitbestG mitbestimmten Aufsichtsrates.[49]

– **Sittenverstoß** (§ 241 Nr. 4): Es muss sich um einen inhaltlichen Verstoß gegen die guten Sitten handeln,[50] dagegen tritt nur Anfechtbarkeit ein, wenn der Beschluss inhaltlich indifferent ist und der Verstoß gegen die guten Sitten nur in der Art des Zustandekommens, dem Beweggrund oder dem Zweck des Beschlusses liegt (dazu unten Rn. 44 f.). Der Tatbestand ist also enger als § 138 BGB.
– **Erfolgreiche Anfechtungsklage** (§ 241 Nr. 5): Dass die Nichtigerklärung durch rechtskräftiges Urteil auf Grund einer Anfechtungsklage zur Nichtigkeit führt, ist lediglich eine Klarstellung und ergibt sich auch aus § 248.
– **Amtslöschungsverfahren** (§ 241 Nr. 6): Nach § 144 Abs. 2 FGG kann ein Beschluss im Handelsregister von Amts wegen als nichtig gelöscht werden. Das ist nur möglich, wenn er zwingende Bestimmungen verletzt und seine Beseitigung im öffentlichen Interesse erforderlich erscheint. Das Registergericht darf danach nur löschen, wenn ohnehin Nichtigkeit wegen Inhaltsmangels oder Sittenverstoßes vorliegt. Die Bedeutung der Vorschrift liegt darin, dass die vom Registergericht rechtskräftig vorgenommene Löschung die Nichtigkeit auch dann herbeiführt, wenn in Wahrheit ein Nichtigkeitsgrund nicht vorlag. Vor allem aber ist die Vorschrift wegen der in den anderen Fällen möglichen Heilung der Nichtigkeit von Bedeutung.

b) Heilung der Nichtigkeit (§ 242)

43   Die Nichtigkeit wird in den Fällen des § 241 Nr. 1–4 geheilt, sofern der Beschluss in das Handelsregister eingetragen wird.[51] Im Fall des Beurkundungsmangels genügt schon die Eintragung als solche (§ 242 Abs. 1). In den anderen Fällen muss noch der Ablauf von 3 Jahren hinzutreten (§ 242 Abs. 2). Ist bei Ablauf der Frist eine Klage auf Feststellung der Nichtigkeit rechtshängig, so verlängert sich die Frist bis zur endgültigen Erledigung der Klage. Nach Ablauf dieser Zeit kann die Nichtigkeit nur noch durch Löschung von Amts wegen aus Gründen des öffentlichen Interesses herbeigeführt werden (§ 241 Nr. 6). Diese Heilung kommt nur bei satzungsändernden Beschlüssen in Betracht, da nur sie in das Handelsregister eingetragen werden. Bemerkt der Registerrichter den Mangel des Beschlusses schon vor der Eintragung, dann muss er diese ablehnen, da er einen nichtigen Beschluss nicht berücksichtigen darf.

2. Anfechtbarkeit

44   Alle sonstigen Rechtsverstöße machen den Beschluss nur **durch Klage anfechtbar**. Ein Beschluss kann an mehreren Mängeln gleichzeitig leiden; die Anfechtung kann auch auf einen Nichtigkeitsgrund gestützt werden (oben Rn. 42). Die Verletzung schuldrechtlicher Bindungen von Aktionären (oben Rn. 37) oder der Gesellschaft selbst führt dagegen nicht zur Gesetz- oder Satzungswidrigkeit des Beschlusses.[52]

---

[48] *G. Bezzenberger,* FS Schippel, 1996, S. 361, 364 f.; *Hüffer,* § 130 Rn. 14 d f., § 241 Rn. 13.
[49] BGHZ 83, 106, 110 = NJW 1982, 1525; BGHZ 83, 151, 153 ff. = NJW 1982, 1530; BGHZ 89, 48, 50 = NJW 1984, 733; vgl. dagegen *Windbichler/Bachmann,* FS G. Bezzenberger, 2000, S. 797 einerseits, *Hüffer,* § 241 Rn. 23 andererseits.
[50] So schon RGZ 131, 141, 145; 146, 385; 166, 129, 132; vgl. auch *LG Hamburg* AG 1996, 233, 234; *OLG München* NZG 2001, 616; *OLG Dresden* NZG 1999, 1109.
[51] Näher dazu *Casper,* Die Heilung nichtiger Beschlüsse im Kapitalgesellschaftsrecht, 1998.
[52] Großkomm-AktG/*K. Schmidt,* § 243 Rn. 18.

a) Anfechtungsgründe

§ 243 Abs. 1 unterscheidet nach den die Anfechtbarkeit begründenden Regelverstößen zwischen **Gesetzwidrigkeit** und **Satzungswidrigkeit**. Der Sache nach kann man zwischen Verfahrensmängeln und Inhaltsmängeln unterscheiden.

Verfahrensfehler sind z. B. Fehler bei der Abstimmung, Abstimmungsvorschläge durch einen nicht **45** vorschriftsmäßig besetzten Vorstand[53] und vor allem unberechtigte Auskunftsverweigerung nach § 131 (oben Rn. 20 f.). Nicht jeder Fehler begründet die Anfechtbarkeit; der Verfahrensfehler muss mit dem Beschlussergebnis in einem Zusammenhang stehen. Das ist dann der Fall, wenn ein objektiv urteilender Aktionär bei anderem Verfahrensverlauf möglicherweise anders abgestimmt hätte. Dieses **Relevanzkriterium** wurde zunächst für Fälle der Auskunftsverweigerung entwickelt und dann auf andere Verfahrensmängel erstreckt.[54] Die Behauptung, die Mehrheit hätte ohnehin nicht anders entschieden, ist dann ohne Belang (vgl. § 243 Abs. 4 Satz 1). Im Übrigen ist die Anfechtung erfolglos, wenn die Gesellschaft den Beweis erbringt, dass der Verstoß gegen Gesetz oder Satzung den Beschluss nicht beeinflusst hat. *Beispiel:* Ein Nichtstimmberechtigter hat mitgestimmt, aber die erforderliche Mehrheit ist auch ohne seine Stimme erreicht.

Inhaltsmängel, die den Beschluss gesetz- oder satzungswidrig machen, sind z. B. Verstöße gegen **46** **Einzelbestimmungen** und vor allem Generalklauseln wie das **Gleichbehandlungsgebot** (§ 53 a) und die **Treupflicht** (unten § 30 Rn. 33 ff.). Dagegen gibt es **keine generelle Inhaltskontrolle** in dem Sinne, dass Hauptversammlungsbeschlüsse eines rechtlich nachprüfbaren sachlichen Grundes bedürften. Die grundsätzliche Verfahrensregel des Mehrheitsprinzips ist aber durch die genannten Generalklauseln eingeschränkt; Eingriffe in die mitgliedschaftliche Position der überstimmten Minderheit müssen den Maßstäben der Erforderlichkeit und Verhältnismäßigkeit genügen. Einzelheiten sind hier nach wie vor sehr umstritten.[55] In jedem Falle haben spezielle Regelungen Vorrang, z. B. wenn das Gesetz selbst Eingriffe in Aktionärsrechte vorsieht wie etwa zum sog. *squeeze-out* (unten § 33 Rn. 19).

Nach § 243 Abs. 2 kann die Anfechtung auch darauf gestützt werden, dass „ein Aktionär mit der Ausübung des Stimmrechts für sich oder einen Dritten **Sondervorteile zum Schaden der Gesellschaft oder der anderen Aktionäre** zu erlangen suchte und der Beschluss geeignet ist, diesem Zweck zu dienen". Der Beschluss ist *nicht anfechtbar,* wenn er den anderen Aktionären einen *angemessenen Ausgleich* für ihren Schaden gewährt. Die Vorschrift wird allgemein als misslungen kritisiert.[56] Wiederum ist auf den **Vorrang von Sonderregeln** zu achten. Das ist vor allem wichtig für den Abschluss von Beherrschungs- und Gewinnabführungsverträgen und andere Strukturänderungen, die zwingend einen Ausgleich mit einem besonderen Überprüfungsverfahren vorsehen (Spruchverfahren, unten § 33 Rn. 22 ff.). Auf § 243 Abs. 2 mit der Ausgleichsklausel braucht nur zurück gegriffen zu werden, wenn nicht schon Abs. 1 zur Anfechtbarkeit führt. **Beispiel:** Auflösungsbeschluss bei vorab zu Lasten der Minderheitsaktionäre arrangiertem Liquidationsverfahren.[57]

Die **Anfechtung** ist in bestimmten Fällen ausdrücklich **ausgeschlossen.** Sie kann nicht darauf ge- **47** stützt werden, dass ein Kreditinstitut oder eine Aktionärsvereinigung ihre Mitteilungspflicht gegenüber den Aktionären nach § 128 verletzt hat (§ 243 Abs. 3 Nr. 1). Dieser Fehler liegt außerhalb des Einflussbereichs der Gesellschaft. Die Wahl eines Abschlussprüfers, bei dem die Besorgnis der Befangenheit besteht, wird vorrangig durch die gerichtliche Bestellung eines anderen Prüfers nach § 318 Abs. 3 HGB korrigiert (§ 243 Abs. 3 Nr. 2). Ferner ist die Anfechtung ausgeschlossen, wenn dadurch die Angemessenheit eines Ausgleichs, einer Abfindung oder eines Umtauschverhältnisses geltend gemacht wird, für deren Überprüfung das Verfahren nach dem SpruchG zur Verfügung steht (z. B. §§ 304 Abs. 3, 327 f; unten § 33 Rn. 22 ff.). Der Ausschluss erstreckt sich auf Informationsstreitigkeiten, die die Angemessenheit der Kompensation betreffen (§ 243 Abs. 4 Satz 2).

---

[53] *BGH* NJW 2002, 1128 – Sachsenmilch III.
[54] BGHZ 149, 158, 163 ff. = NJW 2002, 1128; grundlegend zur Relevanzlehre KölnerKomm-AktG/ *Zöllner*, 1. Aufl., 1970 ff., § 243 Rn. 94 ff.; ferner *Hüffer*, § 243 Rn. 12 ff., 46; Großkomm-AktG/ *K. Schmidt*, § 243 Rn. 22 ff. – Der in diesem Zusammenhang oft verwendete Begriff der Kausalität (ältere Rspr., z. B. BGHZ 122, 211, 238 = NJW 1993, 1976) ist hingegen wenig hilfreich.
[55] Nachweise bei *Hüffer*, § 243 Rn. 21 ff.; Großkomm-AktG/*K. Schmidt*, § 243 Rn. 45 ff.
[56] *Hüffer*, § 243 Rn. 37; Großkomm-AktG/*K. Schmidt*, § 243 Rn. 51.
[57] BGHZ 103, 184, 193 = NJW 1988, 1579 – Linotype; Großkomm-AktG/*K. Schmidt*, § 243 Rn. 53: keine Sperrwirkung gegenüber § 243 Abs. 1.

b) Anfechtungsberechtigung

48   Nach § 245 ist **jeder Aktionär** anfechtungsberechtigt, seine Aktien vor der Bekanntmachung der Tagesordnung erworben und in der Hauptversammlung gegen den
Beschluss **Widerspruch zu Protokoll** erklärt hat (Nr. 1). Die Verwaltung soll möglichst sofort wissen, ob mit einer Anfechtung zu rechnen ist.

> **Ausnahmsweise** kann ein in der Hauptversammlung nicht anwesender Aktionär **ohne** einen solchen
> **Widerspruch** anfechten, nämlich wenn er zu Unrecht nicht zugelassen oder die Hauptversammlung
> nicht ordnungsgemäß berufen oder der Gegenstand der Beschlussfassung nicht ordnungsgemäß ange-
> kündigt wurde (Nr. 2). In diesen Fällen wäre es möglich, dass ohne den Mangel der betreffende Aktio-
> när an der Hauptversammlung teilgenommen und den Beschluss verhindert hätte. Dabei ist es gleich-
> gültig, ob die Mehrheit für den Beschluss so groß war, dass es auf seine Stimme nicht ankam, denn
> nach dem Grundsatz der Präsenzversammlung bleibt stets die theoretische Möglichkeit, dass der Ak-
> tionär durch seine Gründe andere Aktionäre zu einer anderen Stimmabgabe hätte bewegen können. Im
> Fall des § 243 Abs. 2 kann *jeder Aktionär* auch *ohne Widerspruch* anfechten (§ 245 Nr. 3, oben Rn. 46).

Der **Vorstand** ist in seiner **Gesamtheit** anfechtungsbefugt (Nr. 4), **einzelne Mitglieder des Vorstands oder Aufsichtsrats** jedoch nur, wenn sie durch die Ausführung des
Beschlusses eine strafbare Handlung oder eine Ordnungswidrigkeit begehen oder ersatzpflichtig werden würden (Nr. 5).

c) Anfechtungsklage

49   Die Anfechtung erfolgt durch Klage beim Landgericht des Sitzes der AG. Sie ist
binnen eines Monats nach der Beschlussfassung zu erheben. **Beklagte ist die AG**, die
in diesem Fall **durch Vorstand und Aufsichtsrat vertreten** wird (§ 246); die Anfechtungsberechtigung ist eine Frage der Begründetheit. Die Erhebung der Anfechtungsklage ist in den Gesellschaftsblättern (§ 26 Rn. 2) bekannt zu machen. Das der Klage
stattgebende Urteil erklärt die Nichtigkeit des Beschlusses (§ 241 Nr. 5); es ist ein
rückwirkendes Gestaltungsurteil. Es wirkt für und gegen alle Aktionäre und Organe
der Gesellschaft, auch soweit sie nicht Partei sind (§ 248), darüber hinaus gegenüber
jedermann.

> **Beispiel:** Ein Beschluss über Verteilung einer Dividende wird für nichtig erklärt. Dann kann nicht ein
> am Prozess nicht beteiligter Aktionär geltend machen, der Beschluss sei in Wahrheit doch gültig und
> mit dieser Begründung die Dividende verlangen.
> Die Gestaltungswirkung gegenüber jedermann gilt auch für die Klage auf Feststellung der Nichtig-
> keit (§ 249, oben Rn. 41). Das die Nichtigkeit aussprechende Urteil hat der Vorstand unverzüglich zum
> Handelsregister einzureichen. War der Beschluss eingetragen, so ist auch das Urteil einzutragen
> (§ 248). Börsennotierte Gesellschaften haben darüber hinaus die Beendigung des Anfechtungsprozesses
> in den Gesellschaftsblättern bekannt zu machen (§ 248 a).
> Die kassatorische Wirkung der Anfechtung ist dann unbefriedigend, wenn der Vorsitzende unrichtig
> die Ablehnung eines Beschlusses verkündet hat, obwohl die Voraussetzungen für dessen wirksames
> Zustandekommen vorgelegen haben. Deshalb kann (nur) in diesem Fall mit der Anfechtungsklage der
> Antrag auf Feststellung des positiven Beschlussergebnisses verbunden werden, – **positive Beschluss-
> feststellungsklage.**[58]
> Um den Aktionären die Erhebung der Anfechtungsklage ohne zu hohes Kostenrisiko zu ermögli-
> chen, gelten für die Festsetzung des **Streitwerts** besondere Regeln; Einzelheiten in § 247.

d) Bestätigung des anfechtbaren Beschlusses

50   Für die Gesellschaft kann eine Anfechtungsklage eine sehr störende Ungewissheit mit sich bringen,
zumal ein Anfechtungsprozess, wenn er durch drei Instanzen geführt wird, sich jahrelang hinzieht.
Beispiel: Die Hauptversammlung hat eine Kapitalerhöhung beschlossen, auf die die Gesellschaft drin-

---

[58] H. M., BGHZ 76, 191, 197 ff. = NJW 1980, 1465; *Zöllner,* Die Schranken mitgliedschaftlicher
Stimmrechtsmacht, 1963, S. 405 ff.; MünchKomm-AktG/*Hüffer,* § 248 Rn. 28; auch BGHZ 97, 28 =
NJW 1986, 2051 und BGHZ 104, 66 für GmbH.

gend angewiesen ist. Der Beschluss wird angefochten; die AG kann den dadurch entstehenden Schwebezustand nach § 244 beenden, indem die Hauptversammlung den angefochtenen Beschluss unter Vermeidung etwaiger Mängel bestätigt. Dadurch wird der ursprüngliche Mangel geheilt, die Anfechtungsklage wird in der Hauptsache erledigt.[59] Eine Neuvornahme liegt darin nicht,[60] sonst hätte man, im Beispiel, ggf. eine doppelte Kapitalerhöhung. Hat der Kläger ein rechtliches Interesse daran, dass der anfechtbare Beschluss für die Zeit bis zur Bestätigung für nichtig erklärt wird, kann er die Klage mit diesem beschränkten Ziel fortsetzen (Fortsetzungsantrag, § 244 Satz 2). Die praktische Bedeutung der Bestätigung ist gleichwohl beschränkt, da auch der Bestätigungsbeschluss wieder angefochten werden kann.

e) Freigabeverfahren

Bei Hauptversammlungsbeschlüssen, die zu ihrer Wirksamkeit der Eintragung ins 51 Handelsregister bedürfen, verzögert das schwebende Anfechtungsverfahren in aller Regel die Eintragung (§ 127 FGG). Das Freigabeverfahren des § 246a entschärft Blockadeeffekte bei Beschlüssen über Kapitalmaßnahmen und Unternehmensverträge.[61] Es handelt sich um eine **besondere Art des Eilverfahrens; zuständig** ist das **Prozessgericht,** also das Landgericht, das ohnehin mit der Klage befasst ist, statt des Registergerichts. Wird der Beschluss nach Freigabebeschluss eingetragen und erweist sich die Anfechtungsklage dann doch als begründet, wird der **Beschluss** gleichwohl **nicht rückgängig** gemacht; die Antragsgegner haben lediglich Anspruch auf **Schadensersatz** (§ 246a Abs. 4). Darin liegt ein Bestandsschutzelement wie es aus der Lehre von der fehlerhaften Gesellschaft bekannt ist (oben § 13 Rn. 11 ff.).

f) Missbrauch des Anfechtungsrechts

Die Anfechtungsklage ist ein wichtiges Mittel zur objektiven Rechtmäßigkeitskon- 52 trolle von Hauptversammlungsbeschlüssen und wesentliches Instrument des Minderheitsschutzes in der AG.[62] Da jedoch bereits eine einzige Aktie das Anfechtungsrecht vermittelt, kann ein einzelner Aktionär ohne plausibles wirtschaftliches Interesse die zügige Durchführung von wichtigen Hauptversammlungsbeschlüssen ganz erheblich beeinträchtigen. Das wird gelegentlich dazu ausgenutzt, sich das Anfechtungsrecht von Großaktionären, Mehrheitsgruppen oder anderen Interessenten gegen Abfindung oder durch hoch bezahlte Übernahme der Aktien abkaufen zu lassen; auch an sich unzulässige Abfindungen an solchermaßen „lästige" Aktionäre durch die Gesellschaften selbst sind vorgekommen.

Abhilfevorschläge wie die Einführung eines Mindestanteilsbesitzes, gemeinsame Vertreter oder Verbandsklage sind – mit Recht – verworfen worden. Als Mitgliedschaftsrecht ist das Anfechtungsrecht ein Individualrecht, darüber hinaus hat es eine wesentliche Kontrollfunktion.

Der Gesetzgeber hat daher die Anfechtungsmöglichkeiten und damit das Blockade- 53 potenzial durch das Spruchverfahren eingeschränkt (oben Rn. 46 und unten § 33 Rn. 22). Die Neufassung des § 243 Abs. 4 erschwert die unsachliche Instrumentalisierung von Informationsrechten. Weiter begrenzt das Freigabeverfahren (oben Rn. 51) die Anfechtungseffekte bei unzulässigen oder unvernünftigen Klagen. Die Rechtsprechung hat ferner in einer längeren Reihe von Entscheidungen Missbrauchstatbestände

---

[59] BGH NZG 2006, 191 – Webac; Großkomm-AktG/*K. Schmidt,* § 244 Rn. 15 f.; *Zöllner,* AG 2004, 397.

[60] BGHZ 157, 206 = NZW 2004, 1165 – Sachsenmilch V; *BGH* NZG 2006, 191, 193 – Webac; *Zöllner,* AG 2004, 397.

[61] Vorbild sind § 319 Abs. 6 und § 16 Abs. 3 UmwG; *Veil,* AG 2005, 567 ff.

[62] *Windbichler,* in: Timm (Hrsg.), Missbräuchliches Aktionärsverhalten, RWS-Forum 4, 1990, S. 35; *dies.,* FS Buxbaum, 2000, S. 617.

formuliert. Wenn deren Voraussetzungen vorliegen, wird die Anfechtungsklage, entsprechend dem Fehlen der Anfechtungsberechtigung (oben Rn. 49), als unbegründet abgewiesen.[63]

Anfechtungsklagen sind rechtsmissbräuchlich, wenn der Aktionär damit die Gesellschaft grob eigennützig zu einer Leistung veranlassen will, auf die er keinen Anspruch hat. Insbesondere verstoßen Leistungen der Gesellschaft, die den Aktionär zur Klagerücknahme veranlassen sollen, gegen § 57 (unten § 30 Rn. 20 ff.). In jedem Falle ist eine Betrachtung der konkreten Umstände im Einzelnen erforderlich.

3. Unwirksamkeit

54   Außer Nichtigkeit und Anfechtbarkeit gibt es auch eine **schwebende Unwirksamkeit** von Hauptversammlungsbeschlüssen.[64] Sie liegt vor, wenn ein Beschluss für sich allein betrachtet fehlerfrei ist, zu seiner Wirksamkeit aber noch ein weiteres Moment, insbesondere die Zustimmung bestimmter Aktionäre (Inhaber von Sonderrechten), der besonders betroffenen Aktionäre oder ein oder mehrere Sonderbeschlüsse der beteiligten Aktiengattungen hinzu kommen muss. *Beispiele* bieten die Fälle der §§ 141, 179 Abs. 3, 180, 182 Abs. 2, 222 Abs. 2, 285 Abs. 2 AktG, § 35 BGB. Der unwirksame Beschluss ist weder nichtig noch anfechtbar; er wird mit Hinzutritt des fehlenden Elements voll wirksam. Vorher darf er nicht ins Handelsregister eingetragen werden; eine trotzdem erfolgte Eintragung kann aber in Analogie zu § 242 zur Heilung führen. Eine Anfechtungs- oder Nichtigkeitsklage ist nicht möglich, wohl aber eine Klage auf Feststellung der Unwirksamkeit nach § 256 ZPO. Wird die Zustimmung allerdings endgültig verweigert oder nicht binnen angemessener Zeit erteilt, so wird der Beschluss dauerhaft wirkungslos.

4. Sonderfälle

55   Die §§ 250 bis 261 enthalten Sonderbestimmungen über die Nichtigkeit und Anfechtbarkeit von Hauptversammlungsbeschlüssen über *Aufsichtsratswahlen* und die *Verwendung des Bilanzgewinns,* über die Anfechtung einer *Kapitalerhöhung* gegen Einlagen, über die Nichtigkeit und Anfechtbarkeit des festgestellten *Jahresabschlusses* und über die *Sonderprüfung wegen unzulässiger Unterbewertung* und ihre Folgen. Auf sie wird zum Teil in anderem Zusammenhang zurückzukommen sein (unten § 31 Rn. 28 ff.).

§ 30. Rechtsstellung des Aktionärs

I. Erwerb der Mitgliedschaft

1. Originärer und abgeleiteter Erwerb

1   Aktien werden **originär** durch **Übernahme bei der Gründung** (§§ 2, 29, oben § 26 Rn. 3) oder durch **Zeichnung bei einer späteren Kapitalerhöhung** (§ 185, unten § 31

---

[63] Leitentscheidung BGHZ 107, 296 = NJW 1989, 2689 – Kochs Adler; zur Beendigung dieser Sache durch Vergleich *Timm,* ZIP 1990, 411; ferner *BGH* NJW 1990, 322 – DAT/Altana I; BGHZ 112, 9, 30 = NJW 1990, 2747; NJW-RR 1991, 358 = AG 1991, 102, 104 – SEN; NJW 1992, 569 – Deutsche Bank; *BGH* NJW-RR 1992, 1388 = AG, 1992, 448; vgl. auch *Diekgräf,* Sonderzahlungen an opponierende Kleinaktionäre im Rahmen von Anfechtungs- und Spruchstellenverfahren, 1990; – für Abweisung missbräuchlicher Klagen als *unzulässig* Großkomm-AktG/*K. Schmidt,* § 245 Rn. 75.

[64] BGHZ 15, 177, 181 = NJW 1955, 178; BGHZ 48, 141, 143 = NJW 1967, 2159; *Casper,* Die Heilung nichtiger Beschlüsse im Kapitalgesellschaftsrecht, 1998, S. 37 f.; *Noack,* Fehlerhafte Beschlüsse in Gesellschaften und Vereinen, 1989, S. 12 f.

Rn. 19, 21) erworben. Der Erwerb **abgeleitet** von einem bisherigen Aktionär, in der Regel durch **rechtsgeschäftliche Übertragung** oder durch Gesamtrechtsnachfolge, etwa beim Erbfall, ist häufiger, insbesondere bei börsennotierten Gesellschaften.

Die **Übertragung** erfolgt, sobald *Aktienurkunden* ausgegeben sind, nach *wertpapierrechtlichen Grundsätzen*. Die Aktie ist Wertpapier, und zwar entweder Inhaber- oder Orderpapier (oben § 25 Rn. 8); das verbriefte Recht, hier also die Mitgliedschaft, steht bei diesen Papieren dem jeweiligen Eigentümer des Papiers zu. **Inhaberaktien** werden durch *Übereignung der Urkunde* nach den *Regeln für die Übereignung beweglicher Sachen* einschließlich des gutgläubigen Erwerbs vom Nichtberechtigten (§§ 929 ff. BGB) übertragen. In den heutigen Formen des Bankverkehrs und des Börsenhandels, vor allem der Girosammelverwahrung und dem stückelosen Effektengiroverkehr spielen die Formen des Übergabeersatzes eine überragende Rolle. Die Publizitätsfunktion des Besitzes wird weitgehend von Buchungsvorgängen übernommen.[1]

Namensaktien sind *Orderpapiere*, nicht Namenspapier im technischen Sinn des Wertpapierrechts (Rektapapiere), d. h. sie können wie der Wechsel durch Indossament – genauer Einigung und Übergabe des mit Indossament versehenen Papiers – übertragen werden (§ 68 Abs. 1). Die Beifügung einer Orderklausel ist nicht nötig – *geborene Orderpapiere*. Die Übertragung ist auch durch formlose Abtretungserklärung (Zession) möglich. Namensaktien sind depot- und börsenfähig, wenn sie ein Blankoindossament (Art. 13 Abs. 2 WG) tragen.

Die Bedeutung der Verbriefung ist rückläufig. Vor allem im elektronischen und internationalen Effektenhandel werden schuldrechtliche Formen eingesetzt, etwa Treuhandverhältnisse (oben § 25 Rn. 8 a.E.). Die gesellschaftsrechtliche Mitgliedschaft wird bei Einschaltung Dritter, vor allem Finanzdienstleister, bei der Übertragung und Verwahrung meist dem wirtschaftlichen Eigentümer zugerechnet (vgl. §§ 70, 128 Abs. 1, 129 Abs. 3 sowie oben § 29 Rn. 33 ff.).

2. Legitimation gegenüber der Gesellschaft

Die Übertragung der Aktie verschafft dem Erwerber die vollen Mitgliedschaftsrechte. Zur Ausübung derselben muss er sich aber als Aktionär ausweisen können, z. B. für die Teilnahme an der Hauptversammlung (oben § 29 Rn. 17). Dabei ist wiederum zwischen Inhaber- und Namensaktien zu unterscheiden. **2**

Bei **Inhaberaktien** wird die Legitimation wie bei allen Inhaberpapieren durch die bloße Innehabung des Papiers erbracht. Wer im Besitz des Papiers ist, gilt als Aktionär, solange die AG ihm nicht das fehlende Eigentum nachweist. Wer dagegen die Aktie verloren hat, kann keine Rechte geltend machen, solange nicht die abhanden gekommene Aktie im Aufgebotsverfahren für kraftlos erklärt ist (§ 72). In der Praxis der Girosammelverwahrung werden den Aktionären von den beteiligten Kreditinstituten die etwa zur Teilnahme an der Hauptversammlung erforderlichen Bescheinigungen ausgestellt.

Bei **Namensaktien** wird die Legitimation durch das **Aktienregister** (§ 67) erbracht. **3** Alle Namensaktionäre werden in ein von oder im Auftrag der AG nach den Grundsätzen des § 239 Abs. 2, 4 HGB zu führendes Verzeichnis eingetragen. Die Übertragung von Aktien ist der AG mitzuteilen und nachzuweisen. Die mitwirkenden Kreditinstitute sind verpflichtet, der Gesellschaft die notwendigen Angaben zu übermitteln (§ 67 Abs. 4 Satz 1). Die Umschreibung ist für den Erwerb der Aktie **nicht konstitutiv**. Im Verhältnis zur AG ist aber nur als Aktionär legitimiert, wer eingetragen ist (§ 67 Abs. 2). Nur er kann die Aktionärsrechte ausüben, z. B. an der Hauptversammlung teilnehmen. Die AG kann den Eingetragenen als Aktionär wegen Zahlung

---

[1] Vgl. Gesetz über die Verwahrung und Anschaffung von Wertpapieren (DepotG) vom 4. 2. 1937 i. d. F. der Bekanntmachung vom 11. 1. 1995, BGBl. I S. 34; *Canaris*, Bankvertragsrecht, 2. Aufl., 1981, Rn. 1810 ff., 2007 ff., 2080 ff.; *Assmann/Schütze*, Handbuch des Kapitalanlagerechts, 2. Aufl., 1998, § 13 Rn. 71 ff.; *Claussen*, Bank- und Börsenrecht, 3. Aufl., 2003, § 9 Rn. 113 ff.; *Gößmann*, in: Schimansky/Bunte/Lwowski, Bankrechts-Handbuch, 2. Aufl., 2001, § 72 Rn. 37 ff.; *Kümpel*, Bank- und Kapitalmarktrecht, 3. Aufl., Rn. 11.180 ff.; – auch schon *Zöllner*, FS L. Raiser, 1974, S. 249; ferner *Noack*, AG 2002, 651 (zur Reform des § 123 AktG); siehe auch oben § 25 Rn. 8 a.E.

rückständiger Einlagen in Anspruch nehmen. Eine nach ihrer Ansicht zu Unrecht erfolgte Eintragung kann die AG nur löschen, wenn sie vorher die Beteiligten benachrichtigt hat und keiner von ihnen innerhalb einer ihnen gesetzten angemessenen Frist widerspricht (§ 67 Abs. 5).

Wegen der ursprünglich schwerfälligen Handhabung der Namensaktien dominierte in Deutschland lange die flexiblere und modernere Inhaberaktie. Die internationale Verbreitung, die besseren Möglichkeiten der Kontaktaufnahme der Gesellschaft mit ihren Aktionären (*„shareholder relations"*) und die neuen technischen Möglichkeiten haben in den vergangenen Jahren zu größerer Beliebtheit der Namensaktie geführt. Der Gesetzgeber hat dem durch Änderungen der §§ 67 und 68 Rechnung getragen.[2] Flexibilität und auch Anonymität können durch treuhänderische Eintragung ins Aktienregister erreicht werden. Der Erwerber von Namensaktien braucht sich nicht eintragen zu lassen; nach Löschung des Veräußerers ist das Aktienregister dann unvollständig. Diesen Zustand beklagten betroffene Gesellschaften; deshalb wurde durch das UMAG 2005 eine Verpflichtung der Finanzdienstleister eingeführt, sich auf Verlangen der Gesellschaft als Platzhalter eintragen zu lassen (§ 67 Abs. 4 Satz 2, 3). Diese Eintragung vermittelt kein Stimmrecht, vgl. § 135 Abs. 7.

4   Bei **Inhaberaktien** weiß die AG nicht sicher, wer jeweils Aktionär ist. Zur Wahrnehmung von Rechten müssen sich Inhaberaktionäre daher legitimieren, üblicherweise durch Hinterlegung der Aktien oder, bei börsennotierten Gesellschaften, durch in Textform erstellten Nachweis des depotführenden Instituts.[3] Im Interesse der Transparenz der Beteiligungsverhältnisse sehen §§ 21 ff. WpHG Mitteilungspflichten vor für Beteiligungen an börsennotierten Gesellschaften, die bei Stimmrechten bestimmte Schwellen überschreiten. Bei nicht börsennotierten Gesellschaften verlangt § 20 Abs. 1 immerhin die Mitteilung einer Sperrminorität. Mitteilungspflichtig sind jeweils die wirtschaftlichen Inhaber, auch bei treuhänderisch eingetragenen Namensaktien.

3. Vinkulierte Aktien

5   Die Satzung kann die **Übertragbarkeit von Namensaktien** – nicht von Inhaberaktien – dadurch **beschränken,** dass sie die *Zustimmung der Gesellschaft* für erforderlich erklärt (§ 68 Abs. 2). Andere Einschränkungen des Grundsatzes der freien Übertragbarkeit sind nicht zulässig.[4]

Die Zustimmung ist vom *Vorstand* zu erteilen. Die Satzung kann aber bestimmen, dass im Innenverhältnis zunächst der Aufsichtsrat oder die Hauptversammlung über die Erteilung der Zustimmung beschließt. Die Zustimmung steht grundsätzlich im freien Ermessen des Vorstands oder des im Innenverhältnis zuständigen Organs. Die Satzung kann Gründe bestimmen, aus denen die Zustimmung verweigert werden kann. Dann kann, wenn die Zustimmung ohne einen solchen Grund verweigert wird, der Veräußerer auf Erteilung der Zustimmung klagen. Die **Vinkulierung** der Aktien ist **erforderlich bei Nebenleistungs-AG** (§ 55) und bei Einräumung eines mit der Aktie verbundenen **Entsendungsrechts** zum Aufsichtsrat (§ 101 Abs. 2). Soll eine Vinkulierung nachträglich durch Satzungsänderung eingeführt werden, verlangt § 180 Abs. 2 die Zustimmung aller betroffenen Aktionäre.

4. Erwerb eigener Aktien

6   Der Erwerb eigener Aktien durch die AG selbst ist grundsätzlich **verboten. Ausnahmen** sind, im Einklang mit der Zweiten gesellschaftsrechtlichen EG-Richtlinie (Kapitalrichtlinie), **abschließend aufgezählt** (§§ 71 ff.). Maßgebend für das Verbot ist, dass der Erwerb eigener Aktien für die AG bestimmte Gefahren mit sich bringt. Wirtschaftlich entspricht der endgültige Erwerb eigener Aktien einer Einlagenrückgewähr (daher die Ausnahme in § 57 Abs. 1 Satz 2 für zugelassenen Erwerb); bei nur teilweise eingezahlten eigenen Aktien würde sich der restliche Einlageanspruch gegen die AG

---

[2] Dazu *Seibert,* FS Peltzer, 2001, S. 469.
[3] Beachte bei börsennotierten Gesellschaften den maßgeblichen Stichtag – *record date* (§ 123 Abs. 3 Satz 3, oben § 29 Rn. 17).
[4] BGHZ 160, 253 = NJW 2004, 3561.

selbst richten und durch Konfusion untergehen. Beides ist mit dem *Grundsatz der Aufbringung und Erhaltung des Grundkapitals* (oben § 25 Rn. 5, § 26 Rn. 3, 14 ff.) unvereinbar. In den meisten Fällen des zulässigen Erwerbs darf daher der *Gesamtnennbetrag* der jetzt oder früher erworbenen und noch im Besitz der AG befindlichen Aktien zusammen 10% des Grundkapitals nicht übersteigen; außerdem muss die nach § 272 Abs. 4 HGB für eigene Aktien vorgeschriebene *Rücklage* aus freien Mitteln gebildet werden können; die Aktien müssen voll eingezahlt sein (§ 71 Abs. 2).[5]

Historisch haben sich die Folgen zu großer Bestände eigener Aktien (z. T. über 50%) vor allem bei Banken in der Wirtschaftskrise von 1930 verhängnisvoll mit ausgewirkt (Zusammenbruch der Danatbank). Seither sind die Vorschriften über den Erwerb eigener Aktien wiederholt reformiert und verschärft worden. Anderenseits gehört in vielen Ländern der Rückkauf von Aktien zur Kapitalanpassung und als Ausschüttungsvariante zu den bewährten gesellschaftsrechtlichen Instrumenten. Sogar eine besondere Aktiengattung von unter bestimmten Bedingungen von der Gesellschaft zurück zu erwerbenden Aktien (redeemable stock) kommt vor.[6] Solche Modelle gehen allerdings nicht vom System des festen Grundkapitals aus.

Ferner besteht beim Erwerb eigener Aktien die Gefahr von *Kursmanipulationen* durch die Verwaltung, indem diese zur Stützung eines sinkenden Kurses Aktien mit Mitteln der Gesellschaft ankauft.[7] Eine ohnehin schlecht stehende AG würde ihre Mittel festlegen, denn die Aktien können in dieser Lage nur mit Verlust wieder verkauft werden. Weitere Verluste würden die AG doppelt treffen, weil nicht nur ihr Vermögen vermindert, sondern auch der Wert der eigenen Aktien verringert wird. Wenn einzelnen einflussreichen Aktionären die Aktien noch zu hohen Preisen abgekauft werden, kommt es zur Gefährdung der Gläubiger. Zu der bereits erwähnten Beeinträchtigung des Grundkapitals tritt hier noch die Schädigung der übrigen Aktionäre durch Bevorzugung einzelner (§ 53 a) hinzu. Bei börsennotierten Gesellschaften wird es sich regelmäßig um verbotene Insidergeschäfte handeln (§ 14 WpHG). Sofern die Verwaltung über eigene Aktien der Gesellschaft Einfluss in der Hauptversammlung ausüben könnte, würde das der zwingenden Aufgabenverteilung zwischen den Organen der AG zuwiderlaufen und könnte die Stellung einer erfolglosen Verwaltung stabilisieren.

Die Regelung soll den genannten Gefahren Rechnung tragen und ist im Einzelnen kompliziert. Mehrere Gesetze haben die Ausnahmetatbestände erweitert.[8] Nachfolgend einige Grundzüge:

a) Ausnahmenkatalog

Die AG darf nach § 71 Abs. 1 eigene Aktien erwerben: 7
- falls es zur **Abwendung eines schweren,** unmittelbar drohenden **Schadens** von der AG nötig ist (Nr. 1).

Beispiel: Von einem Schuldner ist nur durch Erwerb eigener Aktien Befriedigung zu erlangen. Dagegen darf der Erwerb nicht nur der gewöhnlichen Kurspflege oder der Abwehr von Schaden für den Aktionär dienen. Unzulässig ist auch der Erwerb zum Zweck des Abkaufs missbräuchlicher Aktionärsklagen (oben § 29 Rn. 52 f.).

- wenn die Aktien den **Arbeitnehmern** der Gesellschaft oder eines verbundenen Unternehmens **zum Erwerb angeboten** werden sollen (Nr. 2).[9]
- zur **Abfindung** von Aktionären nach verschiedenen **Umstrukturierungsmaßnahmen** (Nr. 3; § 305 Abs. 2, Beherrschungs- und Gewinnabführungsverträge; § 320 b, Eingliederung einer Gesellschaft; § 125 Satz 1 i. V. m. §§ 29 Abs. 1, 207 Abs. 1 Satz 1 UmwG); hier wie auch bei Nr. 2) handelt es sich nur um einen Durchgangserwerb.

---

[5] Das entspricht Art. 19 der Kapitalrichtlinie (2. RL); von den Lockerungen der Änderungsrichtlinie Nr. 2006/68/EG vom 6. 9. 2006 (ABl. L 264/32), hat der deutsche Gesetzgeber bisher keinen Gebrauch gemacht; dazu *Oechsler,* ZHR 179 (2006), 72.

[6] *Davies,* Introduction, S. 87 ff.; *ders.,* Principles, S. 251 ff.; *Last,* Der Erwerb eigener Aktien als Ausschüttungsinstrument, 2006.

[7] Mit der Verbreitung von Aktienoptionen als variabler Vergütungsbestandteil für Vorstandsmitglieder (oben § 27 Rn. 14) sind hier die Anreize zum Fehlverhalten noch gestiegen.

[8] Nachweise bei *Hüffer,* § 71 Rn. 2; vgl. auch Fn. 5.

[9] Zum Zusammenspiel zwischen arbeitsrechtlichen und gesellschaftsrechtlichen Voraussetzungen für die Ausgabe von Belegschaftsaktien *Windbichler,* Anm. zu *BAG* SAE 1991, 292.

– bei **unentgeltlichem Erwerb** und bei Ausführung einer **Einkaufskommission** (Nr. 4); hier braucht die AG keine eigenen Mittel aufzuwenden.

– ganz allgemein, also auch bei nicht voll bezahlten Aktien, durch **Gesamtrechtsnachfolge** (Nr. 5, Erbschaft, Verschmelzung) oder zum Zweck der Einziehung nach den Vorschriften über die Herabsetzung des Grundkapitals (Nr. 6), da diese Vorschriften alle Beteiligten ausreichend sichern (Näheres unten Rn. 11; § 32 Rn. 41 ff.).

– wenn sie als **Kreditinstitut** oder **Finanzdienstleister** eigene Aktien in ihren Wertpapierhandel einbezieht, ein Hauptversammlungsbeschluss das zulässt und der **Handelsbestand** 5% des Grundkapitals nicht übersteigt (Nr. 7).

– auf Grund einer **Hauptversammlungsermächtigung,** die höchstens 18 Monate gilt und höchstens 10% des Grundkapitals erfasst (Nr. 8). Die Hauptversammlung kann die Zwecke des Erwerbs näher bestimmen, der Zweck des Aktienhandels ist jedoch unzulässig. Das schließt nicht aus, dass die Gesellschaft die erworbenen Aktien wieder veräußert. Wirtschaftlich hat das den Effekt einer „Kapitalherabsetzung auf Zeit", die Veräußerung wirkt wie die Ausnutzung eines genehmigten Kapitals.[10] Das Gesetz verweist daher auf die Regeln zum Bezugsrechtsausschluss und das Gleichbehandlungsgebot. Die Gesellschaft kann die erworbenen Aktien einziehen (zu Kapitalmaßnahmen unten § 32 Rn. 41 ff.).

In den Fällen der Nr. 1, 2, 4, 7 und 8 muss es sich um vollbezahlte Aktien handeln (§ 71 Abs. 2 Satz 3); mit Ausnahme des unentgeltlichen oder Kommissionserwerbs, der Gesamtrechtsnachfolge oder des Erwerbs zur Einziehung darf die Schwelle von 10% des Grundkapitals nicht überschritten werden (oben Rn. 7).

b) Verstöße und Umgehung

8   Ein entgegen diesen Vorschriften vorgenommenes **schuldrechtliches Geschäft** (Kauf) ist **nichtig;** die **Übereignung** der Aktien ist dagegen **gültig** (§ 71 Abs. 4). Die AG ist verpflichtet, unzulässig erworbene Aktien innerhalb eines Jahres wieder zu veräußern, widrigenfalls sie einzuziehen sind (§ 71 c Abs. 1, 3). Die Einziehung richtet sich nach § 237 (unten § 30 Rn. 9). Erfüllungsansprüche aus dem nichtigen Kausalgeschäft bestehen nicht, die Zahlung des Erwerbspreises ist unzulässige Einlagenrückgewähr und löst den Rückforderungsanspruch nach § 62 aus. Vorstandsmitglieder machen sich nach § 93 Abs. 3 Nr. 3 schadensersatzpflichtig. Verstöße gegen die Vorschriften über den Erwerb eigener Aktien sind ferner Ordnungswidrigkeiten i. S. d. § 405 Abs. 1 Nr. 4.

Entsprechendes gilt für den **Erwerb** von Aktien der herrschenden Gesellschaft **durch ein abhängiges** oder im Mehrheitsbesitz stehendes **Unternehmen** sowie *durch* einen *Dritten* für Rechnung der AG oder eines abhängigen Unternehmens (§ 71 d). Beides soll Umgehungen des Verbots verhindern. Ebenso verbietet § 71 a sonstige **Umgehungsgeschäfte.** § 71 e stellt die *Inpfandnahme* eigener Aktien dem Erwerb gleich.

c) Rechtsfolgen zulässigen Erwerbs

9   Die Aktien gehen nicht unter; die Verselbständigung als Kapitalgesellschaft und juristische Person geht so weit, dass das Halten eigener Anteile, anders als bei Personengesellschaften, möglich ist. Der AG stehen aber **aus eigenen Aktien keine Rechte** zu (§ 71b); den eigenen Aktien sind solche, die durch abhängige oder in Mehrheitsbesitz stehende Unternehmen oder von Dritten treuhänderisch gehalten werden, gleichgestellt. Die Gesellschaft hat also kein Stimmrecht, kein Recht auf einen Gewinnanteil, keinen Anteil am Liquidationsüberschuss. Sie hat allerdings auch keine Pflichten, braucht z. B. keine Dividende zu bezahlen, was den übrigen Aktionären zugute kommt. Sie hat, soweit die Aktien verkehrsfähig geblieben sind, diese in der Bilanz zu aktivieren (§ 266 Abs. 2 B III. 2. HGB), und muss diesen Wert nach § 272 Abs. 1 Satz 4–6 HGB neutralisieren.[11]

d) Zeichnungsverbot

10   Ein **originärer Erwerb** eigener Aktien durch die AG, etwa durch Zeichnung bei einer Kapitalerhöhung oder aus einer Wandelschuldverschreibung, wird durch § 56 **ausgeschlossen.**[12] Das gilt nicht bei Kapitalerhöhung aus Gesellschaftsmitteln, denn dabei handelt es sich nicht um Kapitalbeschaffung, sondern um eine Umgestaltung der Bilanz (§ 215 Abs. 1). Das Zeichnungsverbot bei Kapitalerhöhun-

---

[10] *Hüffer,* § 71 Rn. 19 c ff. m. w. N.
[11] *Hüffer,* § 71 Rn. 19 o; Näheres in den Kommentierungen zu §§ 266 und 272 HGB.
[12] Vgl. Art. 18 der Kapitalrichtlinie (2. RL).

gen gegen Einlagen gilt auch für den Erwerb durch abhängige oder in Mehrheitsbesitz stehende Unternehmen (§ 56 Abs. 2). Dritte dürfen nicht für Rechnung der AG originär Aktien erwerben, sondern müssen den Erwerb für eigene Rechnung gelten lassen (§ 56 Abs. 3).

II. Verlust der Mitgliedschaft

Die Aktionärsstellung endet durch **Übertragung** (oben Rn. 1), **Ausschluss, Einzie-** 11 **hung** (Amortisation) und **Beendigung der AG.** Auch der Tod des Aktionärs beendet die Mitgliedschaft; die Aktie ist vererblich und fällt in den Nachlass. Der Ausschluss ist möglich bei Säumnis mit der Zahlung der Einlage – Kaduzierung (unten Rn. 29), ferner durch Hauptversammlungsbeschluss bezüglich der Minderheit auf Verlangen eines Aktionärs, dem mindestens 95% der Aktien gehören – *Squeeze out* (§§ 327a ff., unten § 32 Rn. 17ff.). Die *Einziehung* von Aktien ist nur im Rahmen einer Kapitalherabsetzung zulässig (unten 33 Rn. 42). Eine Kündigung der Mitgliedschaft ist weder seitens der AG noch seitens des Aktionärs möglich, da sie zu einer unzulässigen Verminderung des Grundkapitals führen würde; der Aktionär kann deshalb auch nicht einseitig auf die Mitgliedschaft verzichten. Der übliche Weg, die Gesellschaft zu verlassen, ist die Veräußerung der Aktie; die Sicherstellung der Fungibilität und die Preisbildung durch Marktprozesse ist Regelungsgegenstand des Kapitalmarktrechts. Besonders einschneidende Strukturmaßnahmen führen zu speziell geregelten Austrittsrechten von Minderheitsaktionären, etwa nach § 305 bei Abschluss eines Beherrschungs- und Gewinnabführungsvertrages (unten § 32 Rn. 15).

Die Aktie ist *nicht teilbar* (§ 8 Abs. 5). Zulässig sind aber Rechtsgemeinschaft (z. B. in Form einer BGB-Gesellschaft) an einer ungeteilten Aktie und Neustückelung durch Satzungsänderung.[13]

III. Rechte des Aktionärs

Aus der Mitgliedschaft ergibt sich eine Reihe einzelner Rechte und Pflichten des 12 Aktionärs – *Mitgliedschaftsrechte* und *Mitgliedschaftspflichten*.

Für die Rechte und Pflichten der Aktionäre gilt ganz allgemein der **Gleichbehandlungsgrundsatz,** im deutschen Aktienrecht seit langem als allgemeiner Rechtsgrundsatz anerkannt und nach der Zweiten EG-Richtlinie auch ausdrücklich in § 53a verankert. Er besagt, dass die Gesellschaft die Aktionäre *unter gleichen Voraussetzungen gleich zu behandeln* hat. Sachlich begründete Unterscheidungen werden dadurch nicht ausgeschlossen, *willkürliche Differenzierungen* sind *unzulässig.*[14] Das gilt nicht, wenn im Einzelfall die Benachteiligten zustimmen. Unbedenklich sind unterschiedliche Aktiengattungen, für die die Satzung im Rahmen des gesetzlich Zulässigen die Vorausset-

---

[13] Die Herabsetzung des Mindestnennbetrags nach § 8 Abs. 2 auf zunächst 5 DM, dann 1 € (bei Stückaktien als rechnerischer Mindestanteil am Grundkapital, § 8 Abs. 3) hat viele Gesellschaften veranlasst, ihr Grundkapital in solche leichteren Aktien einzuteilen. Insgesamt besteht bei börsennotierten Gesellschaften eine Tendenz zu kleiner Stückelung, oben § 25 Rn. 14.

[14] BGHZ 33, 175 = NJW 1961, 26; *Bachmann,* ZHR 170 (2006), 144; *G. Hueck,* Der Grundsatz der gleichmäßigen Behandlung im Privatrecht, 1958; *Wiedemann* I, § 8, II 2; Einzelheiten in den Kommentierungen zu § 53a; – zur ausnahmsweisen Zulässigkeit einer ungleichen Dividendenausschüttung BGHZ 84, 303 = NJW 1983, 282; der Fall betraf eine Gesellschaft, in der Ausschüttungshöchstgrenzen zur Erhaltung der steuerlichen Gemeinnützigkeit erforderlich waren.

zungen schafft. Die Gleichbehandlung erfolgt bei der AG als reiner Kapitalgesellschaft nach der Höhe der Kapitalbeteiligung.[15] Ein *Hauptversammlungsbeschluss,* dessen Inhalt gegen den Gleichbehandlungsgrundsatz verstößt ist *anfechtbar* (oben § 25 Rn. 46).

1. Mitgliedschaftsrechte

13   Dem Aktionär stehen Rechte in seiner Eigenschaft als Mitglied zu. Diese **verbandsrechtliche Perspektive** prägt das Aktienrecht als Gesellschaftsrecht. Demgegenüber sieht das Kapitalmarktrecht den Aktionär in seiner Rolle als Anleger. Gleichwohl enthalten die Mitgliedschaftsrechte einen Anlegerbezug, und das Kapitalmarktrecht bedient sich gelegentlich mitgliedschaftlicher Mittel (z.B. Rechtsverluste nach § 28 WpHG).[16]

Von den Mitgliedschaftsrechten zu unterscheiden sind sonstige Rechtsbeziehungen zwischen dem Aktionär und der AG, insbesondere Verträge – sog. **Drittgeschäfte.** Rechte aus solchen Rechtsbeziehungen bezeichnet man als außerkörperschaftliche Rechte oder **Gläubigerrechte.** Sie sind *von den Mitgliedschaftsrechten streng zu trennen;* es gelten die allgemeinen Regeln der betreffenden Rechtsverhältnisse. Sie unterliegen nicht der Herrschaft der AG oder auch nur des Gesellschaftsrechts.

> Aus den Mitgliedschaftsrechten können sich Gläubigerrechte der Aktionäre entwickeln. Ein Beispiel bietet das allgemeine Dividendenrecht und die aus ihm entspringende Forderung auf die beschlossene Dividende eines bestimmten Jahres (unten Rn. 24).

Die **Mitgliedschaftsrechte** kann man in mindestens **zwei Kategorien** unterteilen: die allgemeinen Mitgliedschaftsrechte und die Sonderrechte. Letztere können dann, wenn sie einer ganzen Gruppe von Aktionären zustehen, als mittlere und **dritte Kategorie** der Gattungsvorrechte bezeichnet werden (vgl. § 11).

a) Allgemeine Mitgliedschaftsrechte

14   Die allgemeinen Mitgliedschaftsrechte stehen grundsätzlich allen Aktionären gleichmäßig zu. Sie unterstehen der Ausgestaltung durch die Satzung, soweit sie nicht auf zwingendem Recht beruhen wie z.B. das Stimmrecht (§ 12 Abs. 1, vgl. aber oben § 29 Rn. 27). Die Gestaltungsspielräume sind durch die aktienrechtliche Satzungsstrenge (§ 23 Abs. 5) beschränkt (oben § 26 Rn. 2). Mitgliedschaftsrechte auf Satzungsgrundlage bedürfen zur Änderung eines satzungsändernden Beschlusses.

b) Sonderrechte

15   Der Begriff des Sonderrechts ist im Einzelnen umstritten. Sachgerecht ist es, als Sonderrechte nur **Vorrechte einzelner Aktionäre** zu bezeichnen.

> **Beispiele:** Recht auf eine Vorzugsdividende, auf einen erhöhten Anteil bei der Liquidation; zur Entsendung von Mitgliedern in den Aufsichtsrat (§ 101 Abs. 2).

---

[15] BGHZ 70, 117, 121 = NJW 1978, 540; das gilt für sog. Hauptrechte wie Stimm- und Dividendenrecht. Bei sog. Hilfsrechten wie Teilnahme an der Hauptversammlung, Rede- und Auskunftsrecht gilt dagegen Gleichbehandlung nach Köpfen. Näheres bei *Hüffer,* § 53 a Rn. 6 ff.

[16] Zum Verhältnis von Gesellschaftsrecht und Kapitalmarktrecht bereits oben § 1 Rn. 6, § 25 Rn. 2, 34; vgl. insb. *Fleischer,* ZIP 2006, 451; *Hopt,* ZIP 2005, 461; *Kalss,* Anlegerinteressen. Der Anleger im Handlungsdreieck von Vertrag, Verband und Markt, 2001; *Krolop,* Der Rückzug vom organisierten Kapitalmarkt, 2005, S. 27 ff., 195 ff.; *Mülbert,* Aktiengesellschaft, Unternehmensgruppe und Kapitalmarkt, 2. Aufl., 1996; *Schön,* RabelsZ 64 (2000) 1, 24 ff.; *Schwark,* FS Stimpel, 1985, S. 1087, 1090 ff.; – zum verfassungsrechtlichen Schutz der Mitgliedschaft und der Aktie als Vermögensgegenstand *Schön,* FS Ulmer, 2003, S. 1359 m. w. N.

Derartige Vorrechte können gemäß § 35 BGB ohne Zustimmung der Berechtigten durch Hauptversammlungsbeschluss nicht beeinträchtigt werden. Ein Beschluss, der gegen § 35 BGB verstößt, ist nicht etwa anfechtbar (oben § 29 Rn. 44 ff.), so dass er durch Schweigen des Aktionärs voll gültig würde, sondern er ist schwebend unwirksam, d. h. er erlangt Rechtswirksamkeit nur, wenn der Aktionär positiv seine Zustimmung gibt (oben § 29 Rn. 54).

c) Gattungsrechte

Eine besondere Kategorie bilden Rechte, die nicht einem einzelnen Aktionär, **16** sondern einer ganzen **Gruppe von Aktionären** zustehen, deren Aktien dann nach § 11 eine eigene **Gattung** bilden (oben § 26 Rn. 2). Wichtigster Fall sind *Vorzugsaktien*, die ein *Dividendenvorrecht* gewähren und dafür das Stimmrecht ausschließen (§§ 139 ff.).[17] Nach § 35 BGB wäre zur Aufhebung oder Beschränkung von Gattungsvorrechten die Zustimmung jedes einzelnen Aktionärs der betreffenden Gattung nötig. Dadurch wäre aber eine Neugestaltung dieser Rechtsverhältnisse praktisch fast unmöglich. Deshalb hat das Gesetz die Zustimmung der einzelnen Aktionäre durch die Zustimmung der Gattung mit qualifizierter Mehrheit in einem Sonderbeschluss ersetzt (unten § 32 Rn. 6). Innerhalb der Gruppe, also für das Verhältnis der Aktionäre gleicher Gattung untereinander, gilt ebenfalls der Gleichbehandlungsgrundsatz (§ 53 a; oben Rn. 12).

2. Einteilung nach Inhalt und Funktion

Rechte auf Mitverwaltung, auch Teilhaberechte genannt, sind zum Beispiel das **17** Recht auf Teilnahme an der Hauptversammlung (oben § 29 Rn. 17), das Auskunftsrecht (oben § 29 Rn. 20 ff.), das Stimmrecht (oben § 29 Rn. 26 ff.) usw. **Vermögensrechte** sind vor allem das Recht auf den Gewinnanteil (unten Rn. 18), das Bezugsrecht (unten § 32 Rn. 22) und das Recht auf Teilnahme am Liquidationserlös (oben § 26 Rn. 42). **Schutzrechte** werden teilweise als dritte Gruppe genannt.[18] Auch Teilhaberechte haben in der Regel Schutzfunktion; sie steht manchmal im Vordergrund. Schutzrechte, z. B. das Recht auf Bestellung eines Sonderprüfers (§ 142 Abs. 2), haben aber stets auch eine (mittelbare) Steuerungsfunktion, sind also Teil der Organisation – *Governance* – der Gesellschaft.[19] Solche Rechte sind teilweise daran gebunden, dass eine bestimmte Mindestzahl von Aktien für die Geltendmachung eintritt – **Minderheitsrechte** (unten Rn. 25).

3. Insbesondere: Dividendenrecht

a) Recht auf einen Anteil am Bilanzgewinn

Das Dividendenrecht steht grundsätzlich jedem Aktionär zu – **Gewinnstammrecht. 18** Die Dividende bemisst sich im Zweifel *nach den Anteilen am Grundkapital* (§ 60 Abs. 1). Abweichende Bestimmungen sind möglich (§ 60 Abs. 3), vor allem Ansprüche auf Vorzugsdividende bei *Vorzugsaktien* (§§ 139 ff.), aber auch der Ausschluss des Gewinnbezugsrechts bei gemeinnützigen Gesellschaften. Üblicherweise besteht die

---

[17] Zu den Anwendungsmöglichkeiten von Aktiengattungen *Loges/Distler*, ZIP 2002, 467; zu Spartenaktien; *A. Fuchs*, ZGR 2003, 167, 187 ff.; *Thiel*, Spartenaktien für deutsche Aktiengesellschaften, 2001; *Tonner*, Tracking Stocks, 2002.

[18] *K. Schmidt*, § 19 III 3 c bb.

[19] *Kübler/Assmann*, §§ 14 III 2, 3 b, 15 II 1.

Dividende in Geld. Wenn die Satzung das vorsieht, kann die Hauptversammlung aber auch die Ausschüttung einer **Sachdividende** beschließen (§ 58 Abs. 5).[20]

Sind die Einlagen nicht auf alle Aktien gleichmäßig geleistet, so erhalten die Aktionäre auf die gezahlten Einlagen, soweit der verteilbare Reingewinn reicht, 4% vorweg (§ 60 Abs. 2). Die Vorschrift ist ein Beispiel für Gleichbehandlung durch Differenzierung aus einem sachlichen Grund.[21]

b) Dividendenzahlungsanspruch

19   Von dem Dividendenrecht als solchem ist der aus ihm entspringende **konkrete Anspruch** für ein bestimmtes Jahr zu unterscheiden. Dieser entsteht als selbständiges Recht mit der Beschlussfassung der Hauptversammlung über die Gewinnverwendung (§ 174). Von diesem Zeitpunkt an steht der Anspruch dem einzelnen Aktionär auf den ihm zustehenden Betrag als **Gläubigerrecht** zu, das der Einwirkung durch die Hauptversammlung entzogen ist und das selbständig übertragen werden kann.

Um die Übertragung zu erleichtern, können besondere Gewinnanteilscheine – **Dividendenscheine, Coupons** – für die einzelnen Jahre ausgegeben werden. Erneuerungsscheine zum Bezug von Coupons für einen weiteren Zeitraum heißen **Talons**. Auf die Verbriefung des Dividendenanspruchs haben die Aktionäre im selben Umfang Anspruch wie auf die Verbriefung der Mitgliedschaft (§ 10). Da die Verbriefung insgesamt rückläufig ist (oben Rn. 1, § 25 Rn. 8), verlieren auch die Dividendenscheine an Bedeutung.

c) Bindung an den Bilanzgewinn

20   Die **Verteilung einer Dividende** darf **nur aus dem** im Jahresabschluss festgestellten **Bilanzgewinn** erfolgen (§ 57 Abs. 3). Deshalb ist auch die Zusage fester Zinsen unzulässig (§ 57 Abs. 2). Wegen der Bindung an den Bilanzgewinn wirken sich Änderungen des Rechnungslegungsrechts (unten § 31 Rn. 5 ff.) mittelbar auf die verteilbare Dividende aus. In der Beschränkung der Gewinnverteilung auf den ausgewiesenen Gewinn ist zugleich das strikte **Verbot** anderer Zahlungen, die die Mitgliedschaft zur Grundlage haben – *societatis causa* –, insbesondere **verdeckter Gewinnausschüttungen** enthalten.

Zulässig sind Zahlungen im Rahmen eines Drittgeschäfts (oben Rn. 13). Das gilt auch für Darlehen (unten Rn. 28). Verdeckte Gewinnausschüttungen können in Leistungen der AG an einen oder mehrere, auch alle Aktionäre ohne angemessene Gegenleistung bestehen. Im Verbot verdeckter Gewinnausschüttungen zeigt sich das im Vergleich zur GmbH (oben § 22 Rn. 33; § 23 Rn. 19 f.) strengere Kapitalerhaltungsregime der AG. Im Steuerrecht wird verdeckte Gewinnausschüttungen nicht verboten, sondern sie werden wie Ausschüttungen behandelt, obwohl sie im Gewande von Betriebsausgaben auftreten.
Streitig ist die Behandlung von Darlehen, die die AG an Aktionäre gibt; praktisch kommt das vor allem in Unternehmensgruppen in sog. *cash-pools* (oben § 20 Rn. 10) vor. Diese können unter § 57 Abs. 1 fallen.[22] Im Zuge der GmbH-Reform soll auch für die AG durch eine bilanzielle Betrachtung Klarheit geschaffen werden. Nach *§ 57 Abs. 1 i. d. F. des RegEMoMiG* sind Leistungen der Gesellschaft, denen ein vollwertiger Rückzahlungs- oder Gegenleistungsanspruch gegenüber steht, keine unzulässige Einlagenrückgewähr (oben § 23 Rn. 20 a).

21   § 59 sieht die Möglichkeit vor, nach Ablauf des Geschäftsjahrs **Abschlagszahlungen** auf den voraussichtlichen Bilanzgewinn zu leisten. Dadurch soll dem Umstand Rechnung getragen werden, dass bis zum Gewinnverwendungsbeschluss der Hauptversammlung meist eine längere Zeit verstreicht. Die Vorschrift ist umständlich und ihre praktische Bedeutung ist gering. Damit sind **Quartalsdividenden**, die in anderen Ländern, vor allem den USA, üblich sind, nach deutschem Recht **nicht möglich.**

---

[20] Eingefügt 2002 (TransPuG); zu Bedeutung und Anwendungsfällen der Sachdividende *Lutter/ Leinekugel/Rödder,* ZGR 2002, 204. Die Kapitalrichtlinie (2.RL) lässt Sachdividenden zu, ebenso zahlreiche ausländische Rechtsordnungen. Praktisch wichtig ist insbesondere die Ausgabe von Aktien, auch solcher von Tochtergesellschaften; eine Brauerei (Walder Bräu AG, Königseggwald) kündigte bei der Aktienemission im Rahmen ihrer Sanierung jedem Aktionär fünf Kisten Walder-Bräu pro Jahr an.

[21] *G. Hueck,* Der Grundsatz der gleichmäßigen Behandlung im Privatrecht, 1958, S. 202 ff.; *Hüffer,* § 60 Rn. 1.

[22] *Hüffer,* § 57 Rn. 3 a f.

Rechtspolitisch ist zweifelhaft, ob Quartalsdividenden die Aktie wirklich attraktiver machen, da bei Streubesitz und der üblichen kleinen Stückelung nur sehr geringe Beträge gezahlt werden, was hohe Kosten verursacht.

d) Zu Unrecht bezogene Leistungen

Verträge über verdeckte Gewinnausschüttungen und sonstige unzulässige Leistun- **22** gen sind **nichtig** (§ 134 BGB). Das gilt nach überwiegender, aber nicht unbestrittener Ansicht auch hinsichtlich des **Verfügungsgeschäfts**.[23] Unter Verstoß gegen das Gesetz verteilte Leistungen sind nach § 62 zurück zu gewähren; dieser **aktienrechtliche Rückgewähranspruch** ist stärker als ein bloßer Bereicherungsanspruch. Den Anspruch der Gesellschaft können nach § 62 Abs. 2 auch Gläubiger geltend machen, soweit sie von der Gesellschaft keine Befriedigung erlangen. Was der Aktionär aber in gutem Glauben als Dividende bezogen hat, braucht er nicht zurückzugeben – **Schutz der gutgläubigen Aktionäre**. Wenn der Jahresabschluss einen Gewinn ausweist, kann sich der Aktionär ohne Bedenken die Dividende auszahlen lassen, es sei denn, er weiß oder weiß fahrlässig nicht, dass der Abschluss unrichtig ist (§ 62 Abs. 1).[24]

e) Grundsätze der Gewinnverwendung

Grundsätzlich haben die Aktionäre als *„residual owners"* (oben § 25 Rn. 17, § 27 **23** Rn. 23 a.E.) Anspruch auf den Gewinn, aber nur soweit er nicht nach Gesetz, Satzung, durch Hauptversammlungsbeschluss oder Vorstand und Aufsichtsrat von der Verteilung unter die Aktionäre ausgeschlossen ist (§ 58 Abs. 4). Das "residuale Eigentum" im ökonomischen Sinn ist gesellschaftsrechtlich vermittelt. Die gesetzlichen Bestimmungen gehen davon aus, dass kein Unternehmen auf Rücklagen verzichten kann. Deshalb soll die Verwaltung auch ohne Zustimmung der Hauptversammlung Rücklagen nach kaufmännischen Gesichtspunkten bilden können. Anderseits darf die Verwaltung den Aktionären nicht einen zu großen Teil des Gewinns vorenthalten. Die Hauptversammlung kann in beliebigem Umfang von einer Gewinnverteilung absehen und beschließen, dass der ganze Gewinn oder ein großer Teil desselben in Rücklagen eingestellt wird. Für den Beschluss genügt einfache Mehrheit.

Ob die Vorschriften über die Gewinnverwendung zu einem angemessenen Interessenausgleich führen, ist umstritten.[25] Die Verwaltung ist meist an der Selbstfinanzierung des Unternehmens interessiert, die ihre Handlungsspielräume vergrößert. Damit werden auch Anreize gesetzt, durch Nutzung von Bilanzierungswahlrechten und -spielräumen den Gewinnausweis zu gestalten (vgl. unten § 31 Rn. 6). Für Großaktionäre mit unternehmerischen Interessen sind Ausschüttungen auch oft nachrangig.

Das **Gesetz** bestimmt zwingend, dass bestimmte Beträge in eine gesetzliche *Rücklage* eingestellt **24** werden (§ 150, unten § 31 Rn. 11 f.).

Die **Satzung** kann nur für den Fall, dass die Hauptversammlung den Jahresabschluss feststellt (unten § 31 Rn. 23), vorschreiben, dass Beträge aus dem Jahresüberschuss in *andere Gewinnrücklagen* einzustellen sind (§ 58 Abs. 1, dazu § 266 Abs. 3 Pos. A. III. 4. HGB). Diese Beträge dürfen höchstens 50% des Jahresüberschusses ausmachen, wobei aber vorher die in die gesetzliche Rücklage einzustellenden Beträge und ein Verlustvortrag vom Jahresüberschuss abzuziehen sind.

Stellen **Vorstand und Aufsichtsrat** den Jahresabschluss fest, wie es die Regel ist (§ 172), so können sie ihrerseits bis zu 50% des Jahresüberschusses in *andere Gewinnrücklagen* einstellen (§ 58 Abs. 2

---

[23] *Bommert*, Verdeckte Vermögensverlagerungen im Aktienrecht, 1989; Großkomm-AktG/*Henze*, § 57 Rn. 203 ff., 210 f. m. w. N.

[24] Anders bei der KG, § 172 Abs. 5 HGB, oben § 17 Rn. 20: doppelte Gutgläubigkeit erforderlich; wieder anders bei der GmbH, § 31 Abs. 2, 3 GmbHG, oben § 23 Rn. 21.

[25] *Hüffer*, § 58 Rn. 1, 2: „Lösung fragwürdiger Qualität"; KölnerKomm-AktG/*Lutter*, § 58 Rn. 20; Münchkomm-AktG/*Bayer*, § 58 Rn. 17 ff.; für größeren Freiraum bei der Rücklagenbildung durch Streichung von § 58 Abs. 2 Satz 2 2. Halbs. Regierungskommission Corporate Governance, 2001, Rn. 197 f.

Satz 1). Die Satzung kann Vorstand und Aufsichtsrat ermächtigen, größere oder kleinere Teile des Jahresüberschusses den Gewinnrücklagen zuzuführen (§ 58 Abs. 2 Satz 2–4). Eine weitere Möglichkeit zur Einstellung in andere Gewinnrücklagen eröffnet unter bestimmten Voraussetzungen § 58 Abs. 2 a. Die **Hauptversammlung** kann nach § 58 Abs. 3 im *Gewinnverwendungsbeschluss* (§ 174 Abs. 1) weitere Beträge in *Gewinnrücklagen* einstellen oder *als Gewinn vortragen.* Wenn die Satzung hierzu nichts sagt, ist sie hierzu nicht verpflichtet, sondern entscheidet nach freiem Ermessen. Eine solche Rücklage unterliegt der besonderen **Anfechtung** nach § 254, der aber nur einen geringfügigen Minderheitsschutz bietet (unten § 31 Rn. 33). Wenn die Satzung die Hauptversammlung dazu ermächtigt, kann sie auch eine *andere Verwendung* des Gewinns als zur Rücklagenbildung oder Verteilung an die Aktionäre beschließen (§ 58 Abs. 3 Satz 2), z. B. die Verwendung für gemeinnützige Zwecke.

IV. Minderheitsrechte

25　　Bestimmte Aktionärsrechte sind innerhalb oder außerhalb der Hauptversammlung daran gebunden, dass ein bestimmtes **Quorum** von Aktien erfüllt ist. Die Schwellen sind unterschiedlich und können einen **Bruchteil des Grundkapitals,** einen Bruchteil des (in der Hauptversammlung) vertretenen Grundkapitals, einen bestimmten **Betrag des anteiligen Grundkapitals,** einen bestimmten *Börsenwert* oder eine **Kombination davon** betreffen. Die Mindestbeträge können von einem Aktionär erreicht werden oder auch von mehreren, die sich zum Zweck der Rechtsausübung zusammen tun. Letzteres soll durch das Aktionärsforum (§ 127 a, oben § 29 Rn. 14) erleichtert werden. Einerseits erschweren Quoren die Ausübung von Rechten, andererseits dienen sie dazu, Missbräuche zu verhindern (vgl. oben § 29 Rn. 48, 52 f.). Das Erreichen der Schwellen für Minderheitsrechte bedeutet andererseits einen gewissen Einfluss (oben Rn. 17). Angesichts der vielgestaltigen tatsächlichen Verhältnisse sind die gesetzlichen Typisierungen notwendig ein grobes Raster und dementsprechend umstritten.

26　**Beipiele:** Der niedrigste Schwellenwert ist 1% oder 100 000 € anteiliges Grundkapital (§§ 142 Abs. 2, 148 Abs. 1, Sonderprüfung und Klagezulassungsverfahren, oben § 27 Rn. 38 f.). 5% des Grundkapitals sind für die Einberufung einer Hauptversammlung erforderlich (§ 122 Abs. 1, oben § 29 Rn. 9). 5% oder 500.000 € anteiliges Grundkapital berechtigen dazu, eine gerichtliche Entscheidung über bestimmte bilanzielle Bewertungen in einer Sonderprüfung zu verlangen. Mit 10% des Grundkapitals kann der Verzicht auf die Aufstellung eines Konzernabschlusses verhindert werden (§ 291 Abs. 3 Nr. 2 HGB). 10% des in der Hauptversammlung vertretenen Grundkapitals können die Reihenfolge der Abstimmung über Wahlvorschläge für den Aufsichtsrat beeinflussen (§ 137). 10% oder 1 Mio. € anteiliges Grundkapital sind erforderlich, die getrennte Abstimmung über die Entlastung (§ 120 Abs. 1 Satz 2, oben § 29 Rn. 3) oder die Bestellung besonderer Vertreter zur Geltendmachung von Ersatzansprüchen (§ 147 Abs. 2, oben § 27 Rn. 38) zu verlangen. Es ist misslich, dass in § 318 Abs. 3 HGB (oben § 29 Rn. 47) neben 5% des Grundkapitals nicht auf einen anteiligen Mindestbetrag des Grundkapitals abgestellt wird. Auch bei den Einwänden gegen Abschlussprüfer handelt es sich um ein mitgliedschaftliches Minderheitsrecht; solche Rechte werden im Kapitalgesellschaftsrecht nach dem Ausmaß der Beteiligung bemessen, nicht nach dem (ständig schwankenden) Börsenwert. Im Kapitalmarktrecht ist eine Beteiligung von 3% der Stimmrechte an einer börsennotierten Gesellschaft mitteilungspflichtig (§ 21 Abs. 1 WpHG), d. h. ein marktrelevanter Einfluss erscheint dann möglich und soll deshalb offen gelegt werden.

27　　**Einzelklagebefugnis** gegen die Gesellschaft besteht in den gesetzlich geregelten Fällen der Auskunftserzwingung (§ 132 Abs. 2) und des Anfechtungsrechts (oben § 29 Rn. 48), daneben bei Gläubiger- und Teilhaberechten. Nicht gesetzlich geregelt ist dagegen die Klagemöglichkeit einzelner Aktionäre in Angelegenheiten der inneren Ordnung der Gesellschaft allgemein. Die Rechtsprechung hat für Fälle der gravierenden Beeinträchtigung mitgliedschaftlicher Rechte die Klagemöglichkeit auf Feststellung eingeräumt, u. U. sogar auf Unterlassung bzw. Rückabwicklung von Geschäften, die

Konturen sind aber vage geblieben.[26] Solche Klagebefugnisse werden insbesondere – mit dürftigem Erfolg – in Anspruch genommen, um ein Eingreifen im Wege des einstweiligen Rechtsschutzes zu versuchen.[27] Tendenziell sind Einzelklagebefugnisse kein geeignetes Schutz- und Steuerungselement (oben § 25 Rn. 43 f.).

V. Pflichten des Aktionärs

1. Hauptpflicht: Leistung der Kapitaleinlage

Der Aktionär hat im Allgemeinen nur eine einzige primäre Pflicht: die zur **Leistung** **28** **der** übernommenen **Kapitaleinlage** (§ 54 Abs. 1). Diese Pflicht ist **für** jeden **originären** **Erwerb** der Mitgliedschaft **unerlässlich.** Ohne Übernahme der Kapitaleinlagepflicht kann niemand originär Aktionär werden. Eine **Befreiung** von dieser Pflicht ist **ausgeschlossen** (§ 66 Abs. 1 Satz 1); ein Beschluss, durch den einem Aktionär die Leistung der Einlage erlassen würde, ist nichtig; dasselbe gilt für einen Erlassvertrag zwischen Aktionär und AG. Auch die Hingabe irgendeiner anderen Leistung an Erfüllungs Statt ist unzulässig (§ 54 Abs. 2, oben § 26 Rn. 15), ebenso eine Aufrechnung durch den Aktionär (§ 66 Abs. 1 Satz 2), während die AG ihrerseits aufrechnen kann, sofern dem Aktionär eine vollwertige Forderung gegen die AG zusteht.

Diese Vorschriften dienen dem Grundsatz der **Aufbringung und Erhaltung des Grundkapitals** (oben § 25 Rn. 5) und sind deshalb **zwingend.** Dem entspricht das ebenfalls zwingende **Verbot der Einlagenrückgewähr** (§ 57 Abs. 1). Es ist die konsequente Ergänzung der Regel, dass an die Aktionäre nur der Bilanzgewinn verteilt werden darf (§ 57 Abs. 3; oben Rn. 20). Zur Erfüllung der Einlagepflicht oben § 26 Rn. 6, 14 ff. **Nicht voll bezahlte Aktien** müssen auf den Namen lauten (§ 10 Abs. 2, oben Rn. 1, 3); die bezahlten Teilleistungen sind in den Aktien anzugeben, so dass ein Erwerber sich über die Höhe der ihn noch treffenden Einlagepflicht unterrichten kann. Ausstehende Bareinlagen sind nach den Bestimmungen der Satzung zu entrichten; die Einforderung kann auch dem Vorstand überlassen werden.

Keine zusätzliche Verpflichtung, wohl aber eine verschärfte rechtliche und wirtschaftliche Bindung **29** kann sich für einen Aktionär aus den Regeln über **Gesellschafterdarlehen** ergeben. Diese sind zunächst für die GmbH entwickelt worden (oben § 24 Rn. 16 ff.). Ihr tatbestandlicher Ansatz (vgl. § 32 a Abs. 1 GmbHG) kann auch bei der AG vorkommen. Nach der Rechtsprechung ist in solchen Fällen der Rangrücktritt im Insolvenzverfahren grundsätzlich auch in der AG anzuwenden.[28] Mit Rücksicht auf die andersartige Organisations- und Finanzierungsstruktur der AG wird unternehmerischer Einfluss eines Aktionärs (und damit „Finanzierungsverantwortung") erst ab einer Beteiligung von mehr als 25% des Grundkapitals (Sperrminorität) angenommen.

Zukünftig werden Gesellschafterdarlehen in Kapitalgesellschaften voraussichtlich ausschließlich insolvenzrechtlich geregelt (oben § 24 Rn. 16 a, 22 a). Im **Insolvenzfall** sind Forderungen aus solchen Darlehen dann **nachrangig,** es sei denn der Aktionär ist mit zehn % oder weniger an der Gesellschaft beteiligt oder es handelt sich um einen Sanierungsfall (§ 39 Abs. 4 InsO i. d. F. des RegE MoMiG).

a) Umfang

Die Höhe der Einlagepflicht (§ 54 Abs. 1) beträgt mindestens den Nennwert der Ak- **30** tie oder den auf die einzelne Stückaktie entfallenden anteiligen Betrag des Grundkapitals; eine **Unterpariemission** ist **unzulässig** (§ 9 Abs. 1, oben § 26 Rn. 3). Bei **Überpa-**

---

[26] BGHZ 83, 122 = NJW 1982, 1703 – Holzmüller; BGHZ 136, 133, 140 = NJW 1997, 2815 – Siemens Nold; BGHZ 164, 241 = NJW 2006, 374 – Mangusta Commerzbank (auch zum Feststellungsinteresse); dazu *Busch*, NZG 2006, 81.

[27] *Markwardt*, WM 2004, 211; *Schlitt/Seiler*, ZHR 166 (2002), 544, 577 ff.; zum Verhältnis zum Freigabeverfahren *Kort*, NZG 2007, 169.

[28] BGHZ 90, 381 = NJW 1984, 1893 – BuM/WestLB; *BGH* NZG 2005, 712; *Hüffer*, § 57 Rn. 17.

riemission (§ 9 Abs. 2) wird nicht der Betrag des Grundkapitals oder die Beteiligung des Aktionärs erhöht, sondern bilanzmäßig ist der Mehrbetrag – das **Agio**[29] – in die Kapitalrücklage einzustellen (§ 272 Abs. 2 Nr. 1 HGB; unten § 31 Rn. 11).

b) Haftung für rückständige Einlagen

31   Im Interesse der Aufbringung des Grundkapitals schreibt das Gesetz eine strenge Haftung für rückständige Einlagen vor, die zum Ausschluss säumiger Aktionäre führen kann (§ 64; oben Rn. 11). Die Vorschriften beziehen sich nur auf *Geldeinlagen,* nicht auf Sacheinlagen (oben § 26 Rn. 14 ff.), und nur auf Namensaktien, da Inhaberaktien vor voller Einzahlung nicht ausgegeben werden dürfen. Eine *Befreiung* von dieser Haftung ist, abgesehen vom Fall der Kapitalherabsetzung, *nicht zulässig* (§ 66).

– Jeder säumige Aktionär muss nach vergeblicher Aufforderung zur Zahlung 5% **Zinsen** zahlen und weiteren **Schaden ersetzen** (§ 63 Abs. 2).
– Die AG kann die Zahlung durch Klage und Zwangsvollstreckung erzwingen. Sie kann aber auch den Aktionär im **Kaduzierungsverfahren** ausschließen. Zu diesem Zweck setzt sie dem säumigen Aktionär eine Frist mit der Androhung, dass er nach Ablauf derselben seine Aktien und die geleisteten verliert. Die Fristsetzung ist dreimal in den Gesellschaftsblättern bekannt zu machen (§ 64 Abs. 2). Verstreicht die Frist fruchtlos, wird der Aktionär durch Bekanntmachung in den Gesellschaftsblättern seiner Aktien und der darauf geleisteten Einlagen „für verlustig erklärt" (§ 64 Abs. 3). Die alten Aktien werden dadurch kraftlos; statt dessen werden neue Aktien ausgegeben (§ 64 Abs. 4).
– Nunmehr setzt eine **subsidiäre Haftung etwaiger Vormänner** (§ 65) des ausgeschlossenen Aktionärs ein, soweit sie im Aktienregister eingetragen sind. Wer also eine nicht voll bezahlte Aktie verkauft, muss damit rechnen, dass er innerhalb von zwei Jahren seit Anmeldung der Übertragung zum Aktienregister noch in Anspruch genommen werden kann. Zahlt ein Rechtsvorgänger den rückständigen Betrag, erwirbt er die Mitgliedschaft und bekommt die neue Aktienurkunde.
– Ist die Zahlung auch nicht von einem Vormann zu erhalten, so hat die AG die Aktien unverzüglich zum Börsenkurs oder durch öffentliche Versteigerung zu verkaufen (§ 65 Abs. 3). Der Käufer wird gegen Zahlung des Kaufpreises Aktionär. Ergibt sich beim Verkauf ein höherer Betrag als die rückständige Einlage, kommt das der AG zugute. Ist dagegen der Kaufpreis geringer, haftet der ausgeschlossene Aktionär insoweit weiter.

2. Nebenpflichten

32   Außer zur Leistung der Einlagen treffen die Aktionäre **keine weiteren Pflichten.** Solche können auch nicht durch die Satzung oder einen Hauptversammlungsbeschluss begründet werden; insbesondere ist im Gegensatz zur GmbH (oben § 22 Rn. 38) die Festsetzung einer **Nachschusspflicht nicht möglich.** Davon gibt es **eine Ausnahme:** Den Inhabern von vinkulierten Namensaktien (§ 55 Abs. 1 Satz 1) können in der Satzung wiederkehrende, nicht in Geld bestehende Leistungen auferlegt werden – **Nebenleistungs-AG** (§ 55). Um künftige Erwerber zu schützen, hat die Satzung zu bestimmen, ob die Leistungen entgeltlich oder unentgeltlich zu erbringen sind.

Die Vorschrift entspricht den historischen Bedürfnissen des Zuckerrübenbaus. Rübenbauern schlossen sich zusammen, um gemeinsam eine Zuckerfabrik zu errichten, und verpflichteten sich, ihre Rüben an diese Fabrik zu liefern. Man wählte dafür nicht die Genossenschaft, weil bei dieser der Austritt nicht ausgeschlossen werden kann, sondern die Form der AG.[30] Früher war streitig, ob die Pflicht zur Lieferung der Rüben als gesellschaftliche Pflicht festgelegt werden könne; deshalb wurde diese Möglichkeit ausdrücklich im Gesetz geregelt, jedoch ohne Beschränkung auf den Zuckerrübenanbau.

---

[29] Von italienisch *aggio* zu *aggiungere* = hinzufügen.
[30] Vgl. Sachverhalt bei *OLG Celle* NZG 2003, 184.

3. Treuepflicht

Ob dem Aktionär eine allgemeine Treuepflicht obliegt, war lange umstritten.[31] Der **33** Gedanke liegt zunächst fern, da die Aktionäre als anonyme Anleger untereinander keine besonderen Vertrauensbeziehungen haben (oben § 25 Rn. 14). Eine Treuepflicht, die nach Art und Umfang derjenigen bei den Personengesellschaften (oben § 7 Rn. 3 f.) entspricht, passt für die AG nicht; die in einer Arbeits- und Haftungsgemeinschaft begründete persönliche Bindung ist bei der AG typischerweise nicht gegeben. Heute ist im Ergebnis anerkannt, dass über den allgemeinen Grundsatz von *Treu und Glauben* (§ 242 BGB) hinaus Treuepflichten mit *differenzierten Funktionen* anzuerkennen sind. Insgesamt ist Zurückhaltung geboten, damit nicht in die strenge aktienrechtliche Kompetenzverteilung und Organisationsstruktur eingegriffen wird (vgl. oben § 25 Rn. 42).[32]

Die dogmatischen Ansätze der verbandsrechtlichen Treuepflicht und des allgemeinen Rechtsmissbrauches überschneiden sich. Wichtig ist in jedem Fall die erforderliche Abgrenzung von Fallgruppen. Inhaltlich ist nach der Art der Mitgliedschaftsrechte zu unterscheiden, vor allem zwischen gesellschaftsbezogenen und eigennützigen. Ferner kommt es auf die Art der Gesellschaft und der Aktionäre an, etwa ob es sich um eine Familiengesellschaft oder eine Publikumsgesellschaft handelt. Die Treuepflicht erweist sich damit als Generalklausel, die nicht ohne Gefahren ist. Die spezifisch aktienrechtlichen Schutzmechanismen gegen den Missbrauch von Mehrheitsmacht und andere schädliche Einflüsse, vor allem der Gleichbehandlungsgrundsatz (§ 53a) und Bestimmungen im Recht der verbundenen Unternehmen, haben zunächst Vorrang. Mit Hilfe der Treuepflicht darf z. B. nicht das Mehrheitsprinzip durch eine beliebige materielle Beschlusskontrolle ausgehebelt werden.[33] Das ist bei der Fallbearbeitung zu berücksichtigen; der einschlägige Problemkreis, Reichweite und Inhalt der Treuepflicht müssen konkret benannt werden.[34]

a) Gegenüber der Gesellschaft

Es besteht grundsätzlich keine echte Treuepflicht in dem Sinn, dass der Aktionär zu **34** positivem Tun für die AG verpflichtet wäre. Der Aktionär verletzt seine gesellschaftsrechtlichen Pflichten nicht, wenn er lediglich seine Dividende bezieht und sich im Übrigen um das Schicksal der AG nicht kümmert.[35] Vorsätzliche schadenstiftende Beeinflussung von Vorstand oder Aufsichtsrat, auch durch Stimmrechtsausübung, verpflichtet zum Schadensersatz (§ 117 Abs. 1, oben § 27 Rn. 42). Ist der Aktionär herrschendes Unternehmen, braucht es nachteiligen Einfluss auf die abhängige Gesell-

---

[31] Dazu grundlegend *Fechner*, Die Treuebindungen des Aktionärs, 1942; *A. Hueck*, Der Treuegedanke im modernen Privatrecht, 1947; *Mestmäcker*, Verwaltung, Konzerngewalt und Rechte der Aktionäre, 1958, S. 209 ff.; *Zöllner*, Die Schranken mitgliedschaftlicher Stimmrechtsmacht, 1963, S. 335 ff.; *Lutter*, ZHR 153 (1989), 446; *Hüffer*, FS Steindorff, 1990, S. 59; Großkomm-AktG/*Henze/Notz*, Anh. § 53a; – eine allgemeine Treuepflicht für Aktionäre verneinten noch BGHZ 9, 163; 14, 38; 18, 350, 365 = NJW 1955, 1919; *BGH* AG 1976, 218 = JZ 1976, 561 – Audi/NSU m. (abl.) Anm. *Lutter; Flume*, Juristische Person, § 8 I; Großkomm-AktG/*Meyer-Landrut*, 3. Aufl., 1970ff., § 1 Anm. 34; Baumbach/Hueck/*Hueck*, Vor § 54 Rn. 11; – die neuere Rechtsprechung bejaht eine Treuepflicht, BGHZ 103, 184, 194 f. = NJW 1988, 1579 – Linotype; BGHZ 127, 107 = NJW 1992, 3167, 3171 – IBH/Scheich Kamel; BGHZ 127, 107, 111 = NJW 1994, 3094 – BMW; BGHZ 129, 136, 142 f. = NJW 1995, 1739 – Girmes; dem stimmt die Literatur mit vielfachen Differenzierungen im Einzelnen zu.

[32] Großkomm-AktG/*Henze/Notz*, Anh. § 53a Rn. 97.

[33] Vgl. BGHZ 103, 184, 194 f. = NJW 1988, 1579 – Linotype; *K. Schmidt*, § 28 I 4 b (S. 801).

[34] *Martin Weber*, Vormitgliedschaftliche Treubindungen, 1999, S. 69 ff. zur Einteilung des „geradezu wildwuchernden Fallmaterials", Konkretisierungen, S. 156 ff.

[35] Zum Aktionär als Anleger *Mülbert*, Aktiengesellschaft, Unternehmensgruppe und Kapitalmarkt, 2. Aufl., 1996, S. 88 ff.; zur „rational indifference/apathy" *Bachmann*, AG 2001, 635, 638; *Cheffins*, S. 62. – Für Förderpflichten in außergewöhnlichen Ausnahmefällen Großkomm-AktG/*Henze/Notz*, Anh. § 53a Rn. 81 ff. mit Beispielen.

schaft nicht zu unterlassen, wenn es noch im selben Geschäftsjahr für Ausgleich sorgt (§ 311).³⁶ Weitergehende verbandsrechtliche Anforderungen an das Verhalten der Aktionäre sind nach der Art der konkret gegebenen Verhältnisse zu differenzieren, etwa das Zurückstellen von Wettbewerbsinteressen.³⁷ Die Treuepflicht dient als Schranke bei der Ausübung von Aktionärsrechten, z.B. Anfechtungsklagen (oben § 29 Rn. 52f.).

b) Aktionäre untereinander

35   Die Treuepflicht dient in Rechtsprechung und Literatur übereinstimmend als Verhaltensmaßstab oder **Begrenzung** bei der Ausübung **der Mehrheitsmacht,** sei es durch einen Mehrheitsaktionär, sei es durch eine Aktionärsgruppe. Großaktionäre wie auch Mehrheitsgruppen müssen bei der Ausübung ihres Einflusses, sei es in der Hauptversammlung, sei es in sonstiger Weise, *Rücksicht auf das Gesellschaftsinteresse und die mitgliedschaftlichen Interessen der Minderheitsaktionäre* – nicht deren außergesellschaftliche Interessen – nehmen.³⁸ Damit erweist sich die Treuepflicht funktional als Minderheitsschutz, ist darauf aber nicht beschränkt. Auch eine **Minderheitsgruppe** oder ein **einzelner Aktionär** dürfen ihre *Mitverwaltungsrechte* nicht grob eigennützig ausüben, etwa die notwendige und mögliche Sanierung durch eine Sperrminorität verhindern.³⁹

§ 31. Jahresabschluss, Abschlussprüfung und Gewinnverwendung

Literatur: Kommentare zu §§ 238ff. HGB, insb.: Großkomm-BilanzR, §§ 238–324a HGB, 2002; KölnerKomm-AktG/*Claussen/Korth,* Bd. 4: Rechnungslegung, Gewinnverwendung; KölnerKomm-AktG/*Claussen/Scherrer,* Bd. 6: Konzernrechnungslegung, Teil I: §§ 290–299 HGB unter Einschluss von IAS und US-GAAP; MünchKomm-AktG/*Hennrichs/Kropff,* Bd. 5/1.
Zum Bilanzrecht allgemein und Corporate Governance: *Adler/Düring/Schmaltz,* Rechnungslegung und Prüfung der Unternehmen, 6. Aufl., 1995ff.; *Baetge/Lutter,* Abschlussprüfung und Corporate Governance, 2003; *Claussen,* FS Ulmer, 2003, S. 801; *Crezelius,* Was ist Recht im Bilanzrecht?, ZIP 2003, 461; *Ellrott/Förschle/Hoyos/Winkeljohann* (Hrsg.), Beck'scher Bilanzkommentar, 6. Aufl., 2006; *Freidank/Altes* (Hrsg.), Rechnungslegung und Corporate Governance, 2007; *Großfeld/Luttermann,* Bilanzrecht, 4. Aufl., 2005; *van Hulle,* ZGR 2000, 537; *Kübler,* ZGR 2000, 550; 2003; *Moxter,* Bilanzrechtsprechung, 6. Aufl., 2007; *W. Müller,* ZHR 168 (2004), 414; *Nonnenmacher,* in: Marsch-Barner/Schäfer (Hrsg.), Handbuch börsennotierte AG, 2005, §§ 52–56; *Schulze-Osterloh,* Handels- und Steuerbilanz, ZHR 167 (2000), 594; *Thiel/Lüdke-Handjery,* Bilanzrecht, 5. Aufl., 2005; *Wiedemann/Fleischer,* Teil C.

---

³⁶ Nach *Zöllner,* ZHR 162 (1998), 235, 241ff. wird die mitgliedschaftliche Treuepflicht durch § 311 nicht eingeschränkt; das Spannungsverhältnis mit dem Gesetz wird dort durch Kritik an der Norm gelöst; a.A. Emmerich/*Habersack,* § 24 VI 2. Der rechtliche Rahmen für unternehmerisches Verhalten in der Unternehmensgruppe ist insgesamt noch nicht befriedigend abgesteckt, vgl. *Windbichler,* FS Ulmer, 2003, S. 683; *dies.,* in: Hommelhoff/Hopt/v. Werder, Handbuch Corporate Governance, 2003, S. 605. – Die Gewichte werden evtl. wieder verschoben durch die Änderung des § 57 Abs. 1 durch das MoMiG (unten § 24 Rn. 20a für § 30 GmbHG).
³⁷ *Steindorff,* FS Rittner, 1991, S. 675, 685, 689ff.
³⁸ BGHZ 103, 184, 194f. = NJW 1988, 1579 – Linotype; BGHZ 142, 167, 169 = NJW 1999, 3197, 3198; Großkomm-AktG/*Henze/Notz,* Anh. § 53a Rn. 63ff.
³⁹ BGHZ 129, 136, 142f. = NJW 1995, 1739 – Girmes; *Guntz,* Treuebindungen von Minderheitsaktionären, 1997 (rechtsvergleichend); Großkomm-AktG/*Henze/Notz,* Anh. § 53a Rn. 71ff.; *Kübler/Assmann,* § 15 II 3c; *Steindorff,* FS Rittner, 1991, S. 675, 685ff.

Internationale Rechnungslegung: *Born*, Rechnungslegung International – IAS/IFRS im Vergleich mit HGB und US-GAAP, 5. Aufl., 2007; *Buchholz*, Internationale Rechnungslegung, 6. Aufl., 2007; *Grundmann*, European Company Law, §§ 15 ff.; *Lüdenbach/Hoffmann* (Hrsg.), IFRS Praxiskommentar, 5. Aufl., 2007; *Pellens/Fülbier/Gassen*, Internationale Rechnungslegung, 6. Aufl., 2006; *Heuser/Theile*, IFRS-Handbuch, 3. Aufl., 2007.

I. Überblick

1. Funktionen

Der aktienrechtliche **Grundsatz der Erhaltung des Grundkapitals** (oben § 25 **1** Rn. 5), d. h. das Bestreben, der AG ein dem Grundkapital entsprechendes Vermögen ungeschmälert zu erhalten, und das Verbot, andere Zahlungen an die Aktionäre als den Bilanzgewinn zu leisten (§ 57 Abs. 3), wäre wenig effektiv, wenn das Gesetz nicht auch für eine **geregelte Berechnung des Bilanzgewinns** sorgte. Dem dienen die Vorschriften über die **Jahresbilanz** (unten Rn. 9 ff.), die zusammen mit der **Gewinn- und Verlustrechnung** (GuV, unten Rn. 14) und dem **Anhang** (unten Rn. 15) den **Jahresabschluss** bildet (§ 242 Abs. 3, § 264 Abs. 1 Satz 1 HGB) sowie der **Lagebericht** (unten Rn. 16). Diese Vorschriften sind strenger als diejenigen, die für alle Kaufleute und damit für die OHG und die KG gelten (oben § 14 Rn. 20 f.). Unabhängige **Abschlussprüfer** haben den Jahresabschluss zu prüfen (unten Rn. 18 f.); ferner ist die **Veröffentlichung** des Abschlusses vorgeschrieben (unten Rn. 24). Verstöße gegen Rechnungslegungsvorschriften sind teils Straftatbestände, teils Ordnungswidrigkeiten (§§ 331 ff. HGB, §§ 400 ff. AktG, Insolvenzstraftaten nach §§ 283 ff. StGB).

Rechnungslegung allgemein hat darüber hinaus **vielfache Funktionen** (oben § 1 **2** Rn. 7), die z. T. einander widersprechende Anforderungen stellen. Es gibt daher je nach dem verfolgten Zweck unterschiedliche Bilanzen und Bilanzierungsregeln sowie Veröffentlichungspflichten; die Unternehmen sind oft genötigt, mehrere Bilanzen für den gleichen Zeitraum aufzustellen oder jedenfalls Überleitungsrechnungen von einer Bilanzierungsart zu einer anderen vorzunehmen. Das gesamte Gebiet befindet sich im Wandel. Von besonderem Interesse sind dabei die Auswirkungen der Internationalisierung der Unternehmenstätigkeit und der Unternehmensfinanzierung, die auch rechtsquellentheoretisch auf Neuland führen.[1] Entsprechend ihrer speziellen Aufgabe, den Insolvenzgrund der Überschuldung festzustellen (§ 26 Rn. 35), ist die **Überschuldungsbilanz** eine Sonderbilanz, die nicht aus der Jahresbilanz entwickelt wird.[2] Sie erfordert neben den rechnerischen Feststellungen eine Fortführungsprognose für das Unternehmen der Gesellschaft.[3] Dagegen weist die **Steuerbilanz** deutliche Verwandtschaft mit der Handelsbilanz auf. Sie verfolgt einen ähnlichen Zweck wie die Feststellung ausschüttungsfähigen Gewinns, nämlich die Besteuerung nach der Leistungsfähigkeit der Gesellschaft, und baut deshalb auf der Handelsbilanz auf – *Maßgeblichkeitsgrundsatz*.[4] Dem gegenüber besteht ein

---

[1] Vgl. oben § 1 Rn. 7, 14 und 17; guter Überblick über die Entwicklung bei *Kübler/Assmann*, § 19; Einzelheiten bei *Thiel/Lüdtke-Handjery*, Bilanzrecht, 5. Aufl., 2005, Rn. 51 ff.; vgl. auch GroßKomm-AktG/*Hopt/Roth*, § 111 Rn. 439: Abschlussprüfer als dritte Säule der Corporate Governance; *Grundmann*, European Company Law, Rn: 526: accounting as centrepiece of European company law.

[2] BGH NJW-RR 2001, 1043 = WM 2001, 959 = ZIP 2001, 839.

[3] *J.-S. Schröder*, in: Hamburger Kommentar zum Insolvenzrecht, 2006, § 19 InsO; *Wiesner*, Münch-HdbGesR IV, § 25 Rn. 65 ff. m. w. N.; vgl. auch oben § 24 Rn. 6.

[4] *Thiel/Lüdtke-Handjery*, Bilanzrecht, 5. Aufl., 2005, Rn. 270 ff.; vgl. auch oben § 14 Rn. 20.

großes Interesse der Anleger und Gläubiger, die wirtschaftlichen Verhältnisse und die Ertragskraft eines Unternehmens einzuschätzen, was allein anhand der Gewinne abgelaufener Rechnungsperioden nicht möglich ist. Auch die Kontrolle der Verwaltung kommt ohne transparente Rechenschaft nicht aus. Da die AG ihre wirtschaftliche Betätigung regelmäßig nicht ausschließlich selbst, sondern mit Hilfe von Beteiligungen und verbundenen Unternehmen betreibt (oben § 25 Rn. 15, 17), muss dafür ein besonderes Rechenwerk erstellt werden, die **Konzernbilanz**. Hier steht die *Information* und, ggf. internationale, *Vergleichbarkeit* im Vordergrund. Es handelt sich um einen Überschneidungsbereich von Gesellschafts- und Kapitalmarktrecht (oben § 1 Rn. 6, § 25 Rn. 18). Auch die handelsrechtlichen Vorschriften differenzieren zunehmend danach, ob es sich um ein börsennotiertes Unternehmen handelt oder nicht. Informationsorientiert sind ferner **kapitalmarktrechtliche Publizitätspflichten,** die auch andere Tatsachen als rechnungslegungsrelevante Vorfälle erfassen (vgl. insbes. §§ 15, 15a, 21, 37vff. WpHG). Die **Abschlussprüfung** gehört jedenfalls für kapitalmarktorientierte Unternehmen zu den universellen Bausteinen (oben § 25 Rn. 35). Deren Gegenstand und Umfang sowie die Unabhängigkeit und Haftung der Prüfer international diskutierte Themen. Prüfung und Offenlegung haben vielfach steuernde Wirkung und sind somit Teil der externen Corporate Governance (oben § 25 Rn. 40f.).

2. Rechtsquellen

3   Die Vorschriften über den **Jahresabschluss der AG** ergeben sich aus dem **HGB** (Vorschriften für alle Kaufleute, §§ 238ff., ergänzende Vorschriften für Kapitalgesellschaften, §§ 264ff. HGB) mit Ergänzungen im **AktG** (§§ 150ff.). Da nach dem Maßgeblichkeitsprinzip in Steuerrechtsstreitigkeiten inzident Fragen des Handelsbilanzrechts zu klären sind, erlangt die Finanzrechtsprechung Bedeutung auch für die Auslegung des HGB; Verwerfungen ergeben sich allerdings dadurch, dass das Steuerrecht nicht dem Gläubigerschutzprinzip folgt.[5] Das HGB wiederum setzt verschiedene, mehrfach geänderte **Richtlinien** um. Der **Konzernabschluss,** erstmals im AktG 1965 eingeführt, ist ebenfalls im HGB geregelt (§§ 290–315, § 325 Abs. 3 HGB). Die **IAS-VO**[6] verpflichtet kapitalmarktorientierte Mutterunternehmen, den Konzernabschluss nach internationalen Rechnungslegungsstandards – IAS/IFRS – aufzustellen (unten Rn. 40f.).

4   **Rechnungslegungsgrundsätze** sind nur in hoher Abstraktion in Gesetzen enthalten; die Vorschriften des HGB werden durch Gewohnheitsrecht, Rechtsprechung und Handelsbräuche ergänzt (§ 243 Abs. 1 HGB: Grundsätze ordnungsmäßiger Buchführung – GoB). Hinzu kommen Regelwerke, die von hoch spezialisierten Organisationen erarbeitet werden. Auf nationaler Ebene sind das das IDW und das DRS C, auf internationaler Ebene das IASB.[7] Die Rechtsnatur der verschiedenen Standards sind umstritten. Im Fall der **IAS/IFRS,** der vom IASB erlassenen Standards, sind nur dieje-

---

[5] *Crezelius,* ZIP 2003, 461; Großkomm-BilanzR/*Hüffer,* Vor § 238 HGB Rn. 17; da das Handelsbilanzrecht richtlinienkonform ist, kam es auch schon zur Vorlage eines Finanzgerichts an den EuGH wegen besteuerungsrelevanter Vorfragen, *EuGH* JZ 2003, 413 – BIAO m. Anm. *Luttermann.*
[6] Verordnung (EG) Nr. 1606/2002 vom 19. 7. 2002 (Abl.EG L 243 vom 11. 9. 2002 S. 1).
[7] IDW = Institut der Wirtschaftsprüfer in Deutschland e.V. (www.idw.de), eine private, freiwillige Vereinigung von Wirtschaftsprüfern; DRS C = Deutsches Rechnungslegungs Standards Committee e.V. – Deutscher Standardisierungsrat – (www.drsc.de), vom Bundesministerium der Justiz als Rechnungslegungsgremium i.S.d. § 342 HGB anerkannt; IASB = International Accounting Standards Board, eine internationale Vereinigung von Abschlussprüferverbänden (www.iasb.org.uk); vgl. Baumbach/Hopt/*Merkt,* HGB, Vor § 238 Rn. 89ff., § 238 Rn. 11, § 342 Rn. 1.

nigen im Konzernabschluss zwingend anzuwenden, die in einem besonderen Verfahren – **Komitologieverfahren** – von der EG übernommen worden sind *(endorsement)*.[8] Darüber hinaus verleiht die Empfehlung durch die Internationale Vereinigung der Börsenaufsichtsbehörden (IOSCO) den Standards Gewicht.[9] Da weltweit der US-amerikanische Kapitalmarkt von außerordentlicher Bedeutung ist und Kapitalmarktrecht sich nach dem Marktort richtet, müssen dort notierte Unternehmen (noch) nach **US-GAAP**[10] bilanzieren bzw. Überleitungsrechnungen erstellen.

Die geschilderte Entwicklung zeigt, dass der Boden herkömmlicher Gesetzgebungstechnik verlassen ist und zunehmend professionelle Standardisierungsgremien an Bedeutung gewinnen. Der internationale Zusammenhang legt das nahe, da es einen internationalen Gesetzgeber nicht gibt, völkerrechtliche Verträge nur begrenzt leistungsfähig sind und den Erfahrungen der Praxis großes Gewicht zukommt (oben § 1 Rn. 7, § 25 Rn. 35).

Die IAS-VO, die für Konzernabschlüsse börsennotierter Unternehmen gilt, stellt es den Mitgliedstaaten anheim, auch für die Einzelabschlüsse IAS/IFRS vorzuschreiben. Der deutsche Gesetzgeber hat die HGB-Vorschriften beibehalten; Konzernbilanzen nicht börsennotierter Gesellschaften dürfen nach IFRS aufgestellt werden (§ 315a Abs. 3 HGB). Für Offenlegungszwecke können alle Kapitalgesellschaften IFRS-Abschlüsse verwenden (§ 325 Abs. 2a HGB). Insofern steht auch das HGB-Bilanzrecht für die einzelne AG auf dem Prüfstand; misslich wäre allerdings, der Gewinnausschüttung ein Bilanzrecht zu Grunde zu legen, das für andere Zwecke konzipiert ist. Deshalb ist das Festhalten an den HGB-Vorschriften für die Gewinnermittlung sinnvoll. Eng verknüpft mit dem Problem der Internationalisierung von Rechnungslegungsstandards ist die Frage nach den Standards für Abschlussprüfer, deren Akkreditierung und Überwachung sowie Haftung.[11]

II. Rechnungslegung nach HGB

Die Vorschriften des HGB bestimmen den Jahresabschluss der AG, der **für die Kapital-**   5 **erhaltungsvorschriften und die Gewinnverwendung maßgebend** ist. Äußerlich erscheint die Jahresbilanz als eine Aufzeichnung des vorhandenen Vermögens, der Aktiva und Passiva, sie ist gleichwohl *keine Vermögensbilanz.* Nur in Grenzen soll sie ein Bild des wirklich vorhandenen Vermögens geben, sie ermittelt vielmehr, welcher Gewinn verteilt oder in anderer Weise verwendet werden darf, ist also *Gewinnermittlungsbilanz.* Entsprechend ist bei der AG auch die Gewinn- und Verlustrechnung orientiert. Den wirklichen Bestand und vor allem Wert und Entwicklung des Vermögens und des Unternehmens als Ganzem gibt ein solcher Jahresabschluss nur unvollkommen wieder,

---

[8] Als *endorsement* wird der Akt bezeichnet, mit dem die Kommission den von einem privaten Standardsetter verfassten Regelungswerk Gesetzeskraft verleiht; zur Rechtsnatur *Schön*, BB 2004, 763, 766f. Gemäß Art. 6 Abs. 1 IAS-VO wird die Kommission von einem *Accounting Regulatory Committee* (ARC) unterstützt. Daneben wird die Kommission von der European Financial Reporting Advisory Group (EFRAG) beraten, einer privatrechtlich organisierten Gruppe von Rechnungslegern; *Heuser/Theile*, IFRS-Handbuch, 3. Aufl., 2007, Rn. 55 ff.; *Buchheim/Gröner/Kühne*, BB 2004, 1783, 1784; zu entsprechenden Verfahren im Kapitalmarktrecht *Kalss,* in: Riesenhuber (Hrsg.), Europäische Methodenlehre, 2006, § 20 Rn. 5 ff.

[9] International Organization of Securities Commissions (www.iosco.org).

[10] Generally Accepted Accounting Principles; die amerikanischen Rechnungslegungsregeln haben mehrere Quellen und unterschiedliche Grade der Verbindlichkeit. Praktisch entscheidend sind diejenigen Vorschriften, die zur Börsenzulassung und von der Aufsichtsbehörde SEC verlangt werden (US-GAAP im engeren Sinne). Standardsetzer ist das Financial Accounting Standards Board – FASB (www.fasb.org). Vgl. dazu *Born*, Rechnungslegung international, 5. Aufl., 2007, S. 325 ff., 331 ff.

[11] Dazu Abschlussprüferaufsichtsgesetz – APAG vom 27. 12. 2004, BGBl. I S. 3846; Berufsaufsichtsreformgesetz – BARefG (7. WPO-Novelle) vom 3. 9. 2007, BGBl. I S. 2178; zum Referentenwurf *Heininger/Bertram*, DB 2006, 905; zum Corporate-Governance-Zusammenhang *Hommelhoff/Mattheus*, in: Hommelhoff/Hopt/v. Werder (Hrsg.), Handbuch Corporate Governance, 2003, S. 639.

denn das Gesetz schreibt gezielt vor, dass manche Gegenstände nicht mit ihrem wahren Wert, sondern nur mit einem geringeren, andere sogar überhaupt nicht angesetzt werden dürfen. Das Gesetz will die Verteilung von Dividenden im *Interesse der Gläubiger* wie auch *des Fortbestands des Unternehmens* begrenzen. Anderseits soll aber auch das *legitime Interesse der Aktionäre* an einer angemessenen Teilhabe am Unternehmensgewinn geschützt werden. Deshalb schränkt das Gesetz, allerdings nicht sehr streng, die Bildung offener oder stiller Reserven ein (unten Rn. 8), damit nicht die Verwaltung der Hauptversammlung, d. h. den Aktionären die Verfügung über den verteilungsfähigen Gewinn vorenthält und ihre eigenen unternehmerischen Spielräume unangemessen vergrößert.[12]

Die Übernahme des Bilanzrechts aus dem AktG ins HGB durch das BiRiLiG hat an dieser Ausrichtung wenig geändert. Zwar folgt die Vierte Richtlinie dem angelsächsischen *true and fair view*-Prinzip, das in § 264 Abs. 2 HGB aber nicht sehr klar und mit Verweis auf zusätzliche Angaben im Anhang umgesetzt ist.[13] Durch verschiedene Änderungen wurden das Bilanzrecht und die Offenlegungspflichten verschärft.

Als wichtige Neuerung führte das BiRiLiG für Kapitalgesellschaften eine **Differenzierung nach der Größe der Gesellschaft** ein (§ 267 HGB). Gemessen an jeweils zwei der drei Merkmale Bilanzsumme, Umsatzerlös und beschäftigte Arbeitnehmer werden kleine, mittelgroße und große Kapitalgesellschaften unterschieden. Mittelgroßen und noch stärker kleinen Gesellschaften werden Erleichterungen bei Erstellung, Prüfung und Offenlegung des Jahresabschlusses eingeräumt; börsennotierte Gesellschaften gelten stets als große (§ 267 Abs. 3 Satz 2 HGB). Im Folgenden wird grundsätzlich die große AG zugrunde gelegt.

1. Bilanzierungsgrundsätze und Bewertung

6   Der Jahresabschluss (Bilanz, Gewinn- und Verlustrechnung und Anhang) hat den materiellen *Grundsätzen ordnungsgemäßer Buchführung* zu entsprechen (§§ 243 Abs. 1, 264 Abs. 2 HGB). Leitende materielle Prinzipien sind **Bilanzwahrheit, Vollständigkeit** (§ 246 Abs. 1 HGB) **und Kontinuität,** formelle Grundsätze sind **Bilanzklarheit und Übersichtlichkeit.** Der Jahresabschluss ist dann „richtig", wenn er **den Regeln entsprechend** aufgestellt wurde. Er ist so klar und übersichtlich aufzustellen, dass er im Rahmen der Bewertungsvorschriften einen den tatsächlichen Verhältnissen entsprechenden Einblick in die Vermögens-, Finanz- und Ertragslage der AG gewährt. Dem dienen die allgemeinen und besonderen Gliederungsvorschriften der §§ 247, 266 HGB, auch die Überschaubarkeit (§ 238 Abs. 1 HGB) und das Verrechnungsverbot (§ 246 Abs. 2 HGB). Im Interesse der Vergleichbarkeit in der Zeit darf nicht willkürlich von einem Geschäftsjahr zum anderen anders verfahren werden, sofern verschiedene Gliederungs- und Bewertungsmöglichkeiten bestehen; Abweichungen sind zu erläutern. Der Jahresabschluss ist auf den Schluss des Geschäftsjahres aufzustellen – *Stichtagsprinzip;* üblicherweise, aber nicht notwendig ist das Kalenderjahr. Zu den umstrittenen, aus der Funktion der Handelsbilanz heraus aber plausiblen Grundsätzen gehört das **Vorsichtsprinzip,** das die Bildung von stillen Reserven ermöglicht.

---

[12] Aktionäre versuchen vielfach, im Wege des Auskunftsrechts nach § 131 (oben § 29 Rn. 20 ff.) Näheres über stille Reserven zu erfahren, z. B. durch die Frage nach der Brandversicherungssumme für Betriebsgebäude. Die Verfassungsbeschwerde gegen die gerichtliche Bestätigung der Ablehnung der Auskunft wurde nicht zur Entscheidung angenommen, *BVerfG* NJW 2000, 129 = NZG 2000, 194 – Scheidemandel II. Verfassungsrechtlich ist dem zuzustimmen, wenngleich die Entscheidung in den Einzelheiten der Begründung wenig glücklich ist; vgl. *Busse v. Colbe,* ZGR 2000 S. 651, 666 f.; *Schön,* FS Ulmer, 2003, S. 1359, 1378 f. Gleichwohl gehört das Problem der stillen Reserven zu den großen Streitfragen der Bilanzrechtsentwicklung. Beispielsfall bei *Wiedemann/Fleischer,* Nr. 381.

[13] Dazu m. w. N. GroßKomm-BilanzR/*Hüttemann,* § 264 HGB Rn. 12 ff.; vgl. auch *EuGH* Slg. 2003 I, 29 = JZ 2003, 413 – BIAO.

Nach § 252 Abs. 1 Nr. 4 HGB ist insgesamt vorsichtig zu bewerten. Das wird in § 253 HGB näher **7**
konkretisiert. Ausgangspunkt sind die historischen Anschaffungs- oder Herstellungskosten eines Wirt-
schaftsgutes, vermindert um Abschreibungen – **Niederstwertprinzip.** Wertsteigerungen, die nicht
durch eine Markttransaktion verwirklicht sind, führen nicht zu einer Höherbewertung.[14] Eine Forderung aus einer Lieferung oder Leistung darf erst als Ertrag verbucht werden, wenn die Gesellschaft
ihrerseits den Vertrag erfüllt, den Betrag also „verdient" hat – **Realisationsprinzip.** Risiken und Verluste sind dagegen schon vor ihrer Realisierung zu berücksichtigen, wenn mit ihnen zu rechnen ist –
Imparitätsprinzip.[15]

Außerplanmäßige Abschreibungen aus Steuergründen sind nur zulässig, wenn die steuerliche Anerkennung von ihrem bilanziellen Ausweis abhängt (§§ 254, 279 Abs. 2, 281 HGB). In diesen Fällen ist
bei späteren Werterhöhungen das **Wertaufholungsgebot** des § 280 HGB zu beachten. Im Übrigen
sind Abschreibungen und deren Beibehaltung im Rahmen des § 253 Abs. 4 und 5 HGB, die für Kaufleute allgemein gelten, für Kapitalgesellschaften nicht bzw. nur eingeschränkt zulässig (§ 279 Abs. 1
HGB).

Die **Bewertungsvorschriften** haben eine doppelte **Begrenzungsfunktion.** Sie sollen eine *zu hohe Be-* **8**
wertung verhindern, durch die ein in Wahrheit nicht verdienter Gewinn errechnet und zum Schaden der
AG und ihrer Gläubiger ausgeschüttet werden könnte. Da sie dem aktienrechtlichen Grundsatz der Erhaltung des Grundkapitals (oben § 25 Rn. 5) dienen, sind die *Bewertungsvorschriften als obere Wertgren-*
zen zwingend. Die Überbewertung von Bilanzposten macht den Jahresabschluss grundsätzlich nichtig
(§ 256 Abs. 5 Nr. 1 AktG; unten Rn. 28, zu weiteren Rechtsbehelfen Rn. 31 f.). Die Vorschriften *begrenzen*
zugleich *die zulässige Bewertung nach unten.* Die *willkürliche Bildung stiller Reserven* durch *Unterbe-*
wertungen, vor allem überhöhte Abschreibungen, ist *unzulässig;* Nichtigkeit des Jahresabschlusses tritt
bei vorsätzlicher falscher Darstellung ein. Durch Unterbewertungen können Gewinne verschleiert, also
der Ausschüttung entzogen werden. Das im AktG 1965 eingeführte und durch das BiRiLiG verschärfte
(z. B. § 280 HGB) Verbot der willkürlichen Bildung stiller Reserven dient somit den *Interessen der Aktio-*
näre und den *Interessen des Anlegerpublikums,* geht aber nach heute überwiegender Auffassung, vor
allem im Vergleich mit IFRS und US-GAAP (oben Rn. 4 und unten Rn. 35 ff.) nicht weit genug und schafft
nicht genügend Klarheit über die wirtschaftliche Lage des Unternehmens und seine Ertragsfähigkeit.

Beispiele: Die X-AG hat vor mehreren Jahren ein bebautes Grundstück für 5 Mio. € erworben. Nach
den üblichen Abschreibungen auf das Betriebsgebäude steht das Grundstück noch mit 3,5 Mio. € in
den Büchern (§ 253 Abs. 1 Satz 1, Abs. 2 Satz 1, 2 HGB). Dabei bleibt es auch dann, wenn inzwischen
die Grundstückspreise gestiegen sind und bei Veräußerung ein Erlös von 6 Mio. zu erwarten wären
(Niederstwertprinzip). Die Differenz zwischen diesem Ansatz und dem Marktwert bezeichnet man als
stille Reserve. Wäre das bebaute Grundstück wegen einer vorübergehenden Schwäche des Immobi-
lienmarktes nur für 3 Mio. € verkäuflich, ist eine niedrigere Bewertung für die Bilanz nicht erforderlich
(§ 253 Abs. 2 Satz 3 HGB: eine außerplanmäßige Abschreibung kann, muss aber nicht vorgenommen
werden).

Ist ein Produkt zu 63 €/Einheit gekauft und steigt der Börsenpreis bis zum Bilanzstichtag auf 70, ist
in die Bilanz 63, sinkt der Börsenpreis auf 61, ist 61 einzusetzen. Der durch steigende Preise entstehende Gewinn darf erst berücksichtigt und verteilt werden, wenn er realisiert, d. h. wenn die Ware tatsächlich zu dem höheren Preis veräußert ist. Er soll nicht vorweggenommen werden, denn es könnten Umstände eintreten, die ihn vereiteln. Der voraussichtliche Verlust dagegen muss sofort beim Sinken der
Preise berücksichtigt werden.

Die X-AG hat der Y-AG ein Darlehen von 1 Mio. € gewährt, dessen Rückzahlung aber ungewiss ist,
weil die Y-AG insolvent zu werden droht. Die X-AG darf die Forderung nicht zum Nennwert ansetzen, sondern muss einen Abschlag vornehmen (§ 252 Abs. 1 Nr. 4 HGB). Die Y-AG hingegen muss
die Verbindlichkeit zum vollen Wert auf der Passivseite ihrer Bilanz ansetzen.

Die X-AG hat im abgelaufenen Geschäftsjahr 2 Mio. € an Entwicklungskosten für ein neues Produkt aufgewendet. Dadurch ist geschütztes Know-how, also ein immaterielles Wirtschaftsgut entstanden, das aber nach § 248 Abs. 2 HGB nicht aktiviert werden darf.

---

[14] Die Fair-Value-Richtlinie 2001/65/EG vom 27. 9. 2001 Abl.EG L 283 vom 27. 10. 2001, S. 28 gestattet den Mitgliedstaaten in Abänderung der Vierten Richtlinie, bei ganz bestimmten Wirtschaftsgütern (Finanzinstrumente) die Bewertung nach dem beizulegenden Zeitwert zuzulassen; in Deutschland
besteht dieses Wahlrecht nur für Konzernabschlüsse nach IFRS (§ 315a HGB).
[15] Zur Bilanzierung zu vermutender Verbindlichkeiten nach Artt. 14 und 30 Abs. 1 Jahresabschlussrichtlinie (4. RL); *EuGH* Slg. 2003 I 29 = JZ 2003, 413 – BIAO.

2. Inhalt der Bilanz

a) Aktivseite

9   Das Gesetz unterscheidet **Anlagevermögen** und **Umlaufvermögen**. Gegenstände des Anlagevermögens sind solche, die dauernd dem Geschäftsbetrieb dienen sollen wie bebaute und unbebaute Grundstücke, Maschinen, Werkzeuge, Patente, Beteiligungen, sonstige dauernd oder langfristig dem Geschäftsbetrieb dienende Wertpapiere usw. Gegenstände des Umlaufvermögens sind alle Werte, die nicht zum Anlagevermögen gehören, etwa Rohstoffe, Warenvorräte, Wertpapiere, soweit sie nicht dem Geschäftsbetrieb dienen, Forderungen aus Lieferungen und Leistungen, Guthaben bei Kreditinstituten usw.

Aufwendungen für die Gründung und die *spätere Kapitalbeschaffung* dürfen *nicht als Aktiva* in die Bilanz aufgenommen werden, denn für sie ist kein wirklicher Gegenwert vorhanden (§ 248 Abs. 1 HGB). Dagegen können *Aufwendungen für die Ingangsetzung und Erweiterung des Geschäftsbetriebs* nach Maßgabe von § 269 HGB als Bilanzierungshilfe aktiviert werden.
Der *Geschäfts- oder Firmenwert* – so der Wert der Firma als Name, aber auch die Beziehungen zur Kundschaft, die Organisation und ähnliche immaterielle Werte, der sog. Goodwill – darf *nicht aktiviert* werden (§ 248 Abs. 2 HGB). Das gilt, obwohl die Firma einen sehr hohen Wert haben kann und obwohl sehr hohe Ausgaben, etwa für Werbung, dahinter stehen können. Der wahre Wert ist schwer festzustellen; die Gefahr einer Überbewertung, namentlich bei schlecht gehenden Unternehmen ist deshalb besonders groß. Eine Ausnahme besteht, wenn bei Übernahme eines Unternehmens für den inneren Geschäftswert ein besonderer Betrag bezahlt worden ist, d. h. wenn der für das Unternehmen bezahlte Gesamtkaufpreis den Wert der einzelnen bilanzfähigen Unternehmensbestandteile übersteigt. Der Geschäfts- oder Firmenwert muss dann besonders ausgewiesen werden und ist in jedem folgenden Geschäftsjahr zu mindestens ¼ durch Abschreibungen zu tilgen oder planmäßig auf die Geschäftsjahre der voraussichtlichen Nutzungszeit zu verteilen (§ 255 Abs. 4 HGB; dazu auch § 266 Abs. 2 HGB Pos. A. I. 2.).

b) Passivseite

10   Diese weist nicht nur die Verbindlichkeiten aus; vielmehr müssen auch bestimmte Posten unter die Passiva aufgenommen werden, obwohl sie keine Verbindlichkeiten der AG darstellen. Sie sind unter der Bezeichnung **Eigenkapital** in § 266 HGB Abs. 3 Pos. A. zusammengefasst (zur Definition § 272 Abs. 1 HGB). Betriebswirtschaftlich zeigt traditionell die Passivseite die Herkunft des investierten Kapitals (Finanzierung) auf, die Aktivseite das Vermögen der Gesellschaft.

aa) Das **Grundkapital,** im Bilanzschema an erster Stelle als *Gezeichnetes Kapital* angeführt, ist zum Nennwert anzusetzen (§ 283 HGB, § 152 Abs. 1 AktG). Die Folge ist, dass ein verteilungsfähiger Gewinn immer erst vorhanden ist, wenn das Reinvermögen (Summe der Aktiva abzüglich der Schulden) das Grundkapital (oben § 25 Rn. 3) übersteigt (*korporatives Sparschwein*, vgl. oben § 23 Rn. 18). Verluste früherer Jahre müssen also zuerst aufgefüllt werden, ehe eine Dividende verteilt werden kann.

11   **bb) Rücklagen** sind ebenfalls Bestandteil des Eigenkapitals und von Rückstellungen (§ 249 HGB) streng zu unterscheiden. In die *Kapitalrücklage* (§ 262 Abs. 3 HGB Pos. A. II.) sind die in § 272 Abs. 2 Nr. 1–4 HGB genannten Beträge einzustellen. Das ist insbesondere das Aufgeld (Agio) bei der Ausgabe von Aktien (oben § 26 Rn. 6; unten § 32 Rn. 25). Daneben ergeben sich aus dem AktG Sonderzuweisungen zur Kapitalrücklage bei einer Kapitalherabsetzung (vgl. §§ 232, 237 Abs. 5 AktG). Zu den *Gewinnrücklagen* (§ 266 Abs. 3 HGB Pos. A. III.) gehören die gesetzliche Rücklage, die Rücklage für eigene Anteile, die satzungsmäßigen Rücklagen und andere Gewinnrücklagen.

§ 150 schreibt eine **gesetzliche Rücklage** vor. In sie sind einzustellen: 5% des um einen etwaigen Verlustvortrag geminderten Jahresüberschusses, bis die gesetzliche Rücklage und bestimmte Teile der Kapitalrücklagen zusammen 10% oder einen in der Satzung bestimmten höheren Teil des Grundkapitals erreichen (§ 150 Abs. 2). Das bedeutet nicht etwa, dass diese Summen in Natur zu sammeln und eine Rücklage in barem Geld oder in bestimmten Werten zu bilden wäre. Es handelt sich nur um eine *rechnungsmäßige Operation*. Es muss ein Passivposten in die Bilanz eingesetzt werden mit der Folge, dass ein verteilungsfähiger Gewinn erst dann vorliegt, wenn das Gesellschaftsvermögen das Grundkapital plus Rücklage übersteigt. Die gesetzliche Rücklage und die Kapitalrücklagen dürfen nur zum Ausgleich eines nicht durch Gewinnvortrag kompensierten Jahresfehlbetrags sowie eines Verlustvortrags aus dem Vorjahr verwandt werden, soweit dieser nicht durch den Jahresüberschuss gedeckt ist (§ 150 Abs. 3). Durch diese Verwendung der gesetzlichen Rücklage wird erreicht, dass künftig leichter Gewinn verteilt werden kann. Der Gewinn der nächsten Jahre braucht nicht erst zur Tilgung des Verlustes verwandt zu werden; es kann eine verstetigte Dividendenpolitik betrieben werden.

Beispiele: Grundkapital 30 Mio., gesetzliche Rücklage und Kapitalrücklagen 3 Mio., zusammen also 33 Mio.; – Aktiva 40 Mio., Verbindlichkeiten 5 Mio. Dann beträgt das Reinvermögen 35 Mio., also 5 Mio. mehr als das Grundkapital, der verteilungsfähige Gewinn aber nur 2 Mio.

Grundkapital 30 Mio., gesetzliche Rücklage und Kapitalrücklagen 3 Mio., Reinvermögen 31 Mio. Es ist also bilanzmäßig ein Verlust von 2 Mio. vorhanden. Im nächsten Jahr wird ein Gewinn von 1,5 Mio. erzielt. Ohne Heranziehung der Rücklagen müsste dieser Gewinn zur Tilgung des Verlustvortrags verwandt werden, und es bliebe immer noch ein Verlustvortrag von 0,5 Mio. Wurden dagegen die gesetzliche Rücklage und die Kapitalrücklagen bereits im Vorjahr nach § 150 Abs. 3 Nr. 1 AktG in Höhe von 2 Mio. zur Deckung des Jahresfehlbetrages (Verlustes) verwandt, lautete die Bilanz also: Grundkapital 30 Mio., gesetzliche Rücklage und Kapitalrücklagen 1 Mio., Reinvermögen 3 1 Mio., war der Verlust somit ausgeglichen, kann im nächsten Jahr der oben genannte Gewinn von 1,5 Mio. nach Abzug von 0,75 Mio für die gesetzliche Rücklage verteilt werden.

Eine besondere **Rücklage für eigene Aktien** schreibt § 272 Abs. 4 HGB vor (§ 266 **12** Abs. 3 HGB Pos. A. III. 2., dazu oben § 30 Rn. 6 ff.). Sie ist zweckgebunden und darf nur im Zusammenhang mit der Aufgabe eigener Aktien oder bei deren niedrigerer Bewertung aufgelöst werden. Für **satzungsmäßige Rücklagen** ist ein eigenständiger Ausweis in der Bilanz vorgeschrieben (§ 266 Abs. 3 HGB Pos. A. III. 3.). Darunter sind nach h.M. solche Rücklagen zu verstehen, die in der Satzung mit zwingender Wirkung vorgesehen und nicht nur in das Ermessen der zuständigen Organe gestellt sind. Für die AG ist eine durch Satzung bestimmte Rücklagenbildung in § 58 geregelt (oben § 30 Rn. 24).

Neben den genannten können **andere Gewinnrücklagen** (§ 266 Abs. 3 HGB Pos. A. III. 4.) gebildet werden, in der Regel auf freiwilliger Basis. Eine satzungsmäßige Grundlage dafür ist möglich, aber nicht nötig; die Bildung erfolgt jeweils durch Vorstand und Aufsichtsrat (§ 58 Abs. 2 und 2a AktG) oder die Hauptversammlung im Gewinnverwendungsbeschluss (§ 58 Abs. 3 AktG).

Danach werden die Rücklagen zu einem großen Teil bereits bei der Aufstellung der Bilanz gebildet. Das bedeutet, dass bei der AG in der Regel der Jahresabschluss unter zumindest *teilweiser Verwendung des Jahresergebnisses* aufgestellt wird. Deshalb tritt dann nach § 268 Abs. 1 HGB in der Bilanz an die Stelle der Posten „Jahresüberschuss/Jahresfehlbetrag" und „Gewinnvortrag/Verlustvortrag" der Posten „Bilanzgewinn/Bilanzverlust".

cc) Rückstellungen (§ 266 Abs. 3 HGB Pos. B.) sind für ungewisse Verbindlichkei- **13** ten und für drohende Verluste aus schwebenden Geschäften zu bilden, außerdem für im Geschäftsjahr unterlassene Aufwendungen für Instandhaltung oder Abraumbeseitigung, die im folgenden Jahr nachgeholt werden, und für Gewährleistungen, die ohne rechtliche Verpflichtung erbracht werden (§ 249 HGB). Die Rückstellungen sind für große und mittelgroße AG zwingend zu gliedern in Pensionsrückstellungen, Steuerrückstellungen und sonstige Rückstellungen (§ 266 Abs. 3 HGB Pos. B. 1.–3.). Bei den Pensionsrückstellungen ist § 249 HGB, bei den Steuerrückstellungen als Ergänzung auch § 274 Abs. 1 HGB zu beachten. Alle Rückstellungen sind nur in der Höhe des

Betrags zulässig, der nach vernünftiger kaufmännischer Beurteilung notwendig ist (§ 253 Abs. 1 Satz 2 a. E. HGB).

dd) Im Übrigen sind auf der Passivseite die **Verbindlichkeiten** auszuweisen, gegliedert nach § 266 Abs. 3 Pos. C. Zur Feststellung des Reinvermögens der Gesellschaft sind von den Aktiva die Rückstellungen und Verbindlichkeiten abzuziehen (vgl. oben Rn. 9f.).

Bei Passivposten liegt eine Unterbewertung vor, wenn sie mit einem höheren Betrag, als gesetzlich zulässig ist, angesetzt werden (§ 256 Abs. 5 AktG). Im Übrigen gilt das oben (Rn. 8) zu stillen Reserven Gesagte entsprechend.

3. Gewinn- und Verlustrechnung

14   Neben der Bilanz, die die Vermögenslage darstellt, ist als weiterer Bestandteil des Jahresabschlusses die Gewinn- und Verlustrechnung – **GuV** – aufzustellen (§§ 242 Abs. 3, 264 Abs. 1 HGB). Sie ist eine *Erfolgsrechnung* und bildet die Ertragslage der Gesellschaft ab. Darin sind für das Geschäftsjahr die Aufwendungen und Erträge zusammenzustellen sowie Gewinn und Verlust auszuweisen. Auch für sie ist eine bestimmte Gliederung vorgeschrieben (§ 275 HGB), für die AG in § 158 AktG um einige weitere Posten ergänzt. Die GuV ist in Staffelform zu errichten; es besteht ein Wahlrecht zwischen Gesamtkosten- und Umsatzkostenverfahren.[16] Wiederum bestehen größenabhängige Erleichterungen (§ 276 HGB). Für Ansatz und Bewertung sind die Grundsätze, die für alle Kaufleute gelten (§§ 252 ff. HGB), die sie ergänzenden Vorschriften für Kapitalgesellschaften in den §§ 279 ff. HGB und die Besonderheiten bei der AG (§§ 150 ff. AktG) zu beachten.

4. Anhang und Lagebericht

15   Gleichfalls als Teil des Jahresabschlusses ist ein **Anhang** zu erstellen, der die Bilanz und die Gewinn- und Verlustrechnung erläutert. Dadurch sollen Informationslücken geschlossen werden, die sich bei streng schematisierter Darstellungsweise der wirtschaftlichen Vorgänge ergeben. Insofern dient der Anhang in besonderem Maße dem *true and fair view*-Prinzip (oben Rn. 5). Sein Inhalt ist in den §§ 284 ff. HGB geregelt, für die AG ergänzt in § 160 AktG. Für kleine und beschränkt auch für mittelgroße AG enthält § 288 HGB Erleichterungen. Aufzunehmen sind vorgeschriebene Angaben zu einzelnen Posten der Bilanz und der GuV – **Pflichtangaben,** ferner Angaben, die in Ausübung eines Wahlrechts nicht in die Bilanz oder GuV aufgenommen wurden – **Wahlpflichtangaben** – sowie **freiwillige Angaben.**[17]

16   Zusätzlich zum Jahresabschluss haben mittelgroße und große, insbesondere börsennotierte AG (§ 264 Abs. 1 Satz 3) einen **Lagebericht** zu erstellen. Dieser ist ein eigenständiger Bestandteil der Rechnungslegung[18] und soll unabhängig von den notwendig verzerrenden Vorschriften für die Gewinnermittlungsbilanz ein den tatsächlichen Verhältnissen entsprechendes Bild der Gesellschaft vermitteln. Der Lagebericht (§ 289 HGB) ist als **reines Informationsinstrument** stärker zukunftsbezogen und dynamisch. Es ist der Geschäftsverlauf darzustellen, ebenso die voraussichtliche Entwick-

---

[16] Zu diesen Verfahren die Kommentierungen zu § 275 HGB; *Buchholz,* Internationale Rechnungslegung, 6. Aufl., 2007, S. 177 ff. mit Beispielen.

[17] Großkomm-BilanzR/*Hüttemann,* § 284 HGB Rn. 21 f.

[18] Artt. 2 Abs. 1, 46 Jahresabschlussrichtlinie (4. RL); BGHZ 124, 111, 122 = NJW 1994, 520, 523 – Vereinte Krankenversicherung.

lung einschließlich wesentlicher Chancen und Risiken. Für den Inhalt des Berichts stellt § 289 HGB richtlinienkonform Vorschriften auf, um zu verhindern, dass der Bericht sich mit ganz allgemeinen, nichts sagenden Angaben begnügt, die kein wirkliches Bild der Lage ergeben. Die Angaben nach § 289 Abs. 2 HGB sind zwar als Sollvorschrift formuliert, Rechnungslegungsstandards gehen jedoch davon aus, dass sie unverzichtbar sind, wenn sie bei vernünftiger kaufmännischer Beurteilung wichtig sind. Das entspricht der tendenziellen Aufwertung der informationsorientierten Rechnungslegung im Allgemeinen und des Lageberichts im Besonderen.[19] Große Kapitalgesellschaften haben weitergehende Angaben über nichtfinanzielle Indikatoren zu machen (§ 289 Abs. 3 HGB). Die Aufzählung ist nicht abschließend, zusätzliche Angaben sind zulässig und verbreitet.

III. Aufstellung, Prüfung und Offenlegung

1. Aufstellung

Die **Aufstellung** des Jahresabschlusses (Jahresbilanz, GuV und Anhang) und des **17** Lageberichts ist Geschäftsführungsmaßnahme und **Aufgabe des Vorstandes** (oben § 27 Rn. 29). Die Gesellschaft ist dazu nach §§ 242 Abs. 1, 264 Abs. 1 HGB verpflichtet. Die Aufstellung hat in den ersten drei Monaten jedes Geschäftsjahrs für das vergangene Jahr zu erfolgen (§ 264 Abs. 1 Satz 2 HGB, in Satz 3 Fristverlängerung für kleine AG auf höchstens sechs Monate).

2. Prüfung

a) Abschlussprüfer

Für große und mittelgroße AG ist die **Prüfung durch Abschlussprüfer zwingend** **18** geboten. Ein ohne die notwendige Prüfung zustande gekommener Jahresabschluss ist nichtig (§ 256 Abs. 1 Nr. 2, 3 AktG; unten Rn. 28) und kann nicht festgestellt werden (§ 316 Abs. 1 Satz 2 HGB). Sowohl die Vorschriften darüber, wer Prüfer sein kann, als auch über das Erfordernis der Prüfung sind richtlinienkonformes Recht.[20] Verschiedene Änderungen des HGB und des AktG haben die Anforderungen an die Prüfer und die Prüfung verschärft, nachdem eine Reihe von Skandalen Zweifel an der Unabhängigkeit und Genauigkeit der Prüfer genährt hatten. Änderungen des Berufsrechts brachten ebenfalls strengere Regeln, die die Qualitätssicherung und Berufsaufsicht den erhöhten Anforderungen durch den Binnenmarkt und die Internationalisierung der Kapitalmärkte anpassen soll.[21] Rechnungslegungsregeln können ihre Wirkung nur ent-

---

[19] Die Vorschrift wurde durch das BilReG 2004 (oben § 25 Rn. 34) neu gefasst; Baumbach/Hopt/ *Merkt*, § 289 Rn. 1; *Kajüter*, DB 2004, 197.

[20] Art. 51 der Jahresabschlussrichtlinie (4. RL) geändert durch die Richtlinie 2006/43/EG vom 17. 5. 2006 über Abschlussprüfungen von Jahresabschlüssen und konsolidierten Abschlüssen, zur Änderung der Richtlinien Nr. 78/660/EWG (4. RL) und Nr. 83/349/EWG (7. RL) und zur Aufhebung der Richtlinie 84/253/EWG (8. RL).

[21] Gesetz zur Kontrolle von Unternehmensabschlüssen (Bilanzkontrollgesetz – BilKoG) BGBl. I 2004, 2408; Gesetz zur Fortentwicklung der Berufsaufsicht über Abschlussprüfer in der Wirtschaftsprüferordnung (Abschlussprüferaufsichtsgesetz – APAG), BGBl I 2004, 3846; Gesetz zur Stärkung der Berufsaufsicht und zur Reform berufsrechtlicher Regelungen in der Wirtschaftsprüferordnung (Berufsaufsichtsreformgesetz – BARefG = 7. WPO-Novelle) vom 3. 9. 2007, BGBl. I S. 2178; *Hommelhoff/Mattheus*, BB 2004, 93.

falten, wenn es auch Durchsetzungsmechanismen gibt. Dazu gehört die Abschlussprüfung. Die Erwartungen der Öffentlichkeit, was Abschlussprüfer an Missständen und Risiken aufdecken können, geht gleichwohl oft über deren Funktion hinaus, so dass von einer „Erwartungslücke" gesprochen wird.[22] Es ist nicht Aufgabe der Abschlussprüfer, speziell nach kriminellen Machenschaften zu fahnden;[23] eine unehrliche Geschäftsleitung kann man nicht „ehrlich prüfen".

19   aa) Der Abschlussprüfer wird **durch die Hauptversammlung gewählt** (§ 119 Abs. 1 Nr. 4). Wahlvorschläge können vom Aufsichtsrat und von Aktionären gemacht werden.[24] Der Vorstand, der Aufsichtsrat oder eine Minderheit der Aktionäre mit 5% des Grundkapitals oder Aktien mit einem Börsenwert von 500 000 € die *gerichtliche Bestellung* eines anderen Abschlussprüfers anstelle des gewählten beantragen (oben § 29 Rn. 25). Die Anfechtung der Bestellung ist ausgeschlossen (§ 243 Abs. 3 Nr. 2). Das Gericht gibt dem Antrag statt, wenn dies aus einem in der Person des gewählten Prüfers liegenden Grund geboten erscheint, insbesondere bei Besorgnis der Befangenheit. Eine Bestellung durch das Gericht findet auch dann statt, wenn die Hauptversammlung bis zum Abschluss des Geschäftsjahrs keinen Abschlussprüfer wählt oder ein gewählter Prüfer fortfällt (§ 318 Abs. 3 und 4 HGB). Wer Abschlussprüfer sein kann, regeln §§ 319f. HGB. Es muss sich um einen Wirtschaftsprüfer oder eine Wirtschaftsprüfungsgesellschaft handeln, die von der zu prüfenden Gesellschaft unabhängig sind; Bestellungshindernisse sind in § 319 Abs. 2–4 HGB aufgeführt. Dieser Katalog von Ausschlussgründen wird für börsennotierte Gesellschaften – Unternehmen von öffentlichem Interesse – ergänzt (§ 319a HGB). Der DCGK (Nr. 7.2.1) empfiehlt dem Aufsichtsrat bzw. Prüfungsausschuss, vorab eine detaillierte Erklärung des vorgesehenen Prüfers über mögliche Beeinträchtigungen seiner Unabhängigkeit einzuholen. Den **Prüfungsauftrag** (Angebot zum Abschluss eines Geschäftsbesorgungsvertrages i.S.d. § 675 BGB, Honorarvereinbarung) **erteilt der Aufsichtsrat** (§ 111 Abs. 2 Satz 3). Ausnahmsweise wird hier die Gesellschaft also durch den Aufsichtsrat vertreten, was der Unabhängigkeit des Prüfers vom Vorstand dient.[25]

20   bb) **Gegenstand der Prüfung** ist der Jahresabschluss unter Einbeziehung der Buchführung und des Lageberichts (§ 317 HGB). Die Prüfung des Jahresabschlusses erstreckt sich darauf, ob der Jahresabschluss äußerlich sachgemäß aufgestellt ist, außerdem darauf, ob sämtliche Bestimmungen des Gesetzes und der Satzung beachtet sind. Der Lagebericht ist darauf zu prüfen, ob er mit dem Jahresabschluss in Einklang steht und ob er insgesamt eine zutreffende Vorstellung von der Lage der Gesellschaft einschließlich der zukünftigen Risiken vermittelt. Bei börsennotierten Gesellschaften ist ferner im Rahmen der Prüfung zu beurteilen, ob der Vorstand ein geeignetes Überwachungssystem i.S.d. § 91 Abs. 2 (oben § 27 Rn. 29) eingerichtet hat (§ 317 Abs. 4 HGB). Mit diesen Erweiterungen des Prüfungsumfangs über die Rechnungslegung (*financial accounting*) hinaus erstreckt sich die Prüfung auch auf die Geschäftsführung (*business accounting*), die ursprünglich nicht Gegenstand der Prü-

---

[22] *Marten/Quick/Ruhnke*, Lexikon der Wirtschaftsprüfung, 2006, Stichwort „Erwartungslücke"; *Escher-Weingart*, NZG 1999, 909, 911; *Merkt*, Unternehmenspublizität, 2001, S. 474; *Wiedemann/ Fleischer*, Nr. 411.

[23] Großkomm-BilanzR/*Zimmer*, § 317 HGB Rn. 13, 19 ff.

[24] Wird der Vorschlag vom Vorstand und Aufsichtsrat gemeinsam gemacht, führt das zur Anfechtbarkeit des Bestellungsbeschlusses, *BGH* NJW 2003, 970 = NZG 2003, 216 – HypoVereinsbank; dazu *Lutter*, JZ 2003, 566; vgl. auch *OLG Düsseldorf* NZG 2007, 235 – Metro (nicht rechtskräftig).

[25] *Hüffer*, § 111 Rn. 12a ff.; GroßKomm-AktG/*Hopt*, § 111 Rn. 444.

fung durch den Abschlussprüfer, sondern der Überwachung durch den Aufsichts-rat ist.[26]

Die Prüfer haben ein *weitgehendes Recht auf Auskunft und Einsichtnahme* in Bücher, Aufzeichnun-gen, Bestände an Wertpapieren und Waren usw. Sie können vom Vorstand jede für die Prüfung not-wendige Aufklärung verlangen (§ 320 HGB). Dafür sind sie zu unbedingter *Verschwiegenheit* ver-pflichtet (§ 323 HGB). Der DCGK (Nr. 7.2.3) empfiehlt darüber hinaus, dass der Aufsichtsrat den Abschlussprüfer durch Vereinbarung zur Information des Aufsichtsrates über bei der Prüfung zu Tage getretene Vorkommnisse, die für die Aufsichtsratstätigkeit wesentlich sind, verpflichtet.

cc) Der Prüfer hat über die Prüfung einen **Prüfungsbericht** zu erstatten, der dem **21** Aufsichtsrat vorzulegen ist; zuvor ist dem Vorstand Gelegenheit zur Stellungnahme zu geben (§ 321 HGB). Sind keine Einwendungen zu erheben, hat der Prüfer einen **Bestä-tigungsvermerk** zu erteilen, der Gegenstand, Art und Umfang der Prüfung beschreibt und eine Beurteilung des Prüfungsergebnisses enthält (§ 322 HGB). Hat der Prüfer Einwendungen, ist der Bestätigungsvermerk entsprechend einzuschränken oder ganz zu versagen und das zu begründen. Sowohl Prüfungsbericht wie Bestätigungsvermerk waren früher oft nur schematisch. Der Gesetzgeber hat die einschlägigen Vorschriften mehrfach geändert; spezifische und ausführlichere Aussagen sind nunmehr Standard. Das Verschweigen erheblicher Umstände im Prüfungsbericht oder unrichtige Bestä-tigungsvermerke sind Straftatbestände (§ 332 HGB).

Ändern der Vorstand oder die Hauptversammlung (§ 173 Abs. 3; unten Rn. 23) den Jahresabschluss ab, hat ihn bei prüfungspflichtigen, also großen, mittelgroßen und börsennotierten AG der Abschluss-prüfer erneut zu prüfen – **Nachtragsprüfung** –, soweit die Änderung es erfordert. Ist das der Fall, wird ein bereits erteilter Bestätigungsvermerk zwar nicht unwirksam, doch bedarf er hinsichtlich der Nachtragsprüfung der Ergänzung (§ 316 Abs. 3 HGB).

b) Aufsichtsrat

Unverzüglich nach Eingang des Prüfungsberichts (bei kleinen AG ohne diesen) **legt 22 der Vorstand** den Jahresabschluss, den Lagebericht und den Prüfungsbericht **dem Aufsichtsrat vor** (§ 170 Abs. 1 und 3). Zugleich hat er Vorschläge für die Verwendung des Bilanzgewinns zu unterbreiten (§ 170 Abs. 2). Der Aufsichtsrat hat seinerseits den Jahresabschluss, den Lagebericht und den Vorschlag für die Gewinnverwendung zu **prüfen.** Diese Pflicht ist in engem Zusammenhang mit der Überwachungsaufgabe des Aufsichtsrates zu sehen (§ 111; oben § 28 Rn. 32 f.). Der Abschlussprüfer hat an der Bilanzsitzung des Aufsichtsrates bzw. des Bilanzausschusses (oben § 28 Rn. 29) teilzu-nehmen (§ 171 Abs. 1 Satz 2). Damit soll eine sachgerechte Diskussion ermöglicht werden. Die Prüfungspflicht des Aufsichtsrates überschneidet sich mit derjenigen des Abschlussprüfers, die beiden Institutionen sollen sich gegenseitig unterstützen. Der Aufsichtsrat hat aber nicht nur die Rechtmäßigkeit, sondern auch die Zweckmäßigkeit der Rechnungslegung und der sonstigen Vorstandsmaßnahmen zu prüfen. Dazu ge-hört die Ausübung von Wahlrechten, die Bildung und Auflösung von Reserven. Über das Ergebnis dieser Prüfung hat er für die Hauptversammlung einen schriftlichen Be-richt zu erstatten und dabei zu erklären, ob Einwendungen zu erheben sind und ob er den vom Vorstand aufgestellten Jahresabschluss billigt (§ 171 Abs. 1 und 2 AktG).

Diesen Bericht hat er innerhalb eines Monats dem Vorstand zuzuleiten. Geschieht das nicht, hat der Vorstand unverzüglich dem Aufsichtsrat eine weitere Frist von nicht mehr als einem Monat zu setzen. Verstreicht auch diese Frist fruchtlos, gilt der Jahresabschluss als vom Aufsichtsrat nicht gebilligt (§ 171 Abs. 3 AktG).

---

[26] Zur gewandelten Rolle des Wirtschaftsprüfers *Escher-Weingart*, NZG 1999, 909, 913 ff.; *Hommel-hoff*, BB 1998, 2567 und 2526; *Mattheus*, ZGR 1999, 682, 696 ff.

3. Feststellung

23   Von der Aufstellung zu unterscheiden ist die *Feststellung* des Jahresabschlusses. Die
Feststellung ist ein **korporationsrechtliches Rechtsgeschäft eigener Art,**[27] das die bei
der Aufstellung getroffenen Ermessensentscheidungen (z.B. über Bewertungen oder
Bildung bzw. Auflösung von Reserven) verbindlich macht. Im Normalfall legt der
Vorstand den Jahresabschluss und den Lagebericht dem Aufsichtsrat vor (§ 170 Abs. 1;
oben Rn. 22). Mit der Billigung durch den Aufsichtsrat ist der Jahresabschluss festgestellt (§ 172 AktG). Darin liegt eine wichtige Bestimmung des Verhältnisses der Organe zueinander (oben § 25 Rn. 10). Die Hauptversammlung kann an dem festgestellten
Jahresabschluss nichts mehr ändern; sie entscheidet dann nur noch über die Verwendung des Bilanzgewinns (unten Rn. 26). Ein *Beschluss der Hauptversammlung* über
die Feststellung des Jahresabschlusses kommt *in zwei Fällen* in Betracht (§ 173 Abs. 1
AktG): der Vorstand und der Aufsichtsrat haben sich für die Feststellung durch die
Hauptversammlung entschieden, oder der Aufsichtsrat hat den vom Vorstand aufgestellten Jahresabschluss nicht gebilligt.

Beides ist selten. Zuständig ist die ordentliche Hauptversammlung (oben § 29 Rn. 2). Sie muss dabei
die gesetzlichen Vorschriften einhalten, die auch der Vorstand zu beachten hat; sie darf insbesondere
stille Reserven nur in demselben Umfang bilden, wie es der Vorstand tun könnte. Gewinnrücklagen
darf sie im Jahresabschluss nur vorsehen, soweit das Gesetz oder die Satzung sie verlangen (§ 173
Abs. 1 und 2 AktG). Weitere Gewinnrücklagen kann sie erst in dem Beschluss über die Verwendung
des Bilanzgewinns bilden (unten Rn. 26).

4. Offenlegung

24   Der Jahresabschluss dient zusammen mit dem Lagebericht auch dazu, den Aktionären
und der Öffentlichkeit die Verhältnisse der AG klarzulegen und so ein sachliches Urteil
über die Gesellschaft zu ermöglichen. Deshalb ordnet das Gesetz für den Jahresabschluss, den Lagebericht, den Bestätigungsvermerk, den Bericht des Aufsichtsrates
(nicht dagegen den Bericht des Abschlussprüfers), den Gewinnverwendungsvorschlag
und den Gewinnverwendungsbeschluss sowie (bei börsennotierten AG) die Erklärung
nach § 161 die **Offenlegung durch Einreichung zum elektronischen Bundesanzeiger
und Bekanntmachung** an (§ 325 HGB).[28] Erleichterungen betreffend Frist und Inhalt
der Offenlegung für kleine und eingeschränkt für mittelgroße AG ergeben sich aus
§§ 326, 327 HGB. Andere Abweichungen als die Inanspruchnahme solcher Erleichterungen sind nicht zulässig (§ 328 Abs. 1 HGB). Anstelle des HGB-Abschlusses
darf **für Offenlegungszwecke** (nicht zur Ermittlung des ausschüttungsfähigen Bilanzgewinns) ein Jahresabschluss nach internationalen Rechnungslegungsstandards – IAS/
IFRS – verwendet werden (§ 325 Abs. 2a HGB). Hat eine gesetzlich vorgeschriebene
Abschlussprüfung statt gefunden, ist der Bestätigungsvermerk bzw. dessen Versagung
wiederzugeben; ein IAS/IFRS-Abschluss genügt nur den gesetzlichen Publizitätspflichten, wenn er geprüft ist und der Vermerk des Abschlussprüfers mit offen gelegt
wird.

Der Bestätigungsvermerk (oben Rn. 21) hat zwar nur begrenzte rechtliche, aber **erhebliche praktische Bedeutung.** Durch Bekanntmachung wird die *Öffentlichkeit* darüber unterrichtet, ob Buchführung, Jahresabschluss und Lagebericht nach Ansicht der Prüfer in Ordnung sind. Die Einschränkung

---

[27] BGHZ 124, 111, 116 = NJW 1994, 520 – Vereinte Krankenversicherung; *Hüffer,* § 172 Rn. 3;
Hennrichs, ZHR 168 (2004), 383.
[28] Zur Rechtsdogmatik der Rechnungslegungspublizität *Merkt,* Unternehmenspublizität, 2001,
S. 249 ff., 316 ff., 372 ff.; die Technik der Offenlegung wurde durch das EHUG auf elektronische Verfahren umgestellt.

oder Versagung des Bestätigungsvermerks kann deshalb Kredit, Börsenkurs und Ansehen der AG stark gefährden. Zwar besteht kein Zwang, dass der Vorstand den Einwendungen der Prüfer Rechnung trägt, aber auf diese Weise wird ein starker mittelbarer Druck in diese Richtung ausgeübt (vgl. oben Rn. 2 a. E.).

Andere Bekanntmachungspflichten bleiben von dieser Regelung unberührt (§ 325 Abs. 5 HGB). Das betrifft vor allem kapitalmarktrechtliche Publizitätspflichten[29] sowie die Information der Aktionäre vor und in der Hauptversammlung (§§ 125, 131, 175 Abs. 2).

5. Durchsetzung und Bilanzkontrolle

Die Einhaltung der Rechnungslegungs- und Offenlegungspflichten wird auf ver- **25** schiedene Weise überwacht. Der **Betreiber des elektronischen Bundesanzeigers** prüft, ob die einzureichenden Unterlagen fristgemäß und vollzählig sind; falls Zweifel an der Berechtigung der Inanspruchnahme von Erleichterungen bestehen, kann der Betreiber von der Gesellschaft Auskünfte verlangen. Ergibt die Prüfung, dass offen zu legende Unterlagen nicht oder unvollständig eingereicht wurden, benachrichtigt der Betreiber das Bundesamt für Justiz (§ 329 HGB).[30]

Die Vorstandsmitglieder begehen eine **Ordnungswidrigkeit,** wenn sie pflichtwidrig die rechtzeitige Offenlegung unterlassen. Unter Androhung von Ordnungsgeld (mindestens 2.500 €, höchstens 25.000 €) ist den Vorstandsmitgliedern aufzugeben, ihre gesetzlichen Pflichten zu erfüllen. Zuständig ist das **Bundesamt für Justiz** (§ 335 HGB).[31]

Die **Prüfstelle für Rechnungslegung** kontrolliert, ob die Jahresabschlüsse und Lageberichte börsennotierter Gesellschaften den gesetzlichen Vorschriften einschließlich der Grundsätze ordnungsmäßiger Buchführung entsprechen (§ 342 b ff. HGB). Die Prüfstelle prüft, wenn konkrete Anhaltspunkte für Verstöße vorliegen, auf Verlangen der BaFin sowie allgemein ohne besonderen Anlass in Form von Stichproben. Das Verfahren ist zunächst auf Kooperation und Beseitigung von Mängeln angelegt. Gelingt dies nicht, berichtet die Prüfstelle der **BaFin** (§ 4 WpHG), die ggf. hoheitliche Mittel einsetzt (vgl. §§ 37n ff. WpHG, sog. **Enforcement**). Hier zeigt sich wiederum eine Überschneidung mit Kapitalmarktrecht. Die Offenlegung dient auch der **Funktionsfähigkeit der Kapitalmärkte.**

IV. Gewinnverwendung und Verlust

1. Gewinnverwendungsbeschluss

Die Hauptversammlung beschließt alljährlich in ihrer ordentlichen Sitzung darüber, **26** was mit dem Bilanzgewinn geschehen soll; sie ist an den festgestellten Jahresabschluss gebunden (§ 174 AktG). Dieser Beschluss hat zunächst formale Bedeutung i.S. einer

---

[29] Näher dazu *Kübler/Assmann,* § 32 V, VI.

[30] Das Verfahren ist neu (1. 1. 2007) und entspricht der geänderten Publizitätsrichtlinie (1. RL), umgesetzt durch das EHUG; *Noack,* NZG 2006, 801, 805.

[31] Die Durchsetzungsvorschriften in der Fassung des EHUG schließen eine lange Entwicklung ab. Deutschland hatte die Richtlinienvorgaben zunächst nur unzulänglich umgesetzt; *EuGH* Slg. 1997, I-6843 = NJW 1998, 129 – Daihatsu; Slg. 1998 I-5449 = NZG 1998, 902 = ZIP 1998, 1716 m. Anm. *Schulze-Osterloh,* näher dazu *Wiedemann/Fleischer,* Nr. 417 f.

Kompetenzzuweisung. Der Gewinnverwendungsbeschluss begründet den Dividendenzahlungsanspruch als Gläubigerrecht der Aktionäre (oben § 30 Rn. 18 ff., zu den Grundsätzen der Gewinnverwendung oben § 30 Rn. 23 f.).

Hat die Hauptversammlung ausnahmsweise den Jahresabschluss selbst festzustellen (oben Rn. 23), können andere Gewinnrücklagen, soweit sie nicht in der Satzung vorgeschrieben sind, überhaupt erst durch den Gewinnverwendungsbeschluss gebildet werden. Die Verhandlung über die Feststellung und die Gewinnverwendung sollen in diesen Fällen verbunden werden (§ 175 Abs. 3). Da die Abschlussprüfer an der Hauptversammlung teilnehmen (§ 176 Abs. 2 AktG), werden sie vielfach sofort Stellung nehmen können. Ist das nicht der Fall, kann die Hauptversammlung trotzdem über die Feststellung des Jahresabschlusses und die Gewinnverwendung beschließen, da anderenfalls auch bei positivem Ergebnis der Prüfung eine neue Hauptversammlung nötig werden würde; die Beschlüsse sind aber zunächst schwebend unwirksam. Sie werden nichtig, wenn nicht binnen zwei Wochen seit der Beschlussfassung ein hinsichtlich der Änderungen uneingeschränkter Bestätigungsvermerk erteilt wird (§ 173 Abs. 3 AktG). Wird der Vermerk nicht erteilt, muss die Hauptversammlung erneut beschließen; sie kann allerdings trotz Versagung des Bestätigungsvermerks an den in der ersten Hauptversammlung beschlossenen Änderungen festhalten, da kein Zwang besteht, den Einwendungen der Prüfer Rechnung zu tragen.

Der Gewinnverwendungsbeschluss führt nicht zu einer Änderung des im Normalfall schon von Vorstand und Aufsichtsrat festgestellten Jahresabschlusses (§ 174 Abs. 3). Er ist also erst in neuer Rechnung zu berücksichtigen. Damit aber jeder Interessent ein vollständiges Bild erhält, ist er bei den vorgeschriebenen Veröffentlichungen des Jahresabschlusses als Ergänzung desselben mitzuteilen (§ 325 Abs. 1 Satz 5 HGB).

2. Verlust

27   Ist ein Verlust entstanden, muss er, wenn er nicht **aus den Rücklagen gedeckt** werden kann, **für das nächste Jahr vorgetragen** werden, d.h. er belastet den Jahresabschluss des folgenden Geschäftsjahrs (oben Rn. 11). Eine Verteilung auf die Gesellschafter wie bei der OHG, auch nur rechnerisch, kommt nicht in Betracht; dem steht das Trennungsprinzip der juristischen Person entgegen (oben § 3 Rn. 11, § 25 Rn. 1). Deshalb scheiden auch steuerliche Verlustzuweisungen an die Aktionäre aus (oben § 4 Rn. 10). Eine Teilnahme der Aktionäre am Verlust könnte auch nicht beschlossen werden, da die Aktionäre zu Nachschüssen nicht verpflichtet sind (§ 54 Abs. 1; oben § 30 Rn. 31).

V. Mängel der Feststellung des Jahresabschlusses und des Gewinnverwendungsbeschlusses

28   Der enge Zusammenhang zwischen materiellem Bilanzrecht, aktienrechtlicher Kompetenzverteilung und externer Prüfung kann zu Fehlern führen, die vom allgemeinen Beschlussmängelrecht (oben § 29 Rn. 39 ff.) nicht angemessen erfasst werden. Im Interesse der Rechtssicherheit sollen nur Verstöße, die im öffentlichen Interesse an ordnungsgemäßer Rechnungslegung bedeutsam sind, einschneidende Rechtsfolgen haben. Deshalb enthält das AktG für die drei in Betracht kommenden Fälle, die Feststellung des Jahresabschlusses durch Vorstand und Aufsichtsrat, die Feststellung durch die Hauptversammlung und den Gewinnverwendungsbeschluss, in den §§ 253–261 Sonderbestimmungen.

1. Mängel der Feststellung des Jahresabschlusses

a) Nichtigkeit

29   **aa)** § 256 Abs. 1 AktG bestimmt die Nichtigkeitsgründe für den Jahresabschluss, d.h. das korporationsrechtliche Rechtsgeschäft der Feststellung **unabhängig von der**

Art der Feststellung (oben Rn. 23) neben den bereits an anderer Stelle geregelten Fällen.[32] Außerdem ist der Jahresabschluss nichtig

– wenn der **Inhalt** des Jahresabschlusses Vorschriften verletzt, die ausschließlich oder überwiegend zum Schutz der Gläubiger gegeben sind (§ 256 Abs. 1 Nr. 1); das entspricht dem Leitbild des § 241 Nr. 3 (oben § 29 Rn. 42). Da Jahresbilanz, GuV und Anhang eine Einheit bilden, gilt das für all diese Bestandteile des Jahresabschlusses; fehlt z. B. der Anhang, führt das zur Nichtigkeit nach § 256 Abs. 1 Nr. 1.[33]

> An sich würden hierher auch Verstöße gegen **Vorschriften über die Gliederung** des Jahresabschlusses und die Verwendung von Formblättern gehören. § 256 Abs. 4 lässt aber Nichtigkeit nur eintreten, wenn durch solche Verstöße die Klarheit und Übersichtlichkeit des Jahresabschlusses **wesentlich** beeinträchtigt wird.
> Ebenso würde ein **Verstoß gegen Bewertungsvorschriften** unter die vorstehende Bestimmung fallen können. § 256 Abs. 5 beschränkt aber die Nichtigkeit auf zwei Fälle: – **Überbewertung von Posten**, denn sie führt zum Ausweis eines Bilanzgewinns, der nach den Bilanzierungsregeln nicht erzielt ist, bringt die Gefahr einer Ausschüttung dieses Gewinns an die Aktionäre mit sich, verletzt also ein grundsätzliches Prinzip des Aktienrechts. Eine Überbewertung liegt vor, wenn ein Aktivposten höher oder ein Passivposten niedriger angesetzt wird, als es nach den oben Rn. 6 ff. genannten Bestimmungen zulässig ist. – **Unterbewertung von Posten**, d. h. ein zu geringer Ansatz von Aktivposten oder ein zu hoher von Passivposten führt nur dann zur Nichtigkeit, wenn dadurch die *Vermögens- und Ertragslage der Gesellschaft vorsätzlich unrichtig wiedergegeben oder verschleiert wird*. Bedingter Vorsatz genügt.[34]

– wenn im Falle einer gesetzlichen Prüfungspflicht der Jahresabschluss **nicht geprüft**   **30** worden oder eine notwendige Nachtragsprüfung bei Änderung des Jahresabschlusses unterblieben ist (§ 256 Abs. 1 Nr. 2).
– wenn er von ungeeigneten Personen geprüft worden ist, die nicht zu Abschlussprüfern bestellt worden sind oder nicht Abschlussprüfer sein können (§ 256 Abs. 1 Nr. 3). Das betrifft nur Personen oder Gesellschaften, die überhaupt nicht Wirtschaftsprüfer sind, nicht die Ausschlussgründe im konkreten Fall nach §§ 319 Abs. 2–4, 319a HGB, denn darauf nimmt das AktG nicht bezug. Wohl aber kann dann der Prüfungsvertrag nichtig sein mit der Folge, dass keine Vergütung geschuldet ist.[35]
– wenn die Bestimmungen des Gesetzes oder der Satzung über die Einstellung von Beträgen **in Kapital- oder Gewinnrücklagen** oder über die Entnahme von Beträgen aus diesen verletzt worden sind (§ 256 Abs. 1 Nr. 4).

bb) Das Gesetz unterscheidet weiter Nichtigkeitsgründe nach der Art der Feststel-   **31** lung *durch Vorstand und Aufsichtsrat* oder *durch die Hauptversammlung*.

> Der **vom Vorstand und Aufsichtsrat festgestellte Jahresabschluss** ist außerdem nichtig, wenn eines dieser beiden Organe nicht ordnungsgemäß mitgewirkt hat (§ 256 Abs. 2 AktG).[36]
> Für die **Feststellung des Jahresabschlusses durch die Hauptversammlung** gelten folgende weitere Nichtigkeitsgründe (§ 256 Abs. 3 AktG; vgl. oben § 29 Rn. 42):
> (1) Verletzung wesentlicher *Erfordernisse der Einberufung* (Nr. 1; vgl. § 241 Nr. 1);
> (2) Wesentliche *Mängel der Beurkundung* (Nr. 2; vgl. § 241 Nr. 2);
> (3) Rechtskräftige *Nichtigerklärung im Anfechtungsprozess* (Nr. 3; vgl. § 241 Nr. 5).

---

[32] Fehlender Bestätigungsvermerk für von der Hauptversammlung geänderten Jahresabschluss, § 173 Abs. 3 (oben Rn. 21, 23); bestimmte Zeitfenster bei Kapitalherabsetzung und Kapitalerhöhung, §§ 234 Abs. 3, 235 Abs. 2 (unten § 32 Rn. 25, 45).
[33] BGHZ 142, 382 = NJW 2000, 210 (betr. GmbH).
[34] BGHZ 124, 111, 120 = NJW 1994, 520, 522 – Vereinte Krankenversicherung; BGHZ 137, 378, 384 f. = NJW 1998, 1559 – Tomberger.
[35] BGHZ 118, 142, 147, 149 f. = NJW 1992, 2921; Großkomm-BilanzR/*Zimmer*, § 319 HGB Rn. 76 f.
[36] *BGH* NJW 2003, 970 = NZG 2003, 216 – HypoVereinsbank; *Fortun/Knies*, DB 2007, 1451.

32 cc) Als **Rechtsfolge** steht die **Nichtigkeitsklage** zur Verfügung, auf die nach § 256 Abs. 7 § 249 entsprechende Anwendung findet; daneben kommt die allgemeine Feststellungsklage nach § 256 ZPO in Betracht (oben § 29 Rn. 41). Ähnlich wie bei nichtigen Hauptversammlungsbeschlüssen sieht das Gesetz auch bei nichtigen Jahresabschlüssen **Heilung der Nichtigkeit durch Zeitablauf** vor. Je nach Nichtigkeitsgrund gilt eine Frist von 6 Monaten, zum Teil von 3 Jahren seit der Bekanntmachung (§ 256 Abs. 6). Die Fristen verlängern sich, falls bei Ablauf eine Nichtigkeitsklage anhängig ist. Ausgeschlossen ist die Heilung, wenn der Jahresabschluss überhaupt nicht geprüft worden oder eine notwendige Nachtragsprüfung unterblieben ist, weil anderenfalls der Prüfungszwang durch bloßen Fristablauf beseitigt werden könnte, ferner bei rechtskräftiger Nichtigerklärung im Anfechtungsprozess.

b) Anfechtbarkeit

33 Eine Anfechtung des durch Vorstand und Aufsichtsrat festgestellten Jahresabschlusses kennt das Gesetz nicht. Dagegen ist der (seltene) *Hauptversammlungsbeschluss über die Feststellung des Jahresabschlusses* an sich nach den allgemeinen Regeln anfechtbar. Eine wesentliche *Einschränkung* besteht darin, dass die Anfechtung nicht darauf gestützt werden kann, dass der Inhalt des Jahresabschlusses gegen Gesetz oder Satzung verstößt (§ 257). In diesem Fall tritt nach den oben Rn. 29 ff. genannten Bestimmungen Nichtigkeit ein. Es besteht jedoch die Möglichkeit der Sonderprüfung. Die Anfechtung kommt also im Wesentlichen nur bei formellen Mängeln der Beschlussfassung in Betracht.

c) Sonderprüfung wegen unzulässiger Unterbewertung

34 Als **Kontroll- und Minderheitsrecht** für die Fälle der unzulässigen Unterbewertung, die nicht zur Nichtigkeit (oben Rn. 29) führen, sehen die §§ 258–261 die **Sonderprüfung** vor (zu anderen Fällen der Sonderprüfung oben § 26 Rn. 25, § 27 Rn. 39). Die Sonderprüfung führt nicht zur Beseitigung des Jahresabschlusses, sondern lediglich zur Auflösung unzulässiger stiller Reserven im nächsten Jahresabschluss, über deren Verwendung dann die Hauptversammlung zu entscheiden hat (§ 261 Abs. 3).

Besteht Anlass zu der Annahme, dass im Jahresabschluss bestimmte Posten nicht unwesentlich unterbewertet sind, setzt das **Gericht** (§ 145 Abs. 1 FGG) auf Antrag von Aktionären, deren Anteile zusammen 1% des Grundkapitals oder den anteiligen Betrag von 100 000 € erreichen, *Sonderprüfer* ein (§§ 258 Abs. 2 Satz 3 i. V. m. 142 Abs. 2). Dasselbe gilt, wenn Anlass zu der Annahme besteht, dass der Anhang die vorgeschriebenen Angaben nicht oder nicht vollständig enthält, der Vorstand trotz Befragung in der Hauptversammlung die fehlenden Angaben nicht gemacht hat und die Aufnahme der Frage in das Protokoll der Hauptversammlung verlangt worden ist. Der Antrag muss binnen eines Monats nach der Hauptversammlung, die sich mit dem Jahresabschluss beschäftigt hat, gestellt werden. Sonderprüfer können nur Wirtschaftsprüfer oder Wirtschaftsprüfungsgesellschaften sein. Im Interesse ihrer Unabhängigkeit gelten §§ 319 Abs. 2–4, 319a HGB; sie dürfen ferner nicht in den letzten 3 Jahren Abschlussprüfer der Gesellschaft gewesen sein (§ 258 Abs. 4).

Die Sonderprüfer haben über das Ergebnis ihrer Prüfung schriftlich zu berichten (§ 259). Ergibt die Prüfung eine nicht unwesentliche Unterbewertung der bemängelten Posten, haben die Prüfer am Schluss ihres Berichts festzustellen, zu welchem Wert die einzelnen Aktivposten mindestens und die Passivposten höchstens anzusetzen waren und um welchen Betrag sich der Jahresüberschuss infolgedessen erhöht hätte. Stellen sie fest, dass im Anhang die erforderlichen Angaben nicht oder nicht vollständig gemacht sind, haben sie die Angaben ihrerseits zu machen. Der Vorstand hat die abschließenden Feststellungen der Sonderprüfer unverzüglich in den Gesellschaftsblättern bekanntzumachen.

Gegen diese Feststellungen der Sonderprüfer können die AG und Aktionäre mit 5% des Grundkapitals oder dem anteiligen Betrag von 500 000 € innerhalb eines Monats nach der Veröffentlichung im elektronischen Bundesanzeiger Antrag auf gerichtliche Entscheidung stellen (§ 260). Wird kein Antrag auf gerichtliche Entscheidung gestellt, sind die nach Ansicht der Prüfer unterbewerteten Posten in dem *nächsten Jahresabschluss* mit den von den Prüfern festgesetzten Werten anzusetzen. Die Summe der Unterschiedsbeträge ist auf der Passivseite der Bilanz und in der Gewinn- und Verlustrechnung gesondert auszuweisen. Dasselbe gilt entsprechend, wenn das Gericht feststellt, dass Posten unterbewertet sind (§ 261).

2. Mängel des Gewinnverwendungsbeschlusses

a) Nichtigkeit

Zu den allgemein vorgesehenen Nichtigkeitsgründen (§ 241; oben § 29 Rn. 42) **35** kommt derjenige hinzu, dass die **Feststellung des Jahresabschlusses, auf dem der Gewinnverwendungsbeschluss beruht, nichtig ist** (§ 253 AktG), es sei denn die Nichtigkeit der Feststellung des Jahresabschlusses wird geheilt (oben Rn. 32).

b) Anfechtbarkeit

Neben den allgemeinen Anfechtungsgründen für Hauptversammlungsbeschlüsse (§ 243; oben § 29 **36** Rn. 44 ff.) kann der Beschluss über die Verwendung des Bilanzgewinns auch angefochten werden, wenn die Hauptversammlung, ohne durch Gesetz oder Satzung dazu genötigt zu sein, Beträge in *Gewinnrücklagen* einstellt oder als *Gewinn vorträgt,* obwohl die Einstellung oder der Gewinnvortrag *bei vernünftiger kaufmännischer Beurteilung nicht notwendig* ist, um die Lebens- und Widerstandsfähigkeit der AG für einen hinsichtlich der wirtschaftlichen und finanziellen Notwendigkeiten übersehbaren Zeitraum zu sichern. Weitere Voraussetzung ist, dass die AG nicht mindestens eine Dividende von 4% des Grundkapitals verteilt. Zu einer solchen Anfechtung sind nur Aktionäre befugt, deren Anteile zusammen 5% des Grundkapitals oder den anteiligen Betrag von 500 000 € erreichen (§ 254).

Die Bestimmung dient dem *Schutz der Aktionärsminderheit.* Sie soll verhindern, dass, da willkürliche stille Reserven verboten sind, ein Großaktionär oder eine Mehrheit von Aktionären in der Hauptversammlung durch übermäßig hohe Gewinnrücklagen jahrelang die Ausschüttung einer Dividende verhindert und so die Aktionäre der Minderheit „aushungert", um sie zur Abgabe ihrer Aktien zu veranlassen. Allerdings ist die Regelung nicht sonderlich effektiv, denn das Gesetz sichert den Aktionären auch bei sehr hohen Gewinnen nur eine Mindestdividende von 4% des Grundkapitals; zumal wenn der Börsenwert erheblich über dem anteiligen Betrag der Aktie am Grundkapital liegt (oben § 25 Rn. 3), genügt eine sehr kleine Dividende, das Anfechtungsrecht auszuschließen. So kann sich ein Großaktionär freie Hand für seine Rücklagenpolitik verschaffen.

VI. Konzernrechnungslegung

1. Funktion

Die vorstehend geschilderten Regeln betreffen die **Einzelabschlüsse** der Gesell- **37** schaften, die aber **für den Kapitalmarkt kein ausreichendes Bild** vermitteln.[37] Das liegt nicht nur an den Bilanzierungsgrundsätzen, die auf eine Ausschüttungsbilanz zugeschnitten sind, sondern auch daran, dass in der Regel ein Unternehmensverbund vorliegt (oben Rn. 2). Die Konzernrechnungslegung verfolgt demnach ein doppeltes Ziel, nämlich die **Darstellung der Unternehmensgruppe als wirtschaftliche Einheit** und die **Vermittlung eines den tatsächlichen Verhältnissen des Konzerns entsprechendes Bild** der wirtschaftlichen Lage, d. h. **Offenlegung entscheidungsrelevanter Informationen,** vor allem für Kapitalgeber. Das setzt voraus, dass die verschiedenen **Abschlüsse** möglichst **vergleichbar** sind, was bei international offenen Kapitalmärkten eine Angleichung der Rechnungslegungsgrundsätze erforderlich macht. Für die Einschätzung von Aktien am Kapitalmarkt sind so gut wie ausschließlich die Konzernabschlüsse von Interesse.

---

[37] *Grundmann,* Europäisches Gesellschaftsrecht, Rn. 559 f.; *Wiedemann/Fleischer,* Nr. 400 f.

2. Anwendbare Vorschriften

38   Nach § 290 HGB haben Mutterunternehmen einen **Konzernabschluss** und einen
Konzernlagebericht nach den Vorschriften des HGB aufzustellen. Praktisch entscheidend für die Definition des Mutterunternehmens ist das Kontrollverhältnis in § 290
Abs. 2 HGB; die Anknüpfung an den aktienrechtlichen Konzernbegriff in Abs. 1 ist
eher symbolisch.[38] Der Konzernabschluss besteht aus **Bilanz, GuV, Anhang, Kapitalflussrechnung** und **Eigenkapitalspiegel;** er kann um eine **Segmentberichterstattung**
ergänzt werden (§ 297 Abs. 1 HGB). Hinzu kommt der **Konzernlagebericht.** Ziel ist
es, die Gruppe so darzustellen, als handele es sich um ein einziges Unternehmen –
Einheitstheorie (§ 297 Abs. 3 HGB). Zu diesem Zweck werden die Abschlüsse des
Mutterunternehmens und der Tochterunternehmen nach den Vorschriften der
§§ 300 ff. HGB zusammengefasst – **Konsolidierung.**

Die bloße Zusammenrechnung der Abschlüsse der beteiligten Gesellschaften genügt dafür nicht. Es
wird ein neuer Abschluss nach dem für das Mutterunternehmen anwendbare Recht aufgestellt. Durch
Konsolidierung werden Aktiva und Passiva aller beteiligten Unternehmen zusammengefasst; Umsätze
aus gegenseitigen Lieferungen oder Forderungen entstehen nicht. § 293 HGB sieht größenabhängige
Erleichterungen vor, die aber nicht in Anspruch genommen werden können, wenn eine der beteiligten
Gesellschaften börsennotiert ist (§ 293 Abs. 5 HGB).

39   Da viele Unternehmensgruppen grenzüberschreitend tätig sind, drohen die Mehrfachbelastung
durch Abschlüsse nach verschiedenen nationalen Rechtsordnungen sowie wenig nützliche territorial
beschränkte Teilkonzernabschlüsse. § 291 HGB enthält daher **Befreiungsmöglichkeiten** für Muttergesellschaften, die zugleich Tochter eines Unternehmens mit Sitz in der EU oder im EWR sind, das einen
richtlinienkonformen Konzernabschluss aufstellt, prüfen lässt und veröffentlicht. Die Befreiung kann
nicht in Anspruch genommen werden von börsennotierten Gesellschaften oder wenn eine qualifizierte
Minderheit der Aktionäre widerspricht (§ 291 Abs. 3 HGB).

40   Nach der **IAS-VO** (oben § 25 Rn. 34) haben **börsennotierte Muttergesellschaften**
mit Sitz in der EU den Konzernabschluss nach **internationalen Rechnungslegungsstandards – IAS/IFRS –** aufzustellen (s. dazu § 315 a Abs. 1 und 2 HGB). Andere Muttergesellschaften dürfen ihren Konzernabschluss nach IAS/IFRS aufstellen (§ 315 a
Abs. 3 HGB). Die Standards werden in einem besonderen Verfahren durch die Kommission ratifiziert (oben Rn. 4). Eine längere Umstellungsfrist (1. 1. 2007, Art. 57
EGHGB) ist für Unternehmen vorgesehen, die sowohl in der Gemeinschaft als auch in
einem Drittland Kapitalmärkte in Anspruch nehmen. Praktisch betrifft das vor allem in
den USA notierte Unternehmen, die wegen der dortigen Börsenzulassung auch nach
US-GAAP bilanzieren (oben Rn. 4). Die gegenseitige Anerkennung und Angleichung
von IAS/IFRS und US-GAAP ist in Arbeit, aber mit vielen Schwierigkeiten verbunden.

41   Die IAS-VO ist ausschließlich kapitalmarktbezogen. Das zeigt sich z.B. daran, dass
Anwendungsvoraussetzung nicht nur die Börsennotierung von Anteilen, sondern auch
von Schuldtiteln (Anleihen, *bonds,* vgl. unten § 32 Rn. 10 ff.) der Gesellschaft ist.
IAS/IFRS und US-GAAP betreffen reine Informationsabschlüsse und sollen Anlegern
deren Investitionsentscheidungen ermöglichen. Zum HGB, das von der Gewinnermitt-
lungsfunktion ausgeht, bestehen wesentliche Unterschiede. Das HGB folgt dem Prinzip
der Kodifikation und stellt systematisch abstrakte Regeln auf, während die internationalen Regelwerke zwar auch vorangestellte Generalregelungen kennen **(Framework)**,
die vorrangigen einzelnen Standards sind aber sehr einzelfallbezogen und speziell.[39]

---

[38] Großkomm-AktG/*Windbichler,* § 17 Rn. 8, § 18 Rn. 9; das handels- und europarechtliche *control*-
Konzept entspricht eher der Abhängigkeit i.S.d. § 17 AktG; *Grundmann,* Europäisches Gesellschaftsrecht, Rn. 565 ff.
[39] Beispiele bei *Buchholz,* Internationale Rechnungslegung, 6. Aufl., 2007, S. 34 ff.; zur Regelungstechnik der IAS *Schulze-Osterloh,* ZIP 2003, 93, 97 f.; vgl. auch *Wiedemann/Fleischer,* Nr. 428.

Zwei abstrakte Grundsätze *(Underlying Assumptions)*[40] haben Vorrang: das Unternehmensfortführungsprinzip *(Going Concern Principle)*, das die Bilanzierung unter die Annahme der Weiterführung des Unternehmens stellt, und das Prinzip der Periodenabgrenzung *(Accrual Basis)*, das von einer periodengerechten Erfolgsermittlung (Geschäftsjahr) ausgeht. Beiden Grundsätzen, wenn auch mit Unterschieden in einzelnen Ausprägungen, folgt auch das HGB. Weiter gibt es qualitative Regeln *(Qualitative Characteristics)*, die aber den einzelnen Standards nachrangig sind. Dazu gehört die Verständlichkeit *(Understandability)*. Die Forderungen nach Klarheit und Verständlichkeit gibt es im HGB auch, nicht aber die Forderung, dass die einzelnen Informationen für den Anleger relevant sein müssen *(Relevance)*. Weiter gilt der in verschiedene Prinzipien untergliederte Grundsatz der Zuverlässigkeit *(Reliability)*, der mit dem Buchführungsgrundsatz der Richtigkeit korrespondiert, im Einzelnen aber andere Ausprägungen erfährt. Praktisch sehr wichtig ist das Prinzip der Vergleichbarkeit *(Comparability)*, das die Beibehaltung von Gliederungsschemata und Bewertungsmethoden der Vorjahre verlangt (vgl. § 265 HGB). Änderungen müssen offen gelegt werden; die Umstellung von einem Bilanzierungssystem auf ein anderes erfordert dementsprechend Überleitungsrechnungen.

Die Definition, welche Posten im Einzelnen anzusetzen sind *(assets, liabilities)*, richtet sich nach einer dynamischen Betrachtung nach der zeitraumbezogenen Wahrscheinlichkeit des wirtschaftlichen Nutzens bzw. der wirtschaftlichen Belastung. Nach § 246 Abs. 1 HGB sind dagegen statisch sämtliche Vermögensgegenstände und Schulden am Bilanzstichtag anzugeben. Daraus ergeben sich Unterschiede, welche Posten anzusetzen sind. Darüber hinaus sind die Bewertungsvorschriften sowie die Erfolgsermittlung für die Gewinn- und Verlustrechnung unterschiedlich. Abschreibungen sind *(Depreciation, Impairment)* sind willkürfrei festzulegen; Wertanpassungen auch über die Anschaffungskosten hinaus *(Revaluation)* sind in bestimmten Fällen zulässig. Insgesamt ist eine möglichst weit gehende Annäherung an Marktwerte *(fair value)* angestrebt. Hinzu kommen zur Darstellung der Finanzlage eine Kapitalflussrechnung *(Cash Flow Statement)* und eine Eigenkapitalverwendungsrechnung *(Statement of Changes in Equity)* sowie Segmentberichterstattung *(Segment Reporting)*. Dem ist inzwischen das HGB in § 297 gefolgt (oben Rn. 38).

Auch die US-GAAP kennen ein *Conceptual Framework*, das in vielem mit den IAS übereinstimmt. **42** Die Prinzipien der *Relevance* und *Reliability* haben wegen ihres unmittelbaren Entscheidungsbezugs für den Anleger Vorrang, während die Vergleichbarkeit *(Comparability, Consistency)* eher dahinter zurücktritt. Auch die US-GAAP schreiben eine Kapitalflussrechnung *(Cash Flow Statement)*, eine Eigenkapitalverwendungsrechnung *(Statement of Changes in Stockholders' Equity)* sowie Segmentberichterstattung *(Operating Segments Reporting)* vor.

3. Aufstellung, Billigung und Prüfung

Der Konzernabschluss und Konzernlagebericht wird vom **Vorstand des Mutterunternehmens** aufgestellt und durch einen **Abschlussprüfer** geprüft (§ 316 Abs. 2 HGB). Den Prüfer bestellt die Hauptversammlung der Muttergesellschaft (§ 318 HGB). Der Vorstand legt den geprüften Abschluss dem **Aufsichtsrat** zur **Billigung** vor (§ 171). Verweigert der Aufsichtsrat die Billigung, entscheidet die **Hauptversammlung** des Mutterunternehmens (§ 173 Abs. 1 Satz 2). Eine Feststellung im technischen Sinn kommt nicht in Betracht, da der Konzernabschluss keine unmittelbaren Rechtswirkungen für Gewinnverteilung oder Besteuerung hat. Gleichwohl wurde das Billigungserfordernis 2002 eingeführt, um der praktischen Bedeutung der Konzernabschlüsse Rechnung zu tragen.

Der Informationsfluss zwischen den Unternehmen soll durch § 294 Abs. 3 HGB sichergestellt werden.[41] Für Einzelheiten der Konzernrechnungslegung ist vielfach auf die Vorschriften für den Einzelabschluss verwiesen (§ 298, auch § 315a Abs. 1 HGB). Der Konzernlagebericht ist ebenfalls dynamisch und zukunftsorientiert (§ 315 Abs. 1 HGB; oben Rn. 16).

---

[40] Um ungerechtfertigte Assoziationen mit Begriffen aus anderen Regelungswerken und Rechtsordnungen zu vermeiden, empfiehlt es sich, im Umgang mit IAS die englische Originalsprache zu verwenden; *Schulze-Osterloh*, ZIP 2003, 93, 95, 99: „asset" sollte z.B. nicht mit „Vermögensgegenstand" übersetzt werden, weil wichtige Unterschiede verwischt werden könnten; instruktiv KölnerKomm-AktG/*Claussen/Scherrer*, § 292a HGB Rn. 63ff.

[41] Dazu *Windbichler*, FS Martin Peltzer, 2001, S. 629; *dies.*, in: Hommelhoff/Hopt/v. Werder (Hrsg.), Handbuch Corporate Governance, 2003, S. 605, 614ff.

4. Offenlegung, Durchsetzung und Kontrolle

Die Vorschriften über die Offenlegung (oben Rn. 24) gelten für den Konzernabschluss und Konzernlagebericht entsprechend (§ 325 Abs. 3 HGB). Das gilt auch für die Prüfungs- und Unterrichtungspflicht des Betreibers des elektronischen Bundesanzeigers, die Durchsetzung durch das Bundesamt für Justiz (§ 335 HGB) sowie, bei börsennotierten Muttergesellschaften, die Kontrolle und Überwachung durch die Prüfstelle und die BaFin (§ 342b HGB, §§ 4, 37n ff. WpHG).

§ 32. Satzungsänderungen und Kapitalmaßnahmen

I. Bedeutung, Zuständigkeit und Verfahren der Satzungsänderung

1. Bedeutung und Zuständigkeit

1   Die Satzung bildet die rechtliche **Grundlage für die AG** als Körperschaft und juristische Person. Sie regelt im Rahmen des Gesetzes deren innere Ordnung, die Rechtsbeziehungen der Beteiligten bauen auf der Satzung auf. Die Bestimmungen der Satzung können aber geändert werden, ohne dass die Identität der Gesellschaft davon berührt wird. Da es sich um die Grundlage der AG handelt, erfordert eine solche Änderung stets einen **Beschluss der Hauptversammlung** (§§ 179 Abs. 1 Satz 1, 119 Abs. 1 Nr. 5). Diese Bestimmung ist zwingend; die Befugnis zur Satzungsänderung kann nicht einem anderen Organ übertragen werden – **ausschließliche Grundlagenkompetenz der Hauptversammlung** (oben § 25 Rn. 13, § 29 Rn. 4 f.).

Eine Ausnahme besteht lediglich für bloße redaktionelle Änderungen, die dem Aufsichtsrat überlassen werden können (§ 179 Abs. 1 Satz 2). Ferner kann bei bestimmten Kapitalmaßnahmen der Vorstand zum Vollzug ermächtigt werden (§§ 202 Abs. 1, 237 Abs. 6; unten Rn. 29 ff., Rn. 48). Rechtsvergleichend ist die zwingende Hauptversammlungszuständigkeit für Satzungsänderungen einschließlich Kapitalmaßnahmen eine europäische Gemeinsamkeit;[1] im amerikanischen Recht spielen die Kompetenzen des *board of directors* dagegen eine größere Rolle.[2]

a) Inhalte

2   Für Satzungsänderungen gelten dieselben inhaltlichen Vorgaben wie für die ursprüngliche Fassung. Die Vorschriften über den gesetzlichen Mindestinhalt und die Schranken für den sonstigen Inhalt (§ 23 Abs. 3–5; oben § 26 Rn. 2) müssen auch bei der Änderung eingehalten werden. In diesem Rahmen hat die Hauptversammlung grundsätzlich Gestaltungsfreiheit. Sie darf aber den Aktionären keine Nebenverpflichtungen ohne ihre Zustimmung auferlegen, sie darf die Übertragung bisher nicht vinkulierter Aktien ohne Zustimmung der betroffenen Aktionäre nicht an die Zustimmung der Gesellschaft binden (§ 180) und sie darf nicht gegen zwingendes Recht verstoßen.

Zum zwingenden Recht gehört der Grundsatz der gleichmäßigen Behandlung aller Aktionäre (§ 53 a; oben § 30 Rn. 12). Gerade bei einer Satzungsänderung darf kein Aktionär ohne seine Zustimmung schlechter gestellt werden als die anderen Aktionäre, soweit das nicht schon in der Satzung vor-

---

[1] *Grundmann*, Europäisches Gesellschaftsrecht, Rn. 393.
[2] *Merkt/Göthel*, US-amerikanisches Gesellschaftsrecht, 2. Aufl., 2006, Rn. 1465 ff.

gesehen ist, also auf besonderen Vorrechten der anderen Aktionäre beruht. Sollen Vorrechte oder sonstige Vorteile bestimmten Aktionären neu eingeräumt werden, kann jeder Aktionär verlangen, dass der Erwerb dieser Vorrechte oder Vorteile ihm unter denselben Bedingungen ermöglicht wird wie jedem anderen Aktionär. Abweichungen sind nur zulässig, wenn sie durch sachliche Gründe im Interesse der Gesellschaft geboten sind. Auch dabei braucht sich ein Aktionär keinen Beschluss gefallen zu lassen, der seine Rechte mindert, wenn nicht alle ihm gleichstehenden Aktionäre in der gleichen Weise in ihren Rechten beeinträchtigt werden.

Im Einzelnen umstritten ist, in welchem Ausmaß die Mehrheit auf die überstimmte Minderheit Rücksicht nehmen muss, d. h. ob die Satzungsänderung einer materiellen Beschlusskontrolle unterliegt.[3] Grundsätzlich ist bereits die qualifizierte Mehrheit selbst ein (verfahrenstechnisches) Schutzinstrument. Im Übrigen wird man Fallgruppen nach Schwere der Betroffenheit der Aktionäre und der Gesellschaftsinteressen bilden müssen (zur Treuepflicht oben § 30 Rn. 33 ff.).

Von einer Satzungsänderung, die den Unternehmensgegenstand ändert (§ 23 Abs. 3 Nr. 2), ist die Änderung des Gesellschaftszwecks zu unterscheiden. Letzterer steht meist nicht ausdrücklich in der Satzung, sondern ist das, meist erwerbswirtschaftliche, Ziel, das mit Hilfe des Unternehmensgegenstandes verfolgt werden soll. Soll dieses geändert werden, z. B. das Unternehmen in Zukunft gemeinnützig geführt werden, ist Einstimmigkeit erforderlich (§ 33 Abs. 1 Satz 2 BGB).[4]

Besonders wichtige Satzungsänderungen sind die Kapitalerhöhung und Kapitalherabsetzung, für die auch besondere Verfahrensvorschriften gelten (unten Rn. 18 ff.).

b) Andere Grundlagengeschäfte

Die AG kann Strukturmaßnahmen treffen, die nicht mehr zur Geschäftsführung gehören, sondern Grundlagengeschäfte sind, weil sie die Rechtsstellung der Aktionäre tiefgreifend verändern – **Strukturänderung** (unten § 33). Gesetzlich geregelt sind insbesondere die Eingliederung (§§ 319 ff.) und die Unternehmensverträge (§§ 291 ff.), die ihrer Rechtsnatur nach nicht dauerhaft zu sein brauchen. Ob darin eine Satzungsänderung liegt, war früher umstritten. Da die Anforderungen an diese Maßnahmen der Satzungsänderung nachgebildet sind, insbesondere ein Hauptversammlungsbeschluss mit qualifizierter Mehrheit und die Eintragung ins Handelsregister erforderlich sind, ist dieser Streit praktisch beigelegt. Die AG kann auf diese Weise sehr eng in einen Unternehmensverbund integriert werden. Endgültige Strukturänderungen sind die Umwandlungen nach dem UmwG (unten § 38). Auch hier sind die gesetzlichen Anforderungen der Satzungsänderung nachgebildet. Es kommen jeweils noch besondere Berichtspflichten und Maßnahmen zum Schutz von Minderheitsaktionären hinzu.

Technisch fallen solche Strukturänderungen unter die jeweiligen **Spezialvorschriften,** *nicht* diejenigen über die *Satzungsänderung.* Das wird besonders deutlich bei der Vermögensveräußerung (§ 179 a, dazu § 33 Rn. 10). Diese Geschäfte bewegen sich jedoch auf der Regelungsebene der Satzung. Deshalb wurde auch die ungeschriebene Hauptversammlungskompetenz bei Geschäftsführungsmaßnahmen, die einen schwerwiegenden Eingriff in die Rechte oder Interessen der Aktionäre mit sich bringen, in der Literatur teilweise auf eine Gesamtanalogie zu den Grundlagengeschäften gestützt (oben § 29 Rn. 4 f.).

c) „Satzungsdurchbrechung" und „faktische Satzungsänderung"

Diese Begriffe bezeichnen Vorgänge, die **keine Satzungsänderungen** sind, und sind daher wenig hilfreich. Die Satzung kann nur in dem gesetzlich vorgesehenen Verfahren geändert werden. Maßnahmen, die im Konflikt mit der Satzung stehen, sind nach den allgemeinen Regeln zu behandeln.

Als **„Satzungsdurchbrechung"** wird ein Hauptversammlungsbeschluss bezeichnet, der einer materiellen Satzungsbestimmung widerspricht. Der Satzungsverstoß macht den Beschluss **anfechtbar** (§ 243 Abs. 1). Unterbleibt die Anfechtung, wird der Beschluss gleichwohl bestandskräftig. Das ist dann unproblematisch, wenn es sich um einen Einzelfall oder eine einzelne Maßnahme handelt – *punktuelle Satzungsdurchbrechung.* Soll dagegen ein Dauerzustand geschaffen werden, bedarf es dafür der förmlichen Satzungsänderung. Eine *zustandsbegründende Satzungsdurchbrechung* ist *nicht möglich.*[5]

Eine tatsächliche Handhabung der Organe der AG, die gegen die Satzung verstößt, z. B. eine Erweiterung der Geschäftstätigkeit über den satzungsmäßigen Unternehmensgegenstand hinaus – **„faktische Satzungsänderung",** führt auch bei lang dauernder Übung nicht zu einer Satzungsänderung, sondern

---

[3] Umfassend Großkomm-AktG/*Wiedemann,* § 179 Rn. 169 ff.
[4] *Hüffer,* § 179 Rn. 33.
[5] BGHZ 123, 15, 19 f. = NJW 1993, 2246 (betr. GmbH); *Habersack,* ZGR 1994, 354; *Hüffer,* § 179 Rn. 7 f.

ist ein **Satzungsverstoß**. Der Vorstand verhält sich satzungswidrig. Ihm kann die Entlastung verweigert werden; er kann wegen Pflichtverletzung abberufen und auf Schadensersatz in Anspruch genommen werden (oben § 27 Rn. 25, 33). In engen Grenzen sind auch Unterlassungsansprüche denkbar (oben § 30 Rn. 27). Der Begriff „faktische Satzungsänderung" ist daher irreführend und sollte besser nicht verwendet werden.

2. Verfahren

a) Mehrheitsbeschluss

5 Für die AG als Körperschaft (oben § 2 Rn. 9, 12) gilt, anders als bei den Personengesellschaften grundsätzlich das Mehrheitsprinzip. Wegen der besonderen Bedeutung verlangt das Gesetz einen Beschluss mit einer **qualifizierten Mehrheit** von ¾ des vertretenen Grundkapitals (§ 179 Abs. 2). Es handelt sich um eine reine Kapitalmehrheit, die zu der einfachen Stimmenmehrheit, wie sie jeder Beschluss erfordert (§ 133 Abs. 1), hinzu kommen muss. Grundkapital, das nicht vertreten ist, z. B. weil die Aktionäre weder erschienen noch vertreten sind oder weil es sich um stimmrechtslose Vorzugsaktien handelt, zählt nicht zur Bezugsgröße. Die Satzung kann eine größere, aber auch eine geringere Mehrheit, immer aber eine Kapitalmehrheit, sowie sonstige Erfordernisse vorschreiben. Erklärt sich die Satzung für unabänderlich, so schließt das eine Änderung durch einstimmigen Beschluss nicht aus.[6]

Für bestimmte, besonders wichtige Beschlüsse ist die ¾-Mehrheit als *Mindesterfordernis* zwingend vorgeschrieben. Die Satzung kann also nur eine noch größere Mehrheit vorsehen, so bei Änderung des Gegenstands des Unternehmens (§ 179 Abs. 2), Ausgabe von Vorzugsaktien ohne Stimmrecht (§ 182 Abs. 1), Ausschluss des Bezugsrechts bei Kapitalerhöhungen (§ 186 Abs. 3), der bedingten Kapitalerhöhung (§ 193), dem genehmigten Kapital (§ 202 Abs. 2) und der Kapitalherabsetzung (§ 222), nicht dagegen bei der gewöhnlichen Kapitalerhöhung (§ 182) und der Kapitalerhöhung aus Gesellschaftsmitteln (§ 207). – In einigen Fällen will das Gesetz Satzungsänderungen erleichtern und verlangt nur *einfache Stimmenmehrheit*, z. B. bei nachträglichem Außer-Kraft-Treten von Satzungsbestimmungen über die Zusammensetzung des Aufsichtsrates (§§ 97 Abs. 2 Satz 4, 98 Abs. 4 Satz 2) oder zur Herabsetzung einer satzungsmäßigen Aufsichtsratsvergütung (§ 113 Abs. 1 Satz 4).

b) Sonderbeschluss

6 Sind mehrere **Aktiengattungen** vorhanden, z. B. Stammaktien und Vorzugsaktien, und wird durch die Satzungsänderung das bisherige **Verhältnis** der Gattungen **zueinander** geändert, so ist ein Sonderbeschluss der Aktionäre der benachteiligten Gattung erforderlich, der ebenfalls der Dreiviertel-Kapitalmehrheit bedarf (§ 179 Abs. 3).

Da es sich um eine Schmälerung von Vorrechten handelt, wäre an sich nach § 35 BGB die Zustimmung jedes Aktionärs der betreffenden Gattung erforderlich (oben § 30 Rn. 15 f.). Dadurch würde aber die Umgestaltung der Satzung zu sehr erschwert. Deshalb lässt das Gesetz die *mehrheitliche Zustimmung der Gattung als ganzer* durch Sonderbeschluss genügen. Solange der Sonderbeschluss fehlt, ist der Hauptversammlungsbeschluss schwebend unwirksam (oben § 29 Rn. 54). Die Sonderbeschlüsse sind entweder in einer gesonderten Versammlung oder in der Hauptversammlung, aber in einer gesonderten Abstimmung zu fassen. Für die Einberufung der gesonderten Versammlung, die Teilnahme an ihr und die Behandlung der Sonderbeschlüsse gelten die Bestimmungen über die Hauptversammlung und ihre Beschlüsse sinngemäß (§ 138). Das gilt auch für die Anfechtbarkeit und Nichtigkeit der Sonderbeschlüsse.

Beispiel: Aktien der Gattung B erhalten eine Vorzugsdividende von 5%. Soll diese auf 6% erhöht oder auf 4% herabgesetzt werden, so ist im ersten Fall eine Sonderabstimmung der Stammaktionäre, im zweiten eine solche der Vorzugsaktionäre nötig (§ 141). Dies ist die formale Betrachtung des Gesetzes. Praktisch hängen die Erfolgsaussichten solcher Maßnahmen davon ab, ob Kompensationen angeboten und akzeptiert werden. Wenn im Zuge der „one-share-one-vote"-Tendenz stimmrechtslose Vor-

---

[6] *Hüffer*, § 179 Rn. 3, 20, 23.

zugsaktien in Stammaktien umgewandelt werden sollen, sind dann wirtschaftlich der Wert des Vorzugs und der des Stimmrechts sowie der Verwässerungseffekt für die bisherigen Stammaktien gegenüber zustellen.[7]

c) Registereintragung

Jeder satzungsändernde Beschluss muss in das Handelsregister eingetragen werden. Die **Eintragung** ist zur Wirksamkeit des Beschlusses erforderlich, wirkt also **konstitutiv** (§ 181). Darin liegt eine Ausprägung des Normativsystems (oben § 25 Rn. 27). 7

Bis zur Eintragung kann die Rücknahme der Anmeldung mit einfacher Mehrheit beschlossen und dadurch das Inkrafttreten der Satzungsänderung verhindert werden.[8]

Der Anmeldung ist der *vollständige Wortlaut der Satzung* beizufügen; dieser muss eine notarielle Bescheinigung enthalten, dass die geänderten Bestimmungen der Satzung mit dem Beschluss über die Satzungsänderung und die übrigen Bestimmungen mit dem zuletzt eingereichten vollständigen Wortlaut der Satzung übereinstimmen (§ 181 Abs. 1 Satz 2). Dadurch soll erreicht werden, dass sich stets bei den Handelsregisterakten ein vollständiger Wortlaut der Satzung in der zurzeit geltenden Fassung befindet und somit jeder Aktionär und jeder interessierte Dritte sich jederzeit über diesen Wortlaut informieren kann. Demselben Zweck dient nach § 248 Abs. 2 die Eintragung der Nichtigerklärung eines satzungsändernden Beschlusses.

II. Maßnahmen der Kapitalbeschaffung – Kapitalerhöhung

1. Maßnahmen der Kapitalbeschaffung allgemein

Eine AG, die sich neue Geldmittel verschaffen will, kann verschiedene Wege einschlagen.[9] Ein Weg ist allerdings verschlossen: Sie kann ihre Mitglieder nicht zu neuen Einzahlungen zwingen, da es **keine Nachschusspflicht** gibt (oben § 30 Rn. 32). Sie kann das in der Satzung festgesetzte Grundkapital gegen Einlagen erhöhen (unten Rn. 18 ff.) oder auch: 8

– Kredit aufnehmen,
– die Aktionäre durch Gewährung von Vorrechten zu freiwilligen Zuzahlungen veranlassen,
– das Grundkapital erhöhen,
– dritten Personen eine – nicht aktienrechtliche – gesellschaftsrechtliche Beteiligung einräumen, vor allem eine stille Beteiligung (oben § 19).

Die Entscheidung zwischen Aufnahme von Krediten – **Fremdfinanzierung** – und der Aufnahme von neuem **Eigenkapital** ist eine **betriebswirtschaftliche Frage** (oben § 25 Rn. 3). Dafür maßgebende Rahmenbedingungen sind neben rechtlichen Aspekten die Art der Gesellschaft. Mittelständische, nicht börsennotierte Unternehmen bevorzugen oft die Fremdfinanzierung über eine Hausbank, zumal bei Abneigung gegen die Aufnahme neuer Gesellschafter und verhältnismäßig niedrigem Zinsniveau. Ferner kann der Aufwand für die Fremdfinanzierung als Betriebsausgabe bei der Gewinnermittlung abgezogen werden; Ausschüttungen an Gesellschafter hingegen nicht. Allerdings ist in der Reform des Unternehmenssteuerrechts 2008 eine starke Beschränkung der Abzugsmöglichkeiten vorgesehen (oben § 4 Rn. 9). Das Bild hat sich im Zuge der Umsetzung des Übereinkommens über die Konvergenz der Einlagensicherung und Eigenmittelausstattung der Banken (**Basel II**)[10] gewandelt. Hiernach

---

[7] Vgl. z. B. *OLG Köln* ZIP 2001, 2049 – Metro (nicht rechtskräftig).

[8] Großkomm-AktG/*Wiedemann*, § 179 Rn. 183; KölnerKomm-AktG/*Zöllner*, § 181 Rn. 28.

[9] Zu Maßnahmen der Kapitalbeschaffung insgesamt Großkomm-AktG/*Wiedemann*, Vor § 182; *Habersack/Mülbert/Schlitt* (Hrsg.), Unternehmensfinanzierung am Kapitalmarkt, 2005.

[10] Die Neue Baseler Eigenkapitalvereinbarung „Basel II" (Wortlaut unter www.bundesbank.de/bankenaufsicht/bankenaufsicht_basel.php) ist eine internationale Vereinbarung, die u.a. die Konvergenz der Risikobewertung im Hinblick auf die gesetzlich vorgeschriebene Eigenkapitalausstattung der Ban-

ist das Verhältnis von Eigenkapital zum Fremdkapital (Eigenkapitalquote) beim Kreditnehmer ein wesentlicher Faktor für die von der Bank vorzuhaltenden Eigenmittel und damit höhere Zinsen.[11]

a) Kreditaufnahme

9   Die AG kann Kredite in den auch sonst im Wirtschaftsleben üblichen Formen aufnehmen: Bankkredit, Hypothekarkredit usw. Bei Krediten, die einer AG im Zustand mangelnder oder stark eingeschränkter Kreditfähigkeit von Aktionären gegeben werden, ist die verstärkte Bindung nach den Regeln über *Gesellschafterdarlehen* zu beachten (oben § 30 Rn. 29 und § 24 Rn. 16ff. zur GmbH). Hinzu kommen Formen der Fremdkapitalaufnahme über den Kapitalmarkt. Dies sind insbesondere:

10   **aa)** Darlehen können gegen die Ausgabe von **Teilschuldverschreibungen** oder **Obligationen** (Industrieobligationen) ausgegeben werden. Damit kann sich die AG an den allgemeinen Kapitalmarkt wenden und die Darlehensaufnahme auf viele Einzelgläubiger verteilen, die bereit sind, Kapital in (normalerweise) festverzinslichen Wertpapieren, sog. Rentenpapieren oder *bonds,* anzulegen. Obligationen sind **schuldrechtliche Wertpapiere,** entweder **Inhaberschuldverschreibungen** (§§ 793 ff. BGB) oder blankogirierte Verpflichtungsscheine an Order, **Orderschuldverschreibungen** (vgl. § 363 HGB). Sie sind leicht übertragbar und daher als Anlageform attraktiv, da der Berechtigte sie auch vor Fälligkeit durch Veräußerung zu Geld machen kann. Obligationen sind Wertpapiere i.S.d. Kapitalmarktrechts (§ 1 DepotG, § 2 Abs. 1a Nr. 3 WpHG) und können an Börsen gehandelt werden.[12] Ihr Kurs richtet sich nach der Bonität der ausgebenden AG *(rating),* der Laufzeit, der Verzinsung und dem allgemeinen Zinsniveau.[13] In neuerer Zeit werden zunehmend Obligationen ausgegeben, die durch Vermögenswerte des Emittenten (der ausgebenden Gesellschaft) gesichert sind, z.B. Forderungen gegen Kunden oder Gegenstände des Anlagevermögens – *asset backed securities (ABS).*

Obligationen sind **keine Aktien** (oben § 25 Rn. 9). Sie gewähren keine Mitgliedschaftsrechte, sondern nur Forderungsrechte. Sie sind meist fest verzinslich (was bei Aktien unzulässig ist, § 57 Abs. 2) und geben kein Stimmrecht. In der Insolvenz sind sie gewöhnliche Insolvenzforderungen; die Obligationäre haben als Gläubiger Vorrang vor den Aktionären. Über die Ausgabe entscheidet der Vorstand, ggf. mit Zustimmung des Aufsichtsrates (§ 111 Abs. 4), als Geschäftsführungsmaßnahme. Die Finanzierung durch Obligationen ist nichts Aktienrechtsspezifisches; sie steht auch Unternehmen anderer Rechtsform zur Verfügung. Aktiengesellschaften, die solche Papiere ausgeben, unterliegen den strengeren Rechnungslegungsvorschriften für große Kapitalgesellschaften und Unternehmen von öffentlichem Interesse (§§ 267 Abs. 3 Satz 2, 319a HGB).

11   **bb)** Als **Sonderformen** von Schuldverschreibungen sind im AktG **Gewinnschuldverschreibungen** und **Genussrechte** geregelt. Sie gewähren zwar auch nur schuldrechtliche Ansprüche, sind aber den Gewinnrechten der Aktionäre nachgebildet. Trotz dieser Ähnlichkeit handelt es sich nicht um Mitgliedschaftsrechte, sondern um reine

---

ken zum Gegenstand hat. Deren Implementierung in der EU dient vor allem die Kapitaladäquanzrichtlinie (Richtlinie 2006/49/EG vom 14. 6. 2006), die durch die 7. KWG-Novelle vom 17. 11. 2006 in der Neufassung der §§ 10ff. KWG umgesetzt wurde.

[11] Vgl. zum Ganzen *Wittig,* ZHR 169 (2005), 231ff.; *Hennrichs,* ZGR 2006, 563ff.

[12] Zu kapitalmarktfähigen Wertpapieren allgemein *Claussen,* Bank- und Börsenrecht, 3. Aufl., 2003, § 9 Rn. 110f., 133ff.; zu Anleihen *Hutter,* in: Habersack/Mülbert/Schlitt (Hrsg.), Unternehmensfinanzierung am Kapitalmarkt, 2005, § 14.

[13] Näheres bei Großkomm-AktG/*Wiedemann,* Vor § 182 Rn. 122ff.; ferner im Bankrecht, vgl. etwa *Claussen,* Bank- und Börsenrecht, 3. Aufl., 2003, § 9 Rn. 133ff.; *Kümpel,* Bank- und Kapitalmarktrecht, 3. Aufl., 2004, Rn. 9.187ff.

Gläubigerrechte. Die Ausgabe von Gewinnschuldverschreibungen und die Gewährung von Genussrechten erfordern einen **Beschluss der Hauptversammlung** mit ³/₄-Kapitalmehrheit (§ 221 Abs. 1 und 3). Dabei handelt es sich nicht um eine Satzungsänderung, sondern um die Billigung einer Geschäftsführungsmaßnahme ohne Außenwirkung, die aber durch Gewährung aktionärstypischer Vermögensrechte die mitgliedschaftliche Stellung der Aktionäre berührt.[14] Die Aktionäre haben auf diese Wertpapiere ein **Bezugsrecht** im Verhältnis ihrer Beteiligungen (§ 221 Abs. 4 mit § 186; zum Bezugsrecht unten Rn. 22 ff.).[15]

Bei Gewinnschuldverschreibungen werden deren Inhabern nicht oder nicht nur feste Zinsen zugesagt, sondern ihre Rechte werden mit Gewinnanteilen von Aktionären in Verbindung gebracht (§ 221 Abs. 1 Satz 1). **12**

Beispiel: Die Obligationen sind mit 5% verzinslich; die Zinsen erhöhen sich für jedes Prozent, um das die Dividende der Aktionäre 4% übersteigt, um ¹/₈%.[16]

Genussrechte werden meist in **Genussscheinen** verbrieft (§ 221 Abs. 3). Sie können **13** sehr verschiedenen **Inhalt** haben.[17] Meist gewähren sie einen Anteil am Reingewinn oder am Abwicklungserlös, unter Umständen auch Rechte zur Benutzung von Einrichtungen der AG, also Rechte, wie sie sonst den Aktionären zustehen, doch stets als **reine Gläubigerrechte** und niemals Mitverwaltungsrechte.[18]

Sie sind deshalb *nie mit der Mitgliedschaft als solcher verbunden* und demgemäß von Sonderrechten oder den Rechten der Vorzugsaktionäre scharf zu unterscheiden. Ihr *Verwendungszweck* ist sehr vielgestaltig. Sie können der Kapitalbeschaffung dienen. Werden sie zur Bildung von eigenkapitalähnlich ausgestaltetem Haftkapital verwendet, wird der Nachrang gegenüber anderen Gläubigern im Insolvenzfall vereinbart. Um dennoch die Kapitalanlage attraktiv zu gestalten, müssen die Konditionen im Übrigen entsprechend günstig sein, z. B. durch bevorzugt zu bedienende Gewinnbeteiligung, verbreitet auch durch Ausgabe von in Optionsscheinen verbrieften Bezugsrechten; dann kommen die Genussrechte Optionsanleihen (unten Rn. 15) nahe. Im Übrigen standen lange Zeit bei der Ausgabe von Genussrechten andere Zwecke im Vordergrund, die auch jetzt noch eine Rolle spielen, etwa erfolgsorientierte Vergütung für Gründer, Mitarbeiter, Vorstands- und Aufsichtsratsmitglieder, Ausgleich für eingezogene Vorzugsaktien, Entgelt für Überlassung von Patenten, Lizenzen usw.

b) Wandel- und Optionsanleihen

Eine Form der Obligation, die **Wandelschuldverschreibung** *(convertible bond)*, ist **14** neben dem Gläubigerrecht auf den Mitgliedschaftserwerb ausgerichtet.[19] Es handelt sich um Schuldverschreibungen, die ein Recht zum Umtausch in Aktien oder zum Bezug von Aktien geben (§ 221). Die Einzelheiten sind regelmäßig in den Anleihebedingungen näher ausgestaltet und genau geregelt.[20] Wegen des Vorgriffs auf die zukünftige Mitglied-

---

[14] MünchKomm-AktG/*Habersack*, § 221 Rn. 130, 150; *Hüffer*, § 221 Rn. 52; a. A. (Satzungsänderung) *Raiser/Veil*, § 17 Rn. 18.

[15] BGHZ 120, 141 = NJW 1993, 400 – Bremer Bankverein; dazu *Lutter*, ZGR 1993, 291, 302 ff.

[16] Vgl. RGZ 118, 152.

[17] Umfassend MünchKomm-AktG/*Habersack*, § 221 Rn. 75 ff.; *Luttermann*, Unternehmen, Kapital und Genussrechte, 1998; *Sethe*, AG 1993, 293 und 351; die Abgrenzung von anderen Finanzierungsformen, insbesondere der stillen Gesellschaft, ist oft unklar, vgl. *BGH* NJW 2003, 3412 – Berliner Hypothekenbank (stille Gesellschaft) – einerseits und *BGH* NJW 1993, 400 – Bremer Bankverein (Genussrecht) – andererseits.

[18] BGHZ 119, 305 = NJW 1993, 57 – Klöckner; dazu *Lutter*, ZGR 1993, 291; MünchKomm-AktG/*Habersack*, § 221 Rn. 86, 119 ff.; *Hüffer*, § 221 Rn. 26.

[19] Zu bereits gesellschaftsrechtlich geprägten Treuepflichten im Hinblick auf die zukünftige Mitgliedschaft *Martin Weber*, Vormitgliedschaftliche Treubindungen, 1999, S. 206 ff., 236.

[20] Zu Varianten der gesetzlichen Grundformen *Schäfer*, in: Lutter/Hirte, Wandel- und Optionsanleihen in Deutschland und Europa, 2000 (ZGR Sonderh. 16), S. 62; vertiefend MünchKomm-AktG/*Habersack*, § 221 Rn. 23 ff. m. w. N.

schaft ist auch hier ein **Hauptversammlungsbeschluss** mit qualifizierter Mehrheit erforderlich (oben Rn. 11). Die Aktionäre haben Anspruch darauf, sich an der Wandelanleihe (Optionsanleihe) im Verhältnis ihres Aktienbesitzes zu beteiligen, ohne dazu aber verpflichtet zu sein, **Bezugsrecht** (§ 221 Abs. 4 i.V.m. § 186, vgl. unten Rn. 22 ff.).

Gewöhnliche *Obligationen* haben gegenüber Aktien den Vorzug der größeren Sicherheit und der festen Verzinsung. Dagegen bieten *Aktien* bei größerem Risiko auch höhere Gewinnchancen, sowohl hinsichtlich der Dividende als auch durch die Möglichkeit einer Kurssteigerung. Die *Wandelschuldverschreibung* soll als besonderer Anreiz für den Anleger beide Vorteile verbinden. Der Inhaber hat zunächst die Stellung eines Gläubigers, kann einen festen Zins fordern und genießt in der Insolvenz dieselbe Sicherheit wie ein gewöhnlicher Gläubiger. Entwickelt sich aber die AG günstig, steigen infolgedessen die Aktien im Kurs, dann soll er an dieser günstigen Entwicklung teilnehmen können, indem er entweder seine Obligationen in Aktien umtauscht oder unter Beibehaltung der Obligationen zum Bezug von Aktien gegen entsprechende Zahlung berechtigt wird.

Vor der Zulassung von Aktienoptionen *(stock options)* für Vorstandsmitglieder und Arbeitnehmer durch das KonTraG 1998 waren und sind auch heute noch[21] erfolgsbezogene Vergütungsbestandteile mit Aktienbezugsrechten in Form von Wandelschuldverschreibung mit entsprechenden Konditionen möglich (oben § 27 Rn. 14).

15   **aa)** Der Gläubiger einer **Wandelanleihe** hat das Recht, statt Rückzahlung des Darlehens (Nennbetrag der Anleihe) eine bestimmte Zahl von Aktien zu verlangen. Übt er dieses Gestaltungsrecht aus und ist der Umtausch vollzogen, ist er Aktionär, nicht mehr Gläubiger. Der Umtausch kann mit oder ohne Zuzahlung vorgesehen sein.

16   **bb) Optionsanleihen** sind zunächst Obligationen, die ein Recht auf Verzinsung und Rückzahlung gewähren, zusätzlich aber das Recht des Gläubigers verbriefen, zu einer bestimmten Zeit zu einem bestimmten Kurs Aktien der Gesellschaft zu erwerben – **Bezugs-** bzw. **Optionsrecht.** Das mit der Obligation verbundene Bezugsrecht kann, anders als ein Umtauschrecht, auch in einer eigenen Urkunde, dem **Optionsschein,** verbrieft und dann gesondert übertragbar und ausübbar sein. Der Bezug erfolgt stets gegen Zahlung; die Bezeichnung als Wandelschuldverschreibung ist daher streng genommen nicht ganz zutreffend, doch umfasst § 221 auch diese Ausgestaltung.

c) Freiwillig Zuzahlungen von Aktionären

17   Die AG bekommt in diesem Fall Mittel dadurch, dass sie Aktionären, die Zuzahlungen leisten, bestimmte Vorrechte, z. B. eine Vorzugsdividende oder einen erhöhten Anteil am Liquidationserlös, gewährt, also ihre **Aktien in Vorzugsaktien umwandelt.** Da eine Nachschusspflicht dem Aktienrecht widerspricht, kann es sich nur um **freiwillige Zuzahlungen** handeln. Durch das Inaussichtstellen von Vorrechten kann ein mittelbarer Druck auf Leistung solcher Zuzahlungen ausgeübt werden, da je nach Art und Umfang dieser Vorrechte die nicht bevorrechtigten Aktien stark entwertet werden.[22]

Beispiel: Gegen Zuzahlung von 100 € pro Aktie gleichen Nennwerts wird eine Vorzugsdividende von 6% versprochen. Nach der Lage der AG ist es wenig wahrscheinlich, dass die AG in absehbarer Zeit mehr als diese Vorzugsdividende verdienen wird. Der Aktionär muss dann zuzahlen oder den Wertverlust seiner Aktie hinnehmen.

Die Grenzen dieses Vorgehens folgen aus den allgemeinen Regeln. Es darf kein rechtlicher Zwang zur Entrichtung von Nachschüssen begründet, der Grundsatz der gleichmäßigen Behandlung aller Aktionäre (§ 53a; oben § 30 Rn. 12) nicht verletzt werden. Ferner ist die Ausgabe neuer Aktien mit Vorzugsrechten zulässig; auch darin liegt wirtschaftlich ein Druck auf die alten Aktionäre, die neuen Vorzugsaktien zu erwerben. Im HGB ist das geschilderte Verfahren mittelbar anerkannt, indem § 272 Abs. 2 Nr. 3 und 4 HGB die Einstellung derartiger Zuzahlungen in die gesetzliche Rücklage vorschreibt. Zur Durchführung bedarf es, damit die Gewährung von Vorrechten eine neue Aktiengattung schaffen wird, eines satzungsändernden Beschlusses (§§ 11, 23 Abs. 3 Nr. 4).

Diese Art der Kapitalbeschaffung ist vor allem in Sanierungsfällen und bei nicht börsennotierten Gesellschaften von *Bedeutung,* wenn wegen schlechten Standes der AG andere Wege nicht gangbar sind:

---

[21] *Hüffer,* § 192 Rn. 9.
[22] Dazu näher Großkomm-AktG/*Wiedemann,* § 182 Rn. 102 ff.

die Ausgabe von Obligationen nicht, weil die AG nicht den erforderlichen Kredit genießt, und die Kapitalerhöhung nicht, weil neue Aktien nicht zu pari untergebracht werden können. Zur Sanierung unten Rn. 45, 52.

2. Erhöhung des Grundkapitals

Für die Erhöhung des in der Satzung festgesetzten Grundkapitals sieht das Gesetz   **18** mehrere Möglichkeiten vor: Die Kapitalerhöhung gegen Einlagen oder ordentliche Kapitalerhöhung (§§ 182 ff.), die bedingte Kapitalerhöhung (§§ 192 ff.), das genehmigte Kapital (§§ 202 ff.) und die Kapitalerhöhung aus Gesellschaftsmitteln (§§ 207 ff.). Für die verschiedenen Arten der Kapitalerhöhung ist in jedem Falle eine Satzungsänderung erforderlich (oben Rn. 1 ff.); sie dienen jedoch ganz unterschiedlichen Zwecken, nicht nur der Kapitalbeschaffung.

a) Ordentliche Kapitalerhöhung

Die ordentliche Kapitalerhöhung oder **Kapitalerhöhung gegen Einlagen** (§§ 182 ff.)   **19** dient als **effektive Kapitalerhöhung** der Zuführung neuer Mittel. Sie kann **nur durch Ausgabe neuer Aktien** erfolgen (§ 182 Abs. 1 Satz 4); eine Erhöhung des Nennwerts oder Anteils am Grundkapital wäre eine unzulässige Nachschusspflicht. Sind Stückaktien ausgegeben, muss die Zahl der Aktien im selben Verhältnis wie das Grundkapital erhöht werden (§ 182 Abs. 1 Satz 5).

    aa) Der **Erhöhungsbeschluss** ist Satzungsänderung; §§ 179 ff. werden durch   **20** §§ 182 ff. ergänzt. Die Vorschriften folgen den Vorgaben der Zweiten Richtlinie.[23] Der Beschluss ist zum *Handelsregister* anzumelden, einzutragen und bekanntzumachen (§ 184).

    Voraussetzung für den Beschluss ist, dass die bisherigen Aktien voll einbezahlt oder nur unerhebliche oder nicht beitreibbare Rückstände vorhanden sind; andernfalls besteht kein Bedürfnis für eine Kapitalerhöhung. Es handelt sich aber nur um eine Sollvorschrift. Auch kann für Versicherungsgesellschaften, für die das Grundkapital zum erheblichen Teil nicht als Betriebsmittel, sondern als Sicherheitsreserve in Betracht kommt, die Satzung etwas anderes bestimmen (§ 182 Abs. 4). Wie bei der Gründung ist die **Unterpariemission** der Aktien **verboten, Überpariemission** dagegen **zulässig** (oben § 26 Rn. 3). Bei Überpariemission ist im Erhöhungsbeschluss der Mindestbetrag, unter dem die Aktien nicht ausgegeben werden sollen, festzusetzen (§ 182 Abs. 3). Möglich ist die Ausgabe von *Vorzugsaktien*, was bei schlechter Lage der AG wichtig ist, da dann eine Ausgabe gewöhnlicher Aktien zu pari nicht durchführbar ist. Die neuen Aktien können auch als stimmrechtslose Vorzugsaktien ausgegeben werden (oben § 29 Rn. 27). Für diesen Fall kann die Satzung die für die Beschlussfassung erforderliche Kapitalmehrheit nicht unter drei Vierteln des vertretenen Grundkapitals herabsetzen (§ 182 Abs. 1 Satz 2).

    Die Ausgabe der neuen Aktien erfolgt grundsätzlich gegen Barzahlung, doch können auch **Sacheinlagen** vereinbart werden. Dann müssen Gegenstand, Nennbetrag der für die Sacheinlage zu gewährenden Aktien und Einbringer im Erhöhungsbeschluss angegeben werden (§ 183 Abs. 1). Wie bei der Sachgründung ist eine Prüfung durch Wirtschaftsprüfer erforderlich; bleibt der Wert der Sacheinlage nicht unwesentlich hinter dem Nennbetrag der dafür zu gewährenden Aktien zurück, lehnt das Registergericht die Eintragung ab (§ 183 Abs. 3). Verdeckte (verschleierte) Sacheinlagen sind wie bei der Gründung unzulässig (oben § 26 Rn. 14 ff.); sie haben keine befreiende Wirkung, der Einleger muss die Bareinlage leisten.[24] Sacheinlagen erfordern regelmäßig einen Bezugsrechtsausschluss für die (übrigen) Aktionäre (dazu unten Rn. 23 f.).

---

[23] Art. 25 ff. Kapitalrichtlinie (2. RL).
[24] BGHZ 110, 47 = NJW 1990, 982 – IBH/Lemmertz; BGHZ 118, 83 = NJW 1992, 2222 – BuM; die Rspr. zur verdeckten Sacheinlage betrifft ganz überwiegend Kapitalerhöhungen. Die Rechtsfolge wird als „katastrophal" bezeichnet, KölnerKomm-AktG/*Lutter*, § 66 Rn. 31; zu den Heilungsmöglichkeiten GroßKomm-AktG/*Röhricht*, § 27 Rn. 215; *Krolop/Pleister*, AG 2006, 650; *Wiesner*, in: MünchHdb-GesR IV, § 16 Rn. 37; vgl. auch oben § 26 Rn. 19 m. Fn. 33.

21   **bb)** Zur **Ausführung** der Kapitalerhöhung ist die **Zeichnung der Aktien** erforderlich (Einzelheiten in § 185). Mit dem Zeichnungsvertrag verpflichtet sich der (zukünftige) Aktionär, neue Aktien im angegebenen Umfang zu erwerben; die Gesellschaft
verpflichtet sich, bei Durchführung der Kapitalerhöhung dem Zeichner im angegebenen Umfang Aktien zuzuteilen. Zur Kapitalerhöhung selbst verpflichtet sich die AG
nicht. Der Zeichnungsvertrag hat sowohl korporationsrechtliche als auch schuldrechtliche Elemente.

Die Aktien können von der AG öffentlich zur Zeichnung aufgelegt werden. Das ist aber unüblich,
da der damit verbundene Verwaltungsaufwand sehr groß ist. Ähnlich wie bei der Gründung die Gründer alle Aktien übernehmen, übernimmt bei der Kapitalerhöhung meist eine Bank oder ein Bankenkonsortium – **Emissionsbank** bzw. *Emissionskonsortium* – bei Bezugsrechtsausschluss sämtliche neuen
Aktien. Das Kreditinstitut verpflichtet sich, den Altaktionären die neuen Aktien entsprechend deren
Bezugsrechte anzubieten – **mittelbares Bezugsrecht** (Vertrag zugunsten Dritter), im übrigen die Aktien am Kapitalmarkt zu platzieren.[25] Deshalb gilt dieses Vorgehen nicht als Bezugsrechtsausschluss im
technischen Sinn (§ 186 Abs. 5). Nicht in Anspruch genommene Bezugsrechte kann das Emissionsun-
ternehmen verwerten.[26]

22   **cc)** Die bisherigen Aktionäre haben ein **gesetzliches Bezugsrecht** auf einen ihrer Beteiligung entsprechenden Teil der neuen, „jungen" Aktien (§ 186 Abs. 1). Ihr Beteili-
gungsverhältnis soll im Allgemeinen ohne ihre Zustimmung nicht verändert werden.

Beispiel: Grundkapital 3 000 000 €, Erhöhung um 2 000 000 €. Dann kann jeder Aktionär auf 3 alte Aktien 2 neue verlangen.[27]

Das Bezugsrecht ist übertragbar. Es stellt, besonders bei günstigem Ausgabekurs der neuen Aktien,
einen Wert dar, den der Aktionär durch Veräußerung realisieren kann (Bezugsrechtshandel an der Börse). Wirtschaftlich gehören Bezugsrechte zu den Erträgen aus der Geldanlage in Aktien.

23   Das Bezugsrecht kann ganz oder zum Teil ausgeschlossen werden, z.B. wenn die
neuen Aktien zur Übernahme eines Unternehmens verwandt werden sollen. Der **Bezugsrechtsausschluss** kann nur im Erhöhungsbeschluss selbst erfolgen; dieser bedarf
dann mindestens einer ³/₄-Kapitalmehrheit, die Satzung kann nur strengere Anforderungen vorsehen. Der Ausschluss darf nur beschlossen werden, wenn er ausdrücklich
und ordnungsgemäß nach § 124 Abs. 1 angekündigt worden ist und der Vorstand einen schriftlichen Bericht über die Einzelheiten erstattet (§ 186 Abs. 3 und 4). Der Vorstandsbericht dient zur Entscheidungsfindung in der Hauptversammlung, aber auch
zur Grundlage der inhaltlichen Überprüfung im Beschlussanfechtungsverfahren. Der
Beschluss ist insbesondere anfechtbar, wenn der Ausgabebetrag für die neuen Aktien
unangemessen niedrig ist (§ 255 Abs. 2 AktG), denn dann werden dadurch die Anteile
der Altaktionäre „verwässert". Wann dies der Fall ist, ist umstritten.[28] Da der Bezugsrechtsausschluss als besonders einschneidender Eingriff in die mitgliedschaftliche Stellung der Altaktionäre angesehen wird, darf er nur erfolgen, wenn er **im Gesellschaftsinteresse erforderlich** ist.[29] Je nach den Umständen des Einzelfalles wirkt sich der

---

[25] Zu der dabei gebräuchlichen Technik des „Bookbuilding" *Groß*, ZHR 162 (1998), 318; zum sog.
Greenshoe (Mehrzuteilungsoption) *KG* AG 2002, 243; *Busch*, AG 2002, 230.
[26] BGHZ 118, 83 = NJW 1992, 2222; *BGH* NJW 1995, 2486 – BuM.
[27] Weiteres Beispiel bei *Wiedemann/Frey*, Nr. 400.
[28] *Wiedemann/Frey*, Nr. 401; *Hüffer*, § 255 Rn. 5 m.w.N.
[29] Zunächst strenger i.S. einer materiellen Beschlusskontrolle BGHZ 71, 40 = NJW 1978, 1316 – Kali
+ Salz; BGHZ 83, 319 = NJW 1982, 2444 – Holzmann; zurückhaltender BGHZ 125, 239 – Deutsche
Bank; nach neuerer Gesetzeslage (§ 186 Abs. 3 Satz 4) und Rspr. muss der Bezugsrechtsausschluss
zwar im Gesellschaftsinteresse liegen, die Anforderungen an Eignung, Erforderlichkeit und Verhältnismäßigkeit sind jedoch deutlich abgeschwächt; BGHZ 136, 133, 138 ff. = NJW 1997, 2815 – Siemens/
Nold; dazu *Kübler/Assmann*, § 16 IV 1 c bb; krit. *Lutter*, JZ 1998, 50; zur Rechtsprechungsentwicklung
K. Schmidt, § 29 III 2 d.

Bezugsrechtsausschluss ganz unterschiedlich aus; die Anforderungen an die sachliche Rechtfertigung sind daran auszurichten.

Nach § 186 Abs. 3 Satz 4 ist bei börsennotierten Gesellschaften der Bezugsrechtsausschluss zulässig, wenn die Kapitalerhöhung gegen Bareinlagen 10% des Grundkapitals nicht übersteigt und der Ausgabebetrag den Börsenpreis nicht wesentlich unterschreitet. Die Formulierung der Vorschrift ist missglückt.[30] Ihr liegt die – durchaus vernünftige – Vorstellung zu Grunde, dass bei großen Gesellschaften mit breitem Streubesitz jeder interessierte Aktionär seine Beteiligungsquote problemlos durch Zukauf an der Börse erhalten kann und deshalb des (kostenträchtigen) Schutzes durch ein Bezugsrecht nicht bedarf.[31] Die Fassung des Gesetzes bringt das aber nicht zum Ausdruck.

Als mögliche Fälle gerechtfertigten Bezugsrechtsausschlusses werden ferner genannt die Vermeidung von Spitzenbeträgen, die Ausgabe von Belegschaftsaktien, die Bedienung von Wandelungs- und Optionsrechten, Sanierungszwecke, Börseneinführung allgemein oder Einführung an einer ausländischen Börse, Kooperation mit anderen Unternehmen. Praktisch erforderlich ist der Bezugsrechtsausschluss in aller Regel bei einer Sachkapitalerhöhung. Diese Begründung genügt aber nicht, vielmehr muss die Sacheinlage im Interesse der Gesellschaft liegen.[32] Das ist etwa der Fall, wenn ein Gläubiger zu Sanierungszwecken seine Forderungen in Aktienkapital umwandelt.[33]

Um die Unabhängigkeit der Hauptversammlung in der Beschlussfassung zu wahren und das gesetzliche Bezugsrecht der Aktionäre zu sichern, können *Rechte Dritter auf den Bezug* neu auszugebender Aktien von der AG vor dem Erhöhungsbeschluss überhaupt nicht und nachher nur dann zugesichert werden, wenn entweder das Bezugsrecht der Aktionäre im Erhöhungsbeschluss ausgeschlossen ist oder dieses Bezugsrecht vorbehalten wird (§ 187). Einen weiteren Schutz der Altaktionäre bietet neben der Beschlussanfechtung nach allgemeinen Regeln (oben § 29 Rn. 44 ff.) der besondere Anfechtungsgrund des unangemessen niedrigen Ausgabebetrags (§ 255 Abs. 2). **24**

dd) Auf die neuen Aktien sind, wie bei der Gründung (§ 36a Abs. 1), bei Bareinlagen mindestens 25% des geringsten Ausgabebetrags und das Agio bei Überpariemission einzuzahlen – **Mindesteinlage;** für Sacheinlagen gilt § 36a Abs. 2 entsprechend (§ 188 Abs. 2). Die erfolgte Erhöhung ist zum **Handelsregister** anzumelden, einzutragen und bekannt zu machen (Einzelheiten in §§ 188 und 190). In der Anmeldung ist zu erklären, dass die Mindesteinlage erbracht ist (§§ 37 Abs. 1, 188 Abs. 2). Erst mit der **Eintragung der Durchführung** der Erhöhung wird diese wirksam, die Eintragung wirkt **konstitutiv** (§ 189). Erst jetzt dürfen Aktien ausgegeben werden (§ 191). **25**

Es sind also zwei *Anmeldungen und Eintragungen* vorgesehen: Erhöhungsbeschluss und Durchführung der Erhöhung. Beide können aber miteinander verbunden werden, was in der Praxis meist geschieht (§ 188 Abs. 4). Die Zeichnung der jungen Aktien kann auch schon vor Eintragung des Erhö-

---

[30] *Hüffer*, AktG § 186 Rn. 39 b; *Lutter*, AG 1994, 440 f.; Großkomm-AktG/*Wiedemann*, § 186 Rn. 148 ff.; *Zöllner*, AG 1994, 336, 341.

[31] *Kübler/Assmann*, § 16 IV 1 c cc; § 186 Abs. 3 Satz 4 wird flankiert durch § 4 Abs. 2 Nr. 1 WpPG, danach bedarf es keines Wertpapierverkaufsprospekts, wenn weniger als zehn Prozent der Aktien, die bereits an der Börse notiert sind, ausgegeben werden. – In den USA, wo breiter Streubesitz der Normalfall ist, ist das Bezugsrecht dispositiv und eher die Ausnahme; der Schutz der Altaktionäre gegen Verwässerung ihrer Beteiligung wird durch die Pflichten der Verwaltung und vor allem einen angemessenen Ausgabepreis gewährleistet; vgl. *Cox/Hazen*, Corporations, 2. Aufl., 2003, § 16.14; *Hirte*, AG 1991, 166. In England wurde das Bezugsrecht im Zuge der Umsetzung der Kapitalrichtlinie eingeführt; das Regelungsziel wird dort auch in der Kontrolle des Managements durch den Kapitalmarkt gesehen, der es sich nicht durch Abgabe von Aktienpaketen an genehme Aktionäre soll entziehen können; *Davies*, Principles, S. 304 ff. Weitere rechtsvergleichende Hinweise in Großkomm-AktG/*Wiedemann*, § 186 Rn. 23 ff.

[32] Art. 29 der Kapitalrichtlinie (2. RL) verlangt kein Bezugsrecht bei Kapitalerhöhungen gegen Sacheinlagen; in zahlreichen Mitgliedstaaten gibt es dementsprechend nur bei Barkapitalerhöhungen ein Bezugsrecht; vgl. Großkomm-AktG/*Wiedemann*, § 186 Rn. 23 ff. Die deutsche Handhabung (sowohl die ältere wie die neuere Rspr.) ist richtlinienkonform, *EuGH* Slg. 1996-I, 6017, 6034 ff. = NJW 1997, 721 – Siemens/Nold; vgl. auch *Grundmann*, Europäisches Gesellschaftsrecht, Rn. 357–361; *Habersack*, Europäisches Gesellschaftsrecht, § 6 Rn. 73 ff.

[33] Vgl. *Windbichler/Krolop*, in: Riesenhuber (Hrsg.), Europäische Methodenlehre, 2006, § 19 Rn. 28 ff.

hungsbeschlusses erfolgen, nach h. M. sogar schon vor Fassung des Erhöhungsbeschlusses.[34] Ein entsprechender Beschleunigungsbedarf kann sich vor allem in Sanierungsfällen ergeben, wenn in der
Dreiwochenfrist des § 92 Abs. 2 die Durchführung einer Hauptversammlung nicht möglich ist (vgl.
nur § 123 Abs. 1: Einberufungsfrist ein Monat).

b) Bedingte Kapitalerhöhung

26   Die bedingte Kapitalerhöhung unterscheidet sich von der ordentlichen Kapitalerhöhung dadurch, dass sie nur insoweit durchgeführt werden soll, als dritte Personen von
einem ihnen zustehenden Umtausch- oder Bezugsrecht Gebrauch machen (§ 192). Sie
steht für drei Fälle zur Verfügung: zur Bedienung von Wandelschuldverschreibungen,
für die Vorbereitung eines Zusammenschlusses und die Gewährung von Bezugsrechten für Arbeitnehmer und Mitglieder der Geschäftsführung (§ 192 Abs. 2 Nr. 1–3). Die
Aufzählung ist abschließend.

Die **Einzelheiten** sind in §§ 192–201 geregelt.[35] Der **Beschluss** über die bedingte Kapitalerhöhung
bedarf mindestens einer ¾ Kapitalmehrheit (§ 193). Der Nennbetrag des bedingten Kapitals darf nicht
höher sein als die Hälfte des zur Zeit der Beschlussfassung vorhandenen Grundkapitals (§ 192 Abs. 3).
Ein gesetzliches Bezugsrecht der Aktionäre besteht nicht, da die Aktien ganz bestimmten Zwecken
dienen. Der Beschluss wird erst durch die Eintragung in das Handelsregister wirksam; vorher können
keine Aktien ausgegeben werden (§ 197). Ist er eingetragen, kann die Hauptversammlung keinen entgegenstehenden Beschluss fassen (§ 192 Abs. 4). – Die **Durchführung** hängt davon ab, ob und in welchem Umfang Bezugsberechtigte eine schriftliche Bezugserklärung abgeben (§ 198). Geschieht das,
gibt der Vorstand entsprechend Aktien – *Bezugsaktien* – aus. Er darf das nur in Erfüllung des im Kapi-
talerhöhungsbeschluss festgesetzten Zwecks tun und nur nach voller Bezahlung des Gegenwerts, also
bei Wandelanleihen gegen Aushändigung der Schuldverschreibung und ggf. Zuzahlung, bei Optionsanleihen gegen Zahlung des Ausgabebetrags (§ 199). Verstößt der Vorstand dagegen, sind die Aktien zwar
nicht nichtig, aber der Vorstand haftet. Mit der Ausgabe der Bezugsaktien ist das Grundkapital erhöht
(§ 200). – Die **Erhöhung** erfolgt also *stufenweise* je nach der Geltendmachung und Befriedigung der
einzelnen Bezugsrechte. Im Gegensatz zur ordentlichen Kapitalerhöhung bedarf es zur Wirksamkeit
der Kapitalerhöhung nicht einer besonderen Eintragung der Durchführung in das Handelsregister. Der
Vorstand hat aber binnen eines Monats nach Ablauf jedes Geschäftsjahrs zur Eintragung anzumelden,
in welchem Umfang im abgelaufenen Jahr Bezugsaktien ausgegeben wurden (§ 201). Die **Eintragung**
ist **deklaratorisch** und soll wenigstens nachträglich die eingetretene Erhöhung des Grundkapitals
kenntlich machen. Die mit jeder Kapitalerhöhung verbundene *Satzungsänderung* erfolgt materiell in
den zwei Schritten Erhöhungsbeschluss und Aktienausgabe. Die Textänderung kann durch die Hauptversammlung nach § 179 Abs. 1 Satz 1 erfolgen oder nach § 179 Abs. 1 Satz 2 dem Aufsichtsrat übertragen werden.

27   **aa)** Um die Inhaber von **Wandelschuldverschreibungen,** die ihre Umtausch- oder Bezugsrechte geltend machen (oben Rn. 15 f.), zu befriedigen, benötigt die AG Aktien. Sie kann dafür eigene Aktien
verwenden (oben § 30 Rn. 6 f.), die aber möglicherweise nicht zur Verfügung stehen. Sie wird dann
neue Aktien durch eine Kapitalerhöhung schaffen. Da nicht vorauszusehen ist, wie viele Gläubiger ihr
Umtausch- bzw. Bezugsrecht wahrnehmen werden, ist eine bedingte Kapitalerhöhung zweckmäßig. In
der Regel wird deshalb mit einem Beschluss über die Ausgabe von Wandelschuldverschreibungen ein
Beschluss über eine entsprechend hohe bedingte Kapitalerhöhung verbunden; so kann schon bei der
Ausgabe der Wandelschuldverschreibungen eine Befriedigung der Ansprüche der Inhaber sichergestellt
werden. Die Einbringung der Darlehensforderung beim Umtausch von Wandelanleihen gilt nicht als
Sacheinlage (§ 194 Abs. 1 Satz 2).

bb) Bedingte Kapitalerhöhungen zum **Zweck des Zusammenschlusses von Unternehmen** hat keine
große praktische Bedeutung. Der Unternehmensbegriff ist, wie stets im AktG, nicht rechtsformspezi-
fisch; es kann sich also auch um einen Zusammenschluss mit einer GmbH oder einem anderen Unternehmensträger handeln.[36] Unter den Zusammenschlussbegriff fallen die Verschmelzung, Spaltung und
Ausgliederung durch Aufnahme (§§ 2 Nr. 1, 123 Abs. 1 Nr. 1, Abs. 2 Nr. 1, Abs. 3 Nr. 1, 152 UmwG;
unten § 38), Eingliederung (§ 319), Beherrschungs- und Gewinnabführungsverträge (§ 291; unten § 32
Rn. 13 ff.) sowie sonstige Übernahmen von Anteilen anderer Unternehmen gegen eigene Aktien, auch

---

[34] *Hüffer,* § 185 Rn. 6; KölnerKomm-AktG/*Lutter,* § 185 Rn. 25; Großkomm-AktG/*Wiedemann,*
§ 185 Rn. 36; zur Möglichkeit eines Vorvertrages *Blaurock,* FS Rittner, 1991, S. 33.
[35] Zum Ablauf Großkomm-AktG/*Frey,* Vor §§ 192–201 Rn. 2 ff.
[36] Großkomm-AktG/*Windbichler,* § 15 Rn. 15 f.

Übernahmeangebote zum Tausch i. S. d. § 2 Abs. 1 WpÜG. Auch in diesen Fällen kann die AG eigene Aktien verwenden (vgl. § 71 Abs. 1 Nr. 3), falls diese zur Verfügung stehen. Eine andere Möglichkeit ist die Verwendung genehmigten Kapitals (unten Rn. 129 ff.). Praktisch ist das eher geeignet, da bei der bedingten Kapitalerhöhung frühzeitig die Bezugsberechtigten benannt werden müssen (§ 193 Abs. 2 Nr. 2) und dem Geheimhaltungsinteressen entgegenstehen können.

cc) **Bezugsrechte für Mitarbeiter und Geschäftsführungsmitglieder** *(stock op-* 28 *tions)* kommen in sehr unterschiedlichen Formen vor. **Belegschaftsaktien** haben eine lange Tradition; sie dienen der Vermögensbildung in Arbeitnehmerhand und der Motivation der Mitarbeiter im Unternehmensinteresse. Rechtstechnisch kommt außer der Verwendung eigener Aktien der Gesellschaft (vgl. § 71 Abs. 1 Nr. 2) in Betracht, dass den *Arbeitnehmern Bezugsrechte auf Aktien ihrer Gesellschaft* eingeräumt werden. Für die Einlagen können Geldforderungen verwandt werden, die den Arbeitnehmern gegen die Gesellschaft aus einer ihnen eingeräumten Gewinnbeteiligung zustehen. Die Sacheinlagevorschriften finden gleichwohl nur teilweise Anwendung (§ 194 Abs. 3 und 4). Durch eine bedingte Kapitalerhöhung kann sichergestellt werden, dass bei Eintritt der Bedingungen, unter denen den Arbeitnehmern Aktien zugesagt sind, der AG die erforderlichen Aktien zur Verfügung stehen. Begünstigte können nicht nur Arbeitnehmer der Gesellschaft selbst sein, sondern auch solche von verbundenen Unternehmen (zum Begriff s. § 15).

Das KonTraG hat 1998 die Zusage von Bezugsrechten *(stock options)* an **Geschäftsführungsmitglieder** als Element einer erfolgsabhängigen Vergütung ermöglicht (oben § 27 Rn. 14 ff.), indem § 192 Abs. 2 Nr. 3 entsprechend erweitert wurde. Da nicht feststeht, in welchem Umfang die Optionen ausgeübt werden, ist die bedingte Kapitalerhöhung eine geeignete Form, die erforderlichen Aktien zur Verfügung zu stellen. Für die **Konkretisierung des Optionsprogramms** ist im Rahmen des § 193 Abs. 2 Nr. 3 die **Hauptversammlung** zuständig. Das ist stimmig, da solche Programme eine Verwässerungsgefahr für die Altaktionäre enthalten; gleichwohl können sich Probleme bei der Kompetenzabgrenzung (des Aufsichtsrates für die Vorstandsvergütung, des Vorstandes für die Mitarbeitervergütung) ergeben.[37] Zum begünstigten Personenkreis gehören die Vorstandsmitglieder der Gesellschaft selbst,[38] ferner Mitglieder des jeweiligen Geschäftsführungs- und Vertretungsorgans von verbundenen Unternehmen. Praktisch schwierig ist jedoch, für Geschäftsführungsmitglieder von Tochtergesellschaften geeignete Erfolgsziele i. S. d. Nr. 4.2.3 des DCGK zu formulieren.

c) Genehmigtes Kapital

Die ordentliche Kapitalerhöhung ist schwerfällig; es muss eine Hauptversammlung einberufen wer- 29 den und es ist notwendig, den gesamten Betrag der beschlossenen Kapitalerhöhung auf einmal unterzubringen. Die AG kann nicht Zeitpunkt und Anzahl der Ausgabe neuer Aktien auf die jeweilige Kapitalmarktlage abstimmen oder Verhandlungen über eine strategische Beteiligung führen und schnell umsetzen.

Zweck des genehmigten Kapitals ist, größere Flexibilität bei der Beschaffung von Aktienkapital zu erreichen. Hierzu wird der Vorstand durch die Satzung ermächtigt, von sich aus das Grundkapital durch Ausgabe neuer Aktien zu erhöhen, so dass jederzeit der geeignete Betrag von Aktien ausgegeben werden kann. Das Wesen der Einrichtung besteht also darin, dass die **Entscheidung über die Ausgabe der Aktien von**

---

[37] Näheres bei Großkomm-AktG/*Frey*, § 193 Rn. 58 ff.; vgl. auch *Semmer*, Repricing – Die nachträgliche Modifikation von Aktienoptionsplänen zugunsten des Managements, 2005.
[38] Im Gesetzgebungsverfahren wurde erwogen, Aufsichtsratsmitglieder einzubeziehen, dann aber aus guten Gründen davon abgesehen; *BGH* NJW 2004, 1109 – Mobilcom. Rechtspolitisch ist die Frage nach wie vor umstritten, vgl. *Hüffer*, § 192 Rn. 17; auch oben § 28 Rn. 7.

der Hauptversammlung auf den Vorstand übertragen wird (§§ 23 Abs. 5 Satz 1, 119 Abs. 1 Nr. 6).[39] Die beträchtliche wirtschaftliche Bedeutung zeigt sich darin, dass die Mehrzahl der deutschen börsennotierten Gesellschaften ein genehmigtes Kapital haben.[40]

30   **aa)** Der **Ermächtigung des Vorstands** sind, richtlinienkonform, um die Hauptversammlung nicht zu entrechten und die Interessen der Aktionäre zu schützen, **Schranken** gezogen. Die Ermächtigung muss in der *Satzung* vorgesehen sein oder durch eine spätere *Satzungsänderung* (§§ 179 ff.; oben Rn. 1 ff.) mit mindestens ³/₄-Kapitalmehrheit erfolgen. Ferner kann die Ermächtigung jeweils höchstens auf 5 Jahre erteilt werden. Es muss ein bestimmter Nennbetrag für das neue Kapital festgelegt werden, der nicht höher als die Hälfte des zurzeit der Ermächtigung vorhandenen Grundkapitals sein darf (§ 202 Abs. 1–3); die Bestimmung des Ausgabebetrags darf dem Vorstand überlassen werden.[41] Bereits die Ermächtigung kann das *Bezugsrecht* ausschließen, aber auch dem Vorstand die Entscheidung über den Bezugsrechtsausschluss überlassen (§ 203 Abs. 2). Auch in diesen Fällen muss der Bezugsrechtsausschluss im Interesse der Gesellschaft liegen. Sollen Sacheinlagen zugelassen werden, muss das in der Ermächtigung vorgesehen sein (§ 205).

31   **bb)** Zur **Ausführung** entscheidet der **Vorstand** über die Ausgabe der Aktien. Er wählt den **Zeitpunkt** nach der jeweiligen Marktlage und dem Kurs der Aktien bzw. der Gelegenheit für die sonstige beabsichtigte Maßnahme. Ebenso entscheidet er über die näheren **Bedingungen der Aktienausgabe,** soweit die Satzung darüber keine Bestimmungen enthält (§ 204). Zur Ausgabe der Aktien soll der Vorstand, bei der Festsetzung der Ausgabebedingungen muss er die Zustimmung des Aufsichtsrats einholen (§ 202 Abs. 3, § 204 Abs. 1).[42]

Für die **Ausgabe der neuen Aktien** gelten die Vorschriften über die ordentliche Kapitalerhöhung sinngemäß (§ 203). Die Aktien müssen gezeichnet werden; die bisherigen Aktionäre haben, wenn nichts anderes durch die Satzung oder, falls sie den Vorstand dazu ermächtigt, durch diesen bestimmt ist, ein gesetzliches Bezugsrecht. Die Durchführung der Erhöhung ist in das Handelsregister einzutragen; erst dann dürfen Aktien ausgegeben werden. Mit der Eintragung ist das Grundkapital erhöht; die Satzung muss infolgedessen entsprechend geändert werden. Die Erhöhung kann im Rahmen der erteilten Ermächtigung auch in mehreren Schritten jeweils teilweise erfolgen.

32   Besondere Schwierigkeiten bereitet der Ausschluss des Bezugsrechts sowohl im Ermächtigungsbeschluss wie durch den Vorstand. § 186 Abs. 4 gilt sinngemäß (§ 203 Abs. 2 Satz 2). Zum Zeitpunkt des Hauptversammlungsbeschlusses steht aber die Maßnahme, zu der der Vorstand ermächtigt werden und zu deren Durchführung das Bezugsrecht ausgeschlossen werden soll, meist noch gar nicht fest, so dass eine materielle Beschlusskontrolle wenig Anhaltspunkte findet. Die Vorstandsentscheidung hingegen ist ein eher ungewöhnlicher Ansatzpunkt für Berichtspflicht und Aktionärsschutz. Die Rechtsprechung hat daher, um den zweckgerechten Einsatz des genehmigten Kapitals nicht zu gefährden, die Anforderungen an den Ermächtigungsbeschluss auf eine abstrakte Umschreibung der Maßnahme, die

---

[39] In Ländern, die kein satzungsmäßig festgelegtes Grundkapital verlangen, gehört die Ausgabe von Aktien im Rahmen der Satzung ohnehin zu den Kompetenzen des Verwaltungsrates *(board of directors);* Großkomm-AktG/*Hirte,* § 202 Rn. 3, 81; *Cox/Hazen,* Corporations, 2005, § 3.09, § 16.06. Art. 25 der Kapitalrichtlinie (2. RL) verlangt generell einen Hauptversammlungsbeschluss mit qualifizierter Mehrheit für eine Kapitalerhöhung, lässt aber auch das genehmigte Kapital zu.

[40] Zur wirtschaftlichen Bedeutung Großkomm-AktG/*Hirte,* § 202 Rn. 87 ff.

[41] BGHZ 136, 133, 141 = NJW 1997, 2815, 2817 – Siemens/Nold.

[42] Die zwingend erforderliche Zustimmung schränkt die Vertretungsmacht des Vorstands für die Zeichnungsverträge ein, Großkomm-AktG/*Hirte,* § 203 Rn. 42, § 204 Rn. 15; *Hüffer,* § 204 Rn. 6; KölnerKomm-AktG/*Lutter,* § 204 Rn. 16.

freilich im Interesse der Gesellschaft liegen muss, beschränkt;[43] es ist dann Aufgabe des Vorstandes (und des Aufsichtsrates) im Rahmen des unternehmerischen Ermessens zu prüfen, ob der nunmehr vollständig bekannte Sachverhalt den Ausschluss des Bezugsrechts im Gesellschaftsinteresse rechtfertigt. Nach der Rechtsprechung kommt im Fall des ungerechtfertigten Bezugsrechtsausschlusses eine Unterlassungsklage einzelner Aktionäre (vgl. oben § 30 Rn. 27) in Betracht. Nach der Rechtsprechung hat der Vorstand nach der Durchführung der Kapitalerhöhung entsprechend § 186 Abs. 4 Satz 2 in der nächsten Hauptversammlung zu berichten.[44]

cc) Nach § 202 Abs. 4 kann die Satzung die **Ausgabe der neuen Aktien an Arbeit-** 33 **nehmer** der Gesellschaft vorsehen.[45] In Verbindung mit den Befreiungen in § 203 Abs. 4 und der Einzahlungsmöglichkeit aus freien Rücklagen (§ 204 Abs. 3) soll die Ausgabe von Belegschaftsaktien weiter erleichtert werden (vgl. auch §§ 71 Abs. 1 Nr. 2, 192 Abs. 2 Nr. 3). Bei sog. Gratis-Arbeitnehmeraktien aus freien Rücklagen besteht eine gewisse Ähnlichkeit mit einer nominellen Kapitalerhöhung (unten Rn. 34). Praktische Bedeutung kommt der Vorschrift kaum zu, da vor allem aus steuerlichen Gründen andere Modelle der Ausgabe von Belegschaftsaktien genutzt werden.[46]

3. Kapitalerhöhung aus Gesellschaftsmitteln

a) Zweck

Die **nominelle Kapitalerhöhung** (§§ 207 ff.) ist **keine Maßnahme der Kapitalbe-** 34 **schaffung;** der Gesellschaft fließen keine neuen Mittel zu. Sie dient dem Zweck, das satzungsmäßig festgelegte Grundkapital einem wesentlich größeren Gesellschaftsvermögen anzugleichen. Bisher freies Gesellschaftsvermögen wird dadurch rechtlich gebunden.

Eine AG kann durch Bildung von Reserven ein Gesellschaftsvermögen aufbauen, das das Grundkapital wesentlich übersteigt, das aber wegen Ausweitung der Geschäftstätigkeit dauernd dem Unternehmen erhalten bleiben soll. Die AG ist formell „unterkapitalisiert". Es kann aus verschiedenen Gründen wünschenswert werden, den Betrag des Grundkapitals dem wahren Gesellschaftsvermögen anzupassen, z. B. um die Kreditfähigkeit der AG zu steigern oder um bei Verteilung weiteren Gewinns nicht einen bezogen auf das Grundkapital übermäßig hohen Prozentsatz auszuweisen. In derartigen Fällen können *vorhandene Reserven in Grundkapital umgewandelt werden.* Die Aktionäre erhalten *keinen Vermögenszuwachs,* da das Gesellschaftsvermögen unverändert bleibt, die einzelnen Aktien also an Wert entsprechend einbüßen. Daher liegt auch kein steuerpflichtiges Einkommen vor.

Beispiel: Eine AG mit einem Grundkapital von 1 Mio. € hat ein Vermögen von 6 Mio. €. Der verteilungsfähige Reingewinn beträgt 240 000 €. Bei voller Verteilung des Gewinns ergäbe sich eine Dividende von 24% des Nennbetrags. Wird das Grundkapital auf 4 Mio. € erhöht, beträgt die Dividende 6%. Es zeigt sich also, dass ein ganz normaler Gewinn vorliegt, der nur scheinbar durch die zu niedrige Ziffer des Grundkapitals hoch wirkt.

Effektive und nominelle Kapitalerhöhungen stellen rechtlich wie wirtschaftlich zwei grundverschiedene Vorgänge dar. Sie sind im Gesetz durch getrennte Vorschriften (§§ 182 ff. und 207 ff.) geregelt, die überwiegend zwingend sind. Eine Verbindung einer effektiven Kapitalerhöhung mit einer nominellen in einem Beschluss ist deshalb nicht zulässig. Möglich ist, dass beide gleichzeitig beschlossen werden; es handelt sich dann

---

[43] Zu den Anforderungen an den Vorstandsbericht nach § 203 Abs. 2 Satz 2, § 186 Abs. 4 Satz 2 in diesem Falle *OLG München* ZIP 2002, 1580 – MHM (rechtskräftig); dazu *Natterer,* ZIP 2002, 1672.

[44] BGHZ 164, 241, 249 = NJW 2006, 371, 374 – Mangusta/Commerzbank I und II; in diese Richtung bereits BGHZ 136, 133, 140 = NJW 1997, 2815 – Siemens/Nold; Großkomm-AktG/*Hirte,* § 203 Rn. 63 ff.; *Hüffer,* § 203 Rn. 11 f., 35 ff.; *Krieger,* in: MünchHdbGesR IV, § 58 Rn. 43 ff.

[45] Befremdlich ist, dass hier die Arbeitnehmer verbundener Unternehmen nicht genannt sind. In der Literatur wird daher die analoge Anwendung im Konzern befürwortet, *Hüffer,* § 202 Rn. 24 m. w. N.

[46] Großkomm-AktG/*Hirte,* § 202 Rn. 186; *Hüffer,* § 202 Rn. 29.

aber um zwei verschiedene Beschlüsse, die getrennte Wege gehen. Im Hinblick auf § 212 kann auch nicht beschlossen werden, dass der Erwerb von Aktien aus der nominellen Kapitalerhöhung von der Zeichnung von Aktien aus der effektiven Kapitalerhöhung abhängig gemacht wird.[47]

b) Voraussetzungen

35 Die Voraussetzungen entsprechen zunächst im Wesentlichen den Vorschriften über die Kapitalerhöhung gegen Einlagen (§ 207 Abs. 2; oben Rn. 18). Es bedarf eines Kapitalerhöhungsbeschlusses und der Anmeldung. Weitere Voraussetzung der nominellen Kapitalerhöhung ist, dass die Beträge, um die das Grundkapital erhöht werden soll, schon in der dafür zu Grunde gelegten Bilanz in der Kapitalrücklage oder den Gewinnrücklagen als offene, nicht für andere Zwecke gebundene Reserven ausgewiesen waren – **umwandlungsfähige Rücklagen** (§ 208). Es kann die letzte **Jahresbilanz oder** eine besondere **Erhöhungsbilanz** verwendet werden; sie muss auf jeden Fall geprüft, festgestellt und mit dem uneingeschränkten Bestätigungsvermerk des Abschlussprüfers versehen sein; der **Stichtag** der Bilanz darf höchstens acht Monate vor der Anmeldung des Erhöhungsbeschlusses zur Eintragung ins Handelsregister liegen (§ 209).

c) Wirkung

36 Die Kapitalerhöhung wird mit der **Eintragung des Erhöhungsbeschlusses** in das Handelsregister wirksam; damit ist das Grundkapital erhöht (§ 211). Da die umgewandelten Reserven, wirtschaftlich betrachtet, den Aktionären auch bisher schon gehörten, ist **zwingend** vorgeschrieben, dass **neue Aktien ausschließlich den Aktionären nach dem Verhältnis ihrer bisherigen Beteiligung** zufallen. Ein dagegen verstoßender Hauptversammlungsbeschluss ist nichtig (§ 212). Gesellschaften mit Stückaktien können ihr Grundkapital auch ohne Ausgabe neuer Aktien erhöhen (§ 207 Abs. 2 Satz 2). Dann erhöht sich automatisch der anteilige Betrag am Grundkapital, den die einzelne Stückaktie repräsentiert (vgl. § 8 Abs. 4). Zahlungen erfolgen nicht.

Es gibt im Gegensatz zur effektiven Kapitalerhöhung kein (handelbares) Bezugsrecht der Aktionäre, sondern die neuen Aktien fallen ihnen **automatisch** zu. Die neuen Aktien werden oft – nicht ganz zutreffend – als Gratisaktien bezeichnet. Sofern die Gesellschaft nicht die Verbriefung ausgeschlossen hat (§ 10 Abs. 5), werden neue Aktienurkunden ausgestellt, die die Aktionäre sich nach Aufforderung durch den Vorstand binnen eines Jahres abholen können; sind keine Urkunden ausgestellt, tritt an die Stelle der Abholung die Zuteilung (§ 214 Abs. 4). Besonderes gilt, wenn auf einen bisherigen Aktionär nur ein Teil einer neuen Aktie entfällt, sog. *Teilrecht;* solche Teilrechte sind selbstständig veräußerlich und vererblich (§ 213).

Eigene Aktien der Gesellschaft nehmen an der Erhöhung des Grundkapitals teil (§ 215 Abs. 1). Gegen den Erwerb eigener Aktien bestehen in diesem Fall keine Bedenken, da die AG keine neuen Mittel für den Erwerb aufwendet und sich wertmäßig ihre Beteiligung nicht ändert; deshalb ändert sich auch die nach § 272 Abs. 4 HGB zu bildende Rücklage für eigene Aktien nicht. Durch die nominelle Kapitalerhöhung sollen die Beteiligungsverhältnisse nicht verändert werden (vgl. § 216 Abs. 1 Satz 1).

Aktien, auf die erst ein Teil der Einlage eingezahlt ist – **teileingezahlte Aktien** – nehmen entsprechend ihrem Anteil am Grundkapital bzw. Nennbetrag an der Erhöhung teil; bei ihnen kann aber die Kapitalerhöhung nicht durch Ausgabe neuer Aktien durchgeführt werden (§ 215 Abs. 2). Das *Verhältnis der mit den Aktien verbundenen Rechte zueinander* und der wirtschaftliche Inhalt vertraglicher *Beziehungen der Gesellschaft zu Dritten,* die von der Gewinnausschüttung, dem Nennbetrag oder Wert ihrer Aktien usw. abhängen, z.B. Tantiemeansprüche, Bezugsrechte, Umtauschrechte, dürfen durch die nominelle Kapitalerhöhung nicht berührt werden (§§ 216 ff.).

---

[47] *Hüffer,* § 207 Rn. 6 f. m. w. N.

III. Kapitalherabsetzung

1. Zwecke

Ähnlich wie die Kapitalerhöhung kann die Kapitalherabsetzung (§§ 222–240) zwei **37** ganz verschiedenen Zwecken dienen. Dementsprechend sind Voraussetzungen und Durchführung unterschiedlich.

a) Verteilung nicht benötigten Kapitals

Wenn ein Teil des vorhandenen Kapitals nicht mehr benötigt wird, kann sich ein zu hohes Grundkapital als sperriger Ballast erweisen. Wirtschaftlich stehen nicht benötigte Mittel den Aktionären zu.

Beispiele: Eine AG stellt einen Produktionszweig ersatzlos ein, veräußert ein Zweiggeschäft, verringert und spezialisiert ihr Angebot im Zuge der Anpassung an veränderte Marktverhältnisse. – Eine Grundstücks-AG hat einen Teil ihres Geländes erschlossen und verwertet, der Erwerb von weiterem Gelände ist nicht mehr beabsichtigt.

Nach § 57 ist die Rückzahlung von Einlagen verboten. Die AG kann deshalb die überschüssigen Mittel den Aktionären nur zukommen lassen, wenn sie ihr Grundkapital verkleinert und dadurch die strenge Bindung des Gesellschaftsvermögens in Höhe der Differenz zum bisherigen Grundkapital beseitigt. Selbst die bilanzielle Zuweisung der entbehrlichen Mittel als Reserven in eine Kapital- oder Gewinnrücklage ist nur unter dieser Voraussetzung möglich. Die Herabsetzung dient also in diesen Fällen der **Lösung von Gesellschaftsvermögen aus der Bindung als Grundkapital.**

Die Herabsetzung des Grundkapitals führt dann zu einer **tatsächlichen Auszahlung an die Aktionäre.** Der Herabsetzung des Grundkapitals als einer Ziffer in der Satzung und in der Bilanz entspricht die tatsächliche Verringerung des Gesellschaftsvermögens. Es liegt eine **effektive Herabsetzung** vor, ein Gegenstück zur effektiven Erhöhung des Grundkapitals (oben Rn. 18 ff.). Während bei der Kapitalerhöhung die Erhöhung gegen Einlagen im Vordergrund steht, ist die effektive Kapitalherabsetzung in der Praxis eher selten.

b) Deckung von Verlusten

Gerade umgekehrt kann Zweck der Kapitalherabsetzung auch die **Anpassung des 38 Grundkapitals an ein reduziertes Gesellschaftsvermögen** der AG sein. Wenn eine AG erhebliche **Verluste** erlitten hat, kann sie bei unverändertem Grundkapital keinen Gewinn ausweisen und nach § 58 Abs. 4 verteilen, solange nicht der ganze Verlust aufgefüllt ist. Das wird eher erreicht, wenn das Grundkapital entsprechend einem geringeren Geschäftsvolumen herabgesetzt wird.

Beispiel: Grundkapital 10 Mio. €, Verlust 4 Mio. €, jetziges Vermögen 6 Mio. €. Die AG hat sich auf der neuen Basis mit verkleinertem Betrieb eingerichtet und hat jetzt einen jährlichen Reingewinn von 10% = 600 000 €. Dann müsste sie 6 Jahre lang den Gewinn zur Deckung des Verlustes verwenden, und erst im 7. Jahr könnte sie eine kleine Dividende verteilen. Das kann vermieden werden, wenn die AG ihr Grundkapital auf 6 Mio. € herabsetzt. Dann erscheint auf der Passivseite der Bilanz das Grundkapital mit 6 Mio. € entsprechend dem wirklichen Vermögen, die Bilanz ist ausgeglichen, der Gewinn der nächsten Jahre kann verteilt werden.

Die Aktionäre haben dann allerdings am Nennwert ihrer Aktien bzw. Anteil am Grundkapital eine Einbuße erlitten: Wer bisher nominal 10 000 € Aktien besaß, hat jetzt nur noch 6000 €. Aber das ist nur eine **formale Einbuße,** denn bei dem ungünstigen Stand der AG hatten die Aktien ohnehin nur einen niedrigen Wert, diesen behalten sie auch nach der Herabsetzung des Grundkapitals. Der Aktionär besitzt noch den gleichen Bruchteil am Gesamtvermögen der AG, im Beispiel 1/1000. Für diese zahlenmäßige Einbuße, die nur bei Nennwertaktien deutlich sichtbar wird (unten Rn. 40), erhält er die Aussicht, eher wieder eine Dividende zu bekommen.

In der **Ausführung** kommt naturgemäß keine Auszahlung von Gesellschaftsvermögen in Betracht. Es handelt sich vielmehr lediglich um eine zahlenmäßige, **nominelle Herabsetzung,** vergleichbar der nominellen Kapitalerhöhung (oben Rn. 23 ff.). Ihre praktische Bedeutung ist wesentlich größer als die der effektiven Kapitalherabsetzung und betrifft vor allem Sanierungsfälle (unten Rn. 45, 52).

2. Formen der Kapitalherabsetzung

39   Die Herabsetzung des Grundkapitals kann auf verschiedenen technischen Wegen durchgeführt werden. Der **Herabsetzungsbeschluss** muss die **Ausführungsart** angeben (§ 222 Abs. 4 Satz 3). Die gesetzliche Regelung kombiniert die verschiedenen Möglichkeiten zur **ordentlichen Kapitalherabsetzung** (unten Rn. 43), die für alle Zwecke zur Verfügung steht, zur **vereinfachten Kapitalherabsetzung** (unten Rn. 45), die nur für Sanierungszwecke in Betracht kommt, und zur **Kapitalherabsetzung durch Einziehung** von Aktien (unten Rn. 42), die zu verschiedenen Zwecken zur Verfügung steht.

a) Verminderung des Nennwerts bzw. anteiligen Betrags am Grundkapital

40   Bei **Nennbetragsaktien** (§ 8 Abs. 2) kann die Kapitalherabsetzung durch Verminderung des Nennwerts durchgeführt werden (§ 222 Abs. 4 Satz 1). Die Summe der neuen Nennbeträge muss die Summe des neuen, herabgesetzten Grundkapitals ergeben (vgl. oben § 25 Rn. 6). Bei **Stückaktien** ist eine Anpassung nicht erforderlich, da die Stückaktien gleichmäßig am Grundkapital beteiligt sind und automatisch den auf sie entfallenden Bruchteil des Grundkapitals ausdrücken (§ 8 Abs. 3). In beiden Fällen darf der Mindestbetrag bzw. Mindestanteil von 1 € (§ 8 Abs. 2 Satz 1, Abs. 3 Satz 3) nicht unterschritten werden (zur Ausnahme bei Kombination mit einer Kapitalerhöhung nach § 228 unten Rn. 52). Wenn das das Ergebnis der Verminderung des Nennwerts bzw. anteiligen Betrags wäre, erfolgt die Herabsetzung des Grundkapitals durch Zusammenlegung von Aktien (§ 222 Abs. 4 Satz 2).

b) Zusammenlegung

41   Die Herabsetzung kann auch durch Veränderung der Zahl der Aktien erreicht werden; dies ist die einzige Möglichkeit, wenn die Herabsetzung des Betrags unter 1 € führen würde (§ 222 Abs. 4 Satz 2).[48] Jeder Aktionär reicht seine Aktien ein und erhält für eine bestimmte Zahl entsprechend weniger zurück. Hier kann es vorkommen, dass Kleinaktionäre nicht genug Aktien besitzen, um einen solchen Umtausch vorzunehmen. Der Aktionär kann dann sein Teilrecht – sog. **Spitzen** – gegen Zuzahlung ergänzen oder die AG legt dessen Aktien mit denen anderer Aktionäre zusammen und verkauft die neuen Aktien für Rechnung der Beteiligten. Da hierbei die Beteiligungsstruktur, vor allem zu Lasten von Kleinaktionären, angetastet wird, sind Spitzen möglichst zu vermeiden, ggf. durch Wahl des geringst möglichen Aktienbetrags.[49]

---

[48] Zur Subsidiarität dieser Art der Durchführung BGHZ 138, 71, 76 f. = NJW 1998, 2054 – Sachsenmilch; BGHZ 142, 167, 170 = NJW 1999, 3197 – Hilgers; *Krieger,* ZGR 2000, 885, 892.
[49] BGHZ 142, 167, 170 f. = NJW 1999, 3197 – Hilgers; *Hüffer,* § 223 Rn. 23; *Krieger,* in: MünchHdbGesR IV, § 60 Rn. 16 f.

Beispiele: Grundkapital von 3 Mio. €, es sind 10 000 Aktien zum Nennbetrag von je 300 € vorhanden. Es erfolgt eine Herabsetzung des Grundkapitals auf 2 Mio. €, indem jede Aktie von 300 auf 200 € herabgesetzt wird. Sind die Aktien verbrieft (oben § 25 Rn. 8), bedarf es der Mitwirkung der Aktionäre zur Berichtigung, Veräußerung oder zum Austausch der Aktien. Die AG fordert deshalb zur Vorlage der Aktien auf. Aktien, die gleichwohl nicht eingereicht werden, können für kraftlos erklärt werden (§§ 73, 226). Hat die Gesellschaft Stückaktien ausgegeben, verkörpern die 10 000 Aktien automatisch statt eines Anteils von je 300 einen Anteil von je 200 €.

Bei Zusammenlegung im Verhältnis 4 zu 1: A hat 10, B 5, C 1 Aktie. Von den 16 Aktien werden 12 vernichtet, 4 als nunmehr gültige Aktien abgestempelt. Davon erhält A 2, B 1. Die vierte Aktie wird verkauft, A erhält 1/2, B und C je 1/4 des Erlöses. C scheidet also als Aktionär aus, es sei denn er erwirbt die vierte Aktie und wendet dafür zusätzliche Mittel auf. Die Entscheidung über die konkrete Zusammenlegung erfolgt durch Vorstandsbeschluss.[50]

c) Einziehung von Aktien

Durch Einziehung von Aktien – **Amortisation** – werden im Unterschied zu den **42** beiden anderen Formen nur einzelne Aktien betroffen, diese aber völlig beseitigt. Die Einziehung ist daher an besondere Voraussetzungen zum Schutz der Aktionäre und der Gläubiger gebunden (§ 237; unten Rn. 47 ff.).

Die Einziehung ist von anderen Maßnahmen zu unterscheiden, die das Mitgliedschaftsrecht bestehen lassen, etwa der Kaduzierung (§ 64; oben § 30 Rn. 31), dem Erwerb eigener Aktien durch die Gesellschaft (§ 71; oben § 30 Rn. 6) oder der Kraftloserklärung der Aktie, die nur die Urkunde betrifft (§§ 72 f.).

3. Ordentliche Kapitalherabsetzung (§§ 222–228)

a) Beschluss der Hauptversammlung

Als Satzungsänderung (oben Rn. 1) erfolgt die ordentliche Kapitalherabsetzung durch Beschluss der **43** Hauptversammlung mit mindestens 3/4-Kapitalmehrheit. Die Satzung kann eine größere Mehrheit oder andere Erfordernisse vorschreiben, die Mehrheit aber nicht herabsetzen. Der Beschluss muss den Zweck und die Ausführungsart der Herabsetzung angeben und bestimmen, ob Teile des Grundkapitals zurückgezahlt werden sollen (§ 222 Abs. 3, Abs. 4 Satz 3). Die Angabe des Zwecks ist technisch zu verstehen, einer sachlichen Rechtfertigung bedarf es nicht; es gelten die allgemeinen Schranken.[51] Wie bei der Kapitalerhöhung ist sowohl der Beschluss wie die Durchführung des Beschlusses zum Handelsregister anzumelden und einzutragen (§§ 223, 227). Die **Herabsetzung** wird aber im Gegensatz zur Erhöhung schon **mit der Eintragung des Herabsetzungsbeschlusses wirksam** (§ 224).

b) Gläubigerschutz

Die Kapitalherabsetzung kann die Interessen der Gläubiger beeinträchtigen, wenn Kapital an die **44** Aktionäre zurückgezahlt wird, da dann das den Gläubigern haftende Gesellschaftsvermögen verringert wird. Das gilt aber auch schon bei der nur zahlenmäßigen Herabsetzung, da jetzt eine niedrigere Schwelle als Auszahlungssperre für Dividenden gilt (vgl. oben § 31 Rn. 10). Deshalb sieht § 225 einen besonderen Gläubigerschutz vor: Allen Gläubigern, die sich binnen sechs Monaten nach der Bekanntmachung des Beschlusses melden, muss **Sicherheit geleistet** werden, soweit die Forderungen noch nicht fällig sind. Zahlungen an die Aktionäre, sowohl Kapitalrückzahlungen wie Dividendenzahlungen auf der Grundlage des herabgesetzten Grundkapitals, dürfen erst erfolgen, nachdem die sechs Monate verstrichen sind und allen Gläubigern, die sich rechtzeitig gemeldet haben, Befriedigung oder Sicherheit gewährt worden ist – **Sperrfrist.**[52]

---

[50] BGHZ 138, 71, 76 f. = NJW 1998, 2054 – Sachsenmilch; *Hüffer*, § 226 Rn. 4.

[51] BGHZ 138, 71, 76 f. = NJW 1998, 2054 – Sachsenmilch; zust. *Hüffer*, § 222 Rn. 14 m. w. N.; BGHZ 142, 167, 170 f. = NJW 1999, 3197 – Hilgers, zur Treuepflicht; *OLG Schleswig* NZG 2004, 281 (rechtskr.).

[52] Art. 32 Kapitalrichtlinie (2. RL); *Habersack*, Europäisches Gesellschaftsrecht, § 6 Rn. 75.

4. Vereinfachte Kapitalherabsetzung (§§ 229–236)

a) Auszahlungsverbot

45   Die vereinfachte Kapitalherabsetzung darf nie zu einer Kapitalrückzahlung führen; diese ist ausdrücklich verboten (§ 230); es handelt sich stets nur um eine **zahlenmäßige Herabsetzung**. Auch andere Zahlungen an die Aktionäre unterliegen zusätzlichen Beschränkungen. Die vereinfachte Herabsetzung ist **nur zu Sanierungszwecken** zulässig, nämlich um Wertminderungen auszugleichen, sonstige Verluste zu decken oder Beträge in die Kapitalrücklage einzustellen. Weitere **Voraussetzung** ist, dass vorher die gesetzliche Rücklage und die Kapitalrücklage, soweit sie zusammen über 10% des nach der Herabsetzung verbleibenden Grundkapitals hinausgehen, und die Gewinnrücklagen aufgelöst sind (§ 229). Die vereinfachte Kapitalherabsetzung wird praktisch oft mit einer gleichzeitigen Kapitalerhöhung kombiniert (unten Rn. 52).

b) Gläubigerschutz

46   Da **keine Kapitalrückzahlung** erfolgt, werden die Interessen der Gläubiger nur dadurch berührt, dass für die Zukunft eine Gewinnausschüttung erleichtert wird. Die vereinfachte Kapitalherabsetzung begnügt sich deshalb mit einem **geringeren Gläubigerschutz**. Eine Befriedigung oder Sicherstellung der Gläubiger, zu der gerade notleidende Gesellschaften häufig nicht in der Lage sind, ist nicht erforderlich. Dagegen wird die Gewinnausschüttung mehrfach beschränkt (§ 233). Ein Gewinn darf überhaupt erst ausgeschüttet werden, wenn die gesetzliche Rücklage und die Kapitalrücklage zusammen 10% des Grundkapitals erreicht haben. Ferner ist die Zahlung einer Dividende von mehr als 4% erst für ein Geschäftsjahr zulässig, das später als zwei Jahre nach dem Herabsetzungsbeschluss beginnt, wenn nicht die Gläubiger vorher befriedigt oder sichergestellt sind.

5. Kapitalherabsetzung durch Einziehung von Aktien (§§ 237–239)

a) Arten

47   Die Besonderheit der Kapitalherabsetzung durch Amortisation liegt darin, dass in der Regel **nicht alle Aktionäre gleichmäßig** betroffen werden, vielmehr einzelne ihr Mitgliedschaftsrecht einbüßen, während andere unberührt bleiben. Das ist nicht ohne weiteres zulässig, da sonst der Grundsatz der gleichmäßigen Behandlung aller Aktionäre (§ 53 a; oben § 30 Rn. 12) verletzt würde. An bestimmte Zwecke ist diese Form der Kapitalherabsetzung nicht gebunden.

       aa) Als **freiwillige Amortisation** wird bezeichnet, wenn die AG eigene Aktien erwirbt, meist gegen Entgelt, um sie dann einzuziehen. Das ist auf Grund eines Kapitalherabsetzungsbeschlusses nach § 71 Abs. 1 Nr. 6 zulässig (oben § 30 Rn. 7). Eine Verletzung von Rechten der Aktionäre kommt nicht in Betracht, da sie ihre Aktien freiwillig veräußert haben. Diese Form der Kapitalherabsetzung wird im Allgemeinen nur benutzt, um nicht mehr benötigtes Kapital abzubauen, dagegen nicht zur Verlustdeckung, da die AG die Aktien in der Regel kaufen und über entsprechend freies Vermögen verfügen muss. Für die verbleibenden Aktionäre wirkt sich eine solche Maßnahme günstig aus, wenn dadurch die Chancen auf Dividendenzahlungen steigen; weniger Aktionäre teilen sich in einen Gewinn, der einer herabgesetzten Ausschüttungssperre (Grundkapital) unterliegt.[53] Denkbar ist aber auch, dass Großaktionäre Aktien zu Sanierungszwecken unentgeltlich zur Verfügung stellen (§ 71 Abs. 1 Nr. 4) oder dass die AG eigene Aktien schon aus einem anderen Grund besitzt (unten Rn. 49).

48   **bb)** Die zwangsweise Amortisation – **Zwangseinziehung** – ist nur zulässig, wenn sie in der **ursprünglichen Satzung** oder einer **Satzungsänderung**, die **vor der Übernahme oder Zeichnung** der in Betracht kommenden Aktien beschlossen wurde, vorgesehen ist. Der Aktionär muss also die Aktie schon belastet mit der Einziehungsmöglichkeit erworben haben. Eine nachträgliche Satzungsänderung genügt aber dann, wenn alle betroffenen Aktionäre zustimmen. Die Einziehung kann unter bestimmten Voraussetzungen angeordnet oder lediglich ermöglicht werden.

       Der Grundsatz der gleichmäßigen Behandlung der Aktionäre (§ 53 a) hat aber auch bei satzungsmäßiger Zulassung noch insoweit Bedeutung, als die einzuziehenden Aktien nicht willkürlich ausgewählt werden dürfen. In der Regel werden sie durch das Los bestimmt. Denkbar ist aber auch, dass nach Vorschrift der Satzung die Einziehung bei Eintritt bestimmter Ereignisse in der Person eines Aktionärs erfolgen soll, sofern dieses Ereignis jeden Aktionär treffen kann. Im Zweifel ist ein angemessenes Ent-

---

[53] Vgl. dazu *Last*, Der Erwerb eigener Aktien als Ausschüttungsinstrument, 2006, S. 115 ff.

gelt für die einzuziehenden Aktien zu gewähren. Einzelheiten der Voraussetzungen und der Durchführung sind in der Satzung oder durch Hauptversammlungsbeschluss festzulegen (§ 237 Abs. 2 Satz 2).[54] Schreibt die Satzung die Zwangseinziehung fest vor, bedarf es keines Hauptversammlungsbeschlusses; es entscheidet der Vorstand (§ 237 Abs. 6).

cc) Eigene Aktien kann die Gesellschaft jederzeit zur Kapitalherabsetzung nach den Regeln des **49** § 237 einziehen. Die Anwendungsfälle sind sehr unterschiedlich. Eine gesetzliche Pflicht zur Einziehung eigener Aktien besteht ausnahmsweise nach § 71 c Abs. 3 (oben § 30 Rn. 8). Die AG darf Aktien speziell zum Zweck einer beschlossenen Kapitalherabsetzung erwerben (§ 71 Abs. 1 Nr. 6; oben Rn. 47). Bei Beschlussfassung müssen bei der Bestimmung, um welche Aktien es sich handeln soll (z. B. in nicht börsennotierten Familiengesellschaften), das Gleichbehandlungsgebot (§ 53 a) sowie Treuepflichten beachtet werden. Praktisch wichtiger dürfte der Erwerb nach § 71 Abs. 1 Nr. 8 auf der Grundlage einer Hauptversammlungsermächtigung sein (oben § 30 Rn. 7 a. E.). Sie bedarf nur der einfachen Mehrheit und kann den Verwendungszweck flexibel festlegen. Die Vorschriften des WpÜG finden auf ein Erwerbsangebot der AG wohl keine Anwendung, da dieses Gesetz von der Verschiedenheit der Erwerbsinteressenten (Bieter) und der Zielgesellschaft (AG, deren Aktien erworben werden sollen) ausgeht.[55] Der Erwerb über die Börse soll nach § 71 Abs. 1 Nr. 8 Satz 4 dem Gleichbehandlungsgrundsatz Genüge tun; Treupflichtfragen sind offen. Bei diesem Verfahren muss ein Beschluss zur Kapitalherabsetzung durch Einziehung nachfolgen.

dd) Einen Sonderfall spricht der durch das TransPuG 2002 eingefügte § 237 Abs. 3 an, der die **Ein-** **50** **ziehung von Stückaktien ohne Kapitalherabsetzung** ermöglicht. Sind Stückaktien ausgegeben, droht keine Diskrepanz zwischen der Anzahl der ausgegebenen Aktien und der Summe des Grundkapitals, wenn sich durch die Einziehung der Anteil der verbleibenden Aktien am gleich bleibenden Grundkapital gemäß § 8 Abs. 3 erhöht. Einer Kapitalherabsetzung bedarf es dann nicht, die Zahl der Aktien muss aber in der Satzung angepasst werden. Dazu kann der Vorstand ermächtigt werden. Solche Einziehungsbeschlüsse sind vor allem für eigene Aktien von Interesse, insbesondere wird ein Ausschüttungseffekt bei Erwerb nach § 71 Abs. 1 Nr. 8 dadurch nachhaltig, weil die Aktien untergehen und nicht wieder veräußert werden können.[56]

b) Gläubigerschutz und vereinfachtes Verfahren

Grundsätzlich gelten für die Kapitalherabsetzung durch Einziehung die Vorschriften über die or- **51** dentliche Kapitalherabsetzung (§ 237 Abs. 2 Satz 1, dazu auch §§ 238, 239). Außer den Aktionären können die Gläubiger durch Einziehung von Aktien gefährdet werden, da das Grundkapital verringert wird, also leichter Gewinn ausgeschüttet werden kann, und, wenn die AG für die einzuziehenden Aktien ein Entgelt zahlt, das Gesellschaftsvermögen schon dadurch geschmälert wird. Deshalb schreibt das Gesetz vor, dass grundsätzlich die allgemeinen **Gläubigerschutzbestimmungen** wie bei einer ordentlichen Kapitalherabsetzung gelten, und zwar auch schon für die Zahlung eines Entgelts bei Ankauf der Aktien (§ 71 Abs. 1 Nr. 6), d.h. das Entgelt (Kaufpreis) darf erst nach Ablauf des Sperrhalbjahrs und nach Befriedigung oder Sicherstellung der Gläubiger geleistet werden (§ 237 Abs. 2 Satz 3). Der Erwerb nach § 71 Abs. 1 Nr. 8 ist ohnehin nur zulässig, wenn er aus freien Rücklagen erfolgen kann und die Aktien voll eingezahlt sind (§ 71 Abs. 2 Satz 2, 3).

Das Gesetz sieht für drei Fälle, in denen eine Gläubigergefährdung nicht droht, ein **vereinfachtes Verfahren der Einziehung** vor (§ 237 Abs. 3–5). Dieses ist klar zu unterscheiden von der vereinfachten Kapitalherabsetzung (oben Rn. 45); es ist sowohl für die Zwangseinziehung wie bei der Einziehung eigener Aktien anwendbar. Ein besonderer Gläubigerschutz ist entbehrlich, wenn voll eingezahlte Aktien (einschließlich Agio) eingezogen werden, die der AG unentgeltlich zur Verfügung gestellt oder zu Lasten des Bilanzgewinns oder freier Rücklagen finanziert werden. Hier wird für die Aktien kein Geld aufgewandt bzw. Geld, das ohnehin an die Aktionäre ausgeschüttet werden könnte. Der dritte Fall ist die Einziehung von Stückaktien ohne Kapitalherabsetzung; hier bleibt das Grundkapital mit all seinen Funktionen ohnehin unangetastet. Die Vereinfachungen bestehen darin, dass hier kein Sperrhalbjahr beachtet zu werden braucht, keine Sicherstellung der Gläubiger nötig ist und ein Hauptversammlungsbeschluss mit nur einfacher Mehrheit genügt, wenn nicht die Satzung strengere Anforde-

---

[54] Zu den Gestaltungsmöglichkeiten *Hüffer*, § 237 Rn. 12, 15 ff.; eine besondere Aktiengattung der „redeemable shares" (dazu etwa *Davies*, Principles, S. 251 ff., 319 f.) ist nach deutschem Recht zwar möglich, aber nicht sehr verbreitet, vgl. oben § 30 Rn. 6.

[55] Str.; für die (analoge) Anwendung des WpÜG *Assmann/Pötzsch/Schneider*, WpÜG, 2005, § 2 Rn. 40; *Baums/Stöcker*, FS Wiedemann, 2002, S. 703, 716 ff.; *Hüffer*, § 71 Rn. 19k f.; MünchKomm-AktG/*Oechsler*, § 71 Rn. 202 ff.; – a. A. KölnerKomm-WpÜG/*Versteegen*, § 1 Rn. 22; zum Streitstand *Wiesner*, in: MünchHdbGesR IV, § 15 Rn. 18.

[56] *Last*, Der Erwerb eigener Aktien als Ausschüttungsinstrument, 2006, S. 124 ff.

rungen stellt (§ 237 Abs. 4). Bei Einziehung mit Kapitalherabsetzung ist ein Betrag in die Kapitalrücklage (§§ 266 Abs. 3 Pos. A. II., 272 Abs. 2 HGB) einzustellen, der dem auf das Grundkapital entfallenden Betrag der amortisierten Aktien entspricht, um die Bindung des Gesellschaftsvermögens in der alten Höhe aufrechtzuerhalten und die Verteilung eines größeren Reingewinns zu verhindern (§§ 237 Abs. 5, 150 Abs. 3, 4).

6. Verbindung von Kapitalherabsetzung und Kapitalerhöhung – Sanierung

a) Kombination von Herabsetzung und Erhöhung des Grundkapitals

52   Wenn eine AG größere Verluste erlitten hat, ist häufig nur eine Kombination von Herabsetzung und Erhöhung des Grundkapitals hilfreich. Die Herabsetzung allein genügt nicht, denn dadurch wird zwar bilanzmäßig der Verlust ausgeglichen, aber es werden der AG keine neuen Mittel zugeführt, die für die Fortführung des Unternehmens unentbehrlich sing. Eine Kapitalerhöhung allein aber ist wegen des Verbots der Unterpariemission (§ 9) nicht möglich, da bei der hohen Unterbilanz niemand Aktien zu pari zeichnen wird, wenn er fürchten muss, jahrelang keine Dividende zu erhalten, bis die Unterbilanz ausgeglichen ist, und wenn zudem der Kurs der alten Aktien entsprechend niedrig ist. Daraus erklärt sich die auf den ersten Blick seltsam erscheinende Verbindung der beiden Maßnahmen. Das Kapital wird zunächst herabgesetzt, um bilanzmäßig den Verlust auszugleichen, und alsbald wieder erhöht, um der AG neue Mittel zuzuführen.[57]

Schematisches Beispiel:

1. Ursprüngliche Bilanz:			
Gebäude, Maschinen etc.	900 000	Grundkapital	1 000 000
Verlust	400 000	Verbindlichkeiten	300 000
2. Bilanz nach der Herabsetzung:			
Gebäude, Maschinen etc.	900 000	Grundkapital	600 000
		Verbindlichkeiten	300 000
3. Bilanz nach der Erhöhung:			
Gebäude, Maschinen etc.	900 000	Grundkapital	1 000 000
Kassenbestand	400 000	Verbindlichkeiten	300 000

Für die Art der Durchführung gibt es verschiedene Möglichkeiten. Um die Unterbringung der neuen Aktien zu erleichtern, können diese als Vorzugsaktien ausgestattet werden. Vielfach wird dann den alten Aktionären gestattet, gegen Zuzahlung eines bestimmten Betrags ihre Aktien in Vorzugsaktien umzutauschen. Die Kapitalerhöhung wird mit der Geldbeschaffung durch **freiwillige Zuzahlungen** (oben Rn. 17) verbunden.

Schwierigkeiten könnten sich bei kleinen AG ergeben, da das Grundkapital auch bei einer Kapitalherabsetzung grundsätzlich nicht unter den Mindestbetrag von 50 000 € sinken darf (§ 7). Hier schafft § 228 für den Fall der Sanierung Abhilfe. Er gestattet die **Herabsetzung des Grundkapitals** unter 50 000 €, sogar **auf 0 €**,[58] wenn gleichzeitig mit der Herabsetzung eine Wiedererhöhung auf mindestens diesen Betrag beschlossen wird. Bis zu dieser Höhe sind dabei Sacheinlagen wegen der Gefahr der Überbewertung und zur Sicherung von Barzuflüssen ausgeschlossen. Die notwendigen Handelsregistereintragungen müssen innerhalb von sechs Monaten erfolgen, anderenfalls ist die Maßnahme endgültig unwirksam (§ 228 Abs. 2). Im Übrigen gelten die allgemeinen Vorschriften über Kapitalherabsetzung und -erhöhung.

Beispiel: Grundkapital 200 000; Herabsetzung auf 30 000; Wiedererhöhung auf 150 000. Hier müssen mindestens 20 000 € in bar gezeichnet werden.

b) Sanierung ohne Erhöhung des Grundkapitals

53   Eine Sanierung kann auch ohne Erhöhung des Grundkapitals erfolgen, indem nach der Kapitalherabsetzung die neuen Mittel ganz durch **freiwillige Zuzahlungen** der Aktionäre **gegen Gewährung von Vorrechten** beschafft werden.

---

[57] Vgl. näher *K. Schmidt*, ZGR 1982, 520 f.; ferner *Jäger*, NZG 1999, 238; vgl. auch *OLG Schleswig* NZG 2004, 281 (rechtskräftig).
[58] BGHZ 119, 305, 319 f. = NJW 1993, 57, 60 – Klöckner; BGHZ 142, 167, 169 f. = NJW 1999, 3197 – Hilgers.

Beispiel: In dem oben Rn. 52 genannten Beispiel wird nach der Kapitalherabsetzung gegen Zuzahlung von 40 € pro Aktie mit 100 € Anteil am Grundkapital eine Vorzugsdividende angeboten. Hiervon machen die Aktionäre für 5000 der verbliebenen 6000 Aktien Gebrauch. Dadurch fließen der AG 200 000 € neue Mittel zu. Die Bilanz lautet jetzt:

Gebäude, Maschinen etc.	900 000	Grundkapital	600 000
Kassenbestand		Kapitalrücklage	200 000
	200 000	Verbindlichkeiten	300 000

Solche und ähnliche Maßnahmen, auch die oben Rn. 52 erwähnte Kombination von Zuzahlungen mit einer Kapitalerhöhung, werden allgemein als zulässig anerkannt. Inzwischen ist auch unstreitig, dass der mittelbare Druck, der durch die Drohung der Zusammenlegung (Herabsetzung) für Aktionäre, die keine Zuzahlung leisten, entsteht, nicht gegen das Verbot der Nachschusspflicht verstößt. Bei solchen Maßnahmen muss aber auf Gleichbehandlung geachtet (oben § 30 Rn. 12) und es darf nicht treupflichtwidrig verfahren werden.

Beispiel: Bei einer Zusammenlegung von 1 €-Aktien im Verhältnis 2 : 1 muss die Zuzahlung zur Vermeidung der Zusammenlegung 0,50 € pro Aktie betragen, d. h. ein Aktionär, der zwei Aktien hat, verliert eine oder muss 1 € zuzahlen. In beiden Fällen beträgt sein Opfer 1 €.

§ 33. Strukturänderungen und ähnliche Maßnahmen

Literatur zu Strukturänderungen allgemein: *Forum Europaeum Konzernrecht*, Konzernrecht für Europa, ZGR 1998, 672; *Grundmann*, Europäisches Gesellschaftsrecht, § 23; *Kort*, Bestandsschutz fehlerhafter Strukturänderungen, 1998, § 1; *K. Schmidt*, § 30.

Zum Übernahmerecht: *Assmann/Pötzsch/U.H. Schneider* (Hrsg.), WpÜG, 2005; *Herkenroth*, Konzernierungsprozesse im Schnittfeld von Konzernrecht und Übernahmerecht, 1994; *Fleischer/Kalss*, Das neue Wertpapiererwerbs- und Übernahmegesetz – Einführende Gesetzesdarstellung und Materialien, 2002; *Geibel/Süßmann*, WpÜG, 2. Aufl., 2007; *Haarmann/Schüppen* (Hrsg.), Frankfurter Kommentar zum WpÜG, 3. Aufl., 2007; *Hirte/v. Bülow* (Hrsg.), Kölner Kommentar zum WpÜG, 2003; *Hopt*, Grundsatz- und Praxisprobleme nach dem Wertpapiererwerbs- und Übernahmegesetz, ZHR 166 (2002), 383; *Möslein*, Grenzen unternehmerischer Leitungsmacht im marktoffenen Verband, 2007; *Reul*, Die Pflicht zur Gleichbehandlung der Aktionäre bei privaten Kontrolltransaktionen, 1991; *Schwark*, Kapitalmarktrechtskommentar; *Steinmeyer/Häger* (Hrsg.), WpÜG, Kommentar, 2. Aufl., 2007; *Wiedemann*, Minderheitenschutz und Aktienhandel, 1968.

Zur Vermögensübertragung: Literatur zum Aktienrecht, insb. Kommentierungen des § 179a AktG; ferner *Mertens*, Die Übertragung des ganzen Vermögens ist die Übertragung des (so gut wie) ganzen Vermögens, FS Zöllner, Bd. 1, 1998, S. 385; *Mülbert*, Aktiengesellschaft, Unternehmensgruppe und Kapitalmarkt, 2. Aufl., 1996; *Windbichler*, Die Rechte der Hauptversammlung bei Unternehmenszusammenschlüssen durch Vermögensübertragung, AG 1981, 169.

Zu Unternehmensverträgen und zur Eingliederung: Literatur zum Aktienrecht, insb. Kommentierungen der §§ 291 ff. AktG; ferner *Prael*, Eingliederung und Beherrschungsvertrag als körperschaftliche Rechtsgeschäfte, 1978; *Veil*, Unternehmensverträge, 2003.

Zum Ausschluss von Minderheitsaktionären: Literatur zum Aktienrecht, insbes. Kommentierungen der §§ 327a ff. AktG; KölnerKomm-WpÜG/*Hasselbach*, §§ 327a ff.; ferner *Rühland*, Der Ausschluß von Minderheitsaktionären aus der Aktiengesellschaft (Squeeze-out), 2004.

Zum Spruchverfahren: Kommentare zum Spruchverfahrensgesetz: *Riegger/Wasmann* (Hrsg.), Kölner Kommentar zum Spruchverfahrensgesetz, 2005; *Klöcker/Frowein* (Hrsg.), Spruchverfahrensgesetz, 2004; MünchKomm-AktG/*Volhard*, Bd. 9, Teilbd. 1 2004; *Siemon* (Hrsg.), Spruchverfahrensgesetz, 2007; ferner *Lamb/Schluck-Amend*, DB 2003, 1259; *Neye*, ZIP 2002, 2097; *Puszkajler*, ZIP 2003, 518; *J. Vetter*, ZHR 168 (2004), 8.

Zu Börsengang und Delisting: Kommentierungen zum Börsengesetz, insb. *Groß*, Kapitalmarktrecht, 3. Aufl., 2006; *Schwark*; *Buck-Heeb*, Kapitalmarktrecht, 2006; *Ekkenga*, ZGR 2003, 873; *Habersack/Mülbert/Schlitt* (Hrsg.), Unternehmensfinanzierung am Kapitalmarkt, 2005; *Krolop*, Der Rückzug vom organisierten Kapitalmarkt (Delisting), 2005; *Lutter*, FS Zöllner, Bd. 1, 1998, S. 363; *Marsch-Barner/Schäfer* (Hrsg.), Handbuch börsennotierte AG, 2005; *Mülbert*, ZHR 161 (2001), 104.

I. Überblick

1   Unter Strukturänderungen versteht man Maßnahmen, die die Identität, Rechtsform, Kapitalstruktur, den Gesellschaftszweck oder die Organzuständigkeit ändern.[1] Für die Aktiengesellschaft wurden bisher die klassischen Formen der Satzungsänderung, Kapitalmaßnahme oder Auflösung besprochen. Es gibt aber auch andere Formen einschneidender Änderungen, wie bereits das Beispiel ungeschriebener Hauptversammlungskompetenzen (oben § 27 Rn. 26, § 29 Rn. 4 f.) zeigte. Die rechtliche Erfassung ist uneinheitlich; teilweise stehen **kapitalmarktrechtliche Regeln** im Vordergrund *(Übernahme, Börsengang, Delisting)*, die aber auch gesellschaftsrechtliche Elemente enthalten. Eine ganze Gruppe von Strukturänderungen ist übergreifend für eine Mehrzahl von Rechtsträgern im UmwG von 1994 geregelt, darunter auch die Verschmelzung, der Formwechsel (Umwandlung im engeren Sinne) und Sonderfälle der Vermögensübertragung, die vor 1994 im AktG (§§ 339–393), ergänzt durch das UmwG 1969, enthalten waren. Diese insofern nicht mehr aktienrechtsspezifischen Maßnahmen sind unten in § 38 behandelt. Die *Übertragung des gesamten Vermögens* der AG allgemein unterliegt § 179 a. Für die AG besonders geregelt sind ferner *Unternehmensverträge* (§§ 291–310); die Vorschriften sind teilweise auf andere Gesellschaftsformen analog anwendbar, jedoch stets mit Rücksicht auf deren Besonderheiten.[2] Ausschließlich für AG steht die *Eingliederung* (§§ 319–327) zur Verfügung. Seit 2002 kann ein Hauptaktionär unter bestimmten Voraussetzungen die *Ausschließung von Minderheitsaktionären*, auch *Squeeze-out* genannt, betreiben. Wegen der einschneidenden Bedeutung für die Aktionäre werden auch der Börsengang und der Rückzug von der Börse *(Delisting)* den Strukturänderungen gleich gestellt.

Das *Spruchverfahren* dient dem Schutz der Minderheitsaktionäre bei bestimmten Strukturänderungen in Form der Überprüfung der Angemessenheit einer Abfindung oder eines Umtauschverhältnisses, ohne dass die Maßnahme als solche aufgeschoben werden müsste. Dieses besondere gesellschaftsrechtliche Instrument stammt aus dem Aktienrecht (§ 306 a.F.). Die Verfahrensregeln sind nunmehr in einem besonderen Gesetz – *SpruchG* – zusammengefasst.

2   Strukturänderungen können ganz unterschiedliche Gründe haben. Stets gestaltungsrelevant sind die steuerlichen Auswirkungen (oben § 4 Rn. 10), die hier jedoch nicht vertieft werden können. Die Herstellung oder Umgestaltung von Unternehmensgruppen (oben § 1 Rn. 4 a. E.) ist häufiger Anlass für Umstrukturierungen. Ein Teil dieser Maßnahmen gehört zum materiellen Konzernrecht (oben § 25 Rn. 17), so dass auf vertiefte Darstellungen dazu verwiesen werden kann.[3] Das Recht der verbundenen Unternehmen (Konzernrecht) im technischen Sinn setzt Unternehmen i.S.d. § 15 als Beteiligte voraus, während das Aktiengesellschaftsrecht allgemein keine besonderen Anforderungen an die Beteiligten stellt, soweit nur eine AG beteiligt ist. Regelmäßig handelt es sich um ein Spannungsverhältnis zwischen Mehrheits- oder jedenfalls dominierenden Aktionär einerseits und Minderheit oder Streubesitz andererseits. Die Beschneidung von Minderheitsrechten und Maßnahmen, die Minderheitsaktionäre aus der Gesellschaft zu drängen, können vernünftig und wirtschaftlich sinnvoll sein, bergen aber auch Missbrauchsgefahren. Verfassungsrechtlich sind solche Maßnahmen unbedenklich, es muss aber sichergestellt sein, dass die betroffenen Aktionäre wirtschaftlich voll entschädigt werden

---

[1] GroßKomm-AktG/*Fleischer*, Vor § 327 a Rn. 22; *Kort*, Bestandsschutz fehlerhafter Strukturänderungen, 1998, S. 1 ff.; *Wiedemann*, I, § 6 III.

[2] Baumbach/Hueck/*Zöllner*, SchlAnhKonzernR Rn. 49 ff.; *Emmerich/Habersack*, § 32 I 2 jeweils für die GmbH; *Haar*, Die Personengesellschaft im Konzern, 2006; MünchKomm-HGB/*Mülbert*, KonzernR Rn. 144 ff. für die OHG; zur Konzernvermutung bei Beherrschungsverträgen mit Unternehmen anderer Rechtsform als AG Großkomm-AktG/*Windbichler*, § 18 Rn. 33. – Vgl. auch § 30 Abs. 1 GmbHG i.d. F des RegE-MoMiG.

[3] Insb. *Emmerich/Habersack; Kübler/Assmann*, §§ 29–31; *Raiser/Veil*, §§ 50–57; *K. Schmidt*, § 17.

und ein gerichtliches Verfahren zur Überprüfung der Angemessenheit der Entschädigung zur Verfügung steht.[4]

II. Übernahme

1. Das Übernahmeproblem

Mit der „Übernahme" einer Aktiengesellschaft lässt sich im weiteren Sinn der Er- **3** werb von Aktien bezeichnen, deren Anzahl oder Ausstattung die Kontrolle der Hauptversammlung und damit mittelbar der Gesellschaft ermöglicht (oben §§ 27 Rn. 1, 29 Rn. 1).[5] Ein solcher **Kontrollerwerb** oder **Kontrollwechsel** kann sich auf verschiedenen Wegen vollziehen. Ein Erwerbswilliger kann ein bestehendes Aktienpaket vom Mehrheitsaktionär erwerben. Ein Aktionär kann seinen Aktienbestand schrittweise, etwa durch Erwerb weiterer Anteile über die Börse, aufstocken. Unter einer *Übernahme im engeren Sinn* versteht man den Fall, dass der Erwerbswillige – **Bieter** – den Aktionären der Gesellschaft – **Zielgesellschaft** – ein **öffentliches Kaufangebot** *(„take-over bid", „tender offer")* unterbreitet. Soweit der Bieter rechtlich verpflichtet ist, ein solches Angebot abzugeben, dient das dem Schutz der Minderheitsaktionäre; aus deren Sicht handelt es sich um ein Austrittsrecht, das aber nur dann von Interesse ist, wenn der Preis eine angemessene Entschädigung darstellt. Auch bei freiwilligen Übernahmeangeboten ist die Gegenleistung ein komplexes Thema, da Spekulationen aller Art, Abwehrmaßnahmen der Verwaltung der Zielgesellschaft (gegen eine *sog. „feindliche Übernahme"*) etc. für Verwirrung sorgen können. Andererseits ist der Kontrollwechsel ein Element der (externen) *Corporate Governance* (oben § 25 Rn. 17 ff., 41).[6] Ein Bieter wird dann auf den Plan treten, wenn die Verwaltung einer Gesellschaft das Unternehmen nach dessen Auffassung schlecht führt und ein neues Management höhere Erträge verspricht (unten Rn. 8).

Das **deutsche Aktienrecht** enthält Sonderregeln für den herrschenden Aktionär sofern er Unter- **4** nehmen ist (§§ 291 ff.), lässt den Aufbau einer beherrschenden Position aber weitgehend ungeregelt; es gibt ein materielles Konzernrecht, jedoch *ohne ausgeprägten Konzerneingangsschutz*.[7] Es bestehen lediglich Mitteilungspflichten bei Überschreiten bestimmter Beteiligungsschwellen (§ 20, bei börsennotierten Gesellschaften § 21 WpHG); weiter gehende Pflichten, etwa zur Information über Veräußerungsabsichten oder zur Beteiligung der Mitaktionäre an einem etwaigen „Paketzuschlag",[8] legt das AktG weder dem Erwerber noch dem Veräußerer auf. Sie lassen sich auch nicht aus der Treuepflicht

---

[4] BVerfGE 14, 263, 283 = NJW 1962, 1667, 1669 – Feldmühle; BVerfGE 100, 289, 305 = NJW 1999, 3769, 3771 – DAT/Altana; *BVerfG* NJW 2001, 279 – Moto Meter; *Henze*, FS Peltzer, 2001, S. 181; *Mülbert/Leuschner*, ZHR 170 (2006), 615; *Schön*, FS Ulmer, 2003, S. 1359. Zum Ausschluss von Minderheitsaktionären nach den §§ 327 a ff. (dazu unten Rn. 16 ff.) *BVerfG* NZG 2007, 587 – Edscha.

[5] Im Unterschied zum angelsächsischen Rechtskreis, dem der Begriff der „Übernahme" entlehnt ist, kann der Mehrheitsaktionär nach deutschem Recht nicht ohne weiteres den Vorstand austauschen; der Vorstand hat eine feste Amtszeit und wird vom (mitbestimmten) Aufsichtsrat bestellt (§ 84); Kölner-Komm-WpÜG/*Hirte*, Einleitung Rn. 36.

[6] Zum Markt für Unternehmenskontrolle *Grundmann*, European Company Law, Rn. 998; *Hopt*, ZGR 1993, 534, 542 ff.; KölnerKomm-WpÜG/*Hirte*, Einl. Rn. 15 f.

[7] *Emmerich/Habersack*, §§ 7 ff.; MünchKomm-AktG/*Kropff*, Vor § 311 Rn. 40 ff.

[8] Für ein Aktienpaket, das besonderen Einfluss vermittelt, z. B. das Quorum für bestimmte Minderheitsrechte oder gar die Kontrolle über die Gesellschaft, wird regelmäßig mehr bezahlt als für eine entsprechende Anzahl Aktien, die als Streubesitz von einer Vielzahl von Personen erworben werden; dazu *Buxbaum*, FS Wiedemann, 2002, S. 769; *Herkenroth*, Konzernierungsprozesse im Schnittfeld von Konzernrecht und Übernahmerecht, 1994, S. 119 ff., 299 ff.

oder dem Gleichbehandlungsgrundsatz ableiten.[9] Kontrollerwerb und Kontrollwechsel bergen Gefahren der Manipulation zu Lasten der Minderheit und der Funktionsfähigkeit der Kapitalmärkte. **Europarechtlich** gesehen kann die Erschwerung von Übernahmen durch nationales Recht den freien Kapitalverkehr behindern.[10] Die **Übernahmerichtlinie** wurde nach langen Mühen 2004 verabschiedet.[11] Die Kontroversen bezogen sich nicht auf die kapitalmarktrechtliche Notwendigkeit eines geordneten Übernahmeverfahrens, sondern auf Zusammenhänge mit den nationalen Besonderheiten im nicht harmonisierten Gesellschaftsrecht.

Aus deutscher Sicht stellt sich das Problem, dass Konzerneingangskontrolle und materielles Konzernrecht (§§ 291 ff.) nicht unverbunden nebeneinander stehen können.[12] Während in anderen Ländern das Abfindungsangebot das wesentliche Schutzinstrument für die außenstehenden Aktionäre ist, folgen im deutschen Recht noch weitere Vorschriften für den bestehenden Konzern. Im Interesse der Angleichung an den internationalen Stand entwickelter Kapitalmärkte wurde 2001 das WpÜG unabhängig vom Schicksal der Übernahmerichtlinie erlassen und 2006 an die Richtlinie angepasst.[13] Dieses kapitalmarktorientierte Gesetz enthält auch gesellschaftsrechtliche Vorschriften und ist aus den o. g. Gründen nicht vom Aktienrecht zu trennen.

2. Die Regelung öffentlicher Übernahmeangebote durch das WpÜG

5   Das WpÜG mit Begriffsbestimmungen (§ 2 WpÜG) und den **Grundprinzipien** des Gesetzes (§ 3 WpÜG).[14] Das ist vor allem der Grundsatz der **Gleichbehandlung** für alle Aktionäre der Zielgesellschaft,[15] **Transparenz**, d. h. die angesprochenen Aktionäre müssen über genügend Zeit und Informationen für ihre Entscheidung verfügen, und der Verpflichtung der Verwaltung der Zielgesellschaft auf das **Gesellschaftsinteresse** (vgl. oben § 27 Rn. 22 ff., § 28 Rn. 13). Diese Regelungsanliegen bezeichnen ein Schnittfeld von Gesellschafts- und Kapitalmarktrecht. Das WpÜG dient sowohl der Funktionsfähigkeit der Kapitalmärkte – **Funktionenschutz** – als auch dem Schutz der beteiligten Personen – **Individualschutz**.[16] Das Gesetz soll Übernahmen weder fördern noch verhindern,[17] sondern ein faires und geordnetes Verfahren sicherstellen, das von der Bundesanstalt für Finanzdienstleistungsaufsicht *(BAFin)* überwacht wird (§§ 4 ff., 40 ff. WpÜG). Insoweit enthält das Gesetz auch öffentlichrechtliche Vorschriften.

a) Anwendungsbereich des WpÜG

6   Das WpÜG gilt nur für Aktien, die zum Handel an einem organisierten Markt zugelassen sind (§ 1 WpÜG), betrifft also nur (im weiteren Sinne, oben § 25 Rn. 2) **börsennotierte Zielgesellschaften** (§ 2

---

[9] *Habersack*, in: Emmerich/Habersack, Aktien- und GmbH-Konzernrecht, Vor § 311 AktG Rn. 9; *Krieger*, in: MünchHdBGesR IV, § 69 Rn. 18; MünchKomm-AktG/*Kropff*, Vor § 311 Rn. 43 f., 60 f.; *Lutter*, ZHR 153 (1989), 446, 460 ff.; a. A. *Reul*, Die Pflicht zur Gleichbehandlung der Aktionäre bei privaten Kontrolltransaktionen, 1991, S. 300 f.

[10] Vgl. *EuGH* Slg. 2002 I S. 4781 = NJW 2002, 2305 – Goldene Aktie I; *Grundmann/Möslein*, ZGR 2003, 317, 325 ff.; *EuGH* ZIP 2007, 221 dazu *Möslein*, ZIP 2007, 208; *EuGH* ZIP 2007, 2068.

[11] Richtlinie vom 21. April 2004 betreffend Übernahmeangebote 2004/25/EG; zur Gesetzgebungsgeschichte *Grundmann*, European Company Law, Rn. 1002 ff.; *Kübler/Assmann*, § 32 VII 1 b.

[12] Zum Zusammenhang von Konzern- und Übernahmerecht *Herkenroth*, Konzernierungsprozesse im Schnittfeld von Konzernrecht und Übernahmerecht, 1994, S. 119 ff.; 299 ff.; *Kleindiek*, ZGR 2002, 546, 554 ff.; GroßKomm-AktG/*Windbichler*, Vor § 15 Rn. 23, 44; bezeichnend *Grundmann*, European Company Law, der Übernahme- und Konzernrecht in einem (4.) Kapitel zusammen fasst; insb. Rn. 1054 ff.

[13] WpÜG vom 20. 12. 2001, BGBl. I S. 3822; Gesetz zur Umsetzung der RL 2004/25/EG vom 21. 4. 2004 betr. Übernahmeangebote vom 8. 7. 2006 BGBl. I S. 1426.

[14] Anschaulich zum Aufbau des Gesetzes *Kübler/Assmann*, § 32 VII 2.

[15] Vgl. dazu den Sachverhalt in *BGH* WM 1976, 449 = JZ 1976, 561 – Audi/NSU, der heute den Regeln des WpÜG unterfallen würde.

[16] *Hopt*, ZHR 166 (2002), 383, 386; Schwark/*Noack*, Einl. WpÜG Rn. 10 ff.

[17] Die Regelungspunkte sind rechtspolitisch umstritten; insbes. die Frage, welche Abwehrmöglichkeiten gegen Übernahmeangebote zulässig sein sollen; zur *volkswirtschaftlichen* Einschätzung vgl. *Herkenroth*, Konzernierungsprozesse im Schnittfeld von Konzernrecht und Übernahmerecht, 1994, S. 297 ff.; KölnerKomm-WpÜG/*Hirte*, Einleitung Rn. 4 ff. m. w. N.; *Kübler/Assmann*, § 32 VII 1 a, 4; *Merkt/Göthel*, US-amerikanisches Gesellschaftsrecht, 2. Aufl., 2006, Rn. 1448 ff.; *Reul*, Die Pflicht zur Gleichbehandlung der Aktionäre bei privaten Kontrolltransaktionen, 1991, S. 127 ff.

Abs. 3 und 7 WpÜG). Zentrale Begriffe des Gesetzes sind das **Angebot** und der **Bieter**, also derjenige, der das Angebot abgibt oder abzugeben beabsichtigt (§ 2 Abs. 1 und 4 WpÜG).

Bieter kann jedermann sein, insbesondere braucht es sich nicht um ein Unternehmen im konzernrechtlichen Sinne (§ 15) zu handeln. Meistens ist das aber der Fall. Selbst beim sog. *Management-buy-out*, also dem Erwerb der Anteile durch die Mitglieder der Geschäftsleitung, gründen die Initiatoren i.d.R. eine Gesellschaft, der dann kraft Rechtsform[18] Unternehmenseigenschaft zukommt. Ausgeschlossen ist die Anwendung des WpÜG in allen Fällen, in denen das Erwerbsangebot in nichtöffentlicher Form erfolgt, etwa beim privaten Erwerb eines Aktienpakets.[19]

Mit Angebot ist **jedes öffentliche Kauf- oder Tauschangebot** zum Erwerb von Wertpapieren einer Zielgesellschaft gemeint (§ 2 Abs. 1 WpÜG). Die weiteren Vorschriften differenzieren dann danach, ob bei vollständiger Annahme ein Kontrollerwerb eintritt – **Übernahmeangebot** (§§ 29 ff. WpÜG) – und ob ein **Pflichtangebot** (§§ 35 ff. WpÜG) zu unterbreiten ist. **Kontrolle** ist nach § 29 Abs. 2 WpÜG bereits das Halten von **30% der Stimmrechte** (anders § 17 Abs. 2); praktisch sichert eine 30%ige Beteiligung in aller Regel die Hauptversammlungsmehrheit, da vor allem bei Streubesitz im Übrigen viele Aktien in der Hauptversammlung nicht vertreten werden (vgl. oben § 29 Rn. 24).[20]

b) Verfahren

Den eigentlichen Kern des Gesetzes machen die **Vorschriften über das Angebot** aus, die sich auf 7
drei Abschnitte verteilen. Abschnitt 3 (§§ 10–28 WpÜG) enthält die allgemeinen Regeln, die für *alle* Angebote gelten, also auch für solche, die nicht auf den Erwerb einer Kontrollposition gerichtet sind.[21]
Im Interesse der kapitalmarktrechtlichen Publizität und Transparenz ist eine **Angebotsunterlage** (§ 11 WpÜG) zu veröffentlichen; sie muss detaillierte Informationen für die Aktionäre enthalten, für deren Richtigkeit der Bieter nach Art der börsenrechtlichen Prospekthaftung einzustehen hat (§ 12 WpÜG). Die angebotene Gegenleistung kann in Geld oder Wertpapieren bestehen; der Bieter hat die Finanzierung zu sichern (§ 13). Bei *Übernahmeangeboten* richtet sich die **Angemessenheit der Gegenleistung** nach § 31 WpÜG und der WpÜG-Angebotsverordnung;[22] maßgebend sind danach Vorerwerbe des Bieters von Aktien der Zielgesellschaft und der Börsenkurs innerhalb von drei Monaten vor Veröffentlichung des Angebots. Eine Unternehmensbewertung findet, anders als bei Unternehmensverträgen, Eingliederung und Ausschluss von Minderheitsaktionären (unten Rn. 15, 20), in der Regel nicht statt (§ 5 AngebotsVO).

Der **Vorstand der Zielgesellschaft** hat zu dem Angebot eine **Stellungnahme** abzugeben, wobei er sich allein am Interesse der Gesellschaft auszurichten hat (§§ 3 Abs. 3, 27 WpÜG);[23] ggf. ist eine Stellungnahme des Betriebsrates beizufügen (§ 27 Abs. 2 WpÜG). Seitens der Verwaltung der Zielgesellschaft besteht oft die Neigung, die Übernahme für nachteilig zu halten, da der Bieter den Aufsichtsrat und mittelbar den Vorstand in seinem Sinne wird besetzen wollen (oben Rn. 3 a. E.). Zu Abwehrmaßnahmen unten Rn. 8.

Die **BAFin** kann ein formal oder inhaltlich unzureichendes Angebot untersagen (§ 15 WpÜG) mit der empfindlichen Folge, dass ein erneutes Angebot vor Ablauf eines Jahres unzulässig ist (§ 26 WpÜG). Zu den Aufgaben und Befugnissen der BAFin vgl. im Übrigen §§ 4 ff., 40 ff. WpÜG. Obwohl es sich dabei um ein Verwaltungsverfahren handelt, ordnet das WpÜG (nicht aber das WpHG) für Rechtsmittel die alleinige Zuständigkeit des OLG Frankfurt an (§ 48 Abs. 4 WpÜG). Dies entspricht der Regelung im Kartellrecht, das gegen Verfügungen der Kartellämter ebenfalls den Rechtsweg zu den für sachnäher befundenen Oberlandesgerichten vorsieht (§ 63 Abs. 4 GWB).

Aktionäre, die ein Angebot angenommen haben, können Schadensersatzansprüche wegen fehlerhafter Information oder Erfüllungsansprüche vor den Zivilgerichten geltend machen. Im Interesse der gerichtlichen Fachkunde sieht § 66 WpÜG und teilweise Landesrecht eine gebündelte Zuständigkeit

---

[18] Großkomm-AktG/*Windbichler*, § 15 Rn. 20.

[19] Näher dazu KölnerKomm-WpÜG/*Versteegen*, § 2 Rn. 45 ff.

[20] Großkomm-AktG/*Windbichler*, § 17 Rn. 24 zur Beherrschungsmöglichkeit durch Minderheitsbeteiligung; anders als nach § 17 lässt § 29 Abs. 2 WpÜG die konkreten Verhältnisse bei der Zielgesellschaft unberücksichtigt, KölnerKomm-WpÜG/*v. Bülow*, § 29 Rn. 71 ff.

[21] Zum Ablauf allgemein KölnerKomm-WpÜG/*Hasselbach*, § 16 Rn. 29; *Kübler/Assmann*, § 32 VII 3, 4.

[22] Verordnung über den Inhalt der Angebotsunterlage, die Gegenleistung bei Übernahmeangeboten und Pflichtangeboten und die Befreiung von der Verpflichtung zur Veröffentlichung und zur Abgabe eines Angebots (WpÜG-Angebotsverordnung) vom 27. 12. 2001, BGBl. I S. 4263.

[23] Zum Streitstand, wie dieses Interesse im Übernahmezusammenhang zu deuten ist, *Möslein*, Grenzen unternehmerischer Leitungsmacht im marktoffenen Verband, 2007, S. 339 f.; KölnerKomm-WpÜG/*Versteegen*, § 3 Rn. 34 ff.

vor. Ferner besteht die Möglichkeit, bei der (zu erwartenden) Vielzahl von parallelen Prozessen die Feststellung entscheidender Sachverhaltselemente in einem Musterverfahren verbindlich vorzunehmen.[24]

c) Abwehrmaßnahmen

8 Ist die Übernahme zwischen dem Bieter und der Zielgesellschaft nicht abgestimmt, spricht man von einer „feindlichen Übernahme", d. h. die Definition spiegelt lediglich die Vorstellung der Verwaltung wider. Die Übernahme kann schädlich für das Unternehmen sein, etwa wenn der Bieter nur an der Zerschlagung interessiert ist, die erwarteten Synergieeffekte unrealistisch sind oder das übernommene Unternehmen zugunsten anderer Aktivitäten ausgebeutet werden soll. Dann können Abwehrmaßnahmen sowohl aus der Sicht der Verwaltung als auch im Interesse der verbleibenden Aktionäre sinnvoll sein. Handelt es sich dagegen um einen Prozess der externen Verwaltungskontrolle und die Realisierung des wirtschaftlichen Potenzials, das in dem Unternehmen steckt, auch für die Aktionäre in Form eines hohen Übernahmepreises, dienen Abwehrmaßnahmen hauptsächlich dem Interesse von Vorstand und Aufsichtsrat, die eigenen Ämter zu behalten. Rechtlich gibt es für den Umgang mit diesem Konflikt verschiedene Modelle. In der Tradition des Londoner City Code on Take-overs and Mergers[25] darf nach erfolgtem Angebot das Management nur in sehr engen Grenzen aktiv werden – *Neutralitätspflicht,* während das amerikanische Recht Abwehrmaßnahmen eher zulässt.[26]

Grundsätzlich ist es Sache der Aktionäre, über den Umgang mit einem Übernahmeangebot zu entscheiden. Nach Veröffentlichung der Angebotsunterlage kann aus Anlass des Angebots eine **Hauptversammlung** einberufen werden, wofür gegenüber den allgemeinen Regeln zahlreiche Erleichterungen zur Beschleunigung vorgesehen sind (§ 16 Abs. 4 WpÜG, oben § 29 Rn. 10 m. Fn. 15). Das soll noch rechtzeitig etwaige Abwehrmaßnahmen (z. B. Kapitalerhöhung) innerhalb des übernahmerechtlichen Zeitrahmens ermöglichen. Die Bedeutung einer solchen Abwehrhauptversammlung tritt jedoch zurück hinter **Vorratsbeschlüssen** nach § 33 Abs. 2 WpÜG.[27] § 33 Abs. 1 WpÜG enthält ein **Vereitelungsverbot** für den Vorstand,[28] das aber mit Zustimmung des Aufsichtsrates durchbrochen werden kann. Nach Abs. 2 kann die Hauptversammlung den Vorstand für einen Zeitraum von höchstens 18 Monaten zu Abwehrmaßnahmen ermächtigen. Der Deutsche Corporate Governance Kodex enthält in Nr. 3.7 lediglich die Anregung, der Vorstand sollte in geeigneten Fällen eine außerordentliche Hauptversammlung einberufen. Die Satzung der AG kann von § 33 abweichen und das striktere **europäische Verhinderungsverbot** nach § 33a Abs. 2 WpÜG wählen oder nach § 33b Abs. 2 WpÜG Übertragungsbeschränkungen (Vinkulierung, oben § 30 Rn. 5) sowie Stimmrechtsvereinbarungen (oben § 29 Rn. 37) außer kraft setzen – **europäische Durchbrechungsregel.** Die Hauptversammlung kann § 33 WpÜG wieder in kraft setzen, wenn bei der Bietergesellschaft keine entsprechende Regel gilt (§ 33c WpÜG) – **Vorbehalt der Gegenseitigkeit.** Wie diese kapitalmarktrechtlichen Kompetenzen gesellschaftsrechtlich einzuordnen sind, ist noch nicht geklärt.

d) Besonderheiten für Pflichtangebote

9 Nach § 35 WpÜG ist ein Aktionär, der die **Kontrolle** (30% der Stimmrechte, § 29 Abs. 2 WpÜG) über die Zielgesellschaft erlangt hat, verpflichtet, den übrigen Aktionären ein Übernahmeangebot zu unterbreiten – **Pflichtangebot.** Funktional handelt es sich um ein Abfindungsangebot als **Konzerneingangsschutz** (vgl. oben Rn. 4); Minderheitsaktionäre erhalten eine Chance, ihre Aktien zu einem angemessenen Preis zu veräußern und sind nicht gezwungen, in einer abhängigen Gesellschaft zu verbleiben. Der Bieter hat den Kontrollerwerb zu veröffentlichen, dann eine Angebotsunterlage zu erstellen und der BAFin zu übermitteln. Nach Freigabe durch die BAFin wird das Angebot unterbreitet. Für das Verfahren im Übrigen verweist § 39 teilweise auf die Vorschriften zum Übernahmeange-

---

[24] Gesetz über Musterverfahren in kapitalmarktrechtlichen Streitigkeiten (Kapitalanleger-Musterverfahrensgesetz – KapMuG) vom 16. 8. 2005, BGBl. I S. 2437; *Möllers,* NJW 2005, 2737; *Vorwerk/Wolf,* KapMuG, Kommentar, 2007.
[25] Dazu *Davies,* Principles, S. 782 ff.; *Fleischer,* ZGR 2002, 756; *Herkenroth,* Konzernierungsprozesse im Schnittfeld von Konzernrecht und Übernahmerecht, 1994, S. 257 ff., 271 ff.; KölnerKomm-WpÜG/ *Hirte,* Einl. Rn. 72 ff.; *Roßkopf,* Selbstregulierung von Übernahmeangeboten in Großbritannien, 2000.
[26] *Merkt/Göthel,* US-amerikanisches Gesellschaftsrecht, 2. Aufl., 2006, Rn. 1379 ff.; *Möslein,* Grenzen unternehmerischer Leitungsmacht im marktoffenen Verband, 2007, S. 470 ff.
[27] KölnerKomm-WpÜG/*Hasselbach,* § 16 Rn. 5; Schwark/*Noack,* § 33 WpÜG Rn. 24 ff.
[28] Zur aktienrechtlichen Pflichtenstellung und deren Durchbrechung durch das WpÜG *Hopt,* ZHR 166 (2002), 383, 424 ff.; a. A. *Kirchner,* AG 1999, 481; s. auch oben Fn. 23.

bot. Wichtig ist hier insbesondere die **Überprüfung der Gegenleistung** nach § 31 WpÜG und der WpÜG-AngebotsVO (oben Rn. 7).

Ein **Pflichtangebot** ist **nicht erforderlich** wenn der Kontrollerwerb aus einem Übernahmeangebot herrührt, § 35 Abs. 3 WpÜG. Die BAFin kann auf Antrag vom Pflichtangebot befreien, wenn die Verhältnisse im Einzelfall das rechtfertigen (§ 37 Abs. 1 WpÜG). Die WpÜG-AngebotsVO enthält nähere Bestimmungen zu den Befreiungstatbeständen und zum Verfahren. Auf diese Weise kann eine bedenkliche wirtschaftliche Belastung des Bieters in Fällen vermieden werden, die von der im WpÜG typisierten Situation abweichen. Bereits im Vorfeld kann ein Pflichtangebot vermieden werden, wenn die BAFin auf Antrag die Nichtberücksichtigung bestimmter Stimmrechte zulässt (§ 36 WpÜG) und dadurch die Kontrollschwelle von 30% der Stimmrechte nicht erreicht wird. **Gesellschaftsrechtlich von Bedeutung** ist insbesondere § 36 Nr. 3 WpÜG, nach dem **Umstrukturierungen im Konzern** ein Anlass für die Nichtberücksichtigung von Stimmrechten sind. Dann bleibt die letztlich unabhängige Kontrolle unverändert bei demselben herrschenden Unternehmen.

III. Vermögensübertragung

1. Tatbestand des § 179 a

Die Veräußerung von Vermögensgegenständen ist eine Geschäftsführungsangele- 10 genheit, für die der Vorstand zuständig ist. Nach **Veräußerung des gesamten Vermögens** betreibt die AG dann nicht mehr ein Unternehmen, sondern verwaltet den Kaufpreis als Vermögen. Wenn das vom satzungsmäßigen Unternehmensgegenstand nicht gedeckt ist, ist eine förmliche Satzungsänderung (§§ 23 Abs. 3 Nr. 2, 179, oben § 26 Rn. 2, § 32 Rn. 2) erforderlich. Die Übertragung des gesamten Vermögens ist ferner in den Formen des UmwG möglich, dazu unten § 38. Für alle anderen Fälle verlangt § 179 a für einen Vertrag, durch den sich die AG zur Übertragung ihres gesamten Vermögens verpflichtet, die **Zustimmung der Hauptversammlung mit qualifizierter Mehrheit.** Die Vorschrift dient dem Schutz der Aktionäre, die bei unangemessener Vertragsgestaltung den Zustimmungsbeschluss nach § 243 anfechten können (oben § 29 Rn. 44 ff.). Der Vertrag ist den Aktionären nach § 179 a Abs. 2 zugänglich zu machen. Der Zustimmungsbeschluss ist **Wirksamkeitserfordernis** für den Übertragungsvertrag;[29] insoweit ist die Vertretungsmacht des Vorstands eingeschränkt, wie das für Grundlagengeschäfte typisch ist. Die Vorläufervorschrift § 361 a. F. sagte das ausdrücklich; eine Änderung war mit der Umformulierung und Verlegung in § 179a diesbezüglich nicht beabsichtigt.

2. Vermögensübertragung als Teil einer komplexen Strukturänderung

Die Vermögensübertragung als Markttransaktion an einen Dritten ist selten. Häufiger und zugleich 11 problematischer ist die **Vermögensübertragung an den Mehrheitsaktionär** oder ein mit diesem verbundenes Unternehmen, ggf. mit nachfolgender Auflösung der AG – sog. **übertragende Auflösung.**[30] Ist der Veräußerungserlös zu niedrig, schlägt sich das in einem zu geringen Liquidationserlös für die Aktionäre nieder. Den Hauptaktionär stört das nicht, da er selbst oder ein verbundenes Unternehmen wirtschaftlich am Vermögen der Gesellschaft beteiligt bleibt, die außenstehenden Aktionäre werden dagegen geschädigt. Bei komplexen, mehrstufigen Strukturänderungen ist der **Minderheitsschutz** durch Anfechtung des Zustimmungsbeschlusses oder des Auflösungsbeschlusses unbefriedigend, da jeweils nur ein Abschnitt der gesamten Maßnahme der gerichtlichen Kontrolle unterzogen wird und die wirtschaftliche Bedeutung für die Aktionäre möglicherweise nicht umfassend gewürdigt

---

[29] Allg. M., *Hüffer,* § 197 a Rn. 13; *K. Schmidt,* § 13 I 4 b.
[30] Vgl. die Sachverhalte in *BVerfG* NJW 2001, 279 – Moto Meter; BayObLGZ 1998, 211, 214 ff. = NZG 1998, 1001 – Magna Media.

wird.[31] Hinzu kommt, dass eine erfolgreiche Anfechtung zur Beseitigung des Beschlusses führt, was einem (seriösen) Schutzinteresse der Minderheit oft nicht entspricht. Die Anpassung von Leistungen in einem Spruchverfahren ist gesetzlich nicht vorgesehen; eine entsprechende Anwendung des SpruchG wirft zahlreiche Probleme auf (unten Rn. 24). Insgesamt handelt es sich um einen größeren Problemkreis, nämlich den Aktionärsschutz bei komplexen, mehrstufigen Strukturmaßnahmen, der noch nicht befriedigend gelöst ist.[32]

3. Übertragung wesentlicher Vermögensteile

12   Der Übertragung des gesamten Vermögens mag es wirtschaftlich gleich kommen, wenn eine AG einen wesentlichen, den Schwerpunkt der Unternehmenstätigkeit bildenden, aber das Gesellschaftsvermögen nicht erschöpfenden Vermögensteil veräußert. Die Rechtsprechung wendet auf solche Fälle gleichwohl § 179 a nicht an.[33] Dafür spricht, dass eine qualitative Abgrenzung, wann der abzugebende Vermögensteil wichtig genug ist und wann eine AG mit dem verbleibenden Vermögen noch eine satzungsgemäße Tätigkeit ausüben kann, der im Aktienrecht üblichen Formenstrenge nicht entspricht und zu großen Unklarheiten führen müsste. Statt dessen kommt eine ungeschriebene Hauptversammlungskompetenz in Betracht (oben § 27 Rn. 26, § 29 Rn. 4 f.). Ein gewichtiger Unterschied besteht darin, dass ein solches Beschlusserfordernis die Vertretungsmacht des Vorstands unberührt lässt.

IV. Unternehmensverträge und Eingliederung

13   Das deutsche Aktienrecht kennt im sog. materiellen Konzernrecht (§§ 291–327) einige eigentümliche Gestaltungen, die hier nur kurz im Hinblick auf ihr Verhältnis zu den allgemeinen Vorschriften des Aktienrechts angesprochen werden. Im Übrigen ist auf die konzernrechtliche Literatur zu verweisen.

§ 291 beschreibt zwei Vertragstypen, die üblicherweise miteinander als **Beherrschungs- und Gewinnabführungsvertrag** verbunden werden. Treibende Kraft für diese Gestaltung war ursprünglich und ist auch heute noch häufig das *Steuerrecht* (vgl. oben § 4 Rn. 9 f.); nach §§ 14 ff. KStG werden durch **Organschaftsvertrag** verbundene Gesellschaften wie eine einzige besteuert. Das AktG 1965 verfolgte darüber hinaus das Ziel, eine klare Verfassung mit Gläubiger- und Minderheitsschutz für Unternehmensverbindungen zur Verfügung zu stellen. Gleichwohl haben sich Unternehmensverträge nicht als Normalfall für die Gruppenbildung durchgesetzt.[34] Die **Eingliederung** (§§ 319 ff.) ist die engst mögliche Verbindung zwischen Aktiengesellschaften unter Aufrechterhaltung der Rechtspersönlichkeit und meist eine praktische Vorstufe auf dem Weg zur Verschmelzung (unten § 38 Rn. 6 ff.).

---

[31] Im Fall BGHZ 82, 188 = NJW 1982, 235 – Hoesch/Hoogovens – gab es einen „Grundvertrag" über das Gesamtkonzept, der aber nicht der Hauptversammlung vorgelegt wurde; zur Zustimmung bei mehraktigen Vorgängen *Baums,* FS Zöllner, Bd. 1, 1998, S. 65, 73 ff.; *Henze,* FS Wiedemann, 2002, S. 935, 949 ff.; *Windbichler,* AG 1981, 169; für Übertragung der Anforderungen des Squeeze-out (unten Rn. 17 ff.) *Rühland,* WM 2002, 1957, 1961; *Wilhelm/Dreier,* ZIP 2003, 1369, 1373; ähnlich bereits *Lutter/Leinekugel,* ZIP 1999, 261, 263; dagegen *Krolop,* Der Rückzug vom organisierten Kapitalmarkt (Delisting), 2005, S. 37 f.; 377 f.; *Mülbert,* FS Ulmer, 2003 S. 433, 438 f.; *Roth,* NZG 2003, 998, 100.

[32] *Hüffer,* § 179 a Rn. 12 a m. w. N.

[33] BGHZ 83, 122, 128 f. = NJW 1982, 1703 – Holzmüller zu § 361 a. F.; *Mertens,* FS Zöllner, Bd. 1, 1998, S. 385; großzügiger wohl *Hüffer,* § 179 a Rn. 5.

[34] Im Vergleich zu anderen Rechtsordnungen sind materielles Konzernrecht und insbesondere Unternehmensverträge ein Sonderweg; nur wenige Länder sind dem deutschen Muster gefolgt; *Kalss,* ZGR 2000, 819, 863 f.: Slowenien, Kroatien, Tschechien und die Slowakei); Portugal, wo aber in der Praxis kein einziger Unterordnungsvertrag (dem deutschen Beherrschungsvertrag vergleichbar) ausfindig zu machen war, *Gause,* Europäisches Konzernrecht im Vergleich, 2000, S. 152 ff.; am materiellen Konzernrecht Geschmack gefunden haben allerdings Italien, vgl. *Ventoruzzo,* ECFR 2005, 207 und Tschechien, vgl. *Krolop/Kusak,* WiRO 2007, 65, 109 ff.

1. Satzungsüberlagerung, Durchbrechung aktienrechtlicher Zuständigkeitsordnung

Der Beherrschungs- und Gewinnabführungsvertrag ist ein **Organisationsvertrag,**[35] d. h. seine Rege- **14** lungen sind jedenfalls für die beherrschte Gesellschaft auf der Satzungsebene anzusiedeln. Deshalb ist zur Wirksamkeit ein zustimmender **Hauptversammlungsbeschluss mit satzungsändernder Mehrheit** erforderlich (§ 293). Da es sich gleichwohl um einen Vertrag handelt, der die Satzung nicht endgültig abändert, spricht man von **Satzungsüberlagerung.** Das Verfahren des Vertragsschlusses (§§ 293 a ff.) ist dem Verschmelzungsrecht des UmwG 1994 (unten § 38 Rn. 7) angeglichen. Ist der andere Vertragsteil eine AG, muss auch deren Hauptversammlung zustimmen (§ 293 Abs. 2). Unternehmensverträge können zusätzlich auch schuldrechtliche Elemente enthalten.

Beim **Beherrschungsvertrag** wird der Vorstand in Abänderung der aktienrechtlichen Kompetenzordnung (oben § 25 Rn. 10 ff.) den **Weisungen** des herrschenden Unternehmens unterworfen, die auch für die Gesellschaft nachteilig sein dürfen (§ 308). Im Interesse der Rechtsklarheit sollte daher bei anderen Formen der Einflussnahme (vgl. oben § 25 Rn. 13, § 27 Rn. 1: Mehrheitsherrschaft) nicht von Weisungen gesprochen werden. Beim **Gewinnabführungsvertrag** verpflichtet sich die AG unter Durchbrechung der §§ 57, 58, 174, ihren *gesamten* **Bilanzgewinn** an ein anderes Unternehmen *abzuführen.* Bei beiden Vertragstypen ist die **Vermögensbindung** (oben § 30 Rn. 20, 28) erheblich gelockert (§ 291 Abs. 3, § 57 Abs. 1 i. d. F. des RegE-MoMiG). Zum Ausgleich gelten strengere Vorschriften für die Bildung der gesetzlichen Rücklage (§ 300) der andere Vertragsteil ist verpflichtet, jeden während der Vertragsdauer entstehenden Bilanzverlust auszugleichen (§ 302) – **Verlustausgleichspflicht.**

Die **Eingliederung** ist ein **Organisationsakt** in Form eines Hauptversammlungsbeschlusses der einzugliedernden Gesellschaft, der der Zustimmung der Hauptversammlung der Hauptgesellschaft bedarf (§ 319). Sie ist zunächst für die Einpersonen-AG vorgesehen (§ 319 Abs. 1 Satz 1), aber auch dann möglich, wenn die Hauptgesellschaft Aktien in Höhe von 95% des Grundkapitals der einzugliedernden Gesellschaft hält – **Mehrheitseingliederung** (§ 320). Die **Minderheitsaktionäre scheiden** mit Eintragung der Eingliederung ins Handelsregister **aus der Gesellschaft aus** (§ 320 a). Damit ist die Mehrheitseingliederung eine Strukturänderung, die den Effekt eines *Squeeze-out* hat (unten Rn. 17 ff.). Die Eingliederung führt ebenfalls zu einem Weisungsrecht der Hauptgesellschaft (§ 323 Abs. 1). Die Vermögensbindung ist wie beim Beherrschungs- und Gewinnabführungsvertrag außer Kraft gesetzt (§ 323 Abs. 2). Eine Verlustausgleichspflicht gibt es nicht, da die Gläubiger durch Direktansprüche gegen die Hauptgesellschaft geschützt sind.

2. Schutz der außenstehenden Aktionäre und Gläubiger

Beim Beherrschungs- und Gewinnabführungsvertrag büßen die Aktionäre, die nicht selbst Vertrags- **15** partner oder mit dem Vertragspartner verbundene Unternehmen sind – **außenstehende Aktionäre** –, entweder ihre Dividendenaussichten vollständig ein oder sehen jedenfalls die Unternehmensführung fremden Interessen unterstellt. Deshalb haben diese Aktionäre einen Anspruch auf einen angemessenen *Ausgleich* in Form von wiederkehrenden Leistungen (§ 304) oder auf Erwerb ihrer Aktien gegen eine angemessene **Abfindung in Aktien des herrschenden Unternehmens,** in bestimmten Fällen in bar (§ 305). Bestreiten Aktionäre die Angemessenheit von Abfindung und Ausgleich, führt das nicht zur Anfechtbarkeit des Zustimmungsbeschlusses, sondern zur Bestimmung durch das Gericht im **Spruchverfahren** (§§ 243 Abs. 4 Satz 2, 304 Abs. 3 Satz 2 und 3, 305 Abs. 5; unten Rn. 22 ff.). Bei der Mehrheitseingliederung sind die ausscheidenden Aktionäre in Aktien der Hauptgesellschaft, in bestimmten Fällen wahlweise in bar abzufinden. Auch hier wird die Angemessenheit der Abfindung im Spruchverfahren überprüft; die Anfechtung des Eingliederungsbeschlusses ist insoweit ausgeschlossen (§ 320 b).

Die **Gläubiger** einer durch Unternehmensvertrag gebundenen AG werden mittelbar durch den Schutz der Gesellschaft selbst geschützt. Vor allem die **Verlustübernahmepflicht** verhindert in aller Regel die Insolvenz der Gesellschaft. Nach Beendigung eines Beherrschungs- oder Gewinnabführungsvertrages haben die Gläubiger darüber hinaus einen Anspruch auf **Sicherheitsleistung** durch den anderen Vertragsteil (§ 303). Bei der **Eingliederung** können die Altgläubiger bereits ab Eintragung der Eingliederung Sicherheitsleistung verlangen (§ 321). Die **Hauptgesellschaft haftet** für sämtliche Verbindlichkeiten der eingegliederten Gesellschaft **unmittelbar** (§ 322); hier ist das Trennungsprinzip insoweit aufgehoben.

---

[35] Grundlegend *Würdinger,* DB 1958, 1451; *Emmerich/Habersack,* § 11 III; *Veil,* Unternehmensverträge, 2003, S. 200 ff.; Großkomm-AktG/*Windbichler,* § 18 Rn. 29.

3. Andere Unternehmensverträge

16   § 292 enthält eine Reihe anderer Unternehmensverträge, die jeweils zu ihrer Wirksamkeit der Zustimmung der Hauptversammlung bedürfen. Gleichwohl handelt es sich dabei zumindest teilweise um schuldrechtliche, nicht um Organisationsverträge. Die Abgrenzung ist schwierig und im Einzelnen umstritten.[36] Die Zuständigkeit des Vorstands nach § 76 wird nicht abgeändert, die Kapitalerhaltungsvorschriften werden nicht gelockert. Gleichwohl sind sowohl Unternehmensleitung wie Gewinnverwendungszuständigkeit wirtschaftlich betroffen, weshalb der Gesetzgeber eine Reihe von besonderen Schutzvorkehrungen für die Gesellschaft, deren Minderheitsaktionäre und Gläubiger vorgesehen hat.

V. Ausschluss von Minderheitsaktionären (Squeeze-out)

17   Kleine Minderheiten verursachen oft Kosten, die in keinem Verhältnis zu ihrem Finanzierungsbeitrag stehen. Besonders deutlich ist das bei börsennotierten Gesellschaften, die neben dem Hauptversammlungsaufwand die kapitalmarktrechtlichen Publizitätsanforderungen erfüllen müssen, obwohl eine Finanzierung über die Börse faktisch nicht stattfindet. Durch die Übertragung der Aktien auf den Hauptaktionär, damit Übergang zur Einpersonengesellschaft, können im Einzelfall Millionenbeträge jährlich eingespart werden; der Alleinaktionär kann sich schneller und beweglicher unternehmerisch betätigen.[37] Der Ausschluss von Minderheitsaktionären kann ferner (Neben-) Folge anderer Strukturmaßnahmen sein, z.B. der Eingliederung (oben Rn. 14). Zur verfassungsrechtlichen Einschätzung oben Rn. 2.

1. Anwendungsbereich

18   §§ 327a ff. ermöglichen den **Ausschluss einer Aktionärsminderheit von 5%** oder weniger **gegen Barabfindung** durch **Übertragung ihrer Aktien auf den Hauptaktionär.** Die Regelung gilt für **alle AG,** nicht nur für börsennotierte; ein Zusammenhang mit einer vorangegangenen Übernahme ist nicht erforderlich.[38] **Hauptaktionär** kann jeder Aktionär, auch eine Privatperson, sein. Insofern handelt es sich nicht um eine konzernrechtliche oder kapitalmarktrechtliche Maßnahme.[39] Einzige Voraussetzung für das Ausschlussverlangen des Hauptaktionärs ist, dass diesem Aktien der Gesellschaft in Höhe von mindestens 95% des Grundkapitals gehören; dabei gelten die Zurechnungsvorschriften des § 16 Abs. 2 und 4 (§ 327a Abs. 2). Ein spiegelbildliches Austrittsrecht der Minderheitsaktionäre besteht nicht; dem soll das Pflichtangebot nach WpÜG (oben Rn. 3) Genüge tun.

Nach einem Übernahme- oder Pflichtangebot können dem Bieter, wenn ihm 95% des Grundkapitals gehören, durch Beschluss des Landgerichts Frankfurt am Main auf Antrag die **restlichen Aktien gegen Abfindung** übertragen werden (§ 39a WpÜG). Die Voraussetzungen und das Verfahren unter-

---

[36] Umfassend *Veil,* Unternehmensverträge, 2003.

[37] *Hüffer,* § 327a Rn. 1; KölnerKomm-WpÜG/*Hasselbach,* § 327a AktG Rn. 1–8.

[38] Nach einer Studie von *Bayer/Stang* (AG-Report 2007, R 322) wurden seit dem 1. 1. 2002 insgesamt 292 Ausschlussverfahren durchgeführt; 110 Fälle betrafen nicht börsennotierte Gesellschaften.

[39] Ob es sich dabei um eine Strukturänderung handelt, ist streitig, vgl. *BGH* NZG 2006, 117 (unentschieden); *Emmerich/Habersack,* § 10a II 1; GroßKomm-AktG/*Fleischer,* Vor § 327a Rn. 22; *Raiser/Veil,* § 16 Rn. 10; *Wiedemann* I, § 6 III; vgl. auch *Kübler/Assmann,* § 30 VII. Zur Rechtslage in anderen Ländern *Helms,* in: Hommelhoff/Hopt/Lutter (Hrsg.), Konzernrecht und Kapitalmarktrecht, 2001, S. 69, 93 f. (Frankreich); zu weiteren Rechtsordnungen *Forum Europaeum Konzernrecht,* ZGR 1998, 672, 734 ff.; *Merkt/Göthel,* US-amerikanisches Gesellschaftsrecht, 2. Aufl., 2006, Rn. 1208 f.

scheiden sich von §§ 327a ff.; es handelt sich um eine kapitalmarktrechtliche Ergänzung erfolgreicher Übernahmen, die gleichwohl nie 100%ig gelingen.[40] Aktionäre, die zunächst das Übernahmeangebot nicht wahrgenommen haben, haben unter den gleichen Voraussetzungen ein **Andienungsrecht**, d.h. sie können dem Bieter ihre Aktien anbieten, der sie abnehmen muss (§ 39c WpÜG). Diese Regelungen wurden in Umsetzung der Übernahmerichtlinie eingefügt.

2. Verfahren

a) Hauptversammlungsbeschluss

Der Ausschluss nach § 327a erfolgt durch **Beschluss** der Hauptversammlung **auf Verlangen des** 19 **Hauptaktionärs.** Der Hauptaktionär äußert das Ausschlussverlangen gegenüber dem Vorstand, der dann zusammen mit dem Aufsichtsrat nach den allgemeinen Regeln (oben § 29 Rn. 10ff.) diesen Tagesordnungspunkt für die Hauptversammlung vorbereitet. §§ 327c f. enthalten zusätzliche Vorschriften für die Vorbereitung und Durchführung der Hauptversammlung. Der Hauptaktionär (nicht der Vorstand) hat einen **schriftlichen Bericht** zu erstatten, in dem das Erreichen des Schwellenwertes von 95% und die Angemessenheit der angebotenen Barabfindung erläutert werden. Eine besondere Begründung ist nicht erforderlich.

Die Zuständigkeitsregelung erscheint insoweit ungewöhnlich, als Vorstand und Hauptversammlung als Organe der Gesellschaft in die Pflicht genommen werden, denn wirtschaftlich handelt es sich um eine Angelegenheit des Hauptaktionärs. Die Einschaltung der Gesellschaftsorgane hat aber den Vorteil, dass bekannte und geläufige Verfahrensschritte in Anspruch genommen werden einschließlich der damit verbundenen Pflichtbindungen und Schutzmöglichkeiten. Das gilt ganz besonders für die **Beschlussanfechtung** (oben § 29 Rn. 44ff.). Die Anfechtung ist zwar ausgeschlossen, soweit die Angemessenheit der Abfindung betroffen ist; diese kann im **Spruchverfahren** überprüft werden (unten Rn. 22ff.). Die Anfechtung kann aber z.B. auf Verfahrensfehler oder darauf gestützt werden, dass der Schwellenwert nicht erreicht ist (vgl. oben § 29 Rn. 44ff.). Dagegen findet eine materielle Beschlusskontrolle, d.h. eine Überprüfung auf einen sachlichen Grund nicht statt.[41]

b) Abfindung

Die **Abfindung** muss **in jedem Falle in bar** erfolgen. Selbst wenn der Hauptaktionär eine AG ist, 20 kann er nicht eigene Aktien anbieten wie etwa nach § 320 Abs. 1 Satz 2. Die Höhe der Abfindung wird durch den Hauptaktionär festgelegt. Die **Angemessenheit** der Abfindung ist von **sachverständigen Prüfern,** die vom Registergericht auf Antrag des Hauptaktionärs bestellt werden, zu prüfen (§ 327c Abs. 2 Satz 2 und 3). Der Bericht der Prüfer ist den Aktionären zugänglich zu machen (§ 327c Abs. 3 und 4). Die Abfindung richtet sich nach dem vollen Wert des Unternehmens; bei börsennotierten Gesellschaften ist der Börsenkurs regelmäßig, wenn auch nicht zwingend die Untergrenze.[42]

Jeder Minderheitsaktionär kann beantragen, dass das Gericht die angemessene Barabfindung im **Spruchverfahren** (unten Rn. 22) bestimmt (§ 327f). Zur Sicherung der Zahlungsansprüche der Minderheitsaktionäre muss der Hauptaktionär vor Einberufung der Hauptversammlung, in der die Übertragung beschlossen werden soll, dem Vorstand die Erklärung eines Kreditinstituts vorlegen, das die Gewährleistung für die Erfüllung der Verpflichtungen des Hauptaktionärs übernimmt (§ 327b Abs. 3).

c) Vollzug

Der Übertragungsbeschluss ist vom Vorstand zur **Eintragung ins Handelsregister** anzumelden; mit 21 der Eintragung gehen die Aktien der Minderheit auf den Hauptaktionär über (§ 327e). Einzelne Übertragungsakte sind nicht erforderlich, die Eintragung wirkt **konstitutiv.** Die Eintragung erfolgt nicht, solange ein Anfechtungsverfahren schwebt, es sei denn das Prozessgericht stellt rechtskräftig fest, dass die Anfechtungsklage der Eintragung nicht entgegensteht (§ 327e Abs. 2 i.V.m. § 319 Abs. 5 und 6; Freigabeverfahren, unten Rn. 22 a.E.). Dass ein Spruchverfahren über die Abfindungshöhe schwebt, steht der Eintragung nicht entgegen; dieser Streit soll vom Vollzug der Maßnahme gerade getrennt werden.

---

[40] Bisher wurde nur ein derartiges Verfahren angestrengt: Müller Weingarten AG, dazu *Bayer/Stang,* AG Report 2007, R 322.

[41] H.M., *Hüffer,* § 327a Rn. 11, § 327f Rn. 3; KölnerKomm-WpÜG/*Hasselbach,* § 327a AktG Rn. 49.

[42] BVerfGE 100, 289, 305 = NJW 1999, 3769, 3771 – DAT/Altana; *Hüffer,* § 327b Rn. 5; Kölner-Komm-WpÜG/*Hasselbach,* § 327b AktG Rn. 16ff.

VI. Spruchverfahren

1. Funktion

22   Immer wenn einschneidende Maßnahmen mit einem Anspruch der außenstehenden Aktionäre auf Kompensation verbunden sind, stellt sich das Problem der Überprüfung der Angemessenheit dieser Kompensation. An sich stünde die Anfechtung des Zustimmungsbeschlusses zur Verfügung. Aus der Sicht der betroffenen Aktionäre ist das ein möglicherweise teures und riskantes Verfahren. Aus der Sicht der Gesellschaft bzw. des Hauptaktionärs besteht die Gefahr, dass die Maßnahme blockiert wird, da bei schwebendem Anfechtungsverfahren die Eintragung ins Handelsregister in aller Regel ausgesetzt wird (§ 127 FGG), obwohl **nicht das Ob der Maßnahme, sondern nur Abfindung bzw. Ausgleich** streitig sind. Das gibt einen unerwünschten Anreiz für missbräuchliche Aktionärsklagen (oben § 29 Rn. 52 f.). Dieser Konflikt wird entschärft, indem die **Beschlussanfechtung insoweit ausgeschlossen** ist, als die fehlende **Angemessenheit der Kompensation Anfechtungsgrund** sein soll. Statt dessen gibt es ein besonderes Verfahren zur Überprüfung, das für die Aktionäre kostengünstig ist und zu einem Angebot für alle außenstehenden Aktionäre führt – **Spruchverfahren.** § 243 Abs. 4 Satz 2 erstreckt den Ausschluss der Anfechtung auf **Informationsmängel,** die die im Spruchverfahren geltend zu machende Bewertung betreffen (oben § 29 Rn. 20 f., 47).[43]

Das Spruchverfahren ist nach seiner Grundkonzeption eine interessengerechte Lösung und wurde auf weitere Anwendungsfälle im Aktien- und Umwandlungsrecht ausgedehnt. Die Durchführung im Einzelnen nach der Einführung in § 306 führte jedoch zu Kritik, insbesondere an der übermäßigen Verfahrensdauer.[44] Die Neuregelung im **Spruchverfahrensgesetz (SpruchG)** soll dem Rechnung tragen; außerdem fasst sie die im AktG und UmwG verstreuten Vorschriften in einem Gesetz zusammen.[45]

Werden **andere Mängel** als unangemessene Kompensation oder diesbezügliche Informationsmängel geltend gemacht, steht die Beschlussanfechtung als Minderheitsschutz zur Verfügung. Abgrenzungen sind im Einzelnen streitig. Die (faktische) **Registersperre** (§§ 319 Abs. 5, 327 e Abs. 2, § 129 FGG, § 16 Abs. 2 UmwG) lädt aber auch hier zu Missbräuchen ein, zumal das Registergericht (Amtsgericht, § 125 FGG) nicht für die Anfechtungsklage zuständig ist. Deshalb wurde durch das UmwG das sog. **Freigabeverfahren** eingeführt und in § 246 a auf weitere Fälle erweitert. Danach kann das Prozessgericht (Landgericht, § 246 Abs. 3) im Eilverfahren die Eintragung trotz erhobener Anfechtungsklage anordnen, wenn diese keine Aussicht auf Erfolg hat oder das Interesse am Vollzug schwerer als der behauptete Rechtsverstoß wiegt (§§ 246 a Abs. 2, 319 Abs. 6, 327 e Abs. 2, § 16 Abs. 3 UmwG).

Von gesellschaftsrechtlichen Angeboten und deren Überprüfung zu unterscheiden sind kapitalmarktrechtliche Pflichtangebote und die dafür zu bestimmende Gegenleistung nach § 31 WpÜG und der WpÜG-Angebotsverordnung (oben Rn. 9).

2. Anwendungsfälle

a) Aktien- und Umwandlungsrecht

23   Das Spruchverfahren ist gesetzlich vorgesehen für die Überprüfung von Ausgleich, Abfindung oder Zuzahlung bei Beherrschungs- und Gewinnabführungsverträgen (§§ 304 f.), Eingliederung (§ 320 b),

---

[43] So schon vor der Neufassung des § 243 BGHZ 146, 179 = NJW 2001, 1425 – MEZ; *BGH* AG 2001, 263 – Aqua Butzke (betr. Umwandlung).

[44] Im Fall Sinalco: 17 Jahre, Beendigung durch Vergleich; *Lutter/T. Bezzenberger,* AG 2000, 433, 436 Fn. 17; zu den Ursachen *Bilda,* NZG 2000, 296 ff.

[45] Spruchverfahrensneuordnungsgesetz vom 12. 6. 2003, BGBl. I S. 838; in Kraft seit 1. 9. 2003.

Ausschluss durch den Hauptaktionär (§ 327 f), Umwandlungen von Rechtsträgern nach dem UmwG, Strukturänderung und Gründung einer SE oder SCE. Das SpruchG setzt die Anwendbarkeit nach den genannten Vorschriften voraus und fasst sie in § 1 klarstellend zusammen.

b) Gesetzlich nicht geregelte Fälle

Im Einzelnen streitig ist die Frage, ob das Spruchverfahren auch dann eröffnet ist, wenn es keine ge- **24** setzliche Vorschrift gibt, die das anordnet, die Sach- und Interessenlage aber mit den gesetzlich geregelten Fällen vergleichbar ist. Die Frage hat Bedeutung für Strukturänderungen in anderen Formen als denen des UmwG. Solange das Spruchverfahren ein neues Instrument des AktG 1965 war, konnte man die analoge Anwendung wohl besser begründen als nach der punktuellen Erweiterung der Anwendbarkeit durch das UmwG und andere Gesetzesänderungen. Gleichwohl hat die Rechtsprechung in verschiedenen Zusammenhängen eine Erweiterung des Anwendungsbereichs befürwortet. Das SpruchG stellt lediglich ein einheitliches Verfahren für die gesetzlich geregelten Fälle zur Verfügung; für oder gegen zusätzliche Anwendungsfälle lässt sich daraus nichts herleiten.[46] Rechtspolitisch ist die Situation unbefriedigend, zumal in den gesetzlich nicht geregelten Fällen zahlreiche Anwendungsfragen offen sind.[47] Eine zusammenfassende Regelung der Fälle, in denen Aktionäre ihre Beteiligung gegen Abfindung verlieren oder andienen dürfen, wäre wünschenswert. Auch die freiwillige Unterwerfung unter ein Überprüfungsverfahren bei einem freiwilligen Abfindungsangebot wäre denkbar.

Eine Anwendung des Spruchverfahrens auf gesetzlich nicht geregelte Fälle setzt die Klärung einiger Fragen voraus:

Die **Maßnahme, die eine Kompensation erfordert,** muss bestimmt werden. Das ist dann schwierig, wenn eine Strukturänderung durch eine Kombination von zeitlich gestaffelten Einzelschritten erfolgt. Ein Beispiel ist die sog. übertragende Auflösung, bei der zunächst nach § 179 a das Vermögen veräußert, anschließend die Gesellschaft aufgelöst wird (oben Rn. 11). Hier könnte der Zustimmungsbeschluss nach § 179 a oder der Liquidationsbeschluss auslösende Maßnahme sein.[48]

Das **überprüfungsbedürftige Element** muss bestimmt werden. In den gesetzlich geregelten Fällen ist das ein Abfindungsangebot, das Verschmelzungswertverhältnis etc. Im oben genannten Beispiel kann das sowohl der Kaufpreis bei der Vermögensveräußerung als auch der Liquidationserlös für die Minderheitsaktionäre (Zuzahlung des Hauptaktionärs aus Treuepflicht?) sein. Im Gegensatz zu den gesetzlich geregelten Fällen kann es sich dabei auch um Vorgänge handeln, die keiner Pflichtprüfung durch sachverständige Prüfer unterliegen.

Der **Überprüfungsmaßstab** muss bestimmt werden. Handelt es sich um einen Verlust der Beteiligung, müssen die Aktionäre zum vollen Wert abgefunden werden (vgl. § 305 Abs. 1: „angemessene Abfindung", § 327 a Abs. 1: „angemessene Barabfindung"). Entsprechendes gilt für gesellschaftsrechtliche Pflichtangebote.[49] Was ein „angemessener Ausgleich" i. S. d. § 304 Abs. 1 ist, wird in Abs. 2 näher spezifiziert; die Vorschrift ist kompliziert und nicht unumstritten.[50] Mit besonderen Problemen ist zu rechnen, wenn nicht der Wert der gesamten Mitgliedschaft in Rede steht.

Weitere Folgen einer gerichtlichen Anpassung sind je nach Anwendungsfall unterschiedlich. Beim Squeeze-out etwa muss der Hauptaktionär zahlen, zumal er mit Eintragung die Minderheitsaktien bereits erworben hat (oben Rn. 21). Einen durch richterlichen Beschluss angepassten Beherrschungsvertrag dagegen kann der andere Vertragsteil außerordentlich kündigen (§§ 304 Abs. 4, 305 Abs. 5 Satz 4).

---

[46] Für erweiterte Anwendung *BVerfG* NJW 2001, 279 – Moto Meter; BGHZ 153, 47 = NJW 2003, 1032 – Macrotron; *Habersack,* in: Emmerich/Habersack, Aktien- und GmbH-Konzernrecht, § 305 AktG Rn. 9; *Hüffer,* Anh. § 305 § 1 SpruchG Rn. 6 f.; KölnKomm-SpruchG/*Wasmann,* § 1 Rn. 17 ff. – Nach den Gesetzesmaterialien ist die Aufzählung in § 1 nicht abschließend; die entsprechende Anwendung in anderen Fällen soll möglich sein, Beschlussempfehlung und Bericht des Rechtsausschusses, BT-Drucks. 15/838 S. 29. – Zum früheren Rechtszustand etwa *Wiedemann,* ZGR 1978, 477, 489, 491; *Windbichler,* AG 1981, 169; für eine Analogie auch nach dem UmwG 1994 *Lutter/Leinekugel,* ZIP 1999, 261, 265 ff.; *Lutter,* UmwG Einl. Rn. 45; gegen Erweiterung des Anwendungsbereichs BayObLGZ 1998, 211, 214 ff., 219 = NJW-RR 1999, 1559 = EWiR § 179 a AktG 1/98, 1057 m. Anm. *Windbichler* – Magna-Media; OLG Stuttgart AG 1997, 136, 137; *Henze,* FS Boujong, 1996, S. 233, 249 f.; MünchKomm-AktG/*Bilda,* § 305 Rn. 3.

[47] *Henze,* FS Wiedemann, 2002, S. 935, 949 ff.; *Hüffer,* § 179 a Rn. 12 a; *Lutter/Leinekugel,* ZIP 1999, 261; *Wiedemann,* ZGR 1999, 857, 859 ff.; *Windbichler,* EWiR § 179 a AktG 1/98, 1057; zu Anwendungsproblemen BayObLG NZG 2004, 1111; 2005, 312 m. Anm. *Krolop,* S. 546; ferner *Krolop,* Der Rückzug vom organisierten Kapitalmarkt (Delisting), 2005, S. 254 ff, 378 f.

[48] Abl. *OLG Zweibrücken* NZG 2005, 935 – Guano.

[49] BGHZ 153, 47 = NJW 2003, 1032 – Macrotron.

[50] *Emmerich/Habersack,* §§ 21, 22 zu zahlreichen Einzelfragen.

Das **Verhältnis zum Anfechtungsrecht** ist zu klären, da Anfechtung und Spruchverfahren nicht nebeneinander auf dieselben Gründe gestützt werden können. Andererseits kann das mitgliedschaftliche Recht zur Beschlussanfechtung nicht mit leichter Hand beseitigt werden, zumal wenn der Aktionär entscheiden muss, in welchem Verfahren er vorgehen soll.[51] Bereits in den gesetzlich geregelten Fällen gibt es Abgrenzungsprobleme hinsichtlich der Anfechtung wegen Informationsmängeln (oben Rn. 22). Auch die Rechtsfolgen sind verschieden: die Anfechtung führt zu einer kassatorischen Entscheidung (der Hauptversammlungsbeschluss wird für nichtig erklärt), das Spruchverfahren zu richterlicher Gestaltung.

Der **Antragsgegner** ist zu bestimmen. § 5 SpruchG enthält eine ausdrückliche Regelung, die aber bei nicht geregelten Fällen nicht weiter hilft.

3. Verfahren

25   Das Spruchverfahren ist ein **Verfahren der Freiwilligen Gerichtsbarkeit,** folgt also den Verfahrensregeln des FGG. Dazu gehört der **Amtsermittlungsgrundsatz** (§ 12 FGG); die Beteiligten trifft aber eine besondere **Verfahrensförderpflicht** (§§ 4 Abs. 2, 9 f. SpruchG). Zuständig ist das Landgericht, Kammer für Handelssachen. Zur Einleitung des Verfahrens ist ein innerhalb von drei Monaten gestellter **Antrag** eines Aktionärs erforderlich; ein Widerspruch zu Protokoll wie bei der Anfechtungsklage braucht nicht erhoben zu werden.

26   Eine Besonderheit ist der **gemeinsame Vertreter** (§ 6 SpruchG). Da das Verfahrensergebnis alle außenstehenden Aktionäre betrifft (§ 13 SpruchG), bestellt das Gericht für diejenigen, die keinen Antrag gestellt haben, einen gemeinsamen Vertreter zur Wahrung ihrer Interessen. Der gemeinsame Vertreter kann das Verfahren auch dann fortsetzen, wenn die Antragsteller ihre Anträge zurücknehmen. Damit soll der Anreiz für missbräuchliche Anträge genommen werden; da der Antragsteller die Verfahrensbeendigung nicht mehr in der Hand hat, kann er sich auch nicht den „Lästigkeitswert" abkaufen lassen (vgl. oben § 29 Rn. 52).

Die Bewertungsgutachten im Rahmen der **Beweisaufnahme** sind das Element, das erfahrungsgemäß besonders zur übermäßigen Dauer der Spruchverfahren beigetragen hat (oben Rn. 22). Deshalb wurde zunehmend schon im materiellen Recht die Bestellung sachverständiger Prüfer durch das Gericht vorgesehen (z. B. § 327 c Abs. 2); deren Prüfungsbericht hat größeres Gewicht als derjenige eines von einem Beteiligten bestellten Prüfers. Dieses Verfahren wurde auf alle gesetzlichen Anwendungsfälle ausgedehnt; ferner soll § 7 SpruchG für eine straffere und gezieltere Begutachtung sorgen.

Damit das **Kostenrisiko** keine unübersteigbare Hürde für Kleinaktionäre wird, ist in der Regel allein der Antragsgegner (§ 15 Abs. 2 SpruchG) Schuldner der Gerichtskosten. Ihre eigenen Kosten tragen die Beteiligten selbst, es sei denn das Gericht nimmt aus Billigkeitsgründen eine andere Verteilung vor (§ 13 a Abs. 1 FGG, § 15 Abs. 4 SpruchG).

VII. Börsengang und Beendigung der Börsennotierung

27   Zahlreiche Vorschriften des AktG, des HGB und anderer Gesetze gelten nur für börsennotierte Gesellschaften (oben § 25 Rn. 2). Deshalb werden der Börsengang und die Beendigung der Notierung als strukturrelevant angesehen; bestimmen sie doch den Typus der AG als Publikums- oder doch eher personenbezogene Gesellschaft.[52] Die Zulassung der Aktien zum Handel an einer Börse setzt einen Antrag des „Emittenten", also der Gesellschaft vertreten durch den Vorstand, sowie einen Verwaltungsakt der Börse voraus. Die sind in aller Regel an der Entscheidung beteiligt, da entweder ein Großaktionär Aktien für die Veräußerung an der Börse zur Verfügung stellt und dadurch seine Beteiligung verringert (Beispiel: Privatisierung der Deutsche Telekom AG). Oder es müssen die anzubietenden Aktien durch Kapitalerhöhung unter Ausschluss des Bezugsrechts geschaffen werden (oben § 32 Rn. 19, 23).

Die Beendigung der Börsennotierung – **Delisting** – erfolgt ebenfalls durch Verwaltungsakt, entweder von Amts wegen oder auf Antrag (§ 39 BörsG). Beantragt der Vorstand die Beendigung der Notierung an der einzigen Börse, an der die Aktien der Gesellschaft gehandelt werden, führt das zum Verlust

---

[51] Vgl. BayObLGZ 1998, 211, 214 ff. = NZG 1998, 1001 = EWiR § 179 a AktG 1/98, 1057 m. Anm. *Windbichler* – Magna Media – einerseits, BGHZ 153, 47 = NJW 2003, 1032 – Macrotron – andererseits.

[52] „Faktischer Formwechsel", *Lutter,* FS Zöllner, Bd. 1, 1998, S. 363; *Vollmer/Grupp,* ZGR 1995, 459, 466; ähnlich *Seibt/Heiser,* ZHR 165 (2001), 466, 487.

der Eigenart „Publikumsgesellschaft„ und erschwert den Aktionären erheblich die Möglichkeit, ihre Investition zu liquidieren (oben § 25 Rn. 14). Deshalb verlangt die Rechtsprechung einen **Hauptver-sammlungsbeschluss** (vgl. oben § 29 Rn. 4 f.) und ein **Abfindungsangebot** an die außenstehenden Aktionäre, das auch **nachprüfbar** sein muss.[53] Dann treten die oben Rn. 24 skizzierten Probleme auf. Die Begründung für die Konstruktion ist umstritten.[54] Dass daneben verwaltungsrechtlicher Rechts-schutz gegen den Widerruf der Zulassung durch die Börse, die nach § 39 Abs. 2 Satz 2 BörsG die Anle-gerinteressen zu berücksichtigen hat, auch zugunsten der Aktionäre in Betracht kommt,[55] steht nicht entgegen.

Als „**kaltes Delisting**" bezeichnet man Strukturänderungen, die rechtstechnisch die Beendigung des **28** Börsenhandels nur als Nebenfolge haben, dieser Effekt aber das entscheidende Motiv ist. In Betracht kommen vor allem die Formen der Umwandlung nach dem UmwG, z. B. Formwechsel oder Ver-schmelzung auf eine GmbH, die naturgemäß nicht börsengängig ist, weil Geschäftsanteile nicht ver-brieft werden können (oben § 20 Rn. 7). Auch hier sieht das Gesetz ein Austrittsrecht mit entspre-chenden Abfindungsansprüchen vor (vgl. §§ 29 Abs. 1 UmwG n. F., 207 UmwG).[56]

---

[53] BGHZ 153, 47 = NJW 2003, 1032 – Macrotron; vgl. auch *BVerfG* NJW 2001, 279 – Moto Meter.

[54] Vgl. *Hüffer*, § 119 Rn. 23 f. („Holzmüller"-Fall); dagegen *Krolop*, Der Rückzug vom organisierten Kapitalmarkt (Delisting), 2005, S. 86 ff., 195 ff., jeweils m. w. N.; vgl. auch *Ekkenga*, ZGR 2003, 878; *Krämer/Theißen*, AG 2003, 225.

[55] Str. vgl. *VG Frankfurt* NZG 2003, 218 f.; *Hüffer*, § 119 Rn. 22; eingehend dazu und zum Verhältnis eines etwaigen verwaltungsgerichtlichen Rechtsschutzes zum zivilrechtlichen Rechtsschutz *Krolop*, Der Rückzug vom organisierten Kapitalmarkt (Delisting), 2005, S. 282 ff. m. w. N.

[56] Eingehend *Funke*, Minderheitenschutz im Aktienrecht beim „kalten Delisting", 2005, S. 111 ff., 142 ff.; näher dazu unten § 38 Rn. 16.

3. Kapitel

§ 34. Die Kommanditgesellschaft auf Aktien[*]

Literatur: Außer den im Literaturverzeichnis genannten Gesamtdarstellungen des Gesellschaftsrechts auch die oben vor § 25 aufgeführte Literatur zum Aktienrecht.

Kommentare: Kommentierungen zum 2. Buch des AktG, insb. Großkomm-AktG/*Assmann/Sethe*, §§ 278–290; KölnKomm-AktG/*Mertens/Cahn*; MünchKomm-AktG/*Semler/Perlitt*, §§ 278–290; *Herfs* in: MünchHdBGesR IV, §§ 75 ff.; *Bachmann*, in: Spindler/Stilz, AktG, 2007.

Systematische Darstellungen: *Arnold*, Die GmbH und Co. KGaA, 2001; *Flämig*, Die Kommanditgesellschaft auf Aktien – Vor- und Nachteile für Investoren, FS Peltzer, 2001 S. 99; *Schlitt*, Die Satzung der Kommanditgesellschaft auf Aktien, 1999; *Schütze/Bürgers/Riotte*, Die Kommanditgesellschaft auf Aktien 2004; *Sethe*, Die personalistische Kapitalgesellschaft mit Börsenzugang, 1996; *Ulmer* (Hrsg.), Die GmbH & Co. KGaA nach dem Beschluss BGHZ 134, 392, 1998 (ZHR-Sonderheft 67); *Wichert*, Die Finanzen der Kommanditgesellschaft auf Aktien, 1998.

Aus dem älteren Schrifttum: *Elschenbroich*, Die Kommanditgesellschaft auf Aktien, 1959; *Schreiber*, Die Kommanditgesellschaft auf Aktien, 1925; *Mertens*, Zur Existenzberechtigung der KGaA, FS Barz, 1974, S. 253. – Zu besonderen Anwendungsbereichen *Knur*, Die Eignung der Kommanditgesellschaft auf Aktien für Familienunternehmen, FS Flume, Bd. 2, 1978, S. 173; *Lenz*, Publikums-KG und KG auf Aktien, 1986; *Fischer*, Die Kommanditgesellschaft auf Aktien nach dem Mitbestimmungsgesetz, 1982; *Steindorff*, KGaA und Mitbestimmung, FS Ballerstedt, 1975, S. 127.

I. Begriff und Bedeutung

1. Rechtsnatur

1   Nach der **Legaldefinition** des § 278 ist die KGaA eine **Gesellschaft** mit **eigener Rechtspersönlichkeit,** bei der **mindestens ein Gesellschafter** den Gesellschaftsgläubigern **unbeschränkt haftet** und die übrigen an dem **in Aktien zerlegten Grundkapital** beteiligt sind, ohne persönlich für die Verbindlichkeiten der Gesellschaft zu haften.

Sie ist, wie auch ihr Name sagt, eine **Mischform zwischen AG und KG,** steht aber der AG wesentlich näher. Man kennzeichnet sie deshalb am besten als **Variante der AG,** die sich dadurch auszeichnet, dass mindestens ein Mitglied den Gläubigern *unbeschränkt persönlich haftet* und deshalb eine ähnliche Stellung einnimmt wie der *persönlich haftende Gesellschafter,* der **Komplementär** einer KG; er wird üblicherweise auch so bezeichnet. Eine KGaA kann auch mehrere Komplementäre haben. Der Komplementär kann, wie sich aus § 279 Abs. 2 ergibt, auch eine juristische Person sein (unten Rn. 5). Die übrigen Mitglieder, die **Kommanditaktionäre,** stehen im Wesentlichen den Aktionären einer AG gleich, im Verhältnis zu den Komplementären haben sie aber eine ähnliche Stellung wie die Kommanditisten der KG.

2   Daraus ergibt sich eine **gemischte gesetzliche Regelung:** Das AktG enthält einige Sondernormen (§§ 278–290), im Übrigen finden grundsätzlich die Vorschriften über die AG sinngemäß Anwendung (§ 278 Abs. 3). Nur soweit die Stellung der persönlich haftenden Gesellschafter betroffen ist, sowohl untereinander wie gegenüber den Kom-

---

[*] Paragrafen ohne nähere Bezeichnung beziehen sich in diesem Kapitel auf das AktG.

manditaktionären und gegenüber Dritten, finden die Vorschriften über die KG Anwendung (§ 278 Abs. 2). Da diese wiederum weitgehend auf die Regeln über die OHG und diese subsidiär auf das Gesellschaftsrecht des BGB verweisen, ergibt sich eine recht komplizierte Regelung. Für die Rechnungslegung der KGaA gelten dieselben Vorschriften wie bei der AG, also aus dem 3. Buch des HGB die allgemeinen Vorschriften für Kaufleute (§§ 238ff.) und die ergänzenden Vorschriften für Kapitalgesellschaften (§§ 264ff.), ferner grundsätzlich auch die speziellen Vorschriften des AktG (§§ 170ff.), jedoch modifiziert durch § 286.

Als Variante der AG ist die KGaA juristische Person, **Kapitalgesellschaft,** wenn auch mit einer gewissen Neigung zur Personengesellschaft (oben § 2 Rn. 16ff.), und **Formkaufmann.** Ihre Firma muss den Zusatz „Kommanditgesellschaft auf Aktien" enthalten (§ 279 Abs. 1).

2. Geschichte und wirtschaftliche Bedeutung

Die Gesellschaftsform der KGaA taucht zuerst im 18. Jahrhundert auf. Sie ist von Frankreich nach **3** Deutschland gekommen. Größere Bedeutung gewann sie in der Zeit des Konzessionssystems (oben § 25 Rn. 26), weil in manchen deutschen Staaten, z. B. in Preußen, die Konzessionspflicht zwar für die AG, nicht aber für die KGaA galt. Infolgedessen war sie bis 1870 verbreitet. Seitdem ist ihre Bedeutung zurückgegangen. Gelegentliche Versuche, sie aus theoretischen oder praktischen Gründen (Steuervorteile, Sicherung gegen „Überfremdung") wieder stärker zu nutzen, haben keine dauerhafte Wirkung gehabt. Die Rechtsform ist für eine weite Verbreitung offenbar zu kompliziert; daran hat auch die Möglichkeit, die persönliche Komplementärhaftung durch Einschaltung einer GmbH oder einer anderen juristischen Person zu vermeiden (unten Rn. 5), wenig geändert. Da die KGaA wie die AG ein Mindestkapital von € 50000 verlangt, kommt sie für kleine Unternehmen, etwa als Alternative zur GmbH & Co. KG, kaum in Betracht. Auch die Sonderstellung – keineswegs Befreiung –, die die KGaA in gewisser Hinsicht nach dem MitbestG einnimmt (unten Rn. 8), hat ihre Verbreitung nicht wesentlich gefördert; wohl hat es nach Inkrafttreten des MitbestG 1976 vereinzelt Umwandlungen gegeben, doch konnte von einer Flucht in diese Rechtsform keine Rede sein.[1]

1940 gab es in Deutschland 20, 1956 und ebenso 1972 in der Bundesrepublik 31 KGaA, 1989 noch 27.[2] Mit der Zulassung der GmbH & Co. KGaA und der steigenden Zahl von Börsengängen stieg die Zahl der KGaA in den neunziger Jahre zunächst sichtbar an (1992: 30; 1998: 50; 1999: über 100 [geschätzt]).[3] Unter den 100 größten Unternehmen der Bundesrepublik befanden sich 2004 2 KGaA.[4] Für 10 KGaA galt am 31. 12. 2002 das MitbestG.[5] Im Übrigen sind Angaben über die Verbreitung der KGaA meist Schätzungen.[6]

Bedeutung erlangt die KGaA gelegentlich, wenn ein mittelständisches Unternehmen sich zur Erweiterung seiner finanziellen Basis an den allgemeinen Kapitalmarkt wenden will. Als Sonderform der AG ist sie **börsenfähig** (oben § 25 Rn. 2, 14) und erlaubt so die teilweise Beibehaltung personalistischer Leitungsstrukturen bei gleichzeitiger Öffnung gegenüber einem breiten Anlegerpublikum. Im Übrigen ist ihre Wahl bei echten Neugründungen eher selten. Sie kommt dann meist in Gestalt der GmbH & Co. KGaA vor (dazu unten Rn 5).[7] Die folgende Darstellung beschränkt sich auf die **wichtigsten Abweichungen vom Aktienrecht.**

---

[1] Aus neuerer Zeit: Umwandlung der Fresenius Medical Care AG in eine AG & Co. KGaA im Jahr 2005; *Herfs,* in: MünchHdbGesR IV, § 76 Rn. 18 mit Fn. 39.

[2] Statistisches Jahrbuch 1990, S. 126 Fn. 2.

[3] Vgl. MünchKomm-AktG/*Semler/Perlitt,* Vor § 278 Rn. 3, 4; GroßKomm-AktG/*Assmann/Sethe,* Vor § 278 Rn. 43, 45; *Meyer,* GmbHR 2002, 177, 178.

[4] XVI. Hauptgutachten der Monopolkommission 2004/2005, 2006, Rn. 311 Tabelle III. 7 (www.monopolkom-mission.de/haupt.html).

[5] *Ulmer/Habersack,* in: Ulmer/Habersack/Henssler, Mitbestimmungsrecht, 2. Aufl., 2006, § 1 MitbestG Rn. 34.

[6] Zwischen 100 und 200: *Hüffer,* § 278 Rn. 2; unter 100: KölnerKomm/*Mertens/Cahn,* Vorb. § 278, Rn. 6; Spindler/Stilz/*Bachmann,* AktG, § 278 Rn. 11: 100–400.

[7] Beispiel aus dem Profifußball: Der Fußballverein (nichtwirtschaftlicher e. V. nach § 21 BGB) gründet eine GmbH, diese ist Komplementärin einer GmbH & Co. KGaA (*Hertha BSC,* Darstellung der Vereinsstruktur im Börsenzulassungsprospekt für Inhaberschuldverschreibungen, S. 54ff. im Internet unter http://www.dkb-club.de/downloads/verkaufsprospekt_hertha.pdf; ähnlich Borussia Dortmund).

III. Einzelheiten

1. Kommanditaktionäre

4   Wesentlich ist, dass die KGaA gerade so wie die gewöhnliche KG **zwei verschiedene Arten von Mitgliedern** hat. Die Stellung der **Kommanditaktionäre**, meist einfach Aktionäre genannt, entspricht weitgehend derjenigen der *Aktionäre einer AG*. Im Gegensatz zu den Kommanditisten der gewöhnlichen KG, die den Gläubigern persönlich in Höhe der versprochenen Einlage haften, sind die Kommanditaktionäre lediglich der Gesellschaft gegenüber zur Einlage verpflichtet; den Gläubigern haften sie nicht. Auch können sie ihre Rechte gegenüber den Komplementären nicht selbständig als einzelne geltend machen, sondern nur kollektiv durch Beschluss der Hauptversammlung.

2. Komplementäre

5   Die **persönlich haftenden Gesellschafter** oder Komplementäre haben hinsichtlich ihrer Haftung wie auch hinsichtlich der Geschäftsführung und Vertretung eine ähnliche Stellung wie die **Komplementäre der KG** oder, was dasselbe bedeutet, wie die Gesellschafter einer OHG (§ 278 Abs. 2). Im Rahmen der KGaA als juristischer Person sind sie zugleich auch **Organ** mit der **Rolle des Vorstands** der AG (dazu § 283, auch § 284, Wettbewerbsverbot wie § 88).

  Ob als Komplementäre nicht nur natürliche Personen, sondern auch juristische Personen in Betracht kommen („GmbH & Co. KGaA", sog. atypische oder kapitalistische KGaA), war jahrzehntelang umstritten. In entsprechender Anwendung (§ 283 Einleitungssatz) des § 76 Abs. 3, der für Vorstandsmitglieder ausdrücklich natürliche Personen verlangt, wurde die Frage von der h. M. verneint. Mit einer **Grundsatzentscheidung** aus dem Jahr **1997** verwarf der BGH diese Auffassung und erklärte die GmbH & Co. KGaA ausdrücklich für zulässig, wobei er sich u. a. auf die entsprechende Rechtslage bei der KG berief (unten § 37 Rn. 2).[8] Der Gesetzgeber hat diese Entscheidung nachvollzogen (vgl. § 279 Abs. 2), so dass die Frage heute außer Streit steht. Ob das rechtspolitisch richtig ist, ist damit nicht gesichert.[9] Die Zulassung der GmbH & Co. KGaA hat zahlreiche Folgefragen aufgeworfen.[10]

a) Einlagen

6   Die persönlich haftenden Gesellschafter *können*, brauchen sich aber nicht mit Einlagen zu beteiligen. Näheres regelt die **Satzung** (§ 281). Die Einlagen können auf das Grundkapital der KGaA geleistet werden; dann erhalten die Komplementäre Aktien, sind also *zugleich Kommanditaktionäre*. Die Einlagen können aber auch außerhalb des Grundkapitals stehen; dann bilden sie *freies Gesellschaftsvermögen* und unterliegen nicht der aktienrechtlichen Bindung des Grundkapitals; sie werden dann auch in der Bilanz gesondert ausgewiesen (§ 286 Abs. 2 Satz 1).

b) Haftung

  Die Komplementäre haften den Gläubigern **zwingend, unmittelbar, persönlich, unbeschränkt** und **unbeschränkbar** mit ihrem ganzen Vermögen (§§ 161 Abs. 2, 128, 129 HGB; oben § 17 Rn. 18).

c) Geschäftsführungsbefugnis und Vertretungsmacht

  Die Komplementäre haben *Geschäftsführungsbefugnis und Vertretungsmacht*, mangels abweichender Bestimmung **jeder für sich allein** (§§ 161 Abs. 2, 115, 125 HGB; anders bei der AG §§ 77 Abs. 1,

---

  [8] BGHZ 134, 392 = NJW 1997, 1923; dazu *Ulmer* (Hrsg.), Die GmbH & Co. KGaA nach dem Beschluß BGHZ 134, 392, 1998; *K. Schmidt*, § 5 III 1 c a. E.
  [9] Vgl. dazu *Hüffer*, § 278 Rn. 9; *K. Schmidt*, § 32 IV 1; zu der der Entscheidung des BGH vorausgegangene Debatte *Priester* (pro) und *K. Schmidt* (contra), ZHR 160 (1996) 250 u. 260.
  [10] Vgl. BGHZ 165, 192 = NJW 2006, 510; ausführlich *Arnold*, Die GmbH und Co. KGaA, 2001; MünchKomm-AktG/*Semler/Perlitt*, § 278 Rn. 268 ff.

78 Abs. 2 AktG), wenn die Satzung nichts anderes bestimmt. Während die Vertretungsmacht grundsätzlich unbeschränkt ist (§ 126 HGB), bedürfen sie im **Innenverhältnis** zu ungewöhnlichen Geschäften der Zustimmung der Kommanditaktionäre durch Hauptversammlungsbeschluss (§§ 164, 116 HGB statt § 119 II). Als Verwaltungsorgan nehmen die Komplementäre innerhalb der Gesellschaft eine ähnliche Stellung ein wie der Vorstand in der AG (§ 283). Aber ihre Befugnisse beruhen nicht auf einer besonderen Bestellung, sondern auf dem Gesellschaftsvertrag (Satzung). Sie werden nicht von einem anderen Organ (Aufsichtsrat) bestellt. Deshalb können ihnen Geschäftsführungsbefugnis und Vertretungsmacht nur nach den für die OHG geltenden Grundsätzen entzogen werden, d. h. durch gerichtliche Entscheidung bei Vorliegen eines wichtigen Grundes (§§ 117, 127 HGB).

Ist eine juristische Person Komplementär, handeln für sie deren organschaftliche Vertreter (Geschäftsführer oder Vorstand, je nach Rechtsform).

3. Hauptversammlung

Die Hauptversammlung repräsentiert nur einen Teil der Gesellschafter, nämlich die **Kommanditak-** 7 **tionäre.** Die Komplementäre als solche haben in ihr kein Stimmrecht. Anders ist es, wenn sie Aktien besitzen, also zugleich Kommanditaktionäre sind; aber auch dann ist ihr Stimmrecht bei einer Reihe von Angelegenheiten ausgeschlossen, um Interessenkollisionen zu vermeiden (§ 285 Abs. 1: Wahl des Aufsichtsrates, Entlastung, Beschlüsse über Ersatzansprüche, Wahl von Sonder- und Abschlussprüfern usw.). Andererseits sind Hauptversammlungsbeschlüsse nur insoweit ohne weiteres wirksam, als sie lediglich die Belange der Kommanditaktionäre betreffen. Im Übrigen bedürfen sie der **Zustimmung der Komplementäre.** Dies ergibt sich aus § 285 Abs. 2, der auf das Recht der KG verweist. Angelegenheiten, die mit den Komplementären gemeinsam entschieden werden müssen, sind z.B. außergewöhnliche Geschäftsführungsmaßnahmen (oben Rn. 6) und Grundlagengeschäfte.[11] Es müssen sämtliche Komplementäre zustimmen, falls nicht die Satzung für ihre Entscheidungen untereinander Mehrheitsbeschlüsse vorsieht. Die Hauptversammlung beschließt im Gegensatz zur AG stets über den **Jahresabschluss** (§ 286 Abs. 1). Auch dieser Beschluss bedarf der Zustimmung der Komplementäre, da es sich um eine gemeinsame Angelegenheit handelt.

Die Satzungsstrenge der AG (vgl. § 23 Abs. 5, oben § 26 Rn. 2 a. E.) gilt bei der KGaA nicht (§§ 109, 163 HGB).[12]

4. Aufsichtsrat

Durch die zwei Arten von Gesellschaftern wird auch die Stellung des Aufsichtsrats berührt. Er ist 8 einerseits Organ der Gesamtgesellschaft, hat die gleiche Zusammensetzung wie bei der AG und nimmt auch entsprechende Aufgaben wie bei dieser wahr, also vor allem die Überwachung der Komplementäre als Geschäftsleiter. Er ist andererseits auch Organ der Kommanditaktionäre und führt als solches deren Beschlüsse aus (§ 287). Die Aufsichtsratsmitglieder der Anteilseignerseite werden infolgedessen nur von den Kommanditaktionären gewählt; die Komplementäre dürfen bei der Wahl wie bei der Abberufung selbst dann nicht mit stimmen, wenn sie Aktien besitzen (§ 285 Abs. 1 Satz 2 Nr. 1).[13] Wegen drohender Interessenkollisionen dürfen Komplementäre nicht Mitglieder des Aufsichtsrats werden (§ 287 Abs. 3).[14]

Die besondere Stellung der Komplementäre und deren größere Selbständigkeit gegenüber dem Aufsichtsrat wirken sich auch bei der **Mitbestimmung** der Arbeitnehmer aus. Zwar gelten das *MitbestG* und das *DrittelbG* für die KGaA ebenso wie für die AG (oben § 28 Rn. 9 ff.). Aber der Aufsichtsrat hat bei der KGaA einen geringeren Einfluss als bei der AG; dementsprechend reicht die Mitbestimmung auch nur so weit wie die Befugnisse des Aufsichtsrates. Z.B entfällt bei der KGaA die Wahl und die Abberufung von Vorstandsmitgliedern, da die Komplementäre ihre Stellung kraft Gesellschaftsvertra-

---

[11] Übersicht über gemeinsame Angelegenheit bei *Herfs*, in: MünchHdbGesR IV, § 78 Rn. 40 f.; zur Reichweite der Grundlagenzuständigkeit *OLG Stuttgart* NZG 2003, 778, 783; Großkomm-AktG/ *Assmann/Sethe*, § 278 Rn. 123; *Heermann*, ZGR 2000, 61, 66; *Hüffer*, § 278 Rn. 17 a; *Raiser/Veil*, § 23 Rn. 50.

[12] *Hüffer*, § 278 Rn. 18 f.

[13] Zu den Rechten und Pflichten des Aufsichtsrats in der KGaA *Kallmeyer*, ZGR 1983, 57.

[14] Str. die Erstreckung des Verbots auf Personen, die einen bestimmenden Einfluss auf Komplementär ausüben können, BGH NJW 2006, 510: „allenfalls bei Personen, die einen maßgeblichen Einfluss auf den Komplementär ausüben können"; im entschiedenen Fall ging es um Nießbrauchsberechtigten des Komplementäranteils; vgl. auch *BGH* NZG 2005, 276.

ges (Satzung) als Gesellschafter einnehmen. Ebenso entfällt dann auch die Bestellung eines Arbeitsdirektors (dazu §§ 31 Abs. 1 Satz 2, 33 Abs. 1 Satz 2 MitbestG). Ferner wirkt der Aufsichtsrat nicht bei der Feststellung der Bilanz mit, das ist Aufgabe der Hauptversammlung (§ 286). Fraglich ist, ob bei der kapitalistischen KGaA („GmbH & Co. KGaA") in Analogie zu § 4 MitbestG die Mitbestimmung der Arbeitnehmer unter den darin genannten Voraussetzungen auf die Ebene des Komplementärs zu erstrecken ist. Während der BGH die Frage verneint,[15] wird sie in der Literatur kontrovers erörtert.[16] Da die Herausnahme des Komplementärs der KGaA aus der Mitbestimmung ersichtlich auf der jetzt überholten Vorstellung beruhte, der Komplementär sei eine voll haftende natürliche Person und eine kapitalistische KGaA könne es nicht geben, besteht nunmehr eine nachträgliche Gesetzeslücke, deren Schließung aber wohl nur durch den Gesetzgeber selbst erfolgen kann.[17]

---

[15] BGHZ 134, 392 = NJW 1997, 1923.

[16] Vgl. einerseits *Joost,* ZGR 1998, 334, 344 ff.; MünchKomm-AktG/*Semler/Perlitt,* § 278 Rn. 302 ff. (pro); andererseits GroßKommAktG/*Assmann/Sethe,* Vor § 287 Rn. 15; *K. Schmidt,* § 32 IV 2 g; *Sigle,* FS Peltzer, 2001, S. 539, 553 f. (contra); zum Diskussionsstand *Herfs,* in: MünchHdbGesR IV, § 78 Rn. 63 ff. m. w. N.

[17] Gegen die Änderung des Mitbestimmungsstatuts durch Rechtsfortbildung BGHZ 134, 392, 400 = NJW 1997, 1923, 1925 (obiter).

4. Kapitel. Die Europäische Gesellschaft (SE)[*]

Literatur: Kommentare: *Manz/Mayer/Schröder* (Hrsg.), Europäische Aktiengesellschaft SE, 2005; MünchKomm-AktG, Bd. 9/2; *Nagel/Freis/Kleinsorge,* SE-Beteiligungsgesetz, 2005; *Theisen/Wenz* (Hrsg.), Die Europäische Aktiengesellschaft, 2. Aufl., 2005; *Ulmer/Habersack/Henssler,* Mitbestimmungsrecht, 2. Aufl., 2006, SEBG; *G. C. Schwarz,* SE-VO, 2006;
    Monografien und Sammelwerke: *Austmann,* in: MünchHdbGesR IV, §§ 82 ff.; *Baums/Cahn* (Hrsg.), Die europäische Aktiengesellschaft – Umsetzungsfragen und Perspektiven 2004; *Brandt,* Die Hauptversammlung der Europäischen Aktiengesellschaft 2004; *Güntzel,* Die Richtlinie über die Arbeitnehmerbeteiligung in der europäischen Aktiengesellschaft, (SE) und ihre Umsetzung in das deutsche Recht, 2006; *Jannott/Frodermann* (Hrsg.), Handbuch der Europäischen Aktiengesellschaft – Societas Europaea, 2005; *Lutter/Hommelhoff* (Hrsg.), Die Europäische Gesellschaft, 2005; *Mävers,* Die Mitbestimmung der Arbeitnehmer in der Europäischen Aktiengesellschaft, 2002; *Riesenhuber* (Hrsg.), Europäische Methodenlehre, 2006; *Schleifle,* Die Gründung der SE, 2004; *Steinberg,* Mitbestimmung in der Europäischen Aktiengesellschaft, 2006; *Zöllter-Petzold,* Die Verknüpfung von Europäischem und nationalem Recht bei der Gründung einer Societas Europea (SE), 2005.

§ 35. Begriff, Rechtsgrundlagen und Bedeutung

I. Begriff und Entstehungsgeschichte

1. Begriff

Die **Europäische Gesellschaft,** auch: Europäische Aktiengesellschaft, **Societas Eu-** 1 **ropaea – SE –** ist **Körperschaft, juristische Person, Kapitalgesellschaft** und **Form-kaufmann** (Art. 1 SE-VO[1]); ihre Anteile eignen sich zum Börsenhandel, sie hat also **Zugang zum Kapitalmarkt** (vgl. § 25 Rn. 1 zur AG). Die SE ist eine europäische Gesellschaftsform, eine **in Deutschland gegründete SE** ist aber eine **deutsche Gesellschaft** (Artt. 3 Abs. 1, 7). In Ausgestaltung und Anwendungsbereich ist sie eine **Alternative zur AG** bei grenzüberschreitender Tätigkeit und vor allem für **Großunternehmen** gedacht (oben § 25 Rn. 14 ff.).

2. Entstehungsgeschichte

Die Europäische Kommission hat in ihren Planungen die Vollharmonisierung des 2 Gesellschaftsrechts zugunsten einer Kombination von Mindeststandards durch punktuelle Harmonisierung und Wettbewerb der Rechtsordnungen im Übrigen aufgegeben.[2] Entsprechendes gilt verstärkt für die Systeme der Arbeitnehmerbeteiligung; der

---

[*] Artikel ohne nähere Bezeichnung beziehen sich in diesem Kapitel auf die SE-VO.

[1] Verordnung (EG) Nr. 2157/2001 des Rates vom 8. 10. 2001 über das Statut der Europäischen Gesellschaft (SE), Abl.EG L 294 v. 10. 11. 2001, S. 1.

[2] Vgl. Aktionsplan der Europäischen Kommission zur „Modernisierung des Gesellschaftsrechts und Verbesserung der Corporate Governance in der Europäischen Union" v. 21. 5. 2003, abgedr. in Beilage Heft 13/2004 NZG; dazu *van Hulle/Maul,* ZGR 2004, 484 ff.; *Windbichler/Krolop,* in: Riesenhuber (Hrsg.), Europäische Methodenlehre, 2006, § 19 Rn. 17 m. w. N.

sog. Davignon-Report hat von einer Harmonisierung sogar ausdrücklich abgeraten.[3] Vor diesem Hintergrund ist das Angebot europäischer Verbandsformen von besonderem Interesse (vgl. oben § 1 Rn. 16). Die Vorarbeiten zur SE erwiesen sich als außerordentlich schwierig und dauerten ca. 30 Jahre.[4] Im Ergebnis ist eine vollständig europäische Lösung dieser Gesellschaftsform zwar auf der Strecke geblieben; um das Projekt nicht gänzlich scheitern zu lassen, wurde der Weg einer **Verordnung** ergänzt durch eine **Richtlinie**[5] mit jeweils weit gehenden Zugeständnissen an das nationale Recht gewählt.[6] Der politische Kompromiss spiegelt sich in den divergierenden Zielen der Verordnung und der Richtlinie wider[7] und prägt die Auslegung, auch der Umsetzungsgesetze. Wie „europäisch" eine Rechtsform ist, lässt sich allerdings am Umfang der Verweisungen nicht genau feststellen. Wenn nämlich die Materie keine oder nur mäßige Harmonisierung erfahren hat, ist die europäische Form nur eine äußerliche Hülle. Ist die Materie Gegenstand von Richtlinien, ist die Divergenz zwischen den nationalen Rechten verringert. Ein Beispiel ist das Gründungsrecht der SE[8] einerseits, das Bilanzrecht[9] für die SE andererseits.

II. Rechtsgrundlagen

1. Quellen

3   Die SE wurde durch die SE-VO eingeführt, die unmittelbar gilt, aber keine vollständige Regelung trifft, sondern für die nicht geregelten Bereiche auf das Recht des Sitzstaates der SE verweist. Dort haben die zur Implementierung der SE erlassenen Vorschriften des nationalen Rechts Vorrang vor dem allgemeinen Gesellschaftsrecht. Die SE-RL behandelt die Beteiligung der Arbeitnehmer, die nach nationalen Umsetzungsgesetzen und Vereinbarungen zu gestalten ist. Daraus ergibt sich ein komplexes Wechselspiel von europäischer Regelungsebene, nationalem Recht, Satzungregeln, Mitbestimmungsvereinbarungen und nationalem (Auffang-)Recht. Hinzu kommen noch branchenspezifische Regulierungen, z.B. für Banken und Versicherungen, sowie ggf. Kapitalmarktrecht(e).

4   Nach der ausdrücklichen Bestimmung in Art. 9 Abs. 1 unterliegt die SE (Hervorhebungen durch Autorin):

---

[3] *Europäische Kommission* (Hrsg.), Abschlussbericht der Sachverständigengruppe „European Systems of Worker Involvement" (Davignon Report), 1997, S. 4; näher zu Hintergrund und Inhalt *Mävers*, Die Mitbestimmung der Arbeitnehmer in der Europäischen Aktiengesellschaft, 2002, S. 294 ff.

[4] Zur Historie näher *Habersack*, Europäisches Gesellschaftsrecht, § 12 Rn. 1 ff.; *Henssler,* in: Ulmer/Habersack/Henssler, Mitbestimmungsrecht, 2. Aufl., 2006, Einl. SEBG Rn. 12 ff.

[5] Richtlinie 2001/86 EG vom 8. 10. 2001, Abl.EG Nr. 294, S. 22 zur Ergänzung des Statuts der Europäischen Gesellschaft hinsichtlich der Beteiligung der Arbeitnehmer; in diesem Kapitel bezieht sich die Bezeichnung „SE-RL" auf diese Richtlinie.

[6] *Henssler,* in: Ulmer/Habersack/Henssler, Mitbestimmungsrecht, 2. Aufl., 2006, Einl. SEBG Rn. 2, 12 ff.; auch in Bezug auf die SE-VO wurde vermerkt „... that the SE proposal startet as a ,sausage' and ended up as a ,sausage skin'", *Davies*, Principles, S. 26 Fn. 40; *Fleischer*, AcP 204 (2004), 502, 507; *Wißmann*, FS Wiedemann, 2002, S. 685, 693 ff.: Paradigmenwechsel von Angleichung der Mitbestimmungsstandards zur Sicherung der bestehenden Mitbestimmungsrechte.

[7] MünchKomm-AktG/*Kübler*, EinfEuropGes Rn. 7; *ders.*, FS M. Weiss, 2005, S. 235, 239.

[8] Dazu *Zöllter-Petzold*, Die Verknüpfung von Europäischem und nationalem Recht bei der Gründung einer Societas Europea (SE), 2005.

[9] Zur Richtliniendichte oben § 2 Rn. 28.

„a) den Bestimmungen der Verordnung selbst,
b) sofern die Verordnung das ausdrücklich zulässt, den Bestimmungen der **Satzung** der SE,
c) in Bezug auf die nicht durch die Verordnung geregelten Bereiche oder, sofern ein Bereich nur teilweise geregelt ist, in Bezug auf die nicht von dieser Verordnung erfassten Aspekte

    i) den Rechtsvorschriften, die die Mitgliedstaaten in Anwendung der speziell die SE betreffenden Gemeinschaftsmaßnahmen erlassen (in Deutschland **SEEG**,[10] bestehend aus **SEAG** und **SEBG**),

    ii) den Rechtsvorschriften der Mitgliedstaaten, die auf eine nach dem Recht des Sitzstaats der SE gegründete Aktiengesellschaft Anwendung finden würden (in Deutschland **AktG, HGB**),

    iii) den Bestimmungen ihrer **Satzung** unter den gleichen Voraussetzungen wie im Falle einer nach dem Recht des Sitzstaats der SE gegründeten Aktiengesellschaft (in Deutschland insbesondere § 23 Abs. 5 AktG).

Von den Mitgliedstaaten eigens für die SE erlassene Rechtsvorschriften müssen mit den **für Aktiengesellschaften maßgeblichen Richtlinien** im Einklang stehen."

Hinzu kommen die für die SE getroffenen **Vereinbarungen zur Arbeitnehmerbeteiligung**,[11] ggf. eine Auffanglösung. Für deren Zustandekommen gelten die Richtlinie zur Ergänzung der SE-VO und das SEBG, diese ergänzend wiederum das jeweilige nationale Arbeits- und Gesellschaftsrecht. Bei allen gesetzlichen Regeln ist das **primäre Gemeinschaftsrecht** zu beachten, insbesondere die **Niederlassungsfreiheit**, die **Kapitalverkehrsfreiheit** und das **Diskriminierungsverbot** als Maßstab und ggf. Schranke (oben § 2 Rn. 26).

Die verschiedenen Rechtsregeln stehen nicht in einem klaren Stufenverhältnis, das **5** Vorrang und Nachrang im Kollisionsfall festlegt. Sie greifen eher ineinander, vor allem durch Verweisungen. Das sieht man beispielsweise daran, dass in Art. 9 die Satzung zweimal auftaucht, nämlich einmal auf der Ebene der Zuweisung von Satzungskompetenzen durch die VO selbst, dann später nochmals im Rahmen der nationalen Gesetzgebung.[12] Vor allem sind die gemeinschaftsrechtlichen Regelungsbestandteile nur eine Teilrechtsordnung,[13] also planvoll unvollständig, so dass im Einzelfall zu fragen ist, was von dieser Teilrechtsordnung noch mit geregelt ist, und was anderen Mechanismen (nationalem Recht, Satzung, Vereinbarung) überlassen bleibt.[14] Besondere Vorsicht ist daher bei der Feststellung von Lücken (zum Zweck der Ausfüllung) geboten. Wie im Internationalen Privatrecht gibt es Qualifizierungsprobleme, welchem Bereich eine konkrete Frage zuzuschlagen ist. Es gilt, sich in der verschachtelten Architektur des Gebäudekomplexes aus europäischem, nationalem und privatautonom geschaffenem Recht zurecht zu finden.

2. Methodenfragen

Sowohl für die Qualifikation wie für die Anwendung der auf diese Weise gefun- **6** denen einschlägigen Norm stellt sich die Frage nach den **Auslegungsmethoden**. Die

---

[10] Gesetz zur Einführung der Europäischen Gesellschaft v. 22. 12. 2004, BGBl. I, S. 3675.

[11] Nach *Habersack* bildet die Vereinbarung über die Beteiligung der Arbeitnehmer als solche keine Rechtsquelle i. S. d. Art. 9 SE-VO, sondern bedarf der Überführung in die Satzung, AG 2006, 345, 348, 350; ähnlich *G. C. Schwarz*, SE-VO, 2006, Art. 12 Rn. 37 ff., anders aber ebenda Art. 23 Rn. 23 für die Verschmelzung; *Seibt*, AG 2005, 413, 418; s. auch *Windbichler*, 6 EBOR (2005), 507, 534, 537.

[12] Zum Verhältnis der beiden Satzungsfreiheiten zueinander *Casper*, FS Ulmer, 2003, S. 51, 71; *Hommelhoff*, FS Ulmer, S. 267, 172 ff.; *ders.*, in: Lutter/Hommelhoff (Hrsg.), Die Europäische Gesellschaft, 2005, S. 17 f.

[13] *Casper*, FS Ulmer, 2003, S. 51: Torso; *Windbichler/Krolop*, in: Riesenhuber (Hrsg.), Europäische Methodenlehre, 2006, § 19 Rn. 7, 20 ff.

[14] Zur Problematik der Abgrenzung eines „Regelungsbereichs" der SE *Brandt*, Die Hauptversammlung der Europäischen Aktiengesellschaft, 2004, S. 29 ff.; *Casper*, FS Ulmer, 2003, S. 51, 54 ff., 67 f.; *Schleifle*, Gründung, S. 19 ff.; *Hommelhoff*, in: Lutter/Hommelhoff (Hrsg.), Die Europäische Gesellschaft, 2005, S. 9 ff.; vgl. auch *Raiser*, FS Semler, 1993, S. 277, 282 f.; *Teichmann*, ZGR 2002, 383, 395 ff.

nationalen Auslegungstraditionen für das nationale Recht, die von Mitgliedstaat zu Mitgliedstaat differieren, werden ergänzt durch **richtlinienkonforme**[15] und **primärrechtskonforme**[16] Auslegung des nationalen Rechts. Gemeinschaftsrecht ist **autonom,** sekundäres Gemeinschaftsrecht vorrangig primärrechtskonform auszulegen.[17] Hinzu kommen noch einige Besonderheiten der SE-Konstruktion (oben Rn. 4).

7   Die Rechtslehre und Rechtspraxis, auch die des nationalen Gesetzgebers, mögen sich damit nicht immer auseinandersetzen. Ein Beispiel ist das SEBG, dessen § 1 Abs. 3 bestimmt: „Die Vorschriften dieses Gesetzes sowie die nach Abs. 2 zu treffende Vereinbarung sind so auszulegen, dass die Ziele der Europäischen Gemeinschaft, die Beteiligung der Arbeitnehmer in der SE sicherzustellen, gefördert werden."[18] Fraglich ist zunächst, ob diese Aussage über die Ziele der europäischen Gemeinschaft zutrifft; die Erwägungsgründe zur SE-Richtlinie betonen sowohl die Bewahrung des *status quo* als auch den Vereinbarungsvorrang.[19] Zudem wird man die SE-RL und ihre Ziele nicht isoliert von der SE-VO und deren teilweise anders lautenden Zielen sehen können.[20] Selbst wenn § 1 Abs. 3 SEBG als deklaratorische Hilfestellung gemeint ist, kann der nationale Gesetzgeber doch nichts Bindendes zu den Zielen der europäischen Gemeinschaft sagen. Den nationalen Gesetzgeber mag bei der Formulierung der Auslegungsregel eine Art *effet-utile*-Vorstellung geleitet haben wie sie der EuGH zur praktischen Wirksamkeit einzelner Normen im Hinblick auf die Vertragsziele entwickelt hat.[21] Die SE-Richtlinie unterscheidet sich jedoch in einem wesentlichen Aspekt von anderen Richtlinien. Sie verfolgt nämlich gerade nicht die Harmonisierung, sondern ist Ausdruck der bruchstückhaften Regelung der europäischen Rechtsform SE.

8   Für die SE gelten das MitbestG 1976 und das DrittelbetG nicht, wenngleich die deutsche Auffangregelung in §§ 34 ff. SEBG[22] in Umsetzung von Art. 7 der SE-Ergänzungsrichtlinie[23] dem ziemlich nahe kommt. Dagegen ist nichts einzuwenden, zumal das deutsche Modell der paritätischen Aufsichtsratsbesetzung jedenfalls keinen Verfassungsrang hat.[24] Die Beteiligung der Arbeitnehmer ist vorrangig durch Vereinbarung zu regeln; wenn keine Vereinbarung zustande kommt, gelten die Auffangvorschriften der §§ 22 ff., 34 ff. SEBG.

---

[15] *Canaris,* FS F. Bydlinski, 2002, S. 47; *W.-H. Roth,* in: Riesenhuber (Hrsg.), Europäische Methodenlehre, 2006, § 14; jeweils m. w. N.

[16] *Leible/Domröse,* in: Riesenhuber (Hrsg.), Europäische Methodenlehre, 2006, § 9 Rn. 38 ff.

[17] *Leible/Domröse,* in: Riesenhuber (Hrsg.), Europäische Methodenlehre, 2006, § 9 Rn. 8 ff., 27; zur Bedeutung des Sekundärrechts für die Auslegung des Primärrechts *Colneric,* ZEuP 2005, 225, 229; *Franzen,* Privatrechtsangleichung durch die europäische Gemeinschaft, 1999, S. 449; *Pernice/Mayer,* in: Grabitz/Hilf (Hrsg.), Das Recht der Europäischen Union, 32. EL (Stand: April 2007), Art. 220 EGV Rn. 52.

[18] SE-Beteiligungsgesetz – SEBG vom 28. 12. 2004; ähnlich § 1 Abs. 3 des Gesetzes zur Umsetzung der Regelungen über die Mitbestimmung der Arbeitnehmer bei einer Verschmelzung von Kapitalgesellschaften aus verschiedenen Mitgliedstaaten (MgVG) vom 21. 12. 2006, BGBl. I S. 3332.

[19] SE-RL Erwägungsgründe Nr. 3, 9 und 18 einerseits, Nr. 7, 8 und Art. 4 Abs. 2 (Autonomie der Parteien) andererseits; ähnlich Erwägungsgrund 13 und Art. 16 der Richtlinie 2005/56/EG vom 26. 10. 2005 über die Verschmelzung von Kapitalgesellschaften aus verschiedenen Mitgliedstaaten, Abl.EG L 310/1 vom 25. 11. 2005; s. auch *Neye,* ZIP 2005, 1893, 1897 f. – Zur (begrenzten) Bedeutung der Erwägungsgründe für die Auslegung *Köndgen,* in: Riesenhuber (Hrsg.), Europäische Methodenlehre, 2006, § 7 Rn. 39 ff.; *Stotz,* ebenda § 22 Rn. 19.

[20] *Henssler,* in: Ulmer/Habersack/Henssler, Mitbestimmungsrecht, 2. Aufl., 2006, SEBG Einl. Rn. 138: Fülle von Widersprüchlichkeiten und Ungereimtheiten.

[21] *Casper,* FS Ulmer, 2003, S. 51, 55.

[22] Gesetz über die Beteiligung der Arbeitnehmer in einer Europäischen Gesellschaft (SE-Beteiligungsgesetz – SEBG) vom 28. 12. 2004, BGBl. I S. 3686.

[23] Richtlinie 2001/86/EG vom 8. Oktober 2001, Abl. EG L 294 10. 11. 2001, S. 22.

[24] *Windbichler/Bachmann,* FS G. Bezzenberger, 2000, S. 797; das Problem wurde auch im Zusammenhang mit der Anwendbarkeit deutschen Mitbestimmungsrechts auf in Deutschland tätige Auslandsgesellschaften diskutiert; zum Meinungsstand *Raiser,* Gutachten B zum 66. Deutschen Juristentag, Abt. Arbeitsrecht, 2006, S. 108; *Rehberg,* in: Eidenmüller (Hrsg.), Ausländische Kapitalgesellschaften im deutschen Recht, 2004, § 6 Rn. 22 ff.; *Reichold,* JZ 2006, 812, 819; *Thüsing,* in: Rieble (Hrsg.), Zukunft der Unternehmensmitbestimmung, 2004, S. 100 f.

Rechtstechnischer Vorläufer war die Richtlinie über die Einrichtung europäischer Betriebsräte, die ebenfalls vorrangig auf Vereinbarungslösungen verweist.[25] Bei solchen Vereinbarungen handelt es sich nicht um Austauschbeziehungen wie Ware gegen Geld oder Arbeit gegen Lohn, sondern um **Organisationsabsprachen.** Ein rechtspolitischer Vorteil dieser Technik ist die Befreiung des Gesetzgebers von der Regelungslast. Da bei einer privatautonomen Absprache ihrem Grundgedanken nach das Ergebnis einer unter angemessenen Rahmenbedingungen erzielten Einigung seine Legitimation in sich trägt[26], scheint der Gesetzgeber der Sorge um die inhaltliche Sachgerechtigkeit sowie der verfassungs- und politischen Legitimation der Mitbestimmung enthoben. Die Schaffung der institutionellen Voraussetzungen für den Verhandlungsprozess ist allerdings sehr schwierig und nicht ausgereift.[27]

III. Bedeutung

1. Praktische Akzeptanz

Die Aufnahme der SE in der Praxis wurde zunächst skeptisch beurteilt, nachdem die **9** Europäische wirtschaftliche Interessenvereinigung – EWIV keine größere Bedeutung erlangt hatte.[28] Jedoch haben inzwischen sehr große, weltweit tätige und bekannte börsennotierte Unternehmen die Form der SE gewählt (Beispiele: Allianz SE, BASF SE). Mit weiterer Verbreitung ist zu rechnen. Der Anwendungsbereich erstreckt sich von kleineren (arbeitnehmerlosen) Gesellschaften über Tochtergesellschaften innerhalb eines Konzerns (MAN Diesel SE) bis zu den genannten Muttergesellschaften internationaler Unternehmensgruppen.

2. Bedeutung für die Rechtsentwicklung

Die Vorarbeiten zur Schaffung der SE und die (trotz Verordnung notwendige) Imp- **10** lementierung in die jeweiligen nationalen Rechte haben die rechtsvergleichende und funktionale Analyse des Gesellschaftsrechts bereits sehr befruchtet.[29] Unabhängig von Harmonisierungsbemühungen zeigen sich im Rechtsvergleich als *common core* übereinstimmende Grundmuster der Kapitalgesellschaft, die erstaunlich homogen sind (oben § 25 Rn. 35). Die unterschiedliche Ausgestaltung im Einzelnen ist Gegenstand des Wettbewerbs der Regelgeber (§ 1 Rn. 21, § 20 Rn. 18). Die europäischen Formen geben Impulse, indem sie auf nationaler Ebene Gestaltungsmöglichkeiten erzwingen, die zuvor ungewohnt, wenn nicht sogar unzulässig waren. So kann es etwa in Form der SE in Großbritannien Gesellschaften mit einem Aufsichtsratssystem geben, in Deutschland mit einem Verwaltungsrat *(board).*

---

[25] Richtlinie 94/45/EG über die Einsetzung eines europäischen Betriebsrats oder die Schaffung eines Verfahrens zur Unterrichtung und Anhörung der Arbeitnehmer in gemeinschaftsweit operierenden Unternehmen und Unternehmensgruppen vom 22. 9. 1994, ABl.EG L 254 v. 30. 9. 1994, S. 64.

[26] *Kirchner,* AG 2004, 197, 198. Zu privatrechtlichen Einigungen allgemein plastisch *Fastrich,* Inhaltskontrolle im Privatrecht, 1992, S. 36: „Die Regelung findet Anerkennung, weil sie gewollt und nicht weil sie gesollt, d. h. objektiv richtig ist."

[27] *Windbichler,* in: Jürgens/Sadowski/Schuppert/Weiss (Hrsg.), Perspektiven der Corporate Governance, 2007, S. 282, 291 ff.

[28] Baumbach/Hopt/*Hopt,* HGB, Anh. § 160 Rn. 2.

[29] Sehr instruktiv *Fleischer,* AcP 204 (2004) 502; vgl. auch oben § 1 Rn. 17.

§ 36. Entstehung und Verfassung

I. Gründung und Beendigung

1. Gründung

a) Formen

1   Der Anwendungsbereich der SE ist in Art. 2 abschließend umschrieben. Demnach kann die SE nur von bestimmten **bereits bestehenden Gesellschaften** unter bestimmten Voraussetzungen eingesetzt werden. Da es sich um eine europäische Form handelt, muss **Mehrstaatlichkeit** der Gründer gegeben sein, d. h. die Beteiligten müssen aus mindestens zwei verschiedenen Mitgliedstaaten kommen. Die Anwendungsfälle zeigen, dass die SE typischerweise als Teil einer Unternehmensgruppe vorkommt.

Aktiengesellschaften können eine SE durch **Verschmelzung** gründen, sofern mindestens zwei von ihnen dem Recht verschiedener Mitgliedstaaten unterliegen (Art. 2 Abs. 1). AG und GmbH können eine **Holding-SE** gründen (Art. 2 Abs. 2). Gesellschaften i. S. d. Art. 48 Abs. 2 EG,[1] auch juristische Personen des öffentlichen Rechts und Stiftungen können eine gemeinsame **Tochter-SE** gründen (Art. 2 Abs. 3). Eine nationale AG kann durch formwechselnde **Umwandlung** zur SE werden, wenn sie seit mindestens zwei Jahren dem Recht eines anderen Mitgliedstaates unterliegende Tochtergesellschaft hat (Art. 2 Abs. 4). Die Mitgliedstaaten können vorsehen, dass sich Gesellschaften mit Hauptverwaltung außerhalb der EG an der Gründung einer SE beteiligen (Art. 2 Abs. 5). Deutschland hat von dieser Möglichkeit keinen Gebrauch gemacht.[2]

b) Anwendbares Recht

2   Die SE-VO enthält zahlreiche Einzelnormen zu den verschiedenen Gründungsarten (Art. 17–37), aber ebenso wenig wie das SEAG umfassende Vorschriften zum **Gründungsvorgang**. Nach der Verweisung in Art. 15 findet überwiegend **deutsches Aktien- bzw. Umwandlungsrecht** Anwendung. Das enthält wiederum teilweise richtlinienkonformes Recht (vgl. oben § 35 Rn. 2 a. E.). Die in Artt. 15 Abs. 2, 13 geforderte Offenlegung folgt der Publizitätsrichtlinie.[3] Entsprechendes gilt für die Eintragung ins Handelsregister (Art. 12 Abs. 1).

Eine **Besonderheit** ist, dass die SE erst eingetragen werden kann, wenn die Modalitäten der Beteiligung der Arbeitnehmer geregelt sind (Art. 12 Abs. 2). Bei einer arbeitnehmerlosen SE hat diese als materielle Eintragungsvoraussetzung formulierte Vorschrift zu Schwierigkeiten geführt.[4] Der **Satzungssitz** muss mit dem Ort der Hauptverwaltung übereinstimmen (Art. 7). Der Rechtsformzusatz der **Firma** lautet „SE" (Art. 11). Insgesamt sind viele Detailfragen nicht abschließend geklärt.[5]

c) Kapitalaufbringung

3   Die SE muss ein Mindestgrundkapital von 120 000 € haben (Art. 4). Die SE-VO verweist in Art. 5 auf das (mit der Kapitalrichtlinie konforme) Recht des Sitzstaates der SE. Da auch das SEEG keine speziellen Vorgaben enthält, unterliegen **Kapitalaufbringung und -erhaltung** bei einer in Deutschland gegründeten SE grundsätzlich den allgemeinen Vorgaben des deutschen Aktienrechts; das gilt auch für **Kapitalerhöhungen.**

---

[1] Zur Definition *Windbichler/Krolop,* in: Riesenhuber (Hrsg.), Europäische Methodenlehre, 2006, § 19 Rn. 1 ff.

[2] *G. C. Schwarz,* SE-VO, 2006, Art. 2 Rn. 108 mit Hinweis auf die kollisionsrechtliche Lage; nach § 4 a GmbHG i. d. F. des RegEMoMiG, oben § 21 Rn. 4 a, mag sich das anders darstellen.

[3] Publizitätsrichtlinie (1. RL) .

[4] *LG Hamburg* ZIP 2005, 2019; *Blanke,* ZIP 2006, 789; *Seibt,* ZIP 2005, 2248; *Henssler,* in: Ulmer/ Habersack/Henssler, Mitbestimmungsrecht, 2. Aufl., 2006, Einl SEBG Rn. 75 ff. 169 ff.

[5] Näher insbes. *Zöllter-Petzoldt,* Die Verknüpfung von Europäischem und nationalem Recht bei der Gründung einer Societas Europea (SE), 2005.

Fraglich ist, ob auch die Lehre von der **verdecken Sacheinlage** (oben § 23 Rn. 13 ff., § 26 Rn. 18) als Produkt einer umfangreichen Rechtsprechung uneingeschränkt auf die SE anwendbar ist. Zwar wird allgemein davon ausgegangen, dass Gesetze im formellen Sinne und Richterrecht eine Einheit bilden, und die Verweisung daher auch das Richterrecht erfasst.[6] Dagegen wird von einer verbreiteten Auffassung aus dem Grundsatz des *effet utile* abgeleitet, dass die Vorgaben für die SE so ausgelegt werden müssen, dass die Funktionsfähigkeit und die Praktikabilität dieser Rechtsform möglichst wirksam gesichert wird.[7] Vor diesem Hintergrund könnte man die Anwendbarkeit der Rechtsprechungsregeln in Zweifel ziehen,[8] zumal der RefE zum MoMiG zwar Entlastung bei der Behandlung von Darlehen im Hinblick auf die Kapitalerhaltung auch für die AG bringt (oben § 23 Rn. 20 a, § 30 Rn. 20), für die Sacheinlage aber nur bei der GmbH.

2. Beendigung

Auflösung, Abwicklung und Vollbeendigung richten sich nach **Aktienrecht** (Art. 63; oben § 26 **4** Rn. 32 ff.). Welches **Insolvenzrecht** Anwendung findet, bestimmt die EUInsVO; maßgeblich ist der Mittelpunkt des wirtschaftlichen Interesses (*centre of main interest – COMI*, oben § 1 Rn. 11). Bei einer deutschen SE wird das in aller Regel Deutschland sein, da Art. 7 verlangt, dass Satzungssitz und Hauptverwaltung übereinstimmen. Es gelten die Insolvenzgründe und das Insolvenzverfahren der InsO. Die SE kann ferner ohne Abwicklung in eine andere Gesellschaftsform umgewandelt werden (Art. 66).

Eine **Besonderheit** ist die Drohung mit der Liquidation für den Fall, dass die SE ihren Sitz in anderes Land verlegt und sich damit in Widerspruch zu Art. 7 begibt (Art. 64). Das soll die Mobilität der SE nicht einschränken. Ihr steht die **Sitzverlegung** nach Art. 8 und §§ 12 ff. SEAG zur Verfügung. Diese Möglichkeit muss sie aber ggf. in Anspruch nehmen. § 52 SEAG stellt das Auseinanderfallen von Satzungs- und Hauptverwaltungssitz einem wesentlichen Satzungsmangel i. S. d. § 262 Abs. 1 Nr. 5 AktG gleich. Nach § 144 a FGG bestimmt das Registergericht eine Frist zur Abhilfe, die hier in der Rückverlegung der Hauptverwaltung oder der Sitzverlegung nach Art. 8 bestehen kann. Kommt die Gesellschaft der Aufforderung nicht nach, ist sie aufgelöst und wird nach §§ 264 ff. AktG abgewickelt (oben § 26 Rn. 41 ff.).

II. Innere Ordnung

1. Organe

a) Aufsichtsrat oder Verwaltungsrat

Für die SE steht sowohl das Aufsichtsratsmodell der AG (dualistisches System) als **5** auch das aus anderen Ländern bekannte Verwaltungsratsmodell (monistisches System, vgl. oben § 25 Rn. 10) zur Verfügung. Die Festlegung erfolgt zwingend in der Satzung (Art. 38). Für beide Systeme gibt es gemeinsame Vorschriften (Artt. 46–51).

Die Bestellung der Organmitglieder erfolgt für einen in der Satzung bestimmten Zeitraum, der sechs Jahre nicht überschreiten darf. Die Mitglieder können wieder bestellt werden, soweit die Satzung nichts anderes bestimmt. In Deutschland können nur natürliche Personen Organmitglied sein, da auch für die AG juristische Personen nicht als Mitglieder des Vorstands oder des Aufsichtsrates zugelassen sind. Ähnlich wie in § 111 Abs. 4 Satz 2 AktG bestimmt nach Art. 48 die Satzung die Arten von Geschäften, die entweder der Zustimmung des Aufsichtsrates oder eines Beschlusses des (ganzen) Verwaltungsrates bedürfen. Von den Pflichten der Organmitglieder ist nur die Geheimhaltungspflicht besonders genannt und im Übrigen auf nationales Recht verwiesen (Artt. 49, 51), ein Indiz dafür, dass es hier Probleme gibt (vgl. oben § 28 Rn. 37). Art. 50 enthält Regeln für die Beschlussfassung, die aber hinter Satzungsbestimmungen zurück treten, soweit nicht Mitbestimmungsregeln betroffen sind. Die Reichweite der Satzungsautonomie richtet sich im Übrigen nach nationalem Recht (Art. 9 Abs. 1 c) iii).

---

[6] *Brandt,* Die Hauptversammlung der Europäischen Aktiengesellschaft, 2004, S. 48 f.; *Casper,* FS Ulmer, 2003, S. 51, 65; *Wagner,* NZG 2002, 985, 987.

[7] Vgl. *Casper,* FS Ulmer, 2003, S. 51, 55; *Teichmann,* ZGR 2002, 383, 398; *Wagner,* NZG 2002, 985, 987; *Nagel,* in: Nagel/Freis/Kleinsorge, SE-Beteiligungsgesetz, 2005, 2 B. Rn. 9 m. w. N.

[8] Vgl. *Windbichler/Krolop,* in: Riesenhuber (Hrsg.), Europäische Methodenlehre, 2006, § 19 Rn. 77 f.

6   Die Vorschriften über das **dualistische System** (Artt. 39–42, §§ 15–19 SEAG) weichen in einigen interessanten Details vom Aktienrecht ab. Praktisch spielt eine besondere Rolle, dass die **Größe des Aufsichtsrates** durch die Satzung bestimmt werden kann. Das erlaubt eine Verkleinerung gegenüber der zwingend vorgeschriebenen Größe nach § 7 Abs. 1 MitbestG; § 17 Abs. 1 SEAG sieht lediglich Höchstzahlen vor. Unter Corporate Governance Gesichtspunkten werden deutsche Aufsichtsräte oft als zu groß angesehen (oben § 28 Rn. 1, 10).

7   Das **monistische System** in seiner Grundform kennt nur ein Leitungsorgan der Gesellschaft, den Verwaltungsrat. Nach Art. 43 Abs. 1 Satz 1 führt das Verwaltungsorgan die Geschäfte der SE. Dieses Modell, das eher an die GmbH als an die AG erinnert, wird in großen Gesellschaften nicht mehr praktiziert. Zwischen der laufenden Geschäftsführung und deren Überwachung wird auch im *board*-System differenziert (oben § 25 Rn. 10 m. w. N.). Art. 43 Abs. 1 Satz 2 sieht dementsprechend vor, dass die laufenden Geschäfte einem oder mehreren Geschäftsführern übertragen werden können, wenn das nationale Recht das zulässt. Die genaue Abgrenzung zwischen Geschäftsführung und sonstigen Aufgaben bleibt damit nationalem Recht überlassen. Für Deutschland ist der Verwaltungsrat neu und dementsprechend mit größerem Aufwand im SEAG (§§ 20–49) geregelt.[9] Nach § 22 Abs. 1 SEAG hat der Verwaltungsrat eine Art **Richtlinienkompetenz,** für die **Tagesgeschäfte** bestellt er geschäftsführende Direktoren (§ 40 SEAG). Die Regelungen sind so gestaltet, dass die Trennung von Geschäftsführung und Kontrolle ermöglicht wird und auch Arbeitnehmervertreter als Verwaltungsratsmitglieder in Betracht kommen. Erfahrungen mit größeren deutschen monistischen SE bestehen bisher nicht.

b) Hauptversammlung

8   Die Hauptversammlung (Artt. 52–60, §§ 50f. SEAG) hat dieselbe Rolle wie im Aktienrecht. Neben den gemeinschaftsrechtlichen Zuständigkeiten (Art. 52 Abs. 1) hat sie die Zuständigkeiten nach dem AktG (oben § 29 Rn. 2ff.). Auch hier ist streitig, ob die rechtsfortbildend entwickelten ungeschriebenen Zuständigkeiten (oben § 29 Rn. 4f.) in der SE gelten.[10] Eine Satzungsregel kann nicht helfen, da die Verweisung auf nationales Recht auch die Satzungsstrenge des deutschen Aktienrechts (§ 23 Abs. 5 AktG) auf die SE überträgt (vgl. oben § 35 Rn. 5).

In jedem Falle kommt der Hauptversammlung die **Grundlagenkompetenz** zu (oben § 29 Rn. 6). Insbesondere die Satzungsänderung und die Organbestellung finden sich nicht nur in der SEVO und dem AktG, sondern, rechtsvergleichend gesehen, als generelles Grundelement der Kapitalgesellschaft.[11] Im Übrigen ist das Spektrum der Abgrenzungen zwischen Hauptversammlungs- und Verwaltungszuständigkeiten sehr breit.[12]

2. Rechnungslegung

9   Art. 61 SEVO verweist für den Jahresabschluss, Konzernabschluss und die Offenlegung auf nationales Recht, das aber weitgehend von Richtlinien geprägt ist; für den Konzernabschluss gilt ohnehin die IAS-VO (oben § 31 Rn. 3ff.). Für Banken und Versicherungen gelten besondere Vorschriften (Art. 62 SEVO); auch dies weicht nicht vom nationalen (richtlinienkonformen) Recht ab.

3. Beteiligung der Arbeitnehmer

a) Überblick

10   Die Vorstellungen über die Beteiligung von Arbeitnehmern an betrieblichen und unternehmerischen Entscheidungprozessen ist innerhalb der EU, aber auch weltweit

---

[9] Näher dazu *Ph. Schmidt,* Die monistische SE in Deutschland, 2006.
[10] Ausführlich (im Ergebnis verneinend) dazu *Brandt,* Die Hauptversammlung der Europäischen Aktiengesellschaft, 2004, S. 142ff.; ablehnend auch MünchKomm-AktG/*Kubis,* Art. 52 SE-VO Rn. 22; a. A. *G. C. Schwarz,* SE-VO, 2006, Art. 52 Rn. 35.
[11] Vgl. *Rock/Kanda/Kraakman,* in: Kraakman, Davies u. a., Anatomy, S. 131ff.
[12] *Grundmann,* European Company Law, Rn. 428ff.

sehr unterschiedlich; von einem Harmonisierungsversuch hat der europäische Gesetzgeber daher abgesehen (oben § 35 Rn. 2, auch oben § 28 Rn. 9 ff.). Das gesamte Vorhaben der Schaffung einer SE drohte an diesem Dissens zu scheitern. Die Lösung über eine **Richtlinie**[13] verspricht doppelte Flexibilität, zum einen durch Spielräume bei der Umsetzung in nationales Recht (in Deutschland SEBG), zum anderen durch den zwingenden Vorrang von Vereinbarungslösungen. Bei näherem Hinsehen handelt es sich gleichwohl um eine starre und komplizierte Regelung.

Die SE-RL beginnt mit einer Reihe von **Begriffsbestimmungen,** aus denen hervorgeht, dass die Arbeitnehmerbeteiligung sowohl betriebliche Unterrichtungs- und Anhörungsverfahren als auch die Einflussnahme auf die Organbesetzung der Gesellschaft umfasst. Art. 2 k) SE-RL definiert „Mitbestimmung" als Wahrnehmung des Rechts, einen Teil der Mitglieder des Aufsichts- oder des Verwaltungsrates der Gesellschaft zu bestimmen oder die Bestellung von Mitgliedern des Aufsichts- oder Verwaltungsrates zu empfehlen oder abzulehnen. In der SE sind sowohl die betriebliche Teilhabe als auch die Mitbestimmung zu regeln. Für deutsche SE ist die betriebliche Ebene unter dem Gesichtspunkt der grenzüberschreitenden Organisation der Arbeitnehmervertretungen bedeutsam; auf nationaler betrieblicher Ebene gilt das Betriebsverfassungsgesetz (§ 47 Abs. 1 SEBG).

Da die SE unter Beteiligung von bereits bestehenden Unternehmen aus verschiedenen Mitgliedstaaten gegründet wird (oben Rn. 1), treffen u. U. ganz unterschiedliche Repräsentationssysteme für Arbeitnehmer aufeinander. Die SE-RL und das SEBG sind so konzipiert, dass grundsätzlich der höchste Stand der Unternehmensmitbestimmung (bemessen nach dem Anteil der Aufsichtsratssitze) geschützt wird; Abweichungen sind an sehr strenge Kautelen gebunden (§ 15 Abs. 3 SEBG). Für deutsche SE, die mehr als 2000 Arbeitnehmer beschäftigen, bedeutet das praktisch (nicht: rechtlich, oben § 35 Rn. 8), dass die paritätische Aufsichtsratsbesetzung fortgeführt wird – **Vorher-Nachher-Prinzip.**[14]

b) Vereinbarungen

Damit überhaupt eine Vereinbarung zustande kommen kann, müssen die Verhand- 11
lungs- und Vereinbarungsparteien bestimmt werden. Auf **Arbeitnehmerseite** ist ein **Besonderes Verhandlungsgremium** zu bilden (§§ 4 ff. SEBG). In diesem Gremium sind die Arbeitnehmer der beteiligten Unternehmen repräsentiert; sie werden nach den Regeln des Beschäftigungslandes gewählt oder bestellt. Für die inländischen Arbeitnehmer findet eine Wahl nach §§ 8 ff. SEBG statt. Das Besondere Verhandlungsgremium verhandelt im Verfahren nach §§ 11 ff. SEBG mit den Leitungen der beteiligten Unternehmen über die Art und Weise der Arbeitnehmerbeteiligung auf betrieblicher und Unternehmensebene.

Auf der **Unternehmensseite** gibt es ebenfalls Repräsentationsprobleme, die nicht ausreichend gelöst sind. Das betrifft die Bestimmung der Vereinbarungsparteien und deren Kompetenzen. Von „Arbeitgeberseite" darf hier nicht gesprochen werden, denn „Arbeitgeber" ist die Gesellschaft, die als juristische Person Partner der Arbeitsverträge ist. Hier wie ggf. auch bei Kollektivverträgen ist Verhandlungspartner die Geschäftsleitung als Vertreter der juristischen Person AG oder GmbH. Bei der Unternehmensmitbestimmung geht es aber um die **Binnenorganisation der juristischen Person.** Deren Gestaltung gehört nicht zur Geschäftsführung, schon gar nicht zu den Außenbeziehungen der Gesellschaft, sondern ist eher Grundlagengeschäft. Angedeutet ist das in Art. 12 Abs. 4 SEVO, wo die Möglichkeit, dass Mitbestimmungsvereinbarung und Satzung nicht übereinstimmen, gesehen und einfach verboten wird, und Art. 23 Abs. 2, wo immerhin ein Ratifikationsvorbehalt der Hauptversammlung vorgesehen ist. Aus Corporate-Governance-Sicht fällt auf, dass die Leitungen über die Struktur

---

[13] Richtlinie 2001/86 EG vom 8. 10. 2001, Abl.EG Nr. 294, S. 22 zur Ergänzung des Statuts der Europäischen Gesellschaft hinsichtlich der Beteiligung der Arbeitnehmer.
[14] Bindend ist dieses Prinzip bei der formwechselnden Umwandlung, §§ 21 Abs. 6, 35 Abs. 1 SEBG.

der Überwachung ihrer selbst verhandeln.[15] Deshalb ist von herausragender Bedeutung, welche Gestaltungsspielräume bestehen und welche Ergebnisse der Zustimmung der Hauptversammlung bedürfen, sei es auf Grund Vorbehalts oder nach allgemeinen Regeln.[16]

12   Den Inhalt der Vereinbarung skizziert § 21 SEBG „unbeschadet der Autonomie der Parteien im Übrigen". Es ist eine Regelung über ein Äquivalent zum Europäischen Betriebsrat zu treffen; für die Mitbestimmung und andere Regelungsgegenstände enthält die Vorschrift Empfehlungen.[17] Die Vereinbarung kann auch Unternehmen einbeziehen, die außerhalb der Mitgliedstaaten liegen. Das Besondere Verhandlungsgremium kann beschließen, die Verhandlungen nicht aufzunehmen oder abzubrechen; dann gilt auch die Auffangregel nicht (§ 16 Abs. 2 SEBG).

c) Auffanglösung

13   Wenn es innerhalb der gesetzlichen Fristen (§§ 11, 20 SEBG) nicht zu einer Vereinbarung kommt, wird ein SE-Betriebsrat kraft Gesetzes gebildet (§§ 22ff. SEBG). Die Regelung lehnt sich eng an das Vorbild des Europäischen Betriebsrates an. Die Unternehmensmitbestimmung kraft Gesetzes richtet sich im Wesentlichen nach dem Mitbestimmungsmodell, das vor der SE-Gründung in einer oder mehreren beteiligten Gesellschaften galt. Dabei wird nach der Art der Gründung (oben Rn. 1) sowie der Größe der betroffenen Belegschaften differenziert. Demnach gibt es in der Auffanglösung kein einheitlich verbindliches Modell.

---

[15] Das statuiert kommentarlos auch der DCGK i.d.F. vom 20. 7. 2007 in seiner Präambel: „Die Ausgestaltung der unternehmerischen Mitbestimmung in der SE wird grundsätzlich durch eine Vereinbarung zwischen der Unternehmensleitung und der Arbeitnehmerseite festgelegt" (www.corporate-governance-code.de). Das Modell der SE geht ganz selbstverständlich davon aus, dass der Vorstand der zu gründenden SE die Interessen der Anteilseigner und auch die der Tochtergesellschaften in den Verhandlungen über die Vereinbarungslösung angemessen vertritt. Jedoch kann der Vorstand nicht mit dem Unternehmen und schon gar nicht mit der gesamten Unternehmensgruppe gleichgesetzt werden. Zur principal-agent-Problematik, die generell bei der Vertretung der Anteilseigner durch das Management besteht (oben § 1 Rn. 30, § 25 Rn. 17), tritt also ein weiterer Interessenkonflikt hinzu.

[16] Das Problem ist in Bezug auf die Größe des Aufsichtsrates der Allianz SE aufgetaucht; das Besondere Verhandlungsgremium versuchte, einen größeren Aufsichtsrat zu erreichen als bereits in der Satzung der SE festgelegt. Von der Forderung wurde u. a. wegen der Komplikationen, die aus der Diskrepanz von Vereinbarung und Satzung erwuchsen, Abstand genommen. Zum Verhältnis von Satzung und Vereinbarung vgl. auch *Windbichler,* FS Canaris, Bd. 2, 2007, S. 1223, 1428ff. m.w.N.

[17] Zur inneren Ordnung des Aufsichtsrates kraft Vereinbarung *Windbichler,* FS Canaris, Bd. 2, 2007, S. 1223, 1430ff.

4. Abschnitt. Rechtsformverbindungen und Umwandlung
– Überblick –

Die verschiedenen Gesellschaftsformen stehen nicht isoliert nebeneinander. Der **1** *numerus clausus* der Gesellschaftstypen schließt ein beliebiges Verwischen der Grenzen zwischen ihnen aus, doch ist es möglich, mehr oder weniger enge Verbindungen zwischen Gesellschaften unterschiedlicher Rechtsform herzustellen (oben § 1 Rn. 5) oder auch eine Gesellschaft von ihrer ursprünglichen Rechtsform in eine andere zu überführen. Derartige rechtsformübergreifende Gestaltungen haben große praktische Bedeutung, nicht zuletzt aus steuerlichen Gründen (oben § 4 Rn. 9 f.). Ihre rechtliche Behandlung ist teilweise gesetzlich geregelt und hat im Übrigen durch Vertragspraxis und Rechtsprechung feste Konturen erhalten. Die folgenden Hinweise dienen der Einführung in diesen speziellen Bereich des Gesellschaftsrechts unter Beschränkung auf die jeweils wesentlichen Grundzüge.

Als praktisch wichtigste und weit verbreitete Form einer engen mitgliedschaftlichen **2** Verbindung zweier Gesellschaftstypen zum Betrieb eines einheitlichen Unternehmens die **GmbH & Co. KG,** ferner Strukturänderungen durch **Umwandlung** im Sinne des UmwG. Andere Strukturänderungen sind wegen der überwiegend im AktG enthaltenen Regelung und des unmittelbaren Zusammenhangs mit anderen aktienrechtlichen Regelungskomplexen bereits bei der AG dargestellt (oben § 33). *Nicht* näher behandelt werden Unternehmenszusammenschlüsse als solche. Die Verbindung mehrerer Unternehmensträger zu einer Unternehmensgruppe, vornehmlich also Gesellschaften gleicher oder verschiedener Rechtsform, deren jede ein eigenes Unternehmen betreibt, gehören zum großen Teil in das **Konzernrecht** – genauer: **Recht der verbundenen Unternehmen** als Spezialgebiet.[1] Im Gegensatz zu GmbH & Co. KG und der Umwandlung dienen solche Zusammenschlüsse nicht dem Betrieb eines einheitlichen Unternehmens, sondern dem Zusammenwirken mehrerer rechtlich selbständig betriebener Unternehmen. Ein großer Teil der dadurch aufgeworfenen Fragen ist allerdings nach allgemeinen gesellschaftsrechtlichen Regeln zu lösen, insbesondere im Recht der GmbH. Auf solche Anwendungsfälle ist dort jeweils verwiesen (z. B. oben § 24 Rn. 36).

§ 37. Die GmbH & Co. KG

Literatur: Neben den im Literaturverzeichnis aufgeführte Gesamtdarstellungen des Gesellschaftsrechts, *Binz/Sorg,* Die GmbH & Co., 10. Aufl., 2005; *Hesselmann/Tillmann/Mueller-Thuns,* Handbuch der GmbH & Co., 19. Aufl., 2005; *Sudhoff,* Der Gesellschaftsvertrag der GmbH & Co., 6. Aufl., 2005; *Priester,* Vertragsgestaltung bei der GmbH & Co. KG, 4. Aufl., 2007; *H. P. Westermann,* GmbH

---

[1] Dazu insbesondere *Emmerich/Habersack;* zum Verhältnis zum Wettbewerbsrecht oben § 1 Rn. 8; die kartellrechtliche Zusammenschlusskontrolle (VO 139/2004/EG-Fusionskontrollverordnung; §§ 35 ff. GWB) geht von eigenständigen Zusammenschlussbegriffen aus; „Fusion" ist nicht im engeren gesellschaftsrechtlichen Sinn gemeint, vgl. unten § 38 Rn. 6.

& Co. KG im Lichte der Wirtschaftsverfassung, 1973; – rechtspolitisch zu einer Alternative: Arbeitskreis GmbH-Reform *(G. Hueck/Lutter/Mertens/E. Rehbinder/P. Ulmer/Wiedemann/Zöllner)*, Thesen und Vorschläge zur GmbH-Reform, Bd. 1: Die Handelsgesellschaft auf Einlagen, 1971; *Drygala*, ZIP 2006, 1797.

Literatur zur KG oben § 17 und zur GmbH oben § 20, vielfach mit besonderen Abschnitten über die GmbH & Co. KG, insb.: Baumbach/Hopt/*Hopt*, HGB, Anh. § 177a; Röhricht/von Westphalen/*von Gerkan*, HGB, § 161 Rn. 26 ff.; *Gummert*, in: MünchHdbGesR II, § 48 ff.; Ebenroth/Boujong/Joost/*Henze*, HGB, § 177a Anh.; *Kübler/Assmann*, § 22; *Raiser/Veil*, §§ 42 ff.; *K. Schmidt*, § 56; Scholz/*K. Schmidt*, GmbHG, Anh. § 45; Großkomm-HGB/*Schilling*, § 161 Rn. 29 ff.

Allgemeiner zu Rechtsformverbindungen und Typenverformungen: *Boesebeck*, Die „kapitalistische" Kommanditgesellschaft, 1938; *K. Schmidt*, § 5 II und III; *Sethe*, Die personalistische Kapitalgesellschaft mit Börsenzugang, 1996, S. 108 ff.; *Teichmann*, Gestaltungsfreiheit in Gesellschaftsverträgen, 1970, S. 189 ff.; *H.P. Westermann*, Vertragsfreiheit und Typengesetzlichkeit im Recht der Personengesellschaften, 1970; *Zielinski*, Grundtypenvermischung und Handelsgesellschaftsrecht, 1925.

I. Wesen und Bedeutung

1. Begriff

1   Die GmbH & Co. KG wird üblicherweise etwas pauschal definiert als *KG, deren einziger Komplementär eine GmbH* ist. Tatsächlich entspricht diese Umschreibung der großen Mehrzahl aller in Betracht kommenden Fälle. Vor allem bringt sie die wesentlichen Elemente dieser Gestaltung klar zum Ausdruck. Deshalb wird sie auch nach folgend zu Grunde gelegt.

Die GmbH & Co. KG in dieser für die Praxis typischen Ausgestaltung wird hier nur exemplarisch für eine an sich **weiter reichende Gruppe mitgliedschaftlicher Typenverbindungen** behandelt. Denn weder muss es sich gerade um eine GmbH noch um eine KG handeln, noch braucht jeweils nur eine einzige Kapitalgesellschaft an dem Zusammenschluss beteiligt zu sein. Das wird in den einschlägigen gesetzlichen Vorschriften deutlich: §§ 19 Abs. 2, 125a, 129a, 130a HGB usw., ebenso dann §§ 172a, 177a HGB und im Bilanzrecht § 264a HGB sowie § 19 Abs. 3 InsO sprechen ganz allgemein von **Gesellschaften**, gemeint sind im HGB OHG und KG, bei denen **kein persönlich haftender Gesellschafter eine natürliche Person** ist und bei denen etwa als Gesellschafter beteiligte weitere OHG oder KG auch ihrerseits keinen solchen Gesellschafter haben.

Die Gesamtgesellschaft kann gleichermaßen OHG oder KG sein, an ihr können mehrere persönlich haftende Gesellschafter beteiligt sein, sofern sich darunter nur keine natürliche Person befindet. Das heißt mit anderen Worten, dass die hier zu behandelnden Besonderheiten nicht gelten, falls eine natürliche Person mittelbar oder unmittelbar unbeschränkt persönlich haftet. Natürliche Personen sind vielmehr nur als Kommanditisten und als Mitglieder von juristischen Personen beteiligt. Zu einigen Ausprägungen der Praxis unten Rn. 11.

Da es sich meist um die Beteiligung einer GmbH oder AG an einer Personenhandelsgesellschaft handelt, spricht man auch etwas allgemeiner von „Kapitalgesellschaft & Co.". Es kommen auch andere juristische Personen als persönliche haftender Gesellschafter in Betracht etwa eine *Limited* oder Stiftung. OHG dieser Art sind eher selten, gelegentlich findet man AG & Co. KG.[2] Eine weitere Art der Typenverbindung ist die atypische KGaA (oben § 34 Rn. 5). Verstärkt sind auch Kommanditgesellschaften mit einer englischen *Limited* als einzigem Komplementär anzutreffen – Ltd. & Co. KG (vgl. oben § 17 Rn. 2).

2. Zulässigkeit

2   Die Zulässigkeit der GmbH & Co. KG ist in der **Rechtsprechung**[3] und in der **Literatur**[4] ganz allgemein anerkannt. Sie ergibt sich heute auch aus einer Reihe gesetzli-

---

[2] Vgl. z.B. die Fälle *OLG Bremen* AG 1981, 200 (Kühne & Nagel); *BGH* NJW 1982, 2066 (Publikums-KG als AG & Co); auch *BGH* NJW 1980, 287; *Beckmann*, Die AG & Co. KG, 1992.

[3] Seit RGZ 105, 101 von 1922; vorher schon *BayObLG* im Jahr 1912 und *KG* 1913 und 1918, vgl. *RG* a.a.O.; der *BGH* ist dem in std. Rspr. gefolgt.

[4] Übersicht über die Kritik bei *Wiethölter*, in: Aktuelle Probleme der GmbH & Co., 1967, S. 11 ff.; aus der älteren Literatur etwa *J.v. Gierke*, Handelsrecht und Schifffahrtsrecht, 8. Aufl., 1958, § 37,

cher Vorschriften (oben Rn. 1 und § 13 Rn. 3). Die jetzige Rechtslage ist das Ergebnis eines langen Entwicklungsprozesses, in dem Rechtswissenschaft, **Kautelarpraxis** und Rechtsprechung sowie schließlich **nachfolgend** der **Gesetzgeber** faktisch eine zusätzliche Gesellschaftsform erarbeitet haben.[5] Rechtsvergleichend ist das nicht selbstverständlich. In manchen Rechtsordnungen, z. B. in der Schweiz, steht das personalistische Element bei Personengesellschaften im Vordergrund; Gesellschafter einer Kollektivgesellschaft können nur natürliche Personen sein (§ 552 Abs. 1 OR).

3. Wesen

Das Wesen der GmbH & Co. KG wird durch die **mitgliedschaftliche Verbindung** **3** **von Personengesellschaft und Kapitalgesellschaft** geprägt. Wesenselemente beider Grundformen der Handelsgesellschaften treffen zusammen. Wegen des engen Ineinandergreifens beider Typen in einer wirtschaftlichen und organisatorischen Einheit spricht man von **Typenvermischung.** Die weitreichende Vertragsfreiheit im Innenverhältnis der KG und die im Vergleich zur AG ebenfalls große Gestaltungsfreiheit bei der GmbH ergänzen sich und eröffnen einen *weiten Spielraum für die Ausgestaltung der Rechtsbeziehungen.* Das macht die GmbH & Co. KG **vielseitig verwendbar,** führt aber auch dazu, dass sie besonders **missbrauchsanfällig** ist.[6] Selbst die genauere Behandlung der Gestaltungsformen durch Rechtsprechung und Gesetzgeber erreichen nicht, dass es eine dispositiven Rechtsform gäbe, auf die man im Zweifel zurückgreifen kann. Die zwingenden Vorschriften beider Gesellschaftsformen sind auf jeden Fall anwendbar, im Übrigen ist die Abstimmung von Gestaltung und dispositivem Recht im Wesentlichen einzelfallbezogen.

KG und GmbH weisen beide schon als Grundtypen, wenn auch mit unterschiedli- **4** cher Gewichtung, sowohl *personalistische* als auch *kapitalistische Elemente* auf. Für ihre Kombination gilt grundsätzlich nichts anderes. Je nach der Ausgestaltung im einzelnen Fall tritt das eine oder das andere stärker in den Vordergrund. Deshalb kann man die GmbH & Co. KG *nicht generell den personalistischen oder den kapitalistischen Personenvereinigungen zuordnen.* Generell kapitalistisch orientiert ist allerdings die gezielte Kombination von Beschränkung der Haftung bei den Kommanditisten auf bestimmte Kapitaleinlagen einerseits mit der Konzentration der an sich unbeschränkten persönlichen Komplementärshaftung bei einer GmbH andererseits, die als Kapitalgesellschaft zwar mit ihrem gesamten Vermögen haftet, aber nur auf einem festen Betrag des Stammkapitals aufbaut. Deshalb hat die Frage nach der Kapitalausstattung und Kreditgrundlage wie bei den reinen Kapitalgesellschaften erhebliches Gewicht (unten Rn. 20 ff.). So erklärt es sich, dass die Rechtsprechung, dann auf das Gesetz *Gläubigerschutz- und Kapitalerhaltungsregeln* des GmbH-Rechts auf die KG verlagerten (unten Rn. 17 ff.). Die Rechnungslegung folgt richtlinienkonform den Vorschriften für Kapitalgesellschaften (§ 264 a HGB).[7] Im Übrigen ist aber eine *mehr personalistische Ausgestaltung,* etwa bei Familiengesellschaften, ebenso möglich und

---

IV 4; *Haupt/Reinhardt,* Gesellschaftsrecht, 4. Aufl., 1952, § 20 IV 5 a; *Lehmann,* Gesellschaftsrecht, 2. Aufl., 1959, § 24 I 3; – vgl. auch *Huber,* Vermögensanteil, Kapitalanteil, Gesellschaftsanteil an Personengesellschaften des Handelsrechts, 1970, S. 302 f.; *Reuter,* Privatrechtliche Schranken der Perpetuierung von Unternehmen, 1973, S. 234 ff.

[5] Näheres dazu bei *K. Schmidt,* § 56 I 2.

[6] *Kübler/Assmann,* § 22 I 2 e, § 32 I 3 b; *K. Schmidt,* § 56 I 3.

[7] GmbH & Co-Richtlinie 90/605/EWG v. 8. 11. 1990 (oben § 2 Rn. 28) dazu Baumbach/Hopt/ *Merkt,* Einl. § 238 Rn. 15, § 264 a Rn. 1; Großkomm-BilanzR/*Hüttemann,* § 264 a HGB Rn. 3 ff.

üblich wie eine *kapitalistische Form,* die ganz ausgeprägt z. B. bei Publikums-KG, vor allem Abschreibungsgesellschaften in Erscheinung tritt (oben § 19 Rn. 2).

4. Anwendungsbereich

5   Die GmbH & Co. KG muss, da es sich primär um eine KG handelt, auf den **Betrieb eines Handelsgewerbes** gerichtet oder **ins Handelsregister eingetragen** sein (§§ 161 Abs. 2, 105 Abs. 2 HGB); die (formale) Kaufmannseigenschaft der Komplementär-GmbH reicht als solche nicht für § 105 Abs. 1 HGB.[8] Der Anwendungsbereich der GmbH & Co. KG deckt sich rechtlich und weitgehend auch tatsächlich mit demjenigen der KG (oben § 17 Rn. 5; zur GmbH oben § 20 Rn. 8). Die Handelsrechtsreform 1998 hat die Verfügbarkeit der KG deutlich erweitert. Das Handelsgewerbe wird nicht mehr über einen starren und überholten Katalog von Aktivitäten definiert, sondern über den Zuschnitt des Unternehmens (§ 1 Abs. 2 HGB). Ferner können Gesellschaften, die ein Kleingewerbe betreiben oder nur eigenes Vermögen verwalten, durch Handelsregistereintragung zur OHG und damit auch KG werden. Damit sind zahlreiche Probleme entfallen.[9]

6   Die **praktische Bedeutung** der GmbH & Co. KG ist **sehr groß;** allerdings fehlen genaue statistische Erhebungen. Nach einer Auskunft des statistischen Bundesamtes gab es im Jahr 2001 82.057 GmbH & Co. KG.[10] Dass es auch größere Unternehmen in solchen Formen gibt, belegt die Angabe, dass Ende 2002 28 Kapitalgesellschaften & Co. KG dem Mitbestimmungsgesetz unterfielen, d. h. mehr als 2000 Arbeitnehmer beschäftigten;[11] 2004 waren drei der 100 größte deutschen Unternehmen eine Kapitalgesellschaft & Co.[12] Allgemein kann man mit Sicherheit sagen, dass sehr häufig **mittelständische Unternehmen** in dieser Form geführt wird. Ganz überwiegend die Form der GmbH & Co. KG haben schließlich die **Publikums-KG,** die vor allem als **Abschreibungs- und Immobiliengesellschaften** gegründet worden sind (dazu oben § 19 Rn. 2). Als personengesellschaftsrechtlich konstruierte Anlagemodelle haben sich daneben auch die GbR und die stille Gesellschaft durchgesetzt, die ebenfalls durch Einbeziehung von GmbH zu Mischformen werden. Deren rechtliche Bewältigung kann teilweise auf die Erfahrungen mit der GmbH & Co. KG zurückgreifen (oben § 19 Rn. 21 ff.). Hinzu kommen offene Fragen bei ausländischen Kapitalgesellschaften & Co.

5. Gründe für die Wahl der GmbH & Co. KG

7   Der bereits oben Rn. 3 erwähnten breiten Anpassungsfähigkeit entspricht die Vielfalt der Gründe für die Wahl der Form der GmbH & Co. KG.

a) Steuerliche Gesichtspunkte

In den Anfängen der Entwicklung, auch noch in neuerer Zeit waren vor allem steuerliche Erwägungen für die Bildung von GmbH & Co. KG maßgebend. Diese traten deutlich zurück, als die Körperschaftsteuerreform von 1976 die doppelte steuerliche Belastung der von reinen Kapitalgesellschaften ausgeschütteten Gewinne durch das Anrechnungsverfahren beseitigte. Das Halbeinkünfteverfahren hat ähnliche Effekte (oben § 4 Rn. 10). Die steuerliche Attraktivität wurde auch dadurch etwas gemindert, dass die bei Personengesellschaften möglichen steuerwirksamen Verlustzuweisungen bei negativen Kapitalkonten durch § 15 a EStG begrenzt wurden. Dadurch hat das Interesse an reinen Abschrei-

---

[8] *BayObLG* BB 1985, 78.

[9] Näher dazu *K. Schmidt,* § 56 II 1.

[10] Verteilung der Steuerpflichtigen aus der Umsatzsteuerstatistik 2001 nach der Rechtsform; diese Statistik wird nicht mehr geführt.

[11] *Ulmer/Habersack,* in: Ulmer/Habersack/Henssler, Mitbestimmungsrecht, 2. Aufl., 2006, MitbestG § 1 Rn. 34.

[12] XVI. Hauptgutachten der Monopolkommission 2004/2005, 2006, Rn. 311 mit Tabelle III.7.

bungsgesellschaften, ganz überwiegend in der Form der GmbH & Co. KG, nachgelassen. Die jeweiligen Unternehmensteuerreformen setzen immer wieder andere Anreize. Auch heute noch kann die GmbH & Co. KG je nach Lage der Dinge steuerlich vorteilhaft sein. Das setzt einen steuerlichen Belastungsvergleich und ggf. komplizierte Umgestaltungen voraus. Wie stets ist zwischen legaler (meist gestaltungs- und beratungsintensiver) Steuervermeidung und ungesetzlichen Praktiken zu unterscheiden (allgemein zum Einfluss der Besteuerung auf die Rechtsformwahl oben § 4 Rn. 9 f.).

b) Gesellschaftsrechtliche Gesichtspunkte

Seit jeher sind gesellschaftsrechtliche Gesichtspunkte für die Schaffung von GmbH **8** & Co. KG bestimmend. Die Kombination von KG und GmbH ermöglicht Regelungen, die jede von ihnen allein nicht bieten kann.

Die GmbH & Co. KG gestattet eine **Risikobegrenzung** für die eigentlichen Gesellschafter **durch Haftungsbeschränkung,** die in dieser Form bei den Personenhandelsgesellschaften sonst nicht möglich ist. Das ist verbunden mit größerer **Flexibilität der Finanzierung.** Dazu gehört die im Vergleich zur GmbH (§§ 55 ff., 58 ff. GmbHG) **einfachere Veränderung des Kommanditkapitals,** bei dessen Aufbringung zudem *keine Ausfallhaftung* nach § 24 GmbHG eingreift. **Entnahmen** sind grundsätzlich sogar nach Verlusten noch möglich (vgl. aber unten Rn. 21). Als *Publikumsgesellschaft* – meist *Abschreibungsgesellschaft* – besteht **Zugang zum allgemeinen Kapitalmarkt,** wie er der einfachen GmbH nicht offensteht und bei der KG eben gerade die Einschaltung einer Komplementär-GmbH zur Risikobegrenzung für die Initiatoren erfordert.

In anderer Richtung liegen **organisatorische Vorteile.** Die innergesellschaftlichen Kompetenzen und Funktionen können nach den Bedürfnissen im konkreten Fall zwischen den Gesellschaften nach GmbH- bzw. KG-Recht verteilt werden. Besonders wichtig ist die Möglichkeit der **praktischen Drittorganschaft für die KG** (unten Rn. 13). Das ermöglicht die Heranziehung qualifizierter Personen außerhalb des Gesellschafterkreises, andererseits aber auch eine leichtere Abberufung. Vor allem bei Gesellschaften mit geschlossenem Mitgliederkreis (Familiengesellschaften) kann das außerordentlich wichtig sein und dient dort insbesondere der *Sicherung des Fortbestands* des Unternehmens.[13] Eine reine KG müsste aufgelöst werden, wenn sich nach dem Tod des einzigen Komplementärs kein Gesellschafter findet, der bereit ist, die volle persönliche Haftung zu übernehmen (oben § 17 Rn. 9).

Dennoch dürfen auch die **Nachteile dieser Mischform** nicht übersehen werden. Für **9** die Beteiligten selbst kann die in Vertragsgestaltung und praktischer Handhabung **unvermeidliche Kompliziertheit** zu einer Belastung werden, die gerade bei mittelständischen Unternehmen durch die damit erzielten – vermeintlichen – Vorteile nicht gerechtfertigt wird. Hinzu kommt die **Undurchsichtigkeit der Verhältnisse,** an der die Beteiligten kein legitimes Interesse haben können, die aber zur Unsicherheit für außenstehende Dritte, Kunden wie Gläubiger, beiträgt. Ferner gibt die weitreichende Gestaltungsfreiheit Anreize für *riskante und sogar bewusst unseriöse Finanzierungspraktiken* zum Schaden der Gläubiger. Das erklärt den, im Einzelfall durchaus nicht immer gerechtfertigten, schlechten Ruf der GmbH & Co. KG.

Auf die speziellen Bedenken gegen die Inanspruchnahme des allgemeinen Kapitalmarkts durch *Publikums-KG,* die die strengen Seriositätsanforderungen der eigentlich hierfür konzipierten AG nicht zu erfüllen brauchen, ist bereits oben (§ 19 Rn. 3) hingewiesen worden. Die Rechtsprechung hat durch Entwicklung des zivilrechtlichen Anlegerschutzes und rechtsfortbildende Anwendung von Kapitalgesellschaftsrecht weitreichend Abhilfe geschaffen.

---

[13] *Kübler/Assmann,* § 22 I 2 b.

Die praxisorientierte Literatur beurteilt die GmbH & Co. KG insgesamt überwiegend positiv;[14] demgegenüber ist die Wissenschaft mit Recht trotz grundsätzlicher Anerkennung der Vorteile der Mischform auch kritisch geblieben.[15]

II. Aufbau und Rechtsgrundlagen

1. Beteiligungsverhältnisse

10   Ein wichtiger Faktor bei der rechtlichen Ausgestaltung der einzelnen GmbH & Co. KG ist die jeweilige *Ordnung der Beteiligungsverhältnisse* in den beiden Gesellschaften. Durch sie werden die Einflussmöglichkeiten der Gesellschafter bestimmt. Die *Vertragspraxis* hat dafür eine Reihe von Modellen entwickelt, die vielfach im konkreten Fall weiter variiert werden. Besonders wichtig ist die grundsätzliche Entscheidung für **Übereinstimmung oder Trennung der Beteiligungen an beiden Gesellschaften.**

a) Personengleichheit

In der **personengleichen GmbH & Co. KG** sind die Kommanditisten zugleich die Gesellschafter der Komplementär-GmbH; regelmäßig stimmt dann auch das Verhältnis der Beteiligungen an beiden Gesellschaften überein.

Diese Gestaltung ist sehr verbreitet. Sie ist für Gesellschaften mit überschaubarer Mitgliederzahl typisch, bei denen die Gesellschafter im Prinzip gleichrangig beteiligt sein sollen. Der Gleichlauf der Beteiligungen in beiden Gesellschaften wird meist in den Gesellschaftsverträgen sichergestellt. – Eine abgeschwächte, nämlich nur mehrheitliche Personengleichheit wird in § 4 MitbestG für die Unternehmensmitbestimmung vorausgesetzt. Die Vorschrift trägt dem Umstand Rechnung, dass die Übergänge zu anderen Gestaltungen fließend sind.

In der **nicht personengleichen GmbH & Co. KG** haben die Gesellschaften verschiedene, allenfalls nur teilweise die gleichen Gesellschafter.

Bei Gesellschaften mit größerer Mitgliederzahl erweist sich Personengleichheit oft als zu umständlich; deshalb sind hier häufig nur einige der Kommanditisten oder auch dritte Personen an der GmbH beteiligt. Vor allem bei Publikums-KG ist Personengleichheit wegen der großen Mitgliederzahl ungeeignet. Zudem dient hier regelmäßig die Mitgliedschaft in der Komplementär-GmbH dazu, den Einfluss der Initiatoren zu sichern.

b) Weitere Konstruktionen

11   Praktische Bedeutung haben einige weitere Konstruktionen für spezielle Bedürfnisse erlangt.[16]

Eine besonders enge Verknüpfung von GmbH und KG sucht man dadurch zu erreichen, dass alle Geschäftsanteile der Komplementär-GmbH an die KG übertragen werden – sog. **Einheitsgesellschaft.** So wird ein Auseinanderfallen der Beteiligungen an beiden Gesellschaften ausgeschlossen und zugleich die gesellschaftliche Willensbildung allein in die KG verlegt. Im Hinblick auf die Kapitalausstattung der KG war die *Zulässigkeit* dieser Gestaltung zunächst umstritten; sie ergibt sich heute aus § 172 Abs. 6 HGB, der zugleich klarstellt, dass die *Einbringung der Geschäftsanteile* durch Kom-

---

[14] *Binz/Sorg,* Die GmbH & Co. im Gesellschafts- und Steuerrecht, 10. Aufl., 2005, § 1 Rn 18 ff.

[15] *Kübler/Assmann,* § 22 II 4b; *K. Schmidt,* § 56 I 3b; *Wiedemann* I, § 1 III 1b, 1 und § 10 III 1b.

[16] Näher zu den Typen der GmbH & Co. KG Baumbach/Hopt/*Hopt,* HGB, Anh. § 177a Rn. 6ff.; *Kübler/Assmann,* § 22 II 3; *K. Schmidt,* § 56 II 3e.

manditisten gegenüber den Gesellschaftsgläubigern *nicht als haftungsbefreiende Einlage anerkannt* wird. Entsprechend kann ein Erwerb gegen Entgelt einer Einlagenrückgewähr gleichkommen (unten Rn. 21).[17]

Eine **Einpersonen-GmbH & Co.** KG liegt vor, wenn eine Einpersonen-GmbH Komplementär und ihr Alleingesellschafter zugleich einziger Kommanditist der KG ist. Gegen die Zulässigkeit dieser Verbindung bestehen keine Bedenken. Der Alleingesellschafter kann hier zugleich Gesellschafter-Geschäftsführer sein. Dann ist § 35 a Abs. 4 GmbHG zu beachten, der die Anwendung von § 181 BGB vorschreibt (oben § 21 Rn. 42; § 22 Rn. 10). Da die GmbH juristische Person ist, liegt keine (unzulässige) Personengesellschaft mit nur einem Gesellschafter vor.

Von **doppelstöckigen,** auch **mehrstöckigen GmbH &. Co.** KG spricht man, wenn statt einer GmbH eine GmbH & Co. KG Komplementär einer weiteren KG ist. Auch das ist nach h. M. möglich, zumal nach der Handelrechtsreform die KG nicht mehr zwingend ein Handelsgewerbe betreiben muss. Die komplizierte Konstruktion sollte meist steuerlichen Gesichtspunkten Rechnung tragen, die jedoch zunehmend entfallen sind. Häufig wiegen die Gestaltungskomplikationen die Vorteile nicht auf.

2. Entstehung, organisatorischer Aufbau und Beendigung

a) Entstehung

Eine GmbH & Co. KG kann auf unterschiedliche Weise entstehen. Die **Neugrün-** **12** **dung von GmbH und KG** kommt ebenso vor wie die Gründung einer KG durch eine bestehende GmbH und Hinzutreten von Kommanditisten oder **Eintritt** einer GmbH in eine bestehende KG als Komplementär anstelle einer oder mehrerer natürlicher Personen, die dann Kommanditisten werden oder ganz ausscheiden.

Bei der Neugründung muss jede der beiden Gesellschaften das Gründungsstadium durchlaufen, aus praktischen Gründen parallel. Die Entwicklung des Rechts der Vorgesellschaft der GmbH (oben § 21 Rn. 14 ff.) hat hier klärend und entlastend gewirkt. Insbesondere kann die Vor-GmbH bereits Komplementär einer KG sein.[18] Zur Haftung unten Rn. 18 f. Umstritten ist die **Umwandlung** einer GmbH in eine GmbH & Co. KG, die den Vorteil hat, dass keine Übertragungsakte erforderlich sind (unten § 38 Rn. 14 a. E.).[19]

Die zahlreichen früheren Probleme der **Firma der GmbH & Co.** KG sind durch die Handelsrechtsreform weitgehend gelöst. Beide Gesellschaften benötigen jeweils ihre eigene Firma, die nach § 30 HGB unterscheidbar sein müssen. Durch die gegenüber dem früheren Recht freiere Firmenbildung nach § 18 HGB ergeben sich praktikable Lösungen. Dennoch finden sich in der Praxis oft langatmige Konstrukte. Wichtig ist der korrekte Rechtsformzusatz nach § 19 Abs. 2 HGB.

b) Organisatorischer Aufbau

aa) Die GmbH & Co. KG ist als solche eine KG; deshalb ist in erster Linie das **13** Recht der KG maßgebend. Dieses weist die **Geschäftsführung und Vertretung** dem Komplementär zu (§§ 164, 170 HGB), hier also der GmbH, die durch ihren *Geschäftsführer* – auch mehrere – handelt (§ 35 GmbHG). Dieser ist also mittelbar zur Geschäftsführung und Vertretung der KG berufen.[20] Für die **Vertretung** gilt diese Regelung **zwingend,** da § 170 HGB und § 35 GmbHG keine Abweichungen zulassen. Dagegen herrscht im Innenverhältnis Gestaltungsfreiheit. Die gesellschaftsinterne Willensbildung und die *Geschäftsführung* können weitgehend *frei vertraglich geregelt*

---

[17] Baumbach/Hopt/*Hopt,* HGB, § 176 Rn. 13; Baumbach/*Hueck/Fastrich,* § 33 Rn. 20; *K. Schmidt,* § 56 II 3 e.

[18] Grundlegend BGHZ 80, 129 = NJW 1981, 1373; *BGH* NJW 1985, 736; zur Unterbilanzhaftung bei Komplementär-Vor-GmbH BGH NZG 2003, 393.

[19] Dazu *BGH* NZG 2005, 722.

[20] Zu Rechtsnatur des Anstellungsvertrages des Geschäftsführers der Komplementär-GmbH und der Zuständigkeit der Gesellschafterversammlung der Komplementär-GmbH entsprechend § 46 Nr. 5 GmbHG für dessen Kündigung *BGH* NZG 2007, 590.

werden. Die Möglichkeiten hierfür sind außerordentlich weit gespannt. Dem entspricht auch tatsächlich eine große Vielfalt unterschiedlicher Gestaltungen.[21]

Wie bei der einfachen KG kann der Gesellschaftsvertrag den *Kommanditisten stärkeren Einfluss* einräumen oder auch eine den Kapitalgesellschaften ähnliche körperschaftliche Struktur schaffen (oben § 19 Rn. 24ff.). Ähnlich wie bei der Publikumsgesellschaft (vgl. oben § 19 Rn. 13) kann sich das Problem stellen, inwieweit hier Bestimmtheitsgrundsatz und Kernbereichslehre (oben § 14 Rn. 11) eingreifen.[22]

Umgekehrt kann der Gesellschaftsvertrag die im Gesetz angelegte *Vorrangstellung des Komplementärs* bestehen lassen oder noch verstärken, etwa die Befugnis zur Vornahme ungewöhnlicher Geschäfte erweitern. Dann verlagert sich die *Leitungsmacht in die GmbH.* Dabei ist zu beachten, dass hier die Geschäftsführer an Weisungen der Gesellschafter gebunden sind (§§ 37 Abs. 1, 45 Abs. 1 GmbHG; oben § 22 Rn. 11); deshalb kann auf diese Weise für die Gesamtheit der Gesellschafter der GmbH die Stellung eines obersten Leitungsorgans auch der KG begründet werden. Gerade hier zeigt sich, wie wichtig die oben Rn. 10f. behandelte Regelung der Beteiligungsverhältnisse ist.

Die besondere Stellung des GmbH-Geschäftsführers wirft die Frage nach dessen Verantwortlichkeit gegenüber der KG auf. Nach § 43 GmbHG und Anstellungsvertrag ist er normalerweise der GmbH verpflichtet, nur ausnahmsweise ist der Anstellungsvertrag mit der KG geschlossen (vgl. oben § 22 Rn. 6). Da die wesentliche Aufgabe aber die Geschäftsleitung der KG ist, hat die Rechtsprechung eine **Haftung des Geschäftsführers aus Vertrag mit Schutzwirkung zugunsten Dritter gegenüber der KG** entwickelt.[23]

14   **bb)** Bei der **Gesellschafterversammlung** ist zu beachten, dass es sich um zwei Gesellschaften handelt, deren Willensbildung jeweils nach den Regeln der GmbH bzw. der KG erfolgen muss. Auch hier hängen die Schwierigkeiten von der Gestaltung ab. Verbreitet ist Sicherung des Gleichlaufs von Mitgliedschaften und Stimmrechten, Verfahrens- und Zuständigkeitsregeln. Häufig ist die GmbH vom Stimmrecht in der KG ausgeschlossen.[24]

Spezielle Probleme ergeben sich durch die unterschiedliche Regelung der **Informationsrechte,** die für GmbH-Gesellschafter großzügig (§§ 51a f. GmbHG; oben § 22 Rn. 35) und für Kommanditisten eng (§ 166 HGB) ist. Hier besteht ebenfalls Gestaltungsbedarf.

15   **cc)** Ein **Aufsichtsrat** ist *zwingend* vorgeschrieben, wenn die Voraussetzungen des § 4 MitbestG vorliegen, was allerdings selten der Fall ist (oben Rn. 6).

Die Unternehmensmitbestimmung ist an sich auf Kapitalgesellschaften beschränkt. Rechtstechnisch findet sie wegen der nach dem Gesetz allein aufsichtsratsfähigen Rechtsform in der Komplementär-GmbH statt. Dazu wird dieser gemäß *§ 4 Abs. 1 MitbestG* die Belegschaft der KG zugerechnet. § 4 Abs. 2 MitbestG stellt ihren Einfluss auf die Geschäftsführung sicher. Im Einzelnen kompliziert sind die *Voraussetzungen für die Erstreckung der Mitbestimmung auf die GmbH & Co. KG:* Die Gesellschafter der KG und der GmbH müssen überwiegend, nämlich jeweils nach Anteils- oder Stimmmehrheit personengleich sein; die GmbH darf nicht ihrerseits einen eigenen Geschäftsbetrieb mit mehr als 500 Arbeitnehmern haben. § 4 MitbestG gilt also nicht für personenungleiche GmbH & Co. KG, auch dann nicht, wenn die GmbH allein bereits nach § 77 Abs. 1 BetrVG 1952 mitbestimmungspflichtig ist. Wohl aber bezieht § 4 Abs. 1 Satz 2 und 3 MitbestG die *doppelstöckige, drei- und mehrstufige GmbH & Co. KG* in die Regelung ein. Liegen die Voraussetzungen des § 4 MitbestG vor und umfasst die danach maßgebende Gesamtbelegschaft der GmbH & Co. KG mehr als 2000 Arbeitnehmer, ist bei der GmbH ein Aufsichtsrat nach dem MitbestG zu bilden (näher dazu oben § 22 Rn. 19).

---

[21] Aufschlussreich für die Gestaltungsphantasie *BGH* NZG 2006, 154: Vergütung der Komplementär-GmbH für Haftungsübernahme war verknüpft mit Höhe des Stammkapitals der Komplementär-GmbH; die Gesellschafter der GmbH erhöhen das Stammkapital einfach um das 42-fache, was als Treupflichtverstoß angesehen wurde.

[22] *BGH* NZG 2005, 33.

[23] BGHZ 75, 321 = NJW 1980, 589; BGHZ 76, 327 = NJW 1980, 1524; BGHZ 100, 190, 193 = NJW 1987, 845; die dogmatische Konstruktion ist allerdings umstritten, vgl. *Kübler/Assmann,* § 22 III 2 (§ 43 Abs. 2 GmbHG analog); *K. Schmidt,* § 56 IV 3 b m. w. N.

[24] Näheres bei *K. Schmidt,* § 56 IV 2; zur Gruppenvertretung der Kommanditisten *BGH* NZG 2005, 33.

Das DrittelbG enthält keine Regelung für die GmbH & Co. KG. Daher ist nur die GmbH als solche mitbestimmt, sofern diese die Eingreifkriterien erfüllt. Hat schließlich die *GmbH allein über 2000 Arbeitnehmer*, gilt für sie unmittelbar § 1 MitbestG. Eine Einbeziehung der Arbeitnehmer der KG ergibt sich dann nicht aus § 4 MitbestG, doch ist zu prüfen, ob ein Konzerntatbestand nach § 5 MitbestG vorliegt. Hier ist die Unterscheidung wichtig, dass die typische GmbH & Co. KG eine Mischform zum Betrieb eines einheitlichen Unternehmens ist, nicht die Verbindung rechtlich selbständiger Unternehmen zu einem Konzern (oben Rn. 2).

Vom mitbestimmten Aufsichtsrat zu unterscheiden sind *freiwillig gebildete* **zusätzliche Organe**. Sie kommen bei der GmbH & Co. KG in vielfältiger Form vor als fakultative Aufsichtsräte, Beiräte, Verwaltungsräte, Gesellschafter- oder Kommanditistenausschüsse und dergleichen. Errichtung, Ausgestaltung und Kompetenzen richten sich wie bei der einfachen KG und GmbH jeweils nach dem Gesellschaftsvertrag (oben § 19 Rn. 12 sowie § 22 Rn. 18).

c) Beendigung

Die **Auflösungsgründe** richten sich für die GmbH nach GmbH-Recht (oben § 24   16
Rn. 2 ff.) und für die KG nach KG-Recht (oben § 17 Rn. 8 f.).[25] Wie stets ist zwischen Auflösung und **Vollbeendigung** zu unterscheiden. Häufiger Auflösungsgrund ist die Insolvenz, die, da es sich um zwei Gesellschaften handelt, auch zwei Insolvenzverfahren erfordert. In Anlehnung an die Kapitalgesellschaften ist bei der GmbH & Co. KG **Insolvenzgrund** nicht nur **Zahlungsunfähigkeit** wie bei der einfachen KG, sondern auch **Überschuldung** (§§ 177 a, 130 a HGB, § 19 InsO). Die Verletzung der Insolvenzantragspflicht ist nach §§ 177 a, 130 b HGB (§ 15 a Abs. 4 InsO i.d.F. des MoMiG) strafbar. Wenn die GmbH & Co. KG nur einen einzigen Kommanditisten hat, führt die Insolvenz der Komplementär-GmbH auch zur Beendigung der KG. Daraus können sich für den Kommanditisten Haftungsrisiken ergeben.[26]
Die Vorschrift des § 130 a Abs. 2 HGB enthält ein § 64 Abs. 2 GmbHG entsprechendes Zahlungsverbot ab Insolvenzreife.[27]

MoMiG: Im RegE wird diese Vorschrift den Änderungen bei § 64 Abs. 2 GmbHG entsprechend angepasst (oben § 24 Rn. 9 f.). Der Insolvenzgrund ergibt sich aus § 15 a Abs. 2 RegE-InsO.

Die komplizierte Gestaltung der GmbH & Co. KG (oben Rn. 9) führt bei gesunden Gesellschaften immer wieder zu dem Wunsch der **Rückführung auf eine einfachere Form**, meist eine reine *GmbH* oder auch eine KG mit einer natürlichen Person als Komplementär. Hier stehen, mit einigen Schwierigkeiten,[28] die Möglichkeiten des UmwG (unten § 38 Rn. 2, 6 ff.) zur Verfügung. Es kann aber auch das personengesellschaftsrechtliche Anwachsungsprinzip nutzbar gemacht werden. Werden sämtliche KG-Anteile auf die GmbH übertragen, erlischt die KG durch Ausscheiden sämtlicher Gesellschafter bis auf die GmbH, die ohne Liquidation im Wege der Gesamtrechtsnachfolge das KG-Vermögen übernimmt und das Unternehmen fortführen kann (vgl. oben § 16 Rn. 20 f.).[29]

III. Besonderheiten der GmbH & Co. KG im Rechtsverkehr

Aus der Kombination von KG- und GmbH-Recht ergeben sich *einige wichtige Ge-*   17
sichtspunkte für die Rechtsanwendung auch im Außenverhältnis.

---

[25] Baumbach/Hopt/*Hopt*, HGB, Anh. § 177 a Rn. 45 f.; insbes. zum Wegfall des einzigen Komplementärs durch Auflösung der GmbH *K. Schmidt*, § 56 VI 1 a.
[26] *BGH* NZG 2004, 611; Baumbach/Hopt/*Hopt*, HGB, Anh. § 177 a Rn. 45.
[27] Vgl. dazu *BGH* NZG 2007, 462.
[28] Baumbach/Hopt/*Hopt*, HGB, Anh. § 177 a Rn. 14; *K. Schmidt*, § 13 II 3 e m. w. N.
[29] Baumbach/Hopt/*Hopt*, HGB, Anh. § 177 a Rn. 47; *K. Schmidt*, § 12 I 4 d.

1. Publizität

Zur **Firma** oben Rn. 12 a. E. Die komplizierte Vertretungskonstruktion (oben Rn. 13) wird durch die nach §§ 177 a, 125 a HGB für die GmbH & Co. KG nach dem Vorbild des Aktien- und GmbH-Rechts (§ 80 AktG, § 35 a GmbHG) erforderlichen **Angaben auf den Geschäftsbriefen** transparenter gemacht. Bei der **Rechnungslegung** unterliegt die GmbH & Co. KG den **Vorschriften für Kapitalgesellschaften** einschließlich der **Offenlegungspflichten** (§§ 264 a, 325 ff. HGB); in den meisten Fällen kann sie dabei die Erleichterungen für kleine Gesellschaften (§§ 267 Abs. 1, 326 HGB) in Anspruch nehmen.

2. Haftung für Gesellschaftsschulden

18   Die Haftung für Gesellschaftsschulden der GmbH & Co. KG folgt zunächst dem allgemeinen *Haftungsschema der beiden miteinander verbundenen Gesellschaftsformen:* Neben dem Gesellschaftsvermögen der KG haftet den Gesellschaftsgläubigern nur die GmbH als Komplementär nach §§ 161, 128 HGB unbeschränkt persönlich, daneben natürlich für etwa bestehende eigene Verbindlichkeiten als juristische Person, allein mit ihrem Gesellschaftsvermögen (§ 13 Abs. 2 GmbHG). Die Gesellschafter der GmbH haften nicht. Dagegen haften die Kommanditisten wie bei jeder KG nach §§ 171 ff. HGB auf ihre Hafteinlagen beschränkt (oben § 17 Rn. 18 ff.). Soweit diese geleistet und nicht durch Entnahmen vermindert sind, haften die Kommanditisten grundsätzlich nicht persönlich.

19   Einige **Besonderheiten** ergeben sich jedoch **im Gründungsstadium.** Hier hat die Entwicklung des Rechts der Vorgesellschaft viel zur Klärung beigetragen, zumal sie ganz wesentlich gerade die Stellung der Vor-GmbH & Co. KG betrifft (oben § 21 Rn. 14 ff.).

Haftungsprobleme treten vor allem bei Aufnahme der Geschäfte vor Eintragung in das Handelsregister auf. Die **Vor-GmbH** kann Komplementär einer KG sein und somit nach § 128 HGB haften. Entsteht dadurch eine Unterbilanz, haften nach der Rechtsprechung ihre *Gesellschafter im Innenverhältnis anteilig und unbeschränkt* (oben § 21 Rn. 25) und andererseits der Geschäftsführer nach § 11 Abs. 2 GmbHG – *Handelndenhaftung* (oben § 21 Rn. 27). Die Handelndenhaftung erlischt, wenn die GmbH bei Eintragung in das Handelsregister entsteht und damit in alle Verbindlichkeiten der Vor-GmbH eintritt (§ 21 Rn. 32). Die Gründer-Gesellschafter trifft nunmehr die *Vorbelastungshaftung* gegenüber der GmbH zum Ausgleich einer etwa eingetretenen Unterdeckung des Stammkapitals (oben § 21 Rn. 31).[30]

Hat die **KG** ihre Geschäfte vor Eintragung in das Handelsregister aufgenommen, so gelten die oben (§ 17 Rn. 23) dargestellten Regeln für die **unbeschränkte Haftung der Kommanditisten** auch bei der GmbH & Co. KG. Die unbeschränkte Haftung der Kommanditisten tritt allerdings nicht ein, wenn dem Gläubiger deren Beteiligung (nur) als Kommanditisten bekannt war (§ 176 Abs. 1 Satz 1 letzter Teils. HGB). Wenn die Gesellschaft bereits unter der Bezeichnung als GmbH & Co. KG im Geschäftsverkehr auftritt und daraus für jeden Dritten ohne weiteres die Kommanditisteneigenschaft der beteiligten natürlichen Personen zu entnehmen ist, hat das zur Folge, dass hier diese vorgesehene Ausnahme vorliegt.[31]

Die beiden vorausgehend behandelten Haftungslagen treffen zusammen, wenn bei Geschäftsaufnahme beide Gesellschaften, *GmbH und KG, noch nicht in das Handelsregister eingetragen* sind. Soweit die Gesellschaften personengleich sind, führt die doppelte Mitgliedschaft der Gesellschafter dann auch zur Haftung nach beiden Regelungen.

3. Kapitalausstattung und -sicherung

20   Zusätzlich zur Haftungsverfassung verleiht das Fehlen der unbeschränkten Haftung einer natürlichen Person der Kapitalausstattung und -sicherung der GmbH & Co. KG besondere Bedeutung als mittelbarer Gläubigerschutz. Das hat die Rechtsprechung

---

[30] *BGH* NZG 2003, 393; Baumbach/Hopt/*Hopt*, HGB, Anh. § 177 a Rn. 15.
[31] So wohl *BGH* NJW 1983, 2260; Baumbach/Hopt/*Hopt*, HGB, Anh. § 177 a Rn. 19; *K. Schmidt,* § 56 III 3 b.

und ihr teilweise folgend dann auch die Gesetzgebung zu besonderen *Maßnahmen zur Sicherung des Gesellschaftskapitals* der GmbH & Co. KG im Ganzen, deshalb gerade auch der KG veranlasst. Als Vorbild dafür dienen die Kapitalaufbringungs- und -erhaltungsvorschriften des GmbH-Rechts, vor allem §§ 30 ff. GmbHG.

a) Kapitalaufbringung

Sowohl das Kommanditkapital wie das Stammkapital der GmbH ist nach den jeweiligen Regeln aufzubringen. Praktisch wichtig ist daher die genaue Definition der Konten und Zahlungsströme.[32] Da auch Geschäftsanteile der GmbH als Einlage in die KG eingebracht werden können, besteht die Gefahr, dass dieselbe Vermögensmasse gleichzeitig (als GmbH-Vermögen und als Kommanditkapital) mit haftungsbefreiender Wirkung für verschiedene Gesellschaften dienen soll. Deshalb bestimmt § 172 Abs. 6 HGB, dass bei der GmbH & Co. KG die Einlage eines Kommanditisten als nicht geleistet gilt, d. h. die Befreiung nach § 171 Abs. 1 2. Hs. HGB nicht eintritt, wenn die Einlage in Anteilen der Komplementär-GmbH besteht. Die Gestaltung wird besonders bei der Einheitsgesellschaft (oben Rn. 11) relevant.

b) Einlagenrückgewähr

Wird einem Kommanditisten seine **Hafteinlage** ganz oder teilweise *zurückgewährt*, so lebt im gleichen Umfang seine **persönliche Haftung** wieder auf (§§ 172 Abs. 4, 171 Abs. 1 HGB). Das gilt jedoch nicht bei darüber hinaus geleisteten Einlagen, deren Zahlung nur intern, jedoch nicht als Haftkapital, vereinbart war (oben § 17 Rn. 21).[33]   **21**

Die Rückzahlung von Einlagen steht einer *unzulässigen Zahlung zu Lasten des Stammkapitals der GmbH gleich,* wenn sie zwar aus dem Gesellschaftsvermögen der KG gezahlt werden, dadurch *aber mittelbar das Vermögen der Komplementär-GmbH im Wert unter das Stammkapital* absinkt (**§ 30 GmbHG analog).** Entsprechendes gilt, wenn im Zeitpunkt der Rückzahlung die *Vermögen beider Gesellschaften überschuldet* waren.[34] Auch die Rückzahlung der Einlage an einen Kommanditisten beim Ausscheiden aus der GmbH & Co. KG löst diese Wirkung aus (oben § 17 Rn. 20).[35] Anders als nach dem bei Entnahmen eingreifenden Haftungsschema des KG-Rechts (§§ 172 Abs. 4, 171 Abs. 1 HGB) führt hier die Analogie zu §§ 30 Abs. 1, 31 GmbHG nicht zu einer unmittelbaren Haftung gegenüber den Gesellschaftsgläubigern, sondern wie im GmbH-Gesellschaftsrecht zu einer **Erstattungspflicht gegenüber der Gesellschaft.** Das ist hier die KG, da es sich um eine unzulässige Leistung aus ihrem Vermögen gehandelt hat. Der Gesellschafter kann nicht einwenden, dass in der KG Entnahmen zulässig sind und lediglich Haftungsfolgen haben. Für nicht einbringliche Erstattungsansprüche haften die übrigen Kommanditisten entsprechend § 31 Abs. 3 GmbHG. Damit wird die *Kommanditeinlage wie die Stammeinlage der GmbH* zugunsten der Gläubiger *geschützt.* Die Rechtsprechung hat dieses Modell zunächst für den Fall der gleichzeitigen Mitgliedschaft in beiden Gesellschaften entwickelt, dann aber auch auf Kommanditistern erstreckt, die nicht gleichzeitig Gesellschafter der GmbH sind.[36]

c) Eigenkapitalersatzrecht

Für **Gesellschafterdarlehen** bei der GmbH & Co. KG hatte der BGH ähnliche Regeln entwickelt   **22** wie bei der GmbH.[37] § 172 a HGB erstreckt die gesetzliche Regelung für eigenkapitalersetzende Darlehen an die GmbH in §§ 32 a, 32 b GmbHG ausdrücklich *auf die GmbH & Co. KG.* Auch hinsichtlich der über das Gesetz hinausgehenden Rechtsprechung des BGH gilt das oben (§ 24 Rn. 16 ff.) zur GmbH Ausgeführte entsprechend. Infolgedessen wirken sich Änderungen des GmbH-Rechts auch auf die GmbH & Co. KG aus.

---

[32] Anschaulich dazu *K. Schmidt,* § 56 V 1 a: Komplementär-GmbH ohne eigenes Konto und einheitliche „Gesellschaftskasse".

[33] Strenger BGHZ 104, 33 = NJW 1988, 1841: Behandlung von Pflichtdarlehen (Finanzplankredite) wie Eigenkapital.

[34] BGHZ 60, 324, 328 ff. = NJW 1973, 1036; BGHZ 110, 342 = NJW 1990, 1725; *Kübler/Assmann,* § 22 IV 2 a, b; *K. Schmidt,* § 56 V 1 b.

[35] BGHZ 69, 274 = NJW 1978, 160; *Kübler/Assmann,* § 22 IV 2 c.

[36] BGHZ 110, 342, 355 ff. = NJW 1990, 1725, 1928 f.

[37] BGHZ 67, 171 = NJW 1977, 104; BGHZ 69, 274 = NJW 1978, 160; BGHZ 76, 326 = NJW 1980, 1524; BGHZ 81, 252 = NJW 1981, 2570.

22 a   *MoMiG: Der RegE ersetzt das Eigenkapitalersatzrecht durch eine insolvenzrechtliche Lösung. Konsequenterweise sollen §§ 130 a, 172 a HGB aufgehoben werden; nach § 39 Abs. 1 Nr. 5, Abs. 4 RegE-InsO treten Ansprüche auf Rückgewähr von Gesellschafterdarlehen im Rang zurück, vor Eröffnung des Insolvenzverfahrens zurück gezahlte Gesellschafterdarlehen unterliegen der Insolvenzanfechtung im Rahmen des § 135 RegE-InsO (vgl. auch oben § 24 Rn. 15 a, 16 a). Die Auswirkungen auf die GmbH & Co. KG im Einzelnen werden, wie stets, nach der Gestaltung der konkreten Gesellschaft differenziert werden müssen.*

d) Durchgriff

Die besonders anhand von GmbH-Sachverhalten entwickelten Durchgriffsfallgruppen gelten auch für die Komplementär-GmbH (oben § 24 Rn. 27 ff.). Darüber hinaus ist der Durchgriff auf Kommanditisten möglich, soweit sie die entsprechenden Voraussetzungen erfüllen. Kein Fall des Durchgriffs ist die Direkthaftung aus einem Schuldverhältnis nach § 311 Abs. 3 BGB, das für Geschäftsführer und andere Personen, die für die GmbH & Co. KG handeln und dabei besonderes persönliches Vertrauen für sich in Anspruch nehmen, in Betracht kommt. Auch eine deliktische Haftung ist kein Durchgriff, da derjenige, der die Tatbestandsmerkmale der unerlaubten Handlung erfüllt hat, Schadensersatz leisten muss, wogegen eine gesellschaftsrechtliche Haftungsbeschränkung nichts auszurichten vermag (oben § 24 Rn. 35 ff.).

§ 38. Umwandlung von Gesellschaften

Literatur: In den im Literaturverzeichnis genannten Gesamtdarstellungen des Gesellschaftsrechts insb.: *Grundmann,* Europäisches Gesellschaftsrecht § 28; *Raiser/Veil,* §§ 46 ff.; *K. Schmidt,* §§ 12 f.; ferner das zu den einzelnen Rechtsformen bereits angeführte Schrifttum.

Kommentare zum UmwG: insb. *Lutter,* UmwG; ferner *Ballreich,* Fallkommentar zum Umwandlungsrecht, Umwandlungsgesetz – Umwandlungssteuergesetz, 3. Aufl., 2006; *Dauner-Lieb/Simon* Kölner Kommentar zum Umwandlungsgesetz, 2007; *Kallmeyer* (Hrsg.), Umwandlungsgesetz, Kommentar, 3. Aufl., 2006; *Schmitt/Hortnagel/Stratz,* Umwandlungsgesetz/Umwandlungssteuergesetz, 4. Aufl., 2006; *Semler/Stengel,* Umwandlungsgesetz, 2. Aufl., 2007.

Handbücher und Einzeldarstellungen (Auswahl): *Engelmeyer,* Die Spaltung von Aktiengesellschaften nach dem neuen Umwandlungsrecht, 1995; *Ganske,* Umwandlungsrecht, 2. Aufl., 1995; *Geng,* Ausgleich und Abfindung der Minderheitsaktionäre der beherrschten Aktiengesellschaft bei Verschmelzung und Spaltung, 2003; *Funke,* Minderheitenschutz im Aktienrecht beim ‚kalten‘ Delisting, 2005; *Habersack/Koch/Winter* (Hrsg.), Die Spaltung im neuen Umwandlungsrecht und ihre Rechtsfolgen, 1999; *Heidinger/Limmer/Holland/Reul,* Gutachten des Deutschen Notarinstituts, Bd. IV: Gutachten zum Umwandlungsrecht, 1998; *Hennrichs,* Formwechsel und Gesamtrechtsnachfolge bei Umwandlungen, 1995; *Hommelhoff/Hagen/Röhricht,* Gesellschafts- und Umwandlungsrecht in der Bewährung, 1998 (ZGR-Sonderheft 14); *T. Koller,* Die europäische Harmonisierung des Rechts der Verschmelzung, 2004; *Leinekugel,* Die Ausstrahlungswirkungen des Umwandlungsgesetzes, 2000; *Lenz,* Gesellschafter- und Gläubigerschutz bei dem Formwechsel einer OHG in eine GmbH, 2000; *Lutter,* Die Rechte der Gesellschafter beim Abschluss fusionsähnlicher Unternehmensverbindungen, 1974; *T. Marx,* Auswirkungen der Spaltung nach dem Umwandlungsgesetz auf Rechtsverhältnisse mit Dritten, 2001; *K. Mertens,* Umwandlung und Universalsukzession, 1993; *Petersen,* Der Gläubigerschutz im Umwandlungsrecht, 2001; *von Riegen,* Gesellschafterschutz bei Ausgliederungen durch Einzelrechtsnachfolge, 1999; *Schnorbus,* Gestaltungsfreiheit im Umwandlungsrecht, 2001; *Schmitz-Riol,* Der Formwechsel der eingetragenen Genossenschaft in die Kapitalgesellschaft, 1998; *Schöne,* Die Spaltung unter Beteiligung von GmbH gem. §§ 123 ff. UmwG, 1998; *Schwedhelm,* Die Unternehmensumwandlung, 6. Aufl., 2006; *Veil,* Umwandlung einer Aktiengesellschaft in eine GmbH, 1996; *Zürbig,* Der Formwechsel einer Personengesellschaft in eine Kapitalgesellschaft, 1999.

Zum zweiten Gesetz zur Änderung des UmwG sowie zur grenzüberschreitenden Verschmelzung: *Bayer/Schmidt,* NJW 2006, 401; *Beuthien/Helios,* NZG 2006, 369; *Herrler,* EuZW 2007, 295; *Krause,* in: Gesellschaftsrechtliche Vereinigung (Hrsg.), Gesellschaftsrecht in der Diskussion, 2006, S. 39; *Nagel,* NZG 2007, 57; *Riesenhuber,* NZG 2004, 15; *Siems,* EuZW 2006, 135; *J. Vetter,* AG 2006, 613.

I. Begriff und Arten der Umwandlung

Die Fortführung eines Unternehmens in der bisherigen Form kann sich aus ver- **1** schiedenen Gründen als unzweckmäßig erweisen. Der Zusammenschluss von Unternehmen gibt Anlass, die beteiligten Gesellschaften in eine Gesellschaft zusammenzuführen. Der Aufbau einer Holding-Struktur erfordert es, eine Gesellschaft in mehrere Gesellschaften aufzuspalten. Ein als GmbH geführtes Unternehmen, das einen Börsengang beabsichtigt, muss zuvor in eine börsenfähige Rechtsform (AG oder KGaA) gebracht werden usw. In all diesen Fällen kann das erstrebte Ziel dadurch erreicht werden, dass die betroffenen Gesellschaften *aufgelöst* und in der gewünschten Form *neu gegründet* werden. Das ist umständlich und meist mit steuerlichen Nachteilen verbunden. Mit dem **Umwandlungsgesetz** (UmwG) hat der Gesetzgeber daher ein Instrumentarium bereit gestellt, mit dem sich diese Nachteile vermeiden lassen. Das *Umwandlungssteuergesetz* (UmwStG) bezweckt, die dort geregelten Strukturänderungen steuerneutral zu halten. Daneben bestehen gesellschaftsrechtlich weitere Umstrukturierungs- und Umwandlungsmöglichkeiten außerhalb des UmwG (oben § 33 und unten Rn. 3 ff.).

1. Aufbau und Anwendungsbereich des UmwG

Das UmwG unterscheidet grundsätzlich *drei Arten* der Umwandlung: Die **Ver-** **2** **schmelzung** (§§ 2–122 UmwG), die die Zusammenführung mehrerer Rechtsträger in einen einzigen regelt, die **Spaltung** (§§ 123–173 UmwG), die die Abtrennung von Vermögensteilen eines Rechtsträgers und ihre Übertragung auf andere Rechtsträger behandelt, und den **Formwechsel** (§§ 190–304 UmwG). Daneben besteht die Möglichkeit der sog. *Vermögensübertragung* (§§ 174–189 UmwG). Sie kommt nur bei einer Beteiligung der öffentlichen Hand oder von Versicherungsunternehmen in Betracht und wird im Folgenden nicht weiter behandelt. Nicht zu verwechseln ist sie mit der praktisch bedeutsameren Vermögensübertragung nach § 179 a AktG (oben § 33 Rn. 10 ff., dazu noch unten Rn. 4). *Grundgedanken* des UmwG sind die Wahrung der **Identität des Rechtsträgers** beim Formwechsel und die **Gesamtrechtsnachfolge** bei Verschmelzung und Spaltung.[1]

Das UmwG zeichnet sich durch einen betont *systematischen Aufbau* aus. Jede Umwandlungsart ist in einem eigenen Buch geregelt, das jeweils wiederum aus zwei Teilen besteht: den „Allgemeinen Vorschriften", die für alle Rechtsträger gelten, sowie den „Besonderen Vorschriften", die für einzelne Rechtsformen zusätzliche oder abweichende Regelungen enthalten. Die ausführlichste Normierung hat die Verschmelzung erfahren, auf deren Vorschriften in den anderen Büchern verwiesen wird („Baukastensystem"). Diese Regelungstechnik trägt dem Umstand Rechnung, dass die Sachfragen bei den einzelnen Umwandlungsarten oft dieselben sind und daher einheitlichen Prinzipien folgen.[2] Sie birgt aber auch die Gefahr, dass einzelne Vorschriften übersehen oder sinnentfremdet angewandt werden. Darauf ist beim praktischen Umgang mit dem UmwG zu achten.

Die **Rechtsträger**,[3] die an einer Umwandlung beteiligt sein können, werden im UmwG abschließend aufgeführt (§§ 3, 124, 191 UmwG; s. auch unten Rn. 3.[4]

---

[1] Instruktiv zur Dogmatik der Umwandlung *K. Schmidt*, § 12 IV m.w.N.

[2] Vgl. dazu die Darstellung bei *Raiser/Veil*, § 46.

[3] „Rechtsträger" wird im UmwG als Oberbegriff für alle umwandlungsfähige Gebilde gebraucht; die rechtsfähigen Gesellschaften sind nur ein Teil davon, wenn auch der praktisch wichtigste.

[4] Nach dem Gesetzeswortlaut muss es sich um Rechtsträger mit *Sitz im Inland* handeln. Mit Rücksicht auf die europäische Niederlassungsfreiheit wurde diese Einschränkung schon vor der Entscheidung des EuGH (unten Rn. 17) in Frage gestellt; vgl. dazu etwa *österr.* OGH ZIP 2003, 1086.

Neben den im Lehrbuch behandelten Handelsgesellschaften (OHG, KG, GmbH, AG, KGaA, SE) sind dies die Partnerschaftsgesellschaft (PartG), der eingetragene Verein (e.V.), die eingetragene Genossenschaft (eG) und der Versicherungsverein auf Gegenseitigkeit (VVaG). An der Verschmelzung können ferner (als übernehmender Rechtsträger) natürliche Personen (§ 3 Abs. 2 Nr. 2 UmwG), an der Spaltung in Gestalt der Ausgliederung Einzelkaufleute, Stiftungen und Gebietskörperschaften (§ 124 Abs. 1 UmwG) beteiligt sein. Grundsätzlich *nicht* erfasst ist die *BGB-Gesellschaft*, doch können Kapitalgesellschaften im Wege des Formwechsels in eine (dann rechtsfähige, oben § 5 Rn. 6 ff.) BGB-Gesellschaft umgewandelt werden (§§ 191 Abs. 2 Nr. 1, 226 UmwG).

Das UmwG ist am 1.1.1995 in Kraft getreten. Verschmelzung und Formwechsel waren bis dahin z.T. im Aktienrecht (§§ 339 ff. AktG a.F.), z.T. im (alten) UmwG 1969 und in weiteren Gesetzen geregelt, die Spaltung war nur für Unternehmen der ehemaligen Treuhandanstalt zugelassen.[5] Diese Regelungen sind heute obsolet. Bei der Anwendung des UmwG ist zu beachten, dass die Regeln über Verschmelzung und Spaltung z.T. *Umsetzungen europäischer Richtlinien* darstellen und deshalb richtlinienkonform auszulegen sind (oben § 2 Rn. 27).[6] Mit dem zweiten Gesetz zur Änderung des Umwandlungsgesetzes wurden die Vorgaben der **Verschmelzungsrichtlinie** durch Einfügung der §§ 122 a ff. UmwG umgesetzt (dazu unten Rn. 17) sowie eine Reihe von sonstigen Vorschriften geändert.[7]

2. Umwandlungen außerhalb des UmwG

3   Das UmwG ist für die darin geregelten Umwandlungsarten abschließend konzipiert, § 1 Abs. 2 UmwG. Daneben gibt es sowohl gesetzliche Umwandlungsfälle wie Transaktionen, die ein wirtschaftlich gleichwertiges Ergebnis auf anderem Wege erzielen.

a) Umwandlung kraft Gesetzes bei der Personengesellschaft

Während Umwandlungen nach UmwG immer ein Rechtsgeschäft und einen konstitutiven Registereintrag voraussetzen (näher unten Rn. 7, 12), führt bei den Personengesellschaften der Eintritt bestimmter Umstände zu einem **automatischen Wechsel der Rechtsform**. Diese Rechtswirkungen kann sich die Kautelarpraxis zunutze machen.[8]

aa) Die **Umwandlung einer OHG in eine KG und umgekehrt** steht im Belieben der Beteiligten und erfolgt durch Änderung des Gesellschaftsvertrages, die auch im ursprünglichen Vertrag bereits vorgesehen werden kann. Sobald ein Gesellschafter einer OHG mit Zustimmung der übrigen seine Haftung beschränkt oder ein neuer nur beschränkt haftender Gesellschafter aufgenommen wird, wird aus der bisherigen OHG eine KG. Scheiden umgekehrt aus einer KG alle beschränkt haftenden Gesellschafter aus oder übernehmen sie die unbeschränkte Haftung, wird aus der KG eine OHG. Die Identität der Gesellschaft wird dadurch nicht berührt; eine Übertragung des Gesellschaftsvermögens findet deshalb nicht statt (oben § 17 Rn. 6).

bb) **Umwandlung einer BGB-Gesellschaft in eine OHG oder KG und umgekehrt:** OHG und KG sind nur bei Betrieb eines Handelsgewerbes oder Handelsregistereintragung möglich. Andererseits ist eine Personengesellschaft, die unter gemeinsamem Namen ein Handelsgewerbe betreibt, notwendig OHG oder KG. Infolgedessen verwandelt sich eine Gesellschaft, die bisher gar kein Gewerbe oder ein Kleingewerbe betrieb und deshalb eine BGB-Gesellschaft war, automatisch in eine OHG (nur bei Haftungsbeschränkung für einzelne Gesellschafter in eine KG), wenn das von ihr betriebene Unternehmen zum Handelsgewerbe wird (dazu oben § 12 Rn. 2, 13), was bei einem Handelsgewerbe im Sinn des § 1 HGB lediglich vom Umfang des Gewerbes, andernfalls von der Eintragung in das Handelsregister abhängt (§ 105 Abs. 2 HGB). Umgekehrt wird eine OHG oder KG, deren Gewerbe nicht nur vor-

---

[5] Zur historischen Entwicklung Lutter/*Lutter*, Einl. Rn. 5 ff.; *K. Schmidt,* § 12 II.

[6] Näher Lutter/*Lutter*, Einl. Rn. 21 ff.

[7] Zweites Gesetz zur Änderung des Umwandlungsgesetzes vom 19.4.2007, BGBl. I S. 542; Richtlinie 2005/56/EG zur Verschmelzung von Kapitalgesellschaften aus verschiedenen Mitgliedstaaten; Überblick über die sonstigen Regelungen bei *Mayer/Weiler,* DB 2007, 1235 ff, 1291 ff m.w.N.

[8] Anschauliche Beispiele bei *K. Schmidt,* § 12 I 4, § 44 III 2 a, § 64 III 4 b.

übergehend auf den Stand eines Kleingewerbes herabsinkt oder die jeden Gewerbebetrieb aufgibt, zu einer BGB-Gesellschaft, sobald die Löschung im Handelsregister hinzu tritt. Die Umwandlung berührt die Identität der Gesellschaft nicht; eine Vermögensübertragung findet nicht statt. Bei der Umwandlung einer OHG oder einer KG in eine BGB-Gesellschaft gilt die bisherige vertragliche Regelung des Innenverhältnisses, insbesondere über Geschäftsführung und Vertretung, im Zweifel im Rahmen der neuen Zweckbestimmung weiter.[9]

cc) Die **Umwandlung einer BGB-Gesellschaft, einer OHG oder einer KG in ein Einzelunternehmen** erfolgt, wenn bei einer BGB-Gesellschaft, einer OHG oder KG ein Gesellschafter unter Ausscheiden aller übrigen das ganze Unternehmen ohne Liquidation übernimmt; das Gesellschaftsvermögen geht im Wege der *Gesamtrechtsnachfolge* einheitlich auf ihn über (oben § 10 Rn. 10, § 16 Rn. 20f., § 37 Rn. 16).

dd) Die **Umwandlung einer OHG oder KG in eine stille Gesellschaft** ist in der Form möglich, dass bei einer zweigliedrigen Gesellschaft ein Gesellschafter das Unternehmen als Ganzes übernimmt und der ausscheidende Gesellschafter sich gleichzeitig mit seinem Abfindungsguthaben oder einem Teil desselben still an dem Unternehmen des nunmehrigen Alleininhabers beteiligt.

ee) Dagegen ist eine **Umwandlung eines Einzelunternehmens in eine OHG oder KG** außerhalb des UmwG *nicht* möglich. Hier kommt nur die Ausgliederung auf eine bereits bestehende OHG oder KG nach § 152 UmwG (unten Rn. 11 a. E.) oder die Einzelübertragung auf eine neu gegründete Personengesellschaft nach allgemeinen Vorschriften in Betracht. Nach § 28 HGB wird zwar ein einzelkaufmännisches Unternehmen durch „Eintritt" einer weiteren Person zur Gesellschaft (OHG oder KG), das bedeutet jedoch die Einbringung (Übertragungsakte!) des Unternehmens in eine neu gegründete Gesellschaft.[10]

b) Einzelübertragung von Vermögensgegenständen

Das Ergebnis einer Umwandlung kann auch dadurch erreicht werden, dass eine Gesellschaft ihr Vermögen im Wege der **Einzelrechtsnachfolge** ganz oder teilweise auf eine andere Gesellschaft überträgt und dafür entsprechende Anteile an dieser erhält *(asset deal)*. Die Übertragung richtet sich dann nach den für den jeweiligen Vermögensgegenstand geltenden Regeln (Grundstücke: §§ 873, 925 BGB, Forderungen: § 398 BGB, bewegliche Sachen: §§ 929ff. BGB usw.). Gesellschaftsrechtlich ist zu beachten, dass es sich um **Sacheinlagen** handelt, für die besondere Vorschriften gelten (oben § 23 Rn. 13f., § 26 Rn. 14ff.). Soll das *ganze Vermögen* einer *Aktiengesellschaft* übertragen werden, bedarf es nach **§ 179a AktG** eines qualifizierten Hauptversammlungsbeschlusses (oben § 33 Rn. 10).[11] Wenn wesentliche Vermögensteile der Gesellschaft übertragen werden, so dass dadurch mitgliedschaftliche Interessen der Aktionäre berührt werden, ist nach der Rechtsprechung ein einfacher Hauptversammlungsbeschluss erforderlich (oben § 29 Rn. 4ff.). Durch die Veräußerung ihres Vermögens wird die Gesellschaft nicht aufgelöst, sofern nicht die Auflösung besonders beschlossen wird (§ 179a Abs. 3 AktG).

Bei Übertragung des ganzen Vermögens ist der Weg der Einzelübertragung meist mühsamer als eine Verschmelzung nach UmwG. Aus der Sicht des Mehrheitsaktionärs vorteilhaft mag die Vermögensübertragung sein, wenn er selbst am Erwerb des zu übertragenden Unternehmens interessiert ist, weil § 179a AktG im Unterschied zum UmwG und zu den §§ 293ff. AktG (dazu oben § 33 Rn. 11) weniger detaillierte Schutzvorkehrungen für Minderheitsaktionäre vorsieht. Ferner spielt die steuerliche Situation, wie stets, eine große Rolle für die gewählte Form.

c) Strukturänderungen außerhalb des Gesellschaftsrechts

Nicht jede Umstrukturierung eines Unternehmens ist gesellschaftsrechtlich relevant. Werden Geschäftsfelder aufgegeben oder neu erschlossen, Gegenstände veräußert, erworben oder umgestaltet,

---

[9] Für die OHG BGHZ 32, 307; für die KG *BGH* NJW 1971, 1698; BB 1972, 61; *K. Schmidt,* DB 1973, 653, 703.

[10] *K. Schmidt,* Handelsrecht, 5. Aufl., 1999, § 8 III 1 b.

[11] BGHZ 82, 188 = NJW 1982, 933 – Hoesch-Hoogovens; *Windbichler,* AG 1981, 169; zur entsprechenden Anwendung auf andere Rechtsformen *BGH* NJW 1995, 596; *K. Schmidt,* § 13 I 4b.

bedarf es dazu nur dann einer Zustimmung der Gesellschafterversammlung, wenn Satzung bzw. Gesellschaftsvertrag das vorsehen oder der Gegenstand des Unternehmens verändert wird. Betrifft die Umstrukturierung einen *Betrieb* der Gesellschaft, sind arbeitsrechtliche Regeln zu beachten, z.B. Unterrichtungsrechte des europäischen Betriebsrates oder die Notwendigkeit eines Interessenausgleichs und Sozialplanes nach §§ 111 ff. BetrVG. Eine gesellschaftsrechtliche Maßnahme allein ohne betriebliche Auswirkungen genügt dafür nicht. Einzelheiten dazu gehören ins Arbeitsrecht.[12]

II. Verschmelzung

6   Die Verschmelzung wird auch als **Fusion** bezeichnet. Ein untechnischer Sprachgebrauch, vor allem im Zusammenhang mit der wettbewerbsrechtlichen „Fusionskontrolle", die eigentlich Zusammenschlusskontrolle heißt (§§ 35 ff. GWB), fasst darunter aber eine Vielzahl von Gestaltungen. Im Folgenden ist nur von der Verschmelzung im engen, rechtstechnischen Sinn die Rede. Das Gesetz unterscheidet zwei Formen der Verschmelzung (§ 2 UmwG).

Bei der **Verschmelzung durch Aufnahme** übertragen ein oder mehrere Rechtsträger (die übertragenden) ihr Vermögen als Ganzes an einen anderen (übernehmenden Rechtsträger). Letzterer bleibt bestehen. Dagegen gehen die übertragenden Rechtsträger unter; ihre Mitglieder erhalten als Entschädigung Anteile der übernehmenden Gesellschaft. Bei der **Verschmelzung durch Neugründung** wird ein neuer Rechtsträger gegründet, dem die sich vereinigenden Rechtsträger ihr Vermögen als Ganzes übertragen. Alle bisherigen Rechtsträger gehen unter; ihre Mitglieder erhalten zum Ausgleich Anteile an dem neuen Rechtsträger. Diese Form kommt vor allem dann in Betracht, wenn die sich verschmelzenden Rechtsträger etwa gleich groß sind und aus Prestigegründen sich keiner von einem anderen aufnehmen lassen will. Auch hier kann eine gleichzeitige Verschmelzung von mehreren Rechtsträgern vorgenommen werden.

1. Verschmelzung durch Aufnahme

7   Diese ist in §§ 4–35 UmwG ausführlich geregelt, bei der Verschmelzung durch Neubildung wird dann weitgehend hierauf verwiesen. Weitere Verweisungen finden sich bei den anderen Umwandlungsarten. Die Regelung kann damit als **Kern des Umwandlungsrechts** angesehen werden. Es handelt sich um ein **Grundlagengeschäft**, deshalb bestehen viele Ähnlichkeiten mit der Gründung bzw. Satzungsänderung.

a) Verfahren

aa) Grundlage der Verschmelzung ist der **Verschmelzungsvertrag.** Er wird zwischen den an der Verschmelzung beteiligten Rechtsträgern durch deren Vertretungsorgane abgeschlossen (§ 4 UmwG).

Der Vertrag bedarf der **notariellen Beurkundung** (§ 6 UmwG). Die Zustimmung der Anteilsinhaber der beteiligten Rechtsträger (§ 13 UmwG) kann vorher oder nachher erfolgen, die *zeitliche Reihenfolge* ist gleichgültig. § 4 Abs. 2 UmwG lässt zu, dass die Versammlungen statt über den bereits förmlich *abgeschlossenen Vertrag* auch über einen von den Vertretungsorganen aufgestellten *schriftlichen Entwurf* beschließen; die Vertretungsorgane sind dann aber an die beschlossene Fassung gebunden.

Die Verschmelzung kann auch für einen späteren Zeitpunkt oder den Eintritt eines künftigen Ereignisses vereinbart werden. Das hat z.B. Bedeutung, wenn bei Begründung einer Interessengemeinschaft

---

[12] Vgl. etwa *Bachmann*, NZA 2002, 1130; ausführlich *Boecken*, Unternehmensumwandlungen und Arbeitsrecht, 1996; *Mengel*, Umwandlungen im Arbeitsrecht, 1997.

die spätere Verschmelzung der beteiligten Unternehmen in Aussicht genommen wird. § 4 Abs. 1 Satz 2 UmwG ermöglicht dies, indem die Geltung von § 311b Abs. 2 BGB ausgeschlossen wird. Um andererseits eine zu lange Bindung zu verhindern, sieht § 7 UmwG vor, dass jeder Vertragspartner einen noch nicht vollzogenen Verschmelzungsvertrag nach fünf Jahren kündigen kann.

Für den **Inhalt des Vertrages** enthält § 5 UmwG **Mindestanforderungen:** Neben der Bezeichnung der beteiligten Rechtsträger (Nr. 1) ist vor allem die Verschmelzungsvereinbarung (Nr. 2) von Bedeutung. Sie ist gerichtet auf die *Übertragung des Vermögens* jedes übertragenden Rechtsträgers an den übernehmenden Rechtsträger als Ganzes, also unter Ausschluss der Liquidation, *gegen Gewährung von Anteilen oder Mitgliedschaften* des übernehmenden Rechtsträgers an die Anteilsinhaber der übertragenden Rechtsträger. Dabei ist das *Umtauschverhältnis – Verschmelzungswertrelation* – genau festzulegen (Nr. 3), das sich am „wahren" Wert der Anteile orientieren muss.[13] Soweit sich dabei rechnerisch kein einfaches Verhältnis festlegen lässt, kann ein Ausgleich durch bare Zuzahlungen geschaffen werden, die ebenfalls im Vertrag festzusetzen sind. Im Verschmelzungsvertrag sind weiter die Durchführung des Umtauschs (Nr. 4), der Beginn der Gewinnberechtigung (Nr. 5), der Zeitpunkt der rechnungsmäßigen Geschäftsübernahme (Nr. 6), Sonderrechte für einzelne Anteilsinhaber (Nr. 7), besondere Vorteile für Organmitglieder und Verschmelzungsprüfer (Nr. 8) sowie die Folgen der Verschmelzung für die Arbeitnehmer und ihre Vertretungen (Nr. 9) anzugeben.

Schematisierte **Beispiele** für das Umtauschverhältnis bei der Verschmelzung von Aktiengesellschaften: Hat eine übertragende Gesellschaft A ein Grundkapital von 1 Mio. €, aber einen Unternehmenswert von 1,5 Mio. €, eine weitere übertragende Gesellschaft B ein Grundkapital von 2 Mio. € und einen Unternehmenswert in gleicher Höhe, so ist der wirkliche Wert einer 1 €-Aktie bei A 1,50 € (150%), bei B 1 € (100%). Hat die übernehmende Gesellschaft C ein Grundkapital von 20 Mio. €, einen Unternehmenswert von 60 Mio. €, ist der wirkliche Wert ihrer 1 €-Aktien 3 € (300%). Jeder Aktionär von A wird dann für je zwei A-Aktien, dagegen jeder Aktionär von B nur für je drei B-Aktien eine C-Aktie bekommen; das Umtauschverhältnis lautet also für A-Aktien 2:1, für B-Aktien 3:1. – Hatte die C-AG dagegen nur einen Unternehmenswert von 20 Mio. €, standen ihre Aktien also pari, so lautet das Umtauschverhältnis für A-Aktien 2:3, für B-Aktien dagegen 1:1.

bb) Die Vertretungsorgane der beteiligten Rechtsträger haben einen ausführlichen schriftlichen **Verschmelzungsbericht** über den Verschmelzungsvertrag, besonders über das Umtauschverhältnis, zu erstatten und dabei sowohl die wirtschaftlichen als auch die rechtlichen Gesichtspunkte zu berücksichtigen (§ 8 UmwG). Entbehrlich ist der Verschmelzungsbericht bei der Verschmelzung eines Rechtsträgers auf den einzigen Anteilsinhaber (unten Rn. 10) oder wenn alle betroffenen Anteilsinhaber darauf verzichten (§ 8 Abs. 3 UmwG).

cc) Es folgt die **Verschmelzungsprüfung,** d.h. eine Prüfung des Verschmelzungsvertrages und seiner Grundlagen durch unabhängige Sachverständige (Wirtschaftsprüfer) als *Verschmelzungsprüfer* (§ 9 UmwG).

Die **Verschmelzungsprüfer** werden vom Gericht auf Antrag der Vertetungsorgane der beteiligten Rechtsträger jeweils für diese oder gemeinsam bestellt (§ 10 UmwG). Bestellungsvoraussetzungen, Rechtsstellung und Verantwortlichkeit gleichen den Regeln für die Abschlussprüfer, auf die § 11 UmwG mehrfach verweist. Über das Ergebnis der Prüfung erstatten die Verschmelzungsprüfer für jeden Rechtsträger gesondert, wahlweise aber auch gemeinsam, einen **Prüfungsbericht,** der vor allem eine Erklärung über die **Angemessenheit des Umtauschverhältnisses** für die Anteile enthalten muss (§ 12 UmwG). Verschmelzungsprüfung und Prüfungsbericht sind unter denselben Voraussetzungen entbehrlich wie der Verschmelzungsbericht (§§ 9 Abs. 3, 12 Abs. 3 UmwG).

dd) Die Wirksamkeit des Verschmelzungsvertrages erfordert **Zustimmungsbeschlüsse** der Anteilsinhaber der beteiligten Rechtsträger (§ 13 UmwG). Diese Beschlüsse bedürfen ebenfalls der notariellen Beurkundung.

Die Vorschriften betr. die einzelnen Rechtsformen enthalten qualifizierte Anforderungen für diese Grundlagenbeschlüsse. Für die Anteilsinhaber der *übertragenden* Rechtsträger enthält die Verschmelzung einen einschneidenden Eingriff. Die Rechtsträger erlöschen, die Anteilsinhaber verlieren ihre Anteile oder Mitgliedschaften und werden Anteilsinhaber eines anderen Rechtsträgers. Aber auch die Interessen der Anteilsinhaber des *übernehmenden* Rechtsträgers können durch die Verschmelzung erheblich beeinflusst werden. Der Kreis der Anteilsinhaber wird erweitert; mit dem Vermögen werden auch die Verbindlichkeiten des anderen Rechtsträgers übernommen; die Mehrheitsverhältnisse können sich verschieben usw.

---

[13] BVerfGE 100, 289 = NJW 1999, 3769 = NZG 1999, 931 – DAT/Altana; näher dazu oben § 33 Rn. 2.

ee) Es folgt die **Anmeldung** der Verschmelzung zum Handelsregister für jeden beteiligten Rechtsträger durch dessen Vertretungsorgan; anmeldungsberechtigt ist auch das Vertretungsorgan des übernehmenden für alle übertragenden Rechtsträger (§ 16 Abs. 1 UmwG). Die **Eintragung** in das entsprechende Register muss *zuerst bei den übertragenden Rechtsträgern* erfolgen (§ 19 Abs. 1 Satz 1 UmwG). Die anschließende Eintragung in das Register für den übernehmenden Rechtsträger schließt die Verschmelzung ab; sie wirkt **konstitutiv.** § 19 Abs. 1 S. 2 n. F. ermöglicht zeitgleiche Eintragung, wenn für beide Rechtsträger dasselbe Registergericht zuständig ist.

b) Wirkungen

8 **aa)** Erst mit der Registereintragung beim übernehmenden Rechtsträger treten die eigentlichen *Verschmelzungsfolgen* ein (§ 20 UmwG). Die übertragenden Rechtsträger *erlöschen.* Ihre Anteilsinhaber werden Anteilsinhaber der übernehmenden Gesellschaft. Gleichzeitig geht das Vermögen jedes übertragenden Rechtsträgers einschließlich aller Verbindlichkeiten als Einheit auf den übernehmenden Rechtsträger über, ohne dass es dazu einzelner Übertragungsakte bedarf – **Gesamtrechtsnachfolge.**

So ist bei Grundstücken das Grundbuch lediglich durch Eintragung des übernehmenden Rechtsträgers zu berichtigen. Für Verpflichtungen aus noch nicht erfüllten gegenseitigen Verträgen mit Dritten sieht § 21 UmwG eine Inhaltsänderung nach Billigkeit vor, falls das Zusammentreffen der Verbindlichkeiten bei der übernehmenden Gesellschaft zu einer Unvereinbarkeit oder zu einer schwerwiegenden Unbilligkeit führt.

bb) Die Verschmelzung kann dazu führen, dass sich die Anteilsinhaber in einem Rechtsträger anderer Rechtsform wieder finden, der ihnen u. U. mindere Rechte und den Gläubigern weniger Sicherheit gewährt. Deshalb sieht das Gesetz einen besonderen **Schutz der Anteilsinhaber** aller Rechtsträger vor. Dem dient vor allem die Ausgestaltung des Verschmelzungsverfahrens (oben Rn. 7), das durch möglichst weitgehende Information und sachverständige Prüfung Fehlentscheidungen und Übervorteilungen einzelner Beteiligter zu verhindern sucht. Praktisch bedeutsamer ist die Möglichkeit, das **Umtauschverhältnis** der Anteile in einem **Spruchverfahren** gerichtlich überprüfen zu lassen mit dem Ziel eines Ausgleichs durch bare Zuzahlung (§ 15 Abs. 1 UmwG). Das Verfahren ist im SpruchG geregelt (dazu oben § 32 Rn. 22 ff.). Die Erhebung einer **Anfechtungsklage** ist insoweit ausgeschlossen (§ 14 Abs. 2 UmwG). Wird ein Rechtsträger auf einen Rechtsträger anderer Rechtsform verschmolzen, muss letzterer den Anteilsinhabern des übertragenden Rechtsträgers, wenn sie dem Verschmelzungsbeschluss widersprochen haben, eine angemessene **Barabfindung** anbieten (§ 29 UmwG). Dies gilt nunmehr auch, wenn eine börsennotierte AG auf eine nicht börsennotierte AG verschmolzen wird (§ 29 UmwG n. F., näher dazu oben § 33 Rn. 27 und unten Rn. 16). Auch insoweit ist die Anfechtungsklage ausgeschlossen und wird durch eine Nachprüfung der Höhe der Abfindung im Spruchverfahren ersetzt (§ 32 UmwG). Eine materielle Inhaltskontrolle hinsichtlich einer Erforderlichkeit in Hinblick auf das Gesellschaftsinteresse findet grundsätzlich nicht statt. Materielle Mängel als Anfechtungsgründe können Treupflichtverletzung und treuwidrige Stimmrechtsausübung durch den Mehrheitsaktionär sowie die Verfolgung von Sondervorteilen sein.[14] Derartige Klagen lösen grundsätzlich eine Registersperre aus (§ 16 Abs. 2 UmwG). Diese kann aber im Freigabeverfahren nach § 16 Abs. 3 UmwG (vgl. oben § 29 Rn. 51) überwunden werden. Die Eintragung der Verschmelzung ist grundsätzlich irreversibel (§ 20 Abs. 2 UmwG), selbst wenn noch Anfechtungsklagen anhängig sind. Sollten die Anfechtungskläger obsiegen, können sie nicht die Rückabwicklung, sondern nur Schadensersatz verlangen (§ 16 Abs. 3 Satz 6 UmwG).[15]

cc) In der Erleichterung der Vermögensübertragung ohne besonderes Liquidationsverfahren liegt die wesentliche Bedeutung der Verschmelzung. Sie kann aber auch die Interessen der Gläubiger aller betei-

---

[14] Anschaulich die Anfechtungsklagen gegen den Beschluss der Verschmelzung von T-Online auf deren Muttergesellschaft, die Deutsche Telekom; *Hofmann/Krolop,* AG 2005, 866 m. w. N. Zur Verfolgung von Sondervorteilen wegen Steuervorteilen, die sich nur für den Mehrheitsaktionär „lohnen", *BGH* NZG 2005, 722 – FPB Holding; *OLG Düsseldorf* ZIP 2001, 1717 (rechtskräftig); Sondervorteil ablehnend einerseits und *LG Hanau* AG 2002, 534 (rechtskräftig) andererseits.
[15] Beispielsfall: Freigabe der Eintragung der Verschmelzung der T-Online AG auf ihre Muttergesellschaft die Deutsche Telekom, *OLG Frankfurt a. M.* NZG 2006, 227; anders noch Vorinstanz *LG Darmstadt* AG 2006, 127 = EWiR § 16 UmwG 2/06, 57 m. Anm. *Krolop.*

ligten Rechtsträger gefährden. Denn der übernehmende Rechtsträger haftet nunmehr mit seinem ganzen Vermögen, also mit den vereinigten Vermögen aller Rechtsträger, für seine eigenen Schulden wie auch für die Schulden der übertragenden Rechtsträger. Dem **Schutz der Gläubiger** dienen, zumindest mittelbar, die Sicherheiten des Verschmelzungsverfahrens. Vor allem aber gibt § 22 UmwG den Gläubigern aller an der Verschmelzung beteiligten Rechtsträger ein Recht auf **Sicherheitsleistung**, sofern sie nicht bereits Befriedigung verlangen können oder nach Maßgabe von Abs. 2 besonders gesichert sind. Voraussetzung ist, dass der einzelne Gläubiger sich zu diesem Zweck binnen sechs Monaten nach Bekanntmachung der Eintragung der Verschmelzung für die Rechtsträger, deren Gläubiger er ist, meldet. Ferner muss er glaubhaft machen, dass durch die Verschmelzung die Erfüllung seiner Forderungen gefährdet ist. Erlischt eine Personengesellschaft durch Verschmelzung, unterliegen die Personengesellschafter gem. § 45 UmwG einer an § 160 HGB angelehnten **Nachhaftung** (oben § 15 Rn. 24; auch unten Rn. 15 zum Formwechsel).

dd) Einen besonderen Schutz gewährt § 23 UmwG für **Inhaber von Sonderrechten** – sog. **Verwässerungsschutz**. Danach hat der übernehmende Rechtsträger insbesondere den Inhabern von Wandelschuldverschreibungen, Gewinnschuldverschreibungen und Genussscheinen (oben § 32 Rn. 11) des übertragenden Rechtsträgers gleichwertige Rechte zu gewähren.

ee) Ergänzend dient die **Haftung von Verwaltungsträgern** gegenüber den beteiligten Rechtsträgern mittelbar den Anteilseignern und den Gläubigern. Haben Mitglieder von Vertretungs- und Aufsichtsorganen eines **übertragenden Rechtsträgers** bei der Prüfung der Vermögenslage der Rechtsträger und bei Abschluss des Verschmelzungsvertrags nicht die erforderliche Sorgfalt beobachtet, haften sie dem Rechtsträger dafür nach allgemeinen Vorschriften (z. B. § 93 AktG). Daneben enthält § 25 Abs. 1 UmwG eine eigene Anspruchsgrundlage, die auch zugunsten von Gläubigern und Anteilseignern wirkt. Problematisch ist, dass der übertragende Rechtsträger mit Eintragung der Verschmelzung nicht mehr existiert. Das Gesetz ordnet daher an, dass der übertragende Rechtsträger hinsichtlich aller Ansprüche, die sich für und gegen ihn ergeben, als fortbestehend gilt (§ 25 Abs. 2 UmwG). Damit wird der Grundsatz, dass der übertragende Rechtsträger mit Eintragung der Verschmelzung erlischt, partiell durchbrochen. Bei Schadenersatzansprüchen gegen Organmitglieder des **übernehmenden Rechtsträgers** stellt sich dieses Problem nicht. Hier belässt es das UmwG bei einer besonderen Verjährungsregelung (§ 27 UmwG).

ff) **Mängel der Verschmelzung** können nach ihrer Eintragung in das Handelsregister für den übernehmenden Rechtsträger nur noch begrenzt geltend gemacht werden. Die Eintragung *heilt* den Mangel fehlender notarieller Beurkundung des Verschmelzungsvertrags (§ 20 Abs. 1 Nr. 4 UmwG); dieser wird also trotz eines solchen Formfehlers voll wirksam. Sonstige Mängel können nach der Eintragung die Wirksamkeit der Verschmelzung als solcher nicht mehr beeinträchtigen (§ 20 Abs. 2 UmwG). Das entspricht im Grundgedanken der Handhabung von Gründungsmängeln bei der AG (oben § 26 Rn. 19); eine Verschmelzung wäre nur mit größten Schwierigkeiten rückgängig zu machen („*unscrambling the eggs*"). Solche Mängel werden aber durch die Eintragung nicht geheilt, können also, soweit dadurch die Wirkung der Verschmelzung nicht berührt wird, auch weiterhin geltend gemacht werden, so vor allem als Grundlage für Schadensersatzansprüche.

2. Verschmelzung durch Neugründung

Die Vorschriften über die Verschmelzung durch Aufnahme finden hier großenteils **9** sinngemäß Anwendung, wobei jede der sich vereinigenden Rechtsträger als übertragender und der neu gegründete als übernehmender Rechtsträger gelten (§ 36 Abs. 1 UmwG). Technisch geht diese Form der Verschmelzung i. d. R. so vonstatten, dass die übertragenden Rechtsträger zunächst die Satzung bzw. den Gesellschaftsvertrag des neuen Rechtsträgers beschließen. Sodann wird im Wege des geschilderten Verschmelzungsverfahrens das Vermögen der übertragenden Rechtsträger durch Gesamtrechtsnachfolge auf den neuen Rechtsträger überführt. Dabei sind grundsätzlich die betreffenden Gründungsvorschriften des neuen Rechtsträgers, insbesondere über die Sachgründung (§ 36 Abs. 2 UmwG), bei Beteiligung von Aktiengesellschaften u. U. auch der Nachgründung (§ 67 UmwG), zu beachten, doch gelten gewisse Erleichterungen, wenn es sich bei den übertragenden Rechtsträgern um Kapitalgesellschaften handelt (§§ 58 Abs. 2, 75 Abs. 2 UmwG).

3. Rechtsform- und konzernspezifische Sonderregelungen

10   Die allgemeinen Verschmelzungsvorschriften werden durch besondere Vorschriften für die jeweiligen Rechtsformen ergänzt (§§ 39 ff. UmwG). Sie regeln zum Teil Vereinfachungen, überwiegend jedoch Verschärfungen gegenüber dem dargestellten Verschmelzungsverfahren. So ist bei Personengesellschaften grundsätzlich eine Zustimmung aller Gesellschafter vorgeschrieben (§ 43 Abs. 1 UmwG), während bei Kapitalgesellschaften eine qualifizierte Mehrheit den Verschmelzungsbeschluss fassen muss (§§ 50, 65 UmwG). Eine Verschmelzungsprüfung ist bei der AG in jedem Fall erforderlich (§ 60 UmwG). Sondervorschriften bestehen ferner hinsichtlich der Vorbereitung und Durchführung der beschlussfassenden Versammlungen (§§ 49, 61 ff. UmwG). Von besonderer Bedeutung für Kapitalgesellschaften sind die Regeln über die zur Durchführung der Verschmelzung i. d. R. erforderliche **Kapitalerhöhung**. Insoweit sieht das Gesetz einige Erleichterungen gegenüber Kapitalerhöhungen aus anderem Anlass vor. Insbesondere bedarf es bei der AG keines Bezugsrechtsausschlusses (dazu oben § 29 Rn. 12 ff.); auch die Sacheinlageprüfung ist i. d. R. entbehrlich (§ 69 UmwG), da das Verschmelzungsverfahren bereits die entsprechenden Funktionen erfüllt.

Erleichterungen sieht das UmwG ferner vor bei Verschmelzungen einer **100%-igen Tochter** auf ihre Muttergesellschaft (*„upstream"* oder *„short form merger"*). In diesem Fall bedarf es keiner Angaben über den Umtausch der Anteile im Verschmelzungsvertrag (§ 5 Abs. 2 UmwG). Auch der Verschmelzungsbericht (§ 8 Abs. 3 UmwG) und die Verschmelzungsprüfung (§§ 9 Abs. 3, 12 Abs. 3 UmwG) sind entbehrlich.

III. Spaltung

1. Spaltungsarten

11   Von der Verschmelzung unterscheidet sich die Spaltung dadurch, dass nicht das ganze Vermögen eines Rechtsträgers, sondern nur Teile davon auf einen anderen Rechtsträger übertragen werden. Das UmwG kennt drei Arten der Spaltung: Die **Aufspaltung** (§ 123 Abs. 1 UmwG) führt zur Verteilung des Vermögens eines Rechtsträgers auf mehrere andere Rechtsträger gegen Gewährung entsprechender Anteile – untechnisch gesprochen: aus einer Gesellschaft werden zwei neue Schwestergesellschaften. Die **Abspaltung** (§ 123 Abs. 2 UmwG) dient der Übertragung eines Vermögensteils auf einen anderen Rechtsträger gegen Gewährung entsprechender Anteile – im Unterschied zur Aufspaltung bleibt der alte Rechtsträger erhalten. Bei der **Ausgliederung** (§ 123 Abs. 3 UmwG) wird wie bei der Abspaltung ein Vermögensteil auf einen anderen Rechtsträger übertragen, doch werden die dadurch entstehenden Anteile nicht den Anteilsinhabern des übertragenden Rechtsträgers, sondern diesem selbst gewährt, vereinfacht gesagt: aus einer Gesellschaft werden Mutter- und Tochtergesellschaft.

Alle drei Spaltungsarten können, wie die Verschmelzung, wahlweise als **Spaltung zur Aufnahme** oder als Spaltung **zur Neugründung** erfolgen. Möglich ist auch eine Kombination, bei der bestimmte Vermögensteile auf einen bestehenden, andere auf einen neu zu gründenden Rechtsträger übertragen werden (§ 123 Abs. 4 UmwG). Wie bei der Verschmelzung gibt es auch bei der Spaltung einige (wenige) *rechtsformspezifische Sonderregelungen*, die grundsätzlich denen bei der Verschmelzung entsprechen (oben Rn. 10). Besondere Erwähnung verdient die *Ausgliederung* aus dem Vermögen eines **Einzelkaufmannes** (§§ 152–160 UmwG) auf eine bestehende oder neu zu gründende Gesellschaft. Sie ermöglicht auf unkomplizierte Weise die Überführung eines einzelkaufmännischen Unternehmens in eine haftungsbeschränkte Rechtsform, typischerweise eine Einpersonen-GmbH (dazu oben § 21 Rn. 34 ff.).

2. Spaltungsverfahren

12   Das Spaltungsverfahren **entspricht** im Wesentlichen dem der **Verschmelzung,** auf deren Vorschriften das Gesetz in § 125 UmwG verweist.

Auch die Spaltung läuft demnach grundsätzlich in sechs Stufen ab: Zunächst erfolgt die Erstellung des **Spaltungs- und Übernahmevertrags** (§ 126 UmwG), dessen Mindestinhalt weitgehend mit dem des Verschmelzungsvertrags übereinstimmt. Angaben zum Umtausch der Anteile (§ 126 Abs. 1 Nr. 3, 4 UmwG) sind nur bei Aufspaltung und Abspaltung erforderlich; bei der Ausgliederung findet kein Umtausch von Anteilen statt. Bei der Spaltung zur Neugründung tritt – mangels Vertragspartners – an Stelle des Spaltungsvertrages der Spaltungsplan (§ 136 UmwG). Sodann ist der **Spaltungsbericht** zu erstellen (§ 127 UmwG), der von unabhängigen **Spaltungsprüfern** geprüft wird; das Ergebnis ist im **Prüfungsbericht** festzuhalten (§§ 125 S. 1, 9 ff. UmwG). Die Prüfung entfällt bei der Ausgliederung (§ 125 S. 2 UmwG). Der Spaltungsvertrag ist durch *Beschluss* der Anteilsinhaber der beteiligten Rechtsträger zu billigen (§§ 125 S. 1, 13 UmwG). Anschließend erfolgen *Anmeldung* (§ 129 UmwG) und *Eintragung* (§ 130 UmwG).

Gegenüber der Verschmelzung bestehen folgende **Besonderheiten.** Da nicht das gesamte Vermögen eines Rechtsträgers, sondern nur ein Teil davon übertragen werden soll, muss der Spaltungsvertrag die zu übertragenden Gegenstände des Aktiv- und Passivvermögens und deren Aufteilung *genau bezeichnen* (§ 126 Abs. 1 Nr. 9 UmwG). Geschieht dies nicht, wird das Registergericht die Eintragung der Spaltung regelmäßig verweigern. Wird gleichwohl eingetragen, entstehen Schwierigkeiten bei der Frage, wem die betreffenden Gegenstände gehören (unten Rn. 13). Bei der Aufteilung der Anteile, die die Anteilsinhaber der übertragenden Rechtsträger am übernehmenden Rechtsträger erhalten sollen, räumt das Gesetz den Beteiligten weitestgehende Gestaltungsfreiheit ein (§ 126 Abs. 1 Nr. 10 UmwG). Möglich ist danach auch eine sog. **nicht-verhältniswahrende Spaltung,** bei der einzelne Anteilsinhaber größere oder geringere Anteile erhalten, als ihnen rechnerisch eigentlich zustünden.[16] Damit ermöglicht es das Gesetz, unübersichtliche oder unzweckmäßige Beteiligungsverhältnisse, etwa in Familiengesellschaften, auf vergleichsweise einfache Weise zu bereinigen.[17] Zum Schutze der betroffenen Anteilsinhaber ist in diesen Fällen die Zustimmung aller Anteilsinhaber vorgeschrieben (§ 128 UmwG).

3. Spaltungswirkung

Nur bei der Aufspaltung *erlischt* der übertragende Rechtsträger (§ 131 Abs. 1 Nr. 2 **13** UmwG); bei Abspaltung und Ausgliederung bleibt der übertragende Rechtsträger mit seinem restlichen Vermögen bestehen. Die Anteilsinhaber des übertragenden Rechtsträgers bzw. – bei der Ausgliederung – der übertragende Rechtsträger werden entsprechend der im Spaltungsvertrag vorgesehenen Aufteilung Anteilsinhaber an den beteiligten (übernehmenden) Rechtsträgern (§ 131 Abs. 1 Nr. 3 UmwG). Gleichzeitig gehen die im Spaltungsvertrag bezeichneten Vermögensgegenstände einschließlich der Verbindlichkeiten *als Gesamtheit* auf die übernehmenden Rechtsträger über – **partielle Gesamtrechtsnachfolge.**[18]

Wiederum bedarf es also nur einer Grundbuchberichtigung, falls zu dem übertragenen Vermögensteil ein Grundstück gehört (oben Rn. 8). Schwierigkeiten bereitet, dass nach § 132 UmwG die *„allgemeinen Vorschriften“,* welche die Übertragbarkeit eines Gegenstandes ausschließen oder an bestimmte Voraussetzungen knüpfen, *„unberührt“* bleiben. Nach einhelliger Meinung kann das nicht heißen, dass die Spaltungswirkungen von der Einhaltung der §§ 873, 929 BGB etc. abhingen, weil sonst die mit der Spaltung bezweckte Vereinfachung der Vermögensübertragung gerade nicht erreicht würde. Der Verweis in § 132 UmwG ist daher zu beschränken auf besondere Übertragungsschranken, die durch die Spaltung nicht umgangen werden sollen (z.B. Vinkulierungsklauseln).[19] Werden Gegenstände im Spal-

---

[16] *LG Konstanz* ZIP 1998, 1226 m. Anm. *Katschinski; Lutter/Priester,* § 128 Rn. 8 ff.

[17] Vgl. zu diesem Vorgang allgemein Lutter/*Priester,* § 128 Rn. 8 ff.

[18] *K. Schmidt,* § 12 IV 4; Lutter/*Teichmann,* § 123 Rn. 9 f.; auch *Masing,* Betriebliche Altersversorgung in der Unternehmensspaltung, 1997, S. 37 ff.

[19] *Raiser/Veil,* § 49 Rn. 27 ff.; *K. Schmidt,* § 13 IV 4 b.

tungsvertrag nicht oder nicht genau genug zugeordnet, verbleiben sie im Zweifel beim übertragenden Rechtsträger.[20] Nicht möglich ist das bei der Aufspaltung, bei der der übertragende Rechtsträger erlischt. § 131 Abs. 3 UmwG ordnet daher für diesen Fall eine *verhältnismäßige Aufteilung* des betreffenden Gegenstandes bzw. seines Wertes an.

Der **Schutz der Anteilsinhaber** und **Gläubiger** entspricht auf Grund der Verweisung in § 125 UmwG grundsätzlich demjenigen bei der Verschmelzung (oben Rn. 8), doch gelten einige Besonderheiten. Bei der *Ausgliederung* entfällt für die Anteilsinhaber naturgemäß die Überprüfung von Umtauschverhältnis oder Abfindung (§ 125 UmwG), da dort weder Umtausch noch Abfindung statt finden. *Gläubigerschutz:* Da es den an der Spaltung Beteiligten frei steht, welchem Rechtsträger sie welches Vermögen zuweisen, sind sie grundsätzlich auch in der Zuweisung der Verbindlichkeiten frei.[21] Einer Zustimmung der Gläubiger bedarf es dazu – anders als bei Einzelübertragung nach allgemeinen Vorschriften (vgl. §§ 414f. BGB) – nicht. Für die Gläubiger ist das misslich, wenn ihre Forderungen einem Rechtsträger zugewiesen werden, der über ein geringeres Vermögen oder geringere Ertragskraft als der bisherige Schuldner verfügt. § 133 Abs. 1 UmwG ordnet seinem Wortlaut nach die gesamtschuldnerische Haftung von übertragendem und übernehmendem Rechtsträger an; die Ausdifferenzierungen in Abs. 2 und 3 legen jedoch nahe, dass es sich um ein gestuftes Haftungssystem handelt.[22] Die Haftung ist zeitlich befristet und kann nur binnen fünf Jahren nach Eintragung der Spaltung geltend gemacht werden (§ 133 Abs. 3 UmwG). Zusätzlich gibt das Gesetz dem Gläubiger die Möglichkeit, Sicherheit zu verlangen (§ 22 UmwG; oben Rn. 8). Im Extremfall der sog. **Betriebsaufspaltung,** bei der das gesamte Betriebsvermögen auf eine Gesellschaft (Besitzgesellschaft) übertragen wird, während die andere Gesellschaft (Betriebsgesellschaft) weiterhin den Betrieb führt, erstreckt sich die gesamtschuldnerische Haftung beider Gesellschaften zusätzlich auf Sozialplan-, Ausgleichs- und Abfindungsanspüche der Arbeitnehmer nach §§ 111–113 BetrVG sowie auf etwaige Versorgungsansprüche gem. BetrVAG (§ 134 UmwG).

IV. Formwechsel

14   Umwandlung im engeren Sinne ist der Formwechsel. Er führt zu einer Veränderung des „Rechtskleids", lässt die Identität des Rechtsträgers aber unberührt. Da am Formwechsel stets nur ein Rechtsträger beteiligt ist, *entfällt* der für Verschmelzung und Spaltung erforderliche *Vertrag.*

1. Verfahren

Entscheidender Rechtsakt für den Formwechsel ist der **Umwandlungsbeschluss** der Anteilsinhaber (§ 193 UmwG). Ihm hat ein sog. **Umwandlungsbericht** nebst Vermögensaufstellung vorauszugehen, der den Formwechsel und die künftige Beteiligung der Anteilsinhaber an dem Rechtsträger rechtlich und wirtschaftlich erläutert (§ 192 UmwG).[23] Er entspricht in der Sache dem Verschmelzungs- und Spaltungsbericht (oben Rn. 7) oder dem Bericht über Unternehmensverträge (§ 293a AktG). Eine Prüfung der Umwandlung sieht das Gesetz an sich nicht vor, doch ist die Angemessenheit der Barabfindung (unten Rn. 15) durch einen Umwandlungsprüfer zu prüfen (§§ 208, 30 Abs. 2 UmwG). Der Umwandlungsbeschluss ist zur **Eintragung** in das betreffende Register anzumelden (§ 198 UmwG). Damit durch den Formwechsel nicht die strengen Gründungsvorschriften der Kapitalgesellschaften, insbesondere über die Kapital-

---

[20] Lutter/*Teichmann,* § 126 Rn. 58, § 131 Rn. 20; einschränkend *Schöne,* Die Spaltung unter Beteiligung von GmbH gem. §§ 123ff., UmwG, 1998, S. 41;

[21] Abweichend *K. Schmidt,* § 13 IV 5b („Prinzip der unternehmensrechtlichen Haftungskontinuität").

[22] Zum Haftungssystem bei der Spaltung *Habersack,* FS G. Bezzenberger, 2000, S. 93; *K. Schmidt,* § 13 IV 5.

[23] In § 192 Abs. 2 UmwG n.F. wird auf das Erfordernis einer Vermögensaufstellung nunmehr verzichtet, näher dazu *Mayer/Weiler,* DB 2007, 1291, 1293.

aufbringung bei Sachgründungen, umgangen werden (dazu oben § 22 Rn. 8 ff.), ordnet § 197 UmwG zusätzlich die *Geltung der* **Gründungsvorschriften** des neuen Rechtsträgers an, denen gegenüber das UmwG aber vereinzelte Erleichterungen enthält.[24] Ob sich darüber hinaus weitere Erleichterungen aus dem Sinn und Zweck des UmwG ergeben, das den Formwechsel grundsätzlich erleichtern will, ist im Einzelnen streitig.[25] Ferner ist nicht geklärt, ob eine Anwendung der Differenzhaftung nach § 9 GmbHG in Betracht kommt.[26]

Der **Mindestinhalt** des Umwandlungsbeschlusses ergibt sich aus § 194 UmwG: die neue Rechtsform (Nr. 1), der Name oder die Firma des neuen Rechtsträgers (Nr. 2), Art und Umfang der Beteiligung der bisherigen Anteilsinhaber an dem neuen Rechtsträger (Nr. 3 u. 4)[27], die Behandlung der Inhaber bestimmter Sonderrechte (Nr. 5), ein etwaiges Abfindungsangebot zugunsten widersprechender Anteilsinhaber (Nr. 6) sowie Angaben über die Folgen des Formwechsels für die Arbeitnehmer und ihre Vertretungen (Nr. 7). Beim Formwechsel in eine (andere) Kapitalgesellschaft muss außerdem die *Satzung der neuen Gesellschaft* im Umwandlungsbeschluss enthalten sein (§§ 218 Abs. 1, 243 Abs. 1 UmwG).

Da es sich beim Formwechsel nach um eine Änderung der Satzung bzw. des Gesellschaftsvertrages handelt, bedarf der Umwandlungsbeschluss immer einer **qualifizierten Mehrheit.** Beim Formwechsel einer Personengesellschaft ist eine Zustimmung *aller* Gesellschafter erforderlich, soweit der Gesellschaftsvertrag nicht ausnahmsweise eine geringere Mehrheit genügen lässt, die aber mindestens drei Viertel betragen muss (§ 217 Abs. 1 UmwG). Beim Formwechsel einer Kapitalgesellschaft in eine andere Kapitalgesellschaft oder in eine KG bedarf es einer Dreiviertel-Mehrheit, soweit die Satzung keine höheren Anforderungen stellt (§§ 232 Abs. 2, 240 Abs. 1 UmwG). Am strengsten sind die Anforderungen beim Wechsel einer Kapitalgesellschaft in eine BGB-Gesellschaft, OHG oder Partnerschaftsgesellschaft. Hier ist stets die Zustimmung aller Gesellschafter erforderlich (§ 233 Abs. 1 UmwG), weil die neue Gesellschafterstellung die *persönliche Haftung* mit sich bringt. Folgerichtig müssen auch in anderen Fällen zumindest diejenigen zustimmen, die aus der Rolle eines beschränkt haftenden Gesellschafters in die eines unbeschränkt haftenden Gesellschafters schlüpfen sollen. Das betrifft den Komplementär einer künftigen KG (§ 233 Abs. 2 UmwG) und den persönlich haftenden Gesellschafter der KGaA (§§ 217 Abs. 3, 240 Abs. 2 UmwG).

2. Wirkungen

Mit der Eintragung des Formwechsels in dem für die neue Rechtsform vorgesehenen Register erhält der Rechtsträger die neue Rechtsform ohne seine Identität zu verändern (vgl. § 202 Abs. 1 Nr. 1 UmwG). Die Anteilsinhaber sind an dem Rechtsträger nach den für die neue Rechtsform geltenden Vorschriften beteiligt (§ 202 Abs. 1 Nr. 2 UmwG). Wie bei Spaltung und Verschmelzung können auch beim Formwechsel Mängel des Umwandlungsverfahrens nach Eintragung grundsätzlich nicht mehr geltend gemacht werden (§ 202 Abs. 1 Nr. 3, Abs. 3 UmwG). 15

Schwierigkeiten bereitet die Identität der Anteilsinhaber beim praktisch wichtigen Formwechsel einer Kapitalgesellschaft in eine **GmbH & Co. KG** und umgekehrt. Da das Gesetz die GmbH & Co. KG als eigenständige Rechtsform nicht kennt, sie vielmehr nur als Sonderform der KG behandelt (oben § 37 Rn. 1), enthält auch das UmwG insoweit keine besonderen Vorschriften.[28] Dadurch entsteht das Problem, wie die für den Formwechsel in eine GmbH & Co. KG als Komplementärin benö-

[24] So bedarf es nicht der gesetzlich vorgeschriebenen Mindestgründerzahl. (§ 197 S. 2 UmwG). Relevant ist das nur für die KGaA (§ 280 Abs. 1 AktG) und die eG (§ 4 GenG).

[25] Näher dazu Lutter/*Decher*, § 197 Rn. 4 ff.; *Raiser/Veil*, § 47 Rn. 20; *K. Schmidt*, § 13 II 3 c.

[26] Dies bejaht die h.M. für Umwandlung einer Personengesellschaft in eine Kapitalgesellschaft, vgl. Lutter/*Decher*, § 197 Rn. 37 f. m.w.N.; bei einer Umwandlung von einer Kapitalgesellschaft in eine andere Kapitalgesellschaft wird die Anwendbarkeit abgelehnt, weil die Notwendigkeit einer Kapitaldeckung fehle, vgl. *Decher*, a.a.O., § 197 Rn. 39 ff.; *Raiser/Veil*, § 47 Rn. 20 m.w.N.

[27] Zur Abgrenzung: Nr. 3 betrifft das „ob" der Beteiligung, Nr. 4 das „wie", Lutter/*Decher*, § 194 Rn. 7.

[28] Sonderregeln sind hingegen für die Umwandlung in eine KGaA vorhanden, die aber praktisch eine geringere Rolle spielt, vgl. etwa §§ 218 Abs. 2, 221, 233 Abs. 3 UmwG.

tigte GmbH zum Mitglied der neuen Gesellschaft werden kann. Die Lösung hängt davon ab, ob man die Kontinuität des Gesellschafterkreises als zwingendes Strukturprinzip des Formwechsels auffasst.[29] Die Umwandlung gelingt, wenn man den gleichzeitigen *Beitritt eines neuen Gesellschafters* – hier also der GmbH – im Rahmen des Umwandlungsvorgangs zulässt.[30] Folgerichtig kann eine nicht mehr benötigte Komplementär-GmbH im umgekehrten Fall – Wechsel einer GmbH & Co. KG in eine GmbH oder AG – auf dieselbe Weise aus der Gesellschaft ausscheiden. Wie bei der Spaltung ist im Übrigen auch ein nicht-verhältniswahrender Formwechsel möglich. Die Anteilsinhaber müssen in der neuen Rechtsform also nicht zwingend in gleichem Umfang wie in der alten beteiligt sein.

16   Zum **Schutz der Anteilsinhaber** und **Gläubiger** sieht das Gesetz im Wesentlichen die gleichen Vorkehrungen vor wie bei Verschmelzung und Spaltung (vgl. im Einzelnen §§ 195 f., §§ 204 ff. UmwG). Die persönliche Haftung eines Gesellschafters nach § 128 HGB bleibt nach dem Formwechsel für weitere fünf Jahre bestehen, § 224 UmwG. Persönlich haftende Gesellschafter einer OHG, KG oder KGaA können sich also ihrer unbeschränkten Haftung nicht durch Formwechsel in eine GmbH oder AG entziehen. Von besonderer Bedeutung für die Anteilsinhaber ist das Angebot einer **Barabfindung** (§ 207 UmwG), das beim Formwechsel stets vorgeschrieben ist. Streitigkeiten über das Umtauschverhältnis der Anteile oder die Höhe der angebotenen Barabfindung sind auch hier der Anfechtungsklage entzogen und in das Spruchverfahren verwiesen (§§ 195 Abs. 2, 196, 210, 212 UmwG; oben § 33 Rn. 22 ff.). Im Übrigen kann der Umwandlungsbeschluss wie bei den anderen Umwandlungsarten (nur) vor Eintragung aus allgemeinen Gründen angefochten werden. Das mit dem Formwechsel einer AG in eine GmbH oder (GmbH & Co) KG notwendig verbundene *Delisting*, also die Beendigung der Börsennotierung, rechtfertigt für sich gesehen aber nicht die Anfechtung des Umwandlungsbeschlusses.[31] Die Aktionäre werden durch ein Austrittsrecht und entsprechender Abfindung geschützt (§ 207 UmwG). Dies gilt nunmehr auch für die Verschmelzung einer börsennotierten AG auf eine nicht börsennotierte AG (§ 29 Abs. 1 UmwG n. F.; oben § 33 Rn. 27).

V. Grenzüberschreitende Umwandlungen, insbesondere Verschmelzung

17   Seinem Wortlaut nach erfasste der Anwendungsbereich des UmwG bislang nur inländische Rechtsträger. Daraus wurde verbreitet der Schluss gezogen, dass eine Umwandlung mit Beteiligung eines ausländischen Rechtsträgers nicht zulässig sei[32]. In der SEVIC-Entscheidung hat der EuGH diese Auffassung für den Fall der Verschmelzung einer ausländischen Gesellschaft auf einen deutschen Rechtsträger für mit der Niederlassungsfreiheit unvereinbar erklärt.[33] Kurze Zeit darauf wurde die Richtlinie zur grenzüberschreitenden Verschmelzung erlassen,[34] die der deutsche Gesetzgeber in den §§ 122 a ff. UmwG umgesetzt hat.[35]

Ähnlich wie bei der SE war auch bei der Richtlinie zur grenzüberschreitenden Verschmelzung die Frage, nach welchen Vorgaben sich die Beteiligung der Arbeitnehmer richten soll, besonders proble-

---

[29] So Lutter/*Decher*, § 202 Rn. 15.

[30] So *Raiser*, § 47 Rn. 6; *K. Schmidt*, § 13 II 1 d, 3 e, 4 c bb; *Veil*, DB 1996, 2529 ff.

[31] Lutter/*Decher*, § 195 Rn. 21; 9; Lutter/*Happ*, § 233 Rn. 61 (str.). – Für ein Pflichtangebot an die Aktionäre und analoge Anwendung der Spruchverfahrens bei Delisting BGHZ 153, 47 = NJW 2003, 1032 – Macrotron; näher dazu oben § 33 Rn. 26.

[32] Zur kollisionsrechtlichen Fragestellung vgl. MünchKomm-BGB/*Kindler*, IntGesR Rn. 400; vgl. auch Lutter/*Drygala*, § 1 Rn. 7 ff. m. w. N.; *Krause*, in: Gesellschaftsrechtliche Vereinigung (Hrsg.), Gesellschaftsrecht in der Diskussion, 2006, S. 39, 40.

[33] *EuGH* Slg. 2005-I, 10 805 = NJW 2006, 425, auf Vorlage des *LG Koblenz* ZIP 2003, 2210; dazu *Grundmann*, European Company Law, Rn. 861; *Krause*, in: Gesellschaftsrechtliche Vereinigung (Hrsg.), Gesellschaftsrecht in der Diskussion, 2006, 39, 41 ff.; *Siems*, EuZW 2006, 135.

[34] Richtlinie 2005/56/EG zur Verschmelzung von Kapitalgesellschaften aus verschiedenen Mitgliedstaaten, siehe dazu *Bayer/Schmidt*, NJW 2006, 401; *Nagel*, NZG 2006, 97; *Oechsler*, NZG 2006, 161.

[35] Zweite Gesetz zur Änderung des Umwandlungsgesetzes vom 19. 4. 2007, BGBl. I S. 542; *Krause*, in: Gesellschaftsrechtliche Vereinigung (Hrsg.), Gesellschaftsrecht in der Diskussion, 2006, S. 39, 46 ff.; *J. Vetter*, AG 2006, 613; kritisch aus europarechtlicher Sicht *Herrler*, EuZW 2007, 295.

matisch. Am Ende einigte man sich darauf, das für die SE entwickelte Modell – Verhandlungslösung und gesetzliche Auffangregelung (dazu oben § 36 Rn. 10) – zu übernehmen, wobei eine Reihe von Unterschieden im Detail zu beachten sind.[36] Die mitbestimmungsrechtlichen Fragen wurden bei der Umsetzung ins deutsche Recht in einem eigenen Gesetz geregelt.[37]

Damit bestehen zumindest für die grenzüberschreitende Verschmelzung von Kapitalgesellschaften gesetzliche Vorgaben, wobei eine Reihe von Einzelfragen offen sind.[38] Hervorzuheben ist, dass der Gesetzgeber für die Aktionäre eine Abfindung unabhängig von der Rechtsform des übernehmenden Rechtsträgers vorsieht sofern dieser im Ausland liegt (§ 122i UmwG).

Inwieweit die Niederlassungsfreiheit gebietet, auch andere Umwandlungsarten[39] zu ermöglichen und nach welchen gesetzlichen Vorgaben sich solche Transaktionen richten, ist nicht geklärt. Ferner ist abzuwarten, in welchen Fällen die Praxis die Gründung einer SE der grenzüberschreitenden Umwandlung vorzieht.

---

[36] Art. 16 der Richtlinie 2005/56/EG zur Verschmelzung von Kapitalgesellschaften aus verschiedenen Mitgliedstaaten; dazu *Kisker,* RdA 2006, 206, 209; *Nagel,* NZG 2006, 97, 98.

[37] Gesetz zur Umsetzung der Regelungen über die Mitbestimmung der Arbeitnehmer bei einer Verschmelzung von Kapitalgesellschaften aus verschiedenen Mitgliedstaaten, BGBl-I 2006, 3332; *Nagel,* NZG 2007, 57.

[38] Vgl. *Krause,* in: Gesellschaftsrechtliche Vereinigung (Hrsg.), Gesellschaftsrecht in der Diskussion, 2006 S. 39, 46 ff.; *J. Vetter,* AG 2006, 613.

[39] Beispiel: grenzüberschreitende Spaltung, vgl. *Kallmeyer,* UmwG, 3. Aufl., 2006, § 1 Rn. 17; § 133 Rn. 19.

Sachverzeichnis

Die **fett** gesetzten Zahlen verweisen auf die Paragrafen des Buches,
die mageren auf deren Randnummern. Die Hauptfundstellen sind *kursiv* gesetzt.

Buchanzeige

Mit Tests und Lösungsvorschlägen

Von Dr. Karin Linhart, LL.M. (Duke).
Unter Mitarbeit von Corin Stone, U.S.
Government, Washington, D.C./USA
2008. XIV, 218 Seiten. Kartoniert € 22,–
ISBN 978-3-406-56878-7

Dieses neue Werk

zur englischen Rechtssprache führt Anfänger mit Vorkenntnissen in der englischen
Sprache in die juristische Terminologie der wichtigsten rechtlichen Teilbereiche ein.
Das Niveau der Texte steigt mit zunehmendem Wissen des Benutzers kontinuierlich an.
Das gesamte Wissen kann in einer Abschlussklausur vertieft und gefestigt werden.
Zusätzlich gibt das Buch wertvolle Hinweise zu Literatur, Erfahrungsberichten und
nützlichen Websites.

Der Inhalt

General Legal Terms (Common Law and Civil Law, Areas of Law, Development
of US Law, Sources of Law, Legal Professions); **Constitutional Law** (The U.S.
Constitution, The Bill of Rights, Further Amendments Abschnittstest Nr. 1);
Criminal Law and Procedure (Crime, offense and misdemeanour, Civil Procedure);
Contracts, Sales Law and Secured Transactions; Torts and Damages; Abschnitts-
test Nr. 2; **Property; Family Law; Civil Procedure; Office Language;** Abschnittstest
Nr. 3; Abschlussklausur.

C·H·BECK